DICTIONNAIRE DE DROIT NORMAND.
TOME PREMIER.

DICTIONNAIRE
ANALYTIQUE,
HISTORIQUE, ÉTYMOLOGIQUE,
CRITIQUE ET INTERPRÉTATIF
DE LA COUTUME
DE NORMANDIE,

Où l'on troûve la résolution des Questions les plus intéressantes du Droit Civil & Ecclésiastique de cette Province, conformément à la Jurisprudence des Arrêts.

PAR Me. HOÜARD, Avocat en Parlement, Correspondant de l'Académie des Inscriptions & Belles-Lettres, & Associé libre de celle des Sciences, Belles-Lettres & Arts de Rouen.

Ne multis verbis pauca comprehendas, sed paucis multa. *Stob. Serm.* 33.

TOME PREMIER.

A ROUEN,
Chez LE BOUCHER le jeune, Libraire, rue Ganterie.

M. DCC. LXXX.
AVEC APPROBATION ET PRIVILEGE DU ROI.

NICOLAS DE MONTHOLON
Né le 6. Xbre 1736.
Conseiller au Parlement de Paris en 1761,
nommé Premier Président du Parlement de Metz
en Xbre 1764, Premier Président du Parlement
de Rouen en Xbre 1774.

A MONSEIGNEUR
NICOLAS
DE MONTHOLON,
CHEVALIER,
CONSEILLER DU ROI EN TOUS SES CONSEILS,

ET

PREMIER PRÉSIDENT
DE SON PARLEMENT DE NORMANDIE.

ONSEIGNEUR,

UN Recueil de notre Jurisprudence Nationale, qui présente la raison de ses maximes, & l'ordre de ses variations, ne devoit être consacré qu'au Chef du Corps auguste dont elle émane. Une Histoire de notre Droit municipal, qui porte

ÉPITRE.

le flambeau de l'érudition au milieu des ténebres qui couvrent ses origines diverses, ne pouvoit être offerte qu'au Magistrat éclairé, qui, pour apprécier la lettre des Loix, fait interroger sur leur esprit les monuments qui fixent leurs causes.

Sous ce double rapport, MONSEIGNEUR, c'est à Vous que j'ai dû présenter le Dictionnaire analytique, &c. de la Coutume de Normandie. Mais la reconnoissance avoit destiné l'hommage, avant que le devoir le payât au rang, & que la vérité le consacrât au mérite.

J'ai dû sans doute aussi ce juste choix à l'Auteur de l'Ouvrage. Comment, en effet, faire paroître sous des auspices plus dignes de lui, le nouveau fruit de ces doctes travaux qui nous ont fait lire dans nos Codes primitifs, les dispositions de notre Législation actuelle, & nous ont montré, à travers l'obscurité des temps, les premiers anneaux de la chaîne antique de nos Constitutions nationales?

J'aurois dû peut-être encore à la force de l'exemple, MONSEIGNEUR, la Dédicace que j'ai l'honneur de vous proposer. Le plus savant Commentateur de nos Coutumes, Basnage, en dédiant sa seconde Édition (1) à l'illustre

---

(1) De 1694.

ÉPITRE.

Charles-François de Montholon, alors Chef du Sénat que Vous présidez, donna cet exemple à ceux qui le suivroient : car tel est le prix des vertus que les Familles qui en transmettent avec leurs titres le patrimoine héréditaire, imposent aux générations futures un tribut d'éloges dont chaque siecle doit s'acquitter.

Eh, quels titres n'avoit pas à l'hommage du sien, le Magistrat dont notre Jurisconsulte plaça le nom à la tête de son Ouvrage ! Il n'avoit qu'à citer ces glorieux Ancêtres, d'où l'on pouvoit descendre jusqu'à lui par des degrés honorables : *il n'avoit qu'à citer ce* François de Montholon, *qui ayant osé défendre contre la mere du Monarque Restaurateur des Arts & des Sciences* (1), *la Cause du fameux Connétable de Bourbon, reçut pour prix de son éloquente fermeté, le titre de Garde des Sceaux de France; ou cet autre* François de Montholon, *cet Aristide moderne, qui, revêtu de la même Dignité, prouva par son élévation, que le meilleur des Rois, que Henri IV savoit honorer les charges par les hommes* (2). *Mais il lui suffisoit de ses propres vertus.* Toute la Province, *lui disoit Basnage*, s'apperçoit trop sensiblement que vous êtes à la

---

(1) François Ier. (2) Voyez Moréri, *verbo* Montholon.

EPITRE.

tête de son Parlement...... Vos lumieres éclairent tout, observent tout ; & votre vigilance & votre désintéressement, servent d'aiguillon & d'exemple à ceux qui, après vous, sont établis pour l'administration de la Justice.

VOILA, MONSEIGNEUR, ce que le premier de nos Jurisconsultes disoit de vos Aïeux. Le sang qui les anima coule dans vos veines. Votre délicatesse me défend d'en dire davantage : mais le témoignage qui leur est rendu, sera toujours regardé, moins comme un éloge particulier, que comme un tribut héréditaire ; &, malgré vous, l'équité rapprochera l'intervalle des temps.

JE suis, avec le plus profond respect,

MONSEIGNEUR,

Votre très-humble & très-
obéissant Serviteur
LE BOUCHER le jeune.

TABLEAU
CHRONOLOGIQUE
DES SOUVERAINS DE NORMANDIE,
ET DES MONUMENTS DE LEUR LÉGISLATION,

Depuis l'an 912, jufqu'à la réunion de cette Province à la Couronne.

AVANT que d'étudier les Loix d'une Nation, ou les Coutumes particulieres d'une Province, il eft indifpenfable d'avoir une connoiffance parfaite des regnes de fes divers Souverains, & des monuments qui nous reftent de leur légiflation.

Mais ceux qui font les mieux inftruits de l'Hiftoire de leur Pays, & auxquels les fources de leur Droit municipal font les plus familieres, ne fe rappellent pas quelquefois, dans le cours de leurs lectures, les Dates, les Epoques des faits ou des ufages dont ils s'occupent, & fouvent ils n'ont pas fous leur main les Livres qui les leur indiqueroient.

Toute perfonne qui a contracté l'habitude d'un travail férieux, conçoit combien les délais des recherches, & les recherches elles-mêmes, quelques courtes qu'elles foient, occafionnent de diftractions, font perdre d'idées. Pour leur épargner ces défagréments, on place en tête de cet Ouvrage le Tableau fuivant:

Iᵉʳ. DUC DE NORMANDIE.

RAOUL ou ROLLON, surnommé Robert Iᵉʳ.
(Depuis 912, jusqu'en 917).

Ce Prince étoit fils de Roguald, dit le Riche, Seigneur puissant dans la Norwege, à la fin du neuvieme siecle. Excité par quelques ennemis de la France, sous le prétexte de venger plusieurs Princes de sa Nation, qui en avoient été expulsés, il fit une descente en ce Royaume, & contraignit, par des succès multipliés, Charles le Simple à lui céder en toute propriété la Normandie.

Il y régna souverainement jusqu'en 917, temps où il abdiqua le Gouvernement en faveur de son fils. Il ne survécut à son abdication, que 5 ans (1).

Rollon conserva aux Neustriens leurs anciennes Coutumes (2). On lui doit cependant quelques Statuts particuliers.

1°. Il rétablit en Normandie, sous le nom de *Haro*, les proclamations usitées chez les premiers François, pour la poursuite de ceux qui avoient commis quelques violences (3).

2°. Il infligea au larcin la peine de mort (4).

3°. Il divisa en Comtés à peu près égaux, quant à l'étendue, les divers Gouvernements de son nouvel Etat (5).

IIᵉ. DUC.

GUILLAUME, dit Longue-Épée.
(Depuis 917, jusqu'en 942).

Rollon ayant remis à son fils le Duché, du consentement de

---

(1) *Ypodigm. Neustr. Walsing.* pag. 416.—Anc. Loix des Fr. Disc. Prélim. pag. xxv.

(2) *Ib.* pag. 417, & Dud. pag. 91. *in Quercetan. Collect.*

(3) Anc. Loix des Franç. 2ᵉ. vol. p. 133.

(4) Dud. S. Quint, l. 2. p. 84.

(5) *Ib.* pag. 91.

ses Sujets, ce jeune Prince promit de leur conserver les Loix auxquelles ils avoient toujours été soumis, ainsi que les Statuts de son pere (1) : en conséquence il fit hommage à Raoul, Régent de la France, qui y avoit usurpé l'autorité royale, & força les Ducs de Bretagne de s'acquitter envers lui de ce même devoir. Il confirma les dons faits par les Rois de France aux Eglises, en aleux, en fiefs, en hommes: *Juxtà priscorum privilegia regum.*

Arnoul, Comte de Flandres, le fit assassiner le 17 Décembre 942.

IIIe. DUC.

RICHARD I, surnommé SANS-PEUR.

(Depuis 942, jusqu'en 996).

CE Prince, lors de la mort de son pere, n'avoit que 10 ans. Bernard le Danois, son Tuteur, durant sa minorité, & lui-même après être devenu majeur, furent sans cesse occupés à repousser les efforts que Louis d'Outremer faisoit pour recouvrer la Normandie : il ne leur fut donc pas possible de faire de nouveaux Réglements pour l'administration de cette Province; mais les anciens continuerent d'être exécutés. On trouve en effet dans les Chartes de fondation des Abbayes du Mont-Saint-Michel & de Fécamp, les biens indiqués sous les mêmes dénominations que les François leur avoient toujours données; les actes, rédigés en la même forme qu'ils avoient eue sous Charles le Simple. En 996, Richard mourut; & peu de temps après; le nom de *fief* fut employé dans les Chroniques des Eglises, pour désigner les fonds qui, jusques là, avoient porté celui de bénéfice (2).

---

(1) Dudon, pag. 91.
(2) *Lib. Nigr. Capitul. Constant. Eccles.*

Tableau Chronologique

IVe DUC.

RICHARD II, dit LE BON ou L'INTRÉPIDE.
(Depuis 996, jusqu'en 1026).

LOTHAIRE, qui régnoit en France lorsque Richard II succéda au Duché, essayoit de ne faire considérer ce Prince que comme son Lieutenant, chargé de la garde des frontieres du Royaume : dans ses diplômes, il ne lui donnoit que le titre de *Marquis* (1). De là quelques Seigneurs que les Ducs précédents avoient investis de fiefs de dignité, se crurent en droit d'en refuser à Richard l'hommage : le Comte d'Hiemes, son frere naturel, étoit de ce nombre ; il fut puni de sa témérité (2).

V^e. DUC.

RICHARD III.
(Depuis 1026, jusqu'en 1028).

RICHARD II étant décédé en 1026, son fils ne fut pas moins exposé que lui aux attentats des séditieux ; mais les chagrins que son frere, qui avoit obtenu le Comté d'Hiemes, lui causa, abrégerent ses jours. Il ne régna que 2 ans.

VIe. DUC.

ROBERT II, dit LE MAGNIFIQUE, appellé par nos anciens Romanciers, *Robert-le-Diable*.
(Depuis 1028, jusqu'en 1035).

LE regne de ce Prince ne nous offre de remarquable, que l'usage où ses Vassaux étoient de lui faire des présents en lui rendant

---

(1) *Chart. Lothar. ann.* 965, *pro Monach. Montis Sancti Michaël. tom.* 11, p. 206. — *Gall. Christ. Instrument.*

(2) ART DE VÉRIFIER LES DATES.

hommage (1), & l'adresse avec laquelle il fit admettre, par les principaux Seigneurs de son Duché, Guillaume son fils, bâtard, pour leur Souverain.

VII. DUC.

GUILLAUME LE BATARD, Conquérant de l'Angleterre.
(Depuis 1035, jusqu'en 1081).

MALGRÉ l'illégitimité de sa naissance, sa minorité, le nombre de ceux qui lui disputoient la succession de son pere, Guillaume, aidé par le respect que la mémoire de Robert II inspiroit même après sa mort, aux Normands, réussit non-seulement à conserver le Duché, mais de plus à conquérir l'Angleterre en 1066 : il introduisit dans cette Isle puissante, les Coutumes Françoises, qui étoient celles de Normandie (2). On verra, dans la suite de ce Livre, quelles étoient les dispositions principales & constitutives de ces Coutumes : nous nous bornerons à indiquer ici les Ordonnances qu'il promulgua pour en faciliter l'exécution.

1°. Il interdit aux Ecclésiastiques toute correspondance par lettres avec la Cour de Rome, sans sa permission expresse (3).

2°. Il défendit d'exécuter les Sentences d'excommunication, fulminées contre ses Ministres, tant qu'il n'y auroit pas consenti (4).

3°. Il défendit, sous des peines séveres, l'infraction de la treve de Dieu (5).

4°. Il ordonna d'éteindre les feux & les lumieres chaque soir, à 8 heures (6).

---

(1) Nagerel, ch. 45.
(2) Hume, Hist. d'Angl. Maison Plentagen. ann. 1070. — Anc. Loix des Franç. Discours Prélim. — Trait. Anglo-Norm. Dissert. Prélim.
(3) Eadmer. Hist. Novor. l. 1. p. 29.
(4) Spelm. Codex Leg. veter, p. 195. 2ᵉ. vol.
(5) Concil. Cadomens. ann. 1042, apud Bess.
(6) Concil. Cadom. ann. 1061.

Tome I.

5°. Il obligea les Evêques à justifier, par la possession, l'exercice de la jurisdiction temporelle qu'ils exerçoient (1).

VIIIe. DUC.

ROBERT III, surnommé COURTE-HEUZE, & GUILLAUME II, dit LE ROUX.

(Depuis 1081, jusqu'en 1106).

GUILLAUME I avoit, de son vivant, partagé sa succession entre ses trois enfants, Robert, Guillaume & Henri. Le premier étoit destiné au gouvernement des Normands; le second à occuper le Trône d'Angleterre; & le troisieme pouvoit, avec les trésors que son pere lui avoit légués, se procurer une alliance digne de son rang. Mais Robert, entraîné par le goût de son siecle pour la conquête de la Terre Sainte, se croisa; &, durant son absence, Guillaume son frere eut l'administration de la Normandie.

Sous leur regne, la régale & les commendes avoient lieu, & les Eglises ne furent point exemptes de contribuer au soudoiement des troupes (2).

IXe. DUC.

HENRI Ier., Roi d'Angleterre.

(Depuis 1106, jusqu'en 1135).

HABITUÉ au gouvernement de l'Angleterre & de la Normandie, Henri ne vit qu'à regret son frere reprendre la souveraine puissance dans ce Duché, à son retour de la Terre Sainte; & après plusieurs batailles sanglantes que les deux freres se livrerent, Robert ayant été mis en prison, & y étant mort, les Normands & les Anglois n'eurent plus que Henri pour maître.

1°. Il accorda à son peuple la grande Charte.

---

(1) *Concil. Cadom.* ann. 1061.
(2) *Spelm. Cod. Leg. veter.*

2°. Il détermina la mesure des étoffes à l'aune ou verge, qu'il fixa à la longueur du bras de l'homme de la plus haute taille (1).

3°. Il déclara nuls les mariages clandestins (2).

4°. Il décerna les peines les plus séveres contre les vexations des Juges (3) & les faux-monnoyeurs (4).

5°. Il fixa le temps & les lieux où les Etats généraux s'assembleroient chaque année, & se réserva à les convoquer extraordinairement dans les nécessités pressantes (5).

6°. Il confirma à la Ville de Londres la plupart des droits de communes, que les Monarques François ont dans la suite successivement accordés & interdits à quelques-unes des leurs (6).

7°. Il modéra la quotité du relief (7).

X. DUC.
ETIENNE DE BOULOGNE.
(Depuis 1235, jusqu'en 1144).

Après la mort d'Henri son oncle, Etienne, fils d'Adele, sœur du premier, & épouse de Théobalde, Comte de Boulogne, qui avoit un autre fils, Comte de Blois, monta sur le Trône d'Angleterre & de Normandie, & expulsa de cette Province Mathilde sa tante, fille du dernier Duc.

1°. En 1139, il régla, par un Edit, les droits des Seigneurs sur le vareck & les naufrages des navires (8).

2°. En 1153, il ordonna qu'à l'avenir le Duc de Normandie

---

(1) Ann. 1100. *Spelm. Cod. supra cit.*
(2) Ann. 1102. Concil. Westmonast.
(3) Concil. Lond. 1107. & Lexoniens.
(4) Ann. 1106.
(5) Ann. 1108. *Edict. apud Spelm. Cod. Leg. vet.*
(6) Trait. Anglo-Norm. pag. 279. 1ᵉʳ. vol.
(7) Art. XIV. *Leg. Henric. I. apud Wilk.*
(8) *Spelm. Cod. Leg. veter.*

feroit refpecté comme Roi, & le Roi d'Angleterre, comme Duc de Normandie, & que dans ces deux Etats, la monnoie d'argent feroit la même (1).

3°. Il fit des Réglements de Police très-curieux pour les lieux de proftitution (2).

XIe. DUC.

GÉOFROY, Comte d'Anjou, & EUSTACHE, fils d'ETIENNE, Roi d'Angleterre.

(Depuis 1144, jufqu'en 1151).

TANT qu'Euftache vécut, le Duché de Normandie fut en balance entre lui & Géofroy, Comte d'Anjou, qui en avoit dépouillé le Roi Etienne : il paroît que le Roi de France avoit reçu l'hommage des deux Concurrents ; mais, par le décès de l'un & de l'autre, Henri qui fuit, eut fous fa domination la Normandie & l'Angleterre.

XIIe. DUC.

HENRI II, Roi d'Angleterre.

(Depuis 1151, jufqu'en 1188).

CE Prince mourut en 1188.

1°. En 1155, il priva du nom de Comte, ceux dont les terres dépendantes du Domaine royal, n'avoient pas été érigées en Comtés avant le regne du Roi Etienne (3).

2°. En 1157, en fa Cour plénière tenue à Caen, où affifterent les Barons des quatre Comtés de Bayeux, Coutances, Exmes & Avranches, il fut décidé que, du moment qu'en Normandie quelqu'un avoit donné à une Abbaye des héritages, il n'avoit pu y

---

(1) *Spelm. Cod. Leg. veter.* pag. 255. — *Anc. Loix des Franç.* 2e. vol.
(2) *Ib.* p. 257.
(3) *Cod. Leg. vet. Spelm.* — *Anc. Loix des Franç.*

retenir rien autre chose que des prieres, à moins que le Duc ne lui eût accordé une Charte, portant permission de faire d'autres réserves ; toutes les aumônes étant en la garde du Duc, de l'inftant qu'elles étoient faites (1).

3°. En 1164, il décida, dans une assemblée générale des Grands de ses Etats, que les causes relatives au Patronage des Eglises, seroient jugées en sa Cour.

Que lorsqu'un Clerc seroit accusé de crime, & sommé par un Juge royal de se présenter en sa Jurisdiction, pour répondre à l'accusation, il seroit tenu d'y comparoître, afin que ce Juge, en le renvoyant en la Cour Ecclésiastique, pût inspecter l'instruction qui s'y feroit, *ad videndum quo modo res ibi tractabitur*; & pour que s'il étoit reconnu coupable par les Juges d'Eglise, il ne restât plus en leur pouvoir.

Que les Archevêques, Evêques, & autres grands Seigneurs du Royaume, ne pourroient en sortir sans sa permission.

Que s'il y avoit appel d'un Jugement Ecclésiastique de l'Evêque, il seroit déféré à l'Archevêque ; & s'il y avoit appel de la Sentence de l'Archevêque, on ne pourroit réclamer, sans sa permission, le Tribunal Ecclésiastique supérieur.

Que dans le cas où il s'éleveroit contestation sur la nature d'un Ténement, pour savoir s'il appartiendroit en aumône à l'Eglise, ou s'il dépendroit d'un fief laïque, on décideroit cette question d'abord en la Cour du Roi, & que la Cour Ecclésiastique n'auroit la compétence de ce Ténement, qu'après qu'il auroit été reconnu aumôné.

Que tous ceux qui seroient trouvés relevants nuement du Roi, soit Evêques, Archevêques ou autres, ne plaideroient à l'occasion de leurs fiefs, que devant les Juges royaux, où d'ailleurs ils seroient tenus d'assister pour aider à rendre la Justice, à moins que leurs infirmités n'y missent obstacle.

---

(1) Dom Bess. *Norm. Synod.* p. 82.

Que les causes pour dettes, soit qu'elles eussent été ou non promises sous serment, seroient de la Jurisdiction séculiere.

Que les enfants des Colons ne pourroient être pourvus aux Ordres sacrés, sans y être autorisés par le Roi, ou par les Seigneurs de qui ils seroient Vassaux.

Que le Roi auroit la garde des Evêchés & des Abbayes, durant la vacance.

4°. Il substitua aux duels la grande Assise, qui, dès le regne du Conquérant, avoit été établie pour les causes de propriété, où le duel n'étoit point alors jugé indispensable (1).

5°. Il augmenta le nombre des Justiciers ambulants (2).

6°. Il renouvella les Coutumes anciennes pour le droit d'ainesse, le relief, la garde des mineurs, les douaires des femmes, & leur part aux meubles (3).

7°. Il n'admit dans ses troupes que des hommes libres (4).

XIIIe. DUC.

RICHARD IV, surnommé Cœur-de-Lion, Roi d'Angleterre.

(*Depuis 1188, jusqu'en 1199*).

Richard, fils de Henri, lui succéda dans tous ses Etats. Il rendit hommage de la Normandie à Philippe-Auguste, dès le commencement de son regne.

1°. Il défendit de poursuivre les Clercs en Justice séculiere, si ce n'étoit pour l'homicide, le vol, l'incendie, & autres crimes de cette énormité (5).

2°. Permit aux Cours Ecclésiastiques de connoître des causes féodales; mais seulement pour imposer pénitence aux Seigneurs

---

(1) Anc. L. 2e. vol. p. 288.
(2) *Ib.* p. 291.
(3) *Ib.* p. 293.
(4) *Ib.* p. 301.
(5) Matth. Westmonast. ann. 1190.

des Souverains de Normandie.

& aux Vaſſaux qui auroient violé la foi qu'ils auroient jurée.

3°. Leur accorda la compétence des Dôts.

4°. Ordonna que les dîmes feroient payées ſuivant les anciens uſages.

5°. Interdit aux Bourgeois & aux Villains ayant d'autres enfants, de donner à leurs fils Clercs, plus de la moitié de leurs biens (1), à la charge cependant de remplir les devoirs auxquels le fonds donné auroit été ſujet avant la donation.

6°. Il impoſa la même charge aux acquiſitions faites par les Eccléſiaſtiques.

7°. Il défendit aux Evêques d'inquiéter les uſuriers, ni ceux qui faiſoient commerce les jours fériés, & ſe réſerva la punition de ces délits.

8°. Il proſcrivit l'abus que les Eccléſiaſtiques faiſoient du droit qu'ils avoient de citer les Laïques en leurs Tribunaux, où ils les forçoient de s'engager, par ſerment, à ne point plaider en Juriſdiction Laïque.

9°. Abolit le droit de vareck (2).

10°. Obligea tous ceux qui avoient des Chartes royales, à y faire appoſer ſon ſceau (3).

11°. Inſtitua l'égalité dans toutes les meſures & dans les poids des grains & des liquides.

12°. Abolit l'uſage où étoient les Marchands d'avoir aux appentis de leurs boutiques, des toiles peintes en couleur, dont l'ombre déguiſoit celle des étoffes qu'ils débitoient (4).

13°. Les Réglements de ce Prince pour la chaſſe & ſes forêts, méritent auſſi d'être conſultés.

Perſonne ne pouvoit entrer en ſes forêts, armé d'arc & de fle-

---

(1) Dom Beſſ. p. 103.
(2) *Spelm. Oper. citat.* p. 321.
(3) *Ib.* p. 335.
(4) *Ib.* p. 340.

ches, ni fuivi de levriers, fans être accompagné de l'un de fes Officiers.

Ses Foreftiers & Verdiers permettoient aux pauvres l'enlévement du bois mort.

Les Seigneurs qui avoient des bois voifins des forêts royales, étoient refponfables des délits qui s'y commettoient.

Les Prépofés à la garde de ces forêts étoient prenables par corps, des dommages qui y étoient caufés, & dont ils ne pouvoient découvrir les auteurs.

Les Juges de fes forêts, l'étoient en même temps des bois des Seigneurs particuliers.

Il impofa des redevances annuelles à ceux auxquels les effarts & terrains vagues des forêts furent concédés, & il les fit toutes environner de foffés.

Enfin, le banniffement ou la prifon, furent les feuls châtiments de ceux qui enfreignoient les Ordonnances relatives à fes bois & à la chaffe (1).

XIVe. DUC.

JEAN SANS-TERRE.
(*Depuis 1199, jufqu'en 1204*).

CE Prince étoit frere de Richard; il hérita de fes Etats d'Angleterre & de Normandie, après fon décès, arrivé en 1199. Mais en 1204, il perdit la Normandie. Philippe-Augufte la confifqua; &, depuis ce temps, elle n'a ceffé d'être unie à la Couronne de France.

Le premier Statut de Jean eut pour objet la taxe des divers Actes auxquels fon fceau étoit appofé (2).

2°. Il fixa le prix du pain fur les divers prix du bled, fur

---

(1) *Cod. Spelman. in fin.*
(2) *Spelman. Cod.* p. 350.

la valeur des fournitures faites par les Boulangers, & fur celles des gages qu'ils donnoient à leurs domestiques.

Ensuite il varia tellement en Angleterre dans les principes de sa législation, qu'il n'est pas possible de recourir à aucunes de ses Loix, pour l'intelligence de celles de ses Prédécesseurs. Mais, en Normandie, après la perte que ce Prince en avoit faite, les hauts Seigneurs, de l'agrément de Philippe-Auguste, constatèrent les Coutumes qui y avoient toujours été en vigueur. Ainsi, au mois de Novembre 1205, après l'Octave de la Toussaint, ayant à leur tête Regnault, Comte de Boulogne, ils jurerent, sur les Saints Evangiles, que sous les Ducs prédécesseurs de Jean Sans-Terre :

1°. Lorsqu'une Eglise fondée par un Laïque vaquoit, & qu'il présentoit une personne capable à l'Evêque du Diocese dans lequel l'Eglise étoit située, le Prélat étoit tenu d'agréer le Présenté, à moins qu'un autre que celui qui avoit présenté, ne lui contestât son droit.

2°. Que durant le litige, en ce cas, l'Evêque ne pouvoit conférer l'Eglise, ni agréer aucuns des Prêtres qu'on lui présentoit, jusqu'à ce que la contestation fût décidée en la Cour du Roi, ou en celle du Seigneur dont l'Eglise étoit mouvante, *de cujus feodo movet Ecclesia* (1).

3°. Que lorsque le Procès étoit jugé en Cour royale ou seigneuriale, l'Evêque en étant averti par les Lettres-patentes du Roi ou du Bailli devant lequel la cause avoit été terminée, devoit recevoir la personne que lui présentoit celui auquel le droit de Patronage avoit été accordé.

4°. Que ni l'Archevêque, ni l'Evêque, ni tout autre Ecclésiastique d'un rang inférieur, ne pouvoit porter Sentences d'excommunication contre les Barons, Baillis ou Sergents du Roi, ou contre les Clercs de sa maison, sans le consentement de Sa Majesté.

5°. Que personne ne pouvoit être traduit en Cour Ecclésiastique,

---
(1) Dom Bessin, *pag.* 104.

pour raison de serments & foi promis, & pour fiefs Laïques, ou pour châtels appartenants à des séculiers ; mais seulement lorsque la promesse tomboit sur des meubles donnés en mariage, ou sur un legs fait par un défunt, ou pour meubles de Clercs ou de Croisés.

6°. Que du temps des Rois Henri II & Richard IV, nul ne payoit dîmes de foins, de genets, de bois, quand auparavant on ne les avoit pas dîmés.

7°. Que lesdits Rois avoient tenu les plaids d'épée en la Ville & Banlieue de Lisieux, après qu'Arnoulf, qui en étoit Evêque, s'en fut retiré.

8°. Que dans les fiefs de Gournai, de la Ferté & de Gaillefontaine, l'Archevêque n'avoit que les plaids de mariage, de legs, de défauts & de châtels ou meubles de Clercs.

9°. Qu'un Clerc qui tenoit un fief laïque, ayant injurié le Seigneur duquel son fief relevoit, le Seigneur pouvoit saisir tous les châtels du Clerc étant sur ce fief, de quelques lieux qu'ils vinssent, jusqu'à ce que ce Seigneur eût obtenu tout ce qui lui étoit dû pour le fief.

10°. Que si un Clerc jouissoit de quelque fonds réclamé par un Laïque, & disoit le tenir en aumône, c'étoit par le serment d'hommes loyaux : que l'on enquiéroit en la Cour du Roi, de la vérité du fait ; & qu'il en étoit de même lorsqu'un Laïque disoit tenir séculiérement un fonds qu'un Clerc assuroit provenir d'un fief d'aumône.

11°. Que lorsqu'un usurier, durant sa derniere maladie, avoit lui-même disposé de ses meubles, ses dispositions étoient valables ; mais que s'il mouroit, & qu'il fût prouvé que dans l'an qui avoit précédé son décès, il avoit prêté à usure, ses meubles appartenoient au Roi.

12°. Que la treve de Dieu devoit durer depuis le Mercredi au soir, jusqu'au matin du Lundi.

13°. Que quand un Clerc étoit arrêté pour crime, & réclamé

par l'Eglife, on devoit obéir à cette réclamation ; mais que s'il étoit convaincu de vol ou d'homicide, après avoir été dégradé, il devoit être banni, fans être fujet à aucune autre peine, parce que cependant s'il ne gardoit pas fon ban, le Roi en faifoit faire juftice ; & s'il fe rendoit coupable de nouveau, le Roi le puniffoit comme les Laïques.

D'un autre côté, les Prélats Normands demanderent à Philippe-Augufte, que lorfqu'il y auroit difficulté au fujet des Eglifes vacantes, l'enquête du droit de préfentation, fe fît par quatre Prêtres & quatre Chevaliers, lefquels feroient choifis par l'Evêque & le Bailli Royal du lieu; que ces Prêtres & Chevaliers, après avoir prêté ferment, fuffent entendus féparément & l'un après l'autre, tant par l'Evêque que par le Bailli Royal, & que celui des prétendants au Patronage, qui auroit le plus grand nombre des huit témoignages, eût la propriété de ce droit ; que lorfque les huit Prêtres & Chevaliers ne pourroient dire à qui appartiendroit le droit de Patronage, ils fuffent tenus de déclarer quel étoit celui qui avoit préfenté le dernier, & dont la préfentation avoit été effectuée : les Prélats promirent que dans toute cette Procédure, ils uferoient de la plus grande diligence ; & que s'il s'élevoit quelqu'incident, ils s'en rapporteroient à ce que le Roi décideroit ; qu'enfin, durant l'inftruction de la caufe, il ne feroit donné aucunes provifions du bénéfice, qu'après fix mois de vacance. Ils renoncerent même à propofer d'autres exoïnes, pour fe difpenfer de concourir à l'inftruction de ces caufes, que ceux d'infirmités corporelles ; & s'obligerent, dans le cas de cet exoïne, d'envoyer à leur place la perfonne de leur Clergé, fur la fidélité & la légalité de laquelle ils pouvoient plus compter.

Le Roi Philippe, en 1207, approuva leur propofition par fes Lettres datées de Gifors (1).

---

(1) Dom Beff. p. 106.

Dès 1205, ce Monarque avoit fait conftater par Enquête, fon droit de régale fur l'Archevêché de Rouen (1).

Et peu de temps après, il ordonna de percevoir le fouage à raifon de trois années une (2).

Depuis le regne de Philippe-Augufte, mort en 1229, l'Echiquier de Normandie maintint les anciennes Coutumes de cette Province, par divers Arrêts.

1er. ARRÊT,

En l'an 1207,

Au terme de S. Michel, en l'Echiquier tenu à Falaife.

Il fut jugé que celui qui tenoit du Roi la garde d'un mineur, ne répondroit pas de la dette du pere du mineur, pendant la minorité, & que la dette ne courroit point malgré cela en intérêt.

2e. ARRÊT,

En 1211,

A la S. Michel, Echiquier tenu à Falaife.

La Cour déclara qu'un mineur n'étoit pas tenu de répondre à la demande de mariage encombré, *de maritagio encombrato*, par les aliénations de fon pere.

3e. ARRÊT,

De 1214,

Au terme de Pâques.

Philippe-Auguste avoit, en 1210, ordonné que lorfqu'il fe feroit un démembrement d'une terre noble, par la voie du partage entre cohéritiers, ou d'une autre maniere, tous ceux qui fe trou-

---

(1) Bruffel, pag. 282 & 283, 1er. vol.
(2) Ib. p. 212 & 213.

veroient avoir des portions de cette terre, les tiendroient immédiatement en fief du Suzerain, comme un seul tenoit de lui la totalité de la terre, avant le démembrement ; en conséquence l'Echiquier, en l'année 1214, *jugea que celui qui, de deux copartageants, auroit en son lot une Baronnie, releveroit nuement du Roi.*

4º. ARRÊT,
En 1216,
Au terme de S. Michel.

Un mineur, Propriétaire de Sergenterie, fut autorisé à en faire faire les fonctions par un autre.

5º. ARRÊT,
En 1225,
Au terme de S. Michel.

Il fut dit que lorsqu'un Suzerain avoit fait sommer son Vassal de se trouver en l'armée pour y faire son service, & que ce Vassal y manquoit, ce dernier étoit tenu d'indemniser le Suzerain de l'amende qu'il devoit au Roi, pour n'avoir pas été suivi du nombre d'arriere-Vassaux qu'il devoit avoir sous son commandement.

6º. ARRÊT,
De la même année 1225.

Cet Arrêt décide que le Roi avoit le droit de faire sommer directement les Vassaux des Seigneurs, de se rendre à l'*Ost*.

7ᵉ. ARRÊT,
En 1234,
Echiquier de Pâques.

Un Curé fut maintenu en la dîme des prés dont la terre avoit été cultivée, & qu'il avoit dîmée.

8ᵉ. ARRÊT,
De l'an 1277,
Terme de Pâques.

Cet Arrêt est singulier, en ce qu'il atteste qu'on pouvoit diviser le fief de hautbert en huit portions, & que chaque huitieme étoit encore divisible en cinq portions; sans doute alors elles devenoient rotures (1).

9ᵉ. ARRÊT,
En 1289.

Il fut défendu aux Juifs de faire emprisonner les Chrétiens pour leurs dettes.

A ces divers Arrêts doivent être joints, 1°. ceux du Parlement de Paris, dont on indiquera l'espece en divers articles de cet Ouvrage, & notamment en celui des Registres *Olim*; &, 2°. la Charte aux Normands, dont on trouvera la notice sous le mot *Charte*. Après 1314, date de cette Charte célebre, notre ancien Coutumier, la Coutume réformée, & les Arrêts qui en ont éclairci les dispositions, sont les principales sources auxquelles il faut recourir.

On dit les *principales*: en effet, divers Statuts des Rois Anglois qui ont suivi de près Jean Sans-Terre, répandent un très-grand jour sur nos anciens Usages.

---

(1) Bruss. l. 2. ch. 7. p. 175.

des Souverains de Normandie.

Tels font les Statuts fuivants :

Celui de Merton, de l'an 1236,

Art. 1er. accorde aux femmes le droit de vivre 40 jours après le décès du mari, en fa maifon.

Art. 2, il regle la procédure fur l'affife de nouvelle deffaifine.

Art. 4, fur la plainte des Seigneurs de ce que leurs Vaffaux, auxquels ils n'ont inféodé que des héritages de peu d'étendue, ont dans les places vagues & dans les communes, plus de pâturages qu'il ne leur faut pour les beftiaux qu'ils élevent, & qu'en conféquence il ne leur refte pas des pâturages fuffifants pour les manoirs non-inféodés qu'ils ont confervés en leurs mains, il eft ordonné que les Seigneurs & leurs tenants, auront une part proportionnée à leurs poffeffions dans les communes.

L'Article 5 regle l'âge du mariage des mineurs, & les droits des Seigneurs fur ces mariages.

Le Statut de Marlebrige, en 1267,

Offre, Chap. 9, l'origine de nos aineffes Normandes.

Chap. 16, il indique au mineur noble, devenu majeur, le moyen de forcer celui en la garde duquel il eft, de lui reftituer fes héritages.

Et dans le Chapitre 17, il regle les actions du pupille roturier contre fes tuteurs.

La Procédure pour la prife des Namps, fe trouve Chap. 21.

Ces deux Statuts font en latin, & fe trouvent dans le deuxieme volume du Commentaire de Coke, fur les Inftitutes des Loix Angloifes.

Le premier Statut de Westminster, de la troifieme année du regne d'Edouard I, en 1272, eft en François, & dans le même Recueil.

Le Chapitre 4 détermine le droit de vareck ; le 13e. impofe des peines au rapt & au viol.

Le 36 contient la taxe des divers aides de Chevalerie dus au Roi & aux Seigneurs.

Le 42, pour détruire l'abus qu'on faifoit des exoïnes, oblige ceux qui fe font une fois préfentés en Cour, à y fonder *Attorney* ou Procureur, afin que la caufe y foit valablement jugée contradictoirement ou par défaut.

Le Chap. 48 procure aux mineurs devenus majeurs, le moyen de fe faire indemnifer des dégradations commifes en leurs biens, par ceux en la garde defquels ils ont été durant leur minorité.

En 1276, le même Prince fit un Statut Latin. Dans le Chapitre 5, il eft parlé des *Bigames*, ce qui lui a fait donner le nom *de Bigamis* : mais le Chapitre 6 eft le feul relatif à nos Ufages anciens. Il décide que lorfque dans les Chartes d'inféodation, le Fieffeur n'exige ni fervice ni hommage, il ne conferve aucune Seigneurie fur le fonds; qu'elle eft dévolue en ce cas au Chef-Seigneur.

Durant le même regne, en 1278, & non en 1267, date que, par erreur, Coke lui donne (1), une Ordonnance, dite de GLOCESTRE, rédigée en François, autorife l'enfant, durant la jouiffance de fon pere à droit de viduité, d'agir perfonnellement pour la confervation de la propriété des héritages, quoiqu'il n'en ait pas l'ufufruit, Chap. 3.

Et une autre Ordonnance, rendue à Weftminfter, donna, en 1285, des regles pour la fucceffion aux fiefs conditionnels, Chap. 1; pour la prife des Namps, Chap. 2; pour les actions de la part des veuves, en recouvrement de leur dot, Chap. 3 & 4; pour les Patronages d'Eglife, Chap. 5; pour le partage des communes, Chap. 8, 22 & 46; pour les furdemandes, Chap. 10; pour l'aliénation des biens des Eglifes, Chap. 41.

Comme on fera, en divers Articles de ce Dictionnaire, ufage de ces différentes Pieces, il a été naturel de faire connoître le Recueil qui les contient.

---

(1) Voyez *Obfervat. Upon. Stat. Gloceftr. by M. Barringthon.* 1766. Lond.

PRÉFACE

PRÉFACE
OU INTRODUCTION.

LE titre de cet Ouvrage doit en faire connoître le plan.

Si l'origine des Coutumes de Normandie est certaine, c'est rendre aux Jurisconsultes de cette Province, un service important, que de leur en indiquer l'époque; 1°. parce qu'elle n'est fondée que sur des monuments peu connus, malgré leur authenticité; & que, 2°. elle doit répandre le plus grand jour sur le caractere spécial des Statuts qui nous régissent.

Dans le cours de ce Dictionnaire, on aura de fréquentes occasions de se convaincre de cette seconde vérité; je me bornerai donc à donner ici des preuves de la premiere.

Lorsque la Normandie fut cédée à Raoul, Prince Danois, par Charles le Simple, en 912, la France, quoi qu'en disent la plupart de nos Antiquaires, n'avoit point oublié tout principe de la Législation qui avoit été en vigueur sous Charles le Chauve. Quelques Seigneurs, il est vrai, abusoient des troubles qui agitoient le Royaume, pour usurper certains droits du Souverain; mais le peuple même des contrées où cet abus éprouvoit moins d'obstacles, étoit soumis, pour la disposition de sa personne & de ses biens, aux mêmes Loix qui étoient encore respectées dans les parties de l'Etat où le Monarque conservoit ses plus fideles Sujets.

Quelques opposés que fussent divers Seigneurs Ecclésiastiques ou Laïques à l'autorité légitime, ils n'essayoient d'en secouer le joug, que sous des prétextes dont eux-mêmes ne pouvoient se dissimuler l'injustice; & d'autres Seigneurs non moins puissants que ceux-là,

Tome I.   d mais plus jaloux de maintenir les maximes fondamentales de la Monarchie, ne cessoient de les leur rappeller.

L'exactitude de cette assertion devient palpable, en jettant un coup d'œil sur l'état où fut la Législation durant le regne de Charles le Chauve, & sur celui où elle se trouva sous ses Successeurs, jusqu'au commencement du dixieme siecle.

On ne doit pas juger des principes de cette Législation, par quelques actes arrachés à leur foiblesse, & peut-être à leur prudence, dans des temps orageux; ce sont les actes qui nous restent des intervalles où leur autorité fut généralement reconnue, qu'il faut consulter sur ce point.

Or, dans leurs Capitulaires, promulgués lorsque l'Etat étoit moins agité, nous voyons tous les Ordres du Royaume, indistinctement professer une soumission sans réserve à leur autorité.

Les Ecclésiastiques reconnoissoient qu'elle étoit l'unique sauvegarde de leurs droits: — *Per ministerium dominationis vestræ*, (*Ordo Ecclesiasticus*) *secundum antiquam consuetudinem suum vigorem recipiat* (1). De là, sans la permission du Roi, les Evêques & les Abbés ne pouvoient disposer des biens de leurs Eglises, ni accepter les aumônes des Laïques (2); les Vassaux du Roi, *Vassi Regii*, qui avoient été gratifiés de Duchés, de Comtés & d'autres honneurs, lesquels, avant que Charles le Chauve fût monté sur le trône, étoient amovibles, les reçurent de lui à titre héréditaire (3); mais l'hérédité de ces bénéfices, ne concernoit que leur propriété utile: la directe appartenoit au Roi; elle lui étoit garantie par la foi & hommage que le Donataire lui rendoit & juroit (4). En conséquence, le bénéfice retournoit au Domaine royal, dans les cas d'infidélité, de ligne éteinte; & le bénéficier ne pouvoit en

---

(1) Capitul. ann. 843 & 844. *apud Sirmond.* c. 31. t. 3.
(2) Capitul. ann. 853. col. 65. *Ibid.*
(3) Capitul. ann. 877. col. 377. *Ibid.*
(4) *Vassi Regii secundum morem Sacramento fidelitatem promiserunt........ quiqui honores habuerunt illi se commendarent. Aimon.* l. 5. c. 36. col. 337. ann. 878. 880. col. 3 & 45.

aliéner, fans le confentement du Roi, que des portions peu confidérables : encore étoit-ce à ces deux conditions, qu'il refteroit en la main du bénéficier des domaines fuffifants pour qu'il s'acquittât des obligations qui lui avoient été impofées lors de la donation (1), & que l'acquéreur prêteroit au bénéficier le même ferment que celui-ci avoit fait au Souverain.

Il ne faut pas croire que par ce ferment, le fous-bénéficier devenoit tellement dépendant de fon Seigneur, qu'il ne fût plus fous la jurifdiction royale : les Seigneurs décorés de bénéfices, avoient, il eft vrai, à l'*inftar* du Roi, une Cour dans leur manoir, où leurs Officiers prononçoient fur les conteftations qui s'élevoient entre leurs Vaffaux ; mais ce n'étoit qu'autant que l'objet de ces conteftations pouvoit être relatif à la police du bénéfice, ou aux redevances dues au Seigneur, qu'elles y étoient jugées : car le Roi feul connoiffoit des caufes criminelles, & de celles qui touchoient la propriété, ou qui intéreffoient l'état des perfonnes (2). Chaque Vaffal étoit tenu de juger en la Cour de fon Seigneur, les affaires qui regardoient le bénéfice ou les charges impofées à fes Pairs, au profit du Seigneur, lorfqu'elles n'étoient pas acquittées, ou qu'elles étoient méconnues ; & il devoit combattre pour la défenfe de fon Seigneur, pendant un certain nombre de jours. Cependant ce double fervice étoit fubordonné à celui que le Roi exigeoit, foit en fes Cours, foit en l'armée, pour l'adminiftration de la Juftice, ou le falut de l'Etat (3).

Les Seigneurs n'avoient pas encore ofé égaler leur puiffance à celle du Souverain ; ils commençoient feulement à s'arroger dans leurs bénéfices quelques droits utiles, femblables à ceux que le Roi exigeoit d'eux ; ils ne pouvoient marier leurs filles, fans que le Monarque eût approuvé le choix de l'époux ; & ils défendirent

---

(1) Capitul. ann. 864. col. 246. *Ibid.* — Ann. 846. 847. 878. col. 38. 54 & 353
(2) Capitul. Carol. Calv. tit. 7. col. 33. *Ib.* & Cap. ann. 847. col. 54. tit. 9. *Ib.* col. 150 & 33. tit. 7. ann. 844.
(3) Baluf. tom. 1. col. 457 & 493.

d 2

PRÉFACE

à leurs Vassaux de faire contracter par leurs filles aucunes alliances, sans les avoir consultés (1). Les possesseurs d'aleux, quoique dans le ressort d'un Comté ou d'un autre bénéfice, étoient à l'abri de ces vexations de la part des bénéficiers. Ils avoient la liberté de rester sous la protection immédiate du Roi, ou de se recommander à celle d'un Seigneur; c'est-à-dire, de s'en rendre Vassaux (2) : tant donc qu'ils conservoient leurs héritages ou aleux, avec les franchises qui, de tous temps, y avoient été attachées, elles étoient respectées par les Seigneurs.

On entendoit par *Aleu*, une propriété absolue & perpétuelle, soit qu'on la possédât par succession ou par acquisition (3); & cette propriété étoit en la seule disposition de l'alodiaire. Il choisissoit parmi ses pareils, sous l'inspection cependant des Officiers ou des Commissaires du Roi, les Juges qui devoient la lui conserver (4). Il étoit, il est vrai, obligé au service militaire; mais le Seigneur du canton où son aleu existoit, ne pouvoit lui imposer qu'un service proportionné à ses facultés; s'il avoit douze aleux, & étoit en état de former de ses hommes un corps capable de quelque expédition, il marchoit seul, *hostem ipse pergat* (5), & ne recevoit, comme le Comte, des ordres que du Roi, ou du Général de l'armée (6); s'il n'avoit point assez de colons libres dans ses terres pour obtenir un commandement, il s'associoit deux, trois, quatre ou cinq de ses Pairs, ou à défaut d'associés, il s'exemptoit de suivre l'armée, en faisant travailler aux fortifications des villes & châteaux de son voisinage (7). Dans les aleux, il y avoit, comme

---

(1) Fauchet, page 777.
(2) Capitul. Carol. Calv. t. 9. col. 54. apud Sirm. t. 3.
(3) Capitul. ann. 860. col. 187. *Id.*
(4) Capitul. ann. 873. col. 301. *Id.*
(5) Baluf. col. 489 & 427. t. 1.
(6) *Bruniam habeat.* Capitul. ann. 805. C'est-à-dire, qu'il étoit Commandant car la cuirasse dorée étoit le signe du commandement.
(7) Capitul. Carol. Calv. ann. 864. art. 27. col. 243. Sirm. t. 3.

dans les bénéfices, des colons libres & serfs, & une Justice domestique, pour leur faire observer la discipline prescrite par le maître de l'aleu. On en usoit de même dans les possessions appartenantes aux Eglises: les bénéficiers n'avoient sur elles d'inspection, que pour les cas royaux, tels que le meurtre, le rapt, le vol, la franchise ou la servitude tant des terres que des personnes. Il n'est pas étonnant que, jusqu'au dixieme siecle, ces usages se soient maintenus sans altération; il n'y avoit eu encore aucun attentat formé contre la succession au trône: Louis le Begue avoit succédé, sans éprouver d'obstacles, à Charles le Chauve. Louis III & Carloman avoient transmis la couronne à Charles le Simple; & si Eudes l'usurpa de fait, toute la France ne lui obéissoit qu'en le considérant comme Régent & Tuteur du Roi légitime (1). Eudes n'avoit donc pas d'intérêt à intervertir l'ordre établi pour la régie des biens du Clergé, des grands Vassaux, de leurs Feudataires & des hommes libres.

Les Coutumes que je viens d'indiquer, étoient donc celles de la Neustrie, lorsque Charles le Simple la céda à Raoul, depuis lequel elle est connue sous le nom de Normandie: on prétend que déja les bénéfices s'appelloient *Fiefs*, d'après un Diplôme que Brussel attribue à Charles le Gros, & date de 888. Mais plusieurs Savants (2) le croient faux. Quoi qu'il en soit, si le nom de *Fief* étoit encore inconnu à cette époque, les regles du vasselage étoient pratiquées. En effet, le premier acte de Raoul en prenant possession de son Duché, fut celui de l'hommage; & Guillaume longue-Epée son fils, observa la même formalité en recevant de lui, peu de temps après, le Comté de Hauteville (3). Cette conduite de Raoul étoit parfaitement d'accord avec la promesse qu'il avoit faite à Franco, Archevêque de Rouen, Médiateur de son Traité avec Charles le Simple, de conserver aux peuples de son Duché, leurs

---

(1) Aimon. l. 5. c. 40.
(2) Entr'autres M. de Brequigny.
(3) Giannon. Hist. de Naples, liv. 9. tom. 2. p. 2.

anciennes Coutumes (1). Et d'ailleurs il étoit essentiel pour lui que les Loix féodales continuassent d'être observées : la Bretagne lui avoit été cédée, & il ne pouvoit la réclamer qu'en vertu de l'hommage qui en avoit été fait aux Rois de France (2). Au surplus, rien ne prouve mieux qu'il ne changea point les Coutumes Neustriennes, que la conformité de celles qui subsisterent en Normandie, tant qu'il la gouverna, avec les Coutumes des autres Provinces de France où les Normands n'avoient pas pénétré. Effectivement, sous Raoul, l'Echiquier fut institué à *l'instar* des Parlements François ; il se tenoit deux fois par an. De cet Echiquier, le grand Sénéchal étoit député pour visiter tous les cantons de la Province, réprimer les abus des Jurisdictions des Comtes, & pour en faire son rapport à la Cour Souveraine ; c'est-à-dire, que cet Officier avoit les fonctions que les *Missi Dominici* exerçoient encore dans les autres parties de l'Empire François. *Les Barons, Comtes, & autres dignités fieffaux, n'avoient que la Cour de leurs resséans es simples quérelles, & es légières* (3) ; & , dans tous les cas douteux, le duel décidoit les questions (4).

Sous Guillaume longue-Epée, Successeur du Duc Raoul, les possesseurs d'aleux & de bénéfices, conserverent les mêmes prérogatives. Les premiers étoient exempts de toutes redevances, & disposoient à leur gré de leurs fonds : les autres avoient toutes les especes de Vassaux que nous avons remarquées dans les monuments du regne de Charles le Chauve (5); les Alodiaires, qui avoient cessé de l'être, parce qu'ils avoient soumis à un bénéficier leurs propriétés, prirent les noms de Vavasseurs libres (6), de

---

(1) Hist. des Arch. de R. par D. Pommeraye, p. 235.
(2) D'Argentré, Hist. de Bretagne.
(3) Anc. Cout. c. 53.
(4) Ann. 1034. *Chart. redificat. Abbat. S. P. Diocef. Lexov. Gallia Christ.* tom. 11. p. 199. *Instrum.*
(5) *Guillelm. Gemetecens.* l. 3. ch. 47 ann ...
(6) *Cart. S. Quintin.* ann. 1015. *Ib.*

milites-militis : eux, ni les Vaſſaux qui devoient ce titre aux libéralités des Seigneurs, ne pouvoient aliéner leurs manoirs ſans leur concours ; & ſi l'aliénation étoit faite au profit d'une Egliſe, la permiſſion du Roi étoit indiſpenſable (1) ; on en a un exemple frappant dans le don qui fut fait en 1074, au Prieuré de S. Victor-en-Caux, quoique l'objet donné fût *dans le fief* de Mortemer ; (car alors les bénéfices portoient inconteſtablement le nom de *Fief*). Indépendamment de l'approbation du Seigneur, celle du Roi fut requiſe pour la validité de l'Acte de donation : — *Aſſenſu Guillelmi Ducis Normanorum & Rogerii Mortuomari in cujus* FEODO *erat*. Enfin, en 1034, nous voyons les redevances & ſervitudes les plus caractériſtiques du vaſſelage en vigueur, telles entr'autres celles de la *banalité* (2).

Juſqu'alors toute cette police étoit inconnue aux Anglois ; ils ſuivoient les Loix d'Edouard le Confeſſeur, qui n'offrent pas la moindre trace des Coutumes Françoiſes & Normandes du onzieme ſiecle : je l'ai démontré dans le *Diſcours Préliminaire* de mes Remarques ſur Littleton (3). Mais ce Prince étoit accablé d'infirmités : conſidérant qu'il ſe trouvoit hors d'état de tenir les rênes du Gouvernement ; qu'Egard, héritier préſomptif de ſa couronne, étoit décédé ; que les deſcendants du Comte Godowin ſe rendoient de plus en plus odieux à ſes ſujets, il réſolut de ſe donner un Succeſſeur capable de réparer les fautes qu'il ſe reprochoit. Son choix tomba ſur Guillaume le Bâtard, Duc de Normandie, ſon parent. Il députa vers lui Robert, Archevêque de Cantorbéry, & Harald, Grand-Maître de ſon Palais. Ce dernier ſur-tout, qui avoit des vues ſur le trône, fut fort ſatisfait de la commiſſion ; elle lui donnoit lieu de ſonder les diſpoſitions de Guillaume, & de connoître ſes forces. Arrivé en Normandie, il ne fit pas difficulté, pour s'inſinuer plus facilement en ſes bonnes graces, de lui promettre par ſerment,

---

(1) *Ibid.* Ann. 1059. *Fundation. Ulteriorport.* Cart.
(2) *Ibid.* p. 16. & *Cart. Donat. Abbat. Mont. S. Michaël.* ann. 1039. p. 106.
(3) Anc. L. des Fr. t. 1.

qu'il le foutiendroit, & qu'il lui donneroit fa fille en mariage : mais à peine de retour en Angleterre, qu'Edouard étant mort, il s'empara de l'autorité fouveraine. Guillaume le fuivit, fut le vaincre à Hafting, & fe fit couronner.

D'abord Guillaume parut difposé à maintenir les Loix d'Edouard: à ce moyen, il fe procura infenfiblement la liberté d'en faire dreffer de nouvelles, où, à l'ombre d'expreffions équivoques (1), il inféra des maximes qui forçoient fes Sujets à adopter, prefque fans s'en appercevoir, les *Coutumes féodales Normandes*. L'*Hergéate*, ou l'*Hériot*, fut travefti en *relief*; les *Comtés*, les *Vicomtés* prirent la place des *Trihingues* & des *Hundreds*; les Domaines des Comtés furent concédés à titre héréditaire, mais à la condition de relever du Roi. Des hommes libres, ou des Officiers des Comtes, fous-inféoderent partie de ces Domaines ; & tout Feudataire relevant nuement du Roi, eut fa Cour, où les droits de fon fief étoient difcutés & réglés (2). Pour donner plus de poids à ces établiffements, le Conquérant fit dreffer le fameux Rôle appellé *Domefday* (3), où, à l'exception de quelques aleux qu'il permit aux Propriétaires de conferver dans leur indépendance, toutes les autres propriétés furent déclarées mouvantes, ou du Roi, ou des Seigneurs Normands que Guillaume avoit gratifiés de Comtés ou d'autres fiefs de dignité. Bientôt ces Seigneurs exigerent de leurs Vaffaux les droits de garde, de mariage, des fournitures en armes ou en argent, pour les aider à fuivre l'armée. Défenfes furent faites de s'exprimer en autre Langue que la Normande, dans les Tribunaux ou dans les actes judiciaires ; & ces Loix, qu'il fuppofoit toujours être celles d'Edouard, furent auffi traduites en cette Langue, ce qui lui facilita le moyen de les rapprocher encore plus qu'elles ne l'étoient, des Coutumes Françoifes, & remplit fon projet de ne plus permettre d'en fuivre d'autres.

---

(1) *Differt. Prélim.* des Trait. Anglo-Nor. & *Difc. Prélim.* Anc. L. des Fr.
(2) Spelm. *Cod. leg. veter.*
(3) Voy. des Extraits de ce Rôle. tom. 1. *Trait. Anglo-Norm.*

OU INTRODUCTION. xxxiij

Les ufages Normands une fois adoptés, quant à la partie législative, on les vit bientôt s'étendre jufqu'aux chofes les plus indifférentes : les Anglois avant la conquête n'avoient été connus que fous leurs noms propres ou de baptême ; à l'exemple des Seigneurs Normands, ils prirent, après la révolution, des furnoms tirés de la dénomination de leurs demeures, de leurs offices, de leurs profeffions ; la pratique des *Ordalies* difparut ; le combat à outrance devint l'épreuve ordinaire. Henri Ier., fils de Guillaume, fuccéda à fa couronne ; en feignant, au commencement de fon regne, de réformer les établiffements de fon pere, ce Prince leur donna plus de développement. Il mit fous fa garde les revenus des bénéfices Eccléfiaftiques durant la vacance (1) ; il nomma aux Evêchés, régla la procédure économique des fiefs (2), & étendit même plus loin que les Souverains François & Normands le droit d'inféoder : le premier, il créa des fiefs fans glebe. Robert, Comte de Flandres, devint fon feudataire ou fon vaffal, au moyen de 400 marcs qu'il lui compta, & de l'obligation qu'il contracta de lui fournir un certain nombre de gens de guerre & de chevaux (3). Or, quand on confidere que dans les monuments Anglois, antérieurs à l'avénement du Conquérant au Trône, il n'y avoit pas le germe le plus foible de ces ufages ; qu'au contraire, ils prenoient leur principe dans la légiflation Normande, & que depuis les Anglois n'ont ceffé de s'y conformer, n'eft-on pas néceffité d'en conclure que l'ancien Coutumier de Normandie & les Chartes, étant les feules fources reftées en cette province, où l'on ait jufqu'ici puifé des lumieres fur l'efprit qui a préfidé à l'établiffement de fes Coutumes ; ces lumieres ne peuvent que s'accroître, lorfqu'on confulte les monuments relatifs à ces Coutumes, que les Anglois nous ont confervés ?

Il faut convenir que les anciennes Coutumes ont été réformées ;

---

(1) Not. Selden. *in Eadm.* Hum. ann. 1100. Hift. Angl.
(2) *Leg. Henric. I. cap.* 55. Trait. Anglo-Norm. p. 318. 1er. vol.
(3) Actes de Rymer, tom. 10. p. 2.

Tome I. e

mais en l'état où elles sont actuellement, malgré la réforme, n'ont-elles pas pour base les maximes féodales qui étoient en vigueur sous les premiers Ducs Normands ? La division de nos Jurisdictions, celles de nos diverses tenures, notre maniere de succéder aux biens nobles, nos retraits, &c., ne sont-ils pas d'accord avec ces maximes ? J'ai donc été souvent obligé d'indiquer les causes de leur institution primitive, pour éclaircir le texte de la nouvelle Coutume ; & comment, après avoir apperçu ces causes, en aurois-je rendu la découverte intéressante & certaine, sans le secours des étymologies & de la critique ? Jusqu'à nos jours, nous avons eu peu de Jurisconsultes qui aient approfondi l'histoire des Statuts qui forment notre Droit municipal. Faciliter l'étude de cette histoire a été conséquemment l'un des objets principaux que je me suis proposés ; & pour atteindre ce but, ainsi que les autres auxquels cette étude conduit naturellement, voici l'ordre de mon travail.

1°. C'est dans le sein du texte même de notre Coutume actuelle qu'en chaque article de ce Dictionnaire, je recherche l'interprétation de l'usage, *à la discussion* duquel l'article est consacré.

Le texte est-il conçu obscurément ? J'examine si l'obscurité vient de ce que les expressions employées par les Réformateurs ont vieilli, ou de ce que les mœurs anciennes nous sont peu connues. Dans l'un & l'autre cas, je consulte les Auteurs François, Normands & Anglois qui les premiers ont fait usage des mots qui maintenant nous semblent barbares : & dès que le sens de ces mots s'y trouve clairement déterminé, il est rare qu'ils ne me conduisent pas à la cause des usages qu'ils ont exprimés.

2°. Comme il ne m'a pas été possible de saisir dans les sources auxquelles j'ai eu recours toutes les autorités propres à rendre les opinions que j'embrasse inébranlables ; je les indique ces sources, afin qu'on ait l'avantage de porter plus loin que je n'ai fait les remarques & les observations dont les actes ou les récits qu'elles contiennent sont susceptibles.

3°. Quand une disposition de notre Coutume est nettement interprétée par des Arrêts, je me borne à les citer ; mais s'ils forment exception à la regle générale, ou si nos Commentateurs ont déguisé leur espece, je m'attache à en faire connoître les circonstances particulieres : & c'est toujours avec le soin de rendre sensible le motif de l'établissement de la regle, que je prouve l'équité de l'exception, & l'erreur de ceux qui l'ont méconnue.

4°. Si les sentiments des Commentateurs sont partagés sur une question que ni le texte de la Loi, ni les Arrêts n'ont point encore résolue ; je donne l'extrait de leurs raisons, mais en écartant les autorités superflues, les digressions de pure érudition ; & lorsque leurs ouvrages n'offrent rien qui détermine à penser comme eux, je me permets quelque prolixité : on ne croit jamais avoir assez d'armes quand on est contraint de combattre ses maîtres. Sous le nom de nos Commentateurs, je ne comprends pas ceux des Coutumes Anglo-Normandes des douzieme & treizieme siecles : je regarde ces Auteurs comme les plus fideles dépositaires de notre droit Coutumier, sur-tout en matieres féodales.

Nos Jurisconsultes modernes adoptent ordinairement sur cette partie les maximes du Livre des Fiefs ou des Coutumes des Provinces voisines de la nôtre, & il est rare que ces maximes soient parfaitement analogues avec nos usages ; au lieu que presque toujours on a la satisfaction de trouver les Arrêts de cette Province très-concordants avec les principes des Littleton, des Glanville, des Britton, &c. Peut-être me fera-t-on un reproche d'avoir principalement pris pour guides, dans l'interprétation de la Coutume, des Arrêts ? C'est réellement leur donner une autorité que plusieurs Ecrivains de ce siecle ne croient pas leur être due ; mais le reproche sera sans motif, pourvu qu'on veuille bien sonder leur intention & les miennes. L'abus de citer des Arrêts ne consiste, selon eux, qu'en ce que les recueils qu'on en a publiés deviennent plus usuels que le texte des Coutumes ; qu'on se dégoûte insensiblement de l'étude par la facilité de l'abréger, en accordant toute confiance à ces recueils ; qu'en conséquence, les sources sont dédaignées ; que les jeunes Avocats s'habituent à soutenir

PRÉFACE

comme infaillible une Cause, dès qu'ils trouvent un Arrêt qui peut lui être appliqué, sans prendre la précaution d'en pénétrer les raisons, &c. : or, cet abus me paroît aussi déplorable, & c'est pour en arrêter le cours que je publie ce Dictionnaire. Chaque page invite à puiser dans les sources, ou les fait connoître. Dès qu'une fois, après les avoir consultées, le texte de la Loi devient clair, que l'esprit dans lequel elle a été rédigée est conçu; rien alors de plus aisé que de juger si l'Arrêt est concordant avec la disposition de la Coutume; s'il n'interrompt pas la liaison que les maximes de celle-ci doivent avoir entr'elles pour ne former qu'un seul corps; s'il fortifie ce corps, ou au contraire s'il ne tend point à le défigurer, à le démembrer, à l'anéantir : car, en ce cas, il est démontré que l'Arrêt n'a point eu en vue l'article de Coutume controversé, mais un fait qui s'opposoit à ce qu'on le mît en action.

5°. Outre les questions auxquelles la Coutume a donné lieu, & que les Arrêts ont décidées, ou que les Commentateurs ont essayé de résoudre, qui sont traitées en cet Ouvrage, la Jurisprudence bénéficiale de notre Province, a paru digne d'une attention sérieuse. La Normandie a des regles qui lui sont propres à l'égard des déports & des dîmes. D'ailleurs ses Abbayes sont en grand nombre : elles jouissent de revenus considérables; il est intéressant pour elles, comme pour le Public, que les dépôts des privileges de leurs possessions soient connus.

6°. Enfin, en combien d'occasions, dans des Procès de Communautés Religieuses ou Laïques, ou poursuivis entre Seigneurs particuliers, ne desire-t-on pas recouvrer des titres que l'on présume être en la Tour de Londres? Quelles dépenses (1) ne risque-t-on pas souvent en recherches infructueuses? Or, pour mettre à portée de n'en faire que d'efficaces dans ce dépôt étranger, il a paru convenable de donner une idée des titres les plus intéressants qui y sont

---

(1) L'Editeur d'Alcuin, dans sa Préface, impression de 1777, dit que pour quelques copies des Ouvrages de ce Savant, on exige à Londres 100 liv. sterlings.

renfermés, & en même temps de diffiper le préjugé où l'on eft, que les titres qui y exiftent, font des originaux.

Par l'expofition que je viens de faire de la méthode que je me fuis prefcrite, on regardera, je m'en flatte, ce travail d'un autre œil que les compilations multipliées fous le titre de *Dictionnaire*.

Celui-ci n'a rien de commun avec les autres que l'ordre alphabétique dans lequel les matieres qu'on difcute y font préfentées. L'origine de nos Coutumes s'y découvre; on y trouve leur caractere fpécial développé: les maximes qu'elles contiennent font interprétées d'après les autorités les plus refpectables; & lorfque des autorités de ce genre n'ont pu fervir de guides, on a propofé les raifons qui ont paru les plus propres à y fuppléer. En conféquence, on n'y a offert, comme inconteftable, que ce qui l'eft; & fur les points douteux, en faifant connoître les voies que l'on a cru les plus fûres pour parvenir au vrai, on n'a pas omis d'avertir qu'il y en a d'autres qui ont été fuivies par des Jurifconfultes accrédités, ni de rendre compte des raifons qui ont déterminé à s'en écarter. Par là on defire exciter le Lecteur à approfondir de lui-même les queftions, lui faire fentir l'utilité des études férieufes; en un mot, adoucir l'étude, fans induire les Eleves à s'imaginer qu'ils en font difpenfés.

Le Rédacteur de ce Dictionnaire a été fecouru dans fon travail par plufieurs de fes Confreres. M^e. Moulin, dont le nom feul fait l'éloge le plus complet, lui a offert beaucoup de queftions piquantes par leur fingularité, avec des obfervations propres à en faciliter la folution. Ce Jurifconfulte, également profond & modefte, lui a fait paffer fur d'autres queftions moins neuves peut-être, mais plus ufuelles, des Mémoires de fa compofition, qui ne lui ont pas laiffé la moindre perplexité fur l'opinion qu'il convenoit d'embraffer. Enfin, les Arrêts les plus modernes, l'Auteur les doit à ce Jurifconfulte célebre, & à M^e. Lafoy, qui, dès fon entrée au Barreau, fe diftingue par la précifion, la méthode, l'énergie de fon ftyle, & fur-tout par fa familiarité avec les vraies fources de notre Droit coutumier, aujourd'hui fi négligées.

PRÉFACE

Des Magistrats que la sagesse de leur érudition, comme leur inviolable attachement aux maximes primitives & caractéristiques de notre Coutume, élevent à la plus haute célébrité, n'ont pas dédaigné de faire part au Rédacteur de leurs observations sur des Arrêts rendus par l'influence du rapport qu'ils ont fait des affaires qui en étoient l'objet.

Leurs noms seront indiqués, lorsqu'il s'agira de faire l'application de ces Arrêts. On n'a qu'un regret en se bornant à cette indication; c'est de ne pouvoir assez convaincre le Public du scrupuleux examen avec lequel la Cour discute ses intérêts. La preuve de ce scrupule, au reste, se manifeste bien par la facilité qu'il y a, malgré la variété des circonstances, à ce que ses décisions se concilient parfaitement entr'elles.

On sera sans doute étonné de voir rarement le Droit Romain cité dans le cours de l'Ouvrage, & même d'appercevoir que j'ai souvent écarté les autorités que quelques-uns de nos Commentateurs avoient puisées dans ce Droit, pour donner plus de solidité à leurs opinions; mais quelqu'étrange que paroisse la méthode que j'ai suivie à cet égard, j'ai cependant tout lieu de présumer qu'elle sera approuvée des personnes impartiales, dès que les motifs qui m'ont déterminé à l'adopter seront connus.

Il est certain que, sous les premiers Ducs de Normandie, le Droit Romain n'étoit pas suivi dans leur Gouvernement: ce n'a été que vers le milieu du douzieme siecle, que Vacarius, Lombard de nation, depuis Abbé du Bec, fut appellé à Oxford pour l'enseigner; mais les Loix civiles ne purent prévaloir sur les anciennes Coutumes Normandes & Angloises; on ne les reçut que dans les Tribunaux Ecclésiastiques; & comme les testaments, les mariages, les conventions matrimoniales, la légitimité des enfants, les successions des intestats étoient du ressort de ces Cours, ce fut par le Droit Romain, que ces matieres furent discutées & jugées. Les Cours séculieres en ayant repris dans la suite la connoissance, ces Cours n'ont rien changé à l'instruction des causes dont ces matieres faisoient l'objet: on a continué de les décider par les

Loix Romaines. Mais de ce que ces Loix ont été fuivies pour la décifion des queftions auxquelles les mariages, les teftaments donnoient lieu, on n'a pas dû en conclure qu'on devoit y avoir recours pour interpréter les Coutumes Normandes, qui avoient des objets différents ; & c'étoit tomber dans une inconféquence plus révoltante, que de confulter le Livre d'*Obertus Ortenfius*, connu fous le nom *de Livre des Fiefs*, à l'égard des inféodations Normandes.

Comme cependant cet abus a eu lieu, il devient important, pour en dévoiler le danger, de prouver, d'un côté, quelles font les difpofitions de notre Coutume, auxquelles on peut appliquer les maximes du Droit Romain ; &, d'un autre côté, celles avec lefquelles il ne doit avoir aucune analogie.

1°. Quelles difpofitions de la Coutume de Normandie, doivent être interprétées par le Droit Romain?

2°. De quelle utilité peut être *le Livre des Fiefs* pour l'étude de cette Coutume ?

§. I.

En fuivant la méthode de Rouillé & de *Tanneguy Sorin*, dans leurs Commentaires de l'ancien Coutumier, il n'y auroit pas un Article de notre Coutume réformée auquel on ne pût faire l'application de quelques textes des Loix Romaines ; mais perfonne n'ignore de combien d'intrerprétations différentes, ces Loix font fufceptibles : celles par exemple qui femblent les plus favorables à la puiffance abfolue & indépendante des Rois, pourroient, felon les diverfes circonftances auxquelles on en rapporteroit l'origine, être alléguées avec une égale apparence de raifon, contre les prérogatives les plus effentielles au maintien de leur fuprême dignité.

Lorfqu'au douzieme fiecle le Droit Romain fut introduit dans les Etats des Rois d'Angleterre, auxquels en ce temps la Normandie étoit encore foumife, les prétentions féditieufes des Barons fur l'autorité légiflative, divifoient tous les ordres de l'Etat : les Jurifconsultes qui enseignoient alors ce Droit, expliquoient en conséquence la fameuse Loi *Regia*, conformément à l'intérêt qu'ils avoient de flatter ou les Peuples, ou les Souverains des lieux où ils desiroient établir leurs écoles. Pour s'en convaincre, il suffit de parcourir les Ouvrages que Martin *Gozia*, de Bulgare, son Adversaire, & leurs Sectateurs, publierent à cette époque sur les droits des Monarques (1). Cette Loi *Regia* leur y sert également d'appui, suivant que le Gouvernement Monarchique ou le Démocratique est plus analogue à leurs vues.

Cette versatilité d'opinions se fit bientôt remarquer dans les Commentaires du Droit national; les Praticiens faisoient usage du Droit civil, au gré du Souverain ou des Seigneurs qui les inspiroient. Pour arrêter le progrès du mal, dès que les Monarques Anglois crurent avoir réussi à faire respecter leurs droits, ils interdirent l'enseignement des Loix Romaines : mais comme cette interdiction laissoit subsister l'usage de ces Loix dans les Tribunaux Ecclésiastiques : à l'abus qu'en avoient fait les Jurisconsultes dans les Traités destinés aux Cours séculieres, pour restreindre la Puissance Royale, succéda la manie de citer le Droit civil, uniquement pour paroître érudit. Cette affectation se remarquoit encore dans le Bareau Anglois, lorsque la Normandie fut réunie à la Couronne de France. Les deux premiers Commentateurs de nos Coutumes, à l'*instar* des plus récents Interpretes du Droit Anglo-Normand, se firent donc un mérite de marcher sur leurs traces ; ils ne virent que le Droit Romain dans notre Loi municipale (2). De là ils assimilent l'Echiquier au Sénat; nos Hauts & Bas-Justiciers aux Préfets du Prétoire & des Villes; nos Baillis aux Gouverneurs des Provinces Romaines ; nos Sergents aux Appariteurs; & comme les Loix des Empereurs de Rome ne leur fournissent aucun moyen de développer le sens littéral de chaque disposition de nos Coutumes, ils se livrent sans réserve à des

---

(1) Selden, *Dissert. ad Flet.* p. 469.
(2) Tanneg. Sorin. *Præmium.*

généralités

généralités sur l'honnêteté qui doit présider à l'exercice des fonctions des Magistrats & des Officiers ministériels, ou aux conventions des Justiciables : ensorte qu'il ne sort aucune lumiere de leurs Ouvrages, propre à nous faire saisir le caractere spécial & distinctif, des usages que le vieux Coutumier rassemble sous les titres de *Justicement*, de *Jurisdiction*, de *Justicier*, de *Namps* & de *Dessaisine*; ou plutôt en accumulant les décisions du Droit civil, qui ont rapport aux obligations respectives des Créanciers & des Débiteurs, ou qui défendent de se rendre justice à soi-même, ces lieux communs, applicables à toute espece de législation, bien loin d'éclaircir les Statuts qui régissent nos personnes & nos biens, ne font qu'augmenter les doutes par leur juste application.

Béault & Basnage ayant écrit sur nos Coutumes, dans un siecle plus éclairé que celui de Rouillé & de Sorin, n'ont eu garde d'imaginer comme eux, qu'elles dussent être ramenées aux principes du Droit Romain : ils ont unanimement reconnu, au contraire, que ce Droit ne nous obligeoit *aucunement*; que nous ne le suivions que dans le cas où notre Coutume étoit muette, ou lorsque nous trouvions les dispositions de ce Droit, conformes à la raison (1), ou quand elles avoient été adoptées par les Arrêts de la Cour. L'établissement de nos Universités, n'a véritablement été approuvé par les Parlements, qu'avec cette modification : *sans que le Droit Romain ait force de Loi en France*; & c'est à cette doctrine que l'on doit s'attacher.

Les Neustriens, lors de leur établissement en la partie des Gaules que nous habitons, avoient des Loix tout à fait différentes de celles qui régissoient les Provinces méridionales de ce Royaume. S'ils ont inséré dans leurs Loix quelques maximes tirées des Coutumes de ces Provinces auxquelles le Droit Romain étoit familier, ces Loix n'en ont éprouvé aucune altération; ce qu'elles ont emprunté du Droit écrit, est toujours resté subordonné à

---

(1) Godefroy & Bérault, dans le début de leurs Commentaires.

l'esprit de leur constitution primitive; ensorte que, pour l'intelligence des dispositions que ces Coutumes tiennent visiblement du Droit Romain, on doit moins s'attacher à rechercher le sens qu'elles ont dans les collections & les Commentaires de ce Droit, qu'à bien saisir celui que le point de vue sous lequel notre Coutumier les offre, force de leur donner. Par exemple, nous tenons du Droit Romain, la maxime que *l'affranchissement d'une servitude s'acquiert par possession*. Mais il faut que parmi nous, cette maxime ait moins d'étendue que les Romains ne lui en accordent; car, comme ils admettent la prescription en faveur des servitudes sans titre, & que notre Coutume rejette même la prescription centenaire pour les servitudes dont il n'existe pas de titres constitutifs, nous sommes obligés, en suivant l'esprit de cette Coutume qui est toute en faveur de l'indépendance des propriétés, de réputer souvent *servitudes*, ce que le Droit civil présume *dépendance des propriétés*. Ainsi l'existence d'un *larmier* sur un fonds voisin, depuis temps immémorial, ne peut être un titre de propriété en cette Province, pour celui auquel le larmier appartient; au lieu que chez les Romains, l'ancienneté de l'existence des *larmiers*, suffisoit pour que le fonds qui y avoit été sujet, continuât d'en supporter perpétuellement la charge.

Dans notre usage, les incommodités qu'éprouvent les fonds sont le principal objet qui nous fixe; & dans celui des Romains, on ne consultoit au contraire que l'espece de la possession & de la jouissance.

Nous avons encore pris des Romains l'usage du bénéfice d'inventaire; & cependant, à l'égard de la distribution des fruits de ce bénéfice aux Créanciers, distribution qui est son plus important objet, ce n'est point par le Droit civil qu'il faut se conduire; l'Article 97 de notre Coutume, diamétralement opposé à la Loi *Scimus* de Justinien, fait notre unique regle.

Il en est de même des titres des *testaments*, des *donations*, des *prescriptions*, des *choses censées meubles & immeubles*: quelques Loix Romaines peuvent leur être appliquées avec avantage; mais seulement comme suppléments ou exceptions aux dispositions qu'ils renferment. En effet, le but de notre Coutume en prescrivant des

OU INTRODUCTION.

bornes aux difpofitions entre-vifs ou teftamentaires, a été de prévenir l'infraction des conventions matrimoniales, & la ruine des familles : en conféquence ces regles du Droit civil, — *donner & retenir ne vaut rien* ; ou que cependant — *le donateur peut fe réferver l'ufufruit des chofes données*, y ont été adoptées ; parce que non-feulement elles n'ont rapport qu'à la quotité & à l'efpece des biens que la Coutume déclare difponibles, mais de plus elles augmentent les difficultés de frauder les droits des femmes & la légitime des enfants. En fait de prefcription, notre Coutume admet auffi tous les effets que la Loi Romaine donne à cette maniere d'acquérir fans titre, mais elle ne perd pas de vue que les droits du fang, & les liens d'entre les Seigneurs & leurs Vaffaux, n'en doivent fouffrir aucune atteinte.

Enfin, la Coutume de cette Province, loin d'être devenue l'efclave de la Loi Romaine, s'en eft en quelque forte rendue la maîtreffe ; fouvent elle la modifie, la reftreint ou l'étend ; tantôt elle déclare mobilier, ce que cette Loi nous offre comme immobilier ; & tantôt elle attribue à ce que le Droit écrit confidere comme immobilier, la qualité des meubles. Sur la diftinction des meubles & des immeubles, ainfi que fur les autres matieres qui viennent d'être indiquées, notre premier foin doit donc être d'examiner d'où dérive la caufe déterminante des difpofitions contenues dans le titre de notre Coutume, qui traite de ces matieres : parce qu'une fois cette caufe connue, il eft aifé de juger fi les difpofitions du Droit Romain fur le même fujet, font ou non compatibles avec les maximes fondamentales de notre Droit municipal.

Eft-il queftion de déterminer la foumiffion due au Souverain, les divers dégrés de Jurifdiction, l'autorité des peres fur leurs enfants, des maris fur leurs femmes ; de revendiquer une propriété ancienne fur l'ufurpateur qui nous l'a ravie ; de connoître la nature des biens, l'ordre dans lequel on doit y fuccéder, la forme en laquelle on peut en difpofer, les droits que les maris, leurs époufes, les enfants, les lignagers peuvent y prétendre : notre Coutume eft notre unique guide. Mais fi une difficulté s'éleve à l'égard du cautionnement fait par une fille ou femme, ou relativement aux circonftances qui concourent à établir la bonne ou la mauvaise foi des louages, des ventes, des mandats, des affociations en général ; s'il s'agit de fe former des idées juftes du pouvoir des tuteurs ou des curateurs fur les pupilles, fur les furieux & les prodigues confiés à leurs foins, la Coutume ne nous procurant aucuns fecours : alors, comme les cas n'y ont point été prévus, puifons dans une autre Légiflation que la nôtre, des principes d'équité capables de nous conduire ; & cette Légiflation fera celle des Romains, parce que nous n'en connoiffons pas : & il n'en eft point où l'on trouve les maximes du Droit naturel & les regles de la fociabilité, développées avec plus de méthode, de clarté & de raifon. Mais n'oublions pas que fi le Droit Romain nous fournit des armes contre l'injuftice que nous éprouvons, ces armes ne font efficaces qu'autant que les Cours qui adminiftrent la Juftice à la décharge de nos Souverains, en approuveront l'ufage. Ainfi, quand ce Droit nous procure le remede du bénéfice de la reftitution en entier contre la léfion ultradimidiaire, ou contre le dol, ce remede tire toute fa force des Lettres de Chancellerie que nous fommes obligés d'impétrer ; à la différence des reftitutions que notre Coutume autorife, telles que celles de la dot aliénée par le mari même, du confentement de la femme, pour l'obtention defquelles nous n'avons befoin que de la Coutume même ; elle forme notre Droit commun, l'autorité royale lui a imprimé ce caractere : au lieu que le Droit Romain n'eft pour nous qu'un Recueil d'opinions, qui ne méritent d'être refpectées, qu'autant qu'elles font conformes à notre Droit particulier (1).

§. II.

C'eft fur-tout à l'égard des fiefs que nous devons, en cette Province, ufer de la plus grande circonfpection, en confultant les Loix Romaines.

Sous l'Empire de Frédéric Barbe-Rouffe, & par le confeil de Girard le Noir, en 1152, *Obertus Ortenfius*, Milanois, ramaffa en quatre Livres toutes les Coutumes qu'il jugea les plus propres alors à rendre dans tous les Etats l'ufage des fiefs uniformes. On ne peut nier que

---

(1) *Legum Romanarum eft utilis autoritas, fed non adeo vim fuam extendit ut ufum vincant aut mores.* Oberti de Orto, *l.* 2. *Defendis, tit.* 2.

cet Ouvrage ne puisse servir à terminer beaucoup de difficultés dont la matiere des fiefs est encore susceptible ; mais on doit en même temps convenir que les difficultés se multiplieroient en cette Province, si on y considéroit le *Livre des Fiefs* comme le plus sûr interprete des dispositions particulieres qui constituent notre Coutume féodale.

D'abord, sans entrer dans la question, si les deux derniers des quatre Livres que Cujas a mis au jour sous le titre de *Livre des Fiefs*, en étoient des parties intégrantes, lorsque les Auteurs des deux premiers les publierent, ou si au contraire ils ne sont pas seulement des Commentaires de ceux-ci, attachons-nous à examiner quels sont les objets de ce Livre, considéré dans toutes les Parties que le plus grand nombre des Jurisconsultes lui attribue maintenant.

Il divise les fiefs en fiefs régaliens, tels que ceux de dignité, ce sont les Marquisats, les Duchés, les Comtés, &c.; en fiefs nobles, & sous ces titres, il comprend ceux que le Souverain créoit sans y attacher aucune dignité, ou que les Marquis, les Ducs, les Comtes, conféroient ; en fiefs non nobles, dont la concession étoit faite à des roturiers ; en fiefs personnels qui ne passoient point aux héritiers ; en fiefs réels, dont l'hérédité étoit perpétuelle ; en fiefs ecclésiastiques, parce que l'Eglise les accordoit ou les recevoit ; en fiefs masculins, parce qu'ils ne passoient point aux filles ; en fiefs féminins, auxquels les femmes avoient la faculté de succéder ; en fiefs patrimoniaux ou anciens, c'est-à-dire propres paternels ou maternels, & en fiefs nouveaux que l'on possédoit par acquisition.

Ces divisions n'ont rien de contraire, au premier coup d'œil, aux usages Normands anciens & modernes ; mais on n'en a plus la même idée, lorsqu'on fait attention au régime que le Livre des Fiefs prescrit pour chaque sorte de fief. En effet, selon lui, les Feudataires de dignité pouvoient concéder des fiefs, & il ne conserve sur ces inféodations aucune directité au Souverain, ce qui est absolument contraire à la pratique féodale Normande, suivant laquelle, depuis le dixieme siecle jusqu'à présent, il n'y a point eu un seul fief, même dans la moindre classe des fiefs, qui n'ait été reconnu mouvant immédiatement du Roi, ou dont l'hommage n'ait été reporté au Roi par le moyen des fiefs de haubert ou de dignité, duquel provenoit la sous-inféodation.

2°. En ne prohibant point la prescription de la foi & hommage, le Livre des Fiefs laisse au vassal la liberté de la faire valoir; & les monuments de notre ancienne Jurisprudence, rendent indissolubles les liens que l'hommage & la fidélité forment entre le Seigneur & le vassal: *Homagium, fidelitatem, custodiam, relevium, maritagium, nulla tempora deleverunt aut delere poterunt* (1).

3°. Entre cohéritiers, la Loi Romaine permet la division des fiefs, & elle les y fait succéder également; au lieu que le droit exclusif des aînés sur les fiefs, ainsi que leur indivisibilité, ont été des maximes de tous temps respectées en Normandie.

Il est aisé de concevoir combien doivent être différentes les conséquences résultantes de nos usages féodaux & de ceux que les Ordonnances impériales ont érigés en Loix.

De ce que le Souverain, selon ces Ordonnances, n'a point le Domaine direct de tous les fiefs, la confiscation, dans le cas où le vassal encourt une peine capitale, n'est au profit ni du Roi, ni du Seigneur; la famille du coupable en conserve la propriété.

De ce qu'elles permettent de prescrire l'hommage contre le Seigneur, le Seigneur, par la seule possession de trente ans, acquiert irrévocablement contre son vassal le retour du fief en sa main.

De ce que les cohéritiers peuvent partager les fiefs, il est aussi permis aux vassaux de les démembrer, de les céder à titre de fief, d'en disposer par testament; la qualité d'aîné n'attribue aucunes prérogatives; le titre du Seigneur se multiplie; & les services que ce titre avertit de rendre à l'Etat, ne peuvent être exigés, les propriétés qui en étoient garantes, ne suffisant plus, après leur division, pour en soutenir l'éclat & la dépense. Aussi de là cette liberté que le Livre des Fiefs donne au vassal d'examiner si la guerre qu'entreprend son Seigneur, est ou n'est pas juste, & de refuser de le suivre à la guerre, s'il n'en juge pas le motif équitable; de là encore ce vassal ne peut être privé de son fief, quoiqu'il ne

---

(1) Littlet. l. 2. Cowel. l. 2. t. 3. Bracton, l. 2. c. 35.

OU INTRODUCTION. xlvij

se soit point rendu à l'armée avec son Seigneur, malgré son invitation, pourvu qu'il n'en ait pas fait formellement refus; de là, si le vassal ayant fait des améliorations sur le fonds inféodé, décède sans héritiers capables de posséder le fief, le Seigneur, en y rentrant, est tenu de leur payer la valeur de ces améliorations, &c. &c.

Ce n'est pas seulement en ce que le Livre des Fiefs a été composé dans des vues étrangeres à celles des Rédacteurs de nos Coutumes, que la lecture en doit être faite avec précaution ; c'est encore parce qu'il ne présente que des conjectures sur les points les plus importans, tel que celui des successions (1), & que même à l'égard de l'étymologie des noms distinctifs des Feudataires, on n'y trouve rien de satisfaisant. Il nous apprend que les Ducs sont ceux qui sont investis de Duchés ; que les Comtes tirent le titre des Comtés. Que l'on compare ses seches observations avec celles des anciens Jurisconsultes Normands, & l'on verra si, après les avoir consultés, le Livre des Fiefs peut nous être encore de quelqu'utilité.

Ne nous le dissimulons cependant pas ; si, pour le fond des choses, nos Traités Normands sur les fiefs sont plus approfondis, moins vagues que celui d'*Obertus*, c'est de celui-ci que nous avons emprunté l'art des divisions qui rendent la discussion des matieres plus claire & plus précise. L'article FIEF, en ce Dictionnaire, en donnera la preuve. D'ailleurs, si le Livre des Fiefs par lui-même, n'est pas pour nous d'une grande importance, les Gloses & les Commentaires que les plus savants Jurisconsultes y ont ajoutés, méritent toute notre attention : ceux de *Zasius*, de *Rebuffé*, de *Cujas*, doivent être sur-tout distingués par les graces du style & la sagesse de l'érudition. Ne confondons pas au surplus le Traité de Dumoulin, quoique le Livre des Fiefs y soit souvent cité, avec les Ouvrages consacrés à l'interprétation de ce Livre. Dumoulin suit, il est vrai, la définition que les Loix impériales donnent des fiefs, en ne faisant consister leur essence que dans l'hommage & la fidélité, & en ne regardant pas la réserve de la directité, comme indispensable à leur constitution ; mais à part cette opinion de son excellent Traité

---

(1) V. L. 2. tit. 11 & 12.

sur la nature des fiefs, il est parfaitement d'accord avec les maximes de notre Coutume, sur les points capitaux de la féodalité; c'est-à-dire sur les effets de la mouvance, l'indivisibilité du fief, les droits de primogéniture. Aussi dans sa Préface (1) nous conseille-t-il de ne recourir aux Loix Romaines ou Lombardes, compilées par *Obertus*, que lorsque nos Loix territoriales & les actes d'inféodation ne nous fournissent aucuns secours.

Au reste, rien ne peut nous inspirer plus d'attachement pour nos Coutumes particulieres, féodales par préférence à toutes celles que les Loix impériales ont établies, que l'observation de l'illustre Montesquieu, Ch. 30 du L. 31 de l'Esprit des Loix. *Le Livre des Fiefs*, dit-il, nous apprend qu'*au départ de l'Empereur Conrad pour Rome, les fideles qui étoient à son service, lui demanderent de faire une Loi pour que les fiefs qui passoient aux enfants, passassent aux petits-enfants; & que celui dont le frere étoit mort sans héritiers légitimes, pût succéder au fief qui avoit appartenu à leur pere commun; ce qui fut accordé.* Or, ajoute le savant Magistrat, cette anecdote suffit à ceux qui ont lu l'Histoire de France, pour leur faire voir que *lorsque l'Empereur Conrad commença à régner (en 1024), les choses étoient encore en Allemagne, comme elles avoient été en France dès le regne de Charles le Chauve, en 877.* Car de cette observation, il suit que les Coutumes féodales Normandes, tirant leur origine de celles suivies en France à l'égard du vasselage, sous les derniers Rois de la deuxieme race, ce n'est pas des Loix impériales sur les fiefs, qui n'ont été promulguées que postérieurement, que ces Coutumes doivent recevoir des éclaircissements (2).

---

(1) N°. 105.
(2) V. Sect. 8. Littleton, Anc. Loix des Franç. p. 27. tom. 1er.

DICTIONNAIRE

DICTIONNAIRE
ANALYTIQUE,
HISTORIQUE, ÉTYMOLOGIQUE,
CRITIQUE ET INTERPRÉTATIF
DE LA COUTUME
DE NORMANDIE.

A.

ABA

ABANDONNEMENT.

LES articles 376 & 377 de la Coutume, punissent les femmes qui abandonnent leur époux sans cause raisonnable, en les privant de leur douaire. Cette Jurisprudence est très-ancienne. *Voyez* Glan-

ABB

ville, l. 5. chap. 6. (1), & art. ABSENCE, ADULTERE, &c.

ABBATEMENT.

C'étoit dans les anciennes Loix Normandes, l'action de quiconque ayant un titre apparent de possession sur un fonds,

---

(1) *Traités Anglo-Norm.* t. 1. pag. 459.

Tome I.

s'y introduisoit sans exercer aucune violence, immédiatement après le décès du possesseur, & avant que son héritier l'eût occupé (1).

ABBAYANCE.

Dans les anciens Traités sur les Coutumes Normandes, on disoit qu'un droit étoit en *abbayance*, lorsque personne n'en avoit la propriété, & qu'elle étoit en dépôt aux mains du Souverain: telle étoit la propriété d'un bénéfice. *Voyez* Anc. L. Fr. tom. 1. p. 676. Alors, dit Spelman, *jus erat latratui magis quàm violentiæ obnoxium*.

ABBAYES.

La Normandie comprend les Abbayes suivantes :

DIOCESE DE ROUEN.

ORDRE DE S. BENOIT.

ABBAYES D'HOMMES.	ABBAYES DE FEMMES.
S. Ouen . . . . *S. Audoenus*.	Montivilliers . . . *Monasterium Villare*.
S. Wandrille . . . . . . *Fontanella, seu S. Wandregisillus*.	S. Amand de Rouen . . . . . *S. Amandus*.
Jumieges . . . *Gemeticum, vel Gemeticus*.	La Grace de Dieu . . . . *Gratia Dei*.
Fécamp . . . . *Fiscanum*	Neufchâtel en Bray . . . . *Appendix de novo castro*.
Le Bec . . . . *Beccum*.	
Bonnes-Nouvelles de Rouen . . . . *Beatæ Mariæ de Prato, seu boni nuntii Prioratus*.	
Tréport . . . . *Ulterior portus*.	
S. Martin de Pontoise . . . . *S. Martinus Pontisarensis*.	
S. Victor en Caux . . . . *S. Victor apud Caletas*.	
S. Georges de Bocherville . . . *S. Georgius de Bulcheri Villa*.	
S. Martin d'Aumale . . . . *Alciacum, vel Albamerla*.	
Valmont . . . *Validus mons, Vallis mons, Wallonis mons*.	

ORDRE DE S. AUGUSTIN.

Notre-Dame d'Eu . . . . *Beata Maria Augensis, seu Augum, vel S. Laurentius*.	
Corneville . . . . *Cornevilla*.	

ORDRE DE CÎTEAUX.

Beaubec . . . . *Bellus Beccus*.	Bival . . . . *Bivallis*.
Foucarmont . . . . *Fiscardi mons*.	Bondeville . . . . *Bondevilla*.

(1) Anc. L. des Fr. p. 539. t. 1.

ABB ABB

ABBAYES D'HOMMES.

Mortemer.................. Mortuum mare.
La Valasse... Valassia, Vallisascii, Vallis azonis.

ABBAYES DE FEMMES.

Fontaine-Guerard..... Fontes-Guerardi.
Gomer-Fontaine.......... Gomeri-Fons
S. Saens............... Sanctus Sidonius.
Le Thrésor... Thesaurus Sanctæ Mariæ.
Arques........................... Arcæ.

ORDRE DE PRÉMONTRÉ.

Marché-Raoul.. Marchesium-Radulphi.
Bellosane................... Bellosana.
Ressons................... Ressonium.
L'Isle-Dieu.............. Insula Dei.

ORDRE DE SAINTE CLAIRE.

Sainte Claire de Rouen.... Sancta Clera.
Les Gravelines.......... Graveningæ.

DIOCESE DE BAYEUX.
ORDRE DE S. BENOIT.

Cerisy..................... Cerasium.
Fontenay............... Fontanetum.
Troarn..................... Troarnum.
S. Etienne de Caen.... S. Stephanus Cadomensis.
Longues..................... Longæ.

La Sainte Trinité de Caen... Sancta Trinitas Cadomensis.
Cordillon..................... Cordilio.

ORDRE DE S. AUGUSTIN.

Le Val......... Vallis Beatæ Mariæ.
Plessis-Grinould... Plessæum-Grimoldi.

ORDRE DE CITEAUX.

Aulnay..................... Alnetum.
Val-Richer............. Vallis-Richerii.
Barberey................ Bareréïum.
Thorigny................ Torignéüm.

ORDRE DE PRÉMONTRÉ.

Ardennes................... Ardena.
Belle-Etoile........... Bella stella.

DIOCESE D'AVRANCHES.
ORDRE DE S. BENOIT.

Le Mont S. Michel..... S. Michaël in periculo maris.

Notre-Dame de Moutons..... Beata Maria de Moutons.

ORDRE DE S. AUGUSTIN.

ABBAYES D'HOMMES.	ABBAYES DE FEMMES.
Mont-Morel............Mons-Morellus.	

ORDRE DE CÎTEAUX.

Savigny................Savigneium.	Les Blanches..........Albæ Dominæ.

ORDRE DE PRÉMONTRÉ.

La Luserne..............Lucerna.	

DIOCESE D'EVREUX.
ORDRE DE S. BENOIT.

S. Taurin...............S. Taurinus.	S. Sauveur.............S. Salvator.
La Croix S. Leufroi... Cruz Sancti Leufredi.	S. Nicolas de Verneuil.....S. Nicolaus de Vernalio.
Conches...............Conchæ.	Neubourg............Novus Burgus.
Lire..................Lira.	Pacy..................Pacejum.
Juri..................Ibreïum.	

ORDRE DE S. AUGUSTIN.

	S. Louis de Vernon....S. Ludovicus de Vernone.

ORDRE DE CÎTEAUX.

Breuil-Benoît.......Brolium-Benedicti.	Lestrées...................Strata.
La Noüe................Noa.	
Bon Port............Bonus Portus.	

DIOCESE DE SÉES.
ORDRE DE S. BENOIT.

S. Martin de Séès........S. Martinus.	
S. Pierre sur Dives.. S. Petrus supra Divam.	
Almenesches..........Almaniscæ.	
Vignart...............Vinacium.	

ORDRE DE S. AUGUSTIN.

Essay..................Esseyum.	

ORDRE DE CÎTEAUX.

S. André en Gouffern....S. Andreas in Goffer.	
La Trappe................Trappa.	
Villers Canivet..........Villarium.	

ABB   ABB

Ordre de Prémontré.

Abbayes d'Hommes.	Abbayes de Femmes.
S. Jean de Falaise.... S. Joannes in Falesia.	
Silly................... Sileium.	

DIOCESE DE LISIEUX.

Ordre de S. Benoît.

S. Evrould........ S. Ebrulfus uticensis.	S. Leger............. S. Leodegarius.
Bernay.................. Bernaicus.	S. Desir.............. S. Desiderius.
Préaux.................. Pratellum.	
Grestaine............... Grestanum.	
Cormeilles............... Cormeliæ.	

Ordre de Prémontré.

Mondée................ Mons dei.

DIOCESE DE COUTANCES.

Ordre de S. Benoît.

S. Sever................. S. Severus.	Sainte Marie de la Protection.... Sancta Maria de Protectione.
Assay.................. Exaquium.	Sainte Marie des Anges..... B. Maria de Angelis.
S. Sauveur-le-Vicomte..... S. Salvator Vicecomes.	
Mont-Bourg.......... Montis-Burgus.	
Hambic................. Hambeia.	

Ordre de S. Augustin.

S. Lo................... S. Lodus.	
Cherbourg........... Cæsaris Burgus.	

Ordre de Prémontré.

Blanche Lande......... Blanca Landa.

On indiquera très-sommairement sous le nom de chaque Abbaye, l'origine, les privileges de sa fondation, & les sources où l'on en peut recouvrer les titres.

Les Abbayes ont toujours été en cas de vacance en cette province, sous la garde du Souverain. Le Duc de Normandie, suivant les Chapitres 32 & 115 de notre ancien Coutumier, *pouvoit seul faire ômofnes franches & pures*; aulcun ne pouvoit faire de son fief pure ômosne, sans l'étroit & spécial assentement du Prince, parce que le Prince a la Jurisdiction & Seigneurie sur tous les fiefs Lais de Normandie; & en la Cour pleiniere ou assise tenue à Caen en 1157, par les Barons des quatre Comtés de Bayeux, de Coutances, d'Hiesmes & d'Avranches, il fut dit, *que du moment qu'un Seigneur avoit en Normandie donné* QUELQU'AUMÔNE à *une Abbaye, il ne pouvoit plus y retenir ni réclamer rien autre chose que des prieres, à moins qu'il n'eût une charte spéciale de ce qu'il vouloit retenir, émanée du Duc de Normandie, en la main duquel étoient toutes les aumônes, depuis l'instant qu'elles avoient été faites aux Abbayes ou Lieux Religieux* (1).

Bruſſel s'est trompé lorsqu'il a cru voir deux exceptions à cette regle. En effet, Lesceline, Comtesse d'Eu, ayant fondé en 1046, l'Abbaye de S. Pierre-sur-Dive, située au Diocese de Séés, soumit à la vérité cette Abbaye au Roi, après s'être fait céder par ses fils tous les droits qu'ils y avoient, dans la crainte que si ce Monaſtere tomboit en leur garde, ses biens ne fussent déprédés : mais il ne suit pas de là que les fils de Lesceline étoient restés propriétaires, sans lettres du Duc, des droits qu'ils céderent à leur mere; au contraire, il est naturel de croire que lors de la fondation faite par leur mere, elle-même les leur avoit réservés, & que le Prince avoit approuvé la réserve ; car si elle n'eût rien retenu en faveur de ses enfants sur les biens qu'elle avoit aumônés, comment, vu qu'elle avoit construit l'Abbaye, auroient-ils eu des prétentions sur cette aumône ? L'exemple des Barons d'Echaufou & de Grentemesnil, cité par Bruſſel, n'est pas plus concluant en faveur de son opinion : ils supplient le Duc de permettre qu'ils rétablissent l'Abbaye de S. Evrould, & d'ordonner qu'à l'avenir cette Abbaye soit soustraite à toutes redevances envers qui que ce soit. Or, cette requête n'étoit que la conséquence de la regle générale que l'article 41 de la Coutume nous a conservée. Car de la même maniere qu'il falloit lettres du Prince pour constater les réserves que les Fondateurs des Abbayes ſtipuloient, de même auſsi il étoit important aux Fondateurs qui vouloient affranchir une Abbaye de toute sujétion envers leurs successeurs, d'obtenir du Souverain acte de ce que la fondation étoit faite par eux sans aucune réserve. Si donc l'Abbaye d'Almenesches, fondée par Roger, Baron de Montgommery, en 1060, est toujours restée en la garde de ses descendants, jusqu'à l'extinction de sa famille, ce n'a pu être que parce que, lors de la fondation, le Fondateur n'avoit fait son aumône qu'à des conditions que le Duc avoit ratifiées.

Au reste, en Normandie, s'il a toujours été de principe que la donation d'un fief entier, sans réserve, au profit d'une Abbaye, ne permettoit plus au donateur d'y prétendre autre chose que des prieres, & que la garde de l'aumône appartenoit au Roi seul, en ce cas ; d'un autre côté, quand il n'y avoit que des dépendances de fief données, les droits du Donataire sur cette aumône, n'étoient en rien altérés ni diminués, (art. 139 de la Cout.); c'est-à-dire, que pour cette aumône, l'Abbaye restoit sujette à tous les droits & devoirs seigneuriaux auxquels tout autre sous-feudataire auroit été obligé, parce qu'alors elle n'étoit donataire que d'une roture, & que tant que le Seigneur retenoit le fief dont elle dépendoit, la mouvance n'en pouvoit appartenir au Souverain. Ceci ne contredit pas la décision de l'assise de 1157; parce que, sous l'expression de QUELQU'AUMÔNE, elle a tellement désigné, 1º. le don d'un fief, on veut dire, le don d'un corps spécifique & entier, qu'elle suppose que le donateur auroit pu en retenir partie ; & 2º. elle a nécessairement entendu parler d'un fonds relevant directement du Duc de Normandie à titre de suzeraineté, puisque ce n'est qu'autant que le donateur renonce à tout droit sur ce fonds, qu'il

---

(1) Bruſſel, fol. 313.

se trouve en la garde du Prince. Cette interprétation est, au surplus, conforme à la Jurisprudence de notre Parlement.

Dans le Traité historique des dîmes (1), on trouve huit Arrêts qui la confirment. Il faut cependant remarquer que l'Auteur de ce Traité a omis d'observer que les Abbayes, lors même qu'elles n'avoient obtenu des Seigneurs que des portions ou des dépendances de fief, réussissoient quelquefois à priver ces Seigneurs de leurs mouvances, en obtenant du Souverain la confirmation de toutes les aumônes qui leur avoient été faites, & le droit de les tenir en Baronnie; c'est-à-dire, nuement de lui : mais si les Chartes n'eussent pas été obtenues du consentement des donateurs, & qu'ils eussent réclamé leurs droits, ils les auroient conservés. Ce n'est que par le défaut de réclamation qu'on les présumoit avoir approuvé les privileges sollicités par les Monasteres qu'ils avoient fondés. Cette présomption a été admise par divers Arrêts, dont deux en faveur des Religieux de Jumieges, contre M. le Maréchal de Bellisle, des années de 1756 & de 1758 ; & d'autres ont été rendus en 1749, entre les Religieux de Beaubec & M. de Boullainvilliers, & en 1746, entre M. Fiquet & les Moines du Valasse (2).

Quand les aumônes d'une Abbaye ont été érigées en Baronnie, elle a le droit de Haute-Justice (3).

Si les Abbayes ont de si hauts privileges, elles sont obligées, en retour, à des charges publiques: par la Déclaration du 2 Avril 1768, chaque Abbaye est tenue de nourrir & entretenir un officier ou soldat invalide ; nourriture & entretien qui se paient au Receveur de l'Hôtel des Invalides chaque année, à raison de 300 liv.

ABBÉS.

Rien de plus prudent que les précautions prises pour la conservation des droits des Abbés. Afin de prévenir l'envoi en possession des fonds que pourroient légitimement prétendre les créanciers de dettes anciennes, réelles & foncieres sur la succession des Abbés décédés, il a été décidé que ceux qui y succéderoient, seroient tenus de ces sortes de dettes lorsque leurs Prédécesseurs ne les auroient point acquittées ; -- Arrêts du 16 Avril 1513, & du 19 Mars 1534 -- ; cependant les créanciers doivent laisser le tiers net du revenu annuel du bénéfice au nouveau pourvu pour sa subsistance (4), s'il n'a pas de quoi vivre d'ailleurs. La raison que Godefroi donne de cette jurisprudence, est que la dignité d'Abbé est perpétuelle, *non moritur*, & que quoique le successeur ne soit ni héritier du défunt, ni son résignataire, de l'instant où il est investi du bénéfice, il est tenu des obligations sans lesquelles il ne pourroit jouir du revenu qui y est affecté dans toute son étendue.

Un Concile de Rouen de 1074, vouloit que l'on ne nommât à une Abbaye que ceux qui durant quelque temps auroient observé la discipline monastique.

Il n'est pas facile de concevoir pourquoi les commendataires seroient exceptés maintenant de cette regle ; les revenus

---

(1) Par M. le Bailli de la Palisse, p. 342.
N. B. Qu'en Champagne & en Bourgogne, l'aumône reste toujours sous la directe des Seigneurs, & que le Bourbonnois, dont le Bailliage de la Palisse releve, borne la Bourgogne. Ainsi les principes de cet Auteur different souvent des nôtres.
(2) M. le Bail'i de la Palisse, p. 349.
(3) *Voyez* Art. HAUTE-JUST., en quel temps les Abbayes ont joui de ce droit.
(4) Forget, des person. & choses ecclés. c. 25. p. 105.

dont ils jouiffent doivent certainement leur appartenir en vue de ce qu'ils rempliront quelques devoirs : & le premier de ces devoirs feroit-il de regarder comme des étrangers ceux dont ils font les fupérieurs, ou d'avoir tant d'indifférence pour leur conduite, qu'ils dédaignaffent de s'inftruire des préceptes auxquels elle doit fe conformer ?

ABBRÉVIATION.

Le premier foin, en confultant les éditions anciennes des livres de droit ou de pratique, doit être de s'affurer de la vraie valeur de leurs abbréviations.

L'Auteur de la Glofe françoife de l'ancien Coutumier, chapitre 26, *de partie d'héritages*, avoit dit : *Item len doit fçavoir fe aulcun a une fœur, & elle ne fe veuille point marier, ains dit quelle vivra chaftement, quelle ne $F^{e}DRA$ pas pour ce fa part de lheritage, mais laura feulement a vie.* Et Rouillé interpréta cette abbréviation $F^{e}DRA$, par *perdra*, au lieu de *prendra*. De là quelques Praticiens inférerent que l'ancienne Coutume avoit admis les filles à partager les fucceffions de leurs pere & mere, dès qu'elles ne prétendoient ou ne pouvoient prétendre au mariage ; mais les Réformateurs du *vieux Coutumier* découvrirent l'erreur, & ils la proferivirent comme également contraire à la lettre & à l'efprit de nos Coutumes anciennes. Par les difpofitions de la nouvelle Coutume, il eft décidé qu'une fille qui garde le célibat, n'a aucune part en propriété à l'héritage de fes pere & mere : cette part ne lui eft due, & elle ne peut la *prendre* qu'après fon mariage, fielle a des freres. C'eft ce qu'a décidé l'Arrêt du 9 Décembre 1650, rapporté fur l'article 268, par Bafnage. *Voyez* les exceptions à cette regle, aux mots FILLE, MARIAGE AVENANT, RÉSERVE, &c.

Pour éviter les méprifes fur les abbréviations des anciens Interpretes de nos Coutumes, voici l'alphabet des principales abbréviations ufitées dans leurs textes.

A — $ac\bar{e}n$, pour action.
B — $bi\tilde{r}$, bref.
C — *Crts*, Cours.
D — *d*, de.
E — *é*, en.
F — *F.* ou *Fr.* Franc.
G — *gter*, granter ; $g\tilde{r}mt$, agrément.
H — H^{r}, hoir.
I — *y* ; je.
L — *l*, pour le.
M — $m\tilde{a}tr$, matieres ; $m\tilde{e}fnes$, moyennes.
N — *nt*, néant ; $n\tilde{m}es$, noms.
O — *oë*, *oëps*, opus, opera.
P — *plts*, plaits ; *port*, porté ; *prfund* profond ; *p.*, par ; *pnd.* pendant ; *prd.* perd.
Q — *q.*, que ; *qs*, quels.
R — *R.* Roy.
S — *f.*, fe ou foy ; *frmnt*, ferment.
T — *ts*, tous.
V — *vtre*, pour votre.

ABEILLES.

Dans notre Coutume, l'article 520 a donné lieu d'agiter la queftion, fi les abeilles étoient meubles ou immeubles. M. de la Tournerie, d'après MM des Godets & de Goupi, penfe qu'elles font immeubles, fi les ruches font dans un appartement uniquement conftruit pour élever ce laborieux infecte ; & cette opinion eft certaine, car par l'article 520, c'eft la nature de l'habitation deftinée aux *poiffons*, qui regle la maniere d'y fuccéder. Selon que l'habitation des abeilles eft meuble ou immeuble, elles doivent donc en fuivre le fort : il eft en effet conféquent que l'acceffoire n'ait pas un fort différent du principal.

ABONNEMENT.

Voyez DIMES & RENTES.

ABORNEMENT.

ABORNEMENT.

Voyez Bouts & Côtés, Bornage, Déclaration, Décret.

ABRÉGÉ. (Fief)

Anciennement on appelloit fief *abrégé*, à tail, ou conditionnel, celui qui étoit vendu ou donné *par telle maniere que, quand* l'acquéreur ou le donataire *seroit mort, il reviendroit à celui qui l'auroit donné, ou à autre.* Anc. Cout. Norm. ch. 25. Il est traité de cette espece de fief, ch. 2 & 3 des Institutes de Littleton, tom. 1. Ce Jurisconsulte distingue deux sortes de fiefs abrégés, ou à tail : le fief conditionnel, suivant la commune loi, est celui qui donne *état d'enhéritance* au feudataire, c'est-à-dire le droit d'hérédité tant qu'il existe quelqu'un de sa famille ; & le fief conditionnel, suivant le deuxieme Statut de Westminster, est celui qui retourne au Seigneur sans que personne autre que lui puisse y succéder, quand le premier vassal ne laisse point d'enfants. Edouard I, Roi d'Angleterre, promulgua ce Statut en la treizieme année de son regne, pour remédier à l'abus qui s'étoit glissé dans les seigneuries, où, lorsque le Seigneur avoit donné un fief aux peres, à condition que *s'il n'avoit pas d'enfants*, le fief retourneroit au donateur ou à ses hoirs, les peres après la mort de leurs enfants prétendoient retenir le fief, ou être en droit de le vendre (1). Voici dans quels termes ce Statut est conçu :

De tenementis quæ multoties dantur sub conditione..... post prolem suscitatam & exeuntem ab ipsis quibus tenementum sic conditionaliter fuit datum, huc usque habuerunt potestatem illud alienandi, & exheredandi exitum eorum, contra voluntatem donatorum & contra formam in dono expressam..... propter quod....... rex statuit quod voluntas donatoris de cætero observetur, ita quod non habeant illi quibus tenementum sic fuerit datum sub conditione, potestatem alienandi tenementum sic datum quominus ad exitum illorum. quibus tenementum sic fuerit datum remaneat post eorum obitum, vel ad donatorem, vel ad ejus hæredem, si exitus deficiat, revertatur.

Ceci prouve que Basnage s'est trompé, lorsqu'il a avancé qu'avant ce Statut on ne connoissoit pas de fiefs conditionnels (2), & que le nom de fief tail *se donnoit aux fiefs dont l'ainé héritoit seul.*

ABSENCE.

L'absence donne lieu à beaucoup de difficultés, relativement aux intérêts des femmes (Art. 545), des enfants, des Seigneurs, des héritiers présomptifs, des co-héritiers, des créanciers, des acquéreurs, des bénéficiers. Il n'y a cependant aucunes de ces difficultés sur lesquelles il ne soit aisé de se décider, en méditant sérieusement les dispositions de notre Coutume, ou les Arrêts de la Cour.

Quant aux femmes, leur absence, lors du décès de leurs époux, les prive du douaire (Art. 376); mais afin qu'elles soient exposées à cette peine déshonorante, il faut qu'elles se soient écartées du mari, *sans cause raisonnable*, ou que leurs fureurs ou leur inconduite, aient donné lieu à la séparation ; car si le mari par la dépravation de ses mœurs, ou si l'homme & la femme manquant ensemble de patience pour supporter mutuellement de légers défauts, dont les personnes les plus parfaites ne sont pas exemptes, occasionnent le divorce ; en ces deux derniers cas, le droit de douaire est conservé à la femme, pourvu qu'elle ait fait tous ses efforts pour assister son mari dans les divers états critiques où la ma-

---

(1) Coke, Institut. t. 2. p. 334.
(2) Premier vol. p. 144. édit. de 1709.

ladie l'auroit réduit, dès qu'elle en auroit pu être informée. Tel est l'esprit de l'Art. 377 de notre Loi municipale; elle ne punit en la femme que le mépris du premier de ses devoirs, celui d'être la consolatrice de son époux dans l'affliction. En le remplissant ce devoir, ou en sollicitant réellement la satisfaction de le remplir, les désagréments qu'elle a pu causer à son époux, sont censés effacés. On dit *en sollicitant réellement*, car une femme dont les déréglements auroient été publics, qui n'affecteroit de la sensibilité à l'état de son mari qu'au moment où elle se verroit sur le point d'être frustrée d'une partie de ses droits, dont les scandales n'auroient pas été réparés par une vie édifiante, ne seroit pas pour cela admise à réclamer son douaire, lors même que son mari moribond lui pardonneroit les écarts déshonorants qu'une information ou des enquêtes judiciaires auroient constatés; & telle étoit l'opinion de nos anciens Jurisconsultes Normands. *Voyez* TRAIT. ANGLO-NORM. t. 1, p. 459, & t. 2, p. 110.

Si l'absence de la femme au décès de son mari, est un crime puni par nos usages, celle du mari qui abandonne son épouse par légèreté ou débauche, ou parce que, chargée d'enfants, il se dégoûte du travail auquel leur subsistance le nécessite de concourir, n'est pas moins condamnable. La femme en ce cas a le droit de requérir en justice sa séparation, la liquidation de ses droits de douaire, de dot & remports stipulés par son contrat de mariage, une pension pour ses enfants; en un mot, tout ce qu'elle seroit autorisée de se faire adjuger si elle demandoit sa séparation pour sévices, car il n'y a point d'outrage aussi cruel à l'égard d'une femme, que celui de refuser de la soulager dans les soins qu'elle doit partager avec le pere de ses enfants pour leur éducation & leur nourriture. Il y a même lieu de penser qu'en ce cas le mari pourroit être privé de son don mobil, puisque ce don ne lui est fait, & qu'il n'a la liberté de le vendre que parce qu'il est présumé en employer le capital à l'acquit des charges du mariage; charges qui, s'il ne les acquitte pas, devant l'être par la femme, lui donnent le droit de réclamer les deniers suffisants pour les acquitter sur les biens de son mari. Cette opinion ne pourroit être combattue que par ceux qui s'imagineroient que l'autorité de l'époux est despotique, qu'en lui seul réside l'administration des biens, leur conservation; ce qui seroit contraire à la maxime de l'art. 545 de la Coutume, qui *autorise la femme, en l'absence de son mari, à intenter action de nouvelle dessaisine de son héritage*: aussi tous nos Commentateurs ont-ils pensé que cette disposition ne devoit point être restreinte aux seuls cas d'entreprise sur les biens du mari ou de la femme; & qu'au contraire on devoit l'étendre à tous ceux où il y avoit lieu de craindre, en différant une poursuite judiciaire, que la fortune de l'un ou de l'autre ne fût altérée, pourvu cependant que la femme, après l'exposé du fait provisoire & urgent, eût obtenu permission du Juge. *Voyez* BÉRAULT & GODEFROY sur ledit article 545.

La femme ne pourroit cependant, en l'absence de son mari, accepter une succession échue à ce dernier: l'héritier présomptif de l'absent auroit seul le droit de l'accepter & de l'administrer en donnant caution; c'est l'espece de l'Arrêt du 16 Août 1680, rapporté par Basnage sur l'article 235: ainsi à l'égard de l'héritier présomptif d'un absent, quand une succession échet à ce dernier, il est réputé mort du jour qu'il a cessé de paroître, & de la derniere nouvelle reçue de lui. L'Arrêt que le même Auteur cite à la suite du précédent ne le contredit pas. La femme ne fut préférée par cet Arrêt à l'héritier, pour l'administration des biens de son époux, que parce que la Loi interdisant à la femme le mariage jusqu'à ce qu'elle eût fourni la preuve du décès de son mari, ceux qui prétendoient que ce décès étoit constant devoient le lui établir : Arrêt du 14 Février 1523, (Bérault, article 245). Mais si la femme convient que son mari est décédé, si elle prend publiquement la qualité de veuve, si sous cette qualité elle aliene ses propres biens, la vente ne peut être attaquée par ses héritiers, à moins qu'ils ne démontrent légalement qu'au temps de la vente, le mari existoit : ce qui a été jugé par Arrêt du 10 Août 1762 ; parce qu'en ce cas la maxime générale que *l'absent est réputé mort du jour de son absence*, n'est point restreinte par l'exception que le mariage subsiste ; exception que la femme seule peut faire valoir, & qu'elle oppose toujours avec succès ; il seroit en effet absurde qu'on présumât son mari vivant pour gêner sa liberté, en même temps qu'on le réputeroit mort pour le priver d'avantages dont la perte de sa liberté est le prix : hors ce cas d'exception, la maxime générale est tellement respectée, que des neveux furent dispensés, par Arrêt du 13 Août 1736, de prouver l'époque de la mort de leur oncle, dont leur pere, marié après son départ, avoit recueilli la succession ; & ils obtinrent tiers-coutumier sur cette succession, vis-à-vis des créanciers qui le leur contestoient. Il est vrai que dans l'espece de cet Arrêt, l'oncle étoit absent depuis 40 ans ; mais n'y eût-il eu que deux ou trois ans & même moins d'absence, il y a tout lieu de penser que la décision auroit été semblable : aucune Loi ne fixe le temps après lequel un absent doit être réputé décédé ; mais il en est une qui force à le considérer comme décédé, en fait de successions : c'est lorsque qu'il les laisse vacantes, car n'est héritier qui ne veut ; & dès que par absence ou volontairement on s'abstient de prendre cette qualité, il est naturel que l'héritier présomptif de l'absent ou de celui qui s'abstient, donne aveu, prenne soin des héritages, dont dans l'une & l'autre circonstance il n'est pas contre la raison de le réputer seul & légitime propriétaire ; avec cette différence cependant que lorsque l'héritier naturel s'abstient, quoique la succession soit ouverte sous ses yeux, celui qui prend sa place n'est pas obligé de donner caution, & qu'elle est au contraire due par celui qui recueille une succession échue à un absent, parce que l'absence laisse subsister, au moins pendant plusieurs années, du doute sur l'existence ou le décès : Arrêts du 30 Juin 1661 & 17 Juillet 1662 (1). Cependant il ne faut pas croire que pour recueillir toutes successions échues à un absent, la caution soit indispensable ; il y a des héritiers si pauvres qu'ils n'en pourroient fournir : alors le Juge supplée à la caution, en ordonnant le remploi des deniers durant un certain temps, & accorde même au parent de l'absent quelques provisions annuelles pour les peines d'administration. Cette opinion paroît d'autant plus sûre qu'elle est analogue à la jurisprudence relative aux co-héritiers. Car l'absence d'un puîné, si elle n'est forcée, c'est-à-dire s'il n'est employé au service de l'état, & dans l'impuissance de former aucune demande de sa part, autorise l'ainé à faire de cette part les fruits siens : Arrêt du 5 Mars 1676 ; ce qui n'est que la conséquence de l'article 355 de la Coutume qui veut que *les lots des puînés qui ne sont présents lors des partages, demeurent en la garde & saisine de l'ainé*, sauf aux autres

---

(1) M. de la Tourn. p. 175 & 243, premier vol.

puînés à demander que la portion de cette part, qui doit leur revenir, au cas de mort de l'abfent, foit mife en fequeftre. Cet article 355 confirme de plus en plus le principe que tout abfent eft réputé mort de l'inftant de fon départ; il eft vrai qu'en autorifant les freres de l'abfent à procéder à des lots définitifs fans lui, l'article oblige à faire la part de cet abfent; mais il eft évident que c'eft moins parce qu'il confidere l'abfent comme vivant, que dans la vue de mettre les héritiers de cet abfent en état de connoître leurs droits fur la fucceffion, puifque les lots qu'il autorife de faire durant l'abfence, ne peuvent être rétractés en cas de retour. Et cette punition de l'abfent eft fage: il ne feroit pas jufte que les droits de toute une famille fuffent facrifiés à la paffion des voyages, qui agiteroit l'un de fes membres. Auffi l'aîné qui s'abfente eft-il privé de l'option de deux préciputs que lui accorde l'article 347, lorfqu'il a laiffé la confufion des fucceffions paternelle & maternelle s'effectuer; (Bérault, page 724, t. 1). Enfin, tout abfent eft expofé à la fatalité de l'an & jour de délai, accordé pour les retraits; Godefroy fur l'article 457: à la prefcription quadragénaire; (Bérault, p. 474, t. 2): & l'interpofition du décret fe fait à fon préjudice; (article 559): fes préfomptifs héritiers préfentent même valablement aux bénéfices qui font à fa nomination; Arrêts des 7 Juin 1752 & 3 Mars 1763.

La maxime que l'abfent eft réputé mort du jour de fon départ, eft, comme on l'a dit plus haut, fufceptible d'exception à l'égard de la femme, parce que les héritiers de cet abfent ne peuvent pas prétendre qu'il eft mort, tant que le mariage eft interdit à fon époufe; mais les créanciers de l'abfent font auffi dans un cas d'exception, à l'égard de cette maxime, lorfqu'il échet à leur débiteur une fucceffion fur laquelle ils ont intérêt d'exercer leur créance: on les admet à l'appréhender en donnant caution, parce que d'un côté leur impuiffance de fe procurer la révélation des lieux qu'il habite, ou des accidents qu'il a éprouvés; d'un autre côté, le concert d'un abfent avec fa famille pourroient priver pour toujours ces créanciers des dettes les plus légitimes; or, les parents peuvent écarter le foupçon de concert en faifant les recherches convenables, & qui leur font plus faciles qu'à un étranger fur la mort de l'abfent; Arrêt du 12 Mars 1655 (1). *Voyez* ci-après Art. Réfugiés, Régnicoles, &c.

ABSTENTION.

En toutes efpeces de fucceffions, un héritier préfomptif a le droit de s'abftenir: il n'eft point obligé de renoncer. Et par cette abftention, il ne perd pas le droit de faire valoir fes droits fur la fucceffion dans le temps qu'il lui plaît.

L'article 235 de la Coutume, en ftatuant que *le plus prochain héritier, habile à fuccéder, doit déclarer en juftice, dans les 40 jours après le décès, s'il entend y renoncer*, ajoute que, *autrement s'il a recueilli quelque chofe de la fucceffion, il fera tenu & obligé aux dettes*; d'où il fuit que fi on n'a rien recueilli ni touché d'une fucceffion, on n'eft pas fufceptible des charges dont elle eft grevée: la fucceffion eft donc alors réputée jacente & abandonnée; c'eft ce qui a donné lieu à l'article 43 du Réglement de 1666, qui s'exprime ainfi: *l'héritier préfomptif, encore qu'il n'ait pas renoncé à la fucceffion, n'eft pas cenfé héritier, s'il n'en a fait acte ou pris*

---

(1) N. B. M. Bretonnier, *Queft. de Droit*, cite cet Arrêt comme rapporté par Bafnage, art. 155, p. 197: il fe trompe; Bafnage l'indique fur l'art. 235. p. 339. édit. de 1709.

la qualité. *Voyez* HÉRITIER, RENONCIATION.

ABUS.

Ce terme est spécialement consacré dans le barreau à désigner le vice des Sentences que les Juges ecclésiastiques rendent sur des matieres qui excedent les bornes de leur compétence; Edit de Melun, article 24, & de Blois, article 60.

Les anciens Normands avoient un bref particulier pour réformer les *abus* : Britton, ch. 110, en parle; & Fitzberbert, fo. 30, nous en a conservé cette formule.

Rex judici tali & ejus officiariis vel commissariis, salutem: indicavit nobis B. quod R. tradit eum indè in plaisitum coram vobis in curiam christianitatis, quia vero manifestum est quod prædictus B. jacturam sui juris incurreret, si prædictus R. in placito illo causam illam obtineret. Vobis prohibemus ne placitum illud teneatis in curiam christianitatis donec discussum fuerit in curia nostra de recto inter partes quia causa spectat ad coronam & dignitatem nostram.

Cette précaution de se plaindre en abus, ou d'appeller comme d'abus lorsque le Juge d'Eglise prononce contre les saints Décrets des Conciles, & les Canons reçus dans le Royaume, ou au préjudice des libertés de l'Eglise Gallicane, des Coutumes & des Ordonnances du Royaume, est très-essentielle; sans elle il arriveroit que dans la Monarchie, le Clergé formeroit un second état, puisque nulle autorité ne pourroit corriger les excès auxquels, sous le prétexte de spiritualité, il pourroit se porter. Le Souverain n'a véritablement aucun empire sur les choses spirituelles, purement spirituelles, qui n'influent que par des voies cachées aux yeux des hommes sur leur bonheur & leur repos; mais il a le droit de régler tout ce qui tend extérieurement au maintien & à l'exécution de la loi de Dieu ou de son Eglise dans chaque ordre de son état. C'est ce que reconnoît le Canon 11, sect. 23. quest. 5. — *Principes sæculi non numquam intra ecclesiam potestatis adeptæ culmina tenent, ut per eandem potestatem disciplinam Ecclesiasticam muniant......... Sæpe per regnum terrenum cæleste regnum proficit....... Cognoscant principes sæculi Deo debere se rationem reddere propter Ecclesiam quam à Christo tuendam suscipiunt..... Nam sive augeatur pax & disciplina Ecclesiæ, sive solvatur ille ab eis rationem exiget qui EORUM POTESTATI SUAM ECCLESIAM CREDIDIT.*

Ces maximes ont toujours été religieusement observées en Normandie. Dans tous les temps le possessoire des choses ecclésiastiques y a appartenu à la Jurisdiction temporelle; Tanneguy Sorin cite à ce sujet, *de consuetud. Norm. cap. de Jurisd.* p. 25, un Arrêt du Parlement de cette Province, en 1550; Bérault en cite plusieurs sur l'article 3 de notre Coutume; mais comme ces Arrêts ont été contredits par des Arrêts du Conseil que ce même Auteur rapporte, & que depuis l'Edit de 1695, on ne peut mieux connoître l'esprit de cet Edit, que par les Arrêts de la Cour qui lui sont postérieurs, les 13 Octobre 1718 & 8 Février 1719, sur la remontrance faite à la Cour par le Procureur-Général, il fut reçu appellant comme d'abus du décret du Pape Clément XI, commençant par ces mots: *Pastoralis officii* : & ce décret fut non-seulement supprimé; mais défenses furent faites aux Archevêques, Evêques & tous autres de recevoir, faire lire, publier, citer, imprimer, distribuer aucunes Bulles, Brefs ou autres expéditions de la Cour de Rome, sans Lettres-patentes du Roi, enregistrées en la Cour. Ces défenses furent réitérées les 21 Août 1764, & 27 Mars 1765, par deux Arrêts. En partant des mêmes principes, le 20 Juin 1753, sur les conclusions des Gens du Roi, il fut enjoint aux Ecclésiastiques de se conformer aux Canons & Réglements autorisés dans le Royaume pour l'administration des Sacrements ; parce que, comme l'observe M. Jousse sur l'article 34 de l'Edit de 1695, quoique les Pasteurs soient *dispensateurs des Sacrements, néanmoins ils n'en sont que les Ministres & non les maîtres* ; & que lorsqu'ils veulent priver publiquement les Fideles des Sacrements, les Juges royaux ont le pouvoir de les contraindre à les administrer, comme ils l'ont d'obliger un Curé à célébrer la Messe & à instruire ses Paroissiens, s'il néglige ses devoirs, ou si ses Supérieurs n'ont ni le courage, ni l'attention de l'y rappeler. Y a-t-il en effet quelqu'un de bon sens qui puisse dire au Roi , ne vous inquiétez pas si l'Eglise de *N. S.* est opprimée ou déshonorée en votre Royaume : ce n'est point à vous à examiner si quelqu'un est religieux ou sacrilege (1) ? Au surplus le Rituel du Diocese de Rouen, *de sacros. Euchariſt.* p. 76. défend aux Prêtres de refuser l'Euchariſtie à ceux qui n'en sont indignes que par une publicité de fait, sans avoir à cet égard pris les avis de l'Archevêque ; d'où il résulte que lorsque les Sacrements sont refusés à un moribond, dont l'indignité n'est pas notoire de droit, le Curé n'agit que de son propre mouvement, en faisant ou en autorisant un pareil refus : que conséquemment le Parlement seroit bien fondé à le punir , quand même il ne seroit coupable que de cette contravention aux ordres de ses Supérieurs : car ces ordres eux-mêmes ne sont que l'exécution des Conciles & des Canons ; & il seroit absurde de dire que le Clergé seul auroit le droit de s'en dispenser, qu'ils ne seroient obligatoires que pour les Laïcs, & que l'autorité souveraine ne pourroit contraindre les uns & les autres à s'y conformer.

L'appel comme d'abus des Ordonnances des Evêques & Juges d'Eglise, quand elles ne concernent que la discipline de l'Eglise, n'a qu'un effet *dévolutif* & non suspensif (article 36 de l'Edit de 1695) ; ainsi l'exécution provisoire de ces Ordonnances est incontestable, si la célébration du Service divin, la réparation des Eglises, des ornements, la subsiſtance des Curés, la correction des mœurs du Clergé en sont les seuls objets. Mais il en est autrement des Ordonnances qui tendent à troubler l'Etat, à intervertir les Réglements de Police générale : comme alors l'Eglise elle-même seroit en danger, en ce que l'Etat ne peut être troublé qu'elle n'en souffre, les Parlements, sur les conclusions des Procureurs-Généraux, sont fondés à arrêter l'effet de ces Ordonnances ; car il est de principe que tout appel interjetté par les Gens du Roi est suspensif, même en matieres de pure discipline, la seule présomption que l'intérêt du Roi ou de son Etat exige qu'une chose ne s'exécute pas, l'emportant de droit sur toutes les présomptions contraires : c'est ce que prouve un Arrêt rendu le 28 Juin 1582, au sujet de l'excommunication fulminée par le Nonce du Pape contre des Religieux de l'Ordre de S. François, auxquels cet Arrêt ordonne que *le bénéfice d'absolution à Cautelle* soit imparti durant l'instance d'entre le Nonce & le Procureur-Général, & jusqu'à ce qu'elle soit jugée. Le Parlement de Rouen a donné plusieurs Arrêts confirmatifs des principes que nous venons d'indiquer.

Le 29 Mars 1779, la Cour a reçu appellant comme d'abus le sieur Hesdin, Curé de Varengéville-sur-Mer, d'un bref de sécularisation, & d'un autre qui habilitoit, à posséder des Bénéfices séculiers,

---

(1) S. Auguſt. 33. Lettre à Boniface.

le Frere d'Aſtre, Profès de l'Ordre des Hermites de S. Auguſtin. Jamais cauſe ne fut plus éloquemment défendue. Me. Ducaſtel étoit Avocat du ſieur Heſdin, & Me. Thouret l'étoit du Religieux ſécularisé. Nommer ces deux célebres émules, c'eſt rappeller à la Province les talents & l'urbanité des Thouars & des Bigot. Dans le fait de la cauſe, la Cure d'Ecaquelon, bénéfice ſéculier & en patronage laïc, ayant vaqué par mort le 7 Juin 1776, M. de la Riviere, patron de cette Cure, fit le 22 du mois d'Août ſuivant, un acte de préſentation à M. l'Archevêque de Rouen, du Frere d'Aſtre. Le Religieux avoit obtenu en Cour de Rome le bref de ſécularisation, ſous date, du 16 Décembre 1770. Ce bref étoit revêtu de Lettres-patentes enregiſtrées au Parlement de Paris, le 11 Mars 1775. Le ſecond bref étoit du 3 Août 1776; il avoit été enregiſtré au Parlement de Paris le 10 Décembre 1776, & en celui de Rouen le 17 du même mois. Quoique le Frere d'Aſtre eût été préſenté par le Patron à M. l'Archevêque de Rouen, cependant ce fut en Cour de Rome qu'il demanda des proviſions, & il y en avoit obtenu le 9 Septembre 1776.

Le 7 Décembre, même année, M. l'Archevêque de Rouen conféra la Cure au ſieur Heſdin; il inſéra dans ſes proviſions, *jure devoluto*.

Le 31 Janvier 1777, le Frere d'Aſtre requit juridiquement le *viſa*. Il éprouva refus, dont il ſe porta appellant comme d'abus au Parlement de Rouen. Il y obtint le 5 Février 1778, Arrêt par défaut qui l'autoriſa à ſe pourvoir devant N. S. P. le Pape, pour lui nommer des Commiſſaires aux fins de ſon inſtitution. Muni de cet Arrêt, il préſenta requête au Pont-Audemer, à l'effet d'obtenir la récréance. Cette requête, l'Arrêt & toute la procédure furent ſignifiés au ſieur Heſdin, qui forma oppoſition à l'Arrêt, & ſe rendit appellant comme d'abus tant des ſignatures de Cour de Rome, que du bref de ſécularisation. L'appel comme d'abus de ce bref étoit fondé ſur ce qu'il avoit été accordé par le Pape, ſous les deux conditions inférées ordinairement dans les brefs de cette eſpece; la premiere, que l'impétrant porteroit quelque marque de régularité; la ſeconde, que les vœux demeureroient dans toute leur force, quant à leur ſubſtance, quoiqu'il ne fût tenu de les obſerver qu'autant qu'il pouvoit le faire commodément: or, diſoit le ſieur Heſdin, des brefs qui permettent d'abandonner le cloître, qui affranchiſſent de toute obéiſſance à un Supérieur régulier, qui autoriſent à poſſéder des revenus particuliers, malgré des vœux faits ſolemnellement, & toujours ſubſiſtants d'une déſappropriation abſolue, d'une obéiſſance perpétuelle au régime d'un ordre particulier, ne ſont-ils pas ſenſiblement abuſifs? L'abus des ſignatures de Cour de Rome, n'étoit pas moins palpable; elles étoient abſolument contraires au bref de ſécularisation; car ce bref avoit ſeulement diſpenſé le Frere d'Aſtre de vivre dans le cloître; mais il n'avoit pas anéanti ſa qualité, ſon état de Religieux mendiant: or, comme Religieux mendiant, aux termes de la Déclaration du Roi Charles VII, de l'an 1444, il étoit incapable de tenir aucun bénéfice.

L'acte de préſentation du Frere d'Aſtre étoit donc nul. Cette nullité réſultoit encore de ce que, comme Religieux, le préſenté par le Pape ne pouvoit être pourvu d'un bénéfice ſéculier.

Contre ces vices reprochés au bref d'habilitation, & aux proviſions obtenues par le Frere d'Aſtre en Cour de Rome, il oppoſoit l'enregiſtrement des Lettres-Patentes qui avoient autoriſé & l'exécution du bref, & celle de ſes proviſions. Il prétendoit que l'enregiſtrement de ces Lettres avoit un effet rétroactif au jour de ses provisions : mais on lui repliquoit qu'il y avoit un obstacle insurmontable à cet effet rétroactif, dans le droit que le sieur Hesdin avoit acquis à la cure d'Ecaquelon, avant l'enregistrement des Lettres-Patentes, par les provisions que M. l'Archevêque de Rouen lui en avoit données après l'expiration des six mois du Patron Laïc ; que ce droit acquis étoit un fondement légitime à la tierce-opposition formée par le sieur Hesdin, aux Arrêts d'enregistrement surpris à la religion des Parlements, par le Frere d'Astre. D'ailleurs, les Lettres-Patentes, les Arrêts d'enregistrement supposoient valables & le bref de sécularisation, & les signatures de Cour de Rome ; or leur nullité étoit évidente ; & suivant l'Ordonnance de 1444, déja citée, il est défendu aux Juges d'avoir égard aux Lettres-Patentes accordées contre ses dispositions. Aussi dans les Lettres-Patentes elles-mêmes, & dans les Arrêts d'enregistrement, étoit-il porté qu'elles ne seroient exécutées qu'autant qu'elles seroient conformes aux saints Décrets, Ordonnances du Roi, maximes, usages & libertés du Royaume. Les moyens (1) furent adoptés par la Cour : le sieur Hesdin y obtint Arrêt, qui le reçut tiers-opposant à l'Arrêt d'enregistrement du Parlement de Rouen, rapportât ledit Arrêt comme surpris : le reçut également APPELLANT COMME D'ABUS DES SIGNATURES DE COUR DE ROME, & maintint le sieur Hesdin dans la récréance du bénéfice.

ACCOUCHEMENT.

1°. Les anciens Jurisconsultes Normands fixoient à 280 jours la gestation des femmes ; & en conséquence, quand elles accouchoient dans les 40 semaines après la mort du mari, leurs enfants étoient réputés légitimes.

Afounes foiz, dit Britton, ch. 66, *DE GARDES*, avient que femmes tenauntes de la mort de leurs Barons se feygnent être enceintes de lours Barons, qui ne le sont mye à griefs damages des heires, en quel cas nous voulons que tiel remedy soit ordiné ; que comme ascun de tele *DESCEITE* (2) se pleyndra, il eyt de nous Bref al Vicomte del lieu que il sauvement face venir devant lui, & les coronners en pleyn Comté la femme.

Et soit enquise si elle soit enceinte, & si elle die de son Baron que morust, tantost face venir sages-femmes & loyales jusques à 6 au meins, & les face jurer sur saints de loyaument faire...... en les articles dont elles seront chargés de par nous. Et puis soient chargées...... que eux en toutes manieres dont elles pourront être certifiées enquergent lequel elle est enceinte ou non...... & si les femmes disent qu'elle est enceinte......... adonques volons que le Vicomte face telle femme mettre en notre Chatel, ou ailleurs en sauve-garde...... à ses propres custages........ & si ele ne eyt enfant dedans les 40 semaines après la mort de son Baron, si elle soit punie par prison ou par syn (3) : & si elle eyt enfant dedans les 40 semaines, adonques soit cel enfant reçu à l'héritage.

L'Arrêt du 10 Août 1632, rapporté par Basnage sur l'article 235 de la Coutume, n'a point contredit cette opinion. Dans l'espece de cet Arrêt, le pere avoit été moribond pendant un mois, & les mœurs de la femme étoient scandaleuses ; mais ces circonstances ne devoient pas porter préjudice à l'état de l'enfant : il est donc présumable qu'elles ne furent d'aucune influence, & que la seule qui détermina l'Arrêt fut que cet enfant étoit né 10 mois 4 jours après le

---

(1) On les a tirés d'une Consultation imprimée de Me. Laget de Bardelin.

(2) Déception, tromperie.
(3) Amende.

décès du mari, c'est-à-dire 4 jours au-delà du terme fixé par Britton.

Mais actuellement se présente en la Cour une cause où la mere est reconnue de bonnes mœurs, par la famille même de son défunt mari : l'Arrêt qui la décidera, pourra servir de regle sur l'étendue que l'on devra légalement donner au terme de l'accouchement ; en voici l'espece :

Marie-Rose l'Absolu, née en 1744, perdit son pere en 1764 ; & peu de temps après, elle épousa Robert le Sueur, Mercier à Caudebec. Au bout de six années de l'union la plus édifiante, le Sueur est frappé d'apoplexie ; il mourut le 16 Mai 1771. On apposa des scellés sur ses effets. François le Clerc, se disant héritier du décédé, fit sommer la veuve d'être présente à la levée des scellés & aux inventaires : elle répondit à cette diligence, qu'elle se croyoit enceinte ; & le 11 Septembre, elle donna Requête pour être autorisée à faire procéder à la tutele de son enfant. Elle en fut nommée tutrice ; neuf mois s'écoulent, & la veuve n'accouche pas ; le 2 Avril 1772, le Clerc présente une Requête par laquelle il expose que l'époque de la prétendue grossesse de cette femme remontoit aux derniers jours d'Avril, qu'ainsi elle se trouveroit enceinte, selon son calcul, de onze mois ; ce qui n'étoit pas présumable : & il conclut à ce que l'enfant qu'elle pourroit mettre au monde fut déclaré illégitime ; que défenses furent faites de lui administrer le Baptême sous le nom de le Sueur ; que la veuve fut privée de ses droits. Le 17 d'Avril 1772, *onze mois & un jour* après le décès de le Sueur, sa veuve mit au monde un fils : il fut baptisé comme légitime ; cette veuve signifia des défenses à la Requête présentée par le Clerc ; elle se borna à soutenir qu'il n'étoit point contre les regles de la nature qu'une femme accouchât à plus de onze mois. Le Juge de Caudebec rendit Sentence le 31 Juillet qui accorda à le Clerc ses conclusions. La veuve en interjetta appel au Conseil-Supérieur où le Jugement fut confirmé le 19 Mai 1774. Comme le Mineur n'avoit point été défendu, sa mere s'est pourvue contre la décision du Conseil-Supérieur, par Requête civile ; elle en a obtenu lettres le 22 Janvier 1777 : M^e. le Clerc, chargé de sa défense, cite dans le Mémoire qu'il a fait imprimer l'exemple rapporté par Heister en son Traité d'Anatomie, d'une femme de Libraire de Wolfembutel qui accoucha treize mois après la mort de son mari, & qui, ayant convolé en deuxiemes noces, eut successivement deux enfants qu'elle ne mit au monde qu'au bout du même terme. Il cite encore Thomas Bartholin, au rapport duquel une fille porta seize mois son fruit ; M. Truey, Médecin des Batiments du Roi, qui atteste la durée d'une grossesse de quatorze mois ; M. le Buy, Chirurgien, qui, dans ses nouvelles observations sur les Naissances tardives, indique une femme accouchée le 17 Janvier 1764, d'un enfant à onze mois de grossesse bien avérée ; M. Dulignac, Chirurgien-Major du Régiment d'Asfeld, qui rend témoignage que des trois derniers enfants dont son épouse est accouchée, deux sont nés à treize mois & demi de grossesse, & le troisieme à onze mois ; enfin, il invoque une these de Médecine, soutenue à Caen en 1695, & le recueil de M. Petit sur les Naissances tardives, où, d'après le témoignage de plus de cinquante Auteurs, les naissances à douze & treize mois sont jugées légitimes ; il y ajoute l'autorité de Domat, Loix Civiles, l. 3, tit. 1, sect. 1, art. 5, & la note sur le texte de cet Auteur, qui se trouvent d'accord avec les principes des Maîtres de l'Art : d'après cela, il réfute l'objection tirée du désordre qui résulteroit de l'admission d'enfants illégitimes dans le sein des familles, & de la facilité que les veuves auroient pour se procurer, & à leurs époux défunts, des héritiers, en observant qu'il faut que trop de circonstances concourent pour légitimer les Accouchements tardifs, au point de craindre qu'ils se multiplient. En effet, cet événement doit concourir avec le temps de la vie du mari ; c'est-à-dire que le mari soit décédé dans les premiers moments de la grossesse ; & que la réputation de la mere soit intacte : d'ailleurs, dans le doute de la légitimité d'un enfant, doit-on se déterminer contre lui ? Les seules Loix à consulter ne sont-elles pas celles de la nature, qui, selon le tempérament de la mere, le climat où elle vit, les chagrins ou les événements extraordinaires qui l'agitent, avancent ou reculent l'enfantement ?

La Cour n'a point encore prononcé sur ces moyens ; mais à leur appui, on pourroit faire valoir un Arrêt du Parlement de Rouen, du 8 de Juillet 1695 ; en voici l'espece :

La dame de Marquetel avoit épousé un Gentilhomme de Caen, appellé d'Emondeville ; il étoit très-âgé : après quelques années de mariage, il tomba malade, & crut sa femme enceinte. Il en témoigna sa joie à toute sa famille ; sa maladie devint de plus en plus sérieuse, & en peu de temps il mourut.

La veuve déclara sa grossesse ; on la nomma tutrice du posthume ; dix mois s'écoulerent sans qu'elle accouchât ; le présomptif héritier la poursuivit devant le Juge de Caen, & conclut à ce qu'elle fût tenue de lui abandonner la succession ; vu qu'il n'étoit pas présumable qu'elle fût grosse. Elle rapporta des certificats de Médecins, Chirurgiens & Sages-femmes qui attesterent qu'elle étoit enceinte ; leur rapport fut le même après une seconde visite ; & ils ajouterent que l'enfant avoit beaucoup augmenté depuis leur premier procès-verbal. Le premier Juge ordonna que les Parties en viendroient au mois, dont appel.

Eshault, Avocat des héritiers, disoit qu'il n'y avoit point d'exemples d'une grossesse de quinze mois ; qu'il y en avoit de dix & même de onze ; qu'admettre des naissances comme légitimes après un plus long espace de temps, c'étoit donner lieu au libertinage & à la fraude. Bertheaume, pour la veuve, observa qu'il y avoit eu des femmes dont la grossesse avoit duré dix-huit & vingt mois ; que l'Intimée, depuis le décès de son époux, n'avoit pas cessé de vivre dans le sein de la famille des Appellants ; qu'au surplus, elle offroit caution de rapporter les revenus qu'elle toucheroit, comme tutrice de l'enfant à venir, si l'accouchement n'avoit pas lieu : sur les conclusions de M. l'Avocat-Général de Mesnilbus, la Cour mit *l'appellation & ce dont*, &c. ; & avant faire droit, de l'obéissance de la veuve, la condamna à donner suffisante caution dans le mois, par-devant le Juge de Caen ; ce faisant, la maintint en possession de la succession, s'il y avoit lieu, dépens compensés. —— Selon toute apparence, la these soutenue en l'Université de Caen, en 1695, avoit eu pour but d'appuyer la Cause de la dame d'Emondeville.

2°. La maxime *is pater est quem nuptiæ demonstrant*, n'autorise pas la présomption que tout accouchement est légitime, dès qu'il s'est fait constant le mariage. Car s'il en étoit ainsi, il n'y auroit pas de cas où un enfant, né constant le mariage, seroit déclaré adultérin, & ces cas ont eu lieu, ainsi que divers Arrêts nous le prouvent. Aussi quand, *longa est mariti absentia, vel valetudo quæ generare impediat*, la présomption de paternité ne peut être opposée raisonnablement au mari. A son retour d'un voyage qui avoit duré 4 ans, Pierre Turgot intenta l'action d'adultere contre sa femme, qui, pendant son absence, avoit mis au jour un enfant; & par Arrêt rendu en 1778 elle fut condamnée aux peines de l'authentique.

ACCEPTATION.

Voyez DONATION & TESTAMENT.

ACCEPTION.

Dans l'*Introduction à la Pratique judiciaire pour les Sieges subalternes de NORMANDIE*, imprimée à Caen en 1648, on trouve, ch. 41, cette question : *Si on peut avoir égard à la qualité des Parties en cause civile ?* Les raisons de l'Auteur pour l'affirmative sont qu'il est nécessaire d'entrer en des considérations raisonnables selon les occasions.

» En effet, étant impossible de faire des
» loix qui puissent donner ordre en toutes
» choses, & obvier à tous inconvéniens,
» il faut adoucir, amollir les loix, & leur
» faire souffrir *aliquam obliquitatem*, afin
» de garder leur intention, par laquelle
» elles veulent profiter à un chacun, &
» ne nuire à personne. Et comme nous
» voyons, ajoute-t-il, que la variété des
» maladies est si grande, que les Médecins
» sont contraints d'user bien souvent de
» divers médicamens selon les personnes,
» les temps & les lieux, & que jamais ou
» bien tard ils usent du même régime ;
» ainsi les Justiciers, qui sont les vrais
» médecins de la république, ne doivent
» pas toujours pratiquer même ordon-
» nance ou usage en tous cas : ils doivent,
» au contraire, appliquer les loix & regles,
» & les approprier convenablement aux
» négoces & circonstances, & considérer
» quelquefois les Parties en cause civile,
» & avoir égard à leurs qualités.

Mais rien ne seroit si dangereux que de suivre cette opinion, & l'Auteur lui-même en fournit la preuve au commencement du chapitre, qu'il termine par ce qu'on vient d'en extraire.

» Si l'on jugeoit, ce sont encore ses
» propres termes, selon les mérites ou les
» démérites des personnes, il faudroit
» mettre en avant les vies & mœurs de
» part & d'autre ; en faire des affirma-
» tions & néances respectivement, par le
» moyen de quoi on découvriroit & ren-
» droit notoire toutes les actions bonnes
» & mauvaises des personnes, & tout le
» dedans & secret des familles ; ce qui
» ne se doit faire sinon quand en crime il
» est question d'absoudre ou de condam-
» ner...... D'ailleurs si l'on jugeoit toujours
» en faveur des gens de bien, ou des
» grands & opulens, les uns tireroient
» tout à eux, & ne demeureroit rien aux
» autres : alors s'ensuivroit la dissolution
» de la société humaine, & seroit impos-
» sible qu'aucune communauté pût subsis-
» ter...... Aussi pour le regard des gens de
» bien, eux-mêmes ne le voudroient pas ;
» au contraire, d'autant plus un homme
» est vertueux, moins il desire incommo-
» der les autres. *Si sapiens fame confi-
ciatur, cibum alteri ad nullam rem utili
non aufferat.*

» D'ôter le bien à quelqu'un parce qu'il
» est riche, le donner à un autre à cause
» de sa pauvreté, ce seroit introduire la
» loi *Agraria*, qui toujours a été bannie
» des républiques bien ordonnées. La Jus-
» tice distributive peut bien punir plus
» rigoureusement un homme qu'une fem-
» me, une personne âgée qu'un enfant,
» parce que la condition, la naissance, la
» vie bien ou mal passée, aggrave la faute,
» aigrit ou adoucit la peine ; mais cette
» façon de procéder ne doit être obser-
» vée à l'égard des contrats qui se passent
» entre les hommes : on n'y considere
» point, dès que quelque chose est légi-
» timement due, si c'est à homme ou à
» femme, à un bon ou un méchant, à un
» riche ou à un pauvre, à un grand Sci-

» gneur ou à quelqu'un de basse condi-
» tion : on ne considere ni les qualités ni
» les conditions des personnes qui plai-
» dent.

Ces assertions seroient exactes si l'on n'y trouvoit point la distinction entre les causes criminelles & civiles ; car au moyen de la différence que l'on met entre la maniere de juger ces deux especes de causes, on induit les Juges à suivre plutôt leurs lumieres, leurs connoissances particulieres, c'est-à-dire leurs préjugés, que les preuves acquises légalement. Le plus sûr pour un Magistrat, est de ne jamais s'écarter de cette regle, au civil comme au criminel, & de penser uniquement à son devoir sans aucun égard aux personnes. C'est la Loi & non le Juge qui doit décider en toutes matieres : le Juge qui substitue sa volonté à celle de la Loi, exerce un pouvoir dont le Souverain le plus absolu, mais juste, auroit horreur de faire usage.

ACCUSÉ.

1°. Basnage, sur l'article 143, agite cette question : *Si après un délit commis, le coupable peut vendre ou engager son bien ?* La question auroit été mieux proposée, en mettant, au lieu de l'expression *coupable*, celle *d'accusé* ; car c'est sur le point de savoir *si l'accusé peut vendre*, que cet Auteur rapporte plusieurs Arrêts où la question lui a paru décidée.

Le premier est du 18 Février 1645 ; il déclare nulle la donation universelle faite par un Prêtre condamné à payer des intérêts à une fille qu'il avoit séduite. Mais bien des circonstances concoururent à faire prononcer ainsi : quoique la donation eût précédé la Sentence de condamnation, elle n'avoit été insinuée qu'après ; d'ailleurs la donation étoit d'un frere à un frere, & le donataire avoit retardé sans doute l'insinuation, jusqu'aux approches de l'accouchement de la fille, dans l'espoir que, par son décès, le donateur obtiendroit quelques remises de la part de ses héritiers. Celui-ci avoit donc donné & retenu, puisque, jusqu'au moment de l'insinuation, il étoit resté Propriétaire, sa donation pouvoit-elle être regardée comme sérieuse ?

Le second Arrêt est du premier Janvier 1543. Un accusé, après le crime commis, avoit vendu son fief ; & sur l'opposition du Seigneur qui prétendoit la confiscation, il fut jugé qu'elle n'avoit lieu que du jour de la Sentence. Cet Arrêt ne décide pas plus la question que le premier : cette question ne consiste point à savoir de quel jour la confiscation a lieu, mais si une vente est valablement faite avant la confiscation prononcée.

Le troisieme n'est pas plus décisif : il est du 15 Décembre 1616. L'Abbé de Fécamp avoit remis son droit de confiscation aux enfants de Laurens, condamné aux galeres à perpétuité, peine en laquelle celle de mort avoit été commuée. Laurens ayant trouvé le secret de sortir de prison sans subir le châtiment qui lui étoit infligé, se constitua en 100 liv. de rente envers Brument, qui, après la mort de son débiteur, fit saisir réellement ses biens. Un particulier qui ignoroit sans doute la remise faite aux enfants, se fit faire don par le successeur de l'Abbé de Fécamp, de la confiscation des biens de Laurens ; & les enfants étant intervenus en l'instance d'entre ce donataire & le décrétant, obtinrent main-levée du décret, & délivrance des biens de leur pere.

On le voit, la dette de Brument étoit postérieure à la condamnation ; & il est constant qu'un condamné ne peut valablement aliéner : d'ailleurs Laurens s'étoit constitué en une rente, lorsqu'il n'étoit plus propriétaire des biens sur lesquels il l'avoit affectée. La question reste donc entiere Pour la décider, il me semble qu'il suffit de considérer deux choses ; la premiere, que l'accusé jouit de tous ses droits, jusqu'à ce qu'il soit condamné. Ceci résulte clairement de l'article 143, qui n'adjuge la confiscation des biens aux Seigneurs, qu'après la condamnation ; & la seconde, que tout accusé de crime est sous la tutele de Justice ; &, de l'instant de son décret, il lui doit compte de toutes ses actions. Si, sans permission de Justice, un prisonnier donne ou vend, ces actes doivent donc être déclarés nuls (1). Mais ils seront valables, dès que l'accusé en aura fait connoître à ses Juges la nécessité : s'ils doivent veiller à la conservation de sa personne, à plus forte raison doivent-ils régler l'administration de ses biens.

2°. L'accusé décrété ne doit pas être intimé par son accusateur, sur l'appel que celui-ci interjette de la Sentence de décret, sous le prétexte qu'il n'est point assez rigoureux : l'accusé, s'il est poursuivi, peut conclure la folle intimation, quand même, sur l'appel, le décret seroit converti en décret plus grave ; mais en ce cas, la taxe des dépens de l'incident seroit réservée en définitive (Arrêt du 28 Juillet 1758). La justice de cet Arrêt est palpable : l'accusateur n'a pas l'accusé pour partie ; le décret n'est pas l'ouvrage de l'accusé ; ce n'est pas sûrement lui qui l'a sollicité : que pourroit donc dire un accusé en défenses ? On a procédé secrétement contre lui ; les motifs de l'accusation & du décret lui sont inconnus ; il faudroit donc les lui faire connoître en lui lisant les pieces d'instruction, avant qu'il eût prêté son interrogatoire : ceci seroit contraire à tous les principes. L'accusateur n'a d'autre voie, quand le décret lui paroît trop léger, que celle de relever l'appel & compulsoire en la Chancellerie, de faire apporter le Procès en la Cour, & d'y demander qu'elle fasse ce que le premier Juge auroit dû faire. Il en seroit autrement, si l'accusé avoit, sur l'appel, conclu au fond même subsidiairement ; car alors la folle intimation n'auroit pas lieu ; l'accusé se seroit par là reconnu bien intimé, puisqu'il se seroit défendu.

3°. Quand l'accusé est décédé avant sa condamnation, ses héritiers ne peuvent être poursuivis qu'à fins civiles ; on doit leur communiquer les pieces secretes du Procès, & pour cet effet le civiliser, afin qu'ils soient admis à la preuve de leurs faits contraires ; car ce que l'accusé connoissoit par lui-même, ils ne peuvent le découvrir que par enquête.

4°. En matiere civile, c'est à l'Intimé à délivrer sur l'appel les Sentences, aux termes de l'art. 18 du tit. des délais & procédures de l'Ordonnance de 1667. Mais dans les procès instruits par récolements & confrontations, c'est à l'accusateur à délivrer la Sentence, soit que l'accusé ou l'accusateur soit Appellant. La raison de ceci se tire de ce qu'un accusé n'est pas obligé de se faire faire son Procès ; & elle part de la disposition de l'art. 16 du tit. 25 de l'Ordonnance de 1670. Si l'accusateur refuse de délivrer la Sentence sur Requête présentée à la Cour, l'accusé se la fait délivrer, & en a un recours exécutoire. Il n'y a qu'un cas où l'accusé doit avancer les frais ; c'est lorsqu'il s'agit d'instruire sur ses faits justificatifs ; & s'il est hors d'état d'en faire les avances, le Domaine, à la diligence du Ministere public, doit lui subvenir.

5°. S'il est indubitable qu'un accusé ne peut former aucune plainte par récrimination, il ne l'est pas moins qu'il peut former plainte contre son accusa-

---

(1) Bérault, col. 399. premier vol. derniere édit.

teur, pour autre crime que celui qui fait l'objet de l'accusation. Ceci a été jugé par Arrêt du 19 Juin 1669, entre Me. Cerneuille, Lieutenant du Prevôt de Normandie, & Guillard, fur les conclusions de M. le Guerchois, Avocat-Général.

ACQUÉREUR.

Tout acquéreur, en Normandie, n'eſt propriétaire incommutable, qu'après le délai du retrait expiré: (*voyez* RETRAIT). Il peut être auſſi dépoſſédé par décret, comme il ſera dit en l'article concernant les DÉCRETS; mais indépendamment des pourſuites auxquelles il eſt expoſé de la part des lignagers, des locataires ou des créanciers du vendeur, le Seigneur duquel les fonds ſont mouvants a contre lui action pour avoir communication du contrat d'acquiſition. La ſœur, la femme, les enfants peuvent auſſi exercer contre lui leurs droits.

1°. La communication du contrat eſt due au Seigneur par argument de l'article 185 de la Coutume, pour la conſervation de ſes rentes. Si donc un acquéreur qui auroit fait avec le vendeur un contrat ſous ſeing, ou qui l'auroit paſſé devant un Notaire éloigné du lieu où les biens ſeroient ſitués, avoit durant quarante ans affecté de ne pas comparoître aux plaids du Seigneur, malgré la proclamation qui en auroit été faite, & à l'ombre de l'Aveu donné par le vendeur, ſe ſeroit diſpenſé d'en donner un en ſon nom, pourroit-il ſous le prétexte de ce laps de temps prétendre que les rentes ſeigneuriales dues par ſes héritages, & que ſon vendeur auroit acquittées, ſeroient preſcrites ? Godefroy ne le penſe pas (1), & ſon opinion paroît équitable; la forme clandeſtine du contrat, ou ſa paſſation en lieu éloigné, ainſi que l'affectation de l'acquéreur de ne pas ſe faire connoître pour Vaſſal au Seigneur,

fourniſſent une preuve complette de colluſion entre l'acquéreur & le vendeur; dès-lors, en haine de la fraude, la preſcription ne doit pas venir au ſecours du premier; car la preſcription ſuppoſe la bonne foi. Il eſt d'ailleurs enjoint par diverſes Ordonnances, entr'autres par celle de 1539, articles CLXXX & CLXXXI, par la Déclaration du mois de Décembre 1540, par l'Edit de Blois de 1549, & celui de Décembre 1700, aux acheteurs ainſi qu'aux vendeurs, de déclarer les ſeigneuries dont les biens vendus relevent, & les charges dont ils ſont grevés envers elles, à peine de la perte du prix de la vente contre les vendeurs. Il eſt vrai que ces loix ne prononcent pas de peine contre l'acquéreur, & que de là ſans doute on a négligé de les obſerver; mais dès que le vendeur eſt conſidéré comme coupable, ſi la complicité de l'acquéreur eſt évidente, comment celui-ci pourroit-il s'exempter d'être puni ? Une amende contre les Parties contractantes, la réformation du contrat peuvent être prononcées, lorſque le temps de la preſcription n'eſt point encore écoulé; s'il l'eſt, au contraire, il n'y a point de moyen plus naturel pour indemniſer le Seigneur & le venger de la fraude qu'il découvre, que de lui faire reſtituer les fruits dont l'acquéreur, de concert avec le vendeur, ont tenté de le priver.

2°. La femme a ſon recours ſur l'acquéreur pour le recouvrement de ſa dot, ſuivant les articles 540, 541 & 542. Au mot DOT, ces trois articles ſont diſcutés.

3°. La ſœur, par la vente que ſon frere fait des ſucceſſions paternelle & maternelle, n'eſt pas privée d'y réclamer ſes droits, ſuivant l'article CXXII du Réglement de 1666, qui porte que *la fille pour le paiement de ſon mariage, & ſes*

---

(1) Godefroy, article 185.

héritiers ont droit de demander que partie des héritages affectés à ce mariage leur soient baillés à due estimation, sans qu'ils soient tenus de les faire saisir & adjuger par décret, encore que lesdits héritages aient été aliénés. Mais c'est une grande question de savoir si l'acquéreur doit être sujet à ce qui est dit en l'article 263 de notre Coutume, du fisc ou créancier subrogé au droit des freres ou de l'un d'eux ; car la fille peut exiger qu'ils lui *donnent partage*, au lieu de *mariage avenant*.

Godefroy traite cette question sur cet article 263 : il cite même un Arrêt du dernier Juillet 1612, qui semble l'avoir décidé en faveur de l'acquéreur, en l'exemptant de donner partage à la fille ; mais comme cet Auteur paroît s'être déterminé par des principes peu conformes à la lettre & à l'esprit de la Coutume, & que de son aveu l'Arrêt qu'il rapporte a été rendu en des circonstances particulieres, il est à propos de traiter la question de nouveau.

On dit en faveur des filles, contre l'acquéreur, que naturellement habiles à succéder, elles n'ont été exclues des successions que pour conserver les biens dans les familles. Ces biens n'existant plus, & étant aliénés par les freres, l'ordre naturel doit donc être suivi.

L'article 249 ne donne d'ailleurs qu'aux freres & à leurs hoirs le droit de réduire leurs sœurs au mariage avenant ; il suffit conséquemment que cet article ne nomme pas les *acquéreurs* en termes exprès, pour que l'article 263 leur défende de se faire du précédent article un moyen contre les filles. Si la lettre de cet article ne désigne que *le fisc ou le créancier subrogé*, l'esprit de cette loi place en leur rang les *acquéreurs* ; & cet esprit nous est indiqué par la Jurisprudence.

Quoique des créanciers, perdant au décret fait des biens du pere pour les dettes du fils, eussent un recours utile contre lui, s'il réparoit ses affaires, les droits des sœurs l'emporterent sur cette considération ; & le premier Février 1624, par Arrêt, elles obtinrent *partage*.

Le 28 Avril 1629, un nouvel Arrêt accorda la même faveur aux sœurs d'un frere qui n'avoit pas dissipé tout son bien, & qui en vendant avoit chargé l'acquéreur de leur payer ou mariage avenant, ou de leur donner partage. Il en fut de même en 1631, le 20 Juin ; la Cour adjugea à Reine Hébert le tiers du prix de la seigneurie de Vassi, vendue par ses freres ; & Lambert ayant vendu tous ses biens, ses deux sœurs eurent partage par Arrêt du 15 Octobre 1663 ; enfin le 4 Mai 1768, les filles Lémonnier obtinrent une pareille décision.

Mais ces arguments ne font que spécieux : on donne aux Arrêts & à la Coutume des motifs qui leur sont évidemment étrangers.

La bonne ou la mauvaise fortune des freres ne sont d'aucune considération, quand il s'agit de fixer les droits des sœurs vis-à-vis de celui qui est acquéreur des biens patrimoniaux des freres : pour s'en convaincre, il suffit de s'attacher à bien saisir le vœu des articles 263 & 345 de la Coutume.

Par le premier, *le fisc ou autre créancier subrogé au droit des freres ou de l'un d'eux, doit laisser partage aux filles, & n'est reçu à leur donner mariage avenant*. Et par le second, *le fisc ou autre créancier subrogé au droit de l'aîné avant le partage fait, n'a le privilege de prendre le preciput appartenant à l'aîné, à cause de sa primogéniture ; mais aura seulement partage égal avec ses autres freres*.

Jusqu'à présent on a pensé que le but de ces articles étoit de punir la négligence des freres à conserver les biens dans leurs familles ; mais il est aisé de s'assurer que cette intention n'a point été celle des

Rédacteurs de notre Coutume. En effet, par l'Arrêt de 1663, les sœurs de Lambert obtinrent partage au préjudice du tiers coutumier des enfants de leur frere, & certainement ce tiers auroit été préféré au partage demandé par les sœurs, si la Cour eût cru que l'article 263 de la Coutume punissoit l'acquéreur d'un frere, en l'assujettissant au partage, en haine de ce que celui-ci faisoit passer son patrimoine en une famille étrangere: & en accordant le tiers aux enfants du vendeur, elle auroit au moins conservé à la famille la possession de ce tiers: l'article 345 n'a pas eu plus que l'article 263, en vue de venger en la personne de l'acquéreur, la vente que le frere lui feroit de son patrimoine, puisque quand le partage est fait par le frere aîné, cet article 345 dispense l'acquéreur du partage égal avec les freres puînés.

Ce n'est donc qu'en se copiant les uns les autres, que les Commentateurs ont attribué à ces articles de Coutume, un motif que leurs dispositions écartent: & dès-lors que l'on peut donner à ces articles un autre motif plus concordant avec les dispositions dans lesquelles ils sont conçus, & avec la jurisprudence des Arrêts, on doit le préférer: car des Commentateurs, telle que soit leur réputation, n'ont pas le droit de supposer à une loi des principes qu'elle contrarie. Or le motif des deux articles 263 & 345, qui s'accorde le mieux avec leur texte, est que lorsqu'un frere s'est mis hors d'état de décider par lui-même de l'établissement de ses sœurs, alors la loi, & non des étrangers, doit en décider à sa place. Et comme il auroit été au pouvoir du frere de donner à ses sœurs partage au lieu de mariage, si elles y avoient consenti, (article 47 des Placités), avant sa confiscation, ou le décret de ses biens, dans ces deux cas la loi présume qu'elle doit, pour & au lieu du frere, accorder aux filles le plus grand avantage qu'il auroit été en sa liberté de leur faire. Par la confiscation & le décret, cessant la disposition de la loi, dont le vœu supplée à la volonté du frere, celui-ci ne pourroit obliger le fisc à donner partage à ses sœurs: la loi a donc été nécessaire pour que les filles ne fussent point privées par l'inconduite ou le mauvais ménage du frere, du sort que son amitié pour elles l'auroit peut-être déterminé à leur accorder. Il en doit être de même au cas où le frere auroit vendu avec son bien l'universalité de ses droits; car par là il a transmis tous ses pouvoirs à un tiers, & s'est mis dans l'impuissance de recevoir ses sœurs à partage; mais il n'a pas fallu une loi qui suppléât au pouvoir du frere lorsqu'il aliénoit purement & simplement son bien, sans se dépouiller de l'universalité de ses droits, parce qu'en ne chargeant pas l'acquéreur par le contrat de donner partage à ses sœurs, il témoignoit assez clairement qu'il n'entendoit leur donner que mariage avenant.

Ainsi lorsque les filles viennent demander mariage à un tiers acquéreur de leur frere, il n'est question que d'examiner si cet acquéreur l'est par décret; s'il a les droits universels du frere, ou si au contraire il a acquis de lui des fonds sans avoir été subrogé à ses droits universels: parce que dans les deux premiers cas l'acquéreur doit partage; & dans le troisieme, il ne doit qu'une légitime. Ceci devient sensible, en consultant & méditant les Arrêts rapportés par les Commentateurs de notre Coutume, quoiqu'ils n'aient pas assigné à ces Arrêts les véritables raisons qui les ont déterminés.

En 1597, 1609, 1615, trois Arrêts n'ont donné que mariage avenant à des sœurs qui demandoient partage, parce qu'elles formoient cette demande contre des acquéreurs auxquels des freres n'avoient pas cédé l'universalité de leurs droits.

En

En 1563 (1) & 1624, deux Arrêts accorderent, au contraire, partage aux filles, parce qu'elles avoient pour Parties des acquéreurs subrogés aux droits du vendeur sans restriction, par vente volontaire, ou par décret.

On convient qu'un frere ayant chargé son acquéreur de marier sa sœur, elle obtint partage, par Arrêt du 28 Avril 1629; mais ce fut parce que le frere ne s'étoit point décidé à donner partage ou mariage avenant à ses sœurs, & qu'il avoit laissé l'un ou l'autre de ces deux partis au choix de l'acquéreur. Or un acquéreur ne devoit pas être maître de priver la sœur d'un avantage dont son frere n'avoit pas eu expressément intention de l'exclure: c'étoit donc là le cas où la loi devoit suppléer à ce que le frere n'avoit point expliqué: toujours elle parle pour lui quand la confiscation, le décret ou la cession de droits universels l'empêchent de manifester lui-même ses intentions. Une vente pure & simple ne laisse subsister aucun doute sur ce qu'il veut; dès qu'il n'a point averti le vendeur qu'il entendoit donner partage, celui-ci ne doit qu'une légitime; on ne présume pas que le frere ait voulu en ce cas s'exposer à un recours de la part de son acquéreur; & c'est ce qui fait dire à Basnage, sur l'article 263 de la Coutume, que *si le prétexte de garantie contre le frere qui a vendu tous ses biens par un seul acte est frivole, il est valable en la bouche de l'acquéreur d'une portion de biens.*

Quant à la lumiere de ces principes, on discute les Arrêts de 1631 & de 1762, on est de plus en plus convaincu de la vraie disposition de l'article 263 de notre Coutume.

Cet article borne le privilege qu'il accorde aux filles, à l'unique circonstance où le frere ne s'est plus réservé aucune influence sur leur mariage; mais l'acquéreur pur & simple du bien du frere, que celui-ci n'a pas subrogé à tous ses droits, ne prive pas le frere de l'exercice de sa volonté; le frere reste libre, malgré la vente, de marier sa sœur sur le produit de la vente, & sur la fortune qui lui reste comme légitimaire ou comme héritiere. C'est donc pour cela que l'article 263, ne parle point d'acquéreurs, qu'il ne fait mention que *du fisc, ou du créancier subrogé*, & que les Arrêts ne leur assimilent que le cessionnaire de tous les droits indéfinis du frere, parce que par la cession de ses droits en général, le frere n'a pas plus d'influence sur le mariage de ses sœurs, que si son bien étoit décreté ou confisqué, puisqu'il s'est mis hors d'état d'expliquer ses intentions sur le point de savoir quel mariage compete à ses sœurs, si elles doivent avoir partage ou mariage avenant. Quand une loi a évidemment borné la grace qu'elle accorde à un ou deux cas, on ne doit l'étendre qu'à ceux qui peuvent y être comparés, & une simple vente ne l'est ni à une confiscation, ni à une aliénation forcée, ni à une cession qui a pour objet non-seulement tout le patrimoine du frere, mais tous ses droits dont le principal est de déterminer la maniere dont sa sœur sera dotée en se mariant. Au surplus, rien ne seroit si absurde que de prétendre qu'un acquéreur des fonds vendus volontairement par un frere, sans substitution à ses droits universels, dût partage aux sœurs, quoique leur frere ne fût ni confisqué, ni décreté, ni dépouillé de tous ses droits; car si cela étoit admis, le frere seroit privé de vendre, d'échanger; on le soumettroit à une espece de curatelle dont la loi ne lui impose pas le joug; cu-

---

(1) Cet Arrêt se trouve à la fin de la *Chronique de Normandie*, imprimée à Rouen chez le Mégissier en 1589, & il fut prononcé par M. le Chancelier, le Roi tenant son Lit de Justice. *Voyez* Art. LIT DE JUSTICE.

ratelle à laquelle les filles, en obtenant partage, ne seroient pas soumises, puisqu'en l'obtenant elles auroient la liberté de faire l'aliénation, c'est-à-dire qu'elles obtiendroient une portion de patrimoine d'un acquéreur de leur frere, pourvu qu'il ne passât point par celui-ci à des étrangers, tandis qu'elles auroient la faculté d'en priver impunément leur famille.

4°. L'acquéreur est exposé à la demande du tiers coutumier de la part des enfants, suivant l'article 90 des *Placités*, & 399 de la Coutume. *Voyez* TIERS COUTUMIER.

5°. Les locataires de fonds, qui tiennent leur bail du vendeur, ont aussi des prétentions sur la jouissance contre l'acquéreur, quand il n'est pas chargé par son contrat d'entretenir les baux, ou quand, ayant contracté cette obligation, il offre dédommager les locataires; mais comme la légitimité des prétentions de ceux-ci est fort controversée, il est important d'exposer les raisons que l'on peut alléguer pour ou contre.

D'une part, pour le fermier on soutient que le vendeur n'a pu transmettre à l'acquéreur de plus grands droits qu'il n'en avoit lui-même. Or le vendeur, suivant la loi *Æde*, n'avoit la faculté d'expulser le fermier, que pour occuper par lui-même le fonds, en indemnisant son locataire; & encore cette faculté étoit-elle bornée aux seuls biens de ville : d'où la Cour a tiré cette conséquence, qu'en fait de fermages de campagne, l'expulsion ne pouvoit avoir lieu au profit de l'acquéreur, même en indemnisant. C'est ce que paroissent démontrer trois Arrêts, l'un du 25 Avril 1626, l'autre du 16 Février 1649, le troisieme du 16 Mai 1653, indiqués sur l'article 551 de la Coutume, par Basnage, & le quatrieme du 18 Mai 1726, cité par M. de la Tournerie, sur le même article.

D'un autre côté, pour l'acquéreur on observe que suivant le Droit Romain, *cod. de locat. conduct. Emptorem fundi necesse non est stare colono cui prior Dominus locavit.* Or quand il n'y a point dans les Coutumes des dispositions expresses sur une matiere, il est de principe que le Droit Romain doit y suppléer : & en effet, par ce moyen seul la Jurisprudence du Royaume peut devenir uniforme & conséquente; car en adoptant ce droit comme regle générale dans les points qui ne tiennent point au systême constitutif des Coutumes, la Jurisprudence de chaque Province ne différera d'avec celle des autres, que dans les cas déterminés par ces Coutumes, & ces cas seront la seule exception où les Parlements auront la liberté de n'être pas d'accord entr'eux. N'y ayant donc aucun article en la Coutume de Normandie contraire à la loi *Emptorem*, qui est de droit commun en France, il n'y a aucune raison de s'en écarter dans les lieux que cette Coutume régit. Aussi nos plus habiles Commentateurs l'ont-ils adoptée, & le Parlement de cette Province en a fait la base des Arrêts mêmes, que ceux qui ne prétendent pas qu'on doive suivre en Normandie cette loi, citent pour accréditer leur opinion.

En effet, il y a sept principaux Commentateurs de la Coutume réformée de Normandie, Bérault, Godefroi, d'Aviron, Basnage, Pesnelle, de Merville, MM. Roupnel de Chenilly, & le Royer de la Tournerie. Or de Merville & d'Aviron ne touchent rien de la question ; les autres la traitent sous l'Article 551 de notre Coutume ; & il est aisé de voir qu'ils pensent unanimement que l'acquéreur peut expulser le fermier.

1°. Bérault, après avoir dit que *le décret fait & passé, & l'état tenu, l'adjudicataire n'est tenu de souffrir le bail non plus qu'un autre acquéreur*, ajoute qu'il a été *ainsi jugé par Arrêt du 18 Février 1603*, (quoique le bail dans l'espece de cet Arrêt, eût été reconnu en Justice), & par un autre Arrêt de 1583.

2°. Godefroi adopte le sentiment de Bérault, s'appuie sur les mêmes Arrêts, n'y met que des restrictions pour les cas suivants : quand l'acquéreur est chargé de souffrir le bail ; lorsque cet acquéreur est héritier universel du locataire ; ou qu'il a hypotheque spéciale sur le fonds ; ou qu'il a payé le prix du bail par avance ; ou qu'il laboure à moitié, parce qu'alors il est comme associé. Nous verrons par la suite ce qu'on doit penser de ces restrictions : tant qu'à présent il suffit de remarquer que sur la these générale, Godefroi & Bérault sont du même avis ; le fermier peut être expulsé, sauf son recours sur le vendeur pour les dommages & intérêts, pour le paiement desquels, après les avoir fait prononcer, il peut décreter.

3°. Basnage rapporte ce que Bérault & Godefroi ont dit, & il fait seulement la remarque que, selon le premier, l'acquéreur a droit d'expulser le fermier, soit que celui-ci ait par son bail hypotheque générale & spéciale ; & qu'au contraire, suivant Godefroi, l'expulsion dans le cas d'hypotheque, ne doit pas avoir lieu, aux termes de deux Arrêts, l'un du 25 Avril 1626, & l'autre du 6 Mai 1653 ; Arrêts opposés, dit Basnage, au sentiment de Dumoulin, qui veut que la clause d'entretenir le bail, même sous l'hypotheque spéciale du fonds, n'empêche point l'acquéreur d'entrer en possession, & qu'elle n'ait d'autre effet que de valoir au fermier pour recouvrer sur son bailleur ses dommages & intérêts. Enfin Basnage termine son observation, en citant un Arrêt du 6 Février 1649, qui décide que le PROPRIÉTAIRE ne peut expulser le fermier d'héritages en campagne, même en le dédommageant, nonobstant la loi *Emptorem* ; le dédommagement n'étant admis que pour les baux de ville.

4°. Pesnelle paroît d'abord pencher à croire que le fermier ne peut être expulsé par l'acquéreur ; mais ensuite il convient que le contraire a été jugé par plusieurs Arrêts, à moins qu'il n'y eût clause dans le contrat par laquelle l'acquéreur se fût obligé à l'exécuter.

5°. M. Roupnel de Chenilly assure que la Jurisprudence autorise l'acquéreur par contrat volontaire, à déposséder le fermier, quand même son bail seroit authentique, s'il n'y a point de clause précautionnée dans le contrat de vente ; qu'à la vérité Forget cite un Arrêt du 26 Avril 1626, qui a jugé le contraire ; mais qu'il n'est pas suivi.

6°. Et enfin M. de la Tournerie, à l'Arrêt cité par Basnage sous la date de 1649, en joint un du 18 Mai 1726 ; puis en derniere analyse, il se réduit à dire que si l'acquéreur n'est point chargé d'entretenir le bail du fermier, il peut l'expulser, sauf le recours du fermier sur le vendeur.

Il résulte donc de ce qu'ont dit ces Interpretes, que suivant Bérault, Godefroi & Basnage, malgré les Arrêts du 25 Avril 1626, & 16 Mai 1653, l'avis de Dumoulin devroit être suivi en ce point, que l'hypotheque générale ou spéciale stipulée dans le bail n'empêche pas l'expulsion du fermier, sauf son recours en indemnité sur son bailleur ; ce qui est conforme aux Arrêts de 1583, & de 1603. Mais est-il bien certain que les Arrêts de 1626 & de 1653 existent tels que Basnage les rapporte ? Faisons attention ici avec quelle précaution l'on doit s'autoriser des citations des Commentateurs ; car l'Arrêt de 1626, ne se trouve point dans les registres de la Cour, ni sous la date du 25 Avril, ni même sous aucune des dates du mois d'Avril de cette année. Quant à celui de 1653, bien loin de juger qu'un fermier, qui a hypotheque spéciale, ne peut être expulsé, il décide au contraire ce que ceux de 1583 & de 1603 ont prononcé, c'est-à-dire que le fermier qui a un bail du vendeur, peut être expulsé par l'acquéreur : en voici l'espece. Le 11 Juillet 1652, le sieur de Gorges avoit vendu aux nommés le Noël des héritages en labour ; Guillaume le Parmentier & Levard en avoient un bail : les le Noël voulurent se mettre en possession des héritages qu'ils avoient acquis ; il y avoit encore plusieurs années du bail à courir : Sentence intervint au Siege de Lithert, le 29 Octobre 1652, qui ordonna que les fermiers mettroient en cause le sieur de Gorges leur bailleur, & cependant qu'ils seroient maintenus en la jouissance des héritages *pour l'année*. Les le Noël se porterent appellants de la Sentence, & l'Arrêt mit l'appellation au néant, & évoquant le principal, condamna le Parmentier & Levard, locataires, à déguerpir les héritages au profit des le Noël, sauf leur recours contre leur bailleur ; dépens réservés, parce que néanmoins ils jouiroient des fonds en question pour *l'année* lors présente seulement. Ainsi bien loin que cet Arrêt ait jugé contre la loi *Emptorem*, il y est parfaitement conforme. Il ne reste donc aux partisans de l'opinion contraire à l'acquéreur, que l'Arrêt du 6 Février 1649, rapporté par Basnage, & celui du 18 Mai 1726, vanté par M. de la Tournerie. Examinons maintenant l'espece de l'un & de l'autre.

En citant l'Arrêt de 1649, Basnage n'a point parlé des moyens employés par les Parties ; il se borne à dire que Louis avoit acheté le terrain en question pour y bâtir : qu'il intenta son action contre le fermier pour l'obliger de déguerpir. Mais l'Arrêt lui-même nous a conservé les motifs que Louis donnoit à sa prétention.

Le terrain que ce particulier avoit acquis, étoit situé à Quevilly, qui tient au fauxbourg de Rouen ; & dans le vu de l'Arrêt, on lit que Louis forma sa demande contre Dupas locataire, *comme voulant habiter les lieux personnellement, & y faire bâtir une maison à demeure, ainsi qu'il s'y étoit soumis & obligé par son contrat*. Louis ne s'étayoit donc pas de la loi *Emptorem* ; c'étoit sur la loi *Æde* qu'il établissoit son droit ; il vouloit appliquer cette loi *Æde* à un héritage de campagne : c'étoit aller contre sa teneur. L'Arrêt maintint le fermier en possession, & ce fut avec justice ; car dès que Louis se réduisoit à invoquer la loi *Æde*, il se rendoit non-recevable à profiter de la faculté que lui accordoit la loi *Emptorem* ; par là il faisoit présumer qu'il ne vouloit pas s'exposer à un dédommagement envers le locataire en l'expulsant en vertu de cette loi *Emptorem*, pour louer le fonds à un autre ; qu'au contraire, son but étoit de se soustraire à tout dédommagement, la loi *Æde* ne lui en imposant pas l'obligation.

Quant à l'Arrêt de 1726, que nous trouvons dans le Commentaire de M. de la Tournerie, tel a été son motif.

M. le Comte de Saint-Pierre avoit loué à Antoine Martel le Moulin Fricault, des terres labourables, des prairies : le bail fini, le Meûnier continua de jouir au vu & au su du propriétaire par tacite reconduction. M. de Saint-Pierre fit ensuite un bail général de ses terres à César Ledouble ; celui-ci prétendit expulser le fermier du Moulin, sous prétexte qu'il n'avoit pas de bail. Le Meûnier opposa la tacite reconduction qui lui accordoit trois années de jouissance. Le Receveur fut débouté de sa demande.

Cet Arrêt, on l'entend, n'a nulle relation avec la loi *Emptorem* ; il n'y a point d'acquéreur en cette espece, & le propriétaire n'y a pas le moindre intérêt. Aussi M. de la Tournerie, après avoir cité l'Arrêt, n'en tire-t-il aucune conséquence contre la loi *Emptorem* : bien loin de cela, il le termine par cette loi même, en disant que *si l'acquéreur n'est point chargé d'entretenir le bail, il peut expulser le fermier*.

Ainsi tous les Arrêts & l'opinion des Jurisconsultes se réunissent à prescrire l'exécution de la loi *Emptorem*. Cette loi est fondée sur deux principes, l'un de droit public : il part de l'importance dont il est de conserver la liberté la plus grande dans le commerce des immeubles, auquel l'obligation contractée par l'acquéreur d'entretenir les baux passés par le vendeur, auroit mis beaucoup d'entraves. L'autre principe est fondé sur cette regle de droit, que le successeur à titre singulier, tel que l'acquéreur, ne représentant pas la personne de son auteur, ne peut être tenu de son fait. D'où il suit que le successeur étant devenu propriétaire, peut comme maître de la chose, en user à son gré : — *Dominium est jus utendi re suâ*. Le transport d'une jouissance pour quelques années, doit céder à la vente à perpétuité. Il est vrai que lorsque l'acquéreur s'est obligé d'entretenir les baux, il semble avoir renoncé au droit d'expulser le fermier ; car la loi *Emptorem* contient une exception, *nisi eâ lege emit* ; mais l'on peut dire avec Lacombe, verb. *Bail*, que cette clause par laquelle l'acheteur s'est obligé d'entretenir les baux, n'a d'autre but que de le charger du dédommagement du fermier, dont le vendeur, cessant cette clause, auroit été susceptible. D'ailleurs ce n'est pas du vendeur que l'acquéreur tient son droit de propriété, c'est de la loi ; ce qui est si constant que ceux qui sont les plus opposés à la loi *Emptorem*, conviennent qu'elle doit avoir lieu pour les maisons de ville ; car si le droit de l'acquéreur lui appartenoit comme représentant le vendeur, il ne faudroit pas même appliquer aux maisons de ville cette loi. Aussi n'a-t-elle pas distingué les fonds situés en ville, de ceux assis en campagne. Ce n'est que la loi *Æde* qui autorise cette distinction ; mais elle ne concerne que le propriétaire & non l'acquéreur. C'est ce que l'Arrêt de 1649, cité par Basnage, nous confirme, sur-tout en le comparant avec celui de 1653, rapporté par le même Auteur. *Voyez* au surplus ce qui est dit de la loi *Æde*, aux mots ÆDE, BAIL.

Quant au dédommagement dû au locataire par le vendeur, lorsqu'il est dépossédé, il a été rendu Arrêt le 7 Juillet 1778, au profit de la veuve Lelievre, contre M. le Marquis de Briqueville, dans cette espece.

Ce Seigneur, propriétaire d'une métairie affermée à la veuve Lelievre, lui avoit fait un nouveau bail pour neuf ans, à commencer à Noël 1770 ; mais avant que la jouissance de ce bail fût commencée, M. de Briqueville fit un échange avec M. de Rochechouard, Evêque de Bayeux ; & dans le nombre des fonds échangés, se trouva comprise la métairie affermée à la veuve Lelievre. M. de Briqueville n'ayant point chargé par le contrat d'échange, M. l'Evêque de Bayeux d'entretenir le bail de cette veuve, cette veuve fut cependant laissée en jouissance par M. de Bayeux jusqu'en 1776 ; mais ayant alors remis son Evêché au Roi, les Economes sequestres firent nouveau bail de ladite métairie. La veuve Lelievre refusa de déguerpir le fonds qui lui étoit affermé, elle fut expulsée vertu d'Arrêt du Conseil. Alors fondée sur ce qu'elle ne tenoit pas sa ferme de M. l'Evêque de Bayeux, qu'elle la tenoit de M. le Marquis de Briqueville, elle fit assigner ce Seigneur, pour le faire condamner à ses dommages & intérêts. Il la soutint non-recevable, vu que M. l'Evêque avoit permis l'exécution de son bail durant plusieurs années, & qu'elle l'avoit reconnu en lui payant ses fermages comme à son propriétaire ; mais elle observa qu'elle n'avoit pu & dû agir que de l'instant où elle avoit été troublée ; qu'ayant été décidé qu'en vertu de la loi *Emptorem*, M. l'Evêque de Bayeux avoit été en droit de l'expulser ; suivant cette même loi, M. le Marquis de Briqueville, vendeur, devoit l'indemniser : ce qui fut jugé par Sentence que la Cour confirma. Ainſi l'on doit tenir comme inconteſtable que l'acquéreur n'eſt pas obligé d'entretenir les baux de ſon vendeur lorſqu'il ne s'en eſt pas chargé, & que le locataire expulſé a une action en dédommagement vis-à-vis du vendeur lorſqu'il eſt dépoſſédé.

6º. Enfin, ſous le nom d'acquéreur, il ne faut point comprendre celui qui a acquis, juſqu'à l'inſtant où l'an de la clameur expire; car ce n'eſt qu'à ce terme que ſa propriété eſt incommutable : il ne peut durant l'an conſtruire, détruire, louer même les fonds, quand le contrat l'y autoriſeroit. M. Potier, d'après Brodeau & Dupleſſis, penſent le contraire; mais divers Arrêts du Parlement de cette Province rendent inconteſtable cette aſſertion. *Voyez* aux mots BAUX, CLAMEURS & IMPENSES.

ACQUÊTS.

On entend par acquêt, relativement à la perſonne qui le poſſède, tout immeuble qu'elle a acquis à titre gratuit ou onéreux, de quelqu'un dont elle n'eſt point parente, ſoit d'un côté par échange, tranſport, vente, ceſſion, ſoit d'un autre côté par donation, par legs, par preſcription, réunion, &c. L'acquêt diffère du conquêt dont ſera parlé en ſon article, en ce que le conquêt eſt ce que deux conjoints par mariage acquièrent, & que l'acquêt eſt ce qui provient de l'acquiſition de perſonnes libres & indépendantes les unes des autres.

Dans cette Province, tous biens-immeubles ſont réputés propres au poſſeſſeur; -- Articles 46 & 102 du Réglement de 1666. Il faut donc juſtifier que les immeubles ſont acquêts, quand on leur conteſte cette qualité. Quelquefois cependant les acquêts deviennent propres de droit, c'eſt-à-dire par remplacement ou ſubrogation autoriſée par la Coutume, comme dans le cas de l'article 107 des Placités : *Les propres aliénés*, y eſt-il dit, *doivent être remplacés au profit des héritiers aux propres, au marc la livre, ſur tous les acquêts immeubles; & à faute d'acquêts, le remploi s'en fait ſur les meubles.*

La raiſon pour laquelle les acquêts ſont ſubrogés avant les meubles aux propres aliénés, c'eſt que toute fiction doit imiter du plus près poſſible la nature. Or il y a plus de ſimilitude entre des conquêts immeubles & des propres immeubles, qu'entre des meubles & des propres. Ce n'eſt donc qu'à la dernière extrémité que l'on doit faire repréſenter les propres par des meubles, d'autant plus que le but du remplacement étant de maintenir les immeubles dans les familles, on atteint plus directement ce but en ſubrogeant les acquêts aux propres, qu'en les faiſant repréſenter par des meubles.

Au ſurplus, comme la loi du remplacement des propres donne lieu à diverſes queſtions importantes, elles ſeront traitées, article REMPLACEMENT; il en ſera de même à l'égard des droits dont les acquêts ſont paſſibles au profit des légataires, des donataires, ou des héritiers. Ces droits ſeront diſcutés, articles DONATION, TESTAMENT, SUCCESSION. Il ſuffit de remarquer ici quelques cas où, en partant de la définition qui vient d'être donnée de l'acquêt, on pourroit douter ſi certains biens ont ou non cette qualité.

Par exemple, 1º. ſuivant l'article 178, *le Seigneur eſt en droit de retirer la roture vendue en ſon fief, & par ce moyen la terre eſt réunie au fief.* Ainſi cette roture devient propre dans les biens du Seigneur, ſi le fief eſt propre; -- article 108 du Réglement de 1666; d'où il ſuit que ſi le fief eſt acquêt, la roture qui y eſt incorporée par le retrait, devient acquêt. Ces diſpoſitions ſont très-analogues à la conſtitution primitive des fiefs; car les Seigneurs n'ayant inféodé dans l'origine qu'à la réserve de pouvoir retirer le fonds, s'il étoit vendu à un étranger qu'ils ne voudroient point aggréer pour vassal, leur droit de retour à la propriété, n'a été que suspendu tant que le feudataire n'a pas donné lieu à ce que la réserve s'effectuât.

Mais il restoit encore une difficulté, lorsque le vassal d'un Seigneur lui vendoit le fonds qu'il tenoit de lui, le fonds vendu étoit-il par cette vente réuni de droit au fief? Les Réformateurs de la Coutume se sont décidés pour l'affirmative : *Les acquisitions*, porte l'article 200 de la Coutume réformée, *que fait le Seigneur en son fief noble, des terres tenues en sondit fief, sont toujours réputées acquêts de son vivant, s'il ne les a retirées au droit de sa seigneurie ; mais si son successeur les a possédées comme domaine non fieffé par quarante ans, elles sont censées réunies au corps du fief, encore qu'il n'y ait point de réunion expresse* : décision que l'article 30 du Réglement de 1666 a étendu aux tenures nobles comme aux tenures roturieres *acquises*. Or la sagesse de ces dispositions ne peut être méconnue, pour peu que l'on réfléchisse sur ce que ce n'est point en vertu d'aucune condition que le Seigneur ait apposée à l'inféodation primitive que le fonds passe en sa main lorsqu'il l'achete à prix d'argent ; c'est au contraire de la pure volonté de son vassal qu'il tient alors la propriété. On auroit donc renversé tous les principes reçus en notre droit municipal sur la distinction des propres & des acquêts, si on eût admis comme propre, en l'hérédité d'un Seigneur, un fonds qui ne lui seroit échu ni par succession, ni en vertu des clauses apposées à l'acte par lequel il auroit inféodé ce fonds. Le retour des choses à leur état originaire est à la vérité favorable ; mais la conservation de l'état où les biens se trouvent, lors du décès de celui qui les possede, est infiniment plus importante. Il est naturel que les biens passent aux héritiers tels que celui auquel ils succedent les possédoit & vouloit les posséder. D'ailleurs la maxime que les biens ne deviennent propres que par succession ou retrait, est une disposition générale qui ne doit être restrainte que par les exceptions que la loi y a formellement apportées, autrement la distinction des propres d'avec les acquêts ne dépendroit que du raisonnement, & l'on sait de combien de formes diverses il est susceptible.

2o. En conséquence de l'article 334, on doit considérer le don mobil comme un véritable acquêt, quoique ce don soit sujet au douaire de la femme. Car ce douaire n'est accordé à la femme après la mort de son mari, que parce que le don mobil étant destiné à supporter les charges du mariage, il est de l'équité que la femme en conserve une portion, soit que son époux lui ait laissé partie de ces charges à acquitter, soit qu'il ait trouvé moyen de les acquitter sans toucher au don mobil, ou en n'y employant qu'une partie de ce don. Aussi le don mobil aliéné n'opere-t-il pas au profit des héritiers au propre, de remploi, & la femme ne peut exiger sur les autres biens du défunt le douaire auquel l'existence du don mobil auroit donné lieu. Le don mobil cessant, il est présumé avoir été épuisé pour le besoin commun des deux conjoints ; & s'il reste encore des charges du mariage à acquitter après la mort du mari, ses héritiers, ainsi que la femme, doivent y contribuer à proportion de la part qu'ils prennent respectivement en sa succession.

3o. C'est encore par une suite de la disposition de l'article 334, que par le Réglement du 29 Janvier 1721, les biens dotaux provenus des meubles échus à une femme par succession, ont été déclarés acquêts ; que l'achat fait de celui dont on est héritier, devient également un acquêt, lorsque l'acquisition est sincere, c'est-à-dire que le paiement du prix a été effectif; que la Coutume, articles 323 & 324, ne répute propres que les fonds donnés à l'héritier présomptif du donateur, & acquêts les dons faits à ceux qui n'ont pas cette qualité; que l'achat d'une terre fait par un fils vivant chez son pere, & y exerçant une profession, est un acquêt en la personne du fils, parce que ce n'est point comme héritier, ni par avancement de succession qu'il en est devenu propriétaire.

4°. A l'article 334, il faut ajouter l'article 512, comme n'en étant que la conséquence : il y est déclaré que les deniers donnés à des mineurs pour être employés en achats de rente ou d'héritages, sont réputés immeubles durant la minorité des donataires, & tiennent, ainsi que les héritages qui en sont acquis, nature d'acquêts. Cette disposition est cependant susceptible de cette restriction, que si le don étoit fait aux mineurs par un pere, frere, ou autre parent, à la condition qu'il tiendroit nature de propre, cette condition auroit son effet, ou la donation ne subsisteroit point.

5°. C'est une question de savoir si un acquêt donné par un pere, à charge qu'après la mort de son fils il lui reviendra, devient acquêt par le retour aux mains du pere, ou s'il devient un propre ? Basnage, sur l'article 247, pense qu'il devient propre; & la raison qu'il en donne, est que *les biens d'une succession* doivent se partager selon leur qualité au temps de la succession ouverte. Or, dit-il, l'acquêt est devenu propre en la personne du fils, & l'on ne peut donner à ce propre la qualité d'acquêt, après l'avoir perdue. — Ce raisonnement ne paroît point concluant, car il n'a pour appui que la question même. Ce qu'il s'agit de prouver, est que l'acquêt soit devenu propre en la personne du fils; & Basnage ne fait pas cette preuve.

Il est certain que, suivant l'article 247, les biens ne deviennent propres que par succession. Or c'est si peu par succession que le fils possede l'acquêt de son pere, tant que celui-ci existe, qu'après la mort du fils, les freres du donataire qui sont par la loi ses héritiers naturels, ne peuvent succéder à cet acquêt; la possession du fils n'a donc pour principe qu'une volonté conditionnelle du pere, qui suspend la propriété du fils, qui lui interdit durant la vie du donateur la faculté d'aliéner. Ce dernier conserve donc toujours des droits sur le fonds donné, & ce fonds, en revenant en ses mains, y retourne avec le premier caractere d'acquêt qu'il avoit, puisque le fils n'en a point eu la propriété pleine & entiere, & que ce ne pouvoit être qu'autant que cette propriété lui auroit appartenu, que l'acquêt seroit devenu propre en sa personne. Le donateur est tellement maître du fonds qu'il donne sous condition de retour, malgré la possession qu'en a eue le donataire, que par l'article 55 des Placités, lorsque le donataire décede, les choses données passent aux personnes que le donateur a désignées pour y succéder, sans égard à ce qu'ils sont parents ou étrangers.

6°. En cette Province, lorsqu'une succession d'acquêts composée d'un fief noble échet à deux cousins-germains issus de deux sœurs, le descendant de l'ainée n'a pas le droit de se prévaloir de l'article 321 de la Coutume pour retenir le fief en payant à l'autre l'estimation au denier 20. Le fief en ce cas doit être partagé, parce que l'article 321 n'est qu'une suite du 318, qui accorde à l'ainé le préciput sur les acquêts, & que cet article, qui n'est point applicable aux filles, ne peut déroger à la maxime générale de l'article 272, relative au partage des fiefs entre sœurs. L'article 321 a sa base dans un droit d'ainesse, qui ne peut être allégué en Normandie

mandie en faveur des filles auxquelles cette prérogative est étrangere (1).

ACQUISITION.

L'acquisition est un acte par lequel, au moyen d'un prix, la propriété qui étoit à autrui devient la nôtre.

Les regles des acquisitions ne peuvent être bien entendues que par l'exposition de celles des ventes; ce sera donc sous le mot VENTES qu'il sera traité de la capacité des personnes pour acquérir, & des conditions auxquelles cette faculté leur est accordée.

Les gens de main-morte ont des regles particulieres à suivre pour leurs ventes & leurs acquisitions; on les trouvera développées articles BIENS D'EGLISE & MAIN-MORTE.

ACRE.

Mesure de terre qui a beaucoup varié. En Normandie, sous Guillaume le Conquérant, elle étoit de 40 perches de long sur 4 perches de large, la perche de 16 pieds (2); c'est à peu près l'arpent de Roi: elle ne fut fixée à 160 perches que par le statut de la trente-unieme année d'Edouard premier, Roi d'Angleterre (3); mais la perche étoit alors de 16 pieds & demi, au lieu qu'elle est maintenant de 24, le pied de 11 ou 12 pouces, selon l'usage des lieux. Spelman dérive le mot acre d'*ager* ou *acer*, champ; désignation que les Allemands ont conservée pour signifier la même chose, & qui a donné lieu à ces mots Anglois *Castelacre*, *Southacre*, *Westacre*, pour *Castellum in agro*, *ager australis*, *ager occidentalis*.

C'est à raison de l'acre que les articles 158 & 159 de la Coutume veulent que le relief soit payé; & en conséquence a été rendu, le 22 Février 1648, l'Arrêt de vérification des lettres de don, obtenues du Roi par les sieurs de Montglas & de S. Georges, trois ans auparavant: Arrêt dont Bérault, sur l'article 164, donne copie tout au long, & qui ordonne que lesdits donataires, en jouissant des droits de relief à eux concédés, ne pourront exiger plus de 12 deniers pour acre des rotures cultivées & possédées à droit successif.

ACTE.

Ce mot a différentes significations; ou il indique ce que quelqu'un fait, ou il désigne l'écrit par lequel ce qui a été fait est constaté. En prenant le mot acte en ce second sens, il s'applique d'abord aux actes publics, ensuite aux actes privés. Dans le premier sens, il n'est relatif qu'aux engagements que l'on contracte, suivant les loix en jugement.

1°. Quant aux actes publics, auxquels toute cette province a intérêt, nous avons deux recueils précieux: les actes de Rymer, & ceux indiqués par les Rôles Gascons & Normands, de *Cartes*. Cependant il ne faut pas donner à ces recueils plus de valeur qu'ils ne méritent. Le premier ne contient que des extraits d'actes, & non des actes originaux; & le second ne fait qu'indiquer la liasse de ces extraits, déposés en la Cour de Londres.

Bruffel dans son discours sur le dépôt des Terriers de la Couronne, *p.* 23, observe que *les Anglois n'emporterent aucuns de nos Registres avec eux, lorsqu'ils furent expulsés de France par le Roi Charles VII* (4), *nonobstant qu'on croie com-

---

(1) Proposition attestée en 1775, au Barreau de Rouen, le 30 Avril, par M. l'Avocat-Général de Grécourt, & MM. les Syndic & anciens Avocats, imprimée chez Besogne en 1777.
(2) Trait. Anglo-Norm. premier vol. p. 215.
(3) Mort en 1308.
(4) Ann. 1454. Du Tillet.

Tome I. E

munément le contraire. Il ajoute que *le Regiſtre cartulaire de Normandie, qui comprend l'état de ſes domaines, années 1285, 1326 & 1398, eſt au dépôt des Terriers; que ſi les Anglois euſſent penſé a emporter chez eux quelques-uns de nos Regiſtres, ils auroient commencé par celui-là préférablement à tous les autres, la Normandie étant la province de toutes celles de France, ſur laquelle ils avoient eu plus de prétentions, & qui étoit le plus à leur bienſéance.*

En cet endroit l'Auteur n'eſt point exact ſur l'époque du prétendu enlévement des Regiſtres & des titres de la Couronne, dont quelques Hiſtoriens font mention; car ils donnent à cet événement deux dates différentes, & toutes deux ſont bien antérieures à l'expulſion des Anglois de la Normandie & des autres provinces du Royaume. Ce qui eſt évident, la premiere date n'étant fondée que ſur un paſſage de Guillaume le Breton, mal interprété, & les deux autres n'ayant pas même pour appui un texte équivoque, tiré d'Auteurs contemporains de Charles VII.

L'époque où l'on prétend que les Archives de la Couronne, & conſéquemment les Chartes des Communautés, des Seigneurs & de leurs vaſſaux ont été tranſportées en Angleterre, eſt celle de 1194: du Tillet, Belleforeſt, Duchêne, Mézeray, le Clerc (Abrég. hiſt. des act. de Rymer), Daniel, les Mémoires de l'Académie des Inſcriptions (tom. 16. édit. in-4°., p. 165.), Vély, d'Agueſſeau, (tom. 6, p. 45 de ſes Œuvres), Dom de Vaines (Diction. de Diplom. au mot Arch.), tous atteſtent unanimement qu'alors nos Rois n'avoient

preſque d'autres Palais que leurs camps; qu'à l'exemple des Empereurs Romains, ils faiſoient porter, à leur ſuite, les Diplomes & les Chartes eſſentiels à l'inſtruction de leur Conſeil; que Philippe-Auguſte ſurpris par Richard premier, Roi d'Angleterre, dans une marche près de Belleſoge, dans le Bléſois, perdit, outre ſon bagage, tous ces Actes. Cependant, quelque difficile qu'il ſoit de penſer que tant d'Ecrivains reſpectables euſſent adopté une opinion ſi peu flatteuſe à notre nation, s'il n'avoient pas eu, à cet égard, pour garant des autorités déciſives, on eſt forcé de faire l'aveu qu'ils ſe ſont trompés, lorſqu'on examine, ſans préjugé, leur opinion.

D'abord, ſur quel fondement ont-ils attribué aux Empereurs Romains l'uſage de faire porter, à leur ſuite, les Archives de leurs états? Il n'y a pas un texte ni dans les ouvrages hiſtoriques du ſiecle d'Auguſte, ni dans le corps du droit civil qui faſſe mention de cette ſinguliere coutume.

Budée a le premier diviſé les Archives Romaines en *permanantes* & en *ambulantes* (1); & il ſuffit de recourir aux ſources d'où il prétend avoir tiré cette diſtinction, pour être convaincu que ſous le nom de *Scrinia*, il n'y eſt queſtion que de *portefeuilles* particuliers des Princes (2), & non des Archives publiques.

Pline le jeune, dans la lettre à Trajan, que Budée cite, s'excuſe de ce qu'il n'a point envoyé à cet Empereur quelques copies d'Edits de ſes prédéceſſeurs; parce que, dit-il à Trajan, je croyois que dans vos *Ecrains, tuis Scriniis,* vous en aviez de plus exactes.

Lampride, qui eſt le ſecond Auteur

───────────────

(1) *Scrinia ſtataria : ſcrinia viatoria. Leg. nec quicquam. ff. de Offic. pro Conſ.*

(2) *N. B.* Il eſt queſtion de ces porte-feuilles dans le 12ᵉ. Livre des Epitres de Caſſiodore, où il recommande qu'on lui envoie un état de dépenſe : —— *Expenſarum fidelem notitiam quaternis menſibus comprehenſam ad* SCRINIA *noſtra dirigere maturabis.* Calvin. *verb.* breves.

cité par Budée, en parlant d'Alexandre Sévere, observe que ce Prince consacroit ordinairement l'après-midi à écrire ou à lire des lettres ; que lorsqu'il les avoit dictées à ses Secrétaires, il les faisoit lire par eux, ou par ceux qui *portoient l'Ecrain, qui Scrinium gerebant*; or est-il concevable que Pline & Lampride aient considéré le dépôt des titres constitutifs des droits de l'empire, comme propres aux Empereurs, *TUIS Scriniis* ? De quelle utilité auroient été ces titres aux divers ordres de l'état, si les Empereurs les avoient eus en leur disposition ?

La multiplicité de ces titres permet-elle d'ailleurs de croire qu'ils aient pu être renfermés dans un coffre portatif ?

Au reste, ces suppositions fussent-elles admissibles, elles ne seroient point applicables aux Archives de France. Les Capitulaires nous parlent d'un lieu réservé dans le Palais pour le dépôt des constitutions royales, des préceptions, des concessions, des traités (1) ; dépôt qui n'étoit point personnel au Roi, mais qui étoit confié par le Roi à la garde d'Officiers qui, pour la sûreté publique, résidoient dans le Palais (2), afin que si les copies des Edits, adressés aux Magistrats, eussent été égarées, interpolées ou anéanties dans la suite, on pût s'en procurer des expéditions fideles & authentiques : *Palatinis scriniis jubemus recondi, ob Istius facti perpetuam firmitatem.*

Il seroit bien étrange sans doute que nos Rois du commencement de la troisieme race eussent supprimé un dépôt si précieux au peuple & aussi ancien que la monarchie, pour lui en substituer un amovible, & qui auroit été à chaque instant exposé au pillage des ennemis de la nation. Aussi ne leur a-t-on attribué cette bisarre innovation que sur la foi du passage de Guillaume le Breton, qui littéralement entendu en exclut toute idée ; voici ce que rapporte ce poëte :

TEXTE.	TRADUCTION.
— *Est inter Fractam vallem, Blesensque Castrum, Non multum celebri Belsogia nomine vicus; Quo dùm forté suis Rex cum Baronibus esset, Emicat è latebris subitò Rex Anglus, inerme De facili vulgus, onustum rebus & escis, Dissipat, occidit, abducit, plaustra reducit, Nec parcit, raptor nummis quibus arcta tumebant Doliâ, nec saccis quibus ornamenta latebant;*	— Entre Freteval & Blois il y a un petit Bourg nommé Belsoge : le Roi Philippe s'y trouve par hazard avec ses Barons. Richard, Roi d'Angleterre, sort tout à coup d'une embuscade, tombe sur la troupe désarmée, qui, à la suite de Philippe, portoit ses bagages & ses provisions de bouche : les uns sont tués, les autres mis en fuite, quelques-uns faits prisonniers, les chariots enlevés ; les petits barils remplis d'especes d'or & d'argent, les sacs où étoient les habits & bijoux, les rôles des impôts, les chirographes du fisc, le sceau royal deviennent la proie du vainqueur. Philippe considérant qu'il ne de-

(1) *Præceptum primum pro Hispanis*, ann. 815. *secundum* ann. 816. *Præcept. de ord. Mon.* ann. 832. Balus. col. 563. 572. 678 & 680.

(2) *Scrinia Palatina aulæ reconditorium Palatinis servatum excubiis, Archivum palatii.* Ib.

Scripta tributorum Escique chirographa;
  nec non
Cum reliquis rapitur rebus regale sigillum.

Rex simul aspexit hostes non esse sequendos,
Cœptum pergit iter, amissaque cuncta novari
Imperat; & curâ majore novata tueri ;
Qui sibi pro rebus amissis, vel meliora,
Aut æquè pretiosa quidem, reparare valebat,
De facili; sed scripta quibus prænosse dabatur,
Quid deberetur fisco, quæ, quanta tributa,
Nomine quid census, quæ vectigalia,
   quantum,
Quisque teneretur feodali solvere jure;
Qui sunt exempti, vel quos angaria damnet,
Qui sint vel glebæ servi, vel conditionis,
. . . .
Non nisi cum summo potuit rescire labore,
Præfuit huic operi Galterus junior, ille
Hoc grave sumpsit onus in se qui cuncta
   reduxit
Ingenio naturali, sensusque vigore,
In solitum rectumque statum præstructus
   ab illo
Esdra, qui docuit reparare volumina legis,
Atque Prophetarum . . . .

voit pas suivre l'ennemi qui s'étoit dispersé, continue sa route, ordonne de remplacer les effets perdus, de prendre plus de précaution pour conserver ceux qui devoient y être substitués, avec promesse que, sans s'incommoder, les effets donnés en remplacement, seroient de plus grand prix & de meilleure qualité que les premiers.

A l'égard des papiers qui avoient jusques là indiqué ce qui étoit dû au fisc, constaté la quotité & le nombre des contributions, fait connoître les redevances des fiefs, ou leurs exemptions, le nombre des corvéables, des serfs glébés ou natifs, des hommes liges, des affranchis, comme ce n'étoit qu'à force de travail qu'on pouvoit rappeller tout ce que ces papiers contenoient, le Roi chargea Gauthier de présider à cette opération. Ce jeune homme, sans être effrayé de la difficulté de l'entreprise, par la force de son jugement & par la sagacité qui lui étoit naturelle vint à bout de rétablir les papiers enlevés dans leur état ordinaire ; ensorte que par là il est devenu pour nous l'Esdras, qui, chez les Juifs, répara la perte des *Livres de la Loi divine,* & des Prophetes.

De ces expressions de Guillaume le Breton que résulte-t-il ? Les écrits pillés par l'Anglois ne sont que des renseignements de droits, *scripta quibus PRÆNOSSE dabatur,* & non des titres constitutifs d'aucuns droits.

Ce sont des regîtres, des mémoriaux où le produit annuel des impôts étoit constaté ; c'étoient des *chirographes,* c'est-à-dire les doubles des reconnoissances des cens qui étoient souscrits par les débiteurs. La Cour de nos Roix suivoit leurs camps dans le douzieme siecle ; de leur camp, comme de leur capitale, ils faisoient régir leurs revenus par des Commissaires ou par des délégués ; si la perception étoit interrompue ou contestée, le Monarque terminoit les différents en sa Cour ambulante, assisté de ses Officiers les plus distingués : il étoit donc essentiel d'avoir en cette Cour des notices de tous les droits du Roi, des rôles où ils fussent énumérés & spécifiés.

Ces Regîtres pouvoient être transférés sans inconvénient d'un lieu en un autre, en toutes circonstances ; par conséquent il n'est point étonnant qu'étant tombés au pouvoir du soldat Anglois, la médiocrité des volumes les ait fait disperser ou négliger ; il ne l'est pas davantage, qu'après leur perte le jeune Gauthier ait entrepris de la réparer : ne suffisoit-il pas qu'il eût été habitué à les parcourir pour se rappeller l'ordre abrégé dans lequel ils avoient été tenus ; le petit nombre de classes sous lesquelles les différentes sortes de droits y avoient été rangés ? Car quant aux droits considérés relativement à chaque lieu, à chaque personne, à chaque fonds sur lesquels on devoit les exercer, il étoit bien de l'intérêt des communautés & des particuliers de représenter les titres fondamentaux de leurs privileges, de leur état, de leurs inféodations, pour en faire inscrire de nouveau la date, le nom, & par là les renouveller & en obtenir la confirmation.

Le jeune Gauthier n'eut donc pas à faire de grands efforts de génie, ni de mémoire : de l'esprit naturel, une attention bien soutenue furent les seuls aides dont il eut besoin, & son panégyriste ne lui en attribue pas d'autres : *cuncta ingenio naturali, sensusque vigore, in solitum statum reduxit*.

S'il eût de mémoire transcrit au long des actes perdus, le Poëte se seroit-il servi de ces expressions : *in solitum statum reduxit* ? Transcrire par réminiscence un acte isolé, ce n'est pas le rétablir en son état accoutumé : *in solitum statum reduxit* ; c'est lui donner une nouvelle vie ; mais l'état accoutumé d'un mémorial consiste à offrir, sous des divisions courtes & précises, les droits au renseignement desquels il est destiné ; & ces divisions se trouvent avec ces caracteres dans les recueils de Gauthier, existants au trésor des chartes (1). Le *solitus status* ne permet donc plus de se méprendre sur le genre de travail de Gauthier. Il n'a point rétabli de mémoire toutes les chartes du royaume ; il a dressé de mémoire des tarifs, des tables, après avoir fait rendre des aveux nouveaux ; aussi quelques Anglois n'ont-ils compté, dans ces derniers temps, que sur la foi de nos propres Ecrivains qui se sont tous copiés, au nombre des avantages que leurs ancêtres ont remporté sur nous à Fréteval, la soustraction de nos Archives. Guillaume de Neubridge, dont la candeur est connue, n'a fait aucun cas de cette anecdote, & son silence a été imité par Matthieu Paris. Il y a plus, immédiatement après la rencontre des deux Rois, (Philippe & Richard) celui-ci écrivit à l'Evêque Durham, & il se contente d'annoncer au Prélat que la troupe du Roi de France est tombée dans la riviere, -- *bibit de riveriâ* ; que vingt soldats ont été noyés ; qu'il a de sa propre main & de la même lance, terrassé Matthieu de Montmorency, Alain de Rusé, Foulques de Giberval ; qu'enfin il a emmené cent soldats prisonniers (2).

Richard auroit-il omis d'ajouter à ces trophées l'enlèvement des titres de la couronne, s'ils eussent tombé en ses mains ? En 1196, les deux Monarques (3) font un traité de paix ; Richard le termine par cette clause : -- *Amodo non intromittemus nos de hominibus Regis Franciæ, nec de feodis quæ ad eum pertinent*. Le Roi de France en souscrivant le traité, auroit-il omis de réclamer les titres qui seuls pouvoient lui en garantir l'exécution ?

Aussi quelques-uns de nos Historiens ont compris combien peu il étoit naturel de penser que nos Archives avoient passé en Angleterre, sur-tout aucuns actes relatifs à la France, antérieurs au douzieme siecle, ne se trouvant dans le recueil de Rymer, puisqu'il ne commence qu'en l'an 1101 (4) ; mais pour masquer l'impuis-

(1) Voyez-en le *Prospectus*, t. 6. Œuvr. d'Aguess. p. 45.
(2) Lettre du 30 Septembre 1174, tom. 10, p. 96. Rymer.
(3) Ibid.
(4) Dumoulin, Curé de Manneval, en son

sance où ils se trouvoient de découvrir ces actes en France, ou leur négligence à les y chercher, ils ont pris le parti d'imaginer (1) qu'en 1423 ou 1424, Henri V, en retournant en Angleterre, après la bataille de Verneuil, les y avoit fait passer.

Cette conduite de la part de ce Prince auroit été bien peu réfléchie; qu'auroit gagné ce Monarque à déposer en son Royaume les titres justificatifs des propriétés du nôtre ? Se seroit-il proposé d'empêcher nos Souverains de percevoir les droits auxquels ces propriétés étoient assujetties ? ou de fournir à ses successeurs des titres incontestables de ces droits, pour qu'ils en fissent usage dans le cas de nouvelles invasions ? Mais sans enlever les titres originaux, Henri V auroit eu un moyen plus facile, plus sûr & moins odieux pour remplir ce double projet. Les regiftres des revenus de nos Rois, dont ce Prince s'étoit servi pour les toucher, tant en Normandie que dans les autres Provinces où il avoit pénétré, étoient en sa possession: en les retenant, la perception de nos droits domaniaux n'auroit pas été abolie pour toujours; mais elle auroit au moins été pendant quelque temps suspendue : d'ailleurs les titres sans ces regiftres lui auroient été inutiles. Au lieu qu'en nous laissant les regiftres, l'enlèvement des titres nous devenoit presque indifférent ; en un instant on pouvoit en réparer la perte, en contraignant les redevables à produire les chartes de leurs *libertés*, ou l'acquit de leurs charges. Cependant ces regiftres, plus importants que les titres, ont été respectés, puisque le Cartulaire de Normandie de la fin du treizieme siecle & du commencement du siecle suivant subsistent (2). Les Anglois n'ont donc point eu nos Diplômes & nos Chartes originales dans le douzieme siecle, ni nos Regiftres dans le quinzieme ; aussi ne rencontrons-nous pas dans la collection de Rymer un seul acte relatif aux affaires de notre patrie qui soit émané de nos Rois. Ceux des quatorze & quinziemes siecles, qui y sont naturellement rassemblés, n'ont rapport qu'aux opérations du ministere Anglois, durant les troubles qu'à ces époques il avoit excité dans nos Provinces. Et encore que sont ces actes ?

Les titres des Rois d'Angleterre ne s'y lisent qu'en abrégé ; leurs signatures n'y sont attestées par aucuns de leurs grands Officiers ; les formules qui étoient, lors de leur date, usitées pour annoncer l'apposition des sceaux y sont omises ; souvent il n'y est fait aucune mention du sceau. Il existe même dans les archives de la ville de Dieppe deux Chartes en original, l'une du premier Janvier 1420, l'autre de la quinzieme année du regne de Henri VI, dont Rymer n'a donné que des copies très-imparfaites, parce qu'elles le sont dans les rôles de la Tour de Londres, à en juger par deux expéditions que M. Rook, premier Commis aux records de cette Tour, en a délivrées en 1766, & qui sont déposées au chartrier de cette Ville. N'y ayant donc pas de doute que Rymer ne nous offre que des extraits d'actes relatifs à l'administration des Provinces de France, il est indispensable de conclure que les authographes de nos Diplômes & de nos Chartes n'ont jamais sorti du Royaume. Les Anglois ont en la Tour de Londres & en l'Echiquier, des notes des libertés de quelques-unes de nos Villes, des immunités du Clergé, ou des prérogatives des Seigneurs Normands ;

Histoire de Normandie, sembleroit avoir prévu l'objection, s'il n'étoit pas antérieur à Rymer ; car il dit que ces papiers enlevés par les Anglois, n'étoient que les Aveux donnés au Roi de France par des Seigneurs de leur nation. Mais il n'appuie son opinion par aucune autorité.
(1) Rôles Gasc. & Norm. *Préface*, p. 5.
(2) Voyez Brussel, en l'endroit ci-dessus cité.

mais notes où les préambules de style, des clauses essentielles & les signatures sont omises ; & Rymer en convient, *pag.* 200 & 201. Il nous apprend qu'en lui délivrant l'extrait fort court d'une Charte d'Henri V, de 1421, *de fructibus beneficiorum restitutis*, le Garde des Rôles de la Tour de Londres lui a observé que plusieurs autres actes dont il se contentoit de lui indiquer le sujet, relatifs à la France, sont dans la même forme que celui dont l'extrait lui est délivré. Ainsi la collection de Rymer, les tables de *Cartes* ne doivent être considérés que comme un supplément aux titres que nous n'avons encore pu recouvrer. De là nos recherches doivent redoubler pour affranchir la France de la nécessité de recourir à des dépôts étrangers que l'on ne consulte qu'à grands frais, & presque toujours sans fruit : digne but que M. Bertin, ce Ministre littérateur & patriote, se propose, dans le travail que le savant & célebre M. de Brequigny a commencé d'exécuter par sa rédaction de la table des Diplômes & des Chartes, dont nous avons déja deux volumes.

2°. Quant aux actes privés, ils sont tous volontaires ; mais les uns sont écrits, les autres ne le sont pas.

Les délais sur retrait, les donations, les échanges, les émancipations, les interdictions, les subrogations, les testaments, les tuteles, doivent nécessairement être écrits ; les baux (1), les ventes les transactions, les actes d'héritier peuvent au contraire n'être pas écrits.

Tous ces divers actes étant chacun soumis à des formalités qui leur sont propres, & la fraude abusant souvent de ces formalités pour leur donner une apparence contraire aux effets qu'ils devroient naturellement produire, il sera traité de ce qui les rend valables ou nuls aux yeux de la Loi, sous le nom propre à chaque article qui en fait la matiere.

3°. Il en est de même des actes qui de toute nécessité doivent être publics ; il en sera aussi parlé dans les articles consacrés spécialement à leurs objets. *Voyez* BAPTÊME, INHUMATIONS, MARIAGE, &c.

ACTIONS.

Les actions se reglent par la nature des engagements qui les font naître. Or de même que ces engagements sont ou personnels, ou mobiliers, ou immobiliers, ou mixtes, de même aussi l'action est *immobiliaire*, *personnelle* ou *mixte*.

L'action *mobiliaire*, est celle qui tend à obtenir la possession ou propriété d'un meuble.

L'*immobiliaire* conséquemment doit avoir pour but la revendication d'un immeuble ; & la *personnelle*, d'obliger la personne à se représenter en jugement, soit pour faire, soit pour donner : *In dando, vel in faciendo.*

L'action *mixte*, est celle qui tient & de la possession, & de la propriété, & de la personne ; c'est-à-dire, qui a pour objet des meubles & des immeubles, ou qui touche en même temps la personne & les biens. La premiere action se prescrit par trente ans, & les autres par quarante années.

Toutes conventions mobiliaires sont personnelles ; mais toutes conventions personnelles ne sont pas mobiliaires : celles-ci donnent action pour demander un meuble ; au lieu que celles-là ne donnent action que pour forcer de faire une chose qui nous intéresse. L'article 522 de la Coutume fait cette distinction.

La maxime est donc constante, que la nature de l'action est la même que celle de l'objet vers lequel elle est dirigée. Ainsi

---

(1) A l'exception de ceux qui concernent les Gens de main-morte. *Voyez* MAIN-MORTE.

pour connoître infailliblement de quelle espece est l'action, il suffit d'observer ce qui en résulte ; parce que l'action n'étant que le droit de réclamer une chose en jugement, elle doit participer à tous les privileges de la chose réclamée, sans quoi l'action seroit sans l'effet pour lequel on l'intente ; & par une conséquence nécessaire, le jugement qui suit l'action a une durée égale à celle de l'action sur laquelle il a été rendu.

Ces notions une fois conçues, on peut proposer cette question la plus difficile peut-être à résoudre de toutes celles à élever sur la nature des actions.

Que dans un contrat de constitution de rente, l'on inférât cette clause, que *celui qui se constitue, employera les deniers à racquitter des rentes, avec subrogation au profit du constituant*; l'action pour faire exécuter cette clause est-elle personnelle ou immobiliaire ? Le constituant peut-il après trente ans en demander l'exécution ?

La négative nous paroît incontestable, par la raison que l'obligation d'amortir des rentes & de subroger, est purement personnelle : elle est *in faciendo*.

Dans les contrats passés pour choses immobiliaires, outre le droit foncier que l'un des contractants acquiert, il a encore celui de faire exécuter par le vendeur les clauses auxquelles il s'est personnellement obligé. Or ces deux droits de l'acquéreur, sont très-distincts par leur essence, leurs effets & leur durée. Le contrat de vente d'héritages rend cette distinction sensible. Outre le droit réel & foncier que ce contrat donne à l'acquéreur sur la chose vendue, il lui transfere une action personnelle pour obtenir l'exécution du contrat : action qui ne dure que trente ans. C'est ce que prouve l'Arrêt du 2 Mars 1645, rapporté par Basnage, sur l'article 60 de la Coutume. Il juge que celui qui, ayant acquis un fonds dont il n'a pas payé le prix, ni pris possession, est non-recevable après trente ans à revendiquer la propriété par lettres de clameur de loi apparente. Or si la Cour a jugé ainsi dans l'espece d'un Contrat qui avoit légitimement transféré la propriété d'un héritage ; à plus forte raison décideroit-elle de même lorsqu'il s'agiroit de l'obligation d'employer des deniers avec subrogation. Cette obligation est bien plus distincte de la constitution de rente qui en est l'occasion, que ne l'étoit dans l'espece de l'Arrêt cité, la prise de possession & le paiement du prix de l'aliénation du fonds.

On objecteroit en vain que la clause de remploi & de subrogation qui donne lieu à la question, tend à attribuer une hypotheque. Car l'hypotheque considérée en elle-même, n'est ni mobiliaire, ni immobiliaire : elle frappe également sur les meubles comme sur les immeubles. D'ailleurs ce n'est pas l'effet le plus éloigné des actions qu'il faut considérer pour en déterminer la nature ; c'est leur fin principale & immédiate. Il n'y a certainement pas d'hypotheque plus privilégiée que celle qu'obtient le vendeur pour le prix de l'héritage qu'il vend, puisque par elle il est en droit de se faire envoyer en possession faute de paiement. Cependant l'action qui produit cet effet, est purement personnelle & mobiliaire, & elle se prescrit par trente ans. Il faut donc faire une grande différence entre les charges d'un contrat & ses conditions. Le prêteur dans la clause proposée ne constitue pas son argent, *à condition* que l'emprunteur *employera*; mais il le constitue à la charge qu'il fera l'*emploi*. D'où naissent deux actions; l'une pour exiger la rente constituée ; l'autre pour faire accomplir l'emploi promis. Or ces actions, quoique provenantes d'une cause commune, ont des effets divers. La restitution du capital est

la

la peine de l'inexécution de la stipulation d'emploi contractée par l'emprunteur, & cette peine n'est pas la résolution de la constitution, car si le créancier avoit fait juger avant trente ans que son capital, faute d'emploi, lui seroit rendu, il n'auroit que trente années après la signification du jugement pour en obtenir l'effet, suivant l'Arrêt du 12 Juillet 1611, rapporté par Bérault sur l'article 60. Or il seroit absurde de donner plus de durée à l'action qui naît de la stipulation d'emploi, qu'à l'action qui auroit été confirmée par un jugement qu'elle-même auroit provoqué.

Tout ce que l'on pourroit alléguer de plus spécieux contre l'opinion qui vient d'être proposée, seroit qu'il ne faut pas diviser un contrat, ni en prescrire une partie tandis que l'autre subsiste : que le contrat étant exécutoire durant quarante années pour le paiement de la rente, il doit l'être pendant le même espace de temps pour les clauses intégrantes de la convention.

Mais lorsqu'on réfléchit sur ce que, 1°. en exigeant la rente on demande un immeuble, au lieu qu'en exigeant le remploi du capital de la rente & la subrogation, on n'a que la restitution d'un mobilier à prétendre; 2°. que les contrats se divisent tellement dans leurs effets, que d'une rente foncière, dont le contrat est exécutoire durant quarante ans, on ne peut exiger que vingt-neuf années d'arrérages, parce que les arrérages ne sont que des meubles pour lesquels la prescription est fixée à trente années : on est forcé de convenir que les clauses des contrats doivent déterminer les diverses actions que l'on a pour obtenir l'exécution de chacune d'elles en particulier; & que Basnage n'a point apperçu le vrai principe sur lequel l'Arrêt de 1645 a été rendu (1), lorsqu'il a dit que *la tradition actuelle n'étant plus requise*, il sembleroit que *s'agissant*, dans l'espèce de cet Arrêt, *d'un droit réel, on ne pourroit lui opposer que la prescription de 40 ans*, si la cause étoit de nouveau proposée. Aussi M. de la Tournerie a-t-il senti la nécessité de s'écarter de Basnage; selon lui la *raison* pour laquelle l'Arrêt de 1645 a débouté l'acquéreur de l'effet de son contrat, c'est que *ce contrat n'ayant pas été suivi de possession, il ne produisoit qu'une action personnelle*. A la vérité, toute action est personnelle lorsqu'il s'agit d'obliger quelqu'un à *livrer ou faire une chose à laquelle il est engagé par stipulation, en achat, vente, fermage, louage, prêt ou garantie*, & qu'il refuse de satisfaire à ses engagements (2), parce que cette action ne doit être dirigée que contre sa personne. Or, la personne d'un vendeur peut être seule poursuivie pour la restitution d'une possession qu'il n'a cessé de conserver : à la différence de l'action réelle qui peut être intentée directement sur la chose par celui qui en est propriétaire, en quelques mains qu'elle passe. Aussi dans la cause jugée par l'Arrêt de 1645, si l'acquéreur avoit payé le prix de son acquisition, son action, pour revendiquer la propriété, auroit été réelle. Au surplus, il y a des actions dont il est très-difficile de connoître la nature. Par exemple, un particulier donne entre-vifs une rente viagère pour récompenses de services; qui, de ses héritiers aux propres ou de sa veuve légataire universelle doit supporter & acquitter cette charge ?

Par Arrêts des 23 Décembre 1620 & 8 Mai 1626, rapportés par Basnage sur l'Article 504, des veuves légataires universelles ont été condamnées à

---

(1) M. Roupnel de Chenilly est du sentiment de cet Auteur; mais la raison qui l'a déterminé à l'adopter, vient d'être combattue.
(2) Bertin. introd. à la Pratiq. pag. 139.

payer le restant du prix d'acquisitions faites par leurs époux. D'ailleurs on ne peut décréter les rentes viageres, (Arrêts des 30 Juillet 1710 & du 13 Mars 1727), & dans les partages (1) ces rentes sont considérées comme meubles, (Arrêt du 23 Mars 1726): voilà ce semble des autorités décisives en faveur de l'héritier aux propres. L'objet du contrat de rente viagere est de procurer à celui qui en est créancier des sommes purement mobiliaires; c'est un meuble annuel qui fait l'objet de son action: cependant par Arrêt de 1761, l'héritier aux propres a été condamné au paiement de la rente viagere, & la veuve légataire déchargée, parce que les rentes viageres ne sont réputées meubles que lorsqu'elles sont constituées en racquit d'un capital mobilier; & elles sont immeubles, lorsque la constitution en est gratuite: alors, en effet, ce n'est point sur son mobilier que celui qui la constitue a intention de les payer, elles n'auroient pas une assiette certaine; c'est sur une portion du revenu de ses immeubles, & *l'usufruit des choses immeubles est immeuble*: (Article 508 de la Coutume).

La difficulté de déterminer l'espece des actions, répand beaucoup d'incertitude sur la Jurisdiction où elles doivent être intentées.

Une femme domiciliée en Normandie, mais originaire de Picardie, teste, en faveur de son époux, de tous ses biens picards, dont elle a la libre disposition; elle laisse plusieurs héritiers, les uns domiciliés en Picardie, les autres en Normandie; le mari légataire les fait assigner devant le Juge du lieu où sa femme testatrice est décédée, & où l'un des héritiers a sa résidence; l'héritier qui demeure en Picardie soutient que l'action en délivrance des legs, est personnelle, & signifie un déclinatoire pour être renvoyé devant son propre Juge : pour lors il semble que l'unique parti à prendre est de se pourvoir en la Chancellerie, & d'y obtenir, pour le légataire, des lettres d'attribution de compétence au Juge du lieu où les titres des biens peuvent être plus commodément consultés, c'est-à-dire au Juge royal du lieu où la succession est ouverte. On fait cette observation, parce qu'elle offre le moyen de prévenir les conflits de jurisdiction dans tous les cas où, en actions personnelles, les parties intéressées ont des domiciles différents les uns des autres, & dans ceux où les fonds sont assis en une province éloignée de celle où le défunt qui en a disposé fait sa résidence. Au reste, *voyez verbo* COMPÉTENCE.

Dans le nombre des actions personnelles, on distingue, sur-tout en Normandie, les actions *redhibitoires*.

Elles ont lieu après la vente faite des bestiaux, & principalement des chevaux, lorsque le vendeur a certifié à l'acheteur qu'ils étoient exempts de tous vices, ou lorsqu'il n'a pas prévenu l'acheteur des défauts de l'animal, & qu'il n'étoit pas possible de les soupçonner ou de les appercevoir. Par un Réglement de la Cour du 30 Janvier 1728, la Cour a ordonné qu'à l'égard des maladies de *pousse, morve & courbature*, auxquelles elles paroît avoir restreint les actions redhibitoires pour les chevaux, ces actions seroient intentées dans le temps de 30 jours, après lequel temps les demandeurs seroient déclarés non-recevables.

Le 19 Juillet 1713, il y a eu aussi un Réglement pour les moutons & vaches; l'action en garantie à leur égard doit être formée dans les 9 jours de la livraison.

L'action en garantie pour les bestiaux n'a pas lieu quand ils sont échangés, à moins que cette garantie n'ait été ex-

---

(1) *Voyez* art. RENTES VIAGERES.

preſſément ſtipulée lors de l'échange.

On a voulu auſſi étendre la garantie à la production de ſemences ſans ſtipulation; mais par Arrêts des 8 Mars & 25 Mai 1651, cette garantie a été regardée comme incivile. En effet, il est très-poſſible que le grain de la meilleure qualité ne leve pas, ſoit à cauſe de l'intempérie des ſaiſons, ſoit à raiſon de la ſtérilité du ſol. Mais ſi cette garantie tomboit ſeulement ſur la qualité du grain, & non ſur l'effet de ſa *ſemaiſon* : par exemple, ſi l'on avoit vendu de la graine de lin comme graine de l'année, & qu'elle fût de 2 ans, ou comme venant de Zélande, & qu'elle fût graine du pays; alors l'acheteur auroit action pour faire punir la fraude, & obtenir des dommages & intérêts.

ADDITION.

Pour faire des additions aux ouvrages d'autrui, il faut avoir étudié avec ſoin les principes de l'Auteur. L'Editeur de Bérault, en 1684, n'a point ſuivi cette regle; & de là il eſt arrivé qu'en certaines occaſions ſes notes contrediſent le texte auquel elles ſont ajoutées; nous nous contenterons d'en citer ici un exemple. Bérault en ſon Commentaire de l'Art. 356 de la Coutume, s'étoit fait cette queſtion : — *Et pour être le clos & jardin ſéparés du manoir par un chemin d'entre-deux, ſçavoir ſi l'aîné l'aura?* Il avoit répondu, *ainſi a été jugé par Arrêt rapporté par Chopin ſur la Coutume d'Anjou, tit. 1. c. 33. n. 5.*; & il avoit ajouté, *toutes fois, par l'article 4 des uſages locaux de Bayeux, l'aîné n'a, par préciput, le lieu-chevel que juſques où il eſt ſéparé d'aucun chemin ou riviere*, &c. Par cette remarque *toutes fois*, Bérault faiſoit entendre clairement que *l'uſage local de Bayeux*, formoit une exception à la Coutume générale, qui ne borne pas les préciputs aux chemins ou aux rivieres; cependant l'Editeur, ayant trouvé à la fin de l'ouvrage de Bérault, imprimé ſous les yeux de l'Auteur, pour la ſeconde fois, en 1614, un Arrêt rendu entre les héritiers Etienne, cette même année, lequel étoit conforme à celui rapporté par Chopin, plaça cet Arrêt des Etienne à la ſuite de l'Arrêt de Chopin, ce qui étoit naturel; mais il eut la mal-adreſſe d'ajouter, de lui-même, que l'Arrêt des Etienne ſe rapportoit à l'art. 4 des *uſages locaux* de Bayeux, tandis que l'Arrêt confirmé un uſage diamétralement oppoſé.

Nous aurons occaſion de relever des erreurs bien autrement importantes dans les Additions faites au Commentaire de Baſnage : quant à préſent, notre ſeul but eſt d'engager les jeunes gens qui ſe deſtinent au Barreau, à lire avec précaution les Annotateurs. La plupart pechent en ce qu'ils n'expliquent que certaines parties du texte ou des Commentaires ſur leſquels ils travaillent, ſans prendre la peine d'approfondir les maximes générales qui doivent lier entr'elles toutes les parties de l'ouvrage qu'ils ſe propoſent de renouveller. *Voyez les mots* COMMENTAIRES, EDITIONS, NOTES, &c.

ADHIRÉ.

Voyez GAIVES (CHOSES).

ADITION D'HÉRÉDITÉ.

Voyez HÉRÉDITÉ, HÉRITAGE, HÉRITIER.

ADJUDICATION.

Voyez DÉCRET, LICITATION, VENTE JUDICIAIRE, & VICOMTE.

ADULTERE.

Grégoire de Tours, l. 9, c. 38, rapporte que Septimene, infidelle à ſon époux, fut placée dans l'appartement des femmes eſclaves du palais du Roi, où elle étoit obligée de tourner la meule pour ſe procurer la farine destinée à sa nourriture. Les Capitulaires jusqu'au regne de Louis le Débonnaire, punirent de mort l'adultere; mais les suivants (1) laisserent aux Evêques le soin de punir les femmes infidelles, & elles étoient ordinairement reléguées dans des Monasteres, où elles subissoient toutes les rigueurs de la pénitence canonique. *Capitul. Ansegis. l. 7, chap. 298. & Capitul. car. calu. tit. 10. apud Marsnam.*

Lorsque les Normands subjuguerent l'Angleterre, ils y trouverent l'adultere puni par des compositions si excessives, que les coupables hors d'état de les payer, étoient ordinairement condamnés à mort.

Guillaume le Conquérant fut obligé, en montant sur le trône, de suivre les coutumes de la nation, qui étoient celles des premiers François; mais les usages de la France y furent bientôt substitués. Nous lisons dans l'article XI des Loix d'Henri I, que les coupables d'adultere ne perdoient que leur liberté; que l'homme devenoit serf du Roi ou de son Seigneur, & la femme esclave de l'Evêque : *Habeat Rex vel Dominus superiorem, Episcopus inferiorem*; c'est-à-dire que l'Evêque indiquoit le lieu où elle devoit être renfermée, & lui imposoit telles pénitences ou austérités qu'il jugeoit les plus propres à l'expiation de son crime. Cette Loi françoise paroît avoir tiré son origine de la Novelle 134 de Justinien, & elle a été en effet assez exactement suivie jusqu'à présent en cette Province; car les 17 Juin 1516 (2), & le dernier Avril 1555, la Cour confirma deux Sentences, l'une rendue au Siege de Caudebec, qui avoit condamné le nommé Mouquet à être pendu, pour avoir enlevé la femme de Jean Esnout & volé plusieurs effets de ce dernier; & la femme dudit Esnout à avoir la tête rasée, le haut de ses vêtemens coupés jusqu'à la ceinture devant & derriere, à être battue de verges jusqu'à effusion de sang en la prison de Caudebec, présence de son mari, s'il jugeoit à propos d'y assister, & de tels autres de ses parents qu'il voudroit appeller, à la privation de son douaire & de la propriété de ses biens, laquelle appartiendroit à ses enfants, parce que son mari en auroit l'usufruit sa vie durant : & l'autre Sentence, du Sénéchal de Dieppe, qui avoit prononcé l'amende-honorable, le bannissement & la confiscation contre Thibault Jourdain, Prêtre ; & contre la Marion, femme Doublet, les mêmes peines portées en la Sentence de Caudebec.

Ordinairement la punition du séducteur de la femme, lorsqu'il n'a point joint à ce crime celui du vol, se borne au bannissement ; c'est ce qui fut jugé par Sentence que Lenoble rapporte à la fin de son seizieme Plaidoyer contre le sieur Delapierre, Conseiller-Assesseur au Bailliage d'Arques ; Sentence qui eut son exécution.

Le châtiment seroit plus sévere & même capital, si le corrupteur étoit domestique du mari offensé. Sous ce nom de domestique, il faut comprendre l'Avocat ou le Médecin de confiance de la maison.

Si la femme adultere condamnée aux peines de l'authentique, se marie après le décès de son époux, elle ne recouvre point par là sur la succession de son premier mari, les droits de dot & de douaire dont le jugement qu'elle a subi l'a privée ; mais les enfants de son second mariage ne sont pas pour cela privés de succéder à ceux du premier ; car si par Arrêt du 24 Mai 1703 (3) la Cour priva le fils du sieur Poger, de la succession de Bomie ; son frere utérin ; ce fut parce que le se-

---

(1) Traité Anglo-Norm., pag. 15, premier vol.

(2) Terrien, l. 12, p. 483.
(3) Plaid. 16 de le Noble.

cond mariage contracté par sa mere avec son pere qui, comme Avocat, avoit plaidé contre elle pour son premier époux sur l'action en adultere, que celui-ci avoit intentée, n'étoit pas revêtu des formalités requises pour sa validité.

Le petit nombre d'Arrêts rendus en Normandie contre les adulteres, fait l'éloge des mœurs des femmes de cette Province ; elle n'a point eu besoin d'obtenir des privileges pour adoucir la punition d'un crime (1), que l'on y avoit rarement occasion de punir.

Anciennement les Ecclésiastiques avoient pris prétexte de ce que l'adultere violoit la foi donnée en présence des autels, de s'en attribuer la connoissance. En conséquence, le 10 Juin 1516, sur l'appel comme d'abus interjetté par Guillaume Ferrant d'un mandement décerné contre lui par l'Official d'Avranches, parce que quoiqu'il fût marié, il avoit eu commerce avec une fille, ce dont ni la femme de Ferrant ni la fille ne se plaignoient : congé de Cour fut donné à Ferrant, & il eut ses dépens sur le Promoteur (2). Deux ans après, le 28 Avril 1518, les Promoteur & Official de Fécamp procederent contre un Prêtre nommé Boyer, pour raison du scandale que causoit sa fréquentation avec la femme de *Sortes* : Boyer, pour arrêter ces poursuites, se porta appellant comme d'abus des procédures, & Sortes lui-même en interjetta aussi appel ; mais la Cour ayant vu par les informations que le scandale étoit constant, déclara Boyer non-recevable en son appel, & mit au néant celui de Sortes, parce que la femme Sortes ni son mari n'ayant point été appellés par le Promoteur, ces poursuites contre l'Ecclésiastique n'excédoient pas les bornes de sa Jurisdiction, l'Evêque ayant bien le droit d'instruire de la débauche des Prêtres, & de leur infliger la pénitence canonique. Si l'Official de Fécamp eût instruit contre la femme Sortes, l'abus auroit été d'autant plus répréhensible, que le Juge laïc même ne peut connoître de l'adultere à la requisition du ministere public, tant que le mari ne se plaint pas, à moins que celui-ci ne soit le complice de la débauche de sa femme : (Arrêt du mois d'Octobre 1629, rapporté par Basnage (3) sur l'article 163 de la Coutume).

La complicité de l'époux doit être constatée par des faits qui tendent directement au crime ; de simples présomptions ne suffiroient pas pour l'établir ; un mari peut par prudence, indulgence, religion, tolérer long-temps les déréglements de sa compagne ; il peut même transiger avec elle sans qu'on soit fondé à en induire qu'il est participant de son crime, (Arrêt du 5 Avril 1669 (4)) ; ou plutôt la transaction doit jetter un voile sur les fautes de l'épouse, que personne ne doit lever sans témérité ; le mari qui s'impose silence, le prescrit à ses héritiers, & ils ne seroient pas reçus à contester après le décès de leur parent les droits de la veuve : (Arrêt du 8 Mars 1678).

Autant les Arrêts ont été attentifs à soustraire la conduite des femmes mariées à l'inquisition des collatéraux ou des étrangers, autant ils ont été favorables aux maris pour la découverte des désordres de leurs épouses. Nous avons trois Arrêts qui leur ont permis de faire publier des monitoires ; l'un du 25 Juin 1652, le second du 2 Mai de l'année suivante, & le troisieme du 21 Février 1776. Voyez sur les autres questions re-

---

(1) Voyez le détail de ces privileges accordés à différentes villes & cantons, Dict. Encyclopéd. de droit, *Verbo* ADULT.

(2) Terrien, p. 482.
(3) Tom. I, pag. 212.
(4) Basnage, Art. 377.

larives à l'adultere, l'excellent Traité de M. Fournel, imprimé à Paris en 1778. Quand il s'agit de matieres qui intéressent l'ordre public, je n'indique que les décisions du Parlement de Normandie, parce que je n'offre pas au public un Dictionnaire universel, mais un Recueil de décisions fondées sur la Coutume & la Jurisprudence particuliere de la Province à laquelle ce Recueil est consacré.

ADVOUSON.

Ce mot tiré du latin *Advocatio*, signifioit anciennement Patronage. *Voyez* PATRONAGE.

AGE.

L'age peut se diviser en cinq époques, durant lesquelles l'homme est assujetti, dans tous les Gouvernements, à diverses loix, suivant les divers actes dont ces loix le jugent capable, ou selon les obligations dont elles trouvent à propos de le dispenser.

La premiere époque, celle de l'enfance, se compte depuis la naissance jusqu'à 14 ans : la seconde, depuis 14 jusqu'à 30 ans, c'est celle de l'adolescence ; la jeunesse dure depuis 30 jusqu'à 45 ans ; on est sur son déclin, *senex*, jusqu'à 60 ; & vieillard, *senior*, depuis 60 ans jusqu'à la fin de sa vie.

A l'égard de l'enfance, il peut naître des questions fort importantes. 1°. L'enfant qui n'est que conçu, est-il réputé né pour succéder s'il vient vif au monde ? Basnage le croit (1), fondé sur ce que *le mort saisit le vif sans aucun ministere de fait* (2) : mais cette raison n'est pas solide ; car il est clair que cette disposition de la Coutume ne signifie rien autre chose, sinon, qu'en quelque temps que le plus proche héritier appréhende une succession, aucuns autres plus éloignés que lui ne peuvent la lui disputer, quelque jouissance qu'ils en aient eue ; mais cet héritier n'est pas privé par la Coutume de la faculté de s'abstenir de la succession : au contraire, suivant l'Art. 43 du Réglement de 1666, il n'est réputé héritier que lorsqu'il en fait acte : si donc, durant que la succession est jacente, l'enfant conçu vient au monde, & se trouve alors le plus prochain héritier, le tuteur de cet enfant, en faisant valoir son droit, doit être préféré à celui qui a négligé d'exercer le sien dans un temps où l'enfant n'étant que conçu, ne pouvoit être réputé *vif*, ni conséquemment habile à succéder ; & c'est ce qui a été jugé par deux Arrêts, l'un du premier Août 1618, l'autre du 18 Mai 1621, rapportés par Bérault & Basnage sur l'Art. 235 de notre Coutume.

2°. Si un enfant est exposé par ses pere & mere, & qu'on ne puisse les découvrir, doit-il être à la charge du Seigneur du fief où l'exposition est faite, vu que, par l'Art. 604 de la Coutume, les Seigneurs ont les choses gaives trouvées dans l'étendue de leurs domaines ? ou les parents du pere absent, mais connu, les habitants, la fabrique des Eglises, les Hôpitaux sont-ils tenus d'en prendre soin ? Bérault, en son Commentaire de l'Article qu'on vient de citer, rapporte deux Arrêts, l'un du 2 Août 1607, conforme à un autre du 12 Mars 1597, qui n'obligerent les Seigneurs des lieux où l'enfant avoit été trouvé, de contribuer à sa nourriture que concurremment avec les habitants de leurs Paroisses. Notre Commentateur indique encore un autre Arrêt, du 17 Mai 1696, qui força l'Hôpital de Caen à recevoir un enfant trouvé dans Vaucelles, à la décharge des habitants de cette Paroisse contiguë à l'un des fauxbourgs de cette Ville ; & enfin il en cite deux autres ; par l'un,

---

(1) Tom. 1 Col. pag. 337.   (2) Art. 235 de la Coutume.

du 6 Février 1614, les parents d'un bâtard abandonné par son pere furent exemptés de son éducation, laquelle fut confiée à l'Hôpital le plus voisin; & par le dernier, du 9 Juillet 1696, l'Hôpital-Général de Rouen fut condamné provisoirement à nourrir un enfant exposé dans la Banlieue, proche de Maromme, sur la poursuite des habitants de ce village. Or, de ces Arrêts, il paroît tout naturel de conclure que les enfants exposés n'appartiennent à personne : les bâtards, ainsi qu'eux, ne sont enfants que de l'Etat, puisqu'ils ne succedent point à leurs parents, & que ceux-ci n'héritent pas d'eux. L'Article 604 ne peut donc servir de motif pour obliger les Seigneurs à pourvoir à la subsistance de ces enfants. C'est sur les fonds publics qu'elle doit se lever : de là, s'il y a Hôpitaux dans l'endroit, on ne peut refuser de les y admettre : s'il n'y en a pas, les habitants doivent, par humanité, supporter à proportion de leurs facultés, une charge qu'il est présumable que quelqu'un d'entr'eux leur a imposée.

3°. Durant l'enfance, les délits ou crimes que l'on commet assujettissent-ils les coupables à des peines afflictives? Il paroîtroit que non, d'après l'Arrêt du 27 Novembre 1652, rapporté par Basnage, page 216 de son premier volume: un pere ne fut tenu qu'en des intérêts civils pour la blessure faite par son fils, âgé de 10 ans, à l'un de ses condisciples, envers le pere de l'enfant estropié. Cependant s'il ne s'agissoit pas d'une simple contusion, si l'homicide ou la mutilation avoit été commise de propos délibéré, avec réflexion; si elle avoit été précédée d'embûches, de ruses, d'artifices qui manifestassent l'intelligence du coupable, le châtiment pourroit être public & consister en des peines affliti-ves, celle de mort exceptée; c'est ce que Basnage fait observer sur l'Art. 125 de la Coutume, en disant, qu'*au-dessous de 14 ans, l'enfant qui auroit dit à son Seigneur des injures atroces, ou auroit exercé à son égard de mauvais traitements, ne seroit pas traité si rigoureusement qu'un adolescent.* Ce seroit donc par la nature des faits, & sur-tout par la portée de l'esprit du jeune vassal, qu'en ce cas le Juge devroit se déterminer, & cette regle doit à plus forte raison s'étendre à tous les autres cas où un enfant se livre à des excès qui troublent la société, la scandalisent & en annoncent encore de plus funestes pour l'avenir.

4°. Si les enfants au-dessous de 14 ans sont exposés à des peines, ils jouissent aussi de quelques prérogatives. Tant que leur pere vit, ils participent aux distinctions dues à sa condition : on leur doit dans l'Eglise dont leur pere est patron, les honneurs, par préférence à des Gentilshommes ou Seigneurs de fief plus âgés; — Arrêts des 24 Mars 1665, & 28 Juin 1675 (1). Ils peuvent, dès 7 ans, nommer, indépendamment de leurs tuteurs, aux bénéfices dont ils ont la collation : Bérault cite à ce sujet un Arrêt du 25 Mai 1515, Art. de la Coutume. Ils ont la faculté de contracter pour les revenus & charges de leurs bénéfices, d'intenter action en retrait, si elle leur est avantageuse; — Basnage, deuxieme vol. fol. 287.

L'âge, en croissant, augmente aussi les pouvoirs & les prérogatives des Citoyens : à 14 ans les filles, & les garçons à 16, obtiennent lettres d'émancipation de la Chancellerie; (voyez les Lettres-Patentes du 3 Septembre 1719, Art. RÉGLEMENTS) : & comme l'émancipé peut disposer de ses revenus par tradition, il peut aussi les donner à constitution,

---

(1) Basnage sur l'article 442, t. 2. pag. 200.

avec stipulation que le capital lui en sera restitué à sa majorité ; — Arrêt du 30 Mars 1747. A 16 ans accomplis, il lui est même permis de tester du tiers de ses meubles ; — Art. 415 de la Coutume.

Cette disposition vient d'un usage pratiqué anciennement en Normandie parmi les roturiers : garçons ou filles étoient majeurs dès 15 ans dans les Villages & dans les Bourgs, relativement aux affaires du ménage dont ils avoient la direction, ou de la profession qu'ils exerçoient (1).

Mais la pleine majorité, quant à la disposition des immeubles, n'étoit point acquise en Normandie avant 20 ans pour les roturiers, ou 21 ans pour les nobles. L'Auteur de l'Encyclopédie de Jurisprudence pense que la majorité de 20 ans, en cette Province, dont la Coutume est toute féodale, n'est qu'*une espece d'émancipation, dont l'effet est moins grand que celui de la véritable majorité* ; c'est une erreur : en effet, lorsque le défaut de registres publics pour constater les naissances rendoit la preuve de leur époque très-difficile, les mineurs devenus majeurs étoient obligés, s'ils étoient nobles, d'obtenir du Bailli, & s'ils étoient roturiers, du Vicomte, un Mandement pour faire assembler leurs parents, à l'effet de reconnoître qu'ils avoient atteint 20 ans ; & dans la formule de ce Mandement, que l'Introduction à la pratique de Bertin nous a conservée, il étoit dit que l'impétrant du Mandement l'obtenoit comme *capable de gouverner son bien*, sans qu'il y eût aucune restriction. On ne doit donc avoir aucun égard maintenant au Réglement du 28 Janvier 1580, cité par Pesnelle sur l'Art. 223 de la Coutume. Il est antérieur & aux Réglements qui ont ordonné aux Curés l'enregistrement des actes de Baptêmes,

& à l'Art. 38 du Réglement de 1666, qui veut que *toute personne née en Normandie, soit mâle, soit femelle, soit censée majeure à 20 ans accomplis, & qu'elle puisse, après ledit âge, vendre & hypothéquer ses biens-meubles & immeubles sans espérance de restitution, sinon pour les causes pour lesquelles les majeurs peuvent être restitués* ; car en vertu de cette confirmation authentique de nos usages primitifs, celui qui est né en cette Province & a acquis sa vingtieme année, a les mêmes droits qu'ont les majeurs de 25 ans dans les autres parties du Royaume ; en conséquence il a la libre disposition de ses biens situés dans les Coutumes même où la majorité est différée jusqu'à 25 ans, parce que la majorité suit la personne en tous lieux : il n'est véritablement pas possible d'admettre en droit que tandis qu'une Loi reconnoît quelqu'un capable de restreindre ou d'étendre sa fortune à sa volonté, une autre Loi ait le pouvoir de le dépouiller de cet avantage, ainsi que nous l'établirons ci-après à l'Article MAJORITÉ. A l'âge de 20 ans tout Normand peut donc valablement tester de la totalité de ses meubles (Art. 414) s'il n'a point d'enfants, & du tiers seulement s'il en a : en outre du tiers de ses acquêts, pourvu qu'il survive 3 mois à son testament, (Art. 422) ; & par donation entre-vifs, il lui est libre de disposer du tiers de ses acquêts & de ses propres, (Art. 431) ; il peut être légataire, se porter héritier, renoncer aux successions, ester en jugement ; en un mot, il n'y a aucunes bornes à l'autorité qu'il a sur ses biens, si ce n'est lorsqu'il est en la garde du Roi, car elle ne finit qu'à 21 ans (Art. 197), ou lorsqu'il veut contracter mariage, parce que, jusqu'à 30 ans, il ne

---

(1) *Regiam majest.* l. 2. c. 41. 4. sect. — *Establiss.* de S. Louis, l. 1. c. 140. — *Fleta*, l. 1. c. 11. — Bracton, c. 2. c. 37. 2.

peut

peut s'établir que du consentement de ses pere, mere & tuteurs, à moins qu'il ne fasse juridiquement constater leur incapacité & l'injustice de leur refus. *Voyez ci-après*, Art. CONSENTEMENT, MARIAGE, &c.

Il y a, il est vrai, des places d'où les majeurs de 20 ans sont exclus : ils ne peuvent être Evêques, Prêtres, Magistrats, &c. que lorsqu'ils ont l'âge prescrit par les Canons & les Ordonnances relatifs à ces dignités ; mais ces places sont indépendantes de la personne & des propriétés des Citoyens ; elles sont conférées par l'Eglise ou par le Souverain volontairement, & elles doivent suivre les regles que ces deux Puissances ont établies pour que ceux qui seroient jugés dignes s'acquittassent de leurs fonctions avec plus de décence & d'utilité ; ces regles, par cette raison, & encore parce qu'elles constituent dans l'Etat une maniere d'être que la Loi commune ne régit pas, seront donc indiquées dans l'Article destiné à faire connoître la police qui est particuliere aux Ecclésiastiques & aux Magistrats en cette Province.

On trouvera aussi, Art. LETTRES DE RESTITUTION, RELÉVEMENT, de quelle influence est l'âge sur la validité des procédures nécessaires pour que le mineur ne soit pas victime du dol & de la séduction, & que des collatéraux ne profitent pas de la négligence de ses tuteurs pour restreindre ses droits.

Après 20 ans, tous ceux qui ont atteint cet âge n'ont pas des distinctions égales, quoique leur condition soit la même : les Gentilshommes sont plus respectés, selon qu'ils sont plus éloignés de leur 20e. année ; ainsi, à 30 ans la préséance est due au noble sur le noble qui n'en a que 25 ; & l'âge du mari regle dans les Eglises les honneurs que sa femme doit y recevoir. — Arrêt du 5 Août 1683. C'est par une suite de ce

respect que l'âge plus avancé inspire, que les vieillards sont exempts de la contrainte par corps & du service militaire par toute la France ; cependant, lorsqu'à 70 ans ils ont le jugement sain, ils ne sont pas dispensés de tuteles en cette Province : Basnage en son Commentaire de l'Article 5 de notre Coutume, tom. 1, p. 39, rapporte un Arrêt du 22 Novembre 1630, qui l'a ainsi décidé. Décision sage : qui peut mieux veiller à l'éducation des enfants qu'un vieillard expérimenté ? D'ailleurs les exemptions dont le septuagénaire jouit ne le supposent pas retranché de la société ; elles ne sont qu'une attention de la République à une existence qui, aux approches de son terme, en mérite des ménagements ; or, les soins d'une tutele ne sont pas de nature en général à l'altérer ; & de même que la vieillesse ne prive point du droit de succéder, de même aussi elle ne doit pas exempter des charges inhérentes à ce droit. Si l'on dispensoit d'ailleurs les septuagénaires de tutele, il seroit conséquent de leur interdire le mariage ; car, pourquoi auroient-ils la faculté d'augmenter, en laissant des enfants mineurs, les charges d'une famille envers laquelle ils ne contracteroient plus les mêmes devoirs ? Ayant donc été jugé le 5 Mars 1665, que, même après 77 ans, un homme pouvoit licitement se marier, il est de toute équité que, jusqu'à la plus extrême vieillesse, il puisse être tuteur, pourvu que ses infirmités ne s'opposent pas à ce qu'il en remplisse les fonctions.

Voyez EMANCIPATION, GARDE, TUTELE, &c.

AGNEAUX.

Voyez DIMES.

AIDES.

On distingue en Normandie cinq sortes d'aides: l'aide de l'oft (1), l'aide de chevalerie, l'aide de mariage, l'aide de rançon, l'aide de relief.

Il ne faut pas confondre l'oft avec le *ban*; le *ban* étoit dû au Roi pour la défense de l'Etat, l'oft étoit dû aux Chevaliers glebés par leurs vaſſaux pour leurs guerres privées ou la conſervation de leurs fiefs. Les nobles, les roturiers, les eſclaves étoient ſujets au ban, & leur ſervice ne duroit que 40 jours; mais la durée de l'oft, qui n'étoit dû que par les ſous-feudataires, dépendoit des ſtipulations faites lors de l'inféodation. Le mot d'*oft* vient d'*oſtenſio*, parce que tout vaſſal convoqué par ſon Seigneur, ſe préſentoit au lieu indiqué où ſe faiſoit l'examen des armes qu'ils devoient avoir. Quand le Roi faiſoit proclamer le ban, les vaſſaux des Seigneurs ne les ſuivoient pas, à moins que le Roi n'exigeât l'arriere-ban; car alors les Seigneurs exigeoient l'oft ou l'aide du ban. Ces vaſſaux s'en acquittoient en perſonne ou par des prépoſés, ou au moyen d'une ſomme que les Parlements fixoient lorſqu'elle n'étoit pas déterminée par la charte d'inféodation. L'ancien Coutumier, chapitre de *ſervice d'oſt*, a conſervé des traces de cet ancien uſage; & Terrien, l. 4. ch. 11. p. 108, rapporte différentes diſpoſitions de la Charte aux Normands & des Ordonnances relatives au ban & à l'arriere-ban, deſquelles il réſulte que l'oft dû aux Seigneurs ne pouvoit plus, dans le ſeizieme ſiecle, être convoqué par eux que pour le ſervice du Roi: auſſi, par la Coutume réformée, l'aide de l'oft n'eſt-il point mis au nombre des droits féodaux.

L'aide de Chevalerie, qui eſt le premier des aides dont elle parle, eſt dû, ſuivant l'Art. 168, quand l'aîné fils du *Seigneur eſt fait Chevalier*: cet article ne dit pas quand le Seigneur *fera ſon fils Chevalier*, ou quand *ce fils ſe fera Chevalier*; dès-lors le ſyſtême de M. de Jort, en ſa Diſſertation ſur les Aides Chevels Normands, imprimée à Rouen en 1706, ne peut ſe ſoutenir; car, 1°. les expreſſions du texte de la Coutume réformée indiquent ſous le mot de *Chevalier*, une décoration, une illuſtration ajoutée à celle de fils de Seigneur de fief; elle ne doit donc pas conſiſter, comme M. de Jort l'a penſé, en la ſimple permiſſion qu'un pere accorderoit à ſon aîné d'aller à la guerre pour la premiere fois: 2°. Le texte de l'ancien Coutumier donne clairement à entendre que la Chevalerie ne ſe conféroit pas au fils par le pere, mais par le Souverain, lorſqu'il dit: *Primum (auxilium) ad primogenitum filium domini in ordinem militiæ promovendum*; car le Roi ſeul fixoit les rangs où chaque Chevalier devoit marcher. 3°. L'aide de Chevalerie étoit dû à tous Seigneurs de fief; or la plupart de ces Seigneurs n'étoient pas Chevaliers, beaucoup d'entr'eux n'étoient qu'Ecuyers; comment auroient-ils pu donner à leurs aînés un titre qu'ils n'auroient pas eu eux-mêmes? Pour connoître donc le cas où l'aide de Chevalerie étoit & eſt encore dû en Normandie, il eſt indiſpenſable de connoître comment le titre de Chevalier s'obtenoit.

La naiſſance, la dignité, le fief procuroient ce titre; ainſi tout Prince étoit Chevalier né; le Duc, le Comte ou le Baron l'étoient de droit, parce que le Roi en leur confiant le commandement d'une Province, & des gens d'armes de leurs ſeigneuries, étoit préſumé vouloir qu'ils euſſent une décoration au moins égale à celle des militaires auxquels ils devoient commander (2): or, on ne pouvoit commander qu'en levant banniere, & pour la lever, il falloit être Cheva-

---

(1) Anc. L. des Franç. tom. 1, p. 132.

(2) Anc. L. des Franç. premier vol., p. 129.

lier. Mais il y avoit des différences entre les bannieres; sous celle des Princes ou des Seigneurs propriétaires de fiefs de dignité, marchoient, suivant le rang que le Commandant leur assignoit (1), les Seigneurs qui n'étoient possesseurs que de fiefs de Haubert, & auxquels le droit de lever banniere étoit attaché; & sous la banniere de ces derniers marchoient leurs vassaux ou sous-feudataires. Je dis que sous la banniere des hauts Seigneurs se rangeoient les moindres Seigneurs dont les fiefs avoient le privilege de banniere, car tous les fiefs ne jouissoient point de ce privilege; les Duchés, les Comtés, les Baronnies l'avoient, & de là les fils ainés de ceux qui les tenoient du Roi devenoient Chevaliers en leur succédant, ou lorsque, pendant leur vie, ils étoient associés à leur commandement; mais leurs fils cadets ne pouvoient tenir que du Roi le titre de Chevalier & la prérogative de lever banniere, quand, par leur économie, ou par les mariages qu'ils contractoient, ils acquéroient un fief qui les mettoit en état de se procurer au moins 25 hommes capables de les suivre à l'armée.

Le Roi admettoit aussi au grade de Chevalier, des possesseurs de fiefs qui n'étoient point issus de Chevaliers, & dont les fiefs n'avoient jamais eu banniere, & l'on disoit d'eux qu'ils *entroient en banniere*.

De ces usages constants (2), il résulte donc que la qualité de Chevalier n'étoit inhérente qu'à la personne des Princes & aux fiefs de dignité; mais qu'à l'égard des autres Seigneurs & des autres fiefs, le titre de Chevalier ne pouvoit leur appartenir que par la faveur du Roi, & encore cette faveur ne leur étoit accordée qu'à la condition qu'ils seroient capables de fournir à l'Etat un certain nombre de troupes; d'où il paroît naturel de conclure que l'aide de Chevalerie ne peut être exigé maintenant par un Seigneur, que lorsque son fils ainé est décoré de l'Ordre du S. Esprit (3), & qu'il continue le service & y commande; car quoique ce ne soit plus sous la banniere de chaque Seigneur que les vassaux combattent, on peut considérer les troupes qui leur sont confiées, soit comme Colonels ou Capitaines, ou à des titres supérieurs ou inférieurs, comme substituées par le Roi à celles qu'ils auroient été obligés anciennement de fournir. On doit cependant observer que le droit d'Aide Chevalier ne doit pas être accordé pour le fils ainé de tous les Seigneurs de fief indistinctement, mais seulement pour les ainés des Seigneurs qui avoient droit de banniere à cause de leurs fiefs; ce qu'il est aisé de connoître par les états qui furent dressés des fiefs Normands sujets au ban & à l'arriere-ban, en 1552. Ces états ont dû être remis en la Chambre des Comptes par les Elus qui étoient chargés de les dresser: au reste, la contribution des vassaux est très-foible; elle n'est estimée qu'à un demi-relief. (Basnage, Art. 166 de la Coutume); & vu la modicité de ce droit, on ne voit aucuns Seigneurs l'exiger. Ceux d'ailleurs auxquels il est dû, possédant les fiefs les plus distingués de la Province (4), une semblable redevance ne doit pas mériter leur attention.

L'aide de mariage a eu lieu à l'instar de ce qui se pratiquoit à l'égard du mariage des Princesses, filles de nos Rois; elles ne pouvoient s'établir sans la permission du Souverain, & il étoit d'usage que les Etats du Royaume leur offrissent quelques

---

(1) Chatel. de Lisle.
(2) Ibid.

(3) Salvaing, p. 235.
(4) Art. 166 de la Coutume.

dons pour augmenter leur dot (1). De là les Seigneurs firent dans leurs Seigneuries défenses aux filles de leurs vassaux de se marier contre leur gré, dans la crainte qu'elles ne passassent dans les mains de leurs ennemis une partie des domaines qu'ils avoient inféodés, & ils exigerent qu'en établissant leurs filles, & non après les avoir établies, (Arrêt de l'Echiquier de 1245 (2)), ceux qu'ils avoient gratifié de quelques fonds en leurs seigneuries, contribuassent à cet établissement. Cette redevance étoit cependant restrainte au premier mariage de la *fille ainée*, c'est-à-dire, de la fille du Seigneur, qui, à défaut de mâles, avoit sur le fief les prérogatives de l'aînesse (3) ; car les aides ne sont relatifs qu'au fief, ainsi que l'Article 170 de la Coutume le démontre. En effet, si les aides avoient un principe favorable, ce seroit sur-tout lorsque le Seigneur seroit fait prisonnier par les ennemis de l'Etat : cependant cet Article 170 n'oblige les vassaux à l'aide de rançon que lorsque le Seigneur a perdu sa liberté en faisant son service en l'armée, à *cause de son fief*; & en conséquence, par Arrêt de l'Echiquier, en 1366, un Seigneur, prisonnier de guerre, étant à la solde du Roi, fut privé de la contribution de ses vassaux aux frais de sa délivrance, parce que ce n'étoit pas à cause de son fief qu'il avoit été employé.

L'aide - relief, suivant l'article 164, est dû par tous les fiefs qui doivent relief lorsque le Seigneur immédiat décede, & cet *aide est dû à ses héritiers*, pour leur aider à relever leur fief vers le Seigneur supérieur : d'où il suit qu'on ne peut l'exiger pour le Roi, puisqu'il ne reconnoît point de supérieur : Arrêt du 22 Février 1648. Comme on auroit pu conclure de ce que le droit d'aide-relief est dû après le décès du Seigneur, il seroit exigible quand le Seigneur aliéneroit le fief; l'art. 167 de la Coutume a déclaré que les vassaux sont dispensés de payer l'aide-relief *quand le fief est vendu, échangé ou donné, encore que ce soit par avancement de succession, & en faveur du présomptif héritier du donateur.*

AÏEUL.

Un aïeul peut disposer, en faveur de ses petits-enfants, au préjudice de son fils, de la portion du meuble dont il auroit pu disposer en faveur d'un étranger, en conservant néanmoins l'égalité entr'eux, (Arrêt du 26 Mars 1741).

Et cependant, suivant un autre Arrêt du 13 Juin 1752, une petite-fille donataire de son aïeule d'une somme mobiliaire, que l'aïeule auroit pu donner à un étranger, peut demander sa légitime sur la succession de sa mere, devenue héritiere de l'aïeule, sans être tenue de rapporter la somme donnée, parce qu'une fille légitimaire n'est pas héritiere, & que les héritiers seuls sont obligés au rapport.

AINÉ.

L'ainé, l'enfant mâle, qui est le premier, qui est né avant les autres, *antenatus*, peut être considéré sous deux rapports en Normandie. 1°. relativement à l'antiquité, à la nature, aux privileges & aux motifs de ses droits :

---

(1) Anc. L. des Franç. tom. I, p. 159.
(2) Terrien, l. 5. c. 9.
(3) De Jort, dissert. Aides Chevels, p. 17. L'interprétation que cet Auteur donne à la Coutume, est d'autant plus juste que dans l'ancienne Coutume Ch. d'Aides Chevels, il est dit que *l'ainé fils est cil qui a la dignité de l'ainesse*, & ce même *lendoit entendre de l'aide mariage.* Voy. Traités Anglo-Nor. prem. vol. p. 528.

2°. quant à l'exercice de ces mêmes droits. Mais comme les droits de l'aîné s'exercent diversement, suivant la diversité des biens qui composent les successions qui y sont assujetties, puisque les biens de Coutume générale & ceux de Caux ne déferent pas à l'aîné les mêmes prérogatives, il paroît convenable de ne traiter des droits qui appartiennent à l'aîné par succession que dans les articles concernant les SUCCESSIONS, les PARTAGES & les PRÉCIPUTS, & de se borner en celui-ci à établir l'origine de la préférence de l'aîné sur les cadets, l'utilité de cette préférence, combien il est important de la conserver tant que notre loi municipale subsistera.

Dans tous les temps les mâles ont succédé en France (1); & quoique Grégoire de Tours insinue que les quatre fils de Clovis partagerent également sa succession, il y a de fortes raisons de douter avec nos meilleurs Historiens (2), de cette égalité de partage; effectivement *Agathias* (3) n'en parle que par conjecture. Au reste, ce partage eût-il été égal, tout ce que l'on en devroit conclure, seroit que Thierry, frere naturel des trois enfants légitimes de Clovis, auroit profité de la foiblesse de leur âge, de l'affection que les troupes avoient pour lui, du desir que la plupart des peuples qu'il avoit subjugués, avoient de choisir leur chef, pour s'emparer d'une partie des Etats conquis : mais ce partage fut si peu fait en conséquence d'une loi qui dût être suivie par ses successeurs, qu'à peine fut-il décédé, ses freres ne crurent point faire à son fils Théodebert une injustice en prenant les armes pour le chasser du Royaume de son pere. Il est vrai que Théobalde, fils de Théodebert, après sa mort, laissa pour successeur Childebert son oncle, & que Clotaire, cadet de ce dernier, s'empara de sa succession; mais Agathias (4) nous assure que Childebert céda de bon gré son droit : *Senex suâ sponte hæreditatem cessit*. Le Royaume de Théobalde appartenoit donc de droit à l'aîné de ses oncles : & en effet, l'on voit Dagobert, en 628, succéder à l'Empire entier, après la mort de Clotaire II son pere, & Caribert, son cadet, n'obtenir de lui une partie de l'Aquitaine qu'à titre d'appanage (5). A Clovis II, Clotaire III succéda seul; Thierry, son second puîné, n'eut aucune part au Gouvernement; en 656, Clotaire III n'en fit aucune à ses deux freres, & en 670, Thierry, qui s'étoit emparé du Trône au préjudice de Childeric, en fut chassé, &, pour punition, confiné dans un Monastere; dans la suite, Pepin, pere de Charlemagne, ayant fait un testament par lequel il donnoit à Carloman, son fils puîné, une partie de ses Etats, Charlemagne le révoqua, & après avoir laissé une simple jouissance viagere d'une portion de ses domaines à son frere, il s'en remit en possession quand ce dernier décéda, au préjudice de ses neveux. Il est vrai que cet Empereur divisa le royaume entre ses enfants, mais il fit approuver ce partage par les Grands de l'Etat. Louis le Débonnaire demanda une semblable approbation lorsqu'il voulut séparer sa succession entre ses fils; cependant ses aînés se souleverent contre elle, même de son vivant, & le dernier de ses enfants ne put obtenir après lui aucune part en la Souveraineté (6). Enfin, dans le Traité de Mersen, en 847, art.

---

(1) *Tacit. de Morib. German.*
(2) *Fauchet, Duhaillan, Daniel.*
(3) *L. I.*
(4) *Ibid.*

(5) *Chap. de Doman. Franc. l. 2. p. 158.*
Abrégé chron. du P. Hesn. p. 29. 1. vol. in-8°.
(6) *De gest. Ledov. pii nith. t. 2. Capitul. an.*
816. t. 1. p. 574.

9, il fut fait défenses aux oncles, qui, sous le prétexte des droits que leur âge leur donnoit à la Régence, prétendoient succéder aux Etats de leurs freres, de persister à cette prétention; & en effet, elle ne se renouvella que momentanément sous Charles le Simple (1); elle ne parut prévaloir, durant quelque temps, que lorsqu'elle fut soutenue par des violences, que les plus sages de la nation ne cesserent de désavouer, & auxquelles ceux qui les exerçoient ne donnoient pas pour prétexte, la liberté, que quelques-uns de nos Publicistes modernes prétendent qu'on avoit alors, de choisir le Monarque indistinctement parmi les Princes du Sang Royal; mais tantôt que le Prince étoit trop jeune, tantôt qu'il n'étoit point sacré, *nondum Carolus Simplex erat unctus in Regem resistente duce Hugone* (2). Lorsque le Duc Raoul obtint de ce Prince la Normandie, le droit de l'aîné étoit tellement en vigueur en France, que neuf ans après la cession qui lui fut faite de ce Duché, Raoul succéda seul au Duché de Bourgogne, à Richard le Justicier son pere, quoiqu'il eût deux freres; aussi Raoul conservat-il dans sa province les loix qui y avoient toujours été suivies (3), & qu'il avoit promis à Franco, Archevêque de Rouen, de maintenir (4): or, les loix qui avoient toujours été suivies en France pour la succession au Trône, étoient alors la regle de la succession aux fiefs qui, depuis Charles le Chauve, étoient héréditaires.

L'aîné, comme celui qui, des enfants du feudataire, étoit plus en état d'acquitter les services qui lui avoient été imposés par le Seigneur, obtint, après son pere, le fonds dont il avoit été investi; en le divisant, les services se seroient multipliés, mais ils auroient été moins importants; ils n'auroient pu être que proportionnés aux revenus de chaque co-partageant, & par la subdivision des fonds & des services, insensiblement les uns & les autres auroient (5) été anéantis; de là l'aîné eut la totale succession des fiefs, sans que ses cadets pussent de droit y prétendre la moindre part: *Primogenitus filius patri permittiam tenenti succedit in totum ita quod nullus fratrum suorum partem inde de jure petere potest.* (6) Cette maxime fut conservée dans notre ancien Coutumier: *ès fiefs de Haubert*, y est-il dit, *Comtés, Baronnies, Sergenteries, partie ne peut être soufferte entre freres par Coutume du pays*. Dans le pays de Caux tous les fonds avoient été inféodés, & les *successions des héritages non nobles y furent de semblable usage que les nobles* (7). En 1583, quelques-uns des Commissaires nommés pour la réformation de la Coutume, proposerent d'accorder au moins aux filles le tiers en propriété des fonds Cauchois; mais, en 1586, leur proposition fut unanimement rejettée; &, par l'art. 297 de la Coutume réformée, les filles ne purent, en conformité du chapitre 26 de l'ancien Coutumier, exiger leur mariage que sur les meubles, & les puînés une simple provision à vie sur le fief: en successions aux fiefs & aux biens de Caux, que la Coutume a assimilés aux fiefs, (voyez Basnage, art. 279, & l'Ar-

---

(1) Aimoin. l. 5. c. 42. p. 439. appelle Eudes *regni gubernatorem*.
(2) Ibid. p. 357.
(3) *Voyez* Remarques Général. 4e. vol. Traités Anglo-Norm. La Dissert. prélim. du premier vol. Le Disc. prél. des Anc. L. des Franç. & la Pref. de ce Dict.

(4) Hist. des Archevêques de R., par D. Pomeraye, p. 235.
(5) Glanv. l. 7. & p. 471. Trait. Anglo-N.
(6) Style de procéd. titre de succession, à la fin de Rouillé.
(7) Pesnelle, titre de succession en Caux.

rêt du 14 Février 1667 qu'il cite), l'aîné, on le voit, a ces divers avantages en vertu de la Loi, & c'est en se pénétrant sérieusement de cette maxime, que le Juge peut éviter les écarts où des considérations de faveur pour les puînés ou pour les filles pourroient l'entraîner : en effet, dans toutes les questions de partages de successions féodales ou de Caux, n'y ayant à découvrir que le droit de l'aîné, ce droit une fois décidé par la Coutume, ne peut plus être regardé comme trop rigoureux ; & il ne reste d'autre parti que celui de s'y conformer.

Ainsi, qu'un pere, de son vivant, déclare par quelqu'acte que ce soit, que ses fils puînés participeront aux prérogatives de l'aînesse, sa volonté ne peut l'emporter sur celle de la loi : il a bien la faculté de changer son fief ou son bien de Caux en un fonds de Bourgage ou de Coutume générale, où les puînés ont des droits presque égaux à ceux de l'aîné, (Bérault sur l'art. 408, & Arrêt du 20 Juillet 1729) ; mais si ces fonds restent fiefs ou Cauchois, lors de son décès, aucun acte ne peut priver l'aîné des prérogatives que la Coutume lui défere. Je dis si ces fonds restent fiefs ; car si les fiefs ou les biens de Caux, qui sont de même nature, avoient été vendus par le pere ou par la mere, & que le prix en fût encore dû, l'aîné n'auroit sur ce prix que la part que la loi lui accorde sur le meuble, par une suite de ce qui a été dit plus haut, que les pere & mere peuvent changer, de leur vivant, la nature de leurs biens, sans que l'aîné puisse s'en plaindre : mais hors ce cas, les droits de l'aîné sont inaltérables ; il ne peut lui-même y déroger ; les actes qu'il feroit à cet égard, du vivant de ses pere & mere, de quelques motifs qu'ils fussent soutenus, seroient nuls. En vain insereroit-on dans le contrat d'acquisition d'un fief qu'on ne l'acheteroit qu'à condition qu'il seroit partable également entre les freres, dès que l'achat seroit fait par le pere ; à son décès, cet achat auquel les enfants n'auroient point contribué, seroit partagé suivant les regles prescrites par la Coutume pour la succession aux propres paternels.

Un pere de son vivant auroit établi ses enfants, chacun d'eux auroit été avancé d'un fonds en se mariant ; l'aîné, après la mort du pere, forceroit les freres à rapporter leurs avancements, & sur le total des héritages, ses droits seroient liquidés conformément à la Loi, (Arrêt de Jozeville, rapporté par Basnage sur l'Article 337 de la Coutume, & autre Arrêt du 11 Mars 1681, cité à la suite du précédent).

Non-seulement les aînés en Normandie ont, en successions féodales, les propriétés les plus précieuses de leurs ascendants ; ils participent de plus aux honneurs qui sont dus à leur condition, même durant leur vie ; le vassal doit porter honneur au fils aîné de leur seigneur ; ses freres puînés lui doivent respect & déférence, (Art. 124 de la Coutume) : & un neveu fils, sorti du frere aîné de son oncle, a dans les cérémonies publiques la préséance sur ce dernier, (Arrêt du 23 Mars 1610), (1). Enfin l'aîné noble porte les pleines armes de sa famille ; à lui seul appartiennent les tableaux de ses ancêtres, le dépôt des titres, les manuscrits du pere, même dans les successions roturieres ; & si du vivant de son pere, il a été pourvu de sa charge, il n'est pas obligé de la rapporter en essence : (Arrêt du 10 Mars 1688, à la fin de L'ESPRIT DE LA COUTUME). Et rien de si important que la conservation du droit d'aînesse dans les Etats Monarchiques.

---

(1) Bérault, art. 142.

Le Souverain est d'autant plus aimé de ses sujets qu'ils sont plus intimement persuadés qu'il exerce, à leur égard, l'autorité paternelle, & qu'il les gouverne comme le feroit un pere judicieux & tendre. Or, quand le régime des familles particulieres plie sans cesse ceux qui les composent au joug d'une subordination & d'un respect, fondés sur l'affection & la raison, envers les peres & les ainés, ces familles deviennent autant d'écoles où dès le berceau l'on apprend à aimer son Prince & la Loi qui, perpétuant dans sa postérité la puissance suprême, en interdit le partage entre ses enfants; aussi ce qui peut le plus contribuer à la stabilité d'un gouvernement, c'est l'habitude où sont les peuples de pratiquer eux-mêmes les maximes fondamentales de sa constitution.

AINESSE.

Cette expression dans notre Province ne désigne pas le droit que l'ainé a dans les successions de fiefs ou de biens de Caux; elle indique au contraire, suivant Brussel, le chef-lieu d'un héritage roturier qui a été divisé anciennement entre freres, & dont le possesseur est tenu de répondre au Seigneur pour la totalité, sauf son recours sur ceux qui possedent les portions qui en ont été démembrées (1).

Un Seigneur ayant inféodé par un seul contrat un tenement à son vassal, & ce tenement ayant été depuis divisé, ce Seigneur n'a pas dû souffrir de cette division; il lui a donc fallu un vassal principal qui représentât les autres, qui fût responsable pour eux de l'exécution des charges de l'inféodation, & qui, suivant l'expression ordinaire, fût *porteur en avant pour les autres*, sans que cela préjudiciât l'action solidaire que le Seigneur avoit contre tous; & c'est dans cette vue que par l'article 175 de la Coutume, *en toutes ainesses les puînés sont tenus bailler à l'ainé écroë ou déclaration signée d'eux, de ce qu'ils tiennent sous lui, afin que l'ainé puisse bailler écroë entier au Seigneur, laquelle tous les puînés doivent avouer & signer chacun pour son regard*; & si l'un des puînés, suivant l'article 176, *renonce à sa part, elle revient à l'ainé, & non au Seigneur*. Aussi par raison de réciprocité, l'article 115 veut-il que si le Seigneur *fait saisir l'ainesse*, & se la fait adjuger sans que l'ainé en demande main-levée, *les puînés soient reçus à la demander*, parce que cependant il est *en ce cas à l'option du Seigneur de leur donner cette main-levée à chacun pour leur part, en retenant par devers lui celle de l'ainé, ou bien de la leur laisser en donnant par eux déclaration de toute l'ainesse, & payant les arrérages des rentes qu'elle doit*. Sur quoi il est d'observation que lorsque l'ainesse est retenue par le Seigneur, les puînés ne peuvent plus être poursuivis par indivis, (Arrêt du 28 Février 1631), à moins que le Seigneur ne remette aux puînés le chef de l'ainesse; car il a cette faculté même après l'avoir possédée.

Il s'est élevé une question à l'occasion de l'article 115. Plusieurs ont douté si dans le cas de saisie & de réunion d'une ainesse, la douairiere ou tout autre usufruitier perdent leurs droits. Je traiterai cette question au mot SOUFFRANCE (2).

On conçoit que l'ainesse impose à celui qui en jouit des obligations fort onéreuses; que par la difficulté d'exercer un recours sur les puînés, souvent le possesseur de l'ainesse se trouve exposé à faire des avances considérables; c'est par cette raison que la Cour décida le 18 Août 1661;

---

(1) Brussel, L. 3. c. 13.

(2) Consultez Basnage sur l'Art. 109.

1661, qu'un acquéreur d'un fonds dans le contrat duquel le vendeur n'avoit pas fait mention d'aineſſe, obtint contre ce vendeur la garantie de tous les dommages & pertes dont il pourroit devenir ſuſceptible par l'inſolvabilité des puînés (1).

Quoique l'article 115 ſemble ſuppoſer que l'aîné négligeant de demander mainlevée de la ſaiſie de ſon aineſſe, les puînés doivent la demander au Seigneur; cependant la Cour a jugé que comme il pourroit arriver que l'aîné & le Seigneur, de concert, privaſſent les puînés du droit de la réclamer, ceux-ci étoient recevables à pourſuivre l'aîné pour le contraindre à en obtenir la main-levée. L'Arrêt eſt du 2 Août 1751.

Les Feudiſtes commettent un abus très-repréhenſible à l'égard des aineſſes; pour augmenter leurs émoluments, ſuivant la remarque de Peſnelle ſur l'article 175, ils ne ſe contentent pas de faire donner aveu par l'aîné du tenement entier, ils en exigent auſſi de ſes ſoutenants; il ſuffit de lire l'article 175, pour ſentir l'injuſtice de cette exaction.

AJOURNEMENT.

Perſonne ne doit être jugé ſans avoir été entendu.

De là les précautions priſes par toutes les nations, pour que l'ajournement qui introduit les actions dans les tribunaux de Juſtice, ſoit authentique; qu'il ne puiſſe être méconnu par le défendeur, ni fauſſement ſuppoſé avoir été fait par le demandeur.

Anciennement en Normandie on ne pouvoit ajourner qu'en vertu d'un bref de Chancellerie: la cauſe y étoit expoſée, & la Juriſdiction où elle devoit s'inſtruire indiquée. Dans la ſuite, divers Réglements ayant rendu les compétences inconteſtables, on ne fut obligé, pour être autoriſé de faire aſſigner ſon débiteur ou celui contre lequel on formoit ſa plainte, que de recourir au Juge de ſon territoire (2); les Appariteurs ou Sergents devoient lors de l'ajournement ſe faire aſſiſter de deux témoins, en dire les noms & domiciles dans leurs exploits, ſous peine de nullité (3). Ces témoins étoient choiſis dans la claſſe des pairs de l'aſſigné, c'eſt-à-dire des perſonnes de même condition que lui; mais l'aſſignation donnée à un Baron, étoit certifiée par quatre Chevaliers (4).

Comme l'Ordonnance de 1667 a enchéri ſur ces précautions, qu'elle s'étend à tout le Royaume, & que conſéquemment elle eſt connue de tous les Praticiens, nous devons nous borner en cet article à remarquer quelles ſont les formes ſpécialement preſcrites par la Coutume de cette Province pour certaines aſſignations dont l'Ordonnance n'a point anéanti la forme.

Ces formes varient ſelon la qualité des perſonnes, leur domicile, la ſituation des fonds & l'objet de la cauſe. En voici des exemples.

1º. Les femmes ni les mineurs ne peuvent appeller qui que ce ſoit en jugement, & il ne leur eſt point permis d'intenter action ſans y être autoriſés. — ART. 543 & 544 de notre Coutume.

2º. Quand celui qu'on veut faire aſſigner pour cauſes relatives à une propriété, eſt domicilié hors la Normandie, l'ajournement doit lui être fait, & non à ſon fermier, ſur le lieu où la propriété contentieuſe eſt ſituée. — ART. 485 & 588 de la Coutume, & *Arrêt* du

---

(1) *Ibid.* Article 40 de la Coutume.
(2) Ordonn. de l'Echiq. en 1462.
(3) *Id.* en 1491.

(4) Anc. Cout. ch. de *Semonces*, & REGIST. *Olim.* Parlem. de S. Martin, en 1258.

18 Avril 1659, rapporté par Basnage en son commentaire de ce dernier article.

3°. Pour parvenir à l'entérinement de lettres de bénéfice d'inventaire, on doit faire faire trois criées à jour de Dimanche, issue de la Messe paroissiale du lieu où le défunt est décédé, afin d'avertir ceux du lignage qui veulent se porter héritiers absolus, de comparoître à la prochaine assise. — ART. 86 de la Coutume.

4°. L'*ajournement* pour contumacer les héritiers de celui dont on décrete les biens, a aussi sa forme particuliere. — ART. 587 de la Coutume.

5°. Enfin lorsqu'un Lignager ou Seigneur de fief clame à droit de retrait un fonds vendu par son parent ou son vassal, il est indispensable de *signifier la clameur à l'acquéreur dans l'an & jour de la lecture du contrat de vente*, &c. — ART. 484 de la Coutume.

Les dispositions de notre Coutume à l'égard des *actions* des mineurs & des femmes, ou de celles relatives aux propriétés, aux décrets des biens, bénéfices d'inventaire, & clameurs ou retraits, sont amplement développées dans chacun des articles dont ces diverses matieres font l'objet.

Il reste à observer seulement que lorsque la Coutume prescrit un temps fatal dans lequel l'ajournement doit être fait, sous peine de la perte de l'action, cet ajournement peut être valablement signifié aux jours de fêtes même les plus solemnelles (1) : & que si le défendeur est ajourné à un jour qui se trouve être chommable, l'exploit n'est pas pour cela nul de droit ; l'assignation se continue au contraire au jour le plus prochain où il est permis de plaider. — Arrêt du Parlement de Paris, du 30 Janvier 1525, rapporté par Terrien (2).

Voyez au reste CLAMEUR, DÉCRETS, EXPLOITS, RETRAITS, SERGENTS, &c.

AIRURES.

Ce mot vient d'*aratura*. L'article 119 de notre Coutume distingue les *airures*, des *labours & semences* ; ainsi on doit entendre par elles toutes les préparations données à la terre pour qu'elle soit avantageusement labourée.

Lorsque le Seigneur demeure en jouissance des fruits du fonds qu'il a fait réunir à son domaine, *il doit payer les airures*, labours & semences à celui qui les a faites *pour son vassal*. D'où l'on peut induire que lorsqu'un acquéreur, en vertu de la Loi *Emptorem*, entre en possession du fonds qu'il a acheté, il est tenu au même remboursement envers le fermier qu'il dépossède, & celui-ci n'est point obligé, pour les airures, labours & semences, de recourir sur le vendeur, leg. 51. ff. *familiæ erciscundæ*.

Il s'éleve très-souvent des contestations entre co-héritiers à l'égard des *airures, labours & semences*. Les Sergents sont dans l'usage de les estimer, & ceux qui succedent aux meubles en reprennent la valeur sur les héritiers aux immeubles : ce qui n'est pas juste ; car si le défunt dont il s'agit de partager la succession, est décédé avant la saint Jean, les héritiers aux propres ou aux acquêts succedent à ces immeubles en l'état où ils les trouvent ; c'est-à-dire soit qu'ils soient en jacheres, soit qu'ils soient chargés en grains : les labours & les semences sont en ce cas immeubles comme le fonds sur lequel ils ont été faits ; & si le décès est postérieur au temps où suivant la Coutume les grains sont amobiliers, l'héritier aux meubles les recueille à son bénéfice sans aucune restitution, puisque s'il

---

(1) Basnage sur l'Art. 484.   (2) L. 9. ch. 7. folio 355.

en étoit dû, ce seroit à lui-même qu'il les devroit, les débours faits pour semer & labourer ayant été tirés du mobilier qui lui appartient : il n'y a qu'un seul cas où les héritiers aux propres ou acquêts immobiliers du défunt doivent restituer les airures ; c'est lorsqu'il est décédé locataire, & que le propriétaire fait résilier le bail, ou que l'un des co-héritiers est autorisé par les autres de le continuer à ses périls & risques, car en ces deux cas si les terres sont labourées & semées, les airures doivent être restituées à la succession, & y être partagées comme meubles.

AISANCES, CHAMBRES AISÉES.

L'article 613 *ne permet d'en construire contre mur mitoyen, qu'en faisant bâtir contre-mur de trois pieds d'épaisseur en bas & au-dessous de rez de terre, à pierre, chaux & sable tout à l'entour de la fosse destinée auxdites chambres.*

AÎTRES.

Cette expression signifie *portiques*, ou *cimetieres* d'Eglise.

Les Conciles de cette Province font mention de la Jurisdiction que les Evêques exerçoient sur ces lieux, & des droits ou *coutumes* qu'ils y percevoient en vertu de la concession du Roi (1) : ils y faisoient bâtir des étaux & les louoient à leur profit.

Les abus qui résultoient des foires & marchés que l'on y tenoit pour la commodité des pélerins, déterminerent à les abolir.

Les cimetieres dès-lors furent uniquement réservés pour la sépulture des fideles : & les portiques consacrés aux assemblées des paroissiens pour délibérer sur les intérêts de leur communauté.

Les foires & marchés pour l'achat & la vente des denrées que les pélerins apportoient pour subvenir aux frais de le voyage, ou que les habitants des vill & bourgs leur donnoient en échan s'établirent autour des cimetieres : & Prélats conserverent sur les étaux & ur les marchandises les anciennes coutumes.

C'est de là que l'Archevêque de Rouen possede encore les droits du *marché de l'Aître* sur les fruits & autres denrées du cru du canton, &c. que l'on étale & vend en détail proche les cimetieres des deux Eglises paroissiales de Dieppe. *Voyez* CIMETIERES, SÉPULTURES, &c.

ALÉATOIRES. (CONTRATS)

Le contrat aléatoire est sujet à restitution quand il n'y a point égalité de risques entre l'acheteur & le vendeur. Par exemple, quand le vendeur est dans un état de santé si dérangée que la proximité de sa mort soit certaine, (Arrêt du 8 Août 1742). Dans l'espece sur laquelle cet Arrêt est intervenu, il s'agissoit de la vente d'un office faite à fonds perdu par une personne attaquée d'une maladie chronique incurable, & qui étoit à son dernier période. *Voyez* RESCISION.

ALENÇON.

Dans l'origine c'étoit un fief non titré ; il est compris sous le simple nom de fief, au chapitre des Vassaux de la Baillie de Caen, dans le rôle de l'ost de Foix en 1272 (2), & ensuite il a eu successivement le titre de Marquisat, de Comté & de Duché-Pairie. Le dernier de ces titres lui a été accordé le premier Janvier 1414. Alençon a quelques Coutumes particulieres ; la femme prend moitié en propriété dans les conquêts faits avec son mari, assis dans le ressort du Duché, mais le mari survivant en a l'usufruit :

---

(1) *Conc. Julioban. ann.* 1080, *Art.* 11.12. 13. 18. 19. *Synod. Norm. Dom Bess.* p. 68.

(2) Brussel, p. 13. tom. 1.

elle a moitié aux meubles de son époux, & en cette considération le mari n'est point tenu au remploi des meubles échus à sa femme constant le mariage, nonobstant l'article 390 de la Coutume.

En 1669, il s'offrit au Parlement cette question.

Le nommé Gilot avoit épousé en premieres noces Anne Lemaître, à laquelle il avoit été donné 2000 liv., en attendant une succession bien supérieure en biens à ceux que possédoit son mari. De ce mariage sortirent quatre enfants. Ils marierent une fille à laquelle ils promirent 2000 liv., avec cette clause qu'elle les rapporteroit tant à la succession du pere qu'à celle de la mere, & qu'elle ne pourroit accepter l'une & répudier l'autre. Gilot constant son mariage, paya les 2000 liv. Anne Lemaître meurt ; son époux contracte un second mariage, &, lui-même étant décédé, laisse plusieurs enfants dont la mere fut tutrice. S'étant agi entre cette veuve & tous les enfants du premier & du second lit, de partager la succession du défunt, ceux du premier lit avoient déja partagé entr'eux la succession de leur mere, & l'époux de la fille mariée y avoit rapporté 1000 liv., moitié de l'avancement fait à sa femme lors de son mariage ; il avoit même donné à la veuve sa belle-mere, sur les 1000 liv., autre moitié de cet avancement, 300 liv. ; mais elle prit des lettres de restitution contre la quittance qu'elle en avoit donnée, & elle prétendit que le pere ayant payé les 2000 liv. à sa fille, cette somme devoit être rapportée, nonobstant toutes clauses employées dans le contrat de mariage de cette derniere, à la succession du pere, & que les enfants des deux mariages devoient y prendre part. Les enfants du premier lit soutinrent que le rapport devoit se faire pour moitié des 2000 liv. en la succession de leur mere, avec d'autant plus de raison qu'au Bailliage d'Alençon les maris pouvoient avantager leurs femmes en beaucoup de manieres, en considération du privilege qu'ils avoient de n'être envers elles sujets en aucun emploi ; qu'il leur étoit permis d'acquitter leurs dettes, améliorer leurs héritages, d'y faire des constructions sans que leurs héritiers pussent le contredire ; qu'ainsi leur pere ayant voulu décharger les héritages de sa femme de toute contribution au mariage de sa fille, cette disposition étoit légitime. Mais à cet argument, M. l'Avocat-Général le Guerchois opposa *la maxime des maximes*, pour user de ses expressions, celle de l'égalité que les peres doivent conserver entre leurs enfants sur la succession. Et par Arrêt du 20 Août, l'époux de la fille Gilot fut condamné à rapporter les 2000 liv. à la succession du pere.

Dans cette Châtellenie, on suit les usages suivants :

» I. A la femme appartient en propriété
» la moitié des conquêts que son mari a
» faits en ladite Châtellenie, constant leur
» mariage, desquels il étoit Seigneur lors
» de son décès ; & avenant le décès de la-
» dite femme avant son mari, la moitié
» desdits conquêts appartient aux héritiers
» de ladite femme, dont l'usufruit demeure
» au mari, encore que de leur mariage ne
» soient issus aucuns enfants ou qu'il se re-
» marie.

» II. La moitié des meubles délaissés par
» le trépas du mari, appartient à la femme,
» à la charge de payer la moitié des det-
» tes mobiliaires & frais des obseques.

» III. Et en considération de ce que des-
» sus, n'est ledit mari ni ses hoirs tenu
» faire remploi des meubles échus à la-
» dite femme constant leur mariage ; no-
» nobstant, l'Article 390 de la Coutume
» générale commençant : les meubles échus
» à la femme, constant le mariage, appar-
» tiennent au mari, à la charge d'en em-

» ployer la moitié en héritage ou rente
» pour tenir le nom, côté & ligne de la
» femme, si tant est qu'ils excedent la moi-
» tié du don mobil qui a été fait au mari
» en faveur de mariage.

ALEU.

Les terres de franc-alleud sont celles qui ne reconnoissent supérieur en féodalité, & ne sont sujettes à faire ou payer aucuns droits seigneuriaux. (Art. 102 de la Cout.).

Pour bien entendre ce qu'est le *franc-aleu* dont parle cet article, & connoître l'origine du nom qu'il porte, ainsi que les différentes especes de biens qu'il désigne en cette Province, il faut se rappeller ce qu'étoit un aleu sous les deux premieres races de nos Rois. Les possessions alors se divisoient en deux classes, les unes étoient en propriété ; soit qu'on en jouît par succession, échange, donation ou acquisition (1), elles n'étoient sujettes qu'à des redevances relatives à leur conservation telles que le service militaire, & elles s'appelloient aleux : les autres n'étoient qu'à vie, elles provenoient ou de la bienfaisance du Souverain ou de celle des Seigneurs propriétaires de fiefs de dignité envers lesquels elles étoient chargées de cens & de services de différentes especes, les uns utiles, les autres honorifiques, elles se nommoient bénéfices. Les possesseurs de ces bénéfices jouissoient de divers privileges, & sur-tout de celui d'appeller en garantie les Seigneurs de qui ils les tenoient lorsqu'ils étoient troublés dans leur jouissance. Ceci porta plusieurs hommes libres, propriétaires d'aleux, à les faire ériger en bénéfices ; pour cela, ils les donnoient au Roi ou à un Seigneur, qui les remettoient au propriétaire à vie, ou en désignant ceux de sa famille de ce dernier qui devoient y succéder. Avant Charles le Chauve il étoit rare que les bénéfices fussent héréditaires à perpétuité, il ne leur accorda cette prérogative qu'en 877, & dès-lors les bénéficiers sous-inféoderent des portions de leurs domaines, ce qui multiplia considérablement les fiefs ; car les possesseurs d'aleux voyant qu'en les faisant ériger en bénéfices, ils ne cessoient pas d'en être propriétaires, & que cependant outre qu'ils avoient la protection immédiate du Roi ou d'un grand Seigneur, ils se formoient eux-mêmes des vassaux en démembrant leurs aleux, vassaux sur lesquels ils levoient des droits considérables, s'empresserent de changer la nature de leurs biens. D'un autre côté, les Seigneurs, pour augmenter le nombre des hommes dans leurs seigneuries, ce qui leur étoit très-important à cause des guerres privées auxquelles ils étoient exposés, ainsi qu'on le verra au mot GUERRE, & parce qu'ils étoient tenus de fournir au Roi un certain nombre de soldats à proportion de l'étendue de leurs bénéfices, exempterent souvent les hommes libres qui leur avoient soumis leurs aleux de tous droits & services, excepté de ceux indispensables pour leur propre défense ou celle de l'état ; mais de là il arriva que beaucoup d'aleux se rendirent indépendants des seigneuries, même quant à la jurisdiction domestique qui leur étoit attachée (2) ; & malgré les troubles qui agiterent le royaume au commencement du dixieme siecle, cette indépendance ne leur fut point contestée, au contraire, plusieurs possesseurs d'aleux en profiterent dans la suite pour se soustraire, sous le prétexte de la jurisdiction économique qu'ils exerçoient sur leurs colons, à celle

---

(1) Voyez ce qui est dit à cet égard, en la Préface de cet Ouvrage.
(2) Anc. L. des Franç. t. premier, p. 140, 192, 194, 196, 198 & 205 ; & Trait. Anglo-N. t. premier p. 236.

des Officiers de justice royale ; leurs propriétés, à ce moyen, vu qu'elles avoient Cour sur ceux qui y résidoient, furent considérées comme nobles, c'est-à-dire, comme des portions des bénéfices du Roi, & à ce titre elles formerent une classe supérieure à celle des simples aleux qui continuerent de reconnoître la justice du Roi. Nous voyons dans les monuments des dixieme & onzieme siecles beaucoup d'aleux de cette derniere espece en Normandie. Quant aux aleux nobles, ils n'y furent connus qu'au commencement du treizieme siecle (1) : époque de l'établissement des Hautes-Justices (2).

De ces notions sur l'origine du *franc-aleu*, il est sensible que cette expression ne signifie rien autre chose que propriété franche ou incompatible avec toute espece de servitude ; & de là notre Coutume ne met pas le franc-aleu au nombre des tenures, aussi ne releve-t-il ni du Roi ni d'aucun vassal du Roi par rente ou devoirs seigneuriaux, il n'est sujet ni aux treiziemes ni aux retraits, ni conséquemment à l'aveu. Cependant il suit la jurisdiction des Seigneurs dans le territoire desquels il est enclavé, parce que la justice n'est pas de l'essence des fiefs (3), & que si elle y est annexée, c'est par la concession du Roi. Et de là le Franc-aleu donne ouverture aux droits de deshérence & de confiscation ; & par cette raison, s'il passe en la main des gens de main-morte, il opere en faveur du Haut-Justicier une indemnité à cause de la perte que la justice fait de ses droits, tant que la main-morte en est en possession.

On a élevé cette question : Si en Normandie toute terre est réputée tenue en fief, & si le tenant est obligé de prouver la franchise & allodialité de son fonds ? Basnage, sur l'Art. 102, admet l'affirmative (4), & il pense que cette preuve est suffisamment faite par d'anciens contrats, jugements ou partages énonciatifs de la prérogative dont jouit le fonds ; ce qui est juste : car si en Normandie l'état allodial d'une terre n'est ni un privilege ni l'effet d'une concession, la possession quadragénaire devroit même suffire sans titres. Or, il est constant, par tous les monuments historiques, que lorsque Raoul obtint la Normandie à titre de Duché, les Seigneurs perdirent le droit d'ériger en fiefs les aleux qui y restoient, puisque jouissant tranquillement de sa souveraineté, les hommes libres n'avoient pas d'intérêt à se procurer d'autre protecteur que lui (5) : aussi dans le Domesday, voit-on Guillaume le Bâtard, à l'imitation de Raoul, conserver en aleux les fonds qu'il donnoit aux particuliers qui, en Normandie, étoient déja propriétaires à ce titre (6) ; & Louis Hutin, dans la Charte aux Normands en 1314, reconnoît qu'ils avoient encore alors parmi eux des *hommes qui n'étoient tenus envers le Duc à aulcuns services, que l'on ne pouvoit contraindre à en faire, & qui ne devoient finances, furs en cas d'arriere-ban*, déclaration qui a été ratifiée par celle du Roi, du 12 Avril 1674 : Sa Majesté y reconnoît que la franchise de la banlieue de la ville de Rouen est une prérogative qu. lui *appartient, non par grace, mais par la force de la Coutume qui a toujous régi cette espece de biens, & par leur propre nature*.

Quand j'ai dit plus haut que le pro-

---

(1) Anc. L. des Franç., disc. prélim. p. XLIV.
(2) Voyez l'Art. HAUTES-JUSTICES.
(3) Dumoulin, Traité des fiefs, t. 15, p. 689.
(4) Ibid. p. 687.
(5) Anc. L. des Franç., p. 196. t. premier.
(6) Selden *in Eadmer notæ*, p. 129.
Ille qui tenuit terram istam liber homo fuit & potuit terra sua que voluit.

priétaire d'un aleu ne devoit pas d'aveu, cela doit s'entendre d'un aveu de la mouvance, car le Seigneur, pour la conservation des droits de sa justice, & pour empêcher que l'aleu ne s'étende au-delà de ses bornes, peut exiger une déclaration sans frais de la contenance de cet aleu, de ses bornes; il est même important à l'allodiaire de la donner, & de la faire enregistrer dans le terrier de sa seigneurie; elle devient par là le titre le plus décisif en faveur de la franchise de son fonds. Il n'est donc pas vrai de dire que *nulle terre n'est sans Seigneur* quant à la domanialité; mais cet axiome est incontestable à l'égard de la jurisdiction.

En un mot, tout héritage en cette Province est noble, roturier, *ou tenu en franc-aleu*, (art. 99 de la Coutume); & quand les terres sont en franc-aleu, elles ne reconnoissent *aucun supérieur en féodalité*, (art. 102) c'est-à-dire, *qu'elles ne sont sujettes à faire ni payer aucuns droits seigneuriaux*.

Or, quand, durant 40 ans ou par des titres de cette date, on établit qu'un héritage n'a ni fait ni payé de redevances seigneuriales, la présomption de droit est en faveur de la franchise du fonds.

En effet, d'où ont parti jusqu'à présent ceux qui ont soutenu l'opinion contraire? D'un passage de Dudon, Doyen du Chapitre de S. Quentin (1), où la Normandie est représentée, lorsque Raoul en fut investi, comme inculte, déserte, sans habitants, comme divisée ensuite entre les fideles ou Comtes qui l'avoient aidé dans sa conquête, par mesure au cordeau, *funiculo divisit*, & repeuplée par les étrangers qu'il y appella, & ses propres soldats qui s'y fixerent; mais pour peu que l'on fasse attention aux expressions de l'Historien, on est bientôt convaincu que le partage fait par Raoul ne concernoit que le gouvernement de chaque canton de la Province, qu'il distribua entre ses Officiers; mais les gouvernements où la jurisdiction des fiefs de dignité laissoient subsister les possessions des particuliers en l'état où elles étoient avant la conquête. Ce qui est si vrai, que dans les Chartes relatives à cette Province, contemporaines de Raoul, on trouve des terres allodiales. Et en effet, on l'a ci-devant prouvé, les allodiaires ne rendoient pas au Souverain & aux vassaux de moindres services que les féudataires. Raoul n'avoit donc aucun intérêt à s'emparer de leurs propriétés. *Voyez* BANLIEUE & BOURGAGE.

ALIÉNATION.

Voyez ACCUSÉ, BIENS D'EGLISE, DOMAINE, DOT, FIEFS, MINEURS, TITRE CLÉRICAL.

ALIMENTS.

Il n'y a, dans notre Coutume, que les articles 384, 391 & 450, où il soit question d'aliments. Mais les Arrêts de la Cour ont suppléé à ce que la Coutume n'a pas réglé à l'égard des aliments dûs en d'autres circonstances que celles prévues par ces trois articles.

Inutilement s'étendroit-on sur la subsistance que les peres & meres ont droit d'exiger de leurs enfants, & parleroit-on de celle que ces enfants peuvent demander à leurs pere & mere, ni même des secours dûs à des parents pauvres par leurs parents fortunés : la nature est, à cet égard, une loi plus persuasive que toutes celles qui sont écrites : il seroit bien étrange que l'on mît en doute, si ceux à qui on a donné le jour, & ceux de qui on le tient, doivent réciproquement s'aider lorsqu'ils se trouvent dans l'indigence, ou si ceux qui n'ont cessé que depuis peu de temps

---

(1) Son histoire est dans la *Collect. des Historiens Normands*, par Duchêne.

d'être élevés sous les yeux d'un pere commun, doivent être indifférents aux infortunes qu'ils éprouvent : tout ce qu'il est intéressant d'observer à cet égard, c'est que les pere & mere ne doivent pas être réduits à recevoir la subsistance de leurs enfants de la même maniere que leurs enfants sont tenus de la recevoir d'eux. Les pere & mere peuvent forcer ceux-ci à la leur fournir chez celui d'entr'eux dont l'humeur se concilie mieux avec la leur, ou qui leur témoigne plus de respect & d'affection ; dans le cas même où les divers caracteres de leurs enfants sont incompatibles avec leur repos, ils sont en droit de se choisir, suivant la fortune de ces enfants & les secours qu'ils peuvent raisonnablement en exiger, un domicile étranger ; au lieu que les enfants, en recevant de leurs pere & mere les *aliments* (nom sous lequel il faut toujours comprendre toute espece de besoins, en santé comme en maladie), peuvent être contraints à résider chez eux, si ce n'est dans le cas où, par exemple, les mœurs d'une fille ne seroient pas en sûreté avec une belle-mere débauchée, ou dans celui qui exposeroit un fils tendre & honnête à des violences de la part d'un pere barbare & injuste.

Nos principes sont les mêmes, lorsqu'une famille est forcée judiciairement d'avoir à sa charge de pauvres parents : ils ne sont pas maîtres de se choisir un asyle, ni d'obliger qu'on leur fournisse leur nécessaire en argent ; les choses doivent être délibérées par les parents, de gré ou en présence des Juges, eu égard à la commodité & aux facultés des contribuables.

Autrefois ç'a été une question de savoir si les aliments étoient dûs aux bâtards. Basnage, sur l'article 275 (1), cite plusieurs Arrêts du Parlement de Paris, qui ont jugé affirmativement, non-seulement contre les peres, mais même contre leurs héritiers : si dans cette Province il n'y a point de décisions à cet égard, c'est peut-être parce que dans les Provinces en général il y a plus de fautes commises par erreur & légereté que par une débauche habituelle ; conséquemment les sentiments naturels y conservent tout leur empire sur les cœurs ; il ne s'est point trouvé jusqu'ici de pere assez cruel pour refuser à l'individu qui lui doit l'être les moyens de le conserver. Il est vrai qu'en 1754, un pere refusa à son bâtard des aliments ; mais un Arrêt du 17 Mai de cette même année approuva ce refus ; ce pere avoit amorti la rente viagere qu'il avoit promise à son fils naturel. Les Auteurs du Répertoire de Jurisprudence croient que cet Arrêt a dû être rendu d'après des circonstances particulieres, parce que les pensions alimentaires étant d'assurer la subsistance, on va contre l'intention du contrat en les éteignant. A ceci, on répond qu'il faut distinguer entre des aliments dûs par contrat, & ceux donnés par testament ; la loi, *cum hi quibus ff. de transactionib.*, ne permet pas de transiger sur ceux de cette derniere classe, la raison en est sensible. Le testateur ayant eu intention que le légataire eût des aliments en tout temps, sa vie durant, ce n'est ni à ce légataire, ni à ses héritiers à modifier & restreindre sa volonté ; elle doit être exécutée sans aucun changement. Il n'en est pas de même d'un bâtard devenu majeur, qui a reçu l'amortissement de la rente viagere que son pere naturel lui faisoit, sous le prétexte qu'il en a dissipé le capital ; il est dans le cas d'un puîné en Caux, auquel un frere peut amortir sa provision, sans que ni l'un ni l'autre puisse être restitué contre cet acte : la

---

(1) Voyez aussi son Comment. de l'Art. 437.

loi

loi n'interdit pas à l'aîné de confier à son cadet une administration pour laquelle elle ne le juge que préférable ; mais, par son testament, le testateur même, après son décès, reste seul arbitre de la maniere dont le légataire doit faire usage de sa générosité.

J'ai dit plus haut que les héritiers ont été jugés susceptibles de donner des aliments au bâtard de celui auquel ils succedent ; cette maxime souffre une exception à l'égard de la femme, qui est héritiere de son mari, dans le cas où le bâtard est né constant son mariage, car elle n'est point tenue de contribuer à la subsistance du fruit d'un commerce qui lui a été injurieux, Arrêt du 11 Février 1621. Dans cette espece, les cohéritiers de la femme sont susceptibles seuls de réparer les torts du décédé.

Il en seroit autrement si le bâtard étoit né avant le mariage, ainsi qu'il a été jugé par Arrêt du 23 Janvier 1641, contre la veuve de Charles Mifant, sieur Dancourt (1) ; elle fut condamnée à contribuer avec les héritiers. Ces Arrêts ne parlent que des héritiers, parce que la nourriture des bâtards ne doit pas regarder les autres parents de leurs peres ; les héritiers ne paient pas à ce bâtard comme parents des aliments, puisqu'un bâtard n'a point de parents ; ce qu'ils donnent est par forme de réparation du tort que le défunt a fait à son fils naturel, en lui donnant une existence déshonorante, & qui le prive de toute considération dans la société : tel fut le motif d'un Arrêt du 19 Mai 1611. J'ai rapporté, art. AGE, les Arrêts relatifs à la nourriture des enfants exposés ; & l'on trouvera, sous les mots de FEMME SÉPARÉE & de MARI, les décisions qui ont réglé les aliments qui leur sont dûs, & à leurs enfants sur leurs biens respectifs, parce que ces décisions servent à faire connoître le but de la Coutume, lorsqu'elle permet les séparations & accorde droit de viduité.

C'est aussi par la raison que les aliments des prisonniers sont une dépendance de la discipline observée dans les prisons, que je renvoie à l'article PRISON, tous les Réglemens faits pour assurer leur subsistance.

Enfin, sous les articles SEIGNEURS & PATRONS, je traiterai la question si le vassal ou le bénéficier doivent pourvoir à leurs besoins quand ils tombent dans l'indigence. Ainsi, je terminerai cet article par une observation sur un cas qui ne se rapporte à aucune des matieres qui ont exigé, par leur importance, un article particulier ; c'est que toutes les jouissances d'héritages, les nourritures accordées par les pere & mere à leurs enfants, sont réputées ne leur avoir été données que pour tenir lieu d'aliments & d'entretien, & ne sont pas sujets à rapport, suivant l'art. 95 des Placités de 1666, où il est dit, que *la pension ou jouissance donnée par le pere ou autre ascendant, ne doit point être remise en partage, & que ce qui en reste dû, lors de la succession échue, ne peut être exigé par celui auquel il a été donné, même en faveur de mariage, sinon la derniere année échue.* Cette disposition du Réglement avoit été précédée par divers Arrêts que Basnage cite sur l'art. 434 de la Coutume. Il est inutile de les rapporter, puisque ce qu'ils ont jugé a été érigé en loi.

ALLUVION.

Les terres d'alluvion accroissent aux propriétaires des héritages contigus, à la charge de les bailler par aveu au Seigneur de fief, & d'en payer les droits seigneuriaux comme des autres héritages adja-

---

(1) Basnage, Art. 275.
Tome I.

cents, s'il n'y a titre, possession ou convenant au contraire. (— Art. 195 de la Coutume).

Godefroi, sur cet article, se fait cette question, *si les alluvions & accroissements ont lieu pour les terres des propriétaires qui sont bornées & limitées ?* Britton, ch. 33, va en donner la solution (1).

Des choses non meubles en possession de nulli trouée peut être fait le purchas en plusieurs manieres. Une maniere est si par substraction de eaux, dont aulcun sol accroit par petit & par petit, si les terres ne sont mis boundées (bornées) entre voisins, mais aussi cela n'aura lieu en hatifs accroissements ; car si la force d'aulcun flot couvre en partie le sol du voisin, par quoy le sol de lautre voisin accroit de lautre part en tel hatif accroissement, ne peut homme rien perdre (si la riviere n'est bras de la mer) quil ne puisse le reclamer par assise si sa negligence ne le rende non recevable, mais si l'accroissement eut été si subtil que nul neit pu voir ni appercevoir laccroissement qui s'est fait par succession de temps comme en plusieurs années & non en un jour & en un an, & le chenal & le cours de leau se remene de vers le perdunt, en tel cas laccroissement demeure a celui qui en profite en propriété s'il n'y a pas des bornes certaines a lheritage, & par laccroissement saccroissent les droits & fiefs des Seigneurs & pourront les Seigneurs saisir sur les fonds accrus comme sur leur propre fief sans en cela faire injustice.

Selon Britton, l'alluvion n'appartient donc au fonds contigu que parce qu'il est présumable que le changement du courant de la riviere, qui partage deux fonds, a pu détacher originairement de l'un de ces fonds la partie de terrain, qui, dans la suite des temps, vient s'y rejoindre ; à ce moyen l'alluvion est moins considérée comme un accroissement pour ces fonds, que comme une restitution qui leur est faite des portions dont le déplacement de l'eau les a dépouillés alternativement. Mais dès que l'un des fonds est borné, la présomption qu'il a souffert quelque perte antérieurement à l'alluvion, ne peut plus avoir lieu, & conséquemment le propriétaire du fonds qui se trouve divisé, doit conserver sa propriété entiere, & le Seigneur duquel le fonds releve, y conserver ses droits. Ainsi, l'article 195 n'a point d'application aux cas où l'on peut connoître quel est le propriétaire du terrain que le nouveau cours d'une riviere divise. On peut, à la vérité, objecter à ceci que, malgré les bornes de ce terrain, il doit être au profit de l'héritage auquel le changement du cours de l'eau le joint, parce que, par ce changement, l'héritage qui étoit borné de la riviere ne l'est plus, & qu'il doit être dédommagé des profits qu'il en avoit toujours tirés. Mais le changement ne procédant pas du fait de l'homme, il n'y a pas de motif d'accorder aucun recours sur lui. Des voisins doivent supporter les pertes & profiter des avantages qui leur arrivent par force majeure, sans être obligés de s'en faire raison; ils se doivent de plus la restitution de leurs fonds tant que l'existence en peut être évidemment constatée.

ALMENESCHES.

L'Abbaye de ce nom est l'une des plus anciennes de Normandie; elle tire son nom d'un Bourg qui n'est qu'à trois lieues de distance de Séez. Sa fondation remonte au commencement du huitieme siecle : après avoir été plusieurs fois détruite par les Normands, sous Guillaume le Bâtard, Roger de Montgommeri la fit reconstruire en

---

(1) Voy. Trait. Angl. tom. 4. p. 146 & 147.

1070. Elle a été transférée, en 1736, à Argentan; les Religieux de Fécamp en ont la direction. Le Comte de Montgommeri avoit fait don à cette Abbaye de fonds considérables, situés en Angleterre (1); mais ayant encouru la disgrace de Henri I, qui gouvernoit ce Royaume, il en fut banni, & ses donations furent révoquées par ce Monarque. Dans la suite, les Ducs de Normandie réparerent les pertes que le Monastere avoit faites, en leur accordant des droits d'Usage dans la forêt de Goffer, & d'autres privileges que l'on ne connoît que par un extrait de Charte rapporté dans le *Neustria Pia*, & dont le *Gallia Christiana* ne fait aucune mention.

AMAND. (S.)

Gosselin, Vicomte de Rouen & d'Arques, oncle de Godefroi, pere de Guillaume d'Arques, dont est sortie Malthilde, épouse de Guillaume de Tancarville, Grand-Sénéchal de Normandie, fonda, en 1030, avec Emmeline sa femme, l'Abbaye de S. Amand; ils acquirent l'Eglise de l'Abbé de S. Ouen de Rouen, du consentement de Guillaume le Bâtard, Duc de Normandie; mais ce Prince ne reçut le droit qui lui étoit dû pour la concession de cette grace, que plusieurs années après son avénement au Duché (2). D'abord le Monastere fut connu également sous la dénomination de S. Léonard, & sous celle de S. Amand; dans la suite, cette derniere lui est restée. L'Abbesse qui y réside conserve le droit de donner à l'Archevêque de Rouen, lors de sa prise de possession, un anneau, & quand ce Prélat décéde, son cercueil est porté en l'Abbaye pour y être recommandé aux prieres des Religieuses.

Les titres de cette Abbaye se trouvent dans le *Neustria Pia*, p. 190.

AMÉLIORATIONS.

Les améliorations peuvent être ou de pure décoration, ou nécessaires, ou utiles sans être nécessaires. Cette distinction est essentielle pour savoir ce que le retrayant ou celui qui revendique le renvoi en possession d'une propriété non-valablement aliénée, doivent rembourser à ceux qu'ils forcent à abandonner le fonds.

1°. L'acquéreur qui n'a pas dû penser que sa jouissance fût légitime ou irrévocable, soit qu'il ne se la fût procurée qu'en violant les loix établies pour la rendre perpétuelle, soit qu'il l'eût considérée comme perpétuelle lorsque la loi l'avertissoit qu'elle ne l'étoit pas; en ajoutant au fonds par caprice, ou par sa propre satisfaction, des agrémens ou des commodités qui n'augmentent pas le revenu & ne tendent point à la conservation de ce fonds, ne peut exiger qu'on lui restitue ses dépenses: car ce qu'il regarde comme agréable ou commode, peut ne point le paroître à celui dont il a par son acquisition mis les droits en péril, ou dont il a dû respecter les droits durant la premiere année de son acquisition. 2°. Cet acquéreur n'est pas mieux fondé à exiger que celui qui l'expulse ou le remplace en la possession du fonds qui lui a été vendu, l'indemnise des frais qu'il a faits pour en augmenter le revenu; car celui qui est autorisé par la loi à rentrer en cette possession, en seroit souvent privé par l'impuissance de rembourser l'homme riche qui auroit sacrifié des sommes considérables à l'amélioration du fonds. 3°. Ce n'est donc qu'à l'acquéreur qui a maintenu le fonds dans l'état où le vendeur

---

(1) On imprime actuellement à Londres les titres de tous les biens que les Ducs Anglo-Normands ont donnés aux Eglises de France, sis en Angleterre depuis la conquête.

(2) *Gall. Christ.* Col. 287, t. II.

le lui a transmis, & qui a réparé & entretenu l'objet de la vente, comme le vendeur lui-même auroit dû raisonnablement le faire s'il eût continué d'en jouir, qu'est dû le paiement de ce qu'il a déboursé dans cette vue. Ainsi qu'un acquéreur procure à une maison plus de jours, qu'il en augmente les appartements, &c. ceci est utile en ce que le loyer de la maison devient plus considérable ; mais elle pouvoit être louée sans cela, les commodités procurées à la maison ne sont donc point nécessaires, & ce sont les nécessaires qui seules peuvent être répétées par l'acquéreur dépossédé.

De là un Arrêt du 11 Février 1757, rapporté à la fin de l'édition du Texte de la Coutume, en 1767, & un autre du 16 Juillet 1763, qui ont refusé aux clamés le rembours des frais de plantations d'arbres, de transport de pierres qui nuisoient au labourage, quoiqu'ils fussent autorisés par le contrat d'ordonner ces travaux, qui même étoient commencés avant ce contrat.

On sait bien que le 14 Juillet 1752, il avoit été jugé qu'un fieffataire clamé pour fraude après plusieurs années de possession, pouvoit se faire restituer les dépenses par lui faites sur un fonds dont elles avoient augmenté le revenu ; mais il ne faut pas confondre cette espece avec celle des Arrêts précédents. Les dépenses faites durant l'an de la clameur, sont de droit présumées illégitimes, l'acquéreur & ses héritiers n'ont pu ignorer qu'ils n'étoient pas propriétaires incommutables, mais les héritiers de celui qui a acquis frauduleusement un fonds, peuvent avoir amélioré de bonne foi.

Les motifs qui ont déterminé ces Arrêts, s'appliquent naturellement aux biens réclamés par les gens de main-morte, lorsque les contrats qui les ont aliénés ne sont pas revêtus des formalités prescrites pour leur validité. Mais c'est par d'autres considérations que l'on doit se décider sur la restitution du prix des améliorations faites par le mari sur ses propres biens ou sur ceux de sa femme.

14. A l'égard des biens du mari, il est certain que les augmentations en bâtiments ou plantations ne peuvent être défalquées au profit des créanciers sur le tiers coutumier des enfants. Un Arrêt du 10 Janvier 1652, rapporté par Basnage sur l'art. 399, l'a décidé. Néanmoins cet Auteur paroît douter si la femme auroit le même avantage que les enfants. A cet égard on ne voit pas ce qui pourroit l'en priver ; car ou elle a des enfants, ou elle n'en a point. Au premier cas, la propriété revient à ses enfants, & l'Arrêt de 1652 doit faire la regle. Au second cas, l'on doit considérer les augmentations comme incorporées au fonds, & dès-lors les créanciers ne peuvent en ce cas se dispenser de laisser à la veuve prendre ses droits sur ce fonds en l'état où il est, à moins qu'en en retranchant les augmentations, ils ne remettent les choses en l'état où elles étoient lors du mariage ; ce qui souvent leur est impossible. Car si le mari a fait des bâtiments considérables, il a donné à toutes les autres parties du fonds une élégance, une distribution analogues à l'étendue & à la décoration de ces bâtiments ; & par leur retranchement la veuve auroit souvent, au lieu de terres labourables, des plantations de pur agrément qui ne lui rapporteroient que peu de profit. Au surplus elle n'est qu'usufruitiere & se trouve chargée d'entretenir les augmentations ; par là les créanciers ne sont jamais exposés à un préjudice considérable. D'ailleurs suivant l'article 396 de la Coutume, quand le mari racquitte des rentes sur ses biens, la femme héritiere n'y prend point part comme en un conquêt, elle n'a que douaire sur ces racquits ; par raison de réciprocité, il est donc juste que lorsqu'elle renonce

à la succession du mari, son douaire n'éprouve aucune diminution par les améliorations des objets susceptibles de ce douaire, d'autant plus que tous nos Auteurs conviennent que lorsque le mari augmente le bien de sa femme, les héritiers de ce mari ne peuvent répéter contr'elle moitié de ce que les augmentations ont coûté. (Voyez Bérault, Basnage, Pesnelle, &c. sur l'article 410). Il est vrai que leur opinion n'est appuyée sur aucun Arrêt ; mais c'est qu'elle est si conforme à l'équité, que personne ne s'est avisé de la contester. L'homme & la femme en s'unissant, n'ont pas perdu la faculté d'user de leurs biens comme ils l'auroient pu avant leur union. Or n'étant pas mariés, l'un & l'autre auroit joui de la liberté d'embellir, d'orner, de rendre plus commodes leurs héritages ; le mariage ne doit donc pas les priver de se procurer réciproquement cette satisfaction.

AMENDE.

La Coutume prescrit la condamnation d'amende en deux cas, sur le haro & pour non paiement de droits féodaux.

Le Juge, dit l'article 59, *ne peut vuider la clameur de haro sans amende*; parce que toute amende est due par le violateur d'une loi écrite ou le perturbateur de l'ordre public, & que l'infraction du haro comprend ce double délit. *Voyez* HARO.

Dans l'origine de nos Coutumes, l'amende n'avoit pas une application aussi étendue, ainsi que nous le fait entendre le nom qu'elle portoit, *emendatio*. Elle ne consistoit qu'en l'indemnité qui se payoit à la partie lézée (1). La raison en étoit qu'alors la peine pécuniaire à laquelle étoit assujetti celui qui troubloit le repos public, ou qui violoit quelque loi, s'appelloit différemment : tantôt on lui donnoit le nom d'*amerciamentum*, pour marquer que celui qui y étoit condamné, étoit à la merci du Roi, & en avoit obtenu grace ; tantôt on la nommoit *compositio* ou *estimatio*, pour désigner le prix de la personne qui avoit été offensée, ou de l'objet dont le propriétaire avoit été injustement privé : mais depuis que les compositions n'ont plus été en usage, que les loix ont déterminé les peines encourues pour chaque espece de délit, le mot *amende* a signifié toute condamnation pécuniaire revenante au Roi, aux Seigneurs, ou aux établissements en faveur desquels ils les ont abandonnées.

Par les articles 33 & 187 de notre Coutume réformée, l'indemnité due au Seigneur pour défaut du paiement de ses rentes, ainsi que la punition de la non-comparence en sa Cour, ont également la dénomination d'*amende*. Voici comment s'expriment ces articles.

Les Bas-Justiciers en tenant les plaids, peuvent lever 2 8 *s*. 1 *d. d'amende où amende échet, & non plus pour la rente non payée & selon la qualité d'icelle, sans préjudice des amendes curiales, des défauts, blâmes d'aveux & autres instances.* — *Où les hommes & tenants seront défaillants de comparoître au gage-plege, ils seront mis en amende qui ne pourra excéder la somme de* 5 *s. pour le défaut de chacune tête ; laquelle amende sera taxée par le Sénéchal, selon la qualité & quantité desdits héritages tenus par le vassal : & outre ladite amende, pourra le Sénéchal saisir les fruits de l'héritage, & iceux bannir pour le paiement des rentes & redevances dues, sans préjudice de l'amende des plaids qui est de* 2 8 *s.* 1 *d.*

Il me paroît que jusqu'ici nos Commentateurs ont mal compris les dispositions de ces deux articles. En effet, ils

---

(2) Trait. Anglo-N. t. premier, p. 168.

supposent que pour la négligence de payer sa rente, chaque vassal peut être condamné au plus à 18 s. 1 d. d'amende ; mais qu'il est en la liberté du Sénéchal de le condamner à une moindre amende ; ce qui jette beaucoup d'obscurité sur le texte : car à quoi bon la Coutume auroit-elle donné la liberté au Bas-Justicier de lever 18 s. 1 d. d'amende dans des cas mêmes où il lui auroit paru équitable que cette amende fût modérée ? Les Réformateurs ont-ils pu se persuader que les Officiers d'un Seigneur exigeroient moins du vassal, quand ils auroient le pouvoir de lui demander plus ? En consultant Terrien, on parvient facilement à résoudre ces difficultés.

Quand le Seigneur, *tenant fief en chef*, dit cet Auteur, *baille à fieffe certain héritage de son fief, moyennant certaine rente, la seigneurie utile à l'héritage est aliénée, mais la seigneurie directe est retenue ; la rente de fieffe est donc une reconnoissance de la seigneurie : & à faute de payer cette rente au terme, le Seigneur peut lever sur son homme qui la doit 18 s. 1 d. d'amende*, qui ne peut se prendre que sur le fonds fieffé, à moins qu'il ne soit Haut-Justicier ; car la rente de celui-ci *est exécutoire sur tous les biens appartenants à son débiteur, en l'étendue de sa Haute-Justice ; & il en peut demander 29 années d'arrérages, parce que sa rente est censuelle & non féodale, c'est-à-dire qu'elle n'est pas de la substance de l'inféodation.*

Ce passage nous fait donc observer une grande différence entre les Hauts & les Bas-Justiciers.

Quant aux rentes qui leur étoient dues, les Bas-Justiciers, n'ayant jamais eu de jurisdiction sur leurs vassaux, qu'à cause des fonds qu'ils avoient détachés de leur fief en leur faveur, il est évident que ces vassaux leur devoient reconnoissance de la cession : or, comme la cession faite à un vassal, pouvoit être partagée par vente à plusieurs acquéreurs, au moyen d'une rente que ces vendeurs devoient au vendeur ; que ce dernier devenoit par là leur aîné, c'est-à-dire chargé pour eux de payer la rente d'inféodation au Seigneur ; ce n'étoit que pour défaut de paiement de cette rente que l'amende des plaids étoit due, & non pour défaut de paiement de la rente des puînés. Lors même donc que le Seigneur réunissoit à son domaine la portion de l'aîné, il ne pouvoit exiger des puînés d'amende que dans le cas où, chargés de contribuer à la rente d'inféodation, ils ne s'en acquittoient pas ; mais le défaut de paiement des rentes, dues pour la cession que leur avoit faite l'aîné, autres que ladite rente ne les exposoit point à cette peine. Et c'est la raison pour laquelle l'Article 33 veut que l'amende soit exigée *selon la qualité de la rente, & dans le cas où amende échet.*

Il a dû en être autrement dans les Hautes-Justices : non-seulement leur compétence s'étendoit sur les conventions que les Seigneurs qui en jouissoient avoient faites avec leurs vassaux, mais même sur celles qu'ils faisoient avec ceux qui, sans tenir d'eux des domaines, résidoient dans l'étendue de leur Jurisdiction ; & comme pour autoriser cette résidence, ils obligeoient les hommes libres à leur payer, sur leurs propriétés, des rentes, & que ces rentes suffisoient & au-delà à les dédommager des services dus au Roi pour leurs fiefs, ils inféoderent rarement des portions de leurs propres domaines à charge de rente : toutes les rentes qui leur étoient dues étoient conséquemment réputées des rentes foncieres, & non d'inféodation ; & de là ils eurent le droit de les exiger sur les fonds des resséants en leur Haute-Justice, de quelque nature qu'ils fussent, & à quelques titres que les débiteurs de ces rentes possédassent ces fonds ; à la différence des

Bas-Justiciers qui ne pouvoient saisir pour leurs rentes que sur les fonds provenus de leurs fiefs.

De là encore, on ne put prescrire contre les Hauts-Justiciers que par 29 ans les arrérages des rentes ; tandis que par 3 ans on prescrivoit ceux des rentes dues aux Bas-Justiciers, parce que la prescription entre particuliers, étoit de 30 années (1) ; au lieu qu'à l'égard des fiefs, elle n'étoit que de 3 ans ; parce qu'après ce terme, le Seigneur avoit droit de rentrer dans le fonds, & que s'il n'usoit pas de ce droit, il étoit réputé avoir fait remise à son vassal de ses obligations. Le Roi & les Seigneurs avoient d'ailleurs pour maxime de ne jamais contraindre leurs vassaux au paiement de sommes qui auroient excédé la valeur des fonds qu'ils leurs avoient cédés : *Eatenus amerciandus est ne aliquid de suo honorabili contenemento amittat* (2). De là on pourroit, ce semble, conclure que le débiteur de la rente seigneuriale, en opposant la prescription, n'est point obligé d'attester par serment s'il a payé ou non ; aussi est-il d'usage de ne pas l'exiger.

AMENDEMENT DE LOTIE.

Voyez LOTS & PARTAGES.

AMIRAUTÉ.

La compétence de ce Tribunal est réglée par l'Ordonnance du mois d'Août 1681, dont M. Valins nous a donné en 1760 un excellent Commentaire. Il y a cependant quelques observations importantes à faire sur plusieurs dispositions de cette Ordonnance, relativement aux usages particuliers de cette Province. On les trouvera articles BATEAUX, FORGAS & VARECK.

AMORTISSEMENT.

L'origine de ce droit est aussi ancienne que celle de notre Monarchie.

S. Louis ou Philippe-le-Hardi ont pu les premiers mettre à prix ce droit, mais tous nos Rois, avant eux, l'avoient exercé sans contradiction. On en trouve des preuves incontestables dans les Notes du célebre Jérôme Bignon, sur la troisieme formule du troisieme Livre de Marculphe. Il fait voir que les Eglises ne jouissoient des donations qui leur étoient faites qu'en vertu de la permission du Souverain, *immunitate concessâ* ; aussi en demandoient-elles, après les avoir acceptées, la confirmation, *Form. Marculphe*, liv. 1, ch. 35 ; & dans l'acte qui contenoit l'agrément du Roi, il *usoit de telles restrictions ou modifications qui lui plaisoient* ; Thomassin, Discipl. Eccles., liv. 1, part. 3, chap. 35. Ces graces de la part de nos Monarques se multiplierent au point que les Seigneurs propriétaires de fiefs craignant que leurs droits ne fûrent sensiblement anéantis, établirent le droit d'indemnité : droit qui subsiste avec celui d'amortissement, car ce dernier droit n'empêche pas que l'Eglise ne soit obligée de donner au Seigneur un homme vivant, mourant & confisquant (3), & que ses biens ne soient soumis à la jurisdiction & à la mouvance féodale à laquelle ils étoient sujets avant de lui appartenir.

Le Roi seul peut amortir (4), c'est-à-dire, permettre aux gens de main-morte d'acquérir des héritages ou des rentes foncieres ; & comme dans les lettres de Chancellerie qui s'expédient à cet effet, il y a toujours la clause que c'est sauf *l'intérêt des Seigneurs*, il est évident que par l'amortissement le fonds amorti n'est qu'exempt des droits du Roi.

---

(1) Capitul. l. 5, c. 389, collect. Anseg.
(2) Glanville, l. IX, c. XI.

(3) Arr. 140 de la Cour, & 21 des *Placit*.
(4) Ordonn. de Charles V, en 1372.

Ce droit ne paſſe pas de la communauté à laquelle il eſt accordé, à une autre communauté, dans le cas de vente du fonds amorti par une Egliſe à une Egliſe ; au contraire, ce droit ſe paie de nouveau (1). *Voyez* INDEMNITÉ, RETOUR, &c.

ANACHRONISME.

Dans la Préface de la nouvelle édition de Bérault, on dit que ce Juriſconſulte étoit, en 1610, âgé de 51 ans : cette date eſt contredite par l'inſcription miſe autour de ſon portrait, placé en tête de la ſeconde édition qu'il a donnée lui-même de ſon livre en 1614 ; elle porte qu'il n'avoit alors que 51 ans ; ainſi dès l'âge de 37 ans notre Commentateur poſſédoit la connoiſſance la plus étendue, & la plus profonde du Droit Public, Civil, Coutumier & Canonique. *Voyez* art. BÉRAULT.

ANDELY.

Par la Coutume locale d'Andely, les femmes ont dans les Hautes-Juſtices de Gaillon & de Grammont le tiers en uſufruit aux conquêts, & le tiers ſeulement ſur les meubles lors même qu'il n'y a point d'enfants, en exemption des frais funéraires & legs teſtamentaires.

USAGES locaux de cette Vicomté.

I. » Les femmes, après le décès de leurs » maris, ont le tiers, par uſufruit ſeule-
» ment, aux acquiſitions faites conſtant
» leur mariage, des héritages aſſis ès
» Hautes-Juſtices de Gaillon & Grand-
» mont.

II. » Auront auſſi eſdites Hautes-Juſti-
» ces le tiers aux meubles, ſoit qu'il y ait
» enfants ou non, en payant le tiers des
» dettes, exempt toutefois des frais funé-
» raux & legs teſtamentaires.

---

(1) Baſnage ſur l'Art. 140 de la Cout.

ANDRÉ (S.) EN GOUFFERN.

Cette Abbaye eſt du Dioceſe de Séez, de l'Ordre de Cîteaux, conſtruite près la Forêt de Gouffer ou Gouffern, entre Falaiſe & Vignes ; & comme elle a été fondée ſous l'invocation de la Sainte Vierge & de S. André, elle eſt dans les anciens titres, tantôt appellée Sainte Marie de Vignes, tantôt S. André de Goffer : ſa fondation eſt de l'an 1130.

Les titres relatifs à cette Abbaye ſe trouvent *Gall. Chriſt.* pag. 162, & pag. 170 *Inſtrument.* tom. XI.

ANGES. (SAINTE MARIE DES)

Voyez MARIE.

ANIMAUX.

Les chevres, porcs & autres bêtes malfaiſantes ſont en tous temps en défends, (art. 84 de la Cout.) c'eſt-à-dire, qu'en tout temps elles doivent être gardées, *& les dommages qu'elles font reſtaurés*, comme s'exprime l'ancien Coutumier, ch. 8. Nos anciennes Coutumes permettoient de tuer les porcs & les chevres trouvés en dommage, & de ſe les approprier, *inventi in damno bene poſſunt ſine homine ipſos inſequente ab ipſo inventore occidi tamquam eſchaëta & comedi* ; mais à l'égard des autres animaux, on n'étoit tenu qu'à la réparation du tort qu'ils avoient fait. *Leg. Burg.*, ch. 126, Trait. Angl., tom. 2, p. 448.

Cette maxime paroît au premier coup-d'œil avoir été reconnue par Arrêt du 5 Mars 1676, car quoique Baſnage qui le rapporte, aſſure que quelques-uns des Juges qui avoient prononcé cet Arrêt, avoient déclaré que leur intention n'avoit pas été d'autoriſer de tuer les pourceaux trouvés en dommage ; il ne croit pas que cette déclaration doive l'emporter ſur

l'Arrêt

l'Arrêt même, puisqu'il ajoute qu'il fut rendu après des plaidoiries dans lesquelles on avoit agité la question de savoir si *celui dont les pourceaux avoient été tués étoit recevable en son action*. Mais quand on lit les plaidoiries dont Basnage nous a conservé l'extrait, il paroît que le propriétaire des porcs avoit été averti plusieurs fois de les retenir, & que l'Arrêt, au lieu de prononcer sur la question de droit, se fixant au fait, excusa celui qui avoit fait tuer ces porcs, sans blâmer l'action intentée par son adversaire, qui, quoiqu'averti, n'avoit pas dû être privé de l'animal d'autorité privée, puisqu'ils furent mis hors de Cour. Et ce Jugement n'est pas contraire à l'ancienne Coutume Anglo-Normande qui est ci-devant citée ; cette Coutume n'avoit en effet lieu que dans les Bourgs, elle formoit conséquemment exception à la regle générale pour les campagnes, où il étoit d'usage que celui qui avoit éprouvé le dommage retînt l'animal, & obligeât le propriétaire à l'indemniser en grains, à faute de quoi l'animal même étoit le prix du dommage (1) : aussi la Cour, le 2 Décembre 1724, a-t-elle adopté cette regle comme plus conforme à l'équité, en ce qu'elle prévient, 1°. les moyens insidieux qu'on emploieroit lorsque des porcs se seroient échappés, sans aucune négligence de la part du propriétaire, pour se les approprier ; elle fait défense à tous les habitants des Paroisses de campagne de laisser divaguer leurs bestiaux dans les grains, en quelque saison que ce soit, à peine de 10 liv. d'amende, indépendamment des dommages & intérêts qui seront *arbitrés par les Juges suivant l'exigence des cas*. La Cour n'a donc pas voulu que l'on se fît justice : & vraiment si le dommage causé par l'animal excédoit sa valeur, celui auquel il appartiendroit ne seroit pas quitte en l'abandonnant ; par raison de réciprocité, quiconque a souffert le dommage ne peut se rendre maître de l'animal dont le prix seroit souvent bien supérieur au tort causé. *Voyez* BESTIAUX & BÊTES.

ANNÉE.

En France, du temps de Charlemagne, l'usage étoit de commencer l'année à Noël ; cet usage s'y maintint presqu'universellement durant le neuvieme siecle. Mais dans la suite il n'y eut plus rien de constant : les uns prirent le 25 Mars, les autres le 25 Décembre, & le plus grand nombre le jour ou la veille de Pâques pour le jour initial de l'année. La coutume presqu'invariable de nos Rois dans leurs diplômes, depuis la fin du douzieme siecle jusqu'à l'Edit de Charles IX, donné à Roussillon en 1564, par lequel il est enjoint de dater les actes publics & particuliers en commençant l'année avec le mois de Janvier, fut de la commencer à Pâques ou plutôt au Samedi-Saint, après la bénédiction du Cierge Pascal. Cependant, dans la Normandie, l'usage le plus commun fut, ainsi qu'en Angleterre, de commencer l'année à Noël ; & lorsqu'on datoit autrement, on ajoutoit à la date, ces mots *more Gallicano* (2). Je crois cette observation propre à faire sentir la nécessité où l'on est en lisant les Chartes, de consulter, pour en fixer les dates, les Auteurs qui ont donné des regles à cet égard, tels que le Traité de Diplomatique des Bénédictins, l'Art de vérifier les dates & les Tables chronologiques de M. de Brequigny.

Sur les cas dans lesquels, aux termes de la Coutume, le délai d'un certain nombre d'années, ou d'un an seulement, est utile ou fatal, *voyez* les mots BÉNÉFICE,

---

(1) Leg. Wall. l. 3 c. X, n°. 64.
(2) Art de vérifier les dates, Dissertat. prél. *Tome I.*

tim. p. IX, aux notes.

CLAMEUR, DÉPORT, LECTURE, MAJORITÉ, PRESCRIPTION, RESTITUTION.

ANNOBLI.

Voyez NOBLESSE.

ANSELME. (S.)

Je ne fais mention ici des Ouvrages de ce Saint que parce qu'à la fin de l'édition que Dom Gerberon nous en a donnée (1), on trouve l'excellente Histoire d'Eadmer, dont j'ai parlé au mot AUTEURS, & que l'Editeur y a joint les Notes de Jean Selden sur les points les plus intéressants des Coutumes Anglo-Normandes dont cette Histoire fait mention. Dans l'une des Notes de ce Savant, se trouvent les Loix que Guillaume le Conquérant publia sous le nom d'Edouard le Confesseur, & où l'on remarque l'usage qu'il fait d'expressions équivoques pour introduire, à l'ombre du respect que l'on avoit pour les établissemens de ce saint Roi, les Coutumes de Normandie (2); comme Selden y rapporte des Diplômes écrits en Anglo-Saxon, d'où il infere que les Anglois avoient plusieurs Coutumes avant la conquête des Normands, dont on leur attribue l'établissement; il faut, pour juger de la valeur de ces pieces, consulter la Dissertation de Rapin de Thoiras sur le Gouvernement des Anglo-Saxons, pag. 425 du premier vol. de son Histoire d'Angleterre.

ANTICHRESE.

Par le Droit Romain, il étoit permis d'engager, quand on étoit débiteur, son fonds à son créancier, de l'en mettre en possession pour par lui en jouir, à condition d'en compenser les fruits avec les intérêts dûs par l'obligé; mais parmi nous il est défendu de donner son argent à intérêt autrement qu'en le constituant en rente, de maniere que le rachat en soit perpétuel, & que le débiteur ne puisse être forcé de restituer le sort principal, sinon à sa volonté. *Voyez* GODEFROY, art. 503.

APOTHICAIRES.

1°. Par l'article 533 de la Coutume, tous vendeurs de marchandises en détail n'ont point d'action pour exiger le prix de celles qu'ils ont livrées après les six mois passés du jour de la livraison; les Apothicaires doivent être compris dans cette disposition, à moins qu'ils n'aient obligation ou arrêté de compte.

2°. Les Apothicaires, pour les fournitures faites dans le cours de la derniere maladie d'un défunt, sont préférables à tous créanciers, même aux droits de la femme, parce qu'il est de l'intérêt public que l'incertitude du paiement ne fournisse point de prétexte de retarder le soulagement des malades.

3°. Seuls ils ont le droit de faire & vendre les compositions médicinales, Arrêt du 21 Mars 1755. En conséquence, le 17 Juillet 1759, défenses ont été faites aux Chirurgiens de vendre & débiter drogues & médicaments de Pharmacie, & d'avoir chez eux d'autres drogues que celles qui concernent la Chirurgie: ces défenses sont communes aux Epiciers.

4°. Des Merciers & Echopiers de la campagne, s'ingéroient de vendre de l'arsénic & autres minéraux dangereux, au préjudice de l'article 7 de l'Edit du mois de Juillet 1682; le 18 Mars 1739, le Parlement de Rouen renouvella les dispositions de cet Edit; mais cette précaution a paru insuffisante pour arrêter les suites funestes de l'impéritie des distributeurs, acheteurs ou vendeurs de

---

(1) Paris 1721.
(2) Voyez Disc. & Dissert. prélimin. des Anc. L. & des Traités Anglo-Norm.

poisons : le 22 Mars 1749, il fut, à la diligence de M. le Procureur-Général, envoyé l'extrait de l'Edit & de l'Arrêt de 1739, avec ordre aux Curés de tout le ressort, de les lire & publier aux Prônes de trois Dimanches consécutifs. L'Edit ne permet aux Marchands établis dans les Villes de vendre l'arsénic, le sublimé, &c. aux Médecins, Apothicaires, Chirurgiens, Orfévres, Teinturiers & Maréchaux, qu'autant que ces Marchands font eux-mêmes cette vente, qu'ils font écrire par les domiciliés les lieux de leur résidence, sur un régistre particulier, leurs noms, leurs qualités, & la quantité de la marchandise achetée ; & qu'à l'égard des personnes inconnues, ils ne leur en délivreront que sur certificats en bonne forme, indicatifs de leurs noms, demeures, professions, signés des Juges des lieux, ou du Notaire & de deux témoins, ou du Curé & de deux principaux habitans ; certificats qui doivent rester aux mains des Apothicaires pour leur valoir de décharge.

APPARENTE. (LOI)

C'étoit ainsi que les premiers Normands appelloient la loi du combat, qui étoit suivie pour revendiquer une propriété perdue, parce qu'il n'étoit permis d'y avoir recours que lorsque l'on avoit au moins quelques présomptions, une apparence de droit en sa faveur. *Voyez* COMBAT.

Le bref par lequel on réclamoit la propriété de son héritage, étoit ainsi conçu.

Rex vicecomiti, salutem : precipe & quod juste & fine dilatione reddat B. unam hidam (1) *terræ in villa illa, unde idem B. queritur quod prædictus & ei deforciat, & nisi fecerit summone eum per bonos summonitores quod sit ibi coram me & justiciis meis in crastino post Octabis clausi Paschæ.* (2) *apud locum illum ostensurus quare non fecerit & habebis ibi summonitores & hoc breve.*

Ce bref s'expédioit sous le sceau du Chancelier : si l'accusé comparoissoit, en conséquence de la notification du bref, ou il s'en rapportoit à l'Assise, c'est-à-dire, à la décision de douze Jureurs sur la légitimité de sa propriété, ou il offroit le combat au demandeur en jettant à terre son gantelet ; quand ce dernier le ramassoit, le défi étoit accepté, & la bataille gagée. On peut voir, l. 2 de Glanville (3), l'ordre & l'effet de cette procédure ; on sera frappé de ce que le chapitre 124 de notre ancien Coutumier n'en est que la traduction.

L'usage du combat ayant été aboli, la preuve de la propriété ne s'est plus faite que par titres ou par témoins. Pour être admis à cette preuve, on s'adresse en la Chancellerie du Palais, où on obtient lettres du Prince, qui autorisent le Juge, lorsqu'il lui apparoîtra que l'impétrant ou ses prédécesseurs ont joui des fonds qu'il réclame depuis 40 ans, s'il a un titre ; & par & depuis 40 ans s'il n'a pas de titre, à relever ce dernier du tort que la jouissance que d'autres en ont eue, lui a causé. La raison de la clause de ce bref qui exige possession quadragénaire, se tire de l'article 60 de la Coutume, qui veut que *chacun soit reçu, dans les 40 ans, à demander, par action de loi apparoissante, être déclaré propriétaire d'héritages qui lui appartiennent, ou qui ont appartenu à ses prédécesseurs ou autres, de qui il a droit, & dont il & ses*

---

(1) La hyde étoit ce qui pouvoit, durant l'année, occuper une charrue.
(2) On ne plaidoit point durant les octaves des Fêtes solemnelles.
(3) Premier vol. Trait. Anglo-Norm. Voyez aussi tom. 4. p. 180.

prédécesseurs ont perdu la possession depuis lesdits 40 ans.

De cet article, il résulte que celui qui intente l'action, doit avoir perdu sa possession ; le possesseur, durant le litige, doit donc jouir tranquillement ; aussi l'action ne seroit-elle pas admise, si la possession souffroit encore quelque difficulté. L'article 62 de la Coutume est, sur ce point, conforme à l'art. 4. t. 18. Ordonnance de 1667. *Voyez* article POSSESSOIRE.

La femme, en l'absence de son mari, peut intenter cette action contre les détenteurs injustes des biens qui lui appartiennent, (art. 545 de la Coutume) ; & un présomptif héritier, en l'absence du propriétaire, a le même droit, (Arrêt du 4 Décembre 1609).

Pour appuyer cette action, on doit avoir des titres de propriété authentiques, & à l'abri de toute exception ; des aveux, par exemple, sont insuffisants pour l'autoriser, (Arrêt du 27 Juillet 1736).

La Sentence d'envoi en possession, prononcée après l'entérinement des lettres de clameur de loi apparente, dure 30 ans, quoique celui qui a obtenu cette Sentence ne l'ait pas mise à exécution ; mais après 30 ans, le défaut de prise de possession rend la Sentence vuide d'effet, (Arrêts des 12 Juillet 1611, & 2 Mars 1645). On en a donné la raison en l'article ACTION.

Dans les Lettres de Chancellerie, les bouts & côtés de l'héritage doivent être exprimés, & elles doivent être adressées au Juge Royal, ou au Haut-Justicier. *Voyez* COMPÉTENCE & HAUTE - JUSTICE. Lorsque le Demandeur n'a pas de titres de propriété, il peut demander la preuve qu'il a joui par & depuis 40 ans ; c'est le sentiment de Bérault & de Pesnelle. Il faut, selon eux, que l'impétrant des lettres de loi apparente, en montrant son titre, justifie de sa possession depuis 40 ans, ou s'il ne justifie de titre, qu'il prouve la possession précédente & continue par & depuis 40 ans. Ce sentiment est fondé sur l'art. 521 de la Coutume, suivant lequel, *possession quadragénaire vaut de titre*, c'est-à-dire, qu'elle a autant de force qu'un titre écrit ; & si la possession de 40 ans n'avoit pas cette force, si par elle on ne pouvoit pas détruire le titre que donne une possession annale, celui qui auroit possession d'an & jour rendroit vains & illusoires 40 & 50 ans de possession.

La plupart des familles n'ont souvent que cette possession pour garant de leur propriété ; ce seroit les ruiner que de les obliger à joindre un titre aux preuves de possession quadragénaire. En un mot, pour recouvrer une propriété, il ne faut qu'un titre, & non deux ; la possession quadragénaire est un titre, donc cette possession suffit pour le recouvrement.

APPARTENANCE.

Ascunes appartenances sont franches, dit Britton, (1) & ascunes enservées : franches, si comme à l'égard de personnes & de tenements auxquels ils sont divisez ; enservées, quand à l'égard des tenements dount les appartenaunces issent, & ceux servages sont toujours dues de autry tenement.

Cette distinction est très-importante, les appartenances different des servitudes en ce que les premieres sont relatives à la personne & aux tenements auxquels elles sont attachées par un partage. Les servitudes, au contraire, loin de faire partie du tenement au profit duquel elles sont constituées, laissent toujours le fonds en la disposition de celui qui y est assujetti.

Par exemple, si un Seigneur a inféodé,

---

(1) Ch. 54, Traité Anglo-N., p. 233.

ou si un cohéritier a mis un fonds dans un lot, avec droit de pâturage sur un terrain désigné, ce pâturage est une *appartenance* de l'inféodation ou du partage; au contraire, le pâturage devient une *servitude*, lorsqu'il est constitué sur un fonds absolument étranger à celui qui a l'exercice du droit. C'est ce que notre Coutume a adopté par les art. 607, 608 & 609.

Les servitudes peuvent être anéanties par le non-usage durant 40 ans; mais entre cohéritiers, les dépendances de leurs lots, c'est-à-dire les prérogatives attachées à l'objet compris en chaque lot, ne se perdent point par le non-usage, même durant plus de 40 années, à moins que le propriétaire de l'héritage n'eût fait quelques constructions qui eussent empêché de jouir pendant 40 ans des facultés auxquelles, avant ce temps, cet héritage avoit été sujet (1).

Les *appartenances* doivent encore être distinguées des *appendances* : à l'égard des fiefs, on doit entendre par *appartenances* les *primordiales consistances de la seigneurie en hommes, terres labourables, prays, rentes, coutumes, péages,* &c.; & par les *appendances*, au contraire, tout ce qui a été attaché à la seigneurie depuis l'inféodation, tant en domaines, mouvances, que droits actifs (2).

En l'art. 2 de la Coutume, il est dit, que *le Bailly connoît en premiere instance des fiefs nobles & de leurs appartenances*; ainsi il connoît de la foi, de l'hommage, des aveux, des dénombrements, treiziemes, reliefs, rentes seigneuriales, & de tout ce qui a dû former l'essence du fief dans son origine; mais le Vicomte est compétent du retrait féodal qu'un Seigneur exerce sur un fonds roturier, parce que ce fonds n'est pas une *appartenance* du fief, il n'en est qu'une *appendance*, c'est-à-dire que, quoiqu'il dépende du Seigneur d'incorporer le fonds au fief, cependant, sans cette incorporation, le fief reste en son intégrité primordiale, (Arrêt du 8 Mars 1611, rapporté par Bérault sur ledit article). *Voy* DÉPENDANCES.

APPEL.

Les Anglo-Normands avoient trois voies pour faire réformer les jugements, celle du bref d'erreur, celle du bref de faux jugement, & celle du bref de défaulte de droit.

Le premier bref avoit lieu lorsque la religion du Juge avoit été surprise par de faux exposés; le second, quand le Juge avoit prévariqué; & le troisieme, lorsque le Juge d'un Seigneur en vexoit les vassaux (3). Sur le bref d'erreur, les parties plaidoient seules la cause d'appel en la Cour du Roi; sur celui de faux jugement, le Juge étoit obligé de comparoître & de se justifier par le duel; sur le bref de défaulte de droit, le Seigneur & son vassal soutenoient chacun leur cause par la représentation des titres, ou par des preuves testimoniales. La procédure à laquelle ce dernier bref & le premier donnoient lieu, a été le germe de celle que nous suivons maintenant en cause d'appel.

Quoique la matiere d'appel tienne plus à l'Ordonnance qu'à la Coutume, cependant, comme dans les compilations de nos Arrêtistes il y a plusieurs Arrêts omis, relatifs aux appels, je prends la liberté de m'écarter de mon plan pour les indiquer; cette transgression est pardonnable, si l'on considere que je ne récidiverai que lorsqu'il se présentera, (ce qui sera rare), à l'égard de quelques matieres étrangeres à la Cou-

---

(1) Merville, Comment. de l'Art. 608. édit. in-12.

(2) Brussel, p. 17. l. 1. ch. 1. sect. 3.
(3) Anc. L. des Franç., p. 570. t. 1.

tume, & fur lefquelles nos Auteurs ont gardé le filence, des décifions peu connues & piquantes par leur fingularité ou leur importance.

1°. Le 21 Août 1696, en l'Audience de Grand'Chambre, le nommé Motin s'étoit rendu Appellant en excès de taxe & d'exécutoire de dépens, fous prétexte qu'on avoit alloué à Godefroy fon adverfaire, fes voyages comme bourgeois de Caen, quoique fon domicile fût plus près de dix lieues. La Cour, fur cet appel, en corrigeant & réformant, réduifit l'exécutoire, & condamna l'Intimé aux dépens. M^e. le Chevalier, Avocat de ce dernier, demanda à la Cour qu'il lui plût modérer ces dépens ; mais M^e. Néel, pour Motin, foutint qu'ils ne devoient pas être modérés, attendu que ce n'étoient pas des dépens de dépens, n'y en ayant point eu de taxes à fon bénéfice, & que c'étoit la différence qu'il falloit faire de ceux que l'on accordoit à l'Appellant en excès, d'avec ceux que l'on accordoit à l'Intimé. La Cour retourna aux opinions, & M. le Premier Préfident dit qu'il y avoit Arrêt ; il fut donc reconnu que la modération n'étoit pas propofable.

2°. Par Arrêt du 21 Juillet 1759, on reçut en la Cour un appel, après 32 ans du jour de la Sentence en action perfonnelle & mobiliaire, parce que cette Sentence n'avoit pas été fignifiée, & qu'il y avoit procès entre les parties fur l'appel de la même Sentence, appel qui fubfiftoit.

APPOINTÉ ou APPOINTEMENT.

Ce mot a diverfes applications. Il défigne la Sentence par laquelle un Juge, pour mieux entendre une caufe, oblige les parties ou à mettre fous fes yeux leurs pieces refpectives, ou à écrire au lieu de plaider fur leurs différents, ou à produire les témoins des faits qui les divifent.

L'Ordonnance de 1667 donne les regles de procéder à l'égard de tous ces différents appointements ; mais il eft indifpenfable en la confultant de ne l'interpréter que par le Réglement du 18 Juin 1769, revêtu de Lettres-patentes, qui eft particulier à cette Province (1). Comme notre unique objet, en ce Dictionnaire, eft de faciliter l'intelligence de la Coutume, c'eft à l'Ordonnance civile qu'il faut recourir fur tout ce qui a trait à la forme de procéder, qui n'eft pas fpécialement prefcrite par la Coutume ou par le Parlement de cette Province.

APPOSITION DE SCELLÉS.

Voyez INVENTAIRES & PROCUREUR DU ROI.

APPRÉCIATIONS.

L'article 14 du Réglement de 1666, ordonne *de payer aux Seigneurs, même Hauts-Jufticiers, leurs rentes fur le prix des appréciations faites par le Bailli Royal dans les enclaves duquel leurs fiefs font fitués, & que cela ait lieu à l'égard des Engagiftes & Receveurs du Domaine de Sa Majefté.*

Ce qui eft conforme aux principes de notre droit public.

Entre les droits de la fouveraineté, il n'y en a point de plus inféparable de la Couronne, que celui de Jurifdiction fur tous les fujets indiftinctement. Or, comme le Souverain n'a ce droit que pour protéger la perfonne de fes fujets, & conferver leurs propriétés, quand il s'éleve entre le Roi lui-même ou les Seigneurs des difficultés fur les redevances aufquelles les propriétaires font affujettis ; les Juges établis par le Roi ont l'exercice du pouvoir qui feul doit terminer les diffi-

(1) Voyez *Procédures*.

cultés. En conséquence, pour ne pas exposer les vassaux à une multitude de procès au sujet du paiement des rentes qu'ils doivent en essence, il a paru expédient que le prix de chaque espèce de denrées en quoi ces rentes consistent ordinairement, fût déterminé par celui que le Juge Royal du canton fixeroit. Par cette raison, ce Juge, dans les différentes saisons de l'année, consulte des laboureurs, & d'après leurs déclarations, évalue les grains, les volailles, les œufs ; évaluation qui est enregistrée au Greffe de son Bailliage, conformément à l'Arrêt du 2 Juillet 1743, à l'Ordonnance de 1639, articles 102, 103 & 104, & à l'Ordonnance de 1667, tit. *liquidation des fruits*, art. 6, 7 & 8. A ce moyen si le Seigneur refuse la rente que le vassal lui doit en grain, & qu'il lui offre en temps & lieu, & de bonne qualité, celui-ci peut se retirer au Greffe pour prendre extrait de la valeur de ce grain au temps de son offre, & assujettir le Seigneur, qui ensuite exige sa rente, à recevoir la redevance sur le prix que le Bailli Royal a fixé (article 34 de la Coutume) ; sur quoi il est d'observation que la rente seigneuriale est de droit portable au grenier du Seigneur par le vassal ; mais celui-ci peut être exempt de la porter par le titre de son inféodation ; & dans ce dernier cas, si la rente consiste en grain, le Seigneur ou son porteur de pouvoirs a trois mois pour la percevoir, & après ce temps il est libre au vassal de la payer sur le prix des appréciations. (Réglement du 21 Décembre 1721.)

APPROCHEMENT.
Voyez SAISIES.

AQUEDUC.
Voyez SERVITUDES.

ARBITRATION.
Voyez LÉGITIME.

ARBRES.
Voyez BOIS, DÉLITS, DÎMES, PÉPINIERES, PLANTATIONS.

ARCHEVÊCHÉ DE ROUEN.

Le Prélat qui occupe ce Siege, prend le titre de Primat de Normandie. Ce titre équivaut à celui de Patriarche, que l'on donnoit aux Evêques métropolitains au commencement de notre Monarchie, & il a été conservé à l'Archevêque de Rouen par Arrêt du Conseil d'Etat rendu contradictoirement le 11 Mai 1702, entre ce Prélat & l'Archevêque de Lyon. Cet Arrêt est fondé sur ce que la Bulle de Grégoire VII, qui reconnoît l'Archevêque de Lyon Primat des Gaules, n'a jamais eu son exécution en la Métropole de Rouen. Cette Bulle en effet contient l'absurde clause que *nos Rois seront excommuniés & déposés, s'ils s'opposent à la Primatie de Lyon*; & les Normands ont de tout temps été trop attachés à leurs Souverains, pour s'être soumis à une Bulle qui attribue au Pape de l'autorité sur leurs personnes. D'ailleurs depuis la Bulle de Grégoire VII, les affaires du Diocese de Rouen, qui n'y ont pu être terminées par les Juges Ecclésiastiques de Normandie, n'ont cessé d'être portées immédiatement à Rome, suivant le témoignage de plusieurs Papes, entr'autres de Grégoire IX, d'Innocent IV, de Martin V. Il en a été de même après le Concile de Basle & la Pragmatique, qui avoient obligé les autres Eglises à ne recourir à Rome qu'après avoir subi le jugement de la Primatie de Lyon. Aussi Calixte III déclara-t-il par sa Bulle de 1457, que l'Eglise de Rouen n'étoit en aucune maniere soumise à celle de Lyon. *Voyez* au reste aux mots CHAMBRE ECCLÉSIASTIQUE, CHAPITRE & CONCILES, les Coutumes ecclésiastiques particulieres à cette Province.

Quant au temporel de l'Archevêché de

Rouen, on ne peut mieux le connoître que par les titres suivans:

Lettres-patentes du 17 Octobre 1197.

Autres de Jean, Roi d'Angleterre, en 1200.

Autres de Philippe III, Roi de France, en 1283.

Et autres du Roi Charles en 1359.

Tous se trouvent dans un Recueil imprimé à Dieppe, sous le titre *de Privileges de ladite Ville*. Le premier est aussi dans la collection de Rymer.

ARCHIDIACRES.

Les Archidiacres & les Doyens ruraux de Normandie, par Arrêt du Conseil d'Etat du 10 Août 1641, ont été maintenus en possession d'apposer le scellé & d'user de saisie sur les biens des Curés nouvellement décédés, pour sûreté des décimes qu'ils pourroient devoir lors de leur décès.

Le pouvoir de l'Archidiacre se borne lors des visites qu'il fait dans les Eglises, à examiner si les vases sacrés, si les ornemens y sont dans la décence convenable, si chaque Officier s'acquitte dignement de ses fonctions, si les comptes des Marguilliers sont rendus avec exactitude, si les personnes chargées de l'instruction des enfans ont la capacité requise, si les confrairies ont pour objet l'édification des fideles. Quand sur quelques-uns de ces points il subsiste entre les Ecclésiastiques, les Paroissiens, les Fabriciens, le Curé, des dissentions, l'Archidiacre peut les terminer à l'amiable; sinon, après avoir vérifié les faits, il en reporte le procès-verbal à l'Evêque, qui décide si la matiere est ou non de la compétence de son Officialité. Tel est en substance ce que le Rituel de Rouen dit des Archidiacres; d'où il est aisé d'inférer qu'ils n'ont aucune jurisdiction sur le contentieux; que la jurisdiction gracieuse qui leur appartient n'est pas même ordinaire, mais seulement déléguée.

Pour prévenir toute concussion de la part des Archidiacres, il est permis aux Curés ou de les nourrir durant leur visite, ou de payer en argent, suivant le taux usité dans le Diocese.

L'Archidiacre n'a pas le droit, dans le Diocese de Rouen, d'obliger le Curé à quitter son étole durant sa visite, (Arrêt rapporté par Bérault sur l'art. 3 de la Coutume.) Il en est autrement dans le Diocese de Coutances. (Arrêt du 13 Août 1743.) Cela dépend des usages de chaque Diocese.

ARDENNES.

L'Abbaye de ce nom fut fondée en 1121, à une demi-lieue de Caen (1). Charles VII y résida tant que dura le siege qu'il fit de Caen, que les Anglois occupoient; & par reconnoissance ce Monarque permit à l'Abbaye & aux Religieux de porter dans les armoiries de leur monastere trois fleurs-de-lys d'or. Ces Religieux ont le droit de prendre *gratis* tous les dégrés dans les Facultés de Théologie & de Droit de l'Université de Caen.

Les titres de leur Abbaye se trouvent dans les Instrumens du Tome XI du *Gallia Christiana*.

ARGENT.

Voyez MEUBLES & TRÉSOR.

ARMAIRES.

Ce mot employé par les articles 610 & 618 de la Coutume, signifie des niches pratiquées dans les murs d'un seul côté. *Voyez* MUR.

ARQUES.

On fait remonter communément la construction du Château d'Arques à l'an

---

(1) *Neustr. Pia.*

747. En effet, nous voyons encore dans la cour de ce Château les armes de Charles-Martel (1).

I. Après la cession de la Normandie au Duc Raoul, cette place fut regardée comme la plus importante du pays de Caux; les principaux Officiers des Ducs, successeurs de ce Prince, en eurent le commandement. Et en 1004, la ville d'Arques étoit la principale du Comté de ce nom, lequel portoit aussi celui de Taloû; en conséquence le Duc Richard II donna en appanage ce Comté à Guy son fils, qui, en naissant, en portoit le nom (2).

En 1030, Gosselin, Vicomte d'Arques, c'est-à-dire, le premier Officier Civil & Militaire du Comté de Taloû qui étoit rentré en la main du Roi, fut aussi Vicomte de Rouen (3). Les Comtes n'avoient point encore établi de Baillis dans leurs terres (4) pour garder leurs Comtés, & y rendre la justice en leur nom; Henri II, Roi d'Angleterre, introduisit en France cet usage. La Baillie ou garde du pays de Caux étoit confiée à Godefroy de Bléville, en 1180, lorsque ce Monarque fit faire le dénombrement des Chevaliers que divers fiefs de Normandie devoient lui fournir (5).

Richard I, Roi d'Angleterre, & Philippe-Auguste, ayant fait un traité de paix en 1195, par l'art. 10 Richard se réserva le Comté d'Eu, Aumale, Arques, Neuf-Châtel, Gournay, qui faisoient partie du Taloû, & il inféoda à Raoul de Léfignan, Seigneur d'Iffoudun, Mortemer, Arques, Driencourt (c'étoit ainsi que s'appelloit le Neuf-Châtel,) le fief de Buly & la Forêt de Romare. Il donna en outre à Alix, femme de Léfignan, le Comté d'Eu & celui de Romare.

Léfignan mourut en Angleterre en 1217 fans laiffer d'enfants; Philippe-Augufte confifqua tous les biens qu'il poffédoit en France, ceux mêmes d'Alix se trouverent compris dans la confifcation (6).

En cette même année le Châtelain ou Vicomte d'Arques (7) rendit compte de la recette des droits domaniaux appartenants au Roi dans le Comté d'Eu, dans Arques, Mortemer, Aumale & le Caux, qui comprenoient la Baillie de Neuf-Châtel (8). Mais deux ans après Alix repréfenta au Roi que le Comté d'Eu & Romare lui appartenoient en propre, & ces Seigneuries lui furent reftituées, à l'exception du fief de Buly, comme dépendant de Neuf-Châtel, qu'il se réferva (9).

La facilité que la diftribution des Comtés en Baillies ou Bailliages procuroit aux Rois d'Angleterre pour la perception des droits qui leur avoient appartenu, tant qu'ils avoient poffédé la Normandie, avoit donné l'idée à Philippe Augufte d'établir dans toute la France des Baillis (10) : il y en eut donc un pour le Caux;

---

(1) L'écu de France brisé d'une bande chargée de crapauds.
(2) Abrégé des grands Fiefs, Art. Normand.
(3) Charte pour le Monaftere de Sainte Catherine, Hift. de cette Abbaye, par Dom Pomeraye.
(4) Traité Anglo-Norm., premier vol. p. 239.
(5) Antiquities Anglo-Norm. by doctor Ducarel, London 1767 : ex appendice libri Rubei Scaearii, p. 29.
(6) Bruffel, premier vol. p. 447.
(7) Châtelain & Vicomte ont ici une même fignification. Voyez CHATEL DE LISLE, par Floris Vander-Haër.
(8) C'eft-à-dire une Baillie Seigneuriale, fubalterne ou moindre. Voyez anc. Cout. ch. 4, & l'Art. XIX de l'Ordon. de S. Louis, en Décembre 1254. Ordon. du Louvre, p. 66. premier vol.
(9) Ordon. du Louv. p. 448. premier vol. *Dominus Rex fibi retinuit feodum de Buly quod Robertus de Mallevilla tenet de eo in Ballivia Novi-Caftri de Driencort.*
(10) Bruffel. *Teftam. Philipp. Auguft.* 2 vol. p. 8, Pieces juftific.

Tome I. L

ce ne fut plus dès-lors le Vicomte d'Arques qui fit la recette domaniale pour ce canton; ce fut le Bailli qui y fut institué, comme on peut le voir par les comptes rendus, depuis 1249 jusqu'en 1253, par Barthelemy Chevalier, Bailli de Caux; depuis 1256 jusqu'en 1258, par Gautier de Villars en la même qualité; depuis 1278 jusqu'en 1282, par Raoul Dabruley; & en 1289, par Adam Halot (1).

On ne peut pas douter qu'Arques ne soit resté, sous les Baillies, le chef-lieu de leur Bailliage; car Philippe Auguste, en reprenant la Normandie, continua de la régir comme une Souveraineté particulière (2); & de même que les grands Chambellans de France en avoient en fief les poids & mesures (3), de même aussi les étalons & jauges des poids & mesures de Normandie, restèrent attachés à Arques (4), parce que les Seigneurs d'Arques & de Tancarville étoient Chambellans nés de la Province. D'ailleurs, il n'y avoit pas dans tout le pays de Caux, à la fin du treizieme siecle & au commencement du quatorzieme, d'autres Vicomtés que celles d'Arques & de Montivilliers (5).

II. Or, afin de prouver que celle-ci étoit postérieure à celle d'Arques, & qu'elle devoit son origine au droit qu'avoient les Baillis d'instituer alors des Vicaires ou Vicomtes, à temps & à prix d'argent, pour faire seulement la recette (6), il suffit de lire l'Ordonnance de Philippe de Valois, du mois de Mai 1340, concernant les privileges des Marchands Portugais, établis à Harfleur.

Dans l'Article premier, il est dit que tant que les Marchands demeureront *dans la ville de Harfleur, dans le Bailliage de Caux*, leurs causes criminelles, où il n'échéroit pas de peines capitales, seront portées devant le Bailli, qui sera alors Bailli dudit lieu: *coram ballivo qui pro tempore erit ballivus dicti loci.*

Il est évident qu'en ce passage, il ne s'agit que d'un sous-Bailli, d'un Bailli *moindre*, en un mot du Bailli d'un lieu particulier & subordonné au Bailli de Caux. Et c'est ce que confirme l'Article 4, il porte que lorsqu'il s'agira dans les causes des Portugais, des droits du Roi sur leurs marchandises, ils ne seront tenus de répondre que *devant le Prévôt d'Harfleur, le Vicomte* (7) *de Montivilliers ou le Bailli.*

Ce Vicomte, on le voit, est ici assimilé au Bailli qui pourroit être établi, par la suite, en sa place sur le Prévôt d'Harfleur; le Vicomte de Montivilliers n'avoit donc qu'un pouvoir momentané, il étoit amovible; & c'est ce que l'Article 8 démontre, sans laisser l'espoir de la replique.

Il y est dit que, - si les Portugais char-

_____

(1) *Ibid.* tom. 1. p. 489, on voit comment les comptes se rendoient. Lisez encore l'Ordonnance de l'Echiquier publiée par Philippe le Bel, le 20 Avril 1309.

(2) Recueil des Ord. p. 99. tom. 2.

(3) *Ibid.* tom. 1. p. 137, aux notes.

(4) Enquête faite en 1205, en Normandie, par Philippe Auguste; recueil des Ordon. tom. 1. p. 28, & Brussel aux notes, p. XXIV. Pieces justif.

(5) Ordonn. de Philippe le Bel, en Janvier 1309, & celle de Philippe de Valois, en Mai 1341, p. 159 du Recueil des Ord. pour le Vicomte de Montivilliers, sous lequel étoit la Prévôté de Harfleur.

(6) Art. X & XIII de l'Ordonn. de S. Louis du mois de Décembre 1254, p. 70. Recueil des Ord. tom. 1. -- *Ibid.* Ord. de 1256, p. 79. Art. LVI & L de l'Ord. de Philippe le Bel du 28 Mars 1302, p. 366; & autre à Rouen, en l'Echiquier, du 20 Avril 1309, Art. 15.

(7) *Nota.* Qu'il n'y a jamais eu de Comté de Montivilliers. Le Vicomte de ce lieu étoit donc Vicaire du Comte de Talou, auquel le Bailli avoit succédé pour le Caux.

gent de leurs denrées quelques voituriers du Bailliage de Caux, *ballivia Caleti*, pour les faire parvenir en Flandres, & qu'il leur foit fait dommage, ils fe feront adjuger des intérêts par le Bailli de Caux ou par les Baillis qui feront alors Baillis de la Baillie d'Harfleur : *per ballivum Caleti, feu per ballivos qui pro tempore erunt ballivi balliviæ fupra dictæ*.

La jurifdiction générale du Bailli de Caux eft ici bien clairement diftinguée de la Baillie fubalterne de la ville d'Harfleur, à laquelle le Bailli de Caux prépofoit qui il vouloit (1). Il n'eft pas moins expreffément prouvé qu'au Vicomte de Montivilliers qui avoit en 1340 la Baillie d'Harfleur, le Bailli de Caux pouvoit fubftituer d'autres Baillis; & qu'ainfi le Siege de Montivilliers n'avoit pas encore acquis cette ftabilité dont celui d'Arques avoit joui avant même qu'il y eût eu d'autres Baillis inférieurs dans le pays de Caux.

Au refte, Montivilliers ne fut une Vicomté permanente qu'en 1351. Le Roi Jean érigea en cette même année, le 3 Janvier, Tancarville en Comté, en faveur de Jean, Vicomte de Melun, qui étoit Baron de Tancarville, à caufe de Mathilde d'Arques fon époufe, petite-fille de Goffelin, Vicomte d'Arques, dont il a été ci-devant parlé; & Montivilliers fut annexé au Comté de Tancarville, comme le Siege du Vicaire ou Vicomte de cette Seigneurie (2) : car en 1381, le Comte de Tancarville, Chambellan de Normandie, & en 1452, Guillaume d'Harcourt, auffi Comte de Tancarville & Chambellan, rendirent dénombrement de leur Comté au Roi, & ils y déclarerent, qu'à caufe de ce Comté, il leur appartenoit la terre & les dépendances de la Vicomté de Montivilliers (3).

Il n'étoit pas encore queftion au commencement du quatorzieme fiecle de la Vicomté de Caudebec.

En 1314, les principales villes du Royaume eurent ordre de députer pour travailler à un Réglement fur les Monnoyes. Il n'y eut que Caen, Bayeux, Rouen & Dieppe qui députerent pour la Normandie; Dieppe fut confidérée en cette occafion, comme ville capitale du pays de Caux, parce que la ville d'Arques, aux dépens de laquelle Dieppe, qui n'étoit point encore clofe, fe formoit, ne faifoit qu'une avec cette derniere (4); ce qui eft fi vrai, que le 15 Février 1354, Philippe de Valois accorda les 6 d. pour liv. qui fe levoient à fon profit, en la Vicomté d'Arques, pour fortifier Dieppe, & que ce fut entre les mains du Capitaine ou Bailli de la ville de Dieppe que ces deniers furent dépofés par le Vicomte d'Arques, qui

---

(1) C'eft ainfi que la Baillie du Maire de Rouen, eft diftinguée de la grande Baillie de Rouen, p. 414, deuxieme vol. anc. Ord.

(2) Cela eft fi vrai qu'en 1316, en la prifée des domaines de Longueville, il eft dit qu'*en la Vicomté de Montivilliers, fans la Juftice haute & baffe, il eft dû en cens, en deniers*, 192 *l.* 5 *f.* 4 *d.*

Et en un autre endroit, *les Reffeants & Bordiers, fous les Nobles de la Vicomté de Montivilliers*, s'y trouvent énumérés pour diftinguer ceux qui étoient de la Haute-Juftice de Longueville ou de celles de Seigneurs particuliers. Le Vicomte de Montivilliers n'étoit donc que fubalterne; & c'eft ce qui eft dit à la fin de l'Article : *Guillaume Payen tient une ferme à la Vicomté de Montivilliers en fa jurifdiction*.

(3) Hift. de l'Abbaye de Sainte Catherine. Dom Pomeraye s'eft trompé en mettant dans la copie qu'il a faite du premier dénombrement, *Helleboc, Monville & Villiers*; car dans le fecond, on lit *Hellebec & la Vicomté de Montivilliers*. Gournay fut auffi tranfporté au Comté de Tancarville. *Voyez* cette HIST., p. 89.

(4) Dieppe ne fut clos qu'en 1360.

L 2

l'étoit en même temps de Neuf-Châtel (1).

On ne voit paroître Caudebec, pour la premiere fois, au nombre des principales villes du pays de Caux, que le 5 Avril 1350; temps où elle députa, avec Aumale, Dieppe, Eu, Monstervilliers, Harfleur, Neuf-Châtel, Gaillefontaines, Arches, &c. pour accorder un subside au Roi (2).

En 1453, Guy Rabacher (3) y étoit, il est vrai, Vicomte, & il fut député pour le Bailliage de Caux; mais cette députation n'est une preuve ni de la Vicomté ni de la supériorité de cette Vicomté sur les autres du Bailliage de Caux.

En effet, outre ce qu'on vient de remarquer sur la primauté de la Vicomté d'Arques, on ne peut pas produire un titre antérieur à 1543, où il soit question de la Vicomté de Caudebec; & les Auteurs les plus favorables à cette ville, qui ont examiné avec le plus de soin ses prérogatives sur les lieux, sont réduits à douter si c'est Caudebec ou Montivilliers, qui est le chef-lieu du Bailliage de Caux (4). Mais l'illusion où l'on donneroit, en accordant ce titre à Montivilliers, étant évidente, il seroit absurde d'y tomber à l'égard de la ville de Caudebec, dont les titres sont bien plus modernes que ceux que Montivilliers a conservés. Ce qui a fait imaginer que cette derniere Vicomté étoit *chef de Caux*, est le Cap avancé dans la mer qui, vers le Havre, termine son territoire, & qui s'appelle *Cap du chef de Caux*; nom que l'on donne encore à l'une de ses portes & à l'une de ses sergenteries, & que l'on met en tête des rôles de la Taille des Paroisses situées du côté de ladite porte & dans l'enclave de cette sergenterie. Ce fait une fois apperçu, ce n'est plus à la ville ni à la jurisdiction que le titre de *chef de Caux* doit être appliqué; il doit être restreint à la position du lieu.

III. On a précédemment observé que le Vicomte d'Arques l'étoit en même temps de Neuf-Châtel; il faut ajouter que Gournay, la Ferté-en-Bray ont été démembrés, ainsi que le Neuf-Châtel, d'Arques, & érigés en Vicomtés, il n'y a pas encore 300 ans.

Dans les Archives de la ville de Dieppe, on trouve des Lettres-patentes du Roi Jean, en 1354, adressées au Vicomte de Neuf-Châtel & d'Arques ou *à son Lieutenant*, dans tout le corps desquelles les commandements sont au singulier: *te mandons* (5), parce qu'alors Neuf-Châtel étoit une annexe d'Arques sous une seule Vicomté. Ce ne fut que par l'Ordonnance de Charles VI du 17 Novembre 1408 (6), que Gournay & la Ferté furent détachés d'Arques pour former des Vicomtés particulieres, comme Neuf-Châtel en avoit été auparavant séparé (7). C'est donc une vérité constatée par les monuments les plus respectables, que ce n'a été qu'au commencement du quatorzieme siecle que sous le Bailliage de Caux, on a reconnu Caudebec, Neuf-Châtel, Montivilliers pour Vicomté, & que la Vicomté d'Arques les avoit toutes précédées; & de là l'on voit, le 22 Octobre 1560, *Nicolas Diel, Ecuyer, licencié ès Loix, Lieutenant-Général du*

---

(1) Annales d'Asseline, année 1354. Ces Annales, quoiqu'annoncées par le Pere Lelong comme manuscrites en la bibliotheque du Roi, ne s'y trouvent pas. J'ai le manuscrit de l'Auteur.
(2) Anc. Ord., p. 404, deuxieme vol.
(3) Appointement entre l'Université de Paris & les Habitants de Normandie, folio 119. p. 2. Anc. Cout.
(4) Voyez Dict. des Gaules, par M. Despilly, au mot *Caux*.
(5) Archives de Dieppe, 19me. layette.
(6) Cette Ordon. a été omise dans le Recueil des Ordon., imprimé au Louvre.
(7) Dom Duplessis, Descript. Géographiq. t. I. p. 147.

Bailli de Caux, tenir les Assises au Prétoire du Roi à Arques (1). Dans le même temps & dans le même Prétoire, *Guillaume Bignon, licencié ès Loix, Lieutenant en la Vicomté d'Arques & ressort de M. le Bailli de Caux*, y tenoit les Audiences & Plaids.

Si Philippe Leroux, lors de la réformation de la Coutume, *étoit Lieutenant-Général du Bailliage de Caux, & fût député pour Montivilliers;* c'est que dans ce temps, comme à présent, les Lieutenants-Généraux du grand-Bailli avoient la liberté de choisir tel Siege qu'ils vouloient pour y résider. Au surplus en 1586, Adrien Soyer étoit, suivant le Procès-verbal des Coutumes locales de Caux, lors de la réformation, *Lieutenant-Général en sedit Bailliage*, & le Siege du grand-Bailli de Caux étoit à Arques; car en 1659, David Gallie, Sieur d'Hybouville, qui, dans la suite, fut grand-Bailli de Caux, exerçoit les fonctions de Procureur du Roi à Arques, & il se qualifioit dans tous les actes, de *Procureur-Général du Roi au Bailliage de Caux*. Non-seulement cette qualité a passé à ses successeurs; mais de plus, ils sont en possession actuelle d'être appellés, avec le Lieutenant-Général du grand-Bailli de Caux, au Parlement pour la comparence de tout le Bailliage, à l'exclusion des autres Procureurs du Roi des divers Sieges royaux du pays de Caux (2).

Enfin le Siege royal d'Arques avoit & a encore le dépôt non-seulement des matrices des poids & mesures du pays de Caux, mais de celles de toute la Normandie. Et si, en 1548, le Présidial fût établi à Caudebec, ce ne fut que parce que, en 1542, ayant été établi à Dieppe, l'Archevêque de Rouen, pour empêcher que la Police des Arts & Métiers ne fût enlevée au Bailli de sa Haute-Justice, s'opposa à ce qu'une Jurisdiction supérieure ne s'exerçât dans l'enceinte d'une ville dont il étoit Seigneur au droit du Roi.

IV. Il est de la plus grande importance de nous reposer ici sur l'origine du droit de dépôt des mesures au Bailliage d'Arques, & sur-tout sur la consistance du boisseau de ce lieu : car tous les jours dans les diverses parties de cette Province, il s'éleve des difficultés entre les Seigneurs & les vassaux à cet égard.

Le grand-Sénéchal en France avoit toujours eu, sous les deux premieres races de nos Rois, la garde des mesures & poids du Royaume. Les *Hauts-Seigneurs* imitoient en tout le Souverain; en conséquence le Comte de Tancarville qui étoit, comme nous l'avons dit, Gouverneur ou Comte d'Arques & grand Sénéchal du Duc de Normandie, eut aussi la garde & la régie de toutes les mesures Normandes.

Il attacha cette régie au fief de Lardinieres; & après lui, les possesseurs de ce fief, sis dans Arques, eurent *le droit de jauger les poids, aunes & mesures, tant des grains que des liqueurs, même de sceller & ajuster lesdites mesures dans tout le pays de Caux, & de sceller & jauger les mesures & poids de tous les Jaugeurs de Normandie* (3); de là, le boisseau d'Arques devint la mesure générale, non-seulement de cette Province, mais de l'Angleterre. En effet, Britton qui écrivoit sous Edouard I, ,,parle du boisseau pesant 50 livres, la livre de 10 onces, & l'once de 480 grains; qui ,, comparé au boisseau ancien d'Arques, pesant 47 livres, la livre de 16 onces, ,, & l'once de 576 grains lui est égal (4).,,

___

(1) Voyez Ord. de l'Ethiquier en 1501, p. 140, folio vers. Rouillé.
(2) Voyez infr., au mot Procur. du Roi.

(3) Anc. L. des Franç. t. 2. p. 22.
(4) Ibid. p. 23.

& forme un boisseau de 10 pots chopine & demiart, mesure actuelle d'Arques : aussi est-ce à cette contenance que, par divers Arrêts, la Cour a réduit les redevances dues, quand les titres disoient qu'elles devoient être perçues *à l'ancienne mesure d'Arques*. M. de la Tournerie, dans son Traité des fiefs, les rapporte (1); ils sont des 4 Août 1655, 26 Janvier 1742 & 27 Juillet 1750. Il est vrai que par Arrêt du grand Conseil du 20 Mars 1756, on a fixé le boisseau pour les redevances des vassaux du fief de Tourville-sur-Arques, appartenant aux Religieux de Fécamp, à 12 pots; mais cet Arrêt a été rendu dans une circonstance particuliere : les vassaux avoient fait un accord en 1479, par lequel ils s'étoient obligés *à la mesure du lieu d'Arques*; & il est d'observation que la mesure générale, nommée *mesure d'Arques*, n'étoit pas alors exclusive des mesures particulieres introduites par les Seigneurs de fiefs en leurs Seigneuries. Les Seigneurs de la paroisse d'Arques, c'est-à-dire des fiefs qui y ont des extensions, ayant adopté la mesure d'un boisseau de 12 pots, les habitans de Tourville qui avoient promis de s'y conformer, ne pouvoient plus réclamer l'ancienne mesure de toute la Province. Au reste, pour connoître de plus en plus combien est exacte la fixation de la mesure ancienne d'Arques, à 10 pots, on peut consulter ce que j'en ai dit sur la Préface de Britton, p. 5 des Traités Anglo-Normands, tome 4.

V. Les Sieges du Bailliage royal & de l'Election d'Arques se tiennent à Dieppe, & ils jouissent en cette ville des préséances qui leur appartenoient dans le lieu de leur établissement.

La Vicomté d'Arques & le Bailliage-Vicomté de Longueville, ont été réunis au Bailliage d'Arques par Edit du mois de Septembre 1744, dont voici les dispositions :

LOUIS, par la grace de Dieu, Roi de France & de Navarre : à tous présents & à venir, SALUT. La proposition qui nous a été faite de la part des Officiers de notre Bailliage d'Arques, de réunir à leur Siege la Vicomté d'Arques & le Bailliage-Vicomté de Longueville, nous a paru d'autant plus favorable, qu'en procurant aux habitants de notre ville d'Arques, une plus prompte expédition par la suppression d'un premier dégré de Jurisdiction, nous ne ferons que rétablir notre Bailliage de la même Ville dans son ancien état, par la réunion des différentes parties qui en avoient été séparées dans le temps de la création du Bailliage de Longueville ; & nous ferons cesser entiérement par là toutes les contestations qui s'étoient formées entre ce nouveau Siege & l'ancien Bailliage d'Arques, sur les limites de leurs territoires. À CES CAUSES & autres considérations à ce Nous mouvant, de l'avis de notre Conseil & de notre certaine science, pleine puissance & autorité royale, Nous avons par notre présent Edit perpétuel & irrévocable, dit, déclaré & ordonné, disons, déclarons & ordonnons, voulons & nous plaît ce qui suit :

ART. I. La Jurisdiction du Bailliage de Longueville, ensemble la Jurisdiction de la Vicomté d'Arques, demeureront supprimées, comme nous les supprimons par le présent Edit ; & en conséquence, voulons qu'elles soient unies & incorporées à perpétuité à la Jurisdiction du Bailliage d'Arques, qui connoîtra à l'avenir en premiere instance de toutes les causes, procès dont ledit Bailliage ou ladite Vicomté étoit en droit & possession de connoître ; comme aussi de toutes les appellations qui étoient ci-devant portées audit Bailliage

---

(1) P. 195.

de Longueville. Voulons que les demandes qui seront de nature à être portées en premiere instance audit Bailliage d'Arques, y soient reçues, sans que les Parties aient besoin d'obtenir une commission pour faire assigner audit Bailliage ceux contre qui elles auront des demandes à former en premiere Instance.

Art. II. Au moyen de la suppression & réunion portée par l'Article précédent, ordonnons que l'Office de Bailli, Capitaine de notre Château de Longueville, soit dès à présent réuni à l'Office de Lieutenant-Général audit Bailliage d'Arques, que le sieur de Belménil, ci-devant Bailli de Longueville, a acquis du sieur Radiolles, par contrat du 4 Août 1744, en conséquence duquel il pourra obtenir des provisions dudit Office, sous le titre de Lieutenant-Général & Particulier, Civil, premier Conseiller-Criminel, & Commissaire-Enquêteur-Examinateur audit Bailliage d'Arques, & de Capitaine de notre Château de Longueville, sans être tenu de payer aucun droit de sceau ou de marc d'or, dont nous avons exempté ledit Office pour cette fois seulement, & sans tirer à conséquence. Voulons aussi qu'il y soit reçu gratuitement & sans frais, & que lui & ses Successeurs audit Office, continuent de jouir des gages attachés à l'Office de Bailli de Longueville & Capitaine du Château, supprimé par le présent Edit.

Art. III. Ordonnons pareillement que les fonctions attachées aux Offices qui composoient le Bailliage de Longueville & la Vicomté d'Arques, soient & demeurent réunies dès à présent à celles des Officiers du Bailliage d'Arques, chacun pour ce qui les concerne; & ne seront à l'avenir les Officiers dudit Bailliage, pourvus de leurs Offices que sous le titre d'Officiers du Bailliage d'Arques seulement, chacun suivant la nature & dénomination de son Office, sans qu'après ladite réunion ils soient tenus de payer que les mêmes prêt & annuel qu'ils payoient auparavant.

Art. IV. Pour parvenir à fixer l'indemnité qui est due au sieur de Montreuil, notre Procureur au Bailliage de Longueville, au sieur Guerard de Boismont, Vicomte d'Arques, & au sieur Coignard son Lieutenant, à cause de la suppression de leurs Offices, voulons qu'ils soient tenus de remettre leurs titres, quittances de finances, contrats d'acquisition & autres pieces entre les mains du sieur Contrôleur-Général de nos Finances, un mois après la publication du présent Edit audit Bailliage d'Arques, pour être procédé à la liquidation du prix desdits Offices, & le paiement de la somme à laquelle ledit prix en aura été fixé, en être fait un mois après par les Officiers du Bailliage d'Arques, suivant leur soumission des 22 Mai, 16 Juin & 4 Août 1744, attachée sous le contre-scel du présent Edit.

Art. V. Pour faciliter aux Officiers dudit Bailliage d'Arques, le paiement desdites indemnités, leur accordons quatre Offices de nos Conseillers audit Bailliage, actuellement vacants en nos Parties casuelles, dont ils pourront disposer ainsi qu'ils le jugeront à propos, à la charge néanmoins de nous présenter des sujets qui aient les qualités requises par les Ordonnances pour exercer lesdits Offices, pour lesquels ils pourront obtenir des provisions, sans payer aucun droit de sceau & de marc d'or, dont nous les avons dispensés pour cette fois seulement & sans tirer à conséquence; & seront pareillement reçus auxdits Offices, gratuitement & sans frais.

Art. VI. Et attendu que les Offices de Receveurs des Consignations & de Commissaires aux saisies-réelles au Bailliage de Longueville & en la Vicomté d'Arques, comme aussi les Offices de Procureurs postulants en la Vicomté d'Arques, sont possédés par les mêmes titulaires que ceux du Bailliage d'Arques, Nous avons réuni en tant que besoin seroit, les fonctions attachées auxdits Offices; & les Successeurs de ceux qui en sont actuellement titulaires, n'en seront pourvus que sous le titre de Receveurs des Consignations, de Commissaires aux saisies-réelles, & de Procureurs postulants au Bailliage d'Arques.

Art. VII. Les quatre Procureurs du Bailliage de Longueville, seront à l'avenir Procureurs au Bailliage d'Arques, & y exerceront leurs Offices conjointement & concurremment avec les autres Procureurs audit Bailliage, sans qu'ils soient tenus de prendre de nouvelles provisions, en prêtant néanmoins le serment en tel cas requis & accoutumé; & à la charge qu'ils ne pourront avoir rang avec ceux qui sont actuellement Procureurs audit Bailliage d'Arques, que du jour de la prestation dudit serment.

Art. VIII. Le premier Huissier-Audiencier au Bailliage de Longueville, sera tenu de remettre dans un mois du jour de la publication du présent Edit audit Bailliage d'Arques, ses titres, quittances de finances ou contrats d'acquisition, entre les mains du sieur Contrôleur-Général de nos Finances, pour être procédé à la liquidation du prix de son Office, & la somme à laquelle ledit prix aura été fixé, lui être payée dans un mois après ladite liquidation, par le premier Huissier-Audiencier du Bailliage d'Arques, suivant sa soumission du 4 Août 1744, attachée sous le contre-scel du présent Edit.

Art. IX. A l'égard de l'Huissier-Audiencier au Bailliage de Longueville, & de l'Huissier-Audiencier en la Vicomté d'Arques, ils seront à l'avenir Huissiers-Audienciers audit Siege, sans qu'ils soient obligés de prendre de nouvelles provisions, en prêtant seulement le serment en tel cas requis & accoutumé.

Art. X. Avons éteint & supprimé, éteignons & supprimons par ces Présentes tous les Offices du Bailliage d'Arques actuellement vacants, autres néanmoins que ceux dont Nous avons disposé par le présent Edit; au moyen de quoi noredit Bailliage d'Arques ne sera plus à l'avenir composé que des Offices de Lieutenant-Général & Particulier, Civil, Commissaire-Enquêteur-Examinateur, & premier Conseiller Criminel, Capitaine de notre Château de Longueville; de Lieutenant-Général & Particulier-Criminel, Commissaire-Enquêteur-Examinateur, & de premier Conseiller-Civil ; de quatre nos Conseillers-Assesseurs, Civils & Criminels ; de notre Conseiller-Avocat pour Nous; de notre Conseiller-Procureur pour Nous; de notre Conseiller-Substitut de nos Avocat & Procureur ; d'un Receveur des Consignations ; d'un Commissaire-Contrôleur aux saisies-réelles ; de huit Procureurs postulants; d'un premier Huissier-Audiencier, de quatre Huissiers-Audienciers, & d'un Greffier, tant pour le Civil que pour le Criminel, Présentations, Affirmations & Défauts.

Art. XI. Les Greffes du Bailliage de Longueville, de la Vicomté d'Arques, & du Bailliage de la même Ville, qui sont entre les mains du même possesseur, demeureront réunis à l'avenir, pour ne former qu'un seul & même Greffe.

Art. XII. Les frais des procédures faites ou à faire dans les affaires qui étoient de la compétence du Siege de la Vicomté d'Arques, & qui en seroient encore, sans la réunion ordonnée par le présent Edit ; ensemble les droits & vacations des Juges & des Greffiers, Procureurs, Huissiers ou Sergents, Receveurs des Consignations & Commissaires aux saisies-réelles, seront réglés sur le même pied & de la même maniere qu'ils l'étoient pendant que lesdites affaires se portoient en ladite Vicomté, sans aucune augmentation ni innovation à cet égard.

Si donnons en mandement à

nos amés & féaux Conseillers, les Gens tenant notre Cour de Parlement à Rouen, que ces Présentes ils aient à faire regiſtrer, même en temps de vacations, & le contenu garder, exécuter & obſerver paiſiblement & perpétuellement, ceſſant & faiſant ceſſer tous troubles & empêchements, nonobſtant Clameur de Haro, Charte Normande, & Lettres à ce contraires. CAR tel eſt notre plaiſir; & afin que ce ſoit choſe ferme & ſtable à toujours, Nous avons fait mettre notre ſcel à ces Préſentes. DONNÉ à Metz, au mois de Septembre, l'an de grace mil ſept cent quarante-quatre, & de notre Regne le trentieme. *Signé*, LOUIS : Et plus bas, par le Roi, PHELYPEAUX. *Viſa*, D'AGUESSEAU. Et ſcellé d'un grand Sceau de cire verte.

Regiſtré par proviſion ès Regiſtres de la Chambre des Vacations. A Rouen, en Parlement, le douze Octobre mil ſept cent quarante-quatre. Signé, AUZANET.

VI. Arques a ſes Coutumes particulieres, conſignées dans le premier Article des *Uſages locaux* de toute cette Vicomté, ainſi qu'il ſuit :

I. » Les maiſons, maſures & héritages
» aſſis en la bourgeoiſie de S. Hélier &
» en l'enclos du bourg de Bellencombre,
» depuis la croix de la Chaîne, juſqu'à
» la croix S. Martin ; & les héritages
» qui ſont aſſis au bourg & paroiſſe d'Auf-
» fay, tenus du Duc de Longueville, du
» ſieur de Chambray & du Prieuré d'Auf-
» fay, même les maiſons, maſures & jar-
» dinages qui ſont dans l'enclos & pour-
» pris du bourg de Longueville, & les
» héritages qui ſont aſſis en la paroiſſe
» & vallée d'Arques, depuis la croix du
» Valmeſlier & porte du Beſle, vers Mar-
» tigny juſqu'au pont d'Archelles, & tout
» ce qui eſt au-deſſous de la prairie, juſ-
» qu'au ruiſſeau du Flé, dépendant du
» grand chemin de Dieppe, ſe partagent

Tome I.

» également entre freres, à la charge du
» mariage des ſœurs, & ne laiſſent les
» freres puîſnés à prendre proviſion à
» vie, ſur les autres biens & héritages
» aſſis au pays de Caux ; & outre, aux
» acquiſitions qui ſe font deſdits hérita-
» ges pendant le mariage, les femmes y
» ont moitié en propriété, aux charges
» de la Coutume générale.

Au ſurplus, à l'égard du mariage des ſœurs, j'ai vu agiter cette queſtion : ſi leur mariage avenant devoit être liquidé comme en Caux ou comme en Coutume générale ? Les uns prétendoient qu'on devoit le liquider comme ſur les biens de Caux, parce que l'exception portée par l'uſage local d'Arques ne tombant que ſur les puîſnés, les filles reſtoient ſous l'empire de la Coutume de Caux, dans le reſſort de laquelle Arques ſe trouve ; les autres au contraire ſoutenoient qu'Arques devoit être conſidéré en Coutume générale pour les terrains que l'uſage qui lui eſt particulier déſigne, puiſque les droits des femmes, à l'égard des fonds acquis dans ces terrains, étoient aſſimilés à ceux de Coutume générale ; & ce dernier ſentiment eſt ſuivi dans la Pratique.

Ainſi les uſages locaux des Paroiſſes dépendantes de la Vicomté d'Arques, ſe réduiſent aux deux diſpoſitions ſuivantes :

II. » Les héritages qui relevent de la
» Baronnie de Berneval, qui s'étend à S.
» Martin-en-campagne, Berneval le grand
» & le petit, Vaſſouville, Graincourt, (ré-
» ſervé le fief de la Cour, & ce qui en
» dépend) & les héritages qui ſont ſitués
» hors la ville de Dieppe, juſques audit
» ruiſſeau du Flé d'Arques, depuis la ri-
» viere juſqu'au chemin dudit Arques,
» de quelque ſeigneurie qu'ils ſoient te-
» nus, (réſervé le domaine non fieffé
» de la Seigneurie de Machouville) ſe
» partagent également entre freres, à la
» charge du mariage des ſœurs, & ne

M

» laissent les puînés à prendre provision
» à vie sur les autres héritages assis au
» pays de Caux ; & aux acquisitions qui
» se font esdits lieux constant le maria-
» ge , les femmes n'y ont que moitié par
» usufruit.

III. » Les terres qui sont dépendantes
» de la Baronnie du Jardin, en la Prévôté
» de Tourville , qui doivent froment ou
» orge de rente, ou champart & dîme
» une, se partagent entre freres, à la
» charge du mariage des sœurs.

ARQUES. (Abbaye d')

Dans Arques, il y a une Abbaye qui en porte le nom.

Le *Neustria pia* n'en a pas fait mention : cet ouvrage parut en 1663 ; & en 1636, l'Abbaye a été fondée : il est aussi surprenant de ne trouver dans le *Gallia christiana*, que le nom de ce Monastere. Voici copie des Lettres-patentes qui ont autorisé sa fondation.

LOUIS, par la grace de Dieu, Roi de France , &c. à tous présents & à venir : ayant été informé du grand profit & utilité spirituels & temporels qu'apportent en plusieurs lieux de notre Royaume, spécialement en notre province de Normandie , les Religieuses de S. Bernard , au couvent de S. Aubin de notre ville de Gournay ; l'instruction des jeunes filles à la piété, aux bonnes mœurs & honnêtes occupations convenables à leur sexe, au moyen de laquelle les semences de piété & vertus , jettées de bonne heure dans les jeunes ames , fortifiées & habituées en icelles par la bonne nourriture & éducation, répandent des fruits de bonne odeur en tous endroits, selon les diverses conditions auxquelles il plaît à la divine Providence les appeller ; ce qui auroit mû les sieurs de Guiran freres de faire achat d'une maison au lieu d'Arques pour y fonder un Abbaye dudit Ordre de S. Bernard, du consentement des habitants & du sieur Archevêque de Rouen leur diocésain , s'il nous plaisoit leur permettre :

A CES CAUSES, desirant qu'une si bonne œuvre soit avancée & autorisée par tous moyens, inclinant à la supplication de Sœur Louise de Guiran de Sainte-Thérese & de Sœur Marie de Saint-Joseph , Religieuses dudit couvent ; nous avons, de nos grace spéciale , pleine puissance, autorité royale , permis & permettons, par ces Présentes signées de notre main , la fondation & établissement d'une Abbaye dudit Ordre de S. Bernard , audit lieu d'Arques : & à cette fin de faire bâtir & construire les église, cloître , dortoirs & édifices convenables, recevoir & accepter tous dons , donations, legs & fondations de rentes, héritages ou autres de quelque sorte & maniere que ce soit , & toutes dispositions faites à leur profit , suivant leurs regles, nos Ordonnances & Coutumes des lieux, sans qu'elles puissent être troublées ni empêchées. SI donnons en mandement à nos amés & féaux Conseillers, tenant notre Cour de Parlement de Rouen, & à tous nos autres Justiciers & Officiers, ils fassent enregistrer, & du contenu en icelles faire jouir & user lesdites Religieuses pleinement, personnellement & perpétuellement , cessant & faisant cesser tous troubles & empêchements au contraire : car tel est notre plaisir ; & afin que ce soit chose ferme & stable à toujours , nous avons fait apposer notre sceel à cesdites Lettres , ce 13 Août 1636.

La premiere Abbesse fut Madame de Guiran, sœur des Fondateurs. Les Religieuses ont depuis, en présence de l'Archevêque ou de l'un de ses Commissaires, élu quatre sujets, du nombre desquels le Baron de Dampierre , issu des Fondateurs, choisit une Abbesse que l'Archeveque admet.

On ne conçoit pas comment Dom Dupleſſis, en ſa deſcription de la haute Normandie, a avancé qu'en la fondation de l'Abbaye d'Arques, ni l'autorité *du Pape ni celle du Roi ne ſont intervenues* (1) ; & que par cette raiſon, elle n'eſt point à la nomination royale : car cet Auteur fait mention des Lettres-patentes ; il eſt donc préſumable qu'il ne les connoiſſoit que par leur date.

ARRÉRAGES.

1°. Les *Hauts-Juſticiers ne peuvent demander que vingt-neuf années d'arrérages de leurs rentes ſeigneuriales*. — Art. 21 de la Coutume. Et les *Bas-Juſticiers trois années ſeulement*. — Art. 31. *ibid.*

2°. *Le pere & l'aïeul du mari qui ſe ſont rendus pleges du douaire, ne ſont tenus que des arrérages qui échéent de ce douaire durant leur vie, & leurs hoirs n'y ſont pas obligés après leur mort*. Art. 373. *ibid.*

3°. *Le decret purge les arrérages des rentes ſeigneuriales, foncieres ou anciennes, juſqu'au jour où on les demande*, quand on n'a pas formé oppoſition au décret avant l'adjudication finale. Art. 578. *ibid.*

Ces diſpoſitions ſont ſi claires, qu'elles ne peuvent faire naître aucune conteſtation.

4°. Mais il n'en eſt pas de même de l'article 510, qui eſt ainſi conçu : *Les deniers de fermages ſont cenſés meubles du jour que les fruits ſont perçus, encore que le jour du paiement ne ſoit échu : & pour les rentes foncieres & hypothécaires, les arrérages qui ſont dûs juſqu'au jour du décès, ſont réputés meubles.* Car ſur ce texte on peut dire d'un côté, que les termes échus des fermages, lors de la mort, ſont mobiliers, encore que la récolte des terres pour laquelle on paie les loyers, ne ſoit pas faite, parce que toute obligation pour payer des deniers eſt mobiliaire, ſuivant l'article 504 de la Coutume.

L'article 510, il eſt vrai, forme exception à cette regle ; mais cette exception ne regarde que les fermages dont le jour du paiement n'eſt point échu, & ne convient pas à des fermages échus.

En effet, il n'y a nulle différence entre le cas où le paiement auroit été fait, & le cas où le terme eſt échu, ſans que le débiteur ait encore payé, puiſque la nature de ces deniers de fermage ne dépend pas du paiement au jour préfix de l'échéance, ni du retardement des débiteurs : vraiment, ſi le terme du fermage étoit immobilier, il reſteroit le même entre les mains du propriétaire qu'entre celles du fermier débiteur ; cependant que les deniers euſſent été reçus, l'héritier aux propres pourroit-il en demander le remplacement ? C'eſt ce qu'il n'eſt pas naturel de penſer. Il n'y a point de loi qui défende à un propriétaire d'affermer ſes terres pour un an, & d'obliger ſon locataire à payer ſon loyer de trois mois en trois mois. On ne trouve donc point en ce cas lieu d'invoquer les principes de la Coutume, qui autoriſent à exiger remplacement après le décès d'un propriétaire pour aliénation de ſes propres, ou plutôt il eſt évident que la qualité *mobiliaire ou immobiliaire*, ne convient aux deniers de fermages que ſelon qu'ils ſont ou ne ſont pas échus : & ils ſont réellement échus, dès que le fermier a payé à l'échéance dont il eſt convenu.

D'un autre côté, on objecte que les fermages tenant lieu des récoltes faites ou à faire, ceux des récoltes faites doivent appartenir à l'héritier des meubles : quant aux fermages des récoltes à faire, l'héritier aux propres en eſt ſeul propriétaire, parce que de même que l'héritier

---

(1) Pag. 112. premier vol. n°. 121.

des propres ne peut pas contester à celui des meubles les fermages qui sont le prix des récoltes faites, suivant l'article 510 de la Coutume, de même & par raison de réciprocité, l'héritier des meubles ne peut contester à l'héritier des propres les fermages dûs pour récoltes non faites au temps de la mort, quoique les fermages aient été payés, ou qu'ils soient à cette époque exigibles par anticipation.

Il n'y a point à la vérité de texte de Coutume pour le second cas, & il y en a un pour le premier ; mais les principes les plus usuels de la Coutume y suppléent.

La stipulation d'un bail par laquelle le propriétaire oblige son fermier à des paiements antérieurs à la récolte, est de même nature que celle par laquelle il vendroit comptant la récolte d'une ou de plusieurs années à venir : il n'y a de différence entre l'une & l'autre espece de convention que du plus au moins. Or cette vente seroit une vraie vente d'usufruit dont le prix même payé appartiendroit à l'héritier aux propres, sinon à titre direct, au moins à celui de remplacement, puisqu'en Normandie il est interdit à toutes personnes de changer la destination de ses biens dans l'ordre des successions, & que nul ne peut par quelque paction ou circuit que ce soit, faire passer à l'héritier des meubles ce que la loi défere à l'héritier des propres.

Il y a plus, la convention par laquelle un propriétaire se fait payer d'avance les récoltes à venir, est une vraie aliénation d'une surface immobiliaire ; aliénation qui change si peu la nature de la surface, que si les créanciers de l'auteur de l'aliénation faisoient saisir réellement le fonds dont le prix de la surface encore immobiliaire auroit été payé, cette surface qui n'est autre chose que la récolte à venir, seroit constamment comprise dans la saisie réelle, au préjudice du fermier qui en auroit payé le prix ; d'où on est forcé de conclure que quand, lors de la mort, la récolte à faire est immobiliaire, le paiement reçu par avance du prix de cette récolte, est le prix d'une vente d'immeubles sujette à remplacement au bénéfice de l'héritier aux propres.

Ce dernier sentiment est le seul que l'on doive suivre ; il a été confirmé par Arrêt du 3 Mars 1750, rapporté par M. de la Tournerie, avec les plaidoyers des deux Avocats ; mais on n'y a point assez insisté, selon nous, sur le principe que nous croyons avoir dû seul déterminer le jugement : ce principe est que les *deniers de fermages sont représentatifs de la récolte*.

Il nous a paru d'autant plus convenable de le développer, qu'il est le seul propre à fixer les doutes sur la maniere de partager les arrérages des herbages. En effet, dès que les loyers représentent la récolte, celle des herbages se faisant *de die in diem*, par la pâture que les bestiaux y prennent, à la différence des prés que l'on fauche, ou d'une terre dont la moisson ne se fait que dans des temps ou des saisons uniques, il s'ensuit qu'il y a autant de fermages amobiliés, lors du décès du propriétaire, qu'il y a eu d'herbe consommée jusqu'à ce terme, & il y en a autant d'immobiliers qu'il reste d'herbe à consommer.

On doit assimiler les herbages à des carrieres où l'on prend durant toute l'année de la pierre, de l'ardoise, de la chaux, ou à des mines d'où l'on tire du fer dans un temps comme dans l'autre.

Ainsi quand des objets de cette nature sont donnés à ferme, on peut dire que la récolte s'en fait successivement d'un instant à l'autre ; & il est conséquent d'en partager les arrérages entre l'héritier aux meubles & celui des propres, *pro rata temporis*.

Les maisons de villes sont dans ce cas ; chaque jour fixe ce qui en est échu, parce que chaque jour a sa jouissance déterminée & complette.

Il en est autrement des arrérages des rentes seigneuriales : ils ne sont réputés meubles que du jour où le paiement en est échu. (Article 509 de la Coutume). *Voyez* RENTES.

Quant aux rentes dues au Roi, les arrérages ne sont ameublis que lorsque le bureau du payeur est ouvert. -- Arrêt du 17 Mai 1668. Voyez Basnage & Pesnelle sur l'article 510.

5°. On ne peut demander que cinq ans d'arrérages des rentes constituées à prix d'argent, à moins qu'il n'y ait arrêté de compte avec le débiteur de la rente ; mais si cet arrêté est sous seing privé, que la date n'en soit pas certaine, il ne peut être opposé aux créanciers du débiteur. (Pesnelle sur l'article 530 de la Coutume.) Ceci prouve que la constitution d'argent en rente n'est pas favorable, & que s'il est permis au débiteur de renoncer à une prescription que la loi l'autorise d'opposer, sa renonciation ne doit pas priver des tiers du bénéfice de cette loi.

On dit que la loi autorise la prescription pour arrérages antérieurs à cinq années à l'égard des rentes constituées pour deniers. C'est ce que prouve l'Ordonnance de Louis XII de l'an 1510, & l'Arrêt du 4 Avril 1553, rapporté par Pesnelle sur l'article 527, qui défendit d'exiger le serment du débiteur de rentes de cette espece sur le fait de savoir s'il avoit payé les arrérages échus antérieurement aux cinq dernieres années.

Au reste, les arrérages des rentes constituées sont conservés par la saisie en décret sans diligence directe au débiteur tant que le décret dure, parce que les poursuites que l'on feroit contre lui seroient à pure perte: d'où il paroît conséquent de conclure que la même chose doit avoir lieu quand le débiteur de la rente est en faillite. *Voyez* l'article 147 du Reglement de 1666, & les articles BONNE FOI., PRESCRIPTION, & RENTES.

ARRÊT.

Ce mot désigne ou un jugement de Cour souveraine, ou l'exécution faite d'un jugement contre la personne & les biens d'un malfaiteur, ou d'un débiteur. --*Voyez* ce qui est dit des Arrêts pris en ce dernier sens, articles PRISE DE CORPS, SAISIE, VILLE D'ARRÊTS.

Quant aux Jugements rendus en dernier ressort, il est très-important de connoître l'usage qu'on en doit faire.

S'ils sont rendus pour servir de *Réglement*, il faut les regarder comme une loi irréfragable. Si par la conformité de leurs décisions sur un point de droit ils établissent une Jurisprudence uniforme, on ne peut sans témérité tenter de faire valoir des principes opposés à ceux qu'ils ont clairement adoptés ; mais quand ils n'offrent que la décision d'un cas particulier, il faut bien se donner de garde de la proposer comme maxime générale. C'est en recourant aux sources que l'on doit alors juger du poids de la décision.

Quoique nous ayons eu l'attention de rapporter ou de citer sur chaque matiere les Arrêts qui l'éclaircissent, il convient d'indiquer ici les Ouvrages où on les a recueillis, afin que l'on puisse réparer les omissions qui nous auroient échappé. Le plus ancien de ces Recueils, est : 1o. Celui des Registres du Parlement, connu sous le nom des OLIM : on y trouve beaucoup de décisions pour la Normandie. *Voyez* ci-après, aux mots PARLEMENT & OLIM. 2°. A la fin du Commentaire de Rouillé & de Terrien, sont rassemblés les Arrêts de l'Echiquier. 3°. Les Arrêts de Réglement rendus sur la Coutume Réformée, ont été imprimés *in-4o.* par M. Lallemant, jusqu'en 1771. 4o. M. Froland a rassemblé sur les matieres les plus piquantes, des Arrêts très-intéressants qui ont été imprimés en 1740, & qui sont accompagnés de remarques savantes qu'on ne lit presque plus, tant on est accoutumé en ce siecle de préférer le raisonnement aux autorités, & le gain que la routine de la procédure produit, à l'étude approfondie de la loi, qui malgré les avantages qu'elle procure au public, est rarement récompensée.

ARROSEMENT.

Voyez PRAIRIES.

ARTS ET MÉTIERS.

Les Communautés d'Arts & Métiers sont maintenant réglées par l'Edit du mois d'Avril 1779. Comme il anéantit toutes les regles d'administration auxquelles elles avoient été précédemment sujettes, & change la Jurisprudence des Arrêts rendus pour la manutention de leurs Jurandes ou Statuts, il a paru convenable de le donner ici entier.

LOUIS, par la grace de Dieu, Roi de France & de Navarre : A tous présents & à venir, SALUT. Les motifs d'ordre public qui Nous ont porté à supprimer & à rétablir, dans la Ville de Rouen, les Communautés d'Arts & Métiers, & à leur donner un régime constant & uniforme, sollicitent de notre part les mêmes marques de bienveillance & de protection pour les autres Villes du ressort de notre Parlement de Normandie. Mais comme quelques-unes d'entr'elles sont plus considérables, & que le Commerce & les Manufactures y sont plus animés que dans les autres, Nous avons considéré qu'il étoit de notre justice de proportionner le nombre des Communautés & le Tarif des droits d'admission, à l'étendue desdites Villes; Nous avons ordonné en conséquence qu'il seroit fait trois Etats, l'un pour la Ville de Caen, l'autre pour Alençon & Bayeux, & le troisieme pour les autres Villes de ladite Province qui Nous ont paru susceptibles de pareils établissements. A CES CAUSES & autres à ce Nous mouvant, de l'avis de notre Conseil, & de notre certaine science, pleine puissance & autorité royale, Nous avons par notre présent Edit, perpétuel & irrévocable, dit, statué & ordonné, disons, statuons & ordonnons, voulons & Nous plaît ce qui suit :

ART. I. Les Fabricants, Marchands & Artisans des Villes, Fauxbourgs & Banlieues de Caen, Alençon, Bayeux, Aumale, Bolbec, Caudebec, Dieppe, Evreux, Gournay, du grand & du petit Andely, d'Honfleur, du Havre, Pont-Audemer, de Gisors, Harfleur, Pont-de-l'Arche, Saint-Vallery, Saint-Lo, Valognes, Coutances, Argentan, Bernai, Lisieux, Falaise & Mortagne, seront classés & réunis suivant le genre de leur Commerce, Profession ou Métier; à cet effet, avons éteint & supprimé, éteignons & supprimons toutes les Communautés d'Arts & Métiers ci-devant établies dans lesdites Villes, leurs Fauxbourgs & Banlieues; & de la même autorité, Nous y avons créé & établi de nouvelles Communautés d'Arts & Métiers, conformément aux Etats arrêtés en notre Conseil, & annexés sous le contre-scel.

ART. II. Les Communautés établies par l'Article précédent, jouiront exclusivement du droit & faculté d'exercer dans lesdites Villes, les Commerces, Métiers ou Professions qui sont attribués à chacune d'elles par lesdits Etats arrêtés en notre Conseil; & en ce qui concerne les Métiers & Professions qui ne sont pas compris auxdits Etats, il sera libre à toutes personnes de les exercer dans lesdites Villes, à la charge d'en faire déclaration au Juge de Police ou autres Officiers ayant la direction de la Police dans lesdites Villes. Lesdites déclarations contiendront le nom, surnom, âge & demeure du Déclarant, & le genre de Commerce ou Métier qu'il se proposera d'exercer ; elles seront inscrites sur un Registre à ce destiné.

Art. III. N'entendons comprendre dans les dispositions de l'Article précédent, le Métier de Couturière, celui d'Ouvrière en Linge, en Broderie ou en Dentelle : Permettons aux filles & femmes d'exercer librement lesdits Métiers, sans même être tenues d'en faire leur déclaration, pourvu qu'elles ne tiennent pas boutique ouverte, & qu'elles ne vendent pas d'autres marchandises que leurs propres ouvrages. N'entendons pareillement empêcher les Particuliers, Habitants desdites Villes, d'employer, comme par le passé, à journées les Maçons & autres Ouvriers parcourant les Provinces, sans que lesdits Ouvriers non domiciliés, puissent être inquiétés par les Maîtres des Communautés.

Art. IV. Il ne sera rien innové quant à présent, en ce qui concerne la Profession de la Pharmacie, celle de l'Imprimerie & Librairie, la Communauté des Barbiers, Perruquiers & Etuvistes desdites Villes.

Art. V. Tous nos Sujets, même les Etrangers, pourront être admis dans les Communautés établies par l'Article premier, en payant indistinctement, pour tous Droits de réception, les sommes fixées par les Tarifs annexés au présent Edit, *& ce indépendamment des droits qui pourront être dûs aux Hôpitaux ou autres Maisons de Charité, suivant l'usage des lieux,* & en se conformant d'ailleurs aux dispositions des Réglements des Communautés dans lesquelles ils voudront se faire recevoir. Voulons que les Etrangers qui décéderont membres desdites Communautés, soient affranchis du Droit d'Aubaine, pour leur mobilier & leurs immeubles fictifs seulement.

Art. VI. Les Filles & Femmes pourront être admises & reçues dans les Communautés, en payant les Droits fixés par lesdits Tarifs, sans cependant que dans les Communautés d'hommes elles puissent assister à aucune Assemblée, ni exercer aucune Charge.

Art. VII. Les Veuves de ceux qui seront reçus à l'avenir Maîtres, ne pourront continuer d'exercer le Commerce ou Métier de leurs Maris, que pendant une année ; sauf à elles à se faire recevoir dans la même Communauté, en payant moitié des droits de réception. Voulons néanmoins que les Maîtres desdites Communautés puissent à l'avenir assurer à leurs Veuves le droit & faculté de continuer pendant leur vie, & néanmoins tant qu'elles seront en viduité, l'exercice de leur Commerce, Profession ou Métier, en payant ; savoir, pour ceux qui seront mariés, lors de leur admission à la Maîtrise, & par ceux qui ne le seront pas, dans l'année de leur admission, ou dans trois mois, à compter du jour du mariage qu'ils pourront contracter, outre les droits de réception fixés par lesdits Tarifs, le quart desdits Droits ; & que la même disposition ait lieu pour les femmes qui voudront procurer le même avantage à leurs maris.

Art. VIII. Ceux qui avoient été reçus Maîtres dans les Communautés supprimées par l'Article premier, & leurs Veuves, continueront d'exercer leur Commerce ou Métier, sans payer aucun nouveau droit, mais ils seront seulement agrégés aux nouvelles Communautés. Dans le cas où ils voudroient y être admis en qualité de Maîtres, ils y seront reçus en payant le quart des Droits fixés par lesdits Tarifs, pourvu qu'ils se présentent dans les trois mois qui suivront la publication du présent Edit ; après l'expiration de ce délai, ils ne pourront plus être admis dans les nouvelles Communautés, qu'en payant moitié des Droits.

Art. IX. Ceux qui exerçoient publiquement & à boutique ouverte, quelque Profession ou Métier libre, avant la publication de notre présent Édit, pourront continuer de les exercer, comme par le passé, sans payer aucun droit, mais ils seront tenus de faire la déclaration prescrite en l'Article II, & au moyen de ladite déclaration, ils seront aggrégés aux Communautés auxquelles ont été attribués les Métiers ou Professions ci-devant exercés librement. Leur permettons néanmoins de se faire recevoir Maîtres dans lesdites nouvelles Communautés, en payant le tiers du droit de réception, & ce, dans trois mois pour tout délai; passé lequel ils ne pourront y être reçus qu'en payant les deux tiers desdits droits.

Art. X. Les Maîtres & Maîtresses qui voudront cumuler deux ou plusieurs Professions, dépendantes de différentes Communautés, seront tenus de se présenter devant le Juge de Police; & dans le cas où il estimera qu'il n'y a pas d'incompatibilité, & que la réunion ne peut nuire ni à la Police, ni à la sûreté publique, il leur délivrera une permission par écrit, en vertu de laquelle ils seront admis & reçus dans lesdites Communautés, en payant les droits de réception dans chacune.

Art. XI. Il sera formé tous les ans, dans chaque Communauté, deux Tableaux qui seront arrêtés, sans frais, par le Juge de Police. Le premier contiendra, par ordre d'ancienneté, les noms des Maîtres qui auront payé les Droits de réception, & de ceux qui seront reçus à l'avenir. Le second contiendra les noms de ceux qui, n'ayant pas acquitté lesdits Droits, ne seront qu'aggrégés.

Art. XII. Ceux qui ne seront inscrits que sur le second Tableau, ne pourront être admis aux Assemblées, ni participer à l'administration des affaires de la Communauté; ils seront tenus de se renfermer dans les bornes de leur ancien Commerce ou Profession, qu'ils exerceront sous l'inspection des Syndics & Adjoints de la Communauté à laquelle ils seront aggrégés.

Art. XIII. Il sera établi, dans chaque Communauté, deux Syndics & deux Adjoints, qui seront tenus conjointement de veiller à l'administration des affaires, à la recette & emploi des revenus communs, & à l'observation des Statuts & Réglements. Ils exerceront lesdites fonctions pendant deux années; la première en qualité d'Adjoints, & la seconde en qualité de Syndics. Lesdits Syndics & Adjoints seront choisis & nommés par la Communauté. Voulons néanmoins qu'ils soient nommés, pour cette fois, par le Juge de Police, sans préjudice de la Jurisdiction des Officiers municipaux sur la Police des Manufactures.

Art. XIV. Les Communautés qui ne seront pas composées de plus de vingt-cinq Maîtres, pourront s'assembler en commun, tant pour la nomination de leurs Syndics & Adjoints, que pour les affaires importantes, qui intéresseront leurs Droits & Priviléges; & à l'égard des Communautés plus nombreuses, elles seront représentées par vingt-cinq Députés, lesquels seront choisis par la voie du scrutin, dans une Assemblée générale de la Communauté, que le Juge de Police indiquera, & dont il prescrira la forme, suivant le nombre des Maîtres dont la Communauté sera composée. *Les Députés ainsi nommés, ne pourront être en fonctions plus de trois ans; le tiers d'iceux sera changé tous les ans;* ils représenteront l'entiere Communauté, & les délibérations qui seront par eux prises, obligeront tout le Corps.

Art. XV. Trois jours après la nomination des Députés, ils seront tenus de s'assembler en présence du Juge de Police, à l'effet de procéder, pareillement par voie de scrutin, à l'élection des Adjoints qui

qui devront remplacer ceux qui deviendront Syndics, & ainsi d'année en année. Voulons au surplus que, dans les Communautés qui seront dans le cas de nommer des Représentants, les Adjoints ne puissent être choisis que dans le nombre de ceux qui auront été députés.

Art. XVI. Les Assemblées des Communautés, & celles de leurs Députés ou Représentants, seront présidées par les Syndics & leurs Adjoints; & les délibérations qui seront prises dans lesdites Assemblées, à la pluralité des voix, seront exécutées à la diligence des Syndics & Adjoints, lesquels seront tenus de les présenter préalablement au Juge de Police, pour être par lui autorisées, s'il y échet.

Art. XVII. Les Droits des Officiers de Police, demeureront fixés conformément aux dispositions des Lettres-patentes portant Réglement pour l'administration de la Justice en notre Province de Normandie.

Art. XVIII. Le quart des Droits de réception à la Maîtrise sera perçu par les Syndics & Adjoints, & sera employé aux dépenses communes de la Communauté, à la déduction néanmoins du cinquieme dudit quart, que Nous attribuons auxdits Syndics & Adjoints; & dans le cas où les quatre cinquiemes restants ne suffiroient pas pour les dépenses communes de ladite Communauté, Nous y pourvoirons sur les Mémoires qui nous seront remis. Les trois autres quarts seront perçus à notre profit.

Art. XIX. Les Syndics & Adjoints procéderont à l'admission des Maîtres & à l'enregistrement de leur réception sur le livre de la Communauté, sans qu'il soit besoin d'assembler à cet effet les Communautés ou leurs Députés. Voulons au surplus, que lesdits Syndics & Adjoints ne puissent procéder auxdites admissions & enregistrements, qu'après s'être fait représenter l'Acte de prestation de serment de l'Aspirant devant le Juge de Police, & la Quittance des Droits de réception, ainsi que celle du droit des pauvres, s'il est d'usage de payer lesdits Droits dans lesdites Villes. Défendons auxdits Syndics & Adjoints d'exiger ou recevoir aucuns repas, jettons ou présents, ni autre somme que celle ci-dessus fixée, sous peine d'être procédé contr'eux extraordinairement comme concussionnaires; sauf aux Récipiendaires à acquitter par eux-mêmes le coût de leurs Lettres de Maîtrises.

Art. XX. Il sera incessamment procédé, s'il y a lieu, à la vente & adjudication des effets appartenants aux Communautés supprimées par l'Article premier, & le produit de ladite Vente sera employé, sans divertissement, au paiement de leurs dettes, à l'effet de quoi les Créanciers desdites Communautés seront tenus de représenter, dans trois mois pour tout délai, en notre Conseil, leurs titres & créances, pour y être procédé à la liquidation d'icelles, & par Nous pourvu à leur acquittement, tant sur le produit desdites ventes, que sur le produit des trois quarts des droits de réception, Nous réservant, en cas d'insuffisance, d'y pourvoir de nos deniers, ainsi qu'il appartiendra.

Art. XXI. Les Syndics & Adjoints ne pourront former aucune demande en Justice, à l'exception néanmoins des demandes en validité des saisies faites pour contravention, appeller d'une Sentence, ni intervenir dans une Cause, soit principale, soit d'appel, qu'après y avoir été spécialement autorisés par une délibération de la Communauté ou de ses Représentants. Leur défendons de faire aucun accommodement, même sur des saisies, que du consentement de notre Procureur en la Police, sous peine de destitution de

Tome I.

leurs Charges, & de deux cents livres d'amende, dont moitié à notre profit, & moitié à celui de la Communauté.

ART. XXII. Défendons aux Syndics & Adjoints de faire aucune dépense extraordinaire, autres que celles qui seront faites par les Réglements particuliers que nous nous proposons de donner aux différentes Communautés, pour leur police intérieure, & ce, sous peine de radiation desdites dépenses dans leurs comptes, & d'être tenus personnellement des obligations qu'ils auroient fait contracter à la Communauté. Défendons en outre, à toute Communauté d'Arts & Métiers, de faire aucun emprunt, de quelqu'espece qu'il soit, sans y être autorisée spécialement par nos Lettres duement enregistrées.

ART. XXIII. Les Syndics & Adjoints de chaque Communauté seront tenus, dans les deux mois après la fin de chaque année de leur exercice, de rendre compte de leur gestion à la Communauté ou aux Représentants d'icelle, en présence de notre Procureur en la Police, & des Adjoints qui auront été élus pour leur succéder; &, après que ledit compte aura été examiné, contredit s'il y a lieu, & arrêté, le reliquat sera remis aux Syndics & Adjoints lors en charge. Défendons de porter dans lesdits comptes, aucune dépense pour présents, étrennes ou autres objets de même nature, sous peine de radiation desdites dépenses, dont les Syndics & Adjoints demeureront responsables en leurs propres & privés noms. Voulons qu'un double desdits comptes soit remis au sieur Commissaire départi, pour être, par lui, envoyé en notre Conseil.

ART. XXIV. Les Maîtres & Aggrégés ne pourront louer leur Maîtrise, ni prêter leurs noms directement ou indirectement à d'autres Maîtres, ni à gens sans qualité, sous peine d'être privés du droit d'exercer leur Commerce ou Profession, même d'être condamnés à des dommages & intérêts, & en une amende envers la Communauté. Défendons pareillement à tous gens sans qualité, d'entreprendre sur les droits des Communautés, sous les mêmes peines, & en outre de confiscation des marchandises, outils & ustensiles trouvés en contravention. N'entendons néanmoins déroger aux dispositions de nos Ordonnances, par rapport au Commerce en gros.

ART. XXV. Les Maîtres & Aggrégés de chaque Communauté pourront ouvrir boutique par-tout où ils jugeront à propos, dans lesdites Villes, leurs Fauxbourgs & Banlieues, sans avoir égard à la distance plus ou moins grande des boutiques ou atteliers. Voulons néanmoins que les Garçons & Compagnons qui s'établiront à l'avenir, soient tenus de se conformer, à l'égard des Maîtres chez lesquels ils auront travaillé, aux usages ci-devant observés dans chaque Communauté; à l'effet de quoi, les anciens Réglements concernant les Apprentifs & Compagnons, notamment les Lettres-Patentes du 2 Janvier 1749, seront exécutés jusqu'à ce qu'il en soit par Nous autrement ordonné. Voulons pareillement que les anciens Statuts & Réglements des Communautés soient exécutés provisoirement en tout ce qui ne se trouvera pas contraire aux dispositions du présent Edit, & ce, jusqu'à ce qu'il y ait été par Nous pourvu sur les Mémoires qui nous seront incessamment remis à cet effet.

ART. XXVI. Tous procès qui existoient dans les Communautés, avant l'enregistrement de notre présent Edit, demeureront éteints & assoupis, à compter du jour de la publication d'icelui, sauf à être pourvu provisoirement, & sans frais, par les Juges de Police, à la restitution des marchandises ou autres effets saisis, ainsi qu'il appartiendra. Voulons qu'à l'avenir la connoissance de toutes les contestations concernant la Police générale & particuliere desdites Communautés d'Arts & Métiers, appartienne en premiere instance aux Juges de Police, en la maniere accoutumée.

ART. XXVII. Avons éteint & supprimé toute Confrairie, Congrégation ou Associations formées par les Maîtres, Compagnons, Apprentifs & Ouvriers des Communautés d'Arts & Métiers ; Défendons de les renouveller ou d'en établir de nouvelles, sous quelque prétexte que ce soit, sauf à être pourvu par les Ordinaires des lieux à l'acquit des fondations & à l'emploi des biens qui y étoient affectés.

ART. XXVIII. Les Seigneurs Hauts-Justiciers & tous autres qui prétendroient avoir droit, ou qui seroient en possession d'accorder des Privileges d'Arts & Métiers dans les Fauxbourgs & Banlieues de nosdites Villes, seront tenus, dans trois mois pour tout délai, à compter du jour de la publication du présent Edit, de représenter, en notre Conseil, leurs Titres & Mémoires, pour être par Nous pourvu, s'il y a lieu, à la confirmation de leurs Droits, ou à leur indemnité. Voulons néanmoins qu'ils puissent, par provision, jouir de ladite faculté ou privilege, à la charge, par eux, d'en user comme par le passé, & conformément à l'Arrêt de notre Conseil du 21 Mars 1721, & Arrêts ou Réglements rendus postérieurement.

ART. XXIX. Tous ceux qui, jusqu'au jour de la publication du présent Edit, auront été reçus Maîtres par les Officiers desdites Justices, pourront être admis dans les Communautés d'Arts & Métiers par Nous créés, sans être tenus de faire aucun apprentissage ni chef-d'œuvre, en payant par eux, dans trois mois, à compter dudit jour, la moitié des Droits portés par lesdits Tarifs, pour la réception dans lesdites Communautés ; au moyen duquel païement, leurs noms seront inscrits sur le Tableau des Maîtres desdites Communautés, & ils participeront à tous les droits & prérogatives de celles dans lesquelles ils seront admis ; faute par eux de payer la moitié desdits droits, dans l'espace de temps ci-dessus fixé, ils n'y seront plus admis, & ils seront tenus de se renfermer dans les bornes qui leur ont été prescrites par lesdits Arrêts & Réglements.

ART. XXX. Avons dérogé & dérogeons, par le présent Edit, à tous Edits, Déclarations, Lettres-Patentes, Arrêts, Statuts & Réglements contraires à icelui. SI DONNONS EN MANDEMENT à nos amés & féaux les Gens tenant notre Cour de Parlement à Rouen, que notre présent Edit ils aient à faire lire, publier & regiſtrer, & le contenu en icelui garder, obſerver & exécuter ſelon ſa forme & teneur, nonobſtant Clameur de Haro, Charte Normande, & autres Lettres à ce contraires : CAR tel eſt notre plaiſir ; & afin que ce ſoit choſe ferme & ſtable à toujours, Nous y avons fait mettre notre Scel. DONNÉ à Verſailles, au mois d'Avril, l'an de grace mil ſept cent ſoixante-dix-neuf, & de notre Regne le cinquieme. *Signé*, LOUIS. *Et plus bas* : Par le Roi. *Signé*, BERTIN, avec paraphe. *Visa*, HUE DE MIROMESNIL. Vu au Conſeil, PHELYPEAUX : Et ſcellé d'un grand Sceau de cire verte, en lacs de ſoie rouge & verte.

VU par la Cour, toutes les Chambres aſſemblées, l'Edit du Roi concernant les Communautés d'Arts & Métiers des Villes du Reſſort du Parlement de Rouen, donné à Verſailles au préſent mois d'Avril ; Ordonnance de la Cour du 26 de cedit mois, portant ſoit communiqué au Procureur-Général du

Roi ; les Conclusions d'icelui ; & ouï le Rapport du sieur de Doublemont, Conseiller-Rapporteur ; Tout considéré :

LA COUR, toutes les Chambres assemblées, a ordonné & ordonne que ledit Edit sera regiftré ès Regiftres de la Cour, pour être exécuté selon sa forme & teneur, sans préjudice des droits de Jurisdiction des Officiers des Sieges Royaux & des Hôtels-de-Ville, chacun en droit soi, auxquels il ne sera en rien innové ; parce que néanmoins, en cas de difficulté entr'eux, il y sera statué par la Cour, sur les simples Mémoires desdits Officiers ; parce qu'aussi, dans le cas où, aux termes de l'Article VIII dudit Edit, ceux qui ont été reçus Maîtres dans les Communautés supprimées, voudront être admis en qualité de Maîtres dans les nouvelles Communautés, ils le seront sans être obligés de prêter de nouveau serment, ni assujettis à aucuns frais de nouvelle réception ; sauf néanmoins, en cas où quelques-unes desdites Communautés ou autres Intéressés se trouvassent lésés dans l'exécution du présent Edit, à remettre à la Cour leurs Mémoires & Observations, pour être, par ladite Cour, adressées au Roi, s'il y échet, & y être statué par Sa Majesté, ainsi qu'elle avisera bien : sera ledit Seigneur Roi très-humblement supplié d'attribuer aux Hôpitaux des Villes mentionnées au présent Edit, les fonds des Confrairies attachées aux Communautés supprimées ; d'accorder une diminution sur les droits d'admission, après l'extinction des dettes desdites Communautés ; & aussi d'assigner le paiement des rentes dues aux Créanciers des Communautés supprimées dans lesdites Villes, sur le Receveur des Impositions de chacune desdites Villes. Ordonne en outre que ledit Edit sera imprimé, publié & affiché, pour être exécuté selon sa forme & teneur, & les *Vidimus* d'icelui être envoyés aux Bailliages & Sieges de Police du ressort de la Cour, pour être pareillement lus, publiés, affichés & exécutés, à la requête & diligence des Substituts du Procureur-Général auxdits Sieges, lesquels seront tenus de certifier la Cour dans quinzaine des diligences qu'ils auront pour ce faites. A Rouen, en Parlement, toutes les Chambres assemblées, le vingt-six Avril mil sept cent soixante-dix-neuf.

Par la Cour. *Signé*, BRÉANT.

Lu, publié, la grande Audience séante, ouï & ce requérant le Procureur-Général du Roi, pour être exécuté selon sa forme & teneur, suivant & aux termes de l'Arrêt rendu, les Chambres assemblées, le vingt-six de ce mois. A Rouen, en Parlement, le vingt-neuf Avril mil sept cent soixante-dix-neuf.

Signé, *BRÉANT.*

Cet Edit a été précédé par celui du mois de Février 1778, concernant les seules Communautés d'Arts & Métiers de la Ville de Rouen, qui ne diffère de celui ci-dessus que par les modifications suivantes, employées lors de son enregistrement.

Vu par la Cour, les Chambres assemblées, l'Edit du Roi concernant les Communautés d'Arts & Métiers dans la ville de Rouen, donné à Versailles au mois de Février 1778, & l'Etat y annexé ; Ordonnance de la Cour, en date de ce jourd'hui, portant soit communiqué au Procureur-Général du Roi ; les Conclusions d'icelui ; & ouï le Rapport du sieur de Doublemont, Conseiller-Rapporteur ; Tout considéré :

LA COUR, toutes les Chambres assemblées, a ordonné & ordonne que ledit Edit sera regiftré ès Regiftres de la Cour, pour être exécuté selon sa forme & teneur, sans préjudice des droits de Jurisf.

diction des Officiers du Bailliage & de l'Hôtel-de-Ville de Rouen, chacun en droit soi, auxquels il ne sera rien innové ; parce que néanmoins, en cas de difficulté entr'eux, il y sera statué par la Cour sur les simples Mémoires desdits Officiers, & à la charge que les droits & privileges attribués aux Hôpitaux, continueront d'avoir lieu comme par le passé :

Parce que les Députés de chaque Communauté ne pourront être en fonctions plus de trois ans, & le tiers d'iceux sera changé tous les ans :

Parce qu'aussi les Boulangers sont autorisés d'employer non-seulement le lait & le beurre, mais même les œufs.

Sauf néanmoins aux Communautés & autres intéressés, en cas qu'aucunes d'elles ou d'eux se trouvent lésés dans l'exécution du présent Edit, à remettre à la Cour ses Mémoires & Observations, pour être par ladite Cour adressés au Roi s'il y échet, & y être statué par Sa Majesté, ainsi qu'il avisera bien ;

Et sera le Seigneur Roi très-humblement supplié d'attribuer aux Hôpitaux de la ville de Rouen, les fonds des Confrairies attachés aux Communautés supprimées ;

D'accorder une diminution sur les droits d'admission, après l'extinction des dettes desdites Communautés ;

D'accorder chaque année la réception du premier Maître dans chaque Communauté, pour le produit en provenant être employé au maintien de la Police & sûreté de la ville de Rouen, comme Sa Majesté a bien voulu l'accorder pour la manutention de la Police de la ville de Paris ;

Et aussi d'assigner le paiement des Rentes dues aux Créanciers des Communautés supprimées, sur le Receveur des Impositions de la ville de Rouen.

Ordonne en outre que ledit Edit & le présent Arrêt seront imprimés & affichés par-tout où il appartiendra, & que *Vidimus* ou copies collationnées d'iceux seront envoyés aux Sieges de Police & Hautes-Justices situées dans la ville, fauxbourgs & banlieue de Rouen, pour y être pareillement lus, publiés, affichés & exécutés, à la diligence du Substitut du Procureur-Général du Roi au Siege de Police, & des Procureurs d'office desdites Hautes-Justices, qui seront tenus de certifier la Cour dans la quinzaine des diligences qu'ils auront pour ce faites. A Rouen, en Parlement, les Chambres assemblées, le huit Mars mil sept cent soixante-dix-neuf.

Par la Cour. *Signé*, BRÉANT.

Lu, publié, la grande Audience de la Cour séante, ouï & ce requerant le Procureur-Général du Roi, pour être exécuté selon sa forme & teneur, suivant & aux termes & modifications portées par l'Arrêt de la Cour rendu, les Chambres assemblées, le jour d'hier. A Rouen, en Parlement, le neuf Mars mil sept cent soixante-dix-neuf.

Signé, BRÉANT.

Le Tarif pour les réceptions aux Maîtrises des Communautés de la Capitale n'est pas le même que celui relatif aux autres Communautés de la province, ce qui nous détermine à donner ici copie de tous.

ETAT des Communautés d'Arts & Métiers créées & établies par Edit du mois de Février mil sept cent soixante-dix-huit en la Ville, Fauxbourgs & Banlieue de Rouen.

TARIF des Droits de Réception.

1	Fabricants de toutes sortes de Draps & Etoffes en Laine.		300 l.
2	Fabricants de toutes sortes d'Etoffes de Soie pure ou mélangée, Coton, Poil de Chevre, Rubanniers, Boutonniers.	Ceux qui exerceront ces quatre Professions auront la faculté de teindre, de donner tous les apprêts aux Ouvrages de leur fabrication, & de les vendre en gros & en détail, concurremment avec les Marchands.	300
3	Fabricants de toutes sortes de Toiles en Fil & en Coton.		200
4	Fabricants de tous Ouvrages en Soie, Laine & autres matieres, pures ou mélangées, mises sur le Métier à Bas.		200
5	Teinturiers en Laine, Soie, Fil & Coton, au grand & au petit Teint.		300
6	Merciers, Quincailliers.	Avec faculté de vendre toutes sortes d'Etoffes & Marchandises, sans pouvoir fabriquer, apprêter ni enjoliver.	600
7	Epiciers, Confiseurs & Ciriers		400
8	Orfevres, Jouailliers, Lapidaires & Horlogers.		400
9	Balanciers.		100
10	Chapeliers, Pelletiers, Fourreurs.		300
11	Tailleurs, Frippiers d'Habits en neuf & en vieux, Chasubliers, Brodeurs.		300
12	Cordonniers en neuf & en vieux.		200
13	Lingeres en neuf.	Avec faculté de vendre en gros, à la piece & à l'aune, toutes sortes de Toiles en concurrence avec les Marchands Merciers.	200
14	Bonnetieres, Faiseuses & Marchandes de Modes, Plumassieres.	Avec faculté de jouir, comme par le passé, en concurrence avec les Maitres Perruquiers, des droits à elles attribués.	300
15	Boulangers.	Avec faculté d'employer du Beurre & du Lait, en concurrence avec les Pâtissiers.	250

		TARIF des Droits de Réception.

16	Bouchers du Vieux-Marché, Bouchers des quatre Boucheries, Charcutiers & Chandeliers.		400 L.
17	Cuisiniers, Traiteurs, Rôtisseurs, Pâtissiers, Cabaretiers, Aubergistes......	Avec faculté de vendre en détail du Cidre & de la Biere, en concurrence avec les Marchands de Cidre & de Biere.	400
18	Vinaigriers, Cafetiers, Limonadiers.		600
19	Marchands de Cidre & de Biere.		300
20	Maçons, Couvreurs, Plombiers, Paveurs, Tailleurs de pierre, Sculpteurs en pierre & tous Constructeurs en plâtre, pierre & ciment.		500
21	Charpentiers & autres Constructeurs en bois.		500
22	Menuisiers, Ebénistes, Sculpteurs en bois, Tourneurs, Luthiers, Layetiers, Peigniers & Coffretiers.		400
23	Tonneliers, Boisseliers & Fûtaillers.		300
24	Couteliers, Armuriers, Arquebusiers, Fourbisseurs & tous autres Ouvriers travaillants en acier.		200
25	Serruriers.	Avec faculté de faire tous Ouvrages en fer.	400
26	Maréchaux ferrants & grossiers, Taillandiers, Cloutiers, Eperonniers, Ferblantiers & tous ouvrages en fer, autres que les clefs & les serrures.		300
27	Fondeurs, Chauderonniers, Potiers d'étain & autres Ouvriers en cuivre, étain & autres métaux, excepté l'or & l'argent.		200
28	Selliers, Bourreliers, Carrossiers, Charrons & autres Ouvriers en voitures.	Avec faculté de ferrer les roues, en concurrence avec les Maréchaux.	400
29	Tapissiers, Frippiers, faiseurs & vendeurs de meubles en neuf & en vieux.		300
30	Lunetiers, Miroitiers, Doreurs sur cuir.		300
31	Peintres, Doreurs & Vernisseurs.		250

		TARIF des Droits de Réception.
32	Tanneurs, Corroyeurs, Hongroyeurs, Peauffiers, Mégiffiers & autres Fabricants en cuir & en peau.	300 l.
33	Gantiers, Parfumeurs, Poudriers.	300
34	Amidonniers.	200
35	Faïanciers, Verriers, Bouteilliers & Vitriers.	300
36	Cartiers, Marchands de Papiers, Dominotiers, Feuilletiers.	300
37	Cordiers, Filaffiers.	300

FAIT & arrêté au Conseil d'Etat du Roi, tenu à Versailles le huit Février mil sept cent soixante-dix-huit. *Signé*, BERTIN. *Visa*, HUE DE MIROMESNIL.

ÉTAT des Communautés d'Arts & Métiers créées & établies en la ville de Caen, par Edit du mois d'Avril 1779.

			TARIF des Droits de Réception.
1	Fabricants de toutes sortes de Draps & Etoffes en Laine.		300 l.
2	Fabricants de toutes sortes d'Etoffes de Soie pure ou mélangée, Fil, Coton, Poil de Chevre, Rubaniers, Boutonniers.	Ceux qui exerceront ces trois Professions, auront la faculté de teindre & donner tous les apprêts aux Ouvrages de leurs Fabriques, & de les vendre en gros & en détail, concurremment avec les Marchands.	300
3	Fabricants de Bas en Soie, Laine & en toutes autres matieres, pures ou mélangées, mises sur le Métier à Bas.		200
4	Teinturiers en Laine, Soie, Fil & Coton, au grand & au petit Teint.		300
5	Merciers, Quinquailliers.	Avec faculté de vendre toutes sortes d'Etoffes & Marchandises, sans pouvoir fabriquer, apprêter ni enjoliver.	600
6	Epiciers, Confiseurs, Ciriers & Chandeliers.		400
7	Orfevres, Jouailliers, Lapidaires & Horlogers.		400

8 Chapeliers,

		TARIF des Droits de Réception.
8	Chapeliers, Pelletiers, Fourreurs.	300 l.
9	Tailleurs, Frippiers d'Habits en neuf & en vieux, Chasubliers, Brodeurs.	300
10	Cordonniers en neuf & en vieux.	200
11	Bonnetieres, Faiseuses & Marchandes de Modes, Plumassieres....	300
12	Boulangers. { Avec faculté d'employer du Beurre, du Lait & des Œufs, en concurrence avec les Pâtissiers. }	250
13	Bouchers, Charcutiers.	400
14	Cuisiniers, Traiteurs, Rôtisseurs, Pâtissiers, Cabaretiers, Aubergistes... { Avec faculté de vendre en détail du Cidre & de la Biere, en concurrence avec les Marchands de Cidre & de Biere. }	400
15	Vinaigriers, Cafetiers, Limonadiers.	600
16	Marchands de Cidre & de Biere.	300
17	Maçons, Couvreurs, Plombiers, Paveurs, Tailleurs de pierre, Sculpteurs en pierre & tous Constructeurs en plâtre, pierre & ciment....	500
18	Charpentiers & autres Constructeurs en bois.	500
19	Menuisiers, Ebénistes, Sculpteurs en bois, Tourneurs, Luthiers, Layetiers, Peigniers & Coffretiers.....	400
20	Tonneliers, Boisseliers & Fûtaillers.	300
21	Couteliers, Armuriers, Arquebusiers, Fourbisseurs & tous autres Ouvriers travaillants en acier....	200
22	Serruriers. { Avec faculté de faire tous Ouvrages en fer. }	400
23	Maréchaux ferrants & grossiers, Taillandiers, Cloutiers, Eperonniers, Ferblantiers & tous ouvrages en fer, autres que les clefs & serrures....	300
24	Balanciers, Fondeurs, Chauderonniers, Potiers d'étain & autres Ouvriers en cuivre, étain & autres métaux, excepté l'or & l'argent....	200

Tome I.

ART

TARIF des Droits de Réception.

25 Selliers, Bourreliers, Carrossiers, Charrons & autres Ouvriers en voitures. { Avec faculté de ferrer les roues, en concurrence avec les Maréchaux. } 400 l.

26 Tapissiers, Frippiers, Faiseurs & Vendeurs de Meubles en neuf & en vieux. 300

27 Lunetiers, Miroitiers, Doreurs sur cuir. 300

28 Peintres, Doreurs & Vernisseurs... 250

29 Tanneurs, Corroyeurs, Hongroyeurs, Peaussiers, Mégissiers & autres Fabricants en cuir & en peau. 300

30 Gantiers, Parfumeurs, Poudriers... 300

31 Amidonniers. 200

32 Faianciers, Verriers, Bouteillers & Vitriers. 300

33 Cartiers, Marchands de Papiers, Dominotiers, Feuilletiers. 300

34 Cordiers, Fillassiers 300

FAIT & arrêté au Conseil d'Etat du Roi, Sa Majesté y étant, tenu à Versailles, le premier Avril mil sept cent soixante-dix-neuf, *Signé*, BERTIN. *Visa*, HUE DE MIROMESNIL.

ETAT des Communautés d'Arts & Métiers créées & établies dans les Villes d'Alençon & de Bayeux, par Edit du mois d'Avril 1779.

TARIF des Droits de Réception.

1 Fabricants de toutes sortes de Draps & Etoffes en Laine. . . . . . 200 l.

2 Fabricants de toutes sortes d'Etoffes de Soie pure ou mélangée, Fil, Coton, Poil de Chevre, Rubaniers, Boutonniers. { Ceux qui exerceront ces trois Professions, auront la faculté de teindre & donner tous les apprêts aux Ouvrages de leurs Fabriques, & de vendre en gros & en détail, concurremment avec les Marchands. } 200

3 Fabricants de Bas en Soie, Laine & en toutes autres matieres pures ou mélangées, mises sur le Métier à Bas. 200

		TARIF des Droits de Réception.
4	Teinturiers en Laine, Soie, Fil & Coton, au grand & au petit Teint.	200 l.
5	Merciers, Quinquailliers, Marchands de Draps, d'Etoffes de Soie, Laine, Fil & Coton, de Bas & de toutes Etoffes faites sur le Métier à Bas. *Avec faculté de vendre toutes sortes d'Etoffes & de Marchandises sans pouvoir fabriquer, apprêter ni enjoliver.*	400
6	Epiciers, Confiseurs, Ciriers & Chandeliers.	300
7	Orfevres, Jouailliers, Lapidaires & Horlogers.	300
8	Chapeliers, Pelletiers, Fourreurs.	200
9	Tailleurs, Frippiers d'Habits en neuf & en vieux, Tailleurs de Corps de femmes & Chasubliers.	200
10	Cordonniers en neuf & en vieux.	100
11	Boulangers. *Avec faculté d'employer du Beurre, du Lait & des Œufs, concurremment avec les Pâtissiers.*	200
12	Bouchers, Charcutiers.	200
13	Traiteurs, Rôtisseurs, Pâtissiers, Cabaretiers, Aubergistes. *Avec faculté de vendre du Cidre & de la Biere, en concurrence avec les Marchands de Cidre & de Biere.*	300
14	Cafetiers, Limonadiers, Vinaigriers, Marchands de Cidre & de Biere.	300
15	Maçons, Couvreurs, Plombiers, Paveurs, Tailleurs de pierre, & tous Constructeurs en pierre, plâtre & ciment.	400
16	Charpentiers & autres Constructeurs en bois.	400
17	Menuisiers, Ebénistes, Tourneurs, Layetiers, Tonneliers, Boisseliers, Coffretiers, Peigniers & autres Ouvriers travaillants en bois.	200
18	Couteliers, Armuriers, Arquebusiers, Fourbisseurs & autres Ouvriers travaillants en acier.	150
19	Serruriers, Maréchaux ferrants & grossiers, Taillandiers, Ferrailleurs,	

| | TARIF des Droits de Réception. |

Cloutiers, Eperonniers, Ferblantiers, & autres Ouvriers travaillants en fer.	200 l.
20	Balanciers, Potiers d'étain, Fondeurs, Epingliers, Chauderonniers & autres Ouvriers travaillants en cuivre, étain & autres métaux, excepté l'or & l'argent.	150
21	Tapissiers, Faiseurs & Vendeurs de Meubles en neuf & en vieux.	250
22	Selliers, Bourreliers, Bahutiers, Carrossiers, Charrons & autres Ouvriers en voitures. { Avec faculté de ferrer les roues, en concurrence avec les Maréchaux. }	250
23	Tanneurs, Corroyeurs, Hongroyeurs, Peaussiers, Mégissiers & autres Fabricants en cuir & en peau.	250

FAIT & arrêté au Conseil d'Etat du Roi, Sa Majesté y étant, tenu à Versailles, le premier Avril mil sept cent soixante-dix-neuf. *Signé*, BERTIN. *Visa*, HUE DE MIROMESNIL.

ÉTAT des Communautés d'Arts & Métiers établies dans les Villes d'Aumale, Bolbec, Caudebec, Dieppe, Evreux, Gournay, le grand & le petit Andely, Honfleur, le Havre, Pont-Audemer, Gisors, Harfleur, Pont-de-l'Arche, Saint-Vulery, S. Lo, Valognes, Coutances, Argentan, Bernai, Lisieux, Falaise & Mortagne, par Edit du mois d'Avril 1779.

TARIF des Droits de Réception.

1	Fabricants de toutes sortes de Draps & Etoffes en Laine.	150 l.
2	Fabricants de toutes sortes d'Etoffes de Soie pure ou mélangée, Fil, Coton, Poil de Chevre, Rubaniers, Boutonniers.	{ Ceux qui exerceront ces trois Professions, auront la faculté de teindre & donner tous les apprêts aux Ouvrages de leurs Fabriques, & de les vendre en gros & en détail, concurremment avec les Marchands. } 150
3	Fabricants de Bas en Soie, Laine & en toutes autres matieres, pures ou mélangées, mises sur le Métier à Bas.	150
4	Teinturiers en Laine, Soie, Fil & Coton, au grand & au petit Teint.	150

ART — TARIF des Droits de Réception.

5	Merciers, Quinquailliers, Marchands de Draps, d'Étoffes de Soie, Laine, Fil & Coton, de Bas & de toutes Étoffes faites sur le Métier à Bas.	Avec faculté de vendre toutes sortes d'Étoffes & Marchandises, sans pouvoir fabriquer, apprêter, ni enjoliver.	300 l.
6	Épiciers, Confiseurs, Ciriers & Chandeliers.		200
7	Orfèvres, Jouailliers, Lapidaires & Horlogers.		200
8	Chapeliers, Pelletiers, Fourreurs.		150
9	Tailleurs, Frippiers d'Habits en neuf & en vieux, Tailleurs de Corps de femmes & Chasubliers.		100
10	Cordonniers en neuf & en vieux.		50
11	Boulangers.	Avec faculté d'employer du Beurre, du Lait & des Œufs, en concurrence avec les Pâtissiers.	100
12	Bouchers, Charcutiers.		100
13	Traiteurs, Rôtisseurs, Pâtissiers, Cabaretiers, Aubergistes.	Avec la faculté de vendre du Cidre & de la Bière, en concurrence avec les Marchands de Cidre & de Bière.	200
14	Cafetiers, Limonadiers, Vinaigriers, Marchands de Cidre & de Bière.		200
15	Maçons, Couvreurs, Plombiers, Paveurs, Tailleurs de pierre & tous Constructeurs en plâtre, pierre & ciment.		200
16	Charpentiers & autres Constructeurs en bois.		200
17	Menuisiers, Ébénistes, Tourneurs, Layetiers, Tonneliers, Boisseliers, Coffretiers, Peigniers & autres Ouvriers travaillants en bois.		125
18	Couteliers, Armuriers, Arquebusiers, Fourbisseurs & autres Ouvriers travaillants en acier.		100
19	Serruriers, Maréchaux ferrants & grossiers, Taillandiers, Ferrailleurs, Cloutiers, Éperonniers, Ferblantiers, & autres Ouvriers travaillants en fer.		150
20	Potiers d'étain, Fondeurs, Épingliers, Balanciers, Chaudronniers & autres Ouvriers travaillants en cuivre, étain & autres métaux, excepté l'or & l'argent.		75

	TARIF des Droits de Réception.
21 Tapissiers, Frippiers, Faiseurs & Vendeurs de Meubles en neuf & en vieux.	150
22 Selliers, Bourreliers, Bahutiers, Carrossiers, Charrons & autres Ouvriers en voitures.	Avec faculté de ferrer les roues, en concurrence avec les Maréchaux. 200
23 Tanneurs, Corroyeurs, & Hongroyeurs, Peaussiers, Mégissiers & autres Fabricants en cuir & en peau.	150

FAIT & arrêté au Conseil d'Etat du Roi, Sa Majesté y étant, tenu à Versailles, le premier Avril mil sept cent soixante-dix-neuf. *Signé*, BERTIN. *Visa*, HUE DE MIROMESNIL.

ASSAY. (ABBAYE D')
Voyez ESSEY.

ASSEMBLÉES.

Voyez COMMUNAUTÉS, CURATELLE, DÉLIBÉRATIONS, FABRIQUE, FEMME SÉPARÉE, MINEURS, PARENTS, TUTELLES.

ASSISES.

Ce nom a diverses significations dans nos anciennes Loix.

1°. Dans son sens propre & général, il indique un lieu où diverses personnes, chargées de rendre la justice au nom du Roi, s'assemblent & prennent séance.

2°. Quelquefois les Statuts que les Rois Anglo-Normands arrêtoient dans l'assemblée des Grands de l'état, s'appelloient assises (1).

3°. Les cours que les Grands Sénéchaux de Normandie, Députés de l'Echiquier, tenoient de trois ans en trois ans dans chaque Bailliage, à l'exemple des cours que les Commissaires du Roi avoient tenu en France dans les Comtés, sous les deux premieres races de nos Rois, avoient aussi le nom d'assises; c'étoit dans les cours que l'on punissoit au nom du Roi les prévarications des Justiciers subalternes, c'est-à-dire, des Baillis & des Vicomtes (2): ces assises se tenoient en Angleterre deux fois par an; tous les Evêques, Abbés, Nobles & Juges du canton y assistoient; & tant qu'elles duroient, les autres Tribunaux cessoient de juger.

4°. Comme les Baillis & les Vicomtes tenoient aussi des cours plus ou moins solemnelles selon la nature & l'importance des causes qu'ils avoient à juger, & qu'alors ils se faisoient assister par un plus grand nombre de personnes que dans les plaids ordinaires, on nomma aussi assises ces cours. Elles étoient de deux sortes; la premiere, qui s'appelloit *grande assise*, avoit la compétence de tout ce qui touchoit les propriétés & l'état des personnes; elle étoit composée du Juge & de

---

(1) Glanville, l. 9. c. 10. Trait. Anglo-N. t. premier.

(2) Anc. Cout. ch. 10.

douze Chevaliers qui étoient choisis par quatre Chevaliers, après qu'on leur avoit fait prêter serment de procéder à ce choix avec la plus exacte impartialité, & elle se tenoit de six semaines en six semaines (1) : la seconde, nommée *petite assise*, étoit composée de douze hommes libres, choisis par le Vicomte à tour de rôle, ne connoissoit que des procès de possession & étoit tenue de quinze jours en quinze jours.

5°. De ce que, lorsque le Roi, en l'assemblée des Grands de l'Etat, faisoit quelque Réglement, on l'appelloit *assise* ; on donna aussi ce nom aux Réglements de Police que les Juges faisoient, de l'avis des personnes les plus éclairées de leur ressort, soit pour fixer le prix des denrées, soit pour réprimer les fraudes que l'on commettoit dans l'usage des poids & des mesures, &c.

Le mot *assise* a encore parmi nous la plupart de ces significations.

Les appeaux du Parlement ont succédé à la Cour que tenoient les Commissaires du Roi, tirés de l'Echiquier, pour s'informer des abus des Justices inférieures, & les réprimer.

Les assises mercuriales tenues par les Lieutenants-Généraux des Bailliages sont un démembrement des cours ambulantes de ces Commissaires ; elles se réduisent à rappeller aux Juges, Avocats, Procureurs & Officiers ministériels qui en dépendent, leurs devoirs. Les assises, pour les matieres réelles ou de propriété, se tiennent encore dans les Bailliages, de six semaines en six semaines, comme il sera dit article DÉCRET, au lieu que les plaids d'héritages, quant au possessoire, se tiennent de quinzaine en quinzaine. *Voyez* CLAMEUR & PLAIDS.

ATTACHE.

Voyez RÉUNION, SAISIE FÉODALE.

ATTORNÉS.

C'étoit le nom que portoient anciennement les Procureurs. Pour avoir la liberté de plaider par Procureurs, il falloit obtenir un bref du Roi (2) ; ils devoient être *régnicoles*, *de condition libre*, *vassaux du Roi*, & *non de Seigneurs particuliers*, pour avoir la liberté de prêter leur ministere à leurs clients dans les Jurisdictions royales. L'ancien Coutumier appelle ces *attournés*, plaideurs *qui menent les querelles en Cour, en demandant, en défendant*, ch. 35, & il donne le nom d'*attournés* à ceux que l'on appelloit pour répondre en la place du demandeur ou du défendeur sur le fond de la cause.

AVANCEMENT.

On doit distinguer l'avancement de succession, de *l'avantage* fait à son héritier présomptif. L'avantage est le don ou la cession que l'on fait à l'un de ses héritiers présomptifs, ou de meubles ou d'immeubles, & il est sujet à rapport vis-à-vis des autres héritiers après la mort du bienfaiteur, où même à être annullé s'il excede la portion que le donataire ou cessionnaire peut légalement prétendre en la succession. L'*avancement* au contraire n'a pour objet que d'assurer à son héritier présomptif la jouissance ou la propriété des fonds-immeubles dont la Loi lui defere la succession. Nous parlerons dans l'article AVANTAGE des maximes que l'on doit suivre à leur égard ; ici il ne sera question que des *Avancements*.

Ils se font de deux manieres, ou par la simple promesse de garder une succession, ou par une cession actuelle des héritages dont cette succession sera composée, si le cédant n'en aliene rien, ou s'il se prive d'en rien aliéner.

Quant à la simple promesse de garder

(1) *Ibid.* ch. 24 & 25.

(2) Anc. L. des Franç. p. 85. premier vol.

sa succession, il est à remarquer qu'elle ne rend pas celui auquel elle est faite propriétaire absolu, il ne l'est qu'éventuellement, car s'il décede avant celui qui a fait la promesse, elle est anéantie, & ni les créanciers du défunt, ni ses héritiers, ne peuvent en réclamer l'exécution: Arrêts du 3 Juin 1654, & du 10 Juillet 1636. La propriété est donc suspendue tant que le donateur existe, ni lui ni le donataire ne peuvent en disposer. Ceci résulte de l'article 244 de la Coutume qui s'exprime en ces termes:

Si le pere ou la mere, l'aïeul ou l'aïeule, ou autre ascendant, reconnoît l'un de ses enfants pour son héritier en faveur de mariage, & fait promesse de garder son héritage, il ne pourra aliéner ni hypothéquer ledit héritage en tout ou partie, ni les bois de haute-futaie étant dessus, au préjudice de celui au profit duquel il aura fait ladite disposition, & de ses enfants, pourvu que ladite promesse soit portée par écrit, & insinuée dans le temps de l'Ordonnance, sinon en cas de nécessité, de maladie, ou de prison. Il n'y a donc d'exception à la regle qui interdit à celui qui a promis & à celui en faveur duquel la promesse est faite, l'aliénation des fonds, que celle d'une urgente nécessité. Ainsi des créanciers qui prouveroient que les dettes contractées par un fils envers eux l'auroient été pour les besoins de son pere, & de son consentement exprès ou présumé, seroient fondés à les exiger du pere après la mort du fils: Arrêt du 10 Février 1656. Si dans tous les autres cas l'aliénation est interdite, on en conçoit sans effort la raison: un pere ou un fils, de concert, pourroient tromper impunément les familles avec lesquelles elles s'allieroient ; ces familles, en mariant une fille, feroient un don mobil à son époux, dans l'espoir qu'elle auroit en dédommagement un douaire considérable ; & le fils, en déchargeant par une contre-lettre son pere de sa promesse, ou le pere en dégradant les biens, en les vendant, les hypothéquant, ruineroient la femme du fils, de droits sans la concession desquels le mariage n'auroit point été contracté. Quand on dit que la propriété est suspendue par la promesse de garder sa succession, on entend par là qu'après le décès de l'une ou de l'autre des parties entre lesquelles la promesse a été stipulée, ce n'est point à leurs héritiers que le bien, objet de cette promesse, passe, mais il revient en toute propriété à celui des deux contractants qui survit à l'autre: Arrêt du 10 Juillet 1636. De la suspension de la propriété, il suit qu'elle ne peut être altérée que pour les cas prévus par l'article 244 ; ainsi celui qui a fait la promesse ne peut abattre des bois sans les remplacer, recevoir le racquit des rentes sans donner caution du capital, Arrêt de Janvier 1526 ; il ne peut pas même transporter à un créancier, fondé en titre antérieur à cette promesse, tout ou partie de son fonds, le donataire, en payant la dette, est en droit de le réclamer: Arrêt du 17 Août 1654. Cet Arrêt fut rendu contre le créancier d'un oncle qui avoit promis à son neveu de lui garder sa succession, ce qui nous apprend que l'article 244 ne doit pas être restreint aux ascendants seulement, mais qu'il s'étend à toutes personnes qui assurent à leurs successeurs leur hérédité ; & c'est ce qu'avoit déja décidé en Juin de la même année un autre Arrêt rapporté par Bérault. Au reste, la *promesse faite par les pere & mere ou autres ascendants de garder leur succession à l'un de leurs enfants, a aussi son effet pour les parts qui doivent revenir aux autres enfants.* Art. 45 des Placités. Sous ce mot d'enfants, il ne faut cependant pas comprendre les filles quand elles ne sont point héritieres, c'est-à-dire, réservées à succession; la promesse faite par un pere à l'une d'elles de garder sa succession ne s'étend

pas

pas même aux autres, quand elles ont des freres. L'article 45 du Réglement, en disant que la *promesse a son effet pour les parts qui doivent revenir aux enfants mêmes auxquels elle n'a pas été faite*, donne clairement à entendre que les enfants qu'il a en vue sont ceux qui viennent en *partage*, & non pas les filles, qui, cessant une réserve, en sont exclues. *L'avancement* étant une libéralité, est révocable pour cause d'ingratitude, Arrêt du 10 Décembre 1610 ; mais il ne l'est point par la confiscation du pere, si le fils ou ses enfants lui survivent : Arrêt du 20 Juillet 1647. On doit raisonner différemment à l'égard de la prescription, le fils doit veiller à ce que le pere agisse pour la conservation des droits dont la promesse de les garder ne l'ont constitué que dépositaire (1). Lorsque *l'avancement* ne consiste point en la simple promesse de garder sa succession, mais au transport de partie des fonds qui en dépendent ; alors le transportuaire a la pleine propriété, & il ne lui est pas permis de renoncer au transport qui lui a été fait au préjudice de sa femme & de ses enfants : Arrêt du 11 Décembre 1526. Par la raison qu'on a ci-devant donnée que les avancements faits à un fils ne s'étendent point aux filles non réservées, on doit tenir pour maxime qu'elles ne peuvent demander leur légitime sur les fonds dont le pere s'est dessaisi, qu'après son décès ; cette légitime est une dette dont le cessionnaire n'est obligé de s'acquitter qu'à son échéance : Arrêt du 14 Août 1738. Cet Arrêt est conséquent à celui de 1629 (2), qui avoit jugé que les filles décédées avant le pere, mais depuis l'avancement, ne faisoient point part au profit des freres, parce que par l'avancement, l'ordre de succéder n'est pas changé, la jouissance des droits successifs est seulement avancée.

Si un pere se remarie après l'avancement par lui fait à son fils, la femme de ce pere peut-elle exiger douaire sur l'avancement ? Bérault se propose cette question, & ne la résoud pas. Il paroît juste que le douaire soit accordé à la femme, parce qu'il est présumable qu'en promettant de conserver à son fils sa succession, le pere n'a pas entendu se priver du mariage, il n'auroit pas même pu licitement y renoncer ; aussi les enfants qu'il a du mariage contracté après la promesse, ne sont-ils pas privés par cette promesse de prendre part sur les biens qui en font l'objet. Mais si les enfants, quoique nés après la promesse, ont des droits sur les fonds promis, ne seroit-il pas absurde de n'y donner aucuns droits à la mere de ces enfants qui n'existeroient pas si elle n'avoit point eu l'espoir de ces droits ? La survenue d'enfants révoque les donations (3), les enfants existants par le mariage doivent donc les révoquer.

En 1777, il s'est offert en la Cour cette question : un pere ayant donné à son fils, par avancement de succession, une somme que ce fils avoit conservée en nature, & qui s'étoit trouvée dans le mobilier de ce dernier lors de son décès, cette somme étoit-elle meuble ou immeuble, à l'effet que la veuve du fils avancé y prît part comme sur un mobilier, ou son douaire ? Il a été décidé par Arrêt du 7 Août de ladite année, qu'un avancement de succession, pour être immeuble, doit avoir pour objet une chose immobiliaire de sa nature, c'est-à-dire, une terre, une maison, une rente, un office ; mais que s'il consiste en argent, en meubles meublants, en billets ou effets commerçables, il conserve sa nature mobiliaire tant qu'il n'est pas remplacé en acquisition de fonds ; que quand

---

(1) Basnage, Art. 244.
(2) M. Roupnel, Art. 267 de la Cout.

(3) Godefroi, art. 432.

même la somme avancée seroit destinée pour acquisition d'héritages par le donateur, elle ne cesseroit d'être meuble que par l'acquisition effectuée. En effet, l'art. 434 de la Coutume veut que les donations de pere & mere, à l'un de leurs enfants, soient réputées avancement d'hoirie; mais dans l'hoirie il y a des meubles & des immeubles, & l'avancement a l'une ou l'autre de ces qualités selon l'espece des choses données : l'Arrêt du 5 Juillet 1646, rapporté par Basnage sur ledit article 434, n'est pas contraire à celui de 1777; la somme promise par le pere, & dont il s'agissoit en 1646, étoit constituée, produisoit intérêt, c'étoit une vraie rente sur laquelle on ne pouvoit refuser douaire à la veuve du donataire.

Les avancements donnent lieu à bien d'autres difficultés.

Il s'en est élevé deux sur lesquelles les avis ont été partagés, & qui cependant me paroissent faciles à résoudre.

1°. JACQUES NOEL

Avoit eu deux femmes :

En premieres noces
MARIE PATRICE,
de laquelle
est issu

En secondes
JEANNE LUCAS,
d'où est sorti

HENRI.

ETIENNE.

Jacques ayant cédé à Henri, en le mariant, une maison en bourgage de 12000 liv., dont moitié pour la dot de sa mere, l'autre moitié pour droit de conquêt de cette femme, Henri décéda ainsi que son pere.

La question fut de savoir si la maison cédée étoit propre paternel ou propre maternel dans la succession de Henry.

Il me paroît que cessant toute fraude dans la cession, c'est-à-dire, si elle est faite pour la juste valeur de la dot, la maison est un propre maternel, parce que ce n'est point par avancement qu'elle passe aux mains du fils, mais pour acquitter une dette dont le pere étoit maître de se libérer de la maniere qui lui paroissoit la plus commode. Il est vrai qu'il pouvoit se libérer en deniers, au lieu de donner des fonds; mais un pere doit avoir au moins le choix de la forme de sa libération, & pourvu qu'il n'apparoisse d'aucune prédilection ou d'un avantage indirect, l'arrangement qu'il a pris doit être respecté.

2°. PÉRINETTE

Epouse

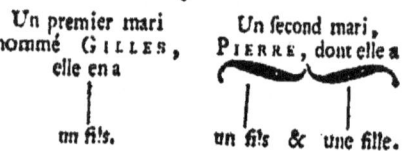

Un premier mari nommé GILLES, elle en a

Un second mari, PIERRE, dont elle a

un fils.

un fils & une fille.

Pierre, second mari, peut-il donner par avancement à son fils, en le mariant, un conquêt en bourgage fait par lui & son épouse, sans que le frere du premier lit ou sa mere puissent demander après la mort de Pierre le rapport de la moitié de ce conquêt?

Pour la négative, on dit que le pere peut, tant qu'il vit avec sa femme, aliéner seul les conquêts faits avec elle, qu'il peut en disposer en faveur de ses filles, suivant Basnage sur l'article 250 de la Coutume. Mais on réplique que les filles non héritieres doivent être bien distinguées des garçons qui sont héritiers de droit. Qu'un pere d'ailleurs ne peut acquérir en bourgage, au nom de ses enfants, au préjudice de sa femme, suivant un Arrêt rapporté par Basnage sur l'article 329 : d'où on conclut que si Pierre, second mari, a donné seul, il a pu priver sa femme, & conséquemment le fils du premier lit, de la moitié du conquêt, qu'elle ne doit pas être rapportée vis-à-vis de la mere ou du fils de son premier mariage; au lieu que si la mere a donné conjointement avec son mari, alors le rapport est indispensable vis-à-vis de l'enfant du premier lit. A ceci il me semble que l'on peut répondre avec succès que soit que Pierre fasse à son fils cession du conquêt, seul, ou conjointement avec sa femme, la moitié de ce conquêt est sujet à rapport : l'aliénation du conquêt constant le mariage est permise au mari à l'égard d'étrangers, parce qu'on suppose que l'aliénation est déterminée par le besoin des conjoints ; mais elle ne l'est pas au mari en faveur de ses propres enfants au préjudice de ceux de sa femme, & de sa femme elle-même, parce qu'en ce cas il n'y a aucune nécessité d'aliéner, & on ne peut pas présumer que ce soit pour le profit commun des deux époux. Au reste, *voyez* au mot AVANTAGES.

AVANTAGES.

L'article 432 de la Coutume & le 433 permettent à quiconque n'a qu'un seul héritier de lui donner tous ses biens immeubles, mais ils ne permettent à ceux qui ont plusieurs héritiers que de les leur donner tous ensemble, car on ne doit *avantager l'un plus que l'autre*; l'article 434 contient la même disposition à l'égard des pere & mere & de leurs enfants. Il n'y a qu'une exception à ces trois articles (1), elle est contenue en l'article 92 du Réglement de 1666, il *permet de donner aux descendants de son héritier immédiat en ligne collatérale*. Exception sage, car les obligations d'un pere & d'une mere ne sont pas moindres pour un enfant que pour l'autre : & l'égalité qu'ils conservent entre leurs enfants dépendent d'ailleurs l'union & la concorde en laquelle ceux-ci doivent toujours vivre ; mais un collatéral qui n'a point d'enfants, peut, sans blesser l'équité naturelle, préférer le fils de son oncle, de son cousin, à ces derniers ; il ne doit rien ni aux uns ni aux autres, le sentiment doit donc être la regle de ses bienfaits. Aussi avant le Réglement de 1666, divers Arrêts avoient-ils établi la regle qu'il contient ; Bérault les rapporte art. 431 : d'ailleurs cette regle avoit sa base en cet article, car il n'exclud de la faculté de donner de ses immeubles qu'à l'égard de son *héritier immédiat* en ligne collatérale ou directe ; mais à l'égard des descendants, il permet de leur donner pourvu qu'ils ne descendent pas de lui en droite ligne. Le nouvel Annotateur de Bérault, pag. 223, deuxieme volume, pense que les filles ne sont pas soumises à cet article quand elles ne sont pas réservées ; qu'un aïeul ou une aïeule ayant des enfants mâles peuvent donner, par testament, de leurs meubles, ou par donation entre-vifs, de leurs immeubles aux filles de leurs filles mariées ; & il fonde son opinion sur un Arrêt du 16 Mai 1692 : mais cet Arrêt n'a décidé rien autre chose, sinon que l'aïeule avoit pu donner à sa petite-fille en meubles, ce qu'elle auroit pu donner directement à sa fille, sur cette sorte de biens, pour supplément de légitime ; & en second lieu, bien loin que la donation d'immeubles soit permise à l'aïeule en faveur de sa petite-fille, par l'art. 92 du Réglement, au contraire, il interdit *tout don de la part des ascendants au profit de leurs descendants* : cette seule qualité de *descendant* qu'a la petite-fille, l'exclut donc du droit d'être donataire d'immeubles de ses aïeul ou aïeule ; car sous ce mot de *descendants*, ceux qui sont héritiers ou qui ne le sont pas, sont également compris. Le vœu de la Coutume, pour que les ascendants n'aient pas de prédilection envers l'un de ceux auxquels ils ont donné le jour au pré-

---

(1) On ne parle pas de la donation du tiers à Caux ; cette exception tient à un usage local qui a ses maximes à part. *Voyez* CAUX.

judice des autres, est tel qu'il s'étend même sur la disposition des meubles, les pere & mere ne peuvent en donner par testament plus à l'un de leurs enfants qu'à l'autre, & sous ce mot *enfants*, on ne peut douter que les petits-enfants ne soient compris ; car le petits-fils renonçant à la succession de son pere, & acceptant celle de l'aieul, est obligé d'y rapporter ce que son pere a reçu de cet aieul (1). De leur vivant, les pere, mere, aieul & aieule, ont la liberté de fournir inégalement aux besoins de leurs enfants, parce qu'un infirme exige plus de soins que celui qui jouit d'une santé parfaite ; mais ils ne peuvent, par des dispositions qui n'ont d'effet qu'après leur décès, retrancher de la part qui, par leur mort, est dévolue à chacun de leurs enfants, la moindre portion : s'ils ne l'ont pas employée, de leur vivant, au soulagement de l'un d'eux, c'est qu'ils ne la leur ont pas sans doute cru nécessaire : d'ailleurs ce retranchement pourroit priver les enfants, sur la part desquels il se feroit après leur décès, de secours qui, si les pere & mere eussent continué de vivre, auroient mérité la préférence sur ceux dûs aux enfants en faveur desquels ils auroient testé : aussi, par ces motifs, le 17 Juillet 1587, le testament d'une aieule, en faveur de ses petites-filles, fut-il cassé. Bérault, art. 431.

Il ne faut pas regarder comme un avantage toutes les aliénations faites par des pere & mere à l'un de leurs enfants, ou par un collatéral à son héritier présomptif : à cet égard, on doit distinguer les contrats de fieffe à rente irracquittable ou d'échange, des contrats de vente pure & simple, de fieffe à rente rachetable, de louage ou à fonds perdu ; car à l'égard des premiers contrats, si, au moyen de la rente irracquittable ou du contréchange qui reste en la succession, l'égalité n'est pas exactement établie entre tous les enfants, les contrats ne peuvent subsister, sur-tout si, pendant sa vie, le pere n'a tiré aucun avantage des stipulations qu'ils contiennent : mais quant aux seconds, ils doivent être respectés, car les autres enfants ou les autres collatéraux au même degré de l'acquéreur, avoient la faculté de clamer ; s'ils n'ont pas fait usage de cette voie, ils n'ont aucune raison de se plaindre ; la minorité ou le défaut d'argent ne seroient point plus, en ce cas, des moyens de faveur que dans celui où un étranger auroit acquis, parce qu'aucune loi ne défend à un fils de contracter avec son pere, & que la Jurisprudence interdit tout soupçon de fraude contre un pere. En effet, par Arrêt du 22 Novembre 1743, il fut décidé qu'un contrat de constitution fait par un pere en faveur de l'un de ses enfants, n'étoit point réputé avantage indirect par la seule qualité des parties, qu'il falloit prouver qu'il étoit frauduleux ; la même chose a encore été jugée le 13 Mars 1752. En partant des principes de ces Arrêts, quand, en répudiant une succession, un pere fait un sort égal à ses enfants, sa renonciation ne peut être suspectée de prédilection ; ainsi, il peut renoncer à la succession d'un neveu, l'appréhender au nom de ses enfants, & par là les obliger à la partager comme collatérale, sans que l'aîné puisse s'en plaindre, Arrêt du 9 Juillet 1665, Bérault, nouvelle édition, p. 235 : mais quand il est évident que la renonciation n'a été faite que pour la facilité du pere, afin de se soustraire à des poursuites trop vives de la part des créanciers de celui auquel il succede, ou pour conserver à sa famille cette succession, qu'il n'auroit pu recueillir par lui-même à cause du malheur qu'il auroit

---

(1) Godefroi, Art. 434.

eu d'être en contravention à quelques loix éphémeres, qui, s'il s'étoit rendu héritier, auroient exposé la succession à être confisquée ; alors cette succession doit être considérée comme ayant reposé sur la tête du pere, & n'avoir passé que par lui à ses enfants: Arrêt du 27 Juillet 1615, *ibid.*

Les avantages excessifs faits à un héritier au détriment des autres, peuvent être réparés par deux voies : la premiere est indiquée par l'article 435 de la Coutume, *voyez* DONATIONS ; & il sera traité de la seconde, article RAPPORTS.

AUBAIN,

En Latin, ALBANUS, ALBINUS, ALBINATUS, ALIBINATUS.

Les héritages & biens, tant meubles qu'immeubles, des Aubains & étrangers, appartiennent au Roi, après leur mort, aux charges de droit, encore qu'ils soient tenus d'autres Seigneurs, s'ils n'ont été naturalisés, & qu'ils aient des héritiers légitimes régnicoles, art. 148 de la Cout.

Ce droit d'aubaine n'est pas ancien en France (1) : on doit en fixer l'époque à la fin de la deuxieme race. Les Seigneurs, dans les domaines desquels les étrangers s'établissoient, exigeoient d'eux des sommes considérables, sous le prétexte de la protection qu'ils leur accordoient ; mais divers diplômes de nos Rois (2) réprimerent ces exactions, & elles se bornerent à un droit sur le mobilier des étrangers décédés sans avoir prêté serment de fidélité aux Seigneurs. Quant aux héritages que les étrangers acquirent, ils ne dépendirent plus que du Souverain, Etabliss. de S. Louis, l. 1. ch. 3. C'est par cette raison qu'en Normandie le droit d'aubaine est regardé comme inaliénable, & que, par Arrêt du 29 Juillet 1706, la jouissance en a été déniée à M. le Duc de Guevres, quoiqu'elle lui fût concédée par engagement. Ce droit est maintenant abrogé pour divers Etats d'Allemagne, tels que ceux de l'Empire, la Principauté des Deux-Ponts, celles de Hesse-Darmstad, de Hesse-Cassel & du Palatinat, & des Electorats de Treves, de Bavieres, &c. Il ne s'étend pas cependant sur tous les étrangers indistinctement ; car celui qui ne fait que voyager, sans résider, n'y est pas sujet ; quant à son mobilier, pour y donner ouverture, il est requis qu'il ait en France son domicile, & le siege principal de sa fortune : tout étranger a en France la faculté d'acquérir, posséder, donner, recevoir par donation ou testament, contracter mariage ; mais il ne peut tester ni succéder. La raison de ceci est que toute disposition faite entre-vifs est du droit des gens, & qu'au contraire, les dispositions à cause de mort, dépendent des loix de chaque nation (3) ; de là, un étranger peut posséder un bénéfice dans une Eglise de France, exerçant, avec l'agrément du Roi, un office près de sa personne, mais sans cesser pour cela d'être sujet à l'aubaine ; il ne peut s'en rédimer qu'en se faisant naturaliser ; cependant s'il a des enfants nés en France, ils recueillent sa succession, & si ces enfants meurent sans postérité, leurs biens appartiennent au Roi ; car quand même l'étranger auroit des collatéraux en France, ou laisseroit une veuve née Françoise, ils ne seroient point admis à recueillir sa succession, la veuve & les parents nés François, & régnicoles de l'étranger naturalisé, lui succedent ; mais s'il meurt sans avoir femme ni parents dans le Royaume, le Haut-

---

(1) Ceci est vrai, quoique contraire au sentiment de Montesq. L. 21. ch. 17. Esp. des L.

(2) *Pithou*, Classis cond. Rob. *&c.*

(3) Dict. rais. des Dom. l'*de* Aub.

Justicier ne peut s'emparer de sa succession, elle appartient au Roi : Arrêt du 13 Février 1644 (1). On doit mettre au rang des aubains les enfants des refugiés chez l'étranger pour cause de Religion, & qui, après s'y être établis, y sont décédés : par le seul fait de leur naissance, ils ne peuvent transmettre à leurs enfants nés en pays étranger, le droit de réclamer les biens qu'ils ont laissés en France, & dont leurs parents régnicoles se sont mis en possession, les maximes relatives aux Réfugiés étant différentes de celles qui dérivent du droit d'aubaine, quoique la plupart des Auteurs les aient confondues. *Voyez* art. ÉTRANGERS & PROTESTANTS.

AUBERGE.

Par Arrêt du Parlement, en date du 27 Avril 1706, défenses ont été faites aux Préposés de M. le Prince de Condé, Engagiste de Sa Majesté, à Rouen, de s'introduire dans les Auberges, sous prétexte de la conservation des droits de Vicomté.

Cette inquisition ne doit être accordée qu'à ceux qui sont chargés de la collecte des tributs royaux, & restreinte aux seuls besoins de l'État.

AUBERGISTES.

Voyez CABARETIERS, HÔTELIERS, MINEUR, NOURRITURE, PRÊT.

AUDIENCIERS.

Voyez HUISSIERS.

AUDITION (DE COMPTES).

Voyez FABRIQUES & TUTELES.

AVENANT. (MARIAGE)

Ce mot étoit anciennement distingué de celui de légitime ; la légitime étoit un mot générique, qui désignoit la part des freres puînés comme celle des filles dans les successions de leurs ascendants dont ils étoient héritiers, au lieu que le *mariage avenant* n'indiquoit qu'une portion de cette succession dont les filles qui n'étoient pas héritieres, n'acquéroient la propriété que lorsqu'elles se marioient, *adveniente matrimonio* ; car, en *succession de propres, tant qu'il y a des mâles ou descendants des mâles, les filles ou leurs descendants ne peuvent succéder ni en ligne directe ni en ligne collatérale*, art. 248 de la Coutume. Aussi n'ont-elles rien à demander, ni prétendre dans les fonds d'héritages contre leurs freres ni contre leurs hoirs, ceux-ci pouvant les marier, comme les pere & mere, de meubles sans héritages, ou d'héritages sans meubles, pourvu qu'elles ne soient pas déparagées, art. 249, 250, 251, 252, 253 & 357 de la Coutume. Mais à présent le mot MARIAGE AVENANT, ou celui de LÉGITIME, se prennent indifféremment, pour désigner les droits des filles non-réservées ; ils consistent au tiers de la succession, si à ce moyen la part de chaque fille n'excede point celle d'un cadet ; car si la part de chaque fille excede ce qui revient à chaque cadet, alors il faut diviser la succession de maniere que les parts des uns & des autres soient égales, art. 269 & 298. Il a paru plusieurs Traités sur la liquidation du mariage avenant ; mais de toutes les méthodes qu'ils donnent de cette liquidation, celle publiée dans le *Traité des droits des filles en Normandie*, &c. imprimé à Rouen chez Oursel, l'année derniere, nous paroît la plus exacte & la plus facile. On peut même la proposer sous une autre forme, pour en rendre l'usage plus aisé encore aux parents, qui, suivant l'art. 262 de la Coutume, sont seuls arbitres du Ma-

---

(1) Routier, Princip. du Droit Normand, l. 1. c. 2.

riage avenant, & qui souvent ne sont pas très-instruits des regles d'arithmétique.

En effet, on ne peut trouver aucun embarras dans la liquidation du mariage avenant sur les biens de Coutume générale, les bourgages, les meubles ; car tous ces biens étant partables également entre freres, il est sensible que si en donnant un tiers de ces biens aux sœurs, leur part est plus forte que celle de chacun des freres, il faut diviser la masse de la succession par le total du nombre des enfants, tant filles que garçons, parce qu'alors le quotient est le mariage avenant de chaque sœur.

Mais quand le mariage avenant doit être levé sur des immeubles de Caux ou des immeubles nobles, alors les regles sont différentes, car toutes les fois que le nombre des filles est comme de 6 à 4, ou de 2 à 1, à l'égard du nombre des freres puînés, en donnant aux filles le tiers des biens immeubles de Caux, chacune d'elles n'aura, il est vrai, rien au-delà de ce qui reviendra à l'un de ces puînés ; mais s'il n'y a qu'un cadet & une fille, ou si le nombre des filles ne surpasse pas de moitié au moins celui des puînés, alors en donnant le tiers aux filles il est évident que chacune d'elles auroit plus qu'il n'en reviendroit à chaque cadet, déduction faite de sa contribution au mariage avenant. Il faut, en ce cas, pour égaler chaque fille à l'un des puînés, se rappeller que le frere aîné prend lui seul dans les biens immeubles de Caux, le double de ce que les cadets y ont, & compter d'abord le nombre des freres puînés pour ce qu'il est réellement ; ensuite compter l'aîné seul pour un nombre double de celui des puînés, & enfin ajouter à ce nombre le nombre effectif des filles, puis diviser la masse par le nombre total, c'est-à-dire, donner à chaque puîné ou fille l'une des portions pour laquelle ils auront été chacun compris dans le total.

EXEMPLE.

1. Aîné	1.	4. ou le double des Cadets.
2. Puînés.	2.	2.
1. Fille.	1.	1.
	4	7

L'on voit que si dans cet exemple on comptoit l'aîné pour un, les cadets pour deux, la fille auroit un quart, tandis que sur leur part chaque cadet devroit déduire sa contribution au mariage avenant ; au lieu qu'en comptant l'aîné pour le double des cadets, la fille n'a qu'un septieme, & les cadets ont une part égale, leur contribution déduite : cependant, comme il arriveroit souvent que, par cette regle, quelquefois l'aîné auroit moins que les filles, on a cru donner des principes de proportion à suivre dans les divers cas, & la Table suivante suffit pour liquider en tous ceux qui peuvent se rencontrer.

TABLE DE LIQUIDATION.

I. CAS.

LORSQU'IL N'Y A QU'UN PUINÉ.

1 Aîné, aura moitié.	1 Aîné, ... 4 - - - -9es
1 Puîné, un quart.	1 Puîné, . . . 2 - - -9
1 Sœur, un quart.	2 Sœurs, . . . 3 - - -9

1 Aîné, . . . 4 - - - -9es	*Nota*, que dans le cas proposé d'un Puîné, les filles ne doivent jamais avoir plus que le tiers, quel que soit leur nombre au-delà de trois.
1 Puîné, . . . 2 - - - -9	
3 Sœurs, . . . 3 - - - -9	

II. CAS.

DEUX PUINÉS.

1 Aîné, . . . 4 - - - -7es	1 Aîné, moitié. . . . . . .
2 Puînés, . . . 2 - - - -7	2 Puînés, un quart. . . . .
1 Sœur, . . . 1 - - - -7	2 Sœurs, un quart. . . . .

1 Aîné, . . . 4 - - - -9es	*Nota*, que dans le cas proposé de deux Puînés, les filles au-delà de trois ne doivent jamais avoir plus que le tiers.
2 Puînés, . . . 2 - - - -9	
3 Sœurs, . . . 3 - - - -9	

III. CAS.

TROIS PUINÉS.

1 Aîné, . . . 6 - - - -10es	1 Aîné, . . . 6 - - - -11es
3 Puînés, . . . 3 - - - -10	3 Puînés, . . . 3 - - - -11
1 Sœur, . . . 1 - - - -10	2 Sœurs, . . . 2 - - - -11

1 Aîné, moitié.	1 Aîné, . . . 6 - - - -13es
3 Puînés, un quart.	3 Puînés, . . . 3 - - - -13
3 Sœurs, un quart.	4 Sœurs, . . . 4 - - - -13

1 Aîné...

AVE   AVE

1 Aîné,	. . . 4 — — —	9ᵉˢ
3 Puînés,	. . . 2 — — —	9
5 Sœurs,	. . . 3 — — —	9

IV. CAS.

QUATRE PUINÉS.

1 Aîné. . . . . 8 — — — 13ᵉˢ	1 Aîné. . . . . 8 — — — 14ᵉˢ
4 Puînés. . . . 4 — — — 13	4 Puînés. . . . 4 — — — 14
1 Sœur. . . . . 1 — — — 13	2 Sœurs. . . . 2 — — — 14

1 Aîné. . . . . 8 — — — 15ᵉˢ	1 Aîné. . . . . moitié.
4 Puînés. . . . 4 — — — 15	4 Puînés. . . . . un quart.
3 Sœurs. . . . 3 — — — 15	4 Sœurs. . . . . un quart.

1 Aîné. . . . . 8 — — — 17ᵉˢ	1 Aîné. . . . . 4 — — — 9ᵉˢ
4 Puînés. . . . 4 — — — 17	4 Puînés. . . . 2 — — — 9
5 Sœurs. . . . 5 — — — 17	6 Sœurs. . . . 3 — — — 9

V. CAS.

CINQ PUINÉS.

1 Aîné. . . . . 10 — — — 16ᵉˢ	1 Aîné. . . . . 10 — — — 19ᵉˢ
5 Puînés. . . . 5 — — — 16	5 Puînés. . . . 5 — — — 19
1 Sœur. . . . . 1 — — — 16	4 Sœurs. . . . 4 — — — 19

1 Aîné. . . . . 10 — — — 17ᵉˢ	1 Aîné. . . . . moitié.
5 Puînés. . . . 5 — — — 17	5 Puînés. . . . . un quart.
2 Sœurs. . . . 2 — — — 17	5 Sœurs. . . . . un quart.

1 Aîné. . . . . 10 — — — 18ᵉˢ	1 Aîné. . . . . 10 — — — 21ᵉˢ
5 Puînés. . . . 5 — — — 18	5 Puînés. . . . 5 — — — 21
3 Sœurs. . . . 3 — — — 18	6 Sœurs. . . . 6 — — — 21

1 Aîné. . . . . 10 — — — 22ᵉˢ	
5 Puînés. . . . 5 — — — 22	
7 Sœurs. . . . 7 — — — 22	

VI. CAS.

SIX PUINÉS.

1 Ainé.	. . . 12 - - - 19ᵉˢ	1 Ainé.	. . . 12 - - 23ᵉˢ
6 Puinés.	. . . 6 - - - 19	6 Puinés.	. . . 6 - - 23
1 Sœur.	. . . 1 - - - 19	5 Sœurs.	. . . 5 - - 23

1 Ainé.	. . . 12 - - - 20ᵉˢ	1 Ainé.	. . . . . moitié.
6 Puinés.	. . . 6 - - - 20	6 Puinés.	. . . . . un quart.
2 Sœurs.	. . . 2 - - - 20	6 Sœurs.	. . . . . un quart.

1 Ainé.	. . . 12 - - - 21ᵉˢ	1 Ainé.	. . . 12 - - 25ᵉˢ
6 Puinés.	. . . 6 - - - 21	6 Puinés.	. . . 6 - - 25
3 Sœurs.	. . . 3 - - - 21	7 Sœurs.	. . . 7 - - 25

1 Ainé.	. . . 12 - - - 22ᵉˢ	1 Ainé.	. . . 12 - - 26ᵉˢ
6 Puinés.	. . . 6 - - - 22	6 Puinés.	. . . 6 - - 26
4 Sœurs.	. . . 4 - - - 22	8 Sœurs.	. . . 8 - - 26

1 Ainé.	. . . 4 - - - 9ᵉˢ
6 Puinés.	. . . 2 - - - 9
9 Sœurs.	. . . 3 - - - 9

VII. CAS.

SEPT PUINÉS.

1 Ainé.	. . . 14 - - - 22ᵉˢ	1 Ainé.	. . . 14 - - 27ᵉˢ
7 Puinés.	. . . 7 - - - 22	7 Puinés.	. . . 7 - - 27
1 Sœur.	. . . 1 - - - 22	6 Sœurs.	. . . 6 - - 27

1 Ainé.	. . . 14 - - - 23ᵉˢ	1 Ainé.	. . . . . moitié.
7 Puinés.	. . . 7 - - - 23	7 Puinés.	. . . . . un quart.
2 Sœurs.	. . . 2 - - - 23	7 Sœurs.	. . . . . un quart.

1 Ainé.	. . . 14 - - - 24ᵉˢ	1 Ainé.	. . . 14 - - 29ᵉˢ
7 Puinés.	. . . 7 - - - 24	7 Puinés.	. . . 7 - - 29
3 Sœurs.	. . . 3 - - - 24	8 Sœurs.	. . . 8 - - 29

1 Aîné.	. . .	14	- - -	25ᵉˢ	1 Aîné. . . .	14	- - 30ᵉˢ
7 Puînés.	. . .	7	- - -	25	7 Puînés. . . .	7	- - 30
4 Sœurs.	. . .	4	- - -	25	9 Sœurs. . . .	9	- - 30
1 Aîné.	. . .	14	- - -	26ᵉˢ	1 Aîné. . . .	14	- - 31ᵉˢ
7 Puînés.	. . .	7	- - -	26	7 Puînés. . . .	7	- - 31
5 Sœurs.	. . .	5	- - -	26	10 Sœurs. . . .	10	- - 31

1 Aîné.	. . .	4 - - -	9ᵉˢ
7 Puînés.	. . .	2 - - -	9
11 Sœurs.	. . .	3 - - -	9

On peut appliquer à cette Table l'observation qui se trouve à la suite de celle donnée dans le *Traité des droits des filles normandes*, & remarquer qu'elle a été, plus exactement que cette derniere (1), calculée d'après les proportions du nombre des puînés & des sœurs, c'est-à-dire, que l'on a déterminé, suivant l'art. 269 de la Coutume, la part que les sœurs devoient avoir, par le nombre des puînés, d'où il est résulté :

1º. Que le nombre des puînés s'étant trouvé égal à celui des sœurs, les puînés ont dû avoir un quart, les sœurs un quart, & l'aîné le surplus, c'est-à-dire, moitié, ou deux fois plus que les puînés.

2º. Que le nombre des sœurs ayant été reconnu supérieur de moitié à la moitié de celui des puînés, ou de plus de cette moitié, c'est-à-dire, que lorsqu'il s'est offert les cas d'un puîné & de trois sœurs, ou de deux puînés & de trois sœurs, ou de quatre puînés & cinq sœurs, alors les sœurs ont eu un neuvieme par chaque tête, les cadets chacun pareille quotité, & l'aîné le double de ce qui revenoit aux cadets.

3º. Et enfin, que lorsque les sœurs se sont offertes moindres en nombre que les puînés, ou que la moitié de leur nombre n'a point excédé la moitié du nombre des puînés, alors on a posé le nombre des puînés, ensuite doublé ce nombre pour l'aîné, & à ces nombres on a ajouté le nombre des filles, tous lesquels nombres ayant été ensuite additionnés, leur total a été distribué à chaque enfant suivant le nombre pour lequel il avoit été compris en l'addition.

Au reste, cette Table ne suffisant point pour déterminer la contribution de l'aîné de Caux au mariage de ses sœurs, à cause de son préciput, il est convenable de donner ici une regle pour faire cette contribution, qui soit aussi facile à saisir que celle par laquelle on vient d'opérer la liquidation des Légitimes.

Supposons donc une succession en Caux de 2000 liv. de revenu, & le préciput de 300 liv. de rente, il est évident que, déduction faite de ce préciput, le partable est réduit à 1700 liv. quant au revenu.

Or, qu'il y ait dix enfants, cinq freres & cinq sœurs ;

D'abord, pour savoir la portion que doit avoir chaque fille, on consulte la

---

(1) On dit *plus exactement*, car l'on ne doit se servir de la table du *Traité*, &c., que lorsqu'on est certain qu'on ne peut donner le tiers aux filles.

table, & l'on trouve que chaque sœur doit avoir un dix-septieme, c'est-à-dire, 100 liv., ce qui fait pour toutes 500 liv. au capital de 10000 liv.

Ensuite s'agissant de connoître quelle sera la contribution de l'aîné & des puînés, j'observe que s'il n'y avoit point de sœurs, les puînés auroient 566 l. 13 s. 4 d. en rente pour leur tiers dans les 1700 liv.; d'où je conclus qu'ils doivent contribuer à raison de ladite somme de 566 l. 13 s. 4 d., & l'aîné conséquemment, à raison de ses deux tiers, montant à 1133 l. 6 s. 8 d., & de son préciput de 300 liv.; ainsi, je fais une regle de trois de cette maniere.

Si 2000 liv., qui composent la succession totale, paient aux filles 500 liv., combien paiera la part des cadets de 566 l. 13 s. 4 d.?

Et trouvant que leur contribution est de 141 l. 13. s. 4 d.

Et celle de l'aîné, à cause de ses 1433 l. 6 s. 8 d., de 358 l. 6. s. 8. d.

Je donne, sur les 2000 liv., à l'aîné déduction faite de sa contribution. 1075 l.
Aux puînés, à la même déduction, 425
Et par conséquent aux sœurs 500

ci .. 2000 l.

Somme qui forme la totalité de la succession.

La légitime étant une fois liquidée, il s'agit de connoître ses privileges.

1°. Quoique les filles ne puissent prétendre aucune part en essence dans les biens de leurs pere & mere, de quelque nature qu'ils soient, cependant comme toutes les especes de biens sont affectées à la légitime, tous les héritiers la doivent solidairement ; & pour en être payées, les filles peuvent faire saisir les fruits des héritages sujets à leur légitime, lors même que les freres les ont aliénés, & sans être obligées de les faire decréter, demander que partie de ces héritages leur soit adjugée à due estimation, en exemption de treiziemes, jusqu'à concurrence de leur dû, & par préférence aux créanciers ou acquéreurs de leurs freres : Article 122 du Réglement de 1666.

2°. La charge de la légitime lors même qu'elle n'est promise qu'en deniers, passe à l'héritier aux propres, & non à celui des acquets, même dans le pays de Caux où la légitime se leve sur le meuble.

3°. Si en mariant leur sœur, les freres ont racquitté sa légitime à leur beau-frere, & que par la suite celui-ci devienne insolvable, elle a un recours sur ses freres, tant pour le principal que pour les intérêts, en observant cependant que si le contrat de son mariage porte consignation expresse de sa légitime sur les biens de son époux, ou si elle a signé au remboursement fait à son mari par ses freres, elle est obligée de discuter ses biens avant d'agir en garantie subsidiairement contre ces derniers, suivant l'article 540 de la Coutume.

4°. Comme pour liquider le mariage avenant des filles, on estime les fonds au denier 20 de leurs revenus, les rentes constituées, tant actives que passives, ne doivent être estimées aussi que sur le pied de leurs capitaux, lorsqu'ils n'excedent pas le même denier, & il en est de même des rentes foncieres & seigneuriales. Ceci s'induit des dispositions combinées des art. 252, 295, 321, 356, 361, 403, 480, 490 & 579 de la Coutume, & des art. 52 & 100 du Réglement de 1666.

Mais à l'égard des rentes, il y en a qui, lors de la révolution que firent les billets de *Laws*, ont été créées à des capitaux considérables, & bien supérieurs à leur revenu : quel parti doit-on prendre pour liquider la légitime des filles sur ces rentes, ou pour régler leur contribution ? Avant que d'exposer à cet égard notre opinion, supposons les deux cas; le premier où une succession est grevée de ces sortes de rentes; l'autre, où la succession, quant à l'actif, ne consiste qu'en cette espece d'immeuble.

I. EXEMPLE.

Un Seigneur a pris en rente, au denier 100, en 1720, une somme de 150,000 liv.; il l'a employée, avec subrogation, au paiement de toutes les charges constituées sur son fief de 5000 l. de revenu, & qui est son seul patrimoine; il laisse ce fief à un garçon & à trois filles non-réservées : ce fief de 5000 liv. de revenu se trouve conséquemment chargé d'une rente de 1500 liv. au capital de 150,000 liv.

II. EXEMPLE.

Un particulier laisse à un garçon & à une fille, 1º. 3000 liv. de rente hypotheque, au denier 50, sur différents particuliers domiciliés, & dont les biens-fonds sont en Normandie, le capital des 3000 liv. de rente est de 150,000 liv. 2º. Il laisse en rente sur les Tailles, au même denier, 6000 liv. de rente, dont le Roi, depuis le décès du pere, a suspendu le paiement pour moitié; le principal de ces 6000 liv. est toujours de 300,000 liv. : que donner aux filles dans l'une & l'autre de ces successions?

A cet égard, il y a trois avis.

Le premier est que, quoiqu'on n'estime pour les filles les immeubles, même les nobles, qu'au denier 20, cependant on leur compte toutes les rentes, tant actives que passives, sur le pied de leurs capitaux connus; il est certain que cette opinion est fondée sur un usage général; mais cet usage, qui n'avoit aucun inconvénient avant le systême de Laws, seroit d'une dangereuse conséquence maintenant, car quelquefois il deshériteroit les garçons, & d'autrefois les filles : en effet, dans la premiere espece, il faudroit une moitié en sus de la masse active des 100,000 liv., capital du revenu, avant qu'il revînt un denier aux trois filles, tandis que leur frere auroit pour lui seul 3000 liv. de revenu net en terres nobles; & dans le second exemple, la fille auroit 7500 liv. de rente, tandis que la succession ne monteroit qu'à 6000 liv. de revenu depuis le décès du pere.

Le second sentiment est de donner aux filles, en essence, quoique non-réservées, leur part contingente des rentes actives à un denier extraordinaire, & de les charger de même de contribuer en essence, pour leur quote-part, aux rentes passives de même espece : ce parti, au premier coup-d'œil, paroit équitable, mais il est contraire à la Coutume.

1º. Il donne aux mâles seuls la propriété de la succession, avec faculté de rembourser, comme ils voudront, dans les 40 ans, la légitime.

2º. Il ne remédie point à la disproportion que causent les rentes passives, à moins que la succession n'en ait d'actives & de passives, en même quantité, de même capital & de même revenu.

La troisieme opinion est de se borner, pour l'estimation des rentes, au denier 20 de leur revenu, comme on doit le faire pour les immeubles nobles ou roturiers; & par-là l'on conserve l'égalité proportionnelle, désirée par la Coutume.

Ainsi, dans le cas du premier exemple, prenez 30000 liv. pour le capital au denier 20 de la rente passive de 1500 l., estimez à 100,000 liv., sur le pied du même denier, la masse active; il reste net, ces 30000 liv. prélevées, 70000 liv., dont le tiers pour les trois filles est de 23333 l. 6. s. 8 d. de capital, qui leur produisent au même denier 1166 l. 13 s. 4 d. de revenu, & il en reste à l'aîné le double net.

Opérant de la même maniere, dans le second cas, on donne à la fille 3000 l. de rente pour son tiers des 9000 liv. que son pere laisse, ces 3000 liv. remboursables, au denier 20, par 80000 liv.; le frere aîné, à ce moyen, a seul part aux événements postérieurs à l'ouverture de la succession, parce que, *Domino res crescit aut perit*, ce qui, jusqu'à ce que la Cour ait daigné s'expliquer à cet égard, nous paroît plus conforme à l'équité.

Les filles ont encore, à l'égard de leur légitime, ce privilege, que leurs parents doivent l'arbitrer; cependant, s'ils n'avoient que des parents qui leur fussent suspects par la liaison intime qui régneroit entr'eux & leurs freres, alors, de leur demande, le Juge pourroit procéder à l'arbitration: Arrêt de Grand'Chambre du 19 Mars 1668. Cette arbitration ne doit pas être arbitraire, comme le nom qu'on lui donne sembleroit l'indiquer; elle doit être du tiers juste, ou d'une part égale à un cadet: Arrêt du 28 Février 1761. Si les baux faits par le pere sont évidemment au-dessous de la valeur commune des fonds, & qu'il y ait lieu de soupçonner qu'il a reçu du vin ou voulu par là avantager ses fils, il est juste de les faire estimer; il en devroit être de même si, depuis la date des baux, les biens avoient généralement doublé de valeur, car les successions doivent être partagées en l'état où elles se trouvent lors, & non avant le décès.

Au reste, *voyez*, art. ACQUÉREUR & RÉSERVE, les cas où les filles ont partage au lieu de *légitime*.

AVENANTISE.

C'est le nom de la contribution que le possesseur d'une portion d'aînesse doit à celui qui en est propriétaire. Le Seigneur ayant une action solidaire contre les puînés & contre l'aîné pour le paiement de ses redevances, il peut les attaquer conjointement ou séparément lorsque ce paiement est retardé, & pourvu que l'un des contribuables y ait satisfait pour partie, aucuns d'eux ne peut lui opposer la prescription; d'où il suit que quand un puîné oppose à l'aîné la prescription de la portion de rente à laquelle il est tenu, celui-ci peut, par le moyen du Seigneur, rendre vaine cette exception; car cet aîné ayant reconnu la redevance depuis temps de droit, le Seigneur peut l'exiger du puîné directement, & par là procurer à l'aîné la contribution qu'on lui refuse.

AVEUGLES.

Une Loi Romaine décide qu'un aveugle ne peut pas plaider, parce qu'il ne voit pas les ornements de la Magistrature (1). Basnage sur l'article 5 de la Coutume, dit d'après la Loi *1. qui morb. escl. pas.* que *la privation totale de la vue est une excuse légitime de tutele*. Ces deux célebres Jurisconsultes n'ont pas, je crois, fait attention aux loix qu'ils citoient. La premiere n'offre rien de ridicule, elle a rapport à un Avocat qui ne distinguant pas la personne à qui il adresseroit la parole comme Juge, pourroit donner au public lieu de rire de ses méprises, & peut-être exposeroit le Juge à perdre la gravité qu'il doit toujours conserver dans un moment où il rend la Justice au nom de Dieu & du Souverain. La deuxieme ne dit rien autre chose, sinon qu'un aveugle élu pour tuteur, peut s'excuser légitimement d'en exercer les fonctions, si on veut l'obliger à gérer personnellement & à ses frais toutes les affaires de la tutele, telles que les réparations de bâtiments, qui exigent pour l'avantage du mineur que l'inspection soit faite de l'état des lieux, de la qualité des matériaux, & que les ouvriers soient exactement surveillés; mais si on consent, aux dépens du mineur, qu'il se choisisse tels aides qu'il le jugera néces-

(1) Espr. des L. p. 433. troisieme vol. in-12.

faire pour ces sortes d'opérations, rien ne peut le souftraire à ce qu'on le charge d'administrer les revenus & la personne du mineur: l'aveuglement n'empêchoit pas chez les Romains d'être Sénateur, & en France il ne prive pas un Juge de son Office: (Arrêt du 14 Juin 1689, tome 2, Journal du Palais.)

Un aveugle succede, pourquoi seroit-il exempt de prendre soin de celui dont il doit recueillir la succession? *Voyez* TUTELE.

AVEUX.

On ne connoissoit point les aveux sous Charlemagne, car les fiefs n'ont commencé à s'établir qu'en 877. Le Capitulaire cité par M. Roupnel de Chenill , en la note sur Pesnelle, p 125 de la nouvelle edition que nous lui devons du Commentaire de cet Auteur, est le quatre-vingt-deuxieme, & non le dixieme du troisieme livre d'Anfegise, & le septieme article du troisieme Capitulaire de l'an 812 (1). Il ne contient qu'un ordre donné par Charlemagne à ses Commissaires de decrire tous les biens dépendants du domaine ou du fisc; description à laquelle les Beneficiers n'avoient aucune part.

Dans l'origine des fiefs, l'investiture s'en faisoit par la tradition d'une paille, d'un morceau de terre détaché du fonds inféodé (2). L'usage de l'écriture étant devenu plus fréquent, le Seigneur fit tenir par ses Officiers un registre en sa Cour, où étoient contenus les objets & les conditions de chaque inféodation : de là les tenants s'appelloient tenants par copie de rôle de Cour (3). Cet usage dura jusqu'à la réformation de la Coutume de Normandie : car à cette époque, les aveux n'étoient encore signés que du Sénéchal (4).

La nouvelle Coutume & les Réglements de la Cour, exigent pour la validité des aveux d'autres formalités.

1º. Il doit être signé (5), écrit sur parchemin, & contrôlé ; le vassal est obligé de le présenter en personne, de justifier de sa qualité, si le Seigneur la révoque en doute (6). Le fonds y doit être désigné par bouts & côtés, avec ses droits, privileges, dépendances & charges envers le Seigneur.

2º. Pour la façon de l'aveu, il est dû au rédacteur 20 sols du rôle de la peau de parchemin, & 2 sols 6 den. du rôle en papier, indépendamment du coût du contrôle & du papier. Si le vassal présente son aveu tout rédigé, il ne doit que le contrôle, 5 sols pour la signature du Sénéchal dans les Basses-Justices, & 3 sols 6 den. au Greffier. — *Réglement pour l'administration de la Justice, du 28 Juin 1769.*

3º. L'aveu revêtu de toutes ces formes devient après 30 ans un contrat entre le Seigneur & le vassal (7); car le Seigneur n'a que 30 ans pour le blâmer (8). Si l'aveu contient quelque clause préjudiciable au vassal ; celui-ci a aussi la faculté de le réformer durant les 30 années, sans avoir besoin de lettres de restitution : — Basnage sur l'article 122. La raison en est sensible ; l'aveu n'est qu'une reconnoissance des titres qui l'ont précédé : dès que les titres primitifs subsistent & contredisent les énonciations, celui-ci doit être réformé sur ceux qu'il n'a pour but que de renouveller. Il y a plus, si le titre originaire d'inféodation étoit représenté, il n'y auroit point de temps limité pour la réforme des aveux qui l'auroient suivi & qui en défigureroient les conditions : — Dumoulin, (Art. 15, anc. Cout. de Paris, nº. 94 & 95.)

---

(1) Baluse, col. 498. premier vol.
(2) V. Littleton, tenure par la Verge, t. 1.
(3) Ibid. *Tenant par copie.*
(4) Godefroi sur l'Article 120.

(5) Article 175 de la Coutume.
(6) Basnage, premier vol. p. 262.
(7) Basnage, p. 174. col. 2. tom. premier.
(8) Article 122 de la Coutume.

4°. Le Seigneur a droit de réunir le fonds à son domaine faute d'aveu, & il doit être présenté au cas de mort, suivant la Coutume, 40 jours après le décès; parce que l'article 235 ne donne à l'héritier que 40 jours pour délibérer; mais l'Ordonnance de 1667 a prorogé ce délai à 40 jours après l'inventaire, pour la confection duquel on a trois mois. Il en est autrement dans le cas de mutation : l'Acquéreur ou Echangiste doit l'aveu, & c'est de là que celui dont on décrete les biens, a la faculté, durant la saisie, de donner aussi aveu. De l'instant où le vendeur a cessé d'avoir droit à l'héritage aliéné, le Seigneur ne peut être un instant privé de vassal. Lorsque le vassal néglige de donner aveu dans le temps prescrit, & que le Seigneur réunit, un aveu bon ou mauvais fait cesser la saisie. -- Art. 121 & 122 de la Coutume.

5°. Quoique nous disions que le Seigneur ne peut être privé de vassal, cependant il est tenu de donner souffrance au parent de l'absent & du tuteur. --Articles 197 & 198, & aussi Basnage, pag. 285. Mais le créancier subrogé ne peut prétendre à cette faveur. -- Arrêt du 8 Août 1727.

6°. Les aveux au Roi ont des regles particulieres consignées dans la Déclaration du 18 Juillet 1702.

7°. Quant aux propriétaires de fonds, sis dans des Villes ou Bourgs, appellés Bourgages, ils ne doivent que déclaration, & non aveu ; (Art. 138 de la Cout.) & cette déclaration est aux frais du Seigneur. Ceci est fondé sur l'Arrêt de 1656, rapporté par Basnage sur l'art. 10, & sur celui de 1626, cité par Terrien, l. 5. c. 6. Nous indiquons les principes de ces Arrêts au mot BOURGAGE.

8°. L'aveu, quelqu'authentique qu'il soit, ne peut assujettir des tiers qui n'y ont point participé ; & en conséquence des aveux ne suffisent point pour autoriser l'action *en clameur de loi apparente* (1). *Voyez* au reste ce qui est dit des Aveux, aux mots AINESSE, BLAMES, COMMISE, DÉBAT DE TENURES, DÉCLARATION, DÉNOMBREMENT, DÉSAVEU, ECROE, LOI APPARENTE, PUÎNÉS, RÉUNION, SAISIE FÉODALE, &c.

AVIRON. (SIEUR D')

Le nom propre de cet Auteur, Avocat au Présidial d'Évreux, étoit *le Batelier*. Il a écrit depuis la réformation de notre Coutume, vers 1599, c'est-à-dire, au plus quarante ans avant Basnage (2). On a placé pour la premiere fois, en 1684, son Commentaire à la suite de ceux de Bérault & de Godefroi, dans l'édition *in-fol.* en deux volumes de ces Jurisconsultes, parce que ce Commentaire contient une analyse exacte de la Coutume, & des regles faciles pour en mettre en action les dispositions. D'ailleurs il offre sous un point de vue aisé à saisir toutes les maximes du Texte, & les interprétations que Bérault & Godefroi ont données, peut-être avec trop de prolixité à ces maximes. L'Ouvrage de d'Aviron, est celui que les jeunes gens devroient consulter d'abord : il n'y en a point qui fasse mieux concevoir la liaison qui regne entre tous les principes de notre Droit coutumier.

AULNAY. (ABBAYE D')

Cette Abbaye est à sept lieues de Caen, sur la route de Vire. Sa fondation remonte à l'an 1131 (3). Les titres de cette fondation font connoître ceux à qui elle est due.

Ces titres se trouvent dans le *Neustria pia*.

---

(1) Arrêt du 27 Juillet 1736.
(2) Cochin. tom. 3. p. 383.

(3) *Gall. Christ.* p. 443. tom. 11. & p. 90. *Instrum.*

AUMALE

AUMALE. (Abbaye d')

Aumale est un ancien domaine de la Couronne; car en 1223, au mois de Février, Louis VIII le donna en augmentation d'appanage à Monsieur, Comte de Boulogne, son frere (1). L'Abbaye de Bénédictins qui y existe, remonte à l'an 1096 (2). Elle fut d'abord fondée sous le titre de Prieuré, par la Comtesse d'Aumale, sœur utérine de Guillaume le Bâtard, Duc de Normandie, épouse de Don, Comte de Champagne; érigée en Abbaye en 1130.

Les titres *de cette Abbaye* sont dans le Tom. XI, col. 19, 20, 21, 22 du *Gallia Christiana*, & pag. 733 & 735 du *Neustria pia*.

AUMONE.

Voyez ABBAYE, FRANCHE-AUMÔNE, TENURE.

AVOCATS.

En Normandie & en Angleterre, sous le regne des Ducs Normands, les Avocats s'appelloient *Conteurs* (3), soit parce que leurs plaidoyers se réduisoient à l'exposition du fait, soit parce qu'ils devoient pour exercer leurs fonctions être approuvés par les Juges des *Contés* ou Comtés (4).

Guillaume le Conquérant, en montant sur le trône d'Angleterre, ordonna que ceux qui se destineroient à la défense des Causes de ses sujets & à l'étude des Loix qu'il avoit introduites en ses Etats, en seroient instruits dans des Ecoles voisines de son palais (5). Ils jouissoient de grandes distinctions: le Roi leur accordoit le privilege de parler devant lui la tête couverte.

Leur ministere ne se bornoit pas à faire valoir les droits des Parties dont ils avoient mérité la confiance; ils aidoient de plus les Juges de leurs conseils (6): aussi n'étoient-ils admis à *patrociner*, pour user de l'expression de l'Ordonnance de l'Echiquier de 1426, qu'après avoir été *reconnus experts & habiles*. D'ailleurs outre l'expérience & le savoir qu'on exigeoit d'eux, ils devoient se distinguer plus encore par la noblesse de leurs sentiments & par la gravité de leurs mœurs. Leur serment consistoit à promettre d'exercer leur Office contre toutes personnes, sans distinction de rang & d'autorité; de ne plaider que des *causes bonnes & loyales*; d'abandonner celles qu'ils trouveroient mal fondées dès qu'ils s'en appercevroient; de n'avancer aucuns faits autres que ceux que leurs clients leur auroient attestés; de ne conseiller ni proposer rien de contraire aux Coutumes & Ordonnances; d'avertir la Cour du Roi de tout ce qui leur paroîtroit préjudiciable aux droits de sa couronne, à la dignité, à sa personne; d'être désintéressés; de ne traiter pour leur *profit faire*, d'aucuns droits de leurs Parties; de ne donner jamais conseils aux Juges dans les causes où ils auroient conseillé, parlé ou écrit comme Avocats; & en toutes autres circonstances d'aider la Cour de leurs lumieres, quand elle les en requéreroit.

Les Avocats prêtent encore aujourd'hui le même serment, & ils y ajoutent celui de conférer sur les affaires épineuses avec leurs anciens; mais on ne peut se dissimuler que les promesses faites par les Avocats lors de leur réception, ne sont pas scrupuleusement observées dans tous les Sieges. Cela vient souvent du caractere des Juges qui les occupent. Il en est qui, si un Avocat osoit contredire leur opinion, entreprendre de plaider contre l'un de leurs parents, alliés ou amis, ou même

---

(1) Brussel, p. 447. premier vol.
(2) *Gall. Christ. Instrum.* tom. II. col. 19.
(3) Anc. L. des Franç. p. 274. t. premier.
(4) Terrien, f. 350, écrit : *Compteur.*
(5) Anc. L. tom. I. p. 602.
(6) Terrien, f. 351.

de défendre contr'eux une cause, quelque juste qu'elle fût, lui seroient tôt ou tard perdre son état, soit en le détractant auprès des personnes qui lui conserveroient leur confiance ; soit en lui refusant dans les cas d'infirmités, ou d'absence forcée, les délais qu'ils accorderoient aux autres ; soit en affectant des tons de mépris ou d'indifférence à son égard, qui feroient redouter aux Plaideurs la nécessité de le choisir pour défenseur. Mais c'est précisément lorsque l'Avocat se voit exposé à ces persécutions, toutes désolantes qu'elles sont pour lui, sur-tout dans les Provinces où les Magistrats exercent le pouvoir le plus absolu, que son courage doit redoubler. Il est vrai que pour le soutenir, il faut réunir & la fortune & des talens supérieurs ; mais lorsque la première manque, l'autre y supplée, pourvu que l'Avocat se soit habitué à une vie sédentaire, laborieuse & uniforme, à la frugalité, à la modestie des meubles & des vêtemens ; à ce moyen ses travaux suffiront toujours à ses besoins ; & dèslors il s'attirera la vénération publique.

Dans le second livre de ses *Offices*, Cicéron nous indique comment l'Avocat doit s'assurer l'hommage de ce sentiment. Le respect naît de la confiance, & on est certain, dit le célèbre Orateur, de se la conserver si l'on a conçu de nous cette opinion, qu'à l'équité nous joignons la prudence : *Si existimabimur adepti conjunctam cum justitiâ prudentiam* ; car, ajoute-t-il, le public se repose volontiers sur ceux qu'il croit les plus intelligens, les plus capables de prévoir ce qui doit arriver, d'expédier plus promptement les affaires & de se conformer plus habilement aux circonstances des temps, des lieux & des personnes, parce qu'il n'est de vraie prudence que celle qui produit ces avantages. Lors donc qu'une fois l'homme est reconnu pour juste & digne de foi, il est au-dessus de tous soupçons & des défiances : on lui confie sans hésiter sa vie, sa fortune, sa famille ; & c'est l'idée que l'on a de son équité qui opere sur-tout cet effet ; car la prudence sans équité ne sert à rien : au lieu que l'équité sans prudence a du moins quelques succès : on se défie de l'homme fin & rusé sur la probité duquel on a des doutes, tandis que la probité, quoique destituée des secours de l'esprit, a des forces suffisantes pour s'attirer le respect : *Justitia sine prudentia multum poterit ; sine justitiâ nihil valebit prudentia.*

Aux qualités du cœur & de l'esprit, l'Avocat doit joindre celle de la sociabilité, être affable sans se compromettre ; émule sans jalousie, sensible à la reconnoissance, & ne la point convoiter ; avoir du respect & des égards sans ramper ; ce sont là pour lui des vertus de tous les instans : & sur-tout ce qui met le comble à sa gloire, c'est l'assiduité à l'étude ; par elle seule il peut régler les mouvemens de son cœur, concilier avec eux les opérations de l'esprit, prévenir les écarts de l'imagination. Mais cette étude, pour que le public en profite, doit être également vaste & approfondie. Est-elle bornée ? Elle rend les sentimens du cœur plus défectueux qu'ils ne l'eussent été sans son secours. En effet, l'ignorant, ou, si l'on veut, le demi-savant, (car vaut-il mieux avoir la vue troublée que d'être aveugle?) l'ignorant prend toujours l'ombre de la vertu, pour la vertu même ; en lui l'imagination fait la fonction de la conscience ; il ne fait que substituer la dissimulation à la prudence, la fatuité à la délicatesse, le mépris de ses pareils aux ménagemens qu'il leur doit : le vrai savant, à l'abri de ces méprises, se connoît & connoît les autres. Or, il n'est point de science qui ne contribue à perfectionner en l'Avocat cette double connoissance.

La philosophie redresse le jugement, l'histoire l'étend, le développe : la géométrie l'habitue à ne viser qu'au vrai, à en analyser toutes les parties : la poésie annoblit les idées. Que l'enthousiasme qu'elle inspire est nécessaire dans une profession où il s'agit souvent moins de retenir, d'arranger, d'orner, de choisir, que de créer! L'étude de ces sciences n'est cependant que l'introduction à celle de la Jurisprudence; c'est par leur secours que l'on marche d'un pas assuré dans le dédale des loix : elles aident à supporter la lecture pénible des Commentaires; à concilier entr'elles les dispositions des loix qu'une mauvaise rédaction fait paroître contradictoires; à éviter les opinions destituées de principes; à saisir celles qui ont plus d'analogie avec l'esprit qui a présidé à l'établissement des Coutumes. Quelle sécheresse dans les sources de cette science! Quelle abondance, quels agréments dans celles des autres! Se livrera-t-on à celles-ci sans se dégoûter de celles-là? L'Avocat doit redouter cet écueil : le bel esprit ne doit point être le sien. Qu'il partage sa vie entre les Belles-Lettres & le Droit public ou coutumier; mais que le Droit ait sur elles les prérogatives de l'ainesse. Que l'Avocat soit universel : il doit l'être; mais cette universalité offre un cercle dont l'étude de la Loi est le centre auquel toutes autres études, comme ses points, doivent aboutir.

Ces vérités fondamentales, en tous lieux comme en tous temps, que le plan de notre collection nous oblige de rappeller, prouvent combien est important le ministere des interpretes des Loix. Aussi réunissent-ils en leur personne les titres précieux de peres, d'amis, de juges, de défenseurs.

L'Avocat est le pere des pauvres; il leur doit tous ses soins; s'il les leur refuse, il peut être contraint à remplir gratuitement ce devoir (1).

Il ne differe des Juges que parce qu'ils ont acheté le droit de rendre la justice; car en leur absence, ou au cas de leur récusation, sans qu'ils aient besoin de provisions ils occupent leur Siege, (— Arrêt du 17 Novembre 1548), & y jouissent également de toute la plénitude de leurs fonctions.

Disons plus : les Juges ne peuvent valablement prononcer une Sentence les jours fériés; l'Avocat, au contraire, après avoir ces jours-là assisté aux principales prieres de sa Paroisse; a le droit de régler les différents d'entre les personnes qui vivent du travail de leurs mains, ou qui sont éloignées du lieu de sa résidence (2); cependant il seroit bien à souhaiter qu'il ne reçût en ces jours aucuns honoraires, quoique plusieurs Casuistes le croient permis. Le célebre Cochin & le judicieux Potier les recevoient, il est vrai, mais pour les remettre scrupuleusement aux pauvres.

L'Article 12 de la Coutume veut que les Juges ne prononcent leurs Sentences que par l'*avis de l'assistance* : & Godefroi sous l'expression d'*assistance*, comprend non-seulement les Conseillers titulaires, mais les Avocats; il se fonde sur un Arrêt qu'il cite sous la date du 11 Décembre 1554. Il est triste que cet Arrêt ne soit plus exécuté dans les Tribunaux inférieurs, où souvent un Juge jeune, peu instruit, viole impunément les formes & les loix par les Sentences qu'il prononce sans prendre conseil. Que de familles privées des droits les plus légitimes par l'impuissance où elles se trouvent de faire la dépense nécessaire pour la correction d'un mauvais Jugement!

De ce que l'Avocat participe aux fonctions du Magistrat, il partage aussi plu-

---

(1) Godefroi, premier vol. p. 44.

(2) Idem. 123. col. 2. Pontas, *Verbo* DIMANCHE.

sieurs de ses prérogatives ; il jouit tant qu'il exerce sa profession de l'exemption de la collecte de Tailles; de la charge de Marguillier comptable ; & l'usage contraire ne peut les priver de ces avantages, étant permis à ceux qui ont un privilege d'y renoncer.

On est dans le préjugé parmi le peuple, que dès qu'un Avocat a été consulté par une Partie, il ne peut défendre la cause de l'Adversaire. A cet égard Terrien, l. 9, fo. 355, observe que *pour une opinion donnée en une matiere, on n'est privé d'être Avocat de la Partie adverse, encore qu'on ait connu les secrets de l'affaire ; parce qu'autrement il ne faudroit jamais donner conseil.* Et par semblable raison cet Auteur dit, qu'*un conseil volant, ou opinion donnée en une matiere, ne prive pas un Avocat d'assister au jugement d'icelle pour y opiner, s'il n'a été retenu conseil en ladite matiere, ou s'il n'y a servi d'Avocat.* En effet, ajoute-t-il, *s'offrent aucunes fois quelques délibérations sur un ou plusieurs faits couchés par écrit, sans y nommer ni désigner personne, sans pieces & écritures ; & pratiquent les Consultants de les faire signer aux Avocats, pour les priver par ce moyen de postuler ou connoître de la cause : ce qui est une vraie imposture & surprise qui ne peut & ne doit préjudicier les Avocats, ni les priver de délibérer & postuler.*

Les Seigneurs de Fief prétendoient aussi que dès qu'un Avocat étoit leur vassal, il ne pouvoit plaider contr'eux ; mais par Arrêt du 13 Février 1551, il a été décidé que l'Avocat qui ne tenoit que roturiérement, pouvoit défendre l'adverse Partie du Seigneur dont ses fonds relevoient, & même être Juge de sa cause. En seroit-il de même de l'Avocat qui tiendroit noblement un fief ? Pourroit-il plaider contre son suzerain, ou le juger, vu l'hommage qu'il lui auroit juré, ou qu'il lui devroit ? A cet égard nous trouvons qu'en 1371, dans le Parlement du 18 Juin, entre *les Religieuses de Poissi, d'une part, & le Duc d'Orléans, d'autre, les Religieuses requirent avoir pour conseil M. Jean Desmares, Avocat en Parlement, qui étoit à leur pension. Le Duc objecta que Desmares étoit son homme de fief & d'hommage ; que conséquemment il ne pouvoit traiter de la personne du Duc, ni des droits du fief dont il étoit homme; & cependant après grande & mûre délibération, il fut dit que Desmares resteroit au conseil des Religieuses.*

On a formé le doute si l'Avocat, après avoir conseillé la vente ou l'achat d'un fonds, pouvoit en faire le retrait ? Godefroi tient l'affirmative (1), par la raison que le Juge n'est pas privé de clamer l'héritage à l'adjudication duquel il a participé; mais il y a une très-grande différence entre ces deux cas; dans celui de Juge, il a rempli un ministere forcé, où son conseil n'a eu aucune influence ; au lieu que l'Avocat en conseillant une vente ou un achat, s'expose au moins au soupçon, lorsqu'il clame ensuite l'héritage, d'avoir fait employer dans le contrat les clauses les plus propres à lui faciliter le retrait. Et l'Avocat ne doit pas être moins attentif à écarter les soupçons, qu'on l'est dans les autres professions à faire éclater sa probité. C'est d'après cette délicatesse qui distingue l'ordre des Avocats qu'ils se sont interdits la liberté de traiter avec leurs clients par contrats ou promesses tant qu'ils sont chargés de leur défense (2). Cependant les clients peuvent les récompenser par donations entre-vifs, ou par testaments (3);

---

(1) P. 236. deuxieme vol.
(2) Basnage. Article 439.
(3) Berault & Basnage, t. 2. p. 250 & 251.

Œuvr. d'Aguesseau, t. 2. p. 276. Denisart, collect. Jurisprud. *Verbo* AVOCATS, n. 7. Gaz. des Trib. t. 2. n. 45.

mais ces actes pourroient être attaqués, s'ils avoient été passés durant ou peu après le temps où l'Avocat auroit été juge d'une affaire en laquelle le testateur ou donateur auroit été intéressé. Arrêt du 28 Avril 1654.

Plus l'état des Avocats est relevé, plus les peines sont séveres quand ils s'écartent des regles qu'il leur prescrit. L'Edit du mois de Décembre 1704 en établit contr'eux, comme contre tous les Officiers de robe, pour les voies de fait & autres excès auxquels ils pourroient se livrer; & des Arrêts de la Cour des 16 Mars 1736, 7 Mars 1737, 11 Février 1738, 13 Juillet 1742, & 29 Juillet 1751, en ont châtié quelques-uns de leurs prévarications.

Les articles 589 & 590 de notre Coutume, parlent des ajournemens que l'on peut faire aux Avocats ou Procureurs des Parties dans les décrets : & par là ils supposent qu'en certaines Justices les Avocats peuvent remplir les fonctions de Procureurs; mais les Avocats qui se trouvent dans cette circonstance, ne doivent pas oublier que cette faculté ne leur est accordée que pour épargner des frais aux plaideurs, & qu'ils ne doivent l'exercer que pour s'acquitter avec plus de désintéressement de leur ministere.

Car tout ce qui peut déroger à la noblesse & à la liberté de leur état leur est interdit. De là le 22 Août 1730, il fut jugé que les Avocats ne pouvoient exercer la commission de Contrôleurs des Actes; & par le Réglement du 2 Août 1762, défense leur en fut faite sous peine d'interdiction. Le motif de ce Réglement, est que les Contrôleurs ont en communication les Pieces de toutes les Parties. Par le même motif ne devroit-il pas être défendu aux fils d'un Greffier ou d'un Contrôleur des Actes d'exercer la profession d'Avocat, étant résidents chez leur pere?

C'est par une suite du désintéressement qui forme le caractere distinctif des Avocats, que par Arrêt du Conseil d'Etat du 16 Mars 1682, enregistré le 22 Avril suivant au Parlement de cette Province, défenses leur sont faites, ainsi qu'aux Procureurs & autres nommés arbitres, de se taxer aucuns salaires & vacations, sauf aux Parties à payer volontairement ceux qu'ils auront employés aux arbitrages. *Voyez* RÉCEPTION.

AVOUÉ.

Voyez BATARD, DON, TESTAMENT.

AVOUÉ, D'EGLISE.

Voyez BIENFAICTEUR, EGLISE, FONDATEURS.

AVRANCHES.

Ville distante de 3 lieues du Mont-S.-Michel; son Eglise Cathédrale actuelle fut dédiée à S. André, & construite en 1121; mais elle avoit des Evêques dès le commencement du 6e. siecle.

Le Siege de l'Evêché de ce nom remonte aux premiers siecles de la Monarchie; dès 1511, le Prélat qui l'occupoit souscrivit au premier Concile d'Orléans, qui fut tenu alors.

Les Titres de cet Evêché sont rassemblés *Instrument.*, tom. XI, *Gall. Christ.* p. 120, 121 & 122 : le suivant mérite d'être distingué.

LOUIS, par la grace de Dieu, Roi de France & de Navarre : A tous ceux qui les présentes Lettres verront, SALUT : savoir faisons, comme par Arrêt cejourd'hui donné en notre Grand Conseil, entre notre bien-amé Messire Jacques de Souvré, Bailli & Grand-Croix de l'Ordre de S. Jean de Jérusalem, Abbé de l'Abbaye du Mont-Saint-Michel au péril de la mer, Ordre de S. Benoît, & les Religieux, Prieur & Couvent de ladite Abbaye, de la Congrégation de S. Maur, dudit Ordre de S. Benoît, tant en leurs noms que comme prenant fait & cause pour Me. François Petit, Prêtre, Curé de l'Eglise Paroissiale de S. Pierre dudit Mont-Saint-Michel, Appellant comme d'abus du Statut Synodal fait par notre bien amé & féal Conseiller en nos Conseils Messire Roger d'Aumont, Evêque d'Avranches, du deuxieme Mai 1647, à ce que, par icelui, il est porté que lesdits Religieux n'ont aucun pouvoir pour confesser, encore moins d'absoudre des cas à lui réservés, & que toutes les confessions par eux faites sont absolument nulles, que des Mandemens des 15 desdits mois & an, contenant l'indication de sa visite, qu'il entendoit faire, tant à l'extérieur que intérieur, correction & réformation des personnes & Eglise dudit Couvent; Sentence dudit sieur Evêque du 20 desdits mois & an, par laquelle il auroit déclaré lesdits sieurs Religieux excommuniés & interdits en leurs personnes; & de l'Ordonnance portant que ladite Sentence seroit publiée & affichée, tant à la porte principale de ladite Abbaye, que de l'Eglise Paroissiale dudit lieu, du 23 desdits mois & an; & d'autre Ordonnance dudit sieur Evêque, par laquelle il auroit déclaré ledit Petit, Curé, suspends, & admis & commis pour l'administration des Sacremens en ladite Eglise S. Pierre, Me. Gilles Cormeille, Prêtre, desdits jours & an; ensemble de toute la procédure faite par ledit sieur Evêque lors de sa visite; & faisant droit sur ledit appel, casser, révoquer & annuller lesdites Sentences & Ordonnances, & tout ce qui s'en est ensuivi & a été fait par ledit sieur Evêque, comme nul & abusif, & fait contre & au préjudice des droits & exemptions de ladite Abbaye, & jurisdiction dudit Abbé sur ladite Cure de S. Pierre, demandeurs d'une part: & ledit Messire Roger, d'Aumont, notre Conseiller en nos Conseils, Evêque d'Avranches, intimé & défendeur, d'autre; & entre Dom Grégoire Tarisse, Supérieur-général de la Congrégation de S. Maur, reçu partie intervenante audit Procès, & requérant à ce que, faisant droit sur son intervention, ladite Abbaye du Mont-S.-Michel & les Religieux de ladite Congrégation, établis en icelle, soient déclarés exempts de la Jurisdiction & visite dudit sieur Evêque d'Avranches, ou en tout cas & attendu que ladite Abbaye & Religieux d'icelle sont du corps de ladite Congrégation de S. Maur, que, conformément aux Saints Conciles, Bulles de nos Saints Peres les Papes, octroyées à ladite Congrégation, & Ordonnances royaux, ledit sieur Evêque ne pourra visiter les lieux réguliers, personnes & mœurs desdits Religieux, & généralement ce qui concerne l'observance & régularité, laquelle demeurera aux Supérieurs de ladite Congrégation, établis par les Chapitres généraux d'icelle, d'une part: & ledit Messire Roger d'Aumont, Evêque d'Avranches, Défendeur à ladite intervention, d'autre; & entre ledit sieur Abbé & lesdits Religieux, Prieur & Couvent de ladite Abbaye du Mont-S.-Michel, Demandeurs en faux contre certain acte ou extrait, daté de l'an 1661, tiré d'un livre antique, appellé *Livre blanc dudit Evêché d'Avranches*, signé en l'extrait Leconte, Promoteur, & R. Perronnale, Notaire Apostolique dudit Evêché; comme aussi contre un acte écrit en parchemin, contenant serment de fidélité & obéissance de Guillaume, Abbé du Mont-S.-Michel, à Messire Louis de Bourbon, Evêque d'Avranches, étant sans date, signé Guillaume, avec une croix, d'une part: & ledit Messire Roger d'Aumont, Evêque d'Avranches, défendeur, d'autre. Après que Gautier, Avocat pour lesdits Religieux & Couvent de ladite Abbaye, Laudier, Avocat pour ledit sieur Abbé, prenant fait & cause dudit Curé de S.

Pierre dudit Mont-S.-Michel; Girard, Avocat pour ledit Supérieur-général de ladite Congrégation de S. Maur, assisté de Nicolas, Procureur desdits sieurs Abbé, Supérieur & Religieux; de Monthelon, Avocat pour ledit sieur Evêque d'Avranches, assisté d'Huguen & son Procureur & Bailli pour notre Procureur-Général, ont été ouïs:

Icelui notredit Grand-Conseil, par sondit Arrêt, faisant droit sur lesdites instances, ayant aucunement égard à l'intervention dudit Tariffe, Supérieur général de ladite Congrégation de S. Maur, sans s'arrêter aux Ordonnances, Sentences rendues par ledit sieur Evêque d'Avranches, a ordonné & ordonne que l'excommunication levée à Cautelle, demeurera purement & simplement levée; ordonne que ledit Petit, Curé de l'Eglise Paroissiale de S. Pierre dudit Mont-S.-Michel, se retirera par-devant ledit Evêque, pour lui être la suspension & interdiction portée par sadite Sentence levée; laquelle suspension & interdiction ledit Evêque sera tenu lever à la premiere requisition dudit Petit : comme aussi sera ledit Petit, Curé, tenu d'assister aux Synodes, toutes & quantefois qu'ils seront convoqués par ledit Evêque d'Avranches; a maintenu & gardé ledit Evêque d'Avranches en tout droit de visite en ladite Eglise Paroissiale de S. Pierre, & Monastere dudit Mont-S. Michel, fors & excepté sur les lieux réguliers, discipline régulière & personnes desdits Religieux, tant & si longuement qu'ils demeureront en Congrégation; & ne pourront lesdits Religieux confesser aucuns séculiers, ni commettre à cet effet, qu'ils ne soient auparavant approuvés par ledit Evêque, sans dépens. Si donnons en mandement & commettons, par ces présentes, au premier Huissier ou Sergent, sur ce requis, qu'à la Requête desdits Abbé, Religieux & Couvent de ladite Abbaye du Mont-S.-Michel, le présent Arrêt il signifie à tous ceux qu'il appartiendra, & au surplus faire tous Exploits & actes de justice, ce qui est nécessaire de faire, te donnons pouvoir, sans pour ce demander plus *visa ne pareatis*, nonobstant clameur de haro, charte Normande. En témoin de quoi nous avons fait mettre notre sceau à ces présentes. Donné & prononcé en l'Audience de notredit Grand Conseil, à Paris, ce troisieme jour de Février, l'an de grace 1648, & de notre regne le cinquieme : Et à côté est écrit, par le Roi, à la relation de son Grand Conseil. *Signé*, ROGER, avec paraphe.

VU par Nous Pierre Pitthon, Conseiller du Roi en sa Cour de Parlement à Paris, Jacques de Sainte-Beuve, Docteur & Professeur en Théologie, de Monthelon, Martinet & Gilles Laudier, Avocats audit Parlement, arbitres entre les Parties, le compromis passé pardevant Plastrier & Dehenaut, Notaires au Châtelet de Paris, le 24 Mai 1650, entre Messire Roger d'Aumont, Evêque d'Avranches, d'une part, & Messire Jacques de Souvré, Bailli & Grand-Croix de l'Ordre de S. Jean de Jérusalem, Abbé Commendataire de l'Abbaye du Mont-S.-Michel au péril de la mer, Ordre de S. Benoît, Diocese d'Avranches, & Dom Aubert Giroult, Religieux de ladite Abbaye, ayant charge & pouvoir desdits Religieux, Prieur & Couvent de ladite Abbaye du Mont-S.-Michel, par procuration passée pardevant Videlon & Lucas, Tabellions en la Vicomté d'Avranches, le dix-huitieme du présent mois, & Dom Jean Harel, Supérieur général de la Congrégation de S. Maur, d'autre part ; par lequel, pour terminer les procès & différents pendants & indécis au Grand Conseil, entre les Official & Promoteur d'Avranches, pour lesquels ledit sieur Evêque avoit pris fait & cause, & les Archidiacre & Promoteur dudit Mont-S.-Michel, pour lesquels ledit sieur Abbé & lesdits Religieux, même ledit Pere Général, en tant que besoin étoit, avoient pris pareillement fait & cause, encore ledit Abbé qui avoit pris fait & cause pour Pierre Couppé, Curé de l'Eglise Paroissiale de S. Pierre du Mont-S.-Michel, Nous aurions été nommés & commis arbitres pour terminer lesdits Procès & différents dans les premiers huit jours du mois de Juin ensuivant, avec pouvoir de prolonger d'autre huitaine, & encore d'autre huitaine, si besoin étoit, à peine de la somme de mille livres payables par le contrevenant, devant que d'être reçu à proposer aucune chose contre notre jugement, par appel ou autrement, la Sentence donnée par nous le troisieme dudit mois de Juin 1650, par laquelle nous aurions prolongé le temps dudit compromis jusqu'au vingtieme jour dudit mois inclusivement, l'Arrêt du Grand-Conseil, du troisieme Février 1648, la transaction du 2 Février 1236, & tout ce qui a été écrit & produit par devers nous. Tous considérés, nous ordonnons que l'Arrêt du Grand-Conseil du troisieme Février 1648, & la transaction du deuxieme Février 1236, seront exécutés: en ce faisant, avons maintenu & gardé ledit sieur Abbé du Mont-S.-Michel, en la possession & jouissance de conférer de plein droit la Cure de l'Eglise Paroissiale de S. Pierre dudit Mont-S.-Michel, à la charge pour celui qui sera pourvu, qu'il sera sujet à la jurisdiction & correction dudit sieur Evêque d'Avranches pour ce qui concerne l'administration, fonctions curiales, & pour le surplus, en premiere instance, sera sujet à la jurisdiction de l'Archidiacre du Mont-S.-Michel, fors les cas spécifiés par la transaction; & pourra ledit Archidiacre faire sa visite dans ladite Eglise Paroissiale, & faire dans le cours de ladite visite, telles Ordonnances qu'il appartiendra, non contraires aux saints Décrets & aux Statuts Synodaux dudit sieur Evêque, lesquels il sera tenu de faire exécuter, & de ladite visite dresser Procès-verbal, & icelui envoyer dans le mois audit sieur Evêque, duquel ledit sieur Archidiacre sera justiciable en tout ce qui concerne l'exercice de ladite charge, & assistera au Synode dudit sieur Evêque, entre les mains duquel il prêtera le serment au premier Synode immédiatement, suivant son entrée en ladite charge; & aura ledit Archidiacre, conformément à la transaction, l'instruction des causes matrimoniales; & après l'instruction faite, ordonnera que le Procès instruit sera porté dans la huitaine par son Greffier au Greffe de l'Official d'Avranches, vers lequel les Parties se pourvoiront; & sur le surplus des demandes, fins & conclusions desdites Parties, les avons mis hors de Cour & de procès, sans dépens. Fait & prononcé aux Parties le dix-huitieme Juin 1650; & ont été les pieces rendues: ainsi *Signé*, PITHON, DE SAINTE-BEUVE, DE MONTHELON, MARTINET & LAUDIER.

La Sentence arbitrale ci-dessus, a été mise ès mains de Dehenaut, l'un des Notaires au Châtelet de Paris, soussigné par mesdits Seigneur Evêque d'Avranches & sieurs Religieux, pour en garder minute & délivrer expédition, ce vingt-deuxieme jour de Juin 1650, & ont lesdites Parties signé la minute du présent acte, étant au bas de l'original de ladite Sentence arbitrale ci-dessus écrite, demeurée audit Dehenaut, avec chacun un paraphe.

L'Art. 454 de notre Coutume, fixe un délai de quarante jours pour le retrait des héritages ou rentes vendus à Avranches. *Voyez* LECTURE, RETRAIT.

AUTEURS.

AUTEURS.

Pour acquérir l'intelligence des Coutumes, il est de toute nécessité de savoir quelles ont été les causes de leur établissement : & cette connoissance ne peut être que le fruit de l'étude de l'histoire des lieux où ces Coutumes sont en vigueur. L'Histoire Normande doit donc être sérieusement approfondie par tous ceux qui desirent saisir le véritable esprit de la législation de cette Province.

Les meilleures sources que l'on peut consulter à cet égard, ont été recueillies par Duchesne, en un volume *in-fol.*, très-rare, imprimé à Paris en 1659, sous ce titre : *Historiæ Normanorum scriptores antiqui*, &c. On y trouve une ancienne chronique, dont l'Auteur est inconnu, qui commence à la mort de Louis le Débonnaire, & finit en 920, époque du décès de Raoul, Duc de Normandie. L'Ouvrage de Dudon, Doyen de S. Quentin, Évêque de Laon, commence au regne de Hastaing en Dannemarck, & il se termine en 1002, temps où l'Auteur perdit Richard I, Duc de cette Province, à la sollicitation duquel il avoit écrit. L'histoire faite par Guillaume de Jumieges, qui remonte aussi haut que celle composée par Dudon, & finit en 1137, est à la suite ; mais celle d'Odéric Vital, Moine de S. Evrould, mérite d'être sur-tout distinguée des autres, dont elle est accompagnée, dans la collection de Duchesne, à cause de la sagesse du style, de son exactitude & des détails dans lesquels l'Auteur y est entré : elle va jusqu'à 1140. A ces monuments précieux, il faut joindre l'histoire écrite par Eadmer, imprimée à la fin des Œuvres de S. Anselme, qui ne comprend que 50 années, c'est-à-dire, les événements de la fin du onzieme siecle, & du commencement du siecle suivant ; & les Annales de Houeden qui s'étendent jusqu'en 1202.

Quand on est parvenu à cette époque, on peut recourir aux Auteurs François qui se sont occupés de l'Histoire Normande, & sur-tout à l'*Inventaire* de Danneville.

On se convaincra facilement, par la lecture de ces ouvrages, que la législation Normande étoit déjà toute féodale lorsque Raoul s'établit en notre Province : que c'est cette même législation que Guillaume le Bâtard transporta en Angleterre lorsqu'il conquit ce Royaume : que ses successeurs au Trône Anglois, malgré les remontrances de la Nation conquise, n'ont cessé de la régir par les Coutumes de Normandie, & que conséquemment le moyen le plus sûr pour découvrir les révolutions qu'elles ont éprouvées jusqu'à nous, est de suivre la méthode indiquée par les discours préliminaires des collections mises au jour sous ces titres : *Anciennes loix des François*, &c., & *Traités sur les Coutumes Anglo-Normandes*, c'est-à-dire, de lire d'abord les textes rassemblés dans ces deux ouvrages, en y ajoutant, si l'on veut, la *Some* de Bracton, & les *Institutes* de Couvel ; parce qu'ensuite on rencontrera peu de difficultés dans l'interprétation de l'ancien Coutumier & de la Coutume réformée de cette Province : une fois le vrai sens de leurs dispositions bien conçu, il ne s'agira plus que d'apprendre à en faire une juste application ; & à cet égard on trouvera des secours suffisants dans la glose Françoise & Latine du vieux Coutumier, dans le Commentaire de Terrien, dans les ouvrages de Bérault, de Godefroi, de d'Aviron, de Basnage, de Pesnelle, de Routier, de Merville, de MM. de Chenilly & de la Tournerie, ou dans les Traités particuliers de MM. Cauvet & Duhasey. Mais l'étude des Coutumes ne doit pas seule fixer l'attention d'un Jurisconsulte Normand : les Conciles de sa Province lui sont indispensables ; il les trouvera en partie dans le Recueil de Dom Pomme-

Tome I.   S

raye, avec les notes de Godin; la collection du pere Beffin est plus ample: le neuvieme volume du *Gallia Christiana*, & le *Neustria pia* la rendent complete. Les rituels des différents Dioceses ne sont pas moins nécessaires; & pour faire mieux concevoir les avantages qu'on peut retirer des ouvrages que l'on vient d'indiquer sur notre Droit Ecclésiastique & Coutumier, on trouvera, dans l'ordre alphabétique, sous le nom de chaque Auteur, la notice & le cas qu'on doit faire de leurs productions.

AUTORISATION.

Voyez FABRIQUE, MARGUILLIER, PARENTS.

AYANT-CAUSE.

Voyez HOIRS, SUBROGÉ.

B

BAC

BACHELIER.

BRUSSEL, ch. 6. l. 2. p. 165, prétend que les Bacheliers étoient des Chevaliers simples vassaux des Chevaliers Bannerets, sous la banniere desquels ils marchoient; ils prirent, selon cet Auteur, le nom de Bacheliers dans le quatorzieme siecle.

Dom Devaines, en son *Dictionnaire raisonné de Diplomatique*, dit au contraire que les Chartes du troisieme siecle parlent de *Bacheliers*; que les terres qui donnoient ce titre, quel que fût l'âge de ceux qui les possédoient, étoient sujettes à fournir un Chevalier, ou un demi, ou un tiers, ou un quart de Chevalier d'ost. Cette derniere assertion est la plus exacte. Le dégré de Bachelier étoit le premier pour parvenir à la Chevalerie.

> Qu'au premier tournoy où il vicigne
> Si très-bien faire ly souvienne;
> Qu'il vainque le tournoiement,
> Il a moult biau commencement.
> Quand il a le tournoy vaincu
> Où il porta premier l'escu,
> Là prend de BACHELIER le nom (1).

(1) Châtel. de Lille, l. 2. p. 214.

BAC

Le Bachelier avoit à la guerre double solde de l'Ecuyer, & moitié moins que le Chevalier Banneret. Le *Banneret* étoit le Chevalier glèbé; le *Bachelier*, celui qui avoit acquis le droit de porter le titre de Chevalier, quoiqu'il n'eut pas de fief, mais qui, noble d'extraction, avoit fait preuve d'adresse & de bravoure; & l'*Ecuyer* étoit le vassal noble, qui ne tenoit son fief d'un Haut-Seigneur, qu'à la charge du service militaire en personne. Le Bachelier n'avoit aucun rang militaire déterminé; mais il pouvoit occuper tous les rangs, & faire conséquemment le service pour un Banneret; au lieu qu'il n'étoit point permis au Banneret de se faire remplacer par un simple Ecuyer. La raison de cette différence étoit que le Bachelier ne pouvoit attribuer à ses possessions le droit de banniere, puisqu'il n'en possédoit pas; quand au titre de Bachelier, comme il ne joignoit point celui d'Ecuyer, c'est-à-dire de sous-feudataire, le Banneret ne craignoit pas de l'avoir pour suppléant; au lieu qu'en se substituant un Ecuyer, lors même que celui-ci n'étoit point Bachelier, le Banneret couroit risque de voir son vassal prétendre qu'il avoit le commandement au droit de son fief ; & en gagnant l'affection des vassaux de son suzerain, celui-ci auroit, en bien des occasions, réussi à se les attacher, ce qui eût été très-dangereux dans un temps où les guerres privées étoient tolérées. *Voyez* BANNERET & ECUYER.

BAGUES.

Voyez PROMESSES DE MARIAGE.

Basnage sur l'article 410, se fait cette question : si la somme stipulée en faveur de la femme, au lieu de *bagues*, peut s'étendre sur les immeubles à défaut de meubles ? & il rapporte un Arrêt du 10 Juin 1654, qui décide que, quoique le mari n'eût pas eu de don mobil, la femme auroit les 15000 liv. auxquelles ses bagues & bijoux avoient été évalués, sur les immeubles, si les meubles ne suffisoient pas pour acquitter cette somme. La sagesse de cet Arrêt est sensible : en devenant héritier du défunt, on est non-recevable à contester ses obligations, quand elles n'ont rien de contraire à la loi ; or, la loi autorise les maris à donner à leurs femmes, par contrat de mariage, un remport, pourvu que la fortune de la femme procure à ce mari une indemnité : & dans l'espece de l'Arrêt, le mari s'étoit trouvé à la tête d'un revenu considérable de la part de son épouse. S'il y avoit lieu de croire, à cause de la médiocrité de la fortune de la femme, que le mari auroit eu intention de lui faire passer une partie de ses immeubles, la stipulation de remport n'auroit pas d'effet ; c'est le cas décidé par les Arrêts du 21 Janvier 1667, & 17 Août 1684 : Aussi, le 17 Juillet 1733, a-t-il été jugé que, quoiqu'une femme n'eût pas donné de don mobil à son époux, le remport qu'elle avoit stipulé de ses meubles seroit levé sur les immeubles, les meubles n'ayant pu l'acquitter. La jurisprudence est donc fondée sur cette maxime, ainsi que l'a très-bien observé l'exact Annotateur de Basnage, derniere édition, que le remport doit s'exercer sur les immeubles du mari, quand le remport n'est pas gratuit, c'est-à-dire, que la fortune de la femme a dû naturellement procurer à l'époux la récompense du remport. Tout cela, au surplus, n'a lieu qu'à l'égard des héritiers, car vis-à-vis des créanciers les principes sont différents. *Voyez* PARAPHERNAL & REMPORTS.

BAIL.

10. On a dit à l'article ACQUÉREUR, qu'il pouvoit révoquer les baux sans être tenu à indemniser le locataire ; il n'en est pas de même du propriétaire & de ses créanciers : quant au premier, nous suivons en cette Province la loi Æ de, c'est-à-dire qu'il peut expulser son locataire de la jouissance d'une maison de Ville pour l'habiter lui-même, au moyen d'un dédommagement ; à l'égard des maisons de campagne, le privilege du propriétaire n'a point lieu, même en dédommageant : Arrêt du 6 Février 1649, rapporté par Basnage sur l'article 551 de la Coutume. M. de la Tournerie cite un Arrêt du 18 Mai 1726, comme ayant décidé la même chose que celui de 1649, mais c'est une erreur ; l'Arrêt de 1726 a seulement décidé que le locataire du moulin Foucault, appartenant à M. le Comte de S. Pierre, avoit reconduit sa location pour trois années, & que son propriétaire ou son agent ne pouvoit interrompre sa jouissance avant leur expiration.

Le dédommagement que doit le propriétaire est fixé au tiers du prix des années qui restent encore de la location ; & par réciprocité, si le locataire se trouve hors d'état de payer ses créanciers, le propriétaire de la maison qu'il occupe, en levant sur ses meubles en privilege, les arrérages échus du bail, ne peut exiger son dédommagement pour le restant des termes à échoir de ce bail, qu'à raison du tiers de ce à quoi ils se trouvent monter : Arrêt du 18 Janvier 1667. *Voyez* Traité des Hypotheques de Basnage, ch. 14.

2°. Un aîné, avant les partages, a le droit de faire des baux de tous les biens de la succession, Arrêt du 28 Juin 1544 ; & un Seigneur qui réunit un fonds à son domaine, peut, en vertu de l'art. 119, anéantir les baux faits par son vassal, car cet article l'autorise à rembourser les aîtures & semences à *celui qui les a faites, autre que le vassal, si mieux il n'aime se contenter du fermage* ; ce qui prouve qu'il a l'option ou d'expulser, ou de conserver le fermier.

3°. De droit, tout bail verbal pour les biens de Ville est d'une année, & après la jouissance d'une année, le propriétaire doit avertir le locataire six mois avant l'expiration de la deuxieme année, s'il est question d'un corps de logis entier ; s'il s'agit au contraire d'une partie de maison, en quelques endroits, l'avertissement doit donner six mois de vuide, & il n'en est dû que six semaines pour une chambre ; en d'autres endroits, au-dessus de 20 liv. de loyer, l'avertissement doit précéder de six mois la sortie, & de trois mois au-dessous de ce prix. A cet égard, l'usage des lieux est l'unique regle.

Quant aux biens de campagne, le bail verbal n'est jamais présumé plus long que de trois ans, parce qu'en trois ans on fait la récolte de toutes les terres d'une ferme, étant ordinaire de diviser les terres en trois différents compots chaque année ; mais il n'est pas nécessaire d'avertir plusieurs mois avant l'expiration du bail verbal dans les campagnes ; une sommation faite de sortir la veille de cette expiration suffit, Arrêt du 26 Juin 1764 ; un fermier ne doit pas ignorer quel est le terme de sa jouissance. Si le propriétaire négligeoit de manifester l'intention où il est de reprendre sa ferme, avant la fin du bail verbal, alors la reconduction auroit lieu, c'est-à-dire que le fermier seroit fondé à jouir trois autres années. Quand le fermier, avant son bail expiré, a labouré & semé les terres pour la récolte qui suit le dernier terme de son bail, le propriétaire ou le nouveau fermier doivent lui rembourser les semences. On a dit plus haut que le propriétaire d'un bien de campagne ne pouvoit expulser son fermier pour y habiter lui-même, en dédommageant, & ceci doit être étendu à toute espece d'habitation hors les Villes, quand il y a des récoltes à faire en fruits, Arrêt du 25 Juillet 1766 ; il s'agissoit, lors de cet Arrêt, d'une maison de plaisance, accompagnée de jardins, d'arbres fruitiers, de parcs, bosquets, garenne, &c.

4°. Le bail fait à vie ou à longues années, ne doit pas le treizieme : l'article 508 de la Coutume veut, il est vrai, que *l'usufruit des choses immeubles soit réputé immeuble*, & l'art. 502 admet le retrait *pour les baux à longues années faits pour plus de 9 ans, & pour vente d'usufruits* : mais il ne suit pas de là que l'acquéreur d'un usufruit ou un possesseur à vie, donne un nouveau vassal au Seigneur ; aussi d'Argentré, *Tract. de Laudim.* c. 1. §. 42. Dumoulin, sur la Coutume de Paris, tit. 1. §. 78. glos. 1. n. 12. *Boer. decis.* 234, & Bacquet, des droits de Justice, ch. 12. n. 21, pensent-ils que les lods & ventes ne sont pas dûs, même pour la vente des fruits, encore qu'elle soit faite pour 10 ans & plus : le motif de cette opinion est des mieux fondé. Les baux à vie ou à longues années, ont le fonds

& les fruits en même temps pour objet ; ils transferent au preneur une propriété tellement aſſurée, que le bailleur lui-même ne peut y donner atteinte ; en conséquence, par Arrêt du 28 Avril 1741, il a été jugé entre les Dames de S. Etienne & Desroſiers, que le preneur à bail à vie pouvoit donner congé au locataire, comme l'acquéreur à titre perpétuel, & les droits de demi-centième denier ſe perçoivent ſur ces ſortes de baux ; mais c'eſt préciſément parce que le preneur d'un bail à vie a une vraie propriété, qu'il n'y a pas mutation de vaſſal ; car n'ayant cette propriété qu'à vie, ſa propriété & celle du bailleur ne font qu'une ſeule & même propriété : tous deux conjointement continuent dès-lors de reconnoître la mouvance du Seigneur ; ils ſont donc ſuſceptibles indiviſément des charges qu'elle impoſe : or, tant que le Seigneur a toujours pour vaſſal celui qu'il a reconnu pour tel, il ne peut pas exiger un droit qui, comme il ſera dit en l'art. TREIZIEMES, n'eſt dû qu'en reconnoiſſance de ce qu'anciennement les Seigneurs ont permis à leurs vaſſaux d'aliéner.

5º. Les baux des uſufruitiers ont des regles particulieres ; mais dans la claſſe des uſufruitiers, il ne faut pas confondre les maris ; du vivant de leurs femmes, ils ne ſont pas ſeulement uſufruitiers, ils ne font qu'un avec elles, & c'eſt par eux que les biens des femmes peuvent être valablement loués ; ainſi les baux qu'ils ont faits ſubſiſtent après le décès de leurs femmes, pour les termes auxquels la durée de ces baux eſt fixée : Arrêt du 13 Janvier 1629. Il n'en eſt pas ainſi des baux faits par le mari, qui jouit à droit de viduité, ou par la femme à titre de douairiere ; de l'inſtant que l'uſufruit du mari ou de la femme eſt ceſſé, les héritiers du propriétaire du fonds rentrent en poſſeſſion, en obſervant cependant que s'il s'agit de biens de campagne, la récolte qui eſt ſur terre doit être dépouillée par leur fermier, & qu'à l'égard des biens de Ville on doit donner ſix ou trois mois de vuide, ſelon l'importance de la location.

6º. Quant aux Eccléſiaſtiques, tout bénéficier pourvu ſur vacance n'eſt point obligé d'entretenir les baux faits avant ſa nomination, conformément à l'Ordonnance de Charles IX, du mois de Septembre 1568 ; les fermiers des économats ſont obligés, dès que la régale eſt cloſe, de remettre le revenu des Prélatures aux Evêques qui en ſont pourvus : Lettres-Patentes du mois de Décembre 1641. Par l'Edit du 16 Décembre 1741, ils ne peuvent paſſer des baux que pour deux ou trois années, ſous peine de nullité, & encore ces baux de deux ou trois années ne doivent être entretenus que par leurs ſucceſſeurs & non par les bénéficiers, les baux des économes n'ayant pas plus de privileges que ceux des titulaires décédés, Arrêt du 11 Juillet 1766, en faveur de M. l'Evêque de Belley, comme Abbé de Conches.

Les baux des bénéficiers doivent être paſſés devant Notaires, ſuivant les Déclarations des 19 Mars 1696, 14 Juillet 1699, & 20 Mai 1708. Il en eſt de même de tous les baux des gens de mainmorte. Voyez art. MAIN-MORTE.

7º. En l'art. FIEFFE, il ſera parlé des baux à rente ; les formalités requiſes pour ceux des biens de MINEURS, ſeront indiquées ſous ce mot ; & quant aux baux judiciaires, on en parlera art. DECRET.

8º. Les baux faits dans l'an de la clameur ſont nuls, parce que le clamant eſt le véritable acquéreur, & à ce titre peut uſer du bénéfice de la loi *Emptorem*, lors même que le contrat a autoriſé le clamé à louer les fonds. Le fermier, en ce cas, ne peut ſe plaindre ; il a couru les riſques de l'éviction du bail, en le passant vis-à-vis d'une personne dont la propriété étoit incertaine. Il ne faut consulter à cet égard ni Potier, ni Brodeau, ni Duplessis, mais s'en tenir à l'Arrêt du premier Juillet 1776, rendu entre M. le Marquis de Mirville & Jean Marmion, sur la question de droit.

9°. Celui qui achete une maison pour en jouir sa vie durant seulement, ne peut pas s'aider de la loi *Emptorem*, parce qu'il n'a point la propriété parfaite; il représente tant qu'il vit le vrai propriétaire, & en conséquence ne peut comme lui faire valoir contre le fermier que la loi *Æde*, c'est-à-dire, le déposséder en le dédommageant.

10°. Un bail sous seing, entre personnes laïques, suivi de possession, préfere un bail notarié, la possession rend la date du premier incontestable. Mais si le bail sous seing suffit pour acquérir le privilege, cependant on ne peut le mettre à exécution qu'en obtenant permission du Juge. TRAITÉ DES HYPOTHEQUES de Basnage, ch. 9.

11°. *Les baux à longues années faits pour plus de 9 ans, sont retrayables*, art. 502 de la Coutume. Les baux faits par anticipation peuvent donc être annullés par l'héritier, s'ils n'ont pas été lecturés, & si le preneur n'est point en possession.

BAILLI.

Ce mot vient de *Bajulus*, qui, en différentes occasions, est pris, dès le commencement de notre Monarchie, pour celui qui est chargé du soin de soutenir & de conserver; de là les Gouverneurs de nos Rois, les tuteurs de leurs sujets en porterent le nom; & de là aussi les Officiers des Seigneurs chargés de veiller sur l'économie domestique, de recevoir les revenus de leurs manoirs, s'appellerent Baillis, & leurs charges *Baillies*.

Le Bailli de fief avoit l'inspection de tous les corvéables de la seigneurie, de ceux qui devoient labourer, semer, moissonner les grains, faucher les foins ou couper les bois (1); il les condamnoit à des amendes lorsqu'ils manquoient à leurs devoirs, & jugeoit leurs querelles particulieres; mais il ne pouvoit tenir aucuns plaids touchant la propriété de leurs fonds dépendants de la seigneurie, ou relatifs à l'espece de la condition qui y assujettissoit leur personne; le Sénéchal étoit leur supérieur; celui-ci remplissoit, à l'égard des Baillis, les fonctions dont les Commissaires du Roi étoient chargés sous les deux premieres races, à l'égard des Juges Royaux, tels que les Vicomtes qui leur étoient subordonnés; c'est-à-dire qu'un Sénéchal de Seigneur réformoit les ordres indiscrets des Baillis, leur faisoit rendre compte, & punissoit leurs prévarications. Brussel s'est trompé lorsqu'il a cru que la grande Charte d'Henri II faisoit mention de Baillis; il n'en est parlé que dans celle du Roi Jean. Le plus ancien monument Anglo-Normand où l'on trouve des Officiers de ce nom, tenant leurs commissions du Roi, est dans le dénombrement des fiefs de Normandie qui devoient à Henri II. le service militaire pour chaque Province (2) : chaque fief y est rangé sous la Baillie de laquelle il dépendoit, & ceux auxquels ces Baillies étoient confiées y sont nommés. Il est naturel de croire que le chef d'une Baillie Royale avoit sur les vassaux du Roi de son canton la plus grande autorité; & que de là l'on conçut que les fonctions des *missi dominici* étoient inutiles. On vit donc en France & en Angleterre, à la fin du douzieme siecle, les Baillis honorés seuls de toute la confiance du Souverain; non-seulement ils étoient à la

---

(1) *Fleta*, l. 2. ch. 73.

(2) Premier vol. Traités Anglo-Norm.

tête de la milice de leur canton, mais, dans le cours de leurs tournées, ils tenoient des Assises pour décider les causes importantes (1) : outre cela, ils se faisoient rendre compte de toutes les recettes des deniers royaux perçus dans les Vicomtés, & par les Prudhommes dans les Villes. Tant d'objets importants confiés aux Baillis, les déterminerent à demander des aides ; on leur en accorda, avec le titre de *Sous* ou *Vice-Baillis*. Au nom des Baillis, ceux-ci informoient de tous les crimes qui sont maintenant du ressort des Grands-Prévôts : enfin, on leur donna des Lieutenants (2), qui, comme eux & pour eux, faisoient des chevauchées dans les Jurisdictions inférieures, y rappelloient le bon ordre, décidoient les affaires provisoires & renvoyoient au Parlement ou à l'Echiquier celles qu'ils ne pouvoient terminer. Insensiblement les Baillis se reposerent sur ces Lieutenants de l'administration civile de leur district ; ils vendirent les Lieutenances ou les affermerent. Les Lieutenants & les Vicomtes, à leur exemple, se créerent des aides ; c'est ce qui détermina la défense qui fut faite au commencement du quinzieme siecle, tant aux Baillis qu'à leurs Lieutenants & au Vicomte, de ce trafic. Le Roi se réserva pour l'avenir la nomination des Lieutenants, qu'ils s'étoient jusques là donnée. Ceci ne remédioit point au mal ; les Officiers nommés par le Roi, les Baillis même, résignoient leurs Commissions. En 1467, Louis XI rendit leurs offices perpétuels, & leurs fonctions furent bornées au militaire : dès-lors les Lieutenants-généraux des Baillis, avec leurs Lieutenants-particuliers en chaque Vicomté, connurent des appels des jugements des Vicomtes, & ressortirent pour leurs Sentences nuement à l'Echiquier ou au Parlement. Ils étoient les Juges ordinaires des Ecclésiastiques & des Nobles, & les Vicomtes ou leurs Lieutenants furent restreints à ne connoître des causes qu'entre roturiers ; les Vice-Baillis eurent un Siege indépendant du Bailli, & il y eut des Receveurs particuliers du domaine.

En 1522, le Roi jugea nécessaire de diviser la compétence civile & la criminelle, que réunissoient en leur personne les Lieutenants-généraux de chaque Bailliage ; il fut établi par conséquent en divers Sieges des Lieutenants-criminels.

Jusques là le Lieutenant-Général avoit été ambulant ; il n'avoit point eu de Siege déterminé ; il tenoit ses Assises en tous les Sieges des Vicomtés de son Ressort : les Lieutenants-criminels nouvellement créés, étoient au contraire fixés à un Tribunal. Or, afin que l'expédition des causes civiles fût aussi prompte que celle des causes criminelles, Henri III, en 1581, créa un Lieutenant-général pour le civil en chaque Vicomté ; ainsi il y eut en même temps un Bailli à la tête du militaire, un Lieutenant-général ambulant pour tout le Bailliage, un Lieutenant-général civil du Bailli, un Lieutenant-particulier civil de ce dernier, & un Lieutenant-criminel en chacun des Sieges où l'Edit de 1522 avoit eu son exécution.

Le Lieutenant-général de tout le Bailliage fut libre de se choisir dans le Bailliage un Siege pour y exercer ses fonctions ; les autres en eurent un fixé par leurs provisions. En chaque Bailliage il y avoit eu, dès 1486, des Avocats & Procureurs du Roi ; car, en 1499, ils se donnoient des Substituts : mais, après que les Offices furent rendus perpétuels, ces Substituts, pourvus par le Roi, ne

---

(1) Anc. Coutum. ch. IV.
(2) Variat. de la Monarchie Franç., par

M. Gautier de Sibert.

prirent que la qualité de Procureur du Roi du Bailliage auquel ils furent attachés ; au lieu que le Procureur du Roi, qui avoit, avant la création de leurs charges, été Procureur-Général du Roi pour tous les Sieges, conserva des prérogatives caractéristiques de son ancienneté, comme on l'a vu dans l'article ARQUES.

Le titre de Bailli est donné par l'art. premier de la Coutume, au Bailli d'Epée, auquel il ne reste plus d'autre droit que celui de prendre séance dans les Sieges de son Bailliage, de faire mettre son nom en l'intitulé des Sentences qui y sont rendues, & d'être à la tête de la Noblesse du Ressort du Bailliage, quand le ban & l'arriere-ban sont convoqués ; mais son Lieutenant-général a seul l'administration de la Justice ; il connoît de *tous crimes en premiere instance*, si ce n'est de ceux dont l'Ordonnance de 1670 attribue la connoissance aux Prévôts, & des crimes commis sur mer dans les vaisseaux, sur les greves, dans les forêts du Roi, dont l'Amirauté & les Maîtrises sont respectivement compétentes. Il y a aussi exception à l'égard des Ecclésiastiques, car le Lieutenant-général d'un Bailliage Royal ne peut instruire qu'avec l'Official les causes criminelles des membres du Clergé, qui réclament pour Juges les Officiaux, ou dont les Officiaux revendiquent le jugement. Par l'article 2 de la Coutume, les matieres héréditaires & personnelles entre nobles, & concernant les fiefs nobles, soit que la propriété en appartienne à des nobles ou à des roturiers, sont aussi de la compétence du Juge Royal, ainsi *que les matieres bénéficiales, décimales, de patronage d'Eglise, de clameur de loi apparente, de clameur révocatoire, de privileges Royaux, de nouvelle dessaisine, de mariage encombré, de surdemande*, art. 3 de la Coutume, des *lettres de mixtion*,

art. 4. Les Baillis ou Lieutenants-généraux des Bailliages Royaux peuvent être assignés aux Requêtes du Palais, même en fait de clameur, sans commission, en vertu de la Déclaration de 1680 : Arrêt du 26 Janvier 1731.

Lorsque la Coutume dit que le Bailli connoît de toutes matieres héréditaires & personnelles entre personnes nobles, elle fait clairement entendre que cette connoissance ne doit être exclusive qu'à l'égard des causes qui ont pour objet ou la condition des personnes nobles, ou des héritages nobles, quoiqu'appartenant à des roturiers ; car à l'égard des actions intentées contre des Nobles, pour causes qui ne touchent point leur noblesse personnelle, ni celle de leurs propriétés, par Arrêt du 18 Mai 1696, rapporté par le nouvel Editeur de Bérault, p. 39, premier vol., il a été décidé, par forme de réglement, que le fermier d'un Gentilhomme, assigné pour déclarer ce qu'il devoit à son propriétaire, pouvoit être traduit devant le Vicomte. *Nota*. M. de la Tournerie donne le titre de Réglement à un Arrêt du 18 Janvier 1655, que ce Réglement a réformé.

C'est par le même principe que les oppositions à la confection de l'inventaire d'un Prêtre, quoique jouissant des privileges de la Noblesse, ont été déclarées de la compétence du Vicomte, par Arrêt du 16 Novembre 1645 ; que le Vicomte est aussi compétent de l'action intentée contre un Prêtre, Exécuteur testamentaire de son confrere : Arrêt du 4 Août 1755.

Bérault rapporte un Arrêt du 17 Juillet 1612, par lequel le Bailli fut déclaré compétent de l'action intentée contre un noble pour le faire condamner à passer titre nouveau d'une rente. Cet Arrêt, au premier coup-d'œil, paroît opposé au principe que les contestations nées à l'occasion de propriétés roturieres appartenantes

partenantes à des nobles, ne font pas dévolues exclufivement au Bailli ; cependant il fe concilie très-bien avec lui, car outre que, dans l'efpece de cet Arrêt, la rente étoit affectée fur les biens nobles comme fur les biens roturiers du défendeur, & que le noble devoit l'emporter fur le roturier, à caufe de la prééminence de fon efpece, l'action, comme le remarque Godefroi, étoit purement perfonnelle, puifqu'elle ne tendoit qu'au renouvellement d'une obligation : d'ailleurs, quand la Coutume parle *des fiefs nobles & de leurs appartenances*, elle ne défigne par là que les droits appartenants effentiellement aux fiefs, conftitutifs des fiefs, qui en font une partie intégrante, fans lefquels ils ne peuvent fubfifter tels qu'ils ont été établis dans leur origine, & non les droits qui n'exiftent que par la volonté du propriétaire du fief ou par fes conventions particulieres. De là les baux faits d'un fief noble, le retrait féodal ne font pas de la compétence du Bailli à l'exclufion du Vicomte ; mais s'il s'éleve conteftation entre les Seigneurs & vaffaux au fujet des droits feigneuriaux, c'eft au Bailli que l'inftruction en doit être déférée : Arrêt en Réglement du mois de Juillet 1723. Au furplus, il eft d'obfervation que les nobles domiciliés dans une Haute-Juftice ne peuvent demander le renvoi devant le Juge Royal, l'article 5 de l'Edit du Crémieu ayant été révoqué par un autre donné à Compiegne, cité par Bafnage en faveur des Hauts-Jufticiers. Sur les autres queftions de compétence, *voyez* les Articles particuliers à chaque efpece de Jurifdiction.

BAILLIAGE.

On compte maintenant en cette Province fept Bailliages : Rouen, Caux, Gifors, Evreux, Caen, le Cotentin, Alencon. Sous chacun de ces Bailliages il y avoit diverfes Vicomtés qui furent fucceffivement fupprimées & réunies aux Bailliages en Octobre 1741, en Septembre 1742, Septembre 1744, Décembre 1747, Janvier 1748 ; mais au mois d'Avril 1749, le Roi, par fon Edit, fupprima toutes les Vicomtés, Prévôtés, Châtellenies, Vigueries & autres Jurifdictions Royales établies dans les Villes où il y avoit Bailliage & Sénéchauffée. A ce moyen il ne fubfifta plus que les Vicomtés des Engagiftes ou Appanagiftes, telles que celles d'Evreux, d'Aumale, de Gifors, & les autres qui exiftoient dans des Villes où il n'y avoit point de Bailliage ; ainfi il eft encore important de connoître la diftinction qu'il y a entre la compétence des Bailliages & celle des Vicomtés. *Voyez* art. VICOMTÉ.

Quand le Bailliage de Rouen n'a point de Bailli, que l'Office en eft vacant, M. le Procureur-Général du Parlement eft Garde de ce Bailliage, peut en tenir la Jurifdiction, en prenant feulement le titre de *Garde*. Recueil d'Arrêts de Froland, part. 1. ch. 2. p. 83, n°. 37.

BAN ET ARRIERE-BAN.

Nous lifons dans Wilkins, p. 205, dans l'article 35 des Loix qu'il attribue à Edouard, & qui font évidemment l'ouvrage des Commiffaires nommés par Guillaume le Conquérant, pour travailler à la rédaction des nouvelles Loix qu'il avoit réfolu de donner à l'Angleterre, ce paffage important :

Cùm aliquid inopinatum contra regnum, vel contra coronam Domini Regis forte in ballivis fubito emerferit, debent ftatim pulfatis campanis convocare omnes.

Statutum eft enim quòd ibi debent populi omnes & gentes univerfæ fingulis annis femel in anno convenire in capite Kalendas Maii & fe fide & facramento non fracto, ibi in unum & fimul confœderare & confolidare, ficut conjurati

Tome I. T

fratres ad deffendendum regnum contra inimicos, una cum Domino Rege Barones qui suas consuetudines habent, de suis hominibus videant. Ce passage fit la matiere de l'article 59 des Loix du Conquérant. Nous y voyons donc que dans le cas d'invasion de la part des ennemis de l'Etat, on sonnoit le tocsin en chaque Baillie; que les hommes libres qui y étoient domiciliés, s'assembloient, se conféderoient & s'engageoient par serment à prendre les armes au besoin; que les vassaux n'avoient pas besoin de se prêter entr'eux ce serment, parce que par le serment de fidélité qu'ils avoient prêté à leurs Seigneurs, ils étoient obligés de les suivre à l'armée. Les Baillis n'avoient par conséquent d'autre droit sur les Seigneurs de fief, que celui de les faire avertir de se tenir prêts à marcher, & ils n'avoient sous leur conduite que les possesseurs d'aleux. Cet usage tiroit son origine des Loix Françoises; car nous voyons dans les Capitulaires, ainsi que nous l'avons observé dans la Préface de cet Ouvrage, qu'ils permettroient aux hommes libres de former société entr'eux pour marcher avec le Roi contre les ennemis du dehors. Il n'est donc pas vrai de dire, comme le prétendent la plupart de nos Antiquaires, *que les Gentilshommes étoient les seuls qui eussent l'honneur de servir le Roi dans les armées* (1). Ceci étoit vrai à l'égard des hommes de fief; il n'y avoit que ceux qui tenoient noblement leurs propriétés, soit par service de Chevalier, soit par *Escuage* (2), qui entroient dans la milice, parce que les autres vassaux n'étoient tenus qu'à fournir à leurs Seigneurs leurs équipages pour la campagne. Cet usage de faire les convocations, ou de publier le ban & l'arriere-ban par Baillie, subsistoit encore sous Henri II, Roi d'Angleterre, à la fin du douzieme siecle. On voit le dénombrement des fiefs de Normandie fait à cette époque au nom de ce Prince, par *Baillie*, avec le nom des Baillis, dans le premier volume des Traités Anglo-Normands, pag. 239: & en France il subsistoit encore en 1674 & 1689, dates des dernieres convocations du ban faites par Louis XIV. Les ordres de le convoquer furent adressés aux *Baillis*.

BANCS D'ÉGLISE.

Nous traiterons des bancs dûs aux Patrons dans les Eglises, sous les mots DROITS HONORIFIQUES. Ici il ne sera question que des bancs qui y sont concedés à des particuliers.

La police de ces bancs, en tant qu'ils peuvent nuire au service divin ou aux cérémonies de l'Eglise, appartient aux Curés; mais quant à leur emplacement, leur distribution, leur location, ils dépendent de la Fabrique, ou plutôt du bureau qui la régit.

Or le pouvoir de ce bureau à cet égard a des bornes; les Marguilliers ne peuvent de leur autorité privée détruire les bancs occupés par des particuliers, même sans titres: toute possession est respectable, & ne peut être intervertie par voie de fait.

Quoique les places de bancs ne soient point héréditaires, cependant les héritiers de ceux qui les possedent sont préférés, *si eandem conditionem offerant.* Pour cela il faut qu'ils se présentent immédiatement après l'adjudication pour demander la préférence, & que de plus ils demeurent actuellement en la Paroisse.

Quand pour la décoration de l'Eglise, ou la décence du service divin, les Marguilliers sont autorisés de déplacer des bancs, les possesseurs des bancs déplacés ne peuvent faire reculer les bancs qui sont au-dessous des leurs.

---

(1) Répert. de Jurisprud., au mot BAN.   (2) Voyez LITTLETON, l. 1.

Un Gentilhomme a le droit de demander le premier banc dans la nef au préjudice d'un roturier ; il peut même empêcher qu'on ne le proclame, pourvu qu'il consente le payer eu égard au prix des autres bancs, & à proportion de sa plus grande ou moindre étendue. Ces maximes sont établies par une foule d'Arrêts, entr'autres par ceux du 27 Juillet 1731, 26 Janvier 1736, 23 Juillet 1737, 13 Mars 1739, 3 Février 1741, 5 Décembre même année, 9 Août 1743, 20 Février 1749, 18 Janvier 1753, 21 Février 1755, & 20 Août 1757. Il y a un Arrêt du 23 Avril 1750, par lequel un droit de banc cédé par un Chapitre, en reconnoissance d'une fondation à charge de services, fut conservé aux enfants mâles du Fondateur ; mais cet Arrêt ne contredit pas la non hérédité des bancs, quoique l'Eglise collégiale fût en même temps paroisse ; car les droits de banc ne pouvant être accordés à perpétuité qu'aux premiers Fondateurs des Eglises, aux Patrons, on met en leur rang ceux qui ont tellement augmenté par leurs bienfaits le patrimoine des Eglises, qu'on les considere comme conservateurs de la fondation primitive & y participant ; au lieu qu'à l'égard de ceux qui n'ont fait à l'Eglise que de légers avantages, le droit de perpétuité ne peut leur appartenir. La Cour par ses Arrêts du 7 Juin 1726, 30 Juin 1740, & par celui de 1749, a mis des obstacles à ce que le Temple de Dieu fût abandonné à la discrétion des Marguilliers, qui par une mauvaise économie pourroient le priver des ressources les plus essentielles pour son entretien. Ils ont en conséquence assimilé l'Eglise aux Mineurs ; ceux qui en ont l'administration, ne lui ont paru fondés à contracter que pour son avantage ; dès qu'elle est lézée, les conventions sont résolues.

BANLIEUE.

Par ce mot, on entend le terrain qui est à une lieue ou lieue & demie aux environs d'une Ville sur laquelle anciennement on pouvoit poursuivre ceux qui avoient commis (1) quelque délit au préjudice de ses habitants. En Normandie, la *Banlieue* ne jouit que des privileges qui lui ont été accordés ou conservés par les Usages locaux rédigés lors de la réformation de la Coutume. Ainsi, par Arrêt du 16 Mars 1697, il a été jugé que les biens situés dans la banlieue de Rouen, étoient Bourgage comme cette Ville même, parce qu'ils étoient en franc-aleu, & que tout franc-aleu situé dans la banlieue d'une Ville, est de droit réputé participer à ses privileges ; mais si les fonds de la banlieue n'avoient pas eu ce caractere de franc-aleu, ils auroient été sujets à la Coutume qui auroit régi les terres dépendantes de la Seigneurie dont ils auroient relevé, conformément à l'ancienne Coutume, où il est dit qu'en *Bourgage y a maintes choses qui sont tenues par hommage, lesquelles doivent garder les convenants.* En effet, quand les Villes s'étendirent au moyen des prérogatives que nos Rois leur accorderent, beaucoup de terrains qui formerent leurs accroissements, furent pris sur des mouvances de Seigneurs qui alors retinrent sur leurs hommes divers droits ; & de là dans le Bourgage on voit des fonds devoir Reliefs & Treiziemes, & d'autres qui en sont exempts, ainsi que le déclare l'Article 138 de la Coutume réformée. Mais le franc-aleu n'étant sujet à aucuns devoirs de féodalité, ces fonds se sont trouvés incorporés dans le Bourgage, avec la franchise qui les distinguoit.

Voyez BOURGAGE.

---

(1) Brussel, tom. 2. p. 707.

BANNALITÉ.

Le droit de Bannalité, quoique très-ancien, puisqu'on le voit établi dans les Seigneuries dès 1034 (1), n'est cependant pas pour cela un droit ordinaire, & qui fasse une partie essentielle des fiefs; elle doit être attachée ou à la Justice ou à la Seigneurie, & fondée sur des titres ou sur une possession si générale sur les vassaux, qu'elle soit équivalente à un titre.

Dans les Loix des Barons, pag. 270, Traités Anglo-Norm., l'on trouve, ch. 62, un usage qui prévenoit bien des fraudes que l'on pratique impunément aujourd'hui contre le droit de Bannalité; fraudes auxquelles tant que ce droit subsistera en cette Province, il est intéressant de veiller pour épargner les dépenses & les condamnations ruineuses qu'elles attirent sur ceux qui en sont coupables. Tout homme qui conduisoit au moulin du Seigneur son bled pour être moulu durant la nuit, étoit obligé de déclarer à deux principaux du lieu la route qu'il avoit faite, & celle qu'il entendoit faire. Si chaque Bannier ou Meûnier étoit aujourd'hui tenu à pareilles déclarations, on tariroit sûrement une source abondante, mais bien funeste de Procès. Il paroîtroit sans doute plus court d'anéantir le droit de Bannalité; mais il en faudroit dire autant de tous les autres droits utiles qui dérivent des usages féodaux; & comme il n'est pas présumable que ces usages qui font la base de notre Loi municipale soient si-tôt changés, on doit s'attacher à les faire respecter avec d'autant plus de soin que lorsqu'on les envisage dans leur origine, on demeure convaincu que très-souvent ils n'ont eu que la commodité des vassaux & l'avantage de l'état pour principe. Le Seigneur d'un Manoir, c'est-à-dire d'une Paroisse étendue & d'un grand nombre de Hameaux, uniquement occupé du service militaire, s'appliquoit à fixer dans ses terres des colons laborieux, des artisans industrieux; les uns lui fournissoient les denrées nécessaires pour la subsistance de sa famille; les autres réparoient ses bâtiments, & lui donnoient les différentes armes dont il avoit personnellement besoin. Ces vassaux n'avoient que des habitations relatives aux diverses opérations auxquelles ils s'étoient dévoués par l'acte d'inféodation des terrains que les Seigneurs leur avoient concédés à temps, à vie, ou à charge de reversion, après l'extinction des successeurs que le Seigneur leur avoit désignés parmi leurs descendants. Les uns en faisant construire un Moulin, y auroient consacré un capital qu'il auroit été de leur intérêt de transmettre en mobilier à ceux de leurs héritiers auxquels l'inféodation ne pouvoit passer. Un Moulin d'ailleurs ne leur auroit été utile que pour leur famille, & la commodité de l'avoir n'auroit pas été proportionnée à ce que sa construction auroit coûté. S'ils s'étoient occupés du soin de moudre pour autrui, cette opération les auroit distraits des corvées dont ils étoient chargés; au lieu que le Seigneur pour lui-même étoit nécessité d'avoir un Moulin. Dans son nombreux domestique il y avoit toujours des gens préposés à la moute de ses grains: en permettant à ses vassaux d'y apporter les leurs, de les y faire moudre, il se procuroit donc par le salaire qu'ils donnoient au Meûnier une économie sur les gages qu'il lui auroit dûs. D'ailleurs il obtenoit le moulage gratuit de ses grains, & épargnoit aux vassaux des soins & des dépenses que leur état ne comportoit pas. L'on conçoit dès-lors que le Moulin devoit être commun ou bannal à tous les vassaux d'une Seigneurie, &

---

(1) Préface de ce Dict.

combien auroit été punissable l'ingratitude du vassal qui auroit transporté au préjudice des droits de son Seigneur ses grains dans un fief étranger. Il n'est pas moins sensible que dans son fief le Seigneur devoit avoir le droit exclusif de Moulin. C'est donc de là que l'Article 161 de notre Coutume considere ce droit comme une dépendance de fief ; ce n'est en effet qu'autant que *le propriétaire des deux rives de la riviere* a un fief, qu'elle lui permet de construire Moulin. Il n'est pas de l'essence du fief d'avoir un Moulin ; mais pour établir un Moulin dans un fief, il faut posséder un fief. Je dis pour *établir*, car on peut être propriétaire d'un Moulin qu'un Seigneur a établi, soit qu'il l'ait concédé à titre gratuit ou à titre onéreux, avec cette différence que celui qui a acquis d'un Seigneur un Moulin à prix d'argent, ou à titre de fieffe, peut l'empêcher d'en faire construire un autre dans son fief ; au lieu que le donataire ne peut s'opposer à cette construction : c'est ce qui résulte de la combinaison des Arrêts des 4 Juillet 1612 & 17 Mai 1632, rapportés par Basnage. Le droit de Moulin est tellement une prérogative de tout Seigneur de fief, que si un fief existe sans bannalité de Moulin dans la bannalité du Moulin d'un autre Seigneur, le Seigneur qui n'a pas droit de bannalité, mais a les deux rives d'une riviere, peut y construire un Moulin, sans que l'autre Seigneur puisse s'y opposer, à moins que celui-ci ne soit propriétaire de la riviere. Quand on parle ici de Moulins, il ne s'agit pas de Moulins à vent. Toute personne peut en construire & posséder de ce genre, pourvu que le propriétaire ne soit pas sujet à une bannalité.

L'assujettissement à la bannalité oblige à faire moudre tout le bled que l'on consomme, au Moulin duquel on dépend, n'importe d'où ce bled provient, (Arrêt du 26 Avril 1663) ; lors même que le pain est vendu hors de la Seigneurie : (Arrêt du 26 Février 1762).

Plus la condition du vassal est soumise à des regles séveres, plus aussi le sont celles auxquelles les Meûniers sont assujettis. Par un ancien Réglement de 1603, ils étoient obligés à avoir en leurs Moulins des bancards, des poids, des boisseaux, quartes & demi-quartes pour peser & mesurer les grains & la farine des Banniers. Ce Réglement avoit été renouvellé par un autre de 1662 ; mais un Arrêt du premier Octobre 1724 a beaucoup étendu les dispositions de ces Réglements. Après avoir puni du fouet, de la marque, du bannissement, un Meûnier qui avoit commis grand nombre d'exactions & fripponneries sur les vassaux de la Seigneurie de Saint-Firmin ; faisant droit sur les plus amples conclusions du Procureur-Général, il fait défenses à tous Meûniers *d'avoir aucunes portes ni entrées de leurs chambres ou appartements, ni ouvertures particulieres pour entrer & avoir communication à la tremuie de leurs Moulins, & ordonne qu'il y aura en chaque Moulin un bancard placé avec des poids & mesures nécessaires bien & duement jaugés pour y peser & mesurer les grains qui y seront apportés pour moudre, & ensuite les farines en provenantes lorsqu'ils en seront requis, à peine de 200 liv. d'amende.*
Voyez DESERTION.

Sous le prétexte du droit de Bannalité, les Seigneurs prétendoient le droit de verte-moute, c'est-à-dire le seizieme boisseau ou autre droit d'usage en la Seigneurie sur les grains enlevés hors de son enceinte, lorsqu'on n'y résidoit ni par soi-même, ni par un fermier, & que l'on n'y consommoit pas. Mais par Arrêt du 2 Avril 1693, & un autre du 23 Juillet 1736, il a été décidé que le droit de verte-moute n'étoit pas une suite de la Bannalité, qu'il ne pouvoit être exigé qu'en vertu d'un titre spécial ; car si, par le dernier de ces deux Arrêts, le Seigneur fut admis à prouver sa possession de la verte-moute sur le fonds appartenant à celui qui la refusoit, quoique tous les autres fonds de la Seigneurie y fussent sujets; c'est que l'on considéra l'énonciation qui étoit faite de ce droit dans les dénombrements du Seigneur, comme un commencement de preuve par écrit. Ces principes ont été de nouveau confirmés en 1776, par Arrêt au profit de M. de Nollent, Seigneur de Chanday.

Le Seigneur ne peut pas forcer son vassal à suivre la bannalité, quand le Moulin est à une distance considérable du domicile de ce dernier, par exemple, à deux lieues; & il ne lui est pas permis lorsqu'il fait ériger plusieurs de ses fiefs en un seul fief de dignité, d'exiger le devoir de bannalité d'autres Vassaux que de ceux dépendants du fief auquel elle est attachée. *Voyez* au mot UNION.

Quand la plus grande partie des vassaux a reconnu la bannalité, les autres doivent s'y soumettre : (Arrêt du 22 Février 1600). Ceci vient de ce que dans l'origine des tenures par foi seulement, c'est-à-dire roturieres, les tenants n'avoient d'autre preuve de leurs inféodations, que les registres ou rôles de la Seigneurie; & comme les conditions qui y étoient exprimées, étoient communes à tous les vassaux, l'usage qui y étoit le plus généralement suivi, faisoit la loi de tous les sous-feudataires (1). Il en est autrement des tenants noblement, le plus grand nombre n'assujettit pas l'autre, parce que les tenures en *escuage* avoient chacune des conditions particulieres.

Quand un Seigneur n'a pas de Moulin bannal, il ne peut empêcher les Meûniers de chasser les moutes en son fief; il n'a cette faculté que dans le cas où la bannalité est attachée à sa Seigneurie, (Arrêt du 14 Août 1765); & il ne peut en être privé sous le prétexte que des grands chemins passent à travers la Paroisse où sa bannalité est établie : Arrêt du 29 Mars 1776, rendu entre M. le Marquis de Chaulieu & le Fermier du Moulin de la Riviere, près Gisors.

Dans l'étendue d'une bannalité, les Banniers ne peuvent avoir pour leur propre usage de Moulins à bras, (Arrêt du 9 Mars 1743); & nul n'est exempt de la bannalité par sa seule condition. Ainsi un Seigneur de fief sis dans l'étendue d'une bannalité, y peut être Bannier. Il en est de même d'un Curé : (Arrêt du 10 Mars 1761).

Il y a des cantons où le droit d'émoutage se paie en argent; mais l'existence d'un pareil droit, à quelque date reculée qu'elle remonte, n'empêche pas le Seigneur de faire percevoir le droit d'émoutage en essence : (Arrêt du 18 Mai 1763). Par raison de réciprocité, le vassal peut, quand il veut, faire annuller l'abonnement; il ne peut valoir que lorsqu'il est fondé sur un titre particulier; car si l'abonnement étoit général pour tous les vassaux, il seroit injuste, n'étant pas naturel qu'une famille peu nombreuse, payât autant que celle qui feroit une plus forte consommation.

Les Meûniers ne sont pas obligés de se servir d'Huissiers pour arrêter les monneés & les voitures de ceux qui contreviennent à leurs droits : (Arrêt du 24 Janvier 1765). C'est cependant une question de savoir si le Meûnier a action pour faire punir ceux qui entreprennent sur la bannalité, lorsqu'il ne les arrête pas en flagrant délit? La négative paroît incontestable. Les contraventions aux droits du Souverain sont réputées oubliées, lorsque les délinquants n'ont point été pris sur le fait.

De ce qu'on a observé à l'égard de la bannalité & de la verte-moute, il suit que le Seigneur ne pouvant exiger droit de moute que sur les grains moulus en son Mou-

---

(1) Voyez LITTLETON, Tenure par copie, Anc. L. tom. I.

lui & confirmés par ses vassaux, si ceux-ci achetent de la farine hors le fief, ils ne doivent rien au Seigneur. La Paluelle, XIV. cas, p. 80. *Voyez* MEUNIER, MOULIN.

BANNERET.

Le Chevalier décoré de ce titre, avoit droit de lever Banniere, & de recevoir sous elle les Bacheliers ou Chevaliers d'armes, c'est-à-dire sans glebe, & les Ecuyers ses vassaux. La Banniere d'un fief de dignité appartenoit à l'ainé. Mais les cadets des maisons auxquelles le fief de cette classe étoit attaché, pouvoient, si par les alliances qu'ils contractoient ils se trouvoient maîtres de Seigneuries considérables, obtenir permission du Roi d'y relever la Banniere de leur famille; il falloit en ce cas qu'ils eussent vingt-cinq hommes d'armes au moins relevants noblement d'eux.

Voici quelle étoit la maniere de faire un Banneret. Le récipiendaire présentoit au Roi un étendart qui se terminoit en pointe, étendart qu'un Bachelier pouvoit porter quand des volontaires consentoient à le suivre à l'armée. Le Roi après avoir pris cette pointe d'une main, la coupoit de l'autre; ce qui rendoit l'étendart quarré : sur les Bannieres étoient les armoiries du Chevalier. Lorsqu'il n'étoit question que de guerres privées entre des Seigneurs qui n'étoient pas souverains du Chevalier Banneret, ces Seigneurs restituoient le prix des chevaux qui avoient été tués sous lui lorsqu'il leur en rapportoit la peau. Outre cela, suivant les conventions, le Banneret & sa troupe étoient souvent habillés & nourris aux dépens de ceux qui les employoient. *Vanderhaer*, en ses Châtelains de Lille, l. 2, p. 233, en cite plusieurs exemples.

BANNI.

Tout homme banni du Royaume, confisque le fief au profit du Seigneur : (Art. 143 de la Coutume). Ce texte mérite attention; il faut que le bannissement soit hors le Royaume & perpétuel, pour donner lieu à la confiscation ; car lorsqu'il n'est qu'à temps & seulement hors une Ville, un Canton ou une Province, le Banni ne cesse pas d'être citoyen, & de jouir de tous les droits utiles attachés à ce titre. Le Juge peut cependant ordonner la confiscation, quoiqu'il ne prononce qu'un bannissement à temps; mais alors il faut que la nature du crime détermine à ce que la peine de confiscation soit jointe à l'autre, c'est-à-dire qu'elle soit provoquée par quelque préjudice causé à la Seigneurie ou au Seigneur duquel le criminel dépend. Les Juges Hauts-Justiciers peuvent bannir les coupables hors du Royaume, aux termes du Réglement du 22 Décembre 1612, rapporté par Basnage.

BANNISSEMENT.

L'Article 143 de la Coutume confisque le fief du Banni, au profit du Seigneur duquel il releve. *Voyez* CONFISCATION.

BANON.

Le *Banon* est la faculté que tous les habitants d'une Paroisse ont de conduire leurs bestiaux sur les terres de leurs Paroisses après la Sainte Croix, en Septembre, c'est-à-dire après la récolte faite, lorsqu'elles ne sont ni cultivées, ni semées, & qu'elles ne sont pas closes ou défendues d'ancienneté : (Art. 81 & 82 de la Coutume). Ce droit souffre cependant quelques restrictions, car l'habitant d'une Paroisse ne peut mener paître ses bestiaux sur une autre : (Arrêts des 6 Juin 1647 & premier Août 1686). Et dans une même Paroisse chaque habitant ne peut jouir du pâturage des terres dépouillées, qu'à proportion de celles qu'il occupe : (Arrêt du 26 Octobre 1670). Si un particulier fait valoir des terres, il peut envoyer ses bestiaux sur la Paroisse où il n'est pas domicilié : mais pour ce que les bêtes qu'il fait pâturer sur la Paroisse où sa ferme s'étend, soient, quant à leur nombre, proportionnées au nombre des terres qu'il occupe en cette Paroisse: (Arrêt du 2 Avril 1745).

Dans le pays de Caux, il est même d'usage, en ce cas, que l'on n'use du pâturage des terres récoltées & vuides en temps de banon, dans une Paroisse où l'on n'a point d'habitation, qu'autant qu'on tient à loyer ces terres, ou qu'on en est propriétaire, & qu'on peut y accéder sans passer sur les terres des autres habitants ou propriétaires de cette Paroisse. Il y est encore de regle que celui qui n'a pas de troupeau, ne peut céder le droit de pâturage de ses propres terres à ceux dans les troupeaux desquels il met des moutons. Les laboureurs qui y ont des troupeaux, se cantonnent entr'eux, c'est-à-dire qu'ils partagent entr'eux chaque année toutes les terres vuides *ou de pillage*, c'est le nom qu'on donne aux terres de ceux qui n'ont pas de troupeau. Ce partage se fait eu égard au nombre de terres que chacun possede, & le cantonnement une fois fait, les co-partageants ne peuvent durant le *Banon* entreprendre sur leurs *tournées* respectives. Un fermier peut cependant s'en tenir au pâturage de ses propres terres; mais en ce cas, il renonce aux champs de pillage de la Paroisse. On ne peut envoyer de moutons sur ses terres, & il ne peut faire paître celle de ses voisins.

Vers la Picardie l'usage est différent. Tous les habitants ont un berger commun, & chaque particulier lui confie un nombre de moutons proportionné à celui des terres qu'il occupe, & ils ont dans la même proportion le parcage, c'est-à-dire que le parc pose sur leurs terres pendant un temps proportionné à leur étendue. Il ne faut pas comprendre dans les *champs de pillage*, ceux qui sont semés en tresles, ou tremaines; ces prairies artificielles sont en défens en tout temps: (Arrêt du 27 Mars 1743). Le motif de cet Arrêt a été qu'un pré naturel peut souffrir le pâturage des moutons sans une perte considérable, car il en éprouve toujours: l'herbe s'y reproduit d'elle-même, elle a plus de consistance; l'autre, au contraire, se refuse souvent aux soins du cultivateur, & la foible constitution de la plante se ressent long-temps des difficultés qui ont accompagné sa naissance. D'ailleurs le trefle se seme, & quoique le même germe produise plusieurs fois des tiges nouvelles, elles ne sont pas moins le fruit de la semence. La Coutume enfin proscrit tout pâturage sur terres *ensemencées*.

Quand on dit qu'un pré naturel peut souffrir sans dommage le pâturage commun après la Sainte Croix, en Septembre, on n'entend pas dire par là que tout pré, sans exception, soit sujet au Banon, lors même qu'il n'est pas clos; car le chapitre de la Coutume qui traite du *Banon*, admet un *défens* qui équivaut à *la clôture*, par ces mots de l'Article 82, si (les prays) *ne sont clos ou deffendus d'ancienneté*. En effet, *clos* & *deffendus*, ne sont pas dans cet article synonymes, la disjonctive *ou* le prouve.

Il suffit donc que d'*ancienneté* une prairie se soit maintenue dans l'exemption du Banon, pour qu'on ne puisse l'y assujettir. C'est ce qui a été décidé par Arrêt du mois d'Avril 1769, en faveur du Procureur-Fiscal du Marquisat de Plane & le sieur Hervieu, contre le sieur Harel, *Voyez* DÉFENS.

Au reste, on ne peut user des champs de pillage qu'au moyen de ce qu'on n'y envoie pâturer qu'un mouton par chaque arpent de terre que l'on fait valoir: (Arrêt du 9 Août 1695). *Voyez* PARCOURS.

BAPTÊME.

Le Rituel du Diocese de Rouen prescrit, d'après la Déclaration du Roi du 9 Avril 1736,

1736, les formules suivantes pour l'enregistrement du baptême, à celui qui est chargé de sa rédaction.

Enregistrement du Baptême d'un enfant légitime.

Ce (*il mettra le jour, comme* Lundi... Mercredi, &c. *puis la date du mois*, v. g. le 10, 16, 24, &c. *du mois de....*) a été baptisé, (*ou* baptisée) par moi Curé, (*ou* Vicaire *ou* Prêtre) soussigné, N. (*ici le nom ou les noms de baptême de l'enfant*), né (*ou* née) d'aujourd'hui, (*ou* d'hier, *ou d'autre jour...... il datera le jour & le mois*), du légitime mariage de N N. (*marquant le nom, le surnom & les qualités, ou condition & profession du pere*), & de N N. (*mettant le nom & le surnom de la mere*) son épouse, de cette Paroisse (*ou de la Paroisse de.....*) ; le parrain N N. (*son nom, son surnom, ses qualités, sa Paroisse*) ; la marraine N N. (*aussi son nom, son surnom, ses qualités & sa Paroisse*), le pere absent (*ou* présent), qui ont signé avec nous (*ou* déclaré ne savoir signer). N N. Curé, &c.

Enregistrement du Baptême d'un bâtard.

Lorsqu'on enregistre le baptême d'un enfant illégitime, il faut faire attention aux différents cas qui peuvent se rencontrer, car,

1°. Ou bien il y a une Sentence du Juge qui déclare le pere, & cette Sentence est présentée au Curé par des personnes dignes de foi, ou à lui signifiée par voie de Justice.

2°. Ou bien le pere est lui-même présent au baptême, & reconnoît l'enfant pour sien, même étant absent, par un acte en bonne forme.

3°. Ou bien la mere, conformément à l'Ordonnance, a fait au Greffe une déclaration en bonne forme, qui est présentée au Curé.

4°. Ou enfin la mere n'a point fait de déclaration.

Dans le premier cas, il faut ainsi enregistrer le Baptême.

Ce (*il mettra le jour, comme* Mardi.... Jeudi, &c. *puis la date du mois*, v. g. le 5, 12, 18, &c. *du mois de.......*) a été baptisé (*ou* baptisée), par moi Curé (*ou* Vicaire *ou* Prêtre) soussigné, N. (*ici le nom ou les noms de baptême de l'enfant*), né (*ou* née) d'aujourd'hui (*ou d'hier ou d'autre jour......* (*il datera le jour & le mois*) de N N. (*marquant le nom, le surnom, les qualités & profession du pere*), déclaré pere par Sentence de (*ici il faut mettre la date de la Sentence, & le nom du Juge qui l'a rendue*) ; ladite Sentence que nous gardons par devers nous, a été présentée par N N. (*le nom & les qualités de celui ou de ceux qui l'ont présentée*) , ou signifiée par N N. (*le nom de l'Huissier qui l'a signifiée*), & de N N. (*mettant le nom, le surnom, la condition de la mere*), de cette Paroisse (*ou de la Paroisse de...*) le parrain N N. (*son nom, son surnom, ses qualités & sa Paroisse*) ; la marraine N N. (*son nom, son surnom, ses qualités & sa Paroisse*), qui, avec N N. (*il rappellera le nom de celui ou de ceux qui ont présenté la Sentence*), ont signé, ou déclaré ne savoir signer, (*& il signera lui-même*).

Dans le second cas, il faut ainsi dresser l'acte.

Ce (*il mettra le jour, comme* Lundi, Vendredi, &c., *puis la date du mois*, v. g. le 6, 12, 24, &c. *du mois de....*), a été baptisé (*ou* baptisée) par moi Curé (*ou* Vicaire *ou* Prêtre) soussigné (*ici le nom ou les noms de baptême de l'enfant*), né (*ou* née) d'aujourd'hui, (*ou d'hier, ou d'autre jour.... il datera le jour & le mois*), de N N. (*marquant* le nom, le furnom, les qualités du pere), qui s'eſt lui-même déclaré pere, & a reconnu ledit enfant pour ſon fils, & de NN. (mettant le nom, le furnom & la condition de la mere), de cette Paroiſſe, (ou de la Paroiſſe de.....); le parrain NN. (ſon nom, ſon furnom, ſes qualités & ſa Paroiſſe), la marraine NN. (ſon nom, ſon furnom, ſes qualités & ſa Paroiſſe) ledit NN., qui a déclaré être le pere de l'enfant, & le parrain & la marraine, ont ſigné le préſent acte (ou ont déclaré ne ſavoir ſigner) il ſignera enſuite.

Nota. Que ſi le pere ne ſavoit point ſigner, il faut néceſſairement que le parrain & la marraine le ſachent, ou que du moins il y ait deux témoins qui ſignent l'acte, & il convient alors qu'avant le baptême le Curé prévienne ſur cela celui qui ſe déclare pere de l'enfant, afin que lui-même, s'il le veut, puiſſe choiſir les témoins.

Dans le troiſieme cas, l'acte ſera ainſi dreſſé.

Ce (il mettra le jour, comme Dimanche, Jeudi, &c. puis la date du mois, v. g. le 8, 15, 30, &c. du mois de...) a été baptiſé (ou baptiſée) par moi Curé (ou Vicaire ou Prêtre) ſouſſigné, N. (ici le nom ou les noms de baptême de l'enfant), né (ou née) d'aujourd'hui (ou d'hier ou d'autre jour..... il datera le jour & le mois), de NN. (ici le nom, le furnom, les qualités de la mere), de cette Paroiſſe (ou de la Paroiſſe de...), qui nous a fait repréſenter par NN. (ici il mettra les noms, furnoms & qualités de la perſonne qui a repréſenté la déclaration) une déclaration qu'elle a faite, conformément à l'Ordonnance (marquant le lieu, le jour, le mois, l'an, le nom du Greffier qui en a expédié la copie, ſans entrer en aucune façon dans le détail de ce que contient la déclaration); le parrain NN. (ſon nom, ſon furnom, ſes qualités & ſa Paroiſſe), la marraine NN. (ſon nom, ſon furnom, ſa condition & ſa Paroiſſe), qui, avec NN. (le nom de la perſonne qui a préſenté la déclaration). ont ſigné (ou déclaré ne ſavoir ſigner), & avons gardé copie de ladite déclaration qu'ils ont auſſi ſignée. NN. Curé, &c.

Enfin, dans le dernier cas, l'acte ſera ainſi dreſſé.

Ce (il mettra le jour, comme Jeudi, Samedi, &c. puis la date du mois, v. g. le 7, 13, 23, &c. du mois de......) a été baptiſé (ou baptiſée), par moi Curé (ou Vicaire ou Prêtre) ſouſſigné, N. (ici le nom ou les noms de baptême de l'enfant), né (ou née) d'aujourd'hui (ou d'hier, ou d'autre jour..... il datera le jour & le mois), de NN. (mettant le nom, le furnom, la condition de la mere), de cette Paroiſſe (ou de la Paroiſſe de.....) & d'un pere inconnu. Le parrain NN. (ſon nom, ſon furnom, ſa condition, ſa Paroiſſe), la marraine NN. (ſon nom, ſon furnom, ſa condition, ſa Paroiſſe), qui, avec NN. (le nom, le furnom, la Paroiſſe de la Sage-Femme ou de la perſonne qui a apporté l'enfant), qui a apporté l'enfant, ont ſigné (ou déclaré ne ſavoir ſigner). NN. Curé, &c.

Au reſte, on obſervera qu'il ne faut jamais mettre le nom même de la mere que ce ne ſoit la Sage-Femme, ou une perſonne bien connue pour la probité, qui le diſe & qui ſigne avec les parrain & marraine; & s'il arrivoit que l'on ne pût ajouter foi au rapport de la perſonne qui préſente l'enfant, il faut, en ſe ſervant de la derniere formule, mettre né (ou née) d'aujourd'hui (ou d'hier, &c.), d'un pere & d'une mere inconnus, & préſenté (ou préſentée) au baptême par NN. (ici le nom, furnom, qualités & Paroiſſe de la personne qui apporte l'enfant) ; le parrain, &c. comme dans la derniere formule.

Enregistrement du Baptême d'un enfant trouvé.

Ce (il mettra le jour, comme Mardi, Vendredi, &c. puis la date du mois, v. g. le 5, 10, 15, &c. du mois de.......) a été baptisé (ou baptisée), par moi Curé (ou Vicaire ou Prêtre) soussigné, N. (ici le nom ou les noms de baptême de l'enfant), qui paroît né depuis 5, 8, 15 jours (ou plus, selon les conjectures qu'on peut avoir) a été trouvé (ou trouvée) (il faut marquer le lieu), par NN. (le nom & surnom, la condition & la Paroisse de la personne ou des personnes qui l'ont trouvé) ; le parrain NN. (son nom, son surnom, sa condition & sa Paroisse) ; la marraine NN. (son nom, son surnom, sa condition, sa Paroisse), qui, avec NN. (mettant le nom de celui ou ceux qui ont trouvé l'enfant), ont signé (ou déclaré ne savoir signer), & pour distinguer ledit enfant, lui a été donné le surnom de N. (ici le mettra le surnom, & prendra garde qu'on ne lui donne des noms marqués de familles connues, mais qui rappellent l'endroit où il aura été trouvé, ou qui aient rapport à sa figure, &c.

Acte de supplément des cérémonies de Baptême.

Ce (il mettra le jour, comme Dimanche, Mercredi, &c. puis la date du mois, v. g. le 12, 20, &c. du mois de....) ont été suppléées les cérémonies du Baptême par moi Curé (ou Vicaire ou Prêtre), soussigné, à un garçon (ou une fille) à qui on a imposé le nom de (ou les noms de) NN. (ici le nom ou les noms de baptême), fils (ou fille de NN.) (ici le nom du pere, son surnom, ses qualités), & de NN. (ici le nom & surnom de la mere), son épouse, demeurants en cette Paroisse, (ou sur la Paroisse de.....), né (ou née) le (il marquera le jour, le mois & l'année de la naissance de l'enfant), qui a été ondoyé (ou ondoyée) le.... (mettant le jour, le mois, l'an que l'ondoiement a été fait), à cause du danger de mort (ou par permission de Monseigneur l'Archevêque) ; le parrain NN. (son nom, son surnom, sa condition, sa Paroisse) ; la marraine NN. (son nom, son surnom, sa condition, sa Paroisse), qui ont signé (ou déclaré ne savoir signer). NN. Curé, &c.

Si on demandoit le supplément des cérémonies pour un enfant illégitime, il faudroit, en suivant le fond de cette formule, changer ces mots, fils ou fille de NN. & NN. son épouse, & leur substituer, selon le cas, ce qui est dans les quatre formules ci-dessus pour les bâtards, & omettre ces mots : par permission de Monseigneur l'Archevêque.

S'il falloit les suppléer à un enfant exposé, que ceux qui l'auroient trouvé auroient baptisé, le croyant en péril de mort, on se serviroit de la formule ci-dessus, jusqu'à ces mots : fils ou fille, &c. auxquels on substitueroit ce qui est dans la forme d'enregistrement du baptême d'un enfant trouvé, en commençant à ces mots, qui paroît né, jusqu'au nom de la personne qui l'a trouvé, en ajoutant, & qui, le croyant en péril de mort, l'a ondoyé (ou fait ondoyer par NN. (ici le nom de la personne qui l'auroit ondoyé). Le reste de l'acte se fera comme dans l'enregistrement du Baptême d'un enfant trouvé.

Formule de l'enregistrement de l'ondoiement fait par permission de Monseigneur l'Archevêque.

Ce (il mettra le jour, comme Lundi, Mardi, &c. puis la date du mois, v. g. le 6, 13, &c. du mois de....) a été par moi Curé (ou Vicaire ou Prêtre) soussigné, ondoyé (*ou* ondoyée) , dans l'Eglise Paroissiale (*ou* dans la Chapelle du Château) de.... suivant la permission de Monseigneur l'Archevêque, en date du.......... (*ici le jour, le mois, l'an de la permission*), que nous avons gardée, un garçon (*ou* une fille) né (*ou* née) d'aujourd'hui (*ou d'hier, ou d'autre jour*) (*il datera le jour & le mois*), du légitime mariage de NN. (*le nom, le surnom, les qualités du pere*), & de NN. (*le nom, le surnom de la mere*), demeurants en cette Paroisse (*ou sur la Paroisse de......*), en présence du pere & de NN. & NN. (*les noms, surnoms, qualités & Paroisse des deux témoins*), qui ont signé (*ou déclaré ne savoir signer*). NN. Curé, &c.

Formule de l'enregistrement de l'ondoiement fait par nécessité.

Si un enfant est ondoyé à la maison ou en le portant à l'Eglise, à cause du danger de mort, & que le Curé, tout bien examiné, juge inutile de le rebaptiser sous condition, il enregistrera ainsi cet ondoiement.

Ce (*il mettra le jour, comme Jeudi, Samedi, &c. puis la date du mois, v. g. le 20, 30, &c. du mois de......*), a été ondoyé (*ou ondoyée*) à la maison (*ou en le portant à l'église*), à cause du péril de mort, un garçon (*ou une fille*), par NN. (*il mettra le nom de la personne qui l'a baptisé*), ledit garçon né (*ou ladite fille née*) le..... (*il marquera le jour, le mois de la naissance*), du légitime mariage de NN. (*les nom, surnom & qualités du pere*), & de NN. (*les nom, surnom & qualités de la mere*) son épouse, de cette Paroisse (*ou de la Paroisse de......*) ainsi qu'il nous conste par l'examen que nous avons fait de la maniere dont a été administré ledit ondoiement ou baptême, & en avons ici donné acte, auquel ont signé NN. (*il faut mettre le nom de la personne qui a baptisé*), qui a baptisé l'enfant, & NN. & NN. (*il marquera les noms, surnoms, qualités & Paroisse des témoins*), qui nous ont rendu compte de l'ondoiement ou baptême. NN. Curé, &c.

Si ce jour-là même on suppléoit les cérémonies du Baptême, après cet acte, on enregistrera de suite l'acte de supplément, en observant, & dans l'acte de l'ondoiement, & dans l'acte du supplément, ce qui est dit à la fin de la formule du dernier, s'il arrivoit qu'on eût ondoyé un enfant illégitime, & qu'on le présentât aux cérémonies.

Formule pour l'enregistrement d'un Baptême administré dans une autre Paroisse.

Si un enfant est baptisé dans une autre Paroisse que celle sur laquelle demeurent ses pere & mere, soit parce que leur Curé seroit absent, soit parce que l'enfant étant né dans un lieu fort éloigné de l'Eglise Paroissiale, on l'auroit porté dans une Paroisse plus voisine, à cause du mauvais temps, de la difficulté des chemins, ou même du danger qu'il y auroit pour sa vie si on le portoit si loin, le Curé qui l'aura baptisé délivrera au pere, ou au parrain en l'absence du pere, une copie de l'acte du Baptême, signée de lui, & qui sera portée au propre Curé des pere & mere, & celui-ci en fera mention sur ses Registres en la maniere suivante.

L'an mil........... le...... jour du mois de........... N. (*le nom de Baptême de l'enfant*), né (*ou née*) du légitime mariage de NN. (*les nom, surnom & qualités du pere*), & de NN. (*les nom & surnom de la mere*), son épouse, de cette Paroisse, a été baptisé (*ou baptisée*) dans la Paroisse de......... (*le nom de la Paroisse*), par M. N. (*le nom du Curé qui a baptisé, ou du Vicaire ou du Prêtre*), Curé (*Vicaire ou Prêtre*) de ladite Paroisse, suivant la copie de l'acte du

Baptême, signée de lui, & à moi remise par le pere (ou le parrain) dudit enfant, dont voici la teneur.

Il transcrira de suite l'acte, & mettra à la fin : en foi de quoi j'ai signé ce...... jour du mois de......... l'an........ NN. Curé, &c.

Il seroit à desirer que l'on obligeât les familles à donner par écrit, avec le nom des pere & mere, ceux des aïeux & aieules de l'enfant. On conçoit combien cet usage préviendroit de contestations en fait de successions ; il seroit encore plus essentiel que lorsqu'on donneroit à un garçon un nom de baptême que l'un de ses freres auroit déjà porté, on obligeât les parrain & marraine à y en joindre d'autres.

BARBERY. (ABBAYE DE)

Cette Abbaye est à 3 lieues de Caen, elle est de l'Ordre de Cîteaux.

Robert Marmion, homme distingué par ses vertus militaires, la fonda en 1254. *Voyez* le *Neustria pia*, p. 882. Le titre de cette fondation se trouve pages 85 & 88 du GALLIA CHRISTIANA, *Instrument*.

BARON.

Ce mot dérive de BARO, qui, chez les Romains, signifioit homme vaillant. *Hist. Paul. l.* 1. *c.* 53.

D'abord les anciens Normands donnerent ce nom aux maris qui ne tiennent que de Dieu leur autorité, & de là, dans la suite, ce titre de supériorité devint particulier aux plus hauts Seigneurs relevants nuement du Roi.

Dès le onzieme siecle, les Barons & les Comtes étoient indépendants les uns des autres ; ils commandoient avec la même étendue de pouvoir les vassaux qu'ils menoient à l'armée ; ils réunissoient la puissance militaire, civile & fiscale dans le ressort de leur Seigneurie ; & de là il arrivoit que quelquefois on donnoit le nom de *Barons* aux Comtes (1). La maniere de procéder en la Cour des Barons chez les Anglois, se trouve dans le livre intitulé : *Quoniam attachiamenta*, qui fait partie de la collection de *Skénée*, p. 270. *Traités Anglo-Norm*. Les Barons ayant toujours été attachés en France au Roi, lorsque les Comtes affecterent l'indépendance, ceux-ci ne respecterent ni les droits ni les propriétés des Barons : de là peu de fiefs conserverent le titre de Baronnie, & ceux qui ne les perdirent pas furent réduits à des possessions si peu considérables, que les Barons sont maintenant, en Normandie, les moindres Seigneurs entre les propriétaires des fiefs de dignité. Nous trouvons à la suite de la Charte Normande, dans l'édition de l'ancien Coutumier par Rouillé, un chapitre *de la justice aux Barons*, ainsi conçu :

Barons & autres Justiciers de Normandie, qui tiennent par Baronnie & par membre de Haubert, & qui n'ont le plait de l'espée ni Haute-Justice, peuvent prendre tout home saisi de larcin pour eux par leur Sergent dedans leurs Baronies ou leurs fiefs de Haubert, & le peuvent faire juger si ils l'ont pris saisi, se ils peuvent avoir Chevaliers au jour qu'ils le prennent ou le lendemain dedans telle heure qu'ils puissent le rendre à la Justice, & que la Justice puisse le mener en sautve prison ; & quand ils l'ont rendu en sautve prison à la Justice si come ils doivent, la Justice leur doit rendre tout jugié si ils le requierent en lieu & temps qu'ils doivent le requerir pour faire justice ; & si ils le retiennent plus que ils ne doivent, par la Coutume, ils le doivent amender au Roi.

Item. Ils peuvent prendre leurs Prevost,

---

(1) Assises de Jérusalem, tit. DES BARONS.

Receveurs & Monniers, & leur faire rendre compte, & leur compte enteriner, & les mettre en leurs prisons.

Item. Ils & leurs homes doivent prendre ceux qui crient haro & sur qui il est crié, & les doivent rendre à leurs Seigneurs, & leurs Seigneurs les doivent garder une nuit & un jour, sans les replenir, & après ils le doivent rendre à la Justice, & si ils ne le rendent, ils le doivent amender.

Item. Ils ont le plait de leurs homes de châtel (1) *& de rentes connues devant eulx pour faire payer & enteriner, sans ce quils en puissent connoître par enquêtes.*

Item. Ils ne peuvent lever amende de plus de 18 s. 1 d. (2) *car si ils en lievent plus, & plainte en vient en Justice, ils le doivent amender au Roi.*

Item. Ils ont la bataille de leurs homes de chatel, & peuvent lever du récréant 40 s. 1 d., & si paix en est faitte des parties, ils peuvent lever de chaqu'une des parties 40 s. 1 d.

Item. Ils peuvent les terres à leurs hommes diviser en leurs fiefs, & si les hommes demandent amendement des devises, ils la doivent avoir par la Justice du Roi, & nulle autre Justice ils n'ont plus en Normandie, si come dient les closes de l'Echiquier par les Rôles de l'Echiquier, jasoit ce qu'ils dient que ils en ont plus.

Il paroit que les Barons n'avoient que la compétence de la *Justice moyenne*, dont parle l'article 37 de la Coutume. Cette compétence maintenant se regle par les aveux, dénombrements & possession des Seigneurs qui la réclament. *Voyez* JUSTICE.

BAS-JUSTICIER.

Les Bas-Justiciers, lorsqu'ils ont droit de Foires & Marchés, peuvent prendre connoissance des mesures de boire & de bled s'ils les trouvent fausses, avant que la Justice Royale y mette la main, art. 24 de la Coutume. Ils ont aussi la connoissance du bruit de Marché, c'est-à-dire que le Sénéchal peut connoître des disputes & querelles qui s'y élevent, pourvu qu'il n'y ait ni sang ni plaies, & en lever amende, art. 25. Ils connoissent aussi de parc brisé, des excès faits à leurs Prévôts durant leurs fonctions, art. 26. Ils mettent le prix aux vins & autres boissons, & amendent les contrevenants, art. 27. Ils tiennent plaids & gages-pleiges, ont la connoissance des rentes connues entre leurs hommes, & des blâmes d'aveu. Ils ont droit de détenir en leurs prisons leurs Prévôts, Receveurs & Meûniers, durant 24 heures, & après ce temps, les renvoyer au Haut-Justicier ou au Juge Royal, pour les contraindre à compter de leurs rentes, art. 29. Il ne leur est permis de prendre namps que sur leur fief, & de connoître de dommage de grains ou fruits qu'en flagrant délit : ils ne peuvent exiger que trois ans d'arrérages de leurs rentes, à moins qu'il n'y ait compte arrêté, obligation ou condamnation, ou qu'il n'apparoisse de la premiere fieffe par générale hypotheque. Les Bas-Justiciers connoissent de la mesure des terres entr'eux & leurs vassaux pour la vérification des aveux seulement, car s'ils sont en discord avec leurs hommes, le Juge Royal ou le Haut-Justicier sont seuls compétents. Il leur appartient 18 s 1 d. d'amende, en tenant les plaids pour rente non payée, sans préjudice des amendes curiales, art. 30, 31, 32 & 33. Lorsque le Bas-Justicier est en procès en sa Cour avec son vassal, il ne lui est dû que les dépens curiaux, art. 35.

---

(1) *Châtel*, Meuble.

(2) Voyez l'Art. 33 de la Coutume, & le mot AMENDE.

Sur le surplus de la compétence du Bas-Justicier, *voyez* ce qui est dit aux mots GAGES-PLEIGES, RÉUNION, SAISIE.

Le Bas-Justicier ne doit se qualifier Seigneur que du fief seulement où sa Justice est exercée, & non du village où le fief existe. Il ne peut, dans les Eglises dont il n'a pas le patronage, exiger de préséance que comme Gentilhomme ou propriétaire distingué. Si le Bas-Justicier assignoit son vassal devant le Juge Royal, pour causes qui pourroient être vuidées en la Cour, il n'auroit, en obtenant sa demande, que les dépens curiaux: Arrêt du 7 Février 1661. Lorsque c'est devant le Sénéchal que les vassaux ont contestation entr'eux, ils n'ont aussi que les dépens de Cour : Arrêt du 17 Février 1717.

Il ne faut pas confondre le Bas-Justicier avec le Moyen-Justicier ; l'article 37 de la Coutume les distingue. *Voyez* ci-après, MOYENNE-JUSTICE.

BASNAGE.

Henri Basnage étoit fils de l'un des plus célèbres Avocats du Parlement de Normandie ; ils exerçoient tous deux dans le même temps leur profession ; mais le fils nous a laissé deux monuments de son érudition & de la vaste étendue de ses connoissances en tout genre de Littérature, qui le rendront immortel. En effet, son Commentaire sur la Coutume de Normandie, & son Traité des Hypothèques joignent à une méthode très-claire, à un style châtié, à l'exactitude du raisonnement, des réflexions si sages sur l'esprit des loix qui y sont discutées, que la lecture n'en est pas moins agréable qu'elle est utile.

Il y a apparence que cet Auteur avoit cité beaucoup d'Arrêts de mémoire, ou d'après des extraits peu exacts. M. de la Quesnerie, Avocat distingué du Parlement de Rouen, dans les remarques dont il a orné l'édition que M. Lallemant vient de donner des Œuvres de Basnage, a réformé les erreurs de date que ce Commentateur donne aux Arrêts, & indiqué ceux qu'il n'est pas possible de retrouver dans les Registres de la Cour ; mais il n'a pas réformé les sommaires qui sont en marge de l'édition de 1709 ; cependant il y en a qu'il étoit fort essentiel de faire disparoître, parce qu'ils peuvent induire les élèves en erreur.

Premier exemple. Premier vol. p. 493, on trouve cette note marginale. *Par l'ancienne Coutume, titre d'échéance de Caux, l'aîné prenoit un préciput & les deux tiers ; pour l'autre tiers, les puînés n'en avoient que l'usufruit, & les filles la propriété.*

Et 1º. en lisant Basnage, il est clair qu'il n'attribue qu'à *l'usage qui existoit avant la réformation de la Coutume*, ce que l'Annotateur suppose que cet Auteur dit avoir appuyé sur *l'ancienne Coutume.*

2º Et comment Basnage auroit-il avancé que, par *l'ancienne Coutume*, les filles avoient leur part en *propriété*, puisque dans le ch. 26, *de partie d'héritages*, il est expressément déclaré que les sœurs ne doivent clamer nulle partie en l'héritage de leur père contre leurs frères ni contre leurs hoirs, puisque dans le vieux style de procéder cette vérité est encore plus disertement exprimée ? Basnage n'a donc, sous le nom d'ancien usage, parlé que d'un abus que les réformateurs ont corrigé.

3º. D'ailleurs l'Annotateur cite un titre d'*échéance en Caux*, comme compris dans l'ancien Coutumier, qui ne dit pas un mot des usages du pays de Caux.

Deuxième Exemple. Une autre note en marge de la 23ᵉ. page, premier volume, est ainsi conçue : *la dîme des pépinières due pour ce qui est vendu hors Paroisse*, ce qui n'est pas juste ; car des pépinières plantées sur un terrain qui auparavant n'étoit pas décimable de droit, ne doivent aucune dîme lors même qu'on les fait transporter hors le lieu où elles ont été faites & cultivées : Arrêt du 4 Mai 1763, &c. &c.

Ces deux observations auxquelles on se borne, doivent faire connoître de quelle importance il est de savoir que les notes marginales des Œuvres de Balnage, & leurs tables, sont l'ouvrage des Imprimeurs, & non pas de Balnage ni même de l'Auteur des remarques qui distinguent si avantageusement leur derniere édition. En même temps, les Imprimeurs, qui desirent se rendre recommandables par la bonté des ouvrages qui sortent de leurs presses, doivent concevoir par là de quelle conséquence il est pour eux de laisser aux Jurisconsultes, auxquels ils ont recours pour rajeunir les anciens livres, la liberté d'en retoucher toutes les parties.

BASOCHE.

Cette Jurisdiction fut établie à Paris par Philippe le Bel. Le Président de ce Tribunal s'appelloit *Roi*, & il avoit des Officiers qui portoient le nom de ceux des Cours Royales. A l'imitation du Parlement de Paris, celui de Rouen établit aussi une *Basoche*, dont le titre le plus ancien est de Louis XII, au mois d'Avril 1499. Le Chef de cette Jurisdiction s'appelle *Regent*; il a Chancelier, Conseillers, Maîtres des Requêtes, Avocat & Procureur-Général, Greffier, Huissier; elle s'étend sur tous les Clercs, principalement sur les Solliciteurs de Procès, & sur ceux qui causent quelque trouble dans la Grande Salle où les Procureurs ont leurs bancs. Le *Regent* est reçu en la Cour, & les appellations de ses jugements y sont portées. La Basoche peut faire des Réglements pour la police de l'enclos du Palais, & le Parlement ordinairement les confirme (1). Mr. Froland rapporte plusieurs de ces Réglements, & divers Arrêts de la Cour qui fixent la compétence de la Basoche, page 439 de son Recueil d'Arrêts, tome premier.

BATARDS.

On distinguoit chez les premiers Normands, deux sortes d'enfants auxquels on donnoit le nom de *batards* ; les uns nés d'un mariage secret & non clandestin ; les autres nés avant le mariage. De droit, ceux-ci étoient exclus de toutes successions (2) ; si cependant ils avoient été mis en possession des biens de leurs peres, & qu'ils les eussent transmis à leurs descendants, ils ne pouvoient être dépossédés (3).

A l'égard des seconds, ils succédoient même par préférence à ceux qui étoient le fruit d'une alliance solemnelle, mais postérieure (4). Quoique le mariage secret ne fût pas célébré au portail de l'église, & que le mari n'accordât point de douaire à sa femme, la célébration s'en faisoit cependant par un Prêtre & en présence de témoins ; ainsi il y avoit un vrai mariage entre les parties, & leur postérité étoit légitime.

Guillaume, conquérant de l'Angleterre, étoit bâtard de la deuxieme espece; & comme Robert, Duc de Normandie, l'avoit fait reconnoître avant sa mort pour son successeur, il posséda ses états sans éprouver aucune contradiction : de là les bâtards de maisons nobles que leurs peres ont reconnus & avoués, retiennent encore à présent, en cette Province, la dignité de Noblesse, & sont exempts de tailles en vivant noblement ; mais ils

---

(1) Arrêt du 26 Mai 1755. Recueil d'Edits.
(2) Anc. L. tom. 1. p. 465. Rag. Majest. c. 1. l. 2.
(3) Glanville, l. 7. c. 13, 14 & 15.
(4) Fortescue, c. 39. f. 46.

portent

portent l'écuſſon de leurs armes barré. Terrien (1) rapporte à cet égard un Arrêt du Parlement de Rouen, du 23 Juillet 1557; on retrouve des traces de l'ancien uſage dans le Chapitre *d'empêchement de Succeſſions* du vieux Coutumier. *Tous ceux*, y eſt-il dit, *ſont bâtards, qui ſont engendrés hors mariage, & jaſoit que mariage ait été départi, les enfants qui ſont engendrés, tant comme la Sainte Egliſe le ſouffroit & tenoit pour loyal, ſont tenus pour légitimes, & ceux qui furent engendrés devant le mariage, ſi le pere épouſa depuis la mere, ils ſont tenus pour légitimes.* Car cette diſpoſition ne répute légitimés par mariage ſubſéquent les enfants qu'en vertu de la poſſeſſion où ils ont été de leur état du vivant de leurs peres, & il admet les mariages, pourvu que l'Egliſe les ait tolérés, c'eſt-à-dire quoique célébrés dans le ſecret; tolérance qui n'a plus lieu maintenant, tous les mariages étant aſſujettis à la publication des bans, & étant interdit aux Curés de les célébrer ailleurs qu'en l'Egliſe. Ainſi nous comprenons aujourd'hui, ſous le nom de *Bâtards*, ceux qui ne ſont pas nés d'un mariage authentique indiſtinctement avec ceux qui ſont le fruit d'un commerce illicite, & dont le vice de la naiſſance n'a point été réparé par le mariage ſolemnel des pere & mere. La Coutume réformée a établi diverſes regles à l'égard des Bâtards. *Ils ne peuvent ſuccéder à pere, mere ou aucuns s'ils ne ſont légitimés par lettres du Prince, appellés ceux qui pour ce ſeront à appeller*: (Art. 275). *Ils peuvent cependant diſpoſer de leurs héritages comme perſonnes libres*: (Art. 276). Mais s'ils *décedent inteſtats & ſans enfants, leurs biens reviennent aux Seigneurs en propriété, aux charges de droit*: (Art. 147). S'ils reſtent, ils peuvent léguer leurs meubles & la part de leurs acquêts, dont les autres Citoyens peuvent diſpoſer: (Art. 416 de la Coutume, & 94 des Placités). Le pere d'un Bâtard peut lui donner par teſtament, en le reconnoiſſant pour ſon fils, telle part de ſon mobilier qu'il donneroit valablement à un étranger: (Art. 426). Mais il eſt défendu au pere de donner à ſon Bâtard partie de ſon héritage, ni de le faire tomber en ſes mains directement ou indirectement; ou s'il le fait, ſes héritiers peuvent révoquer le don dans l'an du décès du donateur: (Art. 437, Arrêt de l'Echiquier en 1212, & Bruſſel, p. 915 & ſuivantes). Cependant *les Bâtards peuvent recevoir toute eſpece de legs ou de donation de la part d'autres perſonnes que de celles de leurs pere & mere*: (Art. 438.) Les prohibitions faites aux Bâtards qui n'ont point de poſtérité, de donner ou léguer leurs biens, a eu pour but de les conſerver au Roi ou aux Seigneurs par préférence à des étrangers; & ceci étoit très-conforme à l'économie féodale. Le Bâtard n'avoit pour protecteur que le Roi ou le Seigneur duquel il relevoit, ſoit à cauſe de ſes acquiſitions, ſoit à cauſe de ſon domicile; il ne pouvoit durant ſa vie réclamer, comme les hommes libres, la contribution de ſa famille aux peines pécuniaires auxquelles il étoit condamné; ſa ſucceſſion, en retournant au Roi ou aux Seigneurs, les dédommageoit de ce qu'ils n'avoient pu exiger de lui durant ſa vie: de là, en quelques endroits des anciennes Coutumes, les Bâtards ſont appellés *Serfs*; leurs Seigneurs étoient obligés de les cautionner en jugement, comme ils y étoient tenus à l'égard de leurs villains.

On a douté ſi un fils né d'une concubine mariée depuis la naiſſance de cet enfant à un autre qu'à ſon pere, devenoit légitime par le mariage de ſon pere

---

(1) Liv. 2. p. 37.

Tome I.

avec fa mere, devenue veuve ? L'Arrêt du 23 Novembre 1582, rapporté par Bérault, a prononcé en faveur de la légitimité de l'enfant. Cette légitimité est également incontestable, lorsque l'un des époux a été dans la bonne foi en contractant mariage ; ainsi l'enfant d'un Prêtre, dont la femme avoit ignoré l'état, fut admis à recueillir sa succession, par Arrêt du 19 Février 1517.

Les bâtards succédant à leurs enfants, & ceux-ci étant habiles à recueillir leur succession, il est sensible qu'ils sont regardés comme tous les autres Citoyens, & jouissent de la même liberté pour tous les actes civils qui ne tendent point à leur attribuer les biens de leurs pere ou aïeux, au préjudice des droits des enfants légitimes, du Roi ou des Seigneurs : d'où il faut conclure qu'ils sont obligés à tous les devoirs qui ne forment aucun obstacle à ces droits envers leurs pere & mere ; s'ils manquoient de respect à leur égard, ils seroient sévèrement punis ; ceux-ci par retour sont tenus à les protéger, à les défendre ; une plainte présentée par leur pere ou mere pour violences, dont ils auroient été l'objet, seroit valable ; mais si le pere ou la mere étoient inconnus & qu'ils fussent mineurs, le Ministere public seroit forcé de prendre leur fait & cause. Ceci est d'autant plus juste, qu'indépendamment des sentiments d'humanité qui ne doivent pas permettre qu'aucune classe de Sujets soit impunément vexée, le Roi succédant aux meubles des bâtards, (Arrêt du 27 Avril 1624), & les Seigneurs à leurs immeubles, ces Seigneurs & le Souverain ont intérêt à ce que les Officiers de leurs Jurisdictions veillent à la conservation de ces deux especes de biens, & que conséquemment les bâtards ne soient pas victimes de l'injustice. Quand on dit que les Seigneurs succedent aux immeubles des bâtards, il faut excepter de cette sorte de biens, les rentes constituées, (Arrêt du 11 Février 1609 (1)) : elles appartiennent au Roi. Sous le nom de Seigneurs nous comprenons les gens de main-morte, aux termes des Arrêts du 29 Décembre 1642 & du 3 Mars 1651 (2), parce que cependant ils sont tenus d'aliéner les biens à eux échus par bâtardise, attendu que ce droit ne leur a été attribué que comme profit momentané de leurs fiefs, & non pas à l'effet de réunir à leurs fiefs ces profits à perpétuité.

On a douté long-temps si la femme d'un bâtard prenoit douaire sur ses biens ; mais lorsqu'on réfléchit à ce que, comme on vient de l'observer, le bâtard jouit de tous les droits des autres Citoyens, tant qu'ils ne blessent point ceux des héritiers légitimes du pere du bâtard ni ceux des Seigneurs, on conviendra qu'il n'y a aucun motif de le priver de donner douaire à sa femme.

L'action en bâtardise doit être intentée par le Seigneur dans l'an & jour du décès : (Arrêt de l'Echiquier de 1212, & Bruffel p. 954).

Quoique l'on considere les biens échus par bâtardise aux gens de main-morte, comme de simples casualités, quand des Seigneurs laïcs les recueillent, on a de ces biens une toute autre idée ; ils deviennent alors partie intégrante du fief, & tiennent en la succession des Seigneurs nature de propre ou d'acquêt, selon que le fief a l'un ou l'autre de ces caracteres. En l'article ALIMENTS, nous nous sommes bornés à dire que les pere & mere en devoient à leurs bâtards. Mais quand ces aliments, comme il est ordinaire, sont constitués en rente, les arrérages en sont-ils dûs de plusieurs an-

---

(1) Basnage, Article 147. (2) Ibid. Article 178.

nées ? La négative nous paroît sans difficulté : car si un bâtard pouvoit demander plus d'un an de sa pension, il faudroit l'autoriser à en exiger 29 années, & alors il auroit plus de faveur qu'un enfant légitime, qui, suivant l'Article 95 du Réglement de 1666, ne peut se faire payer qu'un an du revenu de l'avancement d'hoirie ; d'ailleurs en certain cas, il envahiroit la totalité des immeubles de son pere naturel. Un jeune homme auroit un bâtard, lui donneroit une rente viagere, puis il se marieroit, ne paieroit rien de la rente de son vivant ; & après son décès, faute de paiement, le bâtard feroit décréter les biens des enfants légitimes ; ce qui produiroit un effet diamétralement opposé à l'esprit de l'Article 437 de la Coutume. Il est vrai qu'en 1752 on a appointé une cause où il étoit question de savoir si le bâtard pouvoit répéter 29 années d'arrérages de sa rente ; mais l'appointement fut provoqué par des circonstances particulieres qui favorisent notre opinion.

Un sieur de Villeraye avoit deux bâtards, à chacun desquels il avoit donné une pension de 250 liv. ; après lui cette pension fut contestée par les héritiers ; enfin ils transigerent, & elle fut réduite. Depuis la réduction, les bâtards & les héritiers avoient arrêté de compte pour les arrérages ; un de ces bâtards étant passé en Angleterre, & y ayant séjourné long-temps, revint en France, & exigea 29 ans de sa pension ; c'est sur cette demande qu'après avoir accordé une provision de 1200 liv., l'affaire fut appointée ; d'où on doit conclure que la Cour n'y trouvoit de difficulté qu'à raison de l'obligation contractée par les héritiers, & que cessant cette obligation, le bâtard auroit été jugé non-recevable.

BATEAUX.

L'Article 519 de la Coutume déclare les bateaux ou navires *meubles* ; mais il ajoute que *lorsqu'ils sont saisis par autorité de justice pour être décrétés, ils sont réputés immeubles.*

L'Article 581 prescrit les formalités du décret des navires ; on ne peut les vendre qu'*après criées & proclamations faites par trois Dimanches subséctifs sur les quais & havres, & à l'issue de la Messe paroissiale de l'Eglise du lieu où le bateau ou navire est arrêté.*

Ce que l'Article 519 dit des bateaux, est si général que par Arrêt du 15 Juillet 1650, rapporté par Basnage, un navire qui est encore sur les chantiers ne peut être saisi que par la voie *réelle* ; c'est-à-dire comme les immeubles.

Quoique les navires soient réputés immeubles par la saisie, cependant ils ne sont pas sujets à retrait ni au treizieme (1). La raison est que de leur nature, ils n'ont pas une assiete fixe & déterminée ; & que conséquemment on ne peut pas dire qu'ils soient de la mouvance ou dépendance d'aucune Seigneurie : si donc on les répute immeubles, ce n'est qu'à cause des privileges & hypotheques dont ils sont susceptibles. Au reste, la formalité de la vente des navires est beaucoup plus simple que celles des immeubles réels. Les Articles 2, 3, 4, &c. du Tit. 14 du Livre premier de l'Ordonnance de la Marine les indiquent.

Notre Coutume observe que les navires ne sont *immeubles* que lorsqu'ils sont saisis *par autorité de justice* ; ainsi quand avant la saisie, on les a retirés en temps non suspect des mains du débiteur, le créancier n'a pas sur eux droit de sui-

---

(1) Us & Coutumes de la Mer, p. 324 & art. premier. tit. 10. l. 2 de l'Ordonnance de la Marine.

te (1); & si un débiteur en fait cession sans formalités à celui envers qui il est redevable, la cession est bonne; mais le cessionnaire court les risques d'être tenu au paiement des autres créanciers s'il s'en présente.

Il est essentiel d'observer encore que lorsqu'un failli n'a fait qu'une cession générale de tous ses biens, & que des navires en font partie, les créanciers sont obligés de ne faire procéder à la vente de ces navires qu'en la présence du failli, lorsqu'il n'a pas dispensé expressément de cette formalité; car les navires sont d'une trop grande importance pour que l'aliénation en puisse être valablement faite sans le concours du propriétaire: Arrêt rendu au profit du sieur Dufour contre ses créanciers, le 27 Août 1778.

C'est une question de savoir si la vente par décret d'un navire est susceptible du droit de Forgas. Bérault sur les articles 509 & 581 de la Coutume, cite un Réglement de 1609 qui paroît être en faveur de l'affirmative; mais ne peut-on pas dire que ce Réglement a été abrogé par l'Ordonnance de 1681. Elle oblige, (Article 10, Tit. 11, Liv. 1.) l'adjudicataire à payer le prix de son adjudication dans les 24 heures : n'est-ce point par cette raison que Basnage ne dit rien de ce Réglement en son Commentaire de l'Article 519 de notre Coutume ?

Il y a eu un Arrêt le 13 Août 1773, rendu sur une contestation née à l'occasion d'un forgas de navire décrété; mais comme il y avoit des nullités en la formation du forgas, & qu'elles furent le motif du jugement, nous n'en ferons connoître l'espece qu'en l'article FORGAS.

BATONNIER.

C'est l'Avocat qui, dans le nombre de ceux qui exercent en une Jurisdiction, est choisi par ses confreres pour maintenir les privileges de l'Ordre & présider à ses assemblées, qu'il a seul droit de convoquer.

Lorsque les Juges portent atteinte à la liberté de la profession des Avocats, le Bâtonnier doit faire assembler ses confreres & arrêter avec eux verbalement ou par écrit les représentations qu'il convient de faire aux Magistrats qui ont blessé leurs droits; & si l'on refuse de les écouter, l'Ordre est fondé à porter ses plaintes à la Cour. En Normandie le Bâtonnier est appelé *Syndic*, il précede tous ses confreres, a la premiere place aux audiences; il porte la parole dans toutes les affaires qui intéressent sa compagnie; c'est chez lui que se font les assemblées; aucuns Avocats ne peuvent se charger d'une cause personnelle à l'un de leurs confreres sans l'en avoir prévenu, afin que si le procès qu'intente un membre de l'Ordre n'est pas fondé, il l'empêche, de concert avec sa compagnie, de donner au public le spectacle scandaleux d'une poursuite qui n'auroit que la mauvaise foi ou l'opiniâtreté pour principe. Rien n'est plus essentiel aux Avocats dans les Jurisdictions inférieures que d'établir un Syndic; car là ils s'épargnent d'avoir des démêlés particuliers avec les Juges : si l'on met d'injustes entraves à la liberté qui distingue leur état, ce n'est plus celui qui a éprouvé la mauvaise humeur ou le caprice du Juge, qui le rappelle aux regles de la décence & de la modération; c'est l'Ordre entier par la bouche du Syndic : & il n'est point de Juge, instruit de ses devoirs, qui ne se fasse un mérite de réparer ses torts vis-à-vis d'une compagnie dans laquelle, d'un instant à l'autre, il peut être obligé de reconnoître des Juges pour lui-même.

---

(1) Comment. de M. de Valins, p. 321, premier vol.

BAYEUX.

Ville dont l'Evêque est le premier suffragant de l'Archevêque de Rouen : en conséquence il a le droit de le sacrer. Son Eglise cathédrale est dédiée à la Sainte Vierge. Son premier Evêque est S. Exupere, qui vivoit dans le cinquieme siecle.

La Vicomté de Bayeux a des Usages particuliers.

I. » Les femmes jouissent par usufruit, » encore qu'elles se remarient, de tous les » conquêts faits en franc-aleu par leurs » maris, constant leur mariage ; à la charge » d'entretenir les maisons & édifices, & » d'acquitter les rentes dues à cause desdits » conquêts : & où elles renonceroient » à la succession de leursdits maris, ne » jouiront desdites acquisitions.

II. » Les maisons & héritages de la Ville » & fauxbourgs de Bayeux, & partie de » la banlieue, selon qu'elle est bornée » d'anciens mercs & devises, sont tenus » en franc-aleu.

III. » Les venditions faites d'héritages » tenus en franc-aleu en ladite Vicomté de » Bayeux, peuvent être retirés par clameur, » dans l'an & jour de la lecture & » publication du contrat.

IV. » L'aîné faisant partage à ses freres » puînés en succession directe de pere ou de » mere, aïeul ou aïeule, peut retenir par » préciput le lieu-chevel, anciennement » appellé *hébergement*, soit en Ville ou » aux champs, de quelqu'étendue qu'il soit, » pourvu qu'il y ait manoir & maison commode » pour habiter, & qu'il ne soit séparé » d'aucun chemin ou voie publique, riviere » ou cours d'eau ancien, qui prenne sa » source hors la Paroisse en laquelle ledit » lieu-chevel est assis, en faisant par ledit » aîné à ses puînés récompense en rente » tenant nature de fonds, à la proportion » de la valeur dudit lieu-chevel, duquel » à cette fin sera fait estimation devant » le Juge ordinaire, par douze témoins » voyeurs, des plus notables de ladite Paroisse » ou lieux circonvoisins, desquels » lesdits freres conviendront, autrement » seront pris & choisis par le Juge de » son office ; à la charge toutefois que » ledit aîné ne pourra avoir qu'un seul » préciput, encore qu'il y eût plusieurs » successions desdits pere ou mere, aïeul » ou aïeule ; & où ledit aîné auroit gagé » partage à sesdits puînés, sans avoir au » préalable fait récention dudit lieu-chevel, » il ne le peut plus après réclamer.

V. » Le Seigneur de fief ne peut avoir » plus de vingt deniers pour livre du prix » de l'héritage vendu, pour tout droit de » treizieme & relief ; & recevant lesdits » vingt deniers, il se prive de retirer à » droit seigneurial ledit héritage vendu, » tant noble que roturier.

VI. » Il y a droit de Bourgeoisie à » Thorigny, Cerisy & Isigny, pour les » maisons & héritages bornés d'anciens » mercs & devises, autrement appellés » *les Sangles* : & y acquierent les femmes » moitié en propriété aux acquisitions » faites par leurs maris, constant » leur mariage, des héritages assis au-dedans » desdites bornes : réservé qu'aux » acquisitions faites d'héritages assis au » franc-aleu de ladite Paroisse de Cerisy, » elles n'acquierent aucune propriété ; ains » jouissent seulement par usufruit du tiers » desdites acquisitions, néanmoins qu'il ne » soit dû aucuns treiziemes de la vente des » héritages assis audit franc-aleu.

VII. » Les sœurs n'entrent en discussion » de partage avec leurs freres, soit en » bourgage, ou hors bourgage ; mais leur » est par les freres donné mariage, si » mieux ils n'aiment leur laisser la tierce » partie de la succession, ou les recevoir » à partage, sans distinction de ce qui est » en bourgage ou dehors.

BEAUBEC. (ABBAYE DE)

Cette Abbaye a été fondée par celle de

Savigny. Les bienfaiteurs de ce Monaftere, font Guillaume de Fécamp & Hugues de Gournay. *Voyez* p. 715. *Neuft. pia.*

BEAUMONT-LE-ROGER.

Ses Ufages locaux fe réduifent aux articles fuivants.

I. » Les filles venant à partage, ont » part en eſſence aux maifons, mafures & » ménages, tant en Ville, Bourgage qu'aux » champs.

II. » La femme, après le décès du mari, » a la moitié des meubles, foit qu'il y ait » enfants ou non, à la charge de la » moitié des dettes mobiliaires & des funérailles, en exemption des legs teftamentaires.

III. » Et au Comté d'Harcourt, s'il y » a enfants, la femme a le tiers des meubles, en contribuant aux tiers des dettes » feulement.

BEC. (LE)

La fondation de ce Monaftere remonte à l'an 1034, & eft due à Herluin fon premier Abbé. Les titres de cette Abbaye fe trouvent p. 292, *Gall. Chrift. Inftrum.*

BELAISE.

Voyez BESSIN.

BELLE-ÉTOILE.

Monaftere fondé en 1215, par Henri de Bellefoge. *Voyez* les titres de cette fondation, p. 910. *Neuftria pia*, & p. 96. *Inftrum. Gall. Chrift.* Tom. XI.

BELLE-MERE.

Quoiqu'une mere n'ait pas figné au contrat de mariage de fon fils, fi elle n'a pas contredit fon mariage, & fi fon époux d'avec lequel elle eft féparée civilement, l'a approuvé, fa belle-fille a douaire fur fes biens, quand même le mari de cette derniere décéderoit avant fa mere : (Arrêt du 16 Novembre 1690 (1)). Les Articles 369 & 370 de la Coutume paroiſſent, il eft vrai, n'accorder douaire que fur les biens du pere & de l'aïeul qui ont confenti au mariage. Mais on ne peut pas nier que conftant le mariage les volontés des meres à l'égard de l'établiſſement de leurs enfants fe manifeftent par celles de leurs époux. Or la féparation civile ne détruit pas cette préfomption, elle n'ôte au mari que l'adminiftration des biens ; fur tout le refte il conferve fon autorité. *Voyez* Bérault & Godefroi fur les Articles de Coutume que l'on vient de citer.

BELLOSANE. (ABBAYE DE)

Hugues de Gournay fonda cette Abbaye à la fin du douzieme fiecle. On trouve l'hiftoire & le titre de cette fondation, pag. 891 du *Neuftria pia.*

BÉNÉFICE D'INVENTAIRE.

Suivant les regles de l'équité, on ne peut être tenu de payer les dettes d'un défunt, qu'autant qu'il laiſſe de quoi les acquitter ; mais comme à l'ombre de ces regles, des héritiers pourroient au préjudice des créanciers fpolier les fucceſſions, on a fait une loi qui d'un côté répute quiconque s'empare des biens d'une fucceſſion, fans en faire conftater la valeur, obligé à en acquitter indiftinctement toutes les charges ; & qui d'un autre côté décharge de cette obligation ceux qui autorifés par le Prince à recueillir les fucceſſions des défunts dont ils ne veulent pas fe porter héritiers abfolus, en font faire bon & loyal inventaire ; car dès-lors ils ne font que des adminiftrateurs propofés par le Souverain à la fucceſſion vacante, & tout le bénéfice qu'ils tirent de cette

---

(1) Efpr. de la Cout., Arrêts Notabl. p. 181.

administration, est qu'ils conservent la liberté de se déclarer héritiers purement & simplement, lorsqu'après les dettes du défunt acquittées, ils trouvent quelques biens ou deniers dont ils peuvent profiter.

10. Celui qui veut se porter héritier par bénéfice d'inventaire, doit obtenir Lettres en la Chancellerie, les présenter au Juge, les faire entériner & faire recherche au domicile du décédé de ceux qui veulent se porter ses héritiers absolus. S'il ne s'en présente pas, il est tenu de faire faire trois criées à jour de Dimanche, issue de grand'Messe Paroissiale du lieu où le défunt est décédé, en faisant savoir que s'il y a aucun du lignage dans le septieme dégré qui veuille se porter héritier absolu, il doit comparoître à la prochaine assise pour y être ouï & reçu, à faute de quoi l'on procédera à l'adjudication du bénéfice d'inventaire : (Article 86 de la Coutume).

Ces criées doivent être faites à jour de Dimanche, issue de la Messe Paroissiale du lieu où étoit le domicile du défunt, & il doit y avoir une assise entre chacune desdites criées à jour de Dimanche, & non de Fête : (Article 87).

En chaque assise, défaut doit être pris sur les lignagers du défunt, & après le troisieme défaut on fait encore une criée d'abondant, & assignation aux assises suivantes, avec déclaration que si aucun ne se présente, le bénéfice d'inventaire sera adjugé : (Article 88).

En l'assise suivante on lit toutes les diligences : si on les trouve bien faites, l'adjudication du bénéfice d'inventaire est prononcée au préjudice de tous ceux du lignage qui voudroient par la suite se porter héritiers absolus : (Article 89).

Mais si avant l'adjudication il se présente quelqu'un du lignage d'un défunt qui veuille se porter héritier absolu ; il y est reçu, quoique plus éloigné que l'héritier par bénéfice d'inventaire, en payant les frais faits par ce dernier : (Art. 90).

Cependant il faut excepter de cette regle le mineur ; car il ne peut exclure un plus proche parent héritier bénéficiaire, en se portant héritier absolu, (Article 18 du Réglement de 1666) ; parce qu'il n'est pas juste que le sort des Créanciers soit perpétuellement incertain ; & il le seroit, le mineur devenu majeur, pouvant à sa majorité rétracter tous les actes qu'il auroit faits auparavant. D'ailleurs comment celui qui ne peut régir ses propres biens, pourroit-il devenir garant d'une régie qu'il n'auroit pas faite personnellement ?

La regle de l'Article 90 n'est pas très-clairement expliquée ; car elle paroît frapper sur toute espece d'héritiers, & cependant il est de Jurisprudence certaine (1) que l'Article ne s'entend que de l'héritier en ligne collatérale, (Arrêt du 23 Janvier 1760) ; & qu'il n'y a que celui qui est héritier en ligne directe par bénéfice d'inventaire, qui ne peut être privé de ce bénéfice par un héritier pur & simple plus éloigné que lui : (Arrêt de la Brisoliere, du 7 Mars 1662).

6°. En 1753, il s'éleva cette question : *Si un héritier bénéficiaire immédiat étant décédé avant d'avoir fait entériner ses Lettres, son héritier présomptif pouvoit jouir du bénéfice d'inventaire, & en continuer les poursuites à son profit, sans par là confondre l'addition de l'hérédité bénéficiaire, avec celle du défunt ?* L'affirmative fut jugée par Arrêt du 6 Juin ; mais cet Arrêt a été cassé par Arrêt du Conseil du 20 Juillet 1754 ; sans doute par la raison que l'héritier du défunt n'avoit pas levé de nouvelles Lettres, & qu'en prenant une qualité devenue personnelle au dé-

---

(1) Basnage sur l'Art. 90. — Frolan, recueil d'Arrêts, t. 1. p. 182.

funt, il ne pouvoit pas dire qu'il n'étoit pas son héritier : il n'y auroit donc pas eu de difficulté sur l'exécution de l'Arrêt de la Cour, si cet héritier avoit pris des Lettres de la Chancellerie en son propre nom.

3°. Toutes les formalités & les délais que la Coutume prescrit dans les articles qu'on vient de citer, n'ont pas lieu en ligne directe. On n'est point obligé de faire contumacer les héritiers : (Arrêt du 6 Juillet 1729). Ceci est conforme à l'Ordonnance de Louis XIII, du mois de Janvier 1619. En conséquence un frere ne peut exclure par le bénéfice d'inventaire, son frere absent, de la succession de leurs ascendants ; & entre enfants on est toujours admis à demander part au bénéfice d'inventaire, pourvu qu'on n'ait pas consenti par quelqu'acte, qu'un seul eût ce bénéfice : (Arrêt du 25 Mai 1662).

4°. L'entérinement du bénéfice d'inventaire, n'empêche pas celui qui l'a obtenu, de renoncer à la succession, de réclamer son tiers coutumier ; il paroît naturel qu'en devenant administrateur pour les Créanciers, on puisse l'être pour ses propres créances, sur-tout quand leur privilege est aussi incontestable que celui du tiers coutumier.

5°. Le bénéfice d'inventaire n'a pas lieu dans les successions de ceux qui ont eu le maniement des deniers royaux ou publics ; ce bénéfice est une faveur du Souverain ; il ne seroit pas juste qu'ayant des administrateurs des affaires de son domaine, il leur substituât des personnes dont le zele pour ses intérêts ne seroit pas aussi connu.

6°. Les nullités d'un bénéfice d'inventaire ne rendent pas de droit héritier absolu celui qu'on en fait évincer, (Arrêts des 10 Avril 1601, & 7 Mars 1607) ; il n'est réputé tel que lorsqu'on lui a prouvé des fraudes dans sa régie. C'est ce que fait entendre clairement l'Article 95 de la Coutume.

7°. Après s'être porté héritier par bénéfice d'inventaire, on a la faculté de prendre qualité d'héritier absolu, & on y est reçu en son rang de prochaineté, (Article 91 de la Coutume) ; à moins que ce changement de qualité n'eût pour but d'évincer celui conjointement avec lequel on auroit impétré ce bénéfice : (Arrêt du 26 Février 1740).

8°. Quand l'héritier bénéficiaire a fait faire bon & loyal inventaire de tous les biens, titres & enseignements de la succession, il doit faire apprécier par Justice les meubles, fruits & levées, en donnant caution au Sergent de la querelle du prix de l'estimation, ou les faire vendre, en appellant à l'estimation ou à la vente les créanciers opposants & connus ; mais on ne croit pas qu'il soit tenu, faute de Parties, de requérir la présence du Procureur du Roi, par argument de l'Arrêt du 24 Mai 1757, que nous rapporterons au mot INVENTAIRE.

9°. Le Receveur des Consignations ne peut prétendre aucuns droits sur les deniers de la vente, quand c'est la caution de l'héritier bénéficiaire, ou son tuteur qui les reçoit : (Arrêts des 4 Août 1741, & 10 Mars 1746).

10°. Tous les frais que ces formalités exigent, sont prélevés en privilege sur le prix de la vente, & l'héritier bénéficiaire n'est tenu envers les créanciers que jusqu'à concurrence de la valeur de cette vente ou de l'estimation. Les deniers provenants de la vente, sont distribués aux créanciers par Justice selon l'ordre de priorité ou de postériorité de leurs crédites ; & à cet effet le Juge donne jour pour la tenue de l'état ; jour qui est annoncé issue de Messe Paroissiale, & quinze jours auparavant son échéance.

11°. Comme l'héritier bénéficiaire est tenu de répondre aux actions & demandes

des

des créanciers, s'ils repréfentent des faits ou obligations du défunt ; il s'enfuit que s'il abandonne le bénéfice d'inventaire, & qu'un héritier pur & fimple appréhende la fucceffion, celui-ci doit lui rembourfer les capitaux des rentes qu'il a racquittées, lors même que le créancier auquel le racquit auroit été fait, lui auroit cédé fes droits, (Arrêt du 6 Mai 1656); parce que par la ceffion il a le droit qu'auroit eu le créancier d'exiger fon capital, car il devient exigible dès qu'un débiteur meurt en faillite ; & c'eft une vraie faillite qu'a faite un défunt, lorfqu'il laiffe fa fucceffion dans un tel délabrement, qu'aucun ne veut fe porter héritier pur & fimple. Si cependant le créancier d'une rente l'avoit tranfportée de fon vivant, après fa mort, fon héritier, bénéficiaire ne feroit pas tenu de rembourfer cette rente au ceffionnaire, il fuffiroit qu'il donnât caution de ce qu'elle feroit bien payée, parce que la fucceffion de celui qui l'a tranfportée n'eft en ce cas grevée que de la garantie de la folvabilité du débiteur : (Arrêt du 17 Juin 1687.)

12°. C'eft une queftion de favoir fi l'héritier bénéficiaire eft tenu de rapporter les donations que le défunt lui a faites ? A cet égard il ne paroît pas jufte que ce rapport ait lieu ; l'addition d'une hérédité en vertu de Lettres du Prince, eft un bénéfice que l'on tient de lui. Ce bénéfice n'eft accordé que comme un dédommagement des foins d'adminiftration : pourquoi, en évitant des frais & des embarras à des créanciers, feroit-on tenu à leur facrifier des dons reçus fouvent à titre de reconnoiffance ? D'ailleurs la qualité d'héritier bénéficiaire n'empêche pas de demander diftraction du tiers coutumier ; & elle ne prive pas celui qui l'a obtenue d'exercer vis-à-vis des créanciers à fon ordre les crédites que le défunt a contractées vis-à-vis de lui (1) : on ne doit donc pas confondre les droits de la perfonne qui obtient le bénéfice d'inventaire, avec ceux que ce bénéfice d'inventaire lui confère : ce n'eft qu'autant que ce bénéfice lui eft avantageux, qu'elle fupporte fes crédites ou fa donation fur le profit qu'elle tire de la fucceffion, ou lorfqu'elle partage la qualité de bénéficiaire avec un autre parent du défunt, qu'elle eft obligée a rapport. Cette diftinction entre la perfonne de l'héritier bénéficiaire & fa qualité eft tellement jufte, fuivant notre Coutume, que les Créanciers ne peuvent exécuter fes biens propres pour le paiement de leur dû, & que la fucceffion qu'il gere eft leur unique objet (2).

BÉNÉFICES.

On a précédemment expliqué (3) ce qu'on entendoit par *Bénéfice* laïc fous les premiere & deuxieme races & durant les deux premiers fiecles de la troifieme. Ce fut à *l'inftar* des bénéfices laïcs que les poffeffions attachées aux titres eccléfiaftiques, prirent ce nom au commencement du neuvieme fiecle (4).

Pour traiter avec ordre & avec l'étendue convenable les queftions relatives à cette derniere efpece de bénéfices, il convient de confidérer d'abord quelle eft leur nature ; & c'eft ce qui va faire l'objet de cet article, parce que dans la fuite nous expliquerons dans les articles DATE, DÉVOLUT, GRADES, INDULT, NOMINATION, PATRONAGE, RECRÉANCE, RÉGALE, comment on peut en être valablement pourvu. En ceux de CAPACITÉ, COUR DE ROME, ORDINAIRE, PAPE, l'on s'attachera aux

---

(1) Efpr. de la Cout. p. 55. & Terrien l. 6. c. 8, aux notes.
(2) *Ibid.* p. 552.

(3) Voyez la Préface.
(4) Dom Beffin, Cout. Norm., p. 44. part. I. aux notes.

formalités requises pour en jouir régulièrement. Articles PLURALITÉ, PRÉDICATIONS, RÉSIDENCE, SACREMENTS, il sera question des obligations qu'ils imposent. Ensuite aux mots CHANCEL, RÉPARATIONS, les charges des bénéfices seront indiquées. Sous ceux de DIMES, PORTIONS CONGRUES & PENSIONS, on verra en quoi consistent leurs revenus : enfin on trouvera en l'article UNION les formalités nécessaires pour supprimer un titre de bénéfices; & en ceux de DÉPORT & de MAIN-MORTE quand cessent & commencent la jouissance des Bénéficiers, & conséquemment leurs baux.

Le mot BÉNÉFICE, pris dans la vraie signification qu'il avoit au neuvieme siecle, désignoit un usufruit accordé à charge de services; il rappelle donc aux ecclésiastiques qu'ils ne sont que dépositaires des biens temporels attachés à leurs bénéfices, & qu'ils n'ont que l'administration de fonctions relatives au spirituel, en considération desquelles la jouissance de ces biens leur est accordée. Les ecclésiastiques tombent fréquemment dans l'illusion à cet égard; ils usent de leurs biens comme propriétaires, & rapportent souvent à leur personne les privileges & les honneurs qu'elle ne tient que de la dignité dont elle est revêtue, ou du caractere qui lui est imprimé. L'abus qu'ils pourroient faire de leurs biens a été prévenu par différentes loix que nous trouverons indiquées articles, BIENS ECCLÉSIASTIQUES, COMMISE & CRIMES. A l'égard de celui qu'ils seroient tentés de faire de leur ministere, on doit remarquer qu'il seroit d'autant plus condamnable qu'en confondant ce ministere avec leurs personnes, les ecclésiastiques feroient rejaillir sur l'un les défauts de l'autre; de là ils exposeroient les Juges à ne pas punir quelquefois assez sévèrement le mépris fait de leurs fonctions, ou à resserrer les prérogatives de leur ordre dans les bornes les plus étroites. Il convient donc que chaque Bénéficier, pour conserver au rang qu'il occupe dans l'église toute la considération qui lui est due, connoisse l'espece du bénéfice dont il est pourvu, & les devoirs que ce bénéfice lui impose; ainsi il doit d'abord examiner si son bénéfice est régulier ou séculier; s'il est simple ou double; compatible ou incompatible.

1°. Si le bénéfice est régulier, il ne peut être possédé que par un régulier : *& vice versa*, un bénéfice séculier ne peut être possédé que par un séculier. Ceci vient de ce que l'intention des fondateurs de l'église ou des monasteres doit être suivie scrupuleusement; aussi par Arrêt du 24 Mai 1504 (1) fut-il décidé, au Parlement de cette Province, qu'un bénéfice affecté à une Abbaye de l'Ordre de Saint Benoît, n'avoit pu être conféré à un Religieux d'un autre Ordre. La même chose a été jugée contre un Religieux de   , le 23 Juillet 1755. Cependant le Pape peut dispenser de ces regles; car nous voyons que le 18 Avril 1603, la Cour approuva la permutation faite par un Dominicain d'un bénéfice séculier dont il avoit été pourvu par dispense du Pape, contre un autre bénéfice séculier, sans avoir besoin d'une nouvelle dispense (2). Au reste quand le séculier a joui pendant trois ans d'un bénéfice régulier, & le régulier d'un bénéfice séculier, le possesseur ne peut être troublé; mais ceci ne peut préjudicier les patrons, car la nature d'un bénéfice ne se change que par 40 ans & trois présentations; c'est-à-dire que si le bénéfice a été, quoique régulier, possédé paisiblement & de bonne foi pendant 40 ans par des sécu-

---

(1) Forget, p. 187.   (2) *Ibid.*

liers pourvus en titre, comme d'un bénéfice féculier sans commende ni difpenfe, car la commende & la difpenfe confervent la nature du bénéfice; il ne fuffiroit pas qu'un régulier fût pourvu de ce bénéfice pour le rétablir dans l'état régulier qu'il avoit originairement, quand même le titre de la fondation feroit repréfenté; il faudroit une nouvelle prefcription de 40 ans, acquife par trois titulaires réguliers: ces 40 ans fe comptent de la date de la provifion qui a commencé le titre de fécularité ou de régularité.

Quand il y a doute fur la qualité du bénéfice, on préfume qu'il eft plutôt féculier que régulier; ainfi le titulaire féculier n'eft pas tenu de prouver que le bénéfice qu'il poffede, eft, par fa premiere inftitution féculier, c'eft à celui qui le prétend régulier à en faire la preuve : cependant s'il s'agiffoit d'une chapelle bâtie dans l'enclos d'une Abbaye, la préfomption feroit pour la régularité, & le féculier ne pourroit la détruire qu'en rapportant titre de fécularité.

Lorfqu'un bénéfice, féculier par fon établiffement, eft aumôné à un monaftere, à condition qu'il fera deffervi par un Religieux, le bénéfice devient régulier. L'aumône eft une nouvelle fondation qui anéantit l'ancienne; elle ne peut cependant produire cet effet qu'après que fur la bulle du Pape, adreffée à l'Evêque, ce Prélat a fait informer *de commodo & incommodo*, & rendu décret du changement d'état du bénéfice.

Quelques ordres de Chanoines réguliers, entr'autres celui de Prémontré, jouiffent du privilege de nommer aux cures de leur patronage des féculiers ou réguliers indiftinctement; & en ce cas, quels que foient les poffeffeurs des bénéfices, la nature des bénéfices ne fe prefcrit point, ils reftent toujours réguliers. C'eft ce qui a été jugé par Arrêt du Grand-Confeil du 4 Août 1730, à l'occafion de la cure de Tribohon, dépendante de l'Abbaye de la Luzerne : cette cure avoit été poffédée depuis 200 ans par des féculiers; l'Abbé de la Luzerne y nomma l'un de fes Religieux ; M. l'Evêque de Coutances, dans le diocefe duquel la cure eft fituée, refufa des provifions : par l'Arrêt, le Religieux pourvu par fon Abbé fut maintenu.

En 1763, il s'eft préfenté cette queftion.

Une Abbaye jouiffoit d'un patronage, c'eft-à-dire de la nomination d'un bénéfice, depuis le treizieme fiecle; le Seigneur de la paroiffe étoit reconnu pour Patron honoraire; en 1670, l'Abbé feul reconnut que le Seigneur laïc étoit Patron préfentateur. En 1694, malgré cette reconnoiffance, l'Abbé nomma à la cure; & en 1738, ce fut le Seigneur laïc qui y nomma. Le préfenté obtint *Vifa* à l'Ordinaire; mais craignant d'être inquiété, il obtint des provifions de Cour de Rome, *jura juribus addendo*, fans requérir un nouveau *Vifa*. Le Curé enfuite réfigna le bénéfice comme en patronage eccléfiaftique, (car il eft de principe qu'on peut bien réfigner un bénéfice eccléfiaftique, *fpreto patrono ecclefiaftico*, au lieu qu'on ne peut réfigner un bénéfice laïc fans permiffion du Patron laïc). Le Seigneur laïc, inftruit donc de la réfignation, préfenta au bénéfice, & l'Abbé reconnut de nouveau le droit du Seigneur. Mais le réfignataire foutint que la cure étoit en patronage eccléfiaftique, vu les provifions fur lefquelles fon réfignant l'avoit obtenue; on lui oppofa que le titre conftitutif & primordial du bénéfice n'étant point repréfenté, le droit de nomination entre l'Abbaye & le Seigneur ayant toujours été incertain, la préfomption étoit en faveur de ce dernier, fur la préfentation duquel le réfignant avoit été pourvu, & avoit obtenu *Vifa de l'Ordinaire*; en conféquence le présenté par le Seigneur fut maintenu, par Arrêt du 22 Mars.

2°. On appelle bénéfice *simple* tout bénéfice régulier ou séculier qui n'est obligé qu'à des prieres ou à des services, & n'impose aucunes fonctions relatives à la personne des fideles. Le *double* au contraire est celui qui, à l'obligation de prieres pour le fondateur, ajoute celle de veiller à l'instruction des fideles ou à la direction des ames ; ainsi, c'est selon l'espece des charges, imposées par les fondateurs aux bénéfices, que l'on juge s'ils sont compatibles ou non ; c'est-à-dire si on peut ou si on ne peut pas en posséder plusieurs à la fois. Par exemple, on ne peut posséder en même temps deux cures, parce qu'étant à charge d'ames, les paroissiens de l'une d'elles pourroient être privés de secours spirituels, tandis que le Curé seroit occupé à les administrer aux paroissiens de son autre bénéfice. Il est vrai que dans les premiers temps de la monarchie, le Clergé étant peu nombreux, les Prêtres avoient le desservice de plusieurs églises (1) ; mais depuis qu'il y a eu assez de ministres pour chaque paroisse, la pluralité des Cures n'a pu avoir pour principe qu'une cupidité criminelle (2).

Une prébende de Chapelain, un canonicat ne peuvent être possédés ensemble. Le nombre des Officiers des cathédrales, si cela étoit permis, seroit insuffisant pour que le service divin y fût célébré avec la décence & la pompe convenables. Mais il est permis de jouir d'une simple chapelle, en même temps que l'on est Curé, si le revenu de la cure ne peut pas subvenir aux secours que le Pasteur doit aux pauvres de sa paroisse.

On peut encore être en même temps Chanoine & Chantre, Prévôt ou Archidiacre dans une cathédrale ; il est naturel que ce soit dans le sein même du presbytere de l'Evêque qu'il choisisse ceux qui doivent l'aider en ses fonctions, & les dignités des Chapitres doivent être la récompense de ceux qui y font preuve de talents éminents.

3°. Les Religieux des ordres mendiants sont incapables de posséder aucuns bénéfices séculiers ou reguliers ; cette possession étant contraire à la pauvreté évangélique, dont ils font un vœu particulier. Il y en a une Déclaration du Roi Charles VII, en 1444 ; cependant lorsque le Pape les a transferés en un ordre où les Religieux peuvent posséder bénéfices, ils ont capacité pour en obtenir un seulement, suivant la Déclaration du 25 Janvier 1717.

BÉRAULT. (Christophe)

Il est Auteur d'un Traité sur le Tiers et Danger, imprimé en 1625.

BÉRAULT. (Josias)

Cet Auteur étoit Conseiller à la Table de Marbre, & Avocat au Parlement de Rouen. M. Froland, ch. 13. part. 1. de son Recueil d'Arrêts, p. 338, nous apprend que dans l'édition de 1656 du Commentaire de Bérault, M*e*. Heuzé, Avocat, a inséré des additions erronées & contraires aux sentiments du Commentateur ; nous en avons une preuve bien sensible dans le passage qui termine le commentaire sur ces mots : *la cour, clos & jardin*, de l'article 356 de la Coutume ; car après que Bérault a dit que, *suivant un Arrêt rapporté par Chopin, l'aîné doit*

---

(1) Greg. Turin. lib. de glorid confessor. ch. 59. p. 934. édit. Paris 1699, Duchesne, collect. histor. franc. p. 627. t. 5. Hincmar. Arch. rem. opsc. 35. p. 558.

(2) Concil. de Rouen en 1214. p. 114. pr. part. Dom Bessin ; & Sinode d'Avranches, statut 14. 16. p. 277.

avoir le clos quoique séparé du manoir par un chemin, & observé que l'art. 4 des usages locaux de Bayeux contient une disposition contraire, Me. Heuzé a ajouté de suite ces mots: *à quoi se rapporte l'Arrêt ci-dessus, d'entre les susnommés Etienne*: d'où il sembleroit que l'Arrêt des Etienne se rapporte aux usages locaux de Bayeux, & cependant cet Arrêt leur est diamétralement opposé, puisqu'il décide que même, en Coutume générale, les chemins n'interrompent point la continuation du préciput. On auroit dû suivre les anciennes éditions dans la derniere de 1778, & ne conserver les additions faites à celles postérieures à 1660, qu'autant qu'elles auroient été exactes & placées avec discernement. *Voyez* ce qui est dit de Bérault, Article ANACHRONISME.

BERNAY. (ABBAYE DE)

Judith, sœur de Godefroi, Duc de Bretagne, & femme de Richard, deuxieme Duc de Normandie, fonda cette Abbaye sous la direction de Guillaume de Bernay, qui en fut le premier Abbé. *Neustria pia*, p. 398.

BESSIN. (DOM GUILLAUME)

Né à Evreux le 27 Mars 1654. Il a entr'autres ouvrages continué la collection des Conciles de Normandie, *in-folio*, imprimée à Rouen en 1717; collection que Dom Julien *Belaise*, né au Village de S. Simphorien, Diocèse d'Avranches, avoit presqu'achevée, lorsqu'il mourut le 26 Mars 1711. Le principal mérite de cet ouvrage consiste dans les notes historiques, dont il est orné, & qui sont de Dom Godin, de Dieppe. *Voyez* GODIN.

BICHE. (JEAN LA)

Cet Avocat au Présidial d'Evreux, fit imprimer, en 1650, un in-12, sous le titre de *Style & maniere de procéder*. *Voyez* Froland RECUEIL D'ARRÊTS, partie premiere, ch. 13.

BIENS ECCLÉSIASTIQUES.

Ces biens ont des regles particulieres qui en assurent la perpétuité & en moderent la jouissance; ces regles ont pour objet ou l'acquisition, ou l'aliénation, ou l'administration de ces biens: quant à celles qui concernent les acquisitions que peuvent faire les Ecclésiastiques, elles sont contenues dans l'Edit du mois d'Août 1749, & la Déclaration du Roi, interprétative de cet Edit, en date du premier Juin 1774. En voici la teneur.

EDIT du Roi, concernant les établissements & acquisitions des Gens de Main-morte, donné à Versailles au mois d'Août 1749.

LOUIS, par la grace de Dieu, Roi de France & de Navarre: A tous présents & à venir, SALUT. Le désir que nous avons de profiter du retour de la paix, pour maintenir de plus en plus le bon ordre dans l'intérieur de notre Royaume, nous fait regarder comme un des principaux objets de notre attention, les inconvénients de la multiplication des établissements de gens de main-morte, & de la facilité qu'ils trouvent à acquérir des fonds naturellement destinés à la subsistance & à la conservation des familles. Elles ont souvent le déplaisir de s'en voir privées, soit par la disposition que les hommes ont à former des établissements nouveaux qui leurs soient propres, & fassent passer leur nom à la postérité, avec le titre de fondateur, soit par une trop grande affection pour des établissements déja autorisés, dont plusieurs testateurs preferent l'intérêt à celui de leurs héritiers légitimes. Indépendamment même de ces motifs, il arrive souvent que, par les ventes qui se font à des gens de main-morte, les biens immeubles qui passent entre leurs mains, cessent pour toujours d'être dans le commerce: ensorte qu'une grande partie des fonds de notre Royaume, se trouve actuellement possédée par ceux dont les biens ne pouvant être diminués par des aliénations, s'augmentent au contraire continuellement par de nouvelles acquisitions. Nous savons que les Rois nos prédécesseurs, en protégeant les établissements qu'ils jugeoient utiles à leur état, ont souvent renouvellé les défenses d'en former de nouveaux sans leur autorité; & le feu Roi, notre très-honoré Seigneur & bisaïeul, y ajouta des peines sévères par ses Lettres-Patentes en forme d'Edit du mois de Décembre 1666. Il est d'ailleurs, dans notre Royaume, un genre de biens, tels que les fiefs & les censives, dont les établissements, même les plus autorisés, pouvoient être contraints à vuider leurs mains; parce qu'en diminuant, par l'acquisition qu'ils en faisoient, les droits dûs à notre Domaine, ils diminuoient aussi ceux des Seigneurs particuliers, lorsque les fonds acquis étoient dans leurs mouvances; & ils ne pouvoient s'affranchir de cette obligation, qu'en obtenant des Lettres d'amortissement, qui ne devoient leur être accordées qu'en connoissance de cause, & toujours relativement au bien de l'Etat: mais ce qui sembloit devoir arrêter le progrès de leurs acquisitions, a servi au contraire à l'augmenter, contre l'intention du législateur, par l'usage qui s'est introduit de recevoir d'eux, sans aucun examen, le droit d'amortissement qu'ils se sont portés sans peine à payer, dans l'espérance de faire mieux valoir les fonds qu'ils acquéroient, que les anciens propriétaires: la multiplication des rentes constituées sur des particuliers, a contribué encore à l'accroissement des biens possédés par les gens de main-morte; parce qu'il arrive souvent, ou par la négligence du débiteur à acquitter les arrérages de ces rentes, ou par les changements qui surviennent dans sa fortune, qu'ils trouvent le moyen de devenir propriétaires des fonds mêmes sur lesquels elles étoient constituées: ils se sont servis enfin de la voie du retrait féodal, pour réunir à leur domaine les fiefs vendus dans leur mouvance: plusieurs Coutumes, à la vérité, les ont déclarés incapables d'exercer ce droit; mais le silence des autres donne lieu de former un doute sur ce sujet, qui ne peut être entièrement résolu que par notre autorité. Le meilleur usage que nous puissions en faire dans une matière si importante, est de concilier, autant qu'il est possible, l'intérêt des familles avec la faveur des établissements véritablement utiles au public. C'est ce que nous nous proposons de faire, soit en nous réservant d'autoriser ceux qui pourroient être fondés sur des motifs suffisants de religion & de charité, soit en laissant aux gens de main-morte, déjà établis, la faculté de nous exposer les raisons qui peuvent nous porter à leur permettre d'acquérir quelques fonds, & en leur conservant une entière liberté de posséder des rentes constituées sur nous, ou sur ceux qui sont de la même condition qu'eux, dont la jouissance leur sera souvent plus avantageuse, & toujours plus convenable au bien public, que celle des domaines ou des rentes hypothéquées sur les biens des particuliers. A CES CAUSES & autres considérations à ce nous mouvant, de l'avis de notre Conseil, & de notre certaine science, pleine puissance & autorité royale, nous avons, par notre présent Edit perpétuel & irrévocable, dit, statué & ordonné, disons, statuons & ordonnons, voulons & nous plaît ce qui suit.

ART. I. Renouvellant, en tant que de besoin, les défenses portées par les Ordonnances des Rois nos prédécesseurs, voulons qu'il ne puisse être fait aucun nouvel établissement de Chapitres, Colleges, Séminaires, Maisons ou Communautés Religieuses, même sous prétexte d'hospices, Congrégations, Confrairies, Hôpitaux, ou autres Corps & Communautés, soit Ecclésiastiques Séculiers ou Réguliers, soit Laïques, de quelque qualité qu'elles soient ; ni pareillement aucune nouvelle érection de Chapelles ou autres titres de bénéfices, dans toute l'étendue de notre Royaume, terres & pays de notre obéissance, si ce n'est en vertu de notre permission expresse, portée par nos Lettres-Patentes, enregistrées en nos Parlements ou Conseils Supérieurs, chacun dans son ressort, en la forme qui sera prescrite ci-après.

II. Défendons de faire à l'avenir aucune disposition par acte de derniere volonté, pour fonder un nouvel établissement de la qualité de ceux qui sont mentionnés dans l'article précédent, ou au profit de personnes qui seroient chargées de former ledit établissement, le tout à peine de nullité, ce qui sera observé, quand même la disposition seroit faite, à la charge d'obtenir nos Lettres-Patentes.

III. N'entendons comprendre dans les deux articles précédents, les fondations particulieres qui ne tendroient à l'établissement d'aucun nouveau Corps, College ou Communauté, ou à l'érection d'un nouveau titre de bénéfice, & qui n'auroient pour objet que *la célébration de Messes ou obits*, la subsistance d'étudiants, ou de pauvres Ecclésiastiques ou Séculiers, des mariages de pauvres filles, Ecoles de Charité, soulagement de prisonniers ou incendiés, ou autres œuvres pieuses de même nature, & également utiles au public ; à l'égard desquelles fondations, il ne sera point nécessaire d'obtenir nos Lettres-Patentes, & il suffira de faire homologuer les actes ou dispositions qui les contiendront en nos Parlements & Conseils Supérieurs, chacun dans son Ressort, sur les conclusions ou réquisitions de nos Procureurs-généraux : voulons qu'il soit en même temps pourvu par nosdits Parlements ou Conseils Supérieurs, à l'administration des biens destinés à l'exécution desdites fondations, & aux comptes qui en seront rendus.

IV. Ceux qui voudront faire, par des actes entre-vifs, un nouvel établissement de la qualité mentionnée dans l'article I, seront tenus, avant toute donation ou convention, de nous faire présenter le projet de l'acte, par lequel ils auront intention de faire ledit établissement, pour en obtenir la permission par nos Lettres-Patentes ; lesquelles ne pourront être expédiées, s'il nous plaît de les accorder, qu'avec la clause expresse, que dans l'acte qui sera passé pour consommer ledit établissement, il ne pourra être fait aucune addition ni changement audit projet, qui sera attaché sous le contre-scel de nosdites Lettres-Patentes ; & après l'enregistrement desdites Lettres, ledit acte sera passé dans les formes requises pour la validité des contrats ou des donations entre-vifs.

V. Déclarons que nous n'accorderons aucunes Lettres-Patentes pour permettre un nouvel établissement, qu'après nous être fait informer exactement de l'objet & de l'utilité dudit établissement, nature, valeur & qualités des biens destinés à le doter, par ceux qui peuvent en avoir connoissance, notamment par les Archevêques ou Evêques Diocésains, par les Juges Royaux, par les Officiers municipaux ou Syndics des Communautés, par les Administrateurs des Hôpitaux, par les Supérieurs des Communautés déja établies dans les lieux où l'on proposera d'en fonder une nouvelle ; pour, sur le compte qui nous en sera par eux rendu, chacun en ce qui peut le concerner, suivant la différente nature des établissements, y être par nous pourvu, ainsi qu'il appartiendra.

VI. Lorsqu'il y aura lieu de faire expédier nos Lettres-Patentes, pour autoriser l'établissement proposé, il sera fait mention expresse dans lesdites Lettres, ou dans un état qui sera annexé sous le contre-scel d'icelles, des biens destinés à la dotation dudit établissement, sans que, dans la suite, il puisse en être ajouté aucuns autres de la qualité marquée par l'Article XIV, qu'en se conformant à ce qui sera réglé ci-après sur les acquisitions qui seroient faites par des gens de main-morte; ce que nous voulons être pareillement observé, même à l'égard des établissements déja faits en vertu de Lettres-Patentes dûment enregistrées; & ce, nonobstant toutes clauses ou permissions générales, par lesquelles ceux qui auroient obtenu lesdites Lettres, auroient été autorisés à acquérir des biens fonds indistinctement, ou jusqu'à concurrence d'une certaine somme.

VII. Lesdites Lettres-Patentes seront communiquées à notre Procureur-général en notre Parlement ou Conseil Supérieur, dans le Ressort duquel ledit établissement devra être fait, pour être par lui fait telles requisitions, ou pris telles conclusions qu'il jugera à propos; & lesdites Lettres ne pourront être enregistrées qu'après qu'il aura été informé, à sa requête, de la commodité ou incommodité dudit établissement, & qu'il aura été donné communication desdites Lettres aux personnes dénommées dans l'article V ci-dessus, suivant la nature dudit établissement; comme aussi aux Seigneurs dont les biens seront mouvants immédiatement, en fief ou en roture, ou qui ont la Haute-Justice sur lesdits biens, même aux autres personnes dont nos Parlements ou Conseils Supérieurs jugeront à propos d'avoir l'avis ou le consentement; & seront lesdites formalités observées, à peine de nullité.

VIII. Les oppositions qui pourront être formées avant l'enregistrement desdites Lettres, comme aussi celles qui se feroient après ledit enregistrement, seront communiquées à notre Procureur-général, pour y être, sur ses conclusions, statué par nosdits Parlements ou Conseils supérieurs, ainsi qu'il appartiendra.

IX. Désirant assurer pleinement l'exécution des dispositions du présent Edit, concernant les établissements mentionnés dans l'article I, déclarons nuls tous ceux qui seront faits à l'avenir, sans avoir obtenu nos Lettres-Patentes, & les avoir fait enregistrer dans les formes ci-dessus prescrites. Voulons que tous les actes & dispositions qui pourroient avoir été faits en leur faveur, directement ou indirectement, ou par lesquels ils auroient acquis des biens, de quelque nature que ce soit, à titre gratuit ou onéreux, soient déclarés nuls, sans qu'il soit besoin d'obtenir des Lettres de rescision contre lesdits actes; & que ceux qui se seront ainsi établis, ou qui auroient été chargés de former ou administrer lesdits établissements, soient déchus de tous les droits résultants desdits actes & dispositions, même de la répétition des sommes qu'ils auroient payées pour lesdites acquisitions, ou employées en constitution de rentes, ce qui sera observé nonobstant toute prescription & tous consentements exprès ou tacites qui pourroient avoir été donnés à l'exécution desdits actes ou dispositions.

X. Les enfants ou présomptifs héritiers seront admis, même du vivant de ceux qui auront fait lesdits actes ou dispositions, à réclamer les biens par eux donnés ou aliénés. Voulons qu'ils en soient envoyés en possession, pour en jouir en toute propriété, avec restitution des fruits ou arrérages, à compter du jour de la demande qu'ils en auront formée: laissons à la prudence des Juges d'ordonner ce qu'il appartiendra, par rapport aux jouissances échues avant ladite demande;

demande ; & le contenu au préfent article aura lieu pareillement après la mort de ceux qui auront fait lefdits actes ou difpofitions, en faveur de leurs héritiers, fucceffeurs ou ayants-caufe ; le tout à la charge, qu'encore que la faculté à eux accordée par le préfent article n'ait été exercée que par l'un d'eux, elle profitera également à tous fes cohéritiers ou ayant le même droit que lui, lefquels feront admis à partager avec lui, fuivant les Loix & Coutumes des lieux, les biens réclamés, foit pendant la vie ou après la mort de celui qui aura fait lefdits actes ou difpofitions.

XI. Les Seigneurs dont aucuns defdits biens feront tenus immédiatement, foit en fief ou en roture, & qui ne feront pas eux-mêmes du nombre des gens de main-morte, pourront auffi demander à en être mis en poffeffion, avec reftitution des jouiffances, à compter du jour de la demande qu'ils en formeront ; à la charge néanmoins, qu'en cas que les perfonnes mentionnées en l'article précédent, forment leur demande, même poftérieurement à celle defdits Seigneurs, ils leur feront préférés : comme auffi que lefdits Seigneurs feront tenus de leur remettre lefdits fonds, fi lefdites perfonnes en forment la demande dans l'an & jour après le jugement qui en aura mis lefdits Seigneurs en poffeffion ; auquel cas les fruits échus depuis ledit jugement jufqu'au jour de ladite demande, demeureront auxdits Seigneurs : voulons que la propriété defdits fonds leur foit acquife irrévocablement, s'il n'a point été formé de demande dans ledit délai ; & lorfque lefdits Seigneurs feront du nombre des gens de main-morte, il y fera pourvu, ainfi qu'il fera marqué par l'article fuivant.

XII. Enjoignons à nos Procureurs-Généraux dans chacun de nofdits Parlements & Confeils Supérieurs, de tenir la main à l'exécution du préfent Edit, concernant lefdits établiffements ; & en cas de négligence de la part des parties ci-deffus mentionnées, il fera ordonné, fur le requifitoire de notre Procureur-Général, que, faute par les perfonnes dénommées en l'article X, & par les Seigneurs qui ne feroient gens de main-morte, de former leurs demandes dans le délai qui fera fixé à cet effet, & qui courra du jour de la publication & affiche faites aux lieux accoutumés, de l'Arrêt qui aura été rendu, lefdits biens feront vendus au plus offrant & dernier enchériffeur, & que le prix en fera confifqué à notre profit, pour être par nous appliqué à tels Hôpitaux, ou employé au foulagement des pauvres, ou à tels ouvrages publics que nous jugerons à propos.

XIII. A l'égard des établiffements de la qualité marquée par l'article I, qui feroient antérieurs à la publication du préfent Edit, voulons que tous ceux qui auront été faits depuis les Lettres-Patentes en forme d'Edit du mois de Décembre 1666, ou dans les 30 années précédentes, fans avoir été autorifés par Lettres-Patentes bien & duement enregiftrées, foient déclarés nuls, comme auffi tous actes ou difpofitions faits en leur faveur ; ce qui aura lieu nonobftant toutes claufes ou difpofitions générales, par lefquelles il auroit été permis à des Ordres ou Communautés Régulieres, d'établir de nouvelles Maifons dans des lieux qu'ils jugeroient à propos : nous réfervant néanmoins à l'égard de ceux defdits établiffements qui fubfiftent paifiblement & fans aucune demande en nullité formée avant la publication du préfent Edit, de nous faire rendre compte, tant de leur objet que de la nature & quantité des biens dont ils font en poffeffion, pour y pourvoir ainfi qu'il appartiendra, foit en leur accordant nos Lettres-Patentes, s'il y échet, foit en réuniffant lefdits biens à des Hôpitaux ou autres établiffements déja autorifés, foit en ordonnant qu'ils feront vendus, & que le prix en sera appliqué ainsi qu'il est porté par l'article précédent.

XIV. Faisons défenses à tous les gens de main-morte d'acquérir, recevoir, ni posséder à l'avenir aucuns fonds de terre, maisons, droits réels, rentes foncieres ou non rachetables, même des rentes constituées sur des particuliers, si ce n'est après avoir obtenu nos Lettres-Patentes pour parvenir à ladite acquisition, & pour l'amortissement desdits biens, & après que lesdites Lettres, s'il nous plaît de les accorder, auront été enregistrées en nosdites Cours de Parlement ou Conseils Supérieurs, en la forme qui sera ci-après prescrite, ce qui sera observé nonobstant toutes clauses ou dispositions générales qui auroient pu être inférées dans les Lettres-Patentes ci-devant obtenues par les gens de main-morte, par lesquelles ils auroient été autorisés à recevoir ou acquérir des biens-fonds indistinctement, ou jusqu'à concurrence d'une certaine somme.

XV. La disposition de l'article précédent sera observée, même à l'égard des fonds, maisons, droits réels & rentes qui seroient réputés meubles, suivant les Coutumes, Statuts & usages des lieux.

XVI. Voulons aussi que la disposition de l'article XIV soit exécutée, à quelque titre que lesdits gens de main-morte puissent acquérir les biens y mentionnés, soit par vente, adjudication, échange, cession ou transport, même en paiement de ce qui leur seroit dû, soit par donations entre-vifs, pures & simples, ou faites à la charge de service ou fondations, & en général pour quelque cause gratuite ou onéreuse que ce puisse être.

XVII. Défendons de faire à l'avenir aucune disposition de derniere volonté, pour donner aux gens de main-morte des biens de la qualité marquée par l'article XIV. Voulons que lesdites dispositions soient déclarées nulles, quand même elles seroient faites à la charge d'obtenir nos Lettres Patentes ; ou qu'au lieu de donner directement lesdits biens auxdits gens de main-morte, celui qui en auroit disposé auroit ordonné qu'ils seroient vendus ou régis par d'autres personnes, pour leur en remettre le prix ou les revenus.

XVIII. Déclarons n'avoir entendu comprendre dans la disposition des articles XIV, XV, XVI & XVII ci-dessus, les rentes constituées sur Nous, ou sur le Clergé, Dioceses, Pays d'Etats, Villes ou Communautés, que lesdits gens de main-morte pourront acquérir & recevoir sans être obligés d'obtenir nos Lettres-Patentes ; voulons qu'ils en soient dispensés, même pour celles qu'ils ont acquises par le passé.

XIX. Voulons qu'à l'avenir il ne puisse être donné ni acquis pour l'exécution des fondations mentionnées en l'art. III, que des rentes de la qualité marquée par l'Article précédent, lorsque lesdites fondations seront faites par des dispositions de derniere volonté ; & si elles sont faites par des actes entre-vifs, il ne pourra être donné ou acquis, pour l'exécution desdites fondations, aucuns des biens énoncés dans l'article XIV, qu'après avoir obtenu nos Lettres-Patentes, & les avoir fait enregistrer, ainsi qu'il est porté par ledit article, le tout à peine de nullité.

XX. Dans tous les cas où il sera nécessaire d'obtenir nos Lettres-Patentes, suivant ce qui est porté par les articles XIV & XIX, elles ne seront par Nous accordées, qu'après nous être fait rendre compte de la nature & valeur des biens qui en seront l'objet, comme aussi de l'utilité & des inconvéniens de l'acquisition que lesdits gens de main-morte voudroient en faire ou de la fondation à laquelle ils seroient destinés.

XXI. Lesdites Lettres-Patentes, en cas que nous jugions à propos de les accorder, ne pourront être enregistrées que sur les conclusions de nos Procureurs-Généraux, après qu'il aura été informé de la commodité ou incommodité de l'acquisition, ou de la fondation, & qu'il aura été donné communication desdites Lettres aux Seigneurs dont lesdits biens seroient tenus immédiatement, soit en fief ou en roture, ou qui y auroient la Justice, même aux autres personnes dont nosdites Cours de Parlement ou Conseils Supérieurs jugeroient à propos de prendre les avis ou le consentement ; & s'il survient des oppositions, soit avant ou après l'enregistrement desdites Lettres, il y sera statué sur les conclusions de nosdits Procureurs-Généraux, ainsi qu'il appartiendra.

XXII. Défendons à tous Notaires, Tabellions, ou autres Officiers, de passer aucun contrat de vente, échange, donation, cession ou transport des biens mentionnés dans l'article XIV, ni aucun bail à rente ou constitution de rente sur des particuliers, au profit desdits gens de main-morte, ou pour l'exécution desdites fondations, qu'après qu'il leur sera apparu de nos Lettres-Patentes & de l'Arrêt d'enregistrement d'icelles ; desquelles Lettres & Arrêt, il sera fait mention expresse dans lesdits contrats ou autres actes, à peine de nullité, d'interdiction contre lesdits Notaires, Tabellions ou autres Officiers, des dommages & intérêts des parties, s'il y échet, & d'une amende qui sera arbitrée suivant l'exigence des cas, laquelle sera appliquée, savoir : un tiers au dénonciateur, un tiers à Nous, & un tiers au Seigneur dont les biens seront tenus immédiatement ; & en cas qu'ils soient tenus directement de notre domaine, ladite amende sera appliquée à notre profit pour les deux tiers.

XXIII. Il ne sera expédié à l'avenir aucune quittance du droit d'amortissement qui seroit dû pour les biens de la qualité marquée par l'article XIV, s'il n'a été justifié de nosdites Lettres-Patentes & Arrêt d'enregistrement d'icelles ; desquelles Lettres & Arrêt il sera fait mention dans lesdites quittances, ce qui sera exécuté, à peine de nullité, & en outre de confiscation au profit de l'Hôpital-Général le plus prochain, des sommes qui auroient été payées pour l'amortissement desdits biens, avant lesdites Lettres & Arrêt : voulons que ceux qui les auroient payées, ne puissent être admis à obtenir dans la suite des Lettres-Patentes pour raison des mêmes biens, nous réservant au surplus d'expliquer plus amplement nos intentions sur les cas où le droit d'amortissement sera dû, & sur la qualité dudit droit.

XXIV. Défendons à toutes personnes de prêter leurs noms à des gens de mainmorte pour l'acquisition ou la jouissance des biens de ladite qualité, à peine de trois mille livres d'amende, applicable ainsi qu'il est porté par l'article XXII, même sous plus grande peine, suivant l'exigence des cas.

XXV. Les gens de main-morte ne pourront exercer à l'avenir aucune action en retrait féodal ou seigneurial, à peine de nullité ; à l'effet de quoi, nous avons dérogé & dérogeons à toutes Loix, Coutumes ou Usages qui pourroient être à ce contraires ; sauf auxdits gens de mainmorte à se faire payer les droits qui leur seront dûs suivant les Loix, Coutumes ou Usages des lieux.

XXVI. Dans tous les cas dans lesquels les biens de la qualité marquée par l'article XIV pourroient échoir auxdits gens de main-morte, en vertu des droits attachés aux Seigneuries à eux appartenantes, ils seront tenus de les mettre hors de leurs mains dans un an à compter du jour que lesdits biens leur auront été dévolus, sans qu'ils puissent les faire passer à d'autres gens de main-morte, ou employer le prix desdits biens à en acquérir d'autres de la même qualité ; & faute de satisfaire à la présente disposition dans ledit temps, lesdits biens seront réunis à notre domaine, si la Seigneurie appartenante auxdits gens de main-morte est dans notre mouvance immédiate ; & si elle releve des Seigneurs particuliers, il leur sera permis, dans le délai d'un an, après l'expiration dudit temps, d'en demander la réunion à leurs Seigneuries ; faute de quoi, ils demeureront réunis de plein de droit à notre domaine, & les Fermiers ou Receveurs de nos domaines feront les diligences & poursuites nécessaires pour s'en mettre en possession.

XXVII. Pour assurer l'entiere exécution des dispositions portées par les articles XIV, XV, XVI, XVII, XIX, XX, XXI & XXV ci-dessus, concernant les biens de la qualité marquée auxdits articles, voulons que tout ce qui est contenu dans l'article IX, au sujet des nouveaux établissements non autorisés, soit observé par rapport aux dispositions ou actes par lesquels aucuns desdits biens auroient été donnés ou aliénés, contre ce qui est réglé par le présent Edit, à des gens de main-morte, Corps ou Communautés valablement établis, ou pour l'exécution des fondations ci-dessus mentionnées. Voulons pareillement que les personnes dénommées aux articles X & XI, puissent répéter lesdits biens, ainsi qu'il est porté auxdits articles ; & qu'en cas de négligence de leur part, ils soient vendus sur la requisition de notre Procureur-Général, suivant ce qui est prescrit par l'article XII.

XXVIII. N'entendons rien innover en ce qui concerne les dispositions ou actes ci-devant faits en faveur des gens de main-morte, légitimement établis, ou pour l'exécution desdites fondations, lorsque lesdites dispositions ou actes auront une date authentique, avant la publication des présentes, ou auront été faits par des personnes décédées avant ladite publication ; & les contestations qui pourroient naître au sujet desdites dispositions ou actes, seront jugées par les Juges qui en doivent connoître, suivant les Loix & la Jurisprudence qui avoient lieu avant le présent Edit, dans chacun pays du ressort de nosdits Parlemens ou Conseils-Supérieurs.

XXIX. Toutes les demandes qui seront formées en exécution des dispositions du présent Edit, seront portées directement en la Grand'Chambre, ou premiere Chambre de nosdites Cours de Parlement ou Conseils-Supérieurs ; & ce, privativement à tous autres Juges, pour y être statué sur les conclusions de notre Procureur-Général ; dérogeant à cet effet à toutes évocations, *Committimus* ou autres privileges accordés par le passé ou qui pourroient l'être dans la suite à tous Ordres, même à l'Ordre de Malte & à celui de Fontevrault, ou à toutes Congrégations, Corps, Communautés ou Particuliers, lesquels n'auront aucun effet en cette matiere.

SI DONNONS EN MANDEMENT à nos amés & féaux Conseillers les Gens tenant notre Cour de Parlement de Rouen, que notre présent Edit ils aient à faire lire, publier & enregistrer, & le contenu en icelui, garder & observer de point en point selon sa forme & teneur ; nonobstant tous privileges & autres choses à ce contraires : car tel est notre plaisir. Et afin que ce soit chose ferme & stable à toujours, nous y avons fait mettre notre sceel. Donné à Versailles au mois d'Août, l'an de grace mil sept cent quarante-neuf, & de notre regne le trente-quatrieme. *Signé*, LOUIS. *Et plus bas*, par le Roi, PHELIPEAUX. *Visa*, D'AGUESSEAU. Vu au Conseil,

MACHAULT. Et scellé d'un grand sceau de cire verte.

Lu, publié & registré, la grande Audience de la Cour séante. A Rouen, en Parlement, le 21 Octobre 1749. Signé, *AUZANET.*

DÉCLARATION *du Roi, interprétative de l'Edit d'Août 1749, concernant les acquisitions des Gens de main-morte; donnée à la Muette, le 7 Mai 1774, registrée en Parlement le premier Juin suivant.*

LOUIS, par la grace de Dieu, Roi de France & de Navarre : à tous ceux qui ces présentes Lettres verront, SALUT. En renouvellant par notre Edit du mois d'Août mil sept cent quarante-neuf, les dispositions des anciennes Loix de notre Royaume, nous avons prescrit pour les établissemens & les acquisitions des gens de main-morte, les regles qui nous ont paru les plus propres à concilier la faveur que méritent des établissemens faits par des motifs de Religion & de charité, avec l'intérêt des familles ; il ne nous restoit plus qu'à régler différents points qu'il n'avoit pas été possible de prévoir dans une loi générale. Après nous être fait rendre un compte exact des doutes qui se sont élevés, & des différentes représentations qui nous ont été faites au sujet de notre Edit, nous nous sommes déterminés à expliquer nos intentions par une Déclaration qui en fera connoître de plus en plus le véritable esprit, & par laquelle nous donnerons une nouvelle marque de notre protection aux établissemens destinés à procurer des instructions & des secours temporels à nos sujets. A CES CAUSES & autres considérations à ce Nous mouvant, de l'avis de notre Conseil, & de notre certaine science, pleine puissance & autorité Royale, Nous avons par ces Présentes, signées de notre main, dit, déclaré &

ordonné ; disons, déclarons & ordonnons, voulons & nous plaît ce qui suit :

ART. I. Interprétant en tant que de besoin notre Edit du mois d'Août mil sept cent quarante-neuf, déclarons n'avoir entendu comprendre dans la disposition de l'article XIII, les Séminaires dont les établissemens ont été faits avant ledit Edit, qui demeureront autorisés & confirmés en vertu des Présentes. Et à l'égard des Séminaires que les Archevêques & Evêques jugeroient à propos d'établir par la suite dans notre Royaume, voulons que l'article I de notre Edit soit exécuté selon sa forme & teneur.

II. Confirmons pareillement par ces Présentes les érections des Cures ou Vicairies perpétuelles qui auroient été faites pour causes légitimes avant l'enregistrement dudit Edit ; voulons que ceux qui en sont pourvus & leurs Successeurs continuent à jouir des biens dépendants desdites Cures & Vicairies perpétuelles qu'ils possédoient paisiblement audit jour, sans qu'ils puissent y être troublés en vertu dudit Edit.

III. Déclarons avoir entendu comprendre au nombre des fondations mentionnées en l'article III dudit Edit, celles des Vicaires ou Secondaires amovibles, des Chapelains qui ne sont pas en titre de bénéfices, des services & prieres, des lits ou places dans les hôpitaux & autres établissemens de charité, bien & duement autorisés, des bouillons ou tables des pauvres, & autres fondations qui, ayant pour objet des œuvres de religion & de charité, ne tendroient point à établir un nouveau Corps, College ou Communauté, ou un nouveau titre de Bénéfice : voulons qu'il en soit usé par rapport aux fondations mentionnées au présent article, ainsi qu'il est prescrit par l'article III de notredit Edit.

IV. N'entendons empêcher les gens de main-morte de donner à bail emphitéotiques ou à longues années les biens à eux appartenants, en obfervant les formalités en tel cas requifes & accoutumées. Et lorfque lefdits gens de mainmorte rentreront dans la jouiffance defdits biens, à l'expiration des baux, ou faute de paiement des rentes & acquittement des charges y portées, ils ne feront tenus d'obtenir nos Lettres-patentes.

V. Pourront pareillement lefdits gens de main-morte donner à cens ou à rentes perpétuelles les biens à eux appartenants; mais dans le cas où ils y rentreroient faute de paiement des rentes, ou acquittement des charges, ils feront tenus d'en vuider leurs mains dans l'an & jour, à compter de celui qu'ils en feront rentrés en poffeffion, & ne pourront en aliénant de nouveau lefdits biens, retenir fur iceux autres & plus grands droits que ceux auxquels lefdits biens étoient affujettis envers eux avant qu'ils y rentraffent. Et fera la difpofition du préfent article obfervée dans tous les cas où il adviendra des biens-fonds aux gens de main-morte en vertu des droits attachés aux Fiefs, Juftice & Seigneuries qui leur appartiennent, & de tous autres droits généralement; & faute par lefdits gens de main-morte de mettre lefdits biens hors de leurs mains dans l'an & jour, voulons que la difpofition de l'article XXVI de notre Edit du mois d'Août mil fept cent quarante-neuf, foit exécutée à cet égard, nous réfervant néanmoins de proroger ledit délai, s'il y a lieu; ce qui ne pourra être fait que par Lettres-patentes enregiftrées dans nos Cours de Parlement & Confeils-Supérieurs.

VI. N'entendons empêcher que les gens de main-morte ne puiffent céder le retrait féodal ou cenfuel, ou droit de prélation à eux appartenants, dans les lieux où, fuivant les loix, coutumes & ufages, cette faculté leur a appartenu jufqu'à préfent, fans néanmoins que ladite ceffion puiffe être faite à autres gens de mainmorte, ni qu'ils puiffent recevoir pour prix de la ceffion, autre chofe que des effets mobiliers ou des rentes de la nature de celles qu'il leur eft permis d'acquérir, dérogeant à cet égard à la difpofition de l'article XXV de l'Edit du mois d'Août mil fept cent quarante-neuf.

VII. Les Communautés Religieufes auxquelles il a été permis de recevoir des dots par la Déclaration du vingt-huit Avril mil fix cent quatre-vingt-treize, pourront ftipuler que la dot fera payable en un ou plufieurs termes, & que cependant l'intérêt en fera payé fur le pied fixé par nos Ordonnances: pourront même renouveller lefdites obligations à l'échéance des termes, fi mieux n'aiment convenir que pour tenir lieu de dot, il fera payé une rente viagere pendant la vie de celle qui fera reçue Religieufe; voulons que le paiement de la dot tant en principal qu'en intérêts, ainfi que les arrérages des rentes viageres conftituées par dot, ne puiffent être faits qu'en deniers ou effets mobiliers, ou en rente de la nature de celles qu'il eft permis aux gens de main-morte d'acquérir, fans que lefdites Communautés puiffent fous prétexte du défaut de paiement, ni fous aucuns autres, acquérir la propriété, ou fe faire envoyer en poffeffion d'aucun autre immeuble pour l'acquittement des dots, & ce nonobftant toutes loix, ufages & coutumes à ce contraires, auxquels nous avons dérogé.

VIII. Et defirant pourvoir à ce que les deniers comptants, appartenants aux Hôpitaux & autres établiffements de Charité, aux Eglifes Paroiffiales, Fabriques d'icelles, Ecoles de Charité, tables ou bouillons des Pauvres des Paroiffes, provenants des rembourfements qu'ils auront reçus, des dons & legs qui leur auront été faits, ou de leurs épargnes, ne demeurent pas inutiles entre les mains des Administrateurs, les autorisons à remettre lesdits fonds, pourvu qu'ils soient de deux cents cinquante livres & au-dessus, entre les mains des Receveurs des Tailles ou autres Receveurs des deniers publics, dont les fonds sont portés médiatement ou immédiatement au Trésor royal, chacun dans l'étendue du ressort dans lequel ils exercent leurs fonctions, lesquels les feront passer sans retardement, au Trésor royal, pour y demeurer en dépôt jusqu'à ce que lesdits Administrateurs aient trouvé un emploi convenable : & cependant voulons qu'attendu la faveur que méritent lesdits établissements, il leur en soit par Nous payé l'intérêt au denier vingt-cinq, & que lesdits intérêts soient employés dans les états des charges assignées sur lesdites recettes, en vertu des Quittances de finance qui leur seront expédiées au Trésor royal, & ce sans aucuns frais pour l'expédition desdites Quittances, enregistrement, ou autres généralement quelconques, dont nous les avons dispensés.

IX. En considération de la faveur que méritent les Hôpitaux & autres établissements énoncés en l'article précédent, voulons que les dispositions de derniere volonté par lesquelles il leur auroit été donné depuis l'Edit du mois d'Août mil sept cent quarante-neuf, ou leur seroit donné à l'avenir des rentes, biens-fonds & autres immeubles de toute nature, soient exécutées, dérogeant à cet égard à la disposition de l'article XVII dudit Edit, sous les clauses & réserves énoncées dans les articles suivants.

X. Les rentes ainsi données ou léguées auxdits Hôpitaux & autres établissements mentionnés en l'article VIII, pourront être remboursées par les débiteurs, quand même elles auroient été stipulées non rachetables, & sur le pied du denier vingt, lesquelles n'auront point de principal déterminé. Voulons pareillement qu'elles puissent être retirées par les héritiers & *représentants des Donateurs, dans un an* à compter du jour de l'enregistrement des Présentes, pour les dispositions de derniere volonté antérieures à la présente Déclaration, & à compter du jour de l'ouverture des successions pour celles qui seront postérieures.

XI. Les héritiers & représentants de ceux qui auront donné, par disposition de derniere volonté, des immeubles auxdits Hôpitaux & autres établissements ci-dessus énoncés, pourront aussi, dans les mêmes délais portés par l'article précédent, retirer lesdits immeubles, en payant la valeur d'iceux suivant l'évaluation qui en sera faite.

XII. Faute par lesdits débiteurs, héritiers & représentants, d'avoir fait le remboursement des rentes ou payé la valeur desdits immeubles dans le délai ci-dessus, ordonnons que les Administrateurs des Hôpitaux, Fabriques & autres établissements ci-dessus énoncés, *seront tenus d'en vuider leurs mains* dans l'an & jour, à compter de celui où le délai ci-dessus sera expiré, sous les peines portées par l'article XXVI de l'Edit mois d'Août mil sept cent quarante-neuf; desquelles peines lesdits Administrateurs demeureront personnellement garants & responsables, si ce n'est que nous jugeassions à propos de proroger ledit délai dans la forme portée par l'article V ci-dessus.

XIII. Les débiteurs des rentes, & les héritiers & représentants des donateurs & testateurs qui auroient donné ou légué lesdites rentes, ou des biens-fonds & immeubles de toute nature, seront admis à donner en paiement du remboursement desdites rentes, ou pour le prix des immeubles légués & donnés, qu'ils sont autorisés de rembourser ou retirer par les articles X & XI ci-dessus, des rentes de la nature de celles dont il est permis aux gens de main-morte de faire l'acquisition par l'article XVIII de l'Edit du mois d'Août mil sept cent quarante-neuf; au moyen de quoi ils en demeureront libérés, comme s'ils avoient fait lesdits paiements en deniers comptants.

XIV. Voulons que les biens-fonds non amortis, qui seront possédés par les gens de main-morte, même par les Hôpitaux & autres établissements énoncés en l'article VIII, & qu'ils sont obligés de mettre hors de leurs mains, soit en vertu des Ordonnances, Loix & Coutumes du Royaume, soit en exécution de l'Edit du mois d'Août mil sept cent quarante-neuf & de la présente Déclaration, soient assujettis à toutes les charges publiques, même que lesdits gens de main-morte soient tenus de payer la taille pour raison de la propriété & de l'exploitation desdits biens, les vingtiemes & toutes autres impositions généralement quelconques mises ou à mettre, comme s'ils étoient possédés par nos autres sujets non privilégiés, pendant le temps que lesdits gens de main-morte en jouiront, & jusqu'à ce qu'ils les aient mis hors de leurs mains.

XV. Sera au surplus notre Edit du mois d'Août mil sept cent quarante-neuf exécuté selon sa forme & teneur, dans toutes les dispositions auxquelles il n'a été apporté aucun changement par ces Présentes. Enjoignons à nos Procureurs-Généraux & à leurs Substituts, chacun dans leur ressort, de veiller à l'exécution, tant de notredit Edit du mois d'Août mil sept cent quarante-neuf, que de la présente Déclaration; & en cas d'inexécution ou de fraude, de poursuivre les Contrevenants suivant la rigueur des Ordonnances. SI DONNONS EN MANDEMENT à nos amés & féaux Conseillers les gens tenant notre Cour de Parlement à Paris, que ces Présentes ils aient à enregistrer, & le contenu en icelles garder & exécuter, nonobstant toutes choses contraires: car tel est notre plaisir; en témoin de quoi nous avons fait mettre notre sceau à cesdites Présentes. Donné à la Muette, le vingt-sixieme jour du mois de Mai, l'an de grace mil sept cent soixante-quatorze, & de notre regne le premier. *Signé*, LOUIS. *Et plus bas*, par le Roi, PHELIPEAUX. Et scellé du grand sceau de cire jaune.

Registrée, oui & ce requérant le Procureur Général du Roi, pour être exécutée selon sa forme & teneur, & Copies collationnées de ladite Déclaration envoyées aux Bailliages, Sénéchaussées & autres Sieges du ressort de la Cour, pour y être lue, publiée & registrée. Enjoint aux Substituts du Procureur-Général du Roi d'y tenir la main, & d'en certifier la Cour dans le mois. Comme aussi Copies collationnées d'icelles envoyées aux Conseils-Supérieurs, pour y être pareillement lue, publiée & registrée, conformément à l'Edit du mois de Février mil sept cent soixante-onze, suivant l'Arrêt de ce jour. A Paris, en Parlement, toutes les Chambres assemblées, le premier Juin mil sept cent soixante-quatorze. Signé, LE JAI. *Collationné par Nous Chevalier, Conseiller, Secrétaire du Roi, son Protonotaire & Greffier en Chef Civil de sa Cour de Parlement.*
Signé, LE JAY.

Enregistrée le 14 Juin 1774, au Parlement de Rouen.

A l'égard des Aliénations, depuis que l'état François existe, les biens ecclésiastiques ont été considérés par nos Souverains comme faisant partie de leur domaine, & conséquemment inaliénables, si ce n'est dans des cas de nécessité urgente ou d'une évidente utilité.

En effet, l'établissement des églises, des monasteres, des hôpitaux, &c. devant être perpétuel dans le vœu des fondateurs ou du Souverain qui autorise la fondation

fondation, les Titulaires ou les Administrateurs doivent les conserver entiers à leurs successeurs. Ils ne sont que dépositaires; & s'ils abusent du dépôt, leur faute doit être dans tous les temps réparée, soit par ceux qui les remplacent, soit par le ministere public : de là, lors même que pour mettre les églises à l'abri des déprédations des ennemis de l'état, l'aliénation de leurs possessions leur a été permise ; elles ont été autorisées, sans prouver aucune lésion, à reprendre les fonds aliénés des mains des acquéreurs : (Edit du mois de Décembre 1606, vérifié au Parlement de cette Province, le 14 Juillet 1609). Les Ecclésiastiques ou Religieux ne sont présumés avoir valablement aliéné leurs biens que lorsque l'aliénation a été prouvée juridiquement avantageuse ou indispensable, par des Procès-verbaux *de commodo & incommodo*, que cette aliénation a été faite publiquement, par encheres, après affiches, & qu'elle a été enregistrée au greffe des gens de main-morte. Il n'y a d'exception à cette maxime que lorsque l'acquéreur a joui paisiblement durant 40 ans sans trouble, & que le titre originaire n'est pas reconnu par le possesseur; car la possession quadragénaire est un titre compétent en cette Province pour toutes sortes de possessions, suivant la charte qui lui a été accordée en 1315 ; cette exception en conséquence a été confirmée par les Arrêts de la Cour des 22 Décembre 1519, 17 Janvier 1539, cités par Forget (1).

Lorsqu'avant les 40 ans un Corps ecclésiastique ou bénéficier fait annuller la vente faite induement de biens dépendants de leurs bénéfices, c'est une question de savoir s'ils doivent à l'acquéreur dépossédé le remboursement de ses améliorations : à cet égard, il faut suivre les mêmes principes que nous verrons admis, relativement aux biens clamés à droit lignager ou féodal. Les dépenses faites pour l'entretien du fonds vendu, pour sa conservation, sont les seules remboursables ; car des constructions qui en augmenteroient la valeur, sans qu'elles fussent indispensables pour le faire subsister en l'état où il étoit lors de l'aliénation, seroient en perte pour l'acquéreur ; en effet, ce seroit un moyen fort aisé à des gens opulents de dépouiller les églises de leurs propriétés, que de les acquérir sans observer aucunes formalités, & de faire, après cette acquisition, des embellissements, des augmentations, soit en plantations, soit en bâtiments ; car souvent les Bénéficiers ou les Communautés se trouveroient hors d'état d'en restituer le prix, & la prohibition faite aux églises d'aliéner, seroit impunément violée.

Beaucoup d'Ecclésiastiques se font scrupule de troubler les acquéreurs dans la jouissance des fonds dépendants de leurs bénéfices, quoique les formes prescrites par les Ordonnances aient été omises dans les contrats ; mais ils doivent considérer qu'ils ne sont que dépositaires de ces fonds, que leurs prédécesseurs n'en jouissoient qu'à ce titre ; & que si les premiers ont commis une fraude en les aliénant sans nécessité, ils ne seroient pas moins coupables en négligeant de la réparer par les voies que la loi autorise. Qu'arriveroit-il si les abus commis par les Administrateurs des biens ecclésiastiques ne pouvoient être réformés ? Insensiblement les fondations s'anéantiroient, & les loix établies pour les perpétuer seroient inutiles, contre le vœu du Souverain & de la nation.

Un Arrêt du 28 Novembre 1776, rendu en faveur des Dames Abbesse, Prieure & Religieuses de l'Abbaye de

---

(1) *Des personnes & choses ecclésiastiques*, p. 64.

S. Léger-de-Préaux, pourroit nous être objecté, quant à ce que nous avons dit plus haut, qu'après 40 ans les acquéreurs de biens ecclésiastiques ne pouvoient plus être troublés. Mais quoique cet Arrêt ait dépossédé M. Desfribois qui avoit une possession plus que quadragénaire, on ne doit pas croire que la Cour ait décidé qu'une pareille possession n'est d'aucun poids ; car si cette possession fut objectée par M. Desfribois, on ne réussit à écarter l'objection qu'en observant que le titre primitif de l'aliénation irreguliere étoit représenté & reconnu : or, on ne peut prescrire contre un titre avoué & subsistant par quelque laps de temps que ce soit. Toute possession en effet est essentiellement fondée sur la présomption d'un titre légitime , & la présomption d'un pareil titre ne peut être admise quand il est représenté, & que les vices dont il est infecté s'y manifestent.

BIGAMIE.

Ce crime consiste en la mauvaise foi du mari , qui se donne en même temps deux femmes, ou de la femme qui contracte en même temps avec deux époux : il emporte peine afflictive, mais seulement contre celle des Parties qui a contracté avec connoissance du crime ; car si un mari ou une femme a eu lieu de penser que le mariage lui étoit permis , sa bonne foi lui assure ses droits matrimoniaux , & ses enfans sont légitimes. Telle est la Jurisprudence du Parlement de cette Province, attestée par deux Arrêts , l'un du 12 Avril 1704, l'autre du 18 Août 1760. *Voyez* MARIAGE, & au mot ÉTAT, QUESTIONS D'ÉTAT.

BILLETS.

1°. Par Edit du mois d'Octobre 1665, tous Billets sous signature privée, doivent être contrôlés avant que l'on en poursuive le paiement en Justice sous peine de nullité, à l'exception des Billets à ordre ou au porteur. Cet Edit a été enregistré au Parlement, le 17 Novembre 1705.

2°. En 1684, il y fut aussi enregistré un Edit du mois de Décembre de cette année , qui regle la procédure que l'on doit tenir lorsque la signature apposée au bas d'un Billet est méconnue, pour qu'elle soit vérifiée.

Il faut bien distinguer les regles à suivre pour cette vérification à fins civiles, de celle qui est ordonnée par le titre 8 de l'Ordonnance de 1670, *pour la reconnoissance des écritures & signatures en matiere criminelle.*

C'est avec les regles prescrites par les titres 12 & 21 de l'Ordonnance de 1667, qu'il faut combiner celles de l'Edit de 1684; car de cette combinaison il résulte, comme le porte le procès-verbal de l'Ordonnance de 1667 , qu'en matiere civile la vérification d'écritures, *dépend du ministere de seuls Experts*, & que la présence du Juge n'y est nécessaire que pour dresser procès-verbal de la piece dont l'écriture ou signature est méconnue, & constater le nombre & l'état de celles qui sont produites pour comparaison. En effet, l'Article 12 du titre 21, statue que les Experts délivreront *au Commissaire leur rapport*. Et l'Article 13 démontre que les Experts travaillent séparément ou reunis, sans le concours du Juge, à la vérification. La raison de la différence de procédure en matiere civile, d'avec celle prescrite pour les procédures criminelles, naît de ce qu'au civil l'Expert détermine nécessairement la décision, au lieu qu'en crime les Experts sont entendus en genre de témoins , & que ce n'est pas sur leur témoignage que l'on peut asseoir des condamnations afflictives ou capitales.

3°. Quoiqu'on ne méconnoisse pas sa signature apposée sur un Billet, par lequel on s'est obligé à une somme excédente 100 liv., il ne s'ensuit pas cependant pour cela que dans tous les cas on foit tenu de le payer, si la cause qui y est énoncée est illégitime & déguisée. Par exemple, s'il doit sa naissance au jeu, quoique conçu pour prêt. Ceci est conforme à l'Ordonnance de 1629, Art. 138; & a été jugé par Arrêts des 25 Février 1726 & premier Juillet 1763.

4°. Un Billet portant intérêt sans aliénation de capital par quelque temps que le débiteur ait payé, l'intérêt n'est point converti en constitution de rente : un Billet de cette nature, dont on avoit payé l'intérêt durant trente années, fut déclaré usuraire par Arrêt du 15 Décembre 1689 (1). Les intérêts furent déclarés imputés sur le capital, & le créancier condamné à la restitution du surplus.

5°. *Voyez* Article HARO, si on peut l'interjetter pour forcer par cette voie un étranger à payer un Billet.

6°. Celui qui paie le montant d'un Billet entre les mains d'un Sergent auquel le créancier l'a confié, paie-t-il valablement, quoique l'Officier ne représente pas un ordre du créancier de mettre le Billet à exécution, ni un pouvoir de toucher les deniers, & que le Billet ne soit ni contrôlé ni rendu exécutoire ? L'affirmative paroît certaine. En effet, lorsqu'un créancier confie un Billet à un Sergent, il est présumé en avoir retiré un récépissé, ou s'en être rapporté à sa bonne foi. Or c'est la confiance donnée à cet Officier qui forme son mandat pour recevoir du débiteur; car on ne lui a pas dû remettre l'obligation à d'autres fins. Ce mandat est tellement pour recevoir, que si l'on refuse de payer, le porteur de Pieces peut assigner ou saisir, sans que ses diligences puissent être avec succès attaquées de nullité. Si donc l'Officier est infidele; s'il dissipe les deniers reçus, le débiteur, porteur du billet acquitté, ne peut être recherché;

le propriétaire de la Sergenterie est le seul garant du créancier; & ceci s'induit de l'Arrêt du 16 Juillet 1744, qui a déchargé de toute garantie un opposant aux deniers d'une vente aux mains du Sergent qui y avoit procédé & qui avoit dissipé les deniers, quoique cet opposant eut agi sans autre titre qu'une permission du Juge, *à ses périls & risques*; car si dans cette espece on n'a pas cru devoir punir un créancier d'avoir pris ses sûretés pour être payé, en sequestrant les deniers ès mains d'un Officier infidele : dans la premiere espece, un débiteur de bonne foi ne doit être puni d'en avoir supposé à celui ès mains duquel il s'est libéré. Dans les deux cas l'Officier inspire de droit & par son seul titre la confiance, & ceux-là seuls qui ont rendu au public ses fonctions indispensables, sont légalement tenus de réparer ses fautes. *Voyez* INTÉRÊT, USURE.

B I V A L. (ABBAYE DE)

On ne trouve aucun titre qui remonte à la fondation de ce Monastere, ni dans le *Neustria pia*, ni dans le *Gallia Christiana*.

BLAMES D'AVEUX.

1°. Le Seigneur doit blâmer l'aveu que son vassal lui présente dans les prochains plaids qui suivent cette présentation, ou bien le vassal n'est plus tenu de comparoître en la cour du Seigneur sans assignation.

2°. Au jour de l'échéance de l'assignation, le Seigneur doit fournir blâmes.

3°. Le Seigneur peut différer pendant trente ans à blâmer l'aveu, & durant ce temps le vassal fait les fruits siens : (Art. 121 & 122 de la Coutume).

4°. Le vassal a aussi trente ans pour réformer son aveu : (Arrêt du 18 Février 1682).

---

(1) *Espr. de la Cout.*, p. 148.

Les motifs de blâmer sont ordinairement :

1°. Que le vassal n'a pas donné au Seigneur les qualités qui lui sont dues.

2°. Qu'il en a pris qui ne lui appartiennent pas, & qui peuvent porter préjudice au Seigneur.

3°. S'il a négligé de désigner le fonds par ses vrais bouts & côtés, & de spécifier les droits & redevances auxquels ce fonds est sujet.

Quand le Seigneur fournit blâmes & exige des corrections en l'aveu de l'exactitude desquelles le vassal a sujet de se défier, celui-ci n'ayant point encore en sa possession d'anciens aveux, peut en demander la représentation au Seigneur, & même l'obliger à se purger par serment, qu'il n'en a pas d'autres que ceux qu'il communique. *Voyez* DÉNOMBREMENT.

BLAMES DE LOTS.

Voyez LOTS, PARTAGES.

BLANCHECAPE. (PIERRE DE)

Auteur de deux Commentaires : Le premier, sur les Titres de la Coutume *de Succession en propre en ligne directe.* Et le second, sur les Titres *de Loi apparoissante, de bénéfice d'inventaire*, & *de servitudes*. Ils furent imprimés en 1662. Comme Blanchecape étoit Prieur des Facultés de Droit en l'Université de Caen, il s'est plus attaché à rapprocher les dispositions de la Coutume des maximes du Droit Civil, qu'à les interpréter par celles de Féodalité, qui en sont le principe.

BLANCHELANDE. (ABBAYE DE)

Ce Monastere a été fondé en 1155, par Richard & Mathilde de la Haye-du-Puits. On peut consulter p. 842 du *Neustria pia*, & p. 242 & 244 du *Gall. Christiana*, les titres de fondation de cette Abbaye.

BLANCHES. (LES)

Les titres de cette Abbaye, fondée en   , se lisent p. 149. *Gall. Christ.* Tome XI.

BLED.

Dans les anciennes Chartes, il est souvent question de dons faits aux Eglises de droits payables en *bled* ; la difficulté, surtout quand la possession de percevoir une espece de grain déterminée n'est pas constante, réside en ce que le débiteur prétend ne devoir payer qu'en bled de la moindre qualité, tandis que le créancier exige le meilleur bled.

En 1765, il y a eu contestation entre M. l'Abbé Commendataire de l'Abbaye de Valmont, les sieurs enfants mineurs de feu Pierre Bellanger, & François, Chef d'hôtel, Ecuyer sieur de Grandval, propriétaire du moulin du Bec aux Cauchois, sur un point dont la discussion peut répandre beaucoup de lumieres sur le vrai sens des Chartes, où le mot *bladium* est employé, & où la qualité du grain désigné par ce mot n'est point déterminée.

Suivant une Charte, Roger le Cauchois avoit donné à l'Abbaye de Valmont quatre quartiers de bled à prendre en son moulin du Bec, tous les ans, au jour de *S. Michel* : -- *Quatuor quarteria bladi in suo molendino de Becco reddenda annuatim ad Festum Sancti Michaëlis.*

En 1235 & 1352, cette donation avoit été confirmée par Guillaume & Yves Martel, successeurs de le Cauchois.

En 1423, les héritiers Martel s'étoient reconnus débiteurs envers l'Abbaye de Valmont de 16 boisseaux de *bled-mouture*.

Le 28 Octobre 1765, le sieur Abbé de Valmont fit signifier au sieur Bellanger ses titres, & lui donna assignation en la Haute-Justice de Valmont, pour l'obliger à lui délivrer en essence les 16 boisseaux de bled qui lui étoient dûs, & à passer titre nouveau de cette redevance.

Le sieur Bellanger répondit que, quoique de tout temps la rente eût été payée en argent, il obéissoit cependant la payer à raison de 16 boisseaux par an de *bled-moute*.

En repliques, l'Abbé de Valmont soutint que ses titres n'attribuant point la qualité de *bled-moute* au bled qui lui étoit dû, les obéissances étoient inciviles.

Le sieur Bellanger, dans la plaidoirie, persista à ses offres, & ajouta que le bled qu'il devoit n'étant pas désigné comme pur froment dans les titres, on étoit nécessité de penser que le grain qui en étoit l'objet, étoit un grain tel que le moulin le produisoit, composé des trois sortes de bled qu'on y mouloit, c'est-à-dire du froment, du seigle ou du méteil; qu'on devoit considérer sa redevance comme celles en grain dont parle Basnage, article 21 de la Coutume, qui, étant affectées sur un fonds, ne doivent consister, lorsque la qualité du grain n'est point spécifiée, qu'au grain que le fonds produit.

Sur les moyens respectifs des parties, le Juge de Valmont rendit Sentence le 11 Mars 1772, qui condamna Bellanger de son obéissance, à payer au sieur Abbé de Valmont la rente en question *en bled* de telle nature que le moulin le produisoit.

Le sieur Abbé se porta appellant de cette Sentence en tant que Bellanger prétendoit en induire qu'elle avoit jugé que la rente seroit payée en *bled-moute*, tandis que son vrai sens devroit être que le paiement seroit fait *en bled-froment*, tel que le moulin en produisoit.

En la Cour, sur l'appel, l'appellant s'appuya sur l'autorité de Basnage, de Merville, de M. de la Tournerie, qui tous conviennent que c'est par l'usage du lieu où la redevance a été contractée, que sa dénomination doit être interprétée; que dans le pays de Caux, il est de notoriété que la signification la plus ordinaire du mot *bled*, est le froment.

Au surplus, l'Abbé de Valmont prouvoit que la rente lui avoit toujours été payée en argent sur le pied de la valeur du froment.

L'Intimé réfuta ces moyens en observant que lorsqu'un titre est obscur on doit l'entendre dans le sens le plus favorable à l'obligé, que de là Cujas soutient que si l'on s'est engagé à payer du bled, on est quitte en donnant le bled de la moindre qualité, c'est-à-dire, du seigle. Il ajoutoit, qu'au temps de la création de la redevance durant les *treizieme* & *quatorzieme* siecles, le mot *Bladum* étoit commun à toutes especes de grains; qu'un Arrêt de l'an 1276, conservé dans les Registres *Olim* en fournit la preuve. Il citoit encore une Charte de 1233, rapportée par Ducange, où l'on voit que *quatuor minæ bladi*, quatre mines de bled étoient composées *d'un tiers de froment, d'un tiers de seigle, & d'un tiers d'avoine; ita quod tertia pars erit frumenti, tertia siliginis, tertia avenæ*. Enfin, il faisoit sur-tout valoir les lots de 1423, où les descendants de celui qui avoit fait l'aumône à l'Abbaye de Valmont ne se reconnoissoient redevables que d'une rente en *bled-mouture*.

Le 16 Mai 1775, tout d'une voix, l'appellation fut mise au néant; ainsi la Cour jugea que la redevance devoit être payée en *bled-moute*, c'est-à-dire, en bled, composé par tiers de froment, de méteil & de seigle. Les motifs de cet Arrêt, prononcé d'une voix unanime, sur le rapport de M. l'Abbé de Rualem, furent que l'aumône ayant été faite en *bled*, à prendre sur celui que produiroit le droit du meûnier, ce bled devoit être composé de toutes les especes de bled qu'il mouloit.

Arrêt d'autant plus sage qu'il est d'accord avec ce qui se pratiquoit au temps où la donation avoit été faite à l'Abbaye de Valmont. Alors beaucoup de Seigneurs se faisoient un mérite de semblables dons, & dans les chartes, ils appelloient le bled qui en étoit l'objet: *bladium muturense*. Quelques-unes même pour faire mieux connoître la nature du mélange de cette sorte de bled, ajoutoient qu'il seroit *minoris pretii uno denario quam ordeum communis venditionis*, de la valeur d'un denier moins que le prix auquel l'orge se vendoit communément; parce que le grain d'orge pur étoit plus estimé que le bled de mouture où il entroit toujours beaucoup plus de seigle que de *froment* & de *méteil*. Ces expressions sont employées dans deux chartes de Guillaume de Torchy & d'Enguerran de Montigny, en faveur de l'Abbaye de Longueville en Caux, qui sont de la fin du treizieme siecle. *Voyez* RENTE.

BOIS.

Les Bois étoient anciennement le domaine le plus utile de nos Rois & des Seigneurs particuliers. On les regardoit comme partie intégrante des fonds qui les avoient produits. Sous nos Souverains de la seconde race, toutes les Forêts leur appartenoient. *Capitul. l. 4. c. 65. Longob. l. l. 3. tit. 35.* & les Ducs Normands se conserverent la même prérogative. Leur Grand-Sénéchal en avoit la police, *ch. 9, anc. Cout.* Mais après la cessation des troubles qui avoient agité la France & la Normandie durant les dix & onziemes siecles, les défrichements devinrent indispensables; les Forêts furent inféodées ou cédées à charge de redevance. La plus ordinaire de ces redevances fut celle qui consista au tiers de la coupe des Bois, & en même temps au dixieme de cette coupe: ainsi de 30 portions, le Roi en avoit 13. Ce dixieme s'appelloit *danger*, & le tiers retenoit son nom. La premiere de ces redevances étoit appellée *danger*, c'est-à-dire selon la signification que l'on donnoit au mot *dangerium*, paiement pour exemption de dommage, parce qu'en effet par la cession d'un Bois à un Seigneur, il étoit affranchi des dommages que pouvoient causer les bêtes que le Roi y auroit pu faire conserver pour ses plaisirs. La seconde étoit une dîme, un champart dont la quotité étoit assimilée à la plus commune quotité des cens imposés sur les fonds inféodés. Il est fait mention du tiers & danger dans la Charte Normande en 1315, & dans beaucoup d'autres Ordonnances postérieures; mais ce droit a été aboli & supprimé pour le Roi, par Ordonnance du mois d'Août 1619, cependant sans préjudice à ce même droit, lorsqu'il étoit dû à des Seigneurs qui, à l'instar du Souverain, avoient assujetti leurs vassaux par la sous-inféodation des bois qu'ils tenoient du Domaine royal. Christophe Bérault a fait un Traité du Tiers & Danger, ainsi que M. Froland. Ce dernier en parle encore ch. 44, part. 3 du premier volume de son recueil d'Arrêts. Par la raison que, comme on l'a dit plus haut, le tiers & danger est une espece de champart, il n'est point un obstacle à la dîme des Bois qui le doivent, suivant un Arrêt du 3 Mars 1639 (1); & lorsqu'en 1750, le 7 Août, par autre Arrêt, un fonds sujet au tiers & danger a été exempté de la dîme, ce n'a pas été en considération de ce qu'il étoit sujet à ce droit, mais parce que la possession du Curé n'étoit pas suffisante pour l'autoriser à dîmer.

---

(1) Routier, *Pratiq. bénéf.* p. 68.

En effet, comme de sa nature le Bois est un véritable immeuble, pour qu'il devienne susceptible de dîme, il faut qu'il ait été substitué à des grains ou autre mobilier décimable. C'est ce qui s'induit de l'article 118 du Réglement de 1666 ; il ne dit pas que le Décimateur ne peut acquérir le droit de dîmer sur les Bois, que par une possession de quarante années ; mais il dit que les Possesseurs des fonds peuvent acquérir l'exemption de la dîme du Bois pendant quarante ans. Ainsi pour demander cette dîme, il suffit que le Décimateur ait possession de dîmer sur le fonds où le Bois est cru, qu'il puisse prouver que ce fonds a produit des grains sujets à dîme ; & au défaut de cette preuve, on présume le fait, si le Décimateur a joui pendant quarante ans de la dîme du Bois. Il y a cependant une exception à cette regle ; si le propriétaire du Bois (1) l'emploie pour son usage, il ne doit rien au Décimateur. Ce que l'on vient de dire, doit faire sentir aux Curés & aux autres Décimateurs, de quelle importance il est pour eux d'exiger des propriétaires des fonds qui ont été cultivés & ont payé dîme lorsqu'ils les plantent en bois, des reconnoissances de l'ancienne nature de ces fonds, & de leur conversion en une culture différente.

Ce qui prouve que les Bois (bien entendu ceux qui font partie intégrante d'un manoir) ne sont réputés meubles en certains cas que par fiction, c'est qu'en général ils suivent les regles des immeubles. Leur vente donne ouverture au retrait, (Art. 463 de la Coutume), lors même qu'elle est faite à condition qu'il sera coupé, pourvu cependant qu'il soit sur pied lors de la clameur. De là, lorsque le Bois n'est pas coupé, le créancier de celui auquel il appartient, ne peut le faisir comme un meuble, il est obligé de recourir à la faisie réelle : (Arrêt du premier Août 1688, rapporté par Basnage). D'où il suit qu'étant abattu, il est un pur meuble, (Arrêt du 18 Juin 1676), parce qu'alors il ne fait plus partie du fonds.

Le Bois étant sujet au retrait, par une conséquence nécessaire, il doit treizieme quand il est vendu, (Arrêt de 1608, Bérault ; de 1611 & de 1622, Godefroi & Basnage). Ce dernier Auteur rapporte même un Arrêt de 1667, qui juge que le treizieme appartient au Seigneur pour vente d'arbres en haie, âgés de plus de quarante ans ; & ceci tient à l'idée que nos anciens Législateurs avoient de la qualité immobiliaire des Bois ; car, suivant le chapitre 34 du vieux Coutumier, *ils devoient être relevés*, c'est-à-dire qu'ils devoient payer au Seigneur le relief ou treizieme dû pour toute mutation d'immeuble ; & par le procès-verbal de la Coutume réformée, on regarda l'Article 463, comme de Coutume ancienne, & les Commissaires ne renvoyerent à l'occasion de cet Article, son interprétation en la Cour que pour la quotité du droit dû sur les Bois au cas de vente, c'est-à-dire sur le point de savoir s'il en étoit alors dû le dixieme ou le treizieme, & non pas s'il étoit dû un droit.

On doit cependant observer que si le treizieme est dû de la premiere vente, il ne l'est pas de la revente qui en est faite, (Arrêt du 5 Février 1661). Et c'est par erreur que Basnage a cru que, par Arrêt de 1612, on avoit décidé que *le retrait pouvoit s'exercer sur la seconde vente* ; car cet Arrêt n'a décidé rien autre chose, sinon que les lignagers du second vendeur de Bois, n'étoient pas recevables à le retraire ; les seuls lignagers du premier vendeur en ont la faculté, parce que lors de la seconde vente le Bois est con-

---

(1) Arrêt du Grand-Conseil, en faveur du Chapitre de Lisieux, de l'année 1754.

fidéré comme déja abattu, puisque l'acheteur est tenu de l'abattre. C'est donc un meuble; & un meuble n'est ni retrayable, ni sujet au treizieme; ce qui concilie parfaitement entr'eux l'Arrêt de 1661 & celui de 1612. En effet l'espece de ce dernier étoit qu'un nommé Louvel avoit vendu des Bois à Barbier, à la charge de le couper en six ans: Barbier après en avoir fait couper partie, vendit l'autre, & la fit clamer par son fils. Le premier Juge reçut le décret; mais sur l'appel la Sentence fut infirmée, & le clamant débouté du retrait.

On ne doit pas être surpris, après avoir vu les Bois confidérés comme immeubles par notre Coutume, qu'elle ait assujetti les héritiers aux meubles & acquêts à en donner remploi aux héritiers aux propres, ou les époux à indemniser les héritiers de leurs femmes des abattis qu'ils en font sur les héritages de ces dernieres. A l'égard des maris, il arrive souvent qu'après la mort de leurs femmes, ils sont privés des droits les plus légitimes sur leurs successions, faute d'avoir pris de leur vivant des précautions, en disposant des Bois de l'espece de ceux dont il est ici question, qu'ils ont fait abattre de concert. A cet égard, on doit observer que lorsque les Bois dépérissent, il convient que l'époux en fasse faire la vente publique, & déclare par cette vente que les deniers qui en proviendront serviront à une nouvelle plantation, de laquelle ils tireront quittance lorsqu'elle s'effectuera, soit des ouvriers, soit de ceux qui fourniront les nouveaux arbres, ou qu'ils se fassent autoriser à faire dresser procès-verbal par Experts des réédifications des bâtiments appartenants à leurs femmes, ainsi qu'à abattre sur le fonds les arbres qui y conviennent.

Par une suite de l'importance dont sont les bois, tant pour ceux auxquels ils appartiennent, que pour le public, l'Article 85 a mis les bois pour toujours en défens, si ce n'est pour ceux qui y ont droit d'usage par la concession des Seigneurs; & la Cour a fait le 20 Novembre 1691 un Réglement pour défendre de rompre, briser les arbres fruitiers, de commettre aucuns délits dans les bois, de scier les arbres des avenues, à peine de punition corporelle, de 300 liv. d'amende, dont les peres, meres, maîtres & maîtresses seroient responsables pour leurs enfants ou domestiques, & ordonné qu'il seroit lu & publié aux Prônes des Messes paroissiales. *Voyez* CENTIEME DENIER, COUPE DE BOIS, DÉFENDS, HAUTE-FUTAIE, TAILLIS.

BOISSEAU.

Voyez ARQUES, MESURE.

BOISSONS.

L'Article 27 de la Coutume donne la police des boissons au Bas-Justicier.

BONNE FOI.

La bonne foi est la regle de toutes les actions humaines; c'est à elle que la récompense est due: le châtiment est donc réservé à tous les actes où la bonne foi est trahie ou méconnue; mais la bonne foi réside dans l'intention, & la loi n'auroit aucune regle fixe si elle étoit forcée de pénétrer l'intention de ceux qui lui sont soumis avant qu'elle pût être exécutée. De là les Législateurs ont établi des maximes générales d'après ce que l'extérieur, & non les motifs secrets des actions annoncent. Cependant quand ces motifs se manifestent, quand il n'est pas possible de révoquer en doute leur équité, alors la rigueur de la loi cesse, & ce n'est plus la lettre que l'on consulte; on se conforme à l'esprit dans lequel elle a été promulguée.

Ainsi entre conjoints par mariage, la bonne

bonne foi évidente de l'une des Parties ne prive pas leurs enfants de la légitimité, comme on l'a remarqué à l'art. BIGAMIE. Et à l'égard des Officiers ministériels, s'ils ont en apparence un titre capable d'inspirer de la confiance au public, ceux qui ont eu recours à leur ministere, ne deviennent pas victimes de l'incapacité qu'ils ont dissimulée. Commençons par établir la vérité de ces deux assertions, ensuite nous justifierons des actes qu'on est habitué d'attribuer à la mauvaise foi, & qui sont cependant très-conformes aux principes de la plus sévere équité.

1°. Quand on dit que la bonne foi de l'un des conjoints rend les enfants d'un deuxieme mariage subsistant avec le premier, légitimes, il ne faut pas en induire que cette légitimité parte de ce que le deuxieme mariage est valide, car il n'y a de mariage véritable que le premier; mais on doit entendre par là que les enfants sortis de la seconde femme sont capables d'effets civils, comme le seroient les enfants légitimes : c'est ce qui a été jugé par Arrêt du 19 Février 1517, rapporté par Terrien, & depuis par deux Arrêts, l'un du 12 Avril 1704 ; l'autre du 18 Août 1760. Par l'Arrêt de 1704, quoiqu'on admit les enfants du pere, qui étoit décédé bigame, à lui succéder, il fut cependant défendu à sa veuve d'en prendre la qualité. Par celui de 1760, la femme que le mari avoit épousé durant la vie de sa premiere épouse, n'obtient que la reconnoissance des droits de son enfant.

2°. A l'égard des Officiers publics, il est de principe que les actes faits par celui que les Juges ont reçu comme capable d'instrumenter, sont valables, lors même qu'on établiroit dans la suite qu'il n'auroit pas l'âge, ou qu'il avoit en sa personne quelque défaut qui le rendoit indigne d'exercer ses fonctions : la vérité de ce principe est reconnue par l'Arrêt du 17 Mars 1654, rapporté par l'Annotateur de Bérault, derniere édition, Art. 18 de la Coutume. Il s'agissoit d'un exploit de clameur fait par le locataire d'une sergenterie, mais dont l'acte de réception ne se trouvoit pas au greffe de la Jurisdiction où il exerçoit. Malgré cette circonstance la clameur fut déclarée bonne. Depuis il est intervenu, entre M. le Marquis de Cany & M. du Verdray, un autre Arrêt, il est du 1769. Par cet Arrêt, un exploit de clameur, fait par le commis d'un locataire de la sergenterie de Baqueville, fut déclaré nul, quoique ce commis eût été admis au Bailliage royal d'Arques pour y exercer les fonctions de *Sergent royal*, après information *de vie, mœurs & capacité*.

Devant le premier Juge, on avoit opposé à ce commis le défaut d'âge, & que d'ailleurs, suivant l'ancien Coutumier, ch. 5, les Sergens avoient des sous-Sergens, mais qu'ils ne faisoient que les *vilains services* ; & on avoit repliqué, à l'égard de l'âge, que le requérant avoit dû le supposer complet, vu la réception faite par les Juges ; & à l'observation tirée de l'ancien Coutumier, que les Sergens dont il parle sont des nobles féodataires *qui justicioient vertueusement à l'épée & aux armes tous malfaiteurs, mais que leurs sous-Sergens & bedeaux saisissoient les namps*, faisoient toutes les semonces & autres exploits relatifs aux personnes & aux héritages des vassaux des seigneuries auxquelles ils étoient attachés : aussi y a-t-il lieu de croire que ces moyens ne furent pas ceux qui déterminerent la Cour ; que le motif de l'Arrêt fut que le commis du fermier de la sergenterie n'avoit été reçu que *Sergent royal*, & que les Sergents royaux n'ont pas la concurrence des exploits de clameur, avec les commis des sergenteries nobles. Voyez art. 5 & 7 du *Réglement du 28 Juillet 1769, pour l'administration de la Justice*.

Pareil Arrêt contre M. Viellot, en faveur du sieur le Corbeiller, rendu le 23 Juillet 1779.

3°. La Palluelle se propose cette question (1) : si le vassal qui laisse arrérager plus de 3 années de rentes qu'il doit à son Seigneur Bas-Justicier, peut en sûreté de conscience se servir de prescription contre lui ? Et il répond affirmativement, fondé sur ce qu'il est présumable d'après le texte de la Coutume, art. 31, que lors de la première inféodation la fieffe a été faite sous la condition qu'il ne *pourroit exiger que 3 années de ses rentes*, & fondé sur ce principe, il ne balance pas à soutenir que le *Seigneur n'est pas recevable à exiger le serment du vassal*, parce que la loi n'est pas fondée sur la présomption que les arrérages antérieurs à 3 années ont été payés. Il fait au reste observer que si le vassal a demandé au Seigneur délai de paiement, en ce cas il ne peut profiter de la faveur de la loi.

Cette opinion paroît d'autant mieux établie que, 1°. l'art. 31 de la Coutume autorise le Bas-Justicier à demander plus de 3 ans d'arrérages, *s'il apparoît de l'inféodation par générale hypotheque*; car cette exception fait clairement entendre que le cas le plus ordinaire des inféodations étoit celui où cette hypotheque générale ne leur étoit point attachée, & qu'ils n'avoient qu'une hypotheque spéciale sur le fonds inféodé pour les 3 ans d'arrérages auxquels la Coutume a restreint les Seigneurs; & 2°. quoiqu'un aîné ait payé plus de 3 ans d'arrérages au Seigneur pour ses puînés, il ne peut leur en demander que 3 années, à moins qu'ils ne lui aient promis de lui payer le tout, suivant un Arrêt du 14 Mai 1675.

4°. C'est à peu près par les mêmes motifs que la Palluelle, dix-septieme cas, premiere partie, approuve la prescription de 5 ans pour les rentes constituées à prix d'argent. Si le Prince, dit-il, a le pouvoir, pour le bien public, de régler à quel denier la constitution de l'argent doit être faite ; à plus forte raison a-t-il celui, pour empêcher la ruine des familles, de mettre des bornes à l'intérêt que l'on tire de l'argent, qui, par sa nature, n'en doit produire aucun, & dont le revenu annuel, quoique le capital en soit aliéné, n'est qu'une usure tolérée : ainsi que le prouvent les dispositions suivantes de l'Ordonnance de Louis XII.

» Pour ce que la plupart de nos Sujets, au temps présent, usent d'achats & ventes de rentes, que les uns appellent rentes à prix d'argent, les autres volantes, pensions, hypotheques ou rentes à rachat, selon la diversité des pays & lieux où se font iceux contrats, à cause desquels contrats plusieurs sont mis en pauvreté & destruction, pour les grands arrérages que les acheteurs laissent courir sur eux, qui montent bien souvent plus que le principal, pour le paiement desquels il faut vendre tous leurs biens, & tombent eux & leurs enfants en mandicité & misere, & aussi souvent les acheteurs perdent le principal & arrérages; parce que le vendeur auparavant avoit vendu à plusieurs autres semblables rentes, les paiements desquelles & les arrérages surmontent les biens du vendeur; & le dernier perd son principal & arrérages, moyennant lesquels contrats se font plusieurs fausses ventes, fraudes & tromperies, desquelles sortent plusieurs procès, tant criminels que civils, & plusieurs y perdent leur avoir, tant vendeurs qu'acheteurs. A CES CAU-

---

(1) P. 389.

» sus, Nous, defirant pourvoir à l'indem-
» nité de nos Sujets, confidérant tels &
» femblables contrats être odieux & à
» reftreindre, avons ordonné & ordon-
» nons que les acheteurs de telles rentes
» hypotheques ne pourront demander que
» les arrérages de cinq ans ou moins ;
» & fi outre cinq ans, aucune année d'ar-
» rérage étoit échue, dont n'euffent fait
» queftion ni demande en jugement, ne
» feront reçus à la demander, mais en fe-
» ront déboutés par fin de non-recevoir ;
» & en ce, ne font compris les rentes
» foncieres portant feigneurie directe ou
» cenfive.

Il eft certain que cette Ordonnance a une fin toute différente de celles qui ont été faites fur les autres prefcriptions ; car celles-ci ne tendent qu'à éviter les procès, & à empêcher que la fociété foit troublée, elles fuppofent même que les dettes ont été payées : mais la fin de l'Ordonnance de Louis XII, au fujet des prefcriptions des arrérages des rentes conftituées, eft d'empêcher la ruine des familles par l'accumulation des arrérages ; or cette Ordonnance ne pourroit produire cet effet fi le débiteur demeureroit chargé en confcience de payer les arrérages tombés en prefcription ; d'où il s'enfuit que l'intention de cette loi ne tend pas feulement à empêcher l'action du créancier, mais à libérer le débiteur de la dette, même dans le for intérieur.

5°. Ferriere, en fon Livre *de la Science des Notaires*, art. 21, *des rentes conftituées*, a fait une remarque fur ce fujet digne d'attention, qui eft que le créancier ne peut au préjudice de cette Ordonnance déférer le ferment à fon débiteur ; pour favoir s'il a payé des arrérages, ou non ; parce qu'il doit s'imputer d'avoir contrevenu à une Ordonnance qui n'a été établie que pour l'intérêt public, & pour empêcher que les débiteurs ne tombaffent par ce moyen dans la perte de leurs biens.

Il eft permis, au contraire, d'exiger le ferment dans toutes les autres prefcriptions dont j'ai parlé ; ce qui fait voir la différence qu'il y a entre les unes & les autres.

6°. Il en eft de même à l'égard des intérêts. Suppofons, par exemple, que Pierre, en l'année 1670, ait fait condamner Jean, par une Sentence juridique, de lui payer 100 francs tous les ans, pour le retardement du paiement d'une fomme de 2000 liv. dont il lui eft redevable. Si Pierre a été jufqu'en l'année 1707, fans faire aucune diligence, pourroit-on obliger Jean dans le for de confcience, à renoncer à la prefcription des intérêts échus ? La négative paroît certaine. Jean ne feroit tenu qu'au paiement du principal ; la raifon en eft que l'argent ne produit point d'intérêts, *ex natura rei* ; & ainfi comme le titre de Pierre, pour demander ces intérêts, eft un titre légal, c'eft-à-dire la Sentence du Juge qui donne l'être à ces intérêts ; de même Jean a un titre légal pour s'en défendre, qui eft la loi du Prince, & la prefcription de trente ans. Or il eft certain, fuivant la premiere regle du Droit Canon, que *omnis res per quafcumque caufas nafcitur, per eafdem diffolvitur*.

En effet, comme plufieurs Docteurs eftiment que le créancier ne peut, fans bleffer fa confcience, recevoir les intérêts qui lui ont été ajugés, *in pœnam dilatæ folutionis nifi accedat lucrum ceffans aut damnum emergens* ; Jean peut fuppofer que c'eft par ce motif que Pierre a laiffé tomber ces intérêts en prefcription : en un mot, fi la prefcription n'eft accompagnée de bonne foi, elle ne peut éteindre dans le for intérieur les dettes qui font dues par le droit naturel. Je fuis perfuadé, au contraire, qu'elle anéantit celles qui ne font dues que par la difpofition & par l'autorité des loix, telles que font les arrérages des rentes conſtituées, & les intérêts jugés *in pœnam dilatæ ſolutionis*, quoique le débiteur ſache bien qu'il ne les a pas payées. Ces intérêts même ſont ſi peu favorables, que Bardet, tom. 2, liv. 2, ch. 64, a rapporté un Arrêt du Parlement de Paris, du 3 Août 1633, par lequel il a été jugé que la demande d'intérêts d'une ſomme de 3000 liv. eſt tombée en péremption, nonobſtant une Sentence de proviſion, & en conſéquence le défendeur fut déchargé de la demande.

7°. Pour ce qui regarde la remiſe des tailles, il eſt certain que Henri IV, par le premier article de ſon Edit du mois de Mars 1600, n'a pas déchargé les taillables envers leurs créanciers, des ſommes qu'ils auroient empruntées pour payer leſdites années remiſes, ou des obligations que des tiers auroient contractées pour eux envers les Receveurs, s'ils en avoient compté comme de deniers reçus, pourvu que leſdites obligations euſſent été faites ſans fraude. Ainſi quelque remiſe que le Prince puiſſe faire, les taillables ſont obligés par le droit naturel, de rendre aux Collecteurs ce qu'ils ont payé pour eux, pourvu que leſdits Collecteurs ne leur aient point fait d'injuſtice dans l'impoſition de la taille; car cette injuſtice étant certaine, pourroit entrer en compenſation (1).

8°. Au reſte cette Ordonnance ne doit pas faire perdre de vue qu'on ne peut profiter de la faveur qu'elle accorde, lorſqu'on y a dérogé par des promeſſes, & que la patience du créancier n'en eſt que l'effet. *Voyez* POSSESSION D'ÉTAT, PRESCRIPTION.

BONNES-NOUVELLES.

Ce Prieuré a été fondé par Mathilde, épouſe de Guillaume le Conquérant, en 1066, & il y a apparence que l'Egliſe ne fut alors conſacrée que ſous le nom de Notre-Dame, & que celui de Notre-Dame de Bonnes-Nouvelles ne lui fut donné, que parce que Mathilde apprit, lorſqu'elle prioit Dieu en l'Egliſe de ce Monaſtere, ſa conquête de l'Angleterre en 1166. Froland, Recueil d'Arrêts, p. 3, ch. 53, fait l'hiſtoire des privileges de ce Prieuré.

BONPORT.

Ce Monaſtere fut fondé en 1190, par Richard I, Roi d'Angleterre, Duc de Normandie. Voyez *Gall. Chriſt.* p. 137. *Inſtrum.* & p. 894, *Neuſtria pia*.

BORDE.

L'ancien Coutumier, chap. 18, dit que les terres tenues par bordages, ſont baillées pour faire les vils ſervices du Seigneur, & qu'il n'en eſt point fait hommage. En effet, dans tous les Traités ſur les Coutumes Anglo-Normandes, les bordiers occupoient dans le Manoir ſeigneurial les bâtiments où l'on élevoit la volaille, où l'on ſerroit les grains deſtinés à la conſommation du château, les bois, & les autres matieres propres à ſes réparations (2). Auſſi en l'article 18 des Loix données par Guillaume le Conquérant aux Anglois, les *bordiers* ſont mis au nombre des domeſtiques de l'homme libre (3).

BORNAGE.

Le Seigneur, tout propriétaire, l'uſufruitier même peuvent intenter l'action en bornage. Mais la poſſeſſion ſeule doit ſervir de regle; car après l'an de poſſeſſion, on ne peut revendiquer un fonds que l'on prétend uſurpé qu'en vertu de Lettres de loi apparente; & ce ſeroit rendre

---

(1) Voyez la Paluelle, premiere partie.
(2) Trait. Anglo-N. premier vol., p. 205.

(3) P. 92. Anc. L. tom. 2.

l'obtention de ces Lettres inutile, que d'autoriser sans elles à demander la restitution d'une propriété. Si cependant l'assigné en *bornage* n'allegue point sa possession, alors il doit se conformer à ses titres, ou à ceux qu'on lui représente ; & si l'action est entre un Seigneur & un vassal, le Seigneur peut reprendre au vassal ce qu'il se trouve avoir d'excédent aux termes des titres ; comme de sa part le Seigneur est tenu de lui fournir ce qu'il a de moins, pourvu que l'un & l'autre n'aient pas une possession quadragénaire ; car en ce cas l'Article 521 les dispense de restitution, étant présumable lors même qu'il existe des titres contraires à la possession, qu'il en a existé d'autres entre leur date & le commencement des quarante années qui ont légitimé cette possession.

Par la raison qu'en cette Province le bornage ne peut avoir en Justice que la possession actuelle pour regle ; les frais qu'il occasionne doivent être supportés également par chacune des Parties. *Voyez* DEVISES, MERCS.

BOURG-ACHARD.

Dans les *Instruments* du Tome XI, du *Gallia Christ.* p. 23, on trouve un titre de cette Abbaye fondée vers le milieu du XIIe. siecle.

BOURGAGE.

Le bourgage, à la différence du *franc-aleu*, est une tenure du nombre des quatre admises par l'Article 103 de la Coutume ; elle est *exempte de payer reliefs, treiziemes & autres droits seigneuriaux, & le possesseur n'est tenu qu'à donner simple déclaration des rentes dues par son héritage, s'il n'y a titre, convenant ou possession au contraire*, (Art. 138). *Les freres & sœurs partagent également les héritages qui sont en bourgage par toute la Normandie, même au Bailliage de Caux, au cas que les filles soient reçues à partage*, (Art. 270). Ces dispositions tirent leur origine des privileges dont jouissoient les Villes & Bourgs, sous les premiers Ducs de cette Province : les héritages qui y étoient situés pouvoient *y être vendus & achetés comme meubles* (1). Cet usage étoit fondé sur ce que les Villes n'étoient ordinairement habitées que par des commerçants ; il étoit de l'intérêt de la Communauté des habitants que les maisons propres au commerce fussent en la libre disposition des propriétaires qui tous s'y livroient, & conséquemment affranchies du joug de la féodalité ; qu'un Seigneur ne pût en changer la destination & se l'approprier au préjudice des négocians ou artisans qui seuls pouvoient la conserver en l'état & avec toutes les commodités que les progrès du commerce avoient nécessité de lui donner lors de sa construction. Il est vrai que la population des Villes ayant augmenté, on y comprit les héritages des Seigneuries voisines, & que plusieurs Seigneurs par accord avec leurs vassaux, réserverent sur eux quelques droits ; mais ces conventions n'empêcherent pas ces héritages de participer aux principales prérogatives du bourgage, c'est-à-dire à celles qui en régloient le partage dans les successions. Il n'en étoit pas ainsi des héritages sujets à une Seigneurie qui n'étoient que dans la banlieue du bourgage ; car comme la banlieue ne jouissoit pour les fonds qu'elle comprenoit, des privileges du bourgage que par exception, les biens féodaux qui y étoient situés n'étoient pas de droit, sans un consentement exprès de leurs Seigneurs, partables également, ni exempts des reliefs & treiziemes : à la différence du

---

(1) Ch. 31. Anc. Cout.

franc-aleu, qui jouissoit, dans la banlieue, de tous ces avantages, parce que celui qui en étoit propriétaire n'étoit point sujet aux redevances du vasselage, & que le partage de sa succession n'étoit astreint à aucunes des regles établies pour les inféodations, c'est-à-dire au préciput, à l'ainesse & autres établissemens sans lesquels les Seigneuries n'auroient pu se perpétuer; & tel a été le motif de l'Arrêt de 1697, cité article BANLIEUE, Arrêt qui a été suivi par le Réglement du 20 Juin 1715, qui juge que les femmes ont moitié dans les conquêts de la banlieue qui sont en franc-aleu.

C'est encore par une suite des principes que nous venons d'exposer que, par Arrêt du 23 Juillet 1749, on a jugé que les biens situés hors l'enceinte de Fécamp, quoique dépendants des neuf Paroisses de la Ville, tiennent nature de Caux & non nature de bourgage : en effet, dès qu'ils ne sont pas en franc-aleu, & qu'ils n'ont point été distraits des Seigneuries dont ils sont mouvants, par leur incorporation à la Ville, les Seigneurs ne peuvent être contraints à souffrir que les biens de leur mouvance jouissent des privileges qui leur porteroient préjudice.

Lors de la réformation de la Coutume, les Commissaires appellerent devant eux les habitants de chaque Vicomté, & leur demanderent s'ils avoient quelqu'usage local qu'ils voulussent conserver, parce qu'à l'avenir il ne seroit admis aucun usage local, s'il n'étoit mentionné dans leur Procès-verbal.

C'est donc aujourd'hui un principe certain que le bourgage a pour limite l'enceinte des Villes, & que de droit tout héritage assis hors les Villes est réputé bien de campagne, à moins que le contraire ne soit justifié par le Procès-verbal de la réformation de la Coutume. Ainsi la Paroisse de Gratville en la Vicomté de Mon-

tivilliers est réputée bourgage, & les biens y sont partables également entre freres, parce que l'article II des usages locaux de ladite Vicomté lui conserve ce privilege. C'est encore par cette raison que les héritages de la Paroisse de Radicatel, aux environ de Bolbec, se partagent entre freres & sœurs par égale portion, à *l'instar* de ceux du bourg de Bolbec, parce que l'article 4 des usages locaux de la Vicomté de Caudebec contient cette exception en leur faveur ; c'est enfin par une suite des principes précédemment posés, que, par le premier article de la Vicomté de Montivilliers, les femmes n'ont que moitié en usufruit aux acquisitions faites à Harfleur, le Havre, Fécamp, &c. ; car de même qu'un bien sis en campagne n'est réputé bourgage que lorsqu'il est en franc-aleu & assis dans la banlieue du bourgage, de même aussi un bien situé en bourgage n'est réputé tenir nature d'un bien de campagne que lorsqu'il est employé comme tel dans les usages locaux.

Lors de l'Arrêt de 1749, c'étoit aux puînés à établir que les biens de campagne, hors de l'enceinte de Fécamp, étoient réputés bourgages par les usages locaux de la Vicomté de Montivilliers ; il ne leur suffisoit pas de dire que ces fonds dépendoient des Paroisses de la Ville ; le lieu où existe l'Eglise Paroissiale n'est d'aucune considération pour le partage des biens ; il peut seulement être de quelque poids pour communiquer des privileges, des immunités relatives aux personnes qui dépendent de l'Eglise.

Les campagnes de Ducler se trouvent dans la même position que les campagnes des neuf Paroisses de Fécamp ; cependant on n'y partage pas également les biens qui sont dans la campagne comme ceux qui sont dans le bourg de Ducler ; il en est de même des campagnes de

Fauville, Bolbec, Yvetot, Cany, Montivilliers, Arques, & des autres Bourgs du pays de Caux : les biens situés dans les Bourgs se partagent comme bourgage ; les biens situés en campagne, quoique dépendants des Bourgs, se partagent, lorsque les usages locaux n'en font pas exception, suivant la loi générale du pays. C'est ainsi que les biens de campagne qui sont des Paroisses de S. Godard, de S. Patrice, de S. Gervais, existantes dans Rouen, suivent les regles du partage de Coutume générale, à moins qu'ils ne soient en franc-aleu, ou qu'il ne soit prouvé par titres qu'ils sont soumis à la Coutume de Caux : Arrêt du 20 Avril 1745. Cet Arrêt avoit été précédé d'un autre de 1701. La question qui y avoit donné lieu consistoit à savoir comment les biens de la Banlieue de Rouen, du côté du pays de Caux, tels que les fonds d'Isneauville, du Bois-Guillaume & sur le penchant du Mont-aux-Malades seroient partagés ? si ce seroit suivant la Coutume de Caux ? & il fut jugé qu'on suivroit la Coutume générale, par la raison que les biens étoient situés en la Vicomté de Rouen & non dans l'étendue du Bailliage de Caux ; qu'il falloit bien distinguer entre *les biens du pays de Caux & les biens du Bailliage de Caux*, & que d'ailleurs, dans les usages locaux de la Vicomté de Rouen, il étoit fait mention de biens qui tenoient nature de Caux, & qu'on n'y trouvoit pas le Mont-aux-Malades, Isneauville, le Bois-Guillaume ; ce qui prouvoit que le Bailliage étant différent, les regles du partage devoient l'être.

BOURGEOISIE.

La bourgeoisie est très-différente du bourgage : celui-ci étoit un droit inhérent aux propriétés, l'autre n'étoit relative qu'aux personnes (1). Il y a des Bourgeoisies royales & des Bourgeoisies seigneuriales. Les premieres suivent des regles uniformes, les autres n'en ont d'autres que l'usage reçu dans les Seigneuries où elles sont admises. Brussel traite au long des Bourgeoisies, chapitre 15, l. 3 ; mais il faut joindre à ce qu'il en dit, la préface du XIe. tome des Ordonnances imprimées au Louvre. Dans l'article COMMUNES, on trouvera l'origine & les prérogatives des bourgeoisies.

BOURSE. (CLAMEUR DE)

Voyez CLAMEUR, RETRAIT.

BOUTS ET COTÉS.

Voyez EXPLOIT.

BRACTON.

L'ouvrage de ce Jurisconsulte Anglois n'a point été mis dans la *Collection des Traités Anglo-Normands* (2), parce qu'il forme un volume trop considérable, & que d'ailleurs *la Flete* en est l'abrégé.

1°. Quoique l'ouvrage de Bracton ait été fait pour plaire aux Barons, vers la fin du regne de Henri III, & que par cette raison il contienne des maximes très-contraires à la Monarchie qui avoit toujours été reconnue avant lui comme le vrai gouvernement de sa nation, on peut profiter beaucoup en le consultant ; parce que lorsqu'il essaie d'affoiblir l'autorité monarchique de ses Souverains, il pose des principes qui démontrent qu'elle doit être *absolue* & *indépendante*. Par exemple, chap. 8 du premier livre, il reconnoît que, dans son Royaume, *le Roi n'a point de Pair* ; *parem autem non habet in regno suo* ; qu'il ne reconnoît que Dieu & la loi pour supérieur ;

---

(1) Voyez Anc. L. des Franç. pag. 235. t. premier.

(2) Publiées en 4 vol. in-4°., en 1776 & 1778.

qu'on ne peut lui faire que des remontrances ; que s'il refuse de s'y rendre, Dieu & la conscience seront ses seuls Juges : *nemo quidem præsumat de factis suis disputare, multo fortius contra factum suum venire* ; & cependant il soutient, dans ce même chapitre & dans le seizieme, fondé sur le nom de *Comites* que portoient les Barons, qu'ils étoient associés au Gouvernement, & par cette raison, Juges de leur Souverain, *comites quasi socii, & qui habet socium habet magistrum*. On conçoit par ce trait combien l'esprit de parti rend inconséquent ; en s'en tenant à la premiere assertion, Bracton auroit été d'accord avec tous les monuments de la législation Angloise, antérieurs au temps où il écrivoit, & il tombe dans les contradictions les plus grossieres dès qu'à ces sources respectables il substitue sa propre imagination.

Les Grands d'un Etat gouverné par un seul, ont pu s'appeller ses compagnons, *Comites*, à cause de la générosité avec laquelle ils partageoient les dangers qu'il couroit dans les armées : mais peut-on considérer comme *compagnons* d'un législateur ceux qui ne concourent que par leurs conseils à la rédaction des loix ?

2°. En retranchant de Bracton ce qu'il a inséré dans son livre pour faire sa cour aux Barons, on y trouve, tant sur les dispositions des Coutumes Anglo-Normandes, tirées de droit civil, que sur les dispositions de ces Coutumes, dont l'origine est purement françoise, des interprétations très-satisfaisantes. Dans le livre premier, le chapitre 35, qui traite de *l'hommage*, le 36, où il est parlé des *reliefs*, le 37, dont les *Gardes* font l'objet, le 38, où il est question du *douaire* ; dans le quatrieme livre, le chap. 38 concernant les *pâturages en commun*, & le chap. 9 du troisieme Traité de ce même livre, sont autant de chef-d'œuvres, tant pour l'ordre dans lequel les matieres y sont traitées, que pour l'exactitude & la clarté des divisions. Cet ouvrage a été imprimé à Londres en 1640.

BRANDONS.

Ce mot vient de l'Anglo-Saxon *Brand*, qui signifie une torche ardente. Dans plusieurs Chartes de cette Province, il est employé pour indiquer le premier Dimanche de Carême, parce que les Idolâtres Gaulois étoient dans l'usage de parcourir, dans la saison où maintenant ce Dimanche tombe, leurs villages avec des torches allumées, & de menacer les arbres de les brûler s'ils étoient stériles.

BREFS.

On donnoit ce nom aux permissions que le Roi accordoit pour intenter une action ou y défendre. On trouve le détail de tous les différents brefs usités chez les premiers Normands, en la Table des Anciennes Loix & des Traités Anglo-Normands.

Dans le second volume du premier de ces ouvrages, pages 5 & 9, il est prouvé qu'ils étoient semblables pour la forme & avoient la même destination que les formules qui étoient usitées durant les deux premieres races, & que Marculphe a recueillies ; il y est aussi démontré que les procédures sur les brefs étoient les mêmes que celles prescrites par les capitulaires pour procurer à ces formules leur exécution : ces *brefs* s'appelloient ainsi, parce qu'ils contenoient sommairement l'objet de la demande ou de la défense.

L'ancien Coutumier avoit conservé l'usage de la plupart des anciens brefs ; mais nous ne connoissons actuellement que ceux de *patronage*, de *surdemande*, de *nouvelle dessaisine*, de *mariage encombré* ; la procédure dont ils sont le principe,

BRETEUIL.

Voyez CONCHES.

BREUIL-BENOIT. (ABBAYE DU)

Ce Monastere fut fondé en 1137, par Foulques. *Neustria pia*, pag. 786, & *Gal. Christ.*, pag. 142, 143, 148 & 149, tome XI.

BRIS DE PARC.

Voyez PARC, PRISON.

BRITTON.

Nous avons le texte du Traité de cet Auteur qui écrivoit au commencement du XIV°. siecle, avec l'interprétation des expressions Anglo-Normandes qu'il a employées, & des remarques qui éclaircissent ses opinions, dans le quatrieme volume des *Traités Anglo-Normands*.

BRUIT DE MARCHÉ.

L'Article 25 de notre Coutume attribue au Sénéchal la connoissance du bruit de marché, pourvu qu'il n'y ait sang ni plaie.

BUREAU DIOCÉSAIN.

Voyez CHAMBRE ECCLÉSIASTIQUE.

C

CABARETIER.

L'ARTICLE 535 de la Coutume refuse toute action aux Cabaretiers pour vin ou autres choses vendues en détail, par *assiete* en leurs maisons.

Cet Article excepte donc de la fin de non-recevoir qu'elle autorise, la vente en détail pour la consommation & la subsistance des domiciliés ; ainsi, à l'exception des fournitures faites de boissons hors de leur cabaret, toutes autres que les cabaretiers font chez eux sont prohibées, à moins qu'il n'y ait obligation, & qu'il soit évident qu'elle a été faite par un étranger, auquel le cabaretier a été obligé de donner hospice ; disposition à laquelle il est très-essentiel de tenir la main : car combien de familles ruinées par les facilités que l'on donne à des peres ou à des enfants débauchés pour faire des dépenses excessives dans les tavernes ! Cette cruelle facilité avec laquelle les Cabaretiers donnent à boire, lors même qu'ils s'apperçoivent que la santé est altérée & le jugement troublé, permet-elle qu'on ajoute confiance aux obligations que l'on souscrit chez eux ? Aussi par le Réglement de 1514 & du 19 Août 1729, l'argent & les nourritures fournies aux enfants de famille par les hôteliers, sont proscrites, & les peres ont été dispensés d'en répondre.

Par Arrêt du 15 Juillet 1766, les Cabaretiers, Aubergistes & autres, tenants des chambres garnies dans les villes & bourgs de la Province, doivent avoir des registres cotés & paraphés tous les mois, *gratis*, par les Commissaires de Police, pour y écrire les noms, surnoms, qualités & pays des étrangers qui logent chez eux, le jour de leur arrivée, celui de leur départ, le lieu où ils doivent se rendre, sous peine de 50 liv. d'amende. Il ne seroit pas moins essentiel que ce Réglement fût étendu aux campagnes ; c'est principalement dans leurs auberges que les gens sans aveu se réfugient : le registre pourroit être paraphé & inspecté par les Syndics ou les Curés.

CACHOTS.

Voyez GEOLIERS & PRISONS.

CADAVRE.

Le corps de la personne homicidée ne doit être levé ni mis en terre jusqu'à ce que la Justice l'ait vu. (Art. 43 de la Coutume). *Voyez* SUICIDE.

La négligence à exécuter cet article, a donné lieu à l'Arrêt du Parlement du 28 Février 1767, qui mérite d'être rapporté en entier à cause de l'importance de son objet.

LOUIS, par la grace de Dieu, Roi de France & de Navarre, au premier des Huissiers de notre Cour de Parlement, autre Huissier ou Sergent sur ce requis : sur la remontrance faite à notre Cour par notre Procureur-Général, qu'il est essentiellement nécessaire de connoître & constater le délit avant de pouvoir, par les Juges, infliger une peine aux criminels ; le délit peut être constaté, suivant les différents crimes, de différentes façons, ou par preuve testimoniale, ou par titre & vérification d'écritures, ou par Procès-verbaux des Juges ou des Chirurgiens ou autres Officiers, &c. ; que conséquemment on ne doit rien négliger dans l'instruction. Cependant il a remarqué dans différents procès, instruits devant les Juges des lieux, que quelques-uns ont cru ne pas devoir se transporter pour visiter un cadavre, constater une effraction & autres objets de cette nature, & se sont contentés des preuves du délit que l'on pouvoit acquérir par la suite ; il a également remarqué que l'attention des Juges à en dresser Procès-verbal sur les lieux, fournissoit, par les circonstances énoncées audit Procès-verbal, des preuves non-seulement du corps du délit, mais aussi des connoissances du criminel. Pourquoi requiert, être ordonné que dans tous les cas où il pourra être dressé Procès-verbal, soit du cadavre, soit de l'effraction, &c., le Juge sera tenu de s'y transporter pour en dresser son Procès-verbal, dans lequel il fera les remarques qu'il trouvera convenables, indépendamment des Procès-verbaux des Chirurgiens, dans les cas où ils doivent être appellés pour y faire leurs rapports ; à laquelle fin l'Arrêt qui sur ce interviendra sera envoyé dans tous les Sieges de ce ressort, pour y être enregistré & exécuté à la diligence de ses Substituts, chacun en droit soi, qui seront tenus de le certifier dans le mois des diligences qu'ils auront sur ce faites. Vu par notre Cour ledit requisitoire ; & ouï le rapport du sieur Desmarets de S. Aubin, Conseiller-Rapporteur ; tout considéré.

NOTRE COUR a ordonné & ordonne que dans tous les cas où il pourra être dressé Procès-verbal, soit du cadavre, soit de l'effraction, &c., le Juge sera tenu de s'y transporter pour en dresser son Procès-verbal, dans lequel il fera les remarques qu'il trouvera convenables, indépendamment des Procès-verbaux des Chirurgiens, dans les cas où ils doivent être appellés pour y faire leurs rapports ; à laquelle fin le présent Arrêt sera envoyé dans tous les Sieges de ce ressort, pour y être enregistré & exécuté à la diligence des Substituts de notre Procureur-Général, qui seront tenus de le certifier dans le mois des diligences qu'ils auront faites ; pour ce, est-il que nous te mandons le présent Arrêt exécuter de la part de notre Procureur-Général ; de ce faire te donnons pouvoir. Donné à Rouen, en Parlement, le vingt-huit Février, l'an de grace mil sept cent soixante-sept, & de notre regne le cinquante-deuxieme.

Par la Chambre. *Signé*, DUVERGIER.

Cet Arrêt n'ayant pas remédié au mal, le 2 Août 1771 il a été rendu un autre Arrêt, dont voici la teneur :

LOUIS, par la grace de Dieu, Roi de France & de Navarre, au premier des Huissiers de notre Cour de Parlement, autre Huissier ou Sergent sur ce requis. Sur la remontrance faite à notre Cour par notre Procureur-Général, qu'un abus repréhensible dans l'ordre judiciaire s'est introduit dans quelques Bailliages de son ressort ; il est de loi que l'état du cadavre de tout homme trouvé mort, doit être constaté par le Juge ; c'est la disposition formelle de l'article I, titre IV, de l'Ordonnance de 1670. Le procès-verbal en doit être fait sur le champ, & sans déplacer, au lieu où le délit aura été commis, & tout ce qui peut servir pour la décharge ou la conviction, doit y être également compris ; les meubles, les hardes & les armes qui pourront servir à la preuve, doivent, ainsi que les procès-verbaux, être mis au greffe dans les vingt-quatre heures : cependant il est arrivé que, tantôt les Juges s'en rapportent à des Huissiers ou autres Officiers ministériels, pour dresser ces procès-verbaux, malgré l'importance de cette fonction toute intéressante à l'ordre & à la sûreté publique, & tantôt qu'ils se contentent des procès-verbaux des Médecins & des Chirurgiens ; il s'en est ensuivi que dans un Bailliage du ressort de notre Cour, un Huissier porta l'infidélité, en mil sept cent soixante-dix, d'attester que le cadavre d'un homme assassiné, dont il fut envoyé pour dresser le procès-verbal, n'avoit aucunes plaies ni contusions, tandis qu'après l'exhumation de cet homme ordonnée sur le requisitoire du Substitut de notre Procureur-Général, il demeura constant qu'il avoit une plaie à la levre, des contusions à la tête, ses cheveux resserrés & arrachés ; ce qui a donné lieu à une instruction criminelle contre les auteurs de cet assassinat ; preuve convaincante de toute la sagesse de l'Ordonnance, qui n'a remis le soin précieux de ce qui intéresse la vie des hommes qu'aux Juges, & non pas aux Officiers ministériels. Dans un autre Bailliage du ressort de notre Cour, on a vu le Juge en chef ordonner en Octobre mil sept cent soixante-neuf, simplement que le cadavre de l'enfant d'une fille trouvé mort, sans déclaration de grossesse de la part de sa mere, accouchée dans un bois, seroit examiné par un Chirurgien pour en dresser procès-verbal, après quoi permis au sieur Curé de faire enlever le corps & de le faire inhumer ; faisant ainsi précéder la permission d'inhumer, premierement au dépôt du procès-verbal au Greffe, aux termes de l'Ordonnance, & secondement au jugement même qu'il pourroit porter sur le procès-verbal, après l'avoir examiné. Ainsi fut inhumée, sans une permission aussi contraire à la raison & aux principes, le seize Novembre mil sept cent soixante-neuf, une femme trouvée noyée dans une mare ; le cinq Février mil sept cent soixante-dix, un homme trouvé mort dans sa cour, tandis que le feu étoit dans sa maison ; le trente-un Novembre mil sept cent soixante-dix, une fille noyée dans une riviere, près de la maison de son maître ; le trois Avril dernier, une femme morte dans sa maison, en bonne santé la veille. Dans toutes ces circonstances, le Juge n'a pris aucun soin d'aller dresser procès-verbal, ni des hardes & meubles, ni du lieu du délit, ni des circonstances servant à conviction; il n'y a eu, aux termes de toutes ces Sentences, d'autre examen de fait, que *des corps péris de mort violente*, après quoi permis aux Curés de les inhumer. Il n'y a point d'assassinat qui ne puisse, par cette voie de nouvelle invention, être enseveli dans le secret d'une confidence criminelle. Un Chirurgien souvent à peine au fait de ce qui est de son ministere, n'a ni l'œil actif & conduit par l'amour de l'ordre public d'un Juge, ni le droit de remplir ses fonctions relativement à tout ce qui peut servir à la décharge ou la conviction, tels que le lieu du délit, les hardes, les meubles, les effractions intérieures ou extérieures, les armes cachées ou trouvées sur le lieu; en un mot, l'Ordonnance veut que foi ne leur soit due que pour ce qui est de leur art & connoissance dans leur profession. Il en est de même des Sergents, Huissiers & des autres Officiers ministériels qui ne sont pas Juges. L'Ordonnance veut que ce soit le Juge, parce que le procès-verbal est une opération de justice. Il faut que le Substitut de notre Procureur-Général y soit, pour requérir dans le moment tout ce qui est provisoire à ordonner, tel que l'examen d'une effraction & de toutes les circonstances; la confrontation d'une arme offensive, l'emprisonnement d'un criminel dénoncé sur le lieu même par la clameur publique, intéressant à arrêter & prêt à échapper. Or le ministere public ne peut & ne doit requérir que vis-à-vis du Juge, & non vis-à-vis de tout Officier qui n'a pas le droit de prononcer. Toute opération semblable, qui n'est pas ainsi dirigée dans la forme, est donc incomplette; elle est l'effet de l'ignorance, de la mollesse ou de la cupidité, lorsqu'elle tend à concentrer la connoissance des crimes dans l'examen superficiel d'un Chirurgien, pour s'éviter la peine & les frais de transport.

A cet égard, notre Procureur-Général doit déférer à notre Cour un autre abus qui peut influer sur le premier : il est tel Siege dans le ressort de notre Cour où les Juges taxent leurs vacations, pour la levée d'un corps mort accidentellement ou de mort violente, sur la famille, depuis quarante jusqu'à soixante & soixante-dix livres, comme si dans une opération d'office que la Loi commande, un Juge avoit le droit de se taxer, comme dans le cas de plainte ou de dénonciation d'une Partie civile. Il s'ensuit de là que les familles déja assez affligées, soit de la perte imprévue d'un homme qui leur étoit cher, ou quelquefois honteuses des causes de la mort funeste d'un parent, prennent soin de cacher ces accidents dans les lieux où l'usage de ces taxes commence à s'introduire, & que dans ceux où il n'a pas encore lieu, le même esprit d'intérêt guidé par le mauvais exemple, se contente de l'examen des Sergents ou des Chirurgiens, pour éviter des frais de transport qu'on n'ose encore y établir sur les familles. Il est nécessaire de couper le mal dans sa racine : un abus toléré est le germe de bien d'autres; la Loi est muette, & tout est dans le désordre partout où le vil intérêt sollicite contre son intention. Notre Cour ne verra donc point ces innovations dont l'une tend à établir l'impunité des crimes, & l'autre une concussion, sans rappeller les Juges à la Loi dans les lieux où ils s'en écartent. Pourquoi requiert notre Procureur-Général défenses être faites à tous Juges du ressort de notre Cour de donner aucunes permissions d'inhumer les personnes trouvées mortes de mort violente, sans avoir dressé lui-même, en présence du Substitut de notre Procureur-Général, ou qu'il ait été dressé par le Juge qui le représentera sur le champ procès-verbal du corps trouvé mort, ensemble du lieu du délit, & de tout ce qui pourra servir à décharge & conviction, ensemble des meubles & hardes qui pourront servir à la preuve, le tout conformément aux dispositions de l'Ordonnance de mil six cent soixante-dix ; défenses faites de taxer aucunes vacations sur les familles desdites personnes trouvées mortes, si ce n'est dans les cas où il y aura partie civile ; sauf l'indemnité de leurs frais & vacations sur le domaine du lieu, conformément aux dispositions de la Déclaration du vingt-deux Février mil sept cent soixante & des Arrêts de notre Cour ; défenses à tous Curés d'inhumer aucune personne trouvée morte de mort violente, sans permission expresse des Juges, sur celle d'aucuns Huissiers, Sergents ou autres Officiers de Justice, ainsi que des Chirurgiens ou Médecins ; à laquelle fin l'Arrêt à intervenir sera imprimé & envoyé dans tous les Bailliages & Sieges du ressort pour y être lu, publié, enregistré & affiché. Vu par notre Cour ledit réquisitoire, les pieces y attachées & énoncées ; & ouï le rapport du sieur Gueroult de Villers ; tout considéré :

NOTREDITE COUR, faisant droit sur ledit réquisitoire, a fait & fait défenses à tout Juge du ressort de notre Cour de donner aucunes permissions d'inhumer les personnes trouvées mortes de mort violente, sans avoir dressé lui-même, en présence du Substitut de notre Procureur-Général, ou qu'il ait été dressé par le Juge qui le représentera sur le champ, Procès-verbal du corps trouvé mort, ensemble du lieu du délit & de tout ce qui pourra servir à décharge & à conviction ; ensemble des meubles & hardes qui pourront servir à la preuve ; le tout conformément aux dispositions de l'Ordonnance de mil six cent soixante-dix : a pareillement fait & fait défenses auxdits Juges de taxer aucunes vacations sur les familles desdites personnes trouvées mortes, si ce n'est dans le cas où il y aura partie civile ; sauf l'indemnité de leurs frais & vacations sur le domaine du lieu, conformément aux dispositions de la Déclaration du vingt-deux Février mil sept cent soixante & des Arrêts de notre Cour : a pareillement fait & fait défenses à tous Curés d'inhumer aucune personne trouvée morte de mort violente, sans la permission expresse des Juges, & sur celles d'aucuns Huissiers, Sergents ou autres Officiers de Justice, ainsi que des Chirurgiens ou Médecins ; à laquelle fin a ordonné & ordonne que le présent Arrêt sera imprimé & envoyé dans tous les Bailliages & Sieges du ressort de notre Cour, pour y être lu, publié, enregistré & affiché à la diligence de notre Procureur-Général ; pour ce, est-il que nous te mandons le présent Arrêt exécuter de la part de notre Procureur-Général ; de ce faire te donnons pouvoir. Donné à Rouen, en Parlement, le deux Août, l'an de grace mil sept cent soixante-onze, & de notre regne le cinquante-sixieme. Par la Cour. *Signé*, AUZANET.

Voyez HOMICIDE.

CADET.

Voyez PUÎNÉ.

CAEN.

Principale ville de la Basse-Normandie. M. Besiers, Chanoine du S. Sépulcre de cette Ville, nous a donné, en 1769, une chronologie historique des Baillis & des Gouverneurs de Caen, avec un discours préliminaire sur l'institution des Baillis en Normandie, également intéressant par la sagesse de l'érudition & les réflexions qui y sont répandues sur nos anciens usages.

Cependant il ne fait remonter les Baillis qu'à l'an 1214 ; & dès 1189 il y en avoit en Normandie, suivant le titre qui se trouve dans le premier volume des Traités Anglo-Normands, à la suite du Discours préliminaire.

La Vicomté de Caen a ses usages particuliers.

I. « Les femmes n'acquièrent aucune part en propriété aux acquisitions faites par leurs maris, constant leur mariage, d'héritages ou rentes assises en la ville de Caen, & autres lieux où il y a droit de bourgeoisie en la Vicomté dudit Caen, mais jouissent de la moitié desdits conquêts par usufruit seulement. Et au cas qu'elles renoncent à la succession de leursdits maris, se privent dudit usufruit, fors & excepté au bourg d'Argence, où les femmes acquièrent moitié en propriété auxdits conquêts. »

II. « Les frères partagent également en roture la succession à eux échue, sans que l'aîné y puisse prétendre aucun droit de préciput, fors le choix après les partages faits. »

III. « Le Seigneur de fief ne peut demander que vingt deniers pour livre du prix de l'héritage vendu, pour tout treizième & relief ; & ayant reçu lesdits vingt deniers, se prive de pouvoir retirer à droit féodal ledit héritage vendu, soit noble ou roturier. »

Il y a deux Abbayes dans Caen, l'une d'hommes, l'autre de femmes, & toutes deux de l'Ordre de S. Benoît. Guillaume le Conquérant fonda la première, & Mathilde son épouse, la seconde. L'Auteur du *Neustria pia* a rassemblé beaucoup de titres de ces Monastères, p. 624 & 658 de son Ouvrage. Il y en a aussi quelques-uns, p. 66, 72 & 75, *Instrum. du Gall. Christ.* tom. XI.

CALCUL.

Voyez ERREUR.

CALENDES ou KALENDES.

Ce mot tiré du nom d'une plante, qui, bien exprimée, donne un sel excellent pour fabriquer le savon (1), a pu être appliqué par cette raison aux assemblées établies pour la correction des mœurs du Clergé du deuxième Ordre. Cependant l'opinion la plus commune, & qui paroît seule exacte, est que les assemblées avoient lieu le premier du mois dans lequel elles étoient convoquées, & que de là elles ont porté le nom de *Kalendes*, avec d'autant plus de raison, que chez les Romains c'étoit aussi les premiers jours de chaque mois, qu'ils appelloient Kalendes, que l'on s'assembloit pour régler la forme des sacrifices & des fêtes que l'on devoit faire & célébrer dans tout le cours du mois.

Un Concile de Rouen de l'an 1589, chapitre *du devoir des Evêques*, veut que les Curés, après convocation faite par les Vicaires-Généraux du Diocèse, assistent aux Calendes, revêtus de surplis & d'étole ; que les déportements de ces Ministres y soient réprimés par des peines canoniques provisoirement, & jusqu'à ce qu'au prochain Synode l'Evêque en ait autrement décidé. Les Calendes doivent être précédées par des exhortations publiques aux Pasteurs sur les devoirs qu'ils ont à remplir, & il leur est défendu d'en prendre occasion de s'y livrer aux excès de la table ; défaut, observe le Concile, qui en est plus ordinairement l'effet que la correction des mœurs. Les Calendes se tenoient anciennement trois fois par an : la première étoit présidée par l'Evêque ou l'un de ses Grands-Vicaires, & les deux autres par les Doyens ruraux. Chaque Curé y exposoit les besoins de sa Paroisse, & mettoit par là l'Evêque à portée de l'aider à y subvenir.

---

(1) Dict. Etymolog. *verbo* KALI.

Par une Ordonnance de M. de Treſſan, Archevêque de Rouen, du premier Août 1729, homologuée au Parlement, les Curés & autres Eccléſiaſtiques des Paroiſſes qui n'aſſiſtent pas aux Calendes, ſont condamnés en 3 liv. d'aumône; & pour que cette peine pécuniaire puiſſe valablement leur être infligée, les Doyens ſont tenus d'envoyer au Promoteur-Général les noms de ceux qui ne ſe ſont pas préſentés, pour être fait droit à leur égard en l'Officialité.

CANONIALES. (MAISONS)

Au mois de Juillet 1574, les Doyen & Chanoines de l'Egliſe Cathédrale d'Evreux arrêterent que les Maiſons Canoniales de leur Chapitre ſeroient données à loyer, dont chacun auroit les deux tiers, & l'autre tiers ſeroit employé à réparer ces maiſons; à l'effet de quoi le tiers du prix du fermage reſteroit aux mains des locataires. Roger de Lhôpital, l'un des Chanoines, ayant eu par enchere une maiſon, le Chapitre fit arrêter & ſaiſir entre les mains du Receveur de la Compagnie, les diſtributions ordinaires du ſieur de Lhôpital, pour ſûreté des réparations à faire aux maiſons canoniales; il ſe pourvut en mainlevée des Arrêts; mais par Sentences des 29 Avril & 15 Juillet 1606, il fut dit que les réparations ſeroient faites par le Chapitre, à prendre ſur les diſtributions des Chanoines adjudicataires de quelques-unes des maiſons. Appel de la part du ſieur de Lhôpital, ſur le fondement, 10. que les Maiſons Canoniales ne pouvoient être données à louage, étant deſtinées par les fondateurs au logement des Chanoines; 2º. que la délibération du Chapitre avoit été faite ſans l'exprès conſentement de l'Evêque; pourquoi il concluoit à la caſſation de l'arrêté capitulaire. On lui répliqua que s'étant rendu volontairement adjudicataire d'une maiſon, il avoit par là reconnu la délibération réguliere, & étoit obligé d'exécuter ſon bail; que la préſence de l'Evêque eſt requiſe dans les actes relatifs à la diſcipline Eccléſiaſtique, & non en ceux concernant l'adminiſtration des biens appartenants particuliérement aux Chanoines; que ceux-ci ne pouvoient aliéner la propriété de leurs fonds, mais qu'ils avoient droit d'économiſer à leur gré leurs revenus; que la délibération avoit été priſe à l'unanimité, que le ſieur de Lhôpital avoit lui-même promis, ſous ſerment de s'y conformer, ſur quoi intervint Arrêt le 13 Février 1608, au rapport de M. Turgot, qui confirma les Sentences.

Dans la nouvelle édition du Commentaire de Baſnage, l'Annotateur cite, ſur l'article 75 de notre Coutume, tom. 1. page 133, un Arrêt du Conſeil d'Etat Privé du Roi, du 10 Avril 1769, entre le Chapitre d'Evreux & la Paroiſſe de S. Nicolas de la même Ville; mais il n'en a pas indiqué les moyens avec l'étendue que leur importance ſembloit exiger: cependant il eſt de l'intérêt de toutes les Villes où il y a des Chapitres & des Collégiales de les connoître.

La queſtion conſiſtoit à ſavoir, *ſi les maiſons canoniales, communément louées, ſoit à des particuliers, ſoit à des Chanoines, ſont ſujettes à la contribution aux réparations du Preſbytere de la Paroiſſe où elles ſont ſituées?*

La reconſtruction du Preſbytere de la Paroiſſe de S. Nicolas d'Evreux étant devenue indiſpenſable, les habitants s'adreſſerent à M. l'Intendant de la Généralité de Rouen, & en vertu de ſes Ordonnances, firent dreſſer un Devis eſtimatif des ouvrages à faire, & procéder à leur adjudication au rabais.

L'adjudication faite & confirmée par Arrêt du Conſeil du 30 Octobre 1764, qui en ordonna, ſuivant l'uſage de cette

Province, (*Voyez* Routier, *Pratiq. bénéfic.* page. 224.) la répartition pour les trois quarts sur les propriétaires exempts ou non exempts, privilégiés & non privilégiés, & pour un quart sur les locataires, & attribua à M. l'Intendant la connoissance des contestations qui pourroient survenir; il fut en conséquence dressé un rôle de cette répartition, & on y comprit quatre maisons du Chapitre, occupées par des Chanoines. Le Chapitre fit signifier opposition à ce que les maisons *canoniales*, *habitées par les Chanoines*, fussent imposées; il offrit seulement sa contribution *pour les maisons ou portions de maisons louées* à des étrangers, & fit assigner les Paroissiens de S. Nicolas pour procéder sur l'opposition au Bailliage d'Evreux. Les habitants, fondés sur l'Arrêt du Conseil de 1764, se pourvurent devant M. l'Intendant, Commissaire du Conseil: le 30 Avril 1765, le Chapitre fut débouté de son opposition.

Il se porta appellant de l'Ordonnance du Magistrat, sans former opposition à l'Arrêt du Conseil, & paya comme contraint, & avec protestation, sa contribution. Il fondoit son appel sur ce que, 1º. sous les noms *d'exempts*, de *privilégiés*, employés en l'Arrêt, il n'étoit question que des Paroissiens, & que le Chapitre n'est d'aucune Paroisse.

2º. Il prétendoit que les maisons des Chanoines ne servant qu'à leur logement, ne sont pas plus des fonds dépendants d'une Paroisse que ceux que des Religieux habitent; que ces logements leur ont été aumônés en exemption de toutes charges, & qu'ils sont aussi privilégiés que le Palais Episcopal & l'Eglise Cathédrale elle-même; 3º. qu'enfin, à Rouen, à Lisieux, à Evreux même, les Chapitres ont, en divers temps, été exemptés de contribuer à la reconstruction des Presbytères.

Mais M. *Depaulx*, Avocat, dans deux Mémoires qu'il opposa au Chapitre, répondit que l'Arrêt du Conseil de 1764, avoit entendu parler des *propriétaires* en général, exempts ou *privilégiés*, & que sous ce nom de propriétaires, les Chanoines étoient compris; qu'ils ne pouvoient pas nier que leurs propriétés ne fussent enclavées dans la Paroisse de S. Nicolas; que dès-lors elles étoient sujettes comme les autres propriétés à la reconstruction du Presbytère de cette Paroisse, aux termes de l'article 42 de l'Ordonnance de Blois, de l'article 8 de l'Edit de Melun, de la Déclaration du Roi du 18 Février 1661, & de l'article 22 de l'Edit du mois d'Avril 1695, qui assujettissent à cette charge, sous le nom *d'Habitants*, les fonds & non les personnes; car les habitants ne sont pas ceux qui ont en une Paroisse un domicile précaire, mais qui, comme propriétaires, ont droit d'y accorder des domiciles, lorsqu'ils n'y fixent pas le leur sur leurs propres héritages : Routier, *Pratique bénéfic.* p. 223.

Aussi l'Arrêt du Conseil du 30 Novembre 1731, qui sert de Réglement général sur la matière des contributions aux constructions des Presbytères, regarde-t-il comme *réelles*, ces contributions puisqu'il n'en exempte que les possesseurs de grands bois limitrophes des Paroisses.

D'ailleurs le Chapitre d'Evreux convient lui-même de cette vérité en consentant contribuer à cause des maisons qu'il loue; car par là il reconnoît que ces maisons sont de la Paroisse de S. Nicolas, & elles ne peuvent pas en être en même temps, & cesser d'en être en un autre temps. Le Défenseur des habitants ajoutoit que le Curé de S. Nicolas administroit les Sacrements aux servantes & domestiques des Chanoines domiciliés chez eux; que leurs maisons offroient le pain benit en son Eglise à leur tour;

qu'au

qu'au reste les fonds mêmes aumônés pour la dotation & fondation des bénéfices supportoient de droit la contribution à la reconstruction des Presbyteres, puisque par un Arrêt du 30 Juillet 1669, rapporté par Basnage sur l'article 75 de la Coutume, il a été jugé que les fonds appartenants à l'Abbaye de S. Etienne de Caen seroient tenus à cette charge pour la Paroisse de Secville, parce que l'indépendance des personnes n'exempte pas les fonds des charges réelles ; qu'enfin, d'après ces principes, le Chapitre de la Métropole de Rouen avoit été condamné à participer à la reconstruction du Presbytere de S. Etienne-la-grande-Eglise, par Sentence des Requêtes du Palais, du 12 Mars 1746 ; qu'à cette décision, à laquelle le Chapitre de Rouen a acquiescé, on en opposoit vainement une ancienne en faveur du Chapitre d'Evreux, puisqu'on ne pouvoit en déterminer l'espece ni fixer la date, & qu'au surplus, quand on auroit en d'autres lieux & en d'autres temps méconnu les principes, les Paroissiens de S. Nicolas d'Evreux ne seroient pas pour cela non-recevables à les réclamer, surtout en vertu d'un Arrêt du Conseil auquel on n'avoit formé aucune opposition, & dont les Ordonnances de M. l'Intendant, qui étoient l'objet de l'appel, n'étoient que l'écho.

Par le mérite de ces raisons, le 10 Avril 1769, le Conseil, sans s'arrêter ni avoir égard à l'appel du Chapitre, confirma les Ordonnances de M. l'Intendant, & condamna le Chapitre en l'amende ordinaire & aux dépens. *Voyez* LOGEMENT, PRESBYTERES, REPARATIONS.

CANTONNEMENT.

On a parlé, article *Banon*, des cantonnements pour les champs de pillage entre Paroissiens ; ici il n'est question que des cantonnements entre décimateurs.

De droit, en cette Province, lorsque les dîmes d'une Paroisse se divisent entre le Curé & les gros décimateurs, elles doivent être partagées par eux dans les champs, suivant un Arrêt du 22 Août 1656, à moins qu'il n'y eût un titre dérogatoire à cette regle, encore faudroit-il que la possession fût & d'accord avec le titre, & immémoriale : Routier, *Pratiq. Bénéficiale*, cite deux Arrêts, l'un du 17 Juillet 1671, & l'autre du 3 Août 1647, par lesquels, sur ce qu'en vertu de la possession en laquelle des gros décimateurs avoient toujours été de choisir lors du partage, vis-à-vis des Curés, il a été ordonné qu'il seroit fait des lots de 3 ans en 3 ans, pour en être choisi un par le Curé chaque année. Mais depuis, les lots se font annuellement, suivant un Arrêt du 10 Juin 1701 ; pourvu cependant que la situation des lieux & la nature de leurs productions ne s'y opposent pas. Au reste, comme les Curés peuvent demander des lots & des cantonnements, les gros décimateurs ont le droit d'en exiger d'eux ; car ce n'est pas pour la commodité seule des Curés que les partages des dîmes sont autorisés ; le motif des Arrêts qui les ont ordonnés a été de prévenir les difficultés fréquentes qui s'élevoient entre les décimateurs, lorsqu'ils avoient en concurrence la perception de la dîme sur les mêmes pieces de terre.

CAPACITÉ.

Dans les articles DONATIONS, SUCCESSIONS & TESTAMENTS, nous parlerons des personnes qui peuvent recevoir ou faire des dons & legs, & qui peuvent recueillir les biens d'un défunt : ici nous ne nous occuperons que des qualités requises pour posséder un bénéfice ecclésiastique.

La capacité est fondée sur les qualités de la personne & la nature des titres,

Quant à la personne, 1°. elle doit avoir la tonsure ; c'est-à-dire la marque extérieure par laquelle on est déclaré publiquement admis en l'ordre ecclésiastique ; tonsure qui ne se donne qu'à ceux qui savent lire, écrire, au moins les principales vérités de la religion, & ont reçu la Confirmation.

2°. Etre de légitime mariage : on peut cependant être relevé du défaut de naissance par dispenses du Roi & du Pape. *Voyez* DISPENSE.

3°. Si le bénéfice exige que celui auquel il est conféré, ait obtenu quelque grade dans une université ou soit dans les ordres sacrés, il faut être parvenu à ce grade, à cet ordre, avant que de se mettre en possession.

En ce qui touche les titres, ils doivent consister en l'acte de provision, en ceux qui constatent le genre de vacance du bénéfice. *Voyez* COLLATEUR, CURÉ, DÉVOLUT, PERMUTATION, PROVISIONS, RÉSIGNATION.

CAPITAL.

Voyez DENIERS DE MINEURS, INTÉRÊTS & USURE.

CAPITULAIRES.

Voyez LOIX.

CARRIERES.

Voyez DOUAIRIERE.

CARTES.

Cet Auteur, en 1743, nous a donné, en deux volumes *in-folio*, un Catalogue des Rôles Gascons, Normands & François, conservés dans les archives de la Tour de Londres. Il est très-bon pour indiquer à ceux qui desirent tirer quelques copies de titres existants en ce dépôt, la date de ces titres & la lasse dont ils font partie. L'ordre en est simple & les tables excellentes. On y trouve sur-tout l'indication d'ordres & de permissions accordées à des François par les Rois d'Angleterre durant leur séjour en France, qui peuvent servir à éclaircir la généalogie des biens des Maisons Françoises.

CARTULAIRES.

Collections que l'on faisoit dès le dixieme siecle des anciennes Chartes, qui contenoient les privileges & les propriétés des Eglises, des Monasteres, ou des Seigneuries.

Il y en a de trois sortes : les uns sans autre authenticité que la tradition, sont purement historiques ; les donations, les privileges, les possessions n'y sont qu'indiquées ; les autres passées devant Notaires, ne contiennent que des extraits des titres ; & en ceux de la derniere espece, les Chartes sont copiées au long, sans aucune observation. C'est sur-tout aux Cartulaires qui ont cette forme que toute foi est due, s'ils offrent dans le caractere de l'écriture des preuves d'une haute antiquité.

CAS PRIVILÉGIÉS.

Les crimes commis par les personnes constituées dans les Ordres sacrés, sont de trois sortes.

Dans la premiere classe, on comprend les délits *simples ou communs*, & l'Official en a seul la compétence.

Les délits mixtes ne peuvent s'instruire que concurremment par le Juge Ecclésiastique & le Juge Laïc.

Les délits privilégiés sont de la connoissance du Juge Laïc seul. La premiere espece de délit a pour objet les fautes legeres des Ecclésiastiques auxquels il n'echeoit peines ni infamantes ni afflictives. Les délits susceptibles de ces punitions, sont ceux qu'on appellent mixtes, & les délits privilégiés, sont ceux à l'égard desquels les Ecclésiastiques ne peuvent s'éjouir du privilege d'être jugés par les

Juges de leur ordre. Tels sont ces Prêtres qui ont commis meurtres par assassinat, ou en exerçant l'art militaire, ou en chassant, ou qui en se déguisant & devenant chefs de brigands, volent sur les grands chemins. Ce sont encore les Ecclésiastiques qui ont vécu comme séculiers & mariés avec leurs concubines, ou qui ont prévariqué en la recette des deniers royaux, ou qui ont abusé de leurs pupilles, (Arrêts des 21 Juillet 1542, 13 Janvier 1545, & 23 Avril 1547); qui ont recelé vols domestiques, (Arrêt du mois de Mai 1553).

Le Juge séculier connoît encore seul des instances où il y a eu clameur de haro interjettée pour chose civile ou criminelle, soit par un Prêtre sur un Laïc, soit par le Laïc sur un Prêtre, ou par un Prêtre sur une personne de son état, Arrêt de l'Echiquier tenu au terme de Pâques en 1388; de celles où le Prêtre a commis crime en exerçant quelque profession soumise à la police, telle que la Chirurgie, ou en violant des Loix qui touchent l'autorité royale: par exemple, s'il se bat en duel, s'il manque au respect dû à un Juge dans l'audience: Arrêt du 27 Janvier 1609.

Quand on appelle ces sortes de cas privilégiés, c'est que l'on considere le droit des Ecclésiastiques d'être jugés par les Officiaux de leurs Dioceses, comme droit ordinaire, eu égard à ce qu'eux, comme les autres ordres de l'Etat, n'avoient anciennement que leurs *pairs* pour Juges. L'expression de cas *privilégié*, ne fait donc pas entendre que le Juge Royal décide les causes des Prêtres coupables de crimes, par privilege; car tous les sujets du Roi, sans exception, sont soumis à sa souveraine puissance; mais elle sert seulement à rappeller que dans le temps même où tous les sujets jouissoient du droit d'être jugés par des personnes de leur condition, on avoit senti l'inconvénient de ne donner aux Ecclésiastiques que des Prêtres pour Juges; car ces Juges ne pouvoient condamner en des peines capitales, qui souvent étoient néanmoins indispensables pour le repos de l'Etat. Par là, en effet, les crimes les plus énormes restoient impunis. *Voyez* art. XXII de l'Edit de Melun, la Déclaration du Roi du mois de Juillet 1684, & celle du 4 Février 1711, & consultez l'Article OFFICIAL.

CAS ROYAUX.

En l'Article 13 de la Coutume, il est défendu au Haut-Justicier de faire informer des cas Royaux. L'Article 20, contient la même prohibition. Ces cas sont ceux de leze-majesté divine & humaine, tels que l'hérésie, le sacrilege avec effraction, la rebellion aux ordres du Roi ou des Officiers, le port d'armes & les assemblées suspectes de trahison, la sédition, la fausse monnoie, la concussion des Officiers Royaux, le rapt & enlévement des personnes avec violence; ces mêmes causes étoient réservées aux Cours du Roi, sous la domination de nos premiers Ducs. *Voyez* l. 1. *Fleta.* tom. 3, Trait. Anglo-Norm.

CAUDEBEC.

Le titre de Capitale du pays de Caux, que lui donnent quelques Géographes, lui est disputé par la Ville de Dieppe: elle se prétend plus ancienne, plus importante, & elle avoit dès 1642 un Siege Présidial.

Les usages particuliers à Caudebec, sont renfermés dans les sept articles suivants.

I. » Les héritages assis ès Paroisses de » Notre-Dame, de S. Denis de-l'Islebonne, » & aux hameaux de la Vallée & Bec-» quet, se partagent également entre » freres & sœurs, ou autres cohéritiers.

II. » Les puînés qui prennent part aux

» héritages susdits, sont exclus de la pro-
» vision qu'ils pourroient prétendre sur
» les autres biens qui sont en la dispofi-
» tion de la Coutume de Caux.

III. » Les héritages qui sont assis ès Pa-
» roisses du Trait, Sainte Marguerite-sur-
» Ducler, & dans le bourg & vallée de
» Villequier, sont partables entre freres &
» sœurs, ou autres cohéritiers ; mais
» toutes les sœurs ensemble ne peuvent
» prétendre que le tiers en la succession.

IV. » Les héritages assis en la Paroisse
» de Radicatel, & dedans le bourg de
» Bolbec, se partagent entre freres &
» sœurs par égale portion; & néanmoins
» où les filles seront mariées par le pere
» ou freres, elles ne pourront demander
» partage.

V. » Les héritages assis à Bebec & Sainte
» Gertrude, & ceux de la Paroisse de
» Rançon, qui relevent des Abbé & Reli-
» gieux de S. Wandrille, ensemble ceux du
» bourg & Paroisse de S. Wandrille, &
» hameaux des Caudebéquets, Gouville &
» Caillouville, (non compris les hameaux
» d'Estaintot & Abbeville) se partagent
» par égale portion entre freres seule-
» ment, sans que les sœurs y aient part.

VI. » Ceux de la Paroisse de Norville,
» qui doivent dîme seulement, sont par-
» tables entre freres & sœurs. Et ceux
» qui doivent dîme & champart, appar-
» tiennent à l'aîné seul, sans charge de
» provision à vie aux puînés, encore
» qu'il n'y ait autres biens en la succes-
» sion.

VII. » Les maisons & héritages assis
» dans l'enclos du bourg des Bans-le-
» Comte, d'autant qu'il y en a de compris
» dans les chemins auxquels se fait la pro-
» cession par chacun an le jour de l'Ascen-
» sion, appellés vulgairement *les rues*
» *des Processions*, sont partables entre
» freres & sœurs également.

_____

(1) Froland, Traité du Strutus Velleyen.

CAUTION.

La caution est l'acte par lequel on s'oblige à remplir les obligations d'autrui.
On a déja vu en quel cas l'héritier d'un
absent étoit obligé de donner caution
pour administrer ses biens, & art. BÉNÉ-
FICE D'INVENTAIRE, la nécessité où
étoit celui qui l'obtenoit de fournir caution du montant de l'estimation du mobilier
du défunt. Sous les mots CLAMEUR,
ETRANGER, HARO, SERGENT, TU-
TELE, on indiquera les cas où les cautionnements sont exigibles ou dus de droit; ici
il ne sera question que de faire connoître
les personnes qui ne peuvent être caution,
ou pour lesquelles on peut l'être, quoiqu'elles ne puissent elles-mêmes cautio-
ner, & d'exposer quels sont l'étendue &
le terme des obligations de ceux qui cau-
tionnent.

10. Il est de principe en Normandie
que les femmes, filles & veuves qui y
sont domiciliées ne peuvent être poursui-
vies pour l'exécution des promesses qu'elles ont faites pour autrui (1).

Cet usage est tiré d'une ancienne loi
Romaine, publiée sous les regnes de Cé-
sar-Auguste & de l'Empereur Claude;
elle tire son nom de *Velleyene*, de celui
de l'un des Consuls durant l'exercice
duquel elle fut rendue générale, c'est-à-
dire étendue à tout le sexe féminin, sans
distinction d'âge ni de condition. La France
entiere l'adopta durant les deux premieres
races ; & de là elle fit partie du Droit
coutumier des premiers Normands. En
1606, Henri IV l'abrogea par un Edit;
mais il ne fut point enregistré au Parlement de Rouen, & on continue d'y
observer le Senatus-Consulte Velleyen
dans toute sa rigueur. Bérault, sur l'Article 538 de la Coutume, rapporte quatre Arrêts des 6 Juillet 1565, 6 Novem-

bre 1601, 18 Mars 1601 & 17 Janvier 1614, qui prouvent cette vérité. Basnage en son Commentaire des Articles 538 & 391 de la Coutume, en cite deux autres, l'un du 3 Août 1660 & le second du 23 Août 1683, qui établissent que même les femmes ne peuvent pas renoncer au bénéfice du Senatus-Consulte. Il a été rendu plusieurs Arrêts conformes aux précédents que Froland (1) date des 8 Août 1671, du 6 Juillet 1677, du 4 Mars 1693, du 21 Août 1692, des 18 Août 1703 & 20 Mai 1716.

2°. Suivant ces Arrêts, le privilege appartient également à la femme sous puissance de mari, & à la femme séparée de biens, aux veuves, à celles qui ont ratifié les actes par lesquels elles ont cautionné, soit qu'elles obtiennent ou n'obtiennent pas de lettres de Chancellerie pour faire rescinder ces actes, soit aussi que ces biens soient assis dans le ressort d'autres Coutumes que celles de Normandie, pourvu qu'elles y soient domiciliées, le Velleyen leur étant un statut personnel qui se regle par la loi de leur domicile; il n'y a des exceptions à cette regle que dans les cas suivants.

Lorsque la femme engage ses biens pour rédimer son mari qui n'a aucuns biens, de prison, guerre ou causes non-civile ou pour la nourriture de son mari, de ses pere, mere ou de ses enfants en extrême nécessité: (Article 541 de la Coutume).

Elle peut aussi pour cause civile cautionner ses enfants, pourvu que le cautionnement n'excede point la part qu'ils ont en sa succession : (Arrêts des 17 Mars 1644 & 19 Février 1658, ch. 2. p. 2. Traité des Hypotheques).

Si elle constitue une dot au profit d'une étrangere, elle est obligée de la payer; parce que le Senatus-Consulte-Velleyen ne prive pas les femmes de la faculté de donner par acte authentique & qui écarte tout soupçon de surprise ou suggestion : (Arrêt du 18 Mai 1662).

Mais ce ne seroit pas donner que de répondre pour le paiement de la dette de sa fille non réservée; la volonté ne seroit pas alors le principe du cautionnement qu'en seroit une mere : (Arrêt du 28 Juillet 1682). Enfin quiconque cautionne une femme, participe à son privilege; car inutilement le lui auroit-on accordé, si elle pouvoit l'anéantir en se faisant cautionner: si l'obligation de la femme est nulle, c'est-à-dire s'il n'y a pas d'obligation, il n'y a pas de caution. Secondement, un fils majeur ne peut cautionner son pere sur son tiers coutumier : (Arrêt du 30 Juillet 1637).

3°. Les Religieux, les Mineurs ne peuvent être cautions; mais des Ecclésiastiques séculiers, qui jouissent de patrimoine, peuvent l'engager pour autrui. Les seuls cautionnements qui leur soient interdits, sont ceux qui les exposeroient à la contrainte par corps. Il en est de même des septuagénaires, ils ne peuvent déroger à la loi qui soustrait leur personne à cette contrainte. A l'égard des Mineurs, on doit observer qu'ayant droit de ratifier leurs obligations à leur majorité, la caution n'est pas déchargée par la seule exception de minorité; il faut de plus que le mineur, devenu majeur, ait fait juger son obligation nulle, & que cette nullité ait pour fondement le dol ou la fraude.

4°. On peut refuser les Gentilshommes, les Avocats, les Procureurs pour caution, &c.; mais s'ils sont acceptés leurs cautionnements sont valables, le refus n'étant autorisé qu'à cause de la difficulté de les poursuivre en Justice, & d'obtenir contr'eux des condamnations promptes & en toute rigueur, vu la con-

(1) Recueil d'Arrêts, premier vol. p. 682.

fidération dont ils jouissent parmi les Officiers ministeriels.

Ceux qui ont le droit de cautionner, peuvent s'obliger pour toutes personnes, & dans tous les cas qui ne sont pas clairement prohibés par la loi, & qui n'ont rien de contraire à l'honnêteté. L'obligation de la caution peut être solidaire ou subsidiaire, l'une & l'autre ne s'étendent pas au-delà de l'obligation du principal débiteur ; d'où il suit que s'il est fait à celui-ci quelque remise, elle profite à la personne qui a répondu pour lui. Mais il y a cette différence entre ces deux sortes de cautions, que celui qui contracte la subsidiaire seulement, peut forcer le créancier à discuter le principal obligé, avant qu'il puisse le contraindre au paiement : (Arrêt du............ Juillet 1685) (1).

Si le créancier & le débiteur changent le contrat qu'ils ont fait, la caution est libérée ; le créancier par cette novation, est présumé avoir contracté de nouveau & avoir renoncé à la caution à l'insu de laquelle il a traité.

Sans changements même dans le contrat, celui qui a cautionné peut être déchargé ; ceci arrive lorsque le créancier laisse écouler un terme fatal, durant lequel la dette étoit exigible : car, en ne profitant pas du délai que la loi lui accordoit pour se faire payer, il est assez clairement entendu qu'il a couru volontairement les risques de perdre sa crédite, n'étant pas naturel qu'il ait pensé que la caution lui seroit encore engagée après que l'obligation du principal débiteur ne seroit plus exigible. *Voyez* PENSION. Le titre 28 de l'Ordonnance de 1667 regle la maniere de présenter & recevoir les cautions.

CAUTION *Judicatum solvi*.

Voyez ÉTRANGER.

(1) A la fin de l'Espr. de la Cour.
(2) *Sigebert. in cronic. ex Andrea Valesio.*

CAUVET.

Les observations de cet Avocat sur le Réglement de 1773, concernant les Tuteles, imprimées à Caen chez Leroy, en 1777, sont également intéressantes par la netteté du style & la sagesse des maximes qui en sont la base, on ne peut trop en recommander la lecture. Il est terminé par un Edit du 9 Mars 1733, qui est d'autant plus intéressant, qu'il pourroit donner lieu à des établissements fort utiles aux mineurs & aux tuteurs qui ont l'administration de leurs biens en cette province, en ce qu'ils garantiroient les premiers des suites funestes qu'ont pour eux les négligences de leurs tuteurs, & préviendroient la ruine dont les autres courent les risques lorsqu'ils se conduisent avec trop d'économie dans leur gestion.

CAUX.

Nos anciennes chroniques nous apprennent que du temps de Jules-César, ce pays avoit une Ville royale (2), *sedes regia*; & ce Prince avoue (3) lui-même que le Caux pouvoit seul fournir dix mille soldats. Il y a toute apparence que le nom de *Caletes* que portoient les habitants du pays de Caux, venoit du Celte *cal*, bois, soit à cause des forêts dont il étoit couvert, soit à raison de la facilité avec laquelle on y élevoit des arbres de toute espece. Les Auteurs sont partagés sur l'ancienne situation de la capitale du pays de Caux ; les uns prétendent qu'elle étoit dans les environs de Dieppe ; d'autres que le bourg de Lillebonne en conserve encore des vestiges ; & ce dernier sentiment paroît le mieux fondé. Ce Bourg étoit encore un lieu considérable à la fin du onzieme siecle, puisque Guillaume le Bâtard y

(3) *De bello gallico*, l. 2. c. 1.

tint une assemblée générale avec ses Barons, en 1080. Quoi qu'il en soit, le pays de Caux a des usages différents de la Coutume générale, & ces usages ont, suivant Basnage, plus de rapports que les dispositions de cette Coutume avec les Loix que la France suivoit sous les derniers Rois de la seconde race. Ces usages sont tous féodaux, on ne doit pas en être surpris. Plus la Normandie s'approchoit de Paris, plus ses habitants avoient de communication avec les Provinces où le Droit Romain étoit observé, & ils adoptoient volontiers les maximes de ce droit, qui pouvoient se concilier avec leurs Coutumes; mais les *Caletes*, ou, comme on les a nommés dans la suite, les *Cauchois*, par leur voisinage avec l'Angleterre, où Guillaume le Conquérant faisoit observer les Coutumes primitives de la Normandie à la rigueur, & par leur proximité de Rouen, où les Souverains de cette Province fixoient leur résidence, & faisoient tenir leur Cour de Justice, étoient nécessités de conserver sans altération ces Coutumes. D'ailleurs elles étoient en vigueur dans les Provinces les plus voisines du Caux, telles que le Boulenois & le Ponthieu. Le fils aîné recueilloit seul les successions directes & collatérales, sans en faire aucune part à ses puînés; il ne leur devoit à tous que le tiers viager du revenu. Les peres pouvoient, à l'exemple des premiers François, réserver leurs filles à partage; mais en ce cas elles ne pouvoient prétendre part en essence sur les fiefs : on leur donnoit tels biens que l'on vouloit pour les remplir du revenu que leur auroit produit une part sur le fief, si elles avoient eu droit d'y en prétendre.

En 1583, les Commissaires députés pour la réformation de la Coutume, adoucirent la rigueur de quelques-unes de ces dispositions; mais les modifications qu'on y avoit apportées éprouverent bien des difficultés qui ne furent terminées qu'en 1586, par la rédaction des Articles qui composent le chapitre de notre Coutume qui sert de regle pour les successions en Caux.

On peut diviser ces Articles selon l'ordre des matieres qui en font l'objet. 1°. Ils déterminent le préciput de l'aîné. 2°. Ils autorisent le pere de disposer du tiers de ses héritages en faveur de ses puînés. 3°. Ils permettent à l'aîné de rembourser la part de ses cadets. 4°. Ils veulent que les meubles soient épuisés avant que la légitime des filles soit levée sur les biens-fonds. 5°. Et enfin ils accordent à l'aîné l'ancienne succession des parents collatéraux en intégrité. Pour ne pas déranger le plan que nous nous sommes tracés pour la commodité des lecteurs, ce sera donc sous la lettre correspondante aux matieres dont chaque article du chapitre des successions en Caux traite, qu'elles seront discutées. Ainsi, voyez quant aux droits des *Filles* en Caux, AVENANT, LÉGITIME, MARIAGE, RÉSERVE; à l'égard des *Puînés*, aux mots LOTS, PROVISION, PUÎNÉS, RETRAIT, TIERS; & par rapport aux *Aînés*, consultez les Art. AÎNÉ, OPTION, PRÉCIPUT.

CEINTURES FUNEBRES.

Voyez DROITS HONORIFIQUES.

C E N S.

Voyez FIEFFE, RENTES SEIGNEURIALES.

CENTIEME DENIER.

Ce droit est dû à chaque mutation de propriété ou d'usufruit d'immeubles, rentes foncieres & autres droits réels, à l'exception des mutations par successions, par testaments, donations, contrats de mariage en ligne directe.

Il a été établi par Edit du mois de Décembre 1703, auquel il faut joindre celui du mois d'Août 1705.

On a six mois pour le payer, à compter du jour où on est devenu propriétaire.

On doit le payer au bureau de la situation des biens, parce qu'il a été établi principalement pour procurer une connoissance exacte des mutations qui donnoient ouverture aux droits seigneuriaux.

1o. Les actes faits par pere & mere, en faveur de leurs enfants, sont exempts de ce droit : (Edit de 1706).

Quand un frere délivre à sa sœur des fonds pour paiement de sa légitime, elle ne doit pas le centieme, quoiqu'elle ne soit pas réservée : (Arrêts du Conseil des 15 Juin 1735 & 21 Juin 1737, Comment. sur l'Edit du Contrôle, Art. 83).

2o. Les coupes de bois de haute-futaie de cette province qui ne sont pas sujets à retrait, en doivent être aussi exemptes; en effet, il est de principe reconnu par l'Auteur du Dictionnaire raisonné des Domaines, au mot Bois, p. 319, que si on exige le droit de centieme sur les bois vendus dans les autres Coutumes, c'est *lorsque le fonds est aussi vendu dans un court intervalle à la même personne directement ou indirectement* ; d'où on est fondé à conclure que l'exaction du droit a pour motif, en ce cas, que la vente faite de bois, séparément du fonds, peu avant la vente de ce fonds, est de droit présumée ne faire qu'un seul & même acte avec celui de la seconde vente, & qu'on n'a affecté de les diviser que pour frauder le droit. Or, en partant de ce même principe, quand en Normandie la présomption de cette fraude n'est pas admissible, le droit de centieme ne doit point être exigible, & il n'est pas possible de l'admettre, quand le bois, quoique vendu pour être coupé, ne donne ouverture ni au treizieme ni au retrait du lignager ou du Seigneur, puisqu'en ces deux cas la loi municipale ne considere plus le bois comme immeuble, mais comme un fruit dont la vente n'altere en rien la valeur, la commodité ou la décoration du fonds qui le produit.

Or, notre Coutume n'accorde treizieme & retrait qu'à l'égard des bois qui non-seulement sont destinés à rapporter profit au propriétaire, mais qui de plus servent d'ornement aux maisons, & par là en font des parties intégrantes.

C'est ce qui résulte de l'Article 463 de la Coutume : dès que le propriétaire a abattu ou fait abattre ses bois, ils ne sont plus clamables, suivant cet Article ; mais ils le sont, si, après avoir été vendus, même à la charge de les couper, l'acheteur n'en a point encore fait la coupe lors de la clameur; parce qu'en ce cas, si le propriétaire, dont la vente de bois annonce les besoins, se déterminoit à vendre ensuite les fonds que ces bois décorent, son Seigneur ou son lignager auroit la liberté de les conserver (1).

Dans le moment où l'article 463 dit que l'on peut clamer une vente de bois, faite sous condition d'abattre, cet article les considere donc comme immeuble ; il est conséquemment naturel que la vente qui en a été faite, lorsqu'ils avoient ce caractere, paie le centieme, puisqu'il est dû pour contrats translatifs de propriété.

Mais aussi de ces observations, il suit que la vente des coupes d'un bois indépendant d'une maison seigneuriale, d'un bois qui étant réglé en coupes, n'a évidemment d'autre destination que d'augmenter le revenu du propriétaire, est exempt de centieme, ainsi que du retrait, parce que les coupes ne sont en ce cas qu'un fruit, un pur meuble, & que le fonds reste, ce fruit distrait, en son intégrité, sans être dégradé, ou plutôt dans l'état

---

(1) Bérault, art. 173.

qui

qui lui est naturel. En effet, d'un côté le Seigneur par la vente des coupes n'éprouve aucune perte, puisque le fonds lui est conservé tel qu'il l'a inféodé. D'un autre côté la famille du propriétaire retrouve toujours après lui, malgré cette vente, le même héritage qu'il tenoit de ses ancêtres ; & la femme ne peut exiger le remploi des coupes faites par son époux sur les biens de ce dernier, parce que ces coupes n'ont rien changé à la maniere dont elle-même auroit joui de son fonds si elle en eût conservé l'administration en ne se mariant pas. Aussi l'Auteur du Dictionnaire des Domaines déja cité, après avoir rapporté un Arrêt du Conseil du 10 Août 1734, & une décision du 26 Mars 1737, qui assujettissent au paiement du centieme denier des bois de haute-sutaie vendus pour être coupés dans la Province de Normandie, *soit qu'ils soient en corps de bois rassemblés ou épars dans les haies*, nous fait clairement entendre que dans l'espece de ces Arrêts il ne s'agissoit que de bois de décoration sur lesquels les Seigneurs, les femmes, les lignagers avoient droit de treizieme, de retrait, de remploi ; car il atteste que *la Jurisprudence du Conseil est conforme à ce qu'il a précédemment observé ; que c'est le droit de lods & ventes qui regle la perception du droit de centieme sur les bois.* Il est vrai que le 7 Mars 1739, il fut jugé au Conseil que l'acquéreur des bois du Comté d'Eu, qui se vendent en Justice annuellement par coupes réglées, devoit le centieme. Mais ce fut parce que par les Mémoires présentés au nom de ce Prince, on s'étoit principalement appuyé sur ce que le droit retomboit sur eux, & que le Fermier des Domaines se réduisit à faire voir que le Prince étoit sans intérêt, l'acquéreur n'étant pas en cause, puisque ce dernier seul devenoit susceptible du droit demandé.

Au surplus, en 1748, le 23 Janvier,

sur les représentations des Agents-Généraux du Clergé, le Conseil a jugé que les bois de haute-sutaie dépendants des bénéfices Ecclésiastiques n'étant pas sujets au treizieme, ne devoient point être soumis au centieme denier. *Voyez* TREIZIEME.

CERISY. (Abbaye de)

Le Monastere de ce lieu est l'un des plus anciens de Normandie ; on sait remonter sa fondation à l'an 560. Le *Neustria pia*, p. 431 & suivantes, & le *Gallia christiana*, p. 410, t. XI, entrent dans le détail des ravages qui y furent faits par les Normands, jusqu'en 1120 qu'Henri I, Roi d'Angleterre, le rétablit en son ancienne splendeur.

CESSION.

Les Hauts-Justiciers ne peuvent connoître *des lettres pour être reçu au bénéfice de cession*, (Article 20 de la Coutume) ; parce que, comme le remarque Basnage, ce bénéfice étant une grace du Prince, il est naturel que ses Officiers examinent si celui qui l'a impétrée en est ou non digne.

Tout homme en faillite qui fait cession de biens, pour être à l'abri des poursuites de ses créanciers & avoir la liberté de sa personne, est réputé réduit à cette extrémité par des événements sur lesquels ni sa mauvaise foi ni son imprudence n'ont influé ; de là, selon Basnage, un Marchand en détail n'est point admis à faire cession, parce qu'il doit se faire payer comptant. Il nous paroît que cette raison n'a lieu que pour ceux qui font le plus petit débit, tels que les Bouchers, les Boulangers, les Fruitiers ; car à l'égard des vendeurs de Merceries, d'Epiceries, ils sont nécessités de faire des crédits aux revendeurs de campagne, & même aux maisons les plus considérables des villes ; & on ne peut pas dire qu'ils soient inconfidérés en cela, puisqu'autrement ils ne pourroient donner à leur commerce toute l'étendue & l'activité dont il est susceptible : d'ailleurs leurs créanciers eux-mêmes leur ont fait vente dans le même détail, & sous les mêmes crédits qui causent leur faillite.

C'est encore par la considération que celui qui fait cession ne doit être susceptible d'aucuns reproches du côté de la bonne foi, qu'il n'est pas admis à cette cession, s'il ne représente pas de registres ; si après avoir obtenu des atermoiements de la part de ses créanciers, il n'a pas rempli son obligation, (Arrêt du 23 Mai 1657 rapporté par Basnage) ; si sa faillite a pour objet des fermages ou des recettes faites par commission, (Arrêts des 16 Mai 1653 & 8 Janvier 1659); ou des dépens, dommages & intérêts en matiere criminelle: (Arrêt du 2 Mai 1609).

Un étranger n'est point recevable à faire cession, parce qu'il n'est pas possible de vérifier si la cession qu'il fait est entiere & sans réserve.

Mais un prisonnier, pour gîte & garde, est admis à la cession vis-à-vis du Geolier : (Arrêt du 30 Janvier 1609). Le Geolier a dû s'assurer des facultés de celui auquel il faisoit des avances, & pour peu qu'elles lui fussent inconnues, s'en dispenser : le prisonnier ayant, de la part de ses créanciers, le nécessaire, la cupidité seule peut engager un Geolier à donner au prisonnier du superflu.

Par l'admission au bénéfice de cession, la dette n'est pas éteinte, si le débiteur vient en meilleure fortune, ses créanciers ont action contre lui pour le restant de leurs crédites. En consentant la cession, ils ne se sont déterminés que par l'assurance que le failli leur a donnée qu'il ne jouissoit de rien au-delà de ce qu'il leur cédoit : dès qu'il possede, les droits des créanciers reprennent donc toute leur force. Il n'en est pas de même en fait d'atermoiement, par lui la dette est éteinte; les créanciers en y accédant sont réputés avoir fait remise sans retour à leur débiteur, de ce qui excede les sommes auxquelles ils se sont restreints : (Arrêt du 10 Iuin 1667). *Voyez* RÉPI.

CESSIONS.

Les cessions de droits litigieux faites à des personnes qui sont sans intérêt en la contestation, ou qui par leur état ne sont présumés les accepter que pour vexer ou pour profiter, sont prohibées par les Ordonnances.

Celle de Charles V, en 1356, art. 7, *défend en général tous & tels transports, & iceux déclarés nuls ; & elle veut que ceux qui feront lesdites cessions perdent leurs actions, & les recevants leurs droits, qu'en outre ils soient punis d'amende arbitraire & à rendre tous comptes, frais & dépens aux Parties adverses.*

L'Ordonnance de François I, en 1525, *prohibe telles venditions & refuites aux Juges & Officiers des biens étant en querelles en leurs Jurisdictions, icelles déclarant nulles ; & ordonne que ceux qui font ces cessions soient privés de leurs droits, & aussi ceux qui les recevront, & en outre punis d'amende arbitraire, & tenus de rendre les frais encourus à Parties.*

L'Ordonnance d'Orléans, titre 54, ann. 1560, ajoute la menace d'une *punition exemplaire* ; celle de Henri III, en 1586, en adopte les dispositions ; & la Jurisprudence de ce Parlement y est conforme.

M. Maurice Lefebvre, Conseiller du Roi au Bailliage & Vicomté de Caudebec, avoit acquis quelques héritages de Michel Legras ; Lemaillé & Maigret, créanciers dudit Legras, firent saisir en décret tous ses héritages.

Lefebvre, pour conserver son acquisition, fut obligé d'acheter les crédites des deux décrétants, & de se faire subroger à la suite du décret qu'ils avoient commencé. Il se rendit adjudicataire des biens saisis, & consigna le prix qui fut leur juste valeur, & les deniers furent distribués aux créanciers de Legras.

Vingt ans après, Legras appella du décret en la Cour, réclama contre le transport que Lefevre avoit pris de Lemaillé & Maigret, attendu qu'il étoit prohibé par les Ordonnances. Sur les conclusions de M. de Mesnilbus, Avocat-Général, les transports furent cassés, & Legras fut remis au même état qu'avant ces transports, renvoyé en possession de ses biens, avec restitution de fruits, 500 liv. d'intérêts & les dépens, par Arrêt du 4 Décembre 1699.

Le 19 Août de la même année. M^e. André Tanqueray, Avocat à Coutances, avoit acheté deux parties de rentes foncieres, l'une de 16 liv., l'autre de 20 liv., affectées sur les biens de Jean Advenette; un sieur de la Bretonniere fit saisir en décret les biens dudit Advenette; M. Tanqueray s'opposa au décret, & demanda distraction des fonds jusqu'à concurrence de sa crédite.

Sur cette opposition, le sieur de la Bretonniere ayant soutenu qu'il n'étoit pas permis à un Avocat de prendre des transports de dettes pour faire des Procès; & cet Avocat ayant observé qu'il n'étoit Avocat ni du décrété, ni du décrétant, ni de son vendeur, la Cour, malgré ses représentations, cassa le contrat de transport, condamna Tanqueray en 100 liv. d'amende envers le Roi, en 100 liv. d'intérêts envers la Partie, & aux dépens.

Le 10 Mars 1701, pareil Arrêt entre Levacher & Miton.

Autre, du 19 Mai 1729, entre Gabriel Auvray & M^e. François Bonté, Substitut de M. le Procureur-Général en la Vicomté de Gauray.

Tous ces Arrêts au reste n'approchent pas de la sévérité de celui du 14 Mars 1636, entre Marie Legros & M^e. Hector Béranger, Conseiller au Bailliage de Rouen : il fut lu à la barre du Palais ; il déclaroit ledit Béranger indigne d'une succession qu'on l'avoit chargé de régler, & sur laquelle il s'étoit fait fieffer un fonds. Cette fieffe fut confisquée au profit des pauvres de l'hôpital ; le coupable fut condamné en 300 liv. d'amende, & la Cour fit défenses aux Avocats, Procureurs & autres, employés à l'arrangement des affaires d'autrui, de se faire faire transport des droits des Parties, sous les peines portées par les Ordonnances. *Voyez* AVOCATS, PROCUREURS.

CHAMBRE DES COMPTES.

Sous Guillaume le Conquérant, l'Assemblée générale que l'on appelloit *Magnatum Concilium*, étoit divisée en plusieurs Classes ou Bureaux, dans l'un desquels étoit déposé le Trésor Royal, & où les impôts étoient reçus & les comptes de leur emploi rendus. La dépense & la recette y étoient annuellement écrites sur des rôles exposés au public (1). De ces différentes classes ont été formés les divers Tribunaux souverains que nous connoissons maintenant sous les noms de Parlements, Chambres des Comptes, Cours des Aides. D'abord le Maître-d'Hôtel du Roi fut le chef des Juges que le Roi choisissoit pour examiner les comptes des Administrateurs de ses finances ; mais lorsque les Offices de toutes les Juridictions devinrent vénaux, ils ne furent plus attachés aux emplois des grands Officiers de la Couronne : les Magistrats qui y présiderent, eurent cependant toutes les prérogatives des Commensaux de la Maison du Roi ; ils les conservent encore.

Plusieurs Ecrivains font remonter à

---

(1) Anc. L. des Fr., tom. premier, p. 243.

l'an 1380 l'établissement de la Chambre des Comptes à Rouen ; ils ajoutent qu'en 1583, elle fut supprimée par François I. Ce qu'il y a de constant, est qu'Henri III, par son Edit du mois de Juillet 1580, lui attribua la connoissance souveraine de toutes les finances tant ordinaires qu'extraordinaires qui s'élevent dans la Normandie au profit du Roi, des villes ou des communautés, avec pouvoir d'en faire rendre compte, de vérifier & d'enregistrer les Edits & Déclarations de Sa Majesté, ainsi que les contrats, titres & enseignements concernant son domaine.

Sous le ressort de la Chambre des Comptes, il y a en cette Province trois généralités, Rouen, Caen & Alençon ; dans celle de Rouen, il y a treize Élections, Caen en comprend huit, & Alençon neuf.

Outre la Chambre des Comptes, la Cour des Aides formoit une Jurisdiction souveraine qui avoit ses officiers particuliers ; on les nommoit Généraux des Aides. Mais par Edit de 1705, Louis XIV réunit cette Cour à la Chambre des Comptes pour ne plus faire à l'avenir qu'un seul & même corps. On peut consulter, sur la compétence & les droits de la Chambre des Comptes & de la Cour des Aides, le recueil d'Arrêts de Froland, tom. 1. p. 399.

CHAMBRE DU COMMERCE.

Cette Chambre établie à Rouen, par Arrêt du Conseil de 1703, sous le titre de Syndics de la Chambre du Commerce de Normandie, est présidée par le Prieur & les deux Juges Consuls en charge : le Procureur-Syndic y exerce ses fonctions, & neuf anciens Prieurs & Juges-Consuls y ont séance. M. L'Intendant de la Généralité assiste en cette Chambre comme Commissaire de la Cour, à l'effet d'y faire délibérer sur les objets qui intéressent le commerce national & étranger. Jusqu'ici la Chambre a mérité la plus grande confiance de la part des Négociants de la Province ; elle répond aux questions importantes qu'on lui propose, pourvu qu'elles aient trait à la Police générale du Commerce, car dès qu'elles n'ont rapport qu'à des cas particuliers, elle en renvoie la décision aux Juges-Consuls des lieux.

Elle est tenue, porte l'article 2 dudit Arrêt, *de recevoir les Mémoires qui sont adressés par les Négociants de toutes les Villes de la Province, contenants des propositions ou des plaintes, d'en donner leur avis, & d'envoyer le tout à M. le Contrôleur-Général ; elle peut aussi faire les représentations qu'elle croit nécessaires pour la prospérité du Commerce national.*

CHAMBRE ECCLÉSIASTIQUE.

Il y en a deux en cette Province : la première est connue sous la seule dénomination de *Chambre Ecclésiastique*, & l'autre sous celle de *Chambre supérieure du Clergé de Normandie*.

La Chambre Ecclésiastique établie à Rouen, connoît, en vertu de l'Edit du mois de Juillet 1616, & de la Déclaration du Roi du mois de Mai 1626, de la répartition des décimes & autres taxes dont les biens du Clergé sont susceptibles.

Elle a pour chef M. l'Archevêque, & est présidée ordinairement par les Dignitaires du Chapitre de la Cathédrale, qui ont pour Conseillers quatre Curés de la Ville ; il y a un Receveur des décimes, un Greffier des insinuations, & un Huissier.

La Chambre Supérieure ou Souveraine du Clergé fut érigée par Edits des 10 Février 1580, du premier Mai 1586, & par la Déclaration du mois de Mai 1626, pour juger sur l'appel des jugements rendus par la Chambre Eccléfiastique, à l'égard des taxes & augmentations des décimes sur les bénéficiers. Les jugements de la Chambre Ecclésiastique doivent être exécutés provisoirement; car tant qu'ils ne le sont pas, la Chambre Souveraine ne peut recevoir aucun appel: quoique ses décisions soient en dernier ressort, on a cependant droit de se pourvoir contr'elles au Conseil du Roi.

Elle est composée de trois Conseillers au Parlement, d'un Député de chaque Diocese de la Province, d'un Promoteur & Syndic, & d'un Greffier.

CHAMBRES DU PARLEMENT.

Voyez PARLEMENT.

CHAMPART.

Ce droit, connu en d'autres Provinces sous le nom d'*agrier*, de *tache*, ou de *terrage*, consiste en une part des productions d'un fonds, *campipars*; il étoit défendu par les anciennes loix de cette Province de prendre une terre à champart pour se procurer le moyen de prolonger les Procès mus à l'occasion de cette terre, Statut 1. Robert 1. c. 21. De ce que le champart ne consiste qu'en une part des productions du fonds, le Seigneur auquel ce droit est dû, ne peut le percevoir que sur les grains ou fruits qu'il est en possession d'y recueillir: Arrêt du 16 Mai 1722. Le champart en général ne se perçoit donc point par substitution: ce principe cependant doit être restreint aux cas où le Seigneur n'a pas de titre qui y déroge, parce qu'alors tout doit être interprété en faveur de l'obligé. Par une suite de ce principe, le plus grand nombre des habitants ne fait pas la loi du plus petit: on ne peut être assujetti au champart que par un titre exprès, applicable à l'objet contesté, ou par la preuve d'une possession quadragénaire ; Arrêt du 14 Juillet 1761. Aussi le 8 Juillet 1724, la Cour maintint le Seigneur de Fleury dans la possession du droit de champart sur les fruits des arbres plantés dans les terres de ses vassaux, sujettes à ce droit, dans la proportion qu'il le percevoit en grain, parce qu'il étoit constant qu'il avoit toujours joui du champart, tant sur les grains que sur les fruits indistinctement, & que cette jouissance non interrompue faisoit présumer qu'elle étoit conforme au titre primitif de l'inféodation du fonds. Le motif que nous donnons à cet Arrêt est si juste, que lorsque les vassaux sont dans l'usage reconnu par leurs aveux, après le temps du blâme expiré, de payer le champart en argent à un Seigneur Laïc, ce Seigneur ne peut l'exiger en essence (1). Il en est autrement des Ecclésiastiques; pour peu qu'il apparoisse par d'anciens aveux que le droit a été perçu en essence, on ne peut en prescrire la faculté contr'eux, les biens Ecclésiastiques étant inaliénables: Arrêt du 11 Août 1547, au profit des Religieux de S. Wandrille (2).

Les dîmes Ecclésiastiques & inféodées se levent avant le champart. Arrêt du 1638, rendu entre les Chanoines de Gaillon & le Curé de S. Vincent, & du mois de Mars 1775, en faveur du Curé de Réauville contre les Religieux de S. Ouen.

CHANCEL.

Voyez CHŒUR.

CHANCELLERIE.

Il y a *Grande Chancellerie* ou *Chancellerie de France*, & *Chancellerie près le Parlement*. Dès 641, le nom de Chancelier que porte le chef de la Chancellerie & de la Ma-

---

(1) Forget, *de Choses decim.* 76. (2) *Ibid.* p. 80.

giſtrature de ce Royaume, étoit connu. On lit au bas de divers Diplômes & Chartes du Roi Dagobert I : *Dudo Regiæ dignitatis Cancellarius recognovit, legit & relegit.*

En la grande Chancellerie s'expédient toutes Lettres qui ne dépendent que de la vólonté du Roi, & dérogent aux loix générales.

Dans les Chancelleries près les Parlements, au contraire, on obtient toutes lettres relatives aux exceptions qu'il eſt d'uſage d'admettre contre la rigueur des loix, & qui naiſſent de leurs propres diſpoſitions. La Chancellerie près le Parlement de Rouen y fut établie par Edit du mois d'Avril 1499, lors de l'érection de l'Echiquier en Cour ſouveraine & ſédentaire : le Cardinal d'Amboiſe fut pourvu de l'Office de Garde des Sceaux : en 1701, Louis XIV créa une Chancellerie pour la Cour des Aides, mais elle fut réunie à celle du Parlement au mois de Juillet 1704 (1).

La Chancellerie du Parlement a ſon Garde des Sceaux, 4 Secrétaires du Roi Audienciers, 4 Secrétaires du Roi Contrôleurs, 30 Secrétaires du Roi, Maiſon & Couronne de France, 1 Scelleur héréditaire, 10 Conſeillers du Roi référendaires, 8 Conſeillers du Roi Gardes-notes, un Greffier, un Receveur, des Huiſſiers.

Le Sceau ſe tient les Mercredis & Samedis de chaque ſemaine, & en vacance le Samedi ſeulement.

CHANVRES.

Voyez ROTEURS.

CHAPELLES.

Il y a pluſieurs ſortes de Chapelles ; les unes ſont bâties par le propriétaire, pour lui-même & ſa famille, dans l'intérieur de ſon Château, & on les nomme *Chapelles caſtrales* : l'entrée n'en eſt permiſe au peuple qu'autant que le propriétaire y conſent ; mais du moment que le propriétaire d'une Chapelle l'a rendue publique, par l'Edit de Charles IX, de 1521, art. 4, il eſt défendu aux Seigneurs de les démolir & abbattre, à peine de privation de tous droits de patronage, dans le cas où il les rétabliroit.

Mais ſoit qu'une Chapelle, ſoit à l'uſage particulier d'un Seigneur, ou qu'il en ait rendu l'uſage public, la glebe de ſon patronage n'eſt autre choſe que le fonds ſur lequel la Chapelle eſt bâtie, & la poſſeſſion que l'on peut en avoir s'établit par la préſéance dont on y jouit, à l'excluſion de tous autres, ſoit comme acquéreur, ſoit comme héritier.

Or, cette jouiſſance ne fut-elle qu'annale, ſuffit pour qu'elle ne puiſſe être troublée.

Car il ne faut pas confondre l'être matériel de la Chapelle, avec le titre de bénéfice attaché à la Chapelle.

Quant au patronage de la Chapelle, la diſtinction du pétitoire & du poſſeſſoire eſt établie par l'ancienne Coutume de cette Province, chapitre 109 : *celui qui a la droiture du patronage peut bien bailler à autre la droiture du patronage qu'il avoit ; ...... ſi l'on fait un marché, on peut demander la propriété du patronage par la loi du pays, ainſi que d'un autre fief* ; car la loi du pays, ſuivant le Style de procéder, & Terrien, l. 8. c. 17. p. 296, eſt celle par laquelle, 1°. *le patronage eſt deſcordable par bref* ; auquel cas le Roi en eſt ſéqueſtre, & il préſente au droit de la partie qui l'obtient *en fin de cauſe* : & par laquelle, 2°. *le patronage eſt deſcordable par clameur de loi apparente*, parce qu'en vertu de cette clameur, le défendeur *eſt rendu ſaiſi, & le Roi n'a le droit de préſenter.*

---

(3) Froland, Rec. d'Arrêts.

A l'égard du titre de bénéfice attaché à la Chapelle, il n'est pas uniquement fondé sur la possession; il faut qu'elle soit aidée de titres & de capacités requises pour l'obtention du bénéfice; car il ne suffit pas au bénéficier de dire : *je possede, parce que je possede* : un Séculier pourroit tenir ce langage; mais il faut que sa possession ait pour appui un titre coloré; que la capacité de sa personne soit au moins présumable. Cette distinction importante fut favorablement accueillie par le Parlement en 1775.

Les sieurs de Boislambert, de Boisserard & le Comte de la Verrerie, ayant appris le décès de M. Bourdon, Avocat au Bailliage d'Alençon, & qu'on devoit l'inhumer en la Chapelle de Notre-Dame de Pitié, construite en l'Eglise Paroissiale de ladite Ville, donnerent action au sieur Bourdon fils, sous le prétexte qu'ils avoient un droit exclusif de séance en ladite Chapelle. L'assigné méconnut leur droit, & il intervint Sentence qui, faute par les demandeurs d'avoir contesté sa possession, les débouta de leur action, avec dépens, *sauf à être par eux pris la voie du pétitoire.*

Les sieurs de Boisserard & de la Verrerie se porterent Appellants de cette Sentence; leurs moyens d'appel se réduisirent à soutenir que le possessoire ne doit pas être distingué du pétitoire, quand il est question de droits honorifiques dans l'Eglise, parce qu'il ne faut pas comparer ces droits aux possessions des biens profanes; que les droits que l'on acquiert dans les Eglises ne doivent être considérés que comme des servitudes qui ne peuvent subsister sans titre : mais on leur répondit qu'en général la possession annale est un titre suffisant pour faire maintenir le possesseur, tant qu'on ne l'attaque point par la voie pétitoire; que les matieres même canoniques ne doivent point être indistinctement exceptées de cette regle, puisque les Ordonnances renvoient la connoissance du pétitoire en matiere ecclésiastique devant l'Official, & le possessoire devant le Juge ordinaire, & que celle de 1667 donne des regles à suivre en matieres bénéficiales Ecclésiastiques, selon qu'il s'agit ou du possessoire ou du pétitoire.

Qu'à la vérité, en matieres bénéficiales, où il s'agit du titre des bénéfices, il est rare qu'il y ait lieu de plaider au pétitoire, parce que la décision sur le possessoire portant sur une qualité, une capacité littéralement prouvée, le pétitoire est décidé d'avance; mais lorsqu'il n'est question que de connoître celui qui est le vrai possesseur de droits sur l'être matériel d'une Chapelle, les regles suivies pour tous les autres biens reprennent leur empire. Par Arrêt rendu en la premier Chambre des Enquêtes, au rapport de M. d'Anneville, le 20 Juillet 1775, la Sentence fut confirmée : ainsi l'on jugea qu'un fondateur de Chapelle construite en une Eglise avoit pu prendre la voie au possessoire, pour trouble apporté à la jouissance de ses droits honorifiques en cette Chapelle. *Voyez* DROITS HONORIFIQUES & PATRONAGE.

Sous le prétexte de la propriété des Seigneurs sur leurs Chapelles domestiques, ils se crurent en droit de s'y faire inhumer, & leurs familles, par leurs Chapelains, au préjudice du droit des Curés; mais, par Arrêt du 15 Juillet 1683, non-seulement ceci leur fut défendu, il leur fut même enjoint de n'y faire célébrer aucun service qu'après que le Curé le leur auroit permis.

CHAPITRES.

On comprend sous ce nom le corps des Chanoines qui desservent les Eglises Cathédrales.

Le Chapitre de Rouen est composé de 51 Chanoines prébendés, y compris M.

l'Archevêque, & de 10 dignités, savoir, le Haut-Doyen, le Chantre, le Tréforier, le Grand-Archidiacre, l'Archidiacre d'Eu, celui du grand Caux, l'Archidiacre du Vexin François, ceux du petit Caux & du Vexin Normand, & le Chancelier : chacune de ces dignités, dont deux feulement, le Chantre & le Tréforier, ont chacune une prébende, a des privileges qui lui font particuliers.

Le Doyen, qui eft éligible par le Chapitre, pourvu que l'Archevêque n'ait pas de motifs graves de s'oppofer à l'élection, a la préfidence dans les Chapitres Généraux ; il a le droit de haranguer les Rois, Reines & Princes, à leur premiere entrée en la Cathédrale.

Le Chantre a une telle autorité fur l'ordre qui s'obferve pour le chant de l'Office divin, qu'il peut faire prendre chapes aux Chanoines & Chapelains, fans égard à l'ordre de leur ancienneté (1).

Le Tréforier a droit d'affifter aux comptes de la Fabrique, qui, par cette raifon, lui doit trois livres de cire.

Le Grand-Archidiacre porte le titre d'Archidiacre de la Chrétienté ; il a fous fa dépendance les Doyennés de Rouen, du Bourgtheroulde, du Pont-Audemer, de S. Georges, de Pavilly, de Cailly, de Ry, de Periers ; & dans la Paroiffe de chaque Doyenné, il leve le tiers des déports.

L'Archidiacre d'Eu a le même droit fur les déports des Doyennés de Longueville, d'Eu, de Neufchâtel, de Foucarmont, d'Envermeu & d'Aumale, qui font de fon arrondiffement.

Dans l'Archidiaconé du grand Caux, il y a cinq Doyennés, celui de S. Romain, ceux du Havre, de Foville, de Vallemont, des Loges, fur les Paroiffes defquels l'Archidiacre a, ainfi que les Dignitaires fuivants, le tiers des déports.

L'Archidiacre du Vexin François a dans fon diftrict les Doyennés de Meulan, de Magny, de Chaumont & de Pontoife.

Celui du Vexin Normand a fous lui les Doyens de Baude, Mouton, Pormor, de Gifors, de Gamaches, de Bray ou Orgueuil ; & celui du petit Caux a pour Doyens, ceux de Canville, de Brachy & de Baqueville.

Le Chancelier a l'infpection fur toutes les Ecoles du Diocefe ; droit que deux Arrêts du Parlement de cette Province lui ont confirmé, l'un du 3 Mars 1572, l'autre du 10 Février 1618.

Le Chapitre de Rouen a une Jurifdiction purement temporelle, qu'il fait exercer par un Bailli qui connoît de tous crimes & délits commis dans l'enceinte de l'Eglife Cathédrale : en 1705, le nommé Duval, qui y avoit volé des ornements, y fut condamné à mort. Outre cette Jurifdiction, il y a des Hauts-Jours où fe jugent les appels des Sentences rendues dans les Jurifdictions feigneuriales appartenantes aux Chanoines.

Quand le Siege Archiépifcopal eft vacant, le Chapitre fait exercer ou exerce toute la Jurifdiction fpirituelle & temporelle attachée audit Siege ; il peut deftituer les Officiers & en nommer d'autres, jufqu'à la clôture de la régale.

Plufieurs terres, fifes en Angleterre, appartenoient autrefois au Chapitre ; il y avoit auffi la nomination de grand nombres d'Eglifes ; on en trouve le détail, deuxieme volume du *Monafticon* de Dugdale, page 1017.

Tout le monde connoît le privilege que le Chapitre a de délivrer tous les ans, le jour de l'Afcenfion, un criminel condamné à peines capitales & fes complices ; il a été confirmé en l'Echiquier de l'an 1485, par le Roi Charles VIII, le 27 Avril ; & il

---

(1) Froland, Rec. d'Arrêts, ch. 51. tom. premier.

exifte

existe des Arrêts de cette Cour souveraine du commencement du treizieme siecle, qui constatent que dès-lors il subsistoit depuis un temps immémorial. Ce privilege ne peut être impétré pour crimes de leze-Majesté, pour hérésie, fausse-monnoie, guet-à-pens & viol. Suivant les Lettres-patentes d'Henri IV, du 25 Janvier 1597, lorsque des complices se présentent pour en jouir, & y sont admis, la grace qu'ils obtiennent n'est point étendue aux principaux coupables qui ne se sont pas mis personnellement en devoir de le solliciter suivant l'une des modifications que le Parlement a opposées auxdites Lettres-Patentes lors de leur enregistrement (1).

Les autres Chapitres de cette Province ont aussi des prérogatives honorables & distinguées, telle que la garde des clefs de la Ville (2) qui appartient à celui d'Evreux. La Cour a toujours été attentive à les leur conserver lorsqu'elles ne lui ont offert rien de préjudiciable à la police générale de l'Etat.

CHARTES.

Nous avons deux Chartes célebres, relatives à la Normandie ; la Grande Charte de Henri I, & la Charte-aux-Normands, & outre cela grand nombre de Chartes concernant les Communautés en particulier de cette Province.

1º. La Grande Charte a rapport à la Normandie, en ce que bien entendue elle contient beaucoup de dispositions tirées du droit public de France. Si les Anglois maintenant prétendent fonder sur elle la forme de leur gouvernement & les bornes qu'ils donnent au pouvoir de leurs Souverains, ce n'est qu'en s'écartant des principes de leur ancienne législation : en effet, la grande Charte fut d'abord accordée aux Anglois par Henri I, Duc de Normandie, en 1155. Par le premier article, ce Prince déclare qu'il *rend libre*, LIBERAM FACIO, la Sainte Eglise de Dieu ; qu'il se prive de jouir de ses biens durant la vacance des bénéfices, ce qui fait connoître que jusqu'à lui la régale avoit appartenu à ses prédécesseurs. Par le second, il anéantit toutes les *mauvaises Coutumes*, & en cela ce Monarque se conformoit à plusieurs capitulaires des premieres races de nos Rois (3). 3º. Il proscrit l'excès de la valeur à laquelle, sous les regnes précédents, le *relief* avoit été fixé. 4º. Il confirme aux Barons ce même droit de *relief* sur leurs vassaux. 5º. Il renonce au *droit de mariage* pour celui des sœurs, nieces ou cousines de ses vassaux, & se borne à leur défendre de leur faire épouser les ennemis de l'Etat. 6º. Il s'interdit, & à tous les Seigneurs de fiefs, de forcer les veuves dépendantes de leurs fiefs à se marier. 7º. Il abolit le monéage. 8º. Il rétablit la liberté de tester de tout son mobilier en faveur des Seigneurs qui relevent directement de ses domaines. 9º. Il fixe les amendes sur le pied où elles étoient avant la conquête. 10º. Il exempte de tailles les fiefs de Haubert, à condition que les Chevaliers qui les possedent seront toujours prêts à le suivre bien armés à la guerre.

Certainement, loin que cette Charte ait dérogé aux Coutumes féodales françoises, introduites en Angleterre par le Conquérant, elle les rétablit au contraire dans le même état où elles étoient en Neustrie au commencement de la domination Normande, c'est-à-dire que la souveraineté du Roi & son indépendance, ainsi que sa directité sur toutes les possessions féodales, sont reconnues par cette Charte dans les ter-

---

(1) Mercure François, ann. 1607. p. 186.
(2) Ibid. 731.

(3) Capitul. ann. 819. col. 679. Balus.

mes les moins équivoques : ce n'est donc qu'autant que l'on suppose cette Charte conforme à celle extorquée par les Barons à la foiblesse du Roi Jean, qu'elle peut autoriser l'extrême liberté dont les sujets prétendent jouir actuellement en Angleterre. Mais cette supposition est démentie par la comparaison des deux Chartes. Jacques Tyrel, dans son *Histoire générale d'Angleterre*, imprimée à Londres au commencement de ce siecle, l'a faite, cette comparaison, & l'on voit que les articles que le Roi Jean a ajoutés à la Charte d'Henri I, sont moins l'ouvrage de ce Prince infortuné, que celui des Barons qui s'étoient emparés de toute son autorité (1) : aussi, lorsqu'Henri III, Roi d'Angleterre, se vit pressé par ces Seigneurs à renouveller la grande Charte en la forme où le Roi Jean avoit permis de la publier, il refusa d'approuver la renonciation que ce Prince y avoit faite à l'élection des Prélats, ainsi que tous les articles qui paroissoient mettre des bornes à son autorité (2) ; & S. Louis ayant été pris pour conciliateur entre Henri III & les Barons, força ces derniers de reconnoître qu'avant la Charte, Henri avoit joui & dû jouir, ainsi que ses peres, d'une puissance pléniere, *plenaria potestate in omnibus & per omnia*. Nous voyons enfin Elisabeth, Reine d'Angleterre, exercer cette puissance, & forcer ses Parlemens à la reconnoître (3). Il n'est donc point étonnant que la Charte aux Normands, accordée en 1314 le 19 Mars, par Louis Hutin, ait conservé la plupart des maximes des Coutumes Angloises, puisque ces maximes tirent leur origine de celles adoptées par la législation de nos premiers Rois.

On ne pouvoit sous eux être jugé que par ses Pairs ; & par la Charte aux Normands, on ne peut l'être que dans les tribunaux de la Province. L'homme libre ne peut être, suivant la Charte Normande, appliqué à la torture, & cette épreuve étoit inconnue des premiers François ; mais en même temps que les personnes & les propriétés étoient protégées efficacement par les loix, tant par la grande Charte d'Henri I, Roi d'Angleterre, la Charte Normande, que par les Capitulaires des deux premieres races de nos Souverains, ces mêmes loix rendoient hommage à la dignité de la Couronne, & reconnoissoient que la puissance qui y étoit attachée n'étoit restreinte que par celle de Dieu. Elles tendoient à régler la puissance, & non à l'affoiblir. Il n'est point en effet de pouvoir plus étendu que celui qui a pour uniques bornes l'humanité & la Religion.

On trouve la grande Charte d'Henri I en substance dans les pieces justificatives des Anciennes Loix, tome 2, & la Charte aux Normands à la fin de tous les Commentateurs de notre Coutume.

Quant aux Chartes concernant les Communautés Normandes ou les particuliers, elles étoient de *fief simple*, de *fief conditionnel* ou de *confirmation* (4). Les Chartes de fiefs simples, sans condition, restoient aux acquéreurs ou à leurs héritiers ; les conditionnelles étoient faites doubles & endentées (5) ; quelquefois on les faisoit triples, & alors l'un des triples étoit délivré à l'acquéreur, l'autre au vendeur, & le troisieme à un tiers, par exemple au suzerain ou à ceux qui s'étoient obligés à garantir l'aliénation.

La Cour du Roi avoit seule connoissance des Chartes ; mais on ne pouvoit for-

---

(1) Traités Anglo-N. tom. 3. p. 37.
(2) Ibid. p. 209.
(3) Hume, Marion Tudor, année 1589.
(4) Anc. L. tom. 1. p. 440.

(5) C'est-à-dire dentelées de maniere que les deux morceaux en se rapprochant ne faisoient qu'un tout.

cer personne à montrer en jugement le titre en vertu duquel on exigeoit de lui des services (1) : *nul n'est tenu d'armer* son Adversaire ; c'étoit aussi la Cour du Roi qui prononçoit sur la fausseté ou la validité des Chartes. Les sceaux dans le treizieme siecle n'étoient pas essentiels, ils n'étoient que de pure précaution ; on n'en apposoit pas même toujours aux Chartes royales.

Dans celles qui n'accordoient que des privileges aux personnes ou aux fonds, ou le droit de succéder, on ne faisoit mention que du nom des témoins, *his testibus* : ou le Roi les terminoit par ces mots : *teste me ipso*. Mais dans les actes de confirmation ou de cession de fonds dépendants du domaine ; outre l'énumération des témoins, l'apposition du sceau étoit ordinaire. Les particuliers étoient aussi dispensés non-seulement du sceau, mais même de faire des Chartes en diverses circonstances.

Lorsqu'une propriété ou une possession avoit été ajugée par la Cour du Roi, le rôle ou registre de la Cour tenoit lieu de contrat ; s'il n'étoit question que de restituer un fonds ou d'en faire délaissement, ou d'assigner un douaire ou un droit de viduité, la prise de possession ou le record des Juges suffisoient. On ne doit donc pas regarder comme fausses les Chartes non scellées qui remontent au-delà du douzieme siecle ; ce n'est que par la nature des objets des Chartes de cette date qu'on peut juger de leur validité, lorsque le sceau n'y a point été apposé.

CHASSE.

1°. Les Loix, à l'égard de la chasse, sont très-mal observées ; il en est une cependant que les Seigneurs devroient respecter plus que les autres : c'est celle qui déclare en défends *toutes terres cultivées & ensemencées jusqu'après la récolte*, (Art. 81 de la Cout.) : non-seulement elle fait partie de nos Coutumes, mais le Souverain a fait de sa disposition une maxime générale dans son Ordonnance du 19 Novembre 1669 : il y défend à toutes personnes, ayant droit de chasse, de chasser à pied ou à cheval, avec chiens, ou oiseaux sur terre ensemencée, depuis que le bled est en tuyau jusqu'après la dépouille, à peine de privation de leur droit, de 500 liv. d'amende, & de tous dépens, dommages & intérêts envers les propriétaires qui auront éprouvé quelques pertes ; il défend encore d'établir garenne, à moins qu'on n'en ait droit par aveux ou dénombrements, sous les mêmes peines. Cependant rien de si commun que de voir des Seigneurs en contravention sur ces deux points ; les craintes qu'un vassal ou un fermier a du ressentiment de son Seigneur, le forcent à dissimuler ses excès ; & celui-ci oseroit-il se les permettre, s'il réfléchissoit de sang froid sur l'importance de la loi qu'il viole ? Cette loi est faite pour conserver à l'Etat un grain qui lui est précieux ; l'utilité publique doit-elle donc être sacrifiée à ses plaisirs ? A quel respect peut-il prétendre de la part de ses vassaux, s'il ne croit en devoir aucun ni à l'humanité ni à son Roi ? Ces considérations déterminerent la Cour à sévir contre un Seigneur, le 12 Mars 1743, pour avoir fait chasser dans les grains en temps du défends ; il seroit à souhaiter que les Magistrats, chargés du ministere public, épargnassent, à cet égard, aux particuliers le désagrément de se plaindre.

2°. La chasse a paru un exercice essentiel à la Noblesse pour la perfectionner dans le maniement des armes. De là elle est sévérement interdite aux Marchands, Artisans, Bourgeois & autres

---

(1) Britton, c. 39.

Roturiers non possédants fiefs, par l'Ordonnance des Eaux & Forêts; & ceux qui en ont le droit, ne peuvent le communiquer qu'à des personnes qui ont le port d'armes : les vassaux pourroient donc se plaindre si un Seigneur faisoit chasser sur leurs terres, par des personnes sans qualité.

3°. Quoique chaque Seigneur soit obligé de borner sa chasse aux terres dépendantes de ses fiefs; cependant par Arrêt du premier Mars 1757, il a été jugé que le possesseur de la portion aînée, paragere pouvoit chasser sur la portion puînée durant le parage ; parce que la Seigneurie des puînés n'est qu'une émanation de celle de l'aîné, & que celle-ci a seule une vraie Seigneurie, puisqu'elle seule est reconnue par le suzerain : comment l'aîné d'ailleurs pourroit-il avouer à ce suzerain des droits auxquels il n'auroit pas même la faculté de participer ? *Voyez* PARAGE.

CHATELAIN.

Il y avoit deux sortes de Châtelains (1) : les uns propriétaires de châteaux par la concession du Roi, les autres commis à la garde des châteaux par les hauts Seigneurs, garde à laquelle étoient attachés des domaines considérables & des vassaux. Les premiers étoient de même état que les Barons; ils portoient Bannière à leurs armes quand ils alloient à la guerre, & exerçoient dans le ressort de leur Châtellenie, la Haute-Justice. Les autres avoient les mêmes fonctions que les Vicomtes ; & de là fort souvent ces deux titres sont confondus. Quand ils avoient la Haute-Justice, elle ne s'étendoit que sur la partie du fief de dignité attaché à la garde qui leur étoit confiée ; mais lorsque les Seigneurs du fief duquel la Châtellenie avoit été démembrée, se réservoient la Haute-Justice, il n'appartenoit que Basse-Justice à leurs Châtelains. De là cette diversité des compétences des Châtellenies dans les différentes Provinces. En Normandie, tout Châtelain est Haut-Justicier, parce que durant les troubles de la fin du neuvieme siecle, & du commencement du dixieme siecle, nos Rois & nos Ducs s'étoient alternativement emparés de tous les châteaux ou forteresses, & qu'après le traité de Charles le Simple avec Raoul ou Rollo, ceux qui en étoient les gardiens releverent nuement de lui.

CHATELS.

Nos Coutumes & nos Chartes distinguent trois sortes de Châtels, les vifs, les morts, les réels ; les premiers sont toutes especes de bestiaux ; les deuxiemes tous les effets mobiliers ; & les réels le produit des immeubles lorsqu'il est amobilié.

CHAUDIERES.

Voyez MEUBLES.

CHEF-LIEU.

Voyez MANOIR.

CHEF-MOIS.

C'est-à-dire, principale Métairie. *Mese* a cette signification dans les Institutes de Littleton. *Voy.* Dictionn. 2e. vol. Anc. L.

CHEF-SEIGNEUR.

Seigneur supérieur, suzerain.

La Coutume nous fait connoître dans les Articles 126, 128, 164 & 166, les prérogatives du Chef-Seigneur.

1°. Si le Seigneur immédiat met la main sur son homme pour l'outrager, il perd l'hommage & la tenure, ainsi que tous les devoirs que le vassal lui doit, parce que l'hommage est dévolu au Seigneur su-

---

(1) Brussel, Exam. des Fiefs, p. 174 & 714.

périeur, qui cependant ne peut exiger de rentes que celles qui lui étoient dues personnellement avant l'outrage.

2°. Le tenant d'une Ainesse fait les hommages au Chef-Seigneur pour lui & ses puînés.

3°. Les aides-chevels ne sont dûs qu'à lui.

4°. Et l'aide-relief, que les Seigneurs immédiats auxquels est dû relief sont en droit d'exiger de leurs vassaux, a pour but d'aider ces Seigneurs immédiats avec leurs fiefs vers *les Chefs-Seigneurs*.

CHEMIN.

On distingue trois sortes de chemins, les chemins royaux, les vicinaux, & les sentes.

Quant aux chemins royaux, suivant l'Article 622 de la Coutume, ils doivent avoir au moins quatre toises, & les propriétaires ne peuvent faire plants ou fossés qui les étrécissent; mais depuis la rédaction de la Coutume, cette dimension a changé. L'Ordonnance des Eaux & Forêts de 1669, Titre *des Routes & Chemins royaux*, leur donne soixante pieds de largeur; & à l'égard des marchepieds de rivières publiques, ils doivent en avoir vingt-quatre au moins. Les chemins vicinaux n'ont d'autre largeur que celle que la convention, s'il en existe, ou s'il n'en existe pas, la possession leur donne. Les sentes doivent avoir au moins deux pieds & demi. Cependant il est d'observation que par Arrêt du Conseil du 6 Février 1776, le Roi s'est réservé selon les besoins de communication entre les différents lieux, de régler la mesure des chemins, c'est-à-dire si, comme le décide cet Arrêt, les chemins qui y existent sont des grandes routes traversant tout le Royaume; car alors ils auront quarante-deux pieds, sans y comprendre les fossés, talus ou glacis; ou s'ils sont des routes de Province à autre, cas dans lequel trente-six pieds leur suffisent; ou si ce ne sont que des chemins de communication d'une Ville capitale à une autre Ville importante, parce qu'ils ne doivent être que de trente pieds, ou enfin s'ils ne tendent qu'à une petite Ville, à un Bourg, n'étant alors nécessaire que de leur donner vingt-quatre pieds.

La police des chemins appartient au Haut-Justicier en Normandie, dans l'étendue de sa Jurisdiction. L'Article 9 de la Coutume, n'attribue la compétence exclusive au Vicomte, que pour leur réparation. Mais de ce que le Haut-Justicier a cette police, il ne s'ensuit pas que les arbres plantés le long de ces chemins, hors des clôtures des héritages qui les bornent, leur appartiennent; ces arbres ne sont ni au Roi, ni aux Seigneurs. *Voyez* Bérault & Pesnelle sur l'Article 622. Ils sont aux Propriétaires des héritages proche desquels ils sont plantés; & quant aux arbres qui sont dans le milieu des chemins, ils appartiennent aux Communautés: Art. 356 de l'Ordonnance de Blois. C'est un foible dédommagement de ce que les riverains des chemins ou les communautés sont chargés de leur entretien. Quand on dit que les chemins doivent être réparés par les particuliers entre les fonds desquels ils passent ou par les communautés, ceci doit être entendu en ce sens, que si le chemin est purement pour la commodité des habitants, alors chacun doit en supporter la réparation à proportion des héritages qu'il a sur ses bords; si au contraire ce chemin sert à la communication du lieu à une Ville, & est un grand chemin, le général doit veiller à sa conservation, & c'est par cette raison qu'un pont placé sur un chemin ne doit pas être rétabli par les propriétaires des héritages voisins, mais par tous les habitants: Arrêt du 11 Avril 1750, conforme à l'Ordonnance d'Henri II de 1552, & au Réglement du 19 Janvier 1601. *Voyez* PONT, SERVITUDE, VOIRIE.

CHEMINÉE.

1°. En édifiant le tuyau ou canal d'une cheminée contre un mur mitoyen, on doit laisser moitié du mur entier, & quatre pouces en outre pour servir de contre-feu. 2°. Le voisin ne peut mettre aucuns sommiers contre & à l'endroit de la cheminée qui a été la premiere bâtie: Art. 611 de la Coutume.

CHENOTIERES.

Voyez PEPINIERES.

CHERBOURG.

L'Abbaye de cette Ville y fut fondée en 1145, par la Reine Mathilde. Voyez *Gall. Christ.* Tom. XI.

CHEVALIERS.

En Normandie, sous le premier de ses Ducs, on ne reconnoissoit de Chevaliers que ceux qui possédoient un fief dont le revenu étoit suffisant pour les aider à servir l'Etat en temps de guerre (1); & de là, dans toutes les affaires qui se décidoient par le duel, relativement à la féodalité ou au domaine royal, dont les biens Ecclésiastiques faisoient partie, la présence de trois Chevaliers étoit indispensable; c'est ce qui résulte d'une Ordonnance de l'Echiquier de 1226, & de plusieurs passages de notre ancien Coutumier, relatifs aux matieres bénéficiales: parce qu'alors les Parties intéressées trouvoient dans leurs Juges leurs Pairs, en ce que les Chevaliers relevoient, à cause de leurs fiefs, directement du Roi, comme les fonds qui donnoient lieu à la contestation sur laquelle ils devoient prononcer. Les Chevaliers non fieffés n'ont été connus que depuis les Croisades. Pour connoître comment on acquéroit la Chevalerie, *voyez* les articles BANNERET, BARON & MILICE.

CHIRURGIEN.

Voyez DROIT DE VIDUITÉ.

CHŒUR.

La réparation du chœur des Eglises est à la charge des Décimateurs, c'est-à-dire que lorsque le Curé n'a qu'une portion de dîmes, il doit contribuer à la réparation au *prorata* de ce que la dîme lui produit; en sorte cependant que sa portion congrue de 300 liv., les fondations, le casuel, lui restent exempts de la contribution.

Ceci nous fait connoître que le motif de cette Loi consignée en l'article 21 de l'Edit de 1695, est que les Fondateurs des Eglises ayant cédé les dîmes aux Ecclésiastiques qui les régissoient, il est naturel que ces dîmes conservent & entretiennent la fondation de maniere qu'elle subsiste à perpétuité. Mais aussi de là il suit que si les Décimateurs renoncent aux dîmes, alors ils ne sont plus assujettis aux réparations du chœur. Il en résulte encore que les dîmes inféodées ne doivent contribuer aux réparations que subsidiairement aux dîmes appartenantes aux Ecclésiastiques; parce que les dîmes possédées par les Ecclésiastiques ayant été dans l'origine aumônées par ceux qui possedent les dîmes inféodées; les donataires sont présumés s'être obligés à affranchir de toutes charges les donateurs de dîmes restées aux mains de leurs bienfaiteurs, tant que la portion aumônée pourroit la supporter.

Quand l'Edit de 1695 oblige les Décimateurs à la réparation & entretien du chœur, il faut entendre par cet *entretien*, non-seulement des réparations usufruitieres (2), mais même les réédifications, la reconstruction totale de cette partie de l'Eglise, soit que les fabriques des Eglises

---

(1) Anc. L. des Fr. p. 131, premier vol.

(2) Jousse, sur l'Edit de 1695.

soient riches ou ne le soient pas, à moins que le chœur n'ait été conſtruit par les habitants ſans le conſentement des Décimateurs, ou qu'il n'y ait tranſaction entr'eux qui déroge au droit commun, ou qu'enfin l'uſage immémorial y ſoit contraire (1). Si cependant un Curé ſe trouvoit obligé de reconſtruire le chœur, on ne pourroit l'obliger à y ſacrifier chaque année qu'un tiers de ſon revenu, les deux tiers lui reſtant pour ſubvenir aux beſoins de ſa maiſon & au ſoulagement des pauvres. On n'a pas les mêmes égards pour les poſſeſſeurs de dîmes inféodées, l'uſufruit entier de ces dîmes eſt ſans délai ni réſerve (2), employé au rétabliſſement de l'Egliſe.

On a propoſé cette queſtion, ſi ceux qui poſſedent des rentes ſur les dîmes doivent contribuer à la réparation du chœur; & à cet égard on a diſtingué: ſi c'eſt le Curé qui jouit de cette rente pour être rempli de ſa portion congrue, il eſt exempt de toute contribution; ſi au contraire cette rente lui tient lieu de dîme, ou ſi celui qui en jouit ſans être Curé, repréſente les donateurs ou les donataires de la dîme, alors il eſt contribuable comme ils le ſeroient eux-mêmes ceſſant l'exiſtence de cette rente juſqu'à concurrence de ſa valeur.

Les Religieux de l'Abbaye de la Noue, Ordre de Cîteaux, jouiſſoient d'une portion de dîme dans une Paroiſſe; ils l'avoient cédée au Curé, qui, par un ancien concordat, leur avoit fait remiſe de la portion de dîmes qu'il percevoit ſur leurs domaines, & leur avoit en outre conſtitué une rente annuelle en grains. Les Religieux avoient de tout temps contribué aux réparations du chœur juſqu'en 1754; mais à cette époque, ils prétendirent s'exempter de cette charge, ſous le prétexte que l'accord fait avec les Curés, leur avoit ôté la propriété de la dîme, & qu'ils n'étoient que ſimples créanciers ſur ſon produit. Mais on leur répondit que la rente qu'on leur faiſoit étoit repréſentative & leur tenoit lieu de leur part en la dîme; que d'ailleurs la dîme due par leurs fonds, à laquelle le Curé avoit renoncé, & à cauſe de laquelle il auroit été forcé de réparer, étoit paſſée en leurs mains, qu'ils en jouiſſoient; qu'ainſi à deux titres ils étoient ſuſceptibles de la réparation; 1°. comme poſſédant une rente perpétuelle & annuelle produite par les dîmes, laquelle diminuoit d'autant le revenu; 2°. comme percevant en eſſence ſur eux-mêmes une portion de dîmes: & en conſéquence, par Arrêt de 1760, les Religieux furent condamnés à contribuer, tant pour la rente que pour les dîmes à eux abandonnées.

Il faut cependant remarquer que ſi les dîmes, perçues par le Curé, n'excédoient pas ſa portion congrue, alors les habitants ſeroient ſeuls aſſujettis à la réparation du chœur: (Arrêt du 15 Février de ladite année).

Aux termes de l'article 21 de l'Edit du 1695, toutes eſpeces de dîmes anciennes & novales, groſſes & menues doivent contribuer aux réparations du chœur; de là, par Arrêt rendu en la 1ere. Chambre des Enquêtes, au rapport de M. l'Abbé de Ruallem, le 30 Avril 1768, en faveur de l'Abbaye de Vallemont, les dîmes novales, groſſes & menues, ainſi que le gros de la cure d'Yerville, qui étoit de deux muids de grain, furent chargés de contribuer aux réparations du chœur de l'Egliſe dudit lieu, & aux autres charges des décimateurs par proportion, & déduction faite de 300 liv. par an, exemptes deſdites charges.

---

(1) Routier, p. 210, Pratiq. Bénéfic.   (2) Jouſſe, ſur l'Edit de 1695.

pour la portion canonique du Curé (1).

La jurisprudence du Parlement de Paris est différente : elle exempte les novales de contribution ; mais cette jurisprudence ne doit pas l'emporter sur la lettre de la Loi ; d'autant plus qu'en s'en écartant, on pourroit aller contre l'esprit dans lequel elle a été promulguée : car il ne seroit pas impossible que dans une paroisse, le Curé eût en novales plus de dîmes que les gros Décimateurs n'en percevroient ; or, la proportion que l'Edit veut que l'on observe pour la contribution aux charges des dîmes, ne seroit plus suivie. —— L'Arrêt de 1768 doit donc être regardé comme le plus fidele interprete de l'article 21 de l'Edit de 1695.

CHOIX.

Voyez LOTS, PARTAGES.

CIMETIERES.

Le 21 Décembre 1754, la Cour, toutes les Chambres assemblées, en donnant Réglement, fit défenses d'enterrer dans les Eglises, excepté ceux qui y avoient droit de sépulture, & enjoignit en même temps d'observer 4 pieds de profondeur pour les fosses, & une distance de 2 pieds entre chacune d'elles.

Le 20 Juillet 1763, toutes les Chambres assemblées, le Parlement rendit un Arrêt qui ordonna que dans trois mois il seroit dressé Procès-verbal de chaque Cimetiere étant dans l'enceinte des limites de la Ville de Rouen, & autres Villes du ressort où il y a Evêché ou Bailliage, par les Commissaires de chaque quartier, chacun en droit soi, ou par les Fabriques des Paroisses & les Corps & Communautés dont dépendent les Cimetieres : faisant lesdits Procès-verbaux ou Mémoires, 1°. mention de l'étendue des-

———

(1) Basnage, nouv. édit. p. 610.

dits Cimetieres ; 2°. mention de leur position relativement aux habitations ; 3°. mention du temps depuis lequel on y auroit fait des sépultures, & généralement de toutes les circonstances propres à en constater ou indiquer la commodité ou incommodité : lesquels Mémoires & Procès-verbaux contiendroient les expédients que lesdites Fabriques, Corps & Communautés aviseroient les plus propres à remédier aux inconvénients, si aucuns y avoit, pour, tant lesdits Mémoires que lesdits Procès-verbaux, être communiqués aux Lieutenants de Police de chaque Ville, & aux Substituts du Procureur-Général du Roi auxdits Sieges de Police, à l'effet d'avoir leurs avis & être ensuite remis au Procureur-Général du Roi dans le délai de trois mois, pour être par lui requis & par la Cour ordonné ce qu'il appartiendroit. Le 3 Août 1765, par un nouvel Arrêt, la Cour enjoignit sous un mois l'exécution du précédent.

Il est bien étrange que des Réglements, non-seulement si salutaires, mais en même temps si propres à rendre la sépulture des Fideles de plus en plus respectable, aient trouvé jusqu'à présent, parmi les personnes qui font profession particuliere de dévotion, des contradicteurs ; elles se persuadent que si elles souffroient que l'on écartât de leurs regards les tristes restes de leurs proches, elles manqueroient à leur mémoire ; mais ne devroient-elles pas plutôt réfléchir non-seulement sur ce qu'elles doivent à ceux de leurs familles qui existent, & pour la conservation de la santé desquels les Réglements ont été faits ; mais encore sur le spectacle révoltant qu'offrent la plupart de nos Cimetieres, où par la négligence des Fossoyeurs, les Reliques des Chrétiens sont foulées chaque jour aux pieds,

&

& deviennent souvent le jouet des animaux qui s'y introduisent?

Ces considérations & d'autres non moins pressantes, ont provoqué la Déclaration du Roi du 10 Novembre 1776, par laquelle Sa Majesté, après avoir exposé que les Archevêques, Evêques & autres personnes Ecclésiastiques, assemblés l'année précédente par sa permission à Paris, lui ayant représenté que depuis plusieurs années il leur auroit été porté, des différentes parties de leurs Diocèses respectifs, des plaintes touchant les inconvéniens des inhumations fréquentes dans les Eglises, & même par rapport à la situation actuelle de la plupart des Cimetieres, qui, trop voisins desdites Eglises, seroient placés plus avantageusement s'ils étoient plus éloignés des enceintes des Villes, Bourgs ou Villages des différentes Provinces de son Royaume; Sa Majesté a donné à des représentations si justes, d'autant plus d'attention, qu'Elle est informée que celle des Magistrats de son Royaume s'est portée depuis long-temps sur cette partie de la police publique, & leur a fait désirer sur cette matiere une loi capable de concilier avec la salubrité de l'air, & ce que les regles ecclésiastiques peuvent permettre, les droits qui appartiennent aux Archevêques, Evêques, Curés, Patrons, Seigneurs, Fondateurs ou autres, dans les différentes Eglises. Excitée donc par des vœux aussi légitimes, elle a cru ne pas devoir différer d'expliquer ses intentions, persuadée que tous ses Sujets recevront avec reconnoissance un Réglement dicté par la tendre affection qu'elle a, & qu'elle aura toujours pour leur conservation, elle ordonne:

1°. Que nulle personne Ecclésiastique ou Laïque, de quelque qualité, état & dignité qu'elle puisse être, à l'exception des Archevêques, Evêques, Curés, Patrons des Eglises, & Hauts-Justiciers & Fondateurs des Chapelles, ne pourra être enterré dans les Eglises, même dans les Chapelles publiques ou particulieres, Oratoires, & généralement dans tous les lieux clos & fermés où les Fideles se réunissent pour la priere & célébration des saints Mysteres, & ce pour quelque cause & sous quelque prétexte que ce soit.

2°. Que les Archevêques, Evêques ou Curés, ainsi que les Patrons, Hauts-Justiciers & Fondateurs des Chapelles, exceptés dans le précédent Article, ne pourront jouir de ladite exception; c'est à savoir, les Archevêques & Evêques, que dans les Eglises de leurs Cathédrales, les Curés dans les Eglises de leurs Paroisses, les Patrons & Hauts-Justiciers dans l'Eglise dont ils sont Patrons, ou sur laquelle la Haute-Justice leur appartient, & les Fondateurs des Chapelles, dans les Chapelles par eux fondées & à eux appartenantes, & ce à condition par eux, & non autrement, de faire construire dans lesdites Eglises ou Chapelles, si fait n'a été, des caveaux pavés de grandes pierres, tant au fond qu'à la superficie; lesdits caveaux auront au moins soixante-douze pieds quarrés en dedans d'œuvre, & ne pourra l'inhumation y être faite qu'à six pieds en terre au-dessous du sol intérieur, sous quelque prétexte que ce soit.

3°. Que le droit d'être enterré dans lesdits caveaux ainsi construits, ne pourra être cédé à personne, par ceux auxquels lesdits caveaux appartiendront, &, à quelque titre que ce soit; comme aussi ne pourra ou semblable droit être concédé par la suite, même à titre de fondation; & au cas que les Fondateurs des Chapelles actuellement existans soient divisés en plusieurs familles ou branches qui aient également droit d'être enterrés dans lesdites Chapelles, voulons que la dimension desdits caveaux augmente en proportion du nombre desdites familles: celle de soixante-douze pieds requise par

Tome I.

l'Article précédent ne devant être imputée que pour une seule.

4°. Que les autres personnes qui ont actuellement droit d'être enterrées dans les Eglises dont dépendent des Cloîtres, pourront être enterrées dans lesdits Cloîtres & Chapelles ouvertes y attenantes, si aucuns y a, pourvu toutefois que lesdits Cloîtres ne soient pas clos & fermés, & à condition pareillement d'y faire construire des caveaux, suivant la forme & dimension indiquées par l'Article deuxieme, & que l'inhumation se fera six pieds en terre au-dessous du sol intérieur desdits caveaux, & ne pourront de pareilles concessions être accordées à quelque titre que ce soit, qu'à ceux qui ont actuellement droit par titre légitime, & non autrement, d'être enterrés dans les Eglises dont lesdits Cloîtres & Chapelles y attenantes sont dépendants.

5°. Que ceux qui ont droit d'être enterrés dans les Eglises dont il ne dépend aucun Cloître, comme sont les Eglises des Paroisses, pourront choisir dans les Cimetieres desdites Paroisses, un lieu séparé pour leur sépulture, même faire couvrir ledit terrain, y construire un caveau ou monument, pourvu néanmoins que ledit terrain ne soit pas clos & fermé; & ne pourra ladite permission être donnée par la suite qu'à ceux qui ont actuellement droit par titre légitime, & non autrement, d'être enterrés dans lesdites Eglises, & de maniere qu'il reste toujours dans les Cimetieres le terrain nécessaire pour la sépulture commune des Fideles.

6°. Que les Religieux & Religieuses, exempts ou non exempts, même les Chevaliers & Religieuses de l'Ordre de Malthe, seront tenus de choisir dans leurs Cloîtres, ou dans telle autre partie de l'enceinte de leurs Monasteres ou Maisons, un lieu convenable, autre que leurs Eglises, distinct & séparé, pour leur sépulture, à la charge toutefois d'y faire construire les caveaux ci-dessus indiqués, & proportionnés au nombre de ceux qui doivent y être enterrés; & les Supérieurs des Communautés Religieuses seront tenus de veiller à l'observation du présent Article; & en cas de négligence, d'en avertir les Archevêques & Evêques diocésains, pour y être par eux pourvu ainsi qu'il appartiendra.

7°. Qu'en conséquence des précédentes dispositions, les Cimetieres qui se trouveront insuffisants pour contenir les corps des Fideles, seront aggrandis, & ceux qui placés dans l'enceinte des habitations, pourroient nuire à la salubrité de l'air, seront portés, autant que les circonstances le permettront, hors de ladite enceinte, en vertu des Ordonnances des Archevêques & Evêques diocésains, & seront tenus les Juges des lieux, les Officiers municipaux & habitants, d'y concourir chacun en ce qui les concernera.

8°. Il est permis aux Villes & Communautés qui seront tenus de porter ailleurs leurs Cimetieres, en vertu de l'Article précédent, d'acquérir les terrains nécessaires pour lesdits Cimetieres, étant dérogé à cet effet, en tant que de besoin, à l'Edit du mois d'Août mil sept cent quarante-neuf; lesdites Villes & Communautés étant dispensées pour lesdites acquisitions, de tous droits d'indemnité ou d'amortissement, dont il leur est fait remise, à condition toutefois, & non autrement, que les terrains ainsi acquis ne seront employés à aucun autre usage, le Roi se réservant au surplus de pourvoir sur ce qui concerne les Cimetieres de la Ville de Paris, d'après les mémoires que le Sieur Archevêque de Paris, & la Cour de Parlement, & même les Curés de ladite Ville, ou autres personnes intéressées lui présenteront.

M. le Procureur-Général du Roi, en remettant à la Cour cette Déclaration, s'exprima en ces termes:

Depuis long-temps les différentes Cours du Royaume s'occupoient des moyens d'arrêter un abus introduit par la cupidité, lorsqu'il a paru à Sa Majesté intéressant de peser elle-même les motifs contenus dans leurs Arrêts; on a vu que dans l'antiquité les funérailles étoient faites hors les Villes & sur le bord des grands chemins; la loi des douze Tables défendoit expressément d'enterrer dans les Villes: *hominem mortuum in urbe ne sepelito*, dit cette loi: l'histoire a transmis la raison de cette sage défense; lorsqu'un terrain s'est abreuvé des liqueurs des corps, qui, successivement y ont été déposés, il ne les absorbe plus, il ne s'en fait plus de consommation que dans l'air où elles portent leur corruption; l'Histoire de Rouen annonce que dans les premiers siecles, depuis S. Mellon, l'Eglise de S. Gervais & le terrain adjacent, » ont été les Cimetieres des » premiers Evêques & des premiers » Chrétiens de cette Ville qui se tenoient » fort honorés d'avoir leurs sépultures » avec leurs Evêques avant que l'usage » fût introduit d'inhumer les morts dans » les Villes «.

Après l'établissement des Eglises & des Paroisses dans les Villes, on a vu celui des Fabriques. Celles-ci se sontcomposées des revenus sur les Inhumations qu'elles ont permis dans les Eglises: d'abord, les sépultures étoient rares; elles ont ensuite été plus communes, & peu à peu le nombre en est devenu si prodigieux, que des vapeurs morbifiques les ont infectées; les plaintes en ont été portées aux Officiers de la Police des lieux.

La Cour s'en occupa en mil sept cent vingt-un: en conséquence d'un Mandement du sieur Archevêque de Rouen, » elle permit d'y enterrer seulement les » Ministres des saints Autels & les bien- » faicteurs; elle ordonna aux Paroisses » qui n'avoient pas de Cimetieres de s'en » procurer ailleurs «. En mil sept cent cinquante-trois, elle régla les distances & la profondeur des tombeaux, elle y mit un prix auquel le Pauvre ne devoit pas atteindre; l'indulgence donne de la confiance; ce qui n'avoit été établi qu'en considération des égards dus aux bienfaiteurs des Eglises, devint bientôt un objet de lucre & d'ambition: de lucre pour les fabriques; à ce titre, chacun a été admis comme bienfaiteur, en payant: d'ambition dans les familles, personne ne veut être réputé pauvre, ensorte que la derniere administration a été pire que la premiere. Ainsi les Eglises sont devenues à peu près des Cimetieres, & dès lors plus mal saines qu'eux; les vents enlevent dans les Cimetieres une partie des exhalaisons de la terre, ils n'ont pas la même action dans les Eglises, les vapeurs des tombeaux qu'on y ouvre y restent pendant plusieurs jours: ainsi la piété pour les morts a pu être la cause de nombre de maladies que l'expérience des anciens prévenoit en les écartant des vivants.

La sagesse du Roi a porté sur cet objet un regard salutaire à ses Sujets, en établissant une regle générale. *Personne ne sera plus enterré dans les lieux où les Fideles se réunissent pour la priere ou la célébration des saints mysteres, s'il n'est ou l'Evêque du lieu, ou le Curé, ou le Patron, le Haut-Justicier ou le Fondateur des Eglises & Chapelles. Ce droit ne pourra être cédé à personne, ni avoir lieu que dans des caveaux voûtés.* Telle est la loi.

Ainsi, soit dans les Villes, soit dans les Campagnes, les Fideles ne se plaindront plus des exhalaisons que l'ouverture des tombeaux répandoit dans les Eglises.

Ce premier avantage en a nécessité un second à l'égard des Cimetieres, sur-tout dans les Villes où l'air a moins d'action

& où le soleil darde ses rayons, en élève les vapeurs au milieu des maisons, & les y répand, sur-tout dans les saisons où il n'a pas assez de force pour les détruire; si le nombre des morts que contenoient les Eglises est reporté dans les Cimetieres, il va augmenter cette masse infecte de vapeurs vraiment mortelles, sur-tout dans les années contagieuses, qui désolent les Villes; le Roi a marqué sur cet autre objet également ses intentions. Il a remis aux Archevêques & Evêques, aux Juges des lieux & aux Officiers municipaux le soin de pourvoir *aux Cimetieres, placés dans l'enceinte des habitations qui nuisent à la salubrité de l'air; ils seront portés hors l'enceinte des murs.*

Cette disposition est facile à exécuter dans toutes les Villes de la seconde & troisieme grandeur; la Cour en a déja écarté les Cimetieres, malgré des oppositions dictées par des vues d'intérêt. Il n'y a point de raisons contre l'expérience de tous les âges: le cri public, le vœu du Clergé de France, l'examen des Ministres du Roi, les Arrêts des Cours, l'ordre du Roi écartent aujourd'hui les calculs & les objections qui mettent tout en problème. La vie est le premier bienfait de la nature. La Police s'occuperoit en vain des approvisionnements des Citoyens, si elle laissoit au milieu d'eux un poison subtil qui les détruit; tout doit ployer vis-à-vis de cette considération; tout doit faciliter les moyens de suivre la marche que les anciens observoient, même dans les Villes de la premiere grandeur.

Si les Arrêts de la Cour ont prononcé en faveur des Habitants des petites Villes, que l'emplacement des Cimetieres seroit tant hors de leurs murs, par la raison démontrée qu'ils nuisent à la salubrité de l'air, quoique l'air pur des campagnes s'altere moins dans les petites Villes que dans les grandes, à combien plus forte raison les Habitants de celles-ci ont-ils intérêt à l'exécution de la loi précieuse à l'humanité que le Procureur-Général du Roi remet à la Cour?

Rouen, cette Ville capitale où les commerçants de tous les pays du monde apportent leurs richesses, & donnent de l'action aux arts, où les Cours Souveraines appellent nombre d'étrangers, & dont cependant l'emplacement resserré par sa position, fournit à peine le logement nécessaire à cent mille Habitants; cette Ville, vraiment digne de l'attention la plus suivie de la police, a trente-deux Eglises paroissiales dont les Cimetieres sont au milieu des citoyens, sans y comprendre ceux des Communautés religieuses. Il est de notoriété que plusieurs Cimetieres qui sont ouverts à la voie publique, exhalent en été des odeurs fétides; il en est de même de tous ceux qui sont cachés dans l'enceinte des maisons. Lorsque les brouillards s'appesantissent sur la Ville, en automne, cet air infect ne s'y renouvelle plus, les causes des maladies épidémiques s'y multiplient, tandis que les Villes moins étendues jouissent des avantages de la salubrité; il en est à peu près de même de Caen, & des autres Villes très-peuplées dans cette Province.

La Cour fut informée de nouveau en mil sept cent soixante-sept des abus qui se sont introduits dans cette partie de l'administration civile. Le Procureur-Général les démontra dans son Requisitoire; elle ordonna qu'il prendroit connoissance de l'état & position des Cimetieres de toutes les Villes du ressort; il a successivement remis à la Cour les observations sur lesquelles sont intervenus les Arrêts qu'elle a rendus en faveur de Falaise, Vernon, Ysigny & autres Villes du Ressort. Les Officiers de la Police de Rouen dresserent en mil sept cent soixante-six des Procès verbaux des Cimetieres de cette Ville, leur avis fut *qu'ils étoient tous infectés & dangereux, qu'il y avoit de la surcharge même dans les plus étendus, & que dans la plupart, les corps ne pouvoient plus se consommer*; ils en donnerent des preuves par des faits bien constatés, dont le récit afflige l'humanité; les ordres du Roi, bien loin de diminuer le nombre de ces preuves, les augmenteroient encore, si tous les corps qui auroient été enterrés dans les Eglises étoient portés dans les Cimetieres. La seconde disposition des Lettres-patentes devient donc une conséquence inséparable de la premiere; la premiere est de toute nécessité, la seconde est de toute sagesse.

Ainsi les Cimetieres les plus vastes des Villes, & sur-tout de Rouen, ne paroissent devoir être réservés que pour l'exécution des dispositions de l'Article V des Lettres-patentes, en faveur des personnes qui demanderont des sépultures particulieres, & dans des caveaux bien couverts & pavés, à l'effet qu'il n'en puisse sortir aucunes exhalaisons.

Les fabriques retrouveront en cela des indemnités, si aucunes à cet égard leur sont dues; elles en auront encore dans la construction des maisons & boutiques qui pourront être faites dans ces terrains, lorsqu'après les formalités requises ils seront remis dans le commerce dont ils n'auroient jamais dû sortir pour le plus grand bien des vivants.

Une des grandes raisons qui s'opposoient au vœu de la Police & des Cours cesse aujourd'hui; les droits d'amortissement & toutes les formes rendoient très-onéreuses les acquisitions des terrains pour l'établissement des Cimetieres nouveaux. Le Roi fait remise de ces droits par l'Article VIII de ses Lettres-patentes, en dérogeant à l'Edit de mil sept cent quarante-neuf; & la Cour par différents Arrêts qu'elle a déja rendus, a changé les anciennes formes des informations sur les lieux *de commodo & incommodo*. Ainsi les premieres voies sont applanies. Quant aux obstacles en sous-ordre, il est d'expérience que les meilleures choses en éprouvent. On résiste souvent à son bien-être : que de peines l'Arrêt qui a défendu les couvertures en paille dans les Villes & Bourgs, n'a-t-il pas donné pour y accoutumer les citoyens ? Cependant il est de notoriété qu'on n'y voit plus de ces incendies qui, au milieu des horreurs de la nuit, engloutissoient des Bourgs entiers, nombre d'Habitants & leurs fortunes : c'est au ministere public qui entre dans les détails, c'est aux Officiers de la Police à faire exécuter les loix avec prudence en établissant les moyens & en réglant les difficultés, car il est des hommes qui en trouvent par-tout. Les routes publiques qui favorisent l'agriculture, l'industrie & le commerce, les alignements des rues dans les Villes, tout ce qui intéresse la cause publique, touche peu le particulier; mais c'est à lui à céder : ainsi on trouvera des terrains pour établir des Cimetieres hors l'enceinte des murs, conformément aux ordres du Roi.

Pourquoi mondit Sieur le Procureur-Général requit que la Déclaration du Roi fut registrée ès Registres de la Cour, lue, publiée l'Audience de la Cour séante, imprimée & affichée pour être exécutée, & *Vidimus* d'icelle envoyés dans tous les Bailliages & Sieges du ressort de la Cour, pour y être pareillement lue, enregistrée, publiée, affichée & exécutée selon sa forme & teneur, parce que néanmoins il ne pourroit être procédé en exécution des dispositions de l'Article VII de ladite Déclaration au changement des Cimetieres de la Ville de Rouen, qu'en conséquence des Procès-verbaux faits par la Cour, de leur état, & d'Arrêts d'homologation des Ordonnances des Archevêques & Evêques, sur le Requisitoire du Procureur-Général du Roi, s'en rapportant le Procureur-Général à la prudence de la Cour, en ce qui concerne les Patrons honoraires & Hauts-Justiciers non patrons des Églises en Normandie, relativement aux dispositions de l'Article premier.

Sur quoi LA COUR, les Chambres assemblées, a ordonné que ladite Déclaration seroit regiſtrée ès Regiſtres de la Cour, lue, publiée l'Audience de la Cour séante, imprimée & affichée, pour être exécutée, & *Vidimus* d'icelle envoyés dans tous les Bailliages & Sieges du reſſort de la Cour, pour y être pareillement lue, enregiſtrée, publiée, affichée & exécutée selon sa forme & teneur; à la charge néanmoins, 1°. que sous la dénomination de Patrons, aux Articles I & II de ladite Déclaration, seroient également compris les Patrons honoraires, & sans que ledit droit de sépulture dans les Églises pût s'étendre aux Hauts-Justiciers auxquels les droits honorifiques ne seroient point attribués dans le reſſort de ladite Cour. 2°. Qu'il seroit sursis à l'exécution de la présente Déclaration, pour les Paroisses situées dans l'enceinte de la Ville de Rouen seulement, parce que dans le délai d'un an, à compter du jour de la publication de la présente, il seroit dressé des Procès-verbaux de l'état, situation, insuffisance & incommodité de chacun des Cimetieres des Paroisses de ladite Ville de Rouen, en présence d'un Commiſſaire de la Cour, à la requête du Procureur-Général du Roi; auxquels Procès-verbaux seroient appellés les Curés, Tréſoriers, & la Communauté des Habitants qui seroit représentée par deux d'entr'eux, députés à cet effet, pour leſdits Procès-verbaux être sans délai rapportés à ladite Cour, & être par elle ſtatué ce qu'il appartiendroit, conformément aux dispositions de l'Article VII de ladite Déclaration.

Le 23 Juin 1779, sur la remontrance faite à la Cour par le Procureur-général du Roi, expoſitive que par l'Arrêt d'enregistrement de la Déclaration de Sa Majeſté, concernant les sépultures & inhumations des morts, il a été dit qu'il seroit sursis à son exécution pour les Paroisses situées dans l'enceinte de la ville de Rouen seulement, parce que, dans le délai d'un an, il seroit dreſſé des Procès-verbaux de l'état, situation, inſuffisance & incommodité de chacun des Cimetieres, en préſence d'un Commiſſaire de la Cour, pour être enſuite ſtatué ce qu'il appartiendra.

Les Commiſſaires de la Cour à ce députés ont rédigé leurs Procès-verbaux sur cet objet important à la conservation des Citoyens : il en réſulte qu'indépendamment du point de vue général sous lequel il doit être conſidéré, la plupart des Cimetieres sont inſuffisants par rapport à leur peu d'étendue.

En effet, ce n'eſt qu'en y employant les allées & les paſſages qui conduiſent à nombre des Egliſes de la Ville, qu'on a trouvé de la place pour les morts, en sorte que les foſſes ſont preſque partout ouvertes le long des chemins qui ſont deſtinés pour accéder aux portes latérales des Egliſes; on a établi des Cimetieres dans des allées d'une toiſe ou deux de largeur, qui ſont à peine ſuffisantes au paſſage des Fideles qui ſe rendent aux Offices des Egliſes. C'eſt ainſi que S. Vincent a deux Cimetieres; S. Lo également deux; S. Nicolas deux aussi; S. Laurent a de même un ſecond Cimetiere; S. Martin-sur-Renelle s'eſt fait un Cimetiere de quatre pieds de largeur; S. Jean s'eſt compoſé de même deux Cimetieres, dont un de huit pieds de largeur, l'autre de neuf; S. Sauveur s'en eſt procuré cinq, dont pluſieurs n'ont que huit pieds de largeur ; Sainte Croix-des-Pelletiers en a de même trois; S. Michel a trois Cimetieres d'une toise de largeur ; Sainte Marie-la-Petite s'en est fait quatre auffi étroits que les autres ; & S. Patrice, dans le quartier de la Ville occupé par les maifons les plus élevées, a été obligé de fe compofer des Cimetieres de tous les paffages qui l'entourent, dont plufieurs n'ont qu'une toife ou toife & demie de largeur : tous ces Cimetieres n'en ont pris le nom que parce qu'on y a enterré les morts. Dans le fait, ce font des entreprifes fur la voie publique : elle ne doit point être interrompue & culbutée perpétuellement par des foffes, être jonchée d'offements de morts, & encore moins être placée au milieu des odeurs infectes que répandent des terres ouvertes à l'ardeur du foleil, dans le moment où les Fideles fe raffemblent, & font même obligés de s'affembler pour affifter aux Saints Myfteres de nos Autels.

On a vu nombre de fois des perfonnes effrayées de ces fpectacles hideux, & dans les maladies contagieufes y trouver le premier germe de la corruption maligne qui les a enlevés en peu de jours à leurs familles.

Il eft donc contre l'ordre de la bonne police que des Cimetieres foient ouverts & fervent de paffage aux Eglifes. C'eft un abus que d'y avoir employé les allées qui y conduifent ou qui font néceffaires aux Proceffions : ainfi en rendant au Public ces paffages & allées, & en réduifant les Cimetieres des Eglifes de cette Ville aux feules portions de terrain clofes de murs, & non fréquentées par les Fideles, il eft évident que ces portions de terrain feront infuffifantes ; il faut donc affigner d'autres Cimetieres à ces Eglifes par cette première raifon.

Quant aux autres Cimetieres féparés & diftincts des paffages & voies publiques, l'examen s'en doit faire par rapport à leur étendue & à leur pofition. Le Cimetiere de S. Herbland eft entouré de maifons dans lefquelles il répand des odeurs infectes, l'air n'y peut pas circuler : la Cour vient d'ordonner qu'on retire de la Cathédrale celui de S. Etienne ; il étoit dans cette Eglife, première raifon : il ne pouvoit être remis que dans l'Albanne, dont il auroit été auffi-tôt retiré par les raifons générales ; S. Martin, rue Grand-Pont, a recours à un Cimetiere qu'il a hors le Pont, cela prouve l'infuffifance de celui qui tient à l'Eglife ; celui de S. Cande-le-Vieux eft de beaucoup trop petit, il ne contient que neuf toifes de longueur fur cinq & demie de largeur, pour inhumer par an vingt-cinq perfonnes, calcul fait fur dix années ; neuf toifes fur fix ne donneroient que foixante-douze toifes quarrées.

La Déclaration du Roi exige que les foffes aient au moins fix pieds de profondeur ; pour travailler à cette profondeur, il faut au moins que l'ouverture de chaque foffe foit de trois pieds ; on ne doit ouvrir la foffe voifine qu'à deux pieds de diftance de la première, à caufe de l'éboulement des terres, & ainfi fucceffivement, pour éviter la confufion & les dangers prévus par la Déclaration du Roi ; il convient enfuite de laiffer également deux pieds d'intervalle entre le premier & le fecond rang ; telle eft la marche générale adoptée par la Police des lieux mêmes pour les Cimetieres des Campagnes pour l'exécution de la Loi : ainfi chaque tombeau eft à calculer d'une toife en quarré, y compris le terrain latéral qui doit féparer chaque foffe, & celui qui les fépare au bout l'une de l'autre.

Il convient enfuite de compter dix années pour la confommation des corps dans les terrains ordinaires. Il eft évident que foixante-douze toifes quarrées, pour vingt-cinq corps par an, feront remplies en moins de trois années, & que dans une année de contagion le retour sur les anciennes fosses seroit de beaucoup plus prompt. Le Cimetiere de S. Cande-le-Vieux est donc de beaucoup trop petit, il en est de même de presque tous les autres ; de là ce trouble perpétuel apporté aux ossemens & aux corps des morts avant leur putréfaction, & ces indécences dont la Police a reçu tant de plaintes.

S. Cande-le-Jeune est dans un cas à peu près pareil, tant par sa situation que par son étendue ; d'ailleurs la plupart de ces Cimetieres servent également de passage comme ceux dont il a été fait examen dans la premiere classe.

Le Cimetiere de S. André-de-la-Ville seroit de grandeur à peu près suffisante, s'il n'y avoit pas contre lui les inconvéniens généraux.

De même celui de Notre-Dame-de-la-Ronde, s'il étoit situé dans la Campagne, il suffiroit au nombre des morts.

Les deux Cimetieres de S. Godard présentent une surface plus étendue ; mais l'un est au milieu de la voie publique, & est en partie nécessaire aux communications des rues; il ne contient que quinze toises & demie sur cinq, il est à détruire par cette premiere raison ; le second est séparé de la voie publique par des murs, & il contient seize toises sur huit, ce qui donne cent vingt-huit toises quarrées ; le nombre des morts étant de cent, année commune, il ne peut au plus, en se conformant au vœu de la Déclaration du Roi, servir que pendant quinze mois ; & quand bien même le premier y seroit encore employé, ils seroient l'un & l'autre insuffisans : aussi ce premier Cimetiere, comme celui de S. Laurent qui y est attenant, répandent-ils les odeurs les plus infectes, surtout dans l'été, & par cette raison seule seroient-ils à remettre à d'autres usages utiles aux Citoyens, au lieu de servir à leur destruction. D'ailleurs S. Godard a beaucoup d'habitants dans les Fauxbourgs, raison de plus pour ne pas les faire apporter dans la Ville, & pour leur donner un Cimetiere hors l'enceinte des murs. Le Cimetiere de S. Pierre-du-Châtel est dans l'ordre général de ceux qui sont insuffisans, il n'a que huit toises sur quatre ; celui de S. Etienne-des-Tonneliers présente les inconvéniens généraux; celui de S. Denis est resserré dans les maisons, il n'a que deux toises & demie de largeur ; il en est de même de celui de S. Pierre-l'Honoré, il n'a que vingt-sept toises quarrées pour vingt à trente personnes par an; celui de S. Pierre-le-Portier n'a qu'une toise de largeur ; le Cimetiere de S. Vigor ne contient que vingt-neuf toises sur une de largeur pour enterrer vingt-trois morts année commune. Il n'est pas étonnant qu'on ouvre si souvent les fosses les unes sur les autres dans tous ces Cimetieres ; en trois ou quatre ans ils seroient remplis, lorsqu'on tiendroit la main à l'exécution des Art. II & IV de la Déclaration du Roi, qui regle la profondeur des fosses, même dans les caveaux.

Il ne reste plus à examiner que les Cimetieres les plus aérés & les plus grands. S. Amand a un Cimetiere de quatre-vingt-quatre toises quarrées pour enterrer six morts année commune ; il n'en faut que soixante pour avoir la liberté de revenir sur les anciennes fosses après dix ans : on ne peut donc y opposer que la disposition de l'Article VII de la Déclaration du Roi, en ce qui concerne la salubrité de l'air ; au surplus, si ce grand espace, dans un quartier où les habitations sont intéressantes à augmenter, étoit remis dans le commerce, il rendroit la Fabrique de cette Eglise fort riche, en même temps qu'elle feroit ailleurs l'acquisition d'un terrain moins cher, & d'une moindre étendue, pour enterrer seulement cinq ou six morts ; enfin il sert de passage à

deux

deux Eglises, raison de plus pour l'écarter comme les autres.

Le Cimetiere de Sainte Croix-Saint-Ouen est bien aéré, & il est absolument enclos de murs; mais est-il suffisant? il contient quatre-vingt-dix-huit toises quarrées environ pour cinquante-six personnes, & même soixante-huit dans certaines années: il est évident que la Déclaration du Roi ne pourroit pas y avoir d'exécution, il seroit totalement rempli en moins de deux ans, au lieu des dix années qu'il faut au moins pour la consommation des corps.

S. Nicaise a un Cimetiere de douze cent cinquante-huit toises, & ne compte que cent corps à inhumer année commune. Les Marguilliers de cette Eglise ont eux-mêmes calculé que le retour sur les fosses peut n'avoir lieu que tous les douze ans; mais comme cette Paroisse est fort près des remparts & portes de la Ville, il ne lui seroit pas fort onéreux d'ôter ce Cimetiere de l'enceinte des maisons & des passages utiles à la communication des rues; dans les années contagieuses, sur-tout dans le Peuple, le nombre des morts double, & cause nécessairement une grande infection dans l'air; d'ailleurs l'exposition des morts dans cette Eglise avant l'inhumation, y concentre les odeurs fétides & pestilentielles, ce qui n'arrivera plus lorsque les morts seront immédiatement portés de leurs maisons aux Cimetieres nouveaux.

Le Cimetiere de S. Vivien est de six cent soixante-quinze toises quarrées, il reçoit trois cent sept morts année commune; en suivant la Loi, il doit être rempli en vingt-six mois. Mais cette Eglise d'après le Procès-verbal des Commissaires de la Cour, peut joindre à ce premier terrain une Chapelle des Morts & une galerie qui donnent cent pieds, c'est-à-dire, trente-six toises quarrées; ces Cimetiere & Chapelle, quoique spacieux,

Tome I.

sont donc évidemment trop petits, à cause de la quantité considérable des morts de chaque année. Les maladies épidémiques, qui causent toujours de grands ravages dans le peuple, donnent encore des calculs bien plus étendus à faire à la Police: il est dangereux de ne pas éloigner assez les causes de la communication du mauvais air du centre des habitations du pauvre, où la misere y en établit un toujours fort mal-sain.

S. Maclou possede un Cimetiere vaste & bien aéré, mais il ne contient que vingt-six toises sur dix-neuf, c'est-à-dire, quatre cent quatre-vingt-quatorze toises quarrées; on y enterre jusqu'à près de cinq cents personnes dans certaines années, & au moins quatre cents, année commune; ce Cimetiere est évidemment encore trop petit; à peine peut-il servir pendant deux ans pour les grands corps seulement, en se conformant à la Loi.

S. Eloi a présenté aux Commissaires de la Cour quatre Cimetieres assez bien aérés, composants tous ensemble cinquante-une toises sur quinze, ou bien sept cent soixante-cinq toises quarrées autour de l'Eglise; on y enterre année commune cinquante-quatre personnes; un Cimetiere de cinq cent quarante toises pourroit suffire à cette Paroisse, à plus forte raison quatre Cimetieres de plus de sept cent toises; mais il convient d'observer que la plupart servent de passage à cette Eglise, & ces allées seroient à diminuer des sept cent toises, avec le terrain où passent les Processions; ils sont d'ailleurs au milieu des maisons, & ne sont point totalement enclos & séparés de la fréquentation des Fideles qui vont aux Offices de l'Eglise; tous ces passages, qu'on nomme des Cimetieres, n'en sont point, il faut dès-lors les remettre dans le commerce auquel ils seront d'autant plus utiles que les emplacements dans cette Ville y sont rares & très-précieux.

H h

Les Eglises de S. Sever & de S. Gervais, dans les Fauxbourgs, ont des Cimetieres vastes & très-aérés hors les maisons ; les Commissaires de la Cour n'en ont point dressé de Procès-verbal par cette raison.

Enfin, la Cathédrale a droit d'inhumer les Chanoines & les gens appartenants au Chapitre de cette Eglise ; le Chapitre a présenté un Caveau spacieux où il s'est soumis, en enterrant ses morts, de se conformer aux Art. II & IV de la Déclaration du Roi, ainsi que d'en faire construire un autre pour les Chapelains sous une galerie attenante à l'Eglise, & de s'y conformer également à la Loi sage que des principes d'humanité ont dictée, tant pour engager les Fideles à venir sans crainte dans nos Temples, que pour ôter du centre des habitations des causes très-certaines des maladies contagieuses très-communes dans les Villes : l'exemple que le Chapitre de cette Eglise entend donner doit être suivi par toutes les Communautés Religieuses, conformément à ce qui leur est prescrit par l'article IV de la Déclaration du Roi.

Pourquoi M. le Procureur-Général ayant requis qu'il fût par la Cour ordonné que tous les Cimetieres des Eglises de cette Ville seroient transférés hors l'enceinte de ses murs ; à laquelle fin les dispositions de la Déclaration du Roi, de 1774, y seroient exécutées comme dans les autres Villes & Bourgs de la Province, & conformément à l'Arrêt d'enregistrement du 24 Mars 1778 ; enjoindre aux Marguilliers & Communautés des Paroisses de se conformer notamment aux Articles VII & VIII de ladite Déclaration, & de tenir une Assemblée générale à cet effet dans le mois de la notification de l'Arrêt de la Cour ; à laquelle fin ledit Arrêt seroit imprimé & notifié aux Curés & Marguilliers desdites Paroisses, à la diligence du Procureur-Général du Roi.

La Cour faisant droit sur le Requisitoire du Procureur-Général du Roi, a ordonné que tous les Cimetieres des Eglises de cette Ville seront transférés hors l'enceinte de ses murs ; à laquelle fin les dispositions de la Déclaration du Roi de 1774 y seront exécutées, comme dans les autres Villes & Bourgs de la Province, & conformément à l'Arrêt d'enregistrement du 24 Mars 1778 ; enjoint aux Marguilliers & Communautés des Paroisses de se conformer notamment aux Articles VII & VIII de ladite Déclaration, & de tenir une Assemblée générale à cet effet dans le mois de la notification du présent Arrêt, à laquelle fin icelui Arrêt sera imprimé, affiché & notifié aux Curés & Marguilliers desdites Paroisses, à la diligence du Procureur-Général du Roi.

Après cet exemple donné par notre Capitale, on a bien lieu de se flatter que dans toutes les parties de la Province on se fera un devoir de se conformer, sans délai, aux vues sages du Gouvernement.

CLAIRE. (SAINTE)

L'Auteur du *Neustria pia* ne dit presque rien de l'établissement de ce Monastere. Les Religieuses qui se sont établies à Rouen, en 1485, sous le nom de cette Sainte, doivent leur origine à celles d'Amiens, d'Hesdin & d'Arras. M. Jean d'Etouteville, Chevalier, Seigneur de Torcy, & dame Françoise la Rochefoucault sa femme, en furent les Fondateurs. *Voyez Gallia Christiana*, tome XI.

CLAMEUR.

Nous avons cru devoir distinguer les clameurs d'avec les *retraits*, & sous ce dernier mot, traiter des *retraits* faits de biens échus aux possesseurs par succession ; sous celui de *clameur*, il ne sera donc parlé que du droit qu'ont les Seigneurs ou les lignagers d'exproprier un posses-

eur de fonds ou de rentes qu'il a achetés.

L'origine des clameurs prises en ce dernier sens doit être fixée au douzieme siecle : ce fut alors que les Bourgeoisies des Villes s'établirent. Pour accréditer cet établissement, si propre à affoiblir l'autorité des Seigneurs, il convenoit que les possessions fussent dans les Villes affranchies du vasselage, & plus stables & plus indépendantes qu'elles ne l'étoient dans les Seigneuries. De là les fonds qu'un pere de famille acquéroit dans une Ville, devant passer à ses enfants qui ordinairement exerçoient sa même profession, étoient bâtis & distribués selon les besoins de cette profession ; & il étoit de l'équité que le Bourgeois n'en disposât pas, ni de ses principaux outils en faveur d'étrangers (1) sans nécessité, & tant que ses enfants ne lui refusoient point les besoins & les commodités de la vie.

Quand les Seigneurs, à *l'instar* des Souverains, eurent établi des bourgeoisies dans leurs terres, pour prévenir la totale émigration de leurs vassaux, ils admirent aussi la clameur ou revendication des aliénations en faveur des parents de leurs hommes, & ils ne se réserverent le retour des fonds vendus qu'à défaut de lignagers qui en reprissent la possession ; (2) les formalités des clameurs pour les lignagers étoient extrêmement simples.

Le propriétaire déclaroit dans trois plaids successifs du Bourg ou de la Ville où les fonds étoient assis, plaids qui se tenoient de 15 jours en 15 jours, qu'il étoit déterminé à vendre ; il faisoit sommer ses parents de s'y trouver ; s'ils ne comparoissoient pas, la vente s'effectuoit, l'acquéreur entroit en possession en présence de douze Echevins & du Juge majeur ou Maire, & après l'an & jour expiré, sa propriété étoit à l'abri de toute réclamation. Si, postérieurement à ce délai, quelque parent troubloit l'acquéreur, il étoit obligé d'établir la fraude : par exemple que l'héritage n'avoit pas été légalement proposé à la famille.

On ne distinguoit donc alors que deux sortes de clameurs, la lignagere & la féodale. Depuis se sont introduites celles à droit *conventionnel* & à droit de *lettre lue*. Les deux premieres especes de clameurs sont clairement définies dans l'art. 452 de la Coutume : *tout héritage*, y est-il dit, *ou toute autre chose immeuble, soit propre ou acquêt, vendu par deniers ou fieffé par rente racquittable à prix d'argent, peut être retiré, tant par le Seigneur féodal immédiat, que par les lignagers du vendeur, jusqu'au septieme degré, icelui inclus, dedans l'an & jour de la lecture & publication du contrat.* L'article 471 nous dit ce qu'est la clameur à titre de LETTRE LUE ; c'est le droit qu'a l'acquéreur, ou ses lignagers, qui a possédé par an & jour, en vertu d'un contrat d'acquisition en forme authentique de retirer l'héritage qu'il avoit acquis, & dont il a été dépossédé pour dettes de son vendeur, en le clamant dans l'an & jour de l'adjudication par décret, ou dans les 40 jours si les héritages sont en bourgeoisie : & la clameur *conventionnelle*, dont la Coutume, sans dire en quoi elle consiste, fait mention, art. 503, & à laquelle les articles 109 & 110 des Placités donnent le nom de *réméré*, a lieu quand un vendeur a stipulé dans le contrat de vente qu'il pourroit retirer le fonds dans un temps limité.

Comme les regles qui sont particulieres aux deux dernieres clameurs ne sont que des exceptions aux maximes relatives aux autres, il est naturel de commencer par s'instruire de ces maximes. Pour y procéder avec ordre,

---

(1) *Leg. Burg.* c. 11 & 125. Anc. L. p. 256. tom. 1. & Trait. Anglo-N. tom. 2.

(2) *Zazius, de feud. alienat.* p. 9 & 93.

nous examinerons d'abord comment les contrats deviennent clamables; ensuite la qualité requise en la personne de l'Officier qui intente la clameur: & en celle des clamants, la nature de l'action que la Coutume leur permet d'intenter; les formalités à observer en la pourfuivant, les procédures qu'il convient de faire pour en obtenir l'effet; enfuite nous rechercherons comment on peut fe défifter des clameurs, ou à quelles conditions on doit y acquiefcer: fi elles font inceffibles ou fujettes à prefcription; quelle efpece & quelle quotité de fonds elles ont pour objet; enfin, quelles font les bornes & l'étendue de la jouiffance de l'acquéreur tant que le délai de clamer dure, & de *quelle nature* eft le fonds clamé en la fucceffion du clamant.

§ I. *Comment les contrats deviennent clamables.*

Quoique la Coutume nous l'ait appris dans l'article 452 déja cité, cet article a cependant encore befoin de quelques développements, foit à raifon de la forme des contrats, foit à raifon des ftipulations qu'ils renferment, ou des conventions fecretes qui y font déguifées.

En effet, *quant à la forme*, tout contrat qui n'eft pas lecturé, eft clamable durant 30 ans, (article 453). -- *Cette lecture doit être faite publiquement, à haute voix, à jour de Dimanche, iffue de Meffe Paroiffiale du lieu où les héritages font affis, en préfence de quatre témoins pour le moins, qui feront à ce appellés, & qui font tenus de figner l'acte de publication fur le dos du contrat, dont le Notaire qui a fait ladite lecture, doit faire regiftre; & n'eft reçu aucun à faire preuve de la lecture par témoins*, (art. 455). -- *Si les héritages font en Normandie, tandis que le corps des Eglifes eft hors le reffort de la Province, la lecture fe fait au prochain Marché des chofes vendues, ou en la Jurifdiction ordinaire d'où les héritages aliénés dépendent*, (art. 456.)

Chacune de ces formalités eft de rigueur, parce qu'elles tendent dans leur enfemble à reftreindre un droit très-favorable en cette Province, où tout tend à la confervation des biens dans les familles; mais à l'ombre duquel fouvent un acquéreur de bonne foi eft dépouillé par un étranger, fous le nom d'un clamant lignager. Ainfi les lectures feroient nulles fi elles étoient maintenant faites par autres que par les Notaires, chacun dans leurs diftricts: le Roi, par Edit du mois d'Avril 1694, leur ayant attribué le droit exclufif des lectures, Edit qui a été exécuté par Arrêt du 19 Août de ladite année, & confirmé par la Déclaration du 14 Septembre 1720. Elles feroient nulles encore fi on les faifoit au Prône des Meffes Paroiffiales ou iffue de Vêpres, au lieu de les faire à la fortie de la Meffe: Arrêts des 11 Décembre 1617, dernier Février 1619, 12 Février 1626, 20 Juin 1760, & Réglement du 20 Mars 1620.

Le Procès-verbal des lectures, doit être auffi, fous peine de nullité, porté fur le dos du contrat, c'eft-à-dire, fur la groffe que le Notaire en délivre en forme exécutoire; car la minute n'eft pas le contrat, puifqu'elle n'eft ni fcellée, ni obligatoire par elle-même, ni au pouvoir des parties (1): il eft vrai qu'en 1721, 1722 & 1723, la Cour décida que des lectures faites fur copies collationnées des contrats, lefquelles avoient été dépofées és mains du Notaire qui en avoit gardé minute, étoient bonnes; mais, comme l'obferva M.º Frémont, Avocat, plaidant lors de l'Arrêt de 1776, dont nous fe-

---

(1) Voyez le Certificat des Notaires de Rouen dans le Plaidoyer 28 de M.º Cochin, contre M. de Luxembourg, tom. 1. p. 474.

rons mention dans un inftant, ces trois Arrêts avoient été rendus en un temps où les Notaires, faififfant mal la Déclaration de 1691, concernant le papier timbré, s'imaginoient que lorfque la groffe du contrat n'étoit pas fur le formule de la Généralité où ils faifoient la lecture, ils étoient obligés de les rédiger fur une feuille de formule différente : la Cour ufa donc, en prononçant ces Arrêts, de condefcendance, parce que l'erreur étoit générale, & avoit au moins, de la part des Notaires, un principe fpécieux.

Mais, en 1724, l'abus fut réformé avec authenticité. Un Notaire craignant la recherche des traitants, refufa de faire leturer la groffe du contrat ; il prétendit qu'il lui fuffifoit de faire mention de la lecture fur la groffe ; il fut interdit, mandé à la Cour, où on lui enjoignit, par Arrêt du 5 Juillet, ainfi qu'à tous autres Notaires, fur les conclufions du Procureur-Général, de fe conformer à la Coutume ; en conféquence de faire figner les témoins de la lecture fur le dos du contrat. La même queftion s'étant offerte en 1760, elle fut décidée dans les mêmes termes le 20 Mars ; la lecture faite fur une feuille féparée, à caufe de la diverfité du formule du lieu où cette lecture fe faifoit, d'avec le formule du lieu où ce contrat avoit été paffé, fut annullée, & la clameur admife (1).

Malgré des autorités fi décifives, on fit renaître en 1776 la difficulté qu'elles avoient levée ; & par Arrêt rendu au profit de M. le Marquis de Roncheroles, une lecture faite en 1765, *au bas de la copie d'un contrat paffé à Paris*, où il étoit dit que *lecture & publication du contrat copié avoient été faites ; que les témoins avoient figné avec les Notaires, tant fur l'original en parchemin que fur les préfentes retenues pour regiftre*, fut déclarée nulle le 19 Août (2).

On ne doit pas cependant fe diffimuler que les Notaires, en divers cantons, font encore incertains s'ils doivent porter les lectures fur les groffes ou fur la minute des contrats, & que des Jurifconfultes accrédités penfent que le parti le plus fûr eft de porter l'acte de lecture fur la minute du contrat, quand le Notaire qui a reçu le contrat eft en même temps celui qui doit faire la lecture au lieu où les fonds font fitués ; & qu'alors que le Notaire du lieu n'eft point celui qui a reçu le contrat, en ce cas, la lecture fe porte fur la groffe : mais de leur façon de penfer, il réfulte que la groffe & la minute font également *le contrat* indiqué par l'Article 455. Eft-il préfumable qu'une loi, qui eft générale pour tous les cas, ait voulu affimiler le contrat qui peut fe transporter par l'acquéreur en tous lieux, au contrat qui ne doit fervir que de réminifcence des conventions, & refter en dépôt chez le Notaire ? En un mot, que d'ouverture ne donneroit-on pas aux fraudes dans les lectures, fi on pouvoit les faire indifféremment fur les groffes ou fur les minutes ?

La lecture eft non-feulement nulle par les défauts que nous venons de faire obferver ; elle l'eft encore à raifon des témoins : par exemple, s'ils font infames & reconnus pour tels par un jugement authentique, leur témoignage n'eft d'aucun poids.

Il n'en feroit pas de même s'ils étoient parents de l'acquéreur ; on ne pourroit, fous ce prétexte, annuller la lecture : un Notaire eft réputé connoître, avec tout le canton, l'homme qui a encouru une peine déshonorante ou afflictive ; mais il n'eft pas obligé d'exiger de chaque Paroiffien, iffue de Meffe,

---

(1) Bérault, nouvelle édit.

(2) Bafnage, derniere édition aux notes, deuxieme vol. p. 338.

qu'il lui fasse sa généalogie ; d'ailleurs, comme l'observe Bérault, pourvu que dans le nombre des témoins, il y en ait deux non suspects, cela suffit. Basnage (1) & Pesnelle adoptent cette opinion, qui d'ailleurs n'a rien de contraire à la Coutume. Aussi en 1622 une lecture fut-elle déclarée valable, quoique faite par le beau-frere de l'acquéreur, & signée par son cousin-germain ; pareil Arrêt en 1668. Et le 5 Août 1777 la Cour confirma, au rapport de M. Mouchard, une lecture signée de deux parents de l'acquéreur.

Si la parenté des témoins de la lecture est indifférente, leur nombre ne l'est pas. En 1728, le 7 Juillet, une lecture fut annullée, parce que quoique souscrite de quatre témoins, il n'y en avoit que trois dénommés en l'acte.

L'Article 455 de la Coutume accorde 40 jours pour clamer les héritages situés dans les bourgeoisies qu'il désigne. En 1778 il fut rendu Arrêt le 27 Août, qui décida que le jour de la lecture & publication devoient être comptés & compris dans les 40 jours accordés par la Coutume, conformément à un Arrêt du 12 Avril 1616, rapporté par Bérault sur ledit Article.

Aux vices des contrats en la forme, se joignent ceux résultants des conventions exprimées ou dissimulées en ces actes ; ainsi quoique par la nature de l'objet aliéné, le contrat ne soit pas clamable, tels que les contrats de fieffe, d'échange ; il le devient en deux cas, 1°. s'il y a fraude concertée entre l'acheteur & le vendeur ; & 2°. s'il y a soulte de deniers.

Quant à la fraude, elle se déguise en tant de manieres, que tout ce qu'il est possible de faire pour la prévenir, est de se bien pénétrer des motifs qui ont déterminé les Arrêts qui l'ont proscrite dans les cas où jusqu'ici sa condamnation a été publiquement poursuivie.

Les clameurs sont établies pour perpétuer les biens dans les familles. De là il est défendu par l'Article 494 de la Coutume, & par le 116°. des Placités, au lignager & aux Seigneurs de vendre leur droit de clameur, ni conséquemment de clamer pour un étranger, ou pour conserver l'acquéreur lui-même en son acquisition. D'un côté, si la Coutume ne veut pas que l'acquéreur, par des détours artificieux, prive les lignagers de leur droit de clameur, elle ne veut pas d'un autre côté que le lignager prête son nom & clame frauduleusement l'acquéreur : Articles 478, 479 & 500 de la Coutume. Ainsi le lignager plus proche qui ne clame pas pour lui, ou qui cede le fonds par fraude, ouvre au lignager évincé le droit d'y rentrer durant trente ans. Ce terme est accordé à l'acquéreur & au parent fraudé, pour découvrir la collusion dont il est victime : Article 500 de la Coutume.

Mais ce ne seroit pas faire fraude à un acquéreur, si un clamant aidoit son parent vendeur à rentrer en un bien qu'il auroit indiscrétement aliéné ; au contraire, par là on rempliroit le vœu de la loi, puisque la famille conserveroit son héritage, & que la loi autorise par cette raison les peres à clamer les immeubles qui sont sortis de leurs mains, au nom de leurs enfants mineurs, ou seulement conçus.

La Jurisprudence va plus loin : un pere qui auroit clamé un contrat de fieffe comme frauduleux, & qui auroit été débouté de sa clameur, pourroit en intenter une seconde du même contrat au nom de ses autres enfants mineurs : Arrêt du 1er. Juin 1778, rendu entre Jacques Tolmer acquéreur, & Etienne Tolmer clamant.

La Coutume s'est bornée à donner trente ans aux Seigneurs & aux parents pour découvrir la fraude ; mais la Cour a con-

(1) Article 455.

sidéré qu'il étoit important de déterminer ce qui constituoit cette fraude: & ayant remarqué que tantôt l'acquéreur jaloux de conserver un fonds d'agrément ou de commodité, se croyoit souvent en droit de reprocher au lignager comme un acte frauduleux, celui par lequel il empruntoit des deniers pour clamer, & accordoit au prêteur un privilege sur le fonds clamé; & que d'autres fois les lignagers profitoient de la liberté qu'ils avoient de faire ces emprunts pour évincer leurs parents, ou préférer au premier acquéreur, des acquéreurs qui ne méritoient sur lui aucune préférence; elle a établi cette maxime que, pour compléter la fraude, il falloit que le dessein & l'événement fussent tout à la fois constatés. Car il arrive souvent que celui qui d'abord a conçu le dessein de clamer pour obliger un étranger qui lui promet des deniers, ou un parent plus éloigné que celui qui en avoit le droit, change d'avis & se détermine à garder le fonds. Or il ne seroit pas juste que contre le desir de la loi, qui est que les biens restent au pouvoir des familles, il fût en ce cas privé de concourir à ce but, parce que dans le principe il en auroit eu un contraire. Il ne seroit pas plus équitable encore qu'un lignager en rétrocédant le fonds clamé, fût réputé avoir manqué de sincérité en clamant pour lui, ses besoins pouvant augmenter d'un moment à l'autre.

Pour couper pied aux procès qui se feroient multipliés à l'infini, si de simples présomptions de fraudes eussent suffi, afin qu'on fût fondé à l'opposer, il a donc d'un côté été défendu d'obtenir censures ecclésiastiques pour découvrir les faits de fraude, Arrêt du 1er. Juin 1778; & d'un autre côté, on n'a point admis l'acquéreur à la preuve des faits les plus décisifs de fraude avant la clameur gagée; on lui a seulement permis d'exiger du clamant son serment sur la sincérité de sa clameur; ce qui est très-judicieux. Il est en effet sensible que quand l'acquéreur prouveroit que le clamant a fait avec un étranger des conventions, même par écrit, pour lui céder l'héritage par un prix déterminé, il ne prouveroit qu'un projet de fraude; projet que les deux contractants pourroient abandonner; & il n'y a que la fraude accomplie, parfaitement consommée, qui puisse empêcher la clameur; & en conséquence, la Cour par son Réglement du 8 Août 1735, *a déclaré la preuve par témoins inadmissible, pour faits tendants à faire déclarer l'action en clameur frauduleuse, avant que la clameur ait été gagée, & que le lignager ait mis l'héritage hors de sa main, en conséquence des actions ou conventions antérieures à l'action en retrait; & a ordonné qu'à l'avenir tout lignager clamant, s'il en étoit requis, seroit tenu de jurer & affirmer* (1), *avant sa clameur gagée, qu'il clame pour lui, qu'il ne prête son nom à personne directement ni indirectement, & qu'il est dans la volonté actuelle de garder l'héritage clamé.*

Ce Réglement a eu encore un but autre que celui d'empêcher qu'on fût réputé fraudeur sur un simple soupçon. Lorsqu'il a été rendu, l'opinion que l'on pouvoit clamer pour son profit faire, faisoit des progrès, & en la proscrivant on a indiqué le véritable esprit de la loi, qui est qu'elle n'entend résoudre les contrats de vente, qu'autant que les familles sont en état de conserver les fonds qui en sont l'objet. Ce Réglement avoit été précédé par une Déclaration du Roi du 23 Juin 1731. Pour prévenir les moyens que l'on employoit afin de frauder par les contrats, tant les droits de Sa Majesté sur les fiefs,

---

(1) *Nota.* L'affirmation doit être faite en personne & non par Procureur : (Arrêt du 3 Avril 1506). Bérault, nouv. édit. p. 359 aux notes.

que ceux des Seigneurs, des particuliers & des lignagers, elle ordonne :

1°. Que lorsque la propriété du fief & célle du domaine utile & non fieffé de la même terre ayant été transférées par des actes féparés, auront paffé de quelque maniere que ce foit, (à l'exception des cas ci-après marqués) entre les mains du même propriétaire dans l'efpace de dix années, à compter du jour de la premiere defdites aliénations féparées, il fera au choix des Seigneurs dont la terre fera mouvante, de la retirer féodalement en entier (1), ou d'exiger les droits de treizieme & autres portés par la Coutume de Normandie, fur le même pied qu'ils auroient été dûs, fi le tout avoit été aliéné par un feul acte ; & qu'en conféquence, la demande en retrait féodal pourra être intentée dans le délai porté par la Coutume, à compter du jour de la lecture faite en la forme prefcrite par ladite Coutume, du dernier acte, au moyen duquel la tranflation de la propriété defdits fief & domaine utile fe trouvera confommée en la même perfonne : & pareillement la demande en paiement des droits feigneuriaux, pourra être formée dans le temps réglé par la Coutume, à compter du jour de la derniere des aliénations.

2°. Que la demande en retrait lignager fera pareillement ouverte audit cas, pour la totalité de la terre ainfi aliénée ; & ce à compter du jour de la lecture du dernier acte, au moyen duquel la tranflation de la propriété defdits fief & domaine utile fe trouvera confommé en la même perfonne.

3°. Que les roturiers qui auront acquis féparément lefdits fief & domaine utile ou non fieffé, dans le même temps de dix années, à compter du jour de la premiere acquifition, feront fujets aux droits de francs fiefs, fur le même pied que s'ils avoient acquis le tout par un feul acte.

4°. Que la difpofition des trois Articles précédents ne fera pas exécutée lorfque la propriété du fief & celle du domaine utile concoureront en la perfonne du même propriétaire, comme héritier de celui qui avoit aliéné une partie de la terre ou de fes héritiers, au moyen de la fucceffion qui fe défere au Seigneur, dans le cas de déshérence & en ligne éteinte, bâtardife, ou confifcation pour crime. La Déclaration du Roi excepte pareillement la voie de la donation de la portion retenue dans le temps de l'aliénation de l'autre partie de la terre, lorfque le donataire fe trouvera héritier préfomptif du donateur au temps de la donation ; comme auffi le cas de la donation faite par femme au mari, en faveur de mariage.

5°. Elle n'entend préjudicier à l'exécution des actes qui contiendroient les aliénations féparées defdits fief & domaine utile, en tout ce qui ne concerneroit point les droits du domaine, les droits feigneuriaux, & le retrait féodal lignager.

6°. Il eft dit que la difpofition des Articles I, II & III ci-deffus, n'aura lieu que pour les terres qui feront aliénées à l'avenir, ou par rapport à celles dont une partie auroit été aliénée avant fa date, en cas feulement que, poftérieurement à icelle, le furplus de la même terre paffe au même propriétaire dans le temps & ainfi qu'il a été ci-deffus réglé.

7°. Et enfin Sa Majefté veut que l'Ar-

---

(1) Dans l'an & jour de la lecture du dernier contrat & non dans 30 ans, parce que les deux contrats peuvent être faits fans deffein de frauder, & que la Coutume veut feulement que les deux contrats, faits dans le cours de 10 années, ne foient confidérés que comme un feul & même acte.

ticle 500 de la Coutume de Normandie soit exécuté selon sa forme & teneur, & en conséquence qu'il puisse être fait preuve, même après le temps de dix années ci-dessus marqué, & jusqu'au terme de trente années, de la fraude qui auroit été commise dans les aliénations au préjudice des droits de son domaine, des droits seigneuriaux, ou du retrait féodal ou lignager : & au cas qu'il soit jugé qu'il y a eu de la fraude, elle veut que le retrait féodal ou lignager puisse être exercé conformément audit Article; & qu'à l'égard des droits seigneuriaux & de francs-fiefs, ceux qui en auroient été tenus, soient condamnés au paiement du double desdits droits, sans que ladite peine puisse être remise ni modérée.

Tout le monde devroit être frappé de la sagesse & de l'utilité de ces dispositions; cependant chaque jour cette sorte de gens, qui, pour le malheur des cantons où ils ont eu la témérité de s'établir sous des titres respectables, croient ne devoir les soutenir que par la ruse & par l'oubli des maximes les plus importantes de la religion & de la probité, ne cesse de suggérer des moyens tendants à éluder ces loix bienfaisantes, & à priver les familles d'un droit institué pour en conserver la splendeur.

On a vu des clamants donner procuration & autoriser leur mandataire à fournir l'argent nécessaire pour clamer, parce qu'il en seroit remboursé dans un temps, à faute de quoi il garderoit l'héritage; mais cette manœuvre a été proscrite : l'on a jugé en ce cas que l'acquéreur avoit conservé un droit de regard, à l'effet que durant le cours de trente ans, lorsque le porteur de procuration devenoit propriétaire du fonds, cet acquéreur fût admis à le revendiquer : Arrêt du 21 Mai 1735. Lors de cet Arrêt, le porteur de procuration jouissoit depuis vingt ans, & il fut dépossédé par l'acquéreur, quoique celui-ci eût eu connoissance de la procuration, & qu'en délaissant le fonds, il n'eût fait aucune réserve. Le lignager fraudé, n'a pas plus besoin de réserve que l'acquéreur (1).

Le 30 Juin 1764, le sieur de Langle & la demoiselle sa sœur vendirent au sieur Abbé Lucas la Seigneurie de Fumesson, par 6200 liv. & 1500 liv. de rente viagere sur leurs têtes : le contrat fut lu & publié le 8 Juillet suivant. Le vendeur étant mort durant l'année de la clameur, & ne laissant que sa sœur âgée de soixante-dix ans, quatre clameurs furent intentées, trois lignageres & une féodale. M⁰. de Lhomme, l'un des lignagers, fut préféré. Délais lui fut fait par l'Abbé Lucas, & il fut accepté par la vendeuse pour la rente viagere. L'an & jour étant expirés, deux parents clamerent, sous prétexte qu'il y avoit fraude au contrat, que le prix en étoit enflé. Sentence intervint, qui obligea M⁰. de Lhomme, la demoiselle de Langle & l'Abbé Lucas de passer leurs déclarations sur la sincérité & vérité du paiement des 6200 liv. énoncées au contrat. M⁰. de Lhomme ayant appellé, soutint, 1°. que les clamants étoient non-recevables, même en admettant la fraude reprochée au contrat, à clamer après l'an & jour, au préjudice de lui parent, qui avoit clamé dans le délai ; 2°. que l'on ne peut exiger le serment de personnes qui sont fondées sur un contrat passé devant Notaires, & lorsque celui qui exige le serment est non-recevable en sa demande principale. La premiere objection étoit appuyée sur l'autorité de Terrien, l. 8, ch. 26, qui dit qu'*il faut clamer dans l'an & jour, combien que le contrat ne contienne le vrai prix convenu* ; sur celle de Bérault qui, Article 475, rapporte

---

(1) Basnage, dern. édit., Art. 479.

un Arrêt de 1616, duquel il conclut que *la concurrence ne s'entend que des lignagers qui en un même temps & dans l'an & jour du contrat se rencontrent en leurs actions en retrait*; enfin sur celle de Basnage qui, au sujet du même Article 478, & 457, observe que les trente ans ne sont *accordés pour clamer, qu'en haine de l'acquéreur qui a usé de fraude; mais non pour nuire à un lignager qui a usé de son droit*. La seconde objection avoit pour appui divers Arrêts du Parlement de Paris.

Mais on répondoit pour les clamants, que l'Article 475 souffroit une exception par l'Article 500; que quand l'exception est constante, elle fait cesser entièrement la regle, & a autant de force qu'elle pour l'espece qui a fait établir l'exception.

Que l'Article 500, en prorogeant jusqu'à trente ans la clameur, y appelle également tous les lignagers, & conséquemment dans l'ordre établi par l'Article 475 : le délai de trente ans en cas de fraude, n'étant pas moins légal que celui d'un an, lorsque le contrat est sincere. D'où il résulte que dans le cas de fraude, tout parent à son ordre a le droit de clamer durant trente ans, comme tout parent l'a de clamer durant un an, quand il n'y a point de fraude dans le contrat. On ajoutoit que lors de l'Arrêt de 1616, le second clamant n'étoit né que huit ans après le délais fait au premier, & qu'une naissance postérieure à ce délais ne pouvoit avoir l'effet rétroactif d'annuller un délais fait au parent, qui lors de sa date se trouvoit le plus habile à clamer. On avouoit cependant que par Arrêt du 30 Août 1615, la préférence avoit été accordée à un second retrayant dont la naissance étoit postérieure au contrat de vente; mais on faisoit remarquer qu'il y avoit apparence que la naissance avoit précédé l'acte de délais.

Et en effet, le 14 Mai 1624, par Arrêt que Basnage rapporte en son Commentaire de l'Article 500, une fille avoit été déclarée non-recevable à clamer dans 30 ans deux contrats frauduleux faits par son pere, parce qu'elle étoit née après délais fait à un lignager. Enfin on réfuta la fausse maxime que pour *exiger* le serment, en cas de fraude, il falloit un commencement de preuve, en établissant que la Coutume permettoit d'obliger le retrayant au serment sur la forme & le prix du contrat; & qu'il n'y avoit qu'un cas où il pouvoit être refusé, que c'étoit lorsque l'action étoit prescrite : par exemple, quand, après 30 ans, le serment étoit demandé. Par Arrêt du 29 Juillet 1769, la Sentence du premier Juge fut confirmée; ainsi le serment fut admis sans commencement de preuve de la fraude; & la Cour reconnut que tant que le délai de 30 ans duroit, pour clamer un contrat frauduleux, les mêmes parents qui auroient pu clamer dans l'an conservoient cette faculté.

Si un clamant attaquoit un contrat comme frauduleux, par la raison que le prix qui y seroit dit payé, ne l'auroit pas été, & que le vendeur affirmât n'avoir pas touché le prix, tandis que d'un autre côté l'acquéreur soutiendroit l'avoir payé; en ce cas, la preuve par témoins en faveur du clamant seroit admise, non parce qu'il y auroit un commencement de preuve écrite en la déclaration de l'acheteur, mais parce que toute fraude peut être prouvée par le tiers qu'elle préjudicie.

En 1771, une singuliere espece de fraude mérita l'attention de la Cour. Par un premier contrat du 20 Mai 1769, le sieur de Flavigny avoit vendu, à Adrien Lavoisey, 20 acres de terres, situées dans les Seigneuries d'Angoville & de Bezu.

Par un second contrat du 2 Juin suivant, ledit sieur Flavigny avoit vendu, au frere du premier acquéreur, des terres sises à Angoville. M. de Cerqueux, tuteur de son fils, Seigneur d'Angoville, clama féodalement les deux contrats. Le 2 Juin 1770, les acquéreurs s'adressèrent au beau-frere du vendeur (le sieur de la Boulaye), lequel clama les fonds à droit lignager, le même jour 2 Juin ; & le 3 (jour de la Pentecôte), de la Boulaye passa devant Notaires acte de remise du fonds, au profit du sieur Lavoisey ; en conséquence de cet acte, le sieur Lavoisey présenta Requête le 10 Juillet, par laquelle il conclut à être maintenu en possession du fonds, au préjudice de M. de Cerqueux. Ce Seigneur prit le parti de faire entendre les sieurs de la Boulaye & Lavoisey sur faits & articles ; & quoiqu'il fut demeuré constant par leurs réponses, que le 2 Juin il n'y avoit pas eu de remboursement fait ; que conséquemment le délais avoit été concerté, & étoit frauduleusement fait pour éluder la clameur féodale : par Sentence du Juge de Briône, M. de Cerqueux fut débouté de sa clameur ; dont appel ; & par Arrêt de l'an 1773, la Sentence fut confirmée.

En 1760 le sieur de Monsarville résolut de vendre la terre de Bordemer, appartenante à son épouse : croyant qu'elle conviendroit au sieur Morel son oncle, il la lui offrit ; le sieur Morel en dit 16000 liv. ; le prix ne convint pas ; la terre fut affichée. Les sieurs Gillot, en conséquence de l'affiche, viennent offrir 18000 liv. au sieur de Monsarville, & celui-ci signe avec eux, le 5 Mars 1760, une promesse de passer contrat. Le sieur Morel, informé de cet événement, réfléchit que la terre vendue n'est séparée de ses propres héritages que par un chemin, & il sollicite le sieur de Monsarville à faire résilier la promesse ; mais celui-ci, au lieu de la retracter, la confirme par un contrat de vente du 12 Mars.

Le sieur Morel a recours à Jean-François le Vauffre, lignager de la dame de Monsarville. Ce particulier avoit été autrefois domestique dudit sieur Morel ; docile aux sollicitations de ce dernier, il clame, le 17 Mai, le contrat passé au profit des sieurs Gillot ; le même jour la clameur est signifiée & gagée. Le sieur Morel qui, par le contrat de remise de l'héritage clamé, avoit stipulé pour le Vauffre, l'avoit cautionné pour 12000 liv. de capitaux, sans que le Vauffre eût même promis de l'en décharger, après le gage, retient partie de la terre de Bordemer ; il dispose en maître des fonds, fait abattre des arbres, détruire deux fossés de séparation. Les sieurs Gillot alors intentèrent, contre le Vauffre, action en répétition du retrait, & offrirent prouver que la clameur n'avoit été intentée par le Vauffre, que pour faire passer au sieur Morel l'héritage clamé ; que le Vauffre avoit reconnu ce fait ; que le sieur Morel avoit sollicité divers créanciers de rente sur le fonds clamé, pour agréer le Vauffre, parce que lui Morel seroit le seul auquel ils auroient affaire. Le sieur Morel leur opposa que quand il résulteroit de tous les faits que la fraude auroit été projettée, cela étoit indifférent, parce qu'ils n'établiroient pas l'exécution de cette fraude. Mais le Bailliage de Carentan, ayant admis la preuve des faits proposés par le sieur Gillot, & cette preuve ayant été faite ; par Sentence de ce même Bailliage, le Vauffre fut condamné de remettre l'héritage aux sieurs Gillot, avec dépens : dont le sieur Morel ayant appellé, par Arrêt du 27 Février 1778, la Sentence fut confirmée. Il y eut ceci de singulier en cette cause, que l'enquête avoit été faite, après le délai de trois jours, dans le Bailliage de Carentan, dont la Vicomté a été supprimée ; qu'il s'agissoit au procès d'une matiere purement vicomtale : &

cependant cette enquête fut déclarée valable, parce que la Cour jugea que son Réglement du 15 Juillet 1750 n'avoit rapport qu'aux ajournemens, & qu'il ne seroit pas naturel qu'il y eût différentes manieres de procéder dans les enquêtes devant le même Juge.

On seroit infini si on rapportoit tous les Arrêts rendus contre les clameurs collusoires, ou contre les contrats faits dans l'intention de priver les lignagers & les Seigneurs du droit de clamer; mais de quelque nature que soit la fraude, soit qu'elle parte du contrat ou de la clameur, on est en droit de conclure à la confiscation des deniers dont l'offre ou la stipulation a été furtivement faite : Arrêt du 3 Mai 1512, rapporté par Bérault, & Article 465 de la Coutume.

Le Seigneur ou le lignager peuvent punir encore d'une autre maniere ceux qui ont contracté en fraude de leurs droits, car s'ils ont fait plusieurs contrats de vente dans cette intention, le clamant n'est pas obligé de prendre tous les objets vendus, il a la liberté de ne retirer que celui dont il juge à propos de devenir propriétaire : Arrêt du 8 Août 1638.

Si la fraude des contrats est très-difficile à découvrir, il ne l'est pas moins quelquefois de connoître s'il y a ou non soulte de deniers dans les contrats que cette soulte rend clamables, aux termes des Articles 452, 461, 462 & 464 de la Coutume, & des Articles 27 & 28 des Placités.

La regle la plus sûre pour se déterminer à cet égard, est de bien saisir l'esprit de ces Articles.

On lit en l'Article 452 : *Tout héritage ou autre chose immeuble, soit propre ou acquêt, vendu par deniers, ou fieffé par rente racquittable à prix d'argent, peut être retiré, tant par le Seigneur féodal immédiat, que par les lignagers du vendeur, jusqu'au septieme degré, icelui inclus, dedans* *l'an & jour de la lecture & publication du contrat.* Voyez Article 455.

L'Article 461 porte : *En permutation de choses immeubles, il n'y a point de clameur : toutefois, si l'un des copermutants, ou personne interposée pour lui, rachette l'échange qu'il a baillé, dans l'an & jour ; ou bien s'il est prouvé qu'il fût ainsi convenu entre les Parties lors de ladite copermutation, il y a ouverture de clameur dans les trente ans.* Voyez Article 464. Placités, 27.

Le 462 porte que *l'héritage baillé à rente rachetable en tout ou partie, est sujet à retrait dans l'an & jour, en remboursant le principal de ladite rente & arrérages, à celui à qui elle est due, ou à son refus icelle consignant : & n'est reçu le clamant à faire la rente, si ce n'est du consentement du vendeur.*

L'Article 464, veut que *tout contrat d'échange où il y a solde de deniers, quelque petite qu'elle soit, est clamable pour le regard de la terre contre laquelle a été baillé argent.*

L'Article 501 déclare que, *si rente fonciere est vendue & non retirée par le Seigneur ou le lignager, le propriétaire du fonds peut retirer ladite rente dans l'an & jour de la lecture du contrat, & en décharger son fonds, en payant le prix & loyaux coûts.*

Enfin le Réglement de 1666 nous avertit qu'*il n'est dû aucun treizieme du rachat d'une rente fonciere, quand il est fait après l'an & jour de la fieffe, sinon en cas de fraude ou de convention, dans l'an & jour, d'en faire le rachat*, (Cout. Article 461.) contrà, *quand le rachat est fait dans les trente ans*: Déclaration du 10 Janvier 1725.

Et que *rente fonciere vendue à celui qui en est redevable, ne peut être clamée à droit lignager ni féodal*, Art. 28.

Par toutes ces dispositions, la Coutume & la Jurisprudence nous font entendre qu'il y a soulte de deniers dans tous les cas où le fieffeur ou l'échangiste reçoit quelque bénéfice au-delà du revenu du fonds échangé, ou de la rente fieffale, c'est-à-dire qu'au lieu qu'il y ait alors échange ou fieffe, il y a une véritable vente à prix d'argent, & il ne reste plus à la famille du vendeur, en fonds ou en rentes conservatoires de la directité du fonds, l'équivalent des héritages aliénés. De là il suit donc que si on fieffe une terre à la charge par le fieffataire de fournir au fieffeur la nourriture ou le logement durant sa vie, le contrat n'est point clamable, pourvu qu'après le décès du fieffeur, le fieffataire soit tenu de faire une rente irracquittable, parce qu'en ce cas on considere la jouissance retenue par le fieffeur tant qu'il a vécu, comme ne faisant qu'une seule & même avec celle que le fieffataire continue à la famille du premier.

Mais un fils qui fiefferoit un fonds dont sa mere jouiroit à droit de douaire, moyennant une rente qui courreroit du jour du contrat, donneroit lieu à la clameur, parce qu'alors la rente que le fils toucheroit ne pourroit être réputée une rétention du revenu du fonds, puisque ce revenu appartiendroit à sa mere; cette rente seroit donc un pot de vin, une soulte en deniers qui opereroit une vraie vente. Il faut dire la même chose d'une fieffe faite à rente non rachetable, si le fieffataire étoit obligé par le contrat de donner un logement à un tiers sa vie durante; car en ce cas on ne pourroit pas dire que la jouissance de ce tiers seroit une seule & même avec celle du preneur à fieffe, puisque ce ne seroit point de ce tiers que le preneur à fieffe tiendroit sa jouissance; la jouissance de l'étranger que le fieffataire supporteroit seroit conséquemment une charge qu'il paieroit en deniers, après que le fieffeur n'auroit plus rien à prétendre au fonds, & en auroit perdu la propriété (1). C'est sur ce fondement que par Arrêt du 15 Mars 1776, il a été décidé que la vente d'un fonds dont l'usufruit appartenoit à un tiers, quoique faite moyennant une rente fonciere irracquittable, mais qui devoit courir avant l'extinction de l'usufruit, étoit sujette à clameur, & que le 17 Janvier 1702, & le 7 Décembre 1723, il avoit été jugé que la remise faite au créancier de la rente de fieffe des fonds fieffés étoit sujette à la clameur, quand elle étoit faite à prix d'argent.

En 1778, il fut agité à la Cour cette question : si une vente faite à une veuve, en compensation de sa dot, & au moyen de la cession de son douaire, étoit clamable ? & par Arrêt du 27 Juin, on jugea pour l'affirmative. En 1776, il y avoit eu pareille décision. Il y auroit plus de difficulté à décider si une fieffe faite en exemption de deniers royaux, durant la vie du fieffeur, pourroit être clamée: cependant il y a lieu de penser que la clameur, en ce cas, seroit admise; car en payant, durant la vie du fieffeur, l'imposition royale, le fieffataire acquéreroit par ce paiement la libération d'une partie de sa rente; puisque le décès du fieffant arrivant, elle se trouveroit moindre qu'elle ne l'auroit été au moment où il auroit cessé d'être propriétaire.

On a ci-devant cité la Déclaration du Roi du 23 Juin 1731; cette loi mérite d'être sérieusement méditée : elle a pour objet, dans les deux premiers articles, d'empêcher la division du fief d'avec son domaine utile au préjudice des droits des Seigneurs féodaux & des lignagers ; préjudice qui n'a lieu que lorsque le fief & le domaine utile passent à deux différents acquéreurs, & ensuite se réunissent dans l'espace de 10 années sur la tête de l'acquéreur du fief ; car quand la vente du fief & du domaine

---

(1) Voyez Art. 502 de la Coutume.

non-fieffé est faite à une même personne, par le même acte, par le propriétaire de l'un & de l'autre, le Seigneur ni le lignager ne sont préjudiciés, puisqu'ils peuvent clamer dans l'an de la passation du contrat; en conséquence, ils ne peuvent prétendre avoir 30 ans pour faire leur clameur, les 30 ans n'étant accordés par la Déclaration, article 7, que lorsque les droits des lignagers ou des Seigneurs ont été fraudés : Arrêt du 7 Décembre 1775, en faveur de M. Chambor. Au surplus dans tous les cas où la fraude donne ouverture à la clameur durant 30 années, ces 30 ans courent du jour où le contrat est passé, soit que le contrat soit ou ne soit pas lecturé. C'est ce qui résulte de la comparaison des art. 452 & 500 de la Coutume ; le premier permet la clameur *dans l'an & jour de la lecture* ; & le second *ne l'autorise que dans 30 ans*.

§ II. *Qualités de la personne qui clame, & de l'Officier qui délivre l'Exploit de clameur.*

Le Seigneur féodal immédiat, ou les lignagers du vendeur, jusqu'au septieme degré inclusivement, ont droit de clameur : art. 452 de la Coutume. Tous les parents sont reçus à retirer les héritages vendus selon qu'ils sont plus prochains du vendeur : art. 468. Mais les paternels peuvent seulement clamer ce qui est du côté paternel, & les maternels ce qui est du côté maternel : art. 469. Cependant les acquêts & les conquêts immeubles peuvent être retirés tant par les paternels que par les maternels, selon qu'ils sont plus proches du vendeur : art. 470. En concurrence de clamants, le lignager le plus habile à succéder au vendeur, est préféré, quoique le délais ait été fait à autre de lignage : art. 475. Et où les clamants sont en semblable degré, ils sont reçus à la clameur, selon l'ordre où les successions sont déférées par la Coutume :

art. 476. Si les freres, sœurs ou autres étant en pareil degré, clament, le plus aîné des clamants préfere les autres, quand c'est un fief, car si c'est un héritage partable, ils partagent également : art. 477. Si une rente fonciere est vendue & non retirée par le Seigneur ou le lignager, le propriétaire du fonds peut retirer ladite rente ; mais si la rente est vendue à celui qui en est redevable, elle ne peut être réclamée ni par le Seigneur ni par le lignager : art. 28 des Placités, & 501 de la Coutume. Enfin, par l'article 471, le propriétaire qui a possédé par an & jour l'héritage, peut s'en clamer quand on le décrete ; & par le 473e article de la Coutume, les parents de l'acquéreur perdant, sont recevables à clamer l'héritage dont il a joui par an & jour. Ces dispositions de la Coutume ont donné lieu à d'importantes questions.

1°. En 1731, Lihaut avoit acquis une portion de maison, voisine de celle d'une veuve Julien ; les deux portions avoient originairement composé une seule maison, laquelle appartenoit à l'un des ancêtres de cette veuve.

En 1745, Lihaut fit quelques entreprises sur la maison de la veuve Julien ; elle s'en plaignit en Justice : pour prévenir les suites de l'action, Lihaut vendit sa maison par 900 liv. à ladite veuve, & il fut convenu qu'à ce moyen le Procès seroit terminé : six mois après, le vendeur se disant tuteur naturel & légitime d'une de ses petites-filles sorties de sa fille & du nommé Havard, clama le fonds vendu au nom de cet enfant. Le premier Juge déclara Lihaut non-recevable, 1°. parce que la mineure, au nom de laquelle la clameur étoit intentée, avoit son pere vivant ; 2°. que l'aïeul maternel n'est point tuteur légal, à moins que le pere ou l'aïeul paternel ne soient décédés, suivant l'Arrêt d'Avisse, rapporté par Bérault sur l'article 482 de la Coutume ; mais sur l'appel on fit valoir l'article 4 du Réglement de 1673, qui dit que les pere & aïeul peuvent intenter retrait au nom de leurs enfants, encore qu'ils n'y soient autorisés, & n'ayant été élus leurs tuteurs. On observa que les Arrêts rapportés par Bérault n'avoient ordonné aux peres de se faire autoriser par les parents, que parce qu'ils prétendoient exercer d'autres actions que celle de clameur au nom des mineurs ; que, par l'Arrêt de Cotelle, de 1567, un enfant, quoique non émancipé, avoit été admis à clamer ; & d'après ces raisons, intervint Arrêt le 6 Août 1749, par lequel, en interprétant l'article 4 du Réglement des tutelles de 1673, il a été statué que l'aïeul, soit paternel soit maternel, pourra intenter action en retrait au nom de ses petits-enfants mineurs, encore bien que le pere desdits mineurs soit vivant, & quand même les mineurs auroient un autre tuteur établi par Justice.

2°. Quoique le lignager plus habile à succéder doive être préféré en clameur, cependant il est intéressant pour le lignager le plus éloigné, auquel le fonds vendu convient, d'intenter la clameur, parce qu'il a droit d'objecter au lignager le plus proche, les vices qui se rencontrent en son action, quoique le clamé ait gagé la clameur au plus proche, sans lui reprocher de nullités ; s'il en étoit autrement, un pere qui vendroit son bien, feroit échouer toutes les clameurs de sa famille, par un exploit qu'il feroit faire au nom de ses enfants, & duquel, par la suite, ils pourroient abandonner l'effet : Arrêt du 23 Août 1754.

Il peut arriver encore que deux lignagers intentent en même temps action en clameur ; que le clamé gage la clameur à celui des deux qui sera jugé préférable ; qu'en conséquence le Juge accorde le profit de la clameur au lignager le plus proche, & qu'enfin le clamant jugé préférable, laisse passer les délais fixés par la Coutume pour garnir. En ce cas, le clamé peut-il prétendre que le second clamant a dû garnir dans les délais fixés par la Coutume ? La négative paroît incontestable ; car tant que le droit du premier clamant a subsisté, le droit du second clamant étoit suspendu par la Sentence rendue contradictoirement avec le clamé : ce clamé, en usant de la Sentence, doit donc convenir que le droit du second clamant n'a repris vigueur que de l'instant où le droit du premier a été anéanti ; le second clamant est donc fondé à donner Requête au Juge, tendante à faire juger, faute par le premier clamant d'avoir rempli les formalités prescrites par la Coutume, qu'il sera déclaré déchu de son droit, & que dès-lors c'est à lui second clamant, devenu par là le lignager le plus proche, que le clamé doit passer contrat de délais, ou qu'en cas de refus, la Sentence à intervenir & le Brevet de garnissement lui en vaudront (1).

3°. Souvent, pour intenter une clameur, on charge quelqu'un de ses pouvoirs : ces pouvoirs & l'usage qu'on en a fait, ont donné lieu à plusieurs Arrêts, qui, au premier coup d'œil, semblent se contredire, & qui, au fond, partent du même principe.

Celui du 27 Juillet 1731, décida que, faute d'avoir donné copie de la procuration dans l'exploit de clameur, cet exploit étoit nul.

Le second ; du 30 Novembre 1769, déclara aussi nulle une clameur faite requête de M. le Comte de Blangi, en vertu d'une procuration qui n'étoit pas spéciale, mais générale ; & le 25 Juillet

---

(1) Nota. Cette Requête doit être signifiée au premier clamant & au clamé, avec assignation au jour de la sommation faite au premier clamant, par le clamé, pour le faire débouter de sa clameur.

1777, la Cour, au rapport de M. de Varimelnil, a confirmé une clameur intentée en vertu d'une procuration portant pouvoir de substituer, quoique le substitué n'eût pas communiqué son pouvoir. Mais il faut observer que ces Arrêts ont parti du principe, que lorsque les qualités en vertu desquelles le clamant ou son représentant agit, font certaines, & n'ont pas pu varier, alors la représentation des actes qui constatent que les qualités leur appartiennent, est suffisante, quoique faite après le délai fatal de la clameur expiré : ainsi, celui qui clame en qualité de cousin, peut justifier, après ce délai, de sa filiation : or, dans l'espece des deux premiers Arrêts, rien ne prouvoit que les porteurs de procuration eussent eu une qualité certaine lors de l'exploit de clameur, car cet exploit ne prouvoit pas qu'ils eussent alors en leur main les procurations y mentionnées ; le constituant avoit donc pu les retenir, les leur avoir reprises ; & la communication qu'ils en faisoient après le délai, n'établissoit pas qu'auparavant les clamants eussent été consentants d'être représentés par eux : au lieu qu'en la cause sur laquelle intervint le troisieme Arrêt, le porteur de procuration avoit donné extrait de l'acte qui le substituoit, indiqué la date de l'acte qui permettoit de le substituer, sans faire cependant mention que cet acte portoit cette permission ; mais toujours étoit-il que lors de la clameur, les actes cités en l'exploit étoient en la possession du mandataire ; il ne s'agissoit donc que d'en vérifier le contenu, & cette vérification n'étoit pas bornée au délai de la clameur. Cet Arrêt ne contredit donc pas les premiers, & il est d'accord avec cette maxime que pose Bérault en son Commentaire de l'article 452, que tout *ainsi qu'une clameur doit être signifiée dans l'an & jour de la lecture du contrat de vente, étant aussi intentée pour autrui au nom d'un majeur, elle doit être par lui rectifiée dans le même temps.* Car, lors de cet Arrêt, il y avoit plus qu'une ratification des pouvoirs donnés par le constituant au nom duquel celui qui se disoit porteur de ses pouvoirs clamoit ; puisque ce dernier avoit remis l'acte portant ces pouvoirs, à l'Officier, & que cet Officier les avoit cités ou extraits dans l'exploit, ce qu'il n'auroit pu faire s'il n'en eût pas été saisi.

Les Arrêts du 11 Juillet 1561, & du 5 Avril 1609, que Bérault nous a conservés, avoient été rendus dans des circonstances bien différentes. Dans l'espece du premier, un Procureur *ad lites* pour son client, & dans l'espece du second, un pere pour son fils majeur, avoient clamé ; le client n'avoit pas ratifié la clameur avant l'an & jour, le fils ne l'avoit approuvée qu'après ce délai ; il étoit donc conséquent que le Procureur & le pere fussent déboutés de leurs clameurs.

4°. Une clameur intentée requête du curateur d'une fille émancipée, a été annullée par Arrêt du mois d'Avril 1769, vu qu'elle n'avoit pas été intentée à la requête de cette fille ; parce que le curateur a bien le droit d'autoriser les actions de ceux qui sont sous sa conduite, mais il ne peut pas agir sans leur participation.

5°. La mere qui n'est pas tutrice, ne peut intenter clameur pour ses enfants : Arrêt du 23 Juin 1744.

6°. Les clameurs se réglant comme les successions, & étant décidé, par l'article 300, que si l'un des puînés, donataire du tiers en Caux, décede sans enfants, sa part substituée aux autres puînés, ne revient pas à l'ainé : il est évident que l'ainé ne peut, en Caux, clamer la portion substituée du tiers qu'un puîné vend à un autre puîné ; le puîné acquéreur peut en ce cas user de rétention, puisqu'il a droit de succéder au préjudice de l'ainé.

7°. Les engagistes du Domaine du Roi &

& les gens de main-morte, n'ont point le droit du retrait : l'intention du Souverain, en leur accordant des propriétés, est qu'ils ne puissent les étendre au-delà des bornes qu'il leur a prescrites, art. 96 des Placités ; il en faut cependant excepter M. le Comte de Toulouse & les descendants de ce Prince, pour leurs Domaines de Coutances, Valognes, S. Sauveur-le-Vicomte, suivant la Déclaration du Roi du 19 Juillet 1695, rapportée par Merville sur ledit article.

8°. Si un Seigneur reçoit le treizieme des mains de l'acquéreur, il est non-recevable à clamer : Arrêt du 30 Avril 1632.

9°. Le banni à perpétuité, les lignagers du confisqué, après que le Seigneur s'est mis en possession de leurs biens, n'ont plus la faculté de clamer : Arrêt du 17 Mai 1657.

10°. Le lignager autre que le vendeur, qui a renoncé à son droit de clameur, ne peut clamer au nom de ses enfants : Arrêt du 20 Mars 1727.

11°. Un mari qui clame au droit de sa femme, n'est pas obligé d'employer dans l'exploit de clameur, que c'est au droit de sa femme qu'il clame ; il suffit qu'il dise qu'il clame à droit de sang, & proximité de lignage : Arrêt du 21 Janvier 1734. Il n'a pas non plus besoin que sa femme autorise son action, ni qu'elle la ratifie, lors même qu'elle seroit civilement séparée d'avec lui. La séparation a pour but de la rendre administratrice de ses biens ; mais ceci n'empêche pas le mari de les administrer pour l'avantage de sa femme ; c'est l'abus de son pouvoir que la séparation civile a en vue de prévenir : Arrêts de 1666 & 1675, rapportés par Basnage sur l'article 452.

12°. Le mari qui est clamé comme acquéreur de biens provenants de la famille de sa femme, ne peut, au nom de sa femme, user du droit de rétention après le temps fatal expiré ; il a dû déclarer retenir pour elle le fonds dans l'an & jour : Arrêt du 10 Mars 1739.

Si le clamant doit avoir certaines qualités pour clamer, il en est aussi sans lesquelles l'Officier ne peut valablement faire l'exploit de clameur.

Par l'article 17 de la Coutume, les Sergents Royaux ne peuvent faire exploits dans les Hautes-Justices, sans commission du Roi ou des Juges Royaux, à moins qu'il ne s'agisse des dettes du Roi, cas de souveraineté, de crime ou autres choses où il y a éminent péril ; & suivant les Lettres-Patentes portant Réglement pour l'administration de la Justice, en date du 18 Juin 1769, les propriétaires des Sergenteries nobles, leurs Fermiers & Commis sont en droit de faire dans l'étendue de leur sergenterie, conjointement avec les Huissiers des Jurisdictions ordinaires, & à l'exclusion de tous Huissiers & Sergents des Jurisdictions extraordinaires, toutes significations de clameurs & retraits lignagers, art. 5, titre 13 : en conséquence, par l'article 7, défenses sont faites à tous Huissiers, autres que ceux des Jurisdictions ordinaires, même à ceux du Châtelet de Paris, & aux Sergents Royaux, de s'ingérer directement ou indirectement à faire aucuns des actes spécialement réservés aux Sergents nobles de cette Province, par ledit article 5, sous peine de 500 liv. d'amende : (art. 7).

De ces dispositions de la Coutume & du Réglement, il résulte que les Sergents, même Royaux, rendroient un exploit de clameur nul en le faisant dans le district d'une Haute-Justice, la Coutume les en déclarant incapables par ces mots *ne peuvent* ; mais il n'en est pas de même des Huissiers Royaux extraordinaires, qui, par le titre de leurs offices, ont le droit d'exploiter par-tout le Royaume ; ils ne seroient tenus qu'à l'amende prononcée par le Règlement, & à la restitution de l'émolument au Sergent Haut-Justicier; c'est ce qui a été jugé par Arrêt du 11 Mars 1681, rapporté par Basnage sur l'art. 484, & par celui du 15 Décembre 1758, qui a confirmé une clameur signifiée par un Huissier-Audiencier hors le Ressort de sa Juridiction.

Un autre Arrêt du 11 Mai 1759, a aussi déclaré valable un Exploit de clameur, signifié par un simple Commis par le Juge de l'Amirauté à un office d'Huissier au même Siege, sans commission du grand sceau & hors l'étendue de ce Siege, parce que le pouvoir d'exploiter étoit attaché à l'Office d'Huissier, à l'exercice duquel il avoit été commis.

Il est vrai que le 23 Août 1743, on jugea que les Huissiers, même Audienciers d'un Bailliage Royal, quoiqu'ils eussent droit d'exploiter par-tout, n'avoient celui d'exercer leurs fonctions dans l'étendue d'une Sergenterie noble, que pour signifier les jugements du Bailliage ou de la Cour; mais dans l'espece de cet Arrêt, le propriétaire de la Sergenterie noble avoit des titres exclusifs.

On ne doit donc considérer les prohibitions portées par le Règlement de 1769, que comme des regles de police nécessaires pour conserver aux propriétaires de Sergenteries glébées, les droits patrimoniaux attachés à leurs fiefs, & empêcher les Officiers Royaux de les usurper, mais regles dont les particuliers ne doivent pas souffrir; c'est ce que confirme un Arrêt rendu en la Ire Chambre des Enquêtes, au rapport de M. l'Abbé de Rualem, du premier Juin 1778, en faveur d'un Huissier du Châtelet.

Au surplus, tout Huissier ou Sergent ne peut faire légalement un Exploit de clameur, à moins qu'il ne soit assisté de deux Records, suivant le Règlement du 17 Janvier 1731.

§ III. *Nature de l'action en clameur.*

La clameur féodale est réelle, parce qu'elle a pour principe la réserve que le Seigneur a faite de ce droit, lorsqu'il a inféodé l'héritage; il en est de même de la clameur conventionnelle; mais la clameur lignagere est plus personnelle que réelle, c'est-à-dire mixte, parce que si elle a pour but de procurer une propriété à celui qui l'intente, le droit de l'intenter est inhérent à sa personne, & de là l'action en clameur lignagere peut être évoquée aux Requêtes du Palais, & celle en clameur féodale n'est point sujette à cette évocation.

D'après le principe que l'action en clameur lignagere est mixte, on a la liberté ou d'assigner le clamé aux prochaines assises, si le fonds est noble; & aux prochains plaids, s'il est roturier, (car suivant l'Arrêt du 23 Août 1754, il y auroit nullité à assigner sur clameur roturiere aux assises), ou d'assigner l'acquéreur devant son Juge naturel, quoique les fonds clamés dépendissent d'une autre Jurisdiction, & que le délai de l'assignation échût après l'an & jour de la lecture du contrat: (Arrêt du 7 Mai 1762).

On peut aussi assigner l'acquéreur en son domicile, & cependant le poursuivre devant le Juge du fonds: (Arrêt du 12 Mars 1726). Mais quand l'acquéreur demeure en une Haute-Justice, enclavée en la Vicomté où les héritages sont assis, il ne suffit pas au retrayant de signifier la clameur au détenteur des fonds, l'assignation seroit nulle, comme n'étant pas faite à domicile: (Arrêt du 13 Juin 1755). L'assignation au détenteur est, il est vrai, autorisée par l'Article 485 de la Coutume; mais seulement dans le cas où l'acquéreur est demeurant hors de la Vicomté où sont situés les héritages. Ce dérogatoire à la loi générale qui veut que tout ajournement soit fait à personne ou à domicile, prouve que son motif a été de prévenir les incidents qui naîtroient à l'occasion du domicile, souvent peu connu des acquéreurs éloignés, & que notre Coutume, bien loin de regarder comme odieux le droit de clamer, n'a rien négligé, au contraire, pour en faciliter l'exercice.

De ce que l'action en clameur lignagere est mixte, il s'ensuit que l'on peut l'intenter devant le Juge royal des lieux, quoique le fonds soit situé en une Haute-Justice : (Arrêt du 9 Mars 1742). Mais si les fonds clamés étoient situés, partie en Jurisdiction royale, partie en Jurisdiction seigneuriale, alors ce seroit devant le Juge royal que l'action devroit être nécessairement poursuivie, en observant qu'en quelque Jurisdiction que cette poursuite fût faite, l'assignation devroit être toujours donnée aux prochains plaids d'héritages, parce que, suivant l'article 39 de la Coutume, *nul n'est tenu de répondre de son héritage que de quinzaine en quinzaine.*

En 1763 un Seigneur Haut-Justicier clama un fonds mouvant de son fief, & donna l'assignation à l'acquéreur à comparoître ou aux plaids d'héritages du Juge royal ou en ceux du Haut-Justicier, selon l'option qu'il en feroit ; parce que faute par lui d'opter, la clameur seroit poursuivie dans les deux Tribunaux. Ce Seigneur se présenta en effet aux prochains plaids de chaque Jurisdiction, & le clamé y fit défaut : le Seigneur, après le délai fatal expiré, mieux instruit qu'il ne l'avoit été lors de l'assignation, déclara au clamé que, faute par lui d'avoir opté l'une des deux Jurisdictions, il renonçoit à poursuivre en la Haute-Justice, & entendoit faire juger l'effet de sa clameur devant le Juge royal ; & il obtint, devant ce dernier Juge une Sentence qui dit à bonne cause la clameur : le clamé s'en porta appellant, il soutint en la Cour l'action nulle ; mais la Sentence fut confirmée.

La clameur lignagere s'étant introduite pour perpétuer dans les familles leur patrimoine, il est sensible que ce droit est personnel aux membres de cette famille, qu'ils ne peuvent le transférer ni céder qu'en faveur de leurs parents, parce que seuls ils ont la capacité requise pour remplir le vœu de la loi (1). Il est également évident que le droit de clameur féodale étant inhérent au fief, ceux-là seuls qui le possedent sont fondés à l'exercer ; mais il n'en est pas ainsi de la clameur à droit de lettre lue & de la clameur conventionnelle.

L'une & l'autre sont cessibles : Article 116 du Réglement de 1666). La premiere, parce qu'elle n'a été établie que pour procurer à l'acquéreur dépossédé une indemnité de son éviction, & que tous moyens propres à l'indemniser doivent être permis. La seconde, parce que la convention de rémérer, ne préjudicie ni les Seigneurs, ni les lignagers, & par conséquent laisse subsister les bornes mises par la loi, à la liberté de disposer de ses biens en faveur de qui l'on veut.

Cependant il faut entendre ce qui vient d'être dit avec cette restriction, que quand le parent de l'acquéreur exerce en vertu de la faculté qui lui en est donnée par l'Article 473, la clameur au même titre de lettre lue, elle est incessible, par la raison qu'alors c'est à droit de sang, & non d'indemnité que le parent clame : aussi a-t-il été décidé par Arrêt du mois de Juillet 1630, que les parents ne sont pas obligés de consigner comme l'acquéreur qui clame à droit de lettre lue dans l'an & jour, & qu'il leur suffit, comme en autre clameur lignagere, d'offrir dans ce

---

(1) Art. 116 des Placités, & 494 de la Cout.

délai d'an & jour le remboursement : il semble que de cette distinction faite par la Coutume entre la clameur exercée par l'acquéreur, & celle intentée par les parents, il suit que ceux-ci sont fondés à clamer la cession qu'il a faite de son droit de clameur : l'acquéreur devenu par la faveur de la loi propriétaire de ce droit qui est immobilier quant à son objet, sa famille doit avoir sur lui les mêmes avantages qu'elle a sur les autres propriétés immobiliaires.

§. IV. *Formalités des poursuites sur les clameurs.*

Ces formalités concernent l'exploit, les délais pour se présenter sur la clameur, pour la gager, pour consigner, pour rendre indemne le clamé, & les conditions de remise ou délais des fonds.

Quant aux Exploits.

1°. Il n'est pas nécessaire que le contrat que l'on clame soit exprimé dans l'exploit, puisque la clameur a pour but de faire exhiber le contrat ; ainsi une erreur que l'on auroit faite sur sa date, ne seroit d'aucune considération, pourvu que l'objet vendu y fut exactement désigné, avec le nom des contractants : Arrêt du 29 Mars 1754.

2°. Mais une erreur commise en la personne du clamé annulleroit l'exploit. Un Arrêt du 25 Mai 1753, le jugea ainsi dans une espece cependant qui paroissoit bien excusable : l'exploit avoit été donné au frere de l'acheteur, frere qui avoit fait lui-même l'acquisition pour son frere domicilié hors de la Province, & de la procuration duquel il étoit porteur. D'ailleurs ce frere qui avoit stipulé dans le contrat, demeuroit où les biens étoient assis, & le vendeur en avoit retenu l'usufruit durant sa vie.

3°. Aux termes du Réglement du 17 Janvier 1731, l'Huissier doit, comme il a été observé ci-devant, se faire assister par témoins *idoines* & agés de vingt ans, à peine de nullité. Ainsi les témoins ne doivent pas être parents du clamant ; néanmoins ce n'est pas une nullité dans une clameur intentée par le pere au nom de son fils, quand l'un des témoins se trouve parent du 3 au 4 avec le pere, la clameur étant intentée au profit du fils, & non à celui du pere ; le témoin est hors du dégré prohibé par l'Ordonnance, eu égard à la partie intéressée. D'ailleurs si le tuteur étoit autre que le pere, on ne pourroit pas argumenter de la parenté du tuteur ; or le pere ne doit être, dans le cas proposé, considéré que sous ce titre : s'il étoit en effet question d'une évocation pour cause de parenté, ce seroit celle du fils qui seroit la regle ; & quoique le pere eût droit de *Committimus*, il ne pourroit évoquer aux Requêtes la clameur intentée pour son fils : Arrêt du 14 Décembre 1756.

4°. Le retrayant doit marquer dans l'exploit son vrai domicile ; il ne suffit pas qu'il constitue domicile chez son Procureur ; mais quoiqu'obligé de constituer Procureur par l'exploit, si après avoir indiqué son propre domicile, il ajoute : *& d'abondant chez* N..... *son Procureur* ; alors ceci équivaut à la déclaration de constitution de N..... pour Procureur en la cause : Arrêt du 24 Août 1762.

5°. Si un clamé comparoît sur un exploit nul, avant le délai de clameur expiré, il suffit pour intenter sa clameur, que le clamant déclare judiciairement qu'il clame, & qu'il s'en fasse accorder acte, pour que la nullité de l'exploit ne puisse pas lui être opposée. Alors l'exploit devient en effet inutile, la déclaration judiciaire de clamer vis-à-vis de l'acquéreur étant une clameur qui atteint le but auquel tendent les formes des exploits de clameur, établies par la Coutume : Arrêt du 18 Mai 1612, rapporté par Bérault & Pesnelle, Article 484.

6°. Quand on veut ajourner en retrait un mineur qui n'a point de tuteur nommé, le clamant doit faire les diligences convenables pour qu'il soit procédé à la tutele : Pesnelle, Article 485.

7°. Si un premier acquéreur revend son acquisition avant d'être propriétaire incommutable, le lignager du premier vendeur peut s'adresser directement au second acquéreur pour clamer le premier contrat : Arrêt du 10 Décembre 1658, rapporté par l'Annotateur de Bérault, derniere édition, Article 484, f°. 374.

8°. Quoique la plupart des Coutumes & nos plus célebres Jurisconsultes proscrivent les exploits faits nuitamment, cependant un Arrêt du Parlement de cette Province, rapporté par Bérault sur l'Art. 452 de la Coutume, confirma un exploit de clameur fait à huit heures du soir; il est vrai que ce jour étoit le dernier du temps fatal. Lors de cet Arrêt la question fut discutée autant par le fait que par le droit; mais la décision de la Cour ne porta que sur le point de droit, & depuis il passe pour maxime que s'il n'y a aucune fraude commise, la clameur peut être valablement faite jusqu'à minuit du dernier jour.

9°. Au surplus, on doit observer qu'aux termes de l'Article 452 de la Coutume, la clameur doit être signifiée dans l'an & jour de la publication des contrats; mais que cette disposition ne s'applique point aux héritages ou rentes vendues dans le Pont-Audemer, Pontlévêque, Lisieux, Caen, Coutances, Avranches, Falaise, où on n'a que quarante jours du jour de la lecture du contrat pour clamer.

10°. A l'égard des héritages vendus par décret, il est essentiel de savoir qu'il n'est pas nécessaire de faire leclurer l'acte de leur adjudication, quand elle est faite devant le Juge ordinaire du lieu où ils sont situés, ou en vertu de lettres de mixtion : Article 97 du Réglement de 1666. Mais quand on a adjugé des héritages sis en divers Bailliages, en vertu d'Arrêt du Parlement, la lecture doit en être faite, à l'égard de ceux qui sont hors du ressort du Bailliage où ils ont été adjugés : Article 98, ibid. Ainsi l'an & jour pour intenter la clameur de l'héritage décrété, quand le décret est passé devant le Juge ordinaire d'où l'héritage dépend, commence à courir du jour de l'adjudication ; & lorsqu'il est passé en une Jurisdiction d'où le fonds ne ressortit pas, la clameur n'a cours que du jour que la publication de l'adjudication a été faite issue de Messe paroissiale du lieu où le fonds existe ; ou si c'est un fief noble, du jour que la publication a été faite issue de Messe paroissiale du lieu où est assis le principal manoir.

11°. L'exploit ayant été signifié, si la clameur se poursuit devant le Juge des fonds, le clamant est obligé, sous peine de déchéance de son droit, de se présenter aux prochains plaids ou assises auxquels l'assignation échet ; & si la clameur se poursuit devant le Juge du domicile du clamé, le clamant est tenu de comparoître en la prochaine audience, sous la même peine, parce que la prochaine audience, dans le cas de la clameur intentée par action personnelle, est ce que sont les prochains plaids pour les clameurs introduites par action réelle.

12°. Bérault sur l'Article 484, rapporte un Arrêt du 21. Février 1603, par lequel il a été jugé qu'un exploit de clameur pour terre roturiere, avoit pu être fait pour en venir aux prochaines assises, nonobstant l'Article 492, qui veut que le garnissement soit fait dans les prochains plaids s'il s'agit d'une roture, & dans les prochaines assises s'il est question d'une terre noble ; mais on doit faire cette attention, que l'Arrêt fut rendu entre deux Gentilshommes ; & que comme les clameurs font autant perfonnelles que réelles, on décida que l'acquéreur avoit pu être affigné au Bailliage auffi bien qu'en Vicomté.

13°. La comparution du demandeur en l'audience, peut être inutile en un cas ; c'eſt lorſque le clamé gage la clameur au moment de la délivrance de l'exploit : Arrêt de Mainfant, du 27 Février 1658, rapporté par Bafnage. Au reſte, comme il y a fouvent doute ſur le fait du refus, ou que l'obéïſſance précede les prochains plaids, & qu'à cet égard il y a eu nombre de déciſions dont les jeunes gens apperçoivent difficilement les principes; nous allons mettre fous leurs yeux différentes eſpeces qui, décidées clairement par le texte de la Coutume ou par des Arrêts, rendront l'application de ces principes plus facile.

L'ancienne Coutume, chapitre *de Querelle de fief vendu*, voyez Rouillé, p. 142, s'exprime ainfi :

Cil qui retrait le marché, doit avoir terme de payer juſqu'à la prochaine aſſiſe, pourtant quil y ait quarante jours, & dedans ce le marché en la main du Prince. La Juſtice doit enjoindre au retrayeur que ſil ne paye le prix au terme qui lui eſt mis, le marché remaindra à l'achepteur; & ainſi à la premiere aſſiſe enſuivant, fera le retrait confermé ou le marché à la defaulte au retrayeur, qui depuis ne devra eſtre ouy, ſil defaut à payer le prix au terme.

L'ancien Style de procéder cité par Terrien, l. 8, ch. 26, développe ce texte, & nous apprend comment on l'entendoit :

Si le tenant, y eſt-il dit, de l'héritage vendu, ou défendeur de la clameur ſe compare au prochain Siege, enſuivant la clameur & aſſignation, & confeſſe le marché & lignage, & demande ſes deniers, il doit mettre ſes lettres dacquiſition devers la Cour, afin que le clamant les voye; & doit le clamant faire garniſſement de ce que le marché a coûté & la façon des lettres & loyaux coûts dedans un jour qui eſt de vingt-quatre heures, à compter de l'heure qui ſera lors jugée par les Aſſiſtants; & ſil ne fait ſon garniſſement ſuffiſant dedans ledit temps, il doit décheoir de ſadite clameur, & le Juge le doit condamner & confermer le marché au tenant à ſon préjudice.

Mais ſil y a delay & que le tenant ne ſoit comparu au prochain Siege, quil nait pas obéi à la clameur & demandé ſes deniers, mais en aucune autre maniere a dilayé, ſaprès ce à lautre Siege, il demande leſdits deniers, le tenant pourra avoir temps de garnir juſquau prochain Siege de la Juriſdiction où la matiere ſera pendante (1).

Rien de ſi propre que ces textes à nous donner le véritable ſens des articles 484, 491 & 492 de la Coutume réformée.

En effet, l'ancienne Coutume n'avoit point parlé du cas où, à l'inſtant de la délivrance de l'exploit de clameur, le clamé la gageroit ; & la nouvelle, art. 491, a, pour y ſuppléer, poſé cette maxime générale, que toutes les fois que la clameur eſt gagée volontairement, le garniſſement doit être fait dans les 24 heures du gagé volontaire : après cela la nouvelle Coutume copie l'ancienne, en décidant que s'il y a eu *refus*, & depuis *obéïſſance*, le garniſſement ne doit être fait que dans les prochains plaids ou aſſiſes ; il n'y a donc pas de *refus* ſelon la nouvelle Coutume, 1°. lorſqu'on gage la clameur au pied de l'Exploit ; & 2°. ſuivant l'ancienne & la nouvelle Coutume,

---

(1) Terrien obſerve que pour *le prochain Siege*, le Style de procéder deſigne les plaids, ſi la cauſe ſe pourſuit en plaids ; ou les aſſiſes, ſi elle ſe pourſuit en aſſiſes.

lorfqu'on la gage aux prochains plaids de gré, fans conteftation ni contrainte : auffi dans ces deux circonftances, les 24 heures courent de l'inftant du gagé, c'eft-à-dire, lorfque le gagé eft fait à l'inftant de l'exploit, du moment de l'acte que l'Officier accorde du gagé par fa diligence ; & quand le gagé eft fait aux prochains plaids, de l'inftant où le jugement eft prononcé. Il n'eft pas plus befoin que ce jugement foit fignifié que l'acte du gagé accordé par l'Huiffier au pied de l'Exploit ; le clamé ne peut prétendre caufe d'ignorance de fa déférence volontaire à la clameur ; la regle en ces deux circonftances doit conféquemment être la même. Ce qui conftitue le *refus*, fuivant nos Coutumes anciennes & modernes, c'eft donc ou la conteftation devant le Juge, ou le défaut de comparoître aux plaids ou affifes, auxquels on eft affigné pour acquiefcer à la clameur : ainfi, dans le cas où on contefte la clameur, ce n'eft plus du moment où, après le refus, on eft condamné à obéir, que court le délai de garnir, mais du jour où la Sentence qui porte cette condamnation, eft notifiée au clamant ; & dans le cas où le clamé ne comparoît pas aux prochains plaids pour gager, & qu'il gage extrajudiciairement, le délai de garnir s'étend jufqu'aux plaids qui fuivent ceux où le Juge accorde acte du gagé ; car, à ce moyen, l'art. 492 eft exécuté littéralement dans tous fes points.

Rien donc d'embarraffant dans notre Jurifprudence ; tous les Arrêts fe concilient parfaitement avec le texte de la Coutume. Elle ne regarde comme *refus* que celui qui eft fait en Juftice, ou expreffément par de mauvaifes conteftations, ou tacitement par défaut de comparence : dès-lors celui qui gage avant ou lors des prochains plaids volontairement, eft affimilé par la loi à celui qui gage au moment de l'exploit ; avec cette feule différence, que s'il gage au moment de l'exploit, le clamant doit, dans vingt-quatre heures du gagé, configner, parce qu'il a dû, en faifant fa clameur, avoir fes deniers prêts : Arrêt du 27 Février 1658, rapporté par Bafnage fur l'art. 491 de la Coutume. S'il gage dans le temps intermédiaire de la délivrance de l'exploit aux prochains plaids, il eft tenu de garnir dans les vingt-quatre heures de la Sentence qui accorde acte du gagé, parce que tout le temps qui s'écoule depuis l'exploit jufqu'aux prochains plaids ne fe compte point, & que le gagé fait aux prochains plaids eft comme fait au temps de l'exploit. En effet, le clamé, en ne gageant pas lors de l'exploit, donne clairement à entendre qu'il veut ufer de la liberté que la loi lui laiffe de ne gager qu'en préfence du Juge, & par là il autorife le clamant à ne lui exhiber fes deniers qu'après que le Juge a conftaté le gagé : Arrêts des 26 Juin 1731, 18 Juillet 1749, & 21 Janvier 1757. Si le clamé gage dans les prochains plaids volontairement, comme on ne peut le taxer de refus pour n'avoir pas gagé lors de l'exploit, puifque l'ancien Coutumier, auquel la Coutume réformée n'a pas dérogé, n'exige le gagé qu'aux prochains plaids ; il eft de toute néceffité que le délai du garniffement commence à l'inftant où ce gagé eft attefté par le Juge ; car l'ancienne Coutume déclare que dans cette efpece il n'eft dû que ce délai au clamant, & un Arrêt du 16 Juillet 1740 s'eft conformé à fa difpofition.

Quoiqu'il y ait refus, lorfqu'aux prochains plaids le clamé contredit la clameur, & quoiqu'il paroiffe, quand il n'appelle pas de la Sentence rendue contre lui pour le forcer à gager, qu'alors il y a *refus & obéiffance* de fa part, & conféquemment que le clamant n'eft obligé de garnir que dans les plaids fuivants ; cependant il eft de maxime que le délai du garnissement court alors du jour de la signification de la Sentence, parce que dans ces expressions de la Coutume: *s'il y a eu refus & depuis obéissance, le garnissement doit être fait dans les prochains plaids*, on doit entendre *par obéissance* celle qui est faite volontairement, & non celle qui est forcée. En effet, lorsqu'elle est faite librement & extrajudiciairement de la part du clamé, le clamant n'a pas pu prévoir l'instant où elle seroit passée; il lui faut donc le délai des prochains plaids pour ramasser ses deniers: au lieu que lorsque l'obéissance est forcée par un jugement, le clamant ne peut ignorer qu'en même temps où, en vertu de ce jugement, il assujettit le clamé à lui remettre l'héritage, il doit avoir aussi main garnie pour lui en restituer la valeur. Le clamant a un an & un jour pour signifier la Sentence qui a déclaré la clameur gagée contradictoirement; il peut prendre le temps qui lui convient dans l'an pour faire faire la signification; mais dès que la Sentence est signifiée, il faut qu'il rembourse dans les vingt-quatre heures de cette signification: Arrêt du 27 Mai 1777.

On vient de dire que, dans le cas où il y a eu refus & où le clamé passe librement hors jugement l'obéissance de faire délais, le clamant doit avoir les prochains plaids pour garnir; à cet égard il est d'observation que le délai des prochains plaids s'entend, en ce cas, d'un délai complet de plaids à d'autres plaids, c'est-à-dire de quinzaine, suivant l'art. 39 de la Coutume, pour les rotures, & de six semaines pour les terres nobles: c'est ce qui a été décidé en la cause d'entre M. Demeurdrac & le sieur Demey, le 10 Mars 1745; la raison, qui doit toujours servir à développer les raisons des expressions des loix, a dicté cet Arrêt: en effet, le but de l'art. 492 de la Coutume, ayant été de favoriser le clamant, il n'est pas possible de penser que cet article ait eu intention de forcer le clamant à garnir en dedans les plaids qui suivroient le gagé, lorsqu'il n'y auroit pas entre ce gagé & les plaids suivants l'intervalle ordinaire qui se trouve entre deux plaids; car si telle eût été son intention, sa disposition souvent au lieu d'être avantageuse au clamant, lui auroit été fatale; elle auroit ouvert aux clamés une voie sûre d'éluder le retrait & d'en rendre l'effet caduc. Les clamés n'auroient eu besoin pour y réussir que d'attendre jusqu'à la veille des plaids pour déclarer qu'ils gageoient; les clamants n'auroient pu avoir à ce moyen le temps nécessaire pour rassembler & offrir des deniers dont le dépôt auroit été éloigné du lieu où la consignation auroit dû en être faite.

Le délai fixé, dans le cas indiqué par l'art. 492 de la Coutume, ne peut être un délai variable; c'est un délai fixe de tout le temps qui s'écoule entre des plaids & d'autres plaids: on doit entendre cet article comme s'il disoit que *le garnissement doit être fait dans la prochaine quinzaine, ou dans les prochaines six semaines des plaids ou assises* auxquels le gagé, après le refus, est demeuré constant, & qu'acte en a été accordé juridiquement.

Quand le clamé ne gage point aux prochains plaids, & qu'il attend les délais de l'Ordonnance (car souvent ces plaids précédent les délais que l'Ordonnance accorde) le clamant a jusqu'aux prochains plaids pour consigner, quand même on lui signifieroit plutôt la Sentence: Arrêt du 28 Janvier 1750.

Il est d'observation que si, dans les clameurs, le clamant est obligé de suivre les délais de la Coutume; il ne l'est pas moins de garder ceux prescrits par l'Ordonnance; ainsi, quand ils ne s'accordent pas, on doit toujours donner l'assignation aux prochains plaids ou assises; mais on ne peut prendre défaut ni en demander le profit contre le clamé, qu'après qu'après les délais de l'Ordonnance acquis : Arrêt du 30 Avril 1736.

Le délai de consigner prescrit par la Coutume, dans les divers cas ci-devant indiqués, doit être observé à la rigueur : le Juge n'a pas le pouvoir d'en dispenser ; mais le clamant peut acquiescer valablement à la Sentence du Juge qui accorde cette dispense, ainsi que nous l'apprend l'Arrêt du 8 Février 1737, dont voici l'espece.

Farin avoit acquis des fonds dans le Bailliage de Lions (1), & la Demoiselle de Bouju avoit clamé : sur la contestation de Farin, Sentence intervint, qui déclara la clameur gagée, & renvoya les parties devant le Notaire, dans la huitaine du jour de la signification de la Sentence. Cette Sentence ayant été signifiée le quatrieme jour par la demoiselle clamante, avec sommation de venir devant le Notaire pour y être passé acte de délais, Farin n'y comparut pas : la demoiselle de Bouju prit acte de la non comparence, & consigna.

Farin la somma d'Audience devant le Juge de Lions, pour voir dire que faute par elle d'avoir consigné dans les 24 heures de la signification de la Sentence, elle seroit déchue de sa clameur. Si Farin avoit appellé, la Sentence auroit été réformée ; elle étoit contraire au principe que lorsque la clameur est gagée contradictoirement, on doit consigner dans les 24 heures de la signification de la Sentence ; mais au lieu d'appeller, il retourna devant le même Juge pour voir dire que faute par la demoiselle de Bouju d'avoir garni dans les 24 heures, il seroit maintenu en l'héritage clamé : le Juge de Lions le débouta ; & sur son appel de cette Sentence, la Cour confirma le jugement, par le motif que n'ayant point appellé de la premiere Sentence qui avoit accordé huit jours pour garnir, il n'étoit pas recevable à attaquer un garnissement fait en conséquence.

Il n'en fut pas de même en 1770 dans la cause du sieur Lemonnier, contre Jean-Baptiste Digard ; le sieur Lemonnier, ayant été clamé, laissa passer l'audience à laquelle il avoit été assigné pour gager, & ne fit signifier son gagé que quelques jours après ; Digard, clamant, avoit, à ce moyen, pour garnir jusqu'aux prochains plaids : mais au lieu de prendre ce délai, lorsqu'il se présenta en l'audience pour prendre acte du gagé, il conclut à être renvoyé devant le Notaire pour passer contrat dans les 24 heures de la prononciation du jugement ; le Juge lui accorda ses conclusions. Il releva la Sentence & la fit signifier ; ensuite il en appella ; puis réfléchissant qu'il l'avoit provoquée, l'avoit mise à exécution, il se désista de l'appel, & prétendit que, nonobstant la Sentence, il n'avoit pu, en l'exécutant, abréger le délais que la loi lui accordoit de garnir dans les prochains plaids, parce qu'on ne peut se forclorre soi-même ; ce qui fut jugé : dont appel. Sur l'appel, par Arrêt du 23 Janvier 1778, la Sentence fut confirmée, & l'héritage ajugé à Digard. Cet Arrêt n'est point contraire au précédent : lors de celui de 1737, le Juge de son propre mouvement avoit étendu le délai de garnir au-delà des bornes prescrites par la Coutume ; & par le dernier Arrêt, c'étoit le clamant au contraire qui avoit cru être en pouvoir de retrancher, & qui dans cette persuasion avoit retranché partie du temps de grace que la loi lui accordoit. En 1737 le clamé avoit, en exécutant la Sentence du Juge, induit la clamante au garnissement, après le délai de la Cou-

---

(1) Consultation de Me. Fremont, imprimée dans le Procès d'entre le sieur Lemonnier & le sieur Jean-Baptiste Digard.

tume ; & en 1778 les choses étoient entieres, le clamant n'avoit pas garni, & il étoit dans le délai de garnir. L'erreur de la demoiselle de Bouju ne provenoit pas de son fait ; elle ne devoit donc pas en être punie : l'erreur de Digard provenoit de son fait, il étoit donc juste qu'il eût la liberté de la réparer, étant encore dans le temps de le faire.

Car si le délai de garnir étoit expiré, malgré une Sentence du Juge & le consentement même du clamé, le clamant ne feroit pas une consignation valable, après l'expiration du délai ; c'est l'espece de l'Arrêt de M. d'Houdetot, rapporté par Bainage sur l'Article 491 de la Coutume. Ce Magistrat avoit gagé la clameur au sieur Deshebert, qui fit offre de ses den ers judiciairement ; le clamé demanda temps de quelques jours pour apporter le mémoire de ses loyaux coûts, ce qui lui fut accordé. Le sieur Deshebert, d'après cela, crut ne devoir pas garnir les deniers dans les 24 heures ; mais il fut débouté de son retrait. Sur l'appel, il représentoit que le Juge avoit prolongé le délai de garnir ; on lui repliqua que le clamé, par cette prolongation, étoit devenu le maître d'agréer son remboursement ou de le refuser, puisqu'il n'avoit plus, le délai fixé par la Coutume expiré, d'autre loi à suivre ; que sa volonté ayant changé, le clamant ne pouvoit se plaindre, puisqu'il s'y étoit rapporté : en conséquence, sur l'appel, les parties furent mises hors de Cour.

Le 13 Décembre 1670, la demoiselle Lenormand fut déclarée non-recevable en sa clameur, faute de consignation dans les 24 heures chez le Notaire en l'étude duquel, de l'audience du samedi elle avoit été renvoyée par le Juge au lundi, pour comparoître devant ce Notaire.

Le 13 Juillet, semblable Arrêt fut rendu contre un clamant, faute par lui d'avoir garni dans les 24 heures du gagé fait aux prochains plaids, quoique le Juge eût donné 24 heures pour justifier les paiements qu'il prétendoit avoir faits, & 24 heures après pour la consignation.

Ce n'est pas seulement lorsqu'il n'y a qu'un clamant, mais même lorsqu'il y en a plusieurs en concurrence, que le garnissement, quand la clameur est gagée, doit être fait dans les 24 heures. Nous avons trois Arrêts, l'un du 21 Juin 1712, & l'autre du 17 Mars 1770 ; le premier est rapporté par M. de la Tournerie sur l'article 475 de la Coutume ; & le second a été rendu en la IIe. des Enquêtes, au rapport de M. Hérambourg : par l'extrait des motifs du troisieme qui est du 27 Juin 1776, on jugera de l'équité de ceux sur lesquels les autres sont fondés.

En 1740, Jean-François Durel acquit de Nicolas Tolmer une piece de terre ; le contrat ne fut point lecturé : vingt ans s'écoulerent, durant lesquels Durel eut une jouissance paisible ; il mourut, & laissa pour héritiers un frere & deux neveux ; ces héritiers & la veuve firent des lots, & la piece de terre échut au frere. En 1770, c'est-à-dire trente ans après l'acquisition, Jacques Tolmer clama le contrat d'acquisition de 1740 ; & sur l'assignation devant le Juge de Briquebec, il fut accordé acte au clamant de l'exhibition par lui faite de ses deniers, & mandement fut accordé à l'acquéreur pour mettre en cause ses cohéritiers. La veuve Durel & ses neveux furent donc approchés ; le frere du défunt conclut contr'eux à un dédommagement pour son éviction : durant cet incident, d'entre l'oncle, ses neveux & sa belle-sœur, intervint un autre clamant, fils de Nicolas Tolmer, vendeur ; le premier clamant soutint sa clameur frauduleuse ; l'un des neveux gagea la clameur le 19 Décembre, & obtint passer contrat de délais à celui des deux clamants qui sesoit préféré ; en même temps il forma sa demande incidente pour que ses cohéritiers lui rapportassent les deux tiers de la perte que la clameur lui feroit éprouver.

Les cohéritiers consentirent aussi la remise, mais refuserent l'indemnité concluc contr'eux sur les demandes incidentes, tant des clamants que des clamés. Le Juge leur ordonna, le 31 Janvier, d'instruire, & cependant ordonna que le délais feroit fait au fils du vendeur. Les clamants ne garnirent point dans les prochains plaids, quoique la Sentence leur eût été signifiée ; & eux, ainsi que les clamés, continuerent de procéder, tant fur la demande incidente, formée pour fraude, que fur celle tendante à indemnité : les clamés cependant prétendirent que faute par les clamants d'avoir garni, ils devoient être maintenus ; ce qui leur fut accordé. Appel de cette Sentence de la part de l'un des clamants. Le Juge de Valongnes, auquel l'appel fut porté, cassa la Sentence du premier Juge, & condamna Durel à gager la clameur. Sur l'appel en la Cour, M*e*. Ducastel observa que les questions incidentes n'avoient pu suspendre le garnissement ; que la question de préférence & de fraude qui s'étoit élevée entre les deux clamants, ne les avoit pas dispensés de l'exécution de l'Article 492 de la Coutume ; que la disposition de cet Article étoit la même, soit qu'il n'y eût qu'un ou plusieurs clamants, parce que le clamé n'a aucun intérêt à leurs démêlés ; qu'il doit être mis hors de cause, sauf les disputes sur les fraudes qu'ils se reprochent, ou la préférence qu'ils revendiquent. Cet Avocat s'aidoit de l'autorité de Terrien, l. 8. c. 26, où il dit : *qu'aucunes fois il y a plusieurs clamants du même marché, & que le tenant est ajourné à la requête de chacun d'eux ; mais que nonobstant ce, le clamé peut demander ses deniers ; auquel cas, il convient qu'eux & chacun d'eux garnisse le prix, parce qu'il prend le garnissement s'il lui plaît, & puis parchassent les clamants entr'eux & demandent entr'eux à qui le droit de clameur appartient.* Ces moyens furent adoptés par la Cour ; elle conserva l'héritage au clamé, par Arrêt du 27 Juin 1776, au rapport de M. Mesnard.

L'Arrêt du 9 Août 1763, rapporté à la fin du texte de la Coutume, est mal présenté : le clamé n'avoit gagé que conditionnellement, & ce n'étoit pas le clamé qui excipoit de son gagé. Au reste, s'il y avoit appel de la part de l'un des clamants, l'autre clamant ne seroit pas obligé de garnir, car le délai de consigner, ainsi que les offres, seroient mis en suspens par l'appel.

Le gagé étant fait dans les délais prescrits, il reste à considérer par qui le garnissement doit être fait, à quelles conditions & en quelle forme il doit être fait.

Le garnissement doit se faire par le clamant ou par son Procureur *ad hoc*. Un Procureur *ad lites*, n'est point partie capable pour, sans pouvoir exprès, se trouver devant le Notaire, & consigner les deniers faute par le clamé d'accepter les offres. La seule raison en effet qu'on puisse alléguer en faveur du clamant, est que l'argent est la meilleure procuration, & qu'il importe peu de quelle main le clamé reçoive ses deniers, pourvu qu'il les reçoive & soit indemne.

Mais il y a des principes plus forts que ce moyen ; l'acte de remise ou de délais est un contrat très-important ; il s'y agit de remettre l'héritage acquis à celui qui le clame, & de donner toute décharge à l'acquéreur des obligations auxquelles il s'est soumis. Un Procureur *ad lites* peut bien représenter son client en Justice, instruire & faire juger son procès, &

encore ne peut-il y paſſer aucunes obéiſſances, y propoſer aucun reproche contre des témoins ſans le ſeing de ſa partie, quoique ces actes ſoient une ſuite des procédures pour leſquelles il a commiſſion ; à plus forte raiſon a-t-il donc beſoin d'une autoriſation ſpéciale pour contracter hors jugement & devant Notaires ; ce qu'il y conſentiroit pourroit être déſavoué. Un clamé n'eſt donc pas obligé de remettre à une perſonne un héritage qu'elle n'a pas qualité de recevoir, d'accepter d'elle un paiement qu'elle n'a pas droit de lui faire : la conſignation de deniers que le Procureur *ad lites* fait, eſt donc nulle ; & lors même que le clamant approuveroit cette conſignation, il ne la légitimeroit pas, parce qu'il faut conſidérer le moment où elle a été faite. Si le clamant avoit voulu redemander ſes deniers à ſon Procureur, rien n'auroit pu l'en empêcher ; on ne peut pas dire conſéquemment que les deniers conſignés par ce Procureur fuſſent devenus irrévocablement ceux de l'acquéreur, puiſqu'il auroit dépendu du clamant de ſoutenir nul tout ce qui auroit été fait par ſon Procureur. La conſignation étant nulle, il n'y a point de conſignation : auſſi par Arrêt du 21 Janvier 1750, en la cauſe d'entre le ſieur Deshayes & le ſieur Ducaſtillon, fut-il jugé que pareille conſignation ne pouvoit valoir, & le clamant perdit ſa cauſe.

Les conditions du délais ſont que le clamé ſoit indemne, & que le clamant ne ſoit pas obligé à plus de charges que le contrat n'en impoſoit au clamé.

Ainſi on doit rembourſer au clamé *les deniers du prix & loyaux coûts* : Article 487. *Ses aiures, ſemences & engrais,* s'il n'a pas les fruits, & en outre *pour le terrage ſur les deniers du fermage au prorata du temps de ſa jouiſſance avant l'ajournement* : Article 489. A l'égard *des prés, bois, pommes & autres fruits naturels, le clamé en eſt payé au prorata du temps de ſa poſſeſſion, avant l'ajournement, ſur l'eſtimation qui en eſt faite, ſi mieux n'aime le clamant lui payer l'intérêt du capital du contrat au denier du Roi* : Article 490 *de la Coutume*, & 100 *des Placités*.

Ces diverſes diſpoſitions ont donné lieu de penſer aux uns que l'Acquéreur pouvoit dans tous les cas de clameur exiger, pour être parfaitement indemne, l'intérêt de ſes deniers ; & aux autres que le clamant avoit la liberté, au lieu des intérêts du prix de l'achat, de lui abandonner les fruits à due eſtimation. Il paroît que ce dernier ſentiment doit être ſuivi, car l'acquéreur en faiſant ſon achat, a couru les riſques d'être préféré par le Seigneur & le lignager ; il n'a pas ignoré qu'en quelque temps qu'ils fiſſent uſage de leur droit, il ſeroit forcé de leur abandonner le fonds acquis ; que ce qu'il devoit leur abandonner étoit le fonds tel que ſi le vendeur fût décédé au moment de la clameur, puiſque le clamant eſt aſſimilé par la loi à celui qui ſuccede. Dès-lors c'eſt donc le revenu du fonds dont le clamant doit jouir du moment où il clame, & le clamé ne doit avoir à ſon profit au droit du vendeur, que ce dont ce dernier auroit joui lui-même. Ainſi que l'acquéreur ait débourſé un capital dont le revenu ſoit plus conſidérable que celui de l'héritage, le clamant n'eſt pas tenu de lui tenir compte de ce revenu, il ne doit compte que du revenu du fonds même. Il eſt étonnant qu'après la diſpoſition de l'Article 490, il y ait eu des doutes à cet égard.

D'ailleurs tout concourt à établir que le but de la Coutume eſt d'alléger le plus qu'il lui eſt poſſible le ſort des clamants.

D'un côté, ſi le clamé doit être indemne de toutes ſes obligations, ce n'eſt qu'autant qu'elles ont pour but d'acquitter le vendeur des obligations que lui-même auroit été nécessité de remplir.

D'un autre côté le clamé ne peut forcer le clamant à lui restituer les débours qu'il a faits pour améliorations, décorations & autres impenses qu'il auroit pu éviter, & dont avant l'acquisition le vendeur s'est dispensé. *Ainsi il ne suffit pas, suivant l'Article 497 de la Coutume, que le retrayant s'oblige de décharger l'acheteur qui s'est soumis d'acquitter le vendeur d'aucunes rentes envers ses créanciers; ains sera & doit être contraint à garnir les deniers desdites rentes, pour la décharge dudit acheteur: mais où l'acheteur ne seroit tenu qu'à la faisance & racquit desdites rentes, il suffit que le retrayant s'oblige l'en décharger, pourvu qu'il soit ainsi accepté par le vendeur, & doit se faire sous l'hypotheque de tous ses biens, & non-seulement de l'héritage retiré; en quoi faisant l'acheteur demeure déchargé de tout.*

Cet article, on le voit, renferme deux dispositions différentes.

Par la premiere, le clamant est obligé de garnir le capital des rentes; par la seconde, il suffit qu'il décharge l'acquéreur, pourvu que le vendeur l'accepte. Cette différence vient de ce que, dans la premiere hypothese, l'acquéreur s'étant obligé envers les créanciers, & leur ayant donné un acte en vertu duquel ils peuvent le contraindre; il n'est valablement déchargé que par le garnissement des sommes qu'il s'est soumis d'acquitter; & l'acceptation du vendeur ne suffit point, par la raison qu'elle n'opéreroit pas la décharge de l'acquéreur: le clamant est donc obligé de garnir le capital des rentes que le clamé a pris soumission d'amortir, quand même il n'auroit pas fait cet amortissement. Au lieu que dans la deuxieme hypothese, l'acquéreur ne s'étant obligé que vers le vendeur, n'ayant pas contracté avec les créanciers du vendeur, celui-ci reste toujours leur seul objet. Les choses n'ont point pris pour eux une nouvelle forme; l'acquéreur ne leur a rien promis, c'est pourquoi il est quitte de ses obligations, quand celui envers lequel seul il les a contractées, veut bien l'en décharger; & en ce cas l'agrément du vendeur suffit pour dispenser le retrayant de garnir le capital de la rente ou de la somme mobiliaire due (car la loi frappe sur les rentes comme sur les sommes mobiliaires); ce qui doit être entendu cependant avec cette restriction, que si le clamé avoit remboursé avant le retrait les rentes dont il auroit été chargé & dont on lui auroit permis de faire le racquit, alors le clamant seroit tenu de lui rendre son capital, & celui-ci ne seroit pas reçu à continuer les rentes ou sommes acquittées; mais cessant l'autorisation donnée par le contrat au clamé pour amortir, le clamant ne seroit pas obligé de garnir les capitaux des remboursements qu'il auroit faits, parce qu'alors ces remboursements seroient présumés faits par le clamant dans la vue de rendre la clameur plus difficile que l'acquisition ne l'auroit été. Et tel est le cas de l'Arrêt du 27 Juillet 1761, dont voici l'espece:

Un sieur de Boissey vendit tout son bien à un sieur Lanon, par prix de 23000 liv., sur laquelle somme il resta aux mains de l'acquéreur 5000 liv. pour le principal d'une rente de 250 liv. due à un sieur Daujon, Médecin, qui avoit épousé la sœur du vendeur: le contrat portoit cette clause, *que le vendeur donnoit la liberté à l'acquéreur de continuer cette rente dotale, ou de l'amortir en prenant ses sûretés de façon que le vendeur n'en fût inquiété ni recherché.*

5400 liv. furent de même laissées à l'acquéreur pour ce qui pourroit se trouver dû à la dame épouse du vendeur pour ses droits, autres que le douaire, laquelle somme ne seroit exigible qu'un an après le décès du vendeur, sauf à l'acquéreur à s'en libérer auparavant ainsi qu'il avisera bien.

En outre 4000. liv. pour le fonds du douaire de la dame de Boissey, si elle survivoit son mari, parce qu'en cas de prédécès ladite somme de 4000 liv. seroit payée au vendeur.

Le surplus fut payé au vendeur. Il mourut peu de temps après.

Action en retrait de la part d'un sieur de Saint-Vigor parent, lequel pour trouver moins de difficultés dans sa clameur, se fit céder par le sieur Daujon, Médecin, la rente légitimaire de 250 liv. dont on vient de voir que le vendeur avoit chargé l'acquéreur; mais le sieur de Saint-Vigor ne voulut point en risquer le capital, il constitua seulement sur ses biens au profit du sieur Daujon pareille rente de 250 liv. Comme il n'avoit besoin pour sa clameur que d'une acceptation du créancier, il pensa que c'étoit là la meilleure forme d'atteindre ce but; muni de cet acte, il signifia sa clameur.

Il se répandit dans le canton qu'un des freres du vendeur, le sieur de Beaumanoir, se disposoit à clamer. Pour rendre sa clameur plus difficile, le sieur Lanon acquéreur, d'accord avec le sieur de Saint-Vigor premier clamant, rembourse au sieur de Saint-Vigor le capital de la rente de 250 liv. que lui avoit transportée le sieur Daujon. Cependant le sieur de Saint-Vigor ne voulut point se nuire en servant le sieur Lanon, c'est pourquoi il se réserva à poursuivre sa clameur, en cas que le sieur de Beaumanoir ne réussît pas dans celle qu'il projettoit.

Le lendemain de cet acte, le sieur de Beaumanoir fit signifier sa clameur au sieur Lanon. Comme les fonds vendus étoient nobles, l'assignation ne put être donnée qu'aux prochaines assises. Cela donna le temps au sieur Lanon de faire usage d'une nouvelle ruse. Il engagea la dame de Boissey, veuve du vendeur, à le sommer de lui payer ce dont il étoit chargé, *n'entendant & ne voulant reconnoître ni accepter aucun autre pour ses droits, que lui sieur Lanon, comme acquéreur de son mari.*

Le sieur Lanon paya à la Dame de Boissey tout ce qu'elle lui avoit demandé, & il choisit pour ce paiement la veille des Assises, afin que le sieur de Beaumanoir n'en pût être informé.

Le lendemain, jour des Assises, Lanon gagea la clameur, & par Sentence les Parties furent renvoyées devant le Notaire, pour y passer le contrat de remise, le lendemain sept heures du matin.

Le sieur de Beaumanoir signifia cette Sentence, & se rendit au Notariat, à l'heure indiquée; il eut l'attention de mener avec lui le sieur Billeheux, son frere ainé, héritier du vendeur, pour s'en faire accepter, & donner à l'acheteur une décharge entiere des sommes qui restoient à payer, en un mot, de toutes ses obligations: le sieur Lanon fit son calcul, & porta les sommes à garnir à 23405 liv. & tant de sols, y compris tous frais & loyaux coûts, &c.

Le sieur de Beaumanoir contesta le remboursement des 5000 liv. payées au sieur de Saint-Vigor, & des 5400 liv. données à la Dame de Boissey; il offrit le surplus, & ayant demandé au Notaire acte de ses offres, comme de l'acceptation de l'héritier du vendeur, il se retira pour aller consigner.

La contestation portée devant le Juge, les parties instruisirent: le sieur de Beaumanoir proposa les moyens suivants.

Par rapport à la somme de 5000 liv.

Il est de principe qu'un clamant ne sauroit dépouiller un acquéreur qu'il ne lui remette toutes les sommes qu'il a débourſées *utilement* ; il faut donc examiner ſi le ſieur Lanon a dû rembourſer aux mains du ſieur de Saint-Vigor le capital de la rente dotale due à la ſœur de ſon vendeur.

Que le ſieur de Saint-Vigor, dans l'intention de clamer, ſe ſoit fait céder par le ſieur Daujon la rente en queſtion pour une autre ſemblable, ce contrat ne peut être regardé que comme une acceptation pour le retrait qu'il projettoit, ſi vrai qu'il a négligé de ſe munir du conſentement de la dame Daujon, quoiqu'il fût indiſpenſable pour rendre valable l'aliénation de ſa dot.

Un mari n'a pas beſoin du conſentement de ſa femme pour recevoir l'amortiſſement de ſa rente dotale, & dans ce cas la femme ne peut revenir ſur les débiteurs de ſa dot qu'après la diſcuſſion des biens de ſon mari, par la raiſon que l'amortiſſement de la dot opere une conſignation ſur les biens du mari.

Mais ce n'eſt point ici un amortiſſement fait par le débiteur; le ſieur de Saint-Vigor ne l'étoit pas; il ne pouvoit que contracter avec le ſieur Daujon & ſe faire céder ſes droits; c'eſt donc une aliénation faite par le mari à un étranger : or, ſuivant l'article 538 de la Coutume, l'aliénation d'une dot n'eſt valable que lorſque la femme y a donné ſon conſentement ; la dame Daujon n'ayant point paru à l'acte qu'a fait ſon mari au ſieur de Saint-Vigor, eſt encore en droit de s'adreſſer directement à ſes freres comme obligés ſolidairement à ſa dot, encore bien que le ſieur de Boiſſey vendeur en ait été chargé par les partages; car l'objet de cette Dame eſt la ſucceſſion de ſon pere; conſéquemment le contrat fait entre le ſieur de Saint-Vigor & le ſieur Daujon en peut être conſidéré que comme une ſimple acceptation, puiſqu'il ne peut valoir à titre d'aliénation de la dot de la dame Daujon.

D'ailleurs, comment ſuppoſer que le rembourſement du ſieur Lanon au ſieur de Saint-Vigor ait été ſérieux & de bonne foi ? L'acte même de ce rembourſement manifeſte la colluſion ; le ſieur de Saint-Vigor s'eſt réſervé à pourſuivre ſa clameur. Si le ſieur de Beaumanoir ne réuſſit pas dans la ſienne, il ſeroit bien ſingulier que le ſieur de Saint-Vigor, *qui s'eſt réſervé à ſa clameur*, eût reçu un capital qu'il auroit été obligé de rendre le lendemain avec les frais du contrat de rembourſement.

Mais ſuppoſât-on le rembourſement ſincere, le ſieur Lanon ne ſeroit pas mieux fondé à en demander la reſtitution au ſieur de Beaumanoir. 1°. Perſonne n'ignore que l'action en clameur & le garniſſement des deniers dépoſſedent l'acheteur, ou du moins mettent ſon droit en ſuſpens ; par conſéquent, après la clameur du ſieur de Saint-Vigor, le ſieur Lanon n'avoit plus qualité de faire acte de propriétaire, & certainement le raquit d'une rente ſuppoſe un poſſeſſeur paiſible. Le ſieur Lanon n'étoit donc pas en état de faire ce racquit, puiſqu'il étoit dépouillé par le retrait du ſieur de Saint-Vigor.

2°. Le ſieur Lanon étoit obligé, aux termes de ſon contrat, de prendre ſes ſûretés, en cas qu'il voulût amortir la rente de la dame Daujon : cette clauſe étoit d'autant plus importante, qu'encore bien que le ſieur de Boiſſey vendeur fût ſeul chargé de payer cette rente, ſes freres n'y étoient pas moins obligés ſolidairement; il n'étoit pas en droit de rien faire qui pût leur nuire ou changer leur état. Or, le ſieur Lanon a-t-il pris les ſûretés propres à mettre le ſieur de Boiſſey & ſes freres à l'abri de toute recherche ? A-t-il exigé un remplacement du ſieur Daujon ? A-t-il fait accepter ce remplacement par ſa femme ? L'a-t-il fait ſigner au contrat ? A-t-il fait donner aux débiteurs de la rente une décharge par les créanciers? Le sieur Lanon n'a observé aucune de ces formalités essentielles : les freres de la dame Daujon ne sont donc pas acquittés envers leur sœur ; elle peut revenir sur eux sans être obligée au préalable de discuter les biens de son mari ; d'où il suit que le sieur Lanon n'a pas rempli la condition de son contrat ; il ne peut donc pas forcer le sieur de Beaumanoir, encore obligé lui-même à la rente, à lui restituer un capital qu'il ne lui étoit permis de rembourser qu'en prenant des sûretés qu'il a négligées : il peut tout au plus être regardé comme acquéreur de cette rente, & en cette qualité en exiger le paiement en justifiant l'avoir payée à la dame Daujon envers laquelle le sieur de Beaumanoir est obligé.

Si les freres de la dame Daujon s'étoient engagés à payer sa dot dans un temps fixe, sans stipulation d'un remplacement spécial, il est sans difficulté qu'ils n'auroient pu en exiger un à l'échéance du terme de paiement ; & dans ce cas, le sieur Lanon qui, tout au plus représente le sieur Daujon par l'acquisition qu'il a faite de la rente dotale, ou plutôt le sieur de Saint-Vigor qui l'a mis en son lieu & place, auroit les mêmes droits que le sieur Daujon & pourroit exiger le remboursement qu'il demande aujourd'hui ; mais cette espece n'est pas la présente. Le sieur Daujon n'avoit pas le droit d'exiger qu'on lui remboursât la dot de sa femme ; il n'a donc pu transmettre à un autre un droit qu'il n'avoit pas. Ce que le sieur Lanon ne peut demander au sieur de Beaumanoir, comme obligé à la rente dotale de sa sœur, il ne peut l'exiger du sieur de Beaumanoir clamant ; sa qualité de clamé n'a pu lui faire illusion : il est acquéreur du sieur de Saint-Vigor ; le remboursement qu'il lui a fait ne pouvoit pas plus valoir que s'il l'avoit fait au sieur Daujon lui-même, par la raison que le représentant n'a pas plus de droit que le représenté : or, le sieur Daujon n'avoit pas qualité d'aliéner la dot de sa femme sans sa participation.

C'est mal raisonner que d'argumenter d'un remboursement reçu par le mari à une aliénation de la dot ; on a vu plus haut que les regles n'en étoient pas les mêmes. Pour que le sieur Lanon eût pu valablement rembourser au sieur de Saint-Vigor le capital de la dot de la dame Daujon, il auroit fallu que le sieur de Saint-Vigor eût été créancier de cette même dot. Une preuve qu'il ne l'a jamais été, c'est qu'elle est due encore à la dame Daujon, qui n'a pas consenti à l'aliénation que son mari en a faite.

Dans le cas même du remboursement où le sieur Lanon se retranche, la femme n'est obligée qu'à discuter les biens de son mari avant de revenir sur les débiteurs originaires : donc ceux-ci restent toujours garants & débiteurs. Si le mari est insolvable, le remboursement ne les met donc pas hors d'inquiétude. Ainsi le sieur Lanon doit voir que dans le cas le plus favorable où il puisse se placer, il n'a pas rempli par son prétendu remboursement les conditions de son contrat.

Si le sieur de Beaumanoir est toujours l'objet de la dame Daujon, comment soutenir qu'il doit rembourser au sieur Lanon un capital dont il ne sauroit refuser l'intérêt à un autre ? Pour être en droit de poursuivre quelqu'un, il faut être en droit de lui donner une quittance qui fasse sa libération. Le sieur Lanon peut-il dire qu'il soit en état de mettre le sieur de Beaumanoir à l'abri des poursuites de la dame Daujon ? Tout ce qu'il sauroit répondre, c'est qu'en payant exactement la rente à la dame Daujon, il la mettroit hors d'état d'inquiéter le sieur de Beaumanoir ; mais ce n'est plus libéret quelqu'un, que de prévenir les poursuites du créancier, par le paiement qu'on en fera exactement à l'échéance, puisque dès que le paiement manquera, il lui fera toujours libre d'attaquer son premier obligé.

Le sieur Lanon a beau offrir au sieur de Beaumanoir de rester son garant; ce qui répugne à l'indemnité absolue due à un acquéreur. Si le sieur Lanon restoit garant, le sieur de Beaumanoir ne seroit pas moins le principal obligé; la garantie offerte en est la preuve.

Par rapport aux 5400 liv.

Un acquéreur ne sauroit se dire propriétaire qu'après le temps fatal de la clameur, & à plus forte raison il n'est point censé jouir des fonds dont on lui a signifié le retrait avant qu'il en ait pris possession. Ce principe est écrit dans l'Article 486 de la Coutume. Lorsque le clamant a offert ses deniers, l'acquéreur est dépouillé de tout : les fruits comme la propriété passent au retrayant, ou du moins sont comme sequestrés, pour lui être remis. Par une conséquence absolue, il ne reste plus à l'acquéreur de qualité pour user d'aucune voie ouverte au propriétaire; ses droits sont tout au moins arrêtés & suspendus.

Le sieur de Beaumanoir par son ajournement & par l'offre de ses deniers qu'il fit lors, avoit donc, sinon tout à fait dépouillé le sieur Lanon, au moins interrompu ses droits sur les fonds clamés. L'acquéreur n'avoit donc plus ni la qualité de propriétaire, ni celle de possesseur. Sous quel titre a-t-il donc payé à la dame de Boissey un capital qu'il n'appartenoit qu'au véritable propriétaire d'acquitter? Un acquéreur ne sauroit exiger de remboursement que lorsqu'il a payé de bonne foi & avant la clameur; par la raison, encore une fois, que l'acquéreur dépouillé, ou seulement troublé si l'on veut par la clameur, n'a plus de droit certain sur les fonds qui lui sont disputés, il devoit dénoncer la sommation de la dame de Boissey au sieur de Beaumanoir, & déclarer à cette femme qu'au moyen du retrait dont il lui auroit donné copie, il ne lui appartenoit plus de répondre à sa demande.

Le sieur Lanon ne peut pas dire que le sieur de Beaumanoir n'auroit pas moins dû offrir les 5400 liv., quand le paiement n'en auroit pas été fait à la dame de Boissey. Le sieur Lanon ne s'étoit point obligé envers la dame de Beaumanoir; il n'avoit pas contracté avec elle, il ne lui avoit donné aucun acte contre lui; il n'avoit pris charge de lui payer 5400 liv., que vis-à-vis du sieur de Boissey, son vendeur : or, le sieur de Beaumanoir s'étant fait agréer par le sieur Billeheux, frere ainé & héritier du vendeur, & ayant, par cette voie, délié le sieur Lanon de tous les engagements qu'il avoit pris vis-à-vis du sieur de Boissey son vendeur, il s'est conformé à la seconde disposition de l'Article 497 de la Coutume, ainsi que nous l'avons déja observé.

Le sieur Lanon oppose le sentiment de Bérault sur l'Article 497 : » c'est aussi » l'intérêt de l'acheteur, dit Bérault, » que le garnissement se fasse lors, n'étant » pas raisonnable, puisque le marché lui » est ôté, *qu'il demeure encore obligé en-* » *vers son vendeur*........ Par le moyen du » garnissement, l'acheteur sera déchargé » *envers le vendeur*; & *le vendeur envers* » *ses créanciers*, par le paiement du prin- » cipal des rentes qui leur sera fait «.

Il est clair que Bérault ne parle ici que du cas où le vendeur ne viendra pas décharger l'acquéreur, & ne le tiendra pas quitte de ses obligations; alors le retrayant qui doit indemniser l'acquéreur, ne peut sans doute se dispenser de garnir tout le prix du contrat *pour décharger l'a-cheteur envers le vendeur*; c'est même le seul moyen de décharger l'acquéreur.

Mais quand le vendeur ou son héritier vient avec le retrayant décharger l'acquéreur des obligations qu'il a contractées vis-à-vis du vendeur seul, que reste-t-il à desirer à l'acheteur pour sa libération ? On ne peut plus dire qu'il reste obligé *envers le vendeur*, & c'est le seul cas où Bérault exige le garnissement ; les créanciers ne peuvent se plaindre, puisque leur débiteur leur reste, & que leur état est le même. Enfin personne ne peut plus poursuivre l'acquéreur qui n'avoit donné de titre contre lui qu'au vendeur seul ; vendeur qui l'a tenu quitte & qui l'a délié de ses engagements : aussi Bérault le dit-il expressément quatre lignes au-dessous du passage cité.

Le sieur Lanon oppose le sentiment de Basnage : » la disposition de cet article est fort équitable, dit cet Auteur ; » le lignager doit payer comptant, & » l'acquéreur n'est pas tenu d'attendre sa » commodité, ni de prendre des assu- » rances qui ne pourroient servir qu'à » lui donner un recours contre le re- » trayant, mais qui ne le dégageroient » pas de l'obligation qu'il avoit contractée » envers le vendeur «.

Basnage n'entend évidemment parler, comme Bérault, que d'un retrayant qui offriroit à l'acquéreur de le dégager sans l'acceptation du vendeur : comme ces obéissances ne seroient pas capables de décharger l'acquéreur, & ne lui donne- roient *qu'un recours contre le retrayant*, celui-ci ne peut se dispenser, en ce cas, de garnir tout le prix du contrat ; parce que, faute d'acceptation de la part du vendeur, l'acquéreur ne peut être dégagé que par le garnissement ; autrement, il resteroit toujours lié avec le vendeur : il faut donc conclure de là que le vendeur, ayant accepté le retrayant, au lieu de l'acquéreur, & déchargé lui-même l'a- cheteur de toutes ses obligations, le re- trayant n'a plus besoin de garnir pour la sûreté de l'acquéreur, tenu quitte. Basnage n'exige, comme les autres, le garnissement que pour la décharge de l'acquéreur envers le vendeur, quand le premier ne s'est point obligé vis-à-vis des créanciers.

Mais sans recourir aux autorités, fai- sons une simple réflexion. Si un vendeur après avoir chargé un acquéreur de l'ac- quitter envers ses créanciers, revenoit sur ses pas pour anéantir le contrat, & que l'acquéreur y consentît ; soutiendroit- on que l'acquéreur ne seroit dégagé, envers les créanciers, que par le garnisse- ment que seroit obligé de faire le vendeur lui-même du prix du contrat ? Une telle prétention seroit ridicule. Si un créancier s'adressoit à cet acquéreur délié, celui- ci lui diroit qu'il ne le connoît pas ; qu'il n'a jamais contracté avec lui ; qu'il ne s'étoit obligé de le payer, qu'à con- dition que les fonds lui resteroient ; que son contrat étant résolu, il ne doit plus rien ; que ne s'étant obligé que vis-à- vis du vendeur, la volonté de ce der- nier a suffi pour le dégager & le tenir quitte : cet acquéreur ne s'aviseroit pas de prétendre que le vendeur, pour le décharger, doit garnir le prix du con- trat anéanti ; & c'est pourtant l'étrange prétention du sieur Lanon. Il n'a con- tracté qu'avec le sieur de Boissey : le sieur de Beaumanoir, venant prendre sa place, ne peut donc mieux le dégager, qu'en le faisant tenir quitte par l'héritier même du vendeur ; il est indemne, qu'a-t-il à demander ?

Dès que l'acquéreur est indemne & qu'il ne reste rien à desirer pour sa tran- quillité, le retrayant, accepté par le vendeur, doit avoir les mêmes termes de paiement qu'avoit l'acquéreur qu'il représente : *tunc termini prosunt retra- henti sicut emptori* ; c'est le sentiment de Dumoulin qui en donne cette raison :

quia quando patronus retrahit, habetur perinde ac si emeret.

Le sieur Lanon objecte que quand le retrayant devroit avoir les mêmes termes de payer que l'acquéreur, ceci n'auroit lieu que dans le cas où les créanciers n'auroient fait aucune diligence contre l'acquéreur; comme il a été jugé par un Arrêt du 18 Janvier 1608, rapporté par Bérault sur l'Article 497.

Mais dans l'espece de cet Arrêt, les créanciers que l'acquéreur avoit été chargé d'acquitter avoient des crédites exigibles: ils avoient fait arrêt aux mains de l'acquéreur avant le retrait, si vrai que l'acquéreur parle de ces Arrêts dans l'obéissance qu'il passe de faire délais sur la clameur; c'étoit d'ailleurs le vendeur lui-même qui clamoit, & le refus qu'il faisoit de consigner n'étoit fondé que sur le dessein injuste de ne pas payer ses créanciers. La mauvaise foi étoit du côté du retrayant, & le clamé ne demandoit que sa sûreté, puisqu'il laissoit le clamant maître de lui donner caution.

Dans l'espece de la cause actuellement discutée, ce sont tous les opposés réunis. La dame de Boissey n'étoit pas dans le temps de former son action; elle ne pouvoit agir qu'un an après le décès de son mari. Les 5400 liv. restées aux mains de l'acquéreur, ne lui avoient été laissées que *pour ce qui pourroit se trouver dû à la dame de Boissey*; elle ne pouvoit donc se dispenser de faire liquider ses droits avant de former sa demande; jusques là elle y étoit non-recevable: conformément à ces moyens, il intervint Sentence en ces termes:

» Nous avons jugé les obéissances du » sieur de Beaumanoir & la consignation » par lui bien faite, suffisante; ce fai» sant, nous l'avons vu le brevet de con» signation en date, &c. envoyé en pos» session des fonds clamés, en rembour» sant au sieur Lanon les sommes par lui » payées, à l'exception de la somme de » 5000 liv. payées au sieur de Saint-Vigor » pour le sieur Daujon, & de celle de » 5400 liv. payée à la dame de Boissey; » desquelles deux sommes le sieur de » Beaumanoir paiera l'intérêt audit sieur » Lanon du jour des paiements qu'il en a » faits, ainsi que les intérêts qu'il en » auroit dû payer, jusqu'à l'amortissement » qu'il en pourra faire, en cas que ladite » somme de 5400 liv. se trouve bien & » légitimement due à la dame de Boissey. » Ledit sieur Lanon condamné aux frais » de la consignation, & aux dépens de » la contestation.

Sur l'appel, l'appellation fut mise au néant; & en outre le sieur Lanon condamné en 500 liv. d'intérêts.

On a donné quelqu'étendue aux moyens qui influerent sur la décision de la Cour lors de cet Arrêt, parce que le développement qu'ils ont dans les Mémoires, peuvent beaucoup servir à guider dans l'interprétation de l'Article 497. D'ailleurs par là on sera dispensé de s'appesantir sur les circonstances des Arrêts qui ont parti des mêmes principes que cet Arrêt a consacrés.

Le sieur Vauquelin vendit en 1770 une ferme par 15300 liv., qui furent payées comptant, à charge par l'acquéreur de continuer ou d'amortir 50 liv. de rente due à un tiers, & de délivrer au vendeur durant sa vie certaine quantité de bled & d'orge estimée à 16000 liv.; en outre, on l'obligea à faire 1000 liv. de rente fonciere, francs deniers venants. Le contrat portoit que l'amortissement de cette rente ne pouvoit être fait que dans trente ans, ou après le décès du vendeur, s'il décédoit avant ce terme. Le contrat fut lu le 3 Décembre 1771. Le 31 Octobre 1772, un Seigneur clama à droit féodal, une partie des fonds; l'acquéreur garda le silence. Le 2 Novembre, un cousin du vendeur clama le tout, & la clameur fut gagée à l'inſtant par l'acquéreur. Le lendemain & dans les vingt-quatre heures, cet acquéreur & le retrayant furent chez le Notaire. Le clamant y donna caution pour la faiſance de la rente de 1000 liv.; mais le clamé ſoutint qu'il avoit racquitté les redevances viageres en grains & les 1000 liv. de rente fonciere, depuis le contrat & la lecture. Il en exhiba des quittances ſous ſeing, & exigea que l'on garnît les capitaux de ces objets. Refus de la part du clamant. Le Juge de Gacey le condamna au garniſſement. Celui d'Orbec, ſur l'appel, l'en déchargea. Appel de ce Jugement en la Cour : il y fut décidé, par Arrêt du 26 Mars 1778, au rapport de M. d'Anneville, que les offres du clamant étoient ſuffiſantes. Et en effet, l'acquéreur n'a pas droit durant l'an & jour de changer les clauſes & conditions du contrat lecturé, pour rendre plus difficile la clameur. Il contrevient par là à l'Article 460 de la Coutume, ſuivant lequel le contrat après publication, doit faire la regle. D'ailleurs les rentes viageres dans l'eſpece de l'Arrêt étoient aléatoires. Le clamant devoit avoir le choix ou de les racquitter, ou de les amortir ; car il pouvoit trouver plus de profit ou de commodités à l'un ou à l'autre de ces partis, & l'acquéreur n'avoit pu le priver de l'option, qu'en dérogeant à ſon propre contrat. Enfin par l'Article 462, le clamant eſt tenu à rembourſer les rentes rachetables. Or celle de 1000 liv. dont il s'agiſſoit au contrat étoit irracquittable quoiqu'à temps, car durant ce temps le racquit n'en étoit point permis.

Cet Arrêt ne contredit pas celui du 24 Avril 1629, rapporté par Baſnage ſur l'Article 497. Par le contrat ſur lequel cet Arrêt intervint, le rachat de la rente y ſtipulée n'avoit point été interdit : au contraire, l'acquéreur avoit ſeulement la liberté de ne point la racquitter pendant dix ans ; elle étoit donc à toujours, & même pendant les dix ans, rachetable à ſa volonté.

En un mot, ni le clamé, ni le clamant ne doivent après le contrat, dans l'an du retrait, le dénaturer par des racquits auxquels il n'oblige pas. C'eſt en partant de cette maxime, que deux Arrêts ont été rendus, l'un du 4 Février 1757, l'autre du 16 Juillet 1763, qui tous deux interdiſent à l'acquéreur de faire des augmentations ſur le fonds acquis durant l'an de clameur, & n'obligent le clamant qu'au rembourſement des impenſes utiles & néceſſaires.

Mais le dernier Arrêt fixe avec préciſion nos idées ſur les objets d'impenſes auxquels ce double caractere d'utilité & de néceſſité ne peut convenir. Il déboute en effet un acquéreur de ſa demande des frais qu'il avoit faits pour plantation d'arbres & nettoiement de pierres qui nuiſoient au labourage du fonds, quoique cet acquéreur y fût autoriſé par le contrat, & que lors du contrat, les plantations euſſent été commencées ; d'où il eſt aiſé de concevoir la différence qu'il y a entre les réparations *néceſſaires*, & celles qui ne ſont qu'*utiles*. Par les premieres, on entend non-ſeulement celles ſans leſquelles l'héritage ſeroit ruiné, périroit, comme la refaction d'un mur principal, ou le replacement d'un ſommier rompu ou pourri ; mais encore celles ſans leſquelles l'état où étoit le fonds lors du contrat, empireroit & ſeroit dénaturé. Et dans la claſſe des autres, on doit ranger toutes les impenſes qui ne font qu'augmenter le revenu & le prix du fonds. L'acquéreur qui fait ces dernieres, eſt préſumé les avoir faites de mauvaiſe foi pour mettre des obſtacles à la clameur. Cependant il peut démolir & enlever ce qu'il a ajouté aux bâtiments ou au fonds, pourvu qu'il remette les choſes en l'état où elles étoient quand il a acquis, mais sans détériorer, & pourvu encore que l'enlèvement & la démolition lui soient profitables ; car après avoir fait peindre à fresque une cheminée, peinture qui ne peut subsister par elle-même, il ne pourroit l'enlever, l'effacer, dans aucune autre vue que celle d'en priver le clamant. Or le clamant seroit en droit de s'y opposer ; il a même celui de demander à due estimation les augmentations, & réédifications qu'il est possible d'enlever. *Voyez* l'Article 146 de la Coutume de Paris, Bérault & Godefroi, sur l'article 453 de notre Coutume, & Basnage sur l'Article 489. Si cependant il s'agissoit d'une clameur intentée pour fraude après un certain nombre d'années de jouissance, il paroîtroit naturel de rembourser les améliorations qui auroient augmenté le revenu du fonds, mais le remboursement de celles qui en auroient augmenté la valeur intrinsèque ne seroit pas dû.

Il y a des circonstances où le remboursement en deniers n'est pas requis, & où il suffit que le clamant donne caution ; & il y en a d'autres qui rendent la caution ou l'agrément du vendeur indispensable.

1°. Le clamant n'est point tenu à donner caution de décharger le clamé de la continuation des rentes foncieres dont il étoit chargé, ni de se faire agréer par le vendeur : Arrêt du 6 Février 1733. La simple obéissance passée par le clamant qu'il décharge l'acquéreur, suffit, Arrêt du 4 Mai 1742 ; & ceci s'applique non-seulement aux rentes irracquittables, mais même aux rentes foncieres rachetables : Arrêt du 20 Décembre 1742.

2°. Lorsque l'acquéreur s'est chargé d'amortir des rentes, dont le racquit peut être fait à tout instant, soit parce que le créancier de ces rentes est tenu donner remplacement, soit parce que le vendeur a exigé qu'il fût présent au remplacement, le clamant n'est pas contraint de rembourser sur le champ, à moins qu'on ne lui donne caution ; & faute de la lui donner, il peut en offrir une d'amortir les rentes, quand l'embarras sera levé. L'Article 497 de la Coutume ne fait loi que lorsqu'il n'y a pas d'obstacle à ce que les rentes soient racquittées sans délai : Arrêt du 16 Août 1747, rapporté par M. de la Quesnerie en ses notes sur Basnage, f°. 382, tom. 1.

3°. Si un vendeur a donné du temps à l'acquéreur pour payer, le clamant ne peut en bénéficier ; il doit payer comptant le prix du contrat, & il n'est pas recevable à offrir caution : Arrêt du 24 Avril 1629.

4°. Mais si la vente a été faite au moyen d'une rente viagere, le clamant est obligé de donner caution, & de se faire agréer par le vendeur : Arrêt du 26 Février 1752.

5°. La Coutume, en obligeant de consigner dans les 24 heures, ne parle que du prix principal de l'acquisition ; car, quant aux frais & loyaux coûts que le contrat seul peut indiquer, ils ne peuvent être si promptement liquidés. Suivant l'Article 433, il suffit de donner caution de les payer après la liquidation.

Lorsque malgré les offres les plus raisonnables, un clamé refuse de les accepter, alors on doit consigner les deniers en présence du clamé ou lui duement appellé.

Mais c'est une question de savoir, s'il est au choix du clamant d'exiger l'intérêt de ses deniers ou de se contenter du revenu des fonds ? Sur ce point, il paroît certain qu'il ne peut exiger que le prix du revenu, à proportion du temps qu'il a joui, quand même le vendeur lui auroit promis l'intérêt de son argent, au cas de retrait. En effet, les Art. 489 & 490 bornent l'indemnité du clamé aux fruits que le fonds a produits ; d'où il suit que si les fruits avoient produit plus que l'intérêt, on ne pourroit l'obliger à rapporter ; par raison de réciprocité, si les fruits font moindres, il ne doit pas s'en plaindre.

Quand avant le gagé le clamant croit qu'il est de son intérêt de renoncer à l'action qu'il a intentée, il peut se désister ; le sentiment de Basnage sur ce point a été confirmé par Arrêt du 22 Janvier 1776. Il est d'observation que les transactions sur désistement ne sont pas clamables : art. 467 de la Coutume, & Arrêt du 24 Février 1763. *Voyez* DESISTEMENT.

Les Sentences rendues sur les clameurs sont susceptibles d'appel ; mais l'appel n'en est plus recevable après l'an de la signification de la Sentence, Arrêt du 18 Mai 1746 ; & lorsqu'il y a eu instance liée, le décès d'une partie ou d'un Procureur n'empêche point la prescription annale de l'action en clameur en premiere instance, encore que l'instance soit contestée, parce que l'action en clameur se prescrivant faute de poursuite pendant un an, elle n'est pas sujette à la péremption de trois ans, c'est-à-dire que la mort d'une partie ou de son Procureur interrompt bien la péremption, mais ne met aucun obstacle à la prescription : Article 499 de la Coutume, & Arrêt du 18 Juin 1766.

Comme ce que nous avons dit des délais, gagés & remise ne doit pas s'appliquer aux retraits conventionnels ; il est indispensable d'indiquer les regles qui sont particulieres à ces sortes de retraits.

Dans les clameurs qui n'ont d'autre principe que la loi, telles que les lignageres ou les féodales, soit que l'action s'intente dans le courant de l'année, ou le dernier jour, il faut assigner aux plaids d'héritages. Au délai de l'assignation, la clameur est gagée ou contestée : si elle est gagée, le clamant doit rembourser ou garnir ses deniers dans les 24 heures, suivant l'art. 491 ; si elle est contestée & depuis obéie, on a le temps des prochains plaids pour rembourser ou garnir, suivant l'art. 492.

Quand la clameur est intentée le dernier jour, le clamant n'est pas obligé de rembourser ou de garnir dans ce même jour, parce que l'art. 452 qui a limité la durée de l'action à un an & jour, n'a pas dit que le remboursement seroit fait dans ce temps ; mais il suffit, suivant l'art. 484, que la clameur soit prise & signifiée à l'acheteur dans l'an & jour de la lecture du contrat, encore que le jour de l'assignation pour voir compter deniers & exhiber le contrat, échée après l'an & jour, pourvu que l'assignation soit aux prochains plaids ou assises du jour de ladite signification.

Ce n'est pas la même chose en clameurs qui ont pour principe la convention d'entre le vendeur & l'acquéreur ; le clamant doit alors rembourser ou garnir au jour de l'assignation, sans délai de 24 heures : c'est la disposition de l'art. 503. La raison est que le clamant étant instruit des clauses, prix & conditions du contrat, puisque c'est à lui à le représenter, il n'a besoin d'autre délai pour s'en instruire ; à la différence du lignager ou du Seigneur, qui est censé ignorer les conditions du contrat, jusqu'à ce que l'acquéreur l'ait exhibé.

Le jour de l'assignation auquel, suivant l'article 503, le retrayant doit offrir, consigner, déposer ses deniers, doit s'entendre du jour de l'exploit, & non pas du jour de son échéance. C'est un principe consacré par deux Arrêts cités par Bérault, que la consignation doit être faite pendant le cours & la durée de la condition du réméré existante. Or, si la Coutume avoit entendu le jour de l'échéance de l'action, elle auroit dérogé au principe même qu'elle établit, savoir, qu'il faut consigner *actuellement* : en effet, il peut arriver que les délais échéent après la condition du réméré expirée. Dira-t-on qu'il faut s'arranger de maniere que l'exploit soit donné & échée dans le temps préfix : mais ce seroit une loi que le clamé imposeroit au clamant, loi qui n'est écrite nulle part. D'ailleurs le vendeur n'a-t-il pas la liberté d'user de son droit, deux, trois, quatre jours après le contrat, comme à la veille du jour fatal ? Qu'on ne dise pas que s'il clame la veille du jour fatal, alors il sera obligé de consigner actuellement, comme si l'assignation fût échue ce même jour : ces distinctions ne se trouvent pas dans la Coutume ; les clameurs conventionnelles se renferment dans la convention même : c'est à l'acheteur à remettre l'héritage sur le champ, comme c'est au vendeur à le rembourser aussi sur le champ, ou à consigner en cas de refus. Pour éviter la peine d'éviction, l'acheteur n'est point obligé d'attendre après les deniers : par une loi égale, le vendeur n'est point obligé d'attendre la commodité de l'acheteur. Vainement encore opposeroit-on l'art. 588, qui distingue entre l'ajournement & le jour de l'assignation : il ne s'agit point ici d'un décret, mais d'un retrait conventionnel qui a ses regles particulieres : l'article 503 est une loi impérative ; il faut consigner actuellement & non à futur.

Il y a plus, en fait de retrait lignager ou féodal, on est obligé d'assigner le clamé ; cette assignation doit avoir un délai ; il faut constituer le clamé en refus, obtenir un jugement contre lui, parce que cette action ayant son principe dans la loi, elle doit être poursuivie de la maniere que la loi indique. Mais en retrait conventionnel, il suffit de sommer l'acheteur de satisfaire à la loi de son contrat, de lui exhiber deniers, & de le rendre indemne : s'il refuse, il paiera les frais de consignation, parce qu'encore une fois le retrayant s'est obligé de payer ou de consigner actuellement.

Le mot *assignation*, qu'on trouve dans l'article 503 ne contrarie pas notre sentiment. Il y a deux parties dans l'exploit en retrait conventionnel.

1°. Une sommation faite à l'acquéreur de recevoir les deniers qu'on lui exhibe, & qui sont le prix de son contrat, ou de se trouver au Bureau des Consignations, pour être présent au garnissement qu'on prétend en faire le jour même.

2°. Une assignation aux prochains plaids, ou prochaines assises, pour voir juger la consignation bien faite, & passer contrat de remise ; à la différence des clameurs lignageres & féodales où le gagé de la clameur n'est censé fait qu'à l'échéance de l'assignation. Quoique la simple sommation suffise pour opérer la résolution du contrat d'acquisition, on a besoin de l'autorité du Juge pour le déclarer anéanti, par la raison que personne ne peut se faire justice à soi-même : mais il est aisé de voir que l'assignation ne porte nullement sur la clameur, qui est réputée gagée, au même instant où le clamant fait apparoir de sa volonté, par une sommation. J'assigne *Titius* pour me payer le montant d'un billet échu tel jour : la Sentence que j'obtiens ne rend pas *Titius* mon débiteur, il l'étoit auparavant ; elle m'autorise seulement à me faire payer : c'est d'après ces maximes que l'Arrêt du 8 Juillet 1734, doit être interprété. Le clamant à droit conventionnel étant obligé, au jour de l'assignation, de consigner ; ce n'est point une nullité s'il n'assigne pas aux prochains plaids. Tout ce qu'on peut objecter contre cette opinion, c'est que si le clamant étoit autorisé à consigner le jour même de son exploit, & qu'il pût donner son exploit toutefois & quantes, ce seroit exposer le clamé à des frais de consignation qu'il n'auroit pu empêcher dans le cas où il auroit été absent de chez lui, ou il faudroit dire qu'un acquéreur à condition de réméré seroit obligé de garder sa maison, pendant tout le temps que dure la condition: mais à ceci il est facile de répondre. Les exploits, en clameur conventionnelle, ne se donnent pas ordinairement sans en prévenir l'acquéreur, parce que le clamant n'a aucun intérêt à le surprendre; & c'est par cette raison que l'art. 503 de la Coutume n'a pas cru devoir parer à cet inconvénient qui n'est gueres présumable: tant que sa disposition est sans équivoque, il faut la suivre scrupuleusement.

D'ailleurs, quand il y auroit prétexte à contester qui du clamant ou du clamé doit porter les frais de consignation, cela ne pourroit jamais inficier la clameur, si elle étoit bien faite. Au surplus, on n'est obligé de consigner que le prix du contrat, & non les loyaux coûts & le treizieme, par la raison qu'on ne peut consigner ce qu'on ne connoît pas; il suffit à cet égard de présenter une caution: le clamant doit cependant avoir attention de consigner les frais de consignation, outre le prix principal, sans cela le brevet de consignation ne suffiroit pas, & il y auroit nullité; en un mot, pour faire les choses régulierement, & se mettre plus qu'à devoir, le clamant doit sommer l'acquéreur en son domicile, de lui faire remise de l'héritage, en exhibant actuellement la somme en monnoie ayant cours, déclarant en outre se charger de toutes les soumissions portées au contrat, & en observant qu'il peut consigner le même jour de la clameur, encore que ce ne soit pas le dernier jour de la condition, & quoique l'exploit ne soit pas fait en parlant à l'acquéreur, ou quoiqu'il soit absent: Arrêt du 6 Mai 1755. Mais le clamant doit sommer par réitération le clamé de se trouver ledit jour, à telle heure, chez tel Notaire, & déclarer encore qu'il y fera pareille exhibition d'especes; parce qu'au refus par le clamé de gager la clameur & de faire remise, il entend consigner aux frais, périls & risques dudit acquéreur, pourquoi assignation lui est donnée aux prochains plaids ou prochaines assises; & pour remplir avec plus d'exactitude la loi des procédés, le clamant doit prendre chez le Notaire un acte de défaut, le faire signifier au domicile du clamé, si cela est possible, avec nouvelle sommation de se trouver à telle heure, le même jour, au Bureau des Consignations, pour être présent au garnissement des deniers.

La durée plus ou moins grande du droit de réméré, suivant la convention, ne change rien aux délais de la clameur lignagere, quoique Basnage ait pensé que le lignager avoit pour clamer tout le temps de la condition; il faut s'en tenir à cet égard au sentiment de Bérault & de Godefroy, & intenter la clameur à droit de sang dans l'an & jour de la publication du contrat; si le vendeur retire lui-même le fonds, le clamant lignager peut exiger son serment, pour savoir s'il clame pour lui & ne prête point son nom à personne (1).

La faculté de rachat retenue pour un an, n'emporte point l'an & jour, il faut la clamer dans l'an : Arrêt du 20 Février 1728.

La vente de la condition de réméré est sujette à retrait; mais le temps du retrait de cette vente commence du jour du contrat, & non du jour de l'expiration de la condition; car après cette expiration de la condition, le retrait qu'on en fait ne peut avoir lieu, quoi-

---

(1) M. Lecomte, p. 207.

que l'an & jour de la vente du réméré ou de la condition ne fût pas encore passé : Art. 109 du Réglement de 1666.

On avoit imaginé (1) *un nouveau genre de fraude pour empêcher le retrait lignager.* Le propriétaire vendoit à charge de réméré, & il donnoit le droit de réméré à fieffe par rente irracquittable ; à ce moyen le fieffataire ufoit du droit de rémérer, & foutenoit ne pouvoir être clamé : mais cette fraude a été profcrite, & il a été décidé, par Arrêts des 5 Juillet 1521, 13 Août 1604, & 18 Décembre 1664 (2), que le contrat de vente & celui de fieffe n'étoient dans le cas propofé qu'un feul & même acte ; que conféquemment le lignager pouvoit clamer en fe chargeant de la rente de fieffe, & en payant le prix du contrat, de même qu'il auroit pu le faire fi la rente foncière avoit été retenue par le contrat de vente.

En 1653, il y eut queftion pour favoir fi le vendeur ne s'étant point réfervé le droit de réméré par le contrat, il pouvoit fe le faire accorder par acte poftérieur : la Cour, le 11 Juillet de ladite année, prononça en faveur de la négative (3).

Lorfqu'une faculté de réméré a été vendue par l'acquéreur, & qu'un lignager clame par un même exploit la vente de la convention & l'effet de la convention, il n'eft point obligé de configner fur le champ, mais feulement après la repréfentation du contrat de ceffion du droit de réméré, fuivant l'Arrêt rendu en l'efpece fuivante.

Le contrat de vente portoit une réferve faite par le vendeur de retirer l'héritage dans cinquante jours du jour de la lecture. La lecture en fut faite, & comme le bien étoit fitué à Caen, la clameur n'étoit que de quarante jours. Le lendemain de la paffation du contrat, le vendeur vendit à l'acquéreur de l'héritage, la faculté de retrait qu'il avoit retenue, & cette vente fe fit fous feing.

Les quarante jours du jour de la lecture fe pafferent fans que perfonne fe préfentât pour clamer ; ce ne fut que quatre jours après l'expiration du terme fatal qu'un lignager fit fignifier un exploit à l'acquéreur, par lequel il déclaroit clamer & la vente de la convention, & l'effet de la convention. On le foutint non-recevable dans fa clameur, faute d'avoir configné dans le jour, aux termes de l'Article 503 de la Coutume. La Sentence déclara la clameur valable ; Sentence qui fut confirmée fur l'appel par Arrêt du 15 Décembre 1744.

Cet Arrêt eft fondé fur ce qu'il faut diftinguer entre la clameur conventionnelle & la clameur de la vente de la convention. L'Article 503 de la Coutume a fon application au premier cas, parce que comme c'eft le vendeur qui ufe lui-même de la faculté qu'il a retenue, il fait comment il a contracté, & peut fur le champ rembourfer l'acquéreur ; mais l'étranger qui clame doit être inftruit par le clamé ; & pour configner, il faut qu'il fache le prix de la convention.

Cependant l'Arrêt fut rendu contre l'avis du plus grand nombre des Avocats. Ils penfoient que le clamant n'ayant pas clamé feulement la ceffion de la clameur conventionnelle, mais encore l'effet de la convention, c'eft-à-dire l'héritage, il avoit dû configner dans le jour, non pas le prix de la ceffion du droit de réméré, ce qu'il ne pouvoit faire qu'après l'exhibition de l'acte fous feing, mais le prix du contrat de vente. Après un examen réfléchi de cette opinion, on en conçoit

---

(1) M. de la Quefnerie, note fur l'Article 503 de la Coutume.

(2) *Ibid.*
(3) *Ibid.*

facilement l'erreur ; car en la suivant, il faudroit dire que l'Arrêt n'auroit pas été susceptible de critique, si le clamant n'avoit parlé dans son exploit que de la clameur de la vente de la condition, sans clamer l'héritage en vertu de la convention. Mais cette distinction est-elle intelligible ? La clameur pure & simple de la cession du droit de réméré n'emportoit-elle pas celle de l'héritage ? Clamer la cession de la clameur conventionnelle, c'étoit donc clamer l'effet de la convention ; & l'objet de la convention étoit l'héritage vendu.

Ce n'est pas tout : on se servoit contre le clamant de l'Article 503 de la Coutume, & cependant on convenoit qu'il n'étoit pas dans le cas de cet article, puisqu'on disoit qu'il n'avoit pas été obligé de consigner sur le champ le prix de la cession du réméré, mais seulement le prix du contrat de vente. Or le clamant n'auroit pas rempli l'esprit de l'article 503 : en ne consignant que le prix du contrat de vente, il n'auroit pas pourvu à l'entiere indemnité du clamé, laquelle ne pouvoit avoir lieu que par le remboursement aussi actuel du prix de la cession du droit de réméré. Mal à propos donc se servoit-on de l'Article 503, qui ne pouvoit avoir d'application à l'espece.

Il y a plus : le vendeur qui use de son droit de retrait, doit consigner sur le champ, aux termes de l'Article 503, par la raison que la convention ayant été faite entre lui & l'acquéreur clamé, celui-ci n'est pas dans le cas de l'en instruire. Mais le lignager qui clame est-il plus censé savoir le prix du premier contrat, que celui du second ? Sa condition differe-t-elle de celle du lignager qui clame purement & simplement un contrat de vente ? Dans ce dernier cas l'acquéreur clamé ne doit-il pas, aux termes de l'Article 484, exhiber son contrat, afin que le clamant lui exhibe ses deniers ?

L'avis du Barreau étant donc, lors de l'Arrêt, que le clamant n'avoit pas été obligé de consigner le prix de la cession, sur le fondement qu'il l'ignoroit ; pour être conséquent, il auroit fallu soutenir aussi que le clamant n'avoit pas dû non plus consigner le prix du contrat de vente, n'y ayant pas de prétexte à le réputer plus instruit de la premiere convention que de la seconde ; ce qui auroit été absurde.

Voici cependant une espece assez embarrassante qui peut se présenter.

Un particulier vend un fonds comme franc de rentes & charges ; dans la suite, il se découvre des hypotheques : les créanciers font saisir les meubles qu'ils trouvent sur le fonds vendu ; l'acquéreur agit en garantie contre son vendeur, qui lui cede un autre fonds, à la charge d'acquitter ses dettes ; *mais il se retient* un droit de réméré sur le fonds cédé, en rendant à l'acquéreur ce qu'il auroit déboursé pour l'amortissement des rentes hypotheques.

Cet acquéreur n'amortit point de rentes, il se contente de payer les arrérages ; le vendeur use de son droit de clameur, & se soumet de rembourser tout ce qui est à rembourser, de décharger ou faire décharger le clamé de toutes soumissions, au desir de la Coutume, ou de garnir deniers plus qu'à suffire ; il déclare en outre, que si le clamé n'a pas fait le remboursement des rentes dont il avoit été chargé par le contrat de cession, il fera venir les créanciers chez le Notaire au jour, lieu & heures fixés, pour y recevoir le remboursement du principal & arrérages.

Le clamé, au jour indiqué, se rend chez le Notaire ; les créanciers ne s'y trouvent pas ; le clamant refuse de recevoir du clamé le capital des rentes, n'étant pas obligé de courir les risques d'un amortissement que les créanciers refuſſent, puiſqu'ils ne ſe rendent pas à l'intimation qui leur a été faite de ſe trouver chez le Notaire; pourquoi il déclare qu'il ne peut être ſuſceptible des frais de conſignation, ſi aucune ſe fait.

Le clamé conſigne ſes deniers le lendemain, & pourſuit ſa clameur à l'audience : eſt-il fondé ?

Nous ne le penſons pas : « en retrait » conventionnel, dit l'Article 503, le » retrayant doit, au jour de l'aſſignation, » offrir, conſigner & dépoſer actuelle- » ment les deniers du contrat; autre- » ment, il n'eſt recevable.

Deux points inconteſtables : 1°. le terme fatal du rembourſement dans le retrait conventionnel eſt encore plus de rigueur & plus précis que dans les autres retraits, car il ſuffit pour les autres de garnir dans les vingt-quatre heures du gagé ; & dans celui-ci, il faut offrir & conſigner ſur le champ. 2°. Il faut que le clamé ſoit indemne, & qu'on lui offre toute garantie, par rapport aux rentes dont il s'étoit chargé.

Qu'on ne diſe pas que dans l'eſpece propoſée, il n'y a point de prix, parce qu'il n'y a point eu d'argent débourſé ; il y a un prix qui eſt le capital de la rente, pour laquelle le fonds a été cédé. Il faut donc, dans l'eſpece propoſée, pour offrir ſur le champ au clamé le prix de ſon contrat, lui repréſenter la quittance de l'amortiſſement, ou ſe recharger de la rente en donnant caution ; ſans cela, le clamé ne ſeroit pas indemne : ſa premiere acquiſition reſteroit toujours grevée d'un droit hypothéquaire. Il n'a point été obligé d'accepter le capital que le clamant lui a offert, ni de pourvoir lui-même à ſon indemnité ; c'étoit au clamant à l'indemniſer le jour même de l'aſſignation, ſuivant les articles 497 & 503 de la Coutume. S'il étoit poſſible d'accorder un plus long délai, ce ne pourroit être que dans le cas où le délai pour la faculté de rémérer, ne ſeroit pas expiré lors de l'échéance du délai de grace ; mais on ne citera aucun exemple où l'on ait accordé la permiſſion d'acquitter les charges d'un contrat, après que la faculté de rémérer auroit été expirée.

Le clamant n'eſt pas indemniſé, parce qu'il a l'hypotheque du bien clamé & celle de tous les biens du vendeur. Que ſait-il ſi ces biens ſont ſuffiſants ? Cela dépend d'une diſcuſſion, & il n'eſt pas obligé d'en faire ; il faut qu'il ſoit indemne le jour même de l'action en retrait, & que cette indemnité paroiſſe.

Les Arrêts du 6 Février 1733, 4 Mai & 20 Décembre 1742, ci-deſſus cités, n'ont nul rapport à l'eſpece préſente. Lors de ces Arrêts, le clamé ne demeuroit pas chargé des rentes ni expoſé aux pourſuites des créanciers.

§. V. *Quelle eſpece & quelle quotité de biens les clameurs ont-elles pour objet ?*

Nous l'avons déja obſervé : tout héritage ou autre choſe immeuble, ſoit propre ou acquêt, vendu par deniers ou fieffé par rente rachetable, peut être clamé ; c'eſt la diſpoſition de l'article 452.

Mais en permutation de choſes immeubles, il n'y a pas de clameur. Toutefois ſi l'un des copermutants ou perſonne interpoſée pour lui, rachete l'échange qu'il a donné dans l'an & jour ; ou s'il eſt prouvé qu'il fût convenu ainſi entre les parties lors de la copermutation, il y a ouverture à la clameur durant trente ans, Article 461. S'il y avoit ſoulte de deniers dans le contrat d'échange, il ſeroit également clamable, Article 464. La clameur eſt encore admiſe pour l'héritage donné à rente rachetable, Article 462 ; ou en faveur & pour récompenſe de ſervices, Article 498. Mais le contrat de tranſaction ne peut être clamé à moins que celui qui tranſige ne soit par la transaction dépossédé de l'héritage contentieux ; car s'il le conserve, & pour le conserver il donne quelqu'argent, il n'est réputé le donner que pour éviter procès. On dit *quelqu'argent*, pour faire entendre une somme bien inférieure au prix du fonds, Article 467. On ne peut clamer aussi les rentes constituées à prix d'argent, Article 115 des Placités ; ni l'héritage donné à la femme par les héritiers de son mari pour la remplir de sa dot, Arrêts des 25 Février 1757 & 21 Décembre 1765. Il y auroit lieu, au contraire, à la clameur de l'acte de cession faite d'un fonds par une fille à sa mere pour demeurer quitte de son douaire, Arrêt du 6 Août 1766. La raison de la différence entre le douaire & la dot, est que dès qu'une dot est consignée sur les biens du mari, si la dot disparoît, ces biens les remplacent, ils ne sont plus les biens du mari, mais ceux de la femme. Par la consignation de la dot, il s'est fait une espece d'échange de leurs immeubles, *voyez* Article Dot. Au lieu que les biens sujets au douaire, n'appartenant à la femme que viagérement, en lui en cédant partie pour amortir son usufruit, elle acquiert à prix d'argent la propriété de la partie d'immeuble qu'on lui cede.

Suivant l'Article 502 de la Coutume, les baux à ferme à longues années, faits pour plus de neuf ans, & même la rente d'un usufruit faite à autre qu'au propriétaire, sont clamables. Cependant on ne peut pas clamer une fieffe à vie, aux termes de l'Arrêt de 1616, rapporté par Basnage, Article 502 ; c'est-à-dire que lorsque le preneur d'un fonds en a non-seulement la jouissance, mais encore des droits de propriété à y exercer, le bail ou fieffe à vie ne sont pas clamables. C'est ce qui résulte de la combinaison de cet Arrêt avec celui du 29 Mai 1732, rapporté par le dernier Editeur de Basnage, pag. 387, tome 2. Lors du dernier Arrêt, il n'y avoit qu'une simple location d'usufruit ; & le premier avoit été rendu à l'occasion d'un contrat par lequel l'acquéreur à vie s'obligeoit à des constructions. Il n'y a nul inconvénient pour le vendeur qu'il touche d'un étranger ou de ses parents un loyer : ceux-ci donc dans le cas d'un simple bail, sont préférables au preneur à vie. Mais il y auroit un tort évident pour la famille même du propriétaire, s'il étoit interdit à celui-ci de fieffer un bien à temps, à la charge que le fieffataire l'amélioreroit. Or quand le bien est transféré à une famille en meilleur état que celui où le propriétaire ne pourroit le lui laisser, le motif qui accorde aux familles le droit de clamer, cesse.

En 1764, au mois de Mai, la Cour décida qu'une rente fonciere rachetable, ne donnoit pas plus ouverture à la clameur, qu'une rente purement hypotheque. Cet Arrêt avoit été rendu contre une fille qui avoit clamé la vente faite par son pere d'une rente fonciere de 150 liv. rachetable après le décès du vendeur par 3000 liv. Mais peu après cet Arrêt, un très-grand nombre d'Avocats crurent qu'il ne devoit point empêcher la sœur de la clamante, qui avoit été déboutée, de clamer de nouveau. Ils s'appuyoient sur l'Article 452, qui déclare clamable toute chose immeuble ; & une rente fonciere rachetable, qui affecte tellement le fonds qui en est si expressément représentant, que celui qui la possede a le privilege d'envoi en possession, leur paroissoit comprise essentiellement sous le titre de *chose immeuble*. On leur opposa l'Art. 501 de la Coutume, qui, interprété par le Réglement du 13 Février 1732, ne permet décidément que le retrait de la vente des rentes foncieres irracquittables ; & par Arrêt du 16 Juin 1769, le premier Arrêt de 1764 fut confirmé. Cet Arrêt est conforme à l'opinion de Bassage, qui ne pense pas que le treizieme d'une rente fonciere rachetable soit dû. *Voyez* article TREIZIEME; nous y donnons les motifs de ce sentiment.

Quand plusieurs héritages sont vendus par un même contrat, le lignager clamant doit retirer tous ceux auxquels il a droit de clameur, à la différence du Seigneur féodal qui n'est pas tenu de retirer les héritages relevants des autres fiefs qui sont en sa main, pourvu qu'il retire les héritages qui sont en la mouvance du fief à cause duquel il fait la clameur : Articles 113 & 114 des Placités.

Cependant si le propriétaire d'un fief avoit aliéné partie de son domaine fieffé, & que le fief & les aliénations fussent décrétés & adjugés au même, mais par divers prix, à charge de treizieme, le lignager du décrété pourroit clamer le fief sans clamer les aliénations.

§. VI. *Quelle est la qualité des héritages clamés ?*

1°. L'héritage clamé tient nature de propre, & non d'acquêt, soit que l'héritage ait été propre ou acquêt en la main du vendeur : Article 483 de la Coutume. Et si la clameur a été faite par pere, mere, ou autre ascendant au nom de l'un de ses enfants, il doit être remis en partage, si l'enfant, lors de l'acquisition, n'avoit biens suffisants pour en payer le prix : Articles 482 de la Coutume, & 101 des Placités.

2°. Celui qui, pour clamer, emprunte des deniers n'est point censé faire une aliénation des biens clamés ou licités, puisque, lors de l'emprunt, il n'est pas encore propriétaire; ainsi l'emprunt reste une charge fonciere de l'héritage, laquelle n'est pas sujette à remplacement.

3°. En cette Province, il est de Jurisprudence que le partage qui se fait entre enfants, aux termes de l'article 482 de la Coutume, des immeubles clamés par un ascendant, au nom de l'un d'eux, est le même que le partage héréditaire à droit successif (1) : ainsi ces immeubles ne sont point partagés également; les mâles, les aînés y exercent tous & tels droits que la loi leur défereroit sur la succession de leurs ascendants, si elle étoit ouverte : ceci est conforme au sentiment de tous les Commentateurs, & d'ailleurs à un Arrêt du 31 Janvier 1630, rapporté par Bérault sur ledit art. 482, & à un autre du 17 Décembre 1632, que Basnage nous a transmis : d'ailleurs, puisque, suivant la Coutume, art. 483, l'héritage clamé est propre, & non acquêt, il s'enfuit que le retrait opere les mêmes effets que si les biens clamés, au lieu d'avoir été vendus, étoient échus par succession : la loi qui, en Normandie, fixe les droits & portions dans le partage des successions, doit donc aussi les déterminer dans la participation aux retraits.

4°. L'héritage réuni par retrait féodal au fief qui tenoit nature de propre, est censé propre : Art. 108 des Placités.

§. VII. *Clameurs extraordinaires.*

Nous en connoissons de deux sortes.

Les unes concernent les rentes foncieres : si elles sont vendues & non retirées par le Seigneur ou le lignager, le propriétaire du fonds peut clamer la rente dans l'an & jour de la lecture du contrat, & en décharger son fonds, en payant le prix & les loyaux coûts : Art. 501.

Les autres concernent le bois de haute-futaie : quoiqu'il ait été vendu à charge d'être coupé, il est sujet à clameur, pourvu qu'il soit sur pied lors de la cla-

---

(1) Acte de notoriété du 30 Septembre 1776.

meur fignifiée, & à la charge du contrat: Art. 463.

1°. Quant aux rentes foncieres : par le Réglement du 13 Février 1732, il eſt ordonné que les débiteurs des rentes foncieres irracquittables feront tenus d'obferver dans les retraits qu'ils en feront en cas de vente d'icelles à un tiers, toutes les formalités prefcrites tant pour les retraits lignagers que féodaux, & au furplus, il eſt de remarque que fi ces rentes font créées pour caufe de heffe, & que le Créancier de la rente en faffe la remife au débiteur ; fi cette remife eſt faite à prix d'argent, la clameur eſt admiſſible: Arrêts des 17 Janvier 1702, & 7 Décembre 1723. Enfin, fuivant un Arrêt du 24 Août 1756, quand le débiteur de la rente de fieffe la rachete dans les 30 ans, ce rachat donne lieu à clamer les fonds fieffés, fuivant la Déclaration du Roi du 10 Janvier 1725 ; mais elle ne rend pas la vente de la rente clamable, parce que la Déclaration de 1725 déroge à l'article 27 des Placités, fans altérer en rien la difpofition de l'article 28.

2°. En ce qui touche la clameur des bois, l'article 505 ayant décidé que les bois ne font réputés meubles qu'autant qu'ils font coupés ; l'article 463 a dû, par une conféquence néceſſaire, les rendre clamables tant qu'ils feroient fur pied.

Mais quand la Coutume met les bois de haute-futaie au nombre des immeubles fujets à clameur, elle n'a pas dit fi les bois ne pouvoient être clamés que par les lignagers du propriétaire du fonds, ou fi les parents de l'acheteur qui les revend fur pied n'ont pas la même prérogative : la queſtion s'éleva, en 1612, entre Jacques Barbier, fils de Paul, & & Olivier Dudoui.

Paul Barbier avoit acheté du fieur de Montmarin un bois de haute-futaie ; il en fit couper une partie, & vendit le furplus à Olivier Dudoui ; il intenta enfuite une action en retrait au nom de Jacques fon fils.

Olivier Dudoui s'en défendit, & perdit fon procès devant le Bailli de Falaife. Sur l'appel à la Cour, il prétendit que la faculté concédée de retirer le bois vendu à la charge d'être enlevé, ne devoit être entendue que pour les lignagers du propriétaire du fonds, & non pour les lignagers de celui qui avoit acheté le bois à la charge de le couper.

Dudoui répondoit, qu'où la loi ne fait pas de diftinction, il n'en faut point admettre ; que d'ailleurs l'art. 474 de la Coutume admettoit en général les clameurs des premiere, feconde & troifieme ventes, fauf la préférence de chaque clameur, fuivant l'ordre des contrats ; que cette loi s'appliquoit à tous les immeubles, & conféquemment aux bois encore fur pied : mais ces moyens furent fans fuccès. Le Barbier fut débouté de fon retrait, & depuis l'Arrêt, on a tenu pour maxime que la vente d'un bois de haute-futaie, faite par celui qui l'a acheté du propriétaire du fonds, n'eſt pas fufceptible de clameur de la part des lignagers de ce fecond vendeur : l'Arrêt de 1622, dont Bafnage ne rapporte pas l'efpece, a dû juger la même chofe.

Si un propriétaire faifoit abattre fon bois & le vendoit enfuite, il eſt démontré, par le texte même de l'art. 463, que le bois ne feroit point clamable : c'eſt ce qui a été jugé par Arrêt du 18 Juin 1676 ; & par conféquent, fi un bien eſt fieffé, moyennant une rente foncière, qu'au bout de 15 ou 20 ans le preneur à fieffe veuille faire abattre des bois de haute-futaie, c'eſt-à-dire, âgés de plus de 40 ans, fur fon fonds, & que pour n'être pas troublé dans cette opération par le bailleur à fieffe, il lui paie une fomme d'argent ; le marché fait entre le preneur & le bailleur ne rend pas le contrat de fiesse clamable, parce que la propriété réside pleine & entiere en la personne du fieffataire, & qu'en vertu de cette propriété, il a le droit d'abattre les bois, d'en replanter, comme l'ancien possesseur l'a eu avant de fieffer, sans que ses lignagers pussent clamer les bois qu'il auroit abatus sans les vendre: d'ailleurs les lignagers, suivant la Jurisprudence de cette Province, ne sont pas obligés, en clamant des bois, de les conserver; ils peuvent les revendre, en faire leur profit: or, il est plus naturel que l'ancien propriétaire profite que ses parents.

Au surplus, consultez les art. BOIS, FIEFFE, RENTE, TREIZIEME, VENTILATIONS.

Quant aux retraits des parts des cadets que l'aîné de Caux a droit de faire, ou ceux que les héritiers du mari peuvent faire de la part de la femme aux conquêts, suivant l'article 332 de la Coutume, il en sera traité articles CONQUÊTS, FEMME, RETRAITS, SUCCESSIONS.

CLERC.

Voyez ECCLÉSIASTIQUE, ORDRES.

CLERC DES SACREMENTS.

Les Curés peuvent seuls, à l'exclusion des Marguilliers, & sans préjudice des droits de l'Evêque Diocésain, disposer de la place du *Clerc des Sacremens*, autrement dit, *Clerc du Curé*, parce que le Curé peut seul le destituer: Art. 12 du Réglement du 26 Juillet 1751.

Ce Clerc a des fonctions fort différentes de celles du Clerc de la Fabrique ou de l'Œuvre: celui-ci n'a que des fonctions relatives au temporel; celles de l'autre, au contraire, ne regardent que le spirituel; & par cette raison, il n'y a qu'un Prêtre qui puisse les exercer. Il doit en effet assister le Curé lorsqu'il porte le Viatique, afin que le malade, s'il croit avoir besoin de suppléer quelque chose à sa derniere confession, & qu'il ait répugnance de se confesser au Curé, puisse trouver en cet Ecclésiastique le secours destiné pour la tranquillité de sa conscience. Quelques Jurisconsultes, lors du Réglement de 1751, trouvoient étrange que le Clerc des Sacrements, article 13, fut chargé de régler les mémoires des inhumations, parce que, selon eux, les inhumations ne concernent pas le fait des Sacrements, & qu'au contraire l'émolument qui provient des inhumations, fait partie des biens & revenus de la Fabrique; mais ils ne faisoient pas attention à ce que, si la fabrique a des droits sur les inhumations, le Clergé de chaque Paroisse en a aussi; que ces droits n'étant exigibles que pour les Ecclésiastiques habitués ou Officiers qui ont assisté aux enterrements, & le Curé ayant la manutention sur les Ecclésiastiques, & au moins la faculté de les punir provisoirement par la perte de leur habitude ou par celle de leurs honoraires, suivant l'article 15, il est naturel que le Curé seul ait, par son Clerc, l'inspection des mémoires d'inhumations.

CLOCHER.

Il y a beaucoup de difficultés sur la question de savoir qui doit réparer les clochers, lorsqu'il y a doute s'ils sont construits sur le chœur ou sur la nef? On peut dire d'un côté que les Eglises, suivant les anciens Canons, devoient être réparées par les décimateurs; que c'est par dérogation à ces loix respectables, & par grace que les Paroissiens ont été chargés de réparer la nef. Or, quand il n'est pas possible de dire que le clocher fasse plutôt partie de la nef que du chœur, l'usage primordial reprend toute sa force. D'un autre côté, depuis que l'usage ancien n'est plus suivi, qu'on y a substitué la regle de faire tomber à la charge des Paroissiens la réparation du clocher quand il est sur la nef; & à celle des Curés, la reconstruction du clocher bâti sur le chœur, il paroît naturel de penser, dans le cas où on ne peut pas dire quels bâtimens de la nef ou du chœur supporte le clocher, qu'il doit être entretenu à communs frais par les habitants & les décimateurs.

A la fin du texte de la Coutume, on cite un Arrêt de 1734, qui semble contredire cette derniere opinion. Suivant l'Arrétiste, la Cour *appointa au Conseil la question de savoir à qui ou du gros Décimateur ou des Paroissiens il appartenoit de réparer un clocher qui étoit sur le chœur.* Mais l'espece de cet Arrêt est mal rapportée: il se trouve à la fin de la *Pratique bénéficiale* de Routier, avec les plaidoyers de M*. Thouars & de M*. Bréhain. Et du premier de ces plaidoyers, il résulte que les Religieux de Lire soutenoient que le chœur devoit être borné à deux pilliers qui n'y étoient renfermés que bien postérieurement à sa premiere construction : & au contraire, les Paroissiens prétendoient que les pilliers du clocher ayant été compris dans le chœur, devoient être considérés comme en faisant partie. L'appointement prononcé par l'Arrêt, n'a donc pas eu pour but d'examiner si le clocher étant sur le chœur, étoit à la charge des dîmes; mais si c'étoit par l'ancien ou par le dernier état du chœur que l'on devoit régler la contribution des dîmes à la réparation du clocher. Or, il paroît que la Cour penchoit alors à croire *que le dernier état des choses devoit faire la regle, puisque par provision les Religieux furent condamnés à réparer.* Et en effet, les Religieux étoient présumés avoir renoncé à la dérogation faite, en faveur des décimateurs, aux anciens Canons, par les Arrêts qui les dispensent des réparations des êtres de l'Eglise non compris dans le chœur, puisqu'ils avoient enclavé dans le chœur un clocher qui existoit au-dehors. Mais ce préjugé de la Cour ne doit plus servir de regle; & pour avoir des idées justes de sa jurisprudence à l'égard de la réparation des clochers, nous allons donner, avec quelqu'étendue, l'extrait des moyens qui ont été employés dans une cause importante, jugée en la Cour en 1778.

La question consistoit à savoir si les obéissances passées par le *Chapitre d'Avranches*, vis-à-vis des gros Décimateurs de la Paroisse de Lolif, de se charger des réparations à faire au pignon qui fait la séparation du chœur & de la tour de l'Eglise dudit lieu, depuis le bas des pilliers de ce pignon jusqu'à la hauteur du chœur; obéissances qui par Sentence du Bailliage d'Avranches avoient été jugées suffisantes, l'étoient en effet ?

Tels étoient les moyens des Habitants, appellants de cette Sentence.

Nous n'avons point de loi qui fixe précisément sur qui cette charge doit être imposée. L'Edit de 1695, qui a fait une partition des Eglises paroissiales pour régler la charge des décimateurs & des habitants, ne parle que du chœur, dont l'article 21 charge les Décimateurs ; & de la nef dont l'article 22 charge les Paroissiens.

La Jurisprudence des Arrêts a suppléé au défaut d'expression de la loi, & a fait à cet égard une distinction très-juste, fondée sur la différente situation du clocher.

S'il est sur le chœur, on juge que les réparations sont à la charge des gros Décimateurs; s'il est sur la nef, on juge que c'est aux habitants à le faire réparer : & si le clocher se trouvoit partie sur le chœur, & partie sur la nef, on condamne les habitants à y contribuer avec les décimateurs, dans la proportion de la partie du clocher qui se trouveroit porter soit sur le chœur, soit sur la nef.

Il

Il n'y a que le beffroy d'excepté ; c'est-à-dire la charpente qui porte les cloches : on juge que les habitants sont seuls tenus de les réparer & entretenir. L'entretien & refection des cloches & leurs dépendances, sont aussi pour le compte des habitants.

Tous les Auteurs qui ont traité de cette matiere, sont d'accord sur ces principes, & leur sentiment, à cet égard, est entiérement conforme à la jurisprudence.

Ceux qui ont écrit plus récemment sur ces sortes de questions, tels que MM. Piales, Joui & Durand de Mailliane, ont appuyé leur sentiment sur celui de Desgodets, Auteur du *Traité des Loix des Bâtiments*.

Effectivement ce dernier Auteur, fondant ses décisions sur l'esprit de l'Edit de 1695 & sur la jurisprudence, ne laisse rien à desirer, relativement à la questoin.

» Si le clocher, dit-il, est bâti sur
» la nef ou à côté, il est tout entier à
» la charge des habitants ; & récipro-
» quement, il doit être réparé par les
» gros décimateurs, s'il est entiérement
» sur le chœur : lorsque *le clocher posé*
» *sur deux pilliers du chœur & sur deux*
» *de la nef*, la refection se fait, *par*
» *moitié*, entre les décimateurs & les
» habitants.

» Si le clocher étoit élevé sur un des
» côtés de la croisée de l'Eglise, ensorte
» qu'il ne posât que sur un pillier du
» chœur, les décimateurs ne devroient
» que le quart de la réparation.

» On ne distingue point l'intérieur du
» clocher, de l'extérieur, la fleche soit de
» pierre ou de charpente, ni la couver-
» ture d'ardoise, de celles de plomb ou
» de tuile ; l'amortissement & la croix
» du haut, doivent être réparés, comme
» la voûte, par les habitants ou les dé-
» cimateurs, *suivant les différents cas*
» *expliqués ci-dessus*.

Tome I.

Il y a cependant une chose certaine, c'est que si le clocher étoit entiérement séparé de l'Eglise, ne tenant ni au chœur ni à la nef, les habitants seroient obligés d'en faire les réparations ; parce que pour y assujettir les décimateurs en tout ou partie, il faut prouver que tout ou partie du *clocher* est une dépendance du chœur. Tel est le sentiment de M. Piales, tom. 2, pag. 182.

Il y a encore un autre principe de jurisprudence sur cette matiere ; c'est que par le chœur, on entend le chœur & *chancel*. » Le terme de *chancel* vient du
» mot latin *cancellum* qui désigne des
» barreaux ou autre espece de fermeture
» de bois, de fer ou de cuivre ; ce qui le
» fait appliquer aux clôtures du chœur &
» du sanctuaire «, tant du côté de la nef que des côtés latéraux placés entre les pilliers qui soutiennent la voûte desdits chœur & sanctuaire.

Les murs qui servent de clôture au chœur & qui le soutiennent, sont entiérement à la charge des gros décimateurs, depuis les fondements jusqu'en haut, avec toutes les dépendances d'iceux, tels que pilliers, bultants, voûtes, &c. Tel est le sentiment de M. Desgodets & de son Annotateur M. Gaupi.

Ce sentiment est fondé sur ce que les décimateurs sont tenus de clorre leur chœur, & que les murs de clôture leur sont utiles pour cette opération.

Ces principes n'étoient contestés ni par le Chapitre d'Avranches ni par leurs adversaires ; ils avoient l'un & l'autre eu recours à un procès-verbal pour connoître, par la situation du clocher, à la charge de qui en tomberoit la réparation.

Il s'agissoit donc uniquement entr'eux d'appliquer ces principes au procès-verbal qui étoit la seule piece de décision; parce qu'en semblables especes, il faut en revenir toujours à l'examen de la construction primitive, pour savoir si le clo-

O o

cher fait un tout avec le chœur, & en est une dépendance, de manière que l'un ne puisse pas subsister sans l'autre, ou s'il en est entiérement séparé.

Or, il étoit certain, suivant le procès-verbal, que le pignon de la tour, du côté du chœur, servoit de clôture au chœur ; c'étoit entre les deux piliers de ce mur que, de l'aveu des décimateurs, étoit placée la balustrade ; ce mur faisoit donc une partie intégrante du *chancel*, sans lui le chœur n'auroit point été clos ; les ogives de la voûte portoient sur les deux piliers de ce mur, & tout le merrain du chœur y étoit appuyé : il appartenoit donc propriétairement aux gros décimateurs, & ils étoient obligés de l'entretenir en entier, suivant le sentiment de Desgodets, depuis les fondements jusques au-dessus des combles.

Effectivement il n'y avoit point de raison qui pût autoriser les décimateurs à se charger de l'entretien de ce mur jusqu'au comble du chœur, & à rejetter l'entretien de la partie supérieure sur les habitants.

Ce partage de mur en deux parties, dont le faîte du chœur auroit fait la séparation, auroit contredit la Jurisprudence. Les gros décimateurs ne se fondoient pour faire cette distinction, que sur ce que la partie inférieure du pignon leur étoit utile, & qu'ils ne retiroient aucune utilité de la partie supérieure.

Mais ce n'est point par l'utilité que l'on décide ces sortes de questions, c'est uniquement par le fait de construction : savoir, si l'objet à réparer fait une dépendance du chœur, & si c'est un édifice tellement lié, que l'une des parties ne puisse pas subsister sans l'autre.

Voilà pourquoi les gros décimateurs ont été condamnés à réparer les murs, voûtes & couvertures des bas-côtés du chœur ou chapelles collatérales, quand ils ne formoient qu'un corps de bâtiment avec le chœur, quoique ces bas-côtés ne fussent néanmoins d'aucune utilité au Clergé.

» La regle générale, dit M. Piales (p. » 186 *ibidem.*) est que les gros déci- » mateurs ne sont tenus des réparations » des bas-côtés du chœur ou des chapel- » les attenantes, que quand le chœur, » les bas-côtés & les chapelles ont une » voûte commune & forment un même » corps de bâtiment, *de manière que tou- » tes les parties soient dépendantes les » unes des autres.*

Jousse, dans son Commentaire sur l'Edit de 1695, dit » que si les chapelles qui » sont à côté du chœur forment un » bâtiment détaché du chœur, on dé- » charge le gros décimateur de leur en- » tretien ; mais quand elles sont sous les » mêmes voûtes, l'opinion commune est » que les décimateurs sont obligés de les » entretenir «. La raison de décider est qu'elles ne font avec le chœur qu'un seul édifice, un tout dont les parties sont dépendantes les unes des autres. Ce n'est donc pas l'utilité que l'on consulte en pareil cas ; mais la même bâtisse & la même structure. D'après cela les gros décimateurs de *Lolif* pouvoient-ils se dispenser de l'entretien de la partie supérieure, de leur mur de clôture ; mur qui faisoit une partie essentielle de leur chœur, & cela parce que la partie supérieure ne servoit qu'au clocher ? Non, sans doute. Ainsi à cet égard leurs offres n'étoient pas suffisantes.

Mais ne devoient-ils être condamnés qu'à l'entretien de l'intégrité de ce pignon ? Et dans quelle proportion devoient-ils contribuer aux réparations du clocher ? C'est ce qui a dû se décider par la position même du clocher.

Il étoit certain par le procès-verbal, que la tour du clocher de Lolif étoit incorporée tant avec le chœur qu'avec la nef; que la maçonnerie de la Tour étoit liée avec celle du chœur & de la nef; que les pignons de la tour étoient les mêmes que ceux de la nef ou du chœur; qu'en un mot, la tour pofoit fur deux piliers du chœur & fur deux de la nef.

Or nous avons vu qu'en pareil cas le fentiment de Defgodets étoit que la refection fe fît par moitié entre les décimateurs & les habitants. D'ailleurs en fuivant ce fentiment, on fe conformoit à l'Arrêt rendu le 15 Mai 1739 (au Grand-Confeil), qui condamna les gros décimateurs de Château-Landon à contribuer de moitié aux réparations du clocher, parce qu'il étoit porté en partie fur deux gros pilliers qui formoient l'un des arcs-doubleaux du chœur, & de l'autre côté fur une chapelle lattérale qui étoit à la charge des habitants. M. Piales & Denifard rapportent cet Arrêt. Le premier donne une raifon de cette décifion; c'eft que les gros décimateurs étoient forcés de convenir » que le chœur » & le clocher avoient des pilliers com- » muns, ce qui opéroit contr'eux le même » effet que fi le clocher avoit été appuyé » fur le chœur & fur la nef.

Telle eft encore l'efpece de l'Arrêt rendu au Parlement de Paris le 30 Mai 1659, en faveur des habitants de Blafy. Cet Arrêt, qui eft rapporté au Journal des Audiences, a condamné les gros décimateurs à contribuer de moitié à la réparation du clocher.

D'ailleurs la bâtiffe du clocher de Lolif prouvoit qu'il étoit une dépendance tant du chœur que de la nef. 1°. Du chœur, parce que les pilliers étoient communs; parce que les murailles du chœur étoient incorporées avec celles de la tour; parce que les voûtes du chœur & de la tour étoient de même conftruction, de même ftructure, de même niveau, &, portoient du côté du chœur, fur les mêmes pilliers. 2°. La tour étoit également une dépendance de la nef, parce que la voûte de la tour portoit fur les pilliers de la nef, & parce que les murs de côtiere de la nef étoient de même maçonnerie & incorporés avec ceux de la Tour; d'où il fuivoit que la tour étoit une dépendance du chœur & de la nef, & que conféquemment les décimateurs & les paroiffiens devoient être condamnés à contribuer par moitié aux réparations qui étoient à faire à ladite tour.

Inutilement les gros décimateurs vouloient-ils s'appuyer fur l'opinion de Routier, qui penfe que quand un clocher eft bâti fur le chœur, les décimateurs ne doivent les réparations que jufqu'au comble du chœur, & que le faîte ou fleche où font les cloches, eft à la charge des habitants.

1°. Cette opinion eft ifolée & démentie par le fentiment unanime des Canoniftes, qui en pareil cas n'exceptent de la contribution des décimateurs, que le beffroi & les cloches. 2°. Parce que cette opinion eft contraire à l'Arrêt de 1734, ci-devant cité, qui a condamné par provifion les Religieux de Lire à la réparation du clocher de Breteuil, qui étoit pofé fur le chœur. Si l'opinion de Routier eût été adoptée par la Cour, les gros décimateurs n'auroient été tenus qu'à la réparation de la tour jufqu'à la hauteur du comble du chœur, & l'on en auroit excepté la partie où font renfermées les cloches.

Denifard rapporte un Arrêt qui a jugé la même chofe au Parlement de Paris, le 26 Juin 1703, fans aucune diftinction de la partie fupérieure du clocher, d'avec la partie inférieure, en faveur des habitants de Pontvallin, contre les Religieux de S. Pierre-de-la-Couture.

Dans cet état il n'y avoit donc pas de doute que le clocher de Lolif faifoit partie du chœur & de la nef, & qu'il étoit également une dépendance de l'un & de l'autre.

Les changements arrivés depuis la bâtisse, ne pouvoient être d'aucune considération. Il n'est point permis d'augmenter les charges d'un contribuable pour diminuer celles de l'autre. C'est toujours la situation & l'état de la premiere construction qui regle les charges des habitants & des décimateurs. C'est ce qui a été jugé en faveur des gros décimateurs de Fontenay proche Vincennes, contre les habitants, par Arrêt rendu le 2 Juillet 1703. Le chœur avoit été aggrandi aux dépens de la nef par les habitants, d'environ une travée. Les décimateurs ne furent chargés que des réparations qui étoient à faire dans l'étendue ancienne du chœur.

Le moyen tiré de ce que les habitants auroient, par des bancs, occupé le dessous de la voûte, a été proscrit par un Arrêt de la I.re des Enquêtes du Parlement de cette Province, rendu contre les gros décimateurs de la Paroisse de Fontenay. Il y avoit dans cette espece un fait très-favorable aux décimateurs : c'est que la Fabrique avoit inféodé des bancs, à son profit, sous le clocher ; qu'on y avoit inhumé, & que les paroissiens avoient fait, à différentes époques, plusieurs impositions pour la réparation du clocher, sans que les décimateurs y eussent jamais contribué : néanmoins comme ceux-ci convenoient que le clocher étoit de même construction que le chœur, & différente de celle de la nef ; on n'eut point d'égard à la possession invoquée par les décimateurs contre les habitants ; & les mêmes moyens ont été en conséquence adoptés par la Cour, le 27 Mai 1778 ; *faisant droit sur les Ecritures, Requêtes & Conclusions des Parties, le tout joint ; faisant pareillement droit sur l'appel, elle a mis l'appellation & ce dont étoit appel au néant ; corrigeant & réformant, vu ce qui résultoit du procès-verbal des 26 & 27 Juin 1776, a condamné les Doyen, Chanoines & Chapitre de l'Eglise Cathédrale d'Avranches à contribuer de moitié aux réparations contenues audit procès-verbal, ainsi qu'à celles provenues depuis ; a réservé les paroissiens, possédants-fonds de la Paroisse de Lolif, aux dommages & intérêts qui ont pu résulter du refus desdits Chanoines ; &, faute par les Chanoines de vouloir contribuer auxdites réparations, a autorisé lesdits habitants de Lolif à les faire passer par adjudication aux frais des Chanoines, desquels frais il seroit décerné exécutoire sur tous leurs revenus ; a condamné les Chanoines aux dépens des causes principale & d'appel, & autres que ceux du procès-verbal*, que l'Arrêt ordonna de payer par moitié : en outre les Chanoines payerent le coût & rapport de l'Arrêt.

CLOCHES.

Les Curés ont seuls le droit de régler le son des cloches ; mais les Marguilliers en fixent exclusivement la rétribution, suivant l'article 11 du Réglement de la Cour du 26 Juillet 1751. Cette disposition est très-prudente : par cupidité, les Marguilliers, souvent peu instruits, établissoient des distinctions scandaleuses dans les sonneries pour annoncer les Offices de l'Eglise ; l'annonce étoit proportionnée aux rétributions, & non aux solemnités. Des dévotions de surérogation étoient indiquées aux Fideles souvent avec plus d'éclat que la célébration des plus augustes mysteres ; il convenoit que les Pasteurs eussent le droit de réprimer ces abus.

CLOTURES.

Chacun est libre d'accommoder sa terre de fossés & de haies, en gardant les chemins royaux de la largeur contenue aux

Ordonnances, & les fentes pour le voifiné: art. 83. Et quand les terres font closes, elles font en défens en tous temps. *Voyez* MONASTERES, PLANTATIONS.

CODÉBITEUR.

Il a été jugé, par Arrêt du 13 Mai 1751, que le codébiteur n'a pas le même droit que l'acquéreur, c'est-à-dire, qu'il ne peut empêcher le décret de fes biens, en indiquant ceux de fon codébiteur, pour être décrétés à fes périls & rifques, même en donnant caution de faire payer le faififfant, en exemption de frais, de décret & de treizieme.

La raifon de cet Arrêt eft manifefte. Suivant l'article 130 du Réglement de 1666, les héritiers font obligés perfonnellement & folidairement aux dettes du défunt, fauf leur recours entr'eux pour la part que chacun a eue dans la fucceffion: le créancier peut donc s'adreffer à l'un des héritiers, comme à fon obligé non-feulement folidaire, mais encore comme à fon obligé perfonel; & cet-héritier n'a autre chofe à efpérer qu'un recours contre fes cohéritiers, non pas folidairement, mais par contribution: donc le créancier ne peut être forcé à donner à un codébiteur délivrance de fes biens, & à décrter avant eux, fur fon indication, ceux du coobligé.

On argumenteroit vainement de l'article 131 des Placités, qui porte que *le créancier*, &c.; car l'acquéreur eft bien plus favorable que le débiteur. L'acquéreur ne doit rien perfonnellement au créancier de fon vendeur; il n'y a que fon acquifition qui foit hypothéquée à la dette; & il a un garant en la perfonne du vendeur. La loi eft venue à fon fecours, parce qu'il eft à plaindre d'avoir payé le prix de fon acquifition; mais elle ne l'a pas déchargé; elle a adouci fon fort par l'effet d'une exception qui confirme la regle.

En un mot, l'action folidaire n'a pas lieu entre les débiteurs; ils n'ont que l'action en contribution les uns contre les autres: or, il eft évident que fi un codébiteur avoit le droit d'obliger le créancier à décréter les biens de fon coobligé, cette action en recours pour la totalité de la dette ne différeroit pas du privilege du créancier. D'ailleurs, lorfqu'il y auroit plufieurs codébiteurs, ils auroient tous droit de fe renvoyer réciproquement le créancier, & celui-ci, ce qui eft abfurde, feroit tenu à paffer comme en revue devant tous avant que de pouvoir mettre à exécution le titre de la créance.

CODÉBITEURS.

Voyez SOLIDAIRE.

CODICILE.

Voyez TESTAMENT.

COHÉRITIERS.

1°. En faifant partage & divifion entre cohéritiers ou perfonniers de chofe commune, dont une partie fert à l'autre, les vues & égouts demeurent comme ils font lors du partage, à moins qu'il ne foit expreffément dit le contraire dans les lots: Art. 609 de la Coutume.

Et fi une cour ou un puits leur font communs pour paffer par la cour & puifer de l'eau au puits, le propriétaire peut faire clorre de murs & de portes la cour, parce que chaque cohéritier aura, pour fon ufage, une clef des ferrures; & cette fervitude ne pourra être poffédée par autre perfonne que par les poffeffeurs du fonds à caufe duquel la fervitude eft due.

2°. Le cohéritier a un droit réel & foncier fur le lot de fon copartageant; il n'a pas befoin conféquemment de ceffion d'actions de la part du créancier commun qu'il paie ; la récompense lui est acquise de droit de ses deniers, & il peut se faire envoyer en possession de fonds, jusqu'à concurrence : Basnage, *Trait. des Hypotheques.*

3°. Si un cohéritier, avant le partage, vend quelque portion de ses biens héréditaires ; cette portion tombant au lot d'un autre cohéritier, celui-ci peut s'en mettre en possession ; mais l'acquéreur peut exiger que les biens soient de nouveau choisis en sa présence : Arrêt du 4 Avril 1658, rapporté par Basnage en la Préface du Chapitre *de partage de Succession.*

4°. Un cohéritier peut être poursuivi à l'extraordinaire pour soustractions : Arrêt du 18 Août 1631 ; Basnage, article 143.

5°. Entre cohéritiers, la déception doit être du quart au quint pour donner lieu à la rescision.

6°. Un cohéritier peut valablement demander la totalité de la dette au débiteur d'une succession ; mais celui-ci, en ce cas, est en droit d'exiger la représentation d'un pouvoir de la part des autres cohéritiers : Arrêt du 19 Juin 1739. *Voyez* LICITATION, LOTS, PARAGE, PARTAGE, RAPPORTS, RENONCIATION.

COKE.

Cet Auteur, qui écrivoit en l'année 1642, a publié à Londres les *Institutes de la loi Angloise*, en deux volumes *in-folio*, avec un Commentaire très-propre à nous faire connoître quel étoit le véritable esprit de cette loi dans son origine : dans le premier volume, on trouve *les Institutes de Littleton*, en langage Anglo-Normand, dont nous avons donné la traduction avec des remarques, en 1766. Le travail de ce Jurisconsulte nous est d'autant plus précieux, qu'à la différence de ceux qui ont traité depuis lui de la législation Angloise, il la considere plus dans l'état où elle étoit lorsqu'elle formoit celle de Normandie, que dans celui d'altération où les révolutions que le Royaume d'Angleterre a éprouvées, l'ont réduite. Le second volume contient entr'autres monuments, la Grande-Charte, de la neuvieme année du regne d'Henri III ; le Statut de Merton, publié 11 ans après celui de Marlebrige, qui fut promulgé sous le même Prince en 1267 ; le premier Statut de Westminster, lequel est en François ; le Statut de *Bigamis*, en Latin ; celui de Glocestre, en François ; le second Statut de Westminster, en Latin ; le Statut de *Circonspecte Agatis*, en la même langue, il est relatif aux privileges du Clergé ; celui de *Quo Waranto*, aussi en Latin, ainsi que le troisieme Statut de Westminster, & enfin, un Statut à l'égard des Juifs, & trois autres sur la maniere de lever les amendes, de confirmer les Chartes, en François. Ces divers Statuts auroient fait partie du Recueil des Traités sur les Coutumes Anglo-Normandes, si ceux dont la collection qui a été publiée (1), il y a deux ans (2), ne nous avoit paru trop volumineuse ; cependant ils offrent des interprétations très-satisfaisantes de plusieurs dispositions de notre Coutume, à l'égard desquelles les sentiments sont encore partagés.

COLLATÉRAUX.

Parents qui sont à côté & non descendants en ligne directe de quelqu'un : tels sont les freres, oncles & cousins.

Entre collatéraux, pour régler leur

---

(1) Elle se trouve chez M. le Boucher le jeune, Libraire à Rouen.

(2) En 1776.

préférence en succession de meubles & acquêts, ce n'est pas toujours la proximité du dégré qu'il faut considérer ; car suivant l'article 64 des Placités, *les oncles & tantes du défunt sont préférés par ses arrieres-neveux & ses arrieres-nieces*, quoique plus éloignés que ces oncles & tantes, comme on le voit par ce tableau.

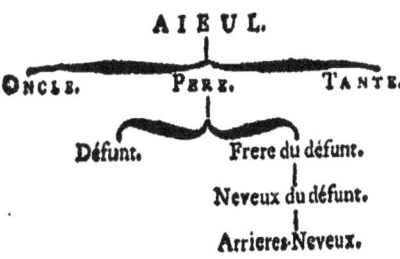

Voici les maximes auxquelles on doit se conformer.

1°. La ligne collatérale la plus proche du défunt, doit préférer la ligne collatérale plus éloignée : article 64, Placités.

2°. En la ligne collatérale la plus proche, on doit préférer le plus proche parent au plus éloigné.

3°. Dans les lignes collatérales, également proches & entre parents de même degré, la préférence appartient aux paternels sur les maternels : Art. 310 de la Coutume.

4°. Entre parents de la ligne qui doit succéder, lesquels sont également proches, & de même estoc, soit paternel soit maternel, on doit donner la préférence au sexe, & adjuger la succession au mâles ou à leurs descendants, au préjudice des femelles : Art. 317.

Ces maximes auront pour appui la Jurisprudence des Arrêts, Article SUCCESSIONS COLLATÉRALES.

Voyez aussi ceux DEGRÉ, LICITATION, LIGNE, MARIAGE PROTESTANT, SOUCHE.

COLLATEUR.

Le collateur ordinaire est le Prélat, l'Abbé, la Communauté qui a droit de conférer gratuitement à personne capable un bénéfice vacant.

Ainsi le Pape & les Laïcs ne sont collateurs que par exception. Le Pape, puisqu'il ne devient collateur dans le Royaume que par dévolution, ou lorsqu'il use du privilege de la prévention ; & les Laïcs, parce que leurs présentés, s'ils sont capables, ne peuvent il est vrai être refusés ; mais ces présentés n'acquierent un plein droit sur le bénéfice qu'après avoir obtenu le *Visa* de l'Evêque.

Lorsqu'un collateur ordinaire a négligé pendant six mois d'user de son droit, son Supérieur, tel que le Métropolitain, peut conférer par dévolution ; mais le Pape prévient tous les Supérieurs. *Voyez* DÉVOLUT.

COLLATION.

Voyez PATRONAGE, PRÉSENTATION.

COLLOCATION.

Voyez DÉCRET, DISTRIBUTION DE DENIERS, ETAT D'ORDRE.

COLLUSION.

Voyez TUTEUR.

COLOMBIER.

Le droit de colombier est purement féodal en cette Province ; il ne peut conséquemment exister que sur un fief, & encore dans chaque fief il n'est permis d'avoir qu'un seul colombier. Cependant si sur une portion de fief divisée en parage, l'un des paragers a possédé durant quarante ans un colombier, sa possession lui vaut de titre : Article 137 de la Coutume. D'où il fuit que les rotures n'étant pas comprifes dans l'exception admife par cet article, la poffeffion quadragénaire ne fuffiroit point pour y conferver le droit de colombier ; il faudroit un titre de conceffion, afin que la poffeffion en fût approuvée.

La plus ancienne loi que nous connoiffions relative aux colombiers, eft une Ordonnance de l'Echiquier de l'an 1276, rapportée par Terrien, l. 5. c. 8.

De columbariis factis extra feudum, membrum feudi de loricâ, concordatum eft ad conqueftionem communis patriæ, quod omnia columbariæ facta & conftructa extra loca predicta, à viginti annis & citra diruantur & in talibus locis à modo non ædificentur.

Cette loi rendue fur la plainte du public, contient, on le voit, une défenfe formelle de conftruire des colombiers fur les rotures. Auffi l'Article 160 de la Coutume veut-il que les colombiers foient relevés par même moyen avec le corps des fiefs nobles ; & deux Arrêts, l'un du 14 Février, l'autre du 18 Décembre 1533, décidèrent en conféquence que des volieres bâties fur des rotures feroient détruites.

L'exiftence d'un colombier fur un fief, eft confidérée comme une prérogative que le Seigneur s'eft réfervée exclufivement lorfqu'il a inféodé les diverfes portions de fes domaines dont jouiffent fes vaffaux, quand elles étoient en fa main. Ce droit ne préjudicioit en effet alors que lui-même ; préjudice qu'il étoit fort libre de fouffrir : mais le droit de colombier fur une roture, eft une fervitude fur les fonds des voifins ; fonds auxquels le roturier n'a jamais eu droit de l'impofer, qu'autant qu'il auroit été au droit du Seigneur, que le Seigneur lui auroit tranfmis fon privilege, & qu'il fe feroit privé lui-même de l'exercer : Arrêt du mois de Mars 1602, rapporté par Bérault. C'eft d'après ces mêmes maximes, que par Arrêt du 7 Janvier 1580, il avoit été enjoint aux Baillis de cette Province de faire abattre les colombiers & volieres conftruits fur des héritages qui n'en avoient point une conceffion expreffe ; & que, par un autre Arrêt du 19 Juillet 1599, la Cour avoit ordonné qu'à la diligence du Procureur-Général, les *fuies & tries* (1) que l'on avoit bâties au grand & au petit Andeli, ainfi que dans les autres lieux de ce Bailliage, feroient abattues & démolies, & que les pigeons en feroient vendus au profit des pauvres. Cette Jurifprudence s'eft confervée fans altération jufqu'à préfent.

Le 11 Janvier 1605, un roturier fut condamné à abattre un colombier, quoiqu'il alléguât que le droit lui avoit été inféodé par deux pigeons, & qu'il fût fait mention de cette redevance dans un aveu préfenté à fes Seigneurs les Religieux de Fécamp. Il eft vrai que cet aveu n'avoit pas vingt ans de date ; & comme il pouvoit être blâmé, on ne pouvoit pas s'en faire un titre contre les Religieux, pour en conclure qu'ils avoient cédé à leur vaffal leur droit de colombier, & par là les priver d'en avoir un.

Le 28 Mars 1707, intervint au autre Arrêt, dont la Palluelle nous a confervé l'efpece.

Il y avoit dans le Presbytere de Tourlaville un des plus anciens colombiers à pied qui fût dans la Province. Le fieur de Tourlaville n'avoit qu'un huitieme de fief dans la Paroiffe ; on n'y avoit jamais vu de colombier. Quelques habitants inftruits que ce Seigneur fe difpofoit à en conftruire un, lui en firent fignifier

---

(1) *Fuie* ou *refue*, abrégé de *Refugie*, retraite ouverte aux pigeons fuyards.

Trie, endroit où l'on éleve des pigeons de pure curiofité, des pigeons choifis, *triés*.

défenfes,

défenfes, lefquelles furent dénoncées au Curé, pour l'obliger à fupprimer fon colombier.

Ce Curé repréfenta un dénombrement du 11 Août 1541, par lequel il déclaroit tenir du Roi, à caufe de fon bénéfice, *fon manoir presbytéral, auquel il y avoit colombier volant, comme chofes amorties*. Il foutenoit que cette piece étoit antérieure à un contrat d'échange, en vertu duquel le fieur de Tourlaville jouiffoit de fon fief; à ce dénombrement, il joignoit une déclaration donnée au Roi, en 1547, par les Curé & Tréforiers de Tourlaville, où le colombier étoit employé; pareilles en 1668 & 1675, des quittances des droits de francs-fiefs & nouveaux acquêts; & cependant fur l'objection que le droit de colombier, comme féodal, ne pouvoit s'acquérir par poffeffion, fans un titre formel, en faveur d'une roture; que des déclarations données au Roi, ne pouvoient préjudicier un tiers, auquel tous les droits de féodalité avoient été transférés fans reftriction, le Curé fut condamné à détruire ou à faire boucher fon colombier, & le fieur de Tourlaville autorifé d'en édifier un fur fon fief.

En 1726 il fut rendu en Août, un Arrêt femblable, entre le Curé de Bréville & le fieur de Saffetot, Seigneur de la Paroiffe. Le Curé objectoit à la demande en deftruction du colombier de fon presbytere, formée par M. de Saffetot, que ce colombier étoit fur un fonds aumôné aux Curés par les Seigneurs de la Paroiffe; mais il n'avoit été donné ni aveu ni déclaration au Seigneur qui fuffent hors de blâmes; & le 28 Février de ladite année, la démolition du colombier fut ordonnée. Au mois d'Août fuivant, la Cour jugea la même chofe entre le fieur Beaugrard, Seigneur de Croify, & la demoifelle Lepage. Cette demoifelle repréfentoit des contrats, des lots, des Sentences d'adjudication par décret qui conftatoient que fon héritage avoit droit de volieres; le Seigneur avoit toujours perçu une redevance annuelle, à caufe de ce droit; mais tout cela, vu que les fonds fur lefquels le colombier exiftoit étoient en roture, fut préfumé ne juftifier que d'une conceffion à temps; & en conféquence, le Seigneur fut autorifé à faire fermer la voliere, & à détruire les pigeons. Il eft d'obfervation qu'il avoit pris des lettres de reftitution contre les quittances qu'il avoit données.

En 1732 le Seigneur de Blaqueville fit condamner, par Arrêt du 11 Janvier, le propriétaire d'une vavafforie à détruire un colombier qui, dès 1587, avoit été ajugé par décret à fes auteurs, avec cette vavafforie: la conftruction, & conféquemment la poffeffion du colombier n'étoit pas, il eft vrai, fort ancienne; or, par quarante ans, le public, comme les particuliers, doivent être libérés d'une fervitude.

De ces diverfes autorités, il doit réfulter que la poffeffion fur un fief s'acquiert par quarante ans. A l'égard d'une roture, il faut un titre clair & non équivoque pour l'acquérir, ou une poffeffion immémoriale foutenue d'une conceffion fans réferve du droit du Seigneur: & c'eft ce que démontre un Arrêt de 1769, rendu entre M. d'Yville & M. Botrel.

Ce dernier, Avocat en Parlement, contre lequel les habitants ne fe plaignoient pas, inquiété par le Seigneur feul, au fujet du colombier qui exiftoit fur un fonds dont il étoit propriétaire, oppofa à ce Seigneur que fon colombier exiftoit depuis un temps immémorial; qu'il avoit payé au Seigneur le treizieme de l'acquifition qu'il en avoit faite; que lui ou fes auteurs en avoient rendu aveux

Tome I.   P p

qui étoient hors de blâme ; que par ces aveux, le droit de colombier avoit été reconnu : la Cour jugea cependant que M. d'Yville étoit bien fondé.

En un mot, la prescription permise à un membre de fief de Haubert, par l'Article 137 de la Coutume, est interdite aux rôtures par l'Article 20 du Réglement de 1666. Cependant comme la jouissance d'un droit de colombier est un droit utile, il peut être séparé du fief & vendu avec le domaine ; en ce cas, en effet, c'est le colombier du fief même qui est aliéné : & quand il est visible que son aliénation a été faite à titre onéreux, ou qu'elle a produit bénéfice au Seigneur, on ne peut en déposséder l'acquéreur ; & le Seigneur qui a bénéficié de l'aliénation, ne peut établir d'autre colombier en son fief : les vassaux ne sont pas tenus de souffrir une charge que le Seigneur seul peut être présumé avoir eu le pouvoir de leur imposer. *Voyez* VOLIERE.

COMBAT DE FIEF.

Voyez FIEF & JEU DE FIEF.

COMMENDATAIRE.

L'Abbé commendataire ne peut pas connoître de la discipline intérieure des Religieux ; toute cette autorité réside en la personne des Officiers & Supérieurs claustraux. Cependant si des Religieux vivent dans le relâchement, l'Abbé commendataire, qui n'a pas droit pour rétablir l'ordre, de les traduire en aucun Tribunal séculier pour les y faire condamner à se réformer, n'est par cela même que plus obligé à se plaindre aux Supérieurs réguliers, & à concerter avec eux les moyens de remédier au mal. *Voyez* ABBE & CONVENTUALITÉ.

COMMENDE.

On entend par ce mot les provisions en vertu desquelles un séculier devient, avec dispense de la régularité, dépositaire d'un bénéfice régulier qu'il ne pourroit posséder en titre ; de là, lorsqu'un bénéfice est accordé en commende, à charge qu'il retournera en regle après la mort du pourvu (1), si le commendataire le résigne en bénéfice libre, ce bénéfice ne peut être demandé en continuation de commende libre au préjudice d'un régulier, sous prétexte que le résignataire est mort paisible possesseur de ce bénéfice, & qu'il l'a possédé pendant plus de quarante ans : Arrêt du 5 Juillet 1733. La raison de cette décision, est qu'un bénéfice régulier ne devient séculier, par quarante ans, que dans le cas où il est possédé de bonne foi, pendant ce temps comme séculier : or, la résignation, dont le titre est authentique, ne cesse de rappeller la clause de retour du bénéfice à la regle, puisque la résignation prend sa source dans les provisions du résignant, qui ne possédoit qu'à la charge de l'effet de cette clause. Il est indifférent que le résignataire ait ou n'ait pas connu la clause ou décret irritant employés dans les provisions du résignant ; (*cedente vel decedente non amplius commendetur*) car le résignataire, en obtenant de secondes provisions en commende, n'obtient qu'une grace qui ne peut changer l'état naturel du bénéficier, ou plutôt qui ne fait que le confirmer en cet état.

COMMENTAIRES.

Voyez Art. AVIRON (D'), BASNAGE, BÉRAULT, FERRIERE, GODEFROY, MERVILLE, PESNELLE, QUESNERIE (DE LA), ROUILLÉ,

---

(1) Voyez tit. XVIII. *De regul. regularia regularibus in concord.*

M. Roupnel de Chenilly, Routier, Sorin, Terrien, & M. de la Tournerie.

COMMERCE.

Voyez les encouragemens donnés au Commerce par les premiers Ducs de Normandie, & la sagesse de leurs loix en faveur des Négocians : *Anc. L. des Franç. tom. 1, pag. 425.*

Par Arrêt de la Cour, du 20 Février 1715, il est fait défenses à toutes personnes de semer aucuns bruits, soit de vive voix, soit par écrit, qui puissent préjudicier à la réputation & fortune des Commerçants, sous les peines au cas appartenant. Cet Arrêt fut affiché. Ce qui y avoit donné lieu, étoit une liste où des méchants avoient employé les noms de divers Négociants comme incapables de satisfaire à leurs engagements. Le Procureur-Syndic de la Jurisdiction Consulaire de Rouen fut autorisé de faire informer contre les Auteurs de cette infamie, tant par témoins de certain que par censures ecclésiastiques ; pour le tout rapporté à la Cour, être statué ce que de droit. *Voyez* Jurisdiction Consulaire.

COMMISE.

Anciennement les fiefs n'étant concédés qu'à vie, ou jusqu'à un certain dégré de génération en la famille du donataire, l'aliénation lui en étoit interdite ; & lorsque le vassal manquoit à la foi qu'il avoit jurée à son Seigneur, il étoit sur le champ privé de son fief : *Qui fidem Domino fefellit, feudum statim amisit* (1).

Le Seigneur en le remettant en sa main, ne pouvoit être susceptible des charges que son vassal y avoit affectées durant sa jouissance, parce que ceux envers lesquels il les avoit contractées, ne devoient point ignorer qu'il n'avoit la faculté d'imposer ces charges aux fonds que du consentement du Seigneur, qui avoit toujours l'expectative de la réunion de ce fief à son domaine, soit par le décès du vassal, soit par l'extinction du sexe ou de la ligne auxquels la donation du fief avoit été restreinte.

Mais après que les fiefs eurent acquis la prérogative de la patrimonialité, qu'ils furent devenus héréditaires, les regles n'ont plus été les mêmes. Le vassal a dû continuer d'être fidele à son Seigneur, (Article 123 de la Coutume), lui porter honneur, ainsi qu'à sa femme & à son fils, & perdre son fief, si *par violence il portoit la main sur lui* : Article 125. Mais le fief n'est plus retourné au Seigneur, qu'à la charge de rentes foncieres, hypotheques & mobiliaires antérieures au délit : Article 201. La preuve que ce dernier Article doit s'entendre ainsi, & que sa disposition restreint celle de l'Article 125, se tire de l'Arrêt du 28 Février 1673, rapporté par Basnage. Cet Arrêt déclara les héritages du sieur Beaumer tombés en commise, au profit de M. le Duc d'Elbeuf, sujets & affectés aux dettes qui avoient précédé sa plainte.

La Coutume en attachant la peine de la commise à l'action violente du vassal qui porte la main sur son Seigneur, a voulu nous faire comprendre que toute espece d'injures n'étoit pas cependant capable de priver le vassal de son fief. Afin que l'injure ait cet effet, il faut qu'elle soit plus outrageuse que celle dont parle l'Article 125, ou au moins qu'elle lui soit comparable. Ainsi un attentat contre la vie du Seigneur, la séduction de sa femme, de sa fille, de sa bru, ou de sa sœur demeurante chez lui, des injures atroces répandues contre lui par écrit, & dans l'unique vue de le déshonorer, des manœuvres pratiquées pour dépouiller sa Seigneurie

(1) Couvel. l. 2. t. 3. ff. 13.

de la mouvance du fonds que le vassal a promis de lui conserver : tels sont les motifs pour lesquels le contrat d'entre le Seigneur & le vassal peut être résolu. Des injures verbales provoquées souvent par celles du Seigneur, ou auxquelles la réflexion a eu moins de part, qu'un mouvement naturel à quiconque se croit injustement vexé, n'entraîneroient point après elles la commise.

Basnage cite un Arrêt du 28 Juillet 1674, sur l'Article 125, qui n'adjugea en ce cas au Seigneur que des dommages & intérêts ; & Bérault en rapporte un autre qui pour un démenti donné en jugement au Seigneur lui-même, ne priva le vassal que des fruits de son fief durant sa vie, quoiqu'alors nos anciennes Coutumes féodales fussent encore dans toute leur vigueur.

Maintenant que la possession des fiefs, & les tenures nobles ou roturieres ne sont plus au pouvoir des Seigneurs ; que tous les sujets du Roi ont l'aptitude à devenir successivement & même concurremment Seigneurs & vassaux les uns des autres, il est de l'intérêt de l'Etat, d'un côté, que les propriétés ne soient point incertaines, & d'un autre côté cependant, que les propriétés ne perdent pas la dignité & les prérogatives honorables dont elles sont décorées. Il est donc indispensable, avant que d'infliger la peine de la commise, que le Roi, par les Officiers de sa Justice, approfondisse la nature de l'injure faite au Seigneur ; compare la qualité du Seigneur lui-même avec celle de son vassal, car celui-ci peut être dans la société de meilleure condition que l'autre ; considere les circonstances où l'injure a été faite ; si elle a eu pour but de préjudicier le Seigneur comme Seigneur, ou d'altérer les droits de son fief ; ou si au contraire le Seigneur ne l'a point provoquée comme particulier, ou s'il n'y ayant pas donné occasion, le vassal a agi par légéreté ou par réflexion, par ignorance ou par mauvaise foi : en un mot, les Juges doivent considérer que, selon notre Coutume actuelle, *la main mise* seule donne ouverture à la commise, & que cette loi pénale ne peut être étendue qu'à des cas plus criminels que celui auquel elle a borné sa disposition ; & c'est la regle que la Cour ne cesse de suivre.

Dans le nombre des Arrêts rapportés par Basnage, on n'en trouve qu'un seul du 28 Juin 1628, qui pour injures verbales ait prononcé la commise : aussi cette injure étoit-elle plus grave que des mauvais traitements. On avoit nié la noblesse du Seigneur ; par là on avoit essayé de lui ravir son état ; attentat qui d'ailleurs, s'il n'eût pas été authentiquement réprimé, auroit privé sa famille de privileges & de distinctions également honorables & utiles.

Par une suite de la discrétion avec laquelle le Parlement met en action l'Article 125 de notre Coutume, il ne prononce la commise même au cas de désaveu, que lorsqu'il est frauduleux, & que le vassal ne se rétracte pas avant le jugement : *Voyez* Article DÉSAVEU, divers Arrêts rapportés par Basnage à l'appui de cette assertion.

Au reste, la peine de *la commise* ne s'étend que sur les fonds inféodés, ainsi que le terme *commise* l'indique. C'est en vertu de la clause *commissoire* inhérente au contrat d'inféodation, que le Seigneur rentre dans son fonds. Cependant si le fonds que reprend le Seigneur est affecté à des charges, le Seigneur peut discuter les meubles du vassal, & les en rendre responsables jusqu'à concurrence de leur valeur.

La Coutume en imposant au vassal la peine de la commise lorsqu'il ne garderoit pas la foi à son Seigneur, Art. 122, n'a pas perdu de vue que cette loi nétôt engagée au Seigneur, que parce que de sa part il devoit la sienne à son vassal; & de même que le contrat est résolu quand celui-ci manque à ses engagemens, elle veut aussi par l'Article 126 que si *le Seigneur met la main sur son homme*, il perde *l'hommage, les tenures, rentes & devoirs à lui dûs à cause de son fief, & qu'à l'avenir toutes ces obligations soient reportées au Seigneur supérieur*. Et en conformité de cet Article, Basnage nous rappelle divers Arrêts des quatorzieme & quinzieme siecles qui ont dépouillé les Seigneurs de leur Jurisdiction & de leurs droits pour avoir abusé de leur autorité. On ne tient point à présent, avec assez de vigueur, la main à l'exécution de cette loi, elle est cependant l'une des plus propres à bannir de l'Etat François le despotisme féodal, qui contredit également les principes du gouvernement paternel d'un Monarque, & la liberté filiale qui soumet par sentiment & par goût des sujets à la personne sacrée du Souverain.

COMMISSAIRE.

Il faut distinguer les Commissaires en Commissaires départis, Commissaires des Cours Souveraines, Commissaires aux saisies réelles.

Il sera parlé des premiers au mot INTENDANTS, des seconds au mot RÉCUSATION; & des troisiemes articles DÉCRETS & SAISIE RÉELLE.

COMMUNAUTÉ.

Nous avons, sur la *communauté*, un Traité de Me DUCASTEL, où il a prétendu prouver, qu'en cette Province, *les conjoints par mariage sont communs en biens-meubles & conquêts-immeubles*. Cet ouvrage, élégamment écrit, a été réfuté par Me DUVAL DUHAZEY, en 1771. Cet Avocat établir solidement, que *les femmes, en Normandie, succe*-*dent aux meubles & conquêts de leurs époux comme héritieres*.

Vérité d'autant plus importante, qu'il seroit d'une dangereuse conséquence de confondre notre Coutume avec celles qui admettent la communauté. Par là, en effet, la *réalité* du Statut qui détermine les droits des femmes Normandes sur les biens de leurs maris, en Normandie, s'évanouiroit, & tout le système de notre loi municipale n'offriroit plus que des incohérences révoltantes.

Ce n'est point à titre de *communes* que la Coutume de Normandie appelle les femmes au partage des meubles & acquêts de la succession de leurs maris; l'art. 389 nous le dit, & il n'est que l'expression de l'usage où l'on étoit autrefois dans cette Province de ne donner aucune part aux femmes dans les acquisitions faites en Coutume générale. Car quoiqu'il accorde aux femmes, en Coutume générale, le tiers en usufruit sur les conquêts, afin qu'on ne pense pas qu'il ait dessein par là d'introduire aucune espece de communauté, les Réformateurs ont pris soin de placer l'article 329 sous le titre des *Successions collatérales*; & pour ne laisser aucun lieu de douter que toutes les dispositions contenues dans cet article sont autant de Statuts réels, dont l'effet doit uniquement dépendre de la différente situation des biens, on y a joint l'article 330, qui dispose que, *quelqu'accord qui ait été fait*, il ne peut déroger à ce que ces Statuts ordonnent. Aussi nulle part nos Réformateurs ne se servent des termes de *communauté* & de *commune en biens*; & lorsqu'il a été question, dans les articles 390, 391, 392 & 393, de régler les droits de la femme sur la succession mobiliaire de son mari, & ceux du mari sur les meubles de la femme, on a fait précéder ces différentes dispositions par l'article 389, equi proscrit ces termes. Il n'est pas possible après cela de se dissimuler que le caractere propre de la Coutume de Normandie, est d'être exclusive & prohibitive de communauté. En conséquence, tous les Auteurs, sans excepter ceux qui ont des maximes diamétralement opposées aux nôtres, n'ont pu s'empêcher de professer cette vérité. *Voyez* Ferriere dans son *Commentaire sur la Coutume de Paris*, au titre *de la Communauté*, & le Brun, *Traité de la Communauté*, l. 1. ch. 1. n. 4 & 5.

La communauté, ainsi que le terme l'annonce, doit être & *est* effectivement *une société de biens établie entre le mari & la femme*. Cette société ne differe des autres qu'en un seul point, savoir, en ce que, dans celle-là, le mari est non-seulement administrateur, mais aussi le maître & le seigneur de tous les biens qui composent la communauté ; ensorte qu'il en peut disposer à sa volonté, par vente, engagement, ou donation entre-vifs, pourvu que ce soit sans fraude. Mais cette seigneurie absolue cesse à l'instant de la dissolution du mariage. Il en est alors de la communauté comme de toute autre société ; le survivant est obligé de partager avec les héritiers du prédécédé les biens qui avoient été communs entr'eux. Le mari est assujetti à cette loi comme la femme, & c'est de celle-ci sur-tout qu'on peut dire, qu'après avoir vécu sans propriété, elle meurt propriétaire, *moritur ut socia* ; de façon qu'elle transmet à ses héritiers un partage & des droits qu'elle n'eût pas été en état de demander pour elle-même.

Il est donc de l'essence de la communauté de produire une action en partage, laquelle appartient aux héritiers du prémourant. Un autre caractere propre à la communauté, est qu'elle établit dans la personne des conjoints, & au moment même de la bénédiction nuptiale, une qualité personnelle, que l'on considere moins comme l'effet de la disposition de la loi, que comme une suite de la convention même des conjoints : de là il suit que cette qualité personnelle de communs en biens, fondée sur une convention expresse ou présumée, dès là qu'elle est personnelle, ne peut dépendre dans les effets que d'elle-même ; & qu'étant toujours & par-tout le principe & la cause des droits attribués au survivant des conjoints, ces droits doivent être toujours & par-tout les mêmes sur les biens susceptibles de communauté, (car il y a des Coutumes où les biens qu'elles régissent ne peuvent être mis en commun) & il ne peut y avoir communauté sur des biens qui en sont légalement exclus.

Ceci entendu, il est facile de faire voir que si les femmes Normandes prenoient part aux meubles & acquêts, à titre de communes, il y auroit une contradiction manifeste entre cette qualité & les dispositions de la Coutume de Normandie.

Lorsque la femme prédécede le mari, ses héritiers n'ont rien à prétendre aux meubles & conquêts, Article 389 ; il est vrai qu'elle leur transmet une part en propriété dans certains conquêts, Art. 331 & 332, l'usufruit réservé au mari ; mais cet usage est local, & sert d'exception au droit commun. Ce droit de propriété dans les conquêts faits en bourgage & autres lieux d'exception, résulte & dépend d'une cause toute étrangere à la communauté, puisqu'il n'appartient aux femmes qu'en conséquence de la situation, & qu'elles ni leurs héritiers n'y auroient aucun droit, si ces conquêts étoient situés ailleurs. C'est uniquement l'effet de la qualité réelle des biens, & par conséquent il ne peut être considéré comme un droit de communauté, qui est toujours un droit personnel attaché à une qualité personnelle ; il faudroit donc dire, non pas que les femmes, en

Normandie, ont part en propriété dans les conquêts situés en bourgage, parce qu'elles sont communes en biens avec leurs maris, mais qu'elles sont communes en biens, parce que les conquêts sont situés en bourgage, ce qui seroit absurde.

La contradiction ne seroit pas moins grande, dans le cas où la dissolution du mariage arriveroit par le décès du mari : alors la femme survivante auroit, il est vrai, une action en partage contre les héritiers du mari, tant pour les meubles que pour les conquêts-immeubles ; mais cela ne suffit pas pour en conclure que cette action en partage appartient aux femmes à titre de communes.

Si c'étoit à titre de communes que les femmes prissent part dans les meubles de leurs maris, on ne s'arrêteroit pas, comme on fait dans cette Province, à considérer quel est à cet égard l'usage du lieu où la succession est ouverte ; on ne distingueroit pas non plus, ainsi que le porte la Coutume, s'il y a des enfants, ou s'il n'y en a pas, ou s'il n'y a que des filles mariées & dont le mariage soit acquitté, la qualité de communes étant indépendante de toutes ces distinctions.

Quant aux conquêts-immeubles, rien encore de plus contradictoire que de supposer que les femmes, en Normandie, y prennent part à titre de communes : il n'est personne qui ne convienne qu'avant la réformation de la Coutume, une semblable proposition eût paru insoutenable, les femmes alors ne prenant aucune part dans les acquisitions, si ce n'est en bourgage & dans quelqu'autres lieux d'exception. Comment eût-on jamais pu accorder la qualité de communes en biens avec cette exclusion ? Comment eût-on pu l'accorder avec l'exception concernant les conquêts de bourgage ? Voici le raisonnement qu'on auroit fait.

Ou la qualité de communes est le principe du droit qui est accordé aux femmes sur les conquêts faits en bourgage ; ou elle ne l'est pas : si elle ne l'est pas, le moyen de soutenir que c'est à ce droit que les femmes y participent, & que sans ce titre elles n'y puissent participer ? Il faut donc tenir pour l'affirmative. Autre embarras : comment une qualité personnelle, telle que celle de commune, & dont la femme doit être revêtue dès le premier instant du mariage, opére-t-elle sur certains biens, & n'opére-t-elle pas sur d'autres ? Si c'est parce que les uns & les autres sont situés différemment, la situation est donc la cause du droit ; & dès-lors la qualité personnelle s'évanouit pour faire place à la réelle.

Cet argument a acquis un nouveau degré de force par l'Article 389. L'unique différence qui soit entre la Coutume ancienne & la Coutume réformée, est que les femmes survivantes ont aujourd'hui un tiers en usufruit dans les conquêts faits en Coutume générale : ce droit de simple usufruit ne s'accorde constamment pas mieux avec la qualité de communes, que ne s'y accordoit autrefois l'exclusion générale portée dans l'ancien Coutumier, la qualité de communes emportant nécessairement avec elle un droit de propriété.

C'est donc à titre d'héritieres, & non à titre de communes, que les femmes, en Normandie, prennent part aux meubles & conquêts, puisqu'elles ne peuvent s'exempter des charges résultantes de ce titre qu'en renonçant dans un temps limité ; & cette qualité d'héritieres est un titre purement réel, qui dépend de la situation des biens. *Voyez*, article 394 de la Coutume ; les articles 81, 82 & 83 des Placités ; Basnage & Godefroy sur les articles 329 & 394.

Dans l'ancien Droit François, qui est la source de notre Droit municipal, la Communauté, ainsi que le titre de communes en biens, étoient des termes inconnus, & les droits qu'avoient alors les femmes sur les biens de leurs maris, ne procédoient point du droit de communauté: on en trouve la preuve dans M. Bignon sur Marculphe, c. 17, l. 3. *Gentes illæ quæ ex Germaniâ in Galliis sedes posuerunt, uxoribus tertiam partem concedebant rerum quas mariti stante conjugio comparaverant.*

Les femmes, dans les premiers temps de la monarchie, n'avoient que la tierce partie des choses que leurs maris avoient acquises constant le mariage, encore cette tierce partie ne leur appartenoit-elle que quand elles survivoient : *Capitul.* du Roi Dagobert, l. 1. c. 37 (1).

De là il résulte que l'on ne connoissoit pas alors la communauté ni ses effets; car si c'eût été en qualité de communes que les femmes eussent participé aux choses acquises constant le mariage, elles eussent dû y participer également dans le cas de prédécès comme dans celui de survie ; toute communauté ou société produisant nécessairement une action en partage contre le survivant des associés.

Tel fut l'état des choses sous les Rois de la premiere & de la seconde race. Différentes Coutumes, qui s'introduisirent vers la fin du neuvieme siecle & au commencement du dixieme, donnerent naissance à des droits plus étendus, & c'est ici l'époque de la communauté coutumiere.

La Coutume de Paris entr'autres, au lieu du tiers fixé par les anciens Capitulaires de nos Rois, attribua aux femmes la moitié dans tous les meubles & conquêts-immeubles de leurs maris, soit qu'elles survécussent ou non ; presque toute la France coutumiere reçut la communauté ; mais l'ancien droit fut conservé en Normandie ; il en fait encore aujourd'hui la loi générale : *les femmes n'y ont rien qu'après la mort de leurs maris :* Art. 380 de la Coutume.

Le Statut de la Coutume de Normandie, qui donne part aux femmes dans les meubles & acquêts de leurs maris, y est donc un Statut purement réel ; & en effet, si c'étoit un Statut personnel, il s'ensuivroit que deux Normands mariés en cette Province ne pourroient pas valablement stipuler une communauté de biens pour les acquisitions faites en pays de communauté. Le contraire a été jugé par l'Arrêt de Fervaque, rapporté par Basnage sur l'article 389. L'on fait distinction, dit cet Auteur sur l'article 417, entre les loix personnelles & les loix réelles ; pour les premieres, on suit la Coutume du domicile ; pour les secondes, elles se reglent par la situation des biens.

Le Statut réel disposant des biens, uniquement en conséquence de leur situation, il est évident que la situation seule rend capables d'y participer ceux qui y ont été appellés, les étrangers comme les domiciliés.

Le Statut personnel ne réglant que l'état & la capacité ou l'incapacité générale de la personne, sans égard aux biens, ou du moins sans égard à leur situation ; il est pareillement évident que, pour recevoir cette impression personnelle, il faut être soumis par son domicile à la loi d'où elle émane ; & ce Statut agissant sur la personne, la suit par-tout, & porte son autorité hors son territoire ; son unique regle est le lieu de la naissance ou celui du domicile.

Ainsi, l'homme né en Normandie & qui devient majeur à vingt ans, est majeur par-tout ailleurs, & en quelque lieu qu'il se transporte ; en conséquence, il peut contracter, vendre & hypothé-

---

(1) Baluse, tome premier.

quer ses héritages, quoique situés dans d'autres Coutumes qui fixent la majorité à 25 ans : ainsi encore, suivant la Jurisprudence du Parlement de Paris, la femme commune en biens par la loi de son domicile matrimonial, ne cesse pas de l'être par le changement de domicile du mari, & exerce d'une façon uniforme son droit de communauté sur tous les biens acquis constant le mariage, quoique situés dans des lieux où la communauté n'a point de lieu, pourvu que dans ces lieux les biens ne soient pas exclus, par le Statut qui les régit, de toute communauté.

Le Statut réel, au contraire, ne disposant que de la chose, se renferme dans les limites du lieu où cette chose est située ; & comme c'est la situation qui détermine seule la disposition, il ne considere dans la personne qui y doit participer, ni son domicile ni celui de sa naissance : ainsi, une femme mariée & domiciliée en pays de droit écrit, n'est pas moins habile à prendre, dans les Coutumes qui l'ordonnent, douaire sur les biens de son mari dont il étoit saisi lors de ses épousailles, parce que le douaire est un droit réel.

Quelques Auteurs, entr'autres Dargentré, trouvant qu'il n'y avoit gueres de Statuts qui, en disposant des biens, n'eussent une application nécessaire aux personnes, ont cru, par cette raison, devoir en admettre une troisieme espece, qu'ils ont appellée *Statuts mixtes* ; mais cette derniere division est inutile dans les principes mêmes de Dargentré, puisque ces Statuts mixtes, suivant lui, doivent se confondre avec les Statuts réels, & se renfermer comme ceux-ci dans les limites du lieu où la chose est située : Dargentré, sur l'ancienne Coutume de Bretagne, art. 218. gloss. 6. n. 9 & 21.

Aussi est-il évident, quand on considere que l'autorité de tous les Statuts, quels qu'ils puissent être, doit se réduire à l'un des deux effets que l'on vient de remarquer, qu'il faut nécessairement se borner à la distinction des Statuts réels & des Statuts personnels.

Cela posé, il ne reste donc qu'à trouver le signe distinctif qui doit faire décider de la réalité ou de la personnalité d'un Statut : or, on conçoit aisément que, s'il y a quelque difficulté, ce ne peut être que par rapport à ceux qui, en disposant des biens, paroissent en même temps avoir en vue la personne, & tels sont presque tous les Statuts qui concernent les droits que le mari & la femme ont à exercer sur les biens l'un de l'autre ; mais par rapport à ces Statuts, il est encore une regle sûre, & qui met en état d'en distinguer la qualité & l'effet, aussi infailliblement que de ceux dont la disposition est simple. Cette regle consiste à examiner si ce qui est réglé par ces Statuts, est conforme ou contraire à l'état général de la personne.

Si ce que le Statut dispose à l'occasion des biens, n'est qu'une suite & une conséquence de l'état & de la condition de la personne, c'est un Statut personnel qui suivra la personne par-tout où elle se transportera, & dont l'effet s'étendra même dans le territoire des autres Coutumes, avec la restriction que nous avons faite ci-dessus.

Si au contraire le Statut, à l'occasion des biens qui lui sont soumis, imprime une capacité ou incapacité particuliere dans la personne, contraire à son état général ; en ce cas, c'est un Statut réel, dont l'effet dépend uniquement de la situation des biens, parce que c'est cette situation ou la qualité réelle des biens qui détermine sa disposition.

Par exemple, l'Article 322 de la Coutume porte que s'il n'y a qu'un fief assis en Caux, l'ainé le peut prendre par préciput. Ce Statut a véritablement en vue la qualité d'ainé ; mais on ne peut pas dire pour cela que ce foit la caufe déterminante de fa difpofition. 1°. La qualité d'aîné eft indépendante de la loi ; 2°. la prérogative de prendre le fief unique par préciput n'eft pas une fuite & une conféquence néceffaire de la qualité d'aîné ; 3°. enfin, il eft vifible que ce qui a déterminé le Statut eft uniquement la fituation, ou du moins l'efpece particuliere du bien dont il difpofe. C'eft donc un Statut réel au bénéfice duquel participent tous les aînés, quand même ils feroient originaires d'un lieu qui porteroit une difpofition contraire ; parce que l'effet du Statut réel eft de déférer les biens aux perfonnes, fans avoir égard à leur domicile ni à la loi de leur naiffance.

De là, il eft aifé de conclure que le Statut de la Coutume de Normandie, qui donne part aux femmes dans les meubles & conquêts, eft un ftatut purement réel.

En premier lieu, l'état général des femmes en Normandie, eft d'être *non communes* en biens, foit meubles ou conquêts-immeubles, & de ne pouvoir même ftipuler la communauté : Articles 330 & 389 de la Coutume. Si donc, malgré cette exclufion du titre de communes, elles font appellées au partage des meubles & conquêts dans certains cas, & fuivant une certaine mefure, ce ne peut être que par une capacité particuliere, contraire à leur état général ; capacité que la Coutume ne leur attribue qu'à l'occafion des biens qui lui font foumis : premier caractere de réalité.

En fecond lieu, l'ancienne Coutume n'accordoit aux femmes aucune part dans les acquifitions faites par leurs maris, *fors en bourgage* : Terrien, l. 7. ch. 7. §. 6 & 11. L'Article 329 de la Coutume réformée & cette foule d'ufages locaux, qui ont également force de loi parmi nous, reglent aujourd'hui la part des femmes dans les conquêts avec autant de diverfité qu'il y a de différents cantons & de différents Bailliages dans la Province : or, il eft inconteftable que tout Statut qui dépend dans fes effets de la loi, de la fituation, eft un Statut purement réel.

Enfin, par rapport aux meubles, il n'eft pas moins évident que notre Statut ne peut être réputé perfonnel, puifque la capacité que la Coutume donne aux femmes d'y prendre part, lorfqu'elles furvivent, eft également une capacité particuliere, contraire à leur état général de femmes non communes en biens ; & qu'en effet, cette part aux meubles ne leur eft déférée qu'à droit de fucceffion & à titre d'héritieres ; titre purement réel, dont les droits ne s'acquierent & ne fe reglent qu'à l'inftant de l'ouverture de la fucceffion, en fuivant la loi du dernier domicile ou du lieu où cette fucceffion eft ouverte, parce que c'eft là où les meubles font cenfés avoir leur fituation : troifieme caractere de réalité.

Ce n'eft point en vertu d'une colaboration commune, que la Coutume de Normandie attribue aux femmes une part dans tous les meubles & conquêts. En effet, pourquoi cette commune colaboration auroit-elle eu plutôt pour objet les acquêts faits en bourgage, que par-tout ailleurs ? Pourquoi fuivant l'ancien ufage exclure la femme de participer aux acquêts faits en Coutume générale ? Pourquoi aujourd'hui ne lui accorder, fuivant le droit général, qu'un tiers en ufufruit dans ces mêmes biens, tandis qu'on lui accorde dans les autres, & felon qu'ils font fitués, ici la totalité en ufufruit, là la moitié, & quelquefois même la propriété de cette moitié ?

Le motif de la commune colaboration, ou du droit de communauté, car ce font mots fynonymes, eft purement perfonnel & le même pour toutes fortes de biens, en quelques lieux qu'ils foient fitués : or, fut le fondement de cette commune colaboration, qui osera soutenir qu'une femme mariée en Normandie, puisse, comme la femme mariée à Paris & ailleurs où la communauté a lieu, demander part aux acquisitions faites en pays de droit écrit, dans le Lyonnois, par exemple? L'eût-elle pu du temps de l'ancienne Coutume, dont les dispositions étoient si évidemment réelles, & ne s'étendoient pas au-delà du bourgage du Bailliage de Gisors & du pays de Caux? Le pourroit-elle aujourd'hui, en vertu de la Coutume réformée? Il faudroit donc rayer l'Article 389. Mais bien plus: quelle part assigneroit-on à la femme sur les acquisitions faites dans le pays Lyonnois? Pourquoi plutôt le tiers que la moitié, plutôt en usufruit qu'en propriété? D'où partiroit-on? Y a-t-il dans toute notre Coutume un seul Article qui concerne une autre Coutume générale que la nôtre, d'autres Bailliages & Vicomtés que ceux qui sont dans l'étendue de la Normandie? Nulle difficulté donc à conclure qu'il n'y a point de communauté entre conjoints en Normandie, & que c'est à titre d'héritieres que les femmes y prennent part aux meubles & conquêts; que le Statut de la Coutume de Normandie est un Statut purement réel; pourquoi l'on suit la loi du dernier domicile du mari pour les meubles, & celle de la situation des biens pour le partage des acquêts. Aussi sur ce principe, par Arrêt du 3 Août 1739, la Cour a accordé part aux meubles & conquêts faits en Normandie, à une femme mariée en pays de droit écrit, où il n'y avoit point de communauté, parce que la succession du mari étoit ouverte en Normandie, & que les conquêts y étoient situés: c'est l'Arrêt de Martorey. *Voyez* l'espece de cet Arrêt & de plusieurs autres qui y sont conformes, Article COUTUME.

COMMUNE RENOMMÉE.

C'est le témoignage du public juridiquement rendu sur des faits dont celui qui étoit tenu à les faire constater, ne représente aucuns actes justificatifs.

Ainsi les tuteurs, les freres ainés qui ont négligé de faire dresser inventaires des effets mobiliers sur lesquels leurs mineurs ou leurs puînés ont de légitimes prétentions, sont exposés à la preuve par commune renommée; & après cette preuve faite, s'il en résulte que la valeur de la succession litigieuse excede celle que lui attribuoient les freres ainés ou les tuteurs, cette preuve doit faire leur loi, en jurant néanmoins par les demandeurs, qu'ils croient que la succession pouvoit monter à la somme énoncée en la preuve. *Voyez* INVENTAIRE.

COMMUNES.

Cette dénomination s'applique ou à un corps d'habitants d'une même Ville ou d'un même Bourg, lorsqu'ils y suivent des regles de police particulieres.

Ou il désigne des droits qui s'exercent en commun par les habitants d'un canton pour le pâturage de leurs bestiaux, sur un terrain d'où les habitants des lieux voisins sont exclus.

1°. Les *Communes* prises dans la premiere acception, sont très-anciennes en Normandie. L'opinion générale est que leur établissement est dû à Louis le Gros, qui commença son regne en 1109. Mais dès la premiere année de son regne, Henri I, Roi d'Angleterre, reconnut que Londres avoit le droit de communes. Spelman (1) nous a conservé la Charte de confirmation de ce droit, où il est dit qu'il avoit subsisté sous le regne de Guil-

---

(1) *Cod. leg. veter.*, p. 220 Anc. L. des Fr. deuxieme vol.

laume II. Son origine étoit cependant plus ancienne ; le Conquérant, en la quatrieme année de son regne (1), avoit maintenu les Magistrats de Londres dans les privileges qu'Edouard le Confesseur leur avoit accordés ; & Edouard, dans le trente-cinquieme article de ses loix, titre *de Heretochiis* (2), attribue en effet la plus haute antiquité aux immunités de cette Ville célebre.

Sa principale franchise étoit qu'aucun de ses habitants ne fût obligé de plaider hors de son enceinte, si ce n'étoit pour les cas royaux ou pour les fonds qu'ils posséderoient dépendants de la Couronne ; & nous retrouvons cette prérogative dans une Charte d'Henri I, rapportée par Wilkins, à la suite de l'art. II des Loix de ce Prince (3) : *Non placitabunt extra muros*.

Les communes étoient donc connues en Angleterre avant la conquête. Et en effet il est facile d'en découvrir l'origine dans les monuments de l'ancienne législation tant de ce royaume que du nôtre.

Sous la domination des Rois Anglo-Saxons, Canut dit, chapit. 17 de ses Loix, que trois fois par an on tienne les assemblées des Bourgs & des Provinces : *Ter in anno habeatur burges motus, & schir motus* (4). Il y avoit donc du temps de ce Souverain des Tribunaux particuliers aux Villes. En effet, au commencement du dixieme siecle, sous Ethelstan, la Ville de Londres avoit sa Cour, à laquelle l'Evêque & le Préset présidoient. Il ne faudroit pas conclure de là que la France auroit reçu des Anglois l'établissement des communes ; car dans le chapitre 56 de la Loi salique, article 5, le mot *Malloborgium* est employé pour désigner le tribunal des *Sagibarons*, lesquels au nombre de trois décidoient les causes des communautés, & ces communautés n'étoient autres que les Villes. *Mallum Burgii* signifient en effet évidemment comme *Burge motus*, l'audience d'un Bourg ; audience que Grégoire de Tours, l. 7, c. 47. appelle *judicium civium*, & où tous les Rachembourgs jugeoient. *Race* dans l'ancien Saxon, signifioit cause, procès, d'où on a appellé les chefs des Jurisdictions des Bourgs, *Rachim Burgii*. Dès le commencement de notre Monarchie, ce nom y étoit en usage ; ainsi les Bourgs & Villes avoient dès-lors leurs Jurisdictions propres. Or ces Villes & Bourgs qui avoient Jurisdiction, dans les assemblées desquelles se régloit leur police, étoient appellées *communes*, suivant la formule 7 du livre 1ᵉʳ. de Marculphe. Il a été donc naturel que sous ce mot *communes*, on ait compris dans la suite toutes les Villes qui avoient le même privilege. Le privilege de Jurisdiction n'étoit pas borné au droit d'être jugé par ses concitoyens ; il comprenoit encore celui de s'armer, soit pour la défense particuliere de la communauté, soit pour celle de l'état, & de régler la cotisation indispensable, ou pour le service du Souverain, ou pour subvenir aux secours des membres de la communauté, au cas d'incendie, dans les temps de disette ou d'autres calamités publiques. C'est ce que nous apprend, 1°. le Capitulaire de l'an 779, art. 16, col. 198, collect. de Baluse ; & le projet des Loix de Guillaume le Conquérant, art. 35 (5). Le Capitulaire défend aux particuliers de faire entr'eux les serments d'association que les communes ou *gildes*, *gildonia*, faisoient entr'elles lorsqu'elles se confédéroient pour soutenir la même cause. La raison de ces défenses, étoit que les particuliers s'associoient sans avoir

---

(1) Année 1070.
(2) Traités Anglo-Norm. premier vol.
(3) P. 235.

(4) Assemblées des Bourgs & des Comtés.
(5) Coutumes Anglo-N. t. 1. & Ancien. L. Fr. t. 2.

un but déterminé, & que de là ils consommoient en débauches ce qu'ils auroient dû réserver pour les nécessités publiques; ce qui rendoit leurs sermens criminels, puisqu'ils n'avoient point comme ceux des communautés une fin légitime. Et le projet de Loi que Guillaume le Conquérant dressa au commencement de son regne (1), enjoint aux hommes libres de chaque canton de s'assembler en leur Bailliage une fois par an, pour s'y confédérer & s'y cotiser, sous serment, à l'instar des membres des communes, *se fide & sacramento non fracto in unum & simul confœderare & consolidare, sicut conjurati fratres*, pour repousser avec lui les ennemis du Royaume, *ad deffendendum regnum cum Domino rege*. La traduction de ces mots *conjurati fratres*, par ceux de *membres des communes*, ne peut être susceptible d'une critique raisonnable. En effet, les vassaux des Seigneurs étoient forcés de se réunir au premier signal de ces derniers; ils avoient prêté serment à leurs Seigneurs de les suivre, ils ne s'en devoient donc aucun entr'eux. Mais les gens de *commune*, comme les hommes libres, étant indépendants les uns des autres, étoient nécessités à se lier réciproquement par le serment pour prévenir la désertion, & le nom de *fratres conjurati*, leur étoit donné par opposition à ce qui se pratiquoit à l'égard des troupes qui marchoient à l'armée, sans autre lien que celui du vasselage.

Durant les troubles qui agitèrent l'Etat François vers le déclin de la deuxieme race, les communes subsisterent, mais les Souverains avoient souvent intérêt d'empêcher que sous prétexte de se garantir des brigands, elles ne se confédérassent; parce que n'ayant en apparence que leur propre sûreté en vue, elles auroient pu prêter secours aux ennemis de l'Etat. *Capitul. XIV. Karlomani*, ann. 882. col. 372. apud Sirmundum. Le Royaume & la Normandie ayant recouvré leur tranquillité après la cession de cette Province à Raoul en 912, la liberté dont les communes avoient joui dès l'origine de la Monarchie, leur fut rendue: leurs prérogatives reçurent même divers accroissements. Les *Majeurs* ou *Maires* en Normandie (2) étoient élus par elles. Ces Officiers examinoient les comptes des revenus des Villes auxquelles ils présidoient; ils faisoient la répartition de la taille & de tous les autres impôts (3); & comme durant les désordres de la fin de la deuxieme race, plusieurs Seigneurs avoient usurpé les biens des communes royales, les avoient assujetties elles-mêmes au service de la féodalité (4), nos Rois, ainsi que les Ducs Normands, leur attribuerent à l'envi une autorité qui anéantissoit celles que les Seigneurs s'étoient arrogés. C'est ce que prouve la Charte de Richard, Roi d'Angleterre, accordée à Rouen, & celle où Philippe-Auguste confirme, en 1207, la précédente. Cette Ville y obtient le plaid de l'épée, & le droit de punir ceux qui recevroient la monnoie des Barons (5). Toutes les autres Villes de Normandie ne tarderent pas à solliciter, & elles obtinrent du Roi les mêmes faveurs. Les Seigneurs à ce moyen furent obligés de renoncer à tous droits sur l'administration des Villes qui dès-lors se trouverent replacées immédiatement sous la sauvegarde du Souverain.

---

(1) Wilkins, p. 205. leg. Anglo-Sax.
(2) *Concilium Juliobonense apud Dom Pommeraye*, anno 1080 & not. *Dom Godin*, p. 529 *in fin*.
(3) Traités Anglo-N. p. 364. tom. 2.
(4) Bruffel, l. 2. ch. 9. p. 187. premier vol.
(5) Ibid. ch. 10. p. 207.

Infenfiblement les Juſtices Royales dans le reſſort deſquelles les communes étoient établies, en dépouillèrent pluſieurs de leur Juriſdiction, & il n'y a plus maintenant que celles auxquelles le Roi a confirmé le droit de l'exercer, qui en jouiſſent; mais quelque rare que ſoit le droit de *communes*, il n'eſt que plus reſpectable lorſqu'une ville y a été maintenue, puiſque l'origine de ce droit égale par ſon antiquité celle de la Monarchie.

2°. Quant aux *communes* priſes dans le ſecond ſens, elles ſont de deux ſortes: ou les Seigneurs dans les fiefs deſquels elles ſont aſſiſes ont des aveux par leſquels la conceſſion qu'ils en ont faite à leurs vaſſaux eſt conſtante; ou les vaſſaux en jouiſſent en vertu d'une poſſeſſion immémoriale ſans titre. Au premier cas, l'uſage que les reſſéants ſur le fief ont exercé ſur la commune doit être reſtreint à l'eſpèce de jouiſſance qu'ils en ont eue, & à celle que le Seigneur y a eue de ſa part; enſorte que ſi cette jouiſſance du Seigneur a conſiſté à recueillir excluſivement toutes les productions de la commune, autres que celle du pâturage; par exemple, s'il y a ſeul coupé les arbres & les joncs-marins qui y ſont crus; cette faculté doit lui être conſervée, & ſes vaſſaux ne peuvent y prétendre que celle d'y faire paître leurs beſtiaux, parce qu'alors la propriété eſt évidemment reſtée inhérente au fief; & ce qui reſte de fruits ſur le fonds après l'épuiſement de ceux dont il a fait conceſſion, lui appartient. Il y a plus, ſi les vaſſaux n'uſoient pas de la commune, le Seigneur en jouiroit ſeul. C'eſt ce qui a été décidé par l'Arrêt de la Cour du 31 Juillet 1759, rendu au profit de M. le Marquis de Cany. Mais dans le ſecond cas, la commune eſt préſumée appartenir au Roi, & avoir précédé l'inféodation des Seigneurs; préſomption d'où il réſulte que le feudataire n'a reçu l'inveſtiture de ſon fief, qu'à la condition de conſerver aux vaſſaux qui en dépendroient, l'uſage de la commune, & de ne pouvoir y prendre part que concurremment avec eux.

Auſſi eſt-il de maxime inconteſtable que les Seigneurs doivent avoir un titre poſitif pour priver les habitants d'une Paroiſſe, d'une commune dont ils ſont en poſſeſſion immémoriale, & qu'au contraire cette poſſeſſion ſans titre ſuffit à ces habitants pour ſe maintenir en la jouiſſance du droit de communes. Auſſi ni le Seigneur ni les habitants en ce cas n'ont-ils le droit de les planter, de les ſemer en grains; en un mot d'en changer la deſtination.

En 1747, il s'éleva une queſtion ſur le point de ſavoir ſi des marais communs devoient ſe partager par tête entre les communiers, ou ſi le partage devoit en être fait à proportion des fonds d'un chacun.

Cette queſtion dépendoit de cette autre, ſi le droit des communiers étoit réel ou perſonnel, c'eſt-à-dire, un droit attaché aux perſonnes, auquel cas le partage devoit ſe faire par tête; ou un droit attaché aux fonds, parce qu'alors le partage devoit être proportionné à leur valeur & à leur quotité.

Il eſt évident que ç'a été pour nourrir le bétail d'une Paroiſſe que, dans la diviſion originaire des fonds, on en a laiſſé une partie pour l'uſage commun, partie dont perſonne en particulier ne pouvoit diſpoſer.

Mais dès que c'eſt un fait atteſté par l'hiſtoire que le droit de chaque uſager a pour principe la nourriture des beſtiaux; comme celui qui n'a point de fonds ne peut pas avoir de bétail, qu'il n'a beſoin ni de fourrage ni d'herbage pour le nourrir, ce n'eſt donc pas pour lui que le fonds a été concédé. Le droit d'uſage eſt donc réel, attaché aux fonds de la Paroiſſe; ſi réel, qu'il paſſe aux acquéreurs, hors le cas de rétention par le vendeur; c'eſt par conſéquent la proportion relative aux fonds qui doit ſervir de regle.

En adoptant le partage par tête, il faudroit multiplier les lots à mesure que les familles se multiplieroient ; plus une famille seroit nombreuse, & plus sa part dans le bien commun, seroit considérable, n'eût-elle pas une perche de terre ; tandis que celui qui posséderoit une grande étendue de fonds n'auroit presque rien.

L'Edit du mois d'Avril 1667, portant pouvoir aux communautés de rentrer en possession des biens qu'elles avoient aliénés, en remboursant les acquéreurs, est bien éloigné de l'idée du partage par tête, puisqu'on y lit : » que les communes ont » été concédées par forme d'usage seule- » ment, pour demeurer *inséparablement » attachées aux habitations des lieux*, pour » donner moyen aux habitants de nour- » rir des bestiaux & de fertiliser *leurs ter- » res* par les engrais.

L'habitant qui ne possede qu'une vergée de terre, n'ayant pas besoin d'autant d'engrais pour fertiliser son petit champ, que celui qui possede 100 acres de terre, ne doit pas avoir conséquemment autant de bestiaux que ce dernier, ni une aussi grande part dans l'usage commun du marais. Ces termes, *inséparablement attachées aux habitations des lieux*, insérés en l'Edit, prouvent encore la réalité du droit d'usage.

Son dispositif porte d'ailleurs que chaque habitant sera tenu de contribuer au rachat du bien commun aliéné, à proportion des biens qu'il se trouvera posséder dans la Paroisse : d'où on est forcé d'inférer que l'aliénation, à l'égard de chaque habitant en particulier, ne lui avoit, lors de l'Edit, causé, aux yeux du législateur, qu'un préjudice proportionné à la quantité de ses fonds, autrement Sa Majesté n'auroit pas réglé la contribution relativement à ces fonds ; le nombre des têtes auroit été la regle.

L'Ordonnance de 1669 suppose & sous-entend non-seulement le partage proportionnel aux fonds, mais elle le prescrit expressément dans l'article 7 du titre 25.

» Si, dans les pâtures communes qui » appartiennent aux habitants, il se trouve » quelques endroits inutiles & superflus, » dont la communauté pût profiter sans » incommoder le pâturage, ils pourront » être donnés à ferme.... & le prix en » seroit employé aux réparations des Pa- » roisses, ou aux affaires urgentes de la » communauté.

Il est clair que cette loi prescrit la proportion foncière, puisque les réparations des Paroisses, ainsi que les cotisations pour la nourriture des pauvres, sont des charges réelles auxquelles chaque Paroissien est tenu de contribuer à proportion de ses héritages : aussi la question a-t-elle été décidée au Conseil le 2 Mars 1715, au sujet de la contribution que chacun devoit fournir pour les réparations à faire au Pont-au-Douet, pour l'écoulement des eaux d'une riviere qui inondoit un marais ; l'Arrêt ordonna que chaque propriétaire contribueroit, & que la contribution d'un chacun seroit réglée à proportion de ses fonds, tant communs que particuliers.

De tous les Arrêts du Parlement, nous n'en connoissons pas un seul qui n'ait proportionné l'usage des communes aux fonds de chaque usager. Nous ne citerons que l'Arrêt de Cléville, du 2 Avril 1737. Les habitants de Cléville avoient fait une délibération par laquelle ils avoient arrêté que chaque usager ne pourroit mettre dans le marais que le nombre des bestiaux qu'il auroit hébergés, & qui y auroient passé l'hyver. Ils en demanderent l'homologation à la Cour, qui ne l'homologua & n'en ordonna l'exécution qu'après avoir réglé l'usage, non à proportion des bestiaux passés d'hyver, mais à proportion des fonds d'un chacun. Voici le dispositif de l'Arrêt.

» La Cour a permis aux habitants de

» Cléville de mettre dans leurs marais les
» bestiaux à eux appartenants, soit qu'ils
» aient passé l'hyver sur ladite Paroisse
» ou ailleurs; & faisant droit sur les Con-
» clusions du Procureur-Général, a or-
» donné qu'ils ne pourront mettre dans
» lesdits marais plus de bestiaux qu'ils
» n'en peuvent porter, & que chacun
» n'y en mettra qu'à proportion des fonds
» qu'il possede dans la Paroisse. *Voyez*
l'art. 14 du tit. *des pâturages*, de l'Ordonnance de 1669. Pareil Arrêt a été rendu
le 9 Mars 1747.

Il reste cependant encore une difficulté.
Les communautés ont-elles le droit de
se faire des Statuts pour régler la police
& l'usage de leurs communes ? Le Commentateur de l'Ordonnance de 1669, dit
que les Coutumes de la Bourt & de Dacs
donnent ce droit aux usagers qui leur
sont soumis. Nous n'avons point de pareille disposition dans la nôtre.

On convient que les usages locaux
ont force de loi, mais c'est quand ils
ont été arrêtés & reçus par le corps entier, & que le Souverain les a autorisés; ç'a été par cette voie que les usages
particuliers de cette Province se sont introduits & conservés.

Il est sans difficulté qu'une Paroisse qui
voudroit se faire un Statut contraire à la
Jurisprudence des Arrêts, formeroit un
projet que l'exécution ne suivroit pas.
L'Arrêt de Cléville prouve deux choses;
la premiere, qu'un Statut doit être ho-
mologué à la Cour; & la seconde, que
la Cour peut en changer les dispositions:
par conséquent les communautés n'ont
pas le droit de se faire des Statuts.

Mais on suppose qu'il soit d'usage immémorial dans une Paroisse de pâturer
le bien commun par tête, pourroit-on
revenir contre cet usage ? Oui, parce
que ce seroit un abus. L'Ordonnance de
1669, au tit. *des bois, prés, marais, &c.*
appartenants aux communautés, article 5,

veut que les Seigneurs qui n'ont point
droit de triage, jouissent seulement de
leurs usages & chauffages, *ainsi qu'il est
accoutumé* : elle veut aussi, dans l'art. 11,
que les bois soient distribués *suivant la
Coutume*. Mais qu'est-ce que l'Ordonnance entend par *Coutume* ? Incontestablement celle dont le Souverain a agréé
la rédaction, parce qu'il n'y a que celle-
là qui ait force de loi : elle entend les
Coutumes qui ont été rédigées par écrit,
les usages locaux que l'on a laissé subsister lors de la rédaction des Coutumes ;
cela est tellement vrai, que quand il
fut question de réformer la nôtre, les
Commissaires appellerent les habitants
de chaque Vicomté, & leur observerent
que ceux qui avoient quelqu'usage local
eussent à le déclarer, parce que, dans
la suite, il ne seroit écouté aucune allégation d'usage local, s'il n'étoit employé
dans leur Procès-verbal, & que s'il s'en
découvroit ensuite, il seroit réduit à la
Coutume générale.

Anciennement les propriétaires de la
Banlieue de Rouen partageoient leurs
biens comme bourgage, lors même qu'ils
n'étoient point en franc-aleu. Cet usage
étoit confirmé par plusieurs Arrêts ; mais
dès qu'on a reconnu que cet usage n'é-
toit pas érigé en loi, il a été aboli.

On diroit vainement qu'on n'a rédigé
par écrit aucun des usages de la Province
sur cette matiere ; qu'ainsi on est forcé
de suivre la Coutume des lieux, comme cela se pratique pour les dîmes ;
car la comparaison n'est pas exacte. On
suit l'usage pour les dîmes, parce que
les Ordonnances l'ont permis, Ordonnance de Blois, art. 49 & 50 ; Edit de
Melun, art. 29 : mais on n'en citera aucune qui regle l'usage particulier de chaque Paroisse sur les biens appartenants à
la communauté : au contraire, l'art. 7
du titre 25 de l'Ordonnance de 1669,
prescrit expressément de quelle maniere

le

le pâturage s'en doit faire, il doit se faire suivant la Coutume générale.

COMMUNICATION.

Basnage, sur l'article 42 de la Coutume se fait cette question : lequel des deux Seigneurs, dont l'un n'a que des extensions de fief en une paroisse, & l'autre possède le fief principal, & qui prétendent réciproquement les mêmes mouvances, doit communiquer ses titres le premier ? Et il cite l'Arrêt de Martainville, sous la date du 9 Mars 1686, pour prouver que les deux Seigneurs doivent se communiquer en même temps. Le nouvel Annotateur de Basnage donne à cet Arrêt la date du 29 Mars 1686, en faisant observer que M. de Martainville n'étoit point Seigneur du fief principal de la paroisse ; qu'il possédoit seulement un fief particulier relevant de l'Abbaye de S. Ouen, & que M. d'Auzouville, son adversaire, ne relevoit directement ni indirectement du fief de Martainville ; par là M. de la Quesnerie insinue clairement que, si le fief de Martainville eût été le fief principal, la communication réciproque n'auroit point été ordonnée. Cette opinion est, en effet, celle à laquelle on doit s'arrêter. Il répugne qu'un Seigneur & Patron d'une paroisse, lequel, à ce double titre, est de droit présumé avoir dans l'origine possédé, par lui ou par ses Auteurs, la paroisse en intégrité, (car anciennement les fiefs comprenoient un ou plusieurs Villages sans mélange d'autres Seigneuries), soit tenu de prouver par titres que toute cette paroisse soit de sa mouvance, vis-à-vis de Seigneurs qui n'y réclament que des extensions au droit de fiefs assis en des paroisses voisines. Toute exception doit être prouvée. Aussi la question s'étant offerte en la Cour, en 1733, entre le sieur d'Herbouville & les Chanoines de S. Quentin, Seigneurs & Patrons du Bourgdun : par l'Arrêt du 4 Mars, la Sentence du Bailliage d'Arques, qui avoit assujetti le sieur d'Herbouville à communiquer, fut confirmée. M. l'Avocat-Général, le Chevalier, fit voir que l'Arrêt de 1686 avoit été prononcé sur le fait particulier, & il prouva en droit que le Seigneur & Patron étant réputé avoir la mouvance générale du territoire, les Seigneurs éloignés qui se croyoient fondés à la lui contester, devoient produire des titres. S'il en étoit autrement, disoit ce Magistrat, un Seigneur de fief qui n'auroit que la mouvance d'un acre en une paroisse, pourroit y amplifier ses tenures aux dépens du Seigneur principal, en se faisant donner des aveux par les vassaux du Seigneur de la paroisse, contre lequel les vassaux sont souvent indisposés.

Le 14 Août 1779, en la Ire des Enquêtes, une cause semblable fut discutée entre le sieur de Beaurepaire, Seigneur & Patron de Notre-Dame-des-Prés, & le sieur Manoury Défalleurs, Seigneur du fief du Plessis, situé en une paroisse voisine.

Ces deux Seigneurs avoient conduit des arrêts aux mains de Jacques Godin, Laboureur, propriétaire d'héritages dépendants de la paroisse de Notre-Dame-des-Prés, pour être payés de rentes seigneuriales. Le vassal avoit consigné la tenure à Justice, & pris mandement pour mettre en cause les deux Seigneurs. Le Juge de Conches avoit ordonné, fondé sur l'Arrêt de 1686, & sur le sentiment de Basnage, qu'ils se communiqueroient respectivement leurs titres : en la Cour M^e. la Foi, si distingué par la profondeur de ses connoissances, sur-tout en matières féodales, écrivit pour le sieur de Beaurepaire, & allégua pour moyens, 1°. qu'il étoit seul Seigneur & Patron de la paroisse ; que cette paroisse en général n'en reconnoissoit aucun autre : 2°. que l'Arrêt de Martainville avoit été défiguré par

Tome I.

Basnage ; que celui de M. d'Herbouville faisoit maxime au Palais. Il fit sentir le danger de s'écarter des principes qui l'avoient déterminé, & conclut à ce que l'appellation fût mise au néant ; corrigeant & réformant, que le sieur Défalleurs seroit tenu de communiquer au sieur de Beaurepaire, en sa qualité de Seigneur & de seul Seigneur & Patron de la paroisse de Notre-Dame-des-Prés, les titres, aveux & autres pieces, en vertu desquels il réclamoit la mouvance de l'héritage en question ; pour cette communication faite préalablement de sa part, être justifié ensuite par le sieur de Beaurepaire, ainsi que de raison, le cas échéant, à laquelle fin renvoyer les Parties procéder au Bailliage de Conches, devant autre Juge que celui dont étoit appel, & condamner le sieur Défalleurs aux dépens des causes principale & d'appel ; conclusions qui lui furent adjugées au rapport de M. Menard, Seigneur du Vieux-Rouen.

COMPARENCE.

Voyez ASSISES.

COMPATIBILITÉ.

Voyez OFFICES.

COMPENSATION.

On peut définir la compensation, *le paiement qu'un obligé fait de sa dette par la quittance qu'il donne de la dette à laquelle son créancier est obligé envers lui*.

Ainsi pour avoir le droit de compensation, il faut que le demandeur & le défendeur soient chacun en même temps créanciers & débiteurs. Si donc un tuteur ou un porteur de procuration qui forme la demande d'une obligation due à son mineur ou à son commettant, doit à l'obligé une somme ; celui-ci ne peut le forcer à la compenser contre ce qu'il doit à son véritable créancier : de là encore, une dette ne peut être compensée contre un dépôt ; le dépositaire n'est pas débiteur, il n'est que gardien ; & cette qualité cesse de l'instant où celui qui la lui a imprimée, juge à propos de changer de volonté ; d'ailleurs celui qui dépose ne transfere aucune propriété au dépositaire ; le dépositaire n'ayant point de droits sur le dépôt, ne peut par conséquent le prendre pour objet de compensation.

Autrefois, suivant la remarque de Basnage sur l'Article 21 de la Coutume, on étoit dans l'usage de se pourvoir en la Chancellerie, d'y obtenir lettres pour être admis à proposer la compensation ; mais il a été décidé par Arrêt du 16 Juillet 1665, que lorsque les dettes sont liquides & de même qualité, la compensation est de droit, qu'il suffit de la demander au Juge.

On appelle une dette liquide celle qui ne peut être raisonnablement contestée, & dont la valeur devient promptement & facilement constante ; ainsi l'on peut compenser une rente en grains, contre une payable en argent, dès qu'à l'instant où l'on demande la compensation, il est possible que le grain soit estimé ; car sous le prétexte de compenser, on ne doit se procurer des délais pour l'acquit de ce qu'on ne peut nier être à l'instant exigible.

On dit que deux dettes sont de *même qualité*, lorsque les raisons de les acquitter sont également pressantes ; ainsi on ne peut compenser le montant d'un simple billet, contre une provision ordonnée pour aliments ou médicaments, ni ce que doit personnellement un héritier par bénéfice d'inventaire, avec ce qui lui est dû en vertu de ce bénéfice ; car l'héritier bénéficiaire est l'homme de la loi, & il ne peut rien payer qu'en s'y conformant : or, elle regle la distribution des deniers provenants du bénéfice d'inventaire, de manière qu'elle ne peut être faite que par Justice, en présence de tous les créditeurs. *Voyez* Art. 97 de la Coutume, & Art. BÉNÉFICE D'INVENTAIRE.

COMPÉTENCE.

La premiere attention que doit avoir celui qui forme une demande en Justice, c'est à la compétence du Juge devant lequel il fait assigner la partie qui est l'objet de son action ; car si ce Juge n'a pas le pouvoir de prononcer sur la matiere soumise à sa décision, ou si l'assigné n'est pas du territoire dans les bornes duquel l'autorité du Juge est restreinte, l'action est nulle & ne peut produire aucun effet ; à moins que le Roi n'ait attribué à ce Juge le droit de juger dans un territoire qui lui est étranger ; ou qu'il ne lui ait transmis le pouvoir de décider une question, quoiqu'elle ne soit pas ordinairement de la compétence de son Siege. Mais ces exceptions ne font que confirmer la regle générale, qui veut que chaque Magistrat ne connoisse que des causes mues dans le ressort de sa Jurisdiction entre les personnes & pour les matieres dont, par les Loix, ce Siege est déclaré compétent.

Il y a quatre sortes de Jurisdictions en Normandie : la Jurisdiction Royale, la Jurisdiction Ecclésiastique temporelle, la Seigneuriale & la Jurisdiction extraordinaire ou d'exception.

La Jurisdiction Royale, est celle que le Roi rend à ses sujets par les Officiers qu'il honore de ce ministere. *Voyez* BAILLIAGE, CHAMBRE DES COMPTES, PARLEMENT, PARQUET, PRÉSIDIAUX, PRÉVÔT DES MARÉCHAUX, VICOMTÉS.

La Jurisdiction Ecclésiastique temporelle est ainsi appellée, pour la distinguer de celle toute spirituelle que Jesus-Christ a confiée à l'Eglise pour la sanctification des ames. Cette Jurisdiction temporelle a été conférée aux Ministres de l'Eglise par nos Souverains, qui tiennent de Dieu tout pouvoir pour la police extérieure de l'Etat. *Voyez* CHAMBRES ECCLÉSIASTIQUE, MÉTROPOLITAINE, OFFICIAL.

La Jurisdiction Seigneuriale porte ce nom, parce que c'est par les Seigneurs de fief que les Officiers qui en sont les chefs, sont choisis & nommés. *Voyez* BASSE, HAUTE & MOYENNE JUSTICE.

Les Jurisdictions d'exception ou extraordinaires sont celles qui démembrées de la Jurisdiction Royale, telle qu'elle étoit anciennement, ne connoissent que de certaines matieres. *Voyez* AMIRAUTÉ, CONSULS, ÉLECTION, GRENIER A SEL, MAIRIE, POLICE.

Dans les Tribunaux des Juges ordinaires, Royaux ou Seigneuriaux, c'est un principe incontestable qu'en matieres personnelles le défendeur doit être assigné devant le Juge de son domicile. Il y a cependant quelques exceptions à cette regle : 1°. à l'égard des successions ; car ceux qui y ont intérêt doivent plaider au Siege dans le ressort duquel la succession est ouverte : 2°. à l'égard des demandes en garantie, le garant doit comparoître en la Jurisdiction où la cause principale s'instruit. Enfin en vertu du droit de *Committimus*, ou de certains privileges accordés à quelques Tribunaux, tels que le Châtelet de Paris, dont le sceau est attributif de Jurisdiction ; ou de dispositions particulieres à certaines Coutumes : un défendeur est obligé de reconnoître pour Juges ceux que ces divers privileges lui indiquent.

En matieres réelles telles que les décrets, on doit plaider devant le Juge du lieu où les fonds en litige sont situés ; s'il s'agit de légitime, de partage, on a le choix du Juge du lieu de la situation des fonds, ou du Juge du lieu où la succession est ouverte. C'est en conséquence de ce principe, que sur un débat en réglement de Juges entre le Châtelet & le Bailliage de Rouen, par Arrêt du Conseil de l'année 1760, la dame Corneille fut renvoyée au Bailliage pour y procéder en liquidation de sa légitime, quoique le sieur Aselin son adversaire fût domicilié à Paris, & par sa charge eût ses causes commises au Châtelet.

Il arrive souvent que les matieres sont en même temps réelles & personnelles ; & de ce genre sont les clameurs. Alors il est au choix du demandeur d'intenter son action devant le Juge du domicile du défendeur, ou devant celui de la situation des héritages. *Voyez* CLAMEUR.

Quand il s'agit de délits ou de crimes, la regle générale est que le Juge du lieu où ils ont été commis, en a seul la connoissance. *Voyez* CAS ROYAUX, CAS PRIVILEGIES, MAGISTRATS.

Cependant on peut donner une plainte au secret de Justice devant le Juge Royal contre un domicilié sous l'étendue d'une Haute-Justice qui y ressortit, & pour délits commis sur le territoire du Haut-Justicier, sans que l'Accusé ait prétexte d'appeller comme d'incompétence.

Ceci est une conséquence de l'Article 15 de la Coutume, qui oblige les Hauts-Justiciers à demander aux Juges-Royaux le renvoi des causes dont ils prétendent que la connoissance leur appartient, sans qu'ils puissent user de défenses même envers leurs Justiciables ; car cet Article ne distingue point les causes civiles des criminelles : au contraire, il se rapporte *sensiblement* aux causes criminelles, puisqu'il est placé immédiatement après les Articles 13 & 14, qui traitent de la compétence du Haut-Justicier à l'égard des crimes. D'ailleurs le Haut-Justicier n'est qu'un Juge de privilege ; lorsqu'il ne le réclame pas, il est de droit réputé n'en vouloir pas user : Arrêt du 17 Juillet 1751.

Il ne faut pas confondre le Vicomte avec le Haut-Justicier : le premier peut donner mandement de défenses contre le Bailli Royal, parce qu'il est comme ce dernier, Juge Royal · & si sur la réclamation du Vicomte, le Bailli retenoit injustement une cause, il y auroit lieu à l'appel comme d'incompétence. Cependant les jugements du Bailli ne seroient pas nuls, si le Vicomte n'avoit pas usé de défenses, ou si les Parties n'avoient pas demandé leur renvoi ; car le Bailli étant compétent de la matiere, le consentement des Parties suffit pour mettre sa décision à l'abri de toute attaque. *Voyez* PROROGATION.

Quand un Juge est saisi de l'instruction d'un Procès criminel, il peut faire prêter interrogatoire hors l'étendue de sa Jurisdiction : Arrêt du 16 Mai 1702. Le motif de cet Arrêt est palpable, l'interrogatoire doit être assorti aux charges du procès, & il y auroit en bien des occasions du danger à les mettre sous les yeux de différents Juges.

COMPLAINTE.

Voyez PÉTITOIRE & POSSESSOIRE.

COMPROMIS.

C'est un acte par lequel on s'en rapporte à la décision d'une ou de plusieurs personnes sur une question raisonnable, en leur attribuant pour la décider toute jurisdiction. Telle est la définition qu'en donnent nos anciennes Coutumes (1).

Toutes personnes peuvent être nommées pour arbitres par compromis, pourvu que la loi ne les ait pas déclarées incapables (2). Ainsi les femmes, les mineurs sont dans cette incapacité. Anciennement les Juges qui, cessant le compromis, auroient été saisis de la contestation, ne pouvoient être arbitres ; mais depuis que leurs Collegues ou des Avocats peu-

---

(1) *Regiam Majest.* l. 2. cap. 2.   (2) Traités Anglo-N. tom. 2, aux notes.

vent leur suppléer, il n'y a point de difficulté à ce que l'on compromette sur eux. Cependant MM. du Parlement n'acceptent pas de compromis, parce qu'il ne pourroit leur conférer le droit de juger souverainement; & ainsi leur jugement n'auroit pas la même autorité que celui qu'ils rendroient dans leur Chambre. Mais ils agréent que les Parties les fassent nommer Commissaires par le Roi pour terminer la cause en dernier ressort.

Le compromis pour être valable, doit indiquer avec clarté quel est son objet, limiter un temps après lequel la compromission sera de nul effet. Les Ecclésiastiques, les femmes mariées ne peuvent compromettre; leurs droits ne sont pas en leur pouvoir.

Quoique le compromis porte que la décision des arbitres sera exécutée comme Arrêt de Cour, on peut cependant en appeller; mais pour prévenir l'appel, on impose ordinairement une peine pécuniaire à celui qui refusera d'exécuter la Sentence arbitrale, & l'appel ne le dispense pas de s'y soumettre, Arrêts des 13 Mars 1725 & 29 Avril 1757; à moins que par son excès la peine ne parût être l'effet du dol & de la surprise; car en ce cas, l'appellant pourroit incidemment en faire suspendre l'exécution par la Cour où l'appel seroit déféré.

Avant que de prononcer sur un compromis, on doit le faire contrôler ou le faire passer devant Notaires; mais soit qu'il soit notarié ou sous seing privé, dès que la Sentence arbitrale est rendue, elle doit être déposée chez le Notaire, signifiée ensuite à la partie qui prétend se soustraire à son exécution, avec assignation pour comparoître devant le Juge, & y en entendre prononcer l'homologation.

La Sentence ainsi homologuée, a la même autorité que les autres jugements du Siege où elle est rendue. *Voyez* au surplus l'Art. AVOCAT.

COMPTES.

Voyez FABRIQUES & TUTELES.

COMTE. (LE)

Auteur du Livre intitulé: *Coutume de Normandie dans un ordre naturel*, publié en 1769. Ce seroit l'ouvrage le plus utile aux commençants, si l'on y citoit les Arrêts & les sources où on en peut découvrir les especes.

COMTES.

Dans le commencement de la monarchie, les Comtes étoient les Seigneurs que le Roi appelloit en ses Cours, soit pour donner leurs avis sur les affaires d'Etat, soit pour juger les causes des particuliers. Ensuite, on donna ce nom aux Grands du Royaume, auxquels le Roi confioit à vie le gouvernement civil & militaire d'une Province ou d'une Ville.

Ces honneurs ou bénéfices étant devenus héréditaires, vers le déclin de la seconde race, les Comtes s'arrogerent, dans les cantons dont ils avoient la Seigneurie, beaucoup de droits qui n'appartenoient qu'au Roi. Ils défendoient contre les Comtes leurs voisins, à main armée, leurs possessions; forçoient leurs vassaux à prendre les armes pour soutenir leurs querelles; ils faisoient battre monnoie, créoient des Officiers de Justice, établissoient des impôts, fixoient par des Règlements une police particuliere dans leurs Comtés.

Mais à l'avénement de Hugues Capet au Trône, & en Normandie lorsque ce Duché eut été cédé à Raoul, ces deux Souverains ramenerent les Comtes à la soumission qu'ils devoient au Monarque, dont ils ne furent plus que les Lieutenants, quoique leurs Comtés continuassent d'être héréditaires. Tout ce qui intéressoit la police militaire & civile, fut réglé par le Roi ou le Duc, & il ne resta aux Comtes d'autorité sus-

leurs vassaux, que pour décider par leurs Vicomtes provisoirement leurs contestations particulieres ; car ces vassaux, s'ils étoient mal jugés, pouvoient faire réformer les Sentences des Comtes ou de leurs Vicaires, par la Cour du Roi. *Voyez* Cour & Vicomtes.

Maintenant les Gouvernements étant amovibles à la volonté du Roi, le titre de Comte ne désigne plus qu'un Seigneur de plusieurs fiefs auxquels le Roi a conféré cette qualité. Par l'Edit d'Henri III, du mois d'Août 1579, pour qu'une terre soit érigée en Comté, elle doit contenir deux Baronnies & trois Châtellenies au moins, ou une Baronnie & six Châtellenies.

Notre Coutume place les Comtés après les Marquisats, articles 153 & 154, & le relief du Comté est de la moitié moins de celui qu'un Marquisat doit : ceci n'a rien de surprenant ; le Marquis étoit Comte dans l'origine, c'est-à-dire, Gouverneur de Province, mais de Province frontiere, & les Normands le considéroient davantage à raison de ce qu'il étoit plus souvent exposé à en venir aux mains avec les ennemis de la Couronne. *Voyez* Marquis.

CONCEPTION.

Voyez Enfant, Naissances, Viduité.

CONCHES.

C'est une Ville du Diocese & dans le ressort du Présidial d'Evreux.

Usages locaux de la Vicomté de ce nom.

I. » Les filles venant à partage, ont
» pareille part aux meubles qu'aux immeu-
» bles de la succession, & leur part des
» maisons en essence.

II. » La femme, après le décès de son
» mari, a la moitié des meubles, à la charge
» de la moitié des dettes mobiliaires &
» funérailles, en exemption des legs testa-
» mentaires, soit qu'il y ait enfants ou non.

III. » Homme marié, ayant enfants,
» ne peut disposer, par testament, que
» du tiers d'une moitié de ses meubles,
» parce que l'autre moitié demeure à sa
» femme, sinon au cas de l'article 419
» de la Coutume générale commençant :
» *néanmoins s'il n'y a que des filles* ja
» mariées, & qu'il soit quitte de leurs
» mariages, il peut disposer de la moi-
» tié, & l'autre moitié appartient à sa
» femme.

IV. » La femme non mariée ou veuve,
» n'ayant enfants, peut disposer de tous
» ses meubles, par donation, à cause
» de mort ou testament, & quand elle
» a des enfants, du tiers seulement.

CONCHES. (Abbaye de)

Les titres relatifs à ce Monastere se trouvent pages 128, 133, 144, 148 & 150 des titres qui terminent le tome XI du *Gallia Christiana* ; on lui donne indifféremment le titre d'Abbaye de Conches ou de Chastillon ; elle fut fondée en 1048. Voyez *Neustria pia*, p. 567.

CONCILES.

Le Concile de Trente n'est suivi, en Normandie, comme dans tout le Royaume, qu'en ce qui concerne la foi, & non quant à la discipline. (Compte rendu par M. Charles des Constitutions des soi-disant Jésuites, le 18 Janvier 1762). *Voyez* Bessin, & Art. Enfants de Famille, Libertés de l'Église Gallicane, Mariage.

Nous avons deux Recueils des Conciles de cette Province.

Le premier est de Dom Godin & de Dom Pommeraye, avec des notes ; son format est *in-4°* : L'autre est *in-folio*. Dom Belaise a composé partie de ce dernier, & Dom Bessin l'a achevé. Dom Bessin a transporté, dans sa collection, la plupart des notes de Dom Godin ; mais il en a retranché plusieurs, & y a substitué les fiennes. Comme parmi celles qu'il a fait difparoître, il y en a de très-intéreffantes, on ne doit pas négliger, en confultant le dernier Recueil, de recourir au premier.

CONCLUSIONS.

Voyez PROCÉDURES.

CONCLUSIONS DES GENS DU ROI.

Par Arrêt du 10 Mars 1728, il eft fait défenfes à tous Juges de prononcer fur aucuns Procès où le Miniftere public eft néceffaire, fans Conclufions des Gens du Roi, à peine des dépens, dommages & intérêts des parties. *Voyez* GENS DU ROI, MINISTERE PUBLIC, PROCUREUR DU ROI.

CONCORDAT.

On entend fur-tout par ce mot un accord fait, en 1516, entre le Pape Léon X & François I, au fujet de la nomination aux Evêchés, Abbaye & Prieurés conventuels de ce Royaume. Par cet accord, les graces expectatives & les réferves qui y attribuoient aux Papes la nomination de prefque tous les bénéfices, ont été abrogées. Il déroge en quelques points à la Pragmatique fanction, qui avoit été arrêtée fous Charles VII, en 1438, à Bourges, par les perfonnes eccléfiaftiques & laiques les plus éclairées du Royaume, mais fans altérer fes principales difpofitions que nous conservons fous le titre de *Libertés de l'Eglife Gallicane*, ainfi qu'il fera dit au mot LIBERTÉS.

CONDESCENTE.

L'Article 5 des Placités porte, *que celui qui a été élu tuteur, peut à fes périls & fortunes nommer un parent plus proche du mineur, lequel fera tenu de gérer la tutele à fon lieu & place*. C'eft auffi la difpofition de l'Art. 23 du Réglement de 1673.

Mais toutes fortes de prétextes ne fuffifent pas pour que l'on puiffe *condefcendre* fur un autre parent; c'eft-à-dire lui faire gérer la tutele en étant caution de fon adminiftration. Par exemple, un éloignement confidérable & forcé de la part du tuteur, eft un moyen légitime : le mineur fe trouveroit ruiné par les frais de voyage de l'adminiftrateur de fes biens; ou celui-ci pour les lui épargner feroit obligé de changer de domicile; obligation qu'aucune loi ni la raifon ne lui impofent : Arrêts des premier Juin 1728, & 19 Mars 1745, cités par M. de Chenilly. 2°. Il n'eft pas néceffaire que le parent qui a recours à la condefcente, s'adreffe au préfomptif héritier du mineur; il lui fuffit d'actionner un parent plus proche, & celui-ci a droit de condefcendre à fon tour fur un autre parent moins éloigné que lui du pupile : Arrêt du 27 Avril 1741. 3°. Cependant fi le concours eft entre un parent d'une ligne qui n'eft pas héritier préfomptif du mineur, & un parent d'une autre ligne, qui a cette qualité, alors ce dernier peut être forcé de gérer, en vertu de la condefcente, quand même le mineur (1) n'auroit aucune efpece de biens de fa ligne : Arrêt du 8 Juillet 1757. 4°. S'il y avoit entre le pere du tuteur & le mineur procès de conféquence qui mît en péril la fortune de l'un ou de l'autre, fuivant un Arrêt du premier Avril 1745, la condefcente feroit admife. 5°. L'héritier du tuteur qui a géré en vertu de la condefcente, eft tenu de faire élire un nouveau tuteur au mineur, quoique le tuteur choifi par les parens foit vivant : Arrêt du 9 Avril 1745. 6°. Le mineur devenu majeur n'eft pas tenu à difcuter les immeubles du tuteur

---

(1) M. de Chenilly, tome premier, pag. 16.

qui a géré par condescente ; il peut s'adresser directement au tuteur élu : Arrêt du 13 Août 1751, rapporté sur l'Art. 5 de la Coutume, par M. de la Quesnerie.

Cette action en condescente, au surplus, doit être bornée au seul cas de tutele ; elle n'est pas recevable en faveur d'un Marguillier, nommé par les paroissiens: Arrêt du 27 Octobre 1713. Comme MM. du Parlement ne sont pas exempts de tutele, ils sont aussi exposés à la condescente, suivant un Arrêt de Grand'-Chambre de 1631, rapporté par Basnage : il est vrai que cet Arrêt porte *sans tirer à conséquence* ; parce qu'en effet un membre du Parlement peut, en diverses circonstances, être employé à des affaires qui intéressent tellement le public, qu'en ce cas l'exemption de la condescente doive, en consultant l'esprit de la loi, lui être accordée.

Basnage sur l'Article déja cité, vante un Arrêt du 5 Avril 1658, duquel il induit que lorsqu'il reste au mari des enfants vivants de sa femme, il peut être forcé d'accepter la tutele des parents de cette derniere. Mais le nouvel Annotateur de Basnage fait voir que cet Arrêt a été défiguré par le Commentateur, sans cependant en donner l'espece : ainsi on ne doit pas regarder comme une maxime l'opinion de Basnage, & il y a tout lieu de penser que si elle étoit admise, ce ne seroit qu'en considération de ce que le mari, devenu veuf, jouiroit des biens de sa femme à droit de viduité ; & que par cette raison, il devroit supporter la tutele comme charge de ces biens, à la décharge des présomptifs héritiers de sa défunte épouse.

CONDITION.

Les acheteurs sont tenus de faire foi & hommage, bailler aveux, payer tous droits seigneuriaux, quoique par le contrat il y ait condition de rachat: Article 192 de la Coutume. Les droits des Seigneurs ne doivent être ni suspendus, ni retardés par le fait de leurs vassaux ; ils peuvent disposer de leurs propriétés, mais sans altérer celle qui en est la source.

Un contrat sous condition, n'est point parfait jusqu'à ce que la condition qui en fait l'essence & la matiere soit remplie.

Ainsi il ne suffit pas d'avoir acheté, pour se pouvoir dire propriétaire ; il faut encore avoir payé le prix de l'achat : on doit dire la même chose d'un acte sous seing, par lequel deux Parties diroient qu'elles promettent passer un contrat devant Notaires, qui contiendroit la vente d'un fonds ; un pareil acte donneroit bien droit à conclure en des dommages & intérêts, si l'on avoit souffert quelque préjudice, contre celle des Parties qui refuseroit d'exécuter la promesse, mais on ne pourroit en vertu de cet acte prétendre que la propriété du fonds auroit été transférée de l'une des Parties à l'autre ; & si elles consentoient de *le résoudre*, on ne devroit le considérer comme contrat de revente, & conséquemment en exiger le treizieme, ni le clamer ; mais seulement comme un projet. Nous avons deux Arrêts qui confirment ce principe.

Le premier fut rendu en l'audience de Grand'Chambre, au mois de Juillet 1684, sur ce fait.

Madame d'Esclavelle avoit vendu par un contrat sous signature privée une terre qui lui appartenoit ; & par le même contrat elle avoit promis d'en passer un plus ample après le jugement d'un procès qu'elle avoit au Parlement de Paris. En conséquence de cette clause elle avoit touché une somme de 4000 liv. de l'acquéreur, sans toutefois avoir quitté la possession de la terre. Quelque temps après elle prit des lettres de rescision contre son contrat; & les ayant fait entériner à la charge de restituer les 4000 liv. qu'elle avoit reçues, & d'en payer les intérêts, elle agit

contre

contre les Seigneurs pour la restitution des treiziemes, à laquelle ils furent condamnés, encore bien qu'ils leur eussent été volontairement payés : plaidants Me. de Fréville pour elle, & Mes. Bertheaume & Varin pour les Seigneurs, du nombre desquels étoit M. l'Evêque de Chartres.

Et à l'égard du second qui fut donné en 1687, voici l'espece dans laquelle il fut rendu sur les conclusions de M. l'Avocat-Général de Menilbus.

Me. Gennevray, Procureur du Roi de l'Election de Rouen, avoit vendu par contrat sous seing privé au nommé Marette, moyennant la somme de 12000 liv. une terre qu'il avoit dans la Vicomté du Pont-Audemer ; & par ce contrat il avoit promis d'en passer un autre plus ample par-devant Notaires, dont les pactions seroient réglées par M. de Brevedent, Lieutenant-Général à Rouen. En conséquence de cet écrit, Marette alla trouver le Receveur de la Seigneurie dont les héritages relevoient, & composa avec lui du treizieme, dont il paya partie, & s'obligea d'acquitter le reste dans un temps. M. de Brevedent ne put régler les conditions, & cependant le Receveur ne laissa pas d'agir contre Marette, qu'il fit condamner par Sentence rendue au Bailliage du Pont-Audemer, à lui payer le restant du treizieme. Appel en la Cour de cette Sentence, par Marette, qui soutint devoir être déchargé, le contrat en vertu duquel on agissoit contre lui n'ayant point eu d'effet : ce qui fut ainsi jugé par l'Arrêt. *Voyez* RETRAIT, TRANSACTION, TREIZIEME.

CONFESSEUR.

Voyez DONATIONS, SECRET.

CONFESSION.

Les Curés doivent accorder facilement à leurs Paroissiens la permission de se confesser à un autre Prêtre approuvé, quand il s'agit de la confession annuelle. Il est en conséquence d'usage en ce Diocese de dispenser les Paroissiens de la demander ; les Curés qui sont vraiment pénétrés de ce que leur ministere tend à tranquilliser, & non à gêner les consciences, donnent cette permission au prône à tous leurs Paroissiens indistinctement, à l'entrée du temps prescrit pour faire la Pâque ; & en cela, comme le remarque Routier, *Pratique Bénéficiale*, pag. 160, ils se conforment au sentiment de tous les Canonistes, qui exhortent les Curés à se rendre faciles sur l'exécution du devoir de se confesser à Pâque à leur propre Curé : *Ne plus destruent quam ædificent.*

CONFISCATION.

Tout homme condamné à mort par Justice, banni du Royaume, ou condamné aux galeres à perpétuité, confisque le fief & son héritage au profit de son Seigneur, aux charges de payer les rentes seigneuriales, foncieres, hypotheques, mobiliaires, discussion faite préalablement des meubles : Article 143 de la Coutume. *Cependant si le Seigneur veut quitter les biens du vassal, il en a la liberté ; & en ce cas il doit payer les arrérages échus durant sa jouissance, quand même elles excederoient le revenu ; mais il ne peut être poursuivi personnellement pour les dettes de son débiteur, quoiqu'antérieures à son entrée en jouissance ; il n'y est tenu que jusqu'à concurrence des meubles de ce débiteur :* Articles 22 & 23 des Placités.

Au Roi seul appartient les confiscations des condamnés pour crime de leze-majesté, quoique leurs héritages ne soient pas tenus directement de lui, Art. 144 de la Cout. ; *& dans tous les autres cas les fruits des immeubles de ces condamnés appartiennent au Roi seulement pour la premiere année, en exemption de toutes dettes autres que les rentes seigneuriales & foncieres dûes pour ladite année, & en outre il*

Tome I. Ss

a les meubles du condamné après les dettes & sur-tout les frais d'instruction payés. (*Voyez* Art. 145 de la Cout.).

On découvre le germe de ces Coutumes dans les loix d'Écosse (1), avec cet avantage que celles-ci donnent le motif de leurs dispositions; motif que les articles de notre loi municipale n'indiquent pas. Quand le vassal avoit commis un homicide, & s'absentoit, le Roi restoit saisi pendant un an & jour du *tenement* du coupable, parce que durant ce temps le Souverain pouvoit lui faire grace & le remettre en possession de ses héritages; mais si la retraite de l'homicide duroit plus que l'an & jour, alors le Seigneur de ses fonds se les faisoit restituer; & quand même ensuite le Roi auroit remis au coupable la peine de son crime, les fonds restoient pour toute sa vie réunis & incorporés à la Seigneurie; après son décès l'héritier en vertu de l'absolution du Prince, dès que celui auquel il succédoit l'avoit obtenue, étoit en droit de reclamer ses héritages confisqués. Au reste, quand un époux ou un pere étoit condamné & n'obtenoit point rémission, ni sa femme ni ses enfants n'étoient privés de leurs droits matrimoniaux, coutumiers & légitimaires (2).

Notre Jurisprudence a changé quelques-unes de ces dispositions, & en a conservé quelques-autres. D'un côté la confiscation ne préjudicie encore ni le douaire de la veuve ni le tiers des enfants, (Article 333 de la Coutume; Godefroi, Article 143). Si cependant le bien confisqué ne consiste qu'en un fief, les enfants ne pouvant pas en exiger le démembrement, ils doivent se contenter d'une rente. D'un autre côté, si la grace que le Roi accorde est pleine & entiere, si elle rétablit en son premier état le condamné, alors le Seigneur est obligé de restituer les fonds qui avoient été confisqués; car il n'est exempt de cette restitution que lorsque la clémence du Souverain ne fait que commuer la peine ou en décharger le coupable, sans le déclarer innocent. *Voyez* Pesnelle.

Quand le confisqué n'est qu'usufruitier de tout ou de partie de son bien, il y a très-grandes difficultés sur le point de savoir si par la condamnation son usufruit est réuni à la propriété, ou si au contraire le Seigneur a la jouissance appartenante à son vassal jusqu'à la fin des jours de ce dernier?

Bérault rapporte un Arrêt de l'Echiquier, favorable au Seigneur; Godefroi lui en oppose un autre du Parlement de Paris, par lequel un donataire, à charge d'usufruit, fut mis en possession du fonds donné dès l'instant de la condamnation du coupable, sur le fondement que la mort civile a même effet que la mort naturelle. Mais il semble que cet Arrêt, dont on ne connoît pas l'espece, ne doit point prévaloir à celui de l'Echiquier: par la mort civile du vassal, suivant l'Article 143, le Seigneur reprend l'héritage qu'il a inféodé *aux charges de droit*; c'est-à-dire à condition qu'il acquittera les charges que le vassal, avant son crime, aura affectées sans fraude: or, la donation avec rétention d'usufruit, est évidemment comprise sous l'expression *de charges*, employée dans l'Article de Coutume. Cette charge ne doit pas être autre pour le Seigneur qu'elle ne l'auroit été pour son homme, s'il n'eût pas encouru une peine capitale. La charge imposée à l'héritage par le propriétaire, avant sa condamnation, est que partie de sa propriété passera après son décès à son donataire; la mort civile, il est vrai, aux yeux de la société, est égale à la mort naturelle: mais on ne peut pas dire que le donateur, au

---

(1) *Quoniam attachiamenta*, cap. 18 & 48.   (2) Anc. L. des Fr. p. 416. premier vol.

temps de la donation, ait entendu donner indifféremment pour terme à sa jouissance l'une & l'autre espece de mort. Pourquoi donc étendroit-on l'effet du don au-delà de l'intention qu'il est visible que le donateur a eue ? Sa mort naturelle a été la seule qui ait été présente à son esprit en faisant le don ; c'est par conséquent à elle qu'il faut borner la rétention d'usufruit qu'il a stipulée ; & c'est ainsi qu'ont pensé *Boërius*, question 7, & *Chassanée* sur la Coutume de Bourgogne, *rubric.* 4. §. 2. n°. 17.

Quoique le coupable ait été condamné, le Seigneur n'a cependant pas le bénéfice de confiscation, à moins que le jugement ne soit exécuté ; car si le condamné décede avant cette exécution, ou avant la décision sur l'appel qu'il a interjetté de la Sentence du premier Juge, il n'y a point ouverture au droit du Seigneur : n'importe qu'il ait été condamné à la requisition de la partie publique, ou contradictoirement avec une partie civile ; jusqu'à l'instant de l'exécution sur la personne du coupable ou sur son effigie, il n'a pas perdu l'espoir de mériter sa rémission de la part du Roi, ou de découvrir les manœuvres employées par ses ennemis pour le perdre. Ceci s'induit des Arrêts des 18 Mai 1698 & 6 Novembre 1723, rapportés par M. Roupnel de Chenilly ; car dans l'espece de ces Arrêts, on n'admit point la confiscation sur les biens des condamnés par contumace, dont les jugemens n'avoient point été exécutés par effigie ; & certainement le fugitif qui refuse de s'en rapporter aux loix sur l'accusation intentée contre lui, mérite moins d'égards que celui qui se soumet à leurs dispositions : tout coupable qu'est ce dernier, en se soustrayant à l'empire des loix (son exemple en effet tend à faire triompher l'impunité, qui, si elle étoit seulement tolérée, répandroit le trouble & le désordre dans toutes les parties de l'Etat), on présume, tant que son jugement reste sans exécution, ou que le Juge qui l'a prononcé a eu des motifs résultans des vices de sa forme pour en suspendre l'effet, ou que le condamné s'est depuis mis en état d'en obtenir la cassation, par la révélation de faits péremptoires qui lui étoient inconnus avant & lors du jugement.

Par la confiscation, le Seigneur n'est pas tellement en la place de son vassal qu'il puisse empêcher le pere du confisqué de se priver de tous droits sur sa succession. Un Arrêt de 1608, cité par Bérault, autorise en effet la vente faite par un pere de tous ses immeubles, après la condamnation de son fils.

Au surplus, le droit de confiscation n'est jamais compris dans les baux que les Seigneurs font de leurs droits seigneuriaux ; en général, un bail contenant cette clause n'a pour objet que les fruits du fief, & non les augmentations qui peuvent arriver à la propriété du fief ; ces augmentations ne sont pas naturellement comprises sous les termes *de droits seigneuriaux*, qui, dans le langage ordinaire, n'expriment que les profits résultans du fief, tel qu'il existe au temps de la location.

Il y a des Coutumes où la confiscation a lieu, lors même que le Juge ne la prononce pas ; mais en cette Province le Juge peut, au lieu de la confiscation, ne condamner le coupable qu'en des intérêts ou à des amendes, suivant les circonstances ; Arrêts des 23 Mai 1613 & 2 Juillet 1621, rapportés par Bérault. La commisération pour une famille pauvre peut déterminer à cette condescendance, qui au reste doit être extrêmement rare pour les cas surtout où la loi prononce la peine de confiscation.

Durant l'instruction du procès, l'accusé, ainsi qu'il a été dit sous ce mot, ne peut vendre valablement que sous l'autorité de Justice. Cependant par Arrêt du 10 Février 1759, une vente fut déclarée valable, quoique faite par un prévenu de crime de duel le lendemain de son crime. Mais il est d'observation que la vente n'avoit pour objet que des meubles ; qu'elle étoit faite à un créancier. Il est vrai qu'il n'y avoit pas eu de tradition ; mais nul autre créancier ne réclamoit, & M. le Procureur-Général étoit seul partie. D'ailleurs la confiscation pour duel, suivant l'Edit de 1679, étant au profit des Hôpitaux, le créancier pauvre pouvoit leur être préféré.

Pour crime de leze-majesté & autres crimes atroces, le coupable perd la disposition de ses biens du jour de son crime. *Voyez* ACCUSÉ, HOMICIDES, & SUICIDES.

La confiscation n'a pas seulement lieu en crimes capitaux. *Si un acheteur dénie qu'il y ait eu achat, & qu'il soit prouvé ensuite le contraire, le prix du contrat est confisqué au Roi, & l'héritage reste au clamant* : Article 465 de la Coutume. Mais cette confiscation doit être jugée contre l'acheteur lui-même, & non contre son héritier : Arrêt du 10 Décembre 1529, rapporté par Basnage.

CONFRAIRIE.

Aucune association pieuse n'a d'existence légale en cette Province, tant qu'elle n'est pas approuvée par Lettres-patentes. Il y a cependant deux restrictions à ce principe. 1°. Les fideles peuvent s'assembler dans une Eglise paroissiale pour y remplir des devoirs de piété qu'ils se sont particulierement imposés ; mais leur société ne peut avoir action contre ses membres, pour les obliger à y rester, ni pour y supporter contre leur gré, tant qu'ils y sont associés, aucunes charges pécuniaires, parce que pour qu'un corps ait action, il faut qu'il existe ; & c'est du Souverain seul que tout corps peut dans l'Etat obtenir l'existence. Ainsi une confrairie subsistera pendant plusieurs siecles sans troubles, tant qu'elle n'aura d'autre objet que le salut de l'ame ; mais dès qu'elle prétendra réclamer ou avoir quelqu'intérêt temporel, elle sera méconnue dans les Tribunaux. 2°. Il ne faut pas confondre avec les confrairies purement spirituelles, ni avec celles qui ont besoin, pour exister, de Lettres-patentes, ce que l'on appelle Charités dans les Paroisses bien réglées ; leurs objets étant le soin des pauvres, le soulagement des infirmes, la consolation des prisonniers, la sépulture des morts, elles sont considérées comme ne comprenant dans leur sein que des aides du Clergé, & par cette raison elles sont tolérées, quoique le Roi ne les ait pas spécialement autorisées. Ceci se prouve par un Arrêt du 12 Janvier 1746, rendu en faveur de la confrairie de S. Romain, en l'Eglise de S. Godard de Rouen.

CONFUSION.

1°. En général, les droits ou les actions se confondent, lorsqu'une même personne ayant l'exercice du droit & de l'action, en devient en même temps l'objet. Ainsi la réunion des deux qualités de débiteur & de créancier dans le même individu, opere l'extinction de la crédite & de la dette.

Mais comme il y a exception à ce principe à l'égard des dots des femmes & des rentes, on s'attachera d'abord à indiquer les cas d'exception sur ces deux points.

2°. La Coutume admet encore la confusion des droits du fils aîné sur les successions nobles de ses pere & mere, lorsqu'elles sont ouvertes en même temps avant qu'il ait opté préciput ou gagé partage ; & l'on fera connoître les regles établies par la Jurisprudence pour prévenir les fraudes qui peuvent se commettre soit par les aînés, soit par les cadets, pour se soustraire aux conséquences de cette maxime.

§. I. Suivant l'Article 245 de la Coutume, les *héritages* venus du côté paternel, retournent toujours aux parents paternels, comme aussi font les héritages qui sont du côté maternel, qui passent toujours aux maternels. De ce texte on concluoit que la dot des femmes, lorsqu'elle étoit consignée, étant un propre maternel, elle devoit être à l'infini distincte & séparée du propre paternel, & conséquemment après le décès des héritiers du fils, héritier lui-même de sa mere, leurs successeurs pouvoient réclamer cette dot. Mais on observa d'un côté que l'Article 245, ne parloit que des *héritages*, & non des sommes mobiliaires quoique consignées ; & d'un autre côté, que la plupart des dots en cette Province se payoient aux époux en deniers, & que si leur constitution n'avoit pas la prérogative de passer comme les héritages au côté & ligne des femmes ; il n'y auroit en Normandie que très-peu de biens maternels. On fit encore cette attention, qu'il seroit très-rigoureux qu'au moyen d'un capital purement mobilier, constitué sur les biens du mari, les héritiers de la femme pussent se procurer une rente perpétuelle & fonciere sur ces biens, ou obtenir distraction d'une partie pour & au lieu de cette rente, tandis que des enfants qui auroient possédé ces biens, auroient pu avoir la volonté qu'ils retournassent à leurs héritiers paternels exempts de toutes charges, & qu'ils auroient été dans l'impuissance d'amortir ces charges aux dépens de leur mobilier. En conséquence il parut équitable que la dot mobiliaire consignée, ne fût censée amortie, & que les biens paternels ne fussent exempts de la supporter qu'après le premier dégré de succession & de génération de la mere ; c'est-à-dire que la mere étant décédée, son enfant devenant son héritier, & en même temps héritier de son pere, l'héritier de cet enfant pourroit réclamer la dot ; mais que l'héritier de l'héritier de cet enfant n'y succéderoit pas, qu'elle seroit éteinte par rapport à lui : c'est ce qui fut jugé par Arrêts des 16 Mars 1607 & 29 Juillet 1615, rapportés par Bérault. Et comme malgré ces décisions on continuoit d'abuser du texte de la Coutume pour les contredire, par Arrêt du 8 Août 1732, il fut dit par la Cour que toute dot payée en argent, quoique consignée n'étoit confondue qu'après le deuxieme dégré de succession & de génération (1).

Cependant ce Réglement ne leve pas toute difficulté.

Par l'article 390 de la Coutume, le mari doit employer, en certains cas, moitié des meubles échus à sa femme constant le mariage.

Or, doit-on considérer cette moitié comme la dot consignée, à l'effet que les héritiers maternels ne puissent en répéter le remploi après le deuxieme dégré de succession & de génération de la femme ? ou, au contraire, cette moitié se confond-elle dans le premier dégré ? Plusieurs Jurisconsultes sont en balance sur ce point de droit. Mais un Arrêt du 24 Janvier 1653, rapporté par Basnage sur l'article 390, paroît décider qu'en ce cas il n'y a point confusion au premier dégré. En voici l'espece. L'épouse de Jouanne avoit hérité d'un mobilier considérable durant son mariage ; Jouanne n'en avoit point fait constater la valeur ; après son décès & celui de sa femme, leur fille appréhenda leurs successions, puis elle décéda : ses héritiers aux propres

---

(1) *Nota*. Que deux enfants succédant à leur mere, si l'un décéde, quoique l'autre hérite de lui, il n'y a pas confusion en sa personne, parce qu'en ce cas il y a deux dégrés de succession, & non deux dégrés de génération.

maternels réclamerent sur les propres maternels le remploi des meubles recueillis par le mari au droit de sa femme : on les soutint non-recevables, sous prétexte que, ne s'agissant que d'une action en remploi, elle s'étoit confondue en la personne de la fille devenue en même temps héritiere de ses pere & mere ; mais ils répondirent que l'action en remploi d'un immeuble étoit immobiliaire, que la moitié des meubles échus à la femme est, à son égard & à l'égard de son héritier, un véritable immeuble, en vertu de la Coutume, qui ordonne, à ce titre, qu'il soit conservé à la femme pour tenir son nom, côté & ligne ; & en conséquence, la Cour, sans avoir égard à la fin de non-recevoir, ordonna que l'héritier maternel feroit preuve de la valeur des meubles recueillis par Jouanne au nom de son épouse, & que le remploi en seroit fait sur ses biens.

En 1754, il s'est élevé une autre question. Une mere fut élue tutrice de son enfant ; les parents délibérerent qu'elle emploieroit les deniers qui revenoient au mineur à l'acquit des dettes de la succession ; mais au lieu de racquitter ces dettes, du nombre desquelles étoit sa dot, elle la laissa subsister ; & par le décès de l'enfant, étant devenue héritiere de ses meubles, elle prétendoit contre ses héritiers aux propres paternels, que sa dot fut payée par ces propres ; mais la Cour, par Arrêt du 20 Août, dont l'espece n'est point exactement offerte dans le Recueil d'Arrêts imprimé à la fin du texte de la Coutume, par Lallemant, elle fût déboutée de sa prétention en haine de l'infidélité qu'elle avoit commise en négligeant de faire du mobilier de son fils l'usage que la famille qui le représentoit lui avoit prescrit d'en faire. Quoique cet Arrêt n'eut aucun trait à la matiere de la *confusion* des dots, cependant en 1777, un sieur Buzeboc s'en servit pour soutenir que la veuve d'un sieur Duclos, héritiere aux meubles & acquêts de son fils mort en minorité, devoit perdre sa dot consignée sur les biens de son mari. Mais M° Thieullen, dans un Mémoire qu'il publia pour cette veuve, démontra que la succession d'un fils mineur devoit être regardée comme un second dégré de succession bien distincte de celle du pere ; que conséquemment la mere héritiere aux meubles de son fils ne devoit pas supporter le remploi de sa dot, ou ce qui est la même chose, ne devoit pas la confondre ; & par Sentence du Bailliage de Rouen du 11 Mars, au rapport de M. Borel, sa dot lui fut conservée sur les propres de son défunt mari. Nous ignorons s'il y a eu appel de la Sentence ; mais elle nous a paru si conforme aux principes, que nous ne balançons pas à penser que la Cour l'auroit approuvée : en effet, pour que la confusion ait lieu, il faut être en même temps son propre créancier & son propre débiteur ; or, la mere tutrice, en héritant des meubles, ne lui devoit pas sa dot, puisqu'elle étoit consignée sur les propres de son époux, & que l'héritier de ces propres, en y succédant, ne pouvoit les posséder qu'avec la charge dont ils étoient grevés. Cet héritier ne pouvoit pas dire que la constitution de la dot sur les propres du pere fussent une aliénation du fils : les meubles & acquêts du fils ne leur en devoient donc pas le remploi.

On a dit plus haut, que le principe qu'une crédite ou une dette sont éteintes lorsque les qualités de débiteurs & de créanciers se trouvent réunies en la même personne, ne souffroit qu'une exception à l'égard des dots mobiliaires reçues par les époux & par eux consignées sur leurs immeubles. Ceci donne lieu d'examiner si une mere ayant, 1°. amorti, avec ses deniers dotaux, une rente due sur le bien paternel de son fils, &

stipulé une subrogation, a l'hypotheque de la rente amortie; 2°. étant décédée, & ayant laissé pour héritier son fils, qui lui-même décede sans enfants: l'action en répétition de dot est, dans ce cas, confondue au premier dégré, c'est-à-dire, de maniere que les héritiers paternels du fils ne doivent point cette dot à ses héritiers maternels? Notre opinion est que, dans cette espece, la confusion a lieu au premier dégré. En effet, par une fiction de droit, on suppose que la dot consignée sur les biens du mari subsiste & se perpétue en la personne des enfants devenus héritiers de leurs pere & mere, comme si cette dot étoit un corps distinct & séparé des biens paternels, pour retourner, après le decès de ces enfants sans postérité, à leurs héritiers maternels, de la ligne desquels la dot est provenue; mais cette fiction n'est admise que dans le premier dégré; car quand le petit-fils, héritier de son pere, lequel avoit succédé à sa mere, meurt sans enfants, les héritiers de ce petit-fils ne sont plus recevables à répéter la dot de son aieule; ils sont dans le deuxieme dégré, & la confusion est consommée.

On doit faire une sérieuse attention au cas de l'exception; c'est celui où la dot a été payée au mari, & par lui actuellement consignée sur ses biens; car de là il suit que tout ce qui seroit payé à une femme sur sa dot durant sa viduité, ne pourroit être réputé consigné sur les héritages de son mari, & ne pourroit devenir l'objet d'aucune reprise, même dans le premier dégré de succession, soit qu'elle eût dissipé les deniers de la dot, ou qu'elle les eût conservés à son fils, sans en faire le remploi.

On ne peut pas objecter que, par la consignation, la femme a acquis une crédite sur les biens de son mari, & que cette crédite est un remplacement qui tient nature de la dot; car si cette femme eût employé les deniers, soit de sa dot, soit de ses épargnes, à l'acquisition d'un fonds, il est incontestable qu'alors ce fonds seroit devenu à perpétuité un propre de sa ligne, auquel les siens auroient succédé jusqu'au septieme dégré, suivant la maxime que les biens d'une ligne ne se confondent point avec ceux qui procedent d'une autre ligne; mais quand elle emploie les deniers de sa dot à amortir des rentes sur les biens de son fils, la subrogation stipulée au contrat a bien eu l'effet de la rendre créanciere sur le paternel des rentes amorties; ensorte qu'elle a eu droit de se les faire continuer au lieu & place de ceux auxquels les amortissements ont été faits; mais à l'instant de son décès, ces rentes ont été éteintes par la confusion de sa succession avec les biens de son fils; celui-ci ne pouvoit être débiteur & créancier à la fois du même objet; ces deux qualités sont incompatibles, & leur concours opere l'extinction de la crédite: *confusione debiti & crediti tollitur obligatio.* Il est vrai que ce principe reçoit l'exception ci-dessus indiquée; mais l'espece proposée n'est point le cas de l'exception, & elle ne peut être étendue au-delà des bornes que la Jurisprudence lui a prescrites.

Dira-t-on qu'il n'y a que le paiement de la dot entre les mains du mari qui peut acquérir les avantages de la confusion, que l'amortissement des rentes dues sur le paternel ont produit un acquêt dans la personne de la mere, qui est devenu un propre maternel dans celle du fils, propre qui, une fois affecté à la ligne maternelle, ne peut plus se confondre? On répondroit avec succès qu'il n'y a que les immeubles réels qui ne se confondent pas, tels que les maisons, les terres, les offices; mais qu'il n'en est pas de même des immeubles fictifs, comme sont les rentes constituées; ce genre d'immeubles n'a ni corps ni assiete invariable; ils s'éteignent donc & se confondent lorſque les droits du créancier paſſent ſur la tête du débiteur.

Une dot conſignée ſur les biens du mari, eſt une crédite immobiliaire ; c'eſt une rente conſtituée au profit de la femme & de ſes héritiers ; cependant elle ſe confond au ſecond dégré de ſucceſſion ; d'ailleurs les arrérages de ces rentes que le fils a perçus après la mort de la mere, ont été certainement confondus, & ce n'eſt que le capital qui eſt échappé à la confuſion ; il y a donc des crédites immobiliaires qui ſe confondent, & on doit en faire le diſcernement.

Enfin, ſi on prétendoit que les amortiſſements qui ont été faits avec ſubrogation, n'ont opéré qu'un ſimple changement de créancier, & que ſi la mere n'avoit pas fourni de deniers pour acquitter les charges du propre paternel, les héritiers en auroient été tenus, qu'ainſi ils ſont ſans intérêt ; il ſeroit aiſé de rendre ſenſible la foibleſſe de l'objection. Il s'eſt fait effectivement un changement de créancier ; mais par la mort du créancier qui a tranſmis ſes droits à ſon débiteur, il s'eſt fait une extinction des crédites. Il en eſt d'une rente hypotheque ſur un bien, comme d'une ſervitude, dont un fonds eſt chargé ; quand le fonds auquel la ſervitude eſt due, paſſe dans une main où eſt le fonds qui la doit, la ſervitude eſt anéantie, & elle ne peut revivre, quand même les deux fonds ſe trouveroient dans la ſuite ſéparés ; une rente s'éteint donc auſſi par la réunion, ſur la même tête de deux ſucceſſions, dont l'une eſt créanciere & l'autre débitrice ; cette rente ne peut renaître, quand même, dans la ſuite, les deux ſucceſſions écherroient à deux ſortes d'héritiers.

Si le fils eût prédécédé ſa mere, celle-ci auroit été conſtamment créanciere ſur le propre maternel, juſqu'à concurrence des deniers qui ont ſervi à la libération de ce propre, & ce, par un effet de la ſubrogation ; mais la mort de la mere arrivée avant celle du fils, a changé l'état des choſes ; ce qu'on vient de dire le démontre.

Les articles 409 & de 496 de la Coutume, ſont ici ſans application ; le premier ne veut pas que la mere, héritiere de ſon mari, prenne part aux deniers provenants des aliénations ou racquits de rente faits entre les mains du mari, à moins que le propre aliéné ne ſoit remplacé ; & il répute les deniers immeubles juſqu'à concurrence des propres qui appartenoient au mari lors du mariage : il ne s'agit point de deniers trouvés dans la ſucceſſion de la mere, procédants de ſes propres aliénés ; il n'eſt pas non plus queſtion de remplacement de propres ; il ne s'agit point enfin, comme dans l'eſpece de l'article 496, de retraits faits aux dépens de propres aliénés : l'héritage retiré à droit de ſang n'eſt réputé propre à la femme que quand ſon mari n'a point aliéné de ſes propres biens pour faire le retrait ; mais quand il y a eu aliénation de propre, l'héritage retiré eſt ſubrogé de droit au propre aliéné : d'où on eſt forcé de conclure que la diſtinction des lignes paternelle & maternelle n'a lieu, à proprement parler, que pour les immeubles réels qui ont un corps diſtinct & ſéparé ; & qu'à l'égard des rentes purement hypothequées, qui ne ſont immeubles que par fiction, dès que les deux lignes ont été réunies & confondues, ces rentes le ſont auſſi. La rente conſtituée pour dot ſe confond au ſecond dégré de ſucceſſion, par une exception qui lui eſt ſpéciale ; les autres rentes ſe confondent au premier dégré, parce qu'elles ne ſont point dans la claſſe de l'objet excepté : or, comme la récompenſe des rentes amorties par le mari ſur les biens de ſa femme s'éteint dans la ſucceſſion des enfants, il en eſt de même auſſi des rentes amorties par

la

la femme fur les biens du mari.

La Cour fait cette diſtinction en l'Arrêt de Marc, du 20 Mars 1743.

Ce Procureur avoit ſtipulé, dans ſon contrat de mariage, que s'il racquittoit des rentes dues par ſa femme, il en auroit récompenſe à due eſtimation. Celle-ci mourut; ſon mari lui ſuccéda, laiſſant une fille mineure ſortie de leur mariage, dont un tuteur adminiſtra les biens. Les héritiers paternels, après ſa mort, exigerent des paternels récompenſe de tous les racquits faits par le pere de la défunte, & en même temps des améliorations faites ſur les biens, & la Cour en adjugeant récompenſe à due eſtimation des racquits de rente aux héritiers paternels, les débouta des améliorations, parce qu'en vertu de la clauſe du contrat de mariage, chaque rembours fait par le mari avoit opéré diſtraction à ſon profit juſqu'à concurrence de partie des héritages de ſa femme, diſtraction que de ſimples améliorations faites ſans que la femme y eût expreſſément engagé ſes biens fonds en ſe mariant, n'avoit pu opérer.

L'Arrêt du 15 Décembre 1691, rapporté par Baſnage ſur l'Article 245 de la Coutume entre la Demoiſelle Lhermette & le ſieur de Béthencourt, avoit été rendu en une eſpece très-différente. Le ſieur de Bethencourt, époux de cette Demoſelle, avoit ſtipulé, par ſon contrat de mariage, *que s'il racquittoit quelques rentes ſur les biens du ſieur Lhermette ſon beau-pere, il en auroit récompenſe ſur lui, comme ſubrogé à ſes créanciers, & que tel racquit lui tiendroit lieu d'acquêts.* Cette clauſe ne donnoit au mari qu'une action perſonnelle, qui, comme les actions mobiliaires, s'éteignent au premier dégré; car l'obligation créée par le contrat, au profit du ſieur de Bethencourt, ne devoit être exécutée que ſur le ſieur Lhermette, c'eſt-à-dire ſur ſa perſonne; au lieu que dans l'eſpece de

l'Arrêt de 1743, le mari n'avoit voulu de récompenſe qu'en fonds d'héritages, & parce qu'elle ſeroit payée en tranſlation de fonds à due eſtimation.

De ce qu'on vient de dire, on doit conclure que la confuſion des dots ne s'opérant que par exception dans le ſecond dégré, lorſqu'un créancier de rente qui n'eſt pas une dot, ſuccede au débiteur, ou que le débiteur devient héritier de ſon créancier, l'obligation eſt anéantie.

Cependant, c'eſt une queſtion de ſavoir ſi les rentes foncieres s'éteignent par la confuſion, comme les rentes conſtituées? On doit tenir pour certain, d'après l'Arrêt de Marc, que la rente fonciere eſt un immeuble réel qui conſerve part au fonds; le débiteur & le créancier en ſont en effet copropriétaires; & de là point de retrait ſur les ventes à rentes foncieres; & l'envoi en poſſeſſion eſt de droit à défaut de paiement, ainſi une pareille rente n'eſt point ſuſceptible d'être confondue. Si donc en terminant la relation de l'Arrêt de Béthencourt, Baſinage obſerve qu'une rente, dont il ne dit pas la qualité, fut conſervée aux héritiers de la ligne, après le premier dégré de ſucceſſion, les principes conduiſent naturellement à penſer que cette rente n'étoit pas purement hypotheque; car ſi elle eût eu ce caractere, la confuſion auroit eu lieu à ſon égard.

La ſeconde eſpece de confuſion admiſe par notre Coutume, eſt indiquée par l'art. 347; il porte, *que quand les deux ſucceſſions paternelles & maternelles ſont échues auparavant que l'aîné ait judiciairement déclaré qu'il opte par préciput un fief, ou gagé partage à ſes freres en celle qui eſt premiérement échue, elles ſont confuſes & réputées pour une ſeule ſucceſſion, tellement que l'aîné n'a qu'un préciput en toutes deux.* Cet Article ne fait que développer ce que l'ancien Coutumier avoit annoncé en d'autres termes : *se tout l'héritage descend aux freres de pere & de mere ensemble, les parties partage doivent être faites de tout ensemble.* Le motif de cette loi étoit sage ; les fiefs n'étoient accordés aux ainés que pour les mettre en état de s'acquitter du service militaire avec toutes les commodités & la décoration proportionnées à la fortune de leur maison ; il étoit donc naturel que lorsque la succession du pere ou celle de la mere échéoit seule, l'ainé en eût le fief par précipur ; mais si cet ainé avoit joui seul de la succession échue, sans y avoir donné part à ses freres ; alors pour les récompenser des profits qu'il avoit faits, & le punir de sa négligence à leur procurer un établissement, lorsqu'une seconde succession échéoit, elle étoit réputée ne faire qu'une seule & même avec la premiere non partagée. *Les deux successions*, dit Terrien, *sont réputées échues ensemble quand elles concourent ensemble en partage, combien que l'une vienne long-temps après l'autre, c'est-à-dire que la seconde descende devant que les partages de la premiere soient faits.* Il y a Arrêt du 20 Décembre 1607 qui admet la confusion, quoique l'une des successions fût échue dix ans avant l'autre. Et *partant*, suivant Bérault, *en ce cas ne faut faire divers lots de chacune succession, mais de toutes les deux ensemble, comme si ce n'étoit qu'une seule ;* ce qui ne doit s'entendre cependant que des successions nobles de pere & de mere, car il n'y a jamais de confusion en rotures ni en succession d'aïeul ou d'aïeule : Arrêt du 1er. Mars 1678 ; Basnage, sous l'Art. 434 de la Coutume réformée. Aussi lorsqu'il y a un fief en une succession & des rotures en l'autre, l'ainé prend un fief en l'une, & l'autre est partagée : Arrêt du 16 Janvier 1649.

Pour se soustraire à la peine de la confusion, un aîné renonça à la succession de son pere & l'appréhenda au nom de son fils, puis il se porta héritier de sa mere ; à ce moyen, le fils demanda un précipur maternel au droit de ce fils, & à son propre droit un précipur paternel ; mais la Cour, le 24 Juillet 1597, déclara la renonciation frauduleuse & les successions confondues.

En 1605 il s'offrit au Parlement cette espece : un sieur de la Bazoche avoit le fief des Courts, sa femme avoit une roture, nommée les Ruettes, qui en relevoit ; le mari & l'épouse décéderent, laisserent un fils qui, durant plus de cinquante ans, jouit des deux fonds ; après son décès, il laissa quatre enfants ; l'ainé prit pour précipur le fief & y comprit la roture maternelle ; les puînés s'y opposerent, soutenant qu'il n'y avoit pas de confusion entre biens réels provenants de diverses lignes ; & par Arrêt du 21 Juin, ils gagnerent leur cause. *Voyez* REMPLACEMENT.

CONGÉ.

Voyez DOMESTIQUES.

CONGRUE.

Voyez DIMES, NOVALES, PORTION CONGRUE, VICAIRES PERPÉTUELS.

CONNÉTABLIE.

Ce Tribunal est établi pour connoître des droits, & des prérogatives des militaires ; il est la même chose qu'étoit autrefois la Cour du Connétable ; car il a le soin de veiller à la sûreté des Provinces, & le droit d'arrêter les gens sans aveu qui les troublent. Sous nos anciens Ducs, le Connétable, en Normandie, avoit des pouvoirs semblables. En Angleterre, il jouit encore de la même compétence. Tous délits commis non-seulement par les gens de guerre, mais encore par toutes personnes non-domiciliées, sont de son ressort (1).

Le Connétable n'étoit pas, lors de la conquête de l'Angleterre par le Duc Guillaume, compté en France au nombre des grands Officiers de la Couronne, ni même reconnu comme Officier militaire. Il n'obtint cet honneur qu'au commencement du douzieme siecle. En 1185, on lui donna deux coadjuteurs sous le titre de *Maréchaux de France*, dont depuis le nombre fut porté à quatre, & ils y demeurerent fixés jusqu'à François I. Comme le Connétable & les Maréchaux de France étoient trop occupés par le commandement des armées, pour pouvoir entrer dans les détails de la police des Provinces, on leur créa des Lieutenants sous le titre de *Prévôts*, auxquels on fit la loi d'une résidence assidue en leurs départements. Une Ordonnance de 1514, leur défend *de paroître en Cour*, (car ils étoient Officiers de la premiere distinction), à moins qu'ils ne fussent mandés par le Roi, par le Connétable, ou par les Maréchaux. Bientôt on en établit un dans chaque Province, avec une compagnie d'archers à cheval; mais ils ne furent pas confondus avec ceux d'ancienne création. Les premiers retinrent le nom de *Prévôts de suite*, parce qu'ils servoient auprès des Maréchaux; & les autres s'appellerent *Prévôts provinciaux ou subsidiaires*, titre qui a été supprimé par Édit du mois de Mars 1720, & changé en celui de *Prévôts-Généraux*.

Les Prévôts à la suite des Maréchaux de France, sont encore aujourd'hui tels qu'ils étoient anciennement; ils sont les Lieutenants de la Jurisdiction des Maréchaux de France, qui dès 1336 fut fixée au Siege de la Table de Marbre, & qui suivant l'Edit de 1720, article 10, consiste à *exécuter dans tout le Royaume les ordres de Sa Majesté ou ceux des Maréchaux de France, conjointement ou séparément*. La compétence des *Prévôts*, soit *de Suite*, soit *Généraux*, est déterminée par les articles 12 & 14 du titre 1 de l'Ordonnance de 1670, & par la Déclaration du Roi du 5 Février 1731, enregistrée au Parlement de Normandie le 13 Avril. Quoique les archers de Maréchaussée soient sous le commandement des Prévôts des Maréchaux de France, cependant les Juges ordinaires peuvent les obliger à prêter main-forte à Justice; mais ils doivent se servir en exigeant d'eux ce secours, du terme *nous vous requérons*, & non de ceux *nous vous mandons & enjoignons*. Voyez le Commentaire de Jousse sur le titre ci-dessus cité de l'Ordonnance criminelle.

CONQUÊTS.

On donne ce nom aux immeubles acquis durant le mariage par l'époux, en la seule disposition duquel sont les meubles, tant que le mariage dure, si ces immeubles ne lui sont échus ni à droit de sang & de lignage, ni par hérédité, ni par donation: Articles 398 & 483.

Les femmes n'ont rien aux meubles ni aux conquêts qu'après la mort de leurs maris: Article 389.

Alors la part qu'elle y prend est de moitié en propriété, s'ils sont situés en bourgage; de moitié en usufruit, s'ils sont assis en Caux; & du tiers à vie, s'ils existent en-d'autres Bailliages ou Vicomtés: Article 329.

Les époux en contractant mariage, ne peuvent stipuler que la femme aura plus grande part aux conquêts: Article 330.

Tant que le mari est vivant, il jouit par usufruit de la part de la femme aux conquêts, quand même il auroit passé à de secondes noces: Article 331.

---

(1) Anc. L. des Franç. p. 143. premier vol.

Et il peut, ainsi que ses héritiers, retirer cette part, en rendant le prix de ce qu'elle a coûté, & celui des augmentations, dans trois ans du jour du décès de la femme : Article 332.

Avenant que le mari confisque, la femme n'est pas pour cela privée de sa part aux conquêts : Article 333.

Telles sont les maximes constitutives du droit de conquêt en cette Province ; elles nous font d'un côté concevoir quelle est sa nature, & avec quel soin il doit être conservé aux femmes. D'un autre côté elles nous indiquent les diverses especes d'acquisitions sur lesquelles le droit de conquêt peut être exercé.

Les maris ont fait bien des efforts pour priver leurs épouses de ce droit, mais ils ont été impuissants. Sous le prétexte de ce droit, les femmes ont tenté de borner l'autorité des maris à l'égard de l'emploi de leurs meubles & de leurs acquisitions ; leurs tentatives n'ont pas eu plus de succès : la loi a opposé des barrieres insurmontables à la fraude des premiers, & à l'excessive cupidité des autres.

Un pere ayant eu deux femmes, avoit durant le mariage de la seconde, acquis un fonds sous le nom de l'un de ses enfants du premier lit. Après son décès sa veuve qui, par son contrat de mariage, avoit renoncé à prendre aucune part en ses meubles, demanda moitié sur ce fonds, situé dans le Bailliage de Gisors ; & le premier Juge la lui accorda. Sur l'appel interjetté par le fils du défunt, la Sentence fut confirmée le 12 Janvier 1731.

Pareils Arrêts avoient été rendus, l'un en 1646, l'autre en 1639 ; Bérault cite le premier en son Commentaire de l'Article 482, & le deuxieme Arrêt fait la matiere de la sixieme question traitée par l'Auteur de *l'Esprit de la Coutume*.

Le motif de ces Arrêts est palpable. Quoique le mari soit libre de vendre, d'échanger ses conquêts, il faut pourtant que ses actes soient sérieux pour qu'ils aient leur effet : caractere que n'ont pas les acquisitions faites par un pere au nom d'un enfant qui n'a point d'état, ni de pécule particulier. Il est évident que de semblables acquisitions faites au profit d'enfants, sur-tout d'un premier lit, n'ont pour cause impulsive, que le desir de priver la deuxieme femme de sa part aux profits d'une économie qui lui a été commune avec son époux. Mais il n'y a pas lieu à cette présomption, lorsque le pere vend ses conquêts à un étranger. Il est au contraire naturel de croire alors que la nécessité de ses affaires l'y a contraint. C'est la réflexion de Terrien, l. 7, ch. 7 ; & il s'appuie sur un Arrêt du 12 Avril 1556, dont Godefroy sur l'Article 330, & Basnage sur le 329e., ont adopté la doctrine.

La part de la femme sur les conquêts est tellement favorable dans nos principes ; cette récompense de son bon ménage a paru si conséquente à l'esprit de notre loi municipale, que ni la faculté qu'ont les maris de donner à des étrangers, ni leurs déclarations les plus précises dans des actes authentiques, n'ont pu en priver leurs épouses, dont les dots étoient confignées.

Un Arrêt du 2 Juillet 1670, rapporté par Basnage, déchargea la dame Dreux de toute contribution sur sa part aux conquêts, à une pension viagere de 100 liv. que son défunt mari avoit donnée à son cocher. Il en seroit de même d'une rente que le mari constitueroit à sa parente lors de son mariage. Cette rente n'affecteroit que ses propres & sa part personnelle dans les conquêts, parce qu'elle seroit réputée constituée uniquement sur lui.

Pour se former au reste une juste idée de notre Jurisprudence à cet égard, il est essentiel de se rappeller l'Arrêt du 22 Juin 1675, que Basnage cite sur l'Article 365 de la Coutume.

Cet Arrêt juge que le pere du mari

ayant reçu la dot de sa bru, & ayant donné en paiement à son fils des héritages, avec clause expresse que c'étoit pour demeurer quitte des deniers dotaux par lui reçus, la femme, malgré cela, étoit fondée à répéter une part à droit de conquêts en ces héritages, & qu'indépendamment de cette part, elle auroit sa dot entiere sur les biens de son mari. Dans l'espece de cet Arrêt, il étoit présumable que le conquêt avoit pu n'être formé que de l'emploi des deniers dotaux ; néanmoins la disposition rigoureuse de l'Article 365 de la Coutume, qui veut que femme prenant part aux conquêts, puisse demander sa dot en intégrité sur les autres biens du mari, l'emporta sur toute autre considération.

Basnage, contre les clients duquel l'Arrêt avoit été rendu, prétend, il est vrai, que cet Arrêt ne doit pas faire une regle générale : selon lui, quand le mari, par le contrat d'acquisition de l'héritage, déclare qu'il l'achete pour servir de remplacement à la dot, la femme qui n'a point accepté le remploi, n'est pas obligée de s'en contenter; mais au moins, ajoute-t-il, le fonds acheté doit, en vertu de la déclaration du mari, être considéré comme un conquêt. Quelque respect que mérite l'opinion du savant Commentateur, ce respect ne doit pas l'emporter sur celui dû aux dispositions de notre Coutume. Le mari ne peut par des déclarations arbitraires, durant le mariage, changer la condition naturelle des biens, faire cesser l'effet des clauses de son contrat de mariage. L'Article 365 veut que la dot consignée, soit tellement reprise sur les seuls biens du mari, que la part de la femme aux conquêts n'y contribue pas : pourquoi laisseroit-on au mari la liberté de changer l'objet de la consignation ? Aussi par Arrêt du 24 Novembre 1633, rapporté par Basnage lui-même sur l'Article 329,

avoit-il été jugé que, nonobstant la déclaration faite par un mari lors de l'acquisition d'une maison située en bourgage, que les deniers provenoient d'une succession collatérale qui lui étoit échue, & ce dans la vue de rendre la maison propre à ses enfants, la veuve y prendroit moitié en propriété ; & Basnage lui-même est forcé de convenir, en citant cet Arrêt, que ces sortes de déclarations *sont toujours passées en fraude du droit des femmes*, & que les maris ne peuvent les priver par des stipulations semblables de la part que la Coutume leur attribue sur les conquêts.

Il ne faut cependant pas conclure de là qu'un mari ne puisse être généreux envers ses parents & ses enfants mêmes, car sa générosité cesse d'être suspecte de fraude dès que le mari se trouve dessaisi, avant la dissolution du mariage, des objets dont il fait don. C'est ce qui fut jugé le 28 Novembre 1652, en faveur d'un fils à la décharge duquel le pere, durant l'usufruit qu'il avoit eu du conquêt fait avec sa premiere femme, avoit racquitté en entier une rente affectée sur ce conquêt ; la veuve fut déboutée de sa demande du quart du capital remboursé. La Cour pensa que, le pere ayant éteint sa dette & celle de son fils, sans subrogation au créancier, sans avoir dit si tous les deniers provenoient de lui seul, que le fils n'ayant pas fourni partie de cette dette, elle ne pouvoit revivre.

Autre Arrêt fut rendu le 14 Février 1684, en faveur de Pierre Duchemin.

Son oncle lui avoit donné 2500 liv. pour l'aider à acheter une maison, & après l'acquisition, cet oncle avoit dépensé, au nom de son neveu, beaucoup d'argent pour la rebâtir. L'oncle étant décédé, la veuve remontra que l'acquisition du neveu avoit été faite en fraude de ses droits sur les meubles & conquêts de son mari ; que les marchés avec les ouvriers avoient été acquittés par le défunt; qu'il étoit resté saisi des contrats, avoit touché les revenus, & plaidé à ses dépends pour assurer l'acquisition: moyens dont la Cour ne fut point frappée. On considera que, par l'art. 389, *la femme n'avoit rien aux meubles & aux conquêts qu'après le décès de son mari*; que conséquemment elle ne pouvoit se plaindre que des libéralités du mari, qui, ne devant avoir leur effet qu'après le décès de ce dernier, tendroient à la priver des avantages que la loi lui accorde, à cette époque seulement, sur la succession de son époux : en effet, c'est lors de l'ouverture de cette succession que l'on doit juger si le défunt a commis fraude ou non: avant le décès, les plaintes, ou de la femme ou celles de ses héritiers, ne seroient point écoutées.

Le 27 Novembre 1603, Prioret, voyant sa femme dangereusement malade, vendit les conquêts qu'il avoit faits en bourgage; devenu veuf, les héritiers de la défunte revendiquerent la part de leur parente en ces conquêts: par Arrêt du 27 Novembre 1603, ils furent déboutés. *Voyez* Bérault sur l'art. 329. Décision prudente: le conquêt appartient à la femme comme héritiere & non comme commune; elle ne peut donc succéder qu'après la mort de son mari; il ne lui fait aucun tort en changeant un conquêt en un mobilier qu'il avoit la liberté de ne pas changer en conquêt, & dont il pouvoit disposer, par tradition, à son gré, sans qu'elle pût légalement s'en plaindre.

La nature du droit de conquêts étant une fois bien conçue, examinons les diverses sortes de biens sur lesquels on peut l'exercer, & les obligations que les femmes contractent en l'exerçant.

D'abord il est important d'observer, 1°. que notre Coutume, en tant qu'elle veut que la femme soit récompensée de sa colaboration par une part sur les conquêts de son époux défunt, est un Statut personnel qui donne cette prérogative à la femme sur tous les conquêts sans exception que son mari a faits constant le mariage, en quelques Coutumes qu'ils soient situés, pourvu que ces Coutumes n'interdisent pas aux femmes de participer aux conquêts; 2°. que la Coutume de cette Province, en laissant à l'usage du lieu de la situation des conquêts le droit de déterminer la part que la femme peut exiger, est un Statut réel; & que par conséquent, dans les conquêts situés à Paris, il n'appartient à la femme que la part que la Coutume de Paris y accorde aux femmes; comme en Normandie la femme n'a tiers, ou moitié, propriété ou usufruit sur le conquêt, que selon les usages suivis dans les divers cantons de cette Province où ces conquêts existent. Ces deux assertions ont pour appui l'article 67 des Placités, & un Arrêt du 30 Juillet 1671, que nous a conservé Basnage en son Commentaire de l'article 329.

Il s'agissoit de savoir, lors de cet Arrêt, si un femme mariée à Alençon, pays sujet à la Coutume de Normandie, auroit part dans des rentes acquises par son mari sur des particuliers dont les biens & les domiciles étoient ressortissants de la Coutume de Châteauneuf en *Timerais*, pays de communauté; & en quoi cette part consisteroit ? Il fut décidé que la femme auroit moitié en propriété dans ces rentes, suivant l'usage pratiqué à Châteauneuf à l'égard des acquisitions qui y sont faites durant la communauté. *Voyez* COUTUMES & COMMUNAUTÉ.

Il y a des conquêts qui n'ont aucune assiete fixe & déterminée; tels sont les offices, & les augmentations de leurs finances; la Jurisprudence les envisage comme conquêts hors bourgage, & en Coutume générale; les femmes, par cette raison, n'y ont que tiers en usufruit : art.

52 des Placités; Arrêts des 21 Mai 1639, 12 Juillet 1649, & 7 Janvier 1665. *Voyez* OFFICES.

Il en est autrement des places de Barbier-Perruquier : par Arrêt du 23 Janvier 1730, elles ont été réputées sises en bourgage, parce qu'en effet c'est dans les Villes & Bourgs qu'on les exerce, à la différence des charges de judicature qui s'exercent tant en campagne qu'en Ville. En Caux, comme en Coutume générale, la situation des fonds sert de guide pour connoître les biens auxquels la dénomination de conquêts convient, & la quotité de la part qui en revient à la femme; mais souvent on manque de lumieres sûres pour distinguer si un fonds ou des rentes, dont la situation & le Statut qui les régit sont connus, est acquêt, meuble ou propre ? Sur ce point, il faut méditer avec attention les Arrêts rendus en différents cas : en les combinant ensemble, on peut se former des regles applicables à toutes les especes.

1°. Il paroît que la Cour répute conquêt tout immeuble acquis à prix d'argent par le mari durant le mariage, quelle que soit la source des deniers employés à l'acquisition; puisque le 2 Juin 1603, elle a décidé conquêt un fonds acquis avec des deniers provenus d'une donation mobiliaire, quoique faite au mari personnellement, & que, par Arrêt du 9 Mars 1630, elle a déclaré conquêt l'achat fait par un frere du lot de son frere.

2°. Il n'y a qu'une exception à cette regle; des charges ou rentes que le mari racquitte sur ses propres biens, lui sont propres. *Voyez* DOUAIRE.

Cependant Basnage pense que sur les deniers déboursés par le mari pour se conserver en la possession d'un héritage en bourgage, la femme peut demander moitié; mais il ne donne aucune raison de son opinion, & la contraire paroît très-bien fondée. *La libération d'une dette n'est pas en effet un acquêt*, suivant l'art. 396 de la Coutume; or, payer de l'argent pour être maintenu en une possession contestée, c'est reconnoître que l'auteur du trouble y a quelque droit; en l'amortissant, on n'acquiert donc pas, on se libere.

3°. Si le mari domicilié en Normandie, acquiert, constant le mariage, des rentes sur des personnes dont les biens sont situés hors cette Province, comme en Normandie, c'est par le Statut du lieu de la situation des biens du débiteur de la rente qu'elle se partage, & au contraire, dans le reste du Royaume, c'est par la loi du domicile du créancier. On a jugé que la femme, à titre de conquêts, ne devoit prendre que le tiers en usufruit sur ces rentes dues par des étrangers, c'est-à-dire qu'elle devoit réputer son mari domicilié en Coutume générale. En effet, son époux étant libre d'établir son domicile en toutes les parties de la Province, il est présumé n'avoir pas affecté plutôt pour sa résidence un canton soumis à des usages d'exception, que les parties de la Province où la Coutume la plus ordinaire s'observe; & on n'a pas cru devoir rendre le partage des rentes qu'il acquéreroit aussi incertain que le feroit son changement de domicile. Quant aux rentes dues par le Roi, c'est par la loi des lieux où les Bureaux sont établis pour leur paiement, que l'on doit déterminer le réglement des droits de la femme, Arrêt du 23 Août 1546; mais si ces rentes ne sont que viageres, alors elles n'entrent point dans les conquêts-immeubles, elles font masse avec le mobilier : Arrêts des 30 Juillet 1710, & 2 Avril 1727. *Voyez* M. de la Quesnerie, note sur l'article 329 de la Coutume. Les rentes acquises pendant le mariage, & dues par des Communautés établies en bourgage, donnent à la femme moitié en propriété, à titre de conquêts.

La femme, ainsi qu'on l'a précédemment remarqué, ne prend part aux conquêts qu'après la mort de son mari, c'est-à-dire, qu'elle n'en jouit qu'en se déclarant héritiere. Cependant, comme, tant qu'elle vit avec son époux, elle participe aux revenus des biens qu'il a acquis, & à l'acquisition desquels elle a contribué par ses travaux, il est juste que, lorsque son mari la met dans la nécessité de demander la séparation de corps & d'habitation, il ne jouisse pas seul des fruits de leur colaboration. Ainsi il y a deux cas où la femme prend part aux conquêts, celui de la séparation & celui du prédécès du mari ; mais les charges auxquelles elle est obligée, comme veuve & héritiere, sont bien différentes de celles dont elle est tenue comme séparée. Comme héritiere, elle doit payer toutes les dettes du défunt, solidairement avec les autres héritiers ; mais séparée, elle n'est tenue à l'acquit des dettes de son mari que jusqu'à concurrence des droits qui lui ont été adjugés : ce n'est aussi que jusqu'à concurrence de la part qui revient à ses héritiers dans les conquêts en bourgage faits par son mari lors qu'elle l'a prédécédé, que ces héritiers peuvent être obligés de contribuer aux charges de la succession de ce dernier ; le motif de cet usage, est que la femme héritiere se met par l'adition d'hérédité à laquelle les créanciers ne sont point appellés, hors d'état de leur faire connoître les forces de la succession lors de son ouverture ; que la femme, en ne renonçant point dans les délais prescrits par la Coutume, contracte l'obligation de satisfaire à toutes celles du défunt ; au lieu que la femme séparée, en faisant liquider ses droits ou en Justice ou à l'amiable, ne peut être soupçonnée d'avoir rien touché de son mari au-delà de ce qui est énoncé en la liquidation. Il en est de même de ses héritiers. Son mari ayant survécu, ils ne prennent rien dans le mobilier de ce dernier, ils levent seulement leur part sur le conquêt-immeuble au droit de leur parente ; cette part étant constante, il y auroit une souveraine injustice à exiger qu'ils payassent rien au-delà de sa valeur : ainsi jugé par Arrêt du mois de Février 1607.

Il y a des cas où la quotité de la contribution de la part du conquêt revenant à la femme non séparée, aux dettes du mari, offre des difficultés.

Par exemple, qu'un mari laisse en Coutume générale un conquêt acheté par 60,000 liv. de capital ; s'il décede sans les avoir payées, sa succession mobiliaire étant de 20,000 liv., quel part sa veuve doit-elle exiger sur le conquêt ?

D'abord, il est constant que la dette de 60,000 est purement mobiliaire à l'égard des cohéritiers ; ainsi les 20,000 liv. de meubles doivent servir à payer le tiers de cette dette ; il ne reste donc à lever sur le conquêt que 40,000 liv.

Les uns ont prétendu que la veuve devoit contribuer à ces 40,000 liv. pour un tiers, vu qu'elle n'avoit qu'un usufruit du tiers sur le conquêt, & que le tiers viager du surplus de ce conquêt lui appartenoit.

D'autres ont proposé de ne la faire contribuer pour son usufruit du tiers du conquêt, qu'à raison du sixieme des 40,000 liv.

La premiere opinion paroît la seule conforme aux principes : la femme ne prend qu'un usufruit sur le conquêt ; cet usufruit est un mobilier, dans la proportion duquel elle supporte sa contribution aux dettes ; ainsi il faut défalquer les 40,000 liv. en entier sur le conquêt de 60,000 liv., & donner le tiers du restant de ce bien à la veuve, ou le faire liciter si son revenu se trouve excédé par l'intérêt des 40,000 liv. que les cohéritiers auroient été contraints d'emprunter.

CONSENTEMENT.

CONSENTEMENT.

Par Arrêt du mois d'Août 1608, une fille ayant épousé le fils d'un nommé Drouet, contre le gré de son pere, fut condamnée à une punition corporelle, son ravisseur exhérédé, constitué prisonnier jusqu'à ce que le pere lui accordât sa liberté, & leur mariage déclaré nul, quoique les Parties fussent âgées, & que le mariage *eût été célébré solemnellement* ; Forget, chap. 8, n°. 8.

La prononciation de *nullité* paroît au premier coup d'œil étrange à ceux qui lisent dans la Session 21 du Concile de Trente, *cap. 1. de reformat.*, l'anathême prononcé contre ceux qui soutiennent que les mariages contractés par les fils de famille contre le gré de leurs parents sont *nuls*. Mais beaucoup de décisions du Concile sur la discipline, étant contraires à la discipline particuliere des Eglises de France, laquelle est fondée sur les anciens canons, on feroit injure à l'Eglise universelle de penser qu'elle en ait proscrit la pratique. L'Eglise ne s'attribue pas d'autre pouvoir que celui qu'elle tient de Jesus-Christ, & certainement Jesus-Christ ne lui a pas donné le droit de dépouiller les Souverains de l'autorité qu'ils avoient, avant qu'il eût fondé son Eglise, sur l'union que leurs sujets contractoient entr'eux. Or les Souverains avoient droit alors d'apposer aux contrats des mariages de leurs sujets des conditions irritantes : ce même pouvoir ils le conservent ; ainsi dès que le contrat est passé au mépris des conditions sans lesquelles ils n'entendent pas qu'il subsiste, il est nul ; c'est-à-dire, qu'il n'y a point de contrat (1). Or le Sacrement peut-il subsister sans contrat, c'est-à-dire sans *matiere* ; car le contrat civil est la matiere nécessaire du mariage ?

En déclarant un mariage nul, les Cours ne déclarent donc pas nul le Sacrement, ce qui seroit une impiété absurde ; mais elles jugent qu'il n'y a point de Sacrement, d'après ce que l'Eglise nous a appris, qu'il n'y avoit point de Sacrement sans *matiere*, parce qu'elles sont instituées par le Souverain pour maintenir tant les loix de l'Eglise universelle qui touchent le dogme, qui sont invariables, comme celles qui n'ont de rapport qu'à la discipline, & qui sont proportionnées aux mœurs des peuples que les Eglises particulieres renferment dans leur sein.

Nous avons encore un Arrêt du 7 Mars 1698, rendu contre un fils de famille qui recherchoit en mariage une fille malgré l'opposition de son pere. Il fut défendu à ce jeune homme, nommé Lemachois, de hanter ni fréquenter la nommée Hébert, & à tous deux de contracter mariage ensemble sans le consentement du pere.

Par un autre Arrêt du 2 Septembre 1737, les complices d'un mariage contracté à l'insu du pere, furent condamnés aux galeres.

Et le 24 Février 1736, il fut décidé en la Cour, qu'un fils âgé de soixante-trois ans & veuf, étoit obligé de requérir le consentement de son pere pour passer à un second *mariage*.

Les principes de ces différents jugements sont développés articles EMPÊCHEMENT, MARIAGE, OPPOSITION, PERE & TUTEURS.

CONSERVATEURS DES HYPOTHEQUES.

Ces offices ont été créés par Edit du mois de Juin 1771. Comme cet Edit n'a point été compris dans le *Recueil des Edits*, imprimé chez Lallemant, on

---

(1) Voyez Plaidoyer de M. Cochin, du 16 Février 1677, & *Traité de l'autorité des Rois*, troisieme Dissert. deuxieme part.

Tome I.

nous saura gré de l'inférer ici en entier ; d'autant plus que plusieurs de ses dispositions exigent qu'on les interprete, afin qu'on n'en fasse pas une application qui détruise les maximes de notre Droit municipal.

LOUIS, par la grace de Dieu, Roi de France & de Navarre : A tous présents & à venir, SALUT : l'attention que nous avons toujours eue de pourvoir à la conservation de la fortune de nos sujets, nous a porté à rechercher les moyens qui paroissent les plus convenables pour assurer le droit de propriété de chacun d'eux, & pour prévenir les troubles & les évictions qui résultent souvent de l'omission des formalités longues & embarrassantes, auxquelles les décrets volontaires sont assujettis. Parmi tous les moyens qui peuvent conduire à un but aussi avantageux, nous n'en avons point trouvé de plus conforme aux regles d'une exacte justice, & de plus propres à concilier les intérêts opposés de chacun de nos sujets, que de fixer, d'une maniere invariable, l'ordre & la stabilité des hypotheques, & de tracer une route sûre & facile pour les conserver ; de sorte que d'un côté les acquéreurs puissent traiter avec solidité & se libérer valablement ; & d'un autre côté, les vendeurs puissent recevoir le prix de leurs biens, sans attendre les délais d'un décret volontaire ; formalité longue & simulée, introduite pour suppléer au défaut d'une loi que le bien général sollicitoit de notre sagesse. Cette loi si desirable avoit commencé à avoir une partie de son exécution, par l'Edit du mois de Mars 1673, portant établissement des Greffiers & enregistrement des oppositions pour conserver la préférence aux hypotheques ; mais la forme qui avoit alors été donnée à cet établissement, ayant rencontré des difficultés dans son exécution, il a été révoqué par autre Edit du mois d'Avril 1674 ; nous nous sommes déterminé à faire revivre un projet aussi utile, en lui donnant une forme nouvelle qui pût en rendre l'exécution plus facile, plus assurée & d'un avantage plus général ; nous nous sommes déterminés d'autant plus volontiers à prendre ce parti qu'il facilitera la vente d'une quantité de petits objets & immeubles réels, & fictifs qui ne peuvent être acquis avec solidité, parce que les frais du plus simple décret volontaire en absorberoient le prix & au-delà ; ensorte que ces immeubles restent souvent abandonnés & sans culture, par l'impuissance dans laquelle se trouvent les propriétaires de les cultiver ; & les obstacles que craignent ceux qui pourroient les acquérir, effrayés par l'exemple des pertes qu'éprouvent souvent ceux qui, ayant fait de pareilles acquisitions, sont obligés de les déguerpir ou d'en payer deux fois le prix, par l'effet des demandes & déclarations d'hypotheques, formées par les créanciers des vendeurs ; ce qui donne lieu à des contestations également ruineuses pour les acquéreurs & débiteurs. Tant de motifs d'utilité pour nos sujets, nous ont déterminé, en abrogeant l'usage des décrets volontaires, à ouvrir aux propriétaires une voie facile de disposer de leurs biens & d'en recevoir le prix pour l'employer aux besoins de leurs affaires, & aux acquéreurs de rendre stable leur propriété & de pouvoir se libérer du prix de leurs acquisitions, sans être obligés de garder long-temps des deniers oisifs ; nous avons cru ne pouvoir prendre, pour cet effet, de meilleur modele que l'établissement des Offices de Conservateurs des hypotheques, des rentes sur les Tailles, Aides & Gabelles, & autres rentes par nous constituées, dont le public retire une utilité, que le temps & l'expérience ne font que rendre plus sensible : A CES CAUSES & autres, à ce nous mouvant, de l'avis de notre Conseil & de notre certaine science, pleine puissance & autorité royale, Nous avons par le présent Edit perpétuel & irrévocable, dit, statué & ordonné, disons, statuons & ordonnons, voulons & nous plaît ce qui suit :

I. Nous avons créé & établi, créons & établissons, par notre présent Edit, une Chancellerie dans chacun de nos Bailliages & Sénéchaussées, à l'effet seulement de sceller les lettres de ratification qui seront obtenues sur les contrats de ventes, & autres actes translatifs de propriété mentionnés en l'article VI ci-après.

II. Nous avons aussi créé & établi, créons & établissons dans chacun de nos Bailliages & Sénéchaussées des Offices de Conservateurs des hypotheques, Garde des Sceaux & de Greffiers expéditionnaires desdites lettres de ratification, dont le nombre & la finance seront fixés par un rôle arrêté en notre Conseil.

III. Les Offices de Garde des Sceaux près nos Bailliages & Sénéchaussées, créés par notre présent Edit, seront & demeureront unis au corps des Officiers desdits Bailliages & Sénéchaussées, pour être exercés par celui desdits Officiers qui sera constitué à cet effet : voulons que le produit & émolument desdits Offices de Garde des Sceaux soient partagés entre tous les Officiers desdits Bailliages & Sénéchaussées.

IV. Pour donner aux Officiers desdits Bailliages & Sénéchaussées des marques de la satisfaction que nous avons du zele avec lequel ils rendent, à notre décharge, la justice qui est due à nos sujets, & les encourager à s'acquitter de cette fonction intéressante, nous leur avons fait don & remise de la finance dudit Office de Garde des Sceaux.

V. Les Offices de Greffiers expéditionnaires des lettres de ratification, créés par notre présent Edit, pourront être possédés par les Greffiers desdits Bailliages & Sénéchaussées.

VI. Tous propriétaires d'immeubles réels ou fictifs par acquisition, échanges, licitation ou autres titres translatifs de propriété, qui voudront purger les hypotheques, dont lesdits immeubles seront grevés, seront tenus de prendre à chaque mutation des lettres de ratification.

VII. Les lettres de ratification purgeront les hypotheques & privileges à l'égard de tous les créanciers des vendeurs qui auront négligé de faire leur opposition dans la forme qui sera prescrite ci-après, avant le sceau d'icelle ; & les acquéreurs des immeubles qui auront pris de semblables lettres de ratification en demeureront propriétaires en quelque sorte & sous quelque prétexte que ce soit, ainsi & de la même maniere que les acquéreurs des offices & des rentes par Nous constitués, sont libérés de toutes dettes par l'effet des provisions & des lettres de ratification qui s'expédient à notre grande Chancellerie, sans que néanmoins lesdites lettres de ratification puissent donner aux acquéreurs, relativement à la propriété, droits réels, fonciers, servitudes & autres, plus de droits que n'en auront les vendeurs, l'effet desdites lettres étant restreint à purger les privileges & hypotheques seulement.

VIII. Sera tenu l'acquéreur avant le sceau desdites lettres de ratification, de déposer au Greffe du Bailliage ou Sénéchaussée dans le ressort duquel seront situés les héritages vendus, le contrat de vente d'iceux ; comme aussi le Greffier dudit Bailliage & Sénéchaussée sera tenu dans les trois jours dudit dépôt d'insérer dans un tableau qui sera à cet effet placé dans l'auditoire, un extrait dudit contrat, quant à la translation de propriété seulement, prix & condition d'icelle, lequel restera exposé pendant deux mois, & avant l'expiration duquel ne pourront être obtenues sur ledit contrat aucunes lettres de ratification.

IX. Pourra pendant lesdits deux mois tout créancier légitime du vendeur se présenter au Greffe pour y faire recevoir une soumission d'augmenter le prix de ladite vente au moins d'un dixieme du prix principal, & dans le cas de surenchere, autres créanciers du vendeur d'un vingtieme en sus dudit prix principal par chaque surenchérisseur, ensemble de restituer à l'acquéreur les frais & loyaux coûts, & du tout donner bonne & suffisante caution, qui sera reçue pardevant le Lieutenant-Général ou autres Officiers du Siege, suivant l'ordre du tableau, en la maniere accoutumée; & sera loisible à l'acquéreur de conserver l'objet vendu, en parfournissant le plus haut prix auquel il aura été porté.

X. Seront les lettres de ratification expédiées & signées par les Officiers créés par notre présent Edit, dans les Chancelleries près nos Bailliages & Sénéchaussées, & scellées dans lesdites Chancelleries; savoir, à l'égard des immeubles réels & rentes foncieres, en la Chancellerie près les Bailliages ou Sénéchaussées dans le ressort desquelles ils se trouveront situés; & quant aux immeubles fictifs, dans celles desdits Bailliages & Sénéchaussées dans le ressort desquels les vendeurs seront domiciliés.

XI. Dans ce dernier cas, pour mettre les acquéreurs en état de connoître s'il y a des oppositions sur les immeubles fictifs qu'ils acquierent, les vendeurs seront tenus de justifier de leurs domiciles pendant les trois dernieres années qui auront précédé la vente, & de faire certifier ce domicile soit par le contrat de vente, soit par un acte séparé passé pardevant Notaires, & signés de deux témoins connus & domiciliés.

XII. Lorsque les contrats d'acquisition, les échanges & autres actes translatifs de propriété contiendront des immeubles réels, des rentes foncieres situés dans l'étendue de plusieurs Bailliages & Sénéchaussées, les lettres de ratification seront scellées dans les Chancelieries établies par notre présent Edit dans lesdits Bailliages & Sénéchaussées, faute de quoi les acquéreurs seront sujets aux hypotheques des créanciers des vendeurs pour raison des immeubles réels qui se trouveront situés dans l'étendue des Bailliages & Sénéchaussées où les lettres de ratification n'auront pas été scellées; & néanmoins dans le cas de vente & autres actes translatifs de propriété de fief & seigneurie qui s'étendroit dans plusieurs Bailliages & Sénéchaussées, les oppositions faites entre les mains des Conservateurs des hypotheques du Bailliage ou Sénéchaussée où sera situé le chef-lieu desdites terres & seigneuries, vaudront comme si elles étoient faites dans tous les Bailliages & Sénéchaussées où ressortiroient les dépendances desdites terres, & les lettres de ratification obtenues en icelui seulement, purgeront les hypotheques des créanciers du vendeur.

XIII. Les lettres de ratification seront taxées suivant le tarif annexé à notre présent Edit.

XIV. Le droit de deux deniers pour livre qui se paie pour l'enregistrement des décrets volontaires, continuera d'être perçu à notre profit sur le prix de chacune acquisition sur laquelle il sera obtenu des lettres de ratification.

XV. Les créanciers & tous ceux qui prétendront droit de privilege & hypotheques à quelque titre que ce soit sur les immeubles tant réels que fictifs de leurs débiteurs, de quelque nature que soient les immeubles, & en quelque lieu & coutume qu'ils soient situés, seront tenus, à compter du jour de l'enregistrement du présent Edit, de former leur opposition entre les mains des Conservateurs créés par l'Article II, à l'effet par les créanciers de conserver leurs hypotheques & privileges lors des mutations de propriété des immeubles & des lettres de ratification qui seront prises sur lesdites mutations par les nouveaux propriétaires.

XVI. Les oppositions dureront trois ans, pendant lequel temps seulement leur effet subsistera : pourront les créanciers les renouveller même avant l'expiration dudit délai pour la conservation de leurs privileges & hypotheques.

XVII. Toutes personnes de quelque qualité qu'elles soient, même les mineurs, les interdits, les absents, les gens de mainmorte, les femmes en puissance de mari, seront tenus de former opposition dans la forme ci-dessus, sous peine de déchéance de leurs hypotheques, sauf le recours ainsi que de droit contre les tuteurs & administrateurs qui auront négligé de former opposition.

XVIII. Les Syndics & Directeurs des créanciers unis, pourront s'opposer audit nom, & par cette opposition ils conserveront les droits de tous lesdits créanciers.

XIX. Entre les créanciers opposants, les privilégiés seront les premiers payés sur le prix desdites acquisitions ; après les privileges acquittés, les hypothécaires seront colloqués suivant l'ordre & le rang de leurs hypotheques ; & s'il reste des deniers après l'entier paiement desdits créanciers privilégiés & hypothécaires, la distribution s'en fera par contribution entre les créanciers chirographaires opposants, par préférence aux créanciers privilégiés ou hypothécaires qui auroient négligé de faire leur opposition.

XX. Les oppositions qui pourront être formées sur les propriétaires des immeubles réels & fictifs pour sûreté des créanciers hypothéqués sur lesdits immeubles, seront reçues & visées par les Conservateurs créés par notre présent Edit, lesquels délivreront des extraits sur papier timbré desdites oppositions à ceux qui en auront besoin.

XXI. Les Conservateurs des hypotheques tiendront un registre en papier timbré, dont les feuillets seront cotés sans frais par premier & dernier, & paraphés à chaque page par le Lieutenant-Général du Siege, ou autre Officier suivant l'ordre du tableau, dans lequel ils inséreront de suite, sans aucun blanc ni interligne, toutes les oppositions qui seront formées entre leurs mains, à peine de faux, de quinze cents livres d'amende, & de tous dépens, dommages & intérêts des Parties.

XXII. L'opposition sera datée & visée par le Conservateur ; & il sera exprimé si c'est avant ou après midi. Elle contiendra les noms de baptême, famille, qualité & demeure de l'opposant, avec élection de domicile dans le lieu où il fera l'enregistrement, sans que ledit domicile puisse changer par le décès du Procureur où il aura été élu. Ce domicile ne pourra même être changé, si ce n'est par une élection, laquelle sera enregistrée à la marge de l'opposition, & visée par le Conservateur de la même maniere que l'opposition : le tout à peine de nullité.

XXIII. Le créancier sera tenu de déclarer par son opposition, le nom de famille, les titres, qualités & demeure de son débiteur ; le tout à peine d'être déchu du recours prononcé contre le Conservateur, par l'article XXV ci-après.

XXIV. Les conservateurs seront tenus de délivrer, quand ils en seront requis, les extraits de leurs registres, & d'y coter le jour & la date des oppositions, le registre, ainsi que le feuillet où elles auront été registrées, ou de donner des certificats, portant qu'il n'en a été formé aucune, à peine de privation de leurs Offices, & de quinze cents livres d'amende & des dommages & intérêts des parties.

XXV. Les Conservateurs auront entrée au Sceau des Chancelleries près le Parlement; ils sont établis à l'instar de nos Conseillers-Conservateurs des hypotheques, créés & établis près notre grande Chancellerie, & ils auront seuls le droit de présenter au Sceau lesdites lettres de ratification.

XXVI. Avant de présenter au Sceau les Lettres de ratification, ils feront mention, sur le rempli d'icelles, s'il y a des oppositions subsistantes; auquel cas elles ne seront scellées qu'à la charge des oppositions; lesquelles subsisteront, sans être renouvellées, à l'instar & de la même maniere qu'il se pratique pour les lettres de ratification obtenues en notre grande Chancellerie.

XXVII. S'il n'y a aucune opposition subsistante, les Lettres de ratification seront scellées purement & simplement; & dans le cas où, avant le sceau d'icelles, il auroit été fait quelque opposition, dont les Conservateurs n'eussent pas fait mention; lesdits Conservateurs demeureront responsables, en leur propre & privé nom, des sommes auxquelles pourront monter les créances desdits opposants qui viendroient en ordre utile, & ce, jusqu'à concurrence de la valeur de l'immeuble mentionné auxdites lettres; à l'effet de quoi la finance de chacun desdits Offices, qui sera fixée par un rôle arrêté en notre Conseil, demeurera affectée par préférence, comme fait de charge.

XXVIII. Attribuons à titre de gages auxdits Conservateurs, quatre pour cent du montant de leur finance, outre les droits particuliers qui leur seront fixés par un tarif arrêté en notre Conseil, pour leur tenir lieu d'émoluments de leur travail, nous réservant, en attendant la levée desdits Offices, de commettre à leur exercice telle personne que bon nous semblera.

XXIX. Jouiront en outre les Conservateurs du droit de survivance: voulons qu'ils ne paient, à l'obtention de leurs premieres provisions, que le tiers des droits de marc d'or, sceau & honoraire auxquels ils seront taxés; & en cas de mort ou résignations, les dispensons, leurs enfants, héritiers & ayants-cause, de nous payer aucun droit de survivance pour cette premiere mutation.

XXX. Voulons que pour le sceau de chacune des lettres de ratification, il soit payé les sommes qui seront fixées par le tarif arrêté en notre Conseil.

XXXI. En cas de vente par décret forcé, les créanciers qui ont fait ou feront saisir réellement un immeuble, seront tenus de faire dénoncer un mois au moins avant l'adjudication, leur saisie réelle à ceux qui se trouveront avoir formé leur opposition sur lesdits immeubles, aux domiciles par eux élus par l'acte d'opposition, à peine de nullité de la procédure de décret vis-à-vis des créanciers qui auront formé leurs oppositions ès mains des Conservateurs des hypotheques, & de tous dépens, dommages & intérêts desdits opposants; & vaudront les oppositions faites entre les mains desdits Conservateurs, comme si elles étoient faites en décret forcé desdits biens.

XXXII. N'entendons point comprendre, dans le présent Édit, les hypoques des femmes sur les biens de leurs maris, pendant la vie desdits maris, non plus que celles des enfants sur les biens de leurs peres, pour raison seulement des douaires non ouverts, pour lesquels il ne sera point nécessaire de former d'opposition.

XXXIII. Les lettres de ratification ne pourront être opposées par les acquéreurs des biens substitués, à ceux qui ont droit de revendiquer les biens substitués, lorsque les substitutions auront été publiées au desir de nos Ordonnances.

XXXIV. Les Seigneurs féodaux, ou censiers, tant Laïques qu'Ecclésiastiques, ne seront point tenus non plus de faire aucune opposition pour raison des fonds, des cens, rentes foncieres, & autres droits seigneuriaux & féodaux sur les héritages, fiefs & droits étant dans leur censive & mouvance ; mais quant aux arrérages des cens, surcens, rentes foncieres, droits de quints, requints, droits de lods & ventes, & autres droits échus avant la vente, & autres dettes généralement quelconques, ils seront tenus de former leurs oppositions ès mains du Conservateur, comme tous les autres créanciers.

XXXV. Abrogeons l'usage des saisines & nantissement pour acquérir hypotehque & préférence, dérogeant à cet effet à toutes Coutumes & usages à ce contraires.

XXXVI. Voulons néanmoins que ceux dont les contrats auront été nantis & ensaisinés avant la publication de notre présent Edit, soient conservés dans les droits & préférence à eux acquis par lesdits nantissements, passé lequel temps, ils seront sujets aux mêmes formalités que les autres acquéreurs.

XXXVII. Abrogeons pareillement l'usage des décrets volontaires, sans que, pour aucunes causes ni sous aucun prétexte, il puisse en être fait à l'avenir, à peine de nullité d'iceux. N'entendons toutefois empêcher la suite & perfection de ceux encommencés au jour de la publication de notre présent Edit, ni donner atteinte à l'effet des décrets antérieurs ; & lesdites lettres de ratification tiendront lieu des décrets volontaires, prescrits par l'article 18 du titre 12 de l'Edit portant Réglement de la procédure, du mois de Février 1771, & enregistré le 17 Mai dernier.

XXXVIII. Pour donner un temps suffisant à ceux qui peuvent avoir ou prétendre des privileges ou hypotheques, à la charge d'aucuns immeubles réels ou fictifs, de faire les oppositions proscrites par le présent Edit, ordonnons qu'il ne sera scellé aucunes lettres de ratification que six mois après la date de l'enregistrement de notre présent Edit. Si donnons en mandement à nos amés & féaux Conseillers les gens tenant notre Cour de Parlement & notre Chambre des Comptes à Paris, que le présent Edit ils aient à faire lire, publier & registrer, & le contenu en icelui garder, observer & exécuter selon sa forme & teneur, nonobstant tous Edits, Déclarations, Arrêts, Réglements & autres choses à ce contraires, auxquels nous avons dérogé & dérogeons ; voulons qu'aux copies du présent Edit, collationnées par l'un de nos amés & féaux Conseillers-Sécrétaires, foi soit ajoutée comme à l'original : car tel est notre plaisir ; & afin que ce soit chose ferme & stable à toujours, nous y avons fait mettre notre scel. Donné à Versailles au mois de Juin, l'an de grace mil sept cent soixante-onze, & de notre regne le cinquante-sixieme. Signé, LOUIS. Et plus bas, par le Roi, PHELIPEAUX. Visa, DE MAUPEOU. Vu au Conseil, TERRAY. Et scellé du grand sceau de cire verte, en lacs de soie rouge & verte.

Registré, ouï, & ce requérant le Procureur-Général du Roi, pour être exécuté selon sa forme & teneur, & copies collationnées envoyées, tant aux Bailliages, & Sénéchaussées, pour y être pareillement lu, publié, registré & exécuté, suivant l'Arrêt de ce jour. A Paris, en Parlement, toutes les Chambres assemblées, le dix-sept Juin mil sept cent soixante-onze. Signé, VANDIVE.

Par l'article XXXII de cet Edit, il est observé que les hypotheques des femmes *sur les biens de leurs maris, pendant la vie desdits maris, non plus que celles des enfants sur les biens de leurs pères, pour raison seulement des douaires non ouverts, seront conservées, sans qu'il soit besoin de former opposition.*

Et l'article XXXIV dispense également d'opposition *les Seigneurs féodaux & censiers*, c'est-à-dire que l'Edit conserve dans toute sa force la disposition de l'Article 578 de notre Coutume. A l'égard des décrets, les crédites foncieres ne sont point éteintes par les lettres de ratification; ces lettres, lorsqu'on n'a pas formé opposition dans le temps fixé par la loi, ne déchargent l'acquéreur que du paiement des arrérages de ces crédites. On ne connoît pas en Normandie la distinction que l'Edit fait des douaires *ouverts* & des douaires non ouverts; & pour prouver que ce qui est dit en l'art. XXXII de cet Edit, à l'égard des douaires de la derniere espece, n'est point d'usage en cette Province, il faut considérer qu'un douaire préfix à Paris d'une somme de deniers une fois payée, étant ouvert en faveur des enfants, est un simple mobilier; & que quoiqu'on appelle ce droit mobilier un propre, parce qu'au fond il appartient aux enfants, cependant ce sont leurs héritiers au mobilier qui y succedent : or, l'opposition est indispensable pour les douaires préfix de ce genre, quand ils sont ouverts, parce qu'ils n'attribuent qu'une simple hypotheque; au contraire, quand ils ne sont pas ouverts, la femme & les enfants ont contre leur mari & pere vivant un privilege qui subsiste jusqu'à son décès, & en conséquence, il n'est point sujet à prescription; & les décrets des biens vendus avant le décès, ne purgent point l'action résultante de ces sortes de douaires.

CONSIGNATIONS.

1°. Avant 1578, il n'y avoit point de Receveurs des Consignations en titre, les Juges y commettoient qui bon leur sembloit. Il naissoit des abus du choix arbitraire qu'ils faisoient, & on porta des plaintes aux Etats de Blois tenus en 1576. Elles déterminerent Henri III à créer des Offices de Receveurs des Consignations. L'Edit est du mois de Juin 1578. Ils ne furent pas plutôt créés, qu'on s'en repentit. *Voyez* Joly, *Traité des Offices de France*, tom. 2, p. 1929.

Voici la teneur de l'Edit : » Fera re-
» cette le Receveur, & se chargera &
» obligera comme pour nos propres de-
» niers, de tous & chacuns les deniers
» qui seront ci-après consignés, soit par
» Ordonnance de nos Officiers, ou par
» dépôts volontaires entre marchands &
» particuliers, tous sequestres, exécu-
» tions, sentences, garnissements, même
» des deniers provenants des décrets d'hé-
» ritages, pendant que l'on tiendra l'état
» des oppositions; pour être lesdits de-
» niers par notredit Receveur distribués,
» & généralement tous autres deniers
» qui seront déboursés, consignés ou gar-
» nis par Arrêts, Sentences de nos Offi-
» ciers civilement ou criminellement, en
» quelque sorte que ce soit, sans en faire
» aucune exception.

» Même tous deniers arrêtés entre les
» mains de nos Huissiers, Sergents, &
» ceux des Hauts-Justiciers, procédants
» des exécutions par eux faites, & sur
» lesquelles interviendront oppositions;
» lesquels deniers arrêtés, lesdits Huis-
» siers ou Sergents délivreront inconti-
» nent entre les mains de nosdits Rece-
» veurs, sur peine de privation de leur
» état & d'amende arbitraire.

» Lesquels Receveurs auront *six deniers*
» *pour livre* de ce que monteront lesdites
» consignations, sequestres, garnissements
» & dépôts.

» Défendant aux Juges d'ordonner, ne
» permettre ou souffrir qu'aucunes consi-
» gnations,

» gnation, dépôt ou garniſſement ſoit fait ailleurs qu'entre les mains des Receveurs, & à tous ſujets de les conſigner volontairement ou autrement en quelque ſorte que ce ſoit.

Cet Edit fut enregiſtré au Parlement de Rouen en 1583, après trois Lettres de Juſſion. L'Arrêt d'enregiſtrement porte ces modifications :

1°. Que l'Edit n'aura lieu pour les deniers ci-devant conſignés.

2°. Pour les deniers provenants des encheres & liquidations par décret.

3°. Pour les deniers qui n'excéderont 30 écus.

En 1586, le Roi envoya au Parlement de nouvelles Lettres-patentes » pour » enregiſtrer l'Edit purement & ſimplement, pour jouir par les pourvus, » prendre & recevoir les droits à eux attribués par l'Edit en toutes matieres » eſquelles il écherroit conſignation, ſuivant ce qui eſt accoutumé au pays de » Normandie.

Ces Lettres-patentes furent enregiſtrées, 1°. ſans déroger à la Coutume du Pays : Articles 560, 563, 572 & autres.

2°. Parce que l'Edit n'auroit lieu pour les deniers ci-devant conſignés.

3°. Ni pour les deniers qui n'excéderoient 10 écus.

4°. Que les Parties qui voudroient convenir d'un tiers dépoſitaire, faire le pourroient, en payant néanmoins le droit & émolument du Receveur, & après que la Sentence ou Arrêt ſeroit intervenu pour la délivrance deſdits deniers.

5°. Que les Receveurs ſeroient tenus, à la premiere interpellation, faire délivrance des deniers, ſous peine de tous dépens, dommages & intérêts des Parties, & de privation de leurs Offices ; & où leſdits Receveurs allégueroient leſdits deniers avoir été arrêtés entre leurs mains par perſonnes tierces, ils ſeroient tenus au jour de l'aſſignation repréſenter actuellement les deniers ſur le Bureau, pour en être ordonné ce que de raiſon.

Un Edit de 1594 réunit au domaine l'Office de Receveur des Conſignations.

Par autre Edit de 1601, le Roi créa de nouveau en titre d'Office des Receveurs des Conſignations. Cet Edit eſt en tout ſemblable dans ſes diſpoſitions à celui de 1578.

Il fut enjoint au Parlement de Rouen de l'enregiſtrer purement & ſimplement. Mais, *ſans avoir égard aux Lettres de Juſſion*, la Cour l'enregiſtra avec les modifications ſuivantes :

1°. Qu'il ne ſeroit pas dérogé aux Articles 574 & 577 de la Coutume.

2°. Que l'Edit n'auroit lieu pour les deniers ci-devant conſignés.

3°. Pour ceux qui n'excéderoient 10 écus.

4°. Que les Parties pourroient conſigner en mains tierces, en payant les droits au Receveur.

5°. Que le Receveur ſeroit tenu à la premiere interpellation de faire délivrance des deniers, ainſi qu'il eſt dit plus haut.

Les choſes demeurerent en cet état juſqu'en 1685, excepté qu'il y eut des Receveurs alternatifs, triennaux, quatriennaux, des Contrôleurs & des Commis, des Receveurs & Contrôleurs des Conſignations créés en différents temps.

Par Edit du mois de Juin 1685, les Offices des Receveurs, Contrôleurs & Commis des Conſignations *en la Province de Normandie*, furent éteints & ſupprimés ; & par le même Edit, le Roi créa en ladite Province, en titre d'Office formé & héréditaire, des Receveurs des Conſignations anciens, alternatifs & triennaux, pour être exercé par un même titulaire, auxquels il attribua les mêmes droits, privileges & fonctions dont jouiſſoient les précédents titulaires qu'il ſupprimoit. Cet Edit fut enregiſtré ſans modifications.

Au mois de Février 1689, le Roi réunit à son domaine tous les Offices de Receveurs, Contrôleurs & Commis anciens, alternatifs, triennaux & quatriennaux des Consignations, établis dans le Royaume en vertu de l'Edit de 1578 & autres subséquents, pour être réunis & ne faire qu'un seul corps d'Office, sous le titre de Receveur des Consignations héréditaire & domanial ; & à la fin, le Roi déroge à tous Edits, Déclarations, &c., à l'exception de l'Edit de 1685, portant création des Offices de Receveurs des Consignations de la Province de Normandie.

Principaux articles de l'Edit de 1689 :

(1) ART. XII. Tous Adjudicataires d'immeubles, Offices, droits & autres biens tenants nature d'immeubles vendus tant par décret forcé que par Arrêts, Sentences ou Jugemens, seront contraints, comme dépositaires de justice, d'en consigner le prix entre les mains du Receveur, huitaine après l'adjudication ou jugement, & de leur payer leurs droits de consignation à raison de douze deniers pour livre ; si ce n'est qu'au temps de la consignation ou vente, il n'y ait aucunes oppositions ou saisies, ou qu'il y en ait eu main-levée pure & simple, sans autre condition que de se pourvoir sur les autres biens du saisi.

ART. XIII. Seront les droits payés, encore que la vente soit faite à la charge que l'acquéreur retiendra le tout ou partie du prix pour le paiement des pensions, douaires, rentes & autres dettes dont le fonds n'est pas payable comptant, ou jusqu'après que l'ordre aura été fait ; mais en ce cas, il n'y aura lieu à la consignation, sinon pour les deniers que l'acquéreur sera tenu de payer comptant.

ART. XIV. Seront les droits payés pour le prix des immeubles saisis réellement qui seront vendus & délaissés à un ou plusieurs créanciers, ou par eux pris sur & tant moins de leur dû ; *si la vente & délaissement sont faits en jugement* ; mais en ce cas, il n'y aura lieu à la consignation.

ART. XV. Le prix des biens vendus par licitation, même à d'autres qu'aux partageants, ne sera point sujet à consignation, ni à aucuns droits, si ce n'est qu'au jour de l'adjudication, il y eût quelque saisie ou opposition subsistante ; auquel cas si la saisie est faite sur le total du prix, le tout sera consigné & les droits payés à raison de six deniers pour livre ; si elle n'est faite sur un des partageants, le prix de sa part seulement sera consigné & les droits payés jusqu'à concurrence. Pourront toutefois, ceux sur qui les saisies auront été faites, convenir ou faire ordonner, avec les saisissants ou opposants, que l'adjudicataire leur paiera leur part du prix ; auquel cas, il n'y aura lieu à la consignation ni au paiement des droits ; ce qu'ils pourront faire, même après l'adjudication, pourvu que ce soit dans quinzaine du jour des saisies & oppositions formées.

ART. XVI. Ne sera sujet à consignation ni à aucuns droits le prix des biens vendus par décret volontaire, s'il n'y a aucunes oppositions subsistantes au temps du décret ; & s'il y en a, le prix sera consigné & les droits payés aussi à raison de six deniers pour livre ; mais si elles sont converties en saisies & arrêts, il n'y aura lieu à la consignation, ni aux droits, *pourvu, & non autrement*, que l'ordre & distribution du prix ne se fasse point en Justice, sur les contestations réglées entre les créanciers ; auquel cas, le prix sera consigné & les mêmes droits payés.

ART. XVII. Les oppositions pourront être formées au décret volontaire jusqu'à

---

(1) Henrys, tome 2, page 147.

l'adjudication, pourvu que ce soit dans quinzaine du jour qu'elles auront été formées ; & en ce cas, il n'y aura lieu à la consignation ni au paiement des droits, sinon dans les cas portés par l'article précédent.

Art. XVIII. Les saisies & oppositions faites entre les mains des acquéreurs, depuis les adjudications par licitation, ou depuis les décrets délivrés & scellés, ne donneront aussi lieu à la consignation ni au paiement des droits, s'il n'y a instance de préférence entre les créanciers ; auquel cas le prix sera consigné & les droits payés à raison de deux deniers pour livre seulement.

Art. XX. Ne seront sujets à consignation ni à aucuns droits, les deniers provenans des biens séquestrés ou meubles vendus en justice, *ceux qui seront saisis entre les mains des débiteurs, ou déposés par les parties, sans ordonnance de Justice, entre les mains de personnes dont elles seront convenues* ; mais si dans la suite il y a instance de préférence entre les créanciers saisissans, ils seront portés aux Consignations, & les mêmes droits payés.

Art. XXI. Le même droit de deux deniers pour livre sera payé au Receveur pour toutes autres sommes de deniers dont la consignation sera ordonnée en Justice.

Art. XXII. Toutes consignations ordonnées en Justice, ne pourront être faites qu'entre les mains des Receveurs ; défendons à toutes personnes de les recevoir, à peine de 3000 livres d'amende.

Art. XXV. Il ne sera pris aucun droit de consignation sur les deniers mobiliers appartenans aux mineurs & aux hôpitaux, ni sur ceux qui leur seront adjugés.

Ces articles de l'Edit de 1689, n'ont pas lieu seulement à Paris ; les autres Receveurs des Consignations, créés avant ou depuis cet Edit, doivent s'y conformer, à moins que l'Edit de leur création n'y déroge expressément ; ce qui ne peut pas être, attendu la Déclaration de 1706, dont nous parlerons plus bas.

La finance des Offices de Receveurs des Consignations de Normandie ayant été trouvée trop médiocre eu égard aux droits dont ils jouissoient, percevant d'ailleurs un droit de quatre deniers pour livre du contrôle des Consignations, qui ne leur étoit pas attribué par leur Edit de création, mais par un simple Arrêt du Conseil du 26 Novembre 1686 ; Sa Majesté résolut de leur attribuer de nouveaux droits pour les rendre égaux aux autres Receveurs des Consignations du Royaume, *& pour en tirer quelque argent*, aux termes du préambule même de l'Edit de 1694.

Le Roi par cet Edit les confirma dans l'hérédité de leurs Offices, droits, exemptions, privileges, fonctions & émolumens à eux attribués par l'Edit de 1685 ; leur accorda le droit de jouir des quatre deniers pour livre, dont ils jouissoient déja en conformité de l'Arrêt du Conseil de 1686 ; & leur attribua en outre deux deniers pour livre, pour faire en tout le même droit d'un sol pour livre dont ils jouissoient en conformité de l'Arrêt du Conseil de 1686 ; & deux deniers pour livre, pour faire en tout le même droit d'un sol pour livre dont jouissoient les autres Receveurs des Consignations du Royaume, pour percevoir ledit droit sur le prix des adjudications, tant au profit commun qu'au profit particulier, & sur le prix des immeubles vendus & délaissés à un ou à plusieurs créanciers, ou par eux pris sur & tant moins de leur dû, *si la vente & délaissement étoient faits en Jugement*.

Par un Edit du mois de Septembre 1704, le Roi créa des Auditeurs des Comptes, & Conservateurs des Dépôts publics, auxquels il attribua six deniers pour livre de toutes les consignations & baux judiciaires, ou conventionnels convertis en judiciaires, à prendre sur les adjudicataires des biens & fermiers judiciaires.

Par un autre Edit du mois de Décembre de la même année, le Roi désunit du titre de l'Office d'Auditeur des Comptes, & Conservateur des Dépôts publics, les six deniers pour livre à eux attribués par l'Edit du mois de Septembre, & les unit aux Offices des Receveurs des Consignations.

En une Déclaration du 26 Octobre 1706, le Roi après avoir rappellé les dispositions des Edits de Septembre & Octobre 1704, observa que par ces Edits il n'étoit parlé que des consignations faites pour ventes d'immeubles, pour lesquels il étoit dû aux Receveurs un sol pour livre, suivant les articles XII, XIII & XIV de l'Edit de 1689; & que suivant les articles XV, XVI, XVIII, XIX, XX & XXI du même Edit, il y avoit d'autres Consignations dont les droits n'étoient que de six, & même deux deniers pour livre; Sa Majesté crut en conséquence devoir expliquer ses intentions : pourquoi elle déclara que les différents droits de consignation attribués aux Receveurs par l'Edit de 1689, les uns de douze deniers pour livre, les autres de six, & d'autres de deux, seroient & demeureroient augmentés à leur profit chacun d'une moitié en sus; & que dans tous les cas où les droits leur seroient dûs suivant lesdits Edits, ceux de douze deniers pour livre, leur seroient payés à raison de 18 den.; ceux de 6 den., à raison de 9 den.; ceux de 2 den., à raison de 3 den., tant pour leurs anciens droits, que pour ceux des Auditeurs de leurs Comptes créés par l'Edit de Septembre 1704, & réunis à leurs Offices par celui d'Octobre suivant.

Que tous particuliers qui se trouveroient avoir entre les mains des deniers qui, aux termes des Edits, seroient sujets à consignations, seroient contraints en vertu de la Déclaration, de les remettre aux Receveurs huitaine après leur enregistrement.

Que tous les susdits droits seroient payés aux Receveurs pour toutes les consignations qui auroient été ou auroient dû être faites dans les Cours supérieures, Bailliages, Sénéchaussées, Présidiaux, & autres Justices & Jurisdictions tant Royales que Seigneuriales & subalternes y ressortissantes, depuis l'enregistrement fait aux Cours de l'Edit de Septembre 1704.

Sa Majesté voulant que les anciens droits de douze deniers pour livre, dûs aux Receveurs, dans les cas portés par les articles XII, XIII & XIV de l'Edit de 1689, fussent pris sur le prix des biens vendus & employés dans les ordres & distributions qui en seroient faites, conformément audit Edit; & ceux des six deniers des Auditeurs, réunis à leurs Offices, leur fussent payés par les adjudicataires ou acquéreurs desdits biens, outre & par-dessus le prix d'iceux, suivant l'Edit de Septembre 1704.

Et quant aux droits de six & deux deniers pour livre qui leur étoient ou seroient pareillement dûs, suivant les articles XV, XVI, XVIII, XIX, XX & XXI de l'Edit de 1689, ensemble ceux de trois deniers & d'un denier d'augmentation ci-dessus ordonnés, ils seroient payés sur le prix des ventes ou consignations, comme il est accoutumé.

Enfin Sa Majesté confirma les Receveurs des Consignations dans la faculté qu'ils avoient de décerner les contraintes contre ceux qui seroient en demeure de faire les consignations ordonnées, même pour le paiement de leurs droits, contre les redevables & contre les particuliers qui, s'étant chargés desdites consignations, en auroient fait ou seroient la distribution sans les leur avoir remis, ou sans leur avoir payé lesdits droits ; le tout dans la forme prescrite par les Edits & Déclarations, Arrêts & Réglemens que Sa Majesté enjoignit d'exécuter selon leur forme & teneur.

Il faut observer que les Edits de 1694, ceux de 1704 & la Déclaration de 1706, ont été enregistrés au Parlement de Rouen. Quoique l'Edit de 1689 n'y ait pas été enregistré, il n'est pas moins vrai que la plupart de ses dispositions sont loi pour cette Province, notamment les onze articles ci-dessus copiés, & qui rappellent la Déclaration de 1706, enregistrée dans toutes les Cours du Royaume ; si on n'y retrouve pas les articles XVII & XXV qui font partie des onze articles extraits de l'Edit de 1689, c'est qu'ils ne sont relatifs qu'à des objets qui ne doivent pas être consignés, & que la Déclaration n'a été donnée que pour fixer les droits des Receveurs sur les deniers susceptibles de consignation ; mais ces deux articles ne concernent pas moins les Receveurs des Consignations de cette Province que ceux de Paris & de tout le Royaume.

Il est incontestable que le Roi a voulu *rendre en tout égaux* les Receveurs des Consignations de son Royaume ; ce sont les termes de l'Edit de 1694. Le préambule de l'Edit de 1689 porte : » Nous » avons résolu de donner un ordre cer- » tain en général aux Consignations........ » en prescrivant à tous les Receveurs une » regle uniforme pour l'exercice de leurs » charges, & la perception de leurs » droits.

Si le Roi avoit voulu excepter les Receveurs des Consignations de Normandie, auroit-il envoyé la Déclaration de 1706 au Parlement de Rouen, *pour la faire enregistrer & en faire observer le contenu* ? Certainement cette Déclaration n'est relative & n'a été donnée qu'en explication

de l'Edit de 1689. Par cette Déclaration le Roi confirme tous les Receveurs des Consignations indistinctement dans la perception des droits accordés par l'Edit de 1689, & leur accorde une moitié en sus ; ce qui revient en tout à 1 s. 6 d. pour livre du prix des adjudications par décret ; 9 d. du prix des licitations & décrets volontaires dont seroit tenu état, & 3 d. du prix des Offices & sommes mobiliaires dont la consignation auroit été ordonnée. Voilà les droits qui appartiennent à tous les Receveurs des Consignations. Ceux de cette Province ont quelquefois réussi à s'en faire adjuger de plus considérables à la faveur d'une confusion d'Edits, Déclarations & Arrêts du Conseil intervenus sur cette matiere ; mais on est parvenu à faire débrouiller ce cahos.

En 1727, le sieur de Montulé, Receveur des Consignations de Rouen, se fit autoriser par Arrêt entre lui & le sieur de l'Escaude à retenir provisoirement 18 d. pour livre sur une somme mobiliaire consignée entre ses mains. Au surplus cet Arrêt renvoya les Parties au Conseil Privé, pour être fait droit sur la contestation. Le sieur de Montulé aima mieux composer avec le sieur de l'Escaude, que de courir les risques de faire décider au Conseil la question de savoir si les Receveurs des Consignations de Normandie sont fondés à percevoir de plus grands droits que ceux de Paris & des autres Provinces ; mais depuis la Déclaration du Roi du 21 Mars 1765, toutes les difficultés sont levées.

LOUIS, par la grace de Dieu, Roi de France & de Navarre : à tous ceux qui ces présentes Lettres verront, SALUT. Les plaintes qui nous ont été portées sur l'extension que les Receveurs des Consignations de notre Province de Normandie donnent à la perception de leurs droits, par les différentes interprétations qu'ils cherchent à donner aux Edits de Juin mil six cent quatre-vingt-cinq, Avril mil six cent quatre-vingt-quatorze, & Septembre mil sept cent quatre; encore que plusieurs n'aient payé aucune finance pour la nouvelle attribution portée par ce nouvel Edit, nous ayant fait connoître la nécessité qu'il y avoit de remédier à cet inconvénient, nous aurions jugé convenable d'expliquer à cet effet nos intentions. A CES CAUSES & autres, à ce Nous mouvant, de l'avis de notre Conseil, & de notre certaine science, pleine puissance & autorité royale, Nous avons, par ces Présentes signées de notre main, dit, déclaré & ordonné, disons, déclarons & ordonnons, voulons & nous plaît ce qui suit :

I. Le droit de dix-huit deniers pour livre dont jouissent les Receveurs des Consignations de notre Province de Normandie, au moyen des différentes attributions qui leur ont été faites par les Edits de Juin mil six cent quatre-vingt-cinq, Avril mil six cent quatre-vingt-quatorze, & Septembre mil sept cent quatre, ne pourra être perçu que sur le prix des immeubles vendus & délaissés à un ou plusieurs créanciers, dont la vente & délaissement seront faits en Justice; & sur le prix des immeubles adjugés par décret sur toutes autres espèces de deniers sujets aux droits de consignation, il ne pourra être par eux perçu que neuf deniers.

II. A l'égard de ceux desdits Receveurs des Consignations qui ne justifieroient pas avoir payé la finance ordonnée par l'Edit de Septembre 1704, pour jouir de l'attribution des droits portés par icelui ; entendons que leurs droits demeurent restreints, savoir, à douze deniers pour livre sur le prix desdits immeubles vendus & délaissés en Justice, & de ceux adjugés par décret, à six deniers seulement sur toutes autres espèces de deniers sujets aux droits de consignation.

III. Voulons en conséquence que dans un mois pour tout délai, à compter du jour de la publication des présentes, tous lesdits Receveurs des Consignations qui prétendent devoir jouir des droits de dix-huit deniers, soient tenus de faire enregistrer au Greffe de la Jurisdiction du ressort, (lequel enregistrement sera fait sans frais), la quittance de la finance payée par eux ou par leurs prédécesseurs, en vertu dudit Edit de Septembre 1704, & qu'à défaut dudit enregistrement leurs droits demeurent réduits conformément au précédent article.

IV. Faisons très-expresses inhibitions & défenses auxdits Receveurs des Consignations, de percevoir autres & plus forts droits, sous quelque prétexte que ce soit, que ceux mentionnés aux précédents articles, à peine de concussion & de restitution du triple.

V. Faisons aussi défenses à tous Juges d'ordonner qu'aucune Consignation de deniers sujets aux droits de Consignation, soient faites ailleurs qu'entre les mains desdits Receveurs, & à toutes personnes de donner ou recevoir en dépôt ou consignation volontaire, aucuns deniers sujets auxdits droits de Consignation; sauf cependant le cas où les parties auroient cause de suspicion contre lesdits Receveurs, auquel cas elles pourront convenir d'un dépositaire, en payant toute fois les droits desdits Receveurs.

VI. Défendons pareillement à tous Huissiers & Sergens de garder en dépôt les deniers procédants des exécutions & ventes qu'ils auroient faites lorsqu'il y aura plus de deux opposants à la saisie: voulons en conséquence que l'Huissier ou Sergent qui fera la vente soit tenu de faire une mention sommaire dans son procès-verbal de vente, des oppositions qui surviendront pendant le cours de ladite vente, & que dans huitaine à compter du jour de la clôture de la vente, pourvu toutefois qu'à l'expiration dudit délai de huitaine, il y ait encore deux oppositions subsistantes avec le saisissant, ils soient tenus de déposer lesdits deniers entre les mains des Receveurs des Consignations, auxquels nous défendons de percevoir leurs droits, que ladite Consignation ne leur ait été réellement faite.

VII. N'entendons comprendre dans les précédents articles les deniers appartenants à des Mineurs & aux Hôpitaux, les sommes qui n'excéderont point trente livres, celles dues pour raison de loyers ou fermages aux propriétaires des maisons ou fermes dont le locataire ou fermier seroit saisi ou vendu, ni les deniers des marchands & négocians tombés en faillite, lesquels ne seront sujets aux droits de consignation, ou à être consignés.

VIII. Ordonnons au surplus que les Edits, Déclarations, & Réglemens rendus sur le fait des Consignations, seront exécutés. SI donnons en mandement à nos amés & féaux les gens tenant notre Cour de Parlement à Rouen, que ces présentes ils aient à faire lire, publier & regittrer, & le contenu en icelles, garder, observer & exécuter selon leur forme & teneur, nonobstant clameur de haro, Charte Normande & autres lettres à ce contraires, auxquelles nous avons dérogé & dérogeons par ces présentes.

Malgré la disposition du dernier article de cette Déclaration les Receveurs des Consignations ont persisté à soutenir que les deniers provenants de la vente des meubles des Mineurs étoient sujets aux droits de Consignation, lorsqu'il y avoit des oppositions, ou saisies-arrêts entre les mains des Officiers qui avoient procédé à cette vente; mais leur prétention étoit destituée de principe. En effet par l'Edit de création des nouveaux Offices de Receveurs des Consignations en Normandie, en 1685, le Roi leur attribue les mêmes droits, privilèges & fonctions dont jouissoient les précédents titulaires des Offices supprimés; il faut donc examiner quels étoient les droits attribués à ces précédents titulaires. Leur Edit de création de 1578, assujettissoit aux droits de Consignation tous deniers arrêtés entre les mains d'Huissiers & Sergents, *procédants des exécutions par eux faites*, & sur lesquels il interviendroit des oppositions.

Cette disposition ne s'étendoit point aux deniers des meubles des Mineurs, qui se vendent sans saisies & exécutions préalables; elle étoit restreinte uniquement aux deniers provenants de vente de *meubles saisis*, autres toutefois que ceux appartenants à des Mineurs: car nous trouvons dans Bérault, sous l'Art. 5 de la Coutume, un Arrêt de 1625, par lequel il fut jugé que les meubles d'un Mineur saisis & vendus à la requête de ses créanciers, étoient exempts des droits de Consignation, quoique dans le fait les créanciers ne fussent pas d'accord sur la préférence.

Le Parlement de Paris adopta cette Jurisprudence, & en fit un Réglement général, par son Arrêt d'enregistrement du 7 Juin 1651, d'une Déclaration du 29 Février 1648, *aux charges*, ce sont les termes de l'Arrêt, *que les Receveurs ne pourront prétendre droits de Consignation de deniers mobiliers de Mineurs & des Eglises, qui seront déposés en leurs mains*. Et le Souverain lui-même en fit une loi expresse par sa Déclaration du 16 Juillet 1669, dont l'article 13 porte que » les Receveurs ne pourront prendre » aucun droit de Consignation des deniers » mobiliers des Mineurs, des Eglises & » Hôpitaux, déposés en leurs mains, pour » la part appartenante auxdits Mineurs, » Eglises & Hôpitaux, ou qui leur se- » ront adjugés, même en pouvoir demander » le recouvrement, indemnité ou récom-

» pense sur le surplus desdits deniers.

Voilà constamment quel étoit le droit des Receveurs des Consignations, tant en Normandie, que par-tout ailleurs. En 1685, les deniers des Mineurs n'étoient point sujets à consignation ; les y avoit-on assujettis depuis ? On ne connoît ni Edit ni Déclaration dont les Receveurs aient pu argumenter.

Au contraire l'Edit de 1689 proscrit leur prétention, article 25 : ç'auroit donc été un vain subterfuge de dire que cet Edit n'a point été enregistré au Parlement de Rouen ; car n'étant pas question d'établir une perception de nouveaux droits sur le public, seul cas où l'enregistrement est nécessaire ; & s'agissant au contraire du soulagement des peuples, & de faire jouir les mineurs en général d'une exemption de droits, odieux par eux-mêmes : les mineurs de Normandie méritoient la même faveur que ceux des autres Provinces. Ainsi il ne convenoit pas de penser que le Roi les eût exceptés de l'exemption qu'il a accordée à tous les autres. Au surplus on n'avoit pas besoin de l'Edit de 1689 pour établir cette exemption ; il suffisoit que les Receveurs des Consignations n'eussent aucuns Edits ni Déclarations qui leur attribuassent des droits sur les deniers des mineurs : ils ne pouvoient raisonnablement opposer deux ou trois Arrêts de ce Parlement, rendus au commencement du siecle, par lesquels on avoit accordé aux Receveurs, des droits de consignation sur les deniers des mineurs ; car la vérité des principes avoit repris son empire sur une erreur très-excusable en une matiere avec laquelle il étoit permis de n'être point encore familiarisé à l'époque de ces Arrêts : aussi par deux Arrêts, l'un du 17 Janvier 1746, & l'autre du 22 Avril 1758, a-t-on jugé depuis, que les deniers des mineurs n'étoient point sujets aux droits de consignation, quelque nombre d'opposants qu'il y eût sur ces deniers, & à quelque prix que les oppositions puissent monter, soit que la vente eût été volontaire ou forcée, conformément à l'Arrêt rapporté par Bérault, & précédemment cité. D'ailleurs, par rapport aux oppositions, voici les regles que l'on a toujours dû suivre pour qu'il y eût lieu à la consignation : les oppositions devoient être faites pour sommes qui excedent 100 liv., parce que, suivant plusieurs Edits & Déclarations, il n'y a que la partie du prix sur laquelle il y a opposition, qui soit sujette à consignation, & que l'on ne doit consigner que la somme excédant 100 liv.

Il falloit deux opposants au moins pour donner lieu à la consignation ; une seule opposition n'étoit pas suffisante, encore qu'elle eût été requise pour 100 liv., suivant la Déclaration du 12 Juin 1694.

Par cette Déclaration, on n'avoit que huit jours pour obtenir main-levée des oppositions, à l'effet d'éviter la consignation. Ce délai a été prorogé à quinzaine, à compter du jour de la clôture de la vente, par une Déclaration du 19 Janvier 1700 ; en voici les termes, ils sont précieux : » L'arti-
» cle IV de la Déclaration de 1694 ne
» pourroit être exécuté sans faire un
» tort considérable au public, attendu
» qu'il n'y a point de succession, quel-
» qu'ordre que les défunts eussent tenu
» dans leurs affaires pendant leur vie,
» sur les biens de laquelle il ne puisse y
» avoir quelques oppositions, soit pour
» gages de domestiques, salaires d'ou-
» vriers, fournitures de marchandises ou
» autres causes de cette nature, & qu'il
» est juste de laisser aux héritiers un temps
» compétent pour satisfaire les opposants,
» & obtenir main-levée de leurs oppo-
» sitions : nous avons jugé à propos de
» réformer, à cet égard, la disposition
» dudit article. A CES CAUSES, vou-
» lons

» lons & nous plaît que la consignation, » ordonnée par ledit article, ne puisse » avoir lieu qu'au cas que, quinzaine après » que la vente aura été achevée, il se » trouve deux oppositions subsistantes sur » le prix des meubles, & que le prix » excede la somme de 100 liv.

Il est vrai que cette Déclaration n'avoit point été enregistrée au Parlement de Rouen ; mais c'est le propre des loix sages & fondées sur l'équité de régner partout ; d'ailleurs les Receveurs des Consignations de Normandie n'avoient point de loi dérogeante à cette Déclaration.

Ils se croyoient encore autorisés de décerner leurs contraintes contre tous dépositaires de deniers : & comme un locataire ès mains duquel plusieurs créanciers du propriétaire font des saisies & arrêts, devenoit, selon eux, dépositaire & même dépositaire forcé ; il se trouvoit par conséquent dans le cas de la contrainte.

Or, c'étoit interpréter mal l'Edit de 1578. Aux termes de cet Edit, nul autre que le Receveur des Consignations ne peut, il est vrai, être dépositaire ; mais c'est lorsqu'il y a lieu à la consignation, c'est-à-dire *lorsque les deniers procedent des exécutions faites par un Sergent, sur lesquels il intervient des oppositions*. Point de saisie suivie d'exécution, par conséquent point de consignation : or, une saisie ou arrêt ès mains d'un locataire, n'est pas une exécution ; non-seulement on peut laisser les deniers en dépôt chez le Notaire, mais les créanciers peuvent les confier à qui bon leur semble, jusqu'à ce que la distribution en ait été faite entr'eux. Il est vrai qu'eux seuls peuvent convenir d'un dépositaire ; & si le séquestre étoit ordonné par justice, il ne pourroit être fait qu'aux mains du Receveur des Consignations. La raison en est simple : comme le Roi n'a créé des Receveurs des Consignations que pour la sûreté du public, & afin d'assurer aux créanciers l'objet de leurs crédites, les Juges ne doivent reconnoître d'autre dépositaire que celui qui est désigné par la loi ; mais dès que les créanciers veulent bien courir les risques de l'insolvabilité, en plaçant ailleurs les deniers de leur débiteur, personne n'y peut trouver à redire : telles étoient les raisons que l'on opposoit aux Receveurs des Consignations. Les Lettres-Patentes du 18 Juin 1769 ne laissent plus maintenant de difficulté sur tous ces points; elles portent, articles XI & XII du Titre XI : que l'article VII de la Déclaration du 21 Mars 1765 *sera exécuté suivant sa forme & teneur* ; en conséquence, *ne seront sujets* (ce sont les termes) *aux droits de consignation, ni à être consignés, les deniers appartenants à des mineurs & aux hôpitaux, les sommes qui n'excederont point trente livres, celles dues pour raison des loyers ou fermages, aux propriétaires des maisons ou fermes dont le locataire ou fermier seroit saisi & vendu, ni les deniers des marchands ou négociants tombés en faillite; & dans le cas d'opposition sur les deniers désignés ci-devant, lesdits deniers resteront aux mains du priseur-vendeur qui aura fait la vente, pour être distribués à qui par justice sera ordonné.*

2°. Il y a bien des Hautes-Justices composées, en cette Province, de démembrements de diverses Vicomtés. Par Arrêt du 19 Juillet 1748, il a été décidé que chaque Commissaire aux saisies réelles des Jurisdictions royales démembrées avoit le droit de faire les fonctions de son Office sur les héritages distraits de la Jurisdiction royale, encore que la Jurisdiction se tienne hors l'étendue du démembrement ; mais le droit de consignation appartient au Receveur dans l'étendue du ressort duquel se tient la Jurisdiction. *Voyez* sur les Consignations de dot, l'article DOT.

CONSTITUTION.

Voyez CONSIGNATION, DOT, RENTES.

CONSTITUTION DE RENTES.

Nos Rois, en se conformant aux canons & par une police très-avantageuse à leurs sujets, (*voyez* USURE), ont reprouvé unanimement depuis le commencement de la Monarchie les intérêts que l'on tiroit de l'argent prêté. On peut consulter, pour s'en convaincre, les Capitulaires, l'Ordonnance de Melun en 1211, celle de Philippe le Bel de 1311, l'Edit de Philippe de Valois en 1349, l'Ordonnance de Louis XI en 1442, celle de Louis XII en 1510, & l'Ordonnance de Blois, Article 202. Mais dès l'an 1300, la constitution de l'argent en rente commença à être tolérée en France; & d'après une Décrétale du Pape Martin X, elle y parut autorisée. En 1435, Calixte III, pour rassurer les consciences timorées qui ne plaçoient encore en rente perpétuelles leurs capitaux qu'avec répugnance, déclara qu'on pouvoit *sans pécher* constituer sur ses héritages un revenu pour une somme de deniers que le débiteur de la rente pourroit rembourser à volonté; & la France dès-lors ne balança plus à admettre les contrats portant constitution à rente rachetable à la volonté du débiteur, pourvu que celui au profit duquel la rente seroit constituée ne pût en exiger un intérêt plus fort que celui que le Roi fixeroit : or, cet intérêt a varié. Par Edit d'Henri IV, au mois de Juillet 1601, le prix de la constitution des rentes fut fixé au denier seize; au mois de Novembre 1602, il le fut au denier quatorze ; l'Edit du mois de Mars 1634, le réduisit au denier dix-huit ; en 1725, il fut porté au denier vingt ; & l'Edit du mois de Juin 1766, auquel il faut joindre la Déclaration du 17 Juillet suivant, mit l'intérêt de l'argent au denier vingt-cinq. Mais en Février 1770, le Roi avant considéré que depuis 1766, le public *préféroit de garder son argent plutôt que de le donner à un denier qui ne lui paroissoit point assez avantageux*, ce qui s'opposoit à la liberté du commerce & à la circulation des especes, rétablit le denier de la constitution des rentes au denier vingt de leur capital.

CONSULS. (JUGES)

La Jurisdiction des Juges-Consuls fut d'abord établie à Rouen, par Edit du mois de Mars 1556. En 1589, il en fut établi une à Dieppe ; en 1710, une à Caen ; en la même année, une à Vire, & en Février 1769, une à Granville, avec pareils pouvoirs & privileges portés aux Déclarations & Réglements concernant les Juges-Consuls de la Ville de Rouen. Comme les Juges-Consuls sont électifs & n'ont pas commission du Roi, on ne peut les regarder comme Juges Royaux. Leur compétence est déterminée par le titre XII de l'Ordonnance de 1673, concernant le commerce. Cette compétence n'est que de privileges, ainsi elle doit être scrupuleusement resserrée dans ses limites.

Chaque Jurisdiction est composée d'un Prieur, de quatre Consuls & d'un Procureur-Syndic qui a voix délibérative, & d'un Greffier. Dans les affaires importantes, ils peuvent se faire assister par ceux qui ont précédemment exercé leurs fonctions (1). Le Prieur ou premier Juge-Consul, doit avoir quarante ans, & les autres Consuls vingt-sept ans, à peine de nullité de leur élection : Arrêt du Conseil d'Etat du 9 Septembre 1673. Toutes

---

(1) Arrêt de la Cour, du 24 Juillet 1747.

les Sentences, actes, jugements & procédures de la Jurisdiction Consulaire, sont exempts du droit de petit-scel : Arrêt du Conseil du 26 Novembre 1697.

Par l'Edit du mois de Décembre 1701, & celui du mois de Mars 1761, il est permis aux Nobles d'extraction, excepté ceux qui sont revêtus de charges de Magistrature, de faire pour leur compte ou par commission le commerce en gros, c'est-à-dire en magasin, par balles & caisses entieres, sans déroger ni à leur noblesse, ni même aux préséances, exemptions, & privileges qui y sont attachés.

Le sieur Dekater, en vertu du premier Edit, prétendit en 1762, que comme noble, quoique Négociant, il ne pouvoit être élu Consul, sous le prétexte qu'étant en fonction, il se verroit précédé par des Consuls non nobles. Par Arrêt du Conseil d'Etat, du 18 Septembre 1762, il fut condamné à accepter le Consulat.

Le chef de chaque Jurisdiction Consulaire est exempt de logement de gens de guerre, de guet & garde durant son exercice. Par l'article XIV de l'Edit de 1556, les fonctions de Procureur-Syndic ne sont autres que celles d'un Agent préposé par son Corps pour veiller à la conservation de la Place où son Siege est établi, & poursuivre, tant devant ce Siege que dans tous autres Tribunaux, les affaires où le commerce en général est intéressé ; d'où il suit qu'il ne peut requérir de réglements, ni conclure au nom du Roi, puisqu'il n'a pas de provisions qui lui en conferent le pouvoir. D'ailleurs comment la Jurisdiction Consulaire feroit-elle des réglements ? Elle n'a pas de territoire déterminé sur lequel elle pût en maintenir l'exécution (1).

Quand on dit que cette Jurisdiction n'a pas de territoire, on ne fait qu'indiquer ce qui a été décidé par divers Arrêts, tels entr'autres que ceux des 26 Octobre 1725, 12 Février 1737, 21 Février 1738, & 14 Mai 1750, desquels il résulte que les Juges-Consuls ne connoissent des matieres de commerce, qu'entre marchands domiciliés en la Ville de leur établissement, ou quand les marchandises y ont été livrées ou vendues, ou lorsqu'on a promis d'y en faire le paiement.

Si l'une de ces trois circonstances ne se rencontre pas en une cause, les Juges ordinaires connoissent des affaires de commerce ; mais ils doivent les juger conformément aux dispositions de l'Ordonnance de 1673, c'est-à-dire sommairement, sans appointement à écrire, sans épices ; en un mot, sans que les Parties supportent autres frais ou délais, que ceux auxquels elles auroient été exposées en plaidant devant les Juges-Consuls. Ainsi elles ont droit de proposer elles-mêmes leurs moyens, sans ministere de Procureur. *Voyez* article 240 de l'Ordonnance de Blois.

Il est très-important encore d'observer que l'Edit du mois de Décembre 1684, concernant la reconnoissance des promesses ou billets sous seing privé, n'est point applicable aux causes qui doivent être décidées *consulairement*, sur de simples assignations ; les porteurs de promesses ou billets sous signature privée, peuvent obtenir condamnation contre les débiteurs, sans qu'il soit besoin de procéder à la reconnoissance de ces actes en la forme portée par l'Edit, sinon lorsque le défendeur dénie la vérité des promesses, ou soutient qu'elles sont signées d'une autre main que de la sienne ; car en ce cas les Juges-Consuls sont tenus de renvoyer les Parties devant les Juges ordinaires, pour y être procédé à la vérification des écritures contestées : Décla-

(1) Bornier, titre XII.

ration du Roi, du 15 Mai 1703. A cette prérogative, la Jurisdiction Consulaire joint l'avantage que ses Sentences sont exemptes de contrôle, quoiqu'elles portent reconnoissances d'actes faits entre marchands, relativement à leur commerce : Arrêt du Conseil d'État du 14 Octobre 1704, registré en la Cour le 29 Novembre suivant; Édit du mois d'Octobre 1705; Arrêts du Conseil des 30 Mars 1706, & 17 Octobre 1716. C'est par une suite de l'attention du Législateur à simplifier les procédures qui se font dans les Sièges Consulaires, qu'il a aussi défendu de faire assigner tous les débiteurs d'un billet solidaire, par exploits séparés, & a enjoint, sous peine de concussion & de 500 liv. d'amende, par Arrêt du 13 Juillet 1709, aux Huissiers & Sergents d'exiger, lorsqu'ils auront dans ce cas délivré plusieurs assignations, au-delà de ce qu'une seule auroit coûté.

Tous les procès & différents civils concernant les faillites, sont de la compétence des Juges-Consuls. Diverses Déclarations du Roi la leur ont attribuée à temps (1) jusqu'en 1732; mais dans le cas de quelques poursuites criminelles & extraordinaires sur les banqueroutes, les pieces du procès déposées par le failli au Greffe des Jurisdictions Consulaires, devoient être transportées au Greffe des Bailliages; les Juges des Bailliages en conséquence décernoient des compulsoires aux fins de l'apport; les Greffiers des Juges-Consuls étoient rigoureusement contraints : d'ailleurs les pieces une fois transférées au Bailliages, les Consuls se trouvoient quelquefois nécessités de redemander ces pieces, & par représailles ils usoient contre les Greffiers des Jurisdictions ordinaires, de la voie des contraintes & compulsoires. Sur le requisitoire de M. le Procureur-Général du Parlement de cette Province, pour arrêter ces réciprocités scandaleuses, le 4 Mai 1750, il fut rendu Arrêt, toutes les Chambres assemblées, par lequel il fut ordonné que lorsqu'il écherroit de faire porter au Greffe des Bailliages les écritures & bilans des faillis, déposés en la Jurisdiction Consulaire, les Juges des Bailliages ne décerneroient ni compulsoires, ni contraintes; mais que sur la requête de la Partie poursuivante, les Consuls eux-mêmes ordonneroient l'apport des pieces, & feroient injonction convenable à leur Greffier; que de même lorsque les Juges-Consuls auroient besoin de pieces déposées au Greffe des Bailliages, ils rendroient Sentence, d'après laquelle, sur requête de Partie, les Juges des Bailliages ordonneroient le transport des pieces au Greffe de la Jurisdiction Consulaire. Cette Jurisdiction a d'autant plus de motifs à exiger, que lors même que les poursuites criminelles ont nécessité le dépôt des pieces des faillis aux Greffes des Jurisdictions ordinaires, ces pieces soient reportées en leur Greffe, que c'est devant eux que se fait la distribution des deniers provenants de la vente des effets du failli, suivant l'Arrêt de la Cour du 6 Mai 1761, par lequel il est dit que dans cette distribution, les Articles 97 & 593 de la Coutume seront observés; c'est-à-dire qu'aucuns créanciers, tant privilégiés, qu'hypothécaires & chirographaires, ne pourront se faire payer qu'après qu'ils auront été colloqués suivant le dégré de préférence & l'ordre de priorité d'hypotheque de leur crédite.

Un Arrêt contradictoire du Parlement, en date du 16 Juillet 1765, est encore plus précis sur ce point : il déclare la Ju-

---

(1) Un Arrêt de la Cour du 16 Mars 1758, l'a réservée aux Consuls de Vire; & un autre du 17 Mars 1763, l'a déférée aux Juges-Consuls de Rouen, quoique le Parlement de Paris en fût saisi.

risdiction Consulaire compétente pour connoître, 1°. de toutes tenues d'état de deniers mobiliers provenus de la vente des meubles de ceux qui sont en faillite, encore que dans ces états il s'y trouve des créanciers qui ne soient pas marchands, ou dont les créances proviennent de toutes autres causes que du fait du commerce. 2°. Il juge cette Jurisdiction compétente pour connoître des faillites & banqueroutes, & de l'homologation des contrats d'atermoiement entre ceux qui sont en faillite & leurs créanciers. Le Procureur du Roi du Bailliage de Rouen se pourvut en cassation contre cet Arrêt ; il prétendit que les créanciers devoient être renvoyés aux Juges ordinaires. En cela il paroissoit fondé sur la Jurisprudence du Parlement de Paris. Mais il fut débouté de sa demande, par Arrêt du Conseil d'Etat Privé, le 2 Avril 1770.

Quand on a dit plus haut, que si des créanciers du failli prennent la voie extraordinaire, ils doivent donner leur plainte devant le Juge du failli ; par ce Juge, on doit entendre celui de son domicile, ou celui du lieu où la marchandise a été vendue & livrée, ou le Juge du lieu auquel le paiement a été promis faire. C'est ce qui fut agité dans l'espece suivante, en 1761.

Une femme Leroux, marchande à Charleval, faisoit commerce avec des Négociants de Rouen : n'étant pas payés, ils obtinrent Sentence en la Jurisdiction Consulaire de Rouen, en vertu de billets qui y étoient payables, en un domicile élu, ou parce qu'ils avoient livré à Rouen leurs marchandises ; la femme Leroux fit faillite, elle déposa son état au Greffe du Bailliage de Charleval.

Les créanciers obtinrent Arrêt sur requête, par lequel la Cour évoqua l'instance du dépôt du bilan, & la renvoya, circonstances & dépendances, aux Juges-Consuls de Rouen, pour y procéder suivant les derniers errements jusqu'à jugement définitif inclusivement, sauf l'appel en la Cour ; & en conséquence il fut enjoint à la femme Leroux de déposer ses livres au Greffe de la Jurisdiction desdits Consuls, à faute de quoi il seroit procédé contr'elle aux termes de l'Ordonnance.

La femme Leroux n'ayant point fait le dépôt, & les créanciers l'ayant poursuivie comme banqueroutiere frauduleuse ; ceux-ci donnerent leur plainte au Lieutenant-Criminel du Bailliage de Rouen, comme d'un délit mixte : ils y obtinrent un décret de prise-de-corps. Sur l'appel de la Leroux, la Cour, par Arrêt du 16 Juin 1761, cassa le décret, tout ce qui l'avoit précédé & suivi, sauf aux Parties à se pourvoir au Bailliage de Charleval.

Les Juges-Consuls, pour ce qui est des matieres de leur compétence, jugent en dernier ressort jusqu'à la somme de 500 liv. dans tout le Royaume, excepté en Normandie, où ils ne jugent que jusqu'à 250 liv. ; parce que la Cour n'a enregistré l'Edit qu'avec cette modification. Elle a assimilé leur droit de juger souverainement, à celui des Présidiaux ; aussi le droit de dernier ressort des deux Jurisdictions est-il resserré dans les mêmes bornes. Car quand on dit qu'elles peuvent condamner jusqu'à 250 liv., cela doit s'entendre en ce sens, que leurs Sentences ne doivent pas exposer le condamné à perdre plus de 250 liv. En effet, si par une condamnation de 250 liv. on exposoit un Négociant à payer à d'autres qu'au demandeur, par une suite de ses moyens que le Siege Consulaire adopteroit, des sommes beaucoup plus fortes ; l'appel seroit recevable, comme il le seroit dans le cas où un homme qui se défendroit devant un Présidial de la qualité d'héritier, se trouveroit exposé à le devenir, par une condamnation qu'il éprouveroit à un paiement inférieur à 250 liv.

Il y a plus : fi la demande étoit formée devant les Juges-Consuls d'une somme plus forte que celle de 250 liv., & que dans le cours de l'instruction le demandeur, comme par grace, restreignît sa demande à cette somme, la Sentence ne seroit pas pour cela à l'abri de l'appel ; car s'il en étoit autrement, il dépendroit de tout demandeur de se donner un Juge souverain, ou un Juge dont les Sentences pourroient être réformées, & à ce moyen de jetter des doutes déshonorants sur la probité de son prétendu débiteur.

En un mot, les Juges-Consuls sont compétents des lettres de change sans exception, des billets de change, & en nombre de cas, de toutes les opérations mercantiles entre marchands ; mais les questions d'état, de crime, de droit public leur sont absolument interdites ; ils ne peuvent les retenir sous prétexte de litispendance, connexité, incident, intervention : de là l'Ordonnance de 1667, art. 10, veut que les Juges-Consuls fassent mention dans leurs Sentences des déclinatoires qui leur sont proposés ; & de là aussi pour prévenir que ces déclinatoires ne soient impunément méprisés, on doit s'en tenir strictement à deux regles. La premiere, que l'appel comme d'incompétence des Sentences Consulaires soit admis, dès qu'il y a dans les causes qu'elles ont décidées, des objets qui n'étoient pas de la compétence des Juges-Consuls ; parce qu'il n'est pas en la liberté des Parties de donner à des Juges le pouvoir de prononcer sur des matieres à l'égard desquelles le Souverain ne leur a pas confié son autorité. Et la deuxieme, que lorsque les Parties consentent la prorogation de Jurisdiction, elles signent sur le plumitif, suivant l'Arrêt de Réglement de la Cour du 18 Juin 1769.

Les Juges-Consuls ne peuvent donner un Mandement de défenses contre un Juge Haut-Justicier ; mais ils peuvent signifier des défenses aux parties de plaider en autre Tribunal que dans celui de leur Jurisdiction : Arrêt du 10 Août 1759.

CONTEUR.

Ceux qui, comme dit l'ancien Coutumier, c. 63, *parlent & content pour aultruy* s'appelloient *conteurs*, ils ne pouvoient être désavoués par ceux dont ils avoient à défendre ou à soutenir la cause dès que ces derniers les avoient garantis ; mais cette garantie n'étoit due au *conteur* qu'après son plaidoyer : car suivant la remarque de Rouillé, fol. 85. *aucun sage home ne doit garantir les choses qui sont à dire, ains celles qui sont dictes se il voit que ce soit bien.*

CONTRAINTE PAR CORPS.

1°. Les propriétaires des biens de campagne peuvent stipuler dans les baux la contrainte par corps ; mais elle n'a point lieu sans stipulation expresse. Cette contrainte ne s'étend point du locataire décédé à ses héritiers ; on ne peut exiger d'eux qu'une caution pour les termes à échoir du bail : Arrêt du 28 Juillet 1722.

2°. On ne peut faire obliger quelqu'un, quoique marchand, au paiement & par corps pour grains, fourrages & autres denrées que l'acheteur emploie à ses propres besoins, & qu'il ne revend pas : Arrêt du 7 Août 1736.

3°. En matiere de petit criminel les dépens adjugés pour valoir d'intérêts sont exigibles par corps, sans qu'il soit besoin que le jugement en fasse mention, & même lorsque la condamnation seroit prononcée contre une fille, Arrêt du 4 Février 1755.

CONTRAT.

Cette expression s'applique à tous les actes par lesquels les hommes s'obligent les uns envers les autres. De là, il est sensible qu'il y a peu d'articles de ce Dictionnaire qui n'aient pour objet ou ce qui fait la matiere des différents contrats, ou les formalités particulieres qui les rendent valables, ou les causes qui en operent la résolution, ou l'étendue de leurs effets, ou la maniere de les mettre à exécution, &c. &c. Mais il y a des formes établies par notre Coutume pour tous les contrats en général qui y sont passés; formes qu'il est essentiel de connoître, afin qu'on ne leur substitue point celles qui sont adoptées par le droit public du Royaume. Et en même temps notre Parlement ne suivant point à l'égard de certains contrats la Jurisprudence des autres Cours, les motifs de ses Arrêts méritent d'être développés.

1°. Suivant l'Article 527, de notre Coutume, *nul n'est tenu attendre preuve de son héritage par témoins, mais doivent tous contrats héréditaires & hypothécaires être passés devant Notaires, ou pour le moins sous seing privé des contractants.* — Néanmoins, *si contrat en a été passé, ou le seing privé a été reconnu devant Tabellions, & que les registres ne s'en puissent recouvrer, celui qui l'a perdu doit être reçu à faire preuve par témoins que ledit contrat avec la reconnoissance ont été vus, tenus & lus, & le contenu en iceux, & qu'il y ait eu possession suivant le contrat:* Art. 528. — *Dans le cas où l'un des contractants a perdu la grosse de son contrat ou Sentence, il peut se faire autoriser par Justice d'en lever un extrait sur la minute étant aux mains des Greffiers, Notaires & Tabellions, l'obligé présent ou duement appellé, lequel contrat a même effet & hypotheque que la grosse:* Art. 119 des Placités. Enfin l'Article 129. de ce Réglement de 1666, veut que *le contrat qui étoit exécutoire contre un défunt, le soit aussi contre l'héritier, tant sur ses biens que sur ceux de la succession, sans qu'il soit besoin d'agir contre lui pour faire déclarer ledit contrat exécutoire;* & suivant l'Art. 135, *les contrats passés hors Normandie ont hypotheque sur les immeubles normands quand même ils ne seroient pas contrôlés.*

2°. A ces dispositions on doit joindre les maximes suivantes.

Quand il s'agit de fraude commise par l'un des contractants, & que cette fraude tend à anéantir l'acte, la preuve en est admissible: c'est ce qui fut jugé le 2 Août 1613, entre le nommé Piénouvel & l'Abbé Prêtre. L'Abbé Prêtre, acquéreur de Martin Labbé, dont on décrétoit les biens, ayant offert prouver que l'obligation en vertu de laquelle on poursuivoit le décret de son acquisition, avoit été rendue comme quitte à son vendeur, lequel ensuite avoit eu la mauvaise foi de la remettre au créancier pour lui donner lieu à déposséder lui le Prêtre des fonds qu'il avoit acquis, sa preuve fut admise.

L'Acte fut-il passé devant Notaires, la décision seroit la même; car la preuve que les Ordonnances interdisent est celle de ce qui est dit, *lors, avant & depuis les actes,* de contraire à ce que ces actes contiennent; elles n'interdisent donc pas la preuve des faits qui ont été dissimulés aux Notaires, ou des manœuvres pratiquées par les parties pour en cacher le véritable but: Arrêts des 20 Mars 1607, & 13 Juin 1611, cités par Godefroy, Article 527.

3°. Les Juges ne peuvent ordonner le dépôt en leurs Greffes des contrats, obligations, cessions, transports, échanges, constitutions de rentes, lots & partages, contrats de mariage, ni permettre aux Greffiers de les recevoir & garder pour minutes, ou d'en délivrer des grosses & expéditions, sous peine de nullité des actes, & de 500 liv. d'amende. Les reconnoissances de ces actes étant réservées aux Notaires, par l'Edit du mois de Mai 1686, les Juges peuvent bien accorder acte de ces reconnoiffances ; mais ils font tenus de renvoyer les parties aux Notaires pour en paffer contrat.

4°. Tous contrats doivent être paffés devant Notaires âgés de vingt-cinq ans ; ces Notaires ne peuvent inftrumenter que dans leur diftrict, ils doivent ténir regiftre des actes qu'ils dreffent, en faire lecture aux parties en préfence de deux témoins, & les leur faire foufcrire.

5°. Si les parties font convenues de paffer le contrat devant Notaires, il n'eft point parfait, tant qu'il n'eft pas figné des parties, des témoins & du Notaire, & chacune des parties eft libre de rétracter fes promeffes ; parce qu'il eft de droit préfumable qu'elles ont voulu conferver leur liberté jufqu'à ce que leurs conventions fuffent irrévocablement arrêtées.

6°. Tous contrats paffés chez l'étranger n'ont d'hypotheque en France que du jour qu'ils y ont été authentiquement reconnus.

7°. Un contrat n'eft pas une œuvre fervile quand il ne contient point de conventions relatives au commerce ou à quelques entreprifes dont le gain eft le feul objet. Tous ceux donc qui ne tendent qu'à tranfiger fur des intérêts litigieux, ou à donner à un créancier des fûretés, ou à procurer la paix & la tranquillité à une famille, ou à conferver une propriété, ou à réparer une ufurpation, peuvent être valablement paffés les Dimanches & Fêtes ; cette validité ne contredit pas les principes par lefquels dans le for intérieur les parties y font jugées comme criminelles, quand fans courir les rifques de manquer un arrangement de réconciliation ou autre femblable, elles paffent aux jours de Fêtes des actes dont elles auroient pu fans inconvénient différer la rédaction.

8°. Le contrat de mariage eft celui de tous les contrats qui mérite le plus d'attention : on trouvera, articles DÉDIT, DONATION, DOT, DOUAIRE, PARAPHERNAUX, RÉSERVE, &c. quelles font les ftipulations qui peuvent ou doivent y être faites : je me contenterai de faire comprendre ici le danger qu'il y a à ne les rédiger que fous feing.

La dame Lefculier après la mort de fon époux, repréfenta à fes héritiers un contrat de mariage daté du 23 Septembre 1758, figné feulement d'elle & de fon mari. Celui-ci y reconnoiffoit avoir reçu en dot de fa femme 18000 liv. tant en effets, meubles, qu'argenteries. En cas d'enfants, le don mobil devoit être de 6000 liv. & la dot étoit en ce même cas confignée & conftituée pour le capital de 12000 liv. En cas de mort de la femme fans enfants, les 18000 liv. étoient en intégrité pour le don mobil ; & fi le mari prédécédoit, les 18000 liv. étoient confignées & conftituées pour dot, outre cela il étoit accordé à la femme des remports confidérables.

Les héritiers du fieur Lefculier, à la vue de cet acte au moyen duquel la veuve auroit abforbé une portion confidérable de la fortune de leur défunt parent, ne purent s'en diffimuler la nullité ; ils foutinrent qu'il ne pouvoit avoir aucun effet, la date n'en étant point affurée, aucuns parents n'y ayant foufcrit, & ne paroiffant point qu'il eût été fait double. Mais par Sentence du Bailliage de Rouen, du 18 Mai 1768, *fans avoir égard aux nullités propofées, le contrat de mariage fut déclaré reconnu & exécutoire, avec dépens.* Les héritiers fe porterent appellants de ce jugement. Ils expoferent en la Cour que les contrats de mariage font les actes les plus facrés & les plus férieux de tous ceux qui fe paffent dans l'ordre de

la

la société (1): ils font la loi non-seulement des deux conjoints, mais encore celle des deux familles. Après le mariage, il ne doit donc pas dépendre de la volonté des contractants de changer leurs conventions au gré de leurs desirs, à la différence des autres contrats dont les contractants sont maîtres de changer ou de modifier les conventions, de leur consentement mutuel.

C'est par la raison de l'importance du contrat de mariage, & pour empêcher qu'on ne donne atteinte aux clauses qu'il renferme, que, suivant l'usage général du Royaume cette sorte de contrats doit être passée devant Notaires. Il est vrai que par l'usage particulier de cette Province, usage qu'attestent l'Article 527 de notre Coutume, & l'Article 70 des Placités, les contrats de mariage sous seing sont autorisés ; mais s'il est de la sagesse des Magistrats de maintenir ce privilege, il est de leur devoir d'écarter soigneusement les abus qu'on en peut faire.

En nous laissant la liberté de passer sous seing privé nos contrats de mariage, ils n'ont point entendu laisser aux conjoints la liberté de changer les conventions de ces contrats dans toute la durée des mariages.

L'exécution du contrat de mariage doit être inviolable, il contient une loi, qui de l'instant où les parties se la sont imposées ne peut plus être retractée.

S'il en étoit autrement, un mari cédant à un instant d'humeur anéantiroit les droits de sa femme. Une femme adroite & artificieuse détermineroit son époux à substituer à des droits médiocres qu'il lui auroit accordés, des remports excessifs qui dépouilleroient de sa succession ses héritiers ou ses enfants ; de là s'ensuivroit l'inutilité des dispositions précieuses de l'Art. 410 de notre Coutume, qui defend aux gens *mariés de se transporter l'un à l'autre quelque chose que ce soit directement, ou indirectement.* De là, sans qu'il apparût de contrat authentique des aliénations faites par le mari du bien de sa femme, il pourroit lui transporter tout son bien en simulant la recette d'une dot qu'il n'auroit pas touchée, & l'Article 411 de la Coutume deviendroit illusoire. C'est ce qui a été prévu par notre loi municipale, quand elle a dit, Article 388, que si *les accords sont portés par écrit, nul ne sera tenu à faire preuve contre, & toutes contre-lettres faites au déçu des parents présents au mariage, & qui l'ont signé, seront nulles* ; car de ce texte on est forcé d'inférer que les *accords de mariage* doivent être concertés avec les parents : que c'est par leur présence & par leur signature que la date en est assurée, & qu'enfin les contrats de mariage sous seing n'ont d'authenticité, quand ils ne sont pas notariés, qu'autant que la rédaction en est faite sous les yeux des familles des deux conjoints ; & c'est ce qu'on voit confirmé par la Jurisprudence des Arrêts, & le sentiment des Commentateurs. Basnage en rapporte un du 5 Juillet 1677, sur l'Article 410, qui juge que pour faire valoir la quittance du mari sur un contrat où les parents n'ont pas signé, il faut que ce contrat ait été reconnu avant le mariage ; & il observe *que s'il étoit signé des parents, quoiqu'il fût sous signature privée, il faudroit y ajouter foi.*

Voilà donc nos principes clairement exposés : un contrat de mariage sous seing est valable en Normandie, si sa date est assurée par la présence des parents.

Mais si le contrat est fait entre deux majeurs hors cette présence, alors il doit être déposé avant la célébration du mariage, autrement toutes les clauses extraordinaires qui y sont insérées n'ont aucun effet.

---

(1) Extrait d'un Mémoire de M. Moulin, qui écrivoit dans l'affaire.

C'est ce qui a été confirmé par l'Arrêt du 9 Septembre 1629, rapporté par Basnage sur l'Article 388. Dans l'espece de cet Arrêt, le Président Dutronc & la demoiselle de Bapaume son épouse, avoient seuls fait & signé leur contrat de mariage, il portoit une donation en faveur de l'époux, & il en fut débouté : M. Dutronc se pourvut par Requête civile contre cette décision de la Cour, & obtint évocation au Parlement de Paris, où il éprouva le même jugement. La dame Lesculier repliquoit, en citant plusieurs Arrêts, qui ont confirmé des dons mobils faits par contrats de mariage reconnus après le mariage célébré ; Basnage en rapporte trois sur l'Article 410. Mais lors de ces Arrêts, on étoit dans l'opinion que les dons mobils étoient même dus sans stipulation : & d'ailleurs comme le remarque Basnage, la donation faite au mari du tiers des biens de la femme ne peut être suspecte, elle est ordinaire dans les contrats Normands, & conforme à la Coutume. Les dons faits par l'époux à la femme n'étant pas au contraire autorisés par la Coutume, on les considere comme avantages indirects, quand ils ne sont point portés en un acte authentique. La dame Lesculier citoit encore un Arrêt du 18 Mars 1728 rendu en faveur des héritiers du sieur de Barneville, par lequel on leur accorda don mobil : quoique le contrat de mariage, en vertu duquel ils le demandoient fut sous seing ; mais indépendamment de la faveur du don fait au mari, il y avoit cela de particulier en la cause, que l'héritier de la femme avoit reconnu la date du contrat, antérieure au mariage, véritable. Enfin le 17 Juin 1689, disoit la dame Lesculier, on donna effet aux droits stipulés en faveur de la veuve Martin, par son contrat de mariage qui n'étoit pas notarié ; mais les parents de cette femme y avoient signé, & ceux du mari,

reconnoissoient tellement qu'il avoit précédé le mariage qu'ils avoient transigé avec la veuve, & par là avoient réparé les vices du contrat. Ainsi les autorités opposées aux appellants, en formant exception aux maximes qu'ils invoquoient, ne faisoient que rendre ces maximes plus respectables ; aussi furent-elles confirmées : par Arrêt du 27 Juillet 1769, le contrat de mariage fut déclaré nul.

Il faut cependant se donner de garde de conclure de cet Arrêt, que tout contrat de mariage sous seing est privé d'effet, & n'a point d'hypotheque ; car lorsque la date en est assurée par le décès de quelqu'une des parties qui l'ont signé, son hypotheque est incontestable, c'est l'espece de l'Arrêt du 4 Juillet 1686 que Basnage cite sur l'Article 527.

D'ailleurs, cet Arrêt est conforme à l'Article 136 des Placités, *toute obligation a hypotheque du jour du décès de l'obligé, quoiqu'elle ne soit ni reconnue, ni contrôlée.*

Ainsi une veuve ayant un contrat de mariage sous seing, concourt avec les créanciers chirographaires de son époux, puisque ce n'est que du jour du décès de ce dernier que son contrat a hypotheque.

Il a cependant été jugé par Arrêt du 21 Août 1744, qu'une veuve de marchand, quoiqu'elle n'eût qu'un contrat de mariage sous seing, préféreroit les créanciers de son mari ; mais les motifs de cet Arrêt furent, que les marchands n'avoient pas d'obligations ; ils n'avoient que de simples notes sur leurs livres en vertu desquelles ils avoient obtenu des condamnations, postérieurement à la renonciation de la veuve, & même à une Sentence qu'elle avoit fait rendre contre les héritiers du défunt : l'hypotheque des créanciers ne partoit donc que du jour de leur demande judiciaire, & non du jour du décès, puisque l'Article 136 n'est applicable qu'au créancier qui est muni d'obligation.

Telles sont nos maximes à l'égard des contrats de mariage.

Quant aux contrats de vente, il est de droit général & commun en France, que la garantie de fait n'est pas due, à moins que dans le contrat elle ne soit spécialement promise par le vendeur : nous n'avons aucune loi positive en cette Province qui puisse servir à appuyer la maxime contraire à ce qui se pratique dans tout le Royaume ; cependant, suivant le sentiment de Basnage & de Pesnelle, sur l'Article 40 de notre Coutume, *la garantie de fait & de droit a toujours lieu en Normandie.* Voyez GARANTIE, VENTE.

Sous les mots FEMME, & TIERS COUTUMIER, il sera traité des contrats que les enfants peuvent valablement faire pendant la vie de leur pere de leur légitime, & de la forme de ceux permis aux épouses civilement séparées.

CONTREDITS.

Voyez TUTELE.

CONTRE-LETTRE.

Il s'est élevé, & il s'élève encore quelquefois des contestations au sujet des actes qui tendent à restreindre ou détruire les stipulations portées aux contrats de mariage : sur les deux espèces suivantes sont intervenus Arrêts, à la lumiere desquels on peut se former des idées exactes des intentions de la Cour à l'égard des *contre-lettres*.

Le sieur Thomas Duval avoit deux filles d'un premier mariage ; étant veuf, il maria l'aînée à Pierre Dugas.

Par le traité de mariage dressé le 16 Mai 1707, il promit en dot à sa fille 2500 liv. outre ses habillements. Il fut stipulé que Dugas auroit *le tiers de cette somme en don mobil après la mort de sa femme, dans le cas seulement où il n'y auroit point d'enfants.*

Au bas du contrat, Dugas écrivit trois reçus, le premier de 1000 liv. du 8 Juin 1707 ; le deuxième de 600 liv., & le troisième de 900 liv. furent datés des 4 Juillet & 30 Octobre suivants : ainsi Duval pere paroissoit quitte des 2500 liv. par lui promises.

Ledit jour 30 Octobre, le beau-pere & le gendre firent un acte, par lequel Duval déclara, que, *quoique Dugas eut reconnu avoir reçu de lui 2500 liv. pour le montant des promesses de mariage faites à sa femme, la vérité étoit qu'il n'avoit reçu que 1000 liv., somme sur laquelle seulement ledit* Dugas *devoir avoir don mobil, le surplus montant à 1500 liv., n'ayant été employé au contrat que pour honorer son épouse.*

Madeleine Duval, femme de Dugas, étant décédée, celui-ci se remaria ; Louise sa fille devenue majeure, demanda à son pere la représentation de son contrat de mariage, & en 1742, elle exigea les deux tiers de 2500 liv. de dot y stipulées ; le pere produisit alors la contre-lettre, Louise Dugas mit en cause Jacques Duval son oncle, fils & héritier sorti d'un second mariage de Thomas Duval, avec lequel Dugas avoit fait la contre-lettre, & conclut contre lui à la nullité de cet acte, & à ce qu'il payât les 1500 liv. qui restoient dues des promesses faites à Madeleine Duval : Sentence intervint qui dit à bonne cause l'action de la demoiselle Dugas, & condamna le sieur Duval à lui payer les 1500 liv. avec intérêts.

Celui-ci se porta appellant de la Sentence.

Pour la Demoiselle Dugas, son pere en cause, on disoit que toute contre-lettre dérogeant à un contrat de mariage est nulle, suivant l'Article 388 de la Coutume, lorsqu'elle étoit faite au *déçu des parents présents au mariage, & qui y ont signé*, article qui n'est que la répétition de cette maxime de notre ancien Coutumier : *ce qui est promis par mariage doit être fermement entretenu, & c'est proprement contre-lettre quand tout le contenu du contrat de mariage n'a été payé, & quand le mari a baillé acquit sans en être payé, soit avant, soit depuis le mariage* ; car étant constant *en fait* que 1500 liv. faisant partie de la dot de Madeleine Duval n'avoient point été payées suivant la contre-lettre, il s'ensuivoit *en droit* que le sieur Duval pere étoit resté débiteur de ce capital, puisqu'il n'avoit pu s'en libérer qu'en y faisant renoncer son gendre, une pareille renonciation étant incapable de détruire un contrat de mariage dont les conventions sont sous la protection de la loi. D'ailleurs les précautions prises par Duval pere, d'exiger de son gendre une renonciation à ce qui lui avoit été promis par contrat de mariage, est précisément l'acte que la loi réprouve, dont notre Coutume prononce la nullité : or, s'il est vrai qu'une pareille renonciation ne peut dispenser le mari ou ses héritiers de tenir compte à sa femme ou à ses enfants de la dot portée au contrat de mariage, il seroit inouï de la faire valoir au profit du beau-pere qui l'auroit extorquée, & qu'il trouvât sa libération dans l'acte même qui prouveroit le non-paiement de la dette.

A ceci, Jacques Duval répondit que la demande originaire de la demoiselle Dugas avoit été formée contre le sieur Dugas son pere ; que c'étoit contre lui qu'elle avoit d'abord conclu le paiement des deux tiers de la dot de sa mere, constituée au capital de 2500 liv. par le contrat de mariage ; que cette demande étoit juste, puisque le sieur Dugas avoit reconnu avoir touché cette somme, & que par son second mariage il étoit tenu à en restituer les deux tiers ; mais que le sieur Dugas ne pouvoit exiger personnellement 1500 liv. sur les 2500 liv., puisqu'il avoit reconnu avoir reçu cette derniere somme, parce que le titre dont il voudroit se servir pour établir qu'il n'auroit touché que 1000 liv. établiroit en même temps qu'il ne lui avoit pas été promis davantage : d'ailleurs en rejettant ce titre comme prohibé par la loi en ce qu'il auroit diminué la somme à lui promise pour dot de sa femme, il ne pourroit s'en servir pour anéantir les quittances par lui données de cette dot au pied de son contrat de mariage.

Mais si le sieur Dugas ne peut, en divisant le titre de sa demande, obtenir aucune condamnation contre l'héritier du sieur Duval son beau-pere, pourquoi la demoiselle Dugas auroit-elle plus d'avantage ? On sait que la loi la favorise, qu'à son égard la contre-lettre ne peut diminuer la dot de sa mere, mais ce n'est pas aux Duval qu'elle auroit dû s'adresser. Ce n'est pas Duval son aïeul maternel, qui a reconnu avoir reçu les 2500 liv. en dot, & qui a donné ouverture à la répétition de cette dot ; c'est le sieur Dugas qui a passé cette reconnoissance, c'est donc sur lui que l'effet en doit retomber ; le premier Juge a conséquemment mal prononcé en condamnant Jacques Duval, elle ne peut exercer contre celui-ci une condamnation que le sieur Dugas son pere auroit été lui-même non-recevable à solliciter.

La contre-lettre est un acte réprouvé, mais les quittances données par le sieur Dugas ne le sont pas : sans avoir égard à la contre-lettre, ni à toutes ses énonciations, aux termes de ses quittances le sieur Dugas est donc le seul débiteur de la dot de son épouse envers sa fille.

En un mot les promesses de mariage sont sinceres, aucune loi ne les annulle ; il en est de même des trois quittances de ces promesses : elles operent donc évidemment la décharge du sieur Duval, & il seroit absurde qu'une contre-lettre dont toutes les parties avouent la nullité, eût la force d'annuller, & les quittances, & le contrat de mariage qui ont aux yeux de la loi tous les caracteres de sincérité & d'exactitude.

Ces raisons (1) triompherent, & par Arrêt du 1er. Juillet 1748 en la IIe. des Enquêtes, au rapport de M. d'Hatanville, l'appellation & ce dont étoit appel fut mis au néant ; Jacques Duval fut déchargé des condamnations prononcées contre lui, & il eut les dépens.

En 1765, il se présenta une cause moins intéressante que la précédente, mais qui confirme de plus en plus les principes.

HERVÉ LEBARBIER, avoit épousé,

En premieres noces,

MARIE-ANNE POUCHIN, de laquelle sortit :

MADELEINE, épouse d'ADRIEN HAVERON, qui eurent :

MONIQUE, épouse du sieur PORÉE.   MADELEINE.

En secondes noces,

MARIE-MADELEINE DEBENOÎT, de laquelle il eut :

GABRIEL-LOUIS, époux de MARIE ISABEL, d'où étoit issu :   Deux autres garçons.

ADRIEN-LOUIS, de la succession duquel il s'agissoit.

Cette succession d'Adrien-Louis le Barbier s'ouvrit dès 1758 : les demoiselles Haveron se trouverent seules héritieres à ses propres paternels le Barbier. M. de Pommereuil représentant la ligne de Madeleine Debenoît étoit héritier aux propres maternels, & un sieur Isabel, héritier aux meubles.

Le sieur Isabel réclama la dot de la mere du défunt, & requit inventaire.

Les demoiselles Haveron demanderent communication de cet inventaire, arrêterent les deniers de la vente des meubles pour sûreté du remplacement des propres, & conclurent à être envoyées en possession des propres paternels, au nombre desquels elles comprenoient le tiers des biens dont elles prétendoient avoir été fait don mobil à Hervé le Barbier par la demoiselle Debenoît sa seconde femme, en son contrat de mariage du 26 Octobre 1697. Ce contrat portoit en effet que le futur époux *auroit pour don mobil ce que la Coutume & les Réglements lui donnent & permettent d'avoir.* Le sieur Isabel consentit la demande, mais il falloit la faire juger avec les représentants de la ligne Debenoît, & M. de Pommereuil fut mis en cause en vertu de Sentence du 28 Juillet 1759 ; alors il produisit une contre-lettre par laquelle le même jour du contrat de mariage, Hervé le Barbier, Marie-Madeleine Debenoît & sa mere avoient reconnu, que malgré la stipulation dudit contrat, la vérité étoit qu'ils étoient convenus que *le don mobil ne viendroit au profit d'icelui Hervé le Barbier, qu'au cas où sa femme décéde-*

---

(1) Le Mémoire d'où elles sont extraites, est de Me. Moulin.

roit avant lui sans enfants de leur mariage.

Les demoiselles Haveron arguérent cet acte de nullité, il n'avoit pas été signé des mêmes personnes qui avoient souscrit le contrat de mariage, sa date n'étoit pas assurée, il pouvoit être postérieur au mariage. Par Sentence du Bailliage du Pont-l'Evêque, du 13 Juillet 1765, les demoiselles Haveron obtinrent le don mobil. Le sieur de Pommereuil s'en porta appellant. Il soutint que les contre-lettres n'étoient pas proscrites par l'Article 388, quand elles étoient faites *au su des parents présents* au mariage; que la mere de Madeleine Debenoît étoit la seule parente qui eût signé au contrat; qu'à la vérité deux amis y avoient aussi souscrit, mais qu'ils n'étoient pas du nombre des *parents* auxquels seuls la Coutume exigeoit que la contre-lettre fût connue pour être valable.

Pour les demoiselles Haveron, il fut repliqué, qu'il n'y a point de distinction à faire entre l'Article 386 de la Coutume où elle se sert du terme de *parents & amis*, & l'Article 388 où il n'est question que de *parents présents au mariage*. Que Godefroy en commentant ces termes *au déçu des parents*, dit que la Coutume réprouve les *contre-lettres faites au déçu & en l'absence des amis* : d'où il suit que *parents* & *amis* dans le cas des articles de la Coutume précités sont synonymes. D'ailleurs, quand bien même les deux amis qui avoient signé le contrat de mariage d'Hervé le Barbier auroient signé la contre-lettre, elle n'en seroit pas moins nulle pour cela, l'esprit de la loi ne seroit point rempli; l'Article 388 qui requiert la présence des *parents* à la rédaction de la contre-lettre, n'a pas certainement entendu qu'un seul parent d'un côté fût suffisant pour assurer le sort d'une contre-lettre destructive d'une clause de contrat de mariage qu'il auroit intérêt de supprimer : son intention a donc été, ainsi que Basnage l'a pensé, que ce fussent les parents de celui qui seroit lézé par la contre-lettre qui y fussent présents, parce qu'étant faite en leur présence, de leur consentement, ils ne pourroient pas la regarder comme clandestine & frauduleuse. Or, la contre-lettre dont il s'agit n'a été souscrite par aucuns parents du mari qui y étoit lézé; elle ne peut donc être opposée à ses héritiers. D'ailleurs les conventions portées par contrat de mariage sont sacrées, une fois le mariage contracté, ses conditions sont irrévocables : or, que deviendroit cette loi si on admettoit des contre-lettres sous seing privé ? Les contrats intéressent plus les familles que les conjoints ; le sort des familles seroit donc perpétuellement incertain, les conjoints pourroient en disposer à leur gré. La Cour par Arrêt du 1er. Août 1768 mit l'appellation au néant.

De la combinaison des motifs sur lesquels furent rendus les deux Arrêts qui viennent d'être rapportés, il suit donc que toute contre-lettre destructive des clauses d'un contrat de mariage sont réprouvées lorsque tous les parents qui y ont assisté, & que la contre-lettre préjudicie, ne les ont pas signées à l'instant même du contrat; de là le 9 Juillet 1637 une contre-lettre donnée par le fils au pere, par laquelle ce fils faisoit remise à son pere de partie des promesses qu'il lui avoit faites pour faciliter son établissement, fut proscrite, parce qu'elle avoit été donnée arriere de la femme & de ses parents, & qu'elle leur étoit nuisible. Pareil Arrêt fut rendu le 16 Novembre 1648. Cependant si par la contre-lettre la femme ni les enfants n'étoient point lézés en leurs droits, elle auroit son effet à l'égard du fils : c'est l'espece de l'Arrêt du 15 Juillet 1659, rapporté par Basnage, & de celui du 21 Mars

1666. Auſſi les enfants d'un pere qui avoit fait une contre-lettre quoiqu'héritiers de leur pere, furent-ils admis à la conteſter, par Arrêt du 23 Avril 1663, parce qu'elle tendoit à les priver de droits que le contrat de mariage leur avoit aſſurés.

CONTREMANS.

Eſpece d'*Exoïne*. Nos anciennes loix faiſoient entre l'*Exoïne* & le *Contremans* cette diſtinction, que la premiere étoit fondée ſur les infirmités ou les accidents éprouvés par celui qui la propoſoit, au lieu que l'autre n'avoit pour motif que des obſtacles qui n'affectoient en aucune maniere la perſonne qui ne comparoiſſoit pas en jugement. *Voyez* EXOÏNES.

CONTREMUR.

L'Article 613 de la Coutume, *défend de faire chambres aiſées ou citernes contre un mur mitoyen, à moins qu'on ne les en ſépare par un contremur de trois pieds d'épaiſſeur en bas & au-deſſous du rez de terre, à pierre, chaux & ſable tout à l'entour de la fiſſe deſtinée auxdites chambres ou citernes.* De ce que la défenſe ne tombe que ſur les *chambres aiſées ou citernes* conſtruites contre *un mur mitoyen*, il ſembleroit qu'elle n'auroit pas lieu à l'égard des murs qui appartiendroient au voiſin ſeul ; mais cette opinion ceſſe de paroître fondée lorſque l'on conſidere que l'on a bien plus de droits ſur un mur mitoyen que ſur celui qui ne l'eſt pas, & que s'il eſt défendu de faire citernes & lieux privés contre un mur dans la propriété duquel on a part, à plus forte raiſon, il eſt interdit d'adoſſer immédiatement ces conſtructions aux murs ſur leſquels on n'a aucuns droits à exercer. Au reſte, il faut plutôt s'attacher à l'eſprit qu'à la lettre de la loi quant à l'épaiſſeur du contremur, car s'il s'agit d'une Ville où les murs ſont conſtruits avec des pierres ou marnes qui filtrent plus facilement l'humidité que les briques fortement cuites ; alors l'épaiſſeur du contremur doit être telle que le voiſin n'éprouve aucune ſorte d'incommodité.

CONTRE-SCEL.

On entend par ce mot, ce qui eſt gravé au revers de la figure que le ſceau imprime. Les contre-ſcels ne furent en uſage en Angleterre qu'au commencement du treizieme ſiecle, ſelon Dugdale, *Select Diplom. & Numiſm. Scot. Theſaur. Prefati*, p. 51. Mais dès le milieu du douzieme ſiecle, les Archevèques de Rouen en faiſoient uſage : *De re dipl*, pag. 147 ; & Dom de Vaines, *Dict. de Diplom. verbo* CONTRE-SCEL.

CONTRIBUTION.

1°. Entre freres, la contribution aux charges ſe regle après les meubles épuiſés ſur le revenu des biens-immeubles, &c. non ſur leurs capitaux ; parce que les freres ne ſont pas préſumés prendre leur part pour la vendre, mais pour en jouir : or, s'ils contribuoient à raiſon du capital qui eſt éventuel, ils s'expoſeroient à avoir leur part anéantie par la contribution.

2°. Il y a beaucoup de difficulté à décider ſi la ſeconde femme devenue veuve doit contribuer à ce qui reſte dû à la fille du premier mariage de ſon mari des promeſſes que ce dernier lui a faites en l'établiſſant ?

Quelques-uns penſent que la deuxieme femme ne doit aucune contribution : ils ſe fondent ſur l'Article 364, qui décide que la légitime n'eſt due que ſur ce qui revient aux freres des ſucceſſions de leurs pere & mere.

D'autres ſont au contraire d'opinion que la promeſſe du pere eſt une charge de ſa ſucceſſion, & que la veuve ne peut exciper de l'Article 364.

Il paroît que pour se déterminer à cet égard on doit considérer que toute la succession du pere est affectée à l'exécution de sa promesse envers sa fille, & qu'ainsi la veuve & les enfants ne peuvent avoir aucune part en la succession qu'après la promesse acquittée à proportion du bénéfice que chacun d'eux tire de cette succession; car de même que lorsqu'un pere contracte une dette pour l'acquisition d'un fief que l'ainé prend par préciput, cette dette n'est point à la charge de l'ainé seul, mais à la charge tant des puînés que de l'ainé; de même aussi, dans l'espece proposée, n'y ayant aucune partie des biens du pere privilégiément affectée à l'acquit de la promesse qu'il a faite, il faut que tous ceux qui ont droit à ces biens l'exécutent, *pro modo emolumenti.*

CONTROLE.

Par l'Article 134 des Placités, *il suffit de contrôler les contrats au contrôle du lieu où ils sont passés, ou du lieu du domicile de l'obligé*; & par le 135e. *les contrats passés hors de Normandie, ont hypotheque sur les immeubles situés en Normandie, encore qu'ils ne soient pas contrôlés.*

Le contrôle ne donne point hypotheque en cette Province; mais un contrat pour donner hypotheque doit être contrôlé dans la quinzaine du jour où il a été passé: Edit du mois de Mars 1693.

Au procès d'entre dame Marie Berruyer, veuve de M^e. Charles de Bretiniere, appellante de la sommation en décret des héritages ayant appartenu au sieur de Longueuil, & acquis par son mari; & M^e. François le Meusnier, Banquier en Cour de Rome, demandeur en saisie réelle; l'on agita cette question, si un contrat passé à Rouen n'étant point contrôlé, mais employé dans une obligation postérieure passée devant les Notaires du Châtelet, ne portant point de registres, doit avoir hypotheque sur les biens de l'obligé étant en Normandie, du jour de la reconnoissance de ce second contrat; ou s'il aura hypotheque du jour du contrôle seulement? Le fait étoit que Jacques Berruyer prêta au sieur de Longueuil 35700 liv. qui furent constituées en 2222 liv. de rente, par contrat passé à Paris en l'année 1653, lequel ne fut contrôlé qu'en 1665. Un an après ce contrat, le sieur de Longueuil étant à Paris emprunta du sieur Berruyer 350 liv. dont il lui fit son billet, dans lequel il déclara que c'étoit sans préjudice des 2222. liv. de rente, en quoi il avoit reconnu s'être obligé par contrat passé devant les Notaires de Paris; laquelle rente il promettoit de garantir, tant en principal qu'en arrérages. Cette obligation ne fut reconnue que le 20 de Juin 1654 pardevant les Notaires de Paris; mais cette reconnoissance ne portoit point de registres. En 1668, le sieur de Longueuil vendit au sieur Berruyer la terre du Val-aux-Clercs, pour demeurer quitte de 1663 liv. de rente, faisant partie de celle de 2222 liv., & par ce contrat il est subrogé seulement aux hypotheques du contrat passé à Rouen. En l'année 1678 le sieur Meusnier, créancier du sieur de Longueuil pour 150 liv. de rente, fit saisir réellement cette terre du Val-aux-Clercs. La dame Berruyer appella de tout ce qu'il avoit fait au décret. Entre les questions qui furent agitées, elle prétendit que, suivant l'Article 135 du Réglement de 1666, le contrôle n'étoit point nécessaire pour les contrats passés à Paris, & qu'elle devoit avoir hypotheque de l'année 1654, que son contrat avoit été reconnu à Paris; & quoiqu'originairement il eut été passé à Rouen, néanmoins ayant été réitéré & répété dans un second contrat passé à Paris, cela suffisoit pour lui acquérir hypotheque de ce jour-là: d'où elle concluoit qu'ayant acquis la terre

terre du Val-aux-Clercs pour une dette antérieure à celle pour laquelle on l'avoit saisie, le poursuivant criées étoit tenu ou de lui en consentir la distraction, ou de lui donner caution de la faire payer avant les frais du décret. Le sieur le Meusnier disoit, qu'il étoit inutile, quant à présent, de répondre au prétendu contrat passé devant les Notaires de Paris, puisque cela se doit faire en la présence de tous les opposants, & lorsque l'on tiendra l'ordre. Il dit néanmoins que le contrat ne portant point de minute, il seroit d'une périlleuse conséquence de faire dépendre tous les biens de Normandie de deux Notaires de Paris ; que l'Article du Réglement ne doit avoir lieu que pour les contrats passés originairement à Paris, & non pour ceux passés en Normandie, quoiqu'ils aient été rapportés & énoncés dans un acte expédié à Paris ; & aussi l'on avoit si peu considéré cet acte, que le sieur Berruyer s'étoit fait subroger expressément au contrat passé à Rouen. Par Arrêt du 11 d'Août 1681 en la IIe. Chambre des Enquêtes, l'on confirma ce qui avoit été fait au décret : à ce moyen la dame Berruyer fut déboutée de la distraction qu'elle demandoit, se fondant sur la priorité de son hypotheque ; sauf à elle à s'opposer à l'ordre, les défenses des créanciers au contraire.

Et d'autant que par l'Arrêt de vérification du contrôle, il étoit ordonné que le contrôle seroit fait aux lieux où les contrats seroient passés, & au domicile des obligés, plusieurs étoient dans cette erreur, que le contrôle devoit être fait non-seulement au lieu de la passation, mais aussi au domicile des obligés, qui sembloit exiger nécessairement un double contrôle : la Cour, pour faire cesser cette ambiguité, par un Arrêt donné, les Chambres assemblées, le 4 de Juin 1612, & par l'Art. 134 du même Réglement de 1666, a déclaré qu'il suffit de contrôler les contrats au contrôle du lieu où ils sont passés, *ou au lieu du domicile de l'obligé.* Il a même été jugé en l'audience de la Grand'Chambre, le 29 du mois de Novembre 1639, que le contrôle fait en l'un des Sieges de la Vicomté étoit valable.

Le contrôle employé sur la grosse du contrat ne suffit pas, il est encore nécessaire que le contrat soit enregistré & inséré dans les registres du contrôle : ainsi jugé par Arrêt, au rapport de M. des Hommets, le 4 Mars 1672, entre Antoinette de Grainville, appellante, & Robert le Tellier, intimé. La Sentence dont étoit appel confirmoit une saisie faite à la requête de le Tellier, des fermages dont ladite de Grainville jouissoit pour ses dot & douaire ; mais voyant que la dette étoit antérieure à son douaire, elle chercha au contrôle, & rapporta un certificat que le contrat de le Tellier n'étoit point insinué aux registres du contrôle ; sur quoi, sans entrer en la question principale, la Cour prononça, qu'après qu'il étoit apparu de ladite attestation, ladite Grainville étoit préférable.

Après la création de l'Edit du contrôle, les Etats demanderent particuliérement, que les obligations pour marchandises fussent exemptes du contrôle ; ce qui leur fut accordé par les réponses aux cahiers de l'année 1615. Et conformément à ces déclarations, on avoit toujours exempté du contrôle les obligations d'entre marchands & pour marchandises : Arrêt en la Grand'Chambre du 23 de Juin 1651 ; la Sentence qui avoit jugé le contraire fut cassée. Autre Arrêt : le nommé N., qui avoit vendu des bois à un particulier, revendit peu de temps après les mêmes bois à un autre qui fit contrôler son contrat. Sur la question de la préférence entre ces deux marchands, celui dont l'obligation étoit con-

Tome I. A a a

trôlée, fit juger devant les premiers Juges, que son obligation étoit préférable; dont appel: le premier acquéreur soutenoit que le contrôle n'étoit point nécessaire, vu qu'il s'agissoit d'un marché de bois qui ne devoit être considéré que comme un meuble, étant vendu pour être coupé; l'intimé répondoit que par la Coutume, le bois n'étoit réputé meuble, s'il n'étoit coupé; que ne l'étant point, c'étoit un immeuble, & que par conséquent le contrat, pour produire hypotheque, devoit être contrôlé: par Arrêt en l'audience de la Grand'Chambre, du 17ᵉ. jour de Juillet 1642, la Sentence fut cassée, & le bois adjugé au premier acheteur.

Le 5 de Juillet 1658, une autre question s'offrit à la Grand'Chambre. Un corroyeur & un cordonnier demandoient le paiement d'obligations conçues pour marchandise, qui n'étoient point contrôlées; & s'étant présentés au décret des héritages de leur obligé, pour être colloqués des jour & date de la reconnoissance de leurs obligations, le Vicomte les en avoit déboutés. Sur leur appel, le bourgeois soutenoit sa cause par l'autorité de la réponse au cahier des Etats, & par l'usage constant de la Province: Maury, au contraire, prétendoit que cela ne devoit avoir lieu que pour les gros marchands qui tiennent livres, & non pour les corroyeurs & ceux qui vendent en détail, parce qu'ils ne doivent pas être considérés comme des marchands. M. Hue, Avocat-Général ayant conclu pour les intimés, la Cour mit sur l'appel les parties hors de Cour. Mais depuis les Consuls s'étant pourvus vers le Roi, ils ont obtenu une Déclaration du 10 de Mai 1660, vérifiée en la Cour le 5 de Juillet suivant, par laquelle les lettres de change & promesses entre marchands, sans aucune distinction des vendeurs ou acheteurs en gros ou en détail, conçues pour marchandises par eux œuvrées & non œuvrées, améliorées ou non améliorées, sont exemptes du contrôle.

Bien que le contrôle soit nécessaire pour acquérir l'hypotheque, il est certain qu'une dette contrôlée n'étend point son pouvoir, & ne peut affecter les héritages qui n'étoient plus en la puissance du débiteur au temps qu'il l'a contractée, & que l'acquéreur ne peut être dépossédé par celui qui a contracté avec son vendeur, depuis son acquisition, quoiqu'il eût fait contrôler sa dette, & que le contrat d'acquisition ne fût point contrôlé. La raison est que le contrôle est véritablement nécessaire pour acquérir hypotheque; mais il ne peut affecter ni produire aucun effet sur les biens qui ont appartenu au débiteur, ni dont il n'avoit plus la possession ni la propriété, lorsque l'on contractoit avec lui: cela a été jugé par Arrêt en 1660, au rapport de M. Cornier, par lequel il fut jugé que l'on ne pouvoit décréter pour une dette postérieure, un héritage acquis auparavant, encore que le contrat ne fût pas contrôlé, le contrôle ne concernant que l'hypotheque, & non la priorité.

Si toutefois il arrive que l'acquéreur soit dépossédé par une dette antérieure qui soit contrôlée, ou qu'il y ait des créanciers opposants en vertu de dettes antérieures & contrôlées, il n'aura son recours sur les deniers du décret, ou sur les autres biens du vendeur, qu'après les dettes contrôlées. De sorte qu'un acquéreur pour se maintenir en possession de son acquisition, au préjudice d'un contrat postérieur contrôlé, doit faire en sorte qu'il ne se présente aucun créancier qui ait une hypotheque antérieure: & par Arrêt du 8ᵉ. jour de Janvier 1654, entre Laurent Lemot, appellant du Bailli de Longueville au Siege de Gournai, & le sieur Deshayes, intimé; il a été jugé que le tiers coutumier des enfants, doit être pris sur les derniers acquéreurs, quoique le dernier acquéreur eût fait contrôler son contrat, & que les acquéreurs précédents ne l'eussent point fait, le contrôle ne servant que pour l'hypotheque, & non pour la priorité. Et quant à la propriété des héritages vendus, un acquéreur en devient propriétaire sans contrôle, & celui qui les a vendus ne les peut plus hypothéquer, quoique les contrats de vente ne soient point contrôlés ; car un acquéreur voyant que son vendeur possede encore plus que le tiers de son bien pour le tiers de ses enfants, ne doit rien craindre ; & il seroit étrange que ceux qui acheteroient par après ce qui resteroit pour ce tiers fussent plus assurés que les premiers acquéreurs ; mais le contrôle est nécessaire à ces premiers acquéreurs, pour leur recours en cas de dépossession.

L'on a souvent agité la question, si lorsque des obligés baillent à l'un d'iceux une indemnité séparément du contrat, cette indemnité doit être contrôlée ; ou s'il suffit que le contrat principal le soit ? On a fait cette distinction, que le contrôle est nécessaire *ad agendum, non ad excipiendum*, c'est-à-dire, que quand le porteur de l'indemnité agit par récompense sur les biens de celui qui a baillé l'indemnité, en ce cas le contrôle de l'indemnité est nécessaire ; mais lorsqu'il se défend par exception, & qu'il produit le fait de celui au droit duquel on prétend l'obliger à payer la portion de la dette, pour laquelle il s'étoit obligé par le contrat ; en ce cas son indemnité peut opérer sa décharge, quoiqu'elle ne soit point contrôlée.

Par contrat du 15 de Juin 1615, Guillaume Letortu, Jacques de la Riviere, David & Jacques de Rufeville, & Mᵉ. Pierre Lehoux s'étoient obligés envers demoiselle Catherine Roger, en 214 liv. de rente, dont lesdits Letortu, de la Riviere & de Rufeville avoient baillé indemnité audit Lehoux ; & Letortu autre indemnité audit de la Riviere & de Rufeville, par un contrat du même jour, au décret des héritages de Letortu. De la Graverie, représentant le droit de la demoiselle Roger, avoit été colloqué en principal & arrérages de cette rente ; & sur ce que les héritiers de Jacques de Rufeville demandoient récompense de quelques arrérages par eux payés à l'acquit de Letortu, les créanciers postérieurs dudit Letortu, soutinrent que bien loin de pouvoir être payé des arrérages, il devoit être condamné à payer les deux tiers de la somme reçue par le sieur de la Graverie. Il fut jugé de la sorte par le Vicomte de Vassi, parce que l'indemnité que Letortu lui avoit baillée n'étoit point contrôlée. Sur l'appel, Jacques & David de Rufeville disoient que le contrôle n'étoit nécessaire que pour agir, & non pour exciper, *in agendo, non excipiendo* ; que les créanciers de Letortu, postérieurs à cette indemnité, ne pouvoient avoir plus de droit que lui ; que s'il leur avoit demandé les deux tiers de cette rente pour l'avoir payée de ses deniers, ils auroient bientôt excipé qu'il n'avoit payé que ce qu'il devoit, n'ayant rien à leur demander en vertu de son indemnité ; que le paiement qui a été fait au créancier, est une quittance qui leur est commune, & qui les décharge tous, n'ayant pas été véritablement obligés à la rente, mais Letortu seul ; qu'en cette cause, ils n'y étoient que comme défendeurs, & ils se défendoient par exception. Or il y a bien des choses qui sont reçues par exception, pour lesquelles néanmoins on n'auroit point d'action ; Jacques, David, Pierre & Marthe Letortu, Madeleine & Catherine Mollet, filles de David Mollet, intimés, opposoient qu'ils étoient tous obligés par le contrat ; que l'indemnité ne leur pouvoit servir, n'étant point contrôlé. Par Arrêt, en la Chambre de l'Edit, du 5 d'Août 1654, la Sentence fut cassée, & les appellants déchargés : ainsi l'on a jugé, que plusieurs s'étant solidairement obligés à une rente, dont un d'eux avoit baillé indemnité aux deux autres, le créancier de la rente ayant été payé sur le véritable débiteur, les autres créanciers du débiteur ne peuvent en prétendre la répétition contre les autres coobligés, quoique leur indemnité ne soit point contrôlée.

Autre Arrêt du 9 Janvier 1659, entre Me. Gédéon Fremont, Prêtre, Curé d'Esterville, appellant, & Gaspard de Cauvigny, sieur de Colombiers, intimé ; par lequel on cassa la Sentence qui condamnoit ledit Fremont à la contribution pour une moitié de 40 livres de rente, à laquelle il s'étoit obligé solidairement avec un autre particulier, parce que son indemnité n'étoit point contrôlée, & ledit Fremont déchargé.

Autre Arrêt du 23 Mai 1672, au rapport de M. Busquet. Deux particuliers s'étant solidairement obligés en 200 liv. de rente, l'un d'eux donna une indemnité à l'autre ; le principal obligé ayant été décrété, ses créanciers demanderent à la caution récompense de la moitié de la rente, comme s'étant solidairement obligés, ne pouvant à leur égard se prévaloir de son indemnité, puisqu'elle n'étoit pas contrôlée. La caution répondoit, que le principal obligé ne lui pouvant rien demander, les créanciers qui n'avoient pas plus de droit que lui, ne pouvoient avoir d'action, & ayant son indemnité passée le même jour, & devant les mêmes Tabellions, il n'avoit pas eu besoin de la faire contrôler, parce qu'il ne s'en servoit que par exception : ce qui fut jugé.

Autre Arrêt du 4 Juillet 1681. Lambert vendit une partie de ses héritages aux nommés Blondel & Mauger, qui ne firent point contrôler leurs contrats : Trubert, ayant acquis postérieurement d'autres héritages de Lambert, fit contrôler son contrat. Il fut troublé dans son acquisition par la veuve de Lambert, qui demandoit le paiement de sa dot & son douaire. Il fut contraint de lui abandonner son acquêt, & pour sa récompense, il attaqua Blondel & Mauger, quoiqu'acquéreurs antérieurs, se fondant sur cette raison que leurs contrats n'étoient point contrôlés ; & ayant obtenu Sentence à son profit, Blondel & Mauger en appellerent à la Cour, où de Cahagnes, leur Avocat, représenta que ne se défendant que par exception, le contrôle ne leur étoit point nécessaire ; qu'ayant eu l'avantage que la veuve ne les avoit point attaqués, mais s'étoit adressée au dernier acquéreur, comme il lui est prescrit par la Coutume, Trubert n'en pouvoit avoir de recours contr'eux, quoique leurs contrats ne fussent point contrôlés ; parce qu'ils étoient sur la défensive, & qu'ils ne répondoient que par exception, le contrôle ne leur étant point nécessaire en ce cas à l'égard de Trubert, d'autant que, lorsqu'il avoit contracté avec Lambert, les biens acquis & possédés par les appellants ne lui appartenoient point & n'étoient plus en sa possession. Vion répondoit pour Trubert que le contrôle donnant l'hypotheque, il étoit nécessaire en tous contrats ; que si la veuve avoit saisi réellement pour le paiement de sa dot, comme elle pouvoit le faire, les héritages acquis par les appellants, ils n'auroient pu s'y opposer ni la renvoyer sur Trubert : car, quoique son contrat fût postérieur, quant à la date, il étoit antérieur en effet à ceux des appellants, à cause du défaut de contrôle. De sorte que la veuve, en s'attaquant à lui, n'avoit pu lui ôter ni lui faire perdre son droit de priorité ; & qu'en tout cas, l'ayant payé, il étoit subrogé à ses droits & à son hypothèque : par l'Arrêt, la Sentence fut cassée, & Blondel & Mauger déchargés de l'action de Trubert.

Carbonnier avoit reçu la dot de sa femme, à la caution de Dumont son beau-pere ; étant devenu insolvable, sa femme s'opposa au décret des héritages de Dumont, pour être payée de sa dot. Les créanciers de Dumont contesterent son hypotheque par cette raison que son contrat de mariage n'étoit point contrôlé : car encore que les contrats de mariage soient exempts du contrôle, cela ne s'étendoit qu'à l'égard du pere & des freres ; mais la caution de la dot, étant une personne étrangere, on ne pouvoit acquérir hypotheque sur ses biens sans contrôle. La femme répondoit qu'il s'agissoit de l'exécution de son contrat de mariage ; que la caution n'étant qu'accessoire, l'obligation principale devoit être réglée par la même loi. Par Arrêt, en l'Audience de la Chambre de l'Edit, du 18 de Janvier 1642, on infirma la Sentence du Vicomte de Pont-Audemer, qui privoit la femme de son hypotheque du jour de son contrat de mariage.

Le contrat par lequel le mari baille du fonds à sa femme, pour le remploi de ses deniers dotaux qu'il a aliénés, n'a pas besoin de contrôle. Langlois avoit donné à Beschard sa femme, trois vergées de terre pour le remploi de sa dot ; le contrat ne fut point contrôlé. Depuis, Langlois ayant fait mauvais ménage, lorsque sa femme voulut prendre possession de son remplacement, elle en fut empêchée par des acquéreurs postérieurs de son contrat, qui lui objecterent le défaut de contrôle. Par Arrêt donné en la Chambre des Enquêtes, du 22 de Mars 1629, au rapport de M. Aubert, il fut jugé que ce défaut n'étoit point considérable, parce que c'étoit une dépendance & une exécution du contrat de mariage. J'ai remarqué que par la vérification de l'Edit du Contrôle, les contrats de mariage en sont exempts, à la réserve des clauses constitutives des donations ; ainsi quoique le contrôle ne soit pas requis pour la validité de la donation, il est nécessaire pour l'hypotheque : Arrêt du 13 de Décembre 1644, au rapport de M. de Bonhours, en la Grand'Chambre, par lequel il fut jugé qu'une donation étoit sujette à contrôle, pour la dame de Coderville, curatrice de son mari, créancier du sieur de Pretreval, contre les sieurs de Pretreval donataires, & le sieur de Pretreval, dont les créanciers furent jugés préférables à la donation, quoiqu'elle fût antérieure, mais elle n'étoit point contrôlée.

Les Sentences & Arrêts de Justice, & par conséquent les contrats & obligations reconnus judiciairement, n'ont point besoin de contrôle.

On a fait néanmoins différence entre les reconnoissances volontaires, & les reconnoissances forcées & contestées. L'on appelle reconnoissances volontaires, celles qui se font lorsque sans ajournement les Parties viennent volontairement reconnoître leurs faits devant un Juge ; & les reconnoissances forcées, lorsque les Parties sont ajournées pardevant un Juge pour reconnoître leurs faits : Arrêt au rapport de M. de Brinon, du mois de Juin 1652. Les contrats de mariage sont dispensés de la formalité du contrôle ; mais par le Réglement de 1600, ils n'ont hypotheque que du jour qu'ils ont été reconnus. Il a été néanmoins jugé, au rapport de M. de Fermanel, le 5e. jour d'Août 1665, entre Jourdaine & Pierre, qu'un contrat de mariage, quoique non reconnu, avoit hypotheque entre les enfants, du jour du contrat de mariage de leur pere, quoiqu'entr'autres personnes ils ne l'aient que du jour de la reconnoissance, & que les deniers promis par un pere à sa fille en la mariant, lui tenant lieu de légitime, ont hypothequé du jour du mariage du pere.

Il a été pareillement jugé par Arrêt du 7 d'Avril 1633, qu'encore qu'un contrat de mariage n'eût été reconnu, & que par conséquent il n'eût hypotheque, néanmoins la femme n'étoit pas privée de remporter ses bagues & joyaux, ou la somme limitée par son contrat, au préjudice des créanciers ; parce que c'est plutôt une répétition de ce que la coutume ou l'usage ordinaire des mariages a établi, que le paiement d'une dette ; le Réglement de 1600 n'étant que pour la dot, & non pour les paraphernaux. Cela paroît équitable, lorsque la femme reprend en essence ce qu'elle a apporté ; mais lorsqu'elle demande une somme au lieu de ses bagues & joyaux, c'est une dette qui n'est pas plus favorable que la dot, & pour laquelle elle ne peut avoir hypotheque, qu'en vertu d'un contrat authentique ; mais pour les paraphernaux qui lui sont donnés par la loi, elle n'a pas besoin pour les avoir, que son contrat de mariage soit reconnu. *Voyez* CONTRAT, & PARAPHERNAUX.

Depuis que Basnage a écrit les observations précédentes (1), il y a eu divers Edits & Déclarations du Roi qui ont ordonné, sous peine de nullité, le contrôle de tous les actes sous seing privé, avant que d'en pouvoir former demande en Justice, *à l'exception des lettres de change, billets à ordre & au porteur, des marchands, négociants & gens d'affaires*. Mais comme on prétendoit que les protêts des lettres de change étoient compris dans l'exception, le Roi par sa Déclaration du 23 Avril 1712, les assujettit au contrôle, ainsi que les déclarations, sommations, renonciations passées devant Notaires. *Voyez* JUGES-CONSULS & NOTAIRES.

CONTUMACE.
Voyez DÉCRET.

CONVALESCENCE.
Voyez LEGS & RÉVOCATION.

CONVENTION.

Il faut distinguer dans les conventions leur inexécution totale, d'avec l'inexécution de quelques clauses particulieres, qui n'y sont qu'accessoires.

Dans le premier cas, le contrat est résolu lors même qu'il ne contient point de clause résolutoire, & cela arrive, par exemple, quand un vendeur ne délivre pas la chose vendue ; quand celui qui prend de l'argent à constitution, à charge d'en faire un emploi désigné, le dissipe sans remplir son engagement.

Au second cas, le contrat subsiste ; il n'y a lieu qu'à une demande en dommages & intérêts. C'est d'après ces principes que les héritiers d'un particulier qui avoit pris en constitution des deniers pour amortir quelques rentes, & avoit promis d'employer dans les quittances de racquit, que l'argent provenoit du prêteur, & de le subroger à l'hypotheque des rentes racquittées, furent condamnés à rembourser les deniers, faute par leur Auteur d'avoir exécuté sa promesse, par Arrêt du 26 Mars 1746. *Voyez* art. ACTES & CONTRATS.

CONVERSION DE BIENS.
Voyez MARI.

CONVENTUALITÉ.

Les Canons & les Loix du Royaume ont regardé comme une maxime constitutive de l'état monastique, que les Religieux vécussent en communauté : de là, par la Déclaration du Roi du 6 Mai 1680, il est dit :

---

(1) Traité des Hypothequés, ch. 12.

que la conventualité ne peut être prescrite par aucun laps de temps, telqu'il puisse être, pourvu que les Prieurés ou Abbayes aient des revenus & des lieux réguliers suffisants pour l'entretien & le logement de dix ou douze Religieux au moins. Cependant, il y a des circonstances où la conventualité n'est point praticable. Sous le prétexte de la Déclaration du Roi, un Abbé Commendataire ne peut forcer une Communauté Religieuse, ni à être composée d'un certain nombre de Religieux, ni à résider dans des cellules renfermées en un dortoir commun. La Déclaration en effet n'impose aucune nécessité à cet égard ; elle se contente d'indiquer les conditions requises, pour que la conventualité ne soit pas prescrite : aussi le sieur Abbé Commendataire de l'Abbaye de S. Etienne-de-Fontenay, Diocese de Bayeux, ayant voulu forcer les Religieux de cette Abbaye à rétablir l'élection des Prieurs claustraux triennaux, à augmenter leur nombre jusqu'à la proportion de leurs revenus, à abandonner les habitations qu'ils s'étoient faites hors le dortoir, &c. fut débouté de sa demande, comme non-recevable & sans qualité, par Arrêt du Grand Conseil du 4 Août 1751. C'étoit aux Supérieurs Réguliers du Monastere, ou à l'Evêque, qu'il compétoit de faire des Réglements à cet égard.

COQ. (LE)

Prêtre de la Congrégation des Eudistes.
Nous avons de cet Auteur deux ouvrages, l'un intitulé : *Traité de l'état des personnes suivant les principes du Droit François & du Droit Coutumier de Normandie*, pour le for de la conscience : à Rouen, chez Dumesnil, année 1777 ; & l'autre, de la même année, imprimé à Caen chez Chalopin, lequel a pour titre : *Traité des différentes espèces de biens, avec un Traité des actions pour servir de suite au précédent*. Tous deux renferment quelques maximes peu exactes, & qui, dans la pratique, tendroient à anéantir plusieurs des dispositions de notre Coutume, auxquelles l'Auteur convient, cependant qu'on est obligé, même dans le for intérieur, de se conformer scrupuleusement. Nous prouverons la solidité de cette remarque en plusieurs occasions, & sur-tout aux mots FEMMES, MARIAGE & MARIS.

CORDEILLON. (ABBAYE DE)

Cette Abbaye, sise à quatre lieues de Bayeux, fut fondée dans le douzieme siecle. On trouve divers titres qui la concernent dans le *Gallia Christiana*, *Instrument.*, p. 94 & 100, tome XI.

CORMEILLE. (ABBAYE DE)

Cette Abbaye fut fondée en 1060, sous le regne de Guillaume le Bâtard, par Guillaume de Crenon ; elle est du Diocese de Lisieux.
Dans le *Neustria pia*, on lit des Chartes importantes relatives à ce Monastere, page 599 & suivantes.

CORNEVILLE. (ABBAYE DE)

Elle est distante de viron deux lieues du Pont-Audemer. Cette Abbaye fut d'abord fondée sous le titre de Prieuré, en 1143 ; la Charte de sa fondation se trouve page 145 du Recueil des Conciles de Rouen, par Dom Pommeraye. En 1147, ce Monastere obtint le titre d'Abbaye. On trouve aussi les Chartes de sa fondation, page 22 *du Gallia Christiana*, *Instrument. Eccles. Rothomag.* tom. XI ; & pag. 877 du *Neustria pia*.

CORVÉES.

Pour se former une juste idée des *corvées* dues par les vassaux, en cette Province, on doit d'abord examiner quel étoit chez les François de la seconde race, la signification de ce mot.

Dans les domaines que nos Rois possédoient aux champs, on appelloit corvées toute espece de travail qui n'étoit point pour l'utilité du colon, & auquel on l'obligeoit au-delà des travaux qui formoient sa tâche ; car chaque homme domicilié dans les métairies royales avoit la sienne. De là Charlemagne défendoit aux Officiers préposés sur les cultivateurs de ses terres, de n'exiger d'eux aucunes corvées, *ut non præsumant judices nostram familiam in eorum servitium ponere, non corvadas, non materiam cædere, nec aliud opus sibi facere cogant. Capitul. de Villis*, anno 800 Baluf., tom. I. col. 331. On voit que dans ce texte il s'agissoit d'ouvrages de corps, de services personnels ; de là les *corvéables* s'appelloient ainsi, parce que, pour les travaux de surrérogation, on choisissoit les plus robustes, *corpore habiles*, *Ables* (1) *de corps* ; d'où ces travaux porterent le nom abrégé de *corvées*.

Les mêmes précautions prises par Charlemagne pour prévenir les abus que ses Officiers faisoient de leur pouvoir, se trouvent employées par les anciens Seigneurs Normands dans les regles de police de leurs manoirs, à l'égard des Sénéchaux, Baillis & Prévôts, sous la conduite desquels étoient les tenants des fonds dépendants de leurs terres. Ces Agents déterminoient non-seulement l'ouvrage que chaque vassal libre ou serf devoit faire durant l'année en chaque saison, mais même leur tâche de chaque jour (2), & il leur étoit défendu, sous les peines les plus sévères, de les surcharger d'opérations étrangeres à celles qui leur étoient assignées (*Ballivus*), *ob vindictam vel cupiditatem non quærat versus tenentes domini, occafiones injustas per quas destrui debeant seu graviter amer-* ciari. Ils étoient donc obligés de charger des travaux les plus vils, tels que ceux de porter & épartir le fumier sur les terres du Seigneur, les serfs ou villains des manoirs, c'est-à-dire, ces hommes qui dépendoient en même temps des Seigneurs, à cause des fonds dont ils leur avoient confié la culture, & à cause de leur personne, laquelle faisoit partie du fief, & y étoit tellement annexée, que lorsqu'il étoit aliéné, elle passoit au pouvoir de l'acquéreur.

Insensiblement les affranchissements se multiplierent par l'établissement des bourgeoisies, & le nombre des serfs diminua. On vit donc alors les hommes libres s'obliger aux corvées que faisoient les villains, au moyen de concessions de terrains dont les Seigneurs les gratifioient. Mais les corvées ne furent plus arbitraires ; leur quotité, leur espece fut déterminée : cependant, suivant la remarque de Littleton, section 172, ch. IX, l. 2, (3), ceux qui s'y obligeoient ne devenoient pas pour cela *serfs* ; car ce n'est pas la terre qui fait le serf, mais la condition sous laquelle elle est tenue : d'ailleurs, comme ils pouvoient s'acquitter de leurs obligations par des préposés, les corvées étoient plutôt des redevances foncieres que des devoirs personnels ; aussi est-ce sous ce point de vue qu'il faut les envisager.

On peut les prescrire par 40 ans, & on n'y est assujetti qu'en vertu d'un titre écrit, la possession seule ne suffisant point pour y obliger.

Il est vrai que les corvées ne s'arréragent point, qu'on ne peut les demander qu'en l'année ou en la saison où elles peuvent être utilement faites pour le Seigneur ; mais la nature même de la corvée, qui est le principe de cette regle, ne détruit pas celle qui les range dans la

---

(1) *Ables*, ancien mot françois, qui signifie l'aptitude à faire quelque chose.

(2) *Fleta*, l. 2. cap. 72 & 73.
(3) Anc. L. des Fr. t. 1 p. 251.

classe

classe des redevances foncieres : car si l'on ne peut exiger que 29 années d'une rente fonciere, parce que, quoique d'un côté le fonds soit assujetti à la rente, & que cette servitude du fonds ne se prescrive que par 40 ans, les arrérages sont d'un autre côté un mobilier qui n'affecte que les revenus du fonds, & que par 30 ans, toute action mobiliaire se prescrit. On doit aussi mettre une grande différence entre l'obligation générale de faire la corvée, qui est l'objet principal du contrat, & la maniere dont cette obligation doit être exécutée. L'exécution d'une redevance affectée sur un fonds, quant à sa durée, doit être proportionnée à la qualité de sa redevance : ce n'est pas à faner les foins de plusieurs années à la fois dans les prairies du Seigneur, que la corvée qui m'est imposée de faner m'oblige ; elle ne m'impose que la nécessité de travailler selon l'ordre naturel & successif des récoltes. Or l'action pour obliger à récolter ne peut s'étendre au-delà de la durée de la récolte, qui est le but de l'obligation ; elle est donc annale. *Edict. pretor. l. 2. ff. de oper. libert.*

Si cependant, pour la commodité de son vassal, le Seigneur avoit consenti qu'il se dispensât de son travail, avec la réserve que celui-ci l'en dédommageroit l'année suivante ; en ce cas le vassal ne pourroit refuser de doubler en une seule année son opération.

Le Seigneur ne doit point la nourriture au corvéable ni à ses voitures, s'il n'y est obligé par le titre de la redevance, suivant la loi *suo sumptu* ff. *de operib. libertorum.* Il y a en effet des corvées qui ne sont que de pur agrément pour le Seigneur, c'est-à-dire, dont il ne tire aucun revenu ; s'il eût cru qu'elles lui eussent occasionné quelque dépense, il ne les auroit point exigées, & conséquemment la concession en reconnoissance de laquelle le vassal les a contractées, n'auroit pas existé.

Quand du nombre des corvéables qui doivent des travaux en commun, quelques-uns refusent d'y participer, le Seigneur peut se faire autoriser de préposer, à leurs dépens, des Journaliers en leur place ; & si tous les *communiers* sont résistants, alors le Seigneur, autorisé par le Juge, peut faire procéder à l'adjudication au rabais des travaux à faire, & obtenir contrainte sur les plus solvables, sauf leur recours sur les autres : Arrêt du 6 Mai 1659, rapporté par Basnage.

Les corvées, au surplus, ne peuvent être transportées par le Seigneur : le vassal ne les doit qu'à lui, & à cause du fief ; la corvée cesse d'être exigible dès que ni le Seigneur ni le fonds auxquels elle est due, n'en ont pas besoin.

COTÉ.

Le *côté*, quand il s'agit de parenté, se divise en paternel & maternel. Par notre Coutume, les biens ne passent jamais d'un *côté* à l'autre. Si l'un des côtés manque, les Seigneurs succedent aux fonds par préférence aux parents de l'autre côté.

Il faut bien distinguer le *côté* de la *ligne*. *Voyez* l'article concernant ce dernier mot.

COTE-MORTE.

La *cote-morte*, c'est-à-dire, le pécule laissé par un Curé-Régulier appartient aux pauvres de la Paroisse qu'il a desservie. Mais c'est à la maison en laquelle il a fait profession, qu'il compete d'en avoir le dépôt, & d'en faire la distribution, lors même que la Cure que desservoit le défunt ne seroit pas dépendante de cette maison : ainsi jugé par Arrêt du 6 Juin 1764.

COTISATION.

Voyez FAMILLE, PARENTS, PAUVRES.

COUCHER.

L'Art. 367 de notre Coutume porte que la femme gagne son douaire au coucher. Cet article doit être pris à la lettre. Si la femme n'a point entré dans le lit nuptial, le douaire ne lui est pas dû, chap. 101 de l'ancienne Coutume. Cette Coutume vient de ce que suivant nos anciens usages, si la femme n'avoit pas neuf ans, elle n'avoit pas à prétendre de douaire coutumier. *Voyez* art. 39. ch. 5. *Instit. de Littlet.* & DOUAIRE.

COUPE DE BOIS.

Par l'Art. 375, les douairieres ne peuvent *couper que les bois qui sont en coupes ordinaires*; elles doivent respecter les autres, & même ne les employer à la réparation des bâtiments que du consentement du propriétaire : les arbres de haute-futaie qui sont pour l'ornement d'un héritage ou destinés à subvenir à la réédification de ses bâtiments, sont donc considérés par la Coutume comme une partie intégrante de l'immeuble auquel ils sont attachés ; & de là non-seulement la douairiere ne peut, à l'insu du propriétaire, les faire détruire, parce que son douaire ne lui donne droit que sur le revenu ; mais le pouvoir du propriétaire lui-même est enfermé dans les mêmes bornes, pour peu que les bois soient profitables ou commodes à l'usufruitiere. C'est ce qui a donné lieu aux Arrêts rapportés par Bérault & par Basnage sur l'Article précédemment cité Lorsque la coupe d'un bois est réglée à vingt-cinq ou trente ans, la douairiere ne doit pas être restreinte à ne prendre, sur le prix provenant de la vente, qu'au *pro rata* du nombre d'années durant lesquelles elle a joui comme douairiere avant la coupe ; car à ce moyen, il y auroit une portion de la succession de son époux qui ne seroit susceptible envers elle d'aucuns droits, ce qui seroit contraire à l'intention de la Coutume. En effet, par là on ne considéreroit la portion du prix des bois qui resteroit à l'héritier, pour les années échues du vivant du propriétaire, ni comme meubles ni comme immeubles, à l'égard de la femme, puisqu'on ne lui en donneroit aucune part : cependant cette part ne peut lui être refusée sur toutes les especes de fruits de la succession. Or, lors des coupes, les arbres coupés étant le fruit de la terre qui le produit, il est juste que la douairiere en profite, à raison du tiers que la loi défere sur tous les revenus de la succession indistinctement ; & tel est le sentiment de Bérault, auquel il ne paroît pas que celui de M. de la Tournerie doive être préféré.

COUR.

Voyez BAILLI, BAS-JUSTICIER, CHAMBRE DES COMPTES, ECHIQUIER, HAUT-JUSTICIER, MARÉCHAL, MOYEN JUSTICIER, PARLEMENT, PRÉVÔT, SÉNÉCHAL, &c.

Spelman s'est trompé lorsqu'il dit que le mot *Cour* n'étoit pas connu des François avant le dixieme siecle ; il est employé dans une formule de Marculphe, Baluf. tom. 2. col. 465.

COUR DE ROME.

Il faut bien distinguer la Cour de Rome d'avec le S. Siege qui est considéré comme le centre de l'unité sacerdotale & catholique. *Voyez* PUISSANCE ECCÉSIASTIQUE.

COURS D'EAU.

Le Seigneur peut détourner l'eau courante en sa terre, pourvu que les deux rivieres soient assises en son fief ; qu'au sortir d'icelui, il les remette en leurs cours ordinaires, & que le tout se fasse sans dommage d'autrui : Art. 206.

Ceux qui ont nouveaux étangs, fossés ou écluses ne peuvent détenir les eaux des fleuves & rivieres qu'ils ne courent continuellement pour la commodité de ceux qui sont au-dessous, à peine de répondre de leurs dommages & intérêts : Art. 107.

Et ceux qui ont d'ancienneté fossés ou écluses ne peuvent retenir l'eau, sinon depuis le soleil levant jusqu'au soleil couchant : Art. 208. *Voyez* Curage, Rivieres, Roteurs.

COURSE AMBITIEUSE.

Expression qui désigne l'expédition faite d'un courier à Rome, avant le décès d'un bénéficier, pour y impétrer le bénéfice du moribond & y obtenir date. Celui qui se trouve coupable de cette précipitation, se rend indigne de sa demande : on le met dans la classe des confidentiaires.

COURTOISIE.

Voyez Droit de Viduité.

COUTRE.

Ce mot vient du latin *custodire*, garder, conserver; & il a produit le nom que portent les bedeaux des églises, parce qu'ils ont le soin de veiller à ce que rien n'en soit enlevé. *Voyez* Fabrique.

COUTS, Loyaux Coûts.

Voyez Clameurs.

COUTUMES.

Ce mot a deux significations; il désigne ou les usages pratiqués dans une Province, un Canton ou une Ville, & qui dérogent au droit général du Royaume; ou il indique une redevance envers le Roi, ou envers le Seigneur dont sont susceptibles, les denrées qui entrent ou se vendent en une Ville ou Bourg, souvent sans autre titre pour les y assujettir que la seule possession.

Les Coutumes prises dans la premiere acception, régissent les biens & les personnes ; les biens de leur ressort, & les personnes nées ou mariées sous leur empire, en quelques lieux qu'elles transportent dans la suite leur domicile.

Les Coutumes considérées sous le second point de vue, doivent avoir pour base la possession, pourvu que cette possession n'ait que des objets conformes aux bonnes mœurs & au bien public.

Section I.

On dit que les Coutumes considérées comme loix municipales, régissent les biens & les personnes. A cet égard il est important d'observer deux choses : la premiere, que lorsqu'il est question purement de la disposition des biens-fonds, c'est par la Coutume qui les régit qu'ils doivent être partagés, qu'on peut y succéder, ou en transférer la propriété.

La seconde, que s'il s'agit de déterminer les droits, la capacité, la condition attachés à la personne; alors c'est par la Coutume du lieu de la naissance, ou par celle du lieu où les droits de la personne ont été acquis, qu'ils doivent être fixés; ainsi on ne peut partager ni donner les biens sis en Normandie, que conformément aux dispositions de la Coutume de cette Province. Mais quand il s'agit de décider si une aliénation a été faite en majorité, ou en minorité, on examine à quel âge on est majeur dans le lieu d'origine du vendeur : ou lorsqu'il est question de savoir si une femme mariée a pu s'engager personnellement & disposer de sa dot, on consulte le statut du domicile qu'avoient les Parties lorsque leurs conventions matrimoniales ont été arrêtées; parce que comme c'est par les loix du canton où on est né, que l'on regle la majorité de la personne pour toute sa vie, quels que soient les divers domiciles qu'elle habite ; de même aussi on regle la capacité personnelle de ceux qui se marient, par les loix du lieu où leur état de mariés a pris naissance, quoique depuis ils aient été domiciliés ailleurs.

Ainsi une Coutume est réelle, lorsqu'elle a pour objet principal de régler la succession à un bien-fonds, le partage d'un immeuble ; & sa disposition est personnelle, si elle a pour but d'étendre ou de restreindre la capacité ou les actions des personnes. Ces principes une fois connus, il est aisé de saisir les motifs qui ont déterminé divers Arrêts concernant les droits des femmes à l'égard du remplacement de leurs biens dotaux, & de leurs prétentions à la communauté des biens de leurs époux.

Quant au remploi des biens dotaux, voici une cause très-importante qui s'est présentée en 1760 au Bailliage d'Eu.

Assegond épousa en 1718, Elisabeth Harley ; elle lui apporta en dot divers immeubles : par le contrat de leur mariage passé en Normandie où ils étoient domiciliés, il fut stipulé un don mobil, & le restant des immeubles de l'épouse *fut & demeura pour sa dot & rapport de mariage revenant à son côté & ligne.*

Assegond quitta la Ville d'Eu où il résidoit ; mais il y laissa ses enfants & sa femme : celle-ci mourut en 1759. Son mari revint à Eu, & y décéda, ayant un garçon & trois filles ; ils renoncerent à la succession. Les biens du défunt ne suffisoient pas, à beaucoup près, pour remplir les enfants de leur tiers coutumier, ni pour les indemniser des ventes que leur pere avoit faites des biens de son épouse. Ils intenterent donc action contre les acquéreurs de ces biens. Par Sentence du 20 Juin 1760, il fut ordonné qu'estimation seroit faite de la valeur des biens d'Assegond pere, grévés de la dot de sa femme, & par lui aliénés, & ce sur les contrats d'aliénation.

Suivant le Procès-verbal de 1769, ils se trouverent monter à 4396 liv. Il est de remarque que ces biens aliénés étoient situés en Picardie, & que l'épouse d'Assegond en avoit consenti la vente.

Les acquéreurs firent valoir ces deux circonstances, & réussirent, en s'appuyant sur l'axiome qu'il n'y a point de remploi de Coutume à Coutume, à faire débouter les enfants Assegond de leur demande.

Sur l'appel de la Sentence du Bailliage d'Eu, ceux-ci établirent au Parlement de Paris :

1°. Que la femme pour remplacement de ses biens dotaux, a en Normandie hypotheque sur ceux de son mari, à compter du jour de son contrat de mariage, suivant l'Article 539 de la Coutume de cette Province. 2°. Que lorsqu'elle a consenti la vente, elle ne peut recourir que subsidiairement à cette action hypothécaire contre les acquéreurs de ses biens dotaux : Article 540, même Coutume. 3°. Que le pere Assegond & son épouse s'étant soumis par convention expresse en leur contrat à la Coutume de Normandie, c'est par cette Coutume, qui étoit celle de leur domicile matrimonial, que les actions de la femme & de ses héritiers devoient être réglés en quelqu'endroit que les biens par eux réclamés fussent situés. Les deux premieres propositions ne demandoient que d'être exposées, pour que l'on fût forcé de convenir de leur vérité : elles étoient fondées sur des textes précis de la Coutume Normande ; mais la troisieme exigea des développements.

M. Camusat d'Assenet, défenseur des enfants Assegond, mit tant de netteté dans le Mémoire qu'il consacra à leur défense, que nos lecteurs nous sauront sûrement gré de ce que nous leur offrons ses moyens avec quelque étendue.

Les voici :

La dot de la mere Assegond a été aliénée par son mari ; elle a consenti à l'aliénation. Les Articles 539 & 540 de la Coutume de Normandie donnent droit à la femme d'exiger le remplacement de ses biens dotaux même contre les acquéreurs des biens de son époux. Ces statuts concernent également le mari & la femme, & sous l'une & l'autre relation ils sont personnels. Ils impriment en la personne du mari une *inhabileté* par rapport à la vente des biens dotaux de sa femme qui est tellement inhérente à sa personne, qu'elle en est inséparable ; parce que le mari ne peut pas plus cesser d'être le simple dépositaire & administrateur de la dot, & son tuteur pour leur conservation, qu'il peut cesser d'être son mari. Quant à la femme, par une suite & une conséquence de l'état d'interdiction légale auquel la Coutume l'a réduite, cet état ne lui permet pas d'aliéner irrévocablement ses biens dotaux, même de l'autorité de son mari.

La femme est à l'égard de la disposition de ces biens dans un état de minorité jointe à l'émancipation, & l'autorité du mari n'est autre que celle d'un curateur. Si un mineur a vendu son bien, ou a pris quelques engagements de l'autorité de son curateur, il ne peut revenir contre ces actes, dans le cas où ils lui sont avantageux, & ont rendu son état meilleur ; mais si son état est empiré, il a droit de les révoquer, de les faire annuller. Il en est de même de la femme Normande : *si sa dot a été aliénée, & que les deniers ne soient convertis à son profit, elle a récompense du juste prix*. Cette loi prononce contre elle une interdiction de contracter des engagements à son préjudice qui constitue son état, sa condition de femme, & la prive de toute action pour l'aliénation de ses biens tant qu'elle est sous puissance de mari. Cette loi lui est donc personnelle, puisque l'interdiction qu'elle prononce est aussi inséparable de la personne, que l'incapacité où est le mineur de vendre, de disposer de ses biens avant sa majorité, même du consentement de son curateur. Or, on sait que le mineur, déclaré tel par la Coutume du lieu de son origine, est incapable, non-seulement dans le ressort de cette Coutume, mais en tous lieux, de faire aucuns actes de majeurs ; & par même raison, la femme, qui dans le lieu de son domicile matrimonial, lieu qui est celui de l'origine de son état de femme, a besoin de l'autorisation de son époux, en a besoin par-tout. C'est ce qui fait dire à Froland, p. 1032 de ses Mémoires sur les Statuts, que la prohibition faite à la femme par l'Empereur Auguste & par Justinien, d'aliéner son fonds dotal, est un Statut qui tombe sur la personne : *primario universaliter & abstracté ab omni materia reali* ; & que si en quelque maniere il tombe aussi sur la chose, ce n'est que par réflexion : *& secundario*. L'objet de la Coutume, continue cet Auteur, a été l'utilité particuliere de la femme, le désir d'assurer son état, sa condition, celui de fixer le pouvoir, l'autorité du mari sur elle ; le Statut qui lui interdit l'aliénation irrévocable de ses biens, doit donc être considéré à *l'instar du Senatus Consulte Velleyen*. La loi *Julia, de fundo dotali*, est une loi personnelle qui doit avoir son effet, *ubicumque bona sita sint*, en quelque lieu que les biens dotaux aliénés soient situés ; & par identité de principe, la femme domiciliée en la Coutume de Normandie qui a adopté la loi *Julia*, ne peut aliéner les fonds qu'elle a en territoires étrangers, que sous les conditions portées par cette Coutume.

M. Boulenois, dans son Traité des Statuts personnels & réels, a entrepris de combattre l'opinion de Froland ; mais la foiblesse de ses raisons ne sert qu'à démontrer l'évidence de la personnalité de

Statut Normand : pour s'en convaincre, il fuffit de copier l'objection par laquelle ce Jurifconfulte termine fa critique.

Il eft vrai, ce font fes termes, & je le répete volontiers, que j'ai dit que fi nous avions quelque loi qui mît la femme, non pas feulement dans l'impuiffance d'aliéner fon fonds dotal, mais dans une impuiffance entiere & générale d'état & de condition, impuiffance qui comprendroit tant les biens dotaux que non dotaux de la femme, cette impuiffance feroit perfonnelle.

Le Statut pour être perfonnel, felon M. Boulenois, ne doit donc porter que fur l'état & la condition de la femme ; enforte que s'il affectoit quelque chofe au-delà, qui ne fût pas dépendant de cet état & de cette condition, il cefferoit d'être perfonnel : mais le Statut Normand qui borne le mari à la feule adminiftration des biens de fa femme, qui rend la femme incapable de difpofer de fes biens dotaux, même du confentement de fon mari, s'étend fur tous les biens dotaux de la femme fans exception, fur tous les actes qui font relatifs à leur aliénation, à leur dégradation, à leur diminution ; il conftitue l'état & la condition de la femme mariée, il porte uniquement fur fa maniere d'exifter légalement dans la fociété ; il eft donc un Statut perfonnel à la femme, puifqu'il détermine fes facultés civiles, en quoi confifte fon exiftence légale : or, un Statut perfonnel maîtrife en tous lieux la femme qui y a été une fois foumife. C'eft ce que Dumoulin nous fait clairement entendre, lorfqu'il diftingue, entre les Statuts qui ne font fondés que fur la volonté de celui qui contracte, ou fur une difpofition particuliere à une Coutume qui tend à la confervation ou au partage des biens de fon territoire, & les Statuts qui ont pour but le bien général, l'équité naturelle, le droit commun : car fi les Statuts de la premiere efpece font, felon lui, purement réels, en ce qu'ils ont pour objet direct la difpofition des biens, les autres font purement perfonnels, en ce que leur objet eft de régler les volontés ; & parmi ceux-ci il comprend le Statut, par lequel la femme Normande, même autorifée de fon mari, ne peut, en vendant fes biens dotaux, fe priver du droit d'en révoquer la vente : d'où il conclut que ce Statut doit avoir lieu, non-feulement pour les biens fis en Normandie, mais encore pour ceux fitués en toutes autres Provinces : *five Parifiis, Lugduni vel in Germania fita fint* (1).

Et c'eft ce qui a été jugé au Parlement de Rouen le 18 Mai 1759. L'Arrêt refufe à la femme féparée la reprife de fa dot fur les meubles de fon mari quand il y a des fonds à lui appartenants dans d'autres Coutumes que celle de Normandie. La maxime qu'il n'y a point de remploi de Coutume à Coutume n'a point d'application à la caufe des enfants Affegond, elle n'a lieu que dans le partage des biens entre héritiers du fang ; ainfi l'héritier aux acquêts Normands ne doit pas fur ces acquêts le remploi des propres Parifiens aliénés ; mais quand il s'agit de régler la part que la femme Normande doit avoir dans les conquêts, comme héritiere de fon mari, il fe fait un remploi fur les acquifitions faites durant le mariage des biens, même fitués ailleurs. L'Arrêt de 1620, mal interprété par Bafnage, ne peut être objecté, il n'étoit pas queftion de biens dotaux, ni d'une efpece où le contrat de mariage eût été paffé en Normandie, ni de parties qui, lors de leur mariage, avoient en Normandie leur domicile ; il ne s'agiffoit que de propres & de conquêts dont la veuve demandoit

---

(1) *Molin. Coment. in Juftin. l. 1. tit. 1. Concluf. de flat. & confuetud. locali.*

le remploi sur des biens de Picardie où le remploi légal n'étoit pas encore admis, mais il y a été adopté depuis par Arrêt de 1622.

Par le mérite de ces moyens, le 7 Février 1776, le Parlement de Paris cassa la Sentence du Bailliage d'Eu, & les enfants Assegond obtinrent le recours de la dot de leur mere sur les acquéreurs des biens de leur pere, sis en Picardie.

Au reste, aux art. DOT & REMPLACEMENT, on trouvera quelques Arrêts qui appuieront de plus en plus les principes sur lesquels celui des Assegond est fondé.

Quant aux effets que la stipulation de communauté entre gens mariés doit avoir sur les biens Normands, suivant l'Article 330 de la Coutume de cette Province : *quelqu'accord ou convenant qui ait été fait par contrat de mariage & en faveur d'icelui, la femme ne peut avoir plus grande part aux conquêts faits par le mari que ce qui lui appartient aux termes de cette Coutume, à laquelle les contractants ne peuvent déroger*; & la raison qu'en donne l'Article 389, est *que les personnes conjointes par mariage ne sont communs en biens, soit meubles, soit conquêts-immeubles, & que les femmes n'y ont part qu'après la mort de leurs maris.* De ces deux Statuts, il suit donc, 1°. qu'en Normandie les femmes prennent part aux meubles & conquêts, non à titre de communauté, mais à titre d'héritieres ; nous en avons donné la raison au mot COMMUNAUTÉ. Mais, 2°. ces mêmes Statuts sont évidemment réels, & c'est ce qu'on ne peut trop fortement inculquer. L'unique objet de ces dispositions, leur objet principal, sont les biens Normands laissés par le mari décédé ; ils veulent que les fonds de leur ressort acquis par le mari soient jusqu'à son décès ses biens, & non ceux de la femme : or, par des conventions, peut-on priver un fonds d'une qualité qui en forme légalement l'essence, lorsque sur-tout la Coutume à laquelle ce fonds est subordonné, entend que la qualité qu'elle lui a imprimée lui soit inviolablement conservée ? Il ne dépend pas plus du mari de changer l'ordre de succéder à ses conquêts en faveur de sa femme, que d'intervertir au préjudice de son aîné la maniere de partager les biens féodaux. En vain un mari conviendroit-il donc par son contrat de mariage fait en Normandie ou passé en pays de communauté, que son épouse auroit les avantages de cette communauté sur les meubles & conquêts Normands ; cette clause ne pourroit avoir d'effet sur ces deux sortes de biens, puisque durant le mariage l'époux pourroit rendre la clause vaine en vendant ses conquêts & ses meubles sans la participation de sa femme ; & qu'après son décès sa femme ne pourroit faire réputer en aucun tribunal les conquêts faits avec elle pour biens qui lui fussent propres, que jusqu'à concurrence de la portion que la Coutume de cette Province lui en accorde après le décès de son mari, en propriété ou en usufruit ; car le surplus est tellement propre au mari décédé, & conséquemment à ses héritiers, que le mari de son vivant n'a le droit de se dessaisir ni ses hoirs, par aucune convention avec sa femme antérieure ou postérieure au mariage, de ce surplus.

Les Statuts contenus dans les Articles 330 & 389 de notre Coutume ne sont donc susceptibles d'aucun dérogatoire, puisque ce dérogatoire changeroit la nature des biens dont ils ont déterminé la qualité, & qu'il seroit absurde de faire varier cette qualité au gré des particuliers.

Mais non-seulement, il n'est point au pouvoir des particuliers de former aucunes pactions qui dérogent aux dispositions de notre Coutume sur le point de l'*incommunauté* du mari & de la femme ;

lors même qu'ils vivent fous une Coutume qui a des dispositions opposées aux siennes, cette Coutume ne peut mériter la préférence. Une Coutume n'a aucun empire sur une autre Coutume: si elles pouvoient s'entre-détruire, bientôt elles cesseroient toutes d'eux d'exister. Ces maximes doivent cependant être restreintes à l'égard des meubles; car elles ne sont point applicables aux meubles, qui malgré leur existence en Normandie, ne sont point soumis aux Coutumes de cette Province: tels sont les meubles qui appartiennent à un mari qui est décédé, mais dont le domicile, le siege de la fortune, est en une Coutume étrangere; en ce cas, comme les meubles se partagent, en quelques lieux qu'ils soient, par les loix du domicile de fait & de droit, la stipulation de communauté inférée au contrat de mariage a son exécution sur la portion de meubles que le mari en décédant laisse dans le ressort de notre Coutume.

Rien au reste n'est plus propre à rendre la vérité de ces observations sensibles, que la Jurisprudence des Arrêts auxquels elle a donné lieu.

Basnage & Froland en rapportent deux: le premier est celui de la dame Dalogres; M. de Fervagues, Maréchal de France, l'avoit épousée en Bretagne où la communauté est admise; ils avoient stipulé dans leur contrat de mariage passé à Paris, la communauté. M. le Maréchal fit des acquisitions en divers endroits, & sur-tout en Normandie où il décéda. Sa veuve demanda partage aux meubles & conquêts en vertu de la stipulation. Par Arrêt du Parlement de Paris, il ne lui fut accordé, aux termes de notre Coutume, & en la considérant comme héritiere de son époux, que le tiers aux meubles & l'usufruit des conquêts Normands; sur les autres conquêts sa part lui fut adjugée suivant la Coutume des lieux.

Le second Arrêt fut rendu contre une veuve Delastre mariée à Valenciennes. Après y avoir demeuré quelque temps, les conjoints vinrent résider à Rouen. Par leur contrat il avoit été convenu que tous les meubles appartiendroient à la femme au cas que son époux la prédécédât. Ce prédécès étant arrivé à Rouen, où Delastre étoit né, il fut jugé que la clause du contrat ne pouvoit avoir lieu en Normandie, & la femme qui n'avoit point d'enfants n'obtint que moitié des meubles.

Depuis, le sieur Martorey, originaire de Villefranche, ayant épousé Honorée Miege, de Lyon, pays de Droit écrit, vint s'établir à Elbeuf en Normandie, où il mourut. Sa veuve réclama sa part aux meubles conforme à celle fixée par l'Article 392 de notre Coutume; les héritiers prétendirent que la loi sous l'empire de laquelle le mariage avoit été contracté, & qui ne donnoit aucun droit sur le mobilier du mari, devoit être seule suivie; mais par Arrêt du 3 Août 1739, on regarda le Statut Normand qui accorde à la femme une part aux meubles, comme tellement réel, & le seul qui dût régler le sort des meubles restés au domicile du mari soumis à ce Statut, que moitié des meubles fut adjugée à la veuve.

Depuis, un sieur Tallebot, originaire de Normandie, ayant une commission aux Traites à Vaton en Flandres, en 1708, y contracta mariage avec Barbe Pacot. Par le contrat de ce mariage, il fut dit que les conjoints seroient communs en biens suivant la Coutume de Paris, à laquelle ils se soumirent pour l'effet de la communauté. En 1720, il revint en Normandie, il y acheta une charge de Référendaire en la Chancellerie à Rouen. En 1730 son épouse y décéda; Tallebot ne fit point inventorier ses meubles. Quatre ans après le décès, l'héritiere de Barbe Pacot forma contre lui la demande en partage de la la communauté ; le sieur Tallebot opposa l'Article 389 de notre Coutume : & par Sentence de la Haute-Justice de Briouse, il fut déchargé de l'action; mais sur l'appel au Bailliage de Falaise le partage fut ordonné. Tallebot appellant en la Cour, étant décédé avant le Jugement, son héritier reprit l'instance; & par Arrêt du 4 Août 1743, la Sentence de Briouse fut confirmée.

C'est donc un point de droit incontestable que le Statut par lequel la femme ne peut prétendre communauté sur les biens Normands est réel, & qu'on ne peut y déroger. Cependant au premier coup d'œil, il paroîtroit qu'un Arrêt du 22 Mars 1774, auroit ébranlé les appuis sur lesquels les divers Arrêts ci-devant cités ont été rendus. Il a été prononcé contre la dame veuve en seconde noces du sieur Desabayes en faveur des sieurs Daubouin & Flambard, époux de ses belles-filles sorties du premier mariage de son époux. Mais on doit considérer que le sieur Desabayes n'avoit pas lors de son décès un domicile réel en Normandie, que son véritable domicile étoit encore alors à la Martinique ; là étoit le *summa rerum*, le principal objet de sa fortune; & par cette raison la clause de son contrat de mariage passé en lieu soumis à la Coutume de Paris, qui contenoit la convention de communauté, eut son effet sur les meubles que son époux avoit laissés en Normandie. *Voyez* COMMUNAUTÉ.

SECTION II.

Le nom de Coutume s'appliquoit, au commencement de la Monarchie, à tous les impôts qui étoient dus au Roi par les voyageurs, à cause des facilités que les ponts ou les bateaux entretenus aux dépens du fisc sur les rivieres leur procuroient (1). Les Seigneurs vers le déclin de la deuxieme race s'attribuerent le droit de percevoir de pareils impôts dans l'étendue de leurs fiefs, & ils leur conserverent la dénomination de *Coutume* : bientôt ils donnerent le même nom aux redevances & aux corvées auxquelles ils assujettissoient leurs vassaux (2); & de là quand ils inféodoient ou aliénoient partie de leurs domaines, ils déclaroient qu'ils se réservoient les *Coutumes* que les fonds inféodés leur devoient, ou qu'ils cédoient ces Coutumes avec les fonds, ou que ces fonds en seroient exempts (3). Quand ces Seigneurs accordoient l'exemption, tantôt ils disoient qu'on ne leur paieroit aucune Coutume, *sine redhibitione ullius consuetudinis* ; tantôt qu'ils concédoient telle Coutume, *hanc consuetudinem concedimus* : de là le nom de *Coutumes* ne désigna plus seulement des redevances, il fut encore attribué aux privileges. Ainsi les usages des bois, de pacage, de panage, firent appeller Coutumiers ceux qui en jouissoient, & dans le même temps cependant on appelloit aussi Coutumiers les censitaires.

La confusion qui naissoit de la diversité des sens dont le mot Coutume étoit susceptible, donna naissance à l'expression de *liberæ consuetudines*, qu'il ne faut pas confondre avec celle de *libertates* dont on se servoit aussi à la même époque.

Avant l'établissement des fiefs, il n'y avoit point en France des Hautes-Justices (4), les droits de chasse, de trésor trouvé, de vareck étoient réservés au

---

(1) *Capitul.* ann. 864. *Baluf.*, tom. 2. col. 188.

(2) *Append. annal. Bened.* tom. 5. p. 621. cinquieme vol. l. 69. n°. 36.

(3) *Cronic. Besvens. apud. D. Dachery*, tom. premier, p. 575.

(4) *Voyez* article HAUTES-JUSTICES.

Roi; & la concession de ces droits qui fut faite à quelques Seigneurs, & même à des *communes*, après l'hérédité des fiefs, s'appellèrent *libertés*.

Les libertés indiquèrent donc tous les droits utiles que les Seigneurs ou les communautés avoient obtenus du Souverain, tandis que les libres Coutumes désignoient l'exemption que les villes ou manoirs tenoient du Roi ou des Seigneurs pour les servitudes ou les impôts auxquels les villes ou manoirs de même espece étoient communément assujettis.

L'exactitude de cette distinction va être confirmée par des monuments également respectables par leur authenticité, & imposants par la clarté des expressions qui y sont employées.

Dans le dénombrement du Duché de Richemont, imprimé à Londres en 1722, pag. 89, on trouve les diverses *libertés*, dont Jean de Bretagne, qui possédoit ce Duché vers la fin du treizieme siecle, prétendoit être alors en jouissance. L'importance de ce titre exige qu'on le transcrive en entier.

(1) *Clameum LIBERTATUM Comitis Richemundiæ.*

Johanes de Britannia, Comes Richemundiæ clamat has LIBERTATES subscriptas, scilicet quod ipse & omnes tenentes de feodo suo infra præcinctum de Richmond-Shire (2) *sint quieti de sectis Comitis & de communi amerciamento.*

Item. *Clamat habere returnum brevium & placitare brevia Vice-comitalia.*

Item. *Clamat habere LIBERAM chaseam per totam Wendes-Laudale*, &c.

Item. *Clamat habere LIBERAM warennam in omnibus Dominicis terris suis in Comitatu Eboracensi.*

Item. *Clamat LIBERUM burgum suum apud Richemundo.*

Item. *Clamat habere mercatum in Richemunde semel in septimana*, &c.

Item. *Clamat habere emendas assisæ panis & cervisiæ in Richemunde*, &c.

Item. *Clamat habere infangentheof per totam LIBERTATEM de Richemunde & furcas apud Richemunde*, &c.

Item. *Clamat habere mineram plumbi.*

Item. *Clamat habere custodiam prisonarum*, &c. *& carcerum infra præcinctum LIBERTATIS de Richmond-Shire.*

Cette piece fournit un exemple bien clair du mot *libertas*, employé pour indiquer les droits utiles accordés par le Roi à l'un de ses sujets. Voici un autre titre où *libertas* exprime les franchises d'une Ville.

Alanus, Comes Angliæ & Britanniæ, Dapifero suo, & Vice-comiti, & omnibus Baronibus, &c. *notum sit me concessisse & dedisse burgensibus tuis de Richmond illam libertatem quam habuerunt in tempore avunculi mei Alani Comitis*, &c. *& volo quod ita bene & in pace & quiete res suas teneant & habeant cum omnibus suis consuetudinibus liberis in villâ & extra villam, in planis & nemoribus & ubicumque sint meam firmam pacem eis dono & concedo; & si quis non eis satisfecerit, ad me veniant vel ad Dapiferum meum ut eos manu teneat & in meo loco rectum eis faciat*, &c. (3).

De ces deux titres, il est aisé d'inférer que lorsque les *libertés* étoient accordées à un Seigneur, comme elles consistoient en la faculté d'exercer certains droits royaux, tels que ceux de Jurisdiction, de chasse, de garenne, de marché, de prison, &c., de même quand ces *libertés* étoient attribuées aux villes, elles les affranchissoient de toute redevance, de tout impôt auxquels les autres villes restoient sujettes envers le Roi. C'est ce

---

(1) *Regist. honor. Richemond.* p. 89.
(2) *Shire* en Anglois signifie Comté.

(3) *Regist. honor. Richem.* p. 100.

que Bracton confirme dans le Chap. 24 de son livre 2, par la formule du bref qu'il conseille d'obtenir lorsqu'une communauté est troublée dans la possession de ses *libertés*.

Item esto, dit cet Auteur, *quod dominus Rex concesserit aliquam libertatem, ut si alicui universitati sicut civibus, vel burgensibus, vel quibus aliis quod mercatum habeant, vel feriam in villâ suâ, civitate, vel burgo, vel consuetudines capiat & Theolonia, & quieti sint per totum regnum in terrâ & mari de Theolonió dandó.*

Si quis contra hujusmodi libertates illum quibus concessæ fuerint gravare vel vexare præsumpserit, summoneatur quòd sit coram rege vel ejus justiciario indè responsurus per tale breve:

Rex, Vice-comiti salutem, summoneas per bonos summonitores Majorem & Ballivos talis civitatis, burgi, vel villæ, quod sit coram nobis, &c., vel coram Justiciariis nostris apud talem locum tali die ad respondendum tali vel talibus quare cœperunt Theolonium & consuetudines in villâ suâ tali de hominibus ipsius talis, vel de talibus burgensibus contra libertates quas idem talis vel tales habent per chartam nostram vel antecessorum nostrorum regum Angliæ quibus hucusque usi sunt ut dicunt & habeas ibi summonitores & hoc breve; teste, &c.

Ducange a donc eu raison de dire, 1°. que *libertas* signifie, relativement aux communes, *districtum loci alicujus intra quem incolæ libertate, privilegio ac jure civitatis gaudent*, & de rendre en ce cas ce mot *libertas* par celui de *FRANCHISE*, & 2°. que quelquefois *libertas est præstatio quæ pro tuitione datur*.

Parce qu'en effet lorsque la *liberté* est personnelle à un Seigneur, & non une dépendance du fief ou de la ville soumise à sa Jurisdiction, elle peut consister, comme Bracton l'a observé, au droit de percevoir sur ses vassaux des redevances, que, sans la concession de cette liberté en faveur du Seigneur, le Roi auroit pu seul leur imposer: *si ex servitute quis teneatur ad non capiendum, ex libertate concessâ capere poterit consuetudines & Theolonia*.

Ainsi, pour bien saisir le sens des Chartes où l'on trouve qu'une ville est cédée à un Seigneur par le Roi, *cum libertatibus & liberis consuetudinibus suis*, il faut examiner si le *suis* se raporte au Seigneur ou à la ville.

Dans le premier cas, le Seigneur a des droits de Coutume sur la ville; dans le second, la ville est exempte de ces droits, & le mot *libertés* ne peut s'interpréter, à son égard, que par celui de franchises; c'est ce qui devient sur-tout incontestable si la concession des libertés se trouve jointe dans les chartes à celle de *libres Coutumes*; car l'expression de libres Coutumes est essentiellement exclusive de toute idée de redevances ou servitudes; ainsi qu'il est démontré par l'autorité suivante.

Vers l'an 1104 (1), les Religieux de S. Vaast se plaignirent à Louis le Gros (que Philippe son pere avoit déja fait désigner Roi de France) de ce qu'un Seigneur avoit établi de mauvaises Coutumes (*pravas, inusitatas consuetudines*) dans le domaine que leur Eglise possédoit à Angicourt. Ce Roi désigné fit appeller en jugement les deux parties à Compiegne: là le Défendeur *in causam ausus intrare non fuit; sed ut justum erat, præfatas consuetudines justitiâ nostrâ cogente*, est-il dit dans le Diplôme de Louis le Gros, (qui se trouve *in ampliss. collect. D. Marten.* tom. 1. p. 603) *liberas esse permisit*.

---

(1) Bruffel, l. 2. c. premier vol. p. 392.

Ce texte n'a pas besoin de Commentaire. Permettre que des Coutumes fussent libres, c'étoit déclarer ceux auxquels cette permission étoit accordée, libres, exempts de toutes Coutumes.

En Normandie, il y a donc des lieux exempts du droit de Coutume, ou envers le Roi, ou envers les Engagistes, ou envers les Seigneurs de fief; mais cette exemption ne peut être réclamée qu'en vertu de titres qui la constatent; & comme ces titres offrent des expressions qui maintenant sont inusitées, il a paru essentiel d'en déterminer le véritable sens. Lorsqu'un bourg ou une ville n'a point de titre d'exemption du droit de Coutume, alors le Roi ou les Seigneurs n'ont besoin, pour l'exiger, d'autre titre que celui de leur possession. Si ce titre détermine le taux de ce que chaque marchandise doit payer dans la foire ou le marché où on l'expose en vente, les Marchands doivent s'y conformer; s'il n'y a point de titre qui détermine le droit de *Coutume*, c'est alors l'usage général de la Province qui en fait la regle; & c'est dans cette vue que, pour rendre cet usage uniforme, le Roi donna, le 12 Mars 1752, sa Déclaration, à laquelle a été annexée une pancarte ou tarif qui ont été homologués au Parlement, & qui se trouvent dans le Recueil des Edits.

COWEL.

Cet Auteur a rassemblé, dans un petit *in-*12., les Institutes du Droit Anglois; il y a rangé, sous la division des Institutes de Justinien, toutes les Coutumes Anglo-Normandes qu'il avoit extraites de Littleton, de Bracton, de Britton, de la Flete & de Coke, & a terminé son ouvrage par un excellent Glossaire des mots obscurs usités dans les loix qu'il commente. Ce devroit être le Manuel de ceux qui commencent à étudier les Coutumes particulieres de cette Province dans les sources.

COUVENT.

Voyez DOT DE FILLES, SUBROGATION.

COUVERTURES.

Le 6 Août 1769, à l'occasion de l'incendie du Bourg de Bolbec, sur la remontrance de M. le Procureur-Général, la Cour déclara les Réglements & usages de la police des villes, concernants les couvertures, communs avec les villes & bourgs de la Province; en conséquence, elle fit défenses d'y couvrir autrement qu'en tuile & en ardoise, à peine de démolition des couvertures, & de 100 liv. d'amende. Ce Réglement s'exécute en toute rigueur : on en a un exemple frappant dans l'Arrêt rendu le 27 Octobre 1770, contre François Edouard, d'Yvetot; il exposoit que le bâtiment ne pouvoit supporter une couverture en tuile, qu'il appartenoit à des mineurs peu fortunés. Le Ministere public observa que si l'on *écoutoit la pitié*, *la commisération*, lorsqu'il s'agit d'un Réglement qui intéresse le public, il ne seroit jamais exécuté. La Cour condamna Edouard en 3 liv. d'amende envers le Roi, lui enjoignit de se conformer au Réglement dans un délai qu'elle lui fixa, & ordonna l'impression & l'affiche de l'Arrêt.

COUVRE-FEU.

En latin *Ignitegium*, est le nom d'une Ordonnance de Guillaume le Conquérant, qui enjoignoit d'éteindre le feu dans toutes les maisons, dès huit heures du soir; & à cette même heure, quelqu'un de la famille, en âge d'homme, étoit obligé de sortir, de rester armé d'un bâton, & de faire la ronde, toute la nuit, jusqu'à l'aurore, autour de ses bâtiments, pour en écarter les vagabonds, sous peine de 4 deniers d'amende. Les veuves étoient feules exceptées de cette obligation, à moins qu'elles ne fissent commerce en société avec leurs voisins ; car alors elles étoient obligées de faire à leur tour la sentinelle. *Leg. Burg.* ch. 86.

CRAINTE.

Par argument de l'article 538, pour que la crainte puisse donner lieu aux lettres de restitution contre les actes, il faut qu'elle soit capable d'ébranler l'homme qui jouit de toute sa raison, & dont la maladie ou une extrême misere n'ait pas altéré la constitution ; en un mot, l'homme sain & sage.

CRÉANCIERS.

Il y a quatre sortes de Créanciers : les privilégiés, les hypothécaires, les chirographaires, les subrogés. *Voyez* aux articles HYPOTHEQUE, PRIVILEGE & SUBROGATION ; consultez aussi ceux de DÉCRET, DISTRIBUTION DE DENIERS, OPPOSITION, PRÉFÉRENCE.

1°. Les créanciers peuvent, s'ils le veulent, faire vendre les meubles & immeubles de la succession de leur débiteur, appréhendée par bénéfice d'inventaire : art. 96 de la Coutume.

2°. Ils doivent être payés par Justice, selon l'ordre de priorité ou postériorité d'hypotheque, *voyez* DÉCRET, ETAT D'ORDRE ; mais le premier arrêtant a les dépens de ses diligences en privilege : art. 97 & 593 de la Coutume.

3°. Si le débiteur renonce, ou ne veut accepter une succession qui lui est échue, ses créanciers peuvent se faire subroger en son lieu & droit pour l'accepter. *Voyez* SUBROGATION. Le confiscataire n'a pas cette faculté : Article 53 des Placités.

4°. Le créancier peut contraindre le possesseur de l'héritage qui lui est hypothéqué, soit à titre particulier, droit universel, ou successif, à lui passer titre nouveau, & faire reconnoissance de la dette & de ce que son héritage y est obligé : art. 532 de la Coutume.

5°. En discussion de meubles entre Marchands, ceux dont les obligations sont reconnues devant Notaires ou par Sentence Consulaire, sont payés avant celles qui n'ont pas de reconnoissance, & les Marchands qui sont tous en cette derniere classe, concourent entr'eux au sol la livre : Arrêt rendu en forme de Réglement le 8 Juillet, & non le 28, en l'année 1657, date que Basnage lui donne, titre 12 du *Traité des Hypotheques.*

6°. L'article 8 du titre 11 de l'Ordonnance de 1673, n'a point dérogé à l'article 593 de la Coutume. Les loix anciennes subsistent malgré les nouvelles, lorsque celles-ci s'appliquent à des cas que les anciennes n'ont pas prévus : c'est ce que M. Pussort nous enseigne dans le Procès-verbal de l'Ordonnance de 1667 : or l'Ordonnance de 1673 n'a pas prévu la préférence du créancier hypothécaire sur les meubles du débiteur ; elle ne s'est occupée que de la préférence du créancier privilégié sur ces meubles ; l'article 593 n'est donc point anéanti par l'art. 8 du tit. 11 de l'Ordonnance du Commerce : cette Ordonnance a laissé subsister notre Coutume, en ce qu'elle accorde hypotheque sur les meubles, comme elle maintient tacitement les autres Coutumes qui veulent que les meubles ne soient pas susceptibles d'hypotheques.

7°. Le créancier saisissant ne peut se prévaloir de l'art. 20 de l'Ordonnance, tierc *des saisies & exécutions*, pour prétendre être le premier payé, en Normandie, sur les deniers provenants de la vente des meubles de son débiteur ; car l'Ordonnance, en n'accordant au saisissant que la délivrance de son dû, conserve à chaque Coutume son empire sur la crédite du saisissant, à l'effet que ce foit par elle que ce qui lui eft dû foit réglé; & ce Réglement, en cette Province, fe trouve dans les articles de Coutume ci-devant cités.

8°. Quoique le créancier qui a un billet reconnu ne foit pas obligé de faire remife de partie de fa dette au débiteur, quand fes autres créanciers lui font cette grace, & lorfqu'il fe trouve des meubles fuffifants pour fon paiement; cependant, aux termes d'un Réglement du 4 Juillet 1695, il eft tenu de figner aux atermoiements avec les autres créanciers, c'eft-à-dire, de confentir aux délais qu'ils lui accordent, mais fans déroger à la préférence qui lui eft due lors de l'échéance des termes convenus.

CRI.

Proclamation que l'on faifoit anciennement, avec une *Corne*, de village en village, pour que l'on arrêtât les malfaiteurs. *Voyez* HARO & HUE.

CRIÉES.

Voyez BÉNÉFICE D'INVENTAIRE, DÉCRET.

CRIMES.

Voyez fur l'inftruction relative aux divers crimes, les Articles qui les concernent, & celui PROCÉDURES. Quant aux Juges qui peuvent en connoître, il faut confulter les Articles HAUTS-JUSTICIERS, JUGEMENTS, LIEUTENANTS-CRIMINELS, PEINES, PRÉVÔTS, &c.

CROISADES.

En 1172 il étoit interdit, en Normandie, aux Clercs d'être Juges dans les Tribunaux féculiers, *Diplom. Ricard. Duc. Norm. ann. 1290, apud Beffin.* Cette défenfe fe trouve répétée dans un Concile de 1189, art. 10. L'art. 14 de ce même Concile fait entendre bien clairement que la Cour Eccléfiaftique ne connoiffoit alors que des matieres fpirituelles entre perfonnes fpécialement confacrées à l'Eglife, & ne prononçoit que des peines canoniques; cependant poftérieurement on voit cette même Cour connoître de matieres purement temporelles, telles que celles relatives aux Teftaments; quel en a pu être la caufe? L'art. 17 du Concile de 1189 nous l'apprend.

Grégoire VII & Urbain III avoient été confultés fur la difpofition des biens des Croifés, fur la conduite que leurs femmes & leurs familles devoient tenir en leur abfence, comme formant un corps qui, ne tenant fa miffion que du Pape, étoit par cette raifon indépendant de la Jurifdiction féculiere.

Ces Papes n'ayant point balancé à prononcer fur ces divers objets, & les Souverains ayant négligé leurs droits en ce moment, par une fuite du faux principe, en vertu duquel les Papes avoient ufurpé les caufes des Croifés qui formoient la majeure partie des laïques des Etats chrétiens; on vit bientôt toutes les caufes qui intéreffoient les Croifés reffortir à la Jurifdiction Epifcopale. Nous dirons comment cet abus fut réprimé, art. JURISDICTION.

CROIX (SAINTE) LEUFFROI.

La fondation de cette Abbaye remonte à la fin du huitieme fiecle: on trouve l'hiftoire & les titres de cette fondation, pag. 346 & fuivantes du *Neuftria pia*.

CULTE.

Voyez RELIGION.

CULTURE.

Voyez MANOIRS.

CURAGE.

C'eft le nettoiement des rivieres.
1°. Entre un fieur de Monthalere, pro-

priétaire de deux moulins banaux qui ne marchoient que par le moyen d'un courant d'eau peu confidérable, & le fieur de Valherbert, Seigneur des deux rives de ce ruiffeau ; il fut ordonné que le fieur de Valherbert feroit curer le ruiffeau une fois par an au mois d'Avril ou de Mai, & que s'il y manquoit, le fieur de Monthalere pourroit l'y contraindre trois jours après l'avoir averti ; parce qu'à l'égard des vafes, elles refteroient fur le bord de l'eau, fi mieux n'aimoit le fieur Valherbert confentir qu'on les enlevât : Arrêt du 3 Avril 1701. Cet Arrêt a pour bafe l'Article 206 de la Coutume. Le Seigneur, propriétaire des deux rives, ne peut mettre d'obftacle aux jouiffances & poffeffions des riverains fupérieurs ou fubalternes.

2°. En 1750, le fieur Quillebeuf, Seigneur du fief de Bapaume, prétendit faire détruire une haie que le fieur Boutrand avoit fait planter fur le talut de la riviere de ce fief, afin de lui laiffer le long de cette riviere un paffage libre pour la chaffe & la pêche ; & en conféquence à détruire les édifices & plantations qu'il avoit faites, à moins de dix pieds de diftance du talut. Le fieur Boutran obferva qu'il falloit mettre une grande différence entre l'eau d'un aqueduc qui coule par artifice, & une riviere qui fuit la pente que la nature lui a tracée ; entre une eau détournée en un fief étranger, & celle qu'un Seigneur détourne dans l'étendue de fon fief. Que dans le cas d'une riviere naturelle foumife à un fief, le Seigneur étoit en droit d'exiger que les bords en fuffent libres pour l'exercice de fes droits de chaffe & de pêche, pour la vifite & confervation de fes eaux, pour la facilité du curage ; & que fi elle étoit détournée dans fon propre fief, il étoit propriétaire du terrain adjacent, & y pouvoit faire ce qu'il lui plaifoit, pourvu qu'il ne l'eût pas inféodé, & qu'il n'eût pas fouffert pendant plus de quarante ans qu'on y elevât des édifices jufqu'aux bords de la riviere.

Qu'à l'égard d'un aqueduc dont l'eau eft empruntée dans un terrain étranger pour l'utilité feule du Seigneur, par exemple, pour fes moulins, c'étoit bien affez que les vaffaux euffent fait facrifice de partie de leurs fonds pour lui procurer cette facilité, parce qu'un Seigneur peut exiger l'entrée dans les clôtures de fes vaffaux pour y chaffer & pour pêcher, en s'y préfentant convenablement, & non en la feule vue de leur nuire ; & qu'il peut faire curer fans que les ouvriers entrent dans les clôtures, étant d'ufage qu'ils fe mettent dans l'eau en houzeaux. Et d'après les obéiffances du fieur Boutrand de faire ouverture des portes de fes héritages pour les chaffes & pêches du Seigneur, & pour le curage de la riviere de Bapaume, par Arrêt du 21 Juin 1752, il fut déchargé des pourfuites du Seigneur, & même de la réparation des taluts que fes bâtiments & fes plantations touchoient, mais dont la dégradation ne pouvoit leur être imputée.

De cet Arrêt, il réfulte donc que la diftinction entre les rivieres navigables, publiques & royales, & celles qui ne font que feigneuriales, eft indifpenfable quand il s'agit du rétabliffement des taluts ou curages des rivieres. Pour celles de la premiere efpece, il faut réferver des marche-pieds le long de leurs bords, conformément à l'Ordonnance des Eaux & Forêts ; & c'eft de ce foin dont les Vicomtes étoient chargés par l'Article 9 de notre Coutume. A l'égard des autres rivieres, il n'eft pas dû des marche-pieds quand les aveux des vaffaux leur donnent la riviere du Seigneur pour borne immédiate.

Il eft vrai qu'encore bien que les riverains d'une eau feigneuriale dont le cours eft libre & naturel, foient exempts de laisser à l'extrêmité de leurs fonds des terrains vagues pour qu'on accede à cette eau ; cependant si l'eau pénetre en quelques endroits les terres de ces vassaux limitrophes du canal, & se répand sur des voies publiques, ou sur des héritages voisins, le propriétaire peut être contraint à faire des talus qui les contiennent.

Il est encore de toute équité que si le lit de la riviere se remplit de vases & d'immondices, au point que l'eau en se gonflant surmonte les bords, s'épanche & menace d'inondations, le Ministere public puisse forcer les riverains à faire curer le long de leurs héritages.

Mais hors ces cas extraordinaires, le Seigneur est seul tenu au nettoiement du canal, à moins qu'il ne veuille laisser l'eau dans la dépendance entiere de la nature ; car dès que pour son avantage particulier il veut en changer l'ordre, il n'a rien à exiger de ses vassaux ; les charges sont une suite du bénéfice, & personne n'est obligé de souffrir gratuitement pour le profit d'autrui. C'est ce qui a été décidé par l'Arrêt du 24 Juillet 1706, rendu en faveur des demoiselles Dupont, contre les Abbesse & Religieuses de Saint Leger-de-Préaux.

En un mot, tout riverain d'une eau dont le cours est naturel, est obligé de la contenir en son lit, d'en faire le curage quand il en est besoin.

Mais si par une cause purement humaine, & qui ne procede ni du fait du Prince, ni de la nécessité publique, l'eau s'extravase ou se trouve rallentie en son cours ; elle doit être remise dans son état naturel par ceux dont l'intérêt commande de l'entretenir en sa plus grande activité.

Ainsi quand des Seigneurs trouvent indispensable de curer souvent les rivieres pour leurs moulins, ils ne peuvent en imposer la servitude aux riverains ; c'est à leurs frais propres qu'ils doivent se procurer des facilités dont leur profit particulier est la seule cause. *Voyez* MOULINS, RIVIERES.

CURATELLE.

Les Articles 150 & 151 ordonnent aux parents de mettre en sûre garde ceux de leur famille qui sont troublés d'entendement ; de maniere qu'ils ne fassent dommage à qui que ce soit ; & quand les imbécilles ou furieux n'ont pas de parents, les voisins sont chargés de ce soin, à peine, si eux ou leurs parents négligent de le remplir, d'être susceptibles des dommages & intérêts qui peuvent en être l'effet.

Les gardiens ou curateurs dans les cas prévus par ces articles, sont établis par la famille, en la même maniere que les tuteurs ; mais cette famille est absolument maîtresse de régler les conditions de l'administration. *Voyez* DÉMENCE.

Les regles à observer pour l'interdiction des majeurs, sont les mêmes que celles établies pour la tutele des mineurs. L'unique différence qu'il y a entre la tutele & la curatelle, est que la seule minorité donne lieu à la premiere, & que l'autre peut être nécessitée par diverses causes, telles que la fureur, la démence, la prodigalité, les infirmités continuelles, quand elles nous privent des facultés nécessaires pour l'administration de notre personne & de nos biens.

De cette différence, il résulte que le premier pas à faire pour parvenir à la curatelle d'un majeur, est de constater juridiquement le fait qui y donne lieu.

Et cette formalité remplie, les parents paternels & maternels doivent être assemblés, non pour délibérer sur l'interdiction ; car le Procès-verbal du Juge qui constate l'état de la personne où l'authenticité des actes de prodigalité, de démence ou de fureur, rend le jugement qui intervient incontestable ; mais pour choisir un curateur.

Il est de principe que le fils doit être préféré aux autres parents pour la curatelle de sa mere. Cependant si la solvabilité étoit suspectée, on pourroit l'obliger à donner caution; car dans les curatelles comme dans les tuteles, les parents sont garants de la gestion. Un fils, quelque respectables que soient pour lui ses pere & mere, ne doit cependant point craindre de manquer à ce sentiment, en les faisant interdire pour justes causes. En cela en effet il entre dans les intentions qu'ils auroient eux-mêmes s'ils n'avoient pas l'entendement troublé, ou s'ils n'étoient point les jouets de l'obsession. Mais il ne peut y avoir de peines trop sévères contre les enfants, lorsque la seule cupidité les porte à solliciter l'interdiction de ceux de qui ils tiennent le jour. Par un Arrêt du 30 Juillet 1731, un fils qui étoit tombé en cet excès d'ingratitude à l'égard de sa mere, fut condamné à lui demander pardon publiquement, & en la restitution de tout ce qu'il avoit touché de ses biens, depuis qu'il avoit réussi par de faux exposés à la faire mettre sous sa curatelle.

Tout acte portant interdiction, doit être signé par des parents qui ont nommé le curateur. Il doit être lu & publié tant aux assises des Jurisdictions, qu'aux prônes des Eglises, & issue de Messes paroissiales, même aux plus prochains marchés des lieux du domicile des interdits; affiché aux portes desdites Eglises & aux poteaux des marchés, & le nom des interdits est ensuite inscrit & affiché aux tableaux des Bailliages des villes & lieux dudit domicile, à peine de nullité. Ce sont les dispositions du Réglement du dernier Janvier 1587.

La curatelle étant revêtue de ces formalités, ne peut cesser qu'en vertu d'un jugement aussi authentique que celui qui l'a prononcée: Arrêt du 24 Janvier 1665. *Voyez* FURIEUX, MARIAGE, VICOMTE.

Tome I.

CURÉS.

Au commencement de la Monarchie, on appelloit *personnages* ceux qui y tenoient les premiers rangs : de là cette distinction fréquente dans les Capitulaires, des grandes d'avec les moindres personnes, *majores, vel minores personæ, Capitul. l. r, c. 59, apud Baluf.* Les Curés, dans la suite, furent les seuls auxquels ce nom honorable fut donné; & leurs bénéfices porterent celui de *personatus*. Dans les Chartes, lorsqu'on trouve le nom de *parson*, on doit donc l'interpréter par celui *Curé.* Le Curé méritoit cette dénomination parce qu'il représentoit son Eglise dans tous les Tribunaux, & étoit caution de droit de tous les membres de son Clergé; en conséquence, c'étoit à lui que les Mandements des Cours Civiles ou Ecclésiastiques étoient adressés; & comme dans ces actes on employoit souvent l'expression de *Curator*, si fréquente dans le Droit civil pour désigner celui qui préside, soit à une ville, soit à une communauté, ou qui veille à la conservation des personnes; insensiblement on appliqua le même mot au Pasteur qui, par état, étoit plus spécialement chargé de procurer le salut des ames.

L'autorité des Curés est très-étendue; 1°. ils peuvent forcer leurs Paroissiens à envoyer leurs enfants aux Prônes & aux Cathéchismes qui se font en leur Eglise; ou si les peres & autres, chargés de leur éducation, sont en état de les instruire par eux-mêmes ou par des personnes éclairées & de bonnes mœurs, de la Religion, les Curés ont le droit d'exiger que ces enfants leur soient représentés de temps en temps pour s'assurer du progrès de leurs études : Déclaration du Roi, du mois de Décembre 1698.

2°. Ils peuvent prêcher dans les Eglises où ils sont établis, sans permission plus spéciale que celle de l'institution

Ddd

canonique qu'ils tiennent de l'Evêque : Edit du mois d'Avril 1695, art. 14.

3°. Ils ont le droit exclusif d'administrer à leurs Paroissiens le Baptême, la Communion à Pâques, & de les inhumer. Il n'y a d'exceptions à cet égard qu'en faveur des Religieux & Religieuses qui ont un privilege d'exemption authentique, & ce privilege ne doit pas être étendu au préjudice du droit commun des Curés, audelà des termes dans lesquels il est conçu.

4°. Ils peuvent & doivent même refuser de publier à leurs prônes & durant le Service Divin, les actes de Justice & autres actes qui n'intéressent que les particuliers, nonobstant toutes Coutumes contraires : art. 32 de l'Edit de 1695.

5°. Articles BANALITÉ, COMMISE, CONFESSION, DÉPORT, DÎMES, FABRIQUES, LOGEMENT, MARIAGE, MESSES PAROISSIALES, PATRONAGE, PENSION, PORTION CONGRUE, REGISTRES, TESTAMENTS, on trouve indiquées bien d'autres prérogatives dont les Curés jouissent.

Il ne sera question ici que des qualités qu'ils doivent avoir pour posséder les cures de Ville, des personnes qui ont droit de les mettre en possession, de leur jouissance ou des causes qui peuvent la suspendre, & des honoraires qui leur sont dus.

SECTION I.

Quant aux *qualités*, par la Déclaration du Roi du 13 Janvier 1742, enregistrée au Parlement le 15 Mars, nul Ecclésiastique ne peut être pourvu d'une cure ou bénéfice à charge d'ames, soit sur la présentation des patrons, soit en vertu de ses dégrés, soit à quelqu'autre titre & par quelqu'autre collateur que ce soit, s'il n'est actuellement constitué en l'ordre de prêtrise, & s'il n'a atteint l'âge de 25 ans accomplis ; faute de quoi, sans avoir égard aux provisions obtenues, lesquelles seront regardées comme nulles & de nul effet en jugement, la cure sera censée vacante & impétrable, & en conséquence, ceux à qui la collation ou institution appartiendra y pourvoiront librement & de plein droit.

La Déclaration veut en outre que, dans les Provinces où le déport est établi, ceux qui se trouveront pourvus de deux cures, ou d'une cure & d'un autre bénéfice incompatible, soient tenus de faire leur option entre lesdits bénéfices, dans l'an à compter du jour de leur prise de possession du dernier de ces bénéfices, sans que ladite année puisse être censée n'avoir couru que du jour de l'expiration de l'année du déport ; & faute par les pourvus d'avoir satisfait à cette disposition, le premier des deux bénéfices sera réputé vacant de plein droit par l'obtention du second, & comme tel conféré valablement par ceux qui ont droit d'y pourvoir.

Outre l'âge, les Curés doivent avoir des lumieres proportionnées à celles des peuples dont la direction spirituelle leur est confiée ; & par ses Lettres-patentes, du 14 Décembre 1770, le Roi considérant que, suivant les anciennes Ordonnances, les Cures des Villes murées ne pouvoient être conférées qu'à des sujets qui avoient acquis des dégrés dans l'une des Universités du Royaume, mais que plusieurs Villes, anciennement florissantes, étoient à peine des Villages presque déserts, tandis que des lieux qui étoient peu fréquentés sont devenus très-considérables, que ces variations des lieux ayant influé sur la Jurisprudence des Cours, les Collateurs & Patrons sont dans l'incertitude du choix des sujets qu'ils doivent présenter ou pourvoir, a enjoint de n'exiger aucuns dégrés, soit en Théologie, soit en Droit Canon, pour posféder des Cures, autres que celles des Villes murées, qui, pour la Normandie, font :

Rouen.	Andely.
Dernetal.	Vernon.
Pont-Audemer.	Caen.
Pont-l'Évêque.	Falaife.
Pont-de-l'Arche.	Séez.
Louviers.	Bayeux.
Honfleur.	Vire.
Arques.	Coutances.
Dieppe.	Granville.
Caudebec.	S. Lo.
Montivilliers.	Carentan.
Harfleur.	Valognes.
Fécamp.	Cherbourg.
Le Havre.	Avranches.
Neufchâtel.	Mortain.
Aumale.	Alençon.
Gournay.	Domfront.
Evreux.	Argentan.
Orbec.	Verneuil.
Lifieux.	Laigle.
Bernay.	Brione.
Beaumont-le-Roger.	Lions-la-Forêt.
Conches.	Nonancourt.
Breteuil.	Pontorfon.
Gifors.	

SECTION II.

Par les Lettres-patentes du 13 Mars 1695, l'Archevêque de Rouen & les autres collateurs ordinaires de fon Dioceſe, ont droit d'adreſſer leurs proviſions aux Doyens ruraux & à ceux des Villes pour mettre les pourvus en poſſeſſion de leurs bénéfices, parce que néanmoins les actes de prife de poſſeſſion feront faits par lefdits Doyens, en préfence d'un Notaire Royal Apoſtolique, aſſiſté de deux témoins, & que ce Notaire en gardera minute ; au furplus, il eſt ordonné que les émoluments des prifes de poſſeſſion foient partagés entre le Doyen & le Notaire.

SECTION III.

Dans tous les Dioceſes de cette Province, à l'exception de celui d'Evreux, les fruits de l'année entiere font acquis au Curé à Pâques, de maniere qu'il les tranſmet, par fon décès arrivé à cette époque, à fes héritiers ; au moyen de ce qu'ils font defſervir le bénéfice pendant le refte de l'année, c'eſt-à-dire, dans le Dioceſe de Rouen, depuis Pâques juſqu'à Noel feulement, & dans les autres Dioceſes, depuis Pâques juſqu'au premier Janvier.

Dans le Dioceſe d'Evreux, le Curé gagne les fruits, s'il décede après le quatrieme Dimanche de Carême, autrement appellé *Dimanche Lætare*.

Dans le grand Vicariat de Pontoife, on ne fuit point ces regles ; les fruits de la cure s'y partagent, comme à Paris, entre les héritiers du défunt & fon fucceſſeur, au *prorata* du temps de leur deſſervice reſpectif, en comptant celui du défunt du premier Janvier : Routier, *Pratiq. Bénéfic.*

En la Ville de Rouen, on fuit l'ufage de Paris, ainfi que dans les autres Villes où cet ufage a été pratiqué d'ancienneté, fans réclamation.

La pratique d'Evreux & des autres Dioceſes donne lieu à une conteſtation aſſez importante.

Si les Curés décedent dans le Dioceſe d'Evreux, après les premieres Vêpres du Dimanche *Lætare*, ou, dans les autres Dioceſes, après l'Eau benite de Pâques, laquelle fe fait le Samedi-Saint, les fruits de leurs Cures font-ils acquis à leurs héritiers ? Routier & M. le Coq panchent pour l'affirmative : on leur oppoſe un Arrêt du 12 Mars 1717, qui a jugé que la dîme de l'année n'étoit point due aux héritiers d'un Curé mort le Samedi-Saint ; mais ils écartent cet Arrêt, fondés fur ce que, dans l'efpece qui en étoit l'objet, *il n'étoit pas suffisamment prouvé que le titulaire fût décédé après l'Eau benite de Pâques*; d'où ils inferent que si ce point de fait eût été constant, l'Arrêt auroit prononcé différemment. *Voyez* ANNÉE.

Cette conséquence a pu paroître exacte aux Auteurs qui ont observé qu'avant l'Edit de Roussillon de 1564, ceux qui commençoient l'année à Pâques, comptoient le commencement du jour du Samedi-Saint, après la bénédiction du Cierge Pascal : mais elle doit être regardée comme fausse par les Canonistes de cette Province. En effet, dans le Canon seize d'un Concile tenu à Rouen, en 1189, on lit que les Ecclésiastiques qui décedent après Pâques, *post Pascha*, auront la liberté de disposer par testament des fruits de l'Automne suivante : or, à la fin du douzieme siecle, l'office qui se célebre le Samedi-Saint, relativement au jour de la Résurrection, étoit célébré la nuit de ce jour; il n'a donc pu désigner le Samedi-Saint comme l'époque qui devoit déterminer le gain ou la perte des fruits de l'automne pour les Curés.

Post Pascha n'a jamais pu indiquer la veille de Pâques. Aussi Bérault, sur l'article 505 de notre Coutume, exige-t-il que le Curé décede après le jour de Pâques, ou dans l'après-midi de ce jour, pour transmettre à ses héritiers les fruits de son bénéfice. Godefroy, Basnage, Fesnelle sont de même sentiment, & ce dernier Commentateur l'appuie sur un Arrêt du 5 Juillet 1652, qui a jugé qu'un Curé décédé après Pâques avoit pu disposer de ses dîmes par testament, quoique son décès ne fût arrivé que postérieurement à la S. Jean. La critique faite par Routier de l'Arrêt rendu contre les héritiers du Curé de Landelle, n'est pas fondée; car toute la question, lors de cet Arrêt, roula sur le point de droit, & rien n'y annonce qu'il y eût doute sur l'instant de la mort du Curé.

Au reste, en 1763, les héritiers du Curé de Lheure, décédé le Samedi-Saint, après l'Eau-benite, ayant prétendu contre M. l'Archevêque de Rouen & Me. Adrien Graine, nouveau Curé, que les fruits leur appartenoient; la cause fut portée aux Requêtes du Palais, où il intervint Sentence le 20 Juillet de ladite année 1763, qui les débouta de leur réclamation.

A ces autorités se joint celle de la raison. Elle conduit naturellement à croire que le Concile de 1189 a eu en vue de récompenser le Curé des soins qu'il a pris pour mettre son troupeau en état de remplir dignement le plus important devoir du Chrétien : or, il convenoit de rendre solemnelle & authentique l'époque à laquelle cette récompense lui seroit acquise, & cette époque est la célébration de l'Office, au jour de Pâques, par le Curé ou en son nom : car si le Concile l'eût assignée à l'Office de Pâques, comme la partie de cet Office, qui se célébroit nocturnement lors du Concile, n'étoit pas fixée à un heure précise, les héritiers d'un Curé auroient pu le faire avancer ou retarder au gré de leurs intérêts. Ces reflexions, développées par Me. de Belleville, en la cause de M. l'Evêque de Coutances, de l'Archidiacre de cette Eglise & du nouveau Curé de la Paroisse de la Fernelle, contre les héritieres du feu sieur Rollot, précédent Curé, furent approuvées par la Cour, dont l'Arrêt du 10 Mars 1778, accorda les fruits au nouveau pourvu. Le Curé Rollot étoit décédé à sept heures du soir le Samedi-Saint de l'année 1776.

Le terme de la jouissance du pourvu n'est pas l'époque du commencement de la jouissance de son successeur, ainsi qu'il sera dit article DEPORT; mais après le déport expiré, il y a diverses causes qui peuvent priver le Curé vivant des fruits de son bénéfice, sur les plaintes de toute une Paroisse. Si un Curé accusé de crimes énormes, est décrété de prise-de-corps, le Parlement a droit, même avant son jugement, d'exhorter l'Evêque à commettre en sa place un Prêtre digne de célébrer le Service Divin, & d'administrer les Sacrements ; la Cour peut aussi séquestrer les fruits du bénéfice pour le paiement des décimes de la pension du Desservant & des réparations à faire au manoir presbytéral : Arrêt du 8 Février 1608, rapporté par Forget, ch. 29 des Pers. Ecclés. Le Curé peut encore être privé des fruits de son bénéfice &, du bénéfice même pour injures atroces ou outrages faits au Patron de son Eglise : Basnage en rapporte un Arrêt du 20 Mars 1638, sur l'art. 75 de la Coutume. *Voyez* COMMISE.

SECTION IV.

Les rétributions qui forment le casuel des Curés indépendamment de leurs dîmes, ont une origine également ancienne & respectable. Les fidèles durant les cinq premiers siècles de l'Eglise, portoient suivant leurs facultés des offrandes à l'Eglise pendant la célébration des saints mystères ; ces offrandes consistoient en pain, vin, huile, cire, farine ; le Diacre les recevoit & bénissoit : dès le huitième siècle, on commença à offrir de l'argent pour les messes-basses ; Dom Mabillon, *Rech. Litt.* l. 2, c. 8, n°. 8. Bien avant on donnoit aussi de l'argent pour les obsèques : *S. August. Ep. 64, ad Valent.* Mais les pauvres avoient tout ce qui restoit, la dépense nécessaire pour la célébration des offices, pour l'entretien & la nourriture des Prêtres prélevée; les Prêtres & les pauvres avoient alors des secours bien supérieurs à leurs besoins, peut-être moins à cause de l'abondance des aumônes, que parce que la retraite, la modestie & la frugalité distinguoient les Pasteurs. Dans la suite ces vertus sont devenues rares, la dévotion des fidèles s'est refroidie, & les Curés ont été forcés d'exiger ce qu'anciennement on les prioit de recevoir. *Conc. de Rouen de 1581*, n°. 30 & 31. *Capite de curatorum offic.* p. 364, *D.* Pommer. Et on ne doit pas disconvenir que les Pasteurs des Cures les plus peuplées de nos villes manqueroient souvent du nécessaire si l'on pouvoit impunément les priver des honoraires pour les baptêmes, les mariages, les inhumations, & s'ils n'avoient point action en Justice pour se les faire payer ; car il en est parmi eux sans dîmes, sans revenus fixes, chargés du soin de 10 ou 15000 fideles, parmi lesquels plus du sixieme sont dans l'indigence, dont les casuels ne montent pas à 2000 liv. par an, les décimes acquittés. Les Evêques ont donc été forcés, quoiqu'avec répugnance, de réparer l'ingratitude des paroissiens, au moyen de réglements qui les contraignissent par l'autorité de la Cour, sinon à donner aux Curés un honoraire suffisant pour leur subsistance & pour celle des pauvres, du moins à leur assurer une rétribution capable de les aider & de consoler ces derniers par l'exemple de la plus sévere économie.

Le réglement le plus suivi en ce Diocese, (car chaque Eglise a ses usages particuliers, qui tant qu'ils n'ont point été attaqués, sont supposés être équitables) ; est celui fait par l'Official de Lisieux en 1655. Il fixe ainsi les *droits de sépulture.*

Pour chaque inhumation des chefs de famille, où il y aura des torches, elles seront rapportées au logis des défunts, avec tout l'autre luminaire, selon la coutume de cette Ville ; sera payé au Curé ou Vicaire perpétuel la somme de 70 sols, y compris le droit prétendu de chape, & aura encore double distribution, avec l'offertoire, qui lui sera volontairement présenté, & la croix de cire que l'on met sur le corps..............

Pour l'inhumation d'un défunt âgé de plus de vingt ans, où il n'y aura point de torches, sera seulement payé 30 sols, y compris ledit droit de chape, outre la double distribution & croix de cire.

Si le défunt est au-dessous de vingt ans, sera seulement payé, y compris le droit de chape, 20 sols, avec les droits ci-dessus.

Pour la célébration de la Messe de l'inhumation, sera payé au Curé 12 sols. Si elle est célébrée par un autre, 10 sols.

Les inhumations seront faites par les Curés ou leurs Vicaires, ou autres par eux commis, à l'exclusion des Chapelains de la charité; & quand elles seront faites par d'autres Prêtres, il ne sera payé que double distribution, tant pour eux que pour le Curé, outre les droits ci-dessus.

Aux inhumations des pauvres personnes qui se font inhumer dans le cimetiere, le Curé aura seulement ce qui lui sera volontairement donné par les parents du défunt, outre la double distribution & croix de cire, si aucune y a, & 10 sols pour la Messe, s'ils en veulent faire dire, avec défenses toutefois de rien exiger.

Les droits de mariage sont taxés ainsi qu'il suit.

- Pour chaque publication de bans de mariage, sera seulement payé 5 sols.

Pour l'attestation qui sera délivrée des trois publications de mariage, sera payé 7 sols 6 den.

Enjoint aux Curés ou Vicaires de délivrer les attestations ou publications qu'ils auront faites, selon qu'ils en seront requis, en prenant 5 sols pour chacune desdites publications, comme dit est, & 7 sols 6 den. pour l'attestation susdite; & en cas d'opposition, assigneront les Parties à comparoir pardevant nous au premier jour plaidable.

Défenses aussi de faire deux publications de bans dans un même jour, mais seront faites par trois jours de Dimanches ou Fêtes consécutives, avec intervalle, sous les peines de droit.

Pour la célébration de mariage avec la Messe, sera payé au Curé 30 sols pour tous droits; & quand il ne célebrera la Messe, 20 sols. On donnera permission de célébrer le mariage par un autre Prêtre, en son Église ou ailleurs.

Et quand les contractants seront de deux Paroisses, sera seulement payé le droit susdit au Curé de l'une des paroisses qui célebrera le mariage ou donnera la permission, sans être obligés de requérir le consentement de l'autre Curé, ni pouvoir être demandé autre chose que le salaire de la publication des bans qu'il aura faits, & attestation d'iceux.

Il est d'observation que ce Réglement défend de faire porter aucun bassin ou plat après le Prêtre qui administre le saint Sacrement de l'Autel. Il permet seulement de le placer en un lieu éloigné de la sainte Table pour y recevoir les oblations volontaires, sans pouvoir rien demander ni faire demander non plus pour l'Eucharistie, que pour les autres Sacrements.

Ce Réglement a été confirmé par Arrêt du Parlement du 9 Mars 1660.

Mais il n'est pas applicable aux Curés qui perçoivent des dîmes, suivant un Arrêt de la Cour du 14 Mai 1708, qui, faisant droit sur les conclusions du Procureur-Général, leur fait défenses de *rien exiger tant pour inhumation que pour autres fonctions & administrations de Sacrements, à peine de restitution du quadruple*. M. le Coq (1) pense que lors même que les Paroissiens paieroient pour ces fonctions, des honoraires de plein gré, les Curés seroient tenus de les restituer, à moins qu'ils ne fussent certains que leurs

---

(1) Traité des biens Ecclés. tom. premier, p. 353.

Paroissiens, en payant, savoient qu'il étoit en leur liberté de ne pas payer.

CURÉS PRIMITIFS.

Chapitres, Monastères ou Églises particulieres, auxquels appartenoit anciennement le desservice d'une cure, & qui dans la suite ont été forcés de les conférer à perpétuité à des Prêtres séculiers, sous le nom de Vicaires perpétuels.

Leurs droits & leurs obligations sont réglés par la Déclaration du Roi du 5 Octobre 1726 & celle du 15 Janvier 1731. *Voyez* PORTION CONGRUE & VICAIRES.

CUVES.

Voyez MEUBLES.

D

DAGUESSEAU.

DANS le tome VI des Œuvres de ce grand homme, seconde Requête, page 331, il s'est glissé une faute d'autant plus importante qu'elle se trouve répétée en plusieurs endroits, & même en la table au mot *Coutume*; on y attribue à *Ferriere* un Commentaire *sur l'ancienne Coutume de Normandie*. L'Editeur, auquel probablement notre Coutume n'étoit pas familiere, a pris sur le manuscrit qui l'a guidé, le *T*, qui commence le nom *Terrien*, pour une *F*, & l'*n* qui termine ce nom pour une *r* & un *e*. Les passages cités par M. Daguesseau, sont en effet de *Terrien*, & non de Ferriere qui n'a jamais travaillé sur le Droit coutumier Normand, & qui a écrit bien après la réforme de nos usages.

Puisque l'occasion se présente de parler, en ce Dictionnaire, de l'immortel Daguesseau, on ne trouvera point déplacé sans doute que je rappelle l'idée que ce savant & profond Magistrat avoit conçue des Traités de Jurisprudence Anglo-Normande, non-seulement pour l'interprétation de nos loix municipales, mais même pour celle de toutes les Coutumes du Royaume. *Quoique Britton* (1), observe-t-il, vol. 7, pag. 246, *soit Anglois, son autorité n'en doit être que plus grande, à cause de la conformité des anciennes mœurs de Normandie avec les anciens usages d'Angleterre, où personne n'ignore que Guillaume le Conquérant ne porta pas moins ses loix que ses armes.*

Ces usages, dit-il, tome 6, page 27, *ont tant de rapport avec nos usages anciens, que l'on peut citer sans crainte une loi d'Angleterre pour prouver une ancienne Coutume de France.* Un tel suffrage est sûrement la meilleure apologie de la méthode d'étudier que je me suis fait un devoir de proposer.

DALE.

Du mot Anglois, *dale*; en François, *vallons*. C'est un trou par lequel l'eau s'écoule. *Voyez* SERVITUDES.

---

(1) Le texte de cet Auteur forme le quatrieme volume des Traités sur les Cout. Anglo-Norm., publiés en 1776.

DAME.
Voyez DROITS HONORIFIQUES.

DANGER.
Voyez BOIS.

DANSES.

Quelque juste que soit l'obligation imposée aux chrétiens de sanctifier les dimanches & les fêtes, afin qu'ils donnent des preuves de la reconnoissance dont ils sont pénétrés envers la majesté Divine, pour tous les bienfaits qu'ils en reçoivent; cependant au lieu de consacrer ces jours à la priere, à des œuvres de charité, à l'édification du prochain, on se fait un mérite de les passer dans la débauche; les excès auxquels on se livre, sur-tout dans les assemblées de campagne, aux jours de la fête des Patrons de chaque paroisse, ayant, en divers temps, eu les suites les plus funestes, nos Rois ont défendu par plusieurs Ordonnances les danses publiques durant les jours fériés; le Parlement, en s'y conformant, a rendu, le 16 Juillet 1721, un Arrêt par lequel, la Grand'-Chambre assemblée, sur le requisitoire du Procureur-Général, fait défenses, conformément aux Edits de Blois & d'Orléans, & notamment à la Déclaration du Roi de 1698, de tenir des foires & marchés & des danses publiques les dimanches & fêtes; à tous farceurs & bateleurs de jouer lesdits jours aux heures du Service divin, tant le matin que l'après-dîner; à tous joueurs de paume & cabaretiers d'ouvrir leurs jeux & cabarets auxdits jours & heures; à tous habitants des villes, bourgs & villages y domiciliés, même à ceux qui sont mariés & ont ménage, d'aller boire & manger aux cabarets, & aux cabaretiers de les y recevoir, à peine de 30 liv. d'amende pour la premiere fois, & de prison en cas de récidive. Cet Arrêt fait de plus défenses à toutes personnes d'étaler & exposer en vente, lesdits jours de dimanches & fêtes, aucune viande ni marchandise, durant le Service Divin, à peine de confiscation. *Voyez* SERVICE DIVIN.

DATE.

1°. Quand il est question de préférence d'hypotheque, la date est absolument nécessaire; & si le contrat n'en porte point, le créancier du contrat non daté est mis le dernier en ordre, car ce défaut ne rend pas nulle l'obligation : Basnage *Traité des Hypotheques*, ch. XII.

2°. Par Arrêt du 21 Juin 1621, que Basnage nous a conservé en son Commentaire de l'Article 422, il a été décidé que la preuve qu'un testament olographe avoit été antidaté n'étoit point admissible; en effet si l'on étoit recevable à faire cette preuve, on priveroit souvent un testateur de la satisfaction de renouveller ses dernieres intentions, de les mieux expliquer qu'il n'auroit fait dans un testament bien antérieur au temps où il le copieroit, le corrigeroit, & en rendroit le sens plus clair & les dispositions plus précises; des témoins pourroient attester que l'acte qu'ils auroient vu écrire par le défunt l'auroit été récemment, tandis que l'acte fait sous leurs yeux ne seroit qu'un seul & même acte, avec un précédent qui en auroit été le modele, tant pour la date que pour les clauses, mais dont ils auroient ignoré l'existence.

3°. En fait de bénéfice, on appelle *date*, en Cour de Rome, l'instant où le Pape est réputé avoir reçu la supplique d'un françois pour l'obtention d'un bénéfice avant que de lever les provisions.

Cet instant est celui où le correspondant d'un banquier de France pour les affaires de Rome, obtient acte de la Daterie, de la demande qu'il forme d'un bénéfice; acte qui ne peut lui être refusé
à

à l'heure où le courier expédié de France, arrive en la capitale du monde chrétien.

Ce privilege, particulier à notre nation, est fondé sur le Concordat, & est tel qu'une provision refusée par un Pape sur une résignation en faveur, & ensuite admise par le Pape son successeur, porte toujours date du moment où l'arrivée du courier a été constatée : Arrêt du 23 Juin 1702. Cependant la simple date, retenue en Cour de Rome, ne suffit pas pour rendre celui qui l'a retenue titulaire du bénéfice ; il faut qu'avant de mourir il ait obtenu des provisions pour que le bénéfice soit censé vaquer par son décès : Arrêt du 10 Mars 1744.

DATION.

Voyez TUTELE.

DÉBAT DE TENURES.

Glanville, l. 3, ch. 1, n°. 6 (1), nous dit que l'on différoit le duel proposé pour décider si une tenure appartenoit ou non au Seigneur qui la réclamoit, quand le défendeur prétendoit que le fief qu'il occupoit appartenoit à un Seigneur autre que celui qui au titre de Seigneur de ce fief, l'avoit appellé en jugement ; qu'alors on sommoit les deux Seigneurs de se présenter en l'audience ; que l'un d'eux étoit obligé de garantir le vassal, c'est-à-dire de prendre son fait & cause, ou de l'autoriser à combattre pour lui ; que si le vassal combattant pour son Seigneur étoit vaincu, celui-ci perdoit sa tenure, & le tenant sa terre, sauf son recours sur lui, & le vainqueur pouvoit en disposer à son gré. Tel a été le principe du mandement en débat de tenure dont parle l'Article 42 de notre Coutume. Mais la loi du débat n'existant plus, le vassal n'est point obligé d'opter entre les deux Seigneurs, & de reconnoître sous ce titre aucuns des deux. La tenure est consignée en la main du Roi, & est ajugée à celui qui prouve qu'elle lui appartient. (*Voyez* comment les Seigneurs doivent se communiquer respectivement leurs titres, *verbo* COMMUNICATION). Par le sequestre de la tenure, le vassal est dispensé d'avouer ou désavouer, & évite de tomber en commise.

En quelques Provinces le vassal est obligé d'obtenir Lettres de la Chancellerie, pour être autorisé à jouir durant le débat du fonds en litige ; en Normandie il suffit de présenter requête au Juge. Ce Juge peut être un Haut-Justicier, si les deux Seigneurs relevent de lui ; mais si l'un d'eux n'en releve pas, ou s'il s'agit d'une tenure que lui-même revendique, la cause est de la compétence du Juge Royal.

Il n'est pas nécessaire que le vassal soit actionné pour donner aveu ; il a le droit de mettre en débat les Seigneurs, dès que l'un d'eux exige de lui des devoirs pour lesquels ou il s'est engagé envers l'autre, ou que cet autre lui a manifesté être dans l'intention d'exiger de lui. *Voyez* FIEF, TENURE & VASSAL.

DÉBATS.

Voyez TUTELE.

DÉBITEUR.

1°. Il a été dit en l'article CESSION, que la dette n'étoit pas éteinte, quand après avoir fait cession, le débiteur revenoit en meilleure fortune ; mais qu'après un atermoiement, les créanciers, en y accédant, étoient réputés avoir fait sans retour remise de leurs créances : cependant un Arrêt du 13 Mars 1761, a décidé que des créanciers, dans le cas d'un atermoiement, n'étoient pas obligés d'attendre que leur débiteur demandât à se

---

(1) Traités Anglo-Norm. p. 427, premier vol.

réhabiliter de sa faillite, pour exiger qu'il rendît compte de l'état de sa fortune; que ce compte leur étoit dû à tous en général, ou à chacun en particulier, quand ils le jugeoient à propos.

Mais cet Arrêt n'a rien de contraire aux principes proposés en l'article CESSION. Dans l'espece où il a été rendu, si les créanciers s'étoient réduits à vingt-cinq pour cent de leurs crédites, c'étoit parce que le failli, dans le même accord qui admettoit cette réduction, avoit stipulé qu'il se feroit réhabiliter dès qu'il se trouveroit en meilleure fortune; & afin que les créanciers pussent, lors de cet évenement, recouvrer le reliquat de leurs créances, leurs titres étoient restés dans leurs mains en toute force & vertu. Cette espece, on le voit, est bien différente de celle de l'Arrêt du 10 Juin 1667, cité en l'Article CESSION.

2°. Par l'Article 76 des Placités, il est décidé que le débiteur ayant fait le rachat d'une rente constituée par argent, fonciere ou seigneuriale, ne peut être poursuivi par le créancier de celui auquel elle étoit due, ni inquiété pour le douaire de sa femme ou le tiers de ses enfants, à moins qu'il n'y eût défenses de payer avant le rachat.

Mais il en est autrement quand la rente est due à une femme mariée; le débiteur de cette rente ne peut s'en libérer valablement qu'en forçant le mari à donner remplacement ou caution; ou au défaut de l'un & de l'autre, en se faisant autoriser de consigner : Arrêt du 12 Mai 1756.

3°. C'est aux frais du débiteur que le contrat de révalidation d'une rente doit être passé, lorsque le créancier demande cette révalidation dans la trente-neuvieme année de la constitution de la rente ; s'il l'exige plutôt, il doit en supporter la dépense : Arrêt de Réglement du 13 Août 1771.

4°. Lorsqu'un créancier refuse de recevoir l'argent que son débiteur lui offre; celui-ci peut se pourvoir en Justice, & se faire autoriser de consigner : *Traité des Hypotheq.* part. 1, ch. 17.

5°. S'il échoit au débiteur une succession, ses créanciers peuvent s'y faire subroger dans le cas où il la répudie. *Voyez* SUBROGATION

6°. Pour connoître quelles dettes emportent la *contrainte par corps*, consultez l'article CONTRAINTE.

DÉBITIS.

Lettres de Chancellerie en vertu desquelles un Sergent est autorisé de contraindre les débiteurs de son requérant par saisie de ses meubles. Il supplée à l'Ordonnance que l'on obtiendroit du Juge sur requête. On a donné le nom de *débitis* à ces Lettres, parce que dans nos anciennes Coutumes on ne pouvoit sans bref intenter l'action pour dettes au-dessus de 40 sols, & le bref qu'on obtenoit exprimant ordinairement les dettes pour lesquelles il étoit accordé, s'appelloit *Breve de debitis*. On trouve un modele de ce bref, & les exceptions qu'on pouvoit y opposer, *Anc. L. des François*, t. 2, pag. 502.

DÉBRIS.

Voyez VARECK.

DÉCEPTION.

Voyez DOL.

DÉCÈS.

Basnage sur l'Article 143, cite un Arrêt du 10 Février 1632, qui juge que le décès du coupable anéantit la condamnation, & par conséquent la confiscation, quoique le décès soit arrivé après l'Arrêt qui a confirmé la Sentence de mort. Le fait étoit qu'une femme Auvray avoit été condamnée à mort par le premier Juge, pour avoir fait périr son fruit. L'Arrêt, confirmatif de la Sentence, ordonna qu'elle seroit executée au lieu où le crime avoit été commis. Dans la route, lorsqu'elle alloit subir la peine prononcée contr'elle, cette femme mourut subitement. De la visite de son cadavre, il résulta que cette mort étoit naturelle, & en conséquence la Cour permit de l'inhumer. L'équité de cet Arrêt est palpable; l'art. I du titre XXVI de l'Ordonnance de 1667, qui veut que le jugement des procès qui se trouvent en état d'être jugés, ne cesse pas d'être poursuivi après le décès des Parties ou des Procureurs, n'est relatif qu'aux affaires civiles. A l'égard des procès criminels, la cause de la mort naturelle qu'éprouve le coupable, est dans les secrets de la Divinité: elle peut être une confirmation des peines infligées par le premier Juge, comme un obstacle à ce que la mémoire d'un innocent ne soit flétrie, ou un ménagement de la providence pour que les bonnes dispositions du patient n'éprouvent point d'altération. En conséquence l'amende, la confiscation, les monuments diffamants doivent être écartés; il ne reste dû à la Partie civile qu'un dédommagement; mais quoique la succession du coupable en soit susceptible, parce qu'elle est la seule connue des hommes comme en devant être l'objet, cependant l'accusé meurt dans l'intégrité de ses biens, de son état, de sa réputation. Le crime est effacé, il ne subsiste plus; le délit étant constant, la réparation en est due par celui qui a eu le malheur d'attirer sur lui le soupçon d'y avoir concouru ou participé.

L'Ordonnance criminelle pourvoit avec scrupule à tous les divers états du *Coutumax* condamné, soit qu'il soit arrêté, qu'il se représente, ou décede avant ou après les cinq ans, ou que les parents soient admis à purger sa mémoire; mais elle ne dit rien du cas où la mort a précédé la condamnation, parce que dans ce cas la matiere cesse d'être soumise à la Jurisdiction criminelle. Dieu s'est réservé le châtiment ou l'absolution, d'où il suit que le principal cessant d'exister, le Juge qui en étoit saisi n'a plus aucune fonction à exercer: l'accessoire consistant en dédommagement, & étant l'unique objet de la cause, c'est devant le Juge civil que les Parties doivent se pourvoir. *Voyez* PÉREMPTION.

DÉCHARGE.

Les Huissiers & Sergents, deux ans après la date des diligences qu'ils ont faites, sont déchargés de toutes demandes en restitution de pieces: Arrêt de Réglement de 1669, tit. 21, art. 21.

DÉCIMATEUR.

Le décimateur est celui qui perçoit ou les grosses dîmes ou les dîmes menues, vertes, novales & de charnage. Ce titre quant à la perception des grosses dîmes & menues, peut appartenir ou à des personnes & communautés Ecclésiastiques, ou à des Laïques. Quand les Laïques sont décimateurs, on appelle leurs dîmes, *dîmes inféodées*. Pour connoitre les obligations des décimateurs les uns envers les autres, il faut consulter les articles DÎMES, PORTION CONGRUE, VICAIRES.

Quant aux obligations auxquelles ils sont assujettis envers les habitants des Paroisses où ils perçoivent leur droit, elle consistent, 1°. en ce que le gros décimateur ou ses fermiers, quoiqu'ils ne soient pas domiciliés dans la Paroisse en laquelle leur dîme est due, sont tenus à l'y engranger. Il ne suffit pas qu'ils obéissent d'avertir les Paroissiens quand ils sont battre leurs grains, pour en prendre les pailles, ou de les porter chez ceux qui en desirent, la grange doit être dans l'enceinte du dîmage: Arrêts du 27 Mai 1587, du 3 Mars 1662, rapporté par Basnage sur l'article 3 de la Coutume, & du 20 Février 1739. Cependant le décimateur, soit Curé ou autre, est libre de vendre ses pailles au prix courant dans le canton, quand même il y auroit un usage contraire en la Paroisse sur laquelle il dîme: Arrêts du 6 Juillet 1612, & du 20 Juin 1752.

2°. Les habitans d'une Paroisse ne peuvent assujettir les décimateurs à contribuer à la réparation du Presbytere, qu'autant que ceux-ci ont biens en la Paroisse autres que leurs dîmes: Arrêt du 30 Juillet 1669, rapporté par Basnage. *Voyez* LOGEMENT DES CURÉS.

3°. Les décimateurs ecclésiastiques, & subsidiairement ceux qui possedent des dîmes inféodées, sont chargés de la réparation & entretien du Chœur des Eglises paroissiales de leur dîmage & d'y fournir calices, ornemens, livres, si les revenus des Fabriques ne suffisent pas; & s'il y a en une même Paroisse plusieurs décimateurs, ils peuvent être contraints à toutes ces choses solidairement: mais ces décimateurs doivent être décimateurs au même titre pour qu'ils soient solidaires, car les propriétaires de dîmes inféodées ne sont susceptibles des réparations que subsidiairement.

4°. On a vu, article CHŒUR, en quelle proportion la contribution des décimateurs devoit se faire; que les Curés y étoient sujets, même à raison de leurs novales & verdages, suivant un Arrêt du 30 Avril 1768; mais les Curés peuvent-ils efficacement opposer aux habitans la possession immémoriale où ils sont de ne point contribuer aux réparations? Il paroît exact de penser qu'en admettant cette possession, on ne contredit pas l'article 21 de l'Edit de 1695, pourvu qu'il paroisse que l'usage où les habitans ont été dans tous les temps de réparer seuls le chœur des Eglises, ait un principe légitime. Il est à observer, dit M°. de la Combe, *qu'il y a des cantons où les Paroissiens sont chargés des réparations & refection du chœur. Le Concile de Cambrai ordonne que cet usage soit conservé où il est établi*; mais, ajoute cet Auteur, *il faut que l'usage soit établi par titres, ou par une possession immémoriale qui fasse présumer des titres.*

Routier, d'après *Bleynian*, est de même avis. *Les réparations du chœur, selon lui, sont pour le compte des décimateurs, & celles de la nef pour les Paroissiens, si l'usage n'est pas au contraire, & à moins que les Fabriques n'aient des fonds suffisans pour satisfaire aux réparations.*

En effet, l'article 21 de l'Edit a attentivement fait également tomber cette restriction, *si les revenus des Fabriques ne suffisent pas*, sur la fourniture *des ornemens, livres*, &c. comme sur *l'entretien & la réparation du chœur*; or, la possession où sont les décimateurs de ne pas supporter ces charges quand les Fabriques sont opulentes, fait présumer que les revenus dont elles jouissent leur ont été aumônés, pour que seules elles pussent remplir ce devoir: Arrêt de l'année 1761, entre le sieur Prieur d'Envermeu & les habitans de ce bourg.

Cette présomption est encore plus imposante lorsque l'Eglise est construite dans une ville, & elle devient une preuve sans replique en faveur de l'exemption des décimateurs, si sa construction a été faite aux dépens de la communauté; car il seroit injuste d'assujettir un décimateur à la reconstruction & même à l'entretien d'un bâtiment, sur l'étendue, la construction & la décoration duquel ses prédécesseurs n'auroient eu aucune influence.

L'Arrêt rendu le 14 Mars 1692, contre le Chapitre de Lisieux, & un autre du 12 Août 1762, en faveur des Fabriciens de la ville de S. Lo, contre l'Abbé de l'Abbaye du même nom, ne contredisent point ces assertions ; l'exemption n'étoit soutenue que par des transactions, des Sentences dont les motifs étoient démentis par la notoriété publique. *Voyez* DIME & FABRIQUE.

5°. Les ornements que les décimateurs doivent fournir, quand les revenus des fabriques ne peuvent subvenir à cette dépense, sont ceux des cinq couleurs dont les Officiants se servent dans les différentes solemnités de l'Eglise, savoir, le blanc, le noir, le violet, le rouge & le verd : quant aux linges, ils doivent consister en napes d'Autel, corporaux, aubes, ceintures, amicts, purificatoires; & sous le nom de vases sont compris l'ostensoire, un calice, un ciboire, une croix, deux chandeliers; quant aux livres qui doivent être fournis, un de chaque sorte suffit. *Voyez* CHANCEL, CHŒUR, CLOCHER.

6°. Souvent les décimateurs consentent que les redevables de la dîme la leur paient en argent; mais ces sortes d'abonnements ne peuvent valoir que pour la vie du bénéficier avec lequel il est contracté, à moins qu'il n'y ait utilité ou nécessité à transiger sur les difficultés qu'il y a à déterminer la nature ou la quotité du droit de dîmer, & en ce cas la transaction doit expliquer ses motifs avec précision. En supposant le titre d'abonnement fondé sur des causes légitimes, il y a diverses opinions sur la question de savoir combien on peut exiger d'années d'arrérages de l'amodiation?

Les uns soutiennent qu'on ne peut en exiger que cinq ans, & d'autres permettent d'en demander vingt-neuf. Ce dernier sentiment est le seul proposable ; car il n'y a que les rentes constituées à prix d'argent dont la répétition d'arrérages soit fixée à cinq années, & l'abonnement pour dîmes n'est point dans le cas de cette exception; d'ailleurs, suivant l'art. 522,
toutes actions personnelles & mobiliaires ne se prescrivent que par 30 ans. *Voyez* art. RENTES.

7°. Les baux des dîmes doivent être passés devant Notaires ; ils ne peuvent excéder neuf années, ni être faits par anticipation de plus de deux ans; si le fermier ou locataire paie d'avance tout ou partie de son bail, il n'a de recours, au cas du décès du bailleur, que contre ses héritiers ; il a dû savoir que tout droit sur la dîme cessoit à la mort du *titulaire*.

DÉCIMES.

Deniers qui se levent sur le Clergé de France, au profit du Roi.

Il y a des décimes ordinaires ou anciennes, & des décimes extraordinaires.

Les décimes anciennes consistent en l'impôt que le Clergé paie chaque année, en vertu d'un contrat passé en 1580 avec Henri III ; contrat qui depuis, jusqu'en 1589 se renouvelle de 10 ans en 10 ans.

Les décimes extraordinaires sont les divers dons gratuits, taxes, subventions auxquels le Clergé est assujetti pour le soulagement de l'Etat.

Ces décimes sont réparties dans les assemblées générales du Clergé, sur chaque diocese. Quand la contribution d'un diocese y a été déterminée, il appartient au Bureau particulier qui y est établi, d'indiquer à chacun des bénéficiers de son ressort la somme dont il est chargé. *Voyez* CHAMBRE ECCLÉSIASTIQUE.

Dans tous les temps le Clergé a été obligé, à cause des aleux, des fiefs ou des bénéfices que les laïques leur avoient aumônés, à des redevances envers le Souverain pour le maintien de la chose publique : de là les *Missi Dominici* tenoient note des différentes especes de biens, dont les Evêques, les Abbés, les Abbesses jouissoient, pour que le Roi pût savoir quels deniers il pouvoit faire percevoir en chaque canton: Concile de Verneuil en 755. can. 6. tom. 2. Capit. Sirmond. p. 810 & *ibid.* ann. 833. & Anc. L. p. 116. premier vol.

DÉCLARATION.

Sous ce mot, on pourroit traiter de la valeur des déclarations que les maris passent dans les contrats de leurs acquisitions, relativement aux dots de leurs épouses; de la forme des déclarations par bouts & côtés des héritages saisis féodalement ou par décret; de la force des déclarations des Chirurgiens & Sages-femmes, à l'égard de la vie d'un enfant lorsqu'il vient au monde; de la forme de celles des filles enceintes: mais il a paru plus naturel de différer à parler de la premiere de ces déclarations, en l'article DOT; de la seconde, aux mots DÉCRET & SAISIE FÉODALE; de la troisieme, quand on exposera l'origine & l'étendue du DROIT DE VIDUITÉ; & de la quatrieme, article GROSSESSE: ainsi il ne sera question dans le présent article que des déclarations dues par les puînés aux ainés, par les tuteurs & les Eglises aux Seigneurs ou au Roi.

1°. *En toutes ainesses les puînés sont tenus donner à l'ainé éroë ou déclaration, signée d'eux, de ce qu'ils tiennent sous lui*: Art. 175 de la Coutume. Il y a peu de possesseurs d'ainesses qui fassent exécuter strictement cette disposition par ses *soutenants*; de là il arrive souvent que des Seigneurs étrangers usurpent la mouvance des terres dont ces soutenants jouissent, au préjudice des vrais Seigneurs de l'ainesse, & qu'après 40 ans ces derniers éprouvent beaucoup de difficultés pour recouvrer leurs mouvances; car *le vassal prescrit en faveur d'un tiers*: Voyez M. Roupnel, article 116 de la Coutume. Ce qui augmente leur embarras, c'est que si l'ainé n'est servi de la part des possesseurs de portions puînées, que de déclarations anciennes, elles sont rarement signées, & ceux-ci refusent, sous ce prétexte, de subir le joug de l'ainesse; & en effet l'Arrêt que Godefroi cite sur l'Article 175, seroit inutilement opposé aux Seigneurs auxquels ils se sont soumis. Cet Arrêt dit bien que des aveux présentés antérieurement à la réformation de la Coutume, quoique non signés, sont valables; mais il n'est applicable qu'à des aveux attestés véritables au moins par la signature d'un homme public, & non aux déclarations des puînés, à la rédaction desquels il n'intervient ni Sénéchal ni Greffier. Si donc le Seigneur, actuellement servi par le soutenant, s'obstine à le conserver comme vassal, la perte de la tenure, pour l'ancien Seigneur de l'ainesse, est inévitable; car d'un côté, *la prescription de 40 ans vaut de titre en justice, pour quelque cause que ce soit*: Article 521; & d'un autre côté, ce n'est qu'à l'égard du vassal *que le droit de foi & hommage dû au Seigneur, est imprescriptible*: Article 116. *Voyez* PRESCRIPTION & SEIGNEUR.

2°. *Si tous les enfants auxquels le fief appartient sont mineurs & en tutele, le Seigneur féodal est tenu de donner souffrance à leurs tuteurs, jusqu'à ce qu'ils ou l'un d'eux soit en âge pour faire la foi & hommage, en donnant déclaration par le tuteur, des fiefs & charges d'iceux, ensemble les noms & âges desdits mineurs, & payant, par chacun an, les rentes qui sont dues à ce Seigneur, à cause desdites terres, sinon au cas où le Seigneur tienne les héritages en sa main & fasse les fruits siens*: Article 197.

Et pour les terres roturieres, appartenantes aux mineurs, le Seigneur féodal doit également donner souffrance au tuteur, à la charge par lui de donner aussi déclaration & d'acquitter les charges, comme pour les fiefs nobles: Article 198.

Ces deux articles ne font pas inutiles : car, aux termes de l'Article 215, le Roi auquel échoit *la garde d'un mineur qui possede un fief relevant nuement de lui, a en même temps la garde de tous les autres fiefs nobles, tenus d'autres Seigneurs* par ce mineur : or, soit que le Roi fasse les fruits siens ou fasse don de la garde, il convient que les droits des Seigneurs n'en éprouvent aucun préjudice; il est donc juste, en ces deux cas, que le tuteur des mineurs indique à ceux desquels les fiefs relevent, le temps où le mineur pourra sortir de la garde royale, & reconnoisse les rentes & redevances dont ces fiefs sont grévés.

Si le tuteur négligeoit de remplir cette obligation, les Seigneurs alors seroient en droit de saisir féodalement, & les frais des diligences qu'occasionneroit cette procédure retomberoient sur le tuteur ou sur les parents qui l'auroient nommé. Il faut néanmoins observer que la déclaration du tuteur, tant pour les biens nobles que pour les rotures du mineur, peut être rétractée par celui-ci à sa majorité s'il se trouve lézé; & il a, pour faire cette rétractation, 30 ans du jour de sa majorité, à moins que le Seigneur ne le force dans le cours des 30 années de lui donner aveu : car alors cet aveu doit réformer la déclaration, sans quoi ses énonciations seroient réputées confirmées par le mineur, & il ne pourroit en obtenir la réforme que dans les dix ans, & au moyen de lettres de restitution fondées sur le dol ou la surprise.

Il est sensible que les puînés ne sont obligés à donner déclaration à leur aîné, & que les tuteurs ne sont tenus à pareille déclaration envers les Seigneurs, que parce que ni les puînés ni les tuteurs ne sont point, à proprement parler, les vrais vassaux du Seigneur. Le Seigneur souffre, il est vrai, que l'aîné partage avec les puînés leur tenure pour leur avantage particulier, mais sans que son inféodation soit démembrée par ce partage; l'aîné seul la lui avoue entiere. Il en est de même du tuteur; il ne doit que des éclaircissements au Seigneur, sans contracter avec lui aucune obligation personnelle. Et 3°. par cette raison, *quand l'Eglise a possédé un fief ou autre héritage par 40 ans, comme pure aumône*, les aumônes étant sous la garde immédiate du Roi, & considérées du même œil que le domaine de la couronne, l'Eglise, à cause d'elles, n'est obligée à aucuns devoirs du vasselage; elle est exempte d'en donner aveu, d'en faire foi & hommage, d'en rapporter les amortissements ou l'indemnité : on ne peut exiger d'elle qu'une déclaration : Article 141 de la Coutume; ce qui est conforme aux Lettres-patentes de François 1er. en 1522, de Henri II en 1547, de Charles IX en 1572, de Henri III en 1575 & 1577; à l'Edit de Melun en 1581, aux Edits d'Henri IV en 1591 & 1606, de Louis XIII en 1612, 1614 & 1641, *qui dispensent le Clergé de fournir aveu & dénombrement de ses biens.*

Dans leurs déclarations, les Ecclésiastiques doivent spécifier les héritages dépendants du fief, les rentes, les redevances, & observer qu'ils ne sont pas sujets à comparoître aux gages-pleges, ni de payer reliefs, treizieme & autres droits casuels : Arrêt du 15 Février 1516. Enfin ces déclarations peuvent être présentées en papier. *Voyez* INDEMNITÉ, MARIAGE, SERMENT.

DÉCLINATOIRE.

Voyez COMPÉTENCE, CONSULS.

DÉCRET.

Ce mot a quatre sortes de significations. 1°. Il désigne la compilation des anciens Canons & Ordonnances ecclésiastiques. 2°. Les décisions ou délibérations des Facultés, arrêtées dans une Université. 3°. L'assignation donnée aux accusés de crimes. 4°. La procédure nécessaire pour se procurer sur la vente judiciaire d'un immeuble, le paiement d'une dette légitime & authentique.

Sous le mot *Décret*, pris au premier sens, *voyez* DÉCRÉTALES, DROIT CANON, & UNION. Sur le deuxieme sens, il faut consulter l'Art. UNIVERSITÉ. Et à l'égard du troisieme sens dont il est susceptible, on observera seulement que par Arrêt du premier Juillet 1749, il a été décidé qu'une femme coupable d'avoir enlevé des effets de la maison de son mari, tandis qu'il étoit en faillite, avoit été valablement poursuivie par la voie extraordinaire.

L'objet unique de cet Article, va donc être l'interprétation du titre de notre Coutume, dont les *décrets* d'immeubles font la matiere.

Nous suivrons le même ordre de ce titre ; ainsi nos observations auront la division suivante :

1°. Origine de la forme des ventes par décret.

2°. Quelle espece de biens peut-on décréter ?

3°. En vertu de quels titres, ou pour quelles causes a-t-on droit de poursuivre le décret ?

4°. Le décret s'introduit-il & se fait-il par des diligences qui aient une forme spéciale ? Et en quoi consistent-elles chacunes en particulier ?

5°. Par la vente & l'adjudication du fonds décrété, à quoi l'adjudicataire, le décrétant, les créanciers sont-ils tenus les uns envers les autres ?

6°. La vente des rotures & des fiefs est-elle assujettie aux mêmes formalités ?

7°. Sur le prix de la vente, en quel ordre & par quels moyens les créanciers se font-ils payer ?

8°. Quels Juges sont compétents de prononcer sur les décrets ?

9°. Quel effet produit le décret ?

10°. S'il est nul, empêche-t-il la prescription ?

11°. Par le décret, le fonds est-il perdu sans retour pour la famille de l'ancien propriétaire ? Et y a-t-il ouverture aux droits lignagers, féodaux, & au centieme denier ?

12°. Les Offices, les Bateaux & les rentes sont-ils décrétés de la même maniere que les héritages ?

SECTION I.

Diverses especes de Décrets, leur origine.

Nous connoissons en cette Province deux sortes de décrets : le volontaire & le forcé. Quant au décret volontaire, il en sera traité article HYPOTHEQUE, où l'on s'attachera à faire connoître le véritable esprit de l'Edit du mois de Juillet 1771.

A l'égard du decret forcé dont notre Coutume s'est uniquement occupée, il porte très-souvent le nom de *Saisie réelle*, parce que la saisie du fonds est la diligence la plus importante des décrets.

Sous les deux premieres races de nos Rois, tout débiteur pouvoit être contraint à payer son créancier, par la saisie de ses meubles, & s'ils étoient insuffisants par celle de ses héritages. Mais on n'exerçoit cette derniere saisie qu'après différentes sommations dont parle la loi salique : Baluse, section 52, col. 319, tome 2, nous a conservé la formule. A chaque sommation, le capital de la dette se trouvoit augmenté de la valeur de 3 sols (1).

---

(1) Le sol d'alors valoit viron 60 liv.

Les Normands conserverent cette forme de procéder. Ils avoient deux sortes de brefs pour contraindre les débiteurs. Le premier nommé *parvum cape*, autorisoit le créancier à saisir les meubles; & le second *magnum cape*, à saisir les immeubles, & même la personne. Les brefs ne pouvoient être mis à exécution qu'après plusieurs sommations & de longs délais. *Voyez* Perkins, ch. 79 & 80.

L'usage de l'écriture qui paroissoit devoir abréger les procédures & prévenir les contestations en fait de saisie d'immeubles, ayant produit des effets contraires, soit par l'impéritie, soit par la mauvaise foi des Officiers ministériels ou des contractants, il fallut prescrire aux diligences & à la vérification des actes, des regles; mais successivement elles se multiplierent au point que l'Echiquier se trouva forcé en 1462 de rendre l'Ordonnance suivante :

» Pour ce que en pays de Normandie
» y a plusieurs reigles & usages sur la
» maniere & forme de passer décret dhé-
» ritage par vertu dobligations exécu-
» toires : desquels usages aulcune chose
» nest porte par escript, dont souven-
» tesfois se suscitent grans & sumptueux
» procès & doléances ; & en advient de
» grans inconvéniens eu préjudice de la
» chose publique : par Ordonnance de la
» Court, pour y mettre provision & or-
» dre, ont été retraits de chacun Bail-
» liage dudit pays les usages particuliers
» de la maniere de passer décrets, affin
» de adviser ung stille & usage général
» pour tout le pays & rédiger par escript
» à perpétuelle mémoire. Lesquels usages
» ont été veus & a esté sur ce retraict
» ladvis de plusieurs notables personnes
» & coustumiers dudit pays. — Et tout
» veu & considéré ce quil fait à veoir &
» considérer ; la Court a ordonné & or-
» donne que doresnavant pour passer dé-
» crets, seront gardées par-toute la Nor-
» mendie les solennitez cy après déclarées.

» Cest à scavoir que quant aulcun voul-
» dra faire passer par décret lhéritage
» de son obligé par défauls de biens-meu-
» bles, il sera tenu montrer au Sergent
» ordinaire les lettres par quel vertu il
» veult faire passer le décret ; & se elles
» sont exécutoires & passées soubs seel
» royal ou autre seel authentique, le Ser-
» gent fera diligence de soy enquerir se
» lobligé a meubles. Et sil nen treuve
» aulcuns, en default diceulx meubles, il
» poura prendre & mettre en la main du
» Roy les héritages appartenans à lobligé :
» & sera faict scavoir & signifié la prinse
» à louye de la paroisse où les héritages
» seront assis, & y seront tenus par 40
» jours. Et apres ladicte signification &
» lesdicts quarante jours passés, celui
» qui requerra lexécution, mettra en la
» main du Sergent iceulx héritages, soient
» nobles ou autres, à certain pris de
» rente ou monnoye à la vallue au pris
» du Roy notre Sire, en tant que len en
» poura avoir pour ledict pris & pour
» toutes rentes & charges quelconques.
» Sur lequel pris au regard des héritages
» nobles, les criées seront faictes par
» troys Dimenches tous p'tinuez par le
» Sergent à louye de la paroisse ou paroisses
» ses où les héritages & choses nobles sestendent
» tendent & sont assis ; & sera ledict Ser-
» gent scavoir par chacune dicelles criées,
» à quelle requeste & pour quelle cause les
» héritages sont prins & mis en la main du
» Roy pour être passez par decret par
» default de meubles, & que sil est aul-
» cune personne qui diceulx heritaiges
» vueille plus donner que le pris qui sera
» déclaré par le Sergent à quoi il aura
» esté mis par celui qui requiert lexé-
» cution ou sur iceulx heritages aulcune
» chose demander, quil vienne ausd. as-
» sises & il sera ouy & receu, sinon le
» passement & adjudication sen fera aux
» prochaines assises au plus offrant & der-
» rain enchérisseur. Les solennitées sur ce

» duement faires & acomplies en pré-
» judice de l'obligé & de tous abſens &
» non comparans.

» Item, & la prochaine aſſiſe dapres leſ-
» dictes criées & ſolennitées faictes, le
» Sergent rapportera icelles criées, & ſe
» ils ſont recordez avoir été faictes ſe-
» lon ce que dict eſt, on lui commendera
» faire veoir & apprecier par nobles ou-
» vriers & voiſins les heritages nobles,
» tant en édifices que aultrement, pour en
» faire rapport aux prochaines aſſiſes en-
» ſuyvans, auſquelles on continuera le paſ-
» ſement dudit decret.

» Item, & cependant & au devant de
» ladicte prochaine aſſiſe, le Sergent yra
» ſur les lieux & fera eſtre des nobles
» & vavaſſeurs non ſuſpects juſques au
» nombre de douze de la baulieue, ſe
» tant en peult recouvrer, ou ſinon & quil
» n'y ait aſſez nobles & vavaſſeurs on
» fournira le nombre des plus prochains
» & anciens voiſins du lieu : & auſſi y
» fera eſtre des ouvriers, ſil y a édifices,
» vignes, saulcuns en y a, & diceulx ſera
» faicte appréciation & meſmes des rentes
» & droits ſeigneuriaux, court & uſa-
» ges & aultres redevances, ſelon ce que
» dict eſt. C'eſt aſſavoir à ung pris de
» rente pour toutes rentes & charges ou
» monnoye à la vallue au pris du Roy en
» tant qu'on en pourra acquitter & ra-
» voir : lequel pris le Sergent mettra en
» eſcript en leurs preſences pour en faire
» rapport devant Juſtice.

» Item, & au regard des héritages non
» nobles ſoient edifiez, plantez ou aultres,
» ſeront ſemblablement prins en la main
» du Roy & y ſeront tenus par leſpaſſe
» de quarante jours depuis la ſignification
» faicte, apres ſeront mis à pris par ce-
» lui qui requiert l'exécution à certaine
» rente ou monnoye à la vallue au pris
» du Roy en tant que vendre ſen pourra,
» & pour toutes rentes & charges. Sur
» lequel pris ſeront faictes troys criées

» par troys jours de Dimenche continuels
» à l'iſſue de la Paroiſſe où ils ſeront aſſis
» ainſi que dict eſt & rapportées aux ples,
» auſquels ples ſans autre ſolennité ou
» appréciation faire ſil appert deſd. criées
» & ſolennitées de l'obligation exécu-
» toire, & quil y ayt de debtes tant en
» oppoſition que en celle dont l'en fera
» paſſer le decret qui ſe monte juſques à
» la moytié du pris à quoy il aura eſté
» crié, on procedera au paſſement d'i-
» cellui decret, eu préjudice de l'obligé
» & de tous aultres abſens & non com-
» parans.

» Item, & ſe on veult faire paſſer par
» decret aulcune rente, l'en y gardera les
» ſolennitez deſſuſdictes es choſes non
» nobles, ſauf que les criées ſe feront ſur
» une ſomme de deniers à payer pour une
» foys, & ſen paſſera le decret au plus
» offrant.

» Item eſt ordonné que doreſnavant
» decret ne pourra être paſſé d'aulcune
» choſe noble eudict pays de Normendie
» à mendre pris que celuy à quoy l'héri-
» tage aura elle apprecie deuement & ſans
» fraulde.

» Item, doreſnavant aulcun debteur ne
» ſera receu à empeſcher le paſſement ou
» adjudication de decret pour allégation
» quil face quil ayt meuble ou cas où il
» appareſtra par relation du Sergent que
» l'obligé ou ſon héritier ayt été ſommé
» de luy bailler & délivrer des meubles
» pour fournir à la quantité de l'exécution
» requiſe, & qui ne les ayt baillez au
» devant de la premiere des trois criées,
» toutefois en conſignant de Juſtice le
» pris, & reſondant à Partie les dépends
» des criées & ſubhaſtes, il ſera receu au
» devant du paſſement du decret.

» Item, & pour ce que ſouventesfois on
» ne ſçait où recouvrer les obligés pour
» faire dilligence ſur le meuble, parce
» que leſdits obligez ſe ſont retirés hors
» de leurs lieux & de la contrée, il »

« été & eft ordonné que dorefnavant fe
» lobligé eft demourant en Bailliage où
» les héritages que len voudra faire paffer
» par decret feront aflis, on fera diligence
» de fommer les obligez de bailler def-
» dicts biens meubles : & sil neft demou-
» rant au Bailliage, le Sergent poura
» prendre & mettre lheritage en la main
» du Roy, ainfi que devant a été dict.
» Et en faifant la fignification de ladicte
» prinfe à louye de Meffe parrochial aux
» voyfins sil y en a aulcuns qui fcachent
» où lobligé eft demourant, & sil eft tef-
» moigné au moins par deux de la pa-
» roiffe quil eft notoire quil eft demou-
» rant en Normendie, & quil declaire
» le lieu pendant lefdicts quarante jours,
» on fera diligence d'y aller faire lexécu-
» tion fur fon meuble, & y gardera len la
» folennité ainfi que devant eft dict. Et
» en cas que aulcuns ne temoigneront fa
» demeure on procedera oultre, & ne
» feroit delors en avant aulcun receu
» après les folennités faictes & accom-
» plies ainfi que dict eft : & le paffement
» dudict decret adjugé à dire & foutenir
» quil euft meubles & quil fut demourant
» en Normendie.

» Item, la Court deffend que aulcun
» Officier, Advocat, Procureur ou Poftu-
» lant en Court dudict pays, ne foit re-
» ceu à mettre ou faire mettre à pris ou
» enchiere aulcun héritage qui fe paffe par
» decret, es mettes de leur pouvoir &
» où ils ont accouftume de poftuler, fur
» peine de perdre lheritage qui en ce cas
» feroit acquis au Roy.

» Se lefdicts Officiers, Advocats &
» Poftulans ne faifoient paffer lefdicts de-
» crets pour caufes de debtes à eulx deues,
» ou que ils fe oppofaffent pour droit à
» eulx acquis eu precedent des criées.

» Item, la Court deffend à tous les
» Juges & Officiers dudict pays que on
» ne contraigne ceulx qui font paffer les
» decrets ne aultres à payer aulcuns de-
» niers pour defpenfe faicte par les Juges
» ne aultres pour caufe du paffement def-
» dicts decrets, ne pour jugement ou ex-
» pédition de caufe, fur peine d'amende
» arbitraire & de fufpention de leurs
» Offices.

» Item, pour efchiver aux dilations du
» garniffement de decret que quierent ou
» pouroient querir ceulx à qui les héri-
» tages feroient adjugez par decret foubs
» couleur de ce quils dient que on ne
» peult fcavoir quelle fomme faict à dé-
» duire pour les charges & rentes an-
» ciennes dont ils nont aulcune connoif-
» fance, & auffi pour ce que aulcunes
» fois ils font oppofans & veulent dire
» que le pris leur doit venir & par aultres
» voyes par eulx quifes qui eft au pré-
» judice de lobligé & des oppofans : il a
» été ordonné que dorefnavant dedens le
» prochain terme daffife fe le decret y eft
» paffé, & sil eft paffé es ples dedens les
» feconds pleds daprès le decret paffé où
» il ny aura aulcune oppofition pour fons,
» celui à qui aura été adjugé le decret
» fera tenu apporter par déclaration les
» rentes & charges anciennes & tolera-
» bles que len ne poura avoir par deniers.
» Et sil eft allegue quil eft deu moins de
» charge que celle qui fera rapportée par
» le porteur du decret, le Juge fera venir
» des voifins tel nombre quil avifera aux
» defpens de celuy qui vouldra excufer
» du garniffement, par la dépofition def-
» quels la défalcation fera faicte, non pas
» que ce vaille pour décifion. Et au fur-
» plus sil eft queftion qui devra emporter
» le pris dudict decret & fuppofe quil
» foit oppofant lui-mefme, fera tenu gar-
» nir de ce que fera en queftion dedens
» les prochaines affifes ou ples, en deniers
» contans de la rente au prix du Roy, &
» il fera contraint comme de chofe ven-
» due par Juftice. Et après les oppofants
» feront ouys fur favoir qui devra em-
» porter les deniers eftans en main de Juf-

» tice. Et commande la Court à tous les
» Officiers dudict pays quils soient dilli-
» gens d'affiner & vuider les oppositions
» defdicts decrets.

» Item, la Court deffend à tous Juges
» que dorefnavant ils ne prennent en leurs
» mains, ne facent mettre es mains de
» leurs Clercs, Greffiers, Sergens & Of-
» ficiers les garniffemens qui fe feront,
» foient defdicts decrets ou aultres ; mais
» iceulx garniffemens facent mettre en
» main feure & bourgeoife, fur peine da-
» mende arbitraire & de fufpention de
» leurs Offices.

» Item, fur le faict des convocations
» pour gager à tenir ou delaiffer, a été
» ordonné que par jours les Bailliages du-
» dict pays de Normendie foit ufé &
» garde dorefnavant le ftile & ufaiges cy
» apres déclaires.

» C'eſt aſſavoir que quant aulcun Sei-
» gneur noble tenant ou aultres pour
» défaults de biens exploictables fur les
» lieux fubjects envers luy en aulcune
» rente non exécutoire vouldroient faire
» convenir les tenans des heritages pour
» gager à tenir iceulx heritages pour la
» rente quil demande & payer lefdictes
» arrérages couftumiers, ou iceulx heri-
» tages délaiffer & payer lefdictes arré-
» rages : ladjournement fera faict à la per-
» fonne ou domicille de celuy que len
» vouldra adjourner sil eſt au pays de
» Normendie pour eftre aux prochains
» pleds & aux aultres enfuyvans où il
» conviendra quinze jours de terme au
» devant des premiers ples. Et s'il eſt hors
» de Normendie, il fera adjourné au lieu
» de la querelle, & ladjournement rap-
» porté à l'ouye de la paroiffe où l'heri-
» tage eſt affis, & y conviendra quarante
» jours au-devant des pleds. Et en fai-
» fant ladjournement foit en perfonne,
» domicile ou ouye de paroiffe, fera de-
» claire par le Sergent la caufe de lad-
» journement.

» Et fe celui qui eft adjourné faict com-
» parence au jour, il fera tenu refpon-
» dre fur la convocation, fe on eſt à
» accord des heritaiges fur lefquels on
» demande la rente.

» Et fe il le gage à tenir, tous fes hé-
» ritaiges demeurent obligez par exécu-
» tion en la rente, & payera troys an-
» nées d'arrérages fe tant en eſt deu,
» avec les aultres depuis écheus. Et
» fe il les delaiffe il payera lefdits arré-
» rages & demoura l'heritage à celui qui
» la fait convenir.

» Et fe il fe laiffoit defaillir apres troys
» défaulx deument prins & données, &
» ladjournement faict ainfi que dict eſt,
» la Partie fera mife en amende, & aura
» attaint le demandeur pour parvenir à
» la fin de fa convocation faire : & aux
» ples en la prefence des gens de la veue
» il fe fera déclaration de fon droit, &
» monftrera fon tiltre fe aulcun en a : &
» fera fon propos & conclurra vers Juftice
» pour l'abfence du tenant.

» Et sil eſt recongnu par les gens que
» les heritages veus & monftrez foient
» fubgects en la rente au demandeur, les
» heritages feront délaiffées par Juftice
» au demandeur pour fa rente ; & lui
» feront adjugez les arrérages fur le de-
» faillant.

» Item, & pour ce que apres iceulx
» heritages ainfy delaiffez par ladicte con-
» vocation ceulx à qui le delays eſt ainfy
» faict, ne pourroient partant tenir iceulx
» heritages dechargées des rentes & char-
» ges ypotecques fans aultres proclama-
» tions & folennitez, qui eſt grand incon-
» venient pour ce que en ce on y ofe édi-
» fier & fouventesfoys en cheent les he-
» ritages en ruyne :

» Il a eſté ordonné que dorefnavant
» apres que l'heritage aura ainfy eſté dé-
» laiffé ceulx qui vouldront tenir leurs
» heritages feurement pourront faire
» fignifier & fçavoir par le Sergent ou-

» dinaire, à jour de Dimenche, à louye de
» la paroisse où les heritages sont assis,
» que sil y a aulcuns qui sur les heritages
» quils declaireront qui ont esté delaissées
» veuille aulcune chose demander ou re-
» cueillir lheritage & payer la rente &
» arrérages pour laquelle il a esté laissé,
» quils soient aux prochains ples ou as-
» sises ensuivans desdictes criées & solen-
» nitez accomplies, & ils y seront ouys &
» receus.

» Après laquelle signification & qua-
» rante jours ensuyvans, le Sergent fera
» troys criées par troys jours de Dimen-
» che tous continuez à louye de la paroisse
» où les heritaiges seront assis, par cha-
» cune desquelles il fera assavoir pareille-
» ment que sil y a aulcuns qui aulcune
» chose veullent demander sur les herita-
» ges, ou recueillir lheritage & payer la
» rente ou renoncer à sa rente, quil vienne
» & se compare aux prochains ples ou assi-
» ses ensuyvans desdictes criées, ou sinon
» ils ny seront delors en avant plus ouys
» ne receus. Et toutesfois sil en y a aul-
» cuns qui soient adjournez particuliere-
» ment à leurs personnes ou à leurs gents
» à leur hostel, il ny conviendra pas at-
» tendre quarante jours de terme, mais
» suffira quil y ait quinze jours de terme.

» Et sil y en a aulcuns quils facent
» comparence, ils seront tenus à respondre
» à la fin de ladicte convocation ou deffen-
» dre la rente de Partie, ou dire & soutenir
» leur rente estre aisée. Et sils ne font
» comparence & se laissent défaillir, quant
» à ceux qui auront esté adjournées en
» general à louye de paroisse sil appert
» de ladicte signification faicte & rap-
» portée es ples ou assises selon les cas
» & quarante jours ensuyvans, & que
» après il y ayt trois défaults deument
» prins & donnez, ils seront privez de
» toutes rentes & charges ypotecques.

» Mais au regart de ceulx qui auront
» rentes premières & anciennes, ils se-
» ront tenus à demander leur droicture
» dedens la convocation & signification
» faicte à ouye de paroisse à la fin dessusd.
» & se ils ne faisoient leur demande de-
» dans ledict an, ils ne seront delors en
» avant receus, & en seront en ce cas
» privez & deboutez à toujours. Et tou-
» tesfois en ce ne seront pas entendues
» les rentes seigneuriales & censives,
» pour cause desquelles sont deus trei-
» ziemes, reliefs : mais en seront réservez
» & exceptez.

» Et au regart de ceux qui auront été
» adjournez particulierement en personne
» ou à leurs gens à leur hostel, se ils se
» laissent defaillir, & il appert de lad-
» journement qui ayt quinze jours de
» terme & trois defaults ensuiz par trois
» pleds ou assises, ils seront privez de
» toutes rentes & charges quelconques,
» soient anciennes, foncieres ou aultres,
» reserve lesdictes rentes signeuriaulx &
» censives.

» Item, & se ainsi est quil en y ait
» aulcun qui vueille recueillir lheritage
» & faire la rente dicelny à qui il aura
» esté ainsi delaissé, en ce cas celui qui le
» recueuldra sera tenu desdommager &
» restituer les despens & mises quil a
» faictes eu procès de ladicte convoca-
» tion en cas de delays, & jusques au
» temps quil fust delaissé avec les arré-
» rages escheus eu précédent du délais.

» Item, & pource que souvent ung ou
» plusieurs garans sont appelles soit pour
» garantir, adjoindre, prendre la def-
» fence ou les sommer, sauf à lappelant
» à deffendre, & combien que par ladicte
» reservation lappelant soit entier de def-
» fendre, supposé que de tous les garans
» luy faillissent du tout : si peult l'appe-
» lant delayer sans soy arrester à garant
» delivrer jusques à ce que les garans
» soient venus à court, & quil ayt ré-
» ponce de ceulx que aulcunes fois ils se
» sont jusques à ce quils ayent eu tous

» leurs delais couſtumiers, & apres deman-
» dent la vue, qui ſont longueurs infinies
» & ſumptueuſes ; la Court a ordonné
» que doreſnavant en telles manieres dap-
» peaulx de garans qui ſe feront pour ga-
» rantir, adjoindre, prendre la deffence ou
» le ſommer ; ſauf à deffendre lappelant,
» fera diligence telle quil verra bon eſtre
» dedens les prochains pleds ou aſſiſes
» enſuyvans de lappellation, de faire ſom-
» mer & venir ſes garans à la fin de
» ſadicte appellation. Et eu cas que aux
» prochains ples ou aſſiſes lappellant ne
» ſarreſtera à garant, délivrer franche &
» abſolut : il nen ſera plus delaye, pour-
» veu touteſfois quil y ayt eu temps de
» faire ladjournement couſtumier.

» Item, pour obvier aux grans tra-
» vaulx & depens qui ſe font par raiſon
» des veues, la Court a ordonné que do-
» reſnavant en toutes matieres héréditalles
» ſoient propriétaires ou poſſeſſoires, le
» demandeur ſera tenu bailler par décla-
» ration lheritage quil entend mouſtrer
» ſe la veue eſtoit tenue ; & aura la Partie
» temps juſques eu prochain auditoire de
» ſoy enquerir des heritages contenus en
» la déclaration. Auquel terme il ſera tenu
» dire ſil veut appeler garant ou deffen-
» dre. En quel cas quil appelleroit ga-
» rand, il ſera tenu ſans delayer pour
» faire dilligence de le faire venir. Et pa-
» reillement de garant en garant, ſans
» paſſer les tiers garant. Et après quil
» aura partie quil veuille deffendre, il
» ſera tenu faire déclaration de ſa dé-
» fence avant que termer veue, affin que
» ſe par la defence quil prendra le deman-
» deur a garant, quil ſoit tenu appelle
» ſans veue termer, ſe appeller le veult ;
» lequel ſon garant ne aultre qui ſera ap-
» pelle ne poura delaye pour veue en lui
» baillant déclaration.

» Item, pour ce que les Sergens aſſient
» les veues pluſieurs foys & ne les tien-
» nent point : & aulcunes foys, le tout
» pour deniers baillez ou promeſſes qui
» leur ſont faictes par ceulx qui veullent
» delayer, ainſi ſont iceulx Sergens de
» grans travaulx au peuple, & en de-
» mandent plus grans ſalaires quils ne
» doivent avoir par raiſon deſdictes veues :
» les autres, par dons & courtoiſies
» quon leur faict ſouvent, delaiſſent ceulx
» qui ſont les plus prochains & les plus
» anciens : la Court ordonne & commande
» à tous les Juges dudict pays quils ſoient
» dilligens denquerir deſdits abus, & en
» faire les punitions ; & oultre quils
» facent dilligence, dabreger les Procès
» deſdictes veues, & faire commande-
» ment auſdicts Sergens que à toute dil-
» ligence ils facent & tiennent leſd.
» veues au termes à quoy ils ſeront ter-
» mées & facent eſtre plus prochains &
» anciens des lieux qui mieulx peuvent
» ſcavoir la vérité du deſcord, ſans ſou-
» lager ne favoriſer aulcun ; & ſe aul-
» cun Sergent eſt trouvé faiſant le con-
» traire, quil ſoit privé de exploicter &
» exercer ſon office, & contraint à en
» faire amende & deſdommager les parties.

» Item, pour éviter aux doléances qui
» ſe prennent des accords des Jugements,
» & interdits de preuves pledées, qui ſou-
» ventesfois empeſchent la connoiſſance
» du principal, & ny a aulcunes des
» parties qui puiſſe prouver les faits néceſ-
» ſaires pour ſoutenir ou défendre leſd.
» doléances, qui ſont procès confus & in-
» finis ; la Court a ordonné & ordonne
» que les parties ſoient appointées en
» faict ou en droit, & après quils auront
» été ouys & toutes leurs raiſons, comp-
» tes & concluſions lun vers lautre : car
» ils bailleront par eſcript chaſcun de ſa
» part les offres & fais par eulx affermez
» & deniez, qui ſeront leus par le Juge
» en leur préſence, incontinent, & au de-
» vant de faire aulcune autre expédit on,
» & lors les appointera en faict ou en
» droit, comme il trouvera que faire

FAÇONNAGE

convenablement les soudures et le collage des pièces rapportées. Tout défaut, surtout pour les poteries vitrifiées, provoque, pendant le séchage et la cuisson, des gauchissements ou des ruptures.

D. — *Moulage au tour*

108. Tours, moules et calibres. — Dans le moulage au tour, applicable aux objets ronds ou ovales, la partie de la pièce qui doit être reproduite avec le plus de soin, l'intérieur ou l'extérieur suivant les cas, est façonnée dans un moule placé sur un tour, tandis que l'autre est faite avec un calibre. Ce moulage se fait donc au moyen de trois engins essentiels : le tour, le moule et le calibre.

Les *tours* sont à arbre vertical, semblables aux tours à potier, qui peuvent servir dans ce but. Cependant, comme l'effort à exer-

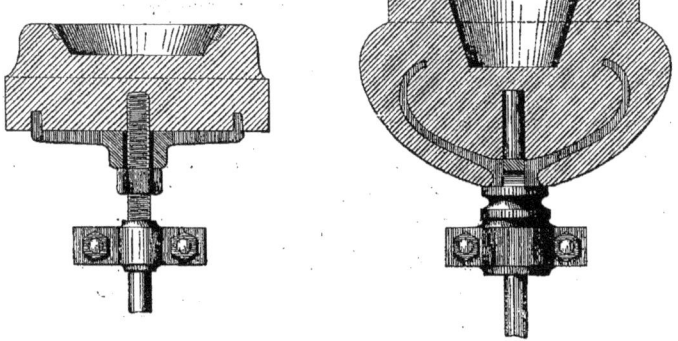

Fig. 103 et 104. — Girelles.

cer est ordinairement moins grand, le disque peut être plus léger et d'un diamètre plus réduit. Mais le moulage au tour s'appliquant surtout à la reproduction d'un grand nombre d'objets usuels (assiettes, tasses, etc.), on se sert généralement de tours mécaniques, en utilisant une des dispositions précédemment décrites. Dans ce cas, il n'est cependant pas nécessaire de pouvoir modifier notablement la vitesse, et même, pour des objets de petites dimensions (tasses, pots de fleurs); il suffit d'un tour à vitesse constante muni d'un débrayage bien à portée du tourneur.

Les girelles des tours sont disposées de manière à recevoir les moules, dont la pose et l'enlèvement doivent pouvoir se faire très rapidement. Dans ce but, elles ont à la partie supérieure un vide tronconique, correspondant à une saillie semblable du moule. Une simple pression suffit pour fixer celui-ci et pour le centrer. Les figures 103 et 104 représentent les dispositions le plus généralement adoptées. Dans la première, la girelle peut être en plâtre ou en bois; dans la seconde, elle est toujours en plâtre. On renforce souvent le bord du vide tronconique par une bague en plomb (*fig.* 103).

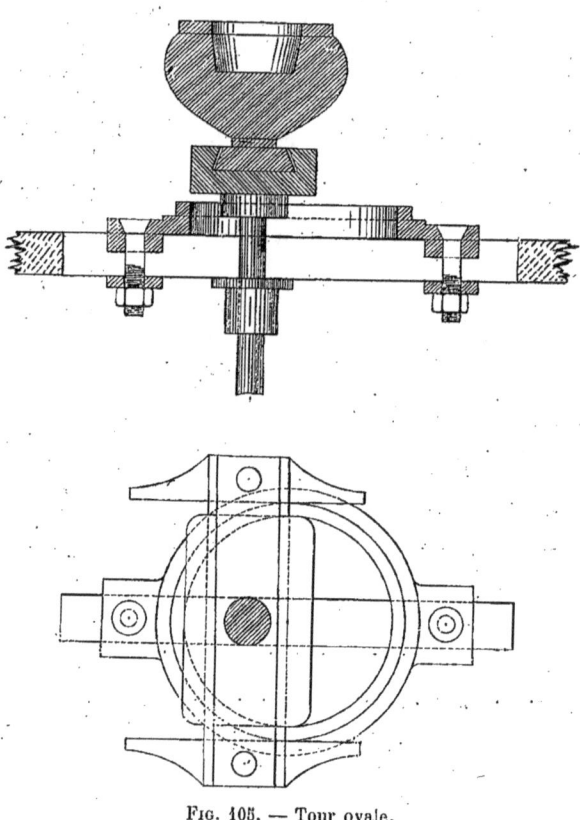

Fig. 105. — Tour ovale.

Les pièces ovales peuvent également être faites sur le tour en employant, par exemple, la disposition représentée par la figure 105. Dans celle-ci l'arbre du tour est terminé par une pièce métallique dans laquelle glisse une sorte de règle portant en son centre la girelle, et à ses deux extrémités des T dont les branches horizontales sont obligées de glisser le long d'un cercle excentré,

FAÇONNAGE

fixé au moyen de deux boulons sur la table du tour. Cet excentrique imprime à la girelle un mouvement de va-et-vient qui se combine avec la rotation du tour, et lui fait en réalité décrire une sorte d'ovale, dont la forme est déterminée par l'excentricité du cercle conducteur.

Les *moules* se font en plâtre, ils sont en une pièce pour tous les objets plats (assiettes), ainsi que pour ceux évasés par le haut (tasses). Il faut, par contre, les faire en deux et quelquefois en trois parties, pour les objets à ouverture rétrécie. Dans tous les cas, ils sont terminés à la partie inférieure par un tronc de cône, destiné à s'emboîter dans la girelle. Les exemples de moulage au tour, donnés dans le paragraphe suivant, montreront les dispositions généralement adoptées.

Les *calibres* (1) sont des lames assez épaisses, taillées de manière à enlever non seulement l'excès de pâte, mais encore à presser celle-ci contre le moule, comme le représente théoriquement la figure 106. Ils sont en acier ou quelquefois en pâte fortement cuite (pâte à faïence ou à porcelaine) que l'on taille à la lime, pour leur donner le profil convenable.

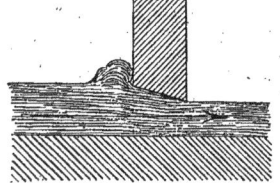

Fig. 106. — Calibre.

La manière dont le calibre est amené en contact avec la pâte dépend de la forme de l'objet à façonner. Lorsqu'on le peut, on le fixe à un support assujetti sur la table du tour et pouvant pivoter autour d'un axe horizontal. Ce support prend, dans ce cas, le nom de *bascule*. La figure 107 montre la forme de bascule la plus usitée, pour tous les objets plats ou largement ouverts par le haut. Dans d'autres cas, le calibre est fixé à une *potence*, qui permet d'abord de le descendre en contact avec la pâte, puis de le faire tourner, au moyen d'une poignée fixée sur la tige verticale, comme le montre la figure 108.

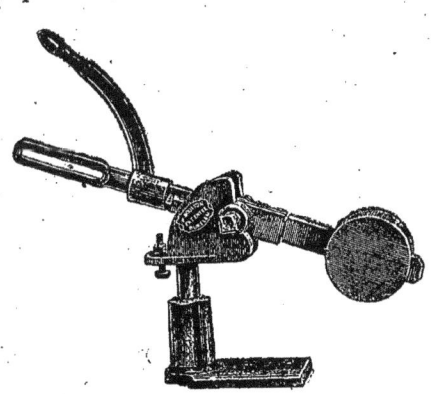

Fig. 107. — Bascule.

(1) On lui donne quelquefois le nom d'*estèques*.

Les exemples suivants feront comprendre le fonctionnement de ces appareils.

109. Procédés de moulage au tour.

— Ce n'est que pour des pâtes plastiques, et pour des poteries communes, de forme appropriée (écuelles, pots de fleurs, etc.), que l'on peut opérer le façonnage en une seule opération. Dans ce cas le tourneur place dans le moule un morceau de pâte d'un volume approprié à celui de la pièce à mouler, puis il met le tour en marche, et introduit progressivement le calibre. Celui-ci refoule la pâte vers les parois du moule, et, lorsqu'il est arrivé à fond de course, laisse entre lui et le moule un espace, occupé par la pâte, qui a exactement la section de la poterie.

Mais, généralement, il est nécessaire de faire préalablement une ébauche, c'est-à-dire une croûte pour les pièces plates et une housse pour les creuses. Les croûtes se préparent comme il a été dit à propos du moulage à la main. On peut aussi placer sur une table un bloc de pâte et couper celui-ci horizontalement par tranches d'égale épaisseur, au moyen d'un fil de fer que l'on fait glisser sur des règles placées à droite et à gauche du bloc. Ce sont ordinairement des règles en fer que l'on empile les unes sur les autres, sur une hauteur à peu près égale à celle du bloc. On guide d'abord le fil en l'appuyant sur les deux règles supérieures, puis, après avoir retiré le morceau détaché du sommet du bloc, on enlève une règle de chaque côté, on coupe de nouveau, et on obtient ainsi une croûte dont l'épaisseur est égale à celle des règles. Puis, on continue l'opération en enlevant, chaque fois, deux règles.

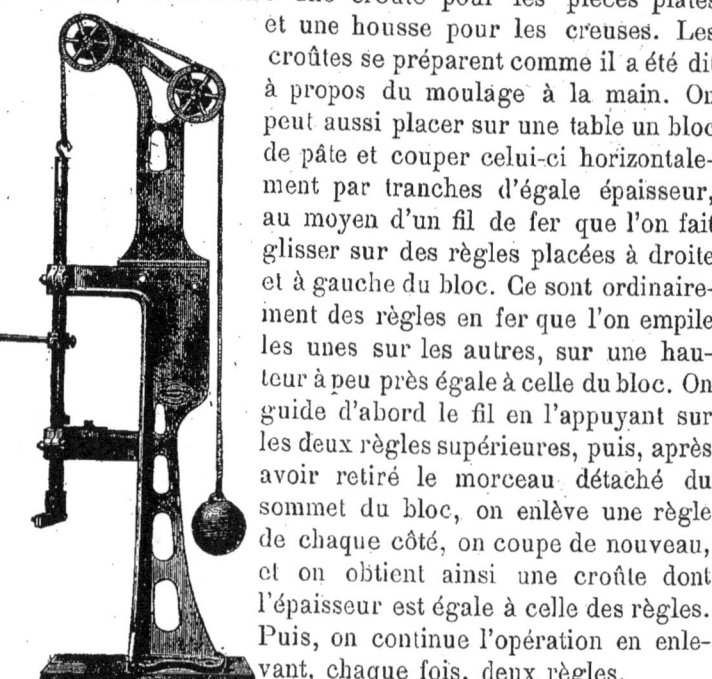

Fig. 108. — Potence.

Pour des pièces soignées (assiettes, plats), qui doivent avoir une pâte compacte exempte de bulles d'air, on préfère faire les croûtes sur le tour. Dans ce cas, la girelle étant remplacée par un disque (*fig.* 109), on y place un morceau de pâte qui est égalisé sous forme de croûte au moyen d'un calibre monté sur une bascule. Lorsque la pâte est très maigre (porcelaine), on préfère la disposition représentée par la figure 110, dans laquelle la girelle est surmontée d'un cercle en bois recouvert d'une peau tendue.

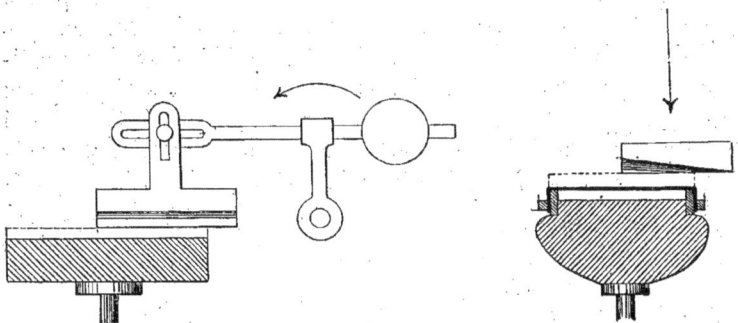

Fig. 109 et 110. — Façonnage des croûtes.

Le calibre qui a une forme héliçoïdale est descendu verticalement, et, la croûte achevée, on l'enlève avec le cercle.

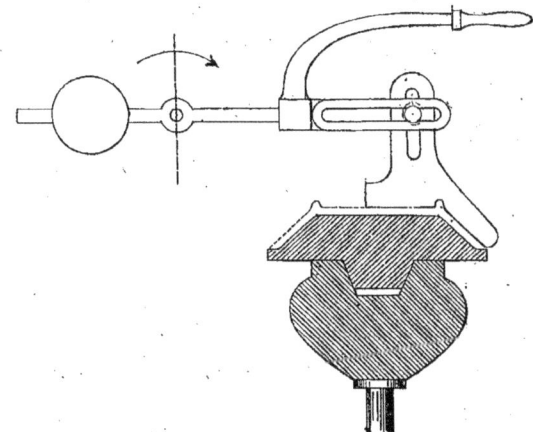

Fig. 111. — Moulage au tour.

Quant aux housses, elles sont faites sur le tour à potier ou le tour mécanique, par les procédés indiqués précédemment.

L'ébauche, croûte ou housse, étant ainsi faite, on la place sur ou dans le moule, et, mettant le tour en marche, on l'appuie de manière à lui faire épouser la forme du moule. Il reste alors à façonner la surface libre, ce qui se fait en approchant le calibre.

La figure 111 représente cette opération dans le cas du façonnage d'une pièce plate avec une pâte assez plastique, comme celle de la faïence. De même, la figure 112 montre le moulage d'une pièce creuse. Dans ces deux dispositions, il faut placer le calibre de manière à ce qu'il commence à appuyer au centre de la pièce, de façon à chasser l'excès de pâte vers la circonférence. Lorsque les poteries ont une forme bombée, ce procédé n'est plus applicable, et l'exemple suivant (*fig.* 113) montre une des dispositions que l'on peut employer. Le calibre est suspendu à l'extrémité d'une potence, au bout d'un arbre légèrement excentré par rapport à l'axe du tour. Lorsque le calibre est dans la position représentée en plan en AA', il peut être introduit par l'orifice rétréci

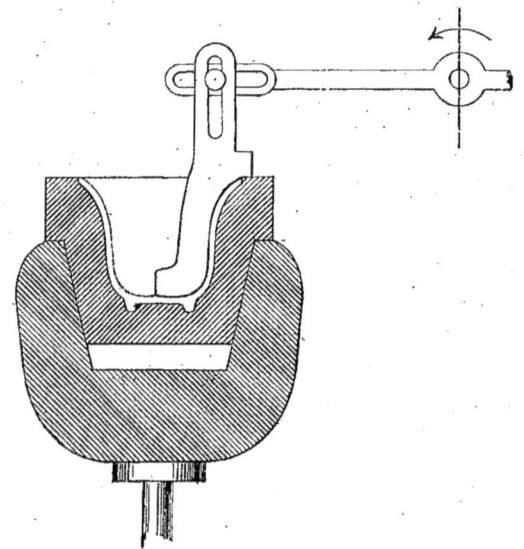

Fig. 112. — Moulage au tour.

de la poterie, si on lui fait alors décrire un quart de cercle, il prend la position BB' qui le met en contact avec la pâte. Pour permettre le démoulage, il est nécessaire de faire le moule en deux parties.

De même que dans le moulage à la main, il faut, dans le moulage au tour, approprier l'outillage à la forme spéciale de chaque pièce; mais les exemples précédents suffisent pour montrer les principes généraux de ce mode de façonnage.

Lorsque la pâte est très maigre, ce qui est le cas ordinaire de la porcelaine, on rencontre une première difficulté à obliger l'ébauche, de prendre la forme du moule, surtout si celle-ci diffère sensiblement de celle de l'ébauche. On est quelquefois conduit à employer une machine spéciale qui sert à appliquer l'ébauche avant l'emploi du calibre, il en sera parlé à propos de la fabrication spéciale de la porcelaine. La seconde difficulté réside dans l'usage du calibre lui-même, qui exige une certaine plasticité de la pâte. Si celle-ci est insuffisante et s'il s'agit en même temps de façonner des objets minces, on est quelquefois obligé de supprimer le calibrage, et d'adopter le procédé suivant : l'ébauche, à laquelle on donne une épaisseur notablement plus grande qu'il n'est nécessaire, après avoir été appliquée sur le moule, celui-ci étant monté sur le tour, est laissée se ressuyer, puis on la démoule et on termine le façonnage au moyen d'un tournassage. Celui-ci s'effectue sur un tour vertical ou horizontal, suivant la forme des poteries, comme on l'a vu précédemment. Ce tournassage constitue dans ce cas la principale opération du façonnage, il ne faut donc pas le confondre avec les opérations du rachevage, dont il sera question plus loin. La pâte étant déjà assez sèche, le tournassage provoque une forte poussière, qui a des inconvénients sérieux pour

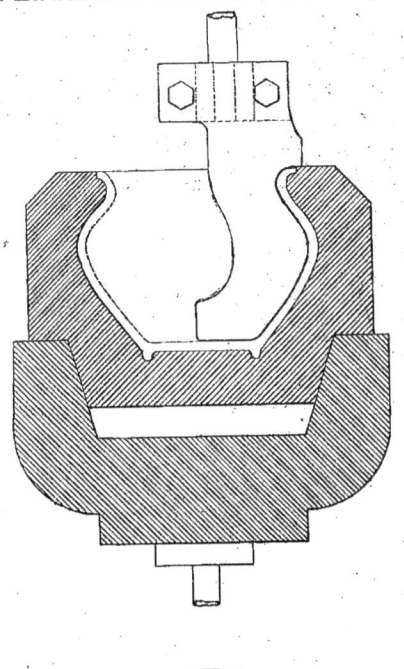

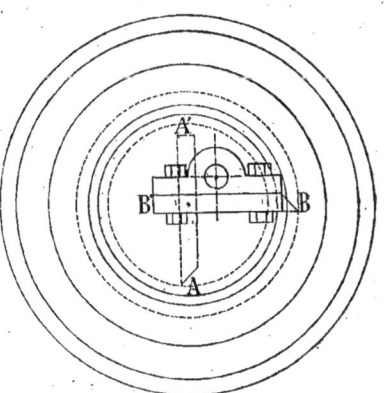

Fig. 113. — Moulage au tour.

la santé des ouvriers; aussi convient-il, comme il a déjà été dit, de l'aspirer au moyen de ventilateurs, ou, tout au moins, de munir les tourneurs de masques appropriés.

E. — *Moulage à la presse*

110. Moules. — Dans le moulage à la presse, la pâte est comprimée mécaniquement dans des moules. L'outillage nécessaire à ce procédé de façonnage comprend donc deux organes essentiels : le moule et la presse.

Les *moules*, malgré la diversité de leur forme, peuvent se ranger en deux catégories, d'après la manière dont l'effort mécanique agit sur la pâte : les moules à écrasement et les moules à compression.

Les *moules à écrasement* se composent généralement de deux parties, qui, en se rapprochant, écrasent la masse de pâte qui a été placée entre elles et la forcent à prendre la forme du vide qui les sépare. La pâte en excès s'échappe comme bavure entre les deux parties du moule. En écartant ensuite celles-ci, l'objet façonné reste attaché à l'une ou à l'autre ; suivant la forme de la pièce, on emploie différents moyens pour l'en détacher.

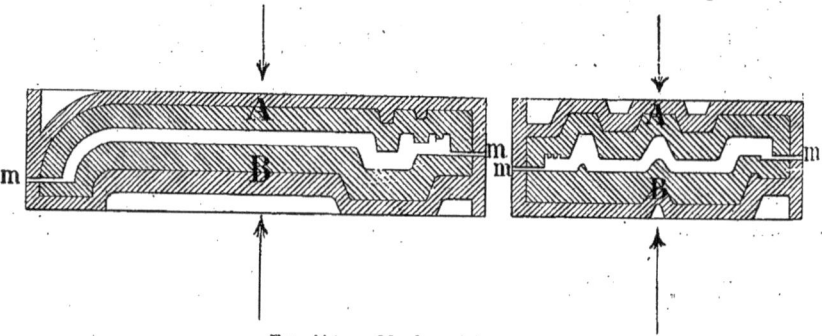

Fig. 114. — Moulage à la presse.

Ce mode de façonnage permet d'utiliser les pâtes à presque tous les degrés de consistance, pourvu que l'objet façonné ne se déforme pas au démoulage. Lorsqu'on se sert de pâte molle, on fait le moule de préférence en plâtre, ou plutôt en métal recouvert de plâtre dans les parties en contact avec la pâte. Dans ce cas, le plâtre est, en effet, la seule matière qui permette un démoulage facile. Lorsque la pâte est ferme, le plâtre ne résisterait pas à la pression qu'il faut donner, et il est nécessaire d'avoir recours aux moules métalliques qui, généralement, doivent être lubrifiés, pour empêcher l'adhérence.

FAÇONNAGE

La pâte, qu'elle soit molle ou ferme, doit être ébauchée avant d'être placée entre les moules.

La figure 114 représente par ce procédé le façonnage d'une tuile en pâte molle. Les moules métalliques sont garnis intérieurement de plâtre. Lorsqu'ils reposent l'un sur l'autre, le vide correspond exactement à la forme de la tuile. La pâte est mise entre les moules, sous forme d'une croûte (galette) ayant environ les dimensions de la tuile, mais d'un volume légèrement plus grand. L'excès de pâte s'échappe en formant des bavures le long des surfaces de contact (m). Le démoulage se fait en écartant les moules et en renversant le moule inférieur.

Comme second exemple, la figure 115 représente le moulage d'un pot à fleurs, en pâte assez ferme. Le moule entièrement métallique est composé de trois parties : A, B et C.

Les parties B et C étant dans la position représentée sur la figure, et A étant soulevé, on met dans le moule un cylindre de pâte ayant un volume légèrement plus grand que celui du pot à fleurs. On abaisse A, l'excès de pâte sort en m ; puis on relève A, et, en soulevant le fond C, on effectue le démoulage.

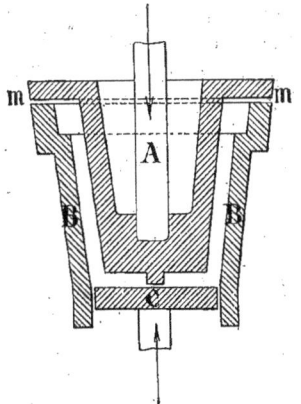

FIG. 115. — Moulage à la presse.

On trouvera dans la seconde partie de cet ouvrage d'autres exemples de moules de ce genre, qui permettent le façonnage d'objets très divers, surtout si on fait les moules en plusieurs pièces, pour permettre le démoulage des parties rentrantes. Les exemples précédents suffisent pour montrer que, pendant tout le temps que dure le rapprochement des moules, la pâte s'étire pour suivre les contours et que l'excès s'échappe en se laminant entre les bords extrêmes. La force nécessaire pour effectuer le moulage est celle dépensée par le frottement de glissement de la pâte sur elle-même et sur les parois du moule. Cette force dépend donc de la consistance, de la quantité de pâte en excès et de la forme du moule. La consistance est souvent imposée par d'autres considérations, parmi lesquelles la plus importante est la nécessité d'éviter des déformations au démoulage. Mais, en principe, au seul point de vue du façonnage, il ne faut pas donner à la pâte une consistance exagérée, qui, non seulement occasionne une plus grande dépense de force, mais, ce qui est plus grave, donne, par suite du laminage de la pâte, des produits à structure feuilletée, dans lesquels les différents feuillets sont insuffisamment soudés. L'excès de pâte doit être suffisant pour assurer le remplissage complet de tous les vides; il dépend essentiellement de la forme du moule et de celle de l'ébauche, mais, cette condition étant remplie, il ne faut pas l'exagérer.

Enfin, si on considère ce qui se passe pendant le moulage, on voit que, dans certaines formes de moule, par exemple dans le cas de la figure 114, il reste de l'air emprisonné dans les parties creuses; cet air se comprime en empêchant la pâte de pénétrer complètement. On atténue beaucoup cet inconvénient en donnant deux ou même trois pressions successives, écartant chaque fois un peu les moules pour permettre à l'air comprimé de s'échapper. On peut aussi percer des évents, mais, à moins d'employer une pâte très consistante, ceux-ci ont une tendance à se boucher à chaque opération.

Les *moules à compression* se composent d'une matrice dans laquelle on met la pâte, qui est ensuite comprimée par un mandrin y pénétrant exactement. Ce façonnage se fait en pâte ferme ou sèche, les moules étant toujours en métal. La matrice est quelquefois en plusieurs pièces pour permettre le démoulage.

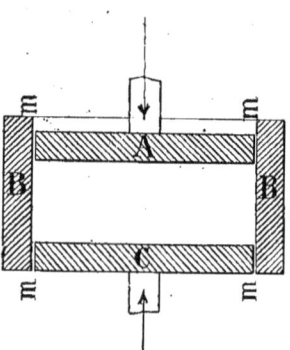

Fig. 116. — Moulage à la presse.

La figure 116 représente la disposition principale de ce mode de façonnage. L'ébauche en pâte ferme, ou la quantité mesurée de pâte sèche, est introduite dans la matrice formée par les parties B et C, puis on descend le mandrin A. Lorsque la pression est suffisante, celui-ci est relevé, puis on opère le démoulage en soulevant le fond C. On peut aussi descendre ce fond en le faisant suivre pendant quelque temps par le mandrin A et opérer le démoulage par le bas. Dans quelques machines le mandrin A et le fond C se rapprochent simultanément pour opérer la pression, le démoulage se faisant ensuite comme précédemment.

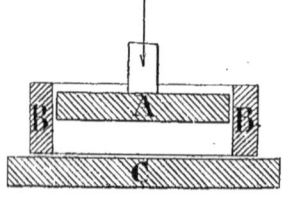

Fig. 117. — Moulage à la presse.

Pour des objets de faible épaisseur, des carreaux par exemple, on préfère souvent la disposition représentée par la figure 117, dans laquelle le démoulage s'opère en enlevant la partie B de la matrice. Enfin, pour des formes plus compliquées, on peut faire celle-ci en plusieurs pièces. On trouvera également dans la seconde partie de l'ouvrage quelques exemples spéciaux de moules à compression.

La force employée pour effectuer le moulage a, dans ce cas, pour effet, d'abord de forcer la pâte à remplir le moule, et ensuite de la comprimer au degré voulu.

En adoptant le façonnage dans des moules à compression, on peut avoir deux buts différents :

1° Donner une forme précise à une ébauche faite généralement par moulage en pâte molle, après avoir laissé la pâte se raffermir et la plus grande partie du retrait s'opérer ;

2° Façonner en une seule opération des objets avec de la pâte sèche.

Dans le premier cas, on ne peut qu'améliorer la forme, mais non la qualité des produits, car la compression détermine dans la pâte des plans de glissement, qui ne sont plus qu'imparfaitement soudés entre eux, par suite du manque de plasticité.

Dans le second cas, on remplace la plasticité par une compression qui doit être d'autant plus énergique que la pâte est plus sèche. Mais ce but ne peut être que partiellement atteint, car la pression ne peut jamais donner aux molécules plates de l'argile la cohésion qu'elles acquièrent par leur mélange avec une quantité suffisante d'eau. En outre, l'air qui se trouve entre les grains de la pâte sèche ne peut pas entièrement sortir par les joints du moule ou par les évents qu'on y ménage.

Si on se reporte à la figure 116, on voit que l'effort de compression commence par agir sur les parties supérieures de la pâte pour se propager de proche en proche aux inférieures. L'air contenu dans celles-ci ne peut traverser la couche supérieure déjà rendue compacte par la compression ; il se trouve donc emprisonné et s'étend sous forme de nappes, qui séparent les couches de pâte et empêchent toute adhérence. On ne peut remédier à ce grave inconvénient qu'en donnant plusieurs pressions successives, en laissant chaque fois l'air comprimé s'échapper. Néanmoins, pour des produits très épais, ce remède reste insuffisant.

Aussi le moulage avec la pâte sèche, qui ne tient aucun compte des propriétés physiques essentielles de l'argile, devrait-il être absolument condamné, s'il ne permettait en certains cas, par la simplification de la préparation des pâtes et par la suppression de la dessiccation, de diminuer notablement le prix de la fabrication, quoique aux dépens de la qualité des produits.

111. Presses. — Les systèmes de presses sont très nombreux, et leur description complète serait un véritable traité de mécanique. Il ne sera donc donné ici que des indications générales, seules intéressantes au point de vue strictement céramique.

Les presses peuvent agir soit par choc, soit par pression.

Dans les *presses à choc*, il faut accumuler dans le mandrin et le mécanisme qui le commande une force vive correspondant

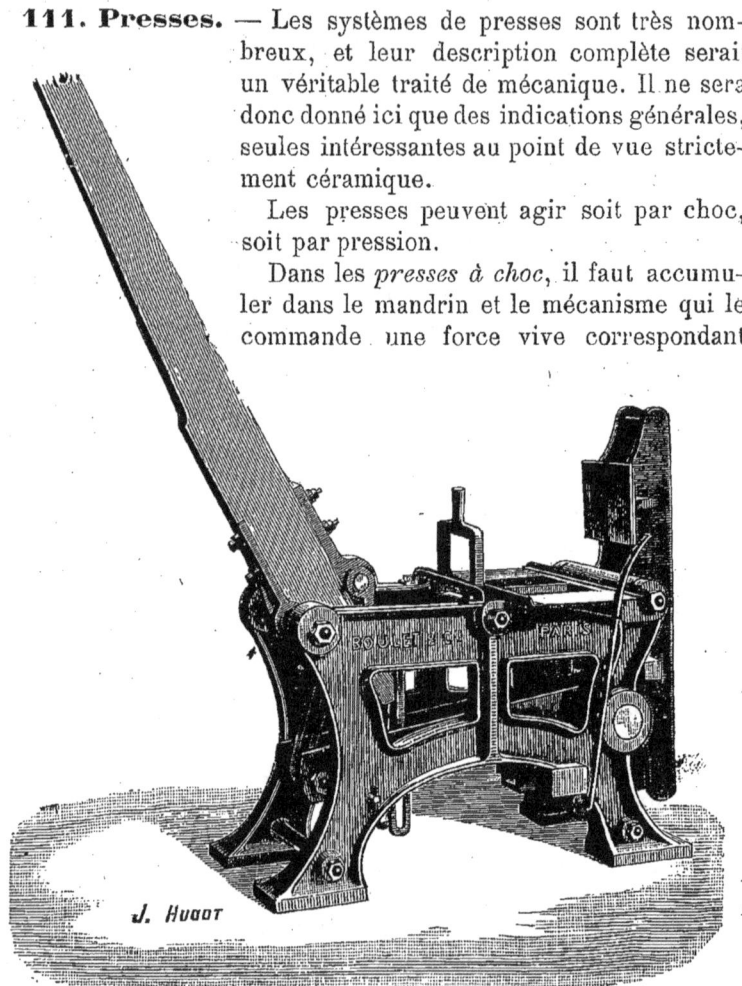

Fig. 118. — Presse à levier.

au travail à effectuer. Comme l'évaluation de ce travail est trop complexe pour se faire par le calcul, on ne peut se rendre compte que par des essais de la puissance de la presse.

Le mouvement est forcément intermittent, le mandrin ou l'une des parties du moule continuant son mouvement jusqu'à ce que

» se devra : auxquels faits ainsi signer par
» iceulx Advocats foy sera adjoustée.

» Item, la Court a ordonné que do-
» resnavant, pour faire approbation ou
» vérification d'aulcune cédule, on ap-
» pelle la partie pour congnoitre ou nier
» à son faict, & sil est adjourne en per-
» sonne à celle fin avec intimation, & il
» ne compare au jour, silny envoye excu-
» sation coustumiere, la partie sera receue
» par le défault à vérifier & enseigner
» le faict par témoing, ou se raporter
» au serment de sa partie prest de le faire :
» eu quel cas quil sen rapporteroit au
» serment de sa partie, il conviendroit
» nouvel adjournement & signification ;
» & se au jour il ne venoit & il apparoist
» de ladjournement suffisant, le deman-
» deur sera receu à faire ledict serment
» qui suffiroit pour prouver le faict ; &
» se ladjournement n'est faict en personne,
» il y conviendra deux défaulx deuement
» prins & ladjournement faict coustumie-
» rement ; & se il faict comparence &
» veult défendre, il sera receu.

La Coutume réformée a ajouté quelques dispositions à cette Ordonnance ;
mais cela n'empêche pas qu'elle ne soit
très-propre à en faciliter l'interprétation.

SECTION II.

Quelle espece de biens peut-on décréter ?

1°. *Les héritages, rentes, choses immeubles appartenants ou ayant appartenu
au débiteur*, peuvent être décrétés :
art. 546 de la Coutume. Sous le mot
d'*héritage*, il faut comprendre les rotures & les fiefs ; sous celui de *rentes*, les
rentes hypotheques & foncieres ; & enfin, par ces expressions, *choses immeubles*, suivant l'article 508, le décret peut
être poursuivi pour l'usufruit d'un immeuble, si cet usufruit appartient au
debiteur : il en doit être de même des
baux à rentes rachetables, suivant l'article 462.

2°. L'Ordonnance d'Orléans, Article
12, déclare le titre sacerdotal inaliénable ; mais il ne suit pas de là que l'on
ne puisse faire saisir réellement le fonds
sur lequel le titre est affecté, à la charge
par le décrétant de fournir la valeur du
revenu du titre à l'Ecclésiastique durant
sa vie. Il y a plus : si le Prêtre a d'autres
biens que le fonds qui forme son titre,
suffisants pour le faire subsister convenablement, le décret de ce fonds peut être
valablement fait. Ces deux points ne doivent pas être contestés, d'après les Arrêts
des 20 Juillet 1671, & 30 Juillet 1676,
rapportés par Basnage sur l'article 546
de la Coutume. *Voyez* TITRE CLÉRI-
CAL, NOURRITURE.

3°. Quoique les biens donnés à l'E-
glise soient hors du commerce, cependant
la donation qui en est faite ne les décharge
point des hypotheques qui lui sont antérieures ; parce que pour donner, il faut
être en pleine propriété, & on ne l'est d'un
fonds que jusqu'à concurrence de ce qui
en excede les charges.

4°. On peut faire décréter les biens échus
au Roi par confiscation ; mais on ne doit
pas les décréter sous le nom du Roi, sans
exprimer le titre auquel Sa Majesté possede.

5°. La condition de réméré peut être
décrétée sur ceux en faveur desquels elle
est retenue ; mais si après la vente de l'héritage la faculté de réméré est décrétée,
les créanciers antérieurs peuvent saisir
l'héritage au préjudice de l'adjudicataire
de la faculté, quoiqu'ils ne se soient pas
opposés au décret de cette faculté : *Traité des Décrets*, p. 6.

6°. Lorsqu'un créancier achete un héritage de son débiteur ; des créanciers postérieurs à sa créance, mais qui en avoient
une lors de la vente, ont droit de faire
saisir réellement le fonds, & l'acquereur

n'a d'autres ressources que de venir au décret par opposition, faire valoir sa créance : Arrêt du 26 Juin 1605, rapporté par Bérault.

7°. Par la raison qu'on ne peut saisir que les biens de son créancier, le décret n'a pas lieu sur un fonds destiné à l'usage public pour les dettes de la communauté. Le créancier n'a pas pu présumer, en prêtant à cette communauté, que son intérêt particulier pourroit un jour anéantir un établissement important pour le général, & qui ne peut être détruit que par l'autorité souveraine.

8°. Le créancier est en droit de décréter les immeubles affectés à sa crédite par le tiers acquéreur, & ne peut être auparavant obligé de discuter les biens de son débiteur, ni ceux de ses héritiers. Mais le tiers acquéreur peut donner déclaration par bouts & côtés des biens possédés par le débiteur ou par des acquéreurs postérieurs à son acquisition, pour être adjugés par le décret à ses périls & risques, en donnant caution que le décrétant sera porté de ce qui lui est dû en exemption de frais de décret & de treizieme : article 131 des Placités.

SECTION III.

En vertu de quels titres & pour quelles causes peut-on poursuivre le décret ?

1°. Les titres en vertu desquels on peut décréter sont, suivant l'article 546 de la Coutume, les obligations reconnues, les Sentences de Justice portant exécutions, les contrats passés devant Tabellions ou Notaires, ou autres Lettres exécutoires ; en observant, avec l'art. 129 des Placités, que le contrat ou Jugement, qui étoit exécutoire contre le défunt, l'est aussi contre l'héritier, tant sur les biens de la succession que sur ceux de l'héritier lui-même. On peut aussi décréter en vertu d'une obligation reconnue en la Juridiction Consulaire : Arrêt du 22 Mai 1637.

2°. Mais c'est une question de savoir si une Sentence écrite sur le plumitif d'une Juridiction, dont la grosse délivrée par le Greffier duement scellée, auroit été signifiée au Procureur & à domicile, seroit nulle, parce qu'elle n'auroit été signée du Juge, ni sur le plumitif, ni sur la grosse ? En effet, si, pour l'affirmative, on peut objecter le Réglement du 2 Août 1678, celui du 4 Décembre 1699, les Arrêts des 11 Février 1710 & 15 Mai 1753, & l'article 8 du titre 26 de l'Ordonnance de 1667 : ne peut-on pas leur opposer que ces loix ne prononcent pas la nullité de l'acte non-signé du Juge, & qu'il y a eu des motifs puissants pour que les actes non-signés du Juge ne fussent pas annullés ? Car, comment feroit-on porter la peine de nullité à une partie qui n'a pas l'inspection du plumitif ? Ne seroit-il pas contre le bien public & sa sûreté, qu'un créancier légitime perdît le fruit de la Sentence qu'il auroit obtenue par le défaut de signature d'un Juge auquel il n'a pu ni dû rappeller son devoir, ou par la mauvaise volonté de ce Juge, qui souvent ne seroit pas, à beaucoup près, en état d'indemniser ceux auxquels il auroit fait préjudice, sur-tout si l'existence de la Sentence étoit constatée, ainsi que son énonciation, par son enregistrement dans l'ordre du plumitif, & qu'elle eût été approuvée par les Jugements enregistrés postérieurement ? Ces observations sont sans doute très-propres à établir que les Réglements, Arrêts & Ordonnances cités ne prononcent la peine de dommages & intérêts contre les Juges, que pour les contenir dans l'exactitude qu'ils leur prescrivent, & les avertir que si leur négligence occasionne aux parties des Procès, ils doivent être punis comme en étant la cause ; mais ces observations ne paroissent devoir

devoir être d'aucun poids, lorsqu'outre le défaut de signature du Juge sur le plumitif, le même défaut se rencontre sur la grosse. La partie a dû veiller, avant de la mettre à exécution, à ce qu'elle fût en regle.

3°. Le Décret fait en vertu d'un acte reconnu en Jurisdiction Ecclésiastique, ne seroit pas valable; l'autorité du Prince d'où émane le pouvoir de cette Jurisdiction, ne lui a pas déféré celui d'accorder aux actes hypotheque ni exécution parée pour affaires purement civiles.

4°. Le décret seroit nul s'il étoit poursuivi en vertu d'obligations passées devant Notaires ou en Jurisdictions de Nations étrangeres; il n'y a que le sceau du Roi qui, en France, donne aux actes leur exécution.

5°. La nullité seroit encore valablement opposée, si la somme portée en l'obligation n'étoit pas liquide : si son paiement dépendoit d'une condition, d'une alternative, d'une appréciation, ou si la somme n'étoit due qu'en vertu d'un Jugement provisoire; un Jugement de cette espece n'attribue aucuns droits certains à celui qui l'obtient : or, si on ne peut saisir un meuble que pour dette liquide, à plus forte raison la saisie d'un immeuble exige-t-elle que le titre qui en est le principe soit incontestable : Arrêt de 1547, rapporté par Bérault, p. 182, 2ᵉ volume, derniere édition.

6°. On ne peut saisir réellement un héritage pour sommes modiques. Lors d'un Arrêt rapporté par Basnage sur l'article 546 de la Coutume, M. le Premier Président avertit les Avocats que les décrets n'étoient point admis *pour une somme de 50 livres une fois payée*; & le 16 Mai 1732, on dispensa du décret un créancier auquel il étoit dû plusieurs années d'arrérages d'une partie de rente de 20 sols, & qui n'avoit fait simplement qu'un arrêt sur une rente de 8 liv. entre les mains de celui qui l'avoit acquise de son débiteur : on donna cependant l'option à cet acquéreur ou d'indiquer au créancier des 20 sols de rente d'autres biens que la rente de 8 liv. capables de supporter les frais du décret, ou de prendre du créancier des 20 sols de rente la subrogation à ses droits que celui-ci lui offroit.

7°. On ne peut décréter pour arrérages de rentes seigneuriales, parce que le Seigneur a le droit de saisir les fruits : Arrêt du 6 Mai 1654. Mais si le vassal s'est reconnu redevable, par obligation, d'une somme provenante d'arrérages passés indépendamment des courants & de ceux à échoir, on considere alors l'obligation comme constituant une dette particuliere, pour l'acquit de laquelle les fruits du fonds seroient trop long-temps insuffisants, & la voie du décret est ouverte pour s'en faire payer le capital : Arrêt de 1675, cité par Basnage, Art. 546.

8°. On ne doit pas décréter le fonds pour le treizieme qui est dû; il suffit de saisir les levées : Arrêt de l'an 1540. Mais si les fruits du fonds doivent, outre le treizieme, des arrérages des rentes, alors le décret doit être admis : Arrêt du 23 Janvier 1664.

9°. La plus-pétition n'annulle pas la demande, sauf à un créancier opposant à se pourvoir à l'état pour faire réduire les créances du décrétant.

10°. Celui qui a perdu la grosse de son contrat ou Sentence, peut se faire autoriser par Justice d'en lever un extrait sur la minute étant ès mains des Greffiers ou Notaires, l'obligé présent ou duement appellé, lequel extrait a même effet & hypotheque que la grosse. Placités, Art. 119.

11°. Si le contrat ayant été passé ou le seing-privé ayant été reconnu devant Notaires, les regitres ne peuvent en être recouvrés; on est reçu à prouver par témoins que le contrat & la reconnoissance ont été vus, tenus & lus, & le contenu en iceux, & qu'il y a eu possession en vertu dudit contrat: Article 528 de la Coutume.

12. Lorsqu'on décrete en vertu d'acte passé en une autre Jurisdiction que celle où sont assis les fonds à décréter, on doit obtenir paréatis, ou une attache du Juge du lieu de l'assiete des fonds.

SECTION IV.

Forme particuliere des diligences pour la poursuite des décrets.

On réduit à douze les diverses diligences indispensables pour la perfection des décrets.

La premiere, est la sommation préparatoire, par laquelle celui qui veut décréter déclare au débiteur son intention.

La seconde est la déclaration des biens que l'on entend comprendre dans le décret.

La troisieme, la saisie des biens & l'établissement d'un séquestre.

La quatrieme a pour objet la location des fonds à décréter.

La cinquieme regle les délais & la forme des criées & proclamations des biens à vendre selon qu'ils sont nobles ou roturiers.

La sixieme est le record ou affirmation que le Juge exige du Sergent sur l'exactitude de ce qui est énoncé en ses diligences.

La septieme est la certification ou Jugement par lesquels les diligences sont déclarées non-valables ou régulieres.

La huitieme est l'interposition, c'est-à-dire la Sentence qui ordonne la vente, & accorde à toutes personnes le droit de s'y rendre enchérisseurs.

La neuvieme est l'adjudication qui se fait des fonds décrétés au profit commun des créanciers.

La dixieme est l'adjudication que, par grace, la Coutume accorde pour le profit particulier de quelque créancier.

La onzieme est l'adjudication définitive.

Et la douzieme, l'état d'ordre ou distribution du prix de la vente.

De la Sommation.

La sommation doit être faite à la personne & au domicile de l'obligé ou de ses hoirs, ou de l'un d'eux, à ce qu'ils paient la somme due, & pour laquelle on prétend faire décréter l'héritage, ou qu'ils indiquent meubles suffisants, sans qu'il soit besoin de faire sommer le tiers possesseur: art. 546 de la Coutume. Cependant comme le tiers acquéreur ne peut être obligé de déguerpir, ni de laisser son héritage aux créanciers hypothécaires, & ne peut être dépossédé que par la saisie réelle, art. 120 des Placités; le créancier peut le contraindre, suivant l'article 532 de la Coutume, à lui passer titre nouveau de l'héritage qui lui est hypothéqué, soit à titre particulier ou à droit universel & successif, & à reconnoître que son héritage est obligé à la dette.

Car le créancier peut saisir par décret les immeubles hypothéqués à sa crédite, possédés par le tiers acquéreur, sans être obligé de discuter auparavant les biens de ses débiteurs ou héritiers, si mieux n'aime l'acquéreur donner déclaration des bouts & côtés des héritages possédés par le débiteur ou acquéreur & possesseur de lui, pour qu'ils soient adjugés à ses périls & risques, & en donnant caution, de faire payer le saisissant de sa dette, en exemption des frais du décret & du treizieme: art. 131 des Placités.

Si l'obligé ou ses hoirs sont demeurants hors la Province, il suffit de faire la sommation issue de Messe Paroissiale du lieu où l'héritage que l'on veut décréter est assis: articles 546 & 585 de la Coutume. Il peut arriver que l'obligé décede après la sommation en décret: alors il n'est pas nécessaire de la réitérer à son héritier ; on peut, en conséquence de la sommation faite, passer outre à la saisie, aux criées, en un mot, à l'adjudication finale : art. 133, Placités.

Quand il est question de décréter un fief, le commandement à faire au débiteur ou à ses hoirs de payer & de présenter meubles exploitables, est le même que celui prescrit à l'égard des rotures. Au surplus, si l'obligé est décédé, & s'il ne se présente aucuns héritiers, l'Huissier ou Sergent est tenu d'obtenir mandement du Juge pour faire assigner les héritiers du débiteur, & en vertu de ce mandement, de se transporter en la maison & domicile où résidoit le défunt lors de son décès ; & là ensemble, dans le voisiné, & issue de la Grand'Messe Paroissiale, à jour de Dimanche, en la Paroisse où sera assis ledit domicile, faire perquisition sommaire pour savoir & entendre s'il y a quelqu'un qui veuille se dire ou porter héritier du défunt.

Si quelqu'un se présente qui prenne cette qualité, on lui donne assignation à comparoître à délai compétent & jour fixe. Si au contraire nul ne se porte & ne se dit héritier, l'Officier ajourne les héritiers en général, en parlant aux personnes sortantes de la Grand'Messe Paroissiale, domiciliées en ladite Paroisse, ou aux voisins, à comparoître en l'Audience au lendemain du quarantième jour prochain ensuivant l'exploit, & autres jours suivants, ordinaires ou extraordinaires ; & du tout il dresse Procès-verbal, dans lequel il nomme les témoins desdits perquisitions & ajournement ; duquel Procès-verbal, ainsi que du mandement en vertu duquel il a agi, il fait affiche en copies par placards, l'une à la porte du domicile, l'autre à celle de l'Eglise Paroissiale, à ce que personne n'en ignore. Mais pour obtenir défaut, & que ce défaut soit profitable contre les héritiers, il faut qu'ils aient manqué deux fois à se présenter en l'Audience, Arrêt de 1678 ; Basnage, art. 587 ; & qu'entre le premier & le deuxieme défaut, il y ait trois semaines d'intervalle, sans y comprendre le jour de l'exploit. Il est essentiel d'observer qu'après l'an & jour de la date du deuxieme défaut, on ne peut plus en conclure le profit ni les dépens, suivant l'Arrêt rapporté par Basnage, sous la date du 9 Juillet 1660, & par argument de l'article 547, qui décide annale la sommation en décret. Les témoins de la sommation doivent avoir au moins 20 ans, suivant le Réglement de la Cour de 1676, & cette sommation doit être revêtue de toutes les formes prescrites par l'Ordonnance de 1667, pour la validité de tous autres Exploits. Après l'an & jour de la date du défaut, il n'est pas nécessaire que le Sergent transcrive la sommation sur son registre d'hérédité, ni y fasse signer les témoins ou leurs recors ; il suffit que leur signature soit sur les copies : Arrêt du 10 Août 1754.

Quand l'obligé est mineur, il n'est besoin que de sommer le tuteur, parce que faute par lui de donner quinze jours après la sommation, état abrégé de ce qui appartient au mineur, de ce qu'il lui doit, il répond vis-à-vis du créancier & du mineur de tous leurs dépens, dommages & intérêts ; & le créancier peut, sans nouvelle sommation, passer outre au décret.

Le tuteur qui est redevable doit, dans le délai d'une seconde quinzaine, représenter ses deniers ; s'il ne le fait pas, le décret se poursuit à sa garantie : article 592.

Comme, en cette Province, le mari est le maître de tous les biens de sa femme ; si les biens sont décrétés pour les dettes de cette femme, la sommation faite au mari seul est valable : Arrêt du 10

Mars 1522. Il est vrai que Basnage conseille, pour le plus sûr, de faire la sommation à l'un & à l'autre ; mais on ne voit pas le motif de ses craintes ; il ne faut pas porter les précautions plus loin que la loi ; elles ne sont peut-être déja que trop multipliées.

Si le débiteur ne présentoit pas actuellement, mais promettoit seulement présenter meubles suffisants pour acquitter la dette, l'Officier ne seroit pas obligé de surseoir ses diligences ; il faut que la vente des meubles offerts puisse en être faite sans délai.

Le fonds que les créanciers veulent décréter, étant aux mains du Roi ou des Seigneurs par confiscation ou déshérence, on ne peut en empêcher le décret : Arrêt du 13 Juin 1738, rapporté par l'Auteur du *Traité des Décrets*, p. 54. Cet Arrêt paroît très-conforme aux dispositions de la Coutume & des Placités ; car le Seigneur confiscataire n'étant point tenu *personnellement* des dettes mobiliaires du confisqué, suivant l'article 24 du Réglement de 1666, & aux termes de l'article 143 de la Coutume, n'étant obligé au paiement de ces dettes qu'autant qu'il lui plaît conserver le fonds qui y est affecté (car il peut, quand bon lui semble, le délaisser, article 22 dudit Réglement), il est naturel, avant que de le forcer à en abandonner la propriété à des créanciers antérieurs à la confiscation, qui est son titre, de le mettre en état de revendiquer les droits qu'il avoit à exercer sur les fonds confisqués comme Seigneur, précédemment à la confiscation ; ces droits étant préférables à toute autre créance, suivant l'article 575 : ce qui ne peut se faire qu'autant que le décret lui en procure le moyen. La sommation en décret ne doit donc pas être faite aux Receveurs du Roi, ou aux Seigneurs, mais aux héritiers du confisqué, & il faut les contumacer s'il ne se présentent pas.

Les biens n'ayant passé aux confiscataires qu'avec leurs charges, dès que, lors de la confiscation, ils étoient susceptibles du décret pour les dettes dont ils étoient alors grévés, ils n'ont pas cessé de l'être après la confiscation prononcée.

Déclaration des biens.

L'article 556 dit *que cette déclaration doit être faite par bouts & côtés ; que le prix doit être mis sur chaque piece.* — *Elle doit être affichée par placard à la porte de l'Eglise Paroissiale, ou aux poteaux principaux des halles & marchés, lors des saisies & criées :* Art. 557.

De là il suit que cette déclaration est un acte de la partie, qu'elle doit le signer, ainsi que ses Procureur ou porteur de pouvoirs, & que comme l'Huissier doit le joindre à la saisie, il doit être sur papier timbré & revêtu du contrôle. Il en résulte encore que la nature des biens, c'est-à-dire, s'ils sont en bois, en prairie, en labour, bâtis ou non, s'ils sont nobles ou roturiers, doit être désignée ; car les *bouts & côtés* seroient souvent, sans cela, une indication peu satisfaisante. D'ailleurs, comme le fief ne compose, aux yeux de la loi, qu'un corps indivisible, au lieu que les rotures peuvent être divisées à volonté ; le prix qui doit être mis sur chaque piece de celles-ci, doit se réunir pour toutes les parties constitutives du fief en une seule somme : art. 563.

Anciennement, au lieu d'une somme, le décrétant avoit la liberté de mettre pour prix une rente rachetable, art. 548 ; mais ceci ne se pratique plus.

Anciennement aussi un créancier ne pouvoit faire décréter les biens de son débiteur, si sa crédite n'excédoit les deux tiers de la valeur des fiefs, ou la moitié de la valeur des rotures, sauf au créancier à prendre la voie des saisies mobiliaires ; & l'estimation des immeubles du débiteur se faisoit en Justice par différentes personnes, selon la différence des biens. *Voyez* le Style de procéder, chapitre des Décrets.

Cette évaluation préliminaire occasionnoit de grands frais au créancier & retardoit le décret. La Coutume réformée n'a conservé qu'une foible image de cette appréciation des biens du débiteur, menacé de décret; c'est le créancier saisissant qui maintenant offre tel prix si modique qu'il veut, ne fût-ce que 5 sols pour être les biens saisis proposés aux encheres sur ce prix; & afin que le saisi puisse en même temps éclairer le décrétant sur le nombre & la nature des objets qu'il se propose de faire vendre, le prix est porté sur chaque portion de bien en roture, ou sur la totalité du fief, quand la saisie ne comprend qu'un fief. Par l'établissement de cette nouvelle procédure, il paroît donc que lorsqu'il y a plusieurs fiefs saisis, on doit mettre en la déclaration un prix sur chacun en particulier: cependant le 2 Mai 1755 la Cour confirma par Arrêt une saisie réelle de trois fiefs séparés, quoique le saisissant n'eût mis qu'un seul prix pour les trois.

Mais il y avoit ceci de particulier en l'espece, que le décrétant avoit eu lieu de présumer que les trois fiefs étoient réunis.

Les formalités sont sans doute de rigueur; néanmoins leur défaut n'emporte peine de nullité que lorsqu'il en résulte les inconvénients que le Législateur a eu en vue de prévenir par ces formalités : or, en la cause sur lequel l'Arrêt intervint, la mise du prix sur les trois fiefs par une seule somme, ne faisoit aucun tort au décréré ni n'exposoit les adjudicataires à aucune erreur; les trois fiefs étoient exactement indiqués, les adjudicataires ne pouvoient s'y méprendre, & le prix mis sur le tout n'étoit pas plus ni moins désavantageux au débiteur, que s'il eût été mis sur chacun des fiefs séparément.

Il n'en seroit pas ainsi dans le cas où la déclaration ne donneroit pas des abornements exacts; car l'adjudicataire, en la prenant pour regle, ainsi que la saisie & les publications où elle seroit relatée, pourroit être trompé dans ses encheres; & dès-lors l'inexactitude de la déclaration pourroit avoir occasionné un vice radical en la saisie, & dans tout ce qui l'auroit suivi. *Voyez* SECTION V ci-après.

Saisie & établissement de Séquestre.

1°. L'exploit de la saisie doit être fait dans l'an & jour de la sommation de payer, & contenir les bouts & côtés des héritages saisis : s'ils sont roturiers & non nobles, indiquer la Jurisdiction où le décret sera poursuivi, & énoncer les titres en vertu desquels il sera fait : Article 547.

2°. Lors de la saisie, on doit mettre un prix à chaque piece en argent, sur chaque piece d'héritages roturiers; ou si c'est un fief, ne mettre qu'un seul prix sur toutes les parties qui le constituent : Articles 548 & 563. On doit aussi établir par la saisie Séquestres ou Commissaires bons & solvables pour régir & gouverner les héritages saisis, insérer dans le Procès-verbal leurs réponses, & les leur faire signer : Article 549.

Ces Commissaires, une fois établis, doivent faire proclamer les fruits des héritages pour être adjugés au plus offrant & dernier enchérisseur pardevant le Juge ordinaire des lieux, nonobstant oppositions ou appellations quelconques & sans préjudice d'icelles, & par même moyen, faire liquider & arrêter sur le champ les frais de la commission : Article 550.

Si les fermiers sont établis Commissaires ou à leurs droits, ils peuvent être contraints au paiement de leurs fermages, comme dépositaires de deniers de justice: Article 552.

3°. Indépendamment de ce que les saisies doivent être revêtues de toutes les formalités requises pour la validité des sommations à décret, elles doivent de plus contenir que les héritages resteront en main de Justice par 40 jours, à compter du jour de la saisie pour les rotures, Article 547; & trois mois depuis la saisie jusqu'à la premiere criée pour les fiefs: & au lieu que pour les rotures, la saisie doit être faite issue de Messe paroissiale de chaque lieu où chaque piece est assise; à l'égard des fiefs, il suffit qu'elle se fasse issue de la Messe paroissiale du lieu où le chef-mois du fief est assis.

Si le corps des Eglises paroissiales étoit hors le ressort de la Province, les saisies seroient faites à jour ordinaire du plus prochain marché des choses saisies: Article 555.

Et si la saisie avoit pour objet des rentes constituées en argent, elle seroit faite en la paroisse en laquelle l'obligé seroit domicilié.

4°. Le requérant est tenu d'élire par la saisie un domicile dans le lieu de la Jurisdiction où le décret va être poursuivi, & en élire un aussi pour le saisi; & l'un & l'autre doivent avoir en cette Jurisdiction un Procureur nommé & constitué par l'exploit de saisie, qui doit au surplus porter sommation au saisi d'en nommer & constituer autres domicile & Procureur, à faute de quoi les significations à faire seront faites à ceux que la saisie indique, comme s'ils étoient de son choix.

5°. Si le décret se fait en vertu d'un Arrêt d'attribution, il n'est pas requis de faire pour le saisissant & le saisi élection de domicile, ni constitution de Procureur, dans toutes les Jurisdictions où les biens sont situés; il suffit que les élections de domiciles & constitutions de Procureurs se fassent en la Jurisdiction où le décret doit se poursuivre.

6°. La saisie doit être signée, tant en original que copie, de trois témoins au moins, outre les recors: Article 554.

Mais les Huissiers ne sont pas obligés d'avoir des registres d'hérédité pour y transcrire leurs diligences. *Voyez* Basnage, Article 546.

Il n'est pas plus nécessaire de désigner en la saisie le domicile du saisi, de dire l'âge, le domicile, la vacation des témoins; il suffit de dire leur nom & surnom, & qu'ils sont sortis & sortants de la Messe paroissiale. Il est indifférent que ces témoins signent ou refusent de signer; pourvu que l'Officier fasse mention qu'il les a appellés & interpellés de signer, il n'est exposé à aucuns reproches: le saisissant n'a pas en effet d'action pour contraindre des particuliers, sortants d'une Grand'Messe, à accéder à un acte dont ils ignorent le but, & auxquels l'effet est étranger: Arrêt du 10 Août 1754.

Il y a plus: les interlignes, les renvois qui se trouveroient sans approbation dans la saisie, ne la rendroient pas nulle; & elle ne seroit pas même, quand le Sergent ne l'auroit pas fait attester véritable par ses recors: Arrêt du 27 Août 1724, rapporté par Basnage sur l'Art. 558: parce qu'il suffit que le record soit fait lors de la certification. Le 20 du mois de Juillet de la même année, il avoit cependant été rendu un Arrêt de Réglement qui ordonnoit le contraire, sous peine de nullité. Bérault le rapporte. Mais Basnage nous apprend que le Réglement n'avoit point eu d'exécution, qu'aucuns Avocats ne s'y étoient conformés; parce que pourvu que dans les décrets les solemnités essentielles aient été observées, on n'a plus d'égard à l'omission des formalités minutieuses, qui, fans être utiles ni aux créanciers ni aux débiteurs, font autant de pieges où la chicane effaie de furprendre la bonne foi.

7°. La faifie ne dure qu'un an; mais les appels, les oppofitions, les jugements interlocutoires, les diligences faites par le Commiffaire, en perpétuent la durée.

8°. Il faut fe conformer aux difpofitions fuivantes du Réglement du mois de Juin 1769, titre XIII.

ART. IV. Les propriétaires des Sergenteries nobles, leurs fermiers ou commis, continueront de faire chacun dans le diftrict de leur Sergenterie, conjointement avec les Huiffiers des Jurifdictions ordinaires, & à l'excluſion de tous Huiffiers des Jurifdictions extraordinaires, tous exploits qui concerneront & émaneront de la Jurifdiction ordinaire, tous exploits qui fe font en vertu des Sentences & Mandements des Juges ordinaires, foit pour faifies de meubles, foit pour faifies d'immeubles, tels que font les décrets, fuites & diligences d'iceux.

ART. V. Continueront pareillement les propriétaires defdites Sergenteries nobles, leurs fermiers ou commis, de faire dans l'étendue de leur Sergenterie, conjointement avec les Huiffiers des Jurifdictions ordinaires, & à l'excluſion de tous Huiffiers & Sergents des Jurifdictions extraordinaires, toutes faifies d'héritages, fignifications de clameurs & retraits lignagers, féodaux, à titre de lettre lue ou conventionnels, exécution de contrats, cédules, obligations paffées devant les Tabellions ou Notaires Royaux du diftrict de leur Sergenterie, & finalement tous actes pour caufes civiles ou criminelles, perfonnelles ou réelles.

ART. VI. A l'égard de tous les autres actes généralement quelconques, qui ne concerneront point la Jurifdiction ordinaire, les fignifications des Sentences & Jugements qui émaneront des autres Jurifdictions, enfemble les actes concernant le fait des Tailles, Aides, Subfiftances & Gabelles, Lettres-patentes, Edits, Déclarations, Lettres de Chancellerie, Arrêts & Jugements des Cours Souveraines dedans ou hors la Province, même des Requêtes de l'Hôtel & du Palais, & toutes Lettres de Committimus; ils feront faits, comme par le paffé, par tous Huiffiers & Sergents ayant droit de les faire ou d'exploiter par-tout le Royaume, fans préjudicier aux droits des Sergents nobles, leurs fermiers ou commis, de les faire concurremment avec eux dans l'étendue de leur Sergenterie feulement.

ART. VII. Défenfes faites à tous autres Huiffiers, même à ceux du Châtelet de Paris & aux Sergents royaux, de s'ingérer, directement ou indirectement, à faire aucun des actes fpécialement réfervés aux Sergents nobles de notre Province de Normandie, conjointement avec les Huiffiers des Jurifdictions ordinaires, par les articles IV & V ci-deffus, & aux Huiffiers Audienciers, par l'article unique du titre XII; le tout à peine de cinq cents livres d'amende: laquelle peine ne pourra être réputée comminatoire, remife ni modérée, & de plus grande peine en cas de récidive.

Lorfque les biens décrétés font fitués en diverfes paroiffes (1), on n'eft pas obligé d'employer pluſieurs Huiffiers, parce qu'il n'eft pas néceffaire que les faifies foient faites le même jour; d'ailleurs il faut les faire en vertu de la groffe de l'obligation, & il n'eft pas poffible qu'elle foit transportée en différents lieux au même inftant: le même Offi-

---

(1) Traité des Décrets, page 75.

cier peut donc faire les saisies successivement en des jours tels que ceux indiqués par la loi, pourvu qu'en chacune des saisies, il fasse mention de celle d'où partiront les quarante jours de délai prescrit par la Coutume.

9°. Suivant l'Article 576, *saisie sur saisie ne vaut rien*; mais si une premiere est cassée, on peut se dispenser de renouveller la sommation en décret, si elle n'est point passée de date: Arrêt de 1603, rapporté par Basnage. Une saisie faite conséquemment après s'être désisté d'une premiere, est bonne & valable: Arrêt rapporté par Bérault, en date du mois de Mai 1606. Cet Auteur ajoute que le désistement avoit été signifié avec obéissance de payer les dépens & intérêts; un Arrêt du 10 Août 1754, déja cité, a dispensé de cette obéissance.

10°. Ce seroit par exemple mal procéder de la part d'un Seigneur, que d'user de saisie sur un fonds décrété pour arrérages de rentes seigneuriales qui y seroient affectées; si ces fonds étoient donnés à bail judiciaire, il n'auroit que la voie de se pourvoir contre le Commissaire pour l'obliger au paiement: Arrêt du 2 Décembre 1695 (1).

Tout autre créancier peut cependant malgré le décret, faire saisir d'autres biens que ceux qui y sont compris, ou sommer le saisissant de les y comprendre.

11°. La saisie n'est point sujette à péremption, quand une fois elle a été suivie de l'établissement d'un Commissaire; de cet instant le décrété est dessaisi, & les créanciers, que le Commissaire représente, ne peuvent opposer mutuellement la péremption, puisque leur mandataire n'a cessé d'agir en leur nom, en exécutant sa commission: Arrêt du 18 Mai 1611, Godefroi.

12°. Les devoirs & les droits des Commissaires établis en cette Province pour les saisies réelles, sont réglés par l'Edit suivant.

LOUIS, par la grace de Dieu, Roi de France & de Navarre, à tous présents & à venir: SALUT. Quoique l'établissement des Commissaires aux immeubles de nos sujets saisis & mis en la main de Justice, ait toujours été jugé nécessaire, non-seulement pour obliger les débiteurs, par une disposition actuelle, à satisfaire promptement leurs créanciers, mais encore pour empêcher la ruine & la dissipation tant du fonds que des fruits; toutefois il n'y a point de partie dans toute la justice dont la malice des plaideurs ait abusé avec plus de licence & d'impunité; car les Huissiers & Sergents, chargés de faire les saisies, prenant de là occasion d'exiger des grandes sommes des plus riches habitants des paroisses, n'établissent que ceux qui refusent de leur en donner: d'où il arrive que grand nombre de pauvres laboureurs, marchands, artisans & vignerons sont obligés d'abandonner leurs maisons pour vaquer au fait desdites commissions, & de consommer leur vie & leurs biens en procédures & voyages en des Jurisdictions éloignées; il arrive même souvent que les saisissants, ayant fait établir Commissaires leurs valets ou autres personnes de leur dépendance, & par collusion avec eux, s'étant fait adjuger à vil prix, sous des noms interposés, les baux judiciaires des biens saisis, ne se soucient plus de faire aucune diligence pour mettre les criées à fin, ni de faire procéder à l'adjudication par décret pendant qu'ils sont en jouissance; il y a aussi des débiteurs qui font saisir leurs biens par des créanciers simulés, ou bien après avoir payé les véritables créanciers saisissants, ne laissent de concert avec

---

(1) Basnage, nouv. édit. p. 638, deuxieme vol.

eux,

eux, & sous leurs noms, de continuer les saisies & d'y faire établir des Commissaires à leur dévotion, sous le nom desquels, demeurants toujours en jouissance, ils se trouvent tout ensemble, par l'interposition de différentes personnes, saisissants & saisis, Commissaires & fermiers judiciaires ; ce qui cause la ruine entiere de leurs créanciers : ces désordres auroient obligé le feu Roi, d'heureuse mémoire, notre très-honoré Seigneur & pere, de créer des Offices de Commissaires-Receveurs des deniers des saisies réelles, par son Edit du mois de Février mil six cent vingt-six, pour être établis, savoir : deux en chacune des villes où il y a Parlement, & un en chacune des autres villes & lieux où il y a Justice royale, dont il auroit réglé les fonctions & droits par le même Edit, ensemble par sa Déclaration du vingt-deux Juin mil six cent vingt-sept ; & depuis le nombre des saisies réelles augmentant, & les Commissaires établis en vertu dudit Edit, se trouvant surchargés d'affaires, il auroit encore par autre Edit du mois de Décembre mil six cent trente-neuf, créé des Offices alternatifs & triennaux desdits Commissaires, aux mêmes droits, fonctions & privileges que les anciens ; lesquels Edits & Déclarations ayant été regîtrés & exécutés en plusieurs Sieges du ressort de notre Parlement de Paris, on reconnoît visiblement l'utilité que nos sujets en retirent, & qu'il n'y a pas de moyen plus assuré pour arrêter le cours de tous les abus qui se commettoient dans la poursuite des saisies réelles, puisqu'il n'est plus en la liberté des Huissiers & Sergents d'exercer leurs concussions sur les habitants de la campagne, & que d'ailleurs ni le saisi ni le saisissant ne peuvent jouir du revenu des biens saisis, & il y a des Officiers expérimentés aux affaires resséants & solvables, qui font les diligences des baux judiciaires, dont les Offices sont, par privilege, affectés à la représentation du prix desdits baux ; au lieu qu'auparavant ces commissions étant, pour l'ordinaire, données à des gens de néant, incapables de les exercer, ne sachant ni lire ni écrire, plusieurs desquels s'absentoient après avoir dissipé les deniers de leurs commissions, il en naissoit une infinité de procès pour les recours entre les créanciers ; mais d'autant que ces Edits n'ont pas été exécutés dans toute l'étendue de notre Royaume, que même celui du mois de Mai de l'année mil six cent trente-neuf, enregîtré en notre Parlement de Rouen, est demeuré sans exécution, & que l'usage d'établir toutes personnes indifféremment pour Commissaires auxdites saisies, continue dans notre Province de Normandie, aussi-bien qu'en la plupart de nos autres Provinces, nous en recevons journellement des plaintes ; pourquoi nous avons cru ne devoir pas différer plus long-temps de rendre nos sujets de notredite Province de Normandie participants de l'utilité qui se retire de l'établissement desdits Offices de Commissaires aux saisies réelles. A CES CAUSES, après avoir mis cette affaire en délibération en notre Conseil, & y avoir fait examiner lesdits Edit du mois de Février mil six cent vingt-six, Déclaration du vingt-deux Juin mil six cent vingt-sept, Edits des mois de Mai & Décembre mil six cent trente-neuf, ensemble les Mémoires qui nous ont été représentés sur ce sujet ; de l'avis d'icelui, & de notre certaine science, pleine puissance & autorité royale, nous avons, par le présent Edit perpétuel & irrévocable, créé & érigé, créons & érigeons en titres d'Offices formés & héréditaires, des Offices de Commissaires-Receveurs des deniers des saisies réelles dans ladite Province de Normandie &

tout le ressort de notre Parlement de Rouen, avec la qualité de nos Conseillers ; savoir : un en notre bonne ville de Rouen, pour servir en toutes les Cours & Jurisdictions de ladite ville & banlieue, & six Sergenteries d'icelle, & un dans chacune des autres villes & lieux où il y a Justice royale ordinaire, pour servir tant à ladite Justice royale qu'à celles des Seigneurs qui y sont enclavées, pour en jouir par les pourvus, leurs hoirs, successeurs & ayans-cause, héréditairement & perpétuellement aux fonctions, droits, attributions, prérogatives & prééminences ci-après déclarées : jouiront les pourvus desdits Offices de l'exemption de la collecte des Tailles chacun dans les lieux de leur établissement, & de l'exemption des tuteles, curatelles & de toutes autres charges personnelles ; lesdits Commissaires-Receveurs auront l'entière administration de tous les biens saisis par autorité de Justice, & seront tenus de faire leur résidence actuelle en la ville ou lieu de leur établissement ; y auront un bureau pour recevoir & enregistrer, par eux ou leurs commis, les exploits de saisie réelle qui seront faits par les Huissiers ou Sergents, auxquels nous enjoignons très-expressément de déclarer dans leurs exploits les domiciles des saisis & saisissants ; & où le domicile du saisi ne seroit en la ville ou demeure dudit Commissaire, & ne pourroit à cette occasion être déclaré, l'Huissier ou Sergent sera tenu de désigner & élire un domicile certain au lieu de la demeure dudit Commissaire pour ledit saisi & pour le saisissant ; lequel domicile dudit saisi ledit Huissier ou Sergent élira dans la saisie réelle, & sera tenu de lui déclarer, par son exploit, qu'il lui a élu ledit domicile par la saisie, & l'interpellera que dans certain temps, selon la distance des lieux, il ait à élire un autre domicile dans le lieu de la demeure dudit Commissaire, pour ce qui concerne le fait de ladite commission seulement ; & à faute de ce faire, qu'il sera procédé au bail judiciaire des choses saisies, sur les significations qui seront faites au domicile élu par ledit Huissier ou Sergent, qui vaudront comme si faites étoient à la personne du saisi : pourra néanmoins ledit saisi faire signifier audit Commissaire-Receveur autre domicile dans le lieu de la demeure dudit Commissaire, & non ailleurs, par acte valable, & qui sera registré au registre dudit Commissaire au pied de l'enregistrement de la saisie ; duquel jour ledit Commissaire sera tenu faire les significations requises au domicile qui lui aura été déclaré, à la requête dudit saisi. Faisons très-expresses inhibitions & défenses à tous Huissiers, Sergents & autres, ayant droit d'exploiter, d'établir à l'avenir à toutes les saisies qui seront par eux faites, pour quelque cause & occasion que ce soit, même pour celles faites à la requête de notre Procureur-Général de notre Chambre des Comptes de Rouen, pour raison des foi & hommages, devoirs & droits à nous dus, autres Commissaires que nosdits Commissaires-Receveurs chacun dans l'étendue de son département, ou ceux qui seront par Nous commis à l'exercice desdits Offices, en attendant qu'il y ait des Officiers pourvus & reçus, à peine de trois cents livres d'amende pour chacune contravention, suspension de leurs Offices, & de tous dépens, dommages & intérêts, & à tous Fermiers judiciaires & Fermiers conventionnels dont les baux seront convertis en judiciaires, aux redevables de douaires, usufruits, cens, redevances, rentes foncieres & autres de quelque nature qu'elles soient qui seront saisis réellement, & généralement à toutes personnes qui se trouveront avoir entre leurs mains des revenus des biens saisis réellement, de les payer & mettre en d'autres que celles de nosdits Commissaires-Receveurs, à peine de payer deux fois. Et pour empêcher à l'avenir les changements, antidates & autres altérations des procès-verbaux & exploits de saisies, enjoignons aux Huissiers & Sergents, sur les peines que dessus, de mettre ès mains desdits Commissaires-Receveurs leurs procès-verbaux & exploits de saisies réelles bien & lisiblement écrits, signés d'eux & de leurs recors dans huit jours au plutard du date desdits exploits, pour être par lesdits Commissaires enregistrés selon l'ordre qu'ils leur seront apportés, pour y avoir recours par ceux qui auront intérêt quand besoin sera. Et pour cet effet auront lesdits Commissaires-Receveurs des registres cotés sur chacun feuillet par premier & dernier, paraphés du premier Juge & Procureur du Roi des lieux dans lesquels ils seront tenus enregistrer tous les procès-verbaux & exploits de saisies, & y insérer le jour qu'ils les auront reçus, avec le nom & demeure des Sergents qui les auront faits, & de faire signer sur leurs registres ceux auxquels lesdits procès-verbaux & exploits seront rendus. Et pourront lesdits Commissaires-Receveurs délivrer des copies & extraits des procès-verbaux desdites saisies & arrêts, & autres actes étant dans leurs registres, d'eux signés & certifiés, à ceux qui les requéreront, lesquels nous voulons être de pareille force & vertu que s'ils étoient délivrés par lesdits Huissiers & Sergents ; & à ce que les diligences que lesdits Commissaires-Receveurs auront faites pour procéder aux baux à ferme soient connus, ils seront tenus de faire appeller aux jours énoncés dans les proclamations pour procéder aux baux judiciaires pardevant les Juges du ressort, & non ailleurs, les saisis & saissants à leurs domiciles ci-dessus déclarés, tant pour voir procéder en Justice auxdits baux à ferme des choses saisies & y faire trouver enchérisseurs si bon leur semble, que pour débattre l'insolvabilité des cautions & certificateurs ; & seront les adjudicataires, cautions & certificateurs obligés d'élire leur domicile en la Ville de l'établissement desdits Commissaires-Receveurs, pour y être faits tous exploits requis & nécessaires pour l'exécution de ladite adjudication, lesquels vaudront comme si faits étoient à leurs personnes & domiciles, à la décharge desdits Commissaires-Receveurs. Ne seront lesdits Commissaires-Receveurs tenus de se charger des fruits qui seront amobiliés par la Coutume avant la saisie réelle, sauf aux créanciers à les faire saisir & vendre, pour des deniers en provenants être tenu état devant le Juge à qui la connoissance en appartiendra. Pourront lesdits Commissaires-Receveurs commettre telle personne que bon leur semblera, suffisantes & capables pour vaquer à l'exercice de leurs Offices, tant pour les lieux de leur établissement, que dans les Justices enclavées dans leur ressort, dont ils demeureront civilement responsables. Ne pourront les baux à ferme être faits pour moindre temps que trois ans, si tant la saisie dure, pour éviter aux grands frais du trop fréquent renouvellement des baux ; mais à l'égard du tiercement il sera toujours reçu, & sans préjudice de la jouissance accordée aux tiers acquéreurs, conformément à la disposition de la Coutume, à laquelle nous n'entendons déroger pour cet égard. Et seront lesdits Commissaires-Receveurs tenus de faire procéder aux baux judiciaires des biens saisis, nonobstant oppositions, appellations & autres empêchements quelconques formés à l'adjudication des choses saisies, pour lesquelles ne sera différé, & sans préjudice d'icelles. Et d'autant qu'il n'est pas juste que les particuliers ci-devant établis Commissaires par les Huissiers & Sergents aux saisies réelles faites avant le présent Edit, demeurent toujours chargés desdites commissions, nous voulons qu'un mois après le jour de la publication des Présentes faites en notre Cour de Parlement de Rouen, toutes les commissions de ceux qui ont été ci-devant établis, seront exécutées par lesdits Commissaires-Receveurs ; auquel effet nous enjoignons auxdits anciens Commissaires de se transporter incessamment aux Bureaux desdits Commissaires-Receveurs, & d'y faire enregistrer les exploits de saisies réelles d'établissement de Commissaires, baux à ferme, élection de domicile, & autres pieces sujettes à enregistrement qui seront entre leurs mains, & remettre en celles desdits Commissaires-Receveurs les originaux de toutes lesdites pieces, & les procédures concernant lesdites commissions, ou entre les mains de ceux qui seront par Nous commis à la fonction desdits Offices, en attendant qu'il y ait des Officiers titulaires pourvus & reçus; desquelles pieces lesdits anciens Commissaires garderont des copies sous le seing desdits Commissaires-Receveurs ou Commis pour s'en aider dans leurs comptes, & ailleurs où ils en auront besoin, pour par nosdits Commissaires-Receveurs continuer lesdites commissions, auxquels nous les avons subrogés & subrogeons par ces présentes, ensemble pour recevoir les deniers qui ne seront encore distribués aux Créanciers, & qui se trouveront entre les mains desdits anciens Commissaires, & dont ils se trouveront redevables par le compte qu'ils seront tenus rendre auxdits Commissaires-Receveurs, les saisis & saisissants appellés au domicile élu, sans que toutefois lesdits Commissaires-Receveurs puissent prétendre aucun droit de recette à l'égard desdits deniers qui leur auront été ainsi remis par les anciens ; & en cas de refus, ledit temps passé, les défaillants y seront contraints par toutes voies dues & raisonnables, même par corps, nonobstant oppositions ou appellations quelconques, & sans préjudice d'icelles. Et pour faciliter auxdits Commissaires-Receveurs la connoissance desdites saisies, & de ce qui peut être dû du passé, les Greffiers, Commis, Clercs de Greffes & autres, seront tenus de leur communiquer leurs registres & les encheres qui auront été faites, baux à fermes, & ce qui aura été fait en conséquence de la dépendance desdits Greffes, pour en prendre communication, copies ou extraits, & s'en servir où besoin sera, sans que pour ce il soit payé aucun droit. Recevront lesdits Commissaires-Receveurs tous les deniers provenants des revenus des choses saisies réellement pour en rendre compte, & en payer le reliquat quant & à qui il appartiendra par-devant les Juges du ressort de leur établissement, sans qu'ils en puissent être distraits pour quelque cause & occasion que ce soit, les saisis, saisissants & opposants appellés ; & avons attribué & attribuons auxdits Commissaires-Receveurs douze deniers pour livre pour tout le temps que lesdits deniers demeureront entre leurs mains ; lesquels douze deniers ils retiendront, & seront passés dans la dépense de leurs comptes sans difficulté. Et néanmoins en cas que le décret fût fait à un Siege de Bailliage, d'héritages situés en diverses Vicomtés, en vertu de lettres de mixtion, ou d'héritages situés en divers Bailliages en vertu d'Arrêts d'attribution du Parlement, ou en diverses Provinces en un Siege de l'une d'icelles, en vertu d'Arrêts du Conseil, lesdits Commissaires-Receveurs pourront faire les diligences & recevoir les deniers chacun en son ressort, pour être lesdits deniers lors de l'état, portés & mis ès mains du Commissaire-Receveur de la Jurisdiction, à laquelle connoissance & jurisdiction de tout le décret aura été attribué, à la déduction de neuf deniers pour livre de leur maniement, que lesdits Commissaires-Receveurs retiendront par leurs mains. Et aura le Commissaire-Receveur du lieu où se tiendra ledit état, pour droit de recette, trois deniers pour livre des deniers qui lui auront été remis par les autres Commissaires-Receveurs des autres Vicomtés, Bailliages ou Provinces, sans qu'il en puisse prétendre davantage sous quelque prétexte que ce soit. Seront lesdits Commissaires-Receveurs présentement créés, tenus & obligés de faire entretenir en bon état de réparations les bâtiments & clôtures des héritages saisis réellement, du fonds des deniers de leur recette, à laquelle fin ils en feront faire les visites, proclamations & adjudications au rabais pardevant les Juges des lieux, sans que pour raison de ce ils puissent se faire taxer aucuns voyages, mais seulement les vacations des Officiers & Experts qui y feront employés, & autres frais de Justice. Et pour tous les autres frais, salaires, & vacations desdits Commissaires, nous les avons réglés & fixés; savoir, à soixante sols pour l'enregistrement des saisies réelles des maisons, rentes & offices esquels il ne sera besoin de plus ample dénombrement; six livres pour l'enregistrement de celles des fiefs, & autres choses qui contiendront dépendance d'héritages qu'il aura été nécessaire d'exprimer par lesdits saisis; & huit livres pour les peines, vacations de faire faire les baux qui seront jusqu'à trois cents livres de ferme & au-dessous; & douze livres pour ceux qui seront au-dessus: & encore dix livres pour son droit des comptes qu'il rendra en Justice des baux de trois cents livres & au-dessous; & dix-huit livres pour ceux qui feront au-dessus; & ce outre l'écriture des comptes, pour lesquels il sera payé cinq sols pour rôle de grand papier, & deux sols six deniers par rôle de petit, & la moitié pour chacune copie, le tout non compris le papier formulé; auxquels comptes lesdits Commissaires feront mention des procès-verbaux, saisies, baux judiciaires & Sentences de reddition de comptes qu'ils ne pourront insérer au long. Et ne pourront lesdits Commissaires-Receveurs prendre ni employer en leurs comptes aucunes sommes pour autres salaires ou vacations, sous prétexte de voyages pour proclamations & visites ou autres, sous quelque prétexte que ce puisse être. Et au moyen de ce que dessus, les saisissants seront & demeureront déchargés de tous frais & vacations pour lesdits baux, même des taxes afférentes aux Avocats & Procureurs qui auront occupé pour lesdits Commissaires-Receveurs, qui pourront ès causes & différents qui surviendront en l'exercice de leursdits Offices & dépendances d'icelles, dresser & rendre leurs comptes & déclarations de leurs recettes, frais & mises, sans qu'ils soient obligés si bon leur semble de se servir du ministère de Procureurs ou Avocats. Voulons que lesdits Commissaires-Receveurs, leurs veuves & héritiers ne puissent être tenus, inquiétés ni recherchés pour le fait de leurs Charges, six ans après la reddition de leurs comptes en Justice, pour quelque cause & occasion & sous quelque prétexte que ce soit ou puisse être, dont nous les avons déchargés & déchargeons. Seront lesdits Commissaires-Receveurs tenus de bailler caution au Siege du ressort de leur établissement; savoir, celui de Rouen, de dix mille livres; ceux des principaux Sieges des Bailliages de notredite Province de Normandie, de chacun cinq mille livres; ceux des autres Sieges de Bailliages, deux mille cinq cents livres; & ceux des autres Sieges Royaux, mille livres: les Offices desquels demeureront en outre obligés & hypothéqués spécialement &

par préférence à la sûreté des deniers de leur maniement. Nous faisons très-expresses inhibitions & défenses à tous saisis opposants & autres personnes de troubler, molester, retarder, ni empêcher en quelque maniere que ce soit lesdits Commissaires-Receveurs en l'exercice & fonction de leurs charges & commissions, sur peine d'être déclarés rebelles & désobéissants à Nous & à Justice, de confiscation de leurs biens, & punition exemplaire, suivant nos Ordonnances, & les avons mis & mettons en notre protection & sauve-garde. Et pour faire jouir lesdits Commissaires-Receveurs pleinement du fruit du présent établissement, & exempter nos sujets de la Province de Normandie des grands frais qui se feroient si les décrets des héritages de ladite Province étoient évoqués hors d'icelle, conformément à la Charte Normande & à la Déclaration du vingt-deux Octobre mil six cent quatre; ne pourront aucuns décrets d'héritages situés en ladite Province de Normandie être évoqués hors d'icelle, sous quelque cause, prétexte ou privilege que ce soit ou puisse être, si ce n'est en vertu d'Arrêt du Conseil, lors seulement qu'il y aura des héritages situés sous le ressort de divers Parlements qui seront compris dans un seul décret, & pourront être envoyés en la Jurisdiction sous laquelle sera situé le plus grand nombre d'héritages. SI DONNONS EN MANDEMENT à nos amés & féaux Conseillers les Gens tenants notre Cour de Parlement à Rouen, que le présent notre Edit ils fassent lire, publier & registrer, & le contenu en icelui garder, observer & exécuter de point en point selon sa forme & teneur, sans y contrevenir ni permettre qu'il y soit contrevenu en aucune sorte & maniere que ce soit, nonobstant tous Edits, Déclarations, Arrêts, Réglements & usages à ce contraires, auxquels nous avons dérogé & dérogeons par ces Présentes: Car tel est notre plaisir. DONNÉ à Versailles, au mois de Juillet, l'an de grace mil six cent soixante-dix-sept, & de notre regne le trente-cinquieme.

Cet Edit a été vérifié au Parlement le 18 Août d'après sa date; & il a été suivi de deux autres qui le confirment: l'un est du mois de Juin 1685, & fut enregistré au Parlement le 23 Juillet suivant; & l'autre du mois d'Avril 1694, dont l'enregistrement fut fait le 21 Mai de la même année. Par ce dernier, les Commissaires-Receveurs des saisies réelles sont autorisés de percevoir six deniers pour livre, outre & par-dessus le sol pour livre à eux attribué par l'Edit de 1677, *pour leur droit de recette sur le prix des baux judiciaires.*

Ces Commissaires enregistrent les saisies, & cet enregistrement doit être certifié au pied de l'original de ces saisies, tant par le Commissaire que par l'Huissier, lesquels doivent aussi signer le registre. Au cas d'absence du Commissaire à l'échéance des délais dans lesquels l'enregistrement doit être fait, c'est-à-dire des dix jours, si les saisies sont faites dans l'étendue de dix lieues de la Jurisdiction, & de vingt jours si elles sont faites à plus grande distance; il faut se faire autoriser par le Juge, à l'effet qu'il commette quelqu'un pour enregistrer: Arrêt du 5 Août 1559.

Au surplus, au défaut de Commissaire en titre, avant l'Edit de 1677, on établissoit des Commissaires, que le Sergent choisissoit parmi les plus solvables du canton; mais alors, comme à présent, le décrété n'étoit & n'est dépossédé que de l'instant où le Commissaire a été institué: Basnage, Article 549.

Location des fonds décrétés.

Le premier devoir du Commissaire est de faire proclamer les fruits des héritages pour être adjugés au plus offrant & dernier enchérisseur, pardevant le Juge ordinaire des lieux, nonobstant oppositions & appellations quelconques, & sans préjudice d'icelles : art. 550.

Le décrété, ni les Juges, Avocats, Procureurs des parties, Greffiers, Sergents du Siège où le décret se fait, ne peuvent se rendre adjudicataires des biens saisis, suivant l'Ordonnance de Blois.

Le Règlement du 18 Juin 1769, pour l'administration de la Justice, tit. 4, prescrit à l'égard des baux judiciaires les formes suivantes.

ART. II. Après la saisie réelle, il sera procédé aux baux judiciaires des biens saisis, sur une simple publication qui sera faite à l'issue des Messes paroissiales des lieux où les biens saisis seront situés; défenses de faire à l'avenir aucunes autres publications.

III. Si les biens saisis sont situés dans différents Bailliages, les parties se pourvoiront en notre Parlement pour régler dans lequel desdits Bailliages le décret sera poursuivi; & alors seront faites deux publications pour parvenir aux baux judiciaires desdits biens, savoir, une à l'issue des Messes paroissiales, & l'autre aux plus prochains marchés des lieux de la situation des héritages saisis.

IV. Les publications seront faites à la requête du Commissaire aux saisies réelles de la Juridiction où se fera le décret, le même jour & par les mêmes Officiers qui auront procédé aux saisies réelles des fonds dont le décret sera poursuivi; dérogeant pour cet effet à l'article 40 de l'Edit de 1677, concernant les Commissaires aux saisies réelles.

V. Les publications porteront que, dans trente jours du jour de la saisie, si c'est terre roturière, ou dans six semaines si c'est terre noble, il sera procédé définitivement, & sans nouvelle publication, à l'adjudication des baux judiciaires des biens saisis, & dans l'un ou l'autre cas, le jour auquel expirera le délai sera marqué dans lesdites publications.

VI. Sera l'article 18 de l'Edit de création des Commissaires aux saisies réelles, de 1677, exécuté selon sa forme & teneur; en conséquence, les Officiers qui auront procédé aux saisies réelles, seront tenus d'en remettre les Procès-verbaux & Exploits, ensemble les publications qu'ils auront faites pour parvenir aux baux judiciaires, entre les mains du Commissaire aux saisies réelles, dans la huitaine de la date desdites diligences, pour être par lui enregistrées, conformément audit Edit.

VII. Enjoint audit Commissaire de faire faire les publications indiquées par l'article III ci-dessus, au jour de marché qui suivra immédiatement l'enregistrement desdites saisies, laquelle publication sera dans la même forme, & contiendra les mêmes déclarations que celle qui aura été faite à l'issue de la Messe paroissiale du lieu de la situation des biens saisis.

VIII. Sera tenu le Commissaire aux saisies réelles de déposer au Greffe de la Juridiction où se fera le décret, huitaine au moins avant le jour indiqué pour l'adjudication des baux judiciaires, les cahiers de charge sur lesquels se fera l'adjudication desdits baux.

IX. Lesdits cahiers de charge contiendront la nature, situation, contenance, bouts & côtés des héritages qui seront à adjuger par bail judiciaire, & les conditions auxquelles l'adjudication desdits baux sera faite, pour, par la partie saisie, le décrétant & tous autres, en prendre communication, s'ils avisent que bien soit.

X. Les fermiers & locataires des fonds saisis, qui voudront faire convertir leurs baux conventionnels en baux judiciaires, seront tenus de se présenter devant le Commissaire aux saisies réelles, huitaine au moins avant l'expiration du délai qui sera fixé par la publication, pour procéder au bail judiciaire des biens saisis, aux fins par eux de faire leur soumission, & de passer obéissance de ne payer qu'entre ses mains, non-seulement les fermages échus, à compter du jour de la saisie, mais encore ceux qu'ils pourroient devoir antérieurement.

XI. Les baux des fermiers & locataires qui feront leur soumission dans ledit temps, seront convertis en baux judiciaires, & sera de suite procédé, au jour qui sera indiqué par la publication, à l'adjudication des autres biens saisis, dont les fermiers & locataires n'auroient pas passé leur soumission dans le délai ci-dessus prescrit.

XII. La Sentence qui contiendra ladite conversion sera levée par le Commissaire aux saisies réelles pour lui servir de titre, & aux fins par lui de pouvoir se faire payer : les frais de laquelle Sentence il emploiera dans son compte de régie.

XIII. Seront tenus lesdits Commissaires d'intimer les saisissans & saisis aux domiciles des Procureurs qu'ils auront élus, & dans le cas où le saisi n'en auroit point élu, au domicile du Procureur pour lui coté par la saisie réelle, tant pour procéder aux baux judiciaires, y faire trouver des enchérisseurs, que pour débattre l'insolvabilité des cautions & certificateurs, s'ils avisent que bien soit, conformément aux articles 23 & 24 de l'Edit de création desdits Commissaires aux saisies réelles.

On a vu, en l'Edit de 1677, que l'on doit *toujours* recevoir le tiercement du bail judiciaire ; & en conséquence, par Arrêt du 22 Décembre 1713, rapporté par M. de la Quesnerie, en ses notes sur l'article 551, un tiercement fut admis pour un bail judiciaire d'un bois-taillis dont l'adjudicataire avoit déja eu deux années de jouissance. On entend par tiercement ajouter 100 liv. à une adjudication de 300 liv. Toutes personnes, lors du tiercement, sont admises à surenchérir en l'Audience ou sur la Requête présentée par celui qui offre le tiercement ; il fait assigner l'adjudicataire pour voir accorder acte de son offre.

Le tiers acquéreur ayant joui par an & jour depuis la lecture de son contrat, ne doit être dépossédé pendant le décret, pourvu qu'il donne caution de rendre les fruits depuis le bail judiciaire (car c'est à cette époque qu'il est averti de la saisie) jusqu'au jour de l'Etat : art. 552 de la Coutume, & Arrêt du 31 Mai 1691.

Ce n'est pas seulement le tiers acquéreur, mais les fermiers auxquels le bail est fait judiciairement, qui doivent caution ; faute par eux d'en fournir une solvable, on fait proclamer la location des biens à leur folle enchere.

Les baux peuvent être moindres en durée que trois ans, mais ne peuvent être prolongés au-delà.

Mais soit que le tiers détempteur ou toute autre personne jouissent comme fermiers, le Commissaire est tenu de veiller à l'entretien & réparation des bâtimens, d'en faire dresser des procès-verbaux exacts, contradictoirement avec le saisi & les créanciers opposans ou eux duement appellés. L'adjudication des réparations se fait en Justice, après proclamations, & l'adjudicataire doit donner caution qu'il les fera suivant les devis qui en ont été faits : Arrêt du 21 Mai 1677.

Délais & forme des criées.

Après les quarante jours passés de l'instant de la saisie, c'est-à-dire, pourvu que ce soit dans l'an & jour de la saisie expirée, on fait trois criées par trois jours de Dimanches continuels, issue de la Grand'Messe Paroissiale de l'Eglise de laquelle dépendent les fonds roturiers saisis ; le Sergent doit y appeller au moins trois témoins autres que ses recors pour y signer : art. 554. Si les fonds sont féodaux

daux, après trois mois paſſés depuis la ſaiſie, le Sergent fait la premiere des trois criées, iſſue de la Meſſe de l'Egliſe du lieu où eſt l'aſſiete du fief; ſi le manoir ſeigneurial eſt en une autre Paroiſſe que celle qui porte le nom de la Seigneurie, alors les criées ſe font aux deux Paroiſſes ; art. 569 : & ſi les Paroiſſes ſont tellement éloignées les unes des autres qu'un ſeul Sergent ne puiſſe faire les criées en un même jour, divers Sergents peuvent les faire, pourvu que les criées ſoient faites le même jour, par trois Dimanches conſécutifs & ſans interruption ; car s'il y en avoit, on ſeroit forcé d'en faire de nouvelles : Arrêt du 11 Août 1754, art. 570. Lorſque le fief eſt décrété avec des rotures, celles-ci ſont valablement décrétées ſous la même forme que le fief, pourvu qu'il y ait un prix mis ſur chacune piece de roture en particulier : art. 573.

Les criées ſe font à jour ordinaire des marchés les plus prochains des objets ſaiſis, quand le corps des Egliſes paroiſſiales deſquelles ils dépendent ſont hors le reſſort de la Province : article 555.

A chaque criée le Sergent fait lecture des titres en vertu deſquels on décrete, des déclarations par bouts & côtés des terres décrétées, & des prix mis ſur chacune d'elles, ou du prix donné au corps du fief entier ; & après chaque criée, la déclaration des fonds ſaiſis doit être, comme lors de la ſaiſie, affichée par placards à la porte de l'Egliſe paroiſſiale, ou aux marchés, ſelon que les criées ont dû être faites en l'une ou aux autres : art. 557.

Les criées doivent porter aſſignation au décrété & à tous autres ayant droit au décret, 1°. à comparoître aux prochains plaids pour les rotures, ou en la prochaine aſſiſe pour les fiefs, à l'effet qu'ils puiſſent ſe préſenter au record & à la certification des diligences, & 2°. aux plaids ou aſſiſes enſuivants pour aſſiſter à l'interpoſition, avec déclaration que s'ils ne ſe préſentent pas à l'interpoſition, ils ne ſeront point admis à s'oppoſer aux diligences ultérieures dudit décret. S'il y a eu appel du décret après les criées, ou après quelques-unes des diligences poſtérieures aux criées, par l'Arrêt qui renvoie les parties pourſuivre le décret devant le premier Juge, on ordonne une criée d'abondant pour avertir les intéreſſés au décret, que les diligences vont être continuées : or, après que lecture a été faite de cet Arrêt en l'Audience du Juge du décret, la criée d'abondant doit être faite pour les rotures quinze jours au moins avant l'adjudication, & pour les fiefs, un mois auparavant : Réglement du 24 Mars 1672.

Il ne faut point certifier les criées d'abondant ; il ſuffit que le Sergent les recorde aux plaids ou Aſſiſes qui ſuivent la criée, ſelon qu'il s'agit de roture ou de fief noble : art. 140 des Placités.

Record des diligences.

Aux plaids ou aſſiſes d'après la derniere criée, le Sergent ſe préſente devant le Juge, audience tenante, & y affirme avoir fait les ſommations, ſaiſies & criées exactement, c'eſt-à-dire, conformément à la Coutume ; que les énonciations de ces diligences ſont vraies ; ce qu'il doit ſigner au pied de chaque diligence, avec le Juge & le Greffier, à peine de nullité.

Certification.

Toutes les diligences faites par le Sergent ayant été recordées & dépoſées ſur le bureau de la Juriſdiction, le Juge, après avoir ſigné le record, aſſiſté de ſix Juges, fait faire lecture par le Sergent ou le Greffier, des diligences & pieces en vertu deſquelles on y a procédé, & il les juge bien ou mal faites, par avis de l'affiftance, en faifant mention que lecture en a été faite.

Un parent du décrétant, Greffier, peut valablement, pour la rédaction de cette Sentence fur le plumitif, remplir fes fonctions, & elle n'eft pas nulle, quoique prononcée en un jour autre que les plaids ordinaires : Arrêt du 14 Août 1767 ; *Traité des Décrets.*

La certification n'eft qu'un acte effentiel aux Juges, parce que, du moment qu'ils ont approuvé les diligences, ils font refponfables de tout ce qui a précédé le décret.

La Sentence de certification ordonne toujours qu'il foit procédé à l'interpofition aux premiers plaids ou affifes qui fuivront la certification : art. 572 de la Coutume.

De l'interpofition.

Cette formalité a pour but de faire expofer par le Juge l'héritage faifi en vente, d'admettre toutes perfonnes à enchérir & furenchérir, & de recevoir les oppofitions au décret ; parce que fi les oppofants ne fe préfentent point avant la Sentence qui déclare le décret interpofé, ils font non-recevables, à moins que leur oppofition n'ait pour bafe des droits fonciers, tels que les douaires, les légitimes, les titres facerdotaux & les rentes foncieres. Si les oppofants fe préfentent & demandent diftraction, on doit faire droit fur leur demande avant l'adjudication ; s'ils ne demandent que d'être confervés, on les renvoie à la tenue de l'état.

De l'adjudication au profit commun.

A la quinzaine ou à l'affife qui fuit l'interpofition, l'héritage eft vendu à l'adjudicataire qui fe préfente, ou refte au décrétant pour le prix auquel il a évalué les fonds faifis, par la déclaration qu'il en a donnée ; & le prix de cette adjudication eft deftiné au paiement des créanciers, fuivant l'ordre de leurs hypotheques ; mais l'adjudicataire n'eft pas pour cela propriétaire, car il eft obligé de fouffrir les encheres au profit particulier qui fe font à la quinzaine ou à l'affife fuivante.

Encheres au profit particulier.

Le droit de ces encheres eft fixé par l'article 582. Il appartient aux créanciers qui ont des dettes créées avant la faifie, mais poftérieures à plufieurs autres ; & il confifte en ce qu'ils peuvent enchérir par-deffus l'adjudicataire de telles fommes qu'ils veulent (1), en laiffant le quart de leur enchere au profit commun, parce qu'ils fe font porter de leurs dettes, toutes récentes qu'elles font, fur les trois autres quarts de leur enchere, au préjudice des autres créanciers.

Par exemple, on vend par décret la terre de *Pierre* ; *Jean* s'en eft rendu adjudicataire au profit commun, par 20,000 liv. ; à la quinzaine fuivante, *Nicolas*, dernier créancier, enchérit la terre & la porte à 30,000 livres ; il déclare en mettre 10,000 liv. à fon profit particulier ; de ces 10,000 liv., il en revient 2250 liv. pour le quart au profit commun de tous les créanciers ; l'adjudicataire a donc 7500 liv. de fon profit particulier à valoir en acquit de fa crédite.

Si l'enchériffeur au profit particulier n'a pas dans les créances de quoi abforber la totalité de ce qui refte de fon enchere, le quart levé, le furplus des trois quarts de l'enchere qui excede la dette, vertit au profit commun ; & fi partie de fon adjudication lui étoit retirée pour droits privilégiés & fonciers, il ne feroit remboursé de fon profit par-

---

(1) *Efprit de la Coutume.*

ticulier qu'après que le capital de ce profit, tel qu'il auroit été si tout le fonds enchéri eût passé en sa main, aura été réduit à la proportion de ce qui lui restera en propriété de ce fonds : Arrêt du 16 Mars 1666, Basnage.

Quand il n'y a point d'encheres au profit particulier, l'adjudication au profit commun passe pour définitive.

Au surplus, l'enchere au profit particulier étant couverte par d'autres encheres, celles-ci nécessitent à faire une adjudication finale à la quinzaine ou à l'assise suivante, où chacun est reçu à renchérir au profit commun tous les héritages du décret, soit en gros, soit en détail.

La raison qu'en donne Basnage, est que si l'on ne recevoit les encheres qu'à l'égard des pieces de terre sur lesquelles on auroit spécialement mis quelques rencheres au profit particulier, & que les autres demeurassent sur le prix de la premiere adjudication au profit commun, sans souffrir qu'on renchérît dessus, il se trouveroit dans un même décret deux adjudications définitives : d'ailleurs, l'état du décret doit être termé aux prochains plaids pour la roture, & pour les fiefs aux prochaines assises, immédiatement après l'adjudication définitive ; or, il faudroit en ce cas tenir deux états dans un même décret ; l'un, la premiere adjudication étant définitive, pour une partie des héritages sur lesquels il n'y auroit point eu d'encheres au profit particulier ; & l'autre pour les héritages qui auroient été renchéris : Arrêt du premier Juin 1669.

Si cependant l'enchérisseur au profit particulier n'avoit mis son enchere que sur partie d'héritages saisis, il n'empêcheroit point par là l'adjudication définitive des autres fonds sur lesquels il n'auroit pas enchéri : Arrêt du 23 Mars 1676.

Adjudication définitive.

Cette adjudication doit être faite aux prochains plaids ou assises, d'après la réception au profit particulier. Avant que de recevoir les encheres définitives, il faut faire lecture, audience séante, de la déclaration des biens à vendre, du prix auquel ils sont portés, tant au profit commun qu'au profit particulier ; & après la réception de surencheres, dès que le Juge les a admises, si personne ne les surpasse par des offres, & en couvrant l'enchere au profit particulier, ne la fait point convertir au profit commun, le Juge levé de son siege, personne n'est plus reçu à renchérir, même sous prétexte de vilité de prix, à moins qu'il n'y eût dol ou violence de la part du Juge : art. 146 du Réglement de 1666.

Le Juge ne peut retarder cette adjudication finale, sous peine des dépens, dommages & intérêts des parties, à moins qu'il n'y ait opposition ou appel : art. 145 des Placités.

L'adjudicataire doit de suite consigner le prix de son adjudication, sous peine d'intérêts envers les créanciers ; Arrêt du 20 Février 1688 : & s'il est opposant pour dettes anciennes, il peut consigner son obligation comme deniers comptants; par la même raison l'enchérisseur à son profit particulier, n'est tenu de garnir, pour jouir de ce bénéfice, que les titres de sa créance, & suppléer seulement l'excédant du prix en deniers : de l'instant du garnissement, l'adjudicataire est propriétaire, quoique ses deniers ne soient pas encore consignés.

Ainsi la faillite du Receveur des Consignations est toute entiere à la charge des créanciers, & les accidents qu'éprouvent les fonds le regardent personnellement.

De l'instant où, aux prochains plaids ou assises, l'adjudicataire présente le brevet de garniffement de fon adjudication, & en obtient acte; l'état eft déclaré ouvert en la forme prefcrite par les Réglemens de la Cour du 3 Septembre 1688, & du 17 Août 1747. Par le premier, tous décrets d'immeubles, états, ordres & diftributions des deniers du prix d'iceux, examens des comptes des mineurs, ordres & états de deniers mobils, fruits & levées, & tous autres Procès civils & criminels, feront diftribués à tour, & jugés à l'ordinaire dans la Chambre du Confeil, en préfence de tous les Juges de la Jurifdiction : défenfes faites d'en juger à l'extraordinaire, ni par Commiffaire, ni de prendre pour le jugement defdits Procès, qui feront jugés à l'ordinaire, aucuns droits ni vacations, autres que le fimple rapport, aux cas auxquels il conviendra, à peine de concuffion, conformement à l'article 17 de l'Ordonnance de 1673 (1), & à l'Arrêt du Confeil rendu en conféquence; les Réglemens & Arrêts de la Cour fortiffants au furplus leur plein & entier effet. Et par le fecond, il eft ordonné que celui ci-deffus fera imprimé & envoyé dans tous les Sieges de ce reffort, pour y être exécuté felon fa forme & teneur, lu, publié à la diligence des Subftituts du Procureur-Général du Roi, chacun en droit foi.

Etat d'ordre.

Avant que l'on procede à la diftribution du prix de l'adjudication, & de ce que le revenu des biens a produit aux créanciers, les frais de décret doivent être taxés, ainfi que ceux du Procureur qui a occupé pour le décrété ; & dans un mois au plus tard après l'adjudication finale, le Commiffaire eft tenu de préfenter & de dépofer au Greffe le compte de fa régie, à peine d'éviction de tous fes droits & de contrainte en fes biens, proportionnée à fa recette. S'il y a créanciers oppofants au décret, le compte doit être communiqué à leur Procureur & au décrétant, pour, par eux, former telles reprifes ou coter telles diminutions qu'il appartiendra, & être enfuite leur conteftation examinée à l'ouverture de l'état. Cette ouverture doit avoir lieu un mois au plutard après la Sentence qui en a fixé le jour ; & les créanciers, lorfque l'état fe tient, doivent être colloqués en leur ordre de privilege ou d'hypotheque, ce dont on leur délivre exécutoire fur le Receveur des Confignations, même avant que l'état foit clos ou achevé : art. 142 des Placités. Si par la nature des conteftations qui s'élevent au fujet des oppofitions pour crédites antérieures ou privilégiées, elles ne fe trouvoient pas en état d'être décidées, alors les Juges pourroient ordonner fur icelles l'inftruction convenable, & en laiffer le montant en furféance aux confignations, durant l'inftruction ; ce qui cependant ne peut retarder la collocation des autres créanciers : articles 17, 18, 19, 20 & 21 du titre 4 du Réglement du 18 Juin 1769.

Lors de l'état, chaque créancier doit fommairement former fa demande & repréfenter fes titres, & on le colloque tant pour fon principal que pour fes dépens; en obfervant que les dépens des procédures faites pour recouvrer les dettes n'ont pas l'hypotheque de ces dettes, mais feulement du jour de l'action. *Voyez* HYPOTHEQUE, & Article 149 des Placités.

Si l'adjudicataire ne dépofoit pas au Greffe la quittance de la confignation du prix de fon adjudication, on en ordonneroit une nouvelle à fa folle enchere, laquelle fe feroit aux plaids ou affifes

---

(1) C'eft le Réglement pour les *Epices*.

les plus prochains : mais fur cette adjudication, les créanciers ne peuvent enchérir à leur profit particulier.

L'adjudicataire, en juftifiant des charges foncieres affectées fur les héritages décrétés, par les contrats & aveux, en obtient défalcation, favoir à l'égard des rentes feigneuriales en effence, en formant un prix commun de celui des cinq dernieres années de l'appréciation des grains ou volailles, faite par le Juge ; & quant aux rentes, fur le pied du denier vingt : art. 579.

Le treizieme de la vente faite avant la faifie en décret, n'eft payé qu'à l'ordre de l'hypotheque du contrat de vente : art. 144 du Réglement de 1666.

Mais le treizieme de l'adjudication fe leve en privilege : article 575 de la Coutume.

Quand il revient des treiziemes au Roi ou à l'engagifte, le Receveur du Domaine ou l'engagifte doivent fe préfenter à l'état pour faire liquider leur treizieme avec les autres Seigneurs, & le Bureau des Finances ne peut en connoître : Arrêt du 11 Août 1750. *Voyez* Domaine & Finance.

Quand un propriétaire de fief a aliéné partie de fon domaine fieffé, fi on décrete le fief & les aliénations, & que le tout foit adjugé au même, mais par divers prix, à la charge du treizieme, la totalité du treizieme n'eft pas due au Seigneur dominant ; il n'a que le treizieme du prix du fief ; le treizieme des aliénations appartient aux créanciers, parce qu'elles ne font pas réunies au fief, & que fi les créanciers euffent fait ces aliénations, ils en auroient perçu le treizieme. Ceci part de la difpofition de l'article 204, conformément auquel il a été jugé que, dans le cas propofé, un lignager du décrété pouvoit retirer le fief fans retirer les aliénations. *Voyez* Fief & Jeu de Fief.

SECTION V.

Par la vente & l'adjudication du bien décreté, à quoi font tenus l'adjudicataire, les créanciers & le décrétant les uns envers les autres ?

1°. L'adjudicataire demeure faifi des diligences du décret, en laiffant au Greffe où il a été paffé des copies duement approuvées ; & après 10 ans du jour de l'adjudication, il n'eft plus tenu de les repréfenter ; elles demeurent pour conftantes telles que les expéditions remifes à l'adjudicataire les énoncent : Article 586 de la Coutume. Ainfi après les 10 ans, il n'eft plus obligé de repréfenter les procédures, telles que les *contumaces* ou autres ; la Sentence d'adjudication finale fuffit pour rendre fa propriété inconteftable : Arrêt du 10 Décembre 1660, rapporté par Bafnage.

2°. Si l'adjudicataire eft devenu propriétaire avant la S. Jean, & expulfe les fermiers, car ceux-ci ne peuvent jouir que tant que dure le décret aux termes de leurs baux judiciaires où cette claufe eft toujours inférée, il eft tenu de leur reftituer perfonnellement & en fus du prix de fon adjudication leurs airures, labours & femences ; parce que lui feul en tire profit, & qu'il auroit été obligé à ces dépenfes s'il eût acquis plutôt : Arrêt du 19 Juillet 1692, aux notes de la nouvelle édition de Bafnage fur l'Article 574 de la Coutume.

3°. L'adjudicataire ne peut faire réfoudre fon adjudication, fous prétexte de ce que le prix en eft au-delà de la moitié de la jufte valeur du fonds, parce qu'il eft poffible que parmi les enchériffeurs qu'il a eus pour concurrents, & auxquels il a voulu être préféré, quelques-uns, par des motifs de commodité particuliere, euffent porté leur enchere jufqu'au taux de la fienne, s'ils n'euffent pas appréhendé de la voir surpassée. Mais il a le droit de demander une défalcation sur le prix de son adjudication, si on a exagéré dans les déclarations des biens, dans les placards, les affiches & le cahier des encheres, leur contenance, leurs dépendances ; car il n'est supposé en avoir vérifié les énonciations qu'après avoir eu intérêt à le faire ; & il est possible que cet intérêt n'ait commencé qu'à l'instant où il a eu l'espoir de pouvoir devenir propriétaire, c'est-à-dire lorsque les biens ont été exposés en vente & publiquement désignés.

Aussi Basnage observe-t-il qu'en général on fait défalcation à l'adjudicataire, & on lui accorde recours sur les derniers emportants deniers, quand la mesure annoncée ne se trouve pas ; ce qu'on doit entendre du cas où le défaut de mesure est considérable : car si une piece de terre exactement bornée avoit, par exemple, été offerte de la contenance d'un acre ou *environ*, & qu'elle ne fût que de trois vergées quarante perches, l'adjudicataire ne pourroit se plaindre.

4°. Par la raison de réciprocité, quand l'adjudicataire a une contenance de terre beaucoup plus forte que celle qui lui a été adjugée, il doit en faire raison aux créanciers ou au décrété. On dit *plus forte*: car Basnage nous rapporte que lors d'un décret, on avoit employé dans la déclaration que le fonds à vendre étoit d'un acre & demi, & le décrété qui prétendoit que le surplus de l'acre devoit lui revenir, fut débouté de sa demande par Arrêt de 1527.

Au lieu qu'entre un sieur Osmont & autres créanciers opposants à un décret, & M. de Saffy, Maître des Comptes, qui s'étoit rendu adjudicataire de la terre de Belhôtel, s'étant élevée une contestation sur ce que les terres adjugées montoient à soixante-quatre acres de terre au-delà de la contenance qu'on leur avoit attribuée par la déclaration mise au Greffe ; il fut dit par Arrêt du 15 Décembre 1670, que quoique le mot *environ* eût été inséré en la déclaration, & que les terres y eussent été bornées, une surmesure de cette conséquence devoit augmenter le prix de l'adjudication.

5°. L'adjudicataire est susceptible des charges imposées par le Roi sur les fonds décrétés, quoique ces charges n'aient été fixées que postérieurement à l'adjudication, parce qu'il a suffisamment été averti par l'Edit constitutif de l'impôt, qu'il auroit lieu : Arrêt du 6 Juillet 1694, rapporté par M. de la Quesnerie, sur l'Article 578 de la Coutume.

6°. Il n'en seroit pas de même des arrérages de rentes foncieres & seigneuriales, échues avant le décret ; l'adjudicataire n'a pas lieu de croire qu'il en soit dû, tant qu'il n'y a point d'opposition formée pour en obtenir paiement : ainsi quoique l'opposition ne soit pas nécessaire pour conserver les arrérages de cette espece aux créanciers auxquels ils sont dûs, quand cette opposition n'a point été formée, celui qui est en droit de les exiger ne peut en faire la répétition que sur les derniers emportants deniers : Arrêt du 24 Septembre 1661 ; Basnage, Article 579.

7°. Quand après l'adjudication d'un fief, on découvre quelque partie de rente seigneuriale ou du domaine, ou quelque dépendance du fief omise au décret, le décrété peut mettre en sa main l'objet omis, en payant le prix du revenu au denier 20 ; cette disposition de l'Article 567 de la Coutume a eu pour motif de ne pas autoriser la scission du fief d'avec les droits qui en dépendoient ; par elle, en effet, si elle eût été permise, l'adjudicataire devenu propriétaire du fief, ignorant en quelles mains seroit passé ce qui en auroit été détaché, auroit été privé pour toujours, & conséquemment le Roi ou le Suzerain, de les rappeller au fief, de les y réunir.

Cependant lorsque la Coutume fixe au denier 20 le paiement que l'adjudicataire doit faire, de la valeur de l'objet omis, aux derniers opposants ou au décrété, sur le pied du denier 20, ceci ne s'entend que des immeubles qui produisent annuellement & à perpétuité un revenu à peu près égal : car lorsqu'il est question de châteaux ou de bois de haute-futaie, dont le revenu est si peu certain que d'une année à l'autre, au lieu de ne produire qu'une centaine d'écus de revenu, ils peuvent rapporter 10,000 liv. ; l'enchérisseur doit rembourser leur omission, sur l'estimation qui sera faite sur le pied du denier 20 du revenu que leur capital pourroit produire, s'il étoit touché ; considération faite des délais à éprouver, & des dépenses à faire pour mettre l'objet en état de procurer ce capital. Au surplus, si le fonds omis étoit décrété & vendu à la requête de quelque créancier, l'adjudicataire du fief, comme Seigneur, pourroit le revendiquer, en payant le prix, au préjudice des lignagers du décrété, & il ne pourroit prendre treizieme de la vente : Article 568.

8°. L'adjudicataire est tenu des servitudes apparentes affectées sur le fonds, quoique celui auquel la servitude est due ne se soit point opposé au décret ; mais faute d'opposition, la servitude que l'adjudicataire a pu naturellement ignorer, est anéantie : Basnage, Article 708.

9°. Lorsque le décret est cassé, s'il est prouvé qu'il a été poursuivi en vertu de titres procédants de fraude ou de mauvaise foi, il est dû à celui qui le fait casser, restitution de fruits du jour de la saisie ; & au contraire, s'il n'est cassé que pour nullités, ce n'est que du jour du jugement qui l'annulle que court cette restitution. Or l'adjudicataire, dans le premier cas, a son recours sur le décrétant pour ses dommages & intérêts, à dire d'Experts, & sur les créanciers auxquels ses deniers ont été distribués pour la restitution de son capital. Et dans le deuxieme cas, le décrétant ne doit aucuns intérêts d'éviction. Cependant le décrété qui est toujours en faute pour avoir donné lieu à son créancier de recourir à la voie du décret afin d'être payé, doit restituer à l'adjudicataire les augmentations qu'il a faites sur le fonds, avant que celui-ci puisse être forcé de le lui délaisser : Arrêts des 28 Janvier & 14 Mai 1606, 29 Avril & 10 Août 1616, rapportés par Basnage sur l'Article 559.

10°. Le décrétant n'est point obligé de mettre en état les fonds délivrés à la douairiere : ni lui, ni les créanciers ne sont propriétaires de ces fonds ; ce sont les enfants qui ont cette propriété, & elle ne leur appartient que jusqu'à concurrence du tiers des biens en l'état où ils se trouvent lors du décret. C'est ce qui a été jugé par Arrêt en 1776.

Section VI.

Diversité des procédures pour le décret des rotures & des fiefs.

Quand on fait saisir un fief, comme la déclaration précise de ce qui le compose ou qui en dépend seroit souvent impossible, le décrété refusant ordinairement de donner les renseignements qui seroient nécessaires ; la Coutume, Article 564, exige qu'outre la déclaration du nom & de la qualité du fief qui est remise à l'Officier avant la saisie, on en donne une autre après la saisie, où le nombre, la qualité, la quantité des pieces de terre qui composent le domaine non fieffé, soit exposé ; & le décrétant, après avoir mis cette déclaration au Greffe, doit assigner le décrété pour l'avouer ou la contester : Article 565. Et si quarante jours après il ne forme aucune contestation, la déclaration passe pour exacte à son préjudice : Article 566.

SECTION VII.

Sur le prix de la vente, en quel ordre & par quels moyens les Créanciers se font-ils payer ?

D'abord on doit distinguer deux sortes de créanciers ; ceux qui n'ont intérêt qu'à conserver leurs crédites sur les fonds de leur débiteur, & ceux qui ont droit de demander distraction d'une portion de ces fonds.

Les premiers ne sont point obligés de présenter requête au Juge ; il suffit que quinzaine au moins avant l'adjudication finale, ils déclarent par un simple acte signé d'eux ou de leur Procureur, qu'ils entendent s'opposer pour telle somme, en vertu des pieces justificatives de leurs crédites, pieces qu'ils joignent à cet acte ; ensuite qu'ils déposent le tout au Greffe, & qu'ils fassent enregistrer leur opposition : Articles 14 & 15 du titre 4 du Réglement de 1769, sur la Procédure ; & Article 559 de la Coutume.

Si cette opposition n'étoit faite qu'après l'ouverture de la tenue de l'état, l'opposant paieroit les dépens que son retardement auroit occasionnés, & les Sentences des créanciers mis en ordre avant eux subsisteroient à leur préjudice.

Les seconds, c'est-à-dire les créanciers qui ont droit d'exiger distraction, doivent former leur demande par requête avant l'interposition, afin que les frais du décret ne leur soient pas préférés : Arrêt du 13 Janvier 1655. Ces oppositions étant formées de cette maniere, l'opposition tendante à distraction doit être jugée avant l'adjudication ; sinon avant de faire l'adjudication, on ordonne que lors de la tenue de l'état il sera fait droit sur la distraction s'il y échet ; ce qui est conforme à l'Art. 81 de l'Ordonnance de 1539.

Après qu'à la tenue de l'état on a ordonné la distraction, ou maintenu le créancier dans le privilege qu'il a sur le fonds, ou qu'on l'en a débouté, on procede au jugement des oppositions formées pour conserver ; c'est-à-dire qu'on examine en quelle classe les opposants doivent être rangés, s'ils sont hypothécaires ou chirographaires. Les premiers sont colloqués selon l'ancienneté de leurs titres, tant pour leurs capitaux que pour les arrérages de leurs rentes ; les autres, s'ils ont fait déclarer leurs titres exécutoires avant la tenue de l'état, sont payés concurremment sur ce qui reste de deniers, en vertu d'exécutoires qui doivent leur être délivrés à fur & mesure des collocations, sans qu'ils soient tenus d'attendre la clôture de l'état d'ordre, Article 142 des Placités ; à moins qu'il n'y ait eu contestation pour distractions ou défalcations demandées ; car alors ceux auxquels les exécutoires ont été délivrés, ne peuvent s'en faire payer qu'après avoir donné caution de rapporter ce qu'ils toucheront, *si suire se doit* : Article 143.

Au reste, il est d'observation que le treizieme de la vente faite avant la saisie par décret, à la différence du treizieme du décret, n'est pas payé en privilege, mais seulement en l'ordre & hypotheque du contrat de vente : Article 573 de la Coutume, & 144 du Réglement de 1666. Les questions sur les privileges & la préférence des dettes entr'elles dépendent de principes qui méritent une étude particuliere ; on tâchera de les développer, article HYPOTHEQUE.

SECTION VIII.

Quels Juges sont compétents des décrets ?

1°. La saisie en décret étant une procédure dont l'objet est foncier, la compétence du Juge se regle, & par la nature des fonds, & par leur situation.

Quand

Quand il s'agit de décréter des fiefs, on doit s'adresser au Bailli Royal, Article 2 de la Coutume. Si les rotures sont décrétées, le Vicomte est compétent, Art. 6. Mais soit que le décret soit passé en Bailliage, ou en Vicomté, toujours est-il certain qu'en ces deux cas le décret n'y est porté que parce que les héritages en dépendent : d'où il suit que lorsque des héritages sont situés en diverses Jurisdictions, chaque partie devroit être décrétée dans chacun des Sieges d'où elle dépendroit.

Mais l'on conçoit combien les procédures multipliées seroient embarrassantes pour le décrétant, & onéreuses au décrété & aux créanciers. La Coutume a donc ouvert une voie, Article 8, pour réunir la totalité du décret en une même Jurisdiction par le moyen *des lettres de mixtion*.

L'usage de ces lettres est fort ancien & antérieur à la réformation de la Coutume.

On se régloit dans ce temps pour le choix de la Jurisdiction que l'impétrant se faisoit accorder, sur la division immémoriale du territoire de la Province, en Bailliages, en Vicomtés, en Sergenteries, ou Hautes-Justices démembrées des Vicomtés royales.

Ainsi quand les fonds étoient en divers Bailliages, on se pourvoyoit en la Cour, pour que le décret fût attribué par Arrêt à celui des Bailliages où le plus grand nombre des héritages étoit assis. Lorsque les héritages étoient dans le même Bailliage, mais en différentes Vicomtés, on avoit recours à la Chancellerie, & en vertu des Lettres du Prince qu'on s'y faisoit expédier, le décret étoit évoqué au Bailliage d'où les Vicomtés ressortissoient ; parce qu'y ayant un Juge de premiere instance au-dessus d'elles, il n'y avoit pas de nécessité de préférer l'une à l'autre. Si les fonds étoient dans la même Vicomté, mais en différentes Sergenteries, les lettres de mixtion étoient adressées au Vicomte, non pas qu'il en eût besoin pour être compétent du décret ; mais parce que ces Sergenteries n'étant point appellées aux mêmes plaids, il n'y avoit que le Roi qui pût permettre de décréter en un seul & même jour de plaids d'héritages, des fonds à raison desquels, suivant la Coutume, les procédures devoient se faire en des jours & en des plaids différents.

Si les héritages étant dans la même Vicomté, étoient situés en différentes Hautes-Justices érigées dans son enclave, les lettres étoient adressées au Vicomte ; car quoique les héritages ne fussent pas en sa Jurisdiction, cependant ils avoient été anciennement soumis à son inspection.

Quelquefois il y avoit concurrence entre le Bailli & le Vicomte, c'étoit lorsque les fonds étoient en partie nobles, & en partie roturiers ; & alors si le Vicomte étoit du même Bailliage, la préférence appartenoit au Bailli ; si le Vicomte étoit d'un autre Bailliage, il étoit indispensable de recourir à la Cour, & d'y obtenir Arrêt d'attribution.

Lorsque la concurrence existoit entre un Vicomte & un Haut-Justicier, le Vicomte l'emportoit, si la Haute-Justice étoit dans l'enclave de sa Vicomté. Dans le cas opposé, c'est-à-dire si la Haute-Justice étoit enclavée en une autre Vicomté, mais dans un même Bailliage, les lettres de mixtion s'adressoient au Bailli.

Tels étoient les principes suivis à l'égard des lettres de mixtion lors de la réformation de la Coutume : on ne distinguoit pas encore entre Vicomtés & Vicomtés, il n'y en avoit que d'une seule espece ; ainsi les Réformateurs n'avoient que deux choses à statuer.

1°. La compétence du Bailli, lorsque les héritages étoient de différentes Vicomtés; & c'est ce qu'ils ont fait en l'Article 4 de la Coutume.

2°. La compétence du Vicomte, lorsque les héritages étoient situés partie en sa Jurisdiction, partie en une Haute-Justice. Et à cet égard les Réformateurs ont pensé que l'érection des Hautes-Justices, en démembrant la Jurisdiction du Vicomte, n'avoit point altéré les enclaves de son ancien territoire, & que le Vicomte en étoit toujours reconnu le Juge primitif & naturel; que conséquemment il avoit capacité de connoître de la totalité du décret, quoique partie des héritages se trouvassent soumis à des Hautes-Justices de son ancien arrondissement.

En 1709, on poursuivit le décret de plusieurs héritages, dont partie étoit dépendante de la Haute-Justice d'Elbeuf, & partie d'une autre Justice, toutes deux dans les enclaves de la Vicomté du Pont-de-l'Arche; le Vicomte prétendit en connoître en vertu des lettres de mixtion, & il l'obtint par Arrêt du 17 Juillet 1709, contradictoirement avec le Procureur-Fiscal d'Elbeuf, qui réclamoit le décret, comme ayant le plus grand nombre d'héritages sous sa Haute-Justice. Dans le fait, il n'y avoit pas la moindre piece de terre qui dépendît de la Jurisdiction du Vicomte : on trouva qu'il suffisoit que la totalité des héritages fût dans les enclaves de la Vicomté, pour que ni l'un ni l'autre des Hauts-Justiciers n'en pussent connoître, vu la concurrence. A plus forte raison le Vicomte doit-il donc connoître du décret, lorsqu'il y a moindre portion des héritages relevans de sa Vicomté. Alors, en effet, ce n'est pas la plus grande partie des héritages qui doit décider ; mais la qualité du Juge de qui la Jurisdiction du Haut-Justicier n'est qu'empruntée.

Si tous les héritages étoient dans la même Haute-Justice, ce seroit au Haut-Justicier à connoître du décret, cela est évident ; on n'auroit pas besoin alors de lettres de mixtion. De même que quand tous les héritages sont situés dans une seule Vicomté, le Bailli ne peut connoître du décret.

Il est arrivé des changemens dans les Vicomtés de Normandie depuis la réformation de la Coutume; la plupart ont été démembrées en conséquence d'un Edit de 1639 : d'une seule Vicomté, on en a formé deux, trois, quatre, suivant l'étendue de leur district, & la qualité des Villes & Bourgs qui se trouvoient dans leurs enclaves : Basnage sur l'Article 4.

Cet arrangement a extrêmement resserré le territoire des anciennes Vicomtés, & a donné lieu à de nouvelles difficultés : il étoit peu de débiteurs dont les biens fussent situés dans une seule Sergenterie ; & la diversité de ces Sergenteries n'empêchoit pas le Vicomte de décréter les héritages en vertu des lettres de mixtion ; mais par l'érection de la plupart de ces Sergenteries en Vicomtés, il arrivoit qu'il ne se trouvoit presque plus de biens roturiers à décréter qui fussent assis dans une seule Vicomté, & par conséquent la plupart des décrets auroient été portés dans les Bailliages, aux termes de l'Article 4 de la Coutume, au préjudice des anciennes Vicomtés.

Cela donna lieu à des contestations. Par Arrêt du 6 Septembre 1646, rendu pour l'ancien Vicomte de Falaise, il fut maintenu dans le droit de décréter les héritages situés dans les anciennes limites de sa Vicomté, encore qu'ils se trouvassent dépendans des nouvelles Vicomtés démembrées de la sienne ; & cet Arrêt a servi de fondement à l'article 8 du Réglement de 1666.

Par ce Réglement la Cour a réduit les nouvelles Vicomtés sur le même pied, eu égard aux anciennes, que les Hautes-Justices l'étoient par la Coutume, eu égard aux Vicomtés dans les enclaves desquelles elles étoient situées. Et de même que le Haut-Justicier est obligé par la Coutume de céder à son Juge Royal la totalité du décret, lorsqu'il n'a qu'une partie des héritages décrétés dans sa Haute-Justice ; de même aussi le Vicomte de nouvelle création doit le céder à son ancien, par le Réglement, lorsque tous les héritages décrétés ne sont pas dans les enclaves de la Vicomté nouvelle. On ne peut pas dire que la Cour ait eu en vue la supériorité de Jurisdiction, puisque l'ancien Vicomte n'en a aucune sur le nouveau ; mais elle a jugé que la division du territoire des Vicomtés anciennes ne devoit porter aucun préjudice aux anciens Vicomtes, pour le décret des héritages qui y sont assis, sinon en tant que les Vicomtes de nouvelle création seroient en état de faire seuls la totalité du décret, de la même maniere que l'érection de portion des Vicomtés & autres Justices n'avoient point empêché les Réformateurs de notre Coutume de laisser aux Vicomtés le décret des héritages, dans le cas où les Hauts-Justiciers ne pouvoient le faire, parce qu'ils n'avoient pas la totalité des héritages décrétés dans leur dépendance.

Pour se former une idée précise & plus nette sur ce point, il faut distinguer deux différentes significations dans le terme *Vicomté*.

Vicomté, signifie 1°: une Jurisdiction Royale où les affaires personnelles des roturiers, & les affaires réelles pour cause d'héritages roturiers, se traitent en premiere instance. Mais 2°. *Vicomté*, signifie encore une certaine étendue de territoire qui compose un Domaine Royal dépendant d'un chef-lieu dont sont mouvants les héritages que les sujets du Roi tiennent en fief de Sa Majesté. *Voyez* article VICOMTÉS.

L'érection des Vicomtés nouvelles, a véritablement multiplié les Jurisdictions royales ; & en ce sens on peut dire que les héritages sont situés en différentes Vicomtés, parce qu'ils sont soumis à la Jurisdiction de plusieurs Vicomtés.

Mais elle n'a pas multiplié les Vicomtés domaniales, ni rien changé à la mouvance des fiefs & des héritages ; & en ce sens on ne peut pas dire que les héritages, quoique soumis à la Jurisdiction de différents Vicomtes, soient assis en différentes Vicomtés, lorsque la totalité est dans les enclaves de la Vicomté ancienne, de laquelle ils sont tous tenus directement, ou en arriere-fief.

De là il suit que si les héritages à décréter, sont assis en deux Vicomtés de nouvelle création, toutes deux situées dans les enclaves d'une ancienne Vicomté dont elles ont été démembrées, ce n'est pas au Bailliage où les nouvelles Vicomtés ressortissent, qu'il faut porter le décret ; mais à la Vicomté ancienne dans les enclaves de laquelle tous les héritages sont situés, comme l'on porte au Vicomte, & non pas au Bailli, le décret d'héritages situés sous deux Hautes-Justices qui sont l'une & l'autre dans les enclaves de la Vicomté.

On ne peut pas dire qu'il y ait disparité entre les deux cas. L'ancien Vicomte n'est pas plus Juge de ressort à l'égard des Hauts-Justiciers, qu'à l'égard des Vicomtes de nouvelle création ; ainsi il n'est pas nécessaire que l'ancien Vicomte ait partie des héritages sous sa Jurisdiction, comme il a été jugé pour les Hautes-Justices, par l'Arrêt de 1709 que nous avons cité : il suffit que la totalité des héritages soient dans les anciennes limites de la Vicomté, n'importe qu'il y en ait ou non partie dans sa Jurisdiction, & que les Sieges de nouvelles Vicomtés ressortissent au Bailliage, parce que c'est le territoire, & non le dégré de Jurisdiction qui sert de regle.

Si donc l'ancien Vicomte est le seul

Juge compétent du décret d'héritages situés en différentes Hautes-Justices de son district; s'il est aussi le seul Juge compétent du décret d'héritages situés en différentes Vicomtés nouvelles démembrées de la sienne; c'est aussi à lui à faire le décret d'héritages dont une partie est située dans une Haute-Justice de son district, & l'autre partie dans une Vicomté démembrée de la sienne. Ce qui a été jugé par un Arrêt du 31 Janvier 1744, dont voici l'espèce:

L'ancienne Vicomté de Valognes a été divisée en quatre, par l'érection de trois nouvelles Vicomtés qui en ont été démembrées; celle de Tollevast, à Cherbourg; celle de Barfleur, & celle de Beaumont, à S. Sauveur-le-Vicomte.

Tout le bien d'un débiteur étoit situé dans la Vicomté de Tollevast à Cherbourg, & dans la Haute-Justice de Briquebec: le créancier obtint des lettres de mixtion qui furent adressées au Vicomte de Valognes, parce que la Vicomté de Tollevast est un démembrement de celle de Valognes, & que la Haute-Justice de Briquebec est aussi située dans les enclaves de la Vicomté de Valognes. Il n'y avoit pas une vergée de terre de la Jurisdiction de l'ancien Vicomte de Valognes. Le créancier étoit déja fort avancé, lorsque le débiteur décrété s'avisa de relever des lettres en la Chancellerie, pour être reçu appellant de la saisie réelle & de tout ce qui avoit été fait en conséquence, & cet appel fut porté au Bailliage de Valognes, où il prétendit que les lettres de mixtion auroient dû être adressées, attendu que la Vicomté de Tollevast & la Haute-Justice de Briquebec y étoient ressortissantes.

Le créancier se défendit sur les prérogatives que le Vicomte de Valognes avoit, comme ancien Vicomte & comme Juge Royal; que comme ancien Vicomte, il avoit droit de décréter les héritages situés dans la Vicomté de Tollevast, le Vicomte de Tollevast n'étant pas en état de le faire; que comme Juge Royal, il étoit pareillement en droit de décréter les héritages situés dans l'étendue de sa Vicomté, quoique dépendants de la Haute-Justice de Briquebec, lorsque le Haut-Justicier n'étoit pas apte à en faire le décret; & qu'ainsi il n'avoit pas été nécessaire d'adresser les lettres de mixtion au Bailli, Juge supérieur, par interversion de l'ordre judiciaire de cette Province, & par obmission d'un dégré de Jurisdiction; que le terme *ressort* employé dans l'article 8 du Réglement de 1666, devoit s'entendre du territoire, & non du droit de Jurisdiction.

Le Bailli de Valognes, quoique le plus intéressé dans cette compétence, dit qu'il avoit été bien procédé aux diligences dudit décret, pour la continuation & perfection duquel il renvoya les Parties au Siège dont étoit appel; le débiteur condamné aux dépens, comme suites du décret. Sur l'appel, l'appellation fut mise au néant.

Un Arrêt du 22 Mai 1683, rapporté par les Commentateurs sur l'article 4, a beaucoup de rapport à cette espèce: il étoit question d'un décret d'héritages, dont partie étoit située dans la Haute-Justice de Cani, qui ressortit nuement à la Cour, & cette Haute-Justice étoit dans le district du Bailliage & de la Vicomté Royale de Cani; l'autre partie des héritages étoit située dans la Vicomté de Caudebec: ce n'étoit pas là le cas des lettres de mixtion, puisque les héritages étoient situés en deux Bailliages différents; mais il s'agissoit de renvoyer le décret dans un des deux Bailliages par Arrêt d'attribution.

Il n'y avoit point de terres qui dépendissent de la Vicomté ou du Bailliage de Cani, tout ressortissoit au Parlement par le moyen de la Haute-Justice; le Bailliage de Caudebec avoit au contraire une

Jurifdiction directe fur la portion d'héritages affis dans la Vicomté de ce nom, & par cette raifon, demandoit la préférence.

Cependant, la Cour renvoya le décret au Bailliage de Cani, parce que la plus grand partie des héritages étoit affife dans fon territoire, quoiqu'elle n'en dépendît pas. La Cour confidéra que le Haut-Juſticier n'eſt Juge que de privilege, & que le Juge Royal eſt toujours le Juge naturel des héritages qui font dans fon territoire, quoique reſſortiſſants à une Haute-Juſtice.

2°. Comme il peut arriver que, malgré la clarté des regles établies par notre Jurifprudence, un décrétant s'en écarte, il eſt eſſentiel d'obſerver que ſes erreurs n'entraînent pas toujours après elles la nullité totale de ſes opérations.

Il faut diſtinguer entre les nullités qui réſultent de l'inobſervation des formalités preſcrites par la loi, & celles qui proviennent de l'incompétence du Juge. Les premieres peuvent influer fur la totalité du décret; les ſecondes ne tombent jamais que fur la choſe même pour laquelle le Juge eſt incompétent. Ainfi, qu'en un décret le ſaifiſſant eût employé des héritages qui ne fuſſent pas dans le reſſort du Juge qui fait le décret, le décret feroit bon pour les héritages fitués dans ſa Jurifdiction, & ne feroit nul que pour les héritages dépendants d'une autre Jurifdiction. Une lecture faite à l'iſſue de la Meſſe paroiſſiale, d'héritages qu'on prétend être tous fitués dans la même Paroiſſe, eſt valable pour les héritages qui y font véritablement fitués; mais elle ne vaut rien pour les héritages qui dépendent d'une autre Paroiſſe. Une réunion, faite par Sentence du Sénéchal, d'héritages mouvants d'un fief, ſubfiſte pour les héritages qui en font tenus, quoiqu'on y ait compris d'autres héritages qui n'en relevent pas, & à l'égard deſquels la réunion eſt nulle.

Les lettres de mixtion d'ailleurs ne font pas par elles-mêmes une formalité eſſentielle au décret. On peut décréter ſéparément en deux différentes Jurifdictions les biens qui dépendent de chacune; c'eſt ſeulement une voie que la Jurifprudence a ouverte pour l'avantage des décrétants & des décrétés; elle conſiſte à attribuer à une ſeule Jurifdiction la compétence de tout le décret qu'elle n'avoit point par elle-même. Mais ſi dans un décret que l'on porte, par exemple, dans une ancienne Vicomté, en vertu de lettres de mixtion, pour y décréter par un ſeul & même des héritages reſſortiſſants à différentes Juſtices de la Vicomté, on comprenoit des héritages qui ne fuſſent pas dans les anciens enclaves de la Vicomté, mais dans un autre Bailliage ou dans une autre Vicomté ancienne, le décret, qui feroit nul pour ces héritages dont l'ancien Vicomte ne peut jamais être compétent, ne laiſſeroit pas de valoir pour ceux qui feroient fitués dans l'ancienne étendue de la Vicomté, encore qu'ils fuſſent dépendants d'un Haut-Juſticier, ou aſſis dans une nouvelle Vicomté démembrée de l'ancienne: ce qui doit s'entendre dans le cas où les lettres de mixtion ne feroient pas vicieuſes par elles-mêmes; car ſi elles avoient été obtenues pour autoriſer le Juge à décréter des héritages dont il ne feroit pas véritablement compétent; tout ce qui auroit été fait en conſéquence feroit nul.

Un décrétant feroit bien à plaindre ſi une légere erreur l'expoſoit à la caſſation d'un décret qu'il auroit ſuivi de bonne foi, & à la perte des frais immenſes que cette voie de procéder entraîne néceſſairement avec foi; il fuffit qu'il obéiſſe diſtraire du décret les héritages dont le Juge qui décrete n'eſt pas compétent, en reſtituer les jouiſſances au décrété, & en faire la liquidation à ſes frais. C'eſt tout ce que le décrété peut prétendre avec juſtice; & les procédures faites avant la diſtraction ſubſiſtent à l'égard des autres héritages dont le Juge eſt compétent.

3°. Par l'article 594 de la Coutume, il eſt ſtatué que *les décrets ne peuvent être paſſés que devant les Juges ordinaires, & qu'on ne peut les ſuivre devant aucuns Juges extraordinaires, ni même devant les Elus, ſous peine de nullité.*

Il y a une exception à cet article, en faveur de la Cour des Aides : elle a connoiſſance en premiere inſtance des décrets qui ſe font pour deniers dus pour aides, tailles, gabelles, &c. Voici l'origine de cette exception.

Jean Ango ayant été adjudicataire de la recette de la Vicomté d'Arques, en 1520, parvint à un dégré d'opulence & de faveur auprès du Roi, qui lui mérita le titre de Capitaine de la ville de Dieppe. Son élévation fit bientôt oublier les ſervices qu'il avoit rendus à l'Etat & à ſes concitoyens (1). L'un d'eux, avec lequel il avoit eu quelque aſſociation de commerce, lui ſuſcita divers Procès, & excita contre lui le Procureur-Général de la Chambre des Comptes de Paris à le forcer en recette ſur divers articles de celle qu'il avoit faite des deniers de la Vicomté. Dans le cours de la conteſtation il mourut (2). Le Procureur-Général, ayant obtenu des condamnations, fit décréter les biens du ſieur Ango. Divers créanciers s'oppoſerent au décret, & toutes les oppoſitions furent renvoyées en la Cour des Aides de Paris (3). L'héritier du débiteur obtint Arrêt de mainlevée des biens ſaiſis, en donnant caution. Il fit plus : il acquitta la dette du Roi, & obtint le renvoi du décret en Normandie ; mais ce renvoi fut fait en la Cour des Aides de Rouen par Lettres-patentes, portant dérogation à toutes autres contraires : ceci ſe paſſoit en 1554. Les Elus en conclurent que, lorſque les décrets ſe faiſoient en vertu de leurs Sentences, ils devoient en avoir auſſi la connoiſſance. C'eſt ce qui donna lieu, lors de la réformation de la Coutume, à l'excluſion prononcée, à l'égard de ces Juges, par l'article 594.

Cet article déplut à la Cour des Aides ; & par Arrêt du premier Février 1601, elle ordonna que les Elus, ſuivant la qualité des inſtances en décret, pourroient en connoître.

Cette Cour députa même en Cour le Procureur-Général ; & d'après les ſollicitations de ce Magiſtrat, les Commiſſaires, réformateurs de la Coutume, reçurent ordre d'envoyer au Conſeil les motifs du contenu audit article 594 ; & la Cour des Aides fut reſtreinte, par Edit du mois d'Août 1669, à connoître, 1°. des décrets des Offices des Elections ; car, de l'aveu de l'Auteur *de l'Eſprit de la Coutume*, ils avoient cette compétence en 1691, & 2°. du décret des immeubles des comptables qui auroient diverti les deniers des tailles : *Traité des Hypotheques*, par Baſnage.

Hors le cas d'exception, qui vient d'être indiqué, l'article 594 doit donc être pris à la lettre. Ainſi, il ne faut pas conclure, d'un Arrêt connu ſous la date du 19 Mars 1726, qu'un décret qui ſeroit fait en un Siege d'Election ſeroit valable ; le décret ſur lequel l'Arrêt eſt intervenu, n'ayant point été conteſté, ne peut faire loi. C'eſt la remarque de M. de la Queſnerie, page 544, derniere édition de Baſnage, 2ᵉ vol.

4°. Par Déclaration du Roi du 22 Octobre de l'an 1604, il eſt fait défenſes de décréter les biens ſitués en cette Province,

---

(1) Voyez *Antiq. de Dieppe*, par Aſſel.
(2) En 1551.

(3) Froland, *Mémoires ſur les Décrets*, page 396.

ailleurs que devant les Juges des lieux.

Mais s'ensuit-il de là qu'un décret fait à Paris, en vertu d'un contrat passé sous le sceau du Châtelet, de biens Normands, soit valable ? La négative paroît démontrée par les autorités sans nombre que M^e. Froland a rassemblées dans les Livres 1er. & 2e. de ses savants Mémoires sur les décrets de cette Province. C'est l'unique source où il convienne de puiser des lumieres lorsqu'on éprouve quelque perplexité sur l'application de l'article 594.

SECTION IX.

Quels effets produit le décret ?

Le décret n'ayant pour but que de faire passer au pouvoir des créanciers la valeur des héritages de leur débiteur, il est évident que l'adjudicataire doit entendre que par l'adjudication il acquiert seulement la propriété des droits du décrété. Ainsi, les droits de légitime, de douaire ou de tiers coutumier appartenants à la sœur, à la femme & aux enfants de ce dernier, ou les droits des Seigneurs qui ont inféodé les fonds, ou enfin celui d'un Prêtre pour son titre sacerdotal, ne peuvent devenir l'objet de son acquisition ; & c'est ce que l'article 578 de la Coutume, & les articles 121, 122 & 138 ont confirmé.

Si donc des Seigneurs, une sœur, une femme, des enfants, un Prêtre titré viennent après l'adjudication revendiquer sur les fonds vendus ce qui leur appartient, l'enchérisseur n'a de recours que sur ceux des créanciers, qui, les derniers, ont été colloqués à l'état d'ordre.

Il faut mettre aussi au nombre des droits fonciers que le décret ne purge pas, le droit de retrait.

Un contrat de vente n'ayant point été bien & duement lecturé, & l'héritage vendu ayant été depuis décrété & adjugé, les lignagers du vendeur intenterent une action en retrait.

L'adjudicataire soutint l'action nulle ; mais par Arrêt du 28 Juin 1619, rapporté par Basnage sur l'article 453, le retrait fut admis, à la charge par le clamant de rembourser à l'adjudicataire du prix de son adjudication, jusqu'à concurrence de la valeur de l'héritage clamé.

Cet Auteur rapporte, sur l'Article 578, un Arrêt du 23 Février 1663, par lequel, selon lui, *une rente dotale, rachétée par le pere ou un frere, entre les mains du mari, a été jugée purgée par le décret* ; mais l'Arrêt dont M. de la Quesnerie nous a procuré, dans ses remarques de la page 518 de sa nouvelle édition de Basnage, le prononcé exact, n'offre rien qui autorise une maxime que cet habile Commentateur regardoit lui-même comme fausse.

En effet, la demoiselle Rouillard, femme d'Elié fils, demandoit sa dot, racquittée aux mains de son époux, sur les biens de ce dernier, & sur ceux de son beau-pere ; tous lesquels biens étoient décrétés : la Cour décida que les biens du beau-pere, qui n'avoit pas été appellé au racquit que le frere de la Demoiselle Rouillard avoit fait de cette dot, n'avoient pu y être hypothéqués ; mais que ceux de son fils, auquel le remboursement avoit été fait, en étoient passibles, & qu'en cas d'insuffisance de ces biens, pour supporter la restitution de la dot, la demoiselle Rouillard auroit recours sur les biens de son frere, qui, comme garant de sa dot, avoit dû ne la racquitter qu'en prenant des sûretés ; ce qui est conforme aux principes.

SECTION X.

Le décret annullé interrompt-il la prescription ?

On peut pendant dix ans appeller des

décrets : Arrêt du mois de Février 1710 ; parce qu'on les assimile aux contrats contre lesquels on ne peut se faire restituer que durant le même temps : mais on ne peut opposer de nullités à un décret par la simple voie d'opposition, qu'avant l'interposition. Si donc on réussit, soit par l'opposition, soit par un appel, faits en temps convenable, à anéantir le décret, il sembleroit que toute la procédure faite pour y parvenir, étant déclarée nulle, on devroit la regarder comme n'ayant point existé, & que conséquemment elle n'auroit pas la force d'interrompre les prescriptions : cependant l'article 147 des Placités décide le contraire. Il veut que la simple saisie en décret empêche la prescription des arrérages des rentes mêmes qui sont constituées en argent. La raison de cette disposition est que la saisie en décret, quoique faite par un seul créancier, n'est pas requise pour lui seul, elle est pour tous : si vrai que chacun d'eux peut forcer le décrétant à poursuivre le décret, s'il est négligent ; que ce n'est pas lui, mais un séquestre qui reste dépositaire des fruits ; & qu'enfin tous les créanciers sont appellés pour venir en jugement faire valoir leurs droits. Le créancier d'une rente hypothèque, qui n'a point paru personnellement au décret, est donc réputé avoir formé sa demande par le saisissant ; il ne peut conséquemment être privé de l'effet de cette demande, que lorsqu'il ne se présente pas pour en obtenir les fins à l'état d'ordre ; temps où il n'y a plus de séquestre, & où chaque créancier agit personnellement pour son intérêt particulier.

SECTION XI.

Par le décret, le fonds devient-il sujet au retrait lignager & au centieme denier ?

1°. L'article 111 des Placités décide que celui pour les dettes duquel l'héritage a été vendu par décret, ne peut clamer ; d'où il suit que le fonds peut être clamé par les héritiers du décrété, ou par le décrété, au nom de ses enfants mineurs, s'il en est tuteur.

2°. L'art. 97 du Réglement de 1666, dispense de lecture les adjudications par décret des héritages nobles ou roturiers, quand elles sont faites en vertu de lettres de mixtion.

Mais, article 98, ce même Réglement nous avertit que si les héritages situés en divers Bailliages, sont adjugés par décret, ou vertu d'Arrêt du Parlement, la lecture est indispensable à l'égard de ceux situés hors le ressort du Bailliage où l'adjudication en a été faite.

3°. Cependant si, dans un Bailliage, on faisoit adjudication de biens situés en deux Vicomtés de l'enclave de ce même Bailliage, la lecture seroit inutile : Arrêt de Réglement de 1610, & du 13 Mai 1664.

4°. Et en effet (art. 458) l'an & jour de la clameur de l'héritage décrété commence à courir du jour de la derniere renchere & adjudication d'icelle, encore qu'il en fût appellé, & l'appellation indécise, pourvu que le décret soit passé devant le Juge ordinaire au ressort duquel l'héritage est assis : au surplus, s'il est passé ailleurs (art. 459) l'an de la clameur n'a cours que du jour que la lecture & publication est faite de l'adjudication, à l'issue de la Messe paroissiale du lieu où les héritages sont assis, selon la forme prescrite pour la publication des contrats de vendition ; & si c'est un fief noble, il suffit que la lecture & publication soient faites issue de la Messe paroissiale du lieu où le principal manoir est assis.

5°. Le clamant doit clamer tout ce qu'un même adjudicataire a acquis, quoique par encheres & ventes différentes, parce qu'ordinairement l'enchérisseur ne se se détermine à plusieurs encheres que par la correspondance qu'il se propose d'établir entre les fonds qui en font l'objet, & qu'il n'auroit pas enchéri l'un de ces fonds sans l'autre.

6°. Par le retrait, l'adjudicataire est déchargé des poursuites mêmes entamées sur l'appel, pour faire cesser le décret : Arrêt du 16 Mai 1631 ; Basnage, art. 458. *Voyez* CLAMEURS & LETTRE-LUE.

7°. L'adjudication par décret opérant une véritable mutation de propriété, elle donne ouverture au droit de centieme denier, lorsque l'adjudicataire cede ses droits : art. 16 de la Déclaration du Roi du 19 Juillet 1704. Or, comme l'adjudicataire acquiert cette propriété de l'instant où, sur le vu de sa quittance de consignation, il est envoyé en possession, sa déclaration de la cession de ses droits au Bureau du centieme denier, doit être faite avant la premiere séance de l'état, ou ses deniers doivent être distribués aux créanciers du décrété, à faute de quoi il seroit exposé à payer doubles droits : Arrêt du 9 Février 1665 ; Basnage en son Commentaire de l'art. 171 de la Coutume. *Voyez* TREIZIEME.

SECTION XII.

L'article 546, & le 139° article des Placités, autorisent le décret des rentes; le 580, celui des sergenteries nobles, & les 529 & 581, reglent la forme du décret des navires. Cette section se trouve donc nécessairement divisée en trois articles.

I. *Décret des Rentes.*

Le décret de ces sortes de biens se fait comme celui des rotures, avec ces seules différences, que si la rente est fonciere, le décret doit être passé devant le Juge du territoire où les fonds qui sont affectés à la rente sont assis,

& que les proclamations & saisies doivent être faites à la porte de l'Eglise du lieu de l'assiete de ces fonds, & contenir la qualité, quantité de la rente, énoncer les titres en vertu desquels elle est due, & les bornes des héritages qui en sont grévés.

Si la rente est hypotheque, le décret est de la compétence du Juge du territoire où le débiteur est domicilié ; si elle est due par le Roi, on la décrete devant le Juge du domicile du préposé à son paiement ; il en est de même si le Clergé la doit : *Voyez* Froland, *Mémoire sur les Décrets*, ch. 5. p. 474.

II. *Décret des Sergenteries nobles & autres Offices.*

Les Sergenteries nobles, ayant domaine fieffé ou non fieffé, doivent être décrétées comme les terres nobles ; & s'il n'y a point de domaine qui y soit attaché, les diligences & criées en sont faites en la paroisse du principal exercice de la Sergenterie : Article 580 de la Coutume. La même chose a lieu pour tous autres Offices vénaux : car lorsque l'Office est celui de Juge, le décret s'en fait devant le Juge ordinaire du lieu du principal exercice de cet Office. Nous avons à l'égard de ces décrets trois loix : l'Edit du mois de Février 1683, la Déclaration du Roi du 5 Juillet 1689 & celle du 17 Juin 1703, auxquelles il faut se conformer ; elles se trouvent dans le Recueil d'Edits.

III. *Décret de Navires.*

Quoique des bateaux ou navires soient meubles de leur nature ; cependant dès qu'ils sont saisis par autorité de Justice pour être décrétés, ils sont regardés comme immeubles : Article 519 de la Coutume.

Vingt-quatre heures après le commandement de payer, fait au maître du navire, si le domicile du propriétaire n'est pas connu, car lorsqu'on le connoît, c'est à sa personne & domicile que la sommation doit être faite, le Sergent procede à la saisie, & par son procès-verbal déclare le nom du maître, celui du bâtiment, son port, le lieu où il est amarré, & fait inventaire de ses chaloupes, canot, des agrès, ustensiles, armes & munitions, & établit gardien solvable.

Ce procès-verbal est signifié au domicile du saisi, s'il en a un dans le ressort, avec assignation pour voir procéder à la vente; s'il n'a pas domicile dans le ressort, l'assignation est valablement faite au maître; & si le saisi est étranger & hors du royaume, les significations se font au Procureur du Roi, lequel en donne, sans délai, avis à M. le Procureur-Général.

Ensuite les criées & proclamations sont faites par trois Dimanches subsécutifs, sur les quais, & issue de la Messe paroissiale de l'Eglise proche du lieu où le bateau ou navire est arrêté, (Art. 581 de la Coutume), & à la principale porte de cette Eglise & de l'Auditoire de l'Amirauté: Art. 4 du titre 14 du liv. 1 de l'Ordonnance de la Marine.

Ces publications & affiches doivent exprimer le nom du vaisseau, sa capacité, le lieu où il existe, & indiquer les jours auxquels on procédera aux encheres.

Immédiatement après la premiere criée, on procede à la réception des premieres encheres au jour indiqué par l'affiche, & le Juge continue de les recevoir de huitaine en huitaine, à jour certain & limité.

Après la troisieme criée, l'adjudication se fait sans autre formalité. Le Juge peut cependant, si le prix ne paroît pas convenable, accorder une ou deux remises qui sont publiées & affichées comme les précédentes; mais le Juge ne peut en accorder davantage, ou le dernier enchérisseur pourroit rétracter son enchere (1).

Quand il ne s'agit point de décret de navire, mais de la vente de barque, de chaloupe, ou de bâtiment qui n'excede pas dix tonneaux, trois publications de trois jours ouvrables consécutifs suffisent pour qu'on puisse les vendre; bien entendu qu'il doit y avoir cependant au moins huit jours d'interstices entre la saisie & la vente.

Les adjudicataires sont tenus de consigner au Greffe, sans frais, le prix de leur adjudication en dedans trois jours, sinon ils y sont contraints par corps, & le navire est proclamé à leur folle enchere.

Toutes ces formalités sont littéralement prescrites par l'Ordonnance de la Marine; elle regle aussi l'ordre & la forme des oppositions & des collocations; & à cet égard nous ne ferons ici qu'une observation, qui tombe sur les articles 16 & 17 du titre 4 de cette Ordonnance.

En les combinant les uns avec les autres, il paroît que le Législateur a voulu que les créanciers privilégiés désignés en l'article 16, tels que les matelots employés au dernier voyage, & après eux les opposants pour deniers prêtés pour nécessités du navire durant le voyage; ensuite ceux qui ont prêté pour radoub, vituailles, équipement avant le départ, & les marchands chargeurs, fussent payés par préférence, mais cependant par concurrence entre ceux qui seroient en même degré de privilege, aux créanciers dont parle l'article 17, tels que les charpentiers, calfateurs, & autres ouvriers employés à la construction, c'est-à-dire les créanciers pour bois, cordages & autres fournitures faites pour la construction: mais il ne faut pas conclure de là.

―――――――――――――――――――

(1) M. Valins, *Comment. de l'Ordonn. de la Marin.*, p. 331, premier vol.

que l'article 17 anéantisse entiérement le privilege des créanciers de l'article 16; il ne fait que reculer ce privilege après celui des créanciers dénommés en l'article 17.

En effet, il est de maxime que pour qu'une créance privilégiée de sa nature, dégénere en créance simple & chirographaire, le Législateur en ait fait une disposition claire & précise ; & c'est ce qui ne se rencontre pas en l'article 17.

Cet article porte à la vérité que si le navire vendu n'a point encore fait de voyage, le vendeur, les charpentiers, &c. seront payés par préférence à tous créanciers ; mais il ne dit pas que ces mêmes créanciers n'auront plus de privilege. La loi le leur a donc conservé, avec cette seule différence qu'ils ne peuvent être colloqués qu'après ceux qui ont prêté leur main-d'œuvre ou leurs deniers pour le dernier voyage : & entre ces créanciers dénommés en l'article 17, il faut sur-tout distinguer le constructeur qui a bâti le navire, & qu'on doit comparer au maçon qui a élevé un édifice; parce que le navire est son ouvrage, & la chose n'étant point absorbée par des privileges plus favorables, lui est impignorée par préférence à de simples créanciers.

DÉCRÉTALES.

On entendoit par ce mot, dans les premiers temps, les lettres que les Evêques des Sieges principaux écrivoient aux Prêtres qui leur demandoient avis sur quelque point de doctrine ou de discipline Ecclésiastique.

Dans la suite les Papes se virent presque seuls consultés ; & le nombre de leurs lettres s'étant confidérablement augmenté par fucceffion de temps, elles furent approuvées dans un Synode de foixante-dix Evêques que le Pape Gelase fit tenir à Rome en 494. En 774, le Pape Adrien donna à Charlemagne, qui étoit à Rome, le Recueil, tant des anciens Canons des Conciles que des lettres des Papes, depuis Sirice jufqu'à Anaftase ; & c'étoit en ce Recueil que confiftoit le Droit canonique obfervé en France jufqu'au onzieme fiecle.

Cependant on n'a depuis fuivi ce droit qu'avec précaution en ce royaume ; car on a remarqué plusieurs décrétales, attribuées aux Papes antérieurs à Sirice, qui, a en juger par le ftyle, n'auroient pu être compofées que dans le onzieme fiecle. Les paffages de l'Ecriture-Sainte y font d'ailleurs cités conformément à la verfion de S. Jérôme, laquelle n'a été publiée que bien après la vie des Papes que l'on fait parler dans ces décrétales (1). La réferve, en les confultant, a été encore plus fcrupuleufe après le onzieme fiecle ; car ce fut alors que leur compilation faite par Ifidore Mercator, Efpagnol, refugié à Mayorce, fut publiée fous le nom d'Ifidore de Séville, & que la fuppofition de beaucoup de pieces qu'elle contenoit, jetta plus de confufion dans l'étude du Droit canonique. Gratien, Moine de Boulogne, parut en 1151, pour remédier au mal ; il crut convenable de ranger par matieres, & non en fuivant l'ordre des temps & des Conciles, les décifions contenues dans les collections des décrétales & des canons qui avoient été publiés avant lui.

Il divifa donc son ouvrage en trois parties.

La premiere traite des perfonnes ; la feconde des chofes ; la troifieme des actions. La méthode qu'il avoit fuivie, fit oublier les anciennes compilations; & comme la critique n'étoit pas alors portée au point où elle eft depuis parvenue, beaucoup d'Ecrivains, fans confi-

---

(1) *Max. du Droit canon.*, tome 2. p. 15. cinquieme édit.

dérer que Gratien avoit ajouté beaucoup de décisions de son propre mouvement, firent de son livre de longs commentaires, qui n'en multiplierent que les erreurs. Covarruvias & Dumoulin travaillerent à les découvrir, & c'est à la lumiere des observations de ces Jurisconsultes que l'on doit se servir du travail de Gratien. Nous n'en admettons les décisions qu'autant qu'elles sont conformes à celles des Conciles reçus en ce Royaume. *Voyez* LIBERTÉS DE L'EGLISE GALLICANE.

Cette notion de ce qu'on entend par Décrétale étoit indispensable aux jeunes gens qui, dans les difficultés qu'on éleve sur les matieres ecclésiastiques & bénéficiales en cette Province, voient souvent le recueil de Gratien cité.

DÉCRÉTÉ.

La saisie réelle du bien d'un Patron ne le prive pas du droit de présentation aux bénéfices dont il étoit Patron : Arrêt du premier Mars 1691.

DÉDIT.

1°. Quand une Sentence arbitrale est rendue sur compromis ou acte de société qui portent une peine pour le dédit, on ne peut s'en porter appellant, à moins que le dédit ne soit payé : Arrêts des 13 Mars 1725, & 29 Avril 1757.

On n'élude que trop souvent l'objection de ces Arrêts, en proposant quelque vice de forme contre la Sentence arbitrale ; ce qui détermine la Cour à obliger les Parties à plaider sur le principal, & engage leurs conseils à ne faire considérer les dédits stipulés, que comme comminatoires.

2°. Le dédit stipulé dans un acte par lequel on promet de contracter mariage, est nul & contraire aux bonnes mœurs : Arrêt du 31 Janvier 1704. En effet, rien ne doit être si libre que le mariage, & il arriveroit souvent que pour se soustraire au paiement d'une somme, on s'engagea dans une alliance que la religion & l'honnêteté réprimeroient. Et quels peuvent être les fruits du mariage contracté sous les auspices de la contrainte & du désespoir ? *Voyez* MARIAGE.

DÉDOMMAGEMENT.

Dans les articles BAIL & DÉCRET, il est parlé des dédommagements dûs aux locataires expulsés : & en divers autres articles on trouve les cas où celui qui a éprouvé quelque tort en sa réputation ou en sa fortune, doit en obtenir indemnité. *Voyez* aux mots DOT, FEMME, INDEMNITÉ, INJURES, INVENTAIRES, MINEURS, RÉPARATIONS, &c. Mais il est une classe de personnes qui se croient faussement, à l'ombre de leur état, exemptes de dédommager ceux auxquels ils sont préjudice. La société est intéressée à ce que leurs préjugés ne s'accréditent pas. En conséquence on trouvera diverses décisions propres à opérer cet effet, aux mots IMPÉRITIE & INFIDÉLITÉ.

DÉFALCATION.

Voyez DÉCRET.

DÉFAUT.

C'est l'acte par lequel après les délais prescrits par les Ordonnances, une Partie est reconnue en retard de comparoître, de défendre ou de former sa demande.

Cet acte se leve au Greffe, & lorsque par cet acte il est attesté que le défendeur a laissé passer tous les délais dans lesquels il devoit comparoître, les conclusions du demandeur lui sont accordées en l'audience qui suit la délivrance du défaut, sans autre procédure.

Ainsi lorsque le défendeur en complainte & réintégrande, ne comparoît pas sur l'assignation, & que le demandeur offre pour prouver les faits dont il se plaint, en cas de méconnoissance, il n'est point obligé à se faire appointer à prouver sa possession, ni d'en faire la preuve avant de demander le profit de son défaut; il peut pour ce même profit conclure de suite les fins de son action, sauf au défendeur à revenir par opposition.

Il est vrai que, suivant l'article 4 de l'Ordonnance de 1667, la demande doit se trouver juste & bien vérifiée; mais c'est lorsque le demandeur forme sa complainte sans articuler le temps de l'entreprise: car quand tout cela est exprimé en l'exploit introductif d'instance, & qu'on y a obéi d'en prouver les énonciations si elles étoient méconnues, le défendeur n'ayant point passé de méconnoissance, il n'y a point de preuve positive à faire: car comment le Juge pourroit-il appointer à la preuve des faits dont la vérité n'est pas révoquée en doute, ou à la preuve de faits contraires?

Il en seroit autrement si le demandeur n'étoit pas recevable à la preuve des faits articulés en l'exploit en vertu de quelque loi. Par exemple, s'il demandoit une somme excédente 100 liv. sans billet, & que sa demande n'eût d'autre appui que l'offre d'une preuve, ou bien si la demande intéressoit l'ordre public, telle que celle d'une séparation de corps; car il ne doit pas être au pouvoir des Parties de se séparer constant le mariage, quelques aveux que l'accusé fasse des faits qu'on lui impute: ces aveux peuvent être concertés, il faut que la preuve en soit acquise juridiquement. *Voyez* DIVORCE, ENQUÊTE, PREUVE, SÉPARATION.

DÉFENDS.

Nous n'ajouterons ici qu'une observation à celle faite, article BANON; c'est que durant le temps du défends, quoique les terres soient vuides, on n'a pas le droit de les faire pâturer en concurrence avec le fermier ou le propriétaire: Arrêt du 26 Août 1734, rendu entre M. de Saint-James & les habitants d'Alihermont. Ceci est fondé sur le texte de l'Article 82 de la Coutume: elle met en défends les terres vuides jusqu'à la Sainte Croix en Septembre.

DÉFENSES.

Moyens que le défendeur en une cause y emploie par écrit pour se soustraire à la demande injuste formée contre lui.

1°. Dans les matieres sommaires & provisoires, telles que celles relatives aux achats & ventes de denrées pour provisions, ou aux salaires des journaliers, on ne peut fournir des défenses écrites: Réglement de 1769, sur la Procédure.

2°. On ne peut demander l'accession d'un lieu qu'après avoir donné des défenses par écrit sur l'action: Arrêt du 8 Mai 1742.

DÉFLORATION.

Voyez GROSSESSE.

DÉFRICHEMENTS.

L'Etat François n'est parvenu au dégré de grandeur dont il jouit, que par le défrichement des terrains qu'il renferme dans son sein, & qui étoient la plupart incultes. Non-seulement nos Rois accordoient des privileges & des récompenses aux Communautés Religieuses & à leurs autres sujets qui mettoient en valeur des fonds vagues & incultes. Les étrangers qui se refugioient dans le royaume, & y fécondoient par leurs travaux des lieux auparavant stériles, obtenoient les mêmes prérogatives dont jouissoient les naturels du pays. Ils pouvoient y rester libres, c'est-à-dire indépendants des Seigneurs, sous la sauve-garde du Souverain, & exercer sur leurs colons la Jurisdiction domestique que les hommes libres nationaux avoient sur tous ceux qui étoient domiciliés dans leurs aïeux. Les Ordonnances du commencement de la troisieme race nous offrent les mêmes vues pour les progrès de l'agriculture. Il seroit inutile de les rapporter, la Déclaration du Roi du 13 Août 1766, enregistrée au Parlement le 21 Novembre suivant, ayant réduit les dispositions des loix précédentes, à celles qu'elle contient.

LOUIS, par la grace de Dieu, Roi de France & de Navarre: A tous ceux qui ces présentes lettres verront, SALUT. Par notre Déclaration du quatorze Juin mil sept cent soixante-quatre, Nous avons, à l'exemple des Rois nos prédécesseurs, donné des marques de notre protection à ceux qui ont entrepris ou entreprendront par la suite le desséchement des *marais*, *palus & terres* inondés dans notre Royaume, en leur accordant l'exemption des dîmes, & celles de la taille & autres impositions pendant un certain nombre d'années; Nous croyons devoir la même justice à ceux qui entreprennent les *défrichements des terres incultes*, & nous nous y portons d'autant plus volontiers, que plusieurs familles étrangeres desireroient pouvoir se livrer à ces sortes de travaux, & se fixer dans notre Royaume, si nous voulions les faire participer aux avantages dont jouissent nos propres sujets. A CES CAUSES & autres à ce nous mouvant, de l'avis de notre Conseil, & de notre certaine science, pleine puissance & autorité royale, Nous avons dit, déclaré & ordonné, & par ces Présentes signées de notre main, disons, déclarons & ordonnons, voulons & nous plait ce qui suit:

ART. I. Les terres, de quelque qualité & espece qu'elles soient, qui, depuis quarante ans, suivant la notoriété publique des lieux, n'auront donné *aucune récolte*, seront réputées terres incultes.

II. Tous ceux qui voudront défricher ou faire défricher des terres incultes, & les mettre en valeur, de quelque maniere que ce soit, seront tenus, pour jouir des privileges qui leur seront ci-après accordés, de déclarer au Greffe de la Justice Royale des lieux, & à celui de l'Election, la quantité desdites terres, avec leurs tenants & aboutissants: il sera par eux payé dix sols à chacun des Greffiers pour l'enregistrement de leur déclaration. Permettons aussi à ceux qui auront entrepris lesdits défrichements depuis le premier Janvier mil sept cent soixante-deux, de faire les mêmes déclarations dans le délai de trois mois, à compter de l'enregistrement de notre présente Déclaration, à l'effet de jouir desdits privileges ci-après accordés.

III. Pour mettre les *décimateurs*, curés & habitants à portée de vérifier ladite Déclaration, & se pourvoir, s'il y a lieu; savoir, les décimateurs & curés, pour raison de la dîme, devant les Juges ordinaires, & les habitants, pour raison de la taille, en l'Election. Ceux qui voudront entreprendre lesdits défrichements, feront afficher une copie de leur déclaration à la principale porte de l'Eglise paroissiale, à l'issue de la Messe de paroisse, un jour de Dimanche ou de Fête, par un Huissier, Sergent ou autre Officier public requis à cet effet, dont il sera dressé procès-verbal.

IV. Les entrepreneurs des défrichements, les décimateurs, curés & habitants pourront se faire délivrer, toutes les fois qu'ils le jugeront à propos, des copies de ces déclarations, en payant à celui des Greffiers qui les delivrera, deux sols six deniers par rôle ordinaire. Défendons auxdits Greffiers de percevoir autres & plus grands droits pour raison de l'enregistrement & expéditions desdites Déclarations, sous quelque prétexte que ce puisse être, à peine de concussion.

V. En observant les formalités prescrites par les articles II & III, ceux qui défricheront lesdites terres incultes jouiront, pour raison de ces terrains, pendant l'espace de quinze années, de l'exemption des dîmes, tailles & autres impositions généralement quelconques, même des vingtiemes, tant qu'ils auront cours; & ce, à compter du mois d'Octobre qui suivra la déclaration faite en exécution de l'article II: défendons en conséquence à tous Taxateurs, Collecteurs & Asséeurs de les augmenter à la taille, vingtiemes, tant qu'ils auront cours, & autres impositions pour raison du produit & de l'exploitation desdits défrichements, pendant ledit espace de temps; le tout néanmoins à la charge par eux de ne point abandonner la culture des terres actuellement en valeur, dont ils seroient propriétaires, usufruitiers ou fermiers, sous peine de déchéance desdites exemptions; nous réservant au surplus de proroger au-delà dudit terme, lesdites exemptions, si, après avoir entendu les décimateurs, curés & habitants, la nature & l'importance de ces défrichements paroissent l'exiger.

VI. Ladite exemption des dîmes ne pourra avoir lieu plus long-temps que celle de la taille, vingtiemes & autres impositions; ensorte qu'après l'expiration de quinze années, ou après celle du terme pendant lequel nous aurions cru devoir proroger lesdites exemptions; nous voulons & entendons que les terres nouvellement défrichées soient assujetties au paiement, tant desdites dîmes que de la taille & autres impositions, suivant le taux & en la maniere qui sera pour nous ordonné.

VII. Les propriétaires de ces terrains, de même que de ceux à dessécher, leurs cessionnaires ou fermiers, ne seront tenus de payer aucuns droits d'insinuation, centieme ni demi-centieme denier pour les baux par eux faits relativement à l'exploitation de ces terrains, quoiqu'ils soient pour un terme au-dessus de neuf années, jusqu'à vingt-sept & même vingt-neuf ans.

VIII. N'entendons néanmoins rien innover aux dispositions de l'Ordonnance du mois d'Août 1669, ni déroger aux Arrêts & Réglements précédemment rendus sur les défrichements des montagnes, landes & bruyeres, places vaines & vagues aux rives des bois & forêts, lesquels continueront d'être exécutés suivant leur forme & teneur.

IX. Les étrangers, actuellement occupés auxdits défrichements ou desséchements, ou qui se rendront en France pour se livrer à ces travaux, soit qu'ils y soient employés comme entrepreneurs, soit en qualité de fermiers ou de simples journaliers, seront réputés régnicoles, & comme tels jouiront de tous les avantages dont jouissent nos propres sujets: voulons qu'ils puissent acquérir & disposer de leurs biens, tant par donation entre-vifs que par testament, codicile & tous autres actes de derniere volonté, en faveur de leurs enfants, parents & autres domiciliés en France, même à l'égard du mobilier seulement, en faveur de leurs enfants, parents & autres domiciliés en pays étranger; en se conformant cependant aux loix & coutumes des lieux de leur domicile, ou à celles qui se trouveront régir les lieux où les biens immeubles seront situés; renonçant tant pour nous que pour nos successeurs, à tous droits d'aubaine, deshérence & à tous autres à nous appartenants sur la succession des étrangers qui décedent dans notre Royaume.

X. Les étrangers ne seront néanmoins tenus pour régnicoles, que lorsqu'ils auront élu leur domicile ordinaire sur les lieux où il sera fait des défrichements ou des desséchements, & qu'ils auront déclaré devant les Juges royaux du ressort, qu'ils entendent y fixer leurdit domicile pour l'espace au moins de six années ; & lorsqu'ils auront justifié après ledit temps auxdits Juges, par un certificat en bonne forme, qui sera déposé au Greffe, signé du Curé & de deux des Syndics ou Collecteurs, qu'ils ont été employés sans discontinuation auxdits travaux, dont il leur sera donné acte par lesdits Juges, sans frais, excepté ceux du Greffe, que nous avons fixés à trois livres.

XI. Si quelques-uns desdits étrangers venoient à décéder dans le cours desdites six années, à compter du jour qu'ils auront fait leur déclaration devant lesdits Juges, les enfants, parents ou autres domiciliés en France, appellés à recueillir leur succession, & même à l'égard du mobilier seulement, ceux domiciliés en pays étranger, en auront délivrance, en justifiant par un certificat en la forme prescrite par l'article précédent, que lesdits étrangers étoient employés auxdits défrichements ou desséchements. SI DONNONS, &c.

Vu par la Cour, &c.

LA COUR, les Chambres assemblées, a ordonné & ordonne que ladite Déclaration sera définitivement régistrée ès registres de la Cour, pour être exécutée selon sa forme & teneur ; bien entendu que ladite Déclaration ne pourra dans aucun temps, ni dans aucun cas, préjudicier aux droits des curés sur les novales, ni à ceux des cultivateurs, relativement aux fruits non décimables, à la charge qu'il ne pourra être entrepris aucun défrichement que du gré, consentement ou concessions des propriétaires des terrains incultes ou des Seigneurs ; à l'égard des terres abandonnées, sans que de la qualification de terres incultes données par l'article premier, à celles qui depuis quarante ans n'auroient produit aucune récolte, il puisse être tiré aucune conséquence, relativement aux contestations sur la nature & qualité des dîmes qui pourroient s'élever après l'expiration de l'exemption des dîmes ordonnée par ladite Déclaration, & sans qu'après l'expiration de ladite exemption on puisse assujettir au paiement de la dîme les terres incultes nouvellement défrichées qui seroient réduites en bois ou en herbages, & qui ne rapporteroient point de fruits décimables par leur nature ; comme aussi que l'énonciation d'aucuns Arrêts ou Réglements qui n'auroient point été revêtus de Lettres-patentes enregistrées en la Cour puisse être tirée à conséquence, ni suppléer au défaut d'enregistrement ; ordonne en outre que ladite Déclaration sera lue, publiée l'audience de la Cour séante, imprimée & affichée, & que vidimus d'icelle seront envoyés dans les Bailliages, &c. *Signé*, AUZANET.

Cette Déclaration mérite par son importance qu'on en pese scrupuleusement les divers articles.

1°. Il n'y est question que des terres qui ne donnent aucune récolte. Or sous ce nombre doit-on comprendre des fossés d'une terre en labour plantés en haute-futaie, ou des herbages essentiels à la nourriture des bestiaux d'une ferme ? La négative paroît résulter de la lettre même du Réglement ; car les fossés d'une masure en labour contribuent à la production du grain en le mettant à l'abri des vents & des animaux qui ne sont pas gardés ; les herbages en procurant au fermier l'engrais de ses bestiaux, concourent aussi à la fécondité des terres ; on ne doit regarder ni les uns ni les autres comme terrains incultes, & l'on ne peut, lorsque le propriétaire les défriche, refuser la dîme au décimateur qui est en possession de dîmer la terre qui est adjacente aux fossés, ou qui a droit de dîmer l'espace de grain que l'herbage mis en culture produit. Suivant l'intention du Roi en sa Déclaration, pourvu qu'une terre donne quelque

quelque récolte, n'importe son espece, elle ne peut être rangée au nombre des terres *incultes*, où de l'herbe, des ébranchages, font une récolte d'un genre auffi précieux à bien des égards que les autres fruits ou grains.

2°. Si après avoir fait rapporter des fruits ou du grain à des terres négligées, abandonnées, on cessoit de cultiver celles que jusques là on avoit cultivées, on ne jouiroit pas de la faveur de la Déclaration du Roi, l'intention de Sa Majesté étant que par les défrichements le nombre des terres cultivées augmente; & n'étant pas juste qu'en feignant cette augmentation, on parvînt à frustrer les Décimateurs durant quinze ans des dîmes qui leur sont dues fur les fonds que l'on cefferoit de faire valoir.

DÉGAGEMENTS DE BIENS.

L'Article 5 de la Coutume emploie ce mot pour signifier les actes par lesquels un bien se trouve quitte de charges, à l'acquit desquelles on en avoit délégué les fruits.

DÉGATS DE BLEDS.

Par l'Article 36, ceux qui commettent des dégâts dans les bleds ou les prés peuvent être arrêtés par ordre des Seigneurs des fiefs où ces dégâts se commettent, pourvu que l'arrêt soit fait en flagrant délit; & ces Seigneurs ont droit, durant vingt-quatre heures, de recevoir d'eux caution de ce qu'ils paieront le dommage & l'amende; parce que ce terme passé, ils sont tenus à les renvoyer dans les prisons du Juge royal ou du Haut-Justicier. *Voyez* BAS-JUSTICIER & GRAINS.

DÉGRADATION.

Terme usité en Normandie pour exprimer les torts qu'un locataire ou un usufruitier cause aux bâtiments de sa ferme

Tome I.

ou aux terres qui en dépendent. *Voyez* FUMIERS, LOCATAIRE, PAILLES, RÉPARATIONS.

DÉGRÉS.

1°. On entend par *Dégrés*, en fait de parenté, la distance plus ou moins grande entre les membres d'une famille.

2°. Les titres acquis au moyen des études, pour posséder des bénéfices ecclésiastiques, exercer des emplois ou professions séculieres.

Quant aux dégrés de la premiere espece, l'Article 41 du Réglement de 1666 décide qu'on ne succede en Normandie que jusqu'au septieme dégré inclusivement; & l'Article 146 de la Coutume veut que s'il ne se présente pas d'héritiers d'un vassal dans ce dégré, les Seigneurs aient les héritages du décédé, à droit de deshérence & de ligne éteinte. Mais il y a deux manieres de supputer les dégrés.

L'une, suivant le Droit civil, fait 1°. compter en ligne directe les dégrés de parenté par le nombre des générations; ainsi du pere au fils, il n'y a qu'un dégré; parce que de l'un à l'autre, il n'y a qu'une génération : mais du petit-fils à l'aïeul, il y a deux dégrés, parce qu'il y a deux générations. 2°. En ligne collatérale, ce même Droit compte autant de dégrés entre deux collatéraux, en ligne égale ou inégale, qu'il y a de personnes engendrées de l'un & de l'autre côté, issus de la même souche, cette souche non comprise : par exemple, en la ligne égale, Jacob & ses deux enfants (Joseph & Ruben) sont trois personnes, mais Jacob est la souche commune; or, en la retranchant, il reste deux personnes, & par conséquent deux dégrés : Joseph est donc parent au deuxieme dégré de son frere Ruben; suivant le Droit civil, par la même raison deux cousins-germains seront parents au quatrieme dégré.

M m m

En la ligne inégale, on peut donner cet exemple : *Titius* laisse deux enfants, *Menius* & *Caïus*. Caïus meurt & laisse un fils nommé *Ruffus*.

Ruffus est parent de *Menius* son oncle au troisieme dégré, parce que remontant à la souche (*Titius*), & la retranchant, restent trois personnes engendrées, ou la génération de trois personnes ; savoir, de Menius, de Caïus & de Ruffus, & conséquemment trois dégrés.

L'autre supputation consiste, suivant le Droit canonique, à compter en ligne directe les dégrés comme en Droit civil ; mais en ligne collatérale il y a cette différence, que quand les collatéraux sont également éloignés de la souche, il y a autant de dégrés entr'eux, qu'il y en a de l'un d'eux à cette souche. Ainsi entre freres il n'y a qu'un dégré de parenté, parce que d'eux au pere commun il n'y a qu'une génération, mais en la ligne collatérale inégale, l'oncle & le neveu sont inégalement éloignés de la souche commune, qui est aïeul du neveu & pere de l'oncle, le neveu étant éloigné de cette souche de deux dégrés, & l'oncle d'un dégré seulement ; l'oncle & le neveu sont parents au deuxieme dégré.

Cette maniere d'expliquer les dégrés se trouve dans tous les Auteurs ; mais nous l'avons exposée d'après M. Durand de Maillane, parce que cet Auteur la présente avec cette clarté qui caractérise toutes ses définitions (1).

2°. Les Dégrés de la seconde espece sont pour les Ecclésiastiques, le Doctorat ou au moins la Licence en Théologie ou en Droit canon, s'ils sont pourvus d'un archevêché ou d'un évêché, ou de quelques dignités d'Eglises cathédrales ou de la premiere de celle des collégiales : Ordonnance de Charles VII en 1443, & Edit de 1606, Article premier & 31. Les Princes & les Religieux mendiants sont seuls exceptés de cette regle ; quant aux curés des villes, il suffit qu'ils soient Maîtres-ès-arts ou aient obtenu quelques dégrés aux Facultés de Théologie ou de Droit canon, quand même ce seroit par bénéfice d'âge ; la collation seroit nulle, si les dégrés n'étoient pas obtenus au moins avant qu'un tiers eût acquis droit sur le bénéfice ; cependant la possession triennale réparerait ce défaut. *Voyez* DIGNITÉS, EVÊQUES, GRADUÉS.

Les Dégrés nécessaires pour être reçu Avocat ou Médecin sont indiqués, art. FACULTÉ & UNIVERSITÉ.

DÉGUERPISSEMENT.

1°. En déguerpissant un fonds, pour se libérer des rentes foncieres auxquelles il est sujet, & dont on n'a pas été chargé en l'acquérant, on n'est point obligé de payer les arrérages antérieurs à l'acquisition. C'est ce qui a été jugé par Arrêt du 5 Février 1655, rapporté par Basnage en son Commentaire de l'Art. 114. Si cependant on avoit reconnu le créancier de la rente, en lui payant quelques arrérages, alors le déguerpissement ne seroit point admis.

2°. Un preneur par bail à rente, n'a pas le droit de déguerpir ; à moins qu'il ne se soit obligé à faire des constructions d'une valeur trop considérable sur les fonds, car il peut demander quelque diminution sur cette dépense ou donner à son bailleur l'option de reprendre l'héritage : Arrêt du 5 Août 1655.

DEJORT.

Cet Auteur, Avocat au Parlement, mort en 1727, exerçoit sa profession avec

---

(1) *Dict. Canon.* On ne peut trop recommander la lecture de cet ouvrage ; à la pureté des principes, il joint les graces du style.

la plus grande célébrité au Bailliage de Rouen.

Il a donné au public un *Traité de la Garde-Noble*, une *Dissertation sur la Régale*, & deux autres, l'une *sur les Aides-Chevels*, la seconde *sur le Relief*. Tous ces ouvrages font preuve de sa profonde érudition : on en retrouve l'extrait, avec la correction de ce que les principes qui y sont adoptés offrent de contraire à nos anciens usages, *Traités Anglo-Normands*, tom. 4.

DÉLAIS.

Voyez CLAMEUR, DÉCRET, ENQUÊTE, VICOMTÉ.

DÉLAISSEMENT.

Le délaissement d'un fonds pour rentes hypotheques, dont on n'a point été chargé par le contrat de l'acquisition que l'on a faite de ce fonds, n'a point lieu en Normandie : Basnage sur l'article 114. *Voyez* DÉGUERPISSEMENT, FIEFFE.

DÉLÉGATION.

Voyez TRANSPORT.

DÉLIBÉRATION.

Par l'Edit du mois d'Avril 1683, les Maires, Echevins, Consuls, & autres ayant l'administration des biens, droits & revenus communs des villes & gros bourgs fermés, ne peuvent faire aucune vente ni aliénation de leurs biens patrimoniaux, communaux, ou d'octroi, ni même emprunter aucuns deniers, pour quelque cause & sous quelque prétexte que ce soit, si ce n'est en cas de peste, de logement, ustensiles de troupes, réédifications de nefs des Eglises tombées par vétusté ou incendie, quand ils en sont tenus ; & en ces cas, suivant l'Edit, sur la proposition des Maire & Echevins, ou du Procureur-Syndic, si l'emprunt passe à la pluralité des voix, l'acte doit être reçu par le Greffier, s'il y a Hôtel-de-Ville, sinon par Notaire public, & signé de la plus grande & la plus saine partie des habitants ; après quoi cet acte doit être porté à l'Intendant ou Commissaire départi en la Généralité, pour être par lui, ledit acte vu, examiné & approuvé, la permission de faire emprunt accordée, le tout sous peine de nullité des emprunts. Cet Edit fut suivi d'une Déclaration du Roi du 2 Août 1687, qui étendit les mêmes formalités à l'introduction des Procès où les Communautés des Villes étoient intéressées, & le 2 Octobre 1703, par une nouvelle Déclaration en interprétation des loix précédentes, leurs dispositions furent renouvellées.

Il est sensible qu'elles n'ont de rapport qu'à l'administration municipale, qu'aux délibérations qui intéressent particuliérement la Cité. Cependant plusieurs prétendent qu'elles frappent en même temps sur les délibérations des Fabriques ; mais outre que la lettre des Edits & Déclarations que nous venons de citer se refuse à ce qu'on leur attribue cette intention, il est constant que les Evêques & les Gens du Roi sont de droit chargés de surveiller les Fabriques. Ce seroit donc anéantir leurs droits à cet égard que d'en faire dépendre l'exercice *du Visa* du Commissaire départi : & c'est la réflexion que fit M. Gilbert, Avocat-Général, lors d'un Arrêt du Parlement de Paris du 18 Juillet 1736, rapporté par Rousseau de la Combe, au mot FABRIQUE, *Recueil de Matieres Bénéficiales*.

Il est vrai que si les Fabriques n'ont pas de fonds suffisants pour subvenir aux dépenses qu'elles jugent nécessaires, & qu'il faille les répartir sur la communauté, la répartition ne peut être faite & exécutée sans *le Visa* de l'Intendant, parce que la communauté, quant à son patrimoine, n'est sujette ni à l'Evêque, ni aux Juges ordinaires ; mais cette exception à leur droit, ne fait que le confirmer pour les cas qui ne sont pas compris en cette exception.

C'est donc une formalité inutile, lorsque les biens de la communauté, autres que ceux dépendans des Fabriques, ne sont pas contribuables, de faire viser par l'Intendant les résolutions qu'elles ont prises. Ce qu'elles déliberent au reste n'est valable qu'autant que les délibérants se sont conformés au Réglement du 26 Juillet 1751, sur les dispositions duquel on trouvera des observations importantes, art. FABRIQUES; à l'egard des autres especes de délibérations, *Voyez* articles TUTELES, VILLES.

DÉLITS.

En l'article AGE, nous avons rapporté un Arrêt qui déclare un pere civilement tenu des dommages & intérêts pour le délit de son enfant âgé de 10 ans ; & de cet Arrêt, il résulte bien que le pere doit veiller sur la conduite de ses enfants mineurs. Mais peut-il être responsable de celle de ceux qui sont majeurs ? A cet égard, on doit se décider par les circonstances du délit.

Un Chirurgien fut condamné, solidairement avec son fils, en réparations envers une fille malade, que ce dernier avoit séduite. Le pere avoit été mandé chez cette malade, & au lieu de s'y rendre, y avoit envoyé son fils ; il avoit fait par là regarder ce jeune homme comme digne de toute confiance. C'étoit donc à sa garantie que la famille avoit souffert les assiduités du séducteur auprès de leur enfant ; le pere étoit dès-lors, sinon présumé complice, au moins la cause occasionnelle du crime. *Voyez* BESTIAUX, DOMMAGE, IMPUBERE.

DÉLIVRANCE.

C'est le nom que l'on donne à une Sentence qui enjoint à un débiteur, entre les mains duquel un créancier de celui auquel il doit a fait arrêt, de payer ce dont il est redevable dans les mains de ce dernier. *Voyez* SAISIE.

DÉMEMBREMENT.

Démembrer un fief, c'est d'un seul fief en faire deux, à l'effet qu'ils soient tenus chacun en hommage séparé. Ceci arrive quand un possesseur de fief en aliene partie avec démission de foi sur cette partie aliénée ; car, de ce moment, l'acquéreur tient la partie par lui achetée en plein fief du Seigneur dominant, pourvu que celui-ci y consente ; & sans ce consentement, le démembrement ne pourroit avoir lieu.

En effet, ce n'est que le consentement du Seigneur dominant qui peut constituer une nouvelle inféodation, & éteindre la premiere sur l'objet démembré.

Dans les XI & XIIe siecles, le concours de l'autorité royale n'étoit pas nécessaire pour que les possesseurs de fiefs de dignité en sous-inféodassent quelques portions ; en conséquence, lorsqu'un Seigneur possede un fief, on n'est pas recevable à lui opposer un titre ancien pour prétendre que ce fief a été démembré d'un autre, & que le Roi n'a point approuvé ce démembrement ; la possession immémoriale ou centenaire d'une terre à titre de fief fait présumer qu'elle a été érigée en fief par le Roi, ou que le propriétaire du fief duquel celui contesté faisoit partie dans l'origine, l'a démembré, de son autorité privée, dans un temps où le Roi laissoit aux Seigneurs la faculté de sous-inféoder. Ce temps est antérieur à l'Ordonnance de Philippe-Auguste, du premier Mai 1210 ; elle porte que « lorsqu'il se fera démembrement d'une » terre noble, par la voie du parage, » entre cohéritiers, ou d'une autre ma- » niere, tous ceux qui se trouveront avoir

» des portions de cette terre, les tien-
» dront immédiatement en fief du suze-
» rain du chef-lieu, comme un seul te-
» noit de lui la totalité de cette terre
» avant que le démembrement eût été
» fait, & que toutes les fois que le ser-
» vice devra être fait au Seigneur, pour
» la totalité du fief, chacun de ceux qui
» en tiendront des parts sera tenu d'en ac-
» quitter le service à proportion de sa
» part, comme aussi d'en rendre le ra-
» chat & toute la justice.

Cette constitution eut son exécution en Normandie (1), quant aux fiefs démembrés par vente; mais le parage continua d'être usité en cette province entre freres. *Voyez* PARAGE.

L'article 204 ne permet *au vassal de s'éjouir que des terres, rentes & autres appartenances de son fief, sans payer treizieme au Seigneur féodal.* Ainsi, ce vassal ne peut, en aliénant partie de son fief, exempter l'acquéreur de la foi & hommage envers le Seigneur sur cette aliénation.

C'est donc un principe, en cette province, que tout démembrement de fief y est prohibé entre personnes qui ne sont pas cohéritieres; & que hors le cas de la cohérédité, le vassal ne peut changer ni la cause de sa possession, ni les conditions de la premiere investiture, contre la volonté de son Seigneur : ce que Godefroi nous enseigne sur l'art. 102 de notre Coutume ; *il faut*, dit-il, *que le vassal renonce les héritages absolument, ou qu'il les possede avec la qualité & les conditions qui lui sont imposées.* Un Arrêt cité par Bérault, ne permet pas d'élever à cet égard le moindre doute.

En 1565, le sieur d'Argouges ayant vendu au sieur de Longannay le fief de S. Martin-Don, par un quart de fief de haubert, lequel avoit toujours été possédé avec la terre d'Argouges, sous la qualité de plein fief de haubert tenu & mouvant de la Baronie de Landelles ; il fut décidé, par Arrêt du 9 Août 1612, que le démembrement n'avoit pu être fait sans le consentement du Baron de Landelles, Seigneur dominant, *& partant*, ajoute Bérault, *la tenure dudit fief de S. Martin-Don, fut adjugée sans moyen, au Baron.* Il ne suffit cependant pas que le Seigneur dominant consente le démembrement, pour qu'il soit valable ; l'autorité du Roi doit intervenir, c'est-à-dire, qu'il faut obtenir ses Lettres-patentes, les faire entériner au Parlement & en la Chambre des Comptes, & les publier dans les Paroisses où s'étend le fief à diviser & dans les circonvoisines.

Si le démembrement étoit déclaré nul, cette nullité, suivant Bérault, ne donneroit pas ouverture à la commise en faveur du Seigneur dominant; le Seigneur qui auroit tenté le démembrement, remettroit en sa main les objets dont l'aliénation auroit été vainement projettée, parce qu'une aliénation nulle n'en est point une ; ainsi, dès qu'elle n'a point subsisté, les choses reprennent naturellement leur ancien état. *Voyez* FIEFS DE DIGNITÉ, JEU DE FIEF & PATRONAGE.

DÉMENCE.

Voyez DONATIONS, TESTAMENTS.

DEMEURE.

Voyez DOMICILE.

DEMI-RELIEF.

Voyez RELIEF.

DÉMISSION.

1°. Notre Coutume ne se sert de cette

---

(1) Bruffel, Usage des Fiefs, l. 3. ch. 13.

expression que dans l'Article 204, pour désigner l'acte par lequel un vassal se déchargeroit de la foi qu'il devroit à son Seigneur, sur celui auquel il inféoderoit partie des fonds dépendants de son fief; cette *démission* lui est défendue, à moins que le Seigneur n'y consente, & que le Roi ne l'autorise. *Voyez* DÉMEMBREMENT & JEU DE FIEF.

2°. En matieres bénéficiales, la *démission*, est la remise que fait le bénéficier entre les mains du collateur de son bénéfice, sans aucune condition, à la différence de la résignation en faveur, qui a pour but que le bénéfice soit conféré à celui que l'on a choisi pour successeur : on appelle aussi la démission, *abdication*.

Il est maintenant permis de se démettre volontairement d'un bénéfice, ce que l'on ne pouvoit autrefois sans l'agrément des supérieurs. Cette diversité de discipline est venue de ce qu'aujourd'hui il est plus facile aux supérieurs de trouver des sujets capables que dans les temps où les revenus des bénéfices étant médiocres, peu de personnes se dévouoient à leur desservice.

La démission peut se faire entre les mains du Collateur ordinaire ou du Pape.

L'Edit d'Henri II, du mois de Juin 1550, & la Déclaration du Roi du mois d'Octobre 1646, ont établi diverses formalités pour la validité des démissions. La principale, est qu'elles doivent être passées devant Notaires en présence de deux témoins. Mais il ne faut pas conclure de là qu'une démission faite en présence de témoins au secrétariat des Evêques soit nulle ; l'Edit de 1550 n'a pas dérogé au droit qu'avoient les Evêques de recevoir les démissions avant qu'il fut promulgué : Arrêt du Parlement de Paris, du mois d'Avril 1710, pour la Cure de Meulan, dans le Vexin François, diocese de Rouen.

Si la dénonciation est faite ès mains de l'Evêque qui n'a pas nomination du bénéfice, le Patron laïque duquel le bénéfice dépend, a six mois pour nommer ; & ces six mois ne commencent que du jour où la démission lui est notifiée. Il est vrai que par Arrêt du 24 Juillet 1671, cité par Basnage sur l'Article 69 de la Coutume, on a jugé que l'Evêque ayant pourvu dans les six mois du Patron laïque, faute par ce Patron de s'en être plaint, la collation de l'Evêque étoit valable, & le pourvu fut maintenu au plein possessoire du bénéfice ; mais tout ce qu'on doit conclure de cet Arrêt, c'est que le Patron laïc peut bien, en présentant dans les six mois, annuller la collation de l'Ordinaire faite sans son consentement, & que s'il n'use pas de son droit dans les six mois, la nomination de l'Evêque doit subsister : *Non est nulla, sed venit annullanda, conquerente Patrono intra legitimum tempus.* Il n'en seroit pas de même de la nomination du Pape qui mépriseroit le Patron laïque, pour user de l'expression des Canonistes, *spreto Patrono laico* : la prévention du Pape n'ayant lieu en France que lorsque les droits des Collateurs laïques sont absolument éteints. Si cependant le Pape avoit prévu, en employant la condition ou clause, que la nomination n'auroit lieu qu'autant qu'elle seroit consentie par le Patron, le silence du Patron la valideroit. *Voyez* RÉSIGNATION.

DÉNÉGATION.

Si un achepteur dénie qu'il y ait eu achapt, & que le contraire soit ensuite prouvé, le prix du contrat est confisqué au profit du Roi. *Voyez* CLAMEUR.

DÉNI DE JUSTICE.

Lorsqu'un Juge oublie ses devoirs au point de refuser d'expédier une affaire qu'il est en son pouvoir de terminer, après deux sommations de huitaine en huitaine pour les Juges ressortissants aux

Cours souveraines sans moyen, & de trois jours en trois jours pour les autres Sieges, les parties peuvent appeller comme de déni de Justice, & faire intimer ou le Rapporteur, s'il y en a un nommé, ou le Juge chef du Siege; & si l'appel se trouve fondé, l'un ou l'autre sont condamnés aux dommages & intérêts des parties.

Jamais cause n'offrit un exemple plus frappant de l'abus que les Juges font de leur pouvoir dans les petites Villes de Province, que celle d'entre un Avocat au Bailliage & Présidial d'Alençon, & le Procureur du Roi de ce Siege.

Pierre Coffin, originaire de Champagne, avoit un oncle Apothicaire à Alençon : ce jeune homme fut allicié par la servante d'un Huissier; il contracta un mariage illicite avec elle; mariage dont il se porta dans la suite appellant comme d'abus, & qui fut déclaré nul, par Arrêt du Parlement de Paris du 13 Mars 1761.

En 1763, il en contracta un légal avec la fille d'un Orfevre; la fille Fruitier, sa séductrice, trouva le secret de soulever toute la Ville contre Coffin. Il est rare que le peuple soit persuadé qu'un mariage contracté au préjudice de l'honnêteté publique & de la disposition des loix, n'est point un mariage. On considéroit donc à Alençon Coffin comme un polygame, qui, au mépris d'un engagement légitime, en contractoit un scandaleux & punissable. Ce qu'il y eut de pis, les Juges d'Alençon se livrerent à toute la sottise de ce préjugé; sur la simple Requête de la Fruitier, ils se rendirent Juges de l'Arrêt d'un Parlement, & accorderent à cette fille quatre mois de délai pour se pourvoir.

Après ce premier pas fait, leurs chûtes se multiplierent à trois reprises; les premiers délais furent prolongés, & cette prolongation fut de seize mois & demi.

Un Arrêt du Conseil, du 7 Janvier 1765, confirmatif de celui du Parlement, détermina cependant les Juges à débouter la Fruitier de l'opposition qu'elle avoit formée au mariage : mais Coffin, malgré des demandes réitérées, ne put obtenir que son mariage seroit célébré qu'en vertu de deux nouveaux Arrêts du Parlement de Paris, dont le dernier étoit du 20 Juin 1765.

Coffin, d'après ces Arrêts, reçut la bénédiction nuptiale, le 26 Juin suivant. La populace en étant informée, s'assembla devant sa maison, & en brisa les portes.

Cependant il échappa aux séditieux, & courut chez les Juges implorer leur protection.

Le Procureur du Roi promit d'agir, & resta dans l'inaction. Nouveau vacarme le 28. Coffin fait une sommation respectueuse aux Juges de venir constater les fractures faites en sa maison, en leur déclarant que s'ils s'y refusent, il en fera dresser Procès-verbal par les Notaires, & se réserve à tout ce que de droit, relativement aux torts que leur négligence auroit pu lui causer. Les Juges ne déférerent point à la sommation; Coffin fut donc contraint de recourir aux Notaires.

Le Procureur du Roi offrit la sommation à sa compagnie, & prit des conclusions contre l'Avocat qui avoit conseillé la diligence, & contre la partie qui l'avoit requise. Coffin fut décrété; il prêta interrogatoire, & reconnut que son Avocat l'avoit guidé, que l'Huissier qui avoit instrumenté, n'avoit écrit que sous sa dictée; l'Huissier, les Notaires furent en conséquence aussi décrétés, & l'Avocat lui-même.

Les mutins, enhardis par cette procédure, recommencerent le tapage à la porte de Coffin; elle fut de nouveau enfoncée; il eut recours aux conseils de celui qui jusques là avoit été son seul protecteur; qui, pour lui, s'étoit généreusement sacrifié au ressentiment des Juges, & qu'il avoit paru dans ses interrogatoires vouloir rendre l'unique objet de leurs poursuites. Cet Avocat se porta appellant de la Sentence qui le décrétoit, fit intimer les parties; les Notaires, l'Huissier & Coffin appellerent de leur chef; les uns & les autres mirent sous les yeux de la Cour le tableau de la conduite ferme & vigoureuse de l'Avocat, & peignirent la marche oblique & insidieuse de ses adversaires : par Arrêt de Tournelle, du 12 Août 1766, les décrets furent annullés & cassés ; il fut enjoint d'en faire mention en marge de la Sentence ; & en outre, la Cour ordonna au Procureur du Roi de faire informer contre les auteurs du tumulte, & d'en certifier la Cour dans le mois. Ainsi les dépens de la procédure tomberent à la charge du Juge, ce fut sa punition ; & le dédommagement des parties fut réservé après l'information.

DENIER.

Ce mot a diverses significations.

Dans l'usage général, le denier est la douzieme partie d'un sol en fait de monnoie, le tiers d'un gros dans les poids, & il désigne le titre de l'argent dans les essais de métallurgie.

Mais dans notre Coutume il se prend pour le capital d'un droit : ainsi deniers provenants de racquits, sont leurs capitaux; deniers de fermages, comprennent tout ce que les fermiers doivent, &c.

DENIER A DIEU.

C'est la piece de monnoie que l'on donne pour *arrhes* d'une convention. En quelques endroits, cette piece de monnoie est le gage de ce que l'on effectuera le marché, & si l'on s'en rétracte dans les vingt-quatre heures, elle est remise aux pauvres, & perdue pour celui qui se dé-

dit. En Normandie, au contraire, elle est la preuve de ce que la convention a été regardée par toutes les Parties comme irrétractable.

L'Arrêt du Parlement, du 1er. Juillet 1768, qui enjoint aux Greffiers de la Cour, du Bailliage & des autres Jurisdictions des Villes & fauxbourgs de Rouen de délivrer aux Administrateurs des Hôpitaux un rôle certifié des adjudications par décret ou volontaires, des locations de biens des mineurs, d'absents ou d'offices, de coupes de bois de forêts faites en Justice, afin que ces hôpitaux touchent les deniers à dieu des mains des adjudicataires, suppose que ceux-ci n'ont pu contracter qu'à la charge de payer le denier à dieu, lors même qu'il ne seroit plus en leur pouvoir de changer d'intention, & que leurs conventions seroient définitives.

DENIERS PUPILLAIRES.

Le tuteur peut donner en constitution de rente les deniers du mineur, à la charge de les rendre au mineur tant en principal qu'intérêts après sa majorité : Art. 41 du Réglement de 1673.

J'ai vu beaucoup de Juges, d'Avocats, de tuteurs, de parents ne concourir qu'avec une extrême répugnance aux actes par lesquels les deniers des mineurs sont constitués en rentes remboursables à leur majorité. Ils voient en effet Constantin le Grand réprouver la loi *si quis tutor constitutus*, qui autorisoit de placer en intérêts les deniers des mineurs, & la regarder comme dommageable aux mineurs eux-mêmes, *multorum minorum adversa*, cod. l. 5, tit. 17, ch. 22; & l'expérience leur a appris que telles précautions que les familles prennent, l'insolvabilité des emprunteurs ou celle des parents garants des tuteurs en cette Province, ruine fréquemment les pupilles. C'est sans doute cette considération qui

avoit

avoit aussi porté l'Empereur Justinien à déclarer par sa novelle 72, que les tuteurs ne seroient plus à l'avenir obligés de prêter pour le temps de la minorité l'argent des mineurs, & à ne leur enjoindre que de le mettre en dépôts sûrs & à l'abri de tout accident.

Cette Loi Romaine a été adoptée en ce Royaume. L'article 102 du Statut fait aux Etats d'Orléans en 1560, oblige les administrateurs des tuteles à employer les deniers en rentes ou héritages par avis de parents; & dès le 13 Juin 1559, un tuteur, ainsi que celui auquel il avoit prêté à intérêt les deniers de son mineur, furent condamnés chacun en une amende, les intérêts perçus furent confisqués au profit du Roi, & le Juge qui avoit ordonné le prêt, décrété d'ajournement personnel.

L'autorité ecclésiastique a depuis concouru avec la royale, à l'abolition de l'abus que l'on commettoit sous le prétexte de l'avantage des mineurs. L'assemblée générale du Clergé, en 1579, tit. 34, *de Usuris*, a décidé qu'on ne pouvoit, sans se rendre coupable d'usure, prêter à intérêt les deniers des pupilles, lorsqu'on n'aliénoit pas leur capital. Un Concile tenu à Bordeaux en 1583, tit. 31, a approuvé cette décision, & elle est conforme à la Jurisprudence de tous les autres Parlements du Royaume.

Il seroit donc bien étrange qu'en cette Province, dont la Cour souveraine n'a cessé dans tous les temps de réprimer l'usure avec sévérité, (elle n'adjuge pas les intérêts, même en vertu d'une demande judiciaire), il y eût une loi qui ne se bornât pas à permettre, mais qui même enjoignît aux tuteurs l'usure à l'égard des deniers pupillaires. Aussi l'article 41 du Réglement de 1673, où l'on croit voir exister une loi semblable, en exclut-il toute idée.

· 1°. Cet article n'est point impératif, il ne donne au tuteur que le *pouvoir* de prêter à temps, & ne lui fait pas un devoir de ce prêt. *Le tuteur*, dit cet article, *PEUT bailler à constitution*. Or, qui doute qu'il n'y ait des circonstances où les mineurs, ou ceux qui les représentent, peuvent valablement exiger intérêt des prêts qu'ils font ? Il est donc de droit présumable que la Loi n'a permis les prêts des deniers des mineurs, que lorsque les circonstances les rendroient légitimes.

Ces circonstances sont celles ou un mineur est exposé par le prêt de ses deniers à souffrir un dommage réel, & à être privé d'un bénéfice qu'il seroit certainement, si sa famille ne le mettoit pas dans l'obligation de prêter. Par exemple, un mineur, s'il avoit la faculté de risquer ses deniers dans le commerce, conserveroit les correspondances de son pere, effectueroit les spéculations entamées par ce dernier; son tuteur est obligé de sacrifier ces avantages aux craintes qu'a sa famille de devenir responsable des événements fâcheux auxquels le négoce expose; il confie en conséquence les deniers à des étrangers : l'intérêt qu'il en tire peut-il paroître illégitime, tant qu'il n'est point équivalent aux dommages que le mineur éprouve ?

2°. D'ailleurs supposons que le tuteur se soit trompé, ainsi que les parents, en croyant que le mineur éprouvoit un commencement de dommage & étoit privé d'un gain réel; supposons que le prêt n'ait causé au mineur aucun préjudice; que par le prêt de ses deniers, il n'a point perdu l'occasion de faire des achats lucratifs, de participer à des négociations utiles; qu'il a trouvé dans le revenu de ses héritages toutes les ressources nécessaires à son éducation, à son entretien, à sa subsistance; qu'en un mot, n'ayant éprouvé ni cessation de lucre ni été exposé à des dommages, l'emprunteur ne lui a dû & ne lui doit aucune indemnité:

le Réglement de 1673 autorise-t-il le mineur à toucher cette indemnité ou à ne pas la restituer, quand, devenu majeur, il s'apperçoit que son tuteur l'a exigée lorsqu'elle ne lui étoit pas due? Non, sans doute. Le tuteur n'a fait que mettre son mineur à portée de trouver à sa majorité des moyens de réparer les pertes que l'impuissance où sa minorité l'a mis de disposer de ses deniers, lui a occasionnées; mais c'est à ce mineur, devenu majeur, à examiner s'il a ou n'a pas éprouvé des pertes.

3°. Il faut bien prendre garde à ne pas confondre la disposition de l'article 41 avec celles des articles 42 & 43 du Réglement.

Ceux-ci disent que le tuteur *sera tenu de faire payer les deniers dûs lors du décès, dans les six mois du jour des termes de paiement échus, & d'en faire le remploi dans les six mois suivants*; au lieu que l'article 41 se contente d'avertir que le tuteur *peut donner à constitution jusqu'à la majorité les deniers du mineur*. *L'emploi* des deniers est donc forcé, suivant les articles 42 & 43; mais cet *emploi* par la constitution à temps, permise en l'article 41, n'est pas forcé. Ainsi la loi qui permet au tuteur & à la famille de faire cette constitution, ne contredit point les Ordonnances qui font loi dans l'Etat, & qui ont déterminé le cas où l'exercice du *pouvoir* qu'elle accorde au tuteur seroit criminel. Le Réglement en effet ne dit pas que *l'emploi* auquel les articles 42 & 43 nécessitent le tuteur, doit s'entendre d'une constitution de l'argent du mineur en rente rachetable à la majorité, puisque l'article 41 lui fait seulement considérer comme *possible* cette constitution; il insinue au contraire que cette sorte de constitution des deniers pupillaires, n'est pas *l'emploi* le plus ordinaire qui doit en être fait. De quel principe pourroit-on donc partir pour condamner un tuteur qui auroit placé en rente perpétuelle, les capitaux qu'il auroit reçus pour son pupille?

Dira-t-on que les constitutions en rentes perpétuelles seroient tort aux mineurs; qu'à leur majorité, ils ne pourroient trouver les fonds nécessaires pour leur établissement, ni aussi promptement, ni aussi facilement que lorsque leurs deniers ne sont prêtés que jusqu'à la majorité? Alors, on répondroit qu'à Paris les mineurs sont obligés de courir les risques de cet inconvénient, & que cependant il est rare qu'ils l'éprouvent; car ils vendent les rentes acquises par leurs tuteurs, avec autant & plus de célérité que la restitution ne se fait aux mineurs Normands des deniers constitués à leur profit, à la condition du remboursement à leur majorité: que de difficultés en effet ne voyons nous pas tous les jours qu'ils éprouvent pour obtenir cette restitution? Les emprunteurs ont bien reçu les deniers, à la charge de les restituer en un temps limité; mais en est-il beaucoup qui aient pu diriger leurs opérations de commerce, de maniere que la rentrée de ces mêmes deniers se fasse aux mains des mineurs, à l'époque fixée pour les racquitter? Et si les deniers ont été empruntés pour acquisitions d'héritages, la Justice ne se prête-t-elle pas à accorder des délais à celui qui se trouve hors d'état de se libérer autrement que par la vente des fonds acquis?

En un mot, le Réglement de 1673 ordonne d'un côté au tuteur *l'emploi* des deniers du mineur; & le mot *emploi* ne désigne que celui qui est conforme aux Ordonnances, c'est-à-dire la constitution en rente perpétuelle; mais comme un mineur est, ainsi qu'un majeur, en droit de tirer un intérêt légitime du prêt de ses deniers, sans en aliéner le capital, parce qu'il peut être réduit par le refus que ses parents font de continuer pour lui un commerce avantageux, auquel son pere se seroit livré, à renoncer à de gros bénéfices ; le Réglement d'un autre côté permet en cette circonstance, à la famille, de prêter les deniers du mineur à intérêt jusqu'au temps où il sera devenu capable de disposer de ses deniers de la maniere qui lui paroîtra la plus propre à réparer les pertes que les craintes de sa famille & la minorité lui auront occasionnées.

L'article 41 ne renferme donc pas une loi générale, mais une exception ; & dès-lors ce n'a été que parce qu'on ne l'a pas bien comprise, qu'elle a été regardée comme autorisant un prêt à usure ; prêt que les loix canoniques & civiles condamnent, & que la jurisprudence de la Cour n'a approuvé par aucuns de ses Arrêts.

Il est vrai que le 30 Mai 1747, un mineur émancipé fut jugé fondé à donner ses deniers à constitution de rente, à charge qu'on les lui restitueroit quand il seroit majeur ; mais cet Arrêt a été probablement rendu dans des circonstances où le prêt à intérêt étoit licite, où l'émancipé éprouvoit, *lucrum cessans & damnum emergens*, un profit cessant & un dommage naissant ; où il n'avoit pas stipulé l'intérêt de son prêt, en vertu de la seule action de prêter ; mais où il étoit évident au contraire que l'emprunteur avoit dû tirer du prêt un bénéfice supérieur à l'intérêt que la somme prêtée auroit produit au prêteur, s'il l'eût conservée.

On pourroit encore moins objecter l'Arrêt rapporté par Bérault, deuxieme vol. p. 108, sous la date du 17 Avril 1656, contre les sieurs Jobart & Tournebois. La demoiselle Tournebois, épouse du sieur Jobard en deuxiemes noces, & tutrice de la demoiselle Gardin, sa fille du premier lit, n'avoit fait aucun emploi des deniers depuis sa nomination à la tutele ;

elle étoit contrevenue aux articles 42 & 43 du Réglement, pouvoit-elle éviter la peine qu'ils prononcent ?

4°. De ces observations, il paroît naturel de conclure qu'en vertu des Articles 42 & 43, les familles peuvent sans danger autoriser les tuteurs à employer les deniers du mineur en constitution de rentes perpétuelles, lorsque cette constitution n'expose point le mineur à perdre son état, ou à ne pouvoir recouvrer à sa majorité les avantages que le commerce de ses pere & mere lui auroit offert, si on ne l'eût point interrompu à leur décès ; mais comme dans les familles les avis peuvent se trouver partagés tant à l'égard des personnes sur lesquelles la constitution sera faite, que relativement à la certitude des bénéfices sur lesquels le mineur auroit pu compter, il est de la prudence du tuteur de recourir au Juge, & de s'en rapporter à lui sur le point de savoir s'il est dans une circonstance où la constitution à temps peut être légalement faite ; & il y a tout lieu de penser qu'aucuns Juges ne se détermineroient à enjoindre en faveur de la minorité, un prêt qui, fait par un majeur, seroit usuraire ; prêt auquel il est défendu aux Juges, aux Notaires & à toutes autres personnes publiques de concourir, par Arrêt du 8 Février 1526, rapporté par Bérault sur l'Article 512, & auquel le Réglement n'a point dérogé ; prêt enfin que Godefroi en son Commentaire déclare être *incivil & prohibé*, parce que *la qualité de tuteur ne peut autoriser à pécher.*

5°. Lorsque les deniers du mineur ont été constitués jusqu'à la majorité licitement, c'est-à-dire par autorité de Justice, & après que sa situation a été attentivement examinée ; si ce mineur décede, le débiteur ne peut être contraint d'amortir la rente avant le terme de la majorité accompli ; & comme l'héritier majeur succede à tous les droits légitimes que possédoit le défunt, il peut sans scrupule recevoir l'intérêt des capitaux constitués.

6°. Si le mineur après sa majorité continuoit de recevoir l'intérêt des constitutions à temps, elles ne deviendroient pas pour cela perpétuelles; mais le débiteur pourroit obtenir la déduction des intérêts échus depuis la majorité, sur le capital constitué: Arrêt du 15 Décembre 1589. *Voyez* article USURE.

7°. Par Arrêt du Parlement du 2 Mars 1740, il a été décidé que les deniers même constitués à temps au profit d'un mineur, forment un immeuble tant qu'ils ne sont pas remboursés. Et par autre Arrêt du 6 Août 1750, on a jugé ces deniers propres en la personne de l'héritier du mineur qui étoit mort durant sa minorité, quoique cet héritier fut aussi décédé mineur avant que la rente eût été racquittée. *Voyez* au surplus *infrà, verbo* PROPRES.

8°. Les deniers donnés à des mineurs pour être employés en achat de rente ou d'héritages, s'ils sont employés, tiennent nature d'acquêt en leur succession. *Voyez* ACQUÊT, DONATION, DOT.

DENIERS ROYAUX.

On entend par ces mots, 1°. les deniers levés sur les biens ou les personnes des sujets au profit du Roi. *Voyez* DIXIEMES, VINGTIEMES, &c.

2°. Ces mêmes deniers, lorsque devant être levés au profit du Roi, ils sont encore aux mains des redevables ou de ceux qui en font la perception; car en ces deux cas, ou le Roi, ou les Receveurs sont privilégiés à tous autres créanciers pour se les faire payer.

Pour connoître le privilege personnel au Roi, on doit consulter l'Edit de 1669, concernant les Fermes, articles 1, 2 & 3; & celui accordé aux Fermiers-Généraux ou à leurs Sous-Fermiers contre leurs Commis, est expliqué aux articles 4, 5, 6, 7 & 8 de l'Ordonnance de 1681, sous le titre commun à toutes les Fermes, & dans les Déclarations du Roi des 4 Juillet 1737 & 18 Mars 1738.

DENIZATION.

C'est le nom que l'on donne à l'acte par lequel en Angleterre un étranger déclare dans le Parlement qu'il renonce à sa patrie pour être naturalisé Anglois. Basnage sur l'Article 235, fait mention de ces Lettres. *Denizen*, en Anglois, désigne *l'Aubain affranchi par le Roi.*

DÉNOMBREMENT.

Le dénombrement est la déclaration que le vassal est tenu de faire au Seigneur dominant. Il convient de dire qui sont ceux qui doivent le présenter, quelle est sa forme & son effet.

1°. L'art. 192 veut que les propriétaires puissent seuls présenter les dénombrements, quand même l'usufruit appartiendroit à d'autres personnes. A cette disposition, il faut ajouter que le créancier subrogé n'a pas le droit de donner le dénombrement au Seigneur; Arrêt du 8 Août 1727: sa propriété n'est pas en effet parfaite; il n'a droit que sur le produit utile du fonds, & non sur ses droits honorifiques ou féodaux. La douairiere ne doit point être assimilée aux autres usufruitiers. *Voyez* SOUFFRANCE.

2°. Les dénombrements sont dûs au Roi, ou à des Seigneurs, & leur forme est différente en ces deux cas.

Le vassal, après avoir rendu sa foi & hommage au Roi, doit présenter Requête en la Chambre des Comptes, à l'effet que le dénombrement y attaché soit vérifié & reçu. Cette Requête est communiquée à M. le Procureur-Général, & sur ses conclusions, il est ordonné que le tout sera envoyé, aux fins des blâmes, au Juge des lieux. En vertu de cet Arrêt & de la Commission adressée au Juge, le vassal lui présente son aveu par Requête, sur laquelle il est ordonné que cette Requête, l'acte d'hommage & le dénombrement seront communiqués aux Procureur du Roi & Receveur des Domaines, pour, leur réponse vue, être ordonné ce que de raison; & cependant, que ledit dénombrement sera publié à la premiere Assise, à trois jours de plaids consécutifs.

Au pied de cette Requête, le Procureur du Roi doit requérir que l'aveu soit collationné sur les précédents, à laquelle fin ils lui seront communiqués. Quand il en a eu pris communication, ou qu'il lui a été déclaré qu'il n'en existe pas, le Procureur du Roi donne des Conclusions tendantes, ou à ce que vu la conformité du dénombrement avec les antérieurs, ou vu qu'il n'en existe pas, l'enregistrement en soit fait; & s'il y a remarqué quelque énonciation contredite par les anciens aveux, ou augmentation de droits au préjudice des intérêts du Roi, il doit demander qu'elles soient rayées ou réformées. Le Juge ordonne alors que les conclusions du Procureur du Roi, si elles contiennent blâmes, soient communiquées au vassal pour y fournir replique dans un délai proportionné à son éloignement & à l'importance de la matiere; & après que cette replique est fournie, si le Procureur du Roi persiste en ses Conclusions, consent l'enregistrement, on ordonne qu'il soit fait.

Lorsqu'il se présente des opposants à l'enregistrement, la même procédure doit être observée, c'est-à-dire, que leurs moyens doivent être communiqués à celui qui le sollicite, & que ses réponses doivent aussi l'être aux opposants; & lors de la Sentence définitive, soit de blâme, soit d'approbation, on doit énoncer dans le vu toute la procédure.

Les Trésoriers de France ayant prétendu s'attribuer la compétence des dénombrements en cette Province; par Arrêt du Conseil d'Etat du 3 Septembre 1697, sans s'arrêter à leur demande, le Roi a maintenu & gardé les Officiers de sa Chambre des Comptes de Rouen dans le droit & la possession de recevoir les dénombrements des vassaux possédants fiefs, dans cette Province, mouvants de Sa Majesté, & les Baillis & Sénéchaux en la possession de faire les publications de ces dénombrements & autres procédures qui y sont relatives, & ordonné que toutes oppositions formées à la vérification des dénombrements seroient jugées par les Baillis & leurs Lieutenants, & par appel au Parlement, à l'exception cependant des oppositions où Sa Majesté seule, sous le nom de son Procureur-Général ou du Receveur de ses domaines, auroit intérêt, lesquelles seroient jugées par la Chambre des Comptes.

Le dénombrement, après avoir passé par ces épreuves, doit être déposé en la Chambre des Comptes, & après l'Arrêt qui, sur les Conclusions du Procureur-Général, en ordonne l'enregistrement.

Mais lorsque le dénombrement est présenté au Roi, ou à des Seigneurs particuliers, il doit exprimer le nom des tenants, la quantité de leurs héritages, leur nature, leurs redevances seigneuriales, leurs tenants & aboutissants: Arrêt du 16 Décembre 1666.

S'il contient plusieurs fiefs relevants du même Seigneur, ils y peuvent être détaillés chacun en un article qui lui soit spécialement destiné.

Quand le dénombrement n'est adressé qu'aux Seigneurs, sa forme extérieure se réduit à être écrit sur parchemin timbré, présenté en l'Audience de la Jurisdiction du Seigneur par le vassal ou son fondé de pouvoir spécial ; & au cas de défaut d'Audience, il peut être signifié au manoir principal de la Seigneurie. Le délai pour le présenter est le même que pour faire hommage, c'est-à-dire, de quarante jours. *Voyez* FIEF & HOMMAGE.

Le Seigneur a droit de blâmer le dénombrement. *Voyez* en l'article BLAMES, quels en peuvent être les motifs.

3°. Le dénombrement rendu à un Seigneur & même au Roi, ne vaut de titre qu'entr'eux & le vassal, & ne peut assujettir des tiers ; ainsi, quand même un Seigneur auroit porté au Roi un fief appartenant à un autre Seigneur, l'Arrêt de main-levée obtenu en la Chambre des Comptes ne nuiroit point au véritable propriétaire : *Abrégé de Dumoulin, par M. Depensey, tit. 6, p. 257.*

4°. Si des dénombremens anciens & modernes contiennent divers droits & redevances, les anciens doivent l'emporter ; c'est sur eux que les nouveaux doivent être réformés ; les anciens sont supposés plus conformes au titre primitif d'inféodation dont ils ont été plus voisins.

5°. Les regles relatives aux aveux s'appliquent aux dénombremens, quant à l'anéantissement de la saisie féodale que leur présentation opere. *Voyez* AVEUX.

DÉPARAGEMENT.

Par les Articles 252 & 357 de la Coutume, les freres peuvent marier leurs sœurs de meubles sans terres, ou de terres sans meubles, pourvu que ce soit sans les *déparager*. Ce mot *déparager* vient du mot latin *disparitas* ; il y avoit disparité entre une fille & son époux, si la naissance de celui-ci étoit vile, & si celle de l'autre étoit distinguée ; si l'époux étoit estropié, imbécille, frénétique, décrépit : quelquefois les Seigneurs donnoient anciennement les mineures qui étoient en leur garde, & qui ne pouvoient être mariées que par eux, à leurs villains ou à de simples bourgeois; les parents de la mineure pouvoient intenter action contr'eux pour ce déparagement, les faire priver de la garde : Sect. 107 & 109 de Littleton, Anciennes Loix, p. 165.

DÉPENDANCE.

Article APPARTENANCES, nous faisons cette distinction entre les appartenances & les *appendances*, que les premieres sont les primordiales consistances de la seigneurie ; les secondes tout ce qui a été attaché à la seigneurie depuis l'inféodation ; & les dépendances consistent en tout ce qui étant joint au fief, sans être de son essence, n'a pu cependant lui être annexé, lors de l'inféodation ou depuis, que parce qu'il étoit fief : tels sont le droit de Colombier & autres de ce genre. *Voyez* Anciennes loix, t. 1. p. 261.

DÉPENS.

1°. Le Seigneur contre le vassal, & le vassal contre le Seigneur, étant en Procès en la Cour seigneuriale, ne peuvent avoir que les dépens curiaux : art. 35 de la Coutume. Le Seigneur ne peut point aggraver le sort de son vassal en le faisant assigner devant le Juge Royal ; car si la cause dont il lui défere le Jugement, est de telle nature que le Sénéchal l'auroit pu décider, le vassal n'est susceptible que des mêmes dépens qu'il auroit payés en la Cour de son Seigneur : Arrêt du 7 Février 1661. Cette Cour n'ayant été établie que pour vuider les légers différents qui s'élevent entre le Seigneur & les vassaux, & d'épargner aux uns & aux autres les frais ; par Arrêt du 17 Février 1617, il a été décidé que lors même que le Seigneur n'est point partie en une cause qui intéresse deux de ses vassaux, ceux-ci, quant aux dépens, doivent se conformer à l'article 35. En 1742, le 21 Juillet, la Cour condamna un Seigneur à la restitution des taxes excessives faites par son Sénéchal dans une affaire personnelle à ce Seigneur ; & par le Réglement de 1769, pour la procédure de cette Province, les droits des Officiers des Basses-Justices ont été fixés.

2°. Quand la femme agit sans être autorisée par son mari, mais avec permission de Justice, pour réparation d'injures ou violences, si elle est condamnée aux dépens, le mari n'en répond que jusqu'à concurrence du revenu de sa femme ; & si ce revenu ne suffit pas, les autres biens de cette femme, à l'exception de sa dot, en sont passibles : article 543. Mais si la femme obtient des dépens & même des intérêts, ils ne sont pas en sa disposition ; le mari en est seul maître, comme de tous leurs autres effets mobiliers : Arrêt du 18 Février 1668, rapporté par Basnage.

Lorsque c'est au contraire la femme qui est poursuivie pour violences, injures ou crimes ; si le mari la désavoue, les condamnations pécuniaires prononcées contr'elle s'étendent sur sa dot, ainsi que sur ses autres biens : art. 544.

3°. *Les exécutoires de dépens décernés en cette Province, pour causes qui y sont jugées, prennent hypotheque du jour de l'introduction du Procès, & non du jour de la condamnation* ; art. 595 : ainsi, *les dépens des procédures faites pour recouvrer le paiement d'une dette, n'ont pas l'hypotheque de la dette ; ils ne l'ont que du jour de l'action, exceptez les frais du saisissant qui sont pris en privilege sur les objets saisis* : article 148 des Placités.

4°. Lorsqu'un appellant délivre la Sentence, faute par plusieurs intimés de la délivrer, l'exécutoire qu'il obtient pour le recours des frais de cette Sentence, doit être dirigé contre tous les intimés, & non contre l'un d'eux, parce qu'ils n'y doivent que leur contribution : Arrêt du 23 Juin 1721. Mais en matiere criminelle, si l'un des accusés appelle, ou donne lieu à un incident, dont la partie civile se croit en droit d'appeller ; elle peut faire condamner solidairement tous les accusés aux dépens de l'incident, quand même plusieurs d'entr'eux auroient déclaré n'y prendre aucune part : Arrêt du 30 Janvier 1751.

5°. On appelle déclaration de dépens, l'état de ceux qui ont été adjugés à une partie, que son Procureur dresse pour les faire taxer & en obtenir exécutoire. C'est à la partie qui saisit la Cour en matieres de comptes, de liquidations, d'appellations, de taxes, de dépens au civil ou criminel, à faire apporter au Greffe de la Cour les déclarations de dépens : Réglement du 24 Avril 1686, & article 5 du titre 31 de l'Ordonnance de 1667.

6°. Dépens accordés en matiere de petit criminel, quand ils sont prononcés pour valoir d'intérêts, sont de droit exigibles par corps, sans qu'il soit besoin que le Jugement le porte : Arrêt du 4 Février 1755.

Voyez DÉCLARATION, DÉCRET, EXCES DE TAXE, ITERATO, RÉUNION, TAXE.

DÉPORT.

Richard Simon, en son Histoire de l'origine des revenus Ecclésiastiques (1), publiée sous le nom de *Jérôme Acosta*, pensoit qu'avant que les Evêques eussent fait le partage des dîmes & des autres revenus dont ils jouissoient en commun avec les Curés qui prenoient soin des paroisses, ces Prélats avoient la meilleure portion de ces revenus ; que c'étoit eux

(1) P. 310.

qui affignoient aux Curés ce qui leur convenoit ; que fans déroger au droit commun, ils avoient pu, lors des partages, s'attribuer la premiere année des fruits des cures de leurs dioceses.

Le célebre Cochin, tome 4, 90°. caufe, écrivant pour l'Evêque de Tarbes, a adopté cette opinion ; en conféquence, il regarde le déport comme une louable coutume : Fillefac, Routier & M. le Coq en ont conçu la même idée.

Dejort, en fa Diſſertation fur le Droit de relief, qu'il nomme auſſi *déport*, quoiqu'aucun ancien monument n'ait appliqué ce nom au relief, penfe au contraire que le droit de relief a donné lieu à celui du déport fur les cures normandes. Selon lui, les Evêques l'ont introduit à l'imitation des Seigneurs temporels, fous prétexte qu'ils donnoient l'inveſtiture du bénéfice, comme les Seigneurs donnoient l'inveſtiture du fief ; & comme les Seigneurs, en donnant l'inveſtiture, levoient le relief qui étoit évalué au prix de la premiere année de jouiſſance ; de même, les Evêques s'arrogerent une femblable rétribution fur le revenu des cures.

Mais perfonne n'a mieux expofé l'origine des déports que Thomaſſin, p. 3. l. 2. ch. 37 ; en conſultant les autorités que ce Savant a recueillies, nous voyons qu'en 1222, un Concile tenu à Oxford, condamna les Evêques qui s'approprioient le fruit des cures, durant la vacance, & différoient d'admettre ceux que les Patrons préfentoient, afin de prolonger leur injuſte jouiſſance. En 1246, les déports n'avoient point encore cette dénomination, & on ne les obtenoit que comme des privileges. En effet, felon Matthieu Paris, l'Archevêque de Cantorbéry, en la même année, impétra du Pape, comme chofe extraordinaire, la premiere année des revenus de tous les bénéfices vacants du reſſort de fon diocefe ; & l'Hiſtorien obſerve que cette grace qui lui fut accordée fut très-préjudiciable aux préfentateurs des bénéfices.

En conféquence des fuccès de ce Prélat, plufieurs autres, de leur autorité privée, s'emparerent non-feulement d'une année, mais de plufieurs années de jouiſſance des bénéfices vacants. Un Concile de Londres de 1268 défendit donc aux Prélats de percevoir, pendant la vacance, les fruits des bénéfices, à moins qu'ils n'y fuſſent fondés en vertu d'une poſſeſſion ancienne ou par un privilege fpécial.

Bientôt les Religieux prétendirent auſſi le droit de déport ; ceux de l'Abbaye de S. Auguſtin l'exigerent fur toutes les cures vacantes à leur nomination ; mais l'Archevêque ordonna qu'ils le partageroient avec fon Archidiacre. Alors le revenu de la premiere année des bénéfices vacants avoit un emploi déterminé ; ordinairement l'acquit des dettes d'une Eglife en étoit l'objet.

Il étoit fi facile d'ufer de ce motif que prefque tous les Prélats, tant fupérieurs qu'inférieurs, le firent valoir ; les Papes pour réprimer au moins en partie l'abus, enjoignirent aux Receveurs des fruits des bénéfices vacants de s'en fervir d'abord pour acquitter les gages des domeſtiques des Curés défunts. Mais la cupidité connoît-elle des bornes ? Les Abbés ne donnoient pas le temps aux Curés qu'ils nommoient, de contracter aucunes dettes ; & fous de frivoles prétextes, ils les deſtituoient, puis en attendant la nomination de leurs fucceſſeurs jouiſſoient des fruits du bénéfice. Un Concile de Vienne profcrivit ce brigandage. Enfin le Concile de Conſtance, ayant été infuſſifant pour l'abolir, il y avoit tout lieu de croire que celui de Bâle feroit plus refpecté ; (il défendoit d'avoir aucun égard aux privileges, coutumes & Statuts qu'on lui donnoit pour appui,) puifque le décret de ce Concile, contenu en la Sect. 21, fut inféré dans la Pragmatique Sanction, & accepté par l'Eglife l'Eglise de France : mais le Concordat ayant dérogé à la Pragmatique, & les Annates ayant été rétablies, l'usage de jouir du revenu de la premiere année des cures se rétablit aussi en Normandie, & dans les autres Provinces où il avoit été plus en vigueur.

Cependant le Clergé Normand, en 1522, assemblé à Rouen, fit des représentations vives sur le fait des déports, (car il paroît par les actes que Dom Bessin nous en a conservés, qu'alors le droit de déport en portoit le nom, sans doute parce qu'en privant des choses nécessaires à la vie le nouveau titulaire pendant un an, on l'assimiloit à ceux qui étoient chez les Romains, appellés *Deportati*) ; mais quoique tous les Peres du Concile eussent regardé unanimement la pratique des déports comme *scandaleuse*, & que les Prélats furent instamment priés d'y renoncer, ou au plus de se contenter d'une somme fixe qui leur en tiendroit lieu, la proposition fut écartée.

Et en cela on se conforma à l'Arrêt de 1517, rendu par le Parlement de Rouen, que cite Brodeau, Arrêt 72, lettre D.

Il est vrai que postérieurement, c'est-à-dire le 20 Mai 1561, en vérifiant l'Ordonnance rendue d'après les Etats tenus à Orléans, le Roi fut supplié de faire cesser & de supprimer les déports; mais Sa Majesté n'ayant pas accédé à cette remontrance, par Arrêt du 10 Février 1576, l'Evêque de Bayeux, Bernardin de S. François, fut maintenu au droit de déport sur la cure de S. Vigor le Grand ; & cet Arrêt fut suivi d'un autre en faveur de l'Evêque de Séez, rendu au Grand-Conseil en Février 1595.

Depuis, un Arrêt du Conseil d'Etat du Roi du 8 Juin 1706, a accordé à un adjudicataire d'un déport dans le diocese de Rouen, sur l'intervention de l'Archevêque, l'exemption de la taille pour une adjudication de fruits que cet adjudicataire avoit fait faire après la Saint Jean. Une Déclaration du 13 Juin 1742, a ensuite ordonné que dans les Provinces où le droit de déport est établi, ceux qui se trouveroient pourvus de deux cures, ou d'une cure, ou d'un autre bénéfice incompatible, seroient tenus de faire leur option entre lesdits bénéfices dans l'année à compter du jour de leur prise de possession du dernier desdits bénéfices dont ils auroient été pourvus, *sans que ladite année pût être censée n'avoir couru que du jour de l'expiration de l'année de déport*. Enfin un Édit du mois de Mai 1763, relatif à l'augmentation des portions congrues, ordonne, article 15, que les honoraires des Prêtres commis par les Archevêques ou Evêques à la desserte des cures vacantes, ou à celles sujettes au droit de déport, ne pourront être fixés au-dessous des trois cinquiemes de la portion congrue, c'est-à-dire de 300 liv.

Quant à l'autorité des Loix & de la Jurisprudence, on ajoute les actes possessoires du droit de déport que l'Eglise de Rouen sur-tout conserve en ses archives, il n'est pas difficile de se déterminer sur la légitimité du droit de déport.

En 1227, ces archives offrent le déport comme un droit déja fort ancien, & dont l'exercice étoit général en cette Province. On y voit un acte d'union, fait en cette même année, de l'Eglise de Serens, Doyenné de Meulan, par Thibault, Archevêque de Rouen, à l'Abbaye de Sery, Ordre de Prémontré, diocèse d'Amiens, par lequel acte l'Abbé & les Religieux s'obligent de payer le déport de l'Eglise de Serens à chaque vacance du bénéfice, soit par décès ou autrement.

En 1249, une autre union faite de l'Eglise de Fouille, dépendante du Prieuré de la Madeleine de Rouen, à charge de payer 12 liv. à l'Archevêque & à son Archidiacre, pour les indemniser du droit de déport, fuivant la coutume, *fecundum confuetudinem.*

En 1257, une tranfaction paffée entre l'Archevêque de Rouen & l'Abbé de Saint Ouen, où il eft dit que ce droit fera payé au temps du déport, *deportationis* ; expreffion qui confirme l'étymologie faifant allufion aux Loix Romaines, que nous avons ci-devant propofée.

En 1281, un décret d'union de l'Eglife de Fréville, Doyenné de S. Georges, au Prieuré du Mont-aux-Malades, faite par Guillaume de Flavacourt, Archevêque de Rouen.

Un très-ancien manufcrit fournit une nouvelle autorité ; il eft en parchemin, couvert d'ivoire, & confervé en la facriftie de Rouen ; on y lit une déclaration du Chapitre, du Lundi d'après la Saint Martin, en 1299, touchant une conteftation qui s'étoit élevée entre un Evêque de Carcaffonne, ci-devant Archidiacre de Rouen, & Nonancourt fon fucceffeur en l'Archidiaconé, au fujet des déports échus pendant que l'Evêque étoit encore Archidiacre, & dont les fruits avoient été recueillis du temps que Nonancourt avoit pris poffeffion de l'Archidiaconé, tous deux prétendants les avoir à leur profit ; l'Evêque, parce que la vacance étoit arrivée de fon temps, & Nonancourt, parce que la perception des fruits tomboit au temps qu'il étoit poffeffeur de l'Archidiaconé : fur laquelle conteftation le Chapitre ftatua que l'ancienne coutume de l'Eglife étoit d'attribuer les fruits des déports qui venoient à vaquer du temps du titulaire en poffeffion de l'Archidiaconé, au titulaire.

En 1327, Guillaume Durfort, Archevêque de Rouen, unit l'Eglife de Celcéville, Doyenné de Saint Romain, au Prieuré du Val-aux-Malades, fous la réferve de 12 liv. de rente pour l'affranchiffement du droit de déport.

En 1333, pareille amodiation eut lieu pour l'union de l'Eglife de Fourmetot, Doyenné de Pont-Audemer, à l'Abbaye de Jofaphat-les-Chartreux.

On trouve la même claufe dans les unions de l'Eglife de Notre-Dame-des-Champs, Doyenné de Gamaches, au Chapitre de Bayeux, & de l'Eglife de Saineville, Doyenné de Saint Romain, faite au College de M^e. Gervais. Emery, Evêque de Paris, Commiffaire du Pape Grégoire XI en cette partie, ne crut pouvoir procéder à l'exécution de la Bulle d'union, fans avoir auparavant compofé du droit de déport pour tout genre de vacance.

En 1387, l'Eglife de S. Euftache-en-la-Forêt, Doyenné de S. Romain, fut unie au Prieuré du Val-aux-Malades, & l'Eglife de S. Martin-de-la-Poterie le fut au Prieuré de Notre-Dame-du-Bofc aux mêmes conditions.

D'après cela, eft-il préfumable qu'un droit qu'ont exercé des Prélats diftingués par leurs lumieres & par leur amour des regles, depuis plus de fix fiecles, foit injufte ? Les anciens Conciles ne l'ont point condamné en lui-même, ils en ont anathématifé l'abus, & de là les loix civiles ont concouru à le conferver aux Prélats qui en jouiffent. Sur quels revenus les leurs peuvent-ils être plus légitimement levés, que fur ceux des bénéfices dépendants du diocefe où ils exercent leurs auguftes fonctions ? La principale de ces fonctions n'eft-elle pas d'ailleurs d'examiner l'état où, par le décès des Curés, fe trouve le fpirituel & le temporel de leurs paroiffes, d'y réparer, par des aumônes, l'indifférence qu'ils auroient eue pour leurs pauvres, de donner par là & par le choix d'un deffervant inftruit & réglé dans fes mœurs, l'exemple au nouveau pourvu de la conduite édifiante qu'il doit tenir ?

L'Evêque a pu canoniquement réferver une portion du revenu des cures de fon diocèse pour le soutien de sa dignité. L'autorité de l'Eglise, unie à celle du Souverain, après avoir autorisé cette réserve, l'a rendue légitime & incontestable. Cette portion du revenu des cures, de l'instant où elle a été par un long usage, dévolue aux Prélats, ne fait plus partie du revenu des Curés; & si des Curés étoient fondés à la refuser, la plupart de leurs droits, qui n'ont pas de principes plus respectables, seroient ébranlés.

Au surplus qui empêche un Curé de se borner à la somme assignée au desservant, s'il craint que pendant un an son troupeau soit privé des soins de son véritable pasteur? Combien encore de Curés nouveaux pourvus, seroient hors d'état de régir leurs paroisses? L'établissement des déports évite donc aux Evêques le désagrément d'accorder des dispenses de résider, dont les causes ne seroient que trop souvent déguisées, & conséquemment criminelles.

L'origine & la légitimité du droit de déport étant démontrée, il convient de connoître les bénéfices de cette Province qui en sont exempts, la durée de ce droit, les fruits qui en sont l'objet, & les charges dont il est susceptible.

1°. Le droit de déport est dû sur tous les bénéfices-cures séculiers ou réguliers en général, à moins qu'il n'y ait titre contraire d'exemption, ou qu'une possession immémoriale en tienne lieu; mais les chapelles, les bénéfices simples, les chapellenies ou cures des hôpitaux sont exempts par leur nature de ce droit.

L'une & l'autre vérité résulte de divers Arrêts de la Cour.

Quant aux bénéfices simples, un Arrêt du 20 Janvier 1541 a déchargé de déport le sieur de la Boissiere pour la chapelle de Notre-Dame, de l'Abbaye de S. Amand de Rouen; & le 3 Décembre 1664, le Chapitre de Lisieux fut privé du déport sur une permutation faite par un de ses Chanoines de son canonicat, avec un autre bénéfice.

A l'égard des cures régulieres, nous avons un Arrêt du 17 Janvier 1603, rendu pour Antoine Belenger, Religieux de Sainte Barbe-en-Auge, contre le Receveur des déports de Bayeux.

Un second Arrêt du 6 Février 1632, entre Julien Pegat, de l'Ordre de S. Augustin, & M. l'Evêque de Bayeux, qui déclara le Prieuré-Cure de Précorbin exempt de déport.

Il y a eu aussi Arrêt le 5 Décembre 1689, en faveur de Guillaume Aufray, de l'Ordre de S. Augustin, Curé de Tourville, contre l'Evêque de Coutances.

Enfin, en 1708, le 23 Novembre, par Arrêt du Grand-Conseil, les Religieux de Belle-Etoile, Ordre de Prémontré, Diocèse de Séez, ont été affranchis de déports.

En ce qui touche les cures séculieres du Diocèse de Rouen, celles de Déville, de Frêne-l'Archevêque, des Comtés d'Alihermont, dont l'Archevêque est Seigneur, ne paient point de déport.

Celle de Décour dans le Vexin, a été rédimée de ce droit par son fondateur, au moyen d'un fonds qu'il a donné pour indemnité.

Les Eglises de Caudebec, Rencon, S. Wandrille & Sainte Gertrude, celles d'Andely, de Resillon, les cures qui dépendent de la Jurisdiction du Chapitre, ou de l'exemption de S. Cande-le-Vieil, ne sont point sujettes au déport. Toutes les cures de l'exemption de Fécamp, S. Leger, S. Nicolas, S. Léonard, Sainte Croix, S. Fromont, S. Etienne, S. Thomas, S. Ouen, S. Valery, S. Benoît, qui sont dans la Ville, ainsi que Notre-Dame-d'Elletot, S. Martin-de-Paluel, S. Martin-de-Villefleurs, S. Viquier-aux-Plaines, Ingouville, S.

Vallery-aux-Plaines, les Ventes première portion, les Ventes seconde portion, Manneville-aux-Plaines, Notre-Dame-de-la-Gaillarde, S. Pierre-le-Vieux, S. Pierre-le-Petit, Pleineseve, S. Aubin-sur-Scie, S. Gervais-lez-Rouen, Tourville-la-Chapelle, Fontaine-le-Bourg, Tremainville, Limpiville, Evêquemont, Doyenné de Meulan; celles même de l'exemption de cette Abbaye, qui sont des Diocèses de Bayeux & de Lisieux, telles que S. Patrice-d'Argenies, S. Jean, Sainte Fermentilles, Damondeville, S. Pair, fauxbourg de Caen, S. Thomas, S. Gabriel & Lainville, ne paient point le déport.

L'exemption de Montivilliers jouit de la même prérogative pour les cures de sa dépendance, qui sont les trois cures de cette Ville, S. Sauveur, S. Gervais, Sainte Croix, & pour ses autres cures à Epouville, Fontenay-en-Caux, Gournay-en-Caux, Quculleville-ès-Plains, Harfleur, Lillebonne, Sainte Marie-au-Bosq, S. Martin-du-Manoir, Orleville, Rolleville, Roucile, Sanvic & S. Paul-lez-Rouen.

Quelques Curés, au lieu de déport, paient une rente à l'Archevêque de Rouen & à l'Archidiacre du canton; telles sont les cures de Fauville, Freville, S. Martin-des-Champs.

Dans le Diocèse d'Evreux, le déport ne dure que six semaines pour les Curés de la Ville & des Fauxbourgs, & parmi les autres cures, plusieurs ont des titres d'exemption, ou une possession immémoriale y supplée: dans cette classe sont Revilly, Broville, Sacconde, Augerville, les cures de Verneuil & de Nonancourt, celles de la Croix, Seandaville, Cailly, Fontaine-le-Bourg, la Croix-S.-Leufroy, de Cesseville, Harcouroye, Periers, Cardanville, Bray,

Sainte Colombe-du-Tillieul, Dame Agnès, S. Aubin, & la Haye-le-Comte (1).

2°. Le déport dure un an en tout genre de vacance, si ce n'est dans le Diocèse d'Evreux, où, comme on l'a déja observé, il ne dure, à l'égard de quelques cures, que six semaines.

Cette année commence, comme nous l'avons dit, article CURÉ, section 3, au jour où en chaque Diocèse finit la jouissance des héritiers.

3°. Pour connoître quels fruits appartiennent au déportuaire, on doit observer d'abord qu'on ne leve point deux déports pendant deux années consécutives, & que quand même dans une année, avant la fin du déport, un bénéfice vaqueroit plusieurs fois, il ne seroit assujetti qu'à un seul déport; en second lieu, que le déportuaire, suivant un Arrêt du 12 Mai 1517, rapporté par Forger, ch. 41, n°. 7, peut résoudre les baux du titulaire décédé, en remboursant au fermier ses labours & semences, ce qui est équitable; car un Curé qui auroit tiré des pots de vin considérables, anéantiroit souvent le droit de déport, la preuve de ce qu'il auroit touché par avance étant très-difficile. Ceci posé, on doit concevoir que les maisons, les terres, les rentes, les dîmes, & autres droits actifs appartenants à la cure, vertissent au profit du déportuaire. Il n'y a sur ce point de restriction qu'à l'égard des obits & des fondations.

Or, il faut distinguer trois sortes de revenus compris sous ces dénominations.

Les uns sont aumônés à la cure à charge de prieres ou sans charge; tels sont les revenus des terres ou rentes qui s'appellent vulgairement *terres ou rentes d'aumônes*. Comme ils sont unis & incorporés au domaine de la cure, lle

---

(1) Routier, Pratiq Bénéfic., p. 322.

déportuaire doit incontestablement en jouir.

Les autres sont attachés aux Fabriques des paroisses ; ce sont les Marguilliers qui sont tenus de faire appliquer le produit des terres & rentes données pour l'acquit des fondations, à cet acquit, & par cette raison, le déportuaire ne peut rien prétendre que du consentement des Fabriciens.

Ceux de la derniere espece sont des terres ou rentes dont la donation a pour cause impulsive des Obits ou Services que les Curés doivent faire célébrer ; & pour connoître si le déportuaire doit en jouir seul, quand ni la fabrique ni les habitués en la Paroisse n'y ont aucune part, suivant l'acte de fondation, ou s'ils doivent percevoir la part qui en revient au Curé, il suffit de remarquer que le droit de déport comprenant tous les profits & émoluments du bénéfice, il n'y a aucune raison pour en excepter ceux provenants des obits, ou plutôt tout concourt à les conserver à l'Evêque ; en effet, durant le déport, il convient sur-tout qu'il veille à l'acquit des fondations dont la cure est chargée ; le bénéfice attaché à ce soin ne peut donc lui être contesté. Quels inconvéniens résulteroient de ce que le nouveau pourvu, durant l'année du déport, auroit le droit d'acquitter les obits à l'exclusion du desservant ! Celui-ci, sous l'autorité de l'Evêque, régleroit en une partie la police du Service Divin, & le nouveau pourvu une autre partie ; dès-lors les heures qu'ils fixeroient se croiseroient souvent, parce que souvent ils ne se seroient pas concertés pour les indiquer. Que de scandales & de confusion ! D'ailleurs, si le nouveau pourvu négligeoit de venir acquitter les obits, comment l'y contraindre ? Si au contraire il se présentoit pour acquitter cette charge, quel seroit son logement ? Enfin, si le déportuaire n'avoit pas droit aux obits, qui les acquitteroit

durant les six mois que le patron a pour présenter, si tout ce délai lui étoit nécessaire pour fixer son choix ?

4°. Si le déportuaire a tous les revenus que le Curé vivant auroit pu percevoir, il doit, par raison de réciprocité, acquitter toutes les charges auxquelles ce Curé auroit été lui-même obligé. Ainsi, il doit placer un Ecclésiastique capable de desservir la cure, & lui donner au moins 300 liv., suivant l'article 15 de l'Edit de 1768, que l'on trouvera *verbo* PORTIONS CONGRUES, indépendamment du casuel de l'Eglise & des fondations ; car, par Arrêt du 29 Mars 1748, la Cour a décidé que les fondations ne font point partie des 300 liv. accordées au Desservant d'une cure, durant l'année du déport ; indépendamment des honoraires de ce desservant, il doit payer la pension créée sur le bénéfice, puisque cette pension n'a pu être créée que sous la permission du Supérieur Ecclésiastique ; en outre, les décimes, la contribution de la cure aux dons gratuits, & en un mot, toutes les autres charges ordinaires & extraordinaires du bénéfice. Cependant il ne doit pas la taille s'il fait faire l'adjudication des fruits après la S. Jean ; car dès-lors ils sont, suivant notre Coutume, amobiliés : Arrêt du Conseil d'Etat du 8 Juin 1706.

DÉPOSITAIRE.

Tout dépositaire, suivant nos anciennes Coutumes, étoit obligé de rendre ce qui lui avoit été confié au jour indiqué, dans le même état où il l'avoit reçu, à moins qu'il ne l'eût perdu sur mer, ou par le feu, ou que des voleurs ne lui eussent enlevé. Cependant si ce dépositaire passant dans un grand chemin, avoit, sans nécessité, fait voir le dépôt à quelqu'un, & étoit volé, il n'étoit point quitte du dépôt, *parce que*, dit Britton, *il ne miſt mye ſa dilligence de les deniers garder*, ch. 28.

DÉPOSITION.

Voyez TÉMOINS.

DÉPOSSESSION.

Par Arrêt du 29 Mars 1703, les Seigneurs Eccléſiaſtiques ont été confirmés en la faculté de dépoſſeder les Officiers de leurs Juriſdictions ſéculieres, & d'en établir d'autres en cas de vacance de leurs bénéfices *per obitum*. *Voyez* RÉGALE.

DÉPOT.

Le 22 Novembre 1696, il fut jugé qu'une ſomme dépoſée, par un mourant, aux mains de ſon Confeſſeur, à la charge de la diſtribuer ſuivant les intentions que le pénitent lui avoit déclarées ſous le ſceau de la confeſſion, ſeroit employée aux uſages déſignés par le défunt, en affirmant par le Prêtre qu'il n'y avoit rien dans le dépôt, ni pour lui, ni pour ſes parents, ni pour perſonnes auxquelles il eſt défendu par la Coutume de donner.

Les circonſtances de l'Arrêt ne doivent pas porter à le regarder comme Réglement; car, ſous le voile du ſecret de la confeſſion, combien de familles ſe trouveroient ruinées par des Confeſſeurs que la cupidité animeroit plus que l'amour de leurs devoirs ? Auſſi, par Arrêt du 15 Mai 1733, un Confeſſeur fut-il condamné à reſtituer aux créanciers de ſon pénitent, le montant d'un billet que celui-ci lui avoit confié, diſoit-il, pour l'acquit de ſa conſcience. La Cour penſa qu'il n'y avoit pas d'œuvres plus ſalutaires pour le défunt que l'acquit de ſes dettes. C'eſt donc par les circonſtances que le Confeſſeur peut être autoriſé à diſpoſer du dépôt, ou obligé à le reſtituer. La réputation du Directeur, la valeur du dépôt, la ſituation des affaires du moribond, tout cela doit entrer en conſidération: & c'eſt ce qui porta la Cour, lors de ſon Arrêt du 23 Juillet 1745, par lequel elle jugea qu'un dépôt fait à l'article de la mort, pour la décharge de ſa conſcience, à un Prêtre, ſeroit exécuté, à ajouter qu'elle jugeoit ainſi, *vu la médiocrité de la ſomme, & ſans tirer à conſéquence*.

DÉPOUILLE.

Voyez COTE-MORTE.

La dépouille des Religieux faits Evêques appartient à leurs parents, quoiqu'ils ne puiſſent ſuccéder à aucuns de leur famille. La raiſon qu'en donne Peſnelle ſur l'Article 73 de la Coutume, eſt que la dignité épiſcopale les délivre de la ſervitude du monaſtere; raiſon qui n'eſt ſûrement pas la bonne, car ſi le Moine, devenu Evêque, étoit émancipé de ſon Ordre, le motif politique qui lui défend comme Religieux de ſuccéder, ne devroit plus ſubſiſter. En effet, ſa famille retrouveroit en ſa ſucceſſion ce qui lui eſt échu de celle de ſes proches, & le monaſtere où il fait profeſſion n'auroit plus aucun titre pour revendiquer ce mobilier.

Mais il eſt une autre cauſe de la regle ſuivie à l'égard des Evêques qui ont fait des vœux en une Communauté régulière. Par ces vœux ils ſe ſont rendus incapables de toutes ſucceſſions, ont renoncé au monde: ils ſont morts civilement, ils ſont exempts de toutes les charges de famille. Rien donc en la ſucceſſion de leurs parents ne peut leur appartenir; mais devenus Evêques, leur famille a pu contribuer aux dépenſes néceſſaires pour ſoutenir cette dignité; elle doit conſéquemment en être indemniſée ſur les économies qu'ils laiſſent par leur décès.

DÉPUTÉ.

1°. Lorſque le Roi convoquoit les Etats généraux, on pouvoit y députer pour le Clergé d'autres Eccléſiaſtiques

distraction de moitié des effets mobiliers de la succession de Madame d'Houdetot au profit de M. le Marquis de Cany, & la Dame veuve n'eut point d'usufruit sur cette moitié, parce que, 1°. la clause d'usufruit stipulée au contrat de mariage ne devoit s'entendre que des immeubles, & non des meubles qui ne produisent point de fruits; & que, 2°. ce n'étoit pas à titre de don mobil que la moitié des meubles étoit adjugée à M. de Cany; mais par la force de l'Article 390, auquel rien ne prouvoit qu'il eût eu intention de déroger.

DÉROGEANCE.

On verra en l'article NOBLESSE, quelle a été son origine en France, ses divers dégrés, & les privileges dont elle a toujours joui en cette Province. Le présent article a pour but de faire connoître en quel cas on déroge à la qualité de noble.

Anciennement le commerce dérogeoit à la noblesse; mais de la même maniere qu'il y déroge encore en Angleterre, c'est-à-dire que tant qu'on exerçoit le commerce, on ne jouissoit pas des privileges de la noblesse, & cette noblesse recouvroit toutes ses prérogatives dès que celui qui en étoit décoré cessoit de trafiquer. Cependant vers la fin du treizieme siecle, les nobles qui commerçoient prirent la précaution d'obtenir des Lettres du Roi, pour que leur trafic ne pût pas leur être imputé comme acte de dérogeance. Et de là nous voyons dans le regiftre 56 du Trésor des Chartes, en 1317, Philippe le Long permettre à *Giraud Gueite*, de Clermont en Auvergne, de continuer de faire toute espece de commerce, quoique revêtu de la charge de son Conseiller, sans qu'on pût dans la suite lui faire, ni à ses héritiers, aucuns reproches à cet égard.

La plupart des Auteurs pensent que les Lettres du Prince ne sont pas indispensables aux familles pour qu'elles reprennent la qualité de nobles, après qu'elles se sont livrées aux opérations du négoce : 1°. Parce que le trafic est souvent essentiel pour réparer les pertes que les malheurs de la guerre font éprouver aux militaires. 2°. Parce qu'il seroit injuste que par le commerce d'un pere ou d'un aïeul, des enfants fussent privés d'une illustration qu'ils ne tiennent pas souvent d'eux, & qui auroit été accordée, en considération de services rendus à l'Etat bien avant leur existence, à toute la postérité de ceux qui l'avoient méritée (1). Au reste, par Édit du mois de Mars 1765, le Roi ayant permis à tous ses sujets de quelque qualité & condition qu'ils puissent être, excepté à ceux qui sont actuellement pourvus & titulaires de charges de Magistrature, de faire librement tant pour leur compte que par commission, toutes sortes de commerces en gros, tant en dedans qu'au dehors du Royaume; la Cour n'a point modifié cette disposition.

Ainsi l'on peut tenir pour maxime qu'avant l'Edit, tant qu'on faisoit commerce, les privileges de la noblesse étoient suspendus; mais que maintenant le commerce en gros n'empêche pas de jouir de ces privileges.

La profession d'Avocat, loin de déroger à la noblesse, la conserve, sur-tout en cette Province, où ils étoient anciennement Conseillers nés des Juges : d'ailleurs, encore à présent, ils en exercent toutes les fonctions en leur absence. Or les offices de Judicature ne dérogent pas.

Il en est de même de ceux des Notaires; un Jugement rendu en la Généralité de Rouen, le 12 Mai 1668, par les Commissaires du Roi à la recherche des usurpateurs du titre d'Ecuyer & de celui

---

(1) Delaroque, Traité de la Noblesse, ch. 141.

de Chevalier, maintint le sieur Thomas Sec, sieur de Launoy, Notaire au Châtelet de Paris, en la noblesse de ses aïeux. Pareille décision fut obtenue le 14 Juin suivant, par les sieurs Guillaume, Pierre, Louis & Jacques Guiran, sieurs de Dampierre, de Bailly-en-Riviere, Election d'Arques, sortis d'un Notaire d'Aix, mais dont la filiation remontoit à Melchior Guiran, Maître-d'Hôtel de René, Roi de Sicile, Duc d'Anjou & Comte de Provence en 1465, & qui dans ses lettres d'admission à cet office avoit été appellé homme distingué & noble, *egregius & nobilis vir* : décision d'autant plus équitable, qu'un Notaire n'exerce que des fonctions également utiles à la société, & honorables pour lui.

Il n'y a que les fonctions serviles, les Arts méchaniques qui dérogent à la Noblesse ; les Beaux-Arts sont compatibles avec elle. Tel est celui de la Peinture, de la Sculpture, de la Verrerie, de l'Imprimerie ; la famille de MM. Lallemant, Imprimeurs à Rouen, en fournit une preuve authentique ; ils ont été reconnus nobles, & le Roi, en leur rendant cette justice, nous a rappellé avec éloge le souvenir du premier de leur nom auquel cette Province doit les premieres impressions de Livres, qui y ont été faites. *Voyez* GENTILHOMME & NOBLESSE.

DÉSAVEU.

Le désaveu peut regarder les gens mariés, les gens de Pratique & les Seigneurs.

1°. Le mari peut désavouer sa femme poursuivie pour délit ou pour crime, & alors il n'est tenu de répondre pour elle que jusqu'à concurrence des fruits du bien de la femme : Articles 543 & 544 de la Coutume. Cette coutume est très-ancienne en Normandie ; sous nos premiers Ducs une femme accusée pour injure, se défendoit en jugement, malgré son époux, en donnant caution ; si elle succomboit en sa cause, le mari ne pouvoit être contraint à payer au-delà de quatre deniers ; quand elle récidivoit, il avoit le droit de l'en châtier, *quasi puerum infra ætatem* : & en certains cas, le défaut de correction le rendoit solidairement susceptible des condamnations qu'elle encouroit. Cette correction n'étoit cependant pas illimitée, pourvu qu'il ne la *meshaignât* pas, dit l'ancien Coutumier, elle ne pouvoit se plaindre en Justice : on peut voir cependant sur la section 257 de Littleton, Anciennes Loix des François, pag. 333, combien il étoit dangereux pour les maris de donner à leurs femmes les plus légeres corrections.

Par Arrêt du 7 Mai 1757 il a été décidé qu'un mari ne peut désavouer sa femme quand elle a commis un délit dans un lieu où elle exerce sa profession sous son autorité.

2°. Un client peut désavouer l'Avocat, le Procureur ou toute autre personne publique qui a abusé du pouvoir qu'il avoit d'agir pour ce client, &, qui, au lieu de veiller à ses intérêts, lui a fait préjudice.

Ainsi pour que le désaveu soit légitime, il faut qu'il y ait un abus de ministere, & dommage causé.

Un Avocat, par exemple, peut abuser de ses fonctions, en calomniant les adversaires de celui qu'il défend, ou en passant, sans la participation de celui qui l'honore de sa confiance, l'aveu de faits dont rien ne lui garantit l'exactitude. Par là, cet Avocat, au lieu d'être le guide, l'interprete, l'organe de son client, l'égare, déguise ses sentiments, ses intentions ; il substitue ses passions à la modération qu'il devroit inspirer ; il est punissable ; il dégrade sa profession, & abuse de la crédulité des ames simples & droites. Aussi les Ordonnances de Charles VII en 1453, de François Ier. en 1535, art. 9, celle de Blois en 1579, art. 125, infligent-elles en ces cas des amendes flétrissantes proportionnées à la gravité de la faute; & il est bien juste que toutes les condamnations auxquelles le client se trouve exposé, ne tombent pas sur lui, si sa volonté n'a point influé sur la témérité de son défenseur. C'est donc à l'Avocat coupable à se défendre personnellement, quand le désaveu est jugé légitime, & le client est à l'abri des poursuites de son adversaire. Mais quand l'Avocat n'a parlé & agi que par l'impulsion du client, le désaveu ne peut être écouté, & l'adhésion de ce dernier est toujours présumée, lorsqu'il a été présent aux plaidoiries ou qu'il a souscrit les mémoires ou les a fait souscrire par le Procureur : ainsi jugé par Arrêt de la Cour du 14 Février 1718. La Jurisprudence ancienne étoit différente; l'Avocat pouvoit être désavoué dès que son client ne l'avoit pas expressément garanti, & celui-ci ne garantissoit l'Avocat ou *Conteur* qu'après l'avoir entendu.

L'ancien Coutumier, ch. 64, nous a conservé la forme de cette garantie : *se aulcun établit son conteur, en disant : cestui doit parler pour moy contre cestuy, oyez-le, & quand il aura dit pour moy ce que je luy ai enjoint, je le garantirai; la justice doit le ouyr, & puis demander à celui qui l'a établi, s'il a dit pour luy ce quil a dit; se cil le garantist, il ne pourra puis contredire rien de ce quil a dit; se il dit quil a dit aulcune chose, dount il ne garantit pas, le conteur l'amendera, & la Cour jugera des choses qui sont garanties. C'estuy establit sagement son conteur qui l'establit en cette sorte; car nul sage home ne doit garantir les choses qui sont à dire, mais celles que sont dites, se il voit que ce soit bien.*

Lorsque le désaveu fait d'un Avocat, n'est pas fondé, il lui est dû une réparation authentique; au reste, on a peu d'exemples de ces sortes de désaveux, car les Avocats ne plaident point sans être assistés de leurs parties ou des Procureurs : ainsi il ne peut engager sa partie au-delà des obligations qu'elle a contractées dans les pieces du procès & ses écritures; puisqu'elles ne peuvent être signifiées qu'après avoir été signées du Procureur, celui-ci, comme représentant le client, est seul exposé au désaveu.

Quand un Procureur ou un Huissier est désavoué pour procédures, dont on prétend qu'ils n'ont pas eu l'ordre, il leur suffit de représenter les titres ou diligences qu'on leur a confiées, ou s'ils n'en représentent pas, & qu'en leur conduite on n'apperçoive que l'effet d'un zele trop vif pour celui au nom duquel ils ont agi, sans dessein de lui nuire, ils en sont quittes sur le désaveu pour les dépens : c'est la disposition de l'Ordonnance de 1535.

3°. En l'Article COMMISE nous n'avons parlé que des injures personnelles qui y devoient donner lieu; mais par extension des Articles 125 & 126 de la Coutume, cette peine a été aussi prononcée pour *désaveu*; c'est-à-dire pour le refus qu'a fait le vassal de reconnoître son Seigneur.

Mais seulement c'est lorsque le refus étoit accompagné de mauvaise foi, & en vue de faire outrage au Seigneur; car dans tous les autres cas, le vassal n'a point perdu sa tenure; ceci est conforme aux anciennes Coutumes féodales Françoises & Normandes : *les heires de qui est atteint de foy mentie envers son Seignior, ne doivent mie être déshéritez se il nest atteint de foy mentie de trahison.* En effet dans l'espece de l'Arrêt du 11 Décembre 1609, rapporté par Bainage, le vassal avoit acquis la piece de terre désavouée, comme relevante du fief du Seigneur qui en exigeoit aveu;

lors de celui du 14 Juillet 1660, il y avoit eu fraude dans toute la procédure de François Bouley, & sans doute que l'ancien Arrêt de 1541, cité par le même Auteur, avoit eu pour motif des circonstances aussi favorables au Seigneur. De là nous voyons que le moindre repentir de la part du vassal, après le désaveu le plus formel, mais y ayant présomption d'oubli de sa part, sauva ses fonds de la commise, lors de l'Arrêt du 27 Février 1627.

Quand le désaveu ne tombe que sur des redevances, la commise n'est pas admissible. *Voyez* l'Arrêt du premier Juin 1607 dans Basnage, & sur-tout la note de M. de la Quesnerie, relative à cet Arrêt, pag. 190, premier volume de l'édition qu'il nous a donnée de ce Commentateur. Au surplus, la commise ne peut être prononcée qu'en connoissance de cause; elle n'est pas acquise de plein droit, & si le Seigneur a laissé périmer l'action en commise, il est réputé y avoir renoncé.

Quand un bénéficier commet désaveu, le Seigneur peut faire confisquer à son profit, le fonds dont la mouvance lui est déniée pour le temps que le bénéficier auroit droit d'en jouir, à la charge cependant de la nourriture & entretien du bénéficier. Il faut dire la même chose du mari qui fait tomber en commise le fief de sa femme; après le décès de ce mari, cette femme recouvre ses fonds en intégrité. *Voyez* HOMMAGE.

DESCENTES.

Le Juge & le Greffier, suivant le Réglement de la Cour du 2 Août 1678, doivent seuls accéder les lieux; les Procureurs du Roi, ainsi que ceux des Seigneurs, n'y sont appellés qu'autant que leur ministere y est nécessaire : Article IX, titre XV du Réglement de 1769, sur l'Administration de la Justice.

DESHÉRENCE.

Si le tenant décede sans héritiers, dit Littleton, sect. 348, le Seigneur a par *eschéat* le retour de la terre. L'ancien Coutumier nous offre la même disposition, on y lit ch. 25 : *droits échéance est si come le Seigneur a l'héritage de son home, par défaut d'hoir, qui soit issu de luy ou de son lignage.*

C'étoit une condition tacite, toujours inhérente aux inféodations, qu'au cas de ligne éteinte le Seigneur rentreroit en la pleine propriété de la tenure; & lorsque les terres étoient en franc-aleu ou relevantes directement du Roi, elles étoient de droit réunies au fisc, si personne n'avoit droit d'y succéder.

Souvent le Seigneur éprouvoit des obstacles à la prise de possession; des particuliers, sans qualité, se supposoient légitimes successeurs du défunt, &, munis d'un bref du Roi, prétendoient jouir des fonds; mais tant que l'exposé du bref n'étoit pas justifié, le Seigneur jouissoit de la terre (1).

On ne doit pas suivre en cette Province l'usage de Paris, à l'égard du droit de desherence; à Paris, on ne considere point, suivant l'Article 167 de la Coutume, ce droit comme féodal, mais comme dépendance de la Justice. Les biens réunis, à titre de desherence, s'y prescrivent en conséquence par trente ans; au lieu qu'en Normandie, la desherence est un droit résultant de la féodalité: & un Seigneur qui auroit joui plus de quarante ans d'un fonds, à titre de desherence, ne pourroit le prescrire au préjudice de parents qui auroient eu droit de se porter héritiers, lors de l'ouver-

---

(1) *Quoniam Attachiam*. ch. 48. deuxieme vol. Traités Anglo-Norm.

ture de la succession : Article 146 de la Coutume.

Il incombe, à la vérité, au vassal à prouver le titre en vertu duquel le Seigneur possede ; mais une fois cette preuve faite, le Seigneur ne peut de bonne foi méconnoître la cause de sa jouissance. Il y a plus : lorsque le vassal exige la représentation des gages-pleges du Seigneur, ils ne peuvent lui être refusés : Arrêt du 15 Mars 1661, rapporté par Basnage sur l'Article 117. Cet Article s'applique en effet à tous les cas où le Seigneur réunit les fonds de ses vassaux à son fief.

Il n'est pas nécessaire que le Seigneur pour se mettre en possession, fasse contumacer les héritiers, puisque malgré la contumace, ils peuvent rentrer dans les fonds.

Quoique le Seigneur ait joui pendant plusieurs années des biens laissés par son vassal, décédé sans hoirs, il peut cependant les abandonner, Article 22 des Placités ; à condition cependant qu'il paie les arrérages des rentes, & autres charges annuelles échues durant sa jouissance, quand même elles excéderoient le revenu ; mais il n'est pas tenu personnellement à payer les dettes mobiliaires que son vassal a contractées avant son décès : les créanciers ne peuvent avoir recours que sur les biens de leur débiteur.

L'usufruitier jouit, sa vie durant, des fonds échus par deshérence, & ses hoirs sont obligés d'en laisser la jouissance au propriétaire, parce qu'il leur doit le remboursement de ce qu'ils ont payé pour l'acquit & décharge du fonds : Article 203 de la Coutume. Pour obtenir la restitution de l'héritage, l'héritier doit présenter aveu, offrir les droits seigneuriaux échus, & en faire le garnissement, ainsi que des dépens curiaux : Arrêt du 20. Mars 1423, rapporté par Bérault.

Il faut que cet héritier soit du côté & ligne dont les fonds proviennent & dans le septieme dégré, suivant l'article 41 des Placités, à faute de quoi il est préféré par le Seigneur ou par le fisc : Article 245.

Basnage rapporte cependant sur l'Art. 146, un Arrêt du 12 Janvier 1617, qui paroît admettre *Maufils* à revendiquer, contre le Procureur du Roi, une succession que cet Officier demandoit pour le Roi, à titre de deshérence, quoique ledit Maufils n'eût d'autres preuves de sa parenté que des actes de famille où il avoit été reconnu proche parent du défunt, & où le dégré de parenté n'étoit point exprimé ; mais il y a lieu de penser que ce qui détermina la Cour, étoit que les actes représentés par *Maufils*, étoient judiciaires : un entr'autres avoit eu pour but d'autoriser la femme à vendre ses biens ; or si la famille ne l'eût pas reconnu dans le septieme dégré, sa présence auroit été inutile à la délibération.

Au surplus, celui qui n'a point d'héritiers, suivant la remarque de Pesnelle, ne peut priver, par donations ou testament, les Seigneurs du droit deshérence ; l'article 94 du Réglement de 1666 ne lui permet que de donner ce dont il auroit pu disposer ayant des héritiers. *Voyez* BATARD, DONATION, TESTAMENT.

DESIR. (ABBAYE DE S.)

Cette Abbaye fut fondée à *Dives*, par Guillaume, Comte *d'Eu*, frere naturel de Richard II, Duc de Normandie ; il en transporta les Religieuses à Lisieux dans le fauxbourg. On trouve col. 203 de l'*appendix* du tom. XI du *Gallia Christiana*, des titres qui concernent cette Abbaye. *Voyez* aussi pag. 856 du corps du Volume cité.

DÉSISTEMENT.

1°. Lorsque l'appellant d'une Sentence a

signifié un appel volant, il peut s'en désister dans la huitaine ; & si durant cette huitaine, l'intimé obtient lettres d'anticipation ou Arrêt sur requête, ils deviennent nuls de l'instant où le désistement a été notifié : Arrêt du 7 Septembre 1753.

2°. Quand sur un retrait il est intervenu Sentence contradictoire, qui adjuge au clamant l'héritage, il n'est plus au pouvoir du retrayant de se désister de son action, & l'acquéreur ne peut être forcé de reprendre le fonds clamé.

DESOBÉISSANCE.

Les Prêtres habitués en une paroisse, en ce qui concerne le spirituel de l'Eglise & le Service divin, sont soumis au Curé ; c'est lui qui doit leur indiquer l'heure de leur Messe ; & s'ils desobéissent, il peut les priver de la rétribution : Article 15, Réglement du 26 Juillet 1755.

DESRÊNE.

En l'Article 5 de la Coutume, il est dit, *qu'au Vicomte appartient la connoissance de toutes matieres de simple desrêne entre roturiers* ; c'est-à-dire de simple possession. Lorsqu'un demandeur chez les premiers Normands obtenoit un bref du Roi pour revendiquer sa possession (car toutes actions s'introduisoient par brefs); le défendeur étoit tenu de contredire mot pour mot les faits sur lesquels la demande étoit appuyée ; & ces sortes de contredits s'appelloient *disrationes*, réfutation des raisons ou moyens de l'adversaire. L'ordre de cette procédure se trouve, 1ᵉʳ. ch. de Glanville, l. 2, p. 406, 1ᵉʳ. vol. Trait. Angl. Norm.

DESSERVANT.

Voyez DÉPORT.

DESTINATION.

C'est par la destination qu'un pere de famille a faire d'un effet mobilier, qu'il devient souvent immeuble. *Voyez* MEUBLES. C'est aussi par elle que l'on juge si un bâtiment, un terrain est ou non une dépendance d'un *legs*, ou d'un *préciput*. *Voyez* LEGS & PRÉCIPUT.

DESTITUTION.

1°. *Quand la femme tutrice se remarie, les parents la peuvent faire destituer de la tutele, & son mari peut aussi faire procéder à nouvelle élection de tuteur* : article 10 du Réglement de 1673, & article 6 des Placités.

Justinien avoit, par sa Novelle 118, chap. 5, défendu aux femmes d'administrer la tutele de leurs enfants, à moins qu'elles ne renonçassent, par serment, aux secondes noces. Mais c'est une question, si la mere remariée ne peut pas au moins conserver l'éducation de ses enfants, & sur-tout de ses filles, au préjudice du tuteur que la famille croit plus capable de veiller à la conservation de leurs biens ? Cujas, l. 8, ch. 29 de ses observations, prétend que l'on doit argumenter de la tutele à l'éducation, & en cela il est d'accord avec la loi *ubi pupilli educat. deb. cond.* de l'Empereur Alexandre ; & il semble que c'est à cette opinion que l'on doit s'arrêter.

En effet, l'article 29 du Réglement suppose que les parents sont les seuls maîtres de choisir le lieu & la personne qu'ils jugent à propos pour l'éducation des mineurs. Il n'est donc pas au pouvoir de la mere de leur enlever cette autorité; & pour peu qu'on ait d'expérience, on doit convenir que l'éducation prise par des enfants d'un premier lit chez un beau-pere en âge d'avoir postérité, leur est ordinairement préjudiciable. D'ailleurs, la mere en perdant par son second mariage la faculté de revendiquer les enfants qu'elle a eus avec son premier époux, n'est pas privée du droit de représenter à la Justice les défauts de l'éducation que leur tuteur leur donne ; au lieu qu'il est très-difficile à des parents de remédier aux persécutions ou aux désagréments que des mineurs éprouvent souvent de la part d'un beau-pere & de ses enfants, dans l'intérieur d'une maison où ces parents n'ont point un libre accès

2°. En Normandie, les Juges des Jurisdictions Ecclésiastiques ou Laïques ne peuvent être destitués sans cause, lors même qu'ils ont été pourvus gratuitement, & que dans leurs provisions on ait employé qu'ils ne jouiront de leurs offices qu'autant de temps qu'il plaira au Seigneur. Basnage rapporte un Arrêt du 15 Juin 1657, qui maintint un Officier pourvu par un acquéreur à faculté de rachat, contre le gré du vendeur, qui, en vertu de cette faculté de rachat, étoit rentré en possession de sa Seigneurie.

Il faut des causes pour opérer la destitution, parce qu'elle imprime toujours sur celui qui en est l'objet une sorte de deshonneur.

DÉSUNION.

La désunion d'un bénéfice, ou sa séparation du corps dont il fait partie, peut être faite par autorité de l'Evêque & le consentement des séculiers desquels il dépend, pour cause juste, & lorsque la désunion procure à chaque portion de bénéfice un revenu suffisant pour la subsistance de ceux qui en sont pourvus, ou le desservice de l'Eglise à laquelle chaque portion est attachée. Ainsi, une cure peut être désunie ou divisée, quand elle a un si grand nombre de Paroissiens qu'un seul Pasteur ne peut suffire aux besoins spirituels de son troupeau. *Voyez* UNION.

DÉTENTEUR.

Voyez DÉCRET, TIERS-DÉTENTEUR.

DÉTENUE.

Ancienne expression qui désignoit la possession que quelqu'un avoit d'un meuble qui ne lui appartenoit pas, mais qui lui avoit été transporté par le créancier qui l'avoit saisi sur son débiteur. Celui-ci avoit le droit de demander la restitution du meuble saisi, à celui aux mains duquel ce créancier l'avoit remis, bien entendu en payant ce dernier, ou en prouvant que la saisie étoit mal fondée. C'est probablement ce qui a donné lieu au droit de *forgas*, ou *forgage*. Voyez l'article relatif à ce mot, & section 497 de Littlet. *Remarque*, p. 561, Anciennes Loix des François, tome 1.

DETTES.

Voyez OBLIGATION, PRISE-DE-CORPS.

DEUIL.

Le deuil est dû aux femmes, aux enfants & aux domestiques du défunt, par les héritiers ou ses créanciers, parce que ce deuil fait partie des frais funéraires & a leurs mêmes privileges : Arrêts des 3 Octobre 1647 & 11 Mars 1650, rapportés par Basnage sur l'article 392. La femme peut exiger le deuil, quoiqu'elle ait renoncé à la succession, ou qu'elle ait été séparée civilement de son époux : les marques extérieures de sa douleur n'ont pas en effet seulement pour but d'en attester au public la sincérité ; elles servent en même temps d'avertissement à la veuve de la conduite qu'elle doit tenir pour ne pas faire injure à son mari. De là le deuil peut être refusé à une femme qui se remarie, ou qui tombe dans le désordre durant l'an du décès de son époux ; l'héritier a même, en ces deux cas, action pour se faire restituer les frais qu'il a faits pour le deuil, s'il l'a livré ou fait fournir : Arrêt du 3 Novembre 1637.

Pour fixer le deuil, on confulte les forces de la fucceffion, les avantages que la femme a faits à fon mari, & la condition de ce dernier : Arrêt du 20 Mars 1732, cité par M. de la Tournerie. Deux Ordonnances, l'une du 23 Juin 1716, l'autre du 8 Octobre 1731, ont fixé le deuil des femmes à une année du douaire, Denifart, *verbo* DEUIL; mais elles n'ont point été enregiftrées Les veuves doivent donc en cette Province, fe conformer à l'ufage des lieux. On doit obferver que dans le deuil de la femme, eft compris celui de fes domeftiques, fuivant le nombre que lui permet la condition.

Les habits de deuil font dûs à la veuve par les héritiers du mari en argent, & non en nature.

La veuve du fieur Laillier Dufrefne demanda fon deuil à fes cohéritiers fur les deniers provenants des meubles dans la fucceffion du fieur Laillier fon mari.

Ils prétendirent avoir le droit de fournir des habits en effence : la veuve foutenoit, au contraire, que cette prétention étoit indécente ; & qu'il feroit ridicule d'obliger une veuve d'aller dans les boutiques avec les héritiers de fon mari acheter dans celles-ci des étoffes, dans celleslà du linge, & dans d'autres différentes fournitures propres à compofer fon deuil & celui de fes domeftiques ; qu'une pareille opération pouvoit occafionner des difputes fur la qualité & le prix de chaque objet. Le premier Juge, en fe conformant à l'ufage, accorda une fomme pour le deuil, eu égard à l'état & à la fortune du mari. Sur l'appel interjetté par les héritiers, la Sentence a été confirmée par Arrêt du Parlement de cette Province, du 9 Mai 1777.

DEVINS.

Nos anciennes Coutumes les déclarent coupables de crime de lefe-Majefté divine. *Trait. Anglo-Norm.*, t. 4. *Mirr. de Juft.*

DEVIS.

Procès-verbal que les Experts dreffent, foit en vertu d'Ordonnance de Juftice, foit en conféquence de délibérations de Communautés, dans lequel ils fpécifient les conftructions, réédifications ou réparations à faire, donnent les mefures des bois, en indiquent la qualité & la quantité, déterminent l'efpece & le nombre des matériaux qui y doivent être employés. *Voyez* EXPERTS.

DEVISE (*DIVISA*).

Marque de divifion, de partage de terres. Ce mot vient du latin *dividere*. Sous les deux premieres races de nos Rois, les teftaments s'appelloient indifféremment *divifiones* ou *partitiones*; & de là on employa indifféremment l'une ou l'autre expreffion, pour défigner les actes de partages entre cohéritiers chez les Normands. *Voyez* Glanville, *l.* 7, *p.* 476, *Trait. Angl. Norm* Le terme de *devifes*, fignifie encore dans le Pays de Caux, des *bornes* placées entre les héritages.

DEVOIRS.

Les devoirs different des droits feigneuriaux, en ce que les droits font purement honorables & communs à tous les fiefs; les devoirs, au contraire, ont pour objet les obligations particulieres impofées au vaffal par fon inféodation.

Les *droits* confiftent en la foi & hommage, & au refpect dû envers le Seigneur, aux clameurs, réunions, deshérence, confifcations, treiziemes, &c.

Et les *devoirs* en corvées, preftations de rentes, rétributions pour étal en une foire ou marché. Sur ce dernier point nous avons dans Bérault, en fon Commentaire de l'Art. 109, un Arrêt du 24 Novembre 1555, qui prouve que la poffeffion immémoriale de percevoir certaine rétribution fur les apportants fruits, ou étalants, tient lieu de titre.

DÉVOLUT.

DÉVOLUT.

Le dévolut est l'impétration du bénéfice, fondée sur l'incapacité ou sur le défaut de titre de celui qui le possede, soit que l'incapacité ait précédé la collation, ou ne soit survenue qu'après l'obtention des provisions.

Lorsqu'un Collateur a pourvu un incapable, il est censé n'avoir pas pourvu au bénéfice ; & comme il ne peut varier en sa nomination, le bénéfice est vacant en Cour de Rome ; mais si l'incapacité est survenue après les provisions, alors le bénéfice tombe en vacance, & le Collateur rentre en tous ses droits.

L'usage de la Cour de Rome est de ne point accorder de dévolut sous des causes générales d'incapacité, mais bien sur une cause déterminée, telle que la simonie, la profession religieuse, l'inceste, &c.

En France, suivant l'Ordonnance de Blois, le dévolutaire ne peut jouir des fruits du bénéfice, avant que d'avoir fait juger avec le dévolué, la légitimité du dévolut. Suivant l'art. 13 du tit. 15 de l'Ordonnance de 1667, tout dévolutaire devoit de plus, en tout état de cause, donner caution de 500 liv., si elle lui étoit demandée, autrement ses provisions demeuroient nulles. Mais par Déclaration du Roi du 20 Mars 1776, les dévolutaires sont obligés de consigner 1200 liv. outre la caution de 500 liv. ; & s'ils succombent en leur poursuite, les 1200 liv. ne leur sont restituées qu'après les dépens, dommages & intérêts acquittés.

Les dévolutaires sont par eux-mêmes odieux ; cependant on les tolere pour maintenir la discipline de l'Eglise & la purger de sujets plus indignes.

1°. Les Vicaireries amovibles ne sont pas sujettes au dévolut ; c'est ce qui fut jugé par Arrêt du 20 Août 1688, en faveur du sieur Cardon, nommé par le Chapitre de Séez à une Vicairerie de ce genre, sous le titre de S. Gervais & de S. Protais.

2°. Un Religieux pourvu d'un bénéfice séculier s'étoit démis, en faveur d'un particulier, de ce bénéfice, lequel fut dévoluté ; mais le dévolut avoit été signifié au Religieux avant sa démission, & le procès avoit été entamé ; le dévolutaire fut maintenu au possessoire du bénéfice, par Arrêt du 16 Mars 1683.

3°. Par autre Arrêt du 23 Mars 1688, un dévolutaire fut aussi maintenu, quoique le dévoluté se fût démis ès mains du Collateur ; mais la démission n'avoit été faite que postérieurement à l'Arrêt de maintenue.

Ceci part de ces maximes, qu'il ne suffit pas d'un côté que le dévolutaire ait obtenu des provisions de l'Ordinaire ou de Cour de Rome, & les ait fait notifier, pour empêcher le dévoluté de disposer de son bénéfice ; & d'un autre côté, que le dévoluté perd ce droit de l'instant où le dévolut lui est signifié avec assignation : Arrêt du 18 Juillet 1647 ; Basnage sur l'Article 70 de la Coutume.

DIACRE.

Nous voyons par les Actes des Apôtres, ch. 26, v. 6, qu'on élut sept Diacres ; qu'on leur imposa les mains. Dans les premiers siecles de l'Eglise, ils prêchoient, baptisoient, administroient la communion, distribuoient les aumônes, lisoient l'Evangile, & servoient le Prêtre à l'autel durant la célébration des saints Mysteres.

Au-dessus d'eux on vit par la suite l'Archidiacre, qui à l'aide des Diacres veilloit à la conservation du temporel des Eglises, & à son légitime emploi (1). De là chaque Evêque a encore un ou plusieurs Archidiacres qui visitent en son nom les Cures de son diocese. Pour être ordonné Diacre, il faut avoir au moins vingt-trois ans.

---

(1) *Ritual. Rothomag.*

DIAMANTS.

Selon Godefroi, il est permis de les vendre comme les autres meubles. S'il y a exception à l'égard des bateaux, c'est à cause des dettes privilégiées dont ils sont susceptibles; mais on ne peut en affecter de ce genre sur un bijou tel que soit son prix; il n'a pas, comme le bateau, une assiette connue. On a toute liberté d'un instant à l'autre de disposer d'un diamant; au lieu que le créancier d'un bateau a contracté, dans l'espoir que le bateau ne lui sera pas soustrait si précipitamment qu'il ne fût averti de l'acte qui en transmettroit la propriété, puisque cet acte doit être solemnel: Ordonnance du 18 Janvier 1717, art. 11. *Voyez* MEUBLES & NAVIRES.

DIEPPE.

Voyez ARQUES & CAUDEBEC.
Nous n'avons fait mention en ces deux articles, de Dieppe, que pour suppléer à l'imperfection de la notice que le Répertoire de Jurisprudence en a donné.

DIFFAMATION.

Ce n'est pas seulement lorsqu'elle est publique que la diffamation est punissable; elle le devient encore quand elle se couvre du voile du secret & de l'intérêt pour la personne qui en est l'objet. De là le 28 Juin 1760, une lettre missive écrite par le cousin d'une femme à l'oncle de cette derniere, où on faisoit une peinture déshonorante de ses mœurs, fut déclarée diffamatoire, & comme telle lacérée. L'auteur fut condamné en des intérêts, en l'affiche, & déclaré non-recevable à prouver les faits qu'il n'avoit pas eu droit de divulguer, puisque la femme ne lui étoit pas subordonnée. *Voyez* LIBELLE.

DIGNITÉS.

Sous ce nom, on comprend, 1°. des fiefs qui indépendamment des prérogatives attachées à tous les fiefs donnent un rang distingué dans l'Etat; & 2°. certains grades auxquels un Ecclésiastique est pourvu dans les Eglises cathédrales. L'article CHAPITRE, indique les dignités de la cathédrale de Rouen; ainsi il ne seroit question que de traiter ici de l'espece des fiefs de dignité admis par notre Coutume, & des droits particuliers qui les concernent; mais on trouve cette indication sous les mots BARONS, CHATELAINS, COMTES, DUCS, MARQUIS. Nous nous bornerons donc à observer que l'Article 157 de la Coutume reconnoît *des dignités tenues en fief sans fonds ni glebe*; & à cet égard, puisqu'elle veut qu'*elles ne doivent qu'hommage* & non *relief*, elle fait clairement connoître que ces dignités ne consistent que dans le *titre*. Et telles étoient encore au temps de la réformation de la Coutume diverses dignités données en fief: par exemple, les Sergenteries nobles. De l'aveu de l'Auteur du Dictionnaire raisonné des Domaines, ces Sergenteries peuvent en effet être divisées du fief auquel elles auroient été originairement attachées, sans perdre leur nature féodale, & en ce cas être sujettes seulement à la foi & hommage. *Voyez* SEIGNEURIES, SERGENTERIES.

DIGUES.

Voyez RIVIERES.

DILATOIRE.

Voyez EXCEPTION.

DIOCESE.

Il y en a sept en cette Province. Celui de l'Archevêché de Rouen, ceux de Bayeux, Avranches, Evreux, Séez, Lisieux, Coutances.

1°. L'Archevêque de Rouen jouit d'une prébende en son Eglise cathédrale, & il confere toutes les dignités & toutes les prébendes de son Chapitre, à l'exception de celle du Doyen, qui est à la nomination du CHAPITRE. *Voyez* ce qui est dit sous cet Article.

Le Diocese est divisé en trente Doyennés ruraux, & subdivisé en 1430 Cures ou environ, sans y comprendre les Sucursales & les Chapelles de dévotion.

On regarde S. Nicaise comme le premier Evêque de ce Diocese; il fut martyrisé sous Dioclétien, vers la fin du troisieme siecle. Il a eu quatre-vingt-treize successeurs, en y comptant son Eminence M. le Cardinal de la Rochefoucault, Prélat qui sera dans tous les temps distingué par la douceur de son gouvernement, & son amour pour les pauvres.

Dom Pommeraye nous a donné l'histoire des Archevêques de Rouen; on trouve dans la Preface une excellente Dissertation sur l'origine des droits attribués au Grand-Vicariat de Pontoise, que quelques Auteurs ont prétendu n'être que par forme de dépôt en la dépendance de l'Archevêché de Rouen; mais cet Auteur se trompe, en ce qu'il dit que dans la Jurisdiction des Archevêques, anciennement appellée *Echiquier*, & à présent *Hauts-Jours*, le Sénéchal juge définitivement & sans appel. Jamais cette Jurisdiction n'a joui d'une semblable prérogative. Nous voyons en effet dans une Charte de Jean, Roi d'Angleterre, du 7 Juin 1200, que ce Prince cede à l'Archevêque tous les Plaids & la Justice des Plaids, avec cette restriction: *Ita tamen quod justitia fiat pervisum capitalis Senescalli nostri Normaniæ vel proximi Ballivi nihil ibi facientis nisi ut tantùm modo videat justitiam fieri.* Aussi les Sentences de ce Tribunal sont-elles sujettes à l'appel qui se porte au Parlement. Les Evêques de cette Province ont assisté aux Echiquiers tant qu'ils ont été ambulants; mais depuis que Louis XII les a rendus sédentaires,

on ne reconnoît pour Conseiller né du Parlement que l'Archevêque de Rouen. Tous les Evêques Normands doivent serment d'obéissance à leur Métropolitain: Arrêt du 22 Octobre 1580.

2°. S. Spire, ou autrement Exupere, fut le premier Evêque de Bayeux vers la fin du quatrieme siecle. Depuis, cette Eglise compte, sans le comprendre, soixante-douze Evêques, dont le dernier qui en occupe le Siege, est M. de Cheylus. Comme premier Suffragant de l'Archevêque de Rouen, il a le droit de le sacrer. Son Evêché est divisé en quatre Archidiaconés, quinze Doyennés ruraux, & en six cents quinze Paroisses. Lors de son entrée dans Bayeux, & avant sa prise de possession, l'Evêque de cette Ville est monté sur un cheval blanc; & lorsqu'il en descend le Seigneur du fief de Beaumont lui tient l'étrier, & a le cheval à son profit (1).

Le propriétaire d'un autre fief suit le Prélat tant qu'il est à cheval, armé de fer de pied en cap, la hallebarde sur l'épaule, & avant qu'il descende lui détache les éperons d'argent dont il bénéficie, à condition que durant la Messe de plusieurs Fêtes solemnelles indiquées par son contrat d'inféodation, il aura l'épée nue en main tant qu'on lira l'Evangile.

Le propriétaire du fief d'Estrehan, le jour de l'installation, lui sert à boire au souper dans une coupe d'argent que le Prélat doit lui fournir, & qui reste au vassal après le repas (2).

3°. Le premier Evêque d'Avranches fut *Nepus* ou *Nepos*. Il assista au premier Concile d'Orléans en 511. Cette Eglise a eu soixante-quatorze Evêques, en y comprenant M. de Belbeuf qui en occupe maintenant le Siege: elle a cent quatre-vingt Paroisses, sous deux Archidiaconés.

4°. Evreux contient cinq cents cinquante Paroisses. Saint Taurin en fut le

---

(1) Froland, Recueil d'Arrêts, tom. I.   (2) *Ibid.*

premier Evêque en 260 ou environ. M. Narbonne - Lara en est le quatre-vingt-unieme.

5°. Séez est composé de cinq cents Paroisses ; a eu pour premier Evêque S. Latuin, du temps de S. Clément. M. d'Argentré en est le soixante-treizieme Evêque.

6°. L'Evêque de Lisieux est Conservateur des Privileges de l'Université de Caen. Il a quatre Archidiacres & quatorze Doyens ruraux. On compte dans cet Evêché huit cents soixante-quinze Cures. S. Thibault fut le premier qui en occupa le Siege en 538. M. de Condorcet est le cinquante-deuxieme Prélat qui ait gouverné cette Eglise.

7°. Coutances a cinq cent cinquante Paroisses. Son premier Evêque, S. Creptiole, mourut en 475. M. Talaru en est le soixante-dix-septieme Evêque.

DIPLOMATIQUE.

C'est la science des caracteres qui indiquent l'authenticité & la date des titres anciens.

Quand on considere les lumieres que les Juges & les Avocats peuvent tirer de cette science, il n'est pas facile de concevoir leur indifférence à s'en rendre les principes familiers.

C'est sur les anciens diplômes de nos Rois, sur les Chartres des 11, 12 & 13°. siecles, que les droits des Eglises, des Monasteres, & les privileges des Villes, l'ancienneté des familles, leur illustration sont souvent fondés. Si les caracteres d'écriture particuliere à chaque siecle, si la forme que l'on y donnoit aux actes, si les abbréviations des mots, si les lignes qui tenoient lieu de signatures, si enfin la valeur des expressions sont inconnues ; ces monuments anciens deviennent donc inutiles, & dès-lors les origines restent incertaines, les prérogatives équivoques ; des contestations qui s'elevent au sujet des unes & des autres sont interminables, ou les décisions qu'elles provoquent purement conjecturales.

La Normandie est de toutes les Provinces celle où la diplomatique devroit être plus soigneusement cultivée, parce qu'il en est peu qui aient ses ressources pour l'interprétation de ses Coutumes.

En effet, en conférant les Chartes qui la concernent, & dont les recueils sont connus de tous les Savants, avec les Traités faits sur la législation qu'elle suivoit sous les Ducs qui l'ont gouvernée en souverains jusqu'à sa réunion à la couronne ; on ne trouve en ces Chartes aucune obscurité. La forme qu'elles ont, les expressions qu'on y emploie, les maximes qu'on y adopte, indiquent sans équivoque le temps de leur rédaction, & par conséquent le dégré de foi qu'elles méritent.

J'ai mis au jour ces Traités, sous le titre de *Traités des Coutumes Anglo-Normandes*, en 4 vol. in-4°. il y a deux ans, avec des remarques.

On les trouve chez M. LE BOUCHER le jeune, Libraire à Rouen, ainsi que la nouvelle édition des *Anciennes Loix des François*, &c.

DIRECTE.

On appelle ainsi une Seigneurie, de laquelle un fief ou une roture releve immédiatement.

Ainsi l'on doit distinguer la directe, en directe pleine, entiere & souveraine sur tous les fiefs du Royaume en général, & en directe subordonnée, qui n'a pour objet qu'un fief particulier.

La premiere, est celle du Roi ; la seconde, est celle des Seigneurs, qu'on appelle Suzerains.

La directe de la seconde espece ne prend rien sur l'autre ; un Suzerain n'est participant de la directité royale & générale qu'à l'égard de ses vassaux, & cette directité est nulle à l'égard du Roi ou des Seigneurs qui lui sont supérieurs, comme la directité que ceux-ci ont sur lui, l'est à l'égard du Roi.

Parce que le Roi est la source de toute directité ; que celles dont jouissent les Seigneurs, ne sont qu'une émanation de la sienne.

S'il leur a fait part de sa directité, c'est afin qu'ils lui conservent le droit de réunir à son domaine les fiefs sur lesquels il la leur a accordée, dans les cas stipulés, lorsqu'il a consenti que comme ses vassaux immédiats ils puissent inféoder, & qu'il leur a prescrit les conditions auxquelles leurs inféodations seroient valables. En un mot, tous les fiefs sont dans la mouvance immédiate du Roi, toutes les sous-inféodations faites de partie des fiefs tenus sans moyen du Roi, sont dans la mouvance des possesseurs de ces fiefs ; les démembrements de ces inféodations ne peuvent donc altérer la directité particuliere des vassaux immédiats du Roi, ni ces inféodations elles-mêmes nuire à la directité générale appartenante au Souverain.

De là si une Seigneurie mouvante de la Couronne, ou un arriere-fief de cette Seigneurie sont démembrés sans le consentement du Roi, ou le démembrement dénature le contrat fait entre le Roi & le Seigneur suzerain, ou il anéantit celui qui existoit entre le suzerain & son vassal ; & de cet instant, en vertu du droit de directe, le suzerain réunit à son domaine la portion démembrée à son insu, de la sous-inféodation qu'il a faite, ou le Roi réunit à sa Couronne la portion de Seigneurie sous-inféodée sans sa permission. Mais suit-il de là que le Roi puisse détacher, sans violer ses propres loix, une mouvance d'une Seigneurie, pour se l'attribuer directement ? C'est ce qui sera discuté, article ERECTION.

Bornons-nous maintenant à dire à l'égard de la directe considérée en elle-même, qu'elle ne sert qu'à conserver le fief en la main du vassal avec toutes ses prérogatives ; que tant que le vassal ne le détériore pas, il jouit & dispose à son gré de tous les fruits que le fief produit, & que c'est pour assurer au Seigneur direct que le vassal se bornera à cette jouissance, qu'avant l'investiture celui-ci rend hommage ; qu'après l'investiture il doit dénombrement, qu'au cas de mutation de vassal il est dû treizieme, & que si le vassal est confisqué, c'est au Seigneur direct que le fief retourne. *Voyez* COMMISE, DÉMEMBREMENT, DOMAINE, FIEF & HOMMAGE.

DIRECTION.

Voyez SYNDIC.

DIRIMANT.

Voyez EMPÉCHEMENT & MARIAGE.

DISCIPLINE.

On donne ce nom aux Réglements faits pour concilier autant qu'il est possible l'exécution des commandements de l'Eglise, avec les divers gouvernements des Etats chrétiens, & les besoins particuliers de chaque nation où la Religion Catholique Romaine est professée. Il y a eu peu de regnes des anciens Ducs Normands qui aient produit autant de Réglements propres à établir une exacte discipline dans les Eglises, que ceux de Guillaume le Conquérant & de Henri premier, Roi d'Angleterre.

Les Conciles fréquents tenus en Normandie, de leur consentement, se trouvent dans les Recueils de Dom Pommeraye & de Dom Bessin ; ce sont des monuments précieux pour la distinction des deux Puissances.

DISCONTINUANCE.

C'étoit une ancienne expression de nos

Coutumes, qui désignoit l'état où se trouvoit celui qui, ayant des droits sur un tenement, ne pouvoit en reprendre la possession ni expulser le tiers-détenteur, sans obtenir un bref en la Chancellerie, à peu près semblable à nos Lettres de clameur de loi apparente. *Voyez* Littleton, sect. 592.

DISCUSSION.

La discussion est l'examen fait par un créancier ou des effets ou des débiteurs qu'il doit par préférence faire saisir ou poursuivre.

Par exemple, 1°. suivant l'Article 143 de la Coutume, tout Seigneur au profit duquel le fief de son vassal est confisqué, n'est tenu de payer les dettes du condamné qu'après avoir *discuté* & examiné si les meubles de ce dernier ne peuvent pas les acquitter, & le Seigneur a, suivant l'Art. 201, le même droit au cas où le fief lui revient à titre de deshérence.

L'Article 593 veut aussi que, lors des distributions des deniers, les biens-meubles du saisi soient discutés ; c'est-à-dire que leur espece, leur quotité soient d'abord constatées, afin que chaque créancier puisse exercer sur eux ses réclamations, privileges, hypotheques ou concurrences.

2°. Quand un fidéjusseur a cautionné purement & simplement, & ne s'est pas obligé solidairement avec le principal débiteur, il faut avant de le poursuivre *discuter*, c'est-à-dire examiner si le débiteur n'a pas des biens suffisants pour payer.

A cet égard, il est essentiel d'observer que si le débiteur étoit absent, en fuite ou se tenoit caché, alors la discussion des biens du principal obligé seroit inutile : Traité des Hypotheques, partie 2, ch. 4.

Ou si la caution exigeoit qu'avant de payer pour l'obligé, on fît vendre les biens que l'obligé auroit laissés, & refusoit de prendre personnellement ce soin, alors le créancier pourroit agir à sa garantie. *Voyez* FIDÉJUSSEUR & SOLIDITÉ.

DISPENSES.

Les dispenses doivent avoir en général trois caracteres pour être valables ; la cause en doit être légitime ; elles ne doivent point contredire les loix de l'Etat ; & il faut qu'elles soient accordées par celui qui, selon les loix du Royaume, en a le pouvoir.

Quand il y a nécessité, dit S. Bernard, la dispense est excusable ; quand il y a utilité générale & non particuliere, elle est louable ; mais s'il n'y a ni nécessité ni utilité, la dispense perd son nom ; elle n'est plus une exacte distribution de la loi, c'en est une cruelle dissipation : *non plane fidelis dispersatio, sed crudelis dissipatio est. Epist. ad Eugen.* 3. De là le premier soin que l'on doit avoir, quand les dispenses obtenues, soit du Pape, soit des Evêques, sont présentées en jugement, est d'examiner si elles sont fondées sur des raisons bien vraies & bien justes : Thomassin, tom. 3. p. 970. & ch. 28. tom. 2. p. 1406. Et c'est ce qui a été suivi par le Parlement, lors de l'Arrêt rapporté au sujet du litige concernant la cure d'Ecaquelon, au mot ABUS ; c'est aussi ce qu'il a pratiqué dans tous les temps, à l'égard des dispenses relatives aux mariages.

1°. Un sieur Godefroy, Gentilhomme de cette Province, avoit long-temps entretenu sa servante, & en avoit eu quatre enfants. Parvenu à l'âge de soixante-cinq ans, il signa un contrat de mariage, où il avoua être le pere de ces enfants ; ensuite il obtint du Vice-gérent de Bayeux, en l'absence de l'Official, une dispense de trois bans, & une permission au premier

Prêtre de célébrer le mariage. Lors de ce mariage, le sieur Godefroy reconnut de nouveau sa paternité; mais étant mort au bout de six mois, son héritier appella comme d'abus du mariage, fondé sur ce que la dispense de trois bans étoit contraire à l'article 40 de l'Ordonnance de Blois; qu'il n'avoit pas été au pouvoir du Vice-gérent d'accorder une dispense semblable.

La femme répondoit que l'Ordonnance de Blois n'avoit lieu que pour les enfants de famille. Et par Arrêt du 12 Mars 1671, faisant droit sur l'appel comme d'abus, la dispense fut déclarée nulle & abusive. Cependant, vu sans doute la possession d'état des enfants, & qu'il n'y avoit eu aucune opposition à la célébration du mariage, il fut ordonné qu'elle sortiroit son plein & entier effet.

2°. En 1607, l'Evêque d'Avranches, sous prétexte d'un simple rescrit de Rome, au lieu de dispense en forme, permit le mariage d'entre un gendre ayant des enfants vivants de sa première femme, & la veuve de son beau-pere. Par Arrêt du 1er. Mars de la même année, la Cour, sur l'appel comme d'abus du rescrit, déclara la dispense nulle, & fit défenses aux Parties de passer à la consommation du mariage, sous peine de la vie: Bérault, sur l'Article 275 de la Coutume. On se pourvut en cassation contre l'Arrêt; mais la requête fut rejettée.

Les plus célèbres Théologiens avoient été consultés. Leur avis se trouve tout au long à la suite de l'Arrêt, dans le Commentaire de l'Auteur, qui nous l'a conservé; mais la Cour fut d'une opinion contraire à la leur; elle pensa que l'empêchement résultant du second genre d'affinité n'avoit été anéanti par le Concile de Latran, qu'à l'égard des Collatéraux & entr'eux, & non à l'égard des ascendants. *Voyez* EMPÉCHEMENT.

3°. Jean de Ferriere, Prêtre, ayant épousé Aimarde Geoffroy, eut avec elle plusieurs enfants. Après la mort du pere, on leur en contesta la succession: ceux-ci soutinrent que leur état étoit légitime, parce que la mere, lors de son mariage, avoit ignoré l'état de son mari, & qu'après en avoir été instruite, elle avoit eu recours au Pape, qui, vu sa bonne foi, avoit accordé à de Ferriere dispense de ses Ordres, dispense fulminée tant avant qu'après la naissance des enfants. L'Echiquier, par Arrêt du 19 Février 1507, adjugea aux enfants nés après la dispense, les biens de leur pere, à la charge d'une dot convenable envers l'enfant né postérieurement. *Cod. matrim. 3. part. verbo* DISPENSE.

4°. Enfin Basnage, sur l'Article 235, cite un Arrêt du 14 Juillet 1679, qui déclara nul un mariage contracté entre des adulteres qui s'étoient fait avant le mariage des promesses réciproques, quoiqu'ils eussent obtenu dispense.

La Cour par ces décisions, n'a fait, on le voit, que se conformer aux anciens Canons, que le Concile de Trente a renouvellés, section 22, c. 5. *de Reform.* lorsqu'il dit que les dispenses n'ont d'effet qu'autant qu'il est reconnu qu'elles ne sont *ni obreptices, ni subreptices*. *Voyez* PROTESTANT.

DISSIMULATION.

Voyez BILLETS, DOL, INJURES.

DISSOLUTION.

Dans notre Coutume, où il n'y a point de communauté, nous ne reconnoissons de *dissolution*, ou de rupture, en fait de mariage, que lorsque l'un des conjoints décede, ou que le mariage est déclaré nul.

Les effets de la dissolution de mariage par mort, seront indiqués sous les noms de FEMMES, de GENS MARIÉS, de MARI. Ceux du mariage anéanti, pour *empêchements dirimants*, le feront, article EMPÊCHEMENT. Ni la séparation civile, ni même celle de corps, n'anéantit le mariage, ne le dissout pas; ainsi il en est parlé en particulier dans les articles DIVORCE & SÉPARATION.

DISTRACTION.

Article DÉCRETS, on a vu quelles sortes de créanciers peuvent y demander distraction des fonds impignorés à leurs crédites.

DIVE. (ABBAYE DE S. PIERRE SUR)

Ce Monastere eut en 1067, pour fondateur, Guillaume, qui fut dans la suite Duc de Normandie & Roi d'Angleterre, sous le nom de Guillaume II. Voyez *Neustria pia*, pag. 500 & suivantes, & tome XI du *Gallia Christiana*.

DIVERTISSEMENTS.

Les divertissements ne sont permis qu'autant qu'ils ne nuisent pas à la sûreté publique. Le 26 Juin 1744, sur la remontrance faite par M. le Procureur-Général, qu'il étoit d'usage de faire des feux dans les rues, de rouler les veilles & jour de S. Jean-Baptiste & de S. Pierre, qu'on y tiroit des fusées & des petards qui pouvoient blesser les passants & causer des incendies, la Cour fit défenses à toutes personnes de faire aucuns feux dans les rues, devant leurs portes aux jours desdites fêtes, ni même aux jours où il seroit ordonné des réjouissances publiques, ainsi que de tirer fusées ou petards, sous peine, contre les contrevenants & ceux qui en vendroient, de 10 liv. d'amende : au surplus, les Commissaires de Police furent autorisés de constituer lesdits contrevenants prisonniers, jusqu'à parfait paiement de l'amende.

DIVIS.

Se tenir divis dans un procès ou dans un contrat, c'est déclarer qu'on n'entend défendre ou contracter que pour soi-même. *Voyez* AINESSE, COHÉRITIER, INDIVIS.

DIVISION.

Cette expression est employée en l'Article 32 de la Coutume, pour signifier la mesure & séparation des terres dont les Bas-Justiciers ont la connoissance entr'eux & leurs vassaux seulement, *pour la vérification de leurs aveux*; car quand il y a contestation entre leurs vassaux, ou entre leurs vassaux ou eux-mêmes, sous prétexte de possession ou de propriété, la connoissance en appartient ou au Juge Royal, ou au Haut-Justicier. *Voyez* MESURE, PARCOURS, PATURAGE.

DIVORCE.

Le mariage des Chrétiens est indissoluble; ainsi parmi nous on ne doit entendre par le nom de divorce, que la séparation volontaire du corps, qui se fait entre deux époux, ou celle que le Juge prononce. La séparation volontaire peut avoir lieu quand les conjoints sont de plein gré l'un & l'autre profession dans une Communauté Religieuse : *Concil. Rothom. ann. 1072*. Et la séparation de corps pour sévices de la part du mari, ne vaut qu'autant qu'elle est prononcée en Justice. Sous le nom de sévices, on doit comprendre tous mauvais traitements qui réduisent l'épouse à la condition d'une esclave. Ainsi qu'un mari se livre dans sa maison à des débauches insultantes pour sa femme ; qu'il la force d'en être le témoin, quoique ce mari ne l'injurie point de paroles, ne lui porte aucuns coups, elle est fondée à demander la séparation : Basnage, Article 391 de la Coutume. Elle l'est encore s'il l'abandonne, ou s'il lui refuse sa subsistance. *Voyez* ABSENCE, ADULTERE & SÉPARATION.

Les époux qui professent en France une religion qui autorise le divorce, ne peuvent se le permettre pour les causes mêmes que cette religion admet comme capables d'opérer cet effet. *Voyez* MARIAGE.

DIXIEMES.

1°. Le dixieme est une imposition qui a lieu dans les nécessités les plus urgentes de l'Etat. Elle commença sous Louis XIV, le premier Octobre 1710, & finit le 31 Décembre 1717.

On la rétablit le premier Janvier 1734, & elle cessa le 3 Décembre 1736. On la renouvella le 29 Août 1741, & elle finit le 31 Décembre 1749. Par Edit du mois de Décembre 1746, on y ajouta les 2 sols pour livre, à commencer à compter du premier Janvier 1747. Ces 2 sols pour livre devoient cesser au dernier Décembre 1756; mais une Déclaration du Roi du 7 Juillet de cette même année, enregistrée au Lit de Justice du 21 Août suivant, en a prorogé la perception pendant dix ans, qui devoient prendre fin au dernier Décembre 1766, sans l'Edit du mois d'Avril 1763 qui en ordonna la continuation jusqu'au premier Janvier 1770; & depuis successivement le dixieme & les 2 sols pour livre ont été imposés. Ces taxes ne frappent que sur les fonds, & non sur les personnes; elles sont proportionnées au revenu annuel de chaque immeuble. Mais comme les charges passives diminuent le revenu, on a accordé aux débiteurs le droit de déduire à leurs créanciers le dixieme des rentes; à ce moyen chacun ne paie de cet impôt que dans la proportion de ce que ses fonds ou rentes lui produisent annuellement.

2°. Si le débiteur d'une rente fonciere ne paie pas le dixieme, il ne peut le défalquer au créancier, autrement le dixieme vertiroit à son profit. Cela a été jugé en 1754, en faveur du Baron de Villequier contre l'Hôpital de Bernai.

L'Hôpital prétendoit que s'il ne payoit pas le dixieme, c'étoit parce qu'il contribuoit à d'autres charges, telles que le don gratuit; d'ailleurs que M. de Villequier devoit le dixieme de sa rente active. Mais ces raisons ne firent aucune impression. En effet, que M. de Villequier payât ou ne payât pas le dixieme de la rente qui lui étoit due, il ne s'ensuivoit pas que l'Hôpital dût en profiter. D'ailleurs il n'est dit par aucune loi que les Communautés Ecclésiastiques qui paient un don gratuit & des décimes s'en dédommageront en retenant le dixieme des rentes dont elles sont redevables; au contraire, il est notoire qu'elles payoient les décimes bien avant 1710. Cet impôt & les dixiemes n'ont donc pas été établis pour se compenser l'un par l'autre. On doit au reste regarder comme maxime certaine, d'après l'article 8 de la Déclaration du Roi du 29 Août 1741, que l'on peut retenir au créancier d'une rente le dixieme, toutes les fois que le débiteur ne jouit d'aucune exemption de cette taxe sur ses biens, de quelque nature qu'ils soient. C'est ce qu'a jugé un Arrêt du 29 Août 1762, en faveur d'un débiteur de rente qui n'avoit aucuns immeubles.

3°. Par Arrêt du 29 Avril 1763, il a été décidé que c'est sur la rente fieffale que le dixieme se défalque. Le motif de cet Arrêt est sans doute que si sur les rentes on défalquoit le vingtieme du revenu de l'héritage, les fieffants seroient exposés à payer un dixieme sur une valeur bien supérieure à celle de la rente, l'héritage pouvant donner un revenu beaucoup plus considérable que celui qu'elle produit; ce qui ne seroit pas juste, car le fieffataire étant propriétaire du fonds, la propriété du fieffant se réduit à la rente.

Aussi la Cour ayant eu à décider *si un fieffataire pouvoit retenir à son fieffant le dixieme de la rente qu'il lui fai-*

soit ; ou si au contraire il ne devoit déduire que le dixieme de ce qu'il en payoit lui-même pour l'héritage fieffé ; elle ordonna, le 8 Novembre 1768, que la déduction du dixieme seroit faite sur la rente : ce qui est très-équitable, car un fieffataire porte quelquefois la rente à une valeur plus haute que celle du fonds par affection pour ce fonds. Il est vrai que l'article 6 de la Déclaration du Roi du 19 Août 1741, paroît au premier coup d'œil prescrire l'obligation de justifier des quittances du dixieme de ses revenus, si l'on veut retenir celui de la rente ; mais la déclaration bien entendue, ne s'applique point aux rentes créées pour cause de fieffe. Cette loi d'ailleurs n'a point eu intention d'empêcher l'effet des conventions particulieres entre les contractants ; & tout contrat de fieffe renferme la clause tacite que le fieffataire supportera les charges du fonds, & que le fieffant ne supportera que celles affectées particuliérement sur la rente.

Il ne faut pas au reste confondre les rentes de fieffe perpétuelles, avec les rentes de fieffe viageres ; car celles-ci forment le capital par lequel le fieffataire acquiert le fonds, & par cette raison ce capital ayant un terme qui doit fixer ce capital, mais terme inconnu & sur lequel l'imposition du dixieme ne peut conséquemment être déterminée, il a été jugé que le vendeur d'un fonds à rente viagere, ne devoit pas tenir compte du dixieme de cette rente, mais seulement du dixieme du revenu du fonds : Arrêt du 2 Juin 1752.

4°. Quant aux rentes seigneuriales, le Seigneur n'est point obligé de faire sur celles qui lui sont dues, la diminution du dixieme : Arrêt du 29 Mai 1770, rendu en faveur de M. le Comte d'Harcourt. Cependant le vassal peut se pourvoir à l'Intendance où le Seigneur a fait déclaration de ses rentes, pour y obtenir diminution du dixieme des rentes qu'il doit au Seigneur sur le dixieme que celui-ci paie de ses biens.

5°. Toute rente constituée à prix d'argent, est susceptible de la déduction du dixieme, quelque convention qui ait été faite à cet égard par le contrat ; parce que le Roi ayant une fois fixé le taux auquel l'argent doit être constitué légalement, si on le constitue au taux supérieur, on est coupable d'usure. Or quand le dixieme a cours, la constitution de l'argent ne peut être faite qu'à la déduction de cet impôt. Il n'en est pas de même des rentes créées pour fonds ; on peut stipuler dans le contrat qu'elle sera exempte de la retenue du dixieme de la part du débiteur : cette exemption fait partie du prix du fonds auquel le propriétaire a pu fixer telle valeur qu'il lui a plû. Aussi a-t-il été décidé que lorsque dans les contrats il étoit dit que des rentes foncieres seroient payées *franchement venantes, ou en exemption de taxes prévues ou imprévues, ordinaires ou extraordinaires, ou nettes & quittes, ou sans déchet ni diminution*, les rentes n'étoient point passibles de la diminution du dixieme : Arrêts des 21 Mai 1744 & 10 Juillet 1761. *Voyez* DENIERS ROYAUX, INTERÊTS, RENTES, VINGTIEMES.

DIXMES ou DÎMES.

Tous les Savants conviennent maintenant que la dîme, en tant qu'elle consiste en la perception d'une portion des fruits de la terre, n'est point due de droit divin.

L'Ecriture-Sainte oblige les Fideles, il est vrai, à fournir aux Ministres de la religion une subsistance honnête ; mais elle a laissé aux Souverains la liberté de déterminer la quotité de ce secours, & la maniere la plus équitable de le procurer. C'est ce que nous enseigne le célebre Alcuin.

Témoin des mouvements que le Clergé

se donnoit en 791, pour engager Charlemagne à forcer les Saxons au paiement de la dîme de tous leurs revenus, il écrivoit à Mégenfride (1) que si l'on exposoit à ces peuples combien le joug du Seigneur est doux & léger, avec autant d'énergie qu'on les exhortoit au paiement de la dîme, il auroit lieu d'espérer qu'ils ne refuseroient pas le baptême. En effet, les instances qu'on leur faisoit pour qu'ils se soumissent à la dîme, pouvoient-elles faire sur leurs esprits des impressions salutaires ? Ils n'avoient pas les premieres notions de la Religion chrétienne ; & les François qui la professoient & l'avoient étudiée dès le berceau, ne payoient la dîme qu'avec répugnance : *nos in fide catholicâ nati, nutriti & edocti, vix consentimus substantiam nostram pleniter decimare.* Telles étoient les remontrances de ce Moine célebre à Charlemagne, en 796 (2). Il fut plus loin dans la suite : selon lui (3), la persévérance des Saxons dans l'idolâtrie avoit pour cause la rigueur avec laquelle on exigeoit d'eux la dîme ; & cette exaction l'affligeoit d'autant plus que les fideles n'en avoient pas encore pu supporter le joug : *quod jugum neque nos, neque fratres nostri sufferre potuerunt.*

Quelque déférence que Charlemagne eut pour Alcuin, il ne retracta pas son capitulaire, par lequel il avoit enjoint à tous ses sujets, sans distinction, de payer la dîme comme une redevance imposée par Dieu même ; dîme qui s'étendoit sur les animaux comme sur les fruits provenants de la terre & des travaux du cultivateur : *decimam, partem substantiæ & laboris.* Cependant les refus continuoient ; pour vaincre l'opiniâtreté, les Conciles, du consentement de ce Monarque, prescrivirent donc l'obéissance à la loi, sous peine d'excommunication ; mais la soumission ne fut pas pour cela générale. En 829 nous lisons dans l'un des capitulaires de Louis le Débonnaire, que, malgré les fréquentes, *creberrimas*, prédications des Prêtres, on négligeoit encore de payer la dîme. Tandis que le Souverain s'occupoit de l'établissement d'une redevance uniforme pour l'entretien des Eglises & de leurs Ministres, ceux-ci considérant que beaucoup de Seigneurs laïques tenoient, à titre de bénéfice, des fonds dépendants de leurs Eglises, crurent qu'il convenoit de déterminer aussi la quotité du cens qu'ils pourroient en tirer ; & cette quotité fut d'un neuvieme du produit de la terre. Après la dîme payée, ce neuvieme ou *neume* se levoit même sur les vins & les foins, soit en espece, soit en argent (4) ; & outre cette redevance, le bénéficier étoit chargé de la réparation des Eglises. L'on conçoit combien le paiement des *neumes*, joint à celui des dîmes, usité en certains cantons, & le paiement des dîmes seulement en d'autres, jetta de confusion sur la perception des dîmes & de diversités dans les parts que les Evêques, les Curés & les Seigneurs laïques y prenoient. Les difficultés augmenterent encore par les aumônes que des Seigneurs qui ne tenoient rien des Eglises, leur avoient faites des cens que leurs vassaux leur payoient aussi, sous le nom de dîmes ; car il étoit d'usage que ce don consistât au tiers de la dîme, lorsque l'Eglise étoit paroissiale & avoit un cimetiere, & que la dîme n'eût point de quotité fixée, mais dépendît de la volonté du donateur, quand son aumône étoit faite à une Eglise de pure dévotion (5). Cette

---

(1) *Epist.* Alcuin 37. ann. 791.
(2) *Ibid.* Epist. 28 & 80.
(3) *Ibid.* Epist. 72.

(4) Thomass. part. 3. l. 1. ch. 8.
(5) *Leges Canuti*, ann. 1017. Wilkins Leg. Anglo-Sax.

confusion régnoit en Angleterre comme en France, lorsque le Duc de Normandie réunit l'Etat Anglois à cette Province. La dîme qui n'avoit point été aumônée par des Seigneurs particuliers, ne s'y percevoit que sur les fruits de la terre & sur les bestiaux dont on se nourrissoit; & celle qui provenoit de l'aumône des Seigneurs s'étendoit non-seulement sur les grains & les autres choses destinées aux aliments, mais même sur les foins, les genêts & les bois. Lorsque Philippe-Auguste se remit en possession de la Normandie (1), les choses étant en cet état, ce Prince fit assembler les Barons Normands pour savoir comment la dîme se payoit dans toute la Province; ces Seigneurs lui attesterent qu'on ne payoit pas la dîme des foins, genêts & bois, lorsque l'Eglise n'étoit point en possession de la percevoir : en conséquence, il ordonna que les dîmes seroient payées de la même maniere qu'elles l'avoient été jusqu'à lui.

La dîme sur les terres cultivées étoit alors tellement une dîme de droit, qu'en 1234, en l'Echiquier de Pâques, une terre, après avoir été labourée, ayant été mise en herbage, fut déclarée sujette à la dîme envers le Curé. Philippe-Auguste n'avoit donc donné la possession pour regle qu'à l'égard des dîmes locales, telles que celles des foins, genêts & bois. Aussi en 1274, Philippe III, en confirmant l'Ordonnance dont nous venons de parler, déclara-t-il qu'il ne lui déplaisoit pas que l'on payât les dîmes qui sont déclarées dues par la loi divine ou qui sont approuvées par la Coutume des lieux, pourvu qu'on observe qu'un très-long usage de ne point payer la dîme, vaut de titre d'exemption à ceux qui ne l'ont pas payée.

Car de là il résulte que, selon Philippe III, il y avoit des dîmes qu'il croyoit dues de droit, conformément à la loi de Dieu, & des dîmes qui n'avoient pour appui que l'usage des lieux; & ce n'est qu'à l'égard de ces dernieres qu'il pense qu'on peut être dispensé de les payer, lorsqu'on s'est maintenu pendant très-long temps dans l'usage de ne pas faire ce paiement. Ceci se trouve confirmé par les Lettres-patentes que Louis XII accorda en 1511, au Tiers-Etat de cette Province; elles font défenses aux Juges Ecclésiastiques de connoître des matieres décimales, relativement aux *prais, étangs, pécheries, forêts, bois & pâturages* (2). Ce n'étoit qu'à l'égard de ces sortes de dîmes que les Ecclésiastiques pouvoient devenir vexateurs, il n'étoit donc pas juste qu'ils fussent les Juges des différents mus à l'égard de ces dîmes; mais la dîme sur les grains de premiere nécessité, étant universellement établie, il n'y avoit aucun inconvénient à ce que la compétence leur en fût conservée. Au reste, cette compétence même ne resta pas long-temps après l'Ordonnance de Louis XII aux Juges Ecclésiastiques. Comme la propriété ou le pétitoire des dîmes, qui étoit seul de leur ressort, ne pouvoit être contesté, le droit de dîme étant universellement dû dans le Royaume, les procès n'avoient pour objet que le possessoire qui ne pouvoit être décidé que par enquête : or, les enquêtes pour toutes matieres, ayant toujours été de la compétence du Juge Royal, ce Juge eut insensiblement la connoissance de toutes les matieres décimales.

Tel est donc le point de vue sous lequel nous devons considérer le droit de dîme, quant à son institution, à son objet & aux Tribunaux où les causes qui y sont relatives doivent être discutées.

---

(1) En 1205.

(2) Forget, p. 62, *des Choses décimales.*

1°. De droit divin, les Ministres de l'Autel doivent recevoir des Fideles leur subsistance.

2°. Nos Rois ont jugé que la dîme des fruits de la terre, & des substances destinées à la nourriture ordinaire des hommes, étoit la rétribution qui leur fût plus convenable & moins onéreuse à leurs peuples.

3°. Mais ils n'ont pas interdit à leurs sujets la liberté d'étendre plus loin leur libéralité; & ils ont voulu que lorsque les Ecclésiastiques prétendroient dîmer des objets autres que ceux que l'on emploie communément pour la subsistance d'un canton, ils en eussent une possession immémoriale.

4°. Conséquemment la redevance de la dîme réunit en sa faveur l'autorité de la loi divine & celle de la loi civile; & les Juges Royaux étant chargés de faire observer l'une & l'autre, c'est devant eux que toute instruction sur le refus de cette redevance, doit se faire.

Mais, 5°. de la distinction des dîmes de droit, d'avec les dîmes extraordinaires, il suit que les seules difficultés qui peuvent naître à l'égard des dîmes, ne doivent consister qu'à savoir quelles personnes sont fondées à les percevoir; sur quelle espece de grains, de fruits ou de bestiaux on peut les exiger; quelles especes en sont exemptes; à quelles charges sont sujets ceux qui les perçoivent; quelles sont les regles de leur perception, & si l'on peut les prescrire?

SECTION I.

Quelles personnes ont droit de percevoir les dîmes ?

Les Evêques, les Chapitres, les Curés, les Abbayes, les Seigneurs ont le droit de percevoir les dîmes.

Les Evêques, parce qu'anciennement la distribution des biens appartenants aux Eglises de leur diocese, se faisoit par eux; & que dans cette distribution, ils retenoient une part pour subvenir aux dépenses qu'exigeoient leurs augustes fonctions.

Les Curés, parce que, chargés du soin des ames, d'administrer à leurs paroissiens tous les secours spirituels, & même de les soulager dans l'indigence, la portion des dîmes qu'ils possedent ou a été affectée à leurs fonctions par l'Evêque, ou que les fondateurs de leurs Eglises les leur ont spécialement aumônées.

Les Religieux, parce qu'en contribuant par leurs prieres à la conservation de l'Etat, par l'exemple d'une vie pure & pénitente, à faciliter la pratique, & qu'en répandant, par leurs recherches des anciens monuments de la doctrine évangélique, des lumieres que les exhortations passageres des premiers Pasteurs ne peuvent pas toujours fournir, ils doivent lors même que les dîmes n'ont pas été directement aumônées à leurs monasteres, participer aux biens dont les Souverains permettent à l'Eglise la jouissance.

Les Seigneurs, parce qu'après une possession immémoriale, il est présumable ou que les dîmes dont ils jouissent sont le reste de celles que leurs vassaux leur devoient, & dont ils ont donné le surplus aux Eglises, ou qu'ils les ont acquises légitimement de l'Eglise elle-même.

Mais de ces assertions, dont la vérité est démontrée par les Capitulaires & les Annales Ecclésiastiques, il suit qu'il y a dans les mains des Ministres de l'Eglise des dîmes qu'eux seuls peuvent posséder, & qu'il y en a en leurs mains & en celles des laïques, dont la possession n'est interdite à personne. Quant au droit de dîmer, voici donc une premiere distinction à faire : ou la dîme est purement ecclésiastique ou elle est inféodée.

Or, à l'égard de la dîme purement ecclésiastique, on doit observer que, comme les Evêques & les Religieux ont la capacité d'en posséder de ce genre, lorsqu'ils en possedent, leur jouissance est aussi respectable que celle des Curés, pourvu que cette jouissance soit quadragénaire ; car alors, on suppose qu'elle a pour principe un titre légitime.

Mais si des Ecclésiastiques, autres que le Curé, n'ont aucune possession sur les dîmes d'une paroisse, le Curé de l'Eglise de cette paroisse n'a besoin alors, pour jouir de la totalité de sa dîme, que de sa qualité de Curé, parce que la possession exclusive que les prédécesseurs ont eu de dîmer, démontre que l'Evêque ou les fondateurs ont cru que pour remplir dignement ses fonctions, la dîme devoit lui appartenir sans partage.

Quant à la dîme qui a été inféodée, ou par l'Eglise à des laïques, ou par des laïques à des personnes, soit laïques, soit ecclésiastiques ; par l'Edit du mois de Juillet 1708, regîstré au Parlement de cette Province le 18 Septembre suivant, lorsque ceux qui les possedent en ont joui paisiblement pendant 100 ans, ils doivent y être maintenus au préjudice des Curés, en vertu des actes purement possessoires qu'ils représentent : c'est ce qui a été décidé tout récemment en une cause dont voici l'espece.

M. Lejumel, Seigneur de Barneville & de Penne-de-Pic, ayant réclamé les *feures, pailles & revennes* de la dîme perçue par le sieur Curé dans l'étendue de la paroisse de Penne-de-Pic, fondoit sa demande sur des lots faits entre ses auteurs, en date du 28 Mai 1353, où il étoit dit que les *feures de la grange au Prieur de Beaumont, à Penne-de-Pic, appartenoient à la Seigneurie*. Il représentoit encore un aveu, par lequel le 28 Mars 1488, le Prieur de Beaumont avoit reconnu que les *feures, pailles & revennes* appartenoient au Seigneur. Un dénombrement rendu en Janvier 1522, où il étoit clairement déclaré que les *feures & pailles de la grange des dîmes de Penne-de-Pic appartenoient & avoient appartenu au Seigneur de tout temps & ancienneté par rétention ou réservation de ce faite lors de la fondation du Prieuré de Beaumont* ; déclaration qui lors de la vérification de ce denombrement, avoit été soutenue par sept comptes de Receveurs de la Baronnie de Penne-de-Pic, & quatre baux à ferme de cette Seigneurie. A ces divers titres, M. Lejumel joignoit encore une Sentence arbitrale du 20 Mars 1517, rendue contre les Religieux de Beaumont, qui maintient les Seigneurs de Penne-de-Pic en la *possession & propriété des pailles & revennes des dîmes*; des baux tant conventionnels que judiciaires, des contrats d'acquisition qui jusqu'en 1631, constatoient une possession non interrompue en faveur du Seigneur. En ladite année 1631, un Prieur s'étoit imaginé, malgré cette foule de titres possessoires, pouvoir s'emparer des feures, pailles & revennes ; & M. Lejumel représentoit une Sentence du mois de Janvier 1632, qui avoit condamné le Prieur à restituer aux ancêtres de ce Seigneur, les feures que lui Curé avoit perçues à leur préjudice, & lui enjoignoit d'employer dans les baux qu'il feroit à l'avenir, la charge de livrer les *feures*. D'après cette Sentence, les Religieux avoient imposé cette obligation à leurs Fermiers, & les Curés avoient pris eux-mêmes, lorsqu'ils étoient fermiers des Religieux, soumission de s'en acquitter ; ce qu'ils avoient fait exactement jusqu'en 1675. A cette époque, s'étant élevé quelques difficultés entre le Seigneur, les Religieux & le Curé au sujet de la dîme, le droit du Seigneur avoit été de nouveau confirmé par deux Arrêts; l'un du 3 Septembre de ladite année, l'autre du 21 Mars 1696. Enfin le sieur Lemonnier, Curé, ayant loué ses dîmes en 1757, y avoit reconnu la redevance, & M. Lejumel & les Religieux en avoient fait mention dans leurs aveux respectifs présentés en 1748 & 1756. Cependant ce même sieur Lemonnier, en 1775, crut pouvoir anéantir tous ces actes de possession, à l'aide de la représentation d'une Charte de 1221, par laquelle Robert Bertran, héritier des Fondateurs du Prieuré de Beaumont-en-Auge, ratifie toutes les donations faites par eux à ce Prieuré, sous le prétexte que dans cette Charte les Fondateurs ne s'étoient pas réservés la redevance des *feures*; que tous les actes qui n'étoient pas émanés de lui sieur Lemonnier, lui étoient étrangers, & que les énonciations de ceux qui lui étoient personnels, n'étoient que le fruit de l'erreur; qu'en un mot une possession appuyée sur des titres douteux, incertains, vicieux, postérieurs au Concile de Latran, n'étoient que la preuve d'une longue usurpation; mais M. Lejumel lui fit comprendre la fausse application de cet axiôme, en lui opposant la loi qui n'exige pas même de titres d'une dîme inféodée, pourvu qu'on en ait une possession paisible de 100 ans; que le Concile de Latran n'est pas le titre des dîmes inféodées; que ce Concile reconnoît au contraire qu'elles ont un principe légitime, en ce que si une dîme a été concédée par un Seigneur à une Eglise, il a pu, en la concédant, s'en réserver tout ou partie, & que sa possession remontant à près de six siecles, rendoit cette réserve présumable: par Arrêt du 21 Mars 1778 les *pailles*, *feures* & *revennes* furent adjugés à M. Lejumel.

Au surplus, il faut faire cette différence entre les Ecclésiastiques & les laïques qui ont des dîmes inféodées; que les premieres ne doivent rien au donataire pour leur jouissance, & qu'au contraire les autres sont sujets à payer au Roi, pour en conserver la possession, le dixieme de la valeur des dîmes, ou deux années de leur revenu actuel, avec les deux sols pour livre.

Les laïques d'ailleurs, en aliénant, hypothéquant, engageant à telles personnes qu'il leur plaît leurs dîmes inféodées, elles conservent toujours leur nature; mais s'ils en font don à une Eglise sans aucune réserve, alors elle devient dîme purement ecclésiastique, pourvu que le propriétaire releve nuement du Roi, à cause de cette dîme, & en ait obtenu permission d'en disposer de cette maniere.

Enfin, dès qu'un fonds est sujet à une dîme inféodée, il est exempt de la dîme ecclésiastique.

SECTION II.

Quelles sont les especes de grains, de fruits ou d'animaux sujets au droit de dîme?

On distingue trois sortes de grains ou de fruits susceptibles de la dîme.

1°. Les grains qui sont de premiere nécessité dans tous les pays.

2°. Les grains & fruits qui ne sont d'usage commun que dans un pays.

3°. Les productions ou fruits de la terre qui, par leur nature, étant exemptes de dîme, & dont la dîme s'appelle insolite, la doivent lorsqu'on les substitue aux grains décimables de droit.

4°. Quant aux animaux: les moutons, les porcs & les volailles sont les seuls susceptibles de dîme.

Dîme de grains de premiere nécessité.

On appelle ordinairement cette dîme, *dîme de droit* ou *dîme solite*, parce qu'en tous lieux elle se leve sur le froment, le seigle, l'orge & l'avoine. De ce que c'est sur l'espece du grain que cette dîme se perçoit, quel que soit le sol qui le produit, c'est-à-dire, soit que le sol ait été anciennement ou récemment labouré, il s'établit entre la dîme solite & la dîme insolite, une grande différence ; car celle-ci n'est exigible sur un fonds qu'autant qu'il a été précédemment sujet à la dîme de droit : ainsi l'on peut dire qu'un terrain ne devient décimable que par la production de grains de premiere nécessité.

Ce caractere est tellement particulier aux quatre sortes de grains dont la dîme est de droit & *solite*, que les grains mêmes qui, ainsi qu'on le dira dans la suite, suivent, à raison de leur abondance, dans le lieu où ils croissent, quant aux droits qu'exercent sur eux les décimateurs, les mêmes regles que les grains décimables de droit, ne peuvent cependant imprimer au terrain où ils sont excrus, la vertu de rendre susceptibles de la dîme les fruits qui n'y sont pas naturellement sujets.

Les grains décimables de droit ont encore un autre caractere ; c'est que dans quelqu'endroits qu'ils croissent, & de l'instant où ils croissent, soit dans des parcs ou dans des jardins, le décimateur les assujettit à son droit ; mais ce caractere est commun à tous les grains dont la dîme est solite.

Enfin le privilege de la dîme sur les grains qui sont naturellement passibles de ce droit, est tel que suivant l'Article 117 des Placités, on ne peut la prescrire si ce n'est quant à la quotité.

Dîme des grains & fruits qui ne sont d'usage commun que dans les pays où elle se perçoit.

Toutes especes de grains peuvent devenir sujets à la dîme solite & de droit, excepté ceux qui se consomment en verd, lesquels, ainsi que les fruits, ne doivent dîme qu'autant que le décimateur est en bonne & valable possession de l'exiger par & depuis quarante ans.

En effet, dès qu'un canton produit si abondamment une espece de grains, il est l'objet de sa principale culture & la source de sa richesse. La dîme qui se leve sur ce grain est une dîme solite ; c'est-à-dire que le décimateur n'a pas besoin de possession sur ce grain pour l'exiger. De l'instant de sa naissance, la dîme en est due ; parce que ce n'est point par l'assujettissement du fonds où ce grain est excru, que la dîme est réglée ; c'est, au contraire, par l'abondance du grain & par sa destination qu'il se trouve de droit rangé dans la classe des grains de premiere nécessité.

Mais il est d'observation à l'égard des grains de l'espece de ceux qui ne doivent dîme qu'à raison de l'usage où l'on est dans un canton d'en faire un objet de commerce considérable, que si ce canton s'est maintenu pendant quarante années en exemption d'en payer la dîme, quoiqu'on y en eût cultivé, semé & récolté, ces grains en seroient exempts, parce que l'Article 521 autorise la libération des dîmes par quarante ans, comme celle de toutes autres especes de servitudes, & n'excepte de sa disposition que les grains dont la dîme est due en tous les cantons.

Ces maximes vont être appuyées sur la Jurisprudence des Arrêts, de maniere, on s'en flatte, à les rendre incontestables.

Cette Jurisprudence est d'autant plus respectable que, 1°. elle part de la Déclaration de Philippe le Hardi, en 1274, dont nous avons parlé plus haut (1). Elle permet de prescrire les dîmes qui n'ont pour fondement que la Coutume des

(1) Ordonnances du Louvre, tom. 1.

lieux,

lieux, & déclare imprescriptibles les dîmes que ce Prince considéroit comme ordonnées par la Loi divine.

Et que, 2°. elle dégage la matiere des dîmes de tous ces nuages dont des divisions & des subdivisions purement scolastiques l'avoient anciennement enveloppée.

Elle nous apprend donc que la dîme des grains de premiere nécessité, est imprescriptible ; que celle des grains d'usage, est au contraire sujette à la prescription ; & qu'enfin la dîme sur ces deux sortes de grains est due, sans qu'on soit forcé d'établir qu'on en a eu une possession quadragénaire.

En effet, les habitants de Courville ayant récemment semé & récolté du trefle sur leurs terres, le Curé leur demanda la dîme de ce grain nouveau : il n'en avoit pas la possession ; les habitants lui firent l'objection de ce défaut de possession ; mais la Cour, sans y avoir égard, adjugea au Curé sa demande, par Arrêt du 23 Août 1729.

Samson Patin, de la paroisse de Caroles, avoit pour la premiere fois fait une récolte de *tremaine* en sec sur deux vergées de terre : Patin refusoit la dîme à son Curé, sous le prétexte que ce grain étoit destiné à la nourriture de ses bestiaux, que le Curé n'en avoit jamais dîmé : & par Arrêt du 28 Juin 1754, Patin perdit son procès.

Pareil Arrêt fut rendu le 8 Août 1755. Le Curé de Saoule réclamoit la dîme des tremaines nouvellement cultivées en sa Paroisse ; le Bailliage de Coutances l'en avoit débouté, faute par lui d'articuler des faits de possession ; & la Sentence du Bailliage fut cassée.

En 1762, le 22 Juillet, le Curé de Sainte Luzanne-sur-Vire, obtint pareil succès pour du trefle, dont la culture en sa Paroisse ne datoit pas de trente ans.

La Cour décida encore la même chose le 11 Février 1767, pour le Curé de S. Pierre-d'Arthenay ; & le 25 Juillet 1771,

Tome I.

en faveur du Curé du Mesnil-Angot, pour la dîme du trefle qu'on ne cultivoit que depuis peu de temps en leurs Paroisses, sans les assujettir à aucune preuve de possession.

Malgré ces Arrêts, les habitants de Tessi qui ne cultivoient de la tremaine que depuis environ trente ans, se crurent fondés à en refuser la dîme à leur Curé. Ce Curé offrit prouver que pendant ce temps il avoit perçu cette dîme ; mais la Cour ne crut pas cette preuve nécessaire ; & sans l'exiger, elle confirma, au rapport de M. de Ranville, le droit de dîmer au Curé.

Voilà donc une premiere vérité constante, il ne faut point de possession pour être en droit de percevoir la dîme sur des grains dont la culture est d'usage & locale, quand ils font une partie considérable du revenu d'une Paroisse.

La preuve de la seconde vérité, savoir, que les habitants d'une Paroisse sont exempts de la dîme de ces sortes de grains, quand en ayant cultivé, le décimateur n'en a point pendant quarante ans exigé la dîme, se tire de l'Arrêt suivant.

Les Religieux d'Aulnay avoient demandé aux habitants de Cenilly la dîme de la tremaine. Par Sentence du premier Juge, à leur refus de faire preuve qu'ils étoient en possession de cette dîme, la perception leur en fut interdite. Sur leur appel, ils produisirent des baux où la dîme de la tremaine étoit employée ; mais avec cette clause, que *leurs Fermiers n'exerceroient contr'eux aucuns recours, si la dîme de cette herbe leur étoit refusée*. Les habitants intervinrent en la Cour ; ils observerent que de la clause des baux produits par les Religieux, il résultoit que depuis plus de quarante ans on avoit cultivé la tremaine ; mais que cela n'établissoit point que la dîme en eût été exigée ou perçue ; & ils offrirent prouver que l'usage de la Paroisse avoit été au contraire depuis quarante ans de

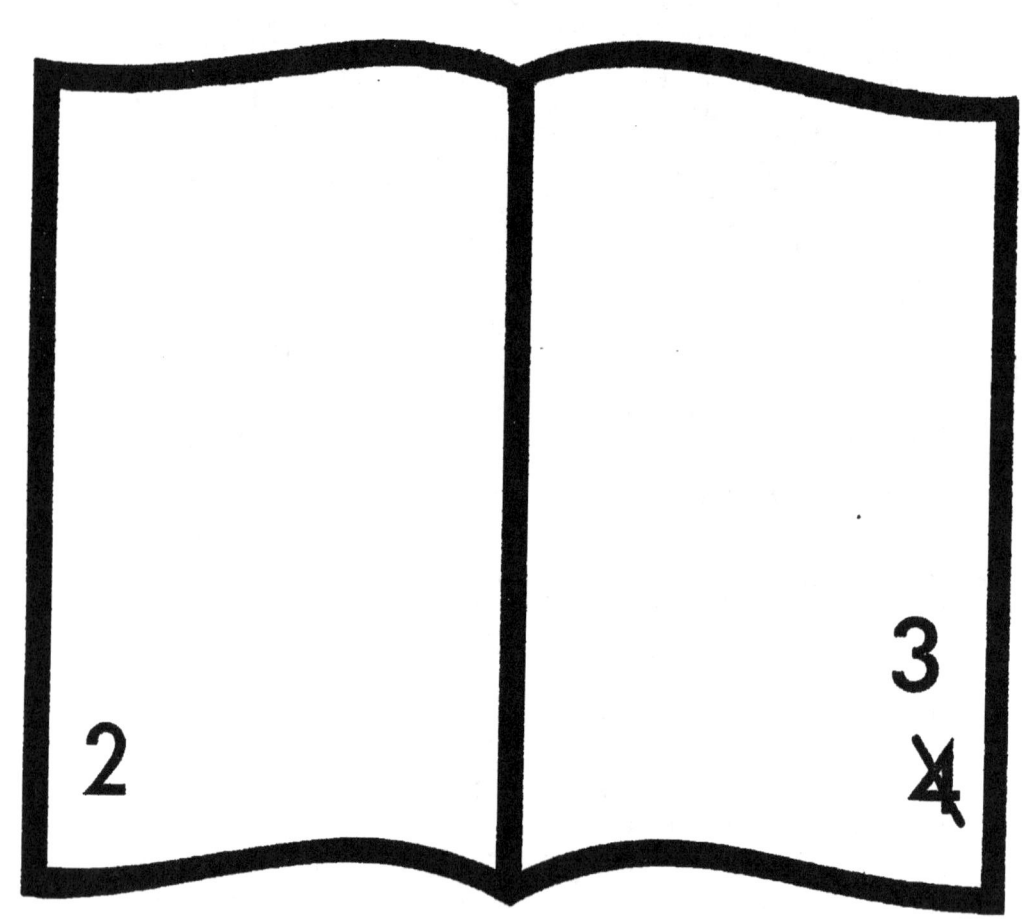

ne pas la payer. Les Religieux n'ayant pu nier ce fait, l'Arrêt confirma la Sentence le 26 Février 1766.

Arrêt très-équitable, car les dîmes locales ou d'usage ne se levant que sur les grains devenus aussi essentiels que le bled, le seigle, l'orge & l'avoine, soit pour la nourriture des hommes & de leurs bestiaux, soit pour leur procurer des denrées de premiere nécessité, parce qu'il est juste de pourvoir aux besoins des Ministres de l'Eglise, de la même maniere que leurs Paroissiens subviennent aux leurs : il est conséquent que la dîme des grains locaux & d'usage, ne soit exigible qu'autant que les besoins des décimateurs la leur rendent indispensable ; & elle cesse de leur être due, quand durant quarante ans ils ont, en ne l'exigeant pas, fourni la preuve de ce qu'ils pouvoient s'en passer.

Il ne faut pas conclure de là cependant que si une Paroisse produit en autres grains que ceux dont la culture y est récente, un revenu suffisant pour la subsistance du bénéficier, il ne soit pas recevable à dîmer ces grains ; car ce n'est point par la valeur des revenus dont il jouit, que l'on doit se décider sur l'augmentation ou la diminution dont ces revenus sont susceptibles ; la regle unique est d'examiner si dans la Paroisse, le plus grand nombre des cultivateurs n'ajoutent pas à leur aisance la récolte de ces mêmes grains ; s'ils les croient propres à améliorer & à faciliter leur subsistance, peu importe alors que quelques particuliers n'en aient pas conçu la même idée, l'usage le plus général du lieu rend le droit du décimateur incontestable.

Productions qui par leur nature étant exemptes de dîmes, la doivent quand elles sont substituées aux grains décimables de droit.

L'article 118 du Réglement de 1666, s'exprime en ces termes : *Au regard des dîmes de bois, prés & autres dîmes insolites, elles peuvent se prescrire par quarante ans, & sont réglées par la possession sur la chose même pour laquelle il y a procès, & non par la possession sur le plus grand nombre des autres héritages de la même Paroisse.* Cet article met l'exactitude de la division que nous avons faite des dîmes, en évidence ; il admet des dîmes solites & des insolites ; & il attribue deux caracteres particuliers aux dîmes insolites.

Le premier, qu'on peut en prescrire le droit par quarante ans ; en quoi elles different des dîmes des grains de premiere nécessité, qui ne peuvent être prescrites qu'à l'égard de la quotité.

Le deuxieme, qu'à la différence des dîmes locales & d'usage qui s'acquierent par la possession sur le plus grand nombre des héritages d'une Paroisse, il faut que le décimateur, pour que les dîmes insolites lui soient dues, ait possession non sur le fruit qui en est l'objet, mais sur le fonds particulier où il est excru.

Or ces caracteres sont spécialement propres à la dîme des *herbages* & des *bois* ; mais cette dîme les perd quand les bois & les herbages sont donnés par le cultivateur en remplacement des grains dont la dîme est solite.

En effet, 1°. nous voyons un Curé de Sainte Opportune exiger la dîme d'un bois-taillis appartenant au nommé Duquesne, & celui-ci la lui refuser, parce qu'il n'avoit pas une possession de quarante ans pour autoriser sa demande ; & la Cour casser par Arrêt du 21 Novembre 1619, la Sentence qui avoit dispensé le Curé de la preuve de sa possession. Par autre Arrêt du 4 Septembre 1658, le sieur de Craville fut déchargé de la dîme prétendue sur son bois-taillis, par le Curé de la Haluelle, faute par ce dernier de prouver qu'il étoit en possession de le dîmer.

En 1659, le 24 Avril, le Curé de Pontorson fut appointé par Arrêt à la preuve d'une possession quadragénaire sur un bois qu'il soutenoit décimable.

Le 19 Juin 1663, le Curé de Moulins fut assujetti à une pareille preuve.

Le 10 Décembre 1666, peu après la publication des Placités, il y eut des marais desséchés en la Paroisse de S. Clair, proche Gournay ; le Curé réclama la dîme des herbes & bois qu'ils produisoient ; mais le Curé ne pouvant prouver qu'il eût eu aucune possession de dîme sur ces marais, il fut débouté de sa prétention.

Enfin par Arrêt du 7 Août 1750, la dîme de deux coupes de bois payée à un Curé sur un bois sujet au tiers & danger, a été jugée insuffisante pour lui acquérir la possession.

La dîme des herbages ou prairies suit les mêmes regles que celle des bois.

Un Curé de Carentan réclamoit la dîme d'herbages qu'il prétendoit avoir été labourés depuis temps de droit : il n'offroit pas prouver que les fonds avoient été en nature de labour, & en même temps produit des fruits décimables de droit par 40 ans, avant qu'il eussent été mis en herbages ; & par Arrêt du 17 Juin 1769, il fut évincé de sa demande.

2°. Il est donc certain que les herbages ou prés, ainsi que les bois, sont de droit exempts de dîmes. Voyons actuellement si par substitution à des grains qui la paient de droit, ils y sont assujettis.

Sur ce point, quelques Jurisconsultes avoient panché pour la négative.

Par le droit de dîme accordé aux Ecclésiastiques, disoient-ils, *ils ne sont pas devenus Seigneurs de la dixieme partie du fonds. L'Ecriture ne dit pas, tu donneras la dîme de tes possessions ; mais tu donneras la dîme de tout revenu qui sort tous les ans de la semence de ton champ. Donc un Curé ne peut rien demander des champs, outre la dîme des fruits qu'ils produisent après avoir été semés*. Ce langage qu'ils avoient emprunté de *Grimaudet*, dont l'ouvrage sur les dîmes parut en 1534, ne devoit pas faire beaucoup d'impression. On peut voir dans M. Dupin, seizieme siecle, tom. 2. part. 2. p. 464, & dans M. Fleury, Hist. Ecclésiast. tom. 32. p. 151, combien cet Auteur étoit partial, quand il s'agissoit des droits du Clergé. Mais d'ailleurs, en adoptant son opinion, on faisoit dire à l'Ecriture ce qu'elle ne dit pas.

Nous lisons dans le Chapitre 14. v. 22 du Deutéronome : *vous séparerez la dixieme partie de tous les fruits qui naissent sur la terre, chaque année* ; dans le Lévitique, c. 27. v. 30, *toutes les dîmes de la terre, soit des fruits, soit des pommes, des arbres, sont au Seigneur, & elles lui sont consacrées* ; dans Esdras, c. 10. v. 37., *offrons la dixieme partie de notre terre aux Lévites*. Ce n'est donc pas être de bonne foi que de s'autoriser des Livres sacrés pour restreindre la dîme aux fruits de la terre qui viennent de semence ; mais aussi ce n'est pas rendre les Prêtres propriétaires de la dixieme partie d'un fonds, que de leur accorder la dîme de fruits autres que de ceux qui y sont semés chaque année : en effet, qui empêche le possesseur d'un champ, d'y construire un château, des manufactures, &c. & par là de se soustraire à la dîme ? Objectera-t-on que Philippe le Bel en 1303, par son Ordonnance, vulgairement nommée *Philippine*, interdit aux Ecclésiastiques toute nouvelle imposition de dîme ; qu'il veut qu'elle ne se perçoive que suivant la coutume suivie à l'instant où elle est exigée ; qu'on ne doit par conséquent pas étendre aux productions dont la dîme est insolite, la faculté de représenter les produits de la terre que cette loi nous offre comme naturellement décimable ; car à ceci, on répondroit avec avantage, que pour bien saisir le sens de l'Ordonnance, il est à propos de se rappeller que son but fut d'empêcher que les Ecclésiastiques n'imposassent sur les Fideles de nouvelles servitudes. Selon toute vraisemblance, à les entendre, il n'y avoit rien qui ne fût passible de la dîme: les minieres, les carrieres, les moulins; & en cela, ils avoient une apparence de titres dans les concessions du dixieme de revenu de ces objets, que les Seigneurs s'étoient réservés en les aliénant ou en les inféodant, & qu'ils avoient souvent aumônés aux Eglises. Pour prévenir de nouvelles exactions, Philippe le Bel interdit donc toute innovation dans la perception des dîmes.

Il suivoit de l'Ordonnance de ce Prince, que tant que la culture des terres n'étoit pas changée, il ne devoit pas y avoir de changement dans le paiement de la dîme; mais on ne pouvoit pas en conclure qu'il fût au pouvoir du cultivateur, par la conversion de la culture de ses terres, d'anéantir le droit du décimateur; aussi les Jurisconsultes les moins suspects en fait de droits Ecclésiastiques, ont ils donné unanimement à la Philippine notre interprétation, & tous les Parlements l'ont approuvée. On peut consulter à cet égard Bouchel en sa Bibliotheque du Droit François; on y trouve des Arrêts qui ont jugé que des poissons pêchés en un étang substitué à des terres naturellement décimables, l'étoient aussi; & Forget, p. 43, rapporte un Arrêt du Parlement de cette Province du 24 Juillet 1520, qui a décidé la même chose.

Le nommé Huot refusoit payer la dîme du poisson pêché en son étang, sis en la paroisse de Noyers, diocese de Bayeux, soutenant que la dîme de ce poisson étoit insolite en ladite paroisse & aux circonvoisines: il convenoit cependant avoir payé la dîme de fruits excrus sur le terrain où l'étang existoit; mais il ajoutoit qu'avant ce paiement le fonds étoit en étang: le Curé lui opposoit qu'étant en possession par plus de 40 ans de dîmer annuellement le terrain converti en étang, *quelque réduction qui eût été faite de ce terrain en sa nature. premiere*, ce n'étoit pas un motif d'exemption de la dîme, *quelqu'usage contraire qu'Huot pût alléguer*; & *le procès mis en délibération, le décimateur fut maintenu.*

» De ce que dessus, dit Forget, il
» se collige facilement qu'on ne regarde
» point à la qualité primitive & *ancienne*
» *de l'héritage*, ains à *la plus prochaine*
» *& immédiate*, d'autant que la derniere
» se référera toujours à l'antérieure «;
& pour confirmer son principe, il cite
un autre Arrêt.

» Lesouq ayant réduit en herbages,
» & pâture un fonds qui avoit été au-
» paravant labouré, la Cour, le 13 Fé-
» vrier 1517, le condamna envers les
» Religieux du Plessis-Grimout, au paie-
» ment de la dîme de cet herbage, *s'il*
» *étoit baillé à ferme*; encore que pensant
» s'en exempter, Lesouq allégua n'avoir
» réduit en pâture son héritage que pour
» quelque temps, & dans la vue de le
» cultiver ensuite comme auparavant.

Au surplus, Forget observe *qu'il n'est dû dîme de poisson nourri en un fossé ou réservoir, pour l'employer au vivre du Seigneur foncier & pere de famille.*

Ces maximes sont encore aujourd'hui les mêmes.

Routier, Pratiq. Bénéf. p. 492, rapporte un Arrêt du 14 Juillet 1735, par lequel il fut jugé que la dîme des joncmarins étoit due, quand ils avoient été recueillis sur un fonds qui avoit été labouré depuis 40 ans, parce qu'il avoit produit des fruits décimables par leur nature.

Il est vrai que l'on peut penser, au premier coup d'œil, que l'Arrêt du 28 Février 1647, connu sous le nom de Fréville, cité par Basnage sur l'Article 3 de la Coutume, a contredit l'opinion de Forget & de Routier, en ce qu'il a jugé que le Curé de Fréville en Cotentin devoit être payé de la dîme des terres labourées depuis 40 ans, quoique converties en herbages, *si mieux n'aimoient les propriétaires laisser en labourage le tiers de toutes leurs terres*; car il semble suivre de cet Arrêt, qu'un propriétaire qui auroit eu 90 acres de terre, & en auroit mis 30 en labour, n'auroit payé que la dîme de ces 30 acres, & en auroit été exempté pour les 60 autres, soit qu'elles eussent été labourées depuis ou avant 40 ans.

Mais Basnage n'offre pas cet Arrêt comme réglement.

La paroisse de Fréville étoit presqu'entiérement réduite de labours en herbage pour l'engrais de bestiaux; le Curé, dont le revenu étoit des plus modiques, n'avoit pas de quoi subsister. L'Arrêt, fondé sur cette considération, ne peut donc s'appliquer qu'à la circonstance particuliere où il est intervenu; aussi, par un Réglement du 16 Juillet 1749, la maxime générale que toute espece de fruits excrus sur un terrain qui a produit des grains décimables de droit est sujette à la dîme, a été irrévocablement adoptée.

Dans la paroisse d'Epiney-Tesson, la plupart des terres avoient été converties en herbages, le Curé en demandoit la dîme. Des herbages de cette paroisse, il y en avoit qui étoient de cette nature depuis plus de 40 ans, d'autres n'avoient été convertis de labour en herbage que depuis beaucoup moins de temps : le cultivateur refusoit la dîme de toutes.

Comme le Curé avoit resté tranquille pendant 40 ans, sans exiger la dîme sur les anciens herbages, la prescription pouvoit lui être efficacement opposée, mais elle ne pouvoit avoir lieu à l'égard des terres mises récemment en herbages; & c'est ce que la Cour décida en ces termes :

« La Cour, toutes les Chambres assemblées, a mis & met l'appellation & ce dont est appel au néant; émendant & réformant, a condamné Jean Delaveille à payer à Jean Chauvin, Curé d'Epinay-Tesson, la dîme des pieces de terres qui ont été précédemment labourées & mises en nature d'herbages depuis 40 ans du jour de l'action, à due estimation; a évincé, quant à présent, ledit Chauvin de sa demande de la dîme des autres pieces en nature d'herbage, faute par lui de justifier sur icelles depuis 40 ans; faisant droit sur les plus amples conclusions du Procureur-Général, ordonne que, conformément à l'article 50 de l'Ordonnance de Blois, à l'article 28 de celle de Melun, & aux termes de l'article 118 du Réglement de la Cour de 1666, l'usage observé sur chaque fonds, dans chaque paroisse, pour la dîme, sera suivi, sans que l'Arrêt de la Cour du 28 Février 1647, rendu entre le Curé de Fréville & les particuliers y dénommés, puisse être regardé comme réglement, ni faire loi, sinon entre les Parties avec lesquelles ledit Arrêt a été rendu ».

Ce Réglement souffre cependant une exception : lorsque le fruit substitué est pour l'usage domestique du cultivateur, la dîme n'en est pas exigible.

On ne parle pas des bois de haute-futaie; car lors même que le propriétaire les vend, la dîme n'en est point exigible, suivant les Arrêts rapportés par Bérault & Basnage sur l'Article 3 de la Coutume, à moins que les décimateurs n'aient titres formels pour la percevoir, suivant l'article 23 de l'Edit de 1606; mais il s'agit des pepinieres, des arbres fruitiers, des bois-taillis, &c.

Quant aux pepinieres, un Réglement du 4 Mai 1763 a si précisément motivé l'intention de la Cour, que nous ne pouvons nous dispenser de le rapporter en entier.

Le Pays d'Auge est un endroit où on éleve beaucoup de pepinieres.

Charles Delavigne, fermier du sieur de Clermont, dans la paroisse de Cambremer, qui est dans le Pays d'Auge, avoit élevé une pepiniere sur un terrain qui ne payoit point dîme, soit qu'il n'eût jamais labouré, soit qu'il n'eût point labouré depuis 40 ans.

Delavigne ayant vendu partie de cette pepiniere pour être transplantée hors paroisse, Sebire, fermier du sieur Pagniant, décimateur de la paroisse de Cambremer, à cause d'une prébende qu'il possédoit dans l'Eglise Cathédrale de Bayeux, dite la prébende de Cambremer, fit assigner Delavigne en Bailliage à Pont-l'Evêque, pour le faire condamner à lui payer la dîme des Entes qu'il avoit enlevées sans l'avertir, à raison du onzieme pied, & de la lui payer à l'avenir en essence pour ce qui restoit à lever de la pepiniere.

Delavigne se défendit de la demande de Sebire, sur le fondement que la piece de terre sur laquelle la pepiniere étoit excrue, n'avoit ni labouré, ni produit des fruits décimables depuis 40 ans.

Intervint Sentence qui, *faute par Sebire de prouver que l'héritage sur lequel étoit placée la pepiniere avoit été labouré & avoit produit des fruits décimables depuis 40 ans, le débouta de sa demande, avec dépens.*

Les Parties venues à la Cour, sur l'appel de Sebire ; le sieur Pagniant, Chanoine de la prébende dite de Cambremer, y donna sa requête d'intervention ; Sebire concluoit la réformation de la Sentence & les fins de son action.

Le sieur Pagniant concluoit acte de ce qu'il donnoit adjonction à l'appel de Sebire : ce faisant, pour ce qui le concernoit, que l'appellation & ce dont étoit appellé seroient mis au néant ; corrigeant & réformant, qu'il seroit maintenu au droit & possession de percevoir, par lui ou ses fermiers, la dîme des pepinieres ; & qu'où la Cour ne trouveroit pas le procès en état d'être jugé au principal, il seroit appointé à prouver que la dîme des pepinieres s'étoit toujours perçue comme celles des poires & des pommes, & se percevoit indistinctement sur tous les fonds dans la Paroisse de Cambremer, dans les Paroisses circonvoisines, & dans le canton du Pays d'Auge, dans le cas de transport hors Paroisse ; qu'il s'y étoit de tout temps, comme alors, fait & élevé des pepinieres de pommiers & de poiriers qui se transportoient à différents marchés, dont la dîme étoit perçue indistinctement sur tous les fonds. Ainsi, au moyen de ces conclusions & de celles prises par Delavigne, qui demandoit simplement que sans avoir égard à l'intervention du sieur Pagniant, l'appellation seroit mise au néant, avec dépens ; la question se réduisit au point simple de savoir, si la dîme des pepinieres est une dîme d'usage, ou seulement une dîme insolite, à l'effet qu'elle ne puisse se percevoir qu'autant que le fonds où elles sont élevées est un fonds naturellement décimable, sur lequel le décimateur soit dans une possession légale de dîmer.

Delavigne, pour établir que la dîme des pepinieres, est une dîme insolite, disoit :

Nous ne connoissons dans la Province de Normandie, que trois especes de dîmes ; les dîmes solites, les dîmes d'usage, & les dîmes insolites, c'est-à-dire les dîmes prédiales qui sont toujours dues indépendamment de l'usage & de la possession, sauf la quotité. Telles sont la dîme des grains qu'on tire des terres labourables au moyen de la culture, & c'est ce qu'on appelle *dîmes de droit* ; les dîmes qu'on a coutume de payer dans certains lieux, quoiqu'on ne les paie point partout, & que par cette raison on appelle *dîmes d'usage*. Telles sont la plupart des dîmes domestiques, laines, agneaux, veaux, cochons de lait, poisson & autres productions du ménage du laboureur. Telles sont encore les pommes, le vin & autres semblables, dont la dîme est d'usage dans certains cantons, & ne l'est point en d'autres. Enfin il y en a une troisieme espece qu'on appelle *dîme insolite*, parce que de droit commun l'espece n'est pas sujette à la dîme, encore qu'elle se puisse percevoir en certaines circonstances, comme sur des choses décimables, mais à titre de récompense; tels sont les bois & les foins dont l'espece n'est point décimable, parce que ce ne sont point là les fruits ordinaires de la culture des terres.

Un propriétaire met sa terre en bois taillis, ou la convertit en pré; on n'a pas trouvé juste que le décimateur fût privé du revenu de son bénéfice, malgré lui, au gré du propriétaire; on lui a donné à titre de substitution, & pour lui tenir lieu de récompense, la dîme du bois ou du foin, qui autrement n'auroient point été décimables. Comme il n'est pas toujours possible, après un certain temps, de prouver que la terre étoit anciennement cultivée, & produisoit des fruits sujets à la dîme; on a voulu que la possession quadragénaire de percevoir la dîme des fruits qui n'y sont pas naturellement sujets, valût de présomption que le terrain qui les a produits étoit autrefois décimable; c'est même la raison pour laquelle on a réglé que pour dîmer ces sortes de productions, il falloit avoir la possession sur les fonds mêmes qui les avoient produits; & c'est ce que porte précisément l'article 118 des Placités de 1666.

La dîme des bois & celle des foins ne sont donc pas seulement des dîmes insolites, elles ne peuvent jamais être des dîmes d'usage, puisqu'elles ne se reglent pas sur le plus grand nombre des héritages de la Paroisse; ce qui est le caractere propre des dîmes d'usage.

Dans quelle classe doit-on ranger les pepinieres? Est-ce une autre espece de production que celle du bois? N'est-elle pas encore moins nécessaire à l'entretien des Ministres de notre Religion; car c'est là le vrai but de l'établissement originaire de la dîme, & c'est de là d'où est venu la distinction des dîmes prédiales & de droit, d'avec les dîmes domestiques & d'usage? La piété des fideles, qui se porte naturellement à ne pas laisser manquer leurs Pasteurs spirituels des secours temporels, a introduit plusieurs dîmes d'usage les unes après les autres, sans néanmoins qu'on les ait étendues jusqu'à la dîme des bois, quoique le chauffage ne soit pas un des moindres besoins de la vie; mais aucune raison n'a pu les engager à leur donner la dîme des pepinieres.

Cependant on la paie en beaucoup d'endroits, & pourquoi? C'est que la plupart des pepinieres ont été plantées dans des terres qui étoient auparavant sujettes à dîme, & qu'on la paie comme dîme de substitution; & c'est la regle que nous en donne Forget dans son Traité des choses décimales, chap. 5, nombr. 18, qui a été adoptée par les Auteurs de la Bibliotheque canonique, tom. 1, p. 461, col. 1, & par Drapier, en ses décisions sur les dîmes, chap. 5, nomb. 11.

La dîme des pepinieres n'est donc pas une dîme d'usage, puisqu'elle n'est due qu'autant que le fonds étoit décimable avant qu'elles fussent plantées; c'est une dîme insolite qui ne peut être due qu'à droit de substitution; & dans le vrai ce n'est qu'une espece de bois que la terre a porté.

C'est donc en vain qu'on cite le prétendu usage de la Vicomté d'Auge; car nous ne reconnoissons point d'usage qui puisse servir d'autorité contre une loi générale; & comme aux termes de cette loi, les dîmes insolites ne se reglent que par le fonds particulier qui a produit l'espece, il est impossible qu'une dîme de cette sorte puisse jamais devenir dîme d'usage ; quelque générale que puisse être la prestation, le fonds qui ne l'a jamais payée, & qui n'étoit point auparavant décimable, en sera toujours exempt ; l'usage des autres fonds, en quelque qualité qu'ils soient, sera toujours réputé ou une suite de la conversion de la terre, ou un effet de la prescription ; le fonds qui n'a point encore été assujetti à la loi de la dîme, & qui n'a point subi le joug de la prescription, jouira toujours de sa liberté naturelle.

Le sieur Pagniant cite l'article 50 de l'Ordonnance de Blois, & l'article 29 de l'Edit de Melun. Ce sont vraiment des loix & nos dernieres loix sur le fait des dîmes ; mais il n'en faut pas séparer les articles 117 & 118 des Placités de 1666, qui n'en sont que l'interprétation.

L'Ordonnance de Blois veut que les propriétaires & possesseurs *des héritages sujets à dîme*, ne puissent dire, proposer & alléguer le droit de dîme n'être dû qu'à volonté, ni alléguer prescription ou possession autre que de droit, déclarant que les dîmes se leveront selon la coutume des lieux, & la quotité accoutumée en iceux.

L'Edit de Melun porte la même disposition, & veut que les procès mûs pour raison de la quotte des dîmes, soient jugés suivant les coutumes anciennes des lieux ; & où la coutume seroit obscure & incertaine, qu'on suive celle des lieux circonvoisins.

Le Législateur distingue donc les héritages sujets à dîme, de ceux qui ne le sont pas ; il ne veut pas que la dîme se paie à volonté, ni suivant la possession particuliere du décimateur *sur les fonds sujets à dîme* ; mais il ordonne que la dîme s'y percevra *suivant la coutume des lieux & la quotte accoutumée en iceux*. Ces Ordonnances ne peuvent donc s'appliquer qu'aux fonds de culture ancienne qui ont été assujettis au droit de dîme, & qui en demeurent sujets indépendamment de la volonté du propriétaire ou du possesseur, indépendamment de l'usage particulier de son fonds.

Que le propriétaire d'une terre en labour décimable d'ancienneté, ait coutume d'en payer la dîme, ou soit en possession de ne la pas payer, la dîme n'en est pas moins due, & il la doit à la même quotité que ses voisins ; & c'est de là sans doute qu'est venu le droit de dîme par substitution sur les terres labourables converties en autre nature de fonds ; mais cela ne décide rien pour les terres non décimables, qui ne sont point assujetties à la dîme de droit.

Quand le propriétaire met ses héritages en culture, en quelque maniere que ce soit, s'ils viennent à produire des fruits décimables, ce sont des accroissements de dîme qui ne s'étendent point jusqu'aux productions qui ne sont pas naturellement décimables, sur lesquelles les décimateurs ne peuvent acquérir de droit que par la prescription sur le fonds ; non que la prescription rende décimable ce qui ne l'étoit pas ; mais comme on suppose toujours en faveur de la possession ancienne, cette longue prestation fait présumer que la terre a été décimable dans un temps reculé, & que la dîme qui se perçoit, est une dîme de substitution que le décimateur a conservée.

Car voilà la différence qu'il y a entre les héritages décimables, & les héritages qui ne le sont point. Les premiers sont sujets à la dîme, à cause de la qualité des fonds : ceux-ci n'y sont sujets qu'autant que les fruits qu'ils portent sont décimables : cela se remarque évidemment par les masures plantées de pommiers, & qui n'ont jamais labouré, ni été chargées en grains ; ce ne sont point des héritages sujets à dîme, & même quand on vient à les défricher & à les emblaver, ce sont des dîmes novales ; cela n'empêche pas que

que l'on ne paie la dîme des pommiers qui croissent dans ces masures, parce que c'est une dîme d'usage qui se regle par le plus grand nombre des fonds de la paroisse ; mais on n'y paiera pas la dîme du bois ni des herbes, qui sont des dîmes insolites. Voilà le vrai fondement de la Jurisprudence de Normandie, attestée par l'article 118 des Placités, qui n'est lui-même qu'une interprétation des articles 50 de l'*Ordonnance de Blois*, & 29 de l'Edit de Melun.

Dès que nous avons des dîmes insolites par elles-mêmes, qui ne se reglent ni par l'usage des paroisses circonvoisines, ni même par l'usage de la plus grande partie des fonds de la même paroisse, il est donc fort inutile de consulter l'usage du lieu ou du canton pour savoir si on percevra la dîme des pepinieres, chenotieres, ormieres sur des fonds qui ne sont point sujets à dîme, ni par conséquent compris dans la disposition des Ordonnances.

Ces pepinieres, chenotieres, ormieres font un bois, aussi-bien que les taillis, les haies, les joncmarins, & cette derniere espece fournit un exemple propre à faire concevoir ce qu'on vient de donner à entendre. Il y a dans une paroisse des joncmarins, plantés ou excrus sur une bruyere; les habitants mettront une partie de leurs terres labourables en joncmarins, il est certain que tous les joncmarins, semés dans des terres labourables, seront sujets à la dîme par substitution ; & plus l'usage de mettre une petite portion de ses terres en joncmarins deviendra commun, plus cette espece de dîme sera universelle & usitée dans le canton.

Cette prestation si universelle qu'elle soit ne changera pourtant pas la quotité de cette dîme, qui est une dîme de substitution, relative à chaque fonds, & n'en sera pas une dîme d'usage qui puisse assujettir le particulier qui aura une ancienne bruyere plantée en joncmarins ; il est donc bien évident qu'il y a des dîmes qui ne se reglent point par l'usage le plus commun, mais bien par la seule possession sur le fonds particulier.

S'il en est quelqu'une de cette espece, c'est assurément celle des pepinieres, chenotieres, ormieres, &c. ; parce que ce n'est que du bois que l'on fait produire à la terre, & que le commerce qu'on peut faire dans le pays, des arbres qu'on en tire, n'est pas ce qui les rend décimables ; puisqu'on fait commerce de ses bois, de ses foins, aussi-bien que de ses pepinieres ; qu'on peut vendre les pommiers qui tombent par l'impétuosité des vents ou qui meurent, sans que la dîme en soit due, quoiqu'on ait payé la dîme des fruits qu'ils ont portés.

Que la dîme des pepinieres ne soit point due, à moins que les jeunes arbres ne soient vendus pour être transplantés dans une autre paroisse, comme il a été jugé par l'Arrêt du 16 Juillet 1666, rapporté par Basnage sur l'Article 3 de la Coutume ; qu'elle ne soit point due quand le cultivateur les plante sur son fonds, quoique situé dans une autre paroisse, il n'en faut pas conclure que la dîme en sera due toutes les fois que les arbres seront vendus pour être transportés hors de la paroisse où ils ont été élevés.

Il faut outre cela qu'ils aient été élevés sur un fonds qui soit décimable, ou que le décimateur ait possession particuliere du droit de dîme sur le fonds qui les a produits ; la maxime ne s'entend que des pepinieres décimables qui sont néanmoins exemptes de dîme en deux cas, ou lorsqu'elles ne sont pas vendues, ou lorsqu'elles sont vendues pour être plantées dans la paroisse, de la même maniere que les bois décimables en sont exempts, quand on les consomme pour son usage ; & rien ne marque mieux que la dîme est insolite, aussi-bien que celle des bois ; car les dîmes de droit & les dîmes d'ufage ne font point fujettes à ces diftinctions.

Le fieur Pagniant répondoit : la dîme des pepinieres, dans le canton d'Auge, n'a jamais été traitée autrement que comme la dîme des pommes & des poires ; depuis un temps immémorial, il s'enleve tous les ans une quantité prodigieufe de pepins de ce pays, qui fe vendent aux marchés d'alentour & à dix lieues à la ronde ; & l'ufage immémorial dans la paroiffe de Cambremer, & dans tout le canton, a été d'en payer la dîme fans diftinction du terrain ; c'eft un fait que le fieur Pagniant demande à prouver.

Delavigne convient que les pommes & les poires font par-tout décimables, quelle que foit la nature du terrain qui nourrit les pommes & les poires ; pourquoi en feroit-il autrement des arbres qui portent ces fruits ?

On veut affimiler les pepinieres avec les bois. Les bois font ftériles par eux-mêmes ; ils fe produifent fans foins & fans culture ; les pepinieres, au contraire, produifent des fruits décimables, & demandent une culture confidérable. Ainfi on ne peut ranger la dîme des pepinieres dans la claffe de la dîme des bois, dont parle l'article 118 du Réglement de 1666 ; il faut donc l'arranger dans la claffe de la dîme d'ufage, comme la dîme des pommes & des poires qu'elles produifent, & c'eft comme cette efpece de dîme a toujours été payée : la Cour l'a même confidérée comme dîme d'ufage, puifque par l'Arrêt du 16 Juillet 1666, rendu trois mois après le Réglement, elle ne fit aucune difficulté d'adjuger au Curé des Obeaux, la dîme des pepinieres, avec la feule diftinction conforme à l'ufage, qu'elle ne feroit point payée des arbres vendus pour être plantés dans la paroiffe : ce qu'elle n'auroit point jugé, s'il s'étoit agi d'un taillis de bois infructueux, coupé fur des foffés : il auroit fallu prouver une poffeffion fur la chofe même.

La Cour a privé le Curé des Obeaux de la dîme des pepinieres vendues pour être plantées dans fa paroiffe ; parce qu'elle a confidéré que le décimateur, loin de perdre fur fa dîme pour les arbres vendus & plantés dans la paroiffe qui les a produits, il s'en trouve dédommagé amplement par la dîme qu'il perçoit chaque année des fruits que ces arbres portent ; mais rien ne peut être plus jufte & mieux fondé qu'un ufage de tout temps obfervé de payer la dîme des pepinieres, vendues pour être tranfplantées hors paroiffe, indépendamment de toute poffeffion fpéciale fur le terrain, parce que c'eft une indemnité naturelle, due au décimateur, de ce qu'il perd par les tranfplantations, fur-tout dans un canton où on fait un commerce confidérable de ces productions, & où, fans l'ufage obfervé, une grande & principale partie du terrain ne fe trouveroit jamais fructifier que pour le cultivateur ; parce qu'à la garantie de cet ufage, les décimateurs ont perdu la poffeffion de dîmer beaucoup de fonds fur lefquels ils dîmoient, lorfqu'ils étoient chargés de fruits décimables.

Ce n'eft pas au coup d'œil qu'on doit juger de la reffemblance des chofes qui font ou ne font pas décimables. Les pommes & les poires font décimables en pleine campagne, quel que foit le terrain qui les produit ; & les pommes & les poires à couteau qui croiffent dans les jardins, ne font point fujettes à dîme.

A la bonne heure que la dîme des bois & des prés que la nature feule produit, & qui eft déclarée infolite par l'article 118 du Réglement, ne puiffe perdre cette qualité, que ces productions ne puiffent être fujettes à la dîme que par fubftitution ; mais il ne s'enfuivra pas qu'une autre production, dont le Réglement ne parle point, sera assujettie à la même regle. Les Ordonnances n'ont distingué les dimes qu'en solites & en insolites, & tout ce qui n'est point déclaré être précisément de l'une ou de l'autre espece, doit se décider par l'usage ou par le non-usage, suivant la coutume des lieux, disent les Ordonnances.

On prétend inférer de celles de Blois & de Melun qu'il y a des héritages sujets à dime, & d'autres qui n'y sont pas sujets; mais on ne fait pas attention que cette distinction ne peut sortir de la nature même des héritages, puisque suivant nos maximes les héritages par eux-mêmes ne sont pas sujets à dime; ils n'y sont sujets que par rapport aux fruits qu'ils portent ou qu'ils ont porté.

Un héritage qui a toujours été inculte, & qui n'a jamais porté de fruits, n'est pas sujet à dime; qu'on le laboure, & qu'on y seme du bled, de l'avoine, &c. la dime en sera due, parce que c'est une dime de droit.

Si, sans y semer des grains sujets à la dime de droit, on y plante des pommiers, la dime des pommes sera due, si l'usage de la paroisse est de payer la dime des pommes; si le fonds ne rapporte que de l'herbe, s'il est planté en bois stérile, si on y seme du joncmarin, la dime n'en sera pas due. Ce n'est donc pas pour exempter certains fonds du droit de dime, à raison de la nature des fonds, que les Ordonnances ont dit que les possesseurs des héritages sujets à dimes ne pourront alléguer, ni le droit de dime n'être dû qu'à volonté, ni possession ou prescription autre que celle de droit; mais c'est qu'il y a des fonds exempts de dime par privilege, par des usages généraux dans des cantons: c'est donc la coutume des lieux qui doit décider. Or, dès que l'usage, non-seulement de la paroisse de Cambremer, mais de tout le Pays d'Auge, est de payer la dime des pepinieres, en quelqu'endroit qu'elles soient plantées, soit que le décimateur ait ou non la possession de dimer sur le fonds, dès que Delavigne ne vient point contester cet usage, ni en attendre la preuve, c'est donc par l'usage que le droit de dime des pepinieres doit se décider.

De Lacombe, dans son Recueil de Jurisprudence, *verbo* DIME, demande de quels fruits on paie la dime ? & il répond, d'après Dumoulin, que c'est selon l'usage; c'est, dit-il, le seul principe qu'on puisse donner en ce point.

On divise les dimes en solites & insolites, dit encore de Lacombe; cette division est fondée sur ce que la coutume de chaque lieu est la regle absolue du paiement de toutes les especes de dimes.

Quelques-uns font une autre division des dimes, en dimes de droit & dimes d'usage, continue le même Auteur; mais cette division n'éclaircit rien: car, comme l'usage est la regle de la dime, il n'y a d'autre dime de droit que celle que l'usage a généralement introduit; & cette derniere ne tire pas sa source de la qualité du grain ou du fruit sur lequel elle se prend, mais uniquement de l'usage qui l'a introduite & qui la maintient.

Cette question ayant été distribuée à M. du Fossé, en la premiere des Enquêtes, ce Magistrat en fit le rapport, & la Chambre l'ayant trouvée d'une grande importance, intervint Arrêt le 7 Mars 1761, qui renvoya le procès, en circonstances & dépendances, aux Chambres assemblées, pour en être fait Réglement.

Voici l'Arrêt qui intervint le 4 Mai 1763, aux Chambres assemblées, sur le rapport de M. Boutren d'Hatanville:

La Cour, toutes les Chambres assemblées, sans avoir égard à l'intervention dudit Pagniant, faisant droit sur l'appel dudit Sebire, a mis & met l'appellation au néant ; ordonne que ce dont est appel sortira effet ; condamne l'appellant en douze livres d'amende envers le Roi ; a pareillement condamné & condamne lesdits Pagniant & Sebire aux dépens envers ledit Delavigne.

En donnant Réglement, la Cour a ordonné & ordonne que les pepinieres ne seront sujettes à la dime que quand elles seront excrues sur des fonds qui auront payé dime *par & depuis* quarante ans, & seulement pour ce qui sera vendu pour être transplanté hors la paroisse ; à laquelle fin le présent Arrêt sera imprimé, publié, affiché & envoyé dans tous les Sieges du ressort, pour y être enregistré à la requête des Substituts du Procureur-Général du Roi auxdits Sieges, qui seront tenus de certifier la Cour dans la quinzaine des diligences qu'ils auront pour ce faites.

Mais malgré ce Réglement, il reste toujours la question de savoir si le fermier du propriétaire est comme lui exempt de la dime sur le bois qu'il consomme. Pour l'affirmative, on peut alléguer un Arrêt du 6 Mars 1716, qui a exempté de la dime un fermier auquel le Curé de Lillebonne la demandoit ; & pour le doute un Arrêt du 16 Août 1726, qui appointe la même cause entre le Curé de Muchegré & le nommé Foubert, pour être fait Réglement.

A l'égard des herbages, la même exemption a lieu.

Jean-François Lahaigne possédoit plusieurs héritages dans la paroisse d'Appeville, proche Carentan, partie en labour, partie en herbages, dont il y en avoit un certain nombre d'anciens herbages non sujets à dime, & une autre partie nouvellement convertie de labour en herbage.

Les Religieux & Curé de Lessey lui demanderent la dime de ces nouveaux herbages ; mais il s'en défendit, en soutenant qu'ils ne servoient qu'à la nourriture des bestiaux nécessaires à l'exploitation de sa ferme, & le premier Juge le déchargea de l'action. Sur l'appel, par un premier Arrêt du 8 Août 1763, il fut dit : *avant faire droit, que Lahaigne prouveroit que toute l'herbe des fonds contentieux étoit consommée uniquement pour les bestiaux nécessaires à son ménage* & au labour de ses terres., *sauf aux Religieux & Curé à faire preuve du contraire*. Et par autre Arrêt du 20 Mars 1765, la preuve de Lahaigne ayant été déclarée bien & duement faite, les Curé & Religieux s'étant désistés, l'appellation fut mise au néant, & il fut ordonné que ce dont étoit appel sortiroit son effet.

Ce fut par le même motif que le 30 Avril 1728, la Cour exempta la dame Raulin de dime sur l'herbe d'une masure, quoiqu'elle eût été précédemment labourée ; la masure étoit évidemment utile à l'exploitation de sa ferme.

Le même principe a donné lieu aux Arrêts des 8 & 29 Mai 1727, & 12 Février 1751, qui ont dispensé de payer dime des sainfoins, vesces, treffles, lusernes, dragées, soit qu'ils eussent été récoltés en verd, soit qu'ils eussent été pâturés par les bestiaux du cultivateur ; ainsi qu'à celui rendu le 22 Janvier 1754, au profit du sieur Asse contre le Curé de Valtot.

On doit cependant entendre ce que l'on vient d'observer, avec cette restriction, qu'en certains cas les objets dont la dime est insolite, quoiqu'employée à l'usage du propriétaire, doivent dimes ; car si les joncmarins, par exemple, sont échangés contre de la chaux, ils sont décimables, lors même que cette chaux est destinée à échauffer les terres du propriétaire des joncmarins. Un Curé n'est point obligé de faire surveiller ses paroisfiens pour découvrir la nature de leurs marchés. D'ailleurs par un pareil échange il passe toujours au pouvoir de celui qui fournit la chaux, une portion de joncmarins pour le paiement de la façon de la chaux; paiement auquel le décimateur n'est pas contribuable : Arrêts des 14 Juillet 1735, & 17 Août 1745. Il en est autrement quand les joncmarins sont consommés par le propriétaire, ou brûlés par lui pour cuire la chaux qu'il emploie à ses bâtimens; l'exemption de la dime est alors incontestable.

Il s'élève une difficulté à l'égard de la dime des bois & des herbages. Lorsque la culture de la terre qui a produit des grains décimables de droit, & auxquels les bois & les herbages sont substitués, n'a été que passagere & momentanée, est-ce au décimateur en ce cas à prouver que la terre a été labourée pendant quarante ans, ou au laboureur à faire la preuve qu'elle a été remise dans son état primitif de bois ou d'herbage ?

Sur ce point, l'Arrêt du 17 Juin 1769, qui a été déja cité, peut nous fournir des lumieres satisfaisantes.

Le Curé de Carentan ayant réclamé la dime d'herbage sur trois pieces de terre faisant partie d'une ferme nommée le Désert, appartenante au sieur Héroult, & située en ladite paroisse aux écarts de la ville, fondoit sa prétention sur ce que ces fonds avoient porté des fruits décimables, & avoient été convertis de labour en herbage depuis quarante ans du jour de son action; & il offroit prouver ce fait au cas de méconnoissance.

Le sieur Héroult soutenoit que cette preuve étoit inadmissible. Le Rapporteur du Procès fut d'avis d'appointer le Curé à la preuve : le Juge en chef d'avis contraire, il vouloit, conformément aux conclusions des Gens du Roi, débouter le Curé de la preuve qu'il offroit.

Sur ce partage d'opinions, aucuns des Avocats du Siege n'ayant voulu connoître de la cause, le Juge renvoya les Parties en la Cour.

Le 4 Septembre 1764, le Curé présenta requête pour y approcher le sieur Héroult; & cependant vu le grand âge de ses témoins, demanda qu'on l'autorisât par provision, sauf & sans préjudice du droit des Parties au principal, à prouver, 1°. *que les pieces appellées du Bois & du Marais avoient été labourées & porté fruits décimables dans les quarante ans avant les labours qui y avoient été faits en 1753 & 1755; & que même depuis quarante ans du jour de l'action elles avoient été converties de labour en herbage antérieurement aux labours de 1753 & 1755.*

2°. *Que la piece nommée le petit Désert étoit labourée & portoit des fruits décimables il y avoit dix-huit à vingt ans, & que ce n'étoit que de cette époque qu'elle avoit été convertie en herbage, parce que le sieur Héroult, par faits contraires, seroit tenu établir que les labours que le sieur Curé prouveroit, n'auroient été que des labours momentanés, pareils à ceux faits en 1753 & 1755, uniquement pour l'amélioration des fonds.* Le même jour, Arrêt intervint, qui accorda au sieur Curé les fins de sa requête.

Le sieur Héroult, lorsque cet Arrêt lui fut signifié, s'y rendit opposant; & pour moyens d'opposition, exposa que les faits de preuve articulés par le Curé, n'étoient ni pertinents, ni admissibles : opposition dont il fut débouté par autre Arrêt du 16 Janvier 1765, qui ordonna l'exécution du précédent.

Le 8 Juin suivant, parut un Mémoire imprimé du sieur Héroult.

D'abord il y examine si c'est un principe constant & autorisé par la Jurisprudence des Arrêts, que dans tous les cas où un propriétaire convertit des terres labourables de leur nature, en herbages, ces nouveaux herbages sont sujets à la dime par substitution & pour tenir lieu d'indemnité des dimes ordinaires que ces terres produisoient lorsqu'elles étoient labourées. Il nie que ce principe existe, par les moyens suivants.

Ce n'est point le fonds de la terre qui doit la dime, ce sont les fruits. Or la dime des fruits se regle sur la Coutume & l'usage des lieux, suivant l'article 50 de l'Ordonnance de Blois, qui veut que les *dîmes se levent selon la Coutume des lieux & la quotte accoutumée*; & l'art. 29 de l'Edit de Melun, qui prescrit *de juger les procès concernant les dîmes, suivant les usages anciens de chaque canton*. Les décimateurs, continue le sieur Héroult, ont été tellement persuadés que la dime de substitution étoit une nouvelle servitude sur le public, & qu'ils ne pouvoient réussir à la lui imposer, sans une loi qui les y autorisât, qu'en 1657, ils obtinrent du Roi un Edit, dont l'article 4 est ainsi conçu :

» Parce que les possesseurs, pour se dé-
» charger du paiement des dimes, intro-
» duisent un abus qui est très-préjudicia-
» ble, en changeant la surface de la ter-
» re, même en la convertissant en prairies
» & herbages, ou semant des fruits qui
» ne sont point sujets à la dime, suivant
» la Coutume des lieux, dans les champs
» qui avoient coutume d'être chargés de
» vignes, bleds & autres grains dont ils
» payoient la dime ; nous ordonnons que
» le changement qui a été & qui sera fait
» de la surface de la terre, ni des fruits
» & revenus, ne puisse préjudicier aux dé-
» cimateurs auxquels la dime des fruits
» & revenus nouveaux qui ne sont point
» sujets à dime suivant l'usage des lieux,
» sera payée à la raison des anciens fruits
» qui se recueilloient sur lesdits héritages.

Cet Edit avoit été donné pour faire une nouvelle loi sur la matiere des dimes; mais les Cours ne l'ayant point enregistré, on ne l'a point exécuté : ainsi toutes les fois qu'il se présente des questions sur cette matiere, on doit juger suivant la rigueur des anciennes Ordonnances, c'est-à-dire refuser aux décimateurs ce que l'Edit leur accordoit.

Et telle a été en effet la conduite du Parlement de cette Province.

Car si pour le Curé de Carentan on alléguoit le Réglement de 1749, on ne seroit pas attention qu'il n'établit pas la dime de substitution ou d'indemnité du fonds ; mais qu'il a accordé seulement la dime des herbages qui avoient été en labour & avoient produit des fruits décimables jusqu'en 1739 & 1740, parce que le propriétaire en avoit passé obéissance, & qu'il n'a fait Réglement que pour que l'article 118 des Placités continuât d'être exécuté ; qu'en conséquence, en le suivant, le décimateur fut tenu de prouver sa possession de percevoir par quarante ans la dime insolite sur les fruits qui sont la *chose* pour laquelle il y a procès : si vrai que ce Réglement ajoute que l'usage observé sur chaque fonds en chaque Paroisse sera suivi.

Pour achever de rendre ces moyens péremptoires, le sieur Héroult cite en son Mémoire un Arrêt du 22 Janvier 1754, qui déboute M. l'Evêque de Sistéron, Abbé de Corneville, décimateur de la paroisse de Valtot, de sa demande en dime sur un nouvel herbage de deux acres qu'un sieur Asse avoit fait enclorre de haies & de fossés, & qu'il avoit fait enclorre depuis quarante ans.

D'un autre du 17 Février suivant, qui déboute un Curé du Pays d'Auge de la dime d'un fonds de deux acres, dont un particulier avoit augmenté le pâturage de sa ferme.

A ces autorités, le sieur Héroult ajoutoit que quand même des terres seroient labourables de leur nature, pour être assujetties à la dime de substitution, étant converties en herbage, il faudroit qu'elles eussent produit des fruits décimables pendant quarante ans ; qu'un fonds en nature d'herbage d'ancienneté, ne devient point susceptible de dime, pour avoir été labouré pendant deux & trois ans, parce que ces labours ne tendent qu'à l'améliorer ; que le décimateur pour y percevoir dime, seroit obligé à prouver sa possession de dimer les bleds que ce fonds auroit produits pendant quarante ans ; qu'il n'y avoit que cette possession quadragénaire & non interrompue qui pût fonder la demande en indemnité du décimateur ; qu'enfin c'étoit donc à ce décimateur qu'il incomboit à justifier de la légalité de son titre, & que le propriétaire défendeur ne pouvoit être forcé à prouver l'exemption de son fonds par exception, cette possession étant de droit présumée, tant que le contraire n'étoit pas établi. D'ailleurs lorsque, comme l'a fait le Curé de Carentan, continuoit le sieur Héroult, on a laissé écouler un temps considérable sans réclamer la dime, un laboureur pourroit-il prouver une possession quadragénaire du fonds mis en herbage, comme herbage, quarante ans avant ses labours ?

La vie des hommes est trop courte, pour qu'ils puissent déposer de faits aussi reculés. Or cette difficulté de preuve, le décimateur doit se l'imputer comme faute ; elle n'existeroit pas s'il avoit accéléré sa demande.

Le sieur Héroult convenoit cependant que le 10 Mai 1742, la Cour avoit jugé qu'un propriétaire qui prétendoit n'avoir labouré sa terre, laquelle étoit en herbage, que pour l'améliorer seulement, devoit prouver qu'avant ce labour elle étoit exempte de dime, sans que le décimateur fût obligé de faire preuve qu'elle avoit payé dime d'ancienneté. Mais il observoit que lors de cet Arrêt, il s'agissoit d'une dime de foin récoltée en sec sur un pré que le propriétaire avoit cessé de labourer depuis deux ans seulement. La dime ayant été demandée dès la premiere récolte, il étoit en cette cause très-aisé de vérifier si le fonds n'avoit été labouré que pour l'améliorer, & quel avoit été son état ancien.

Le sieur Curé de Carentan fit signifier le 4 Avril 1764 une réponse : il y examine d'abord ce qu'on doit entendre par dime insolite.

C'est celle, dit-il, qui n'est pas due par sa nature, mais qui peut le devenir par l'usage du fonds où le grain, qui en est l'objet, est excru.

Il est certain que lorsque le fonds est exempt de dime par l'usage, & que le fruit l'est par sa nature, la dime n'est pas due ; & c'est dans ce cas que la dime est proprement insolite & proscrite par les loix : mais il est absurde de prétendre exempter de dimes des terres converties de labour en herbage, sous prétexte que dans certains cas la dime d'herbage n'est pas due. Le décimateur doit suivre la condition du propriétaire, il doit gagner lorsque le propriétaire gagne ; & puisque le propriétaire ne perd rien, par l'inversion de labour en herbage, le décimateur ne doit pas perdre.

Il n'est point étonnant qu'un fonds qui ne produisoit point de fruits décimables, soit sujet à la dime, lorsqu'il en porte de décimables de droit ; ceci est conforme à l'article 117 des Placités : les dimes solites de leur nature, ne peuvent jamais se prescrire. Il n'est pas moins juste qu'après avoir porté des fruits décimables, ce fonds paie la dime des fruits non décimables qui y sont substitués : c'est le vœu de l'article 118 du Réglement, suivant lequel la possession sur la *chose* ou sur le fonds doit décider si la dime est due. Aussi est-ce pour prévenir les fraudes que le Parlement a toujours regardé comme un principe certain, que *le décimateur ne doit pas être privé de son droit de dîme par le changement de superficie.*

Au reste, en cette Province, l'Edit de 1657 n'a pas été admis avec la même étendue que l'on donne ailleurs à ses dispositions ; & c'est par cette raison qu'il n'a pas été enregistré en la Cour.

Cet Edit admet, art. IV, les dimes de substitution, sans aucune exception ; au lieu que, suivant nos usages, il n'y a point lieu à la dime de substitution, 1°. lorsque le décimateur a laissé passer quarante ans sans en former la demande.

2°. Quand le fonds qui produisoit des fruits décimables est converti en herbage, pour l'utilité du ménage.

3°. Lorsqu'une terre, qui étoit exempte de dime, n'a été labourée que passagèrement & pour qu'on améliorât sa première nature.

Ainsi le décimateur qui ne se trouve point dans les cas d'exception, doit jouir en entier de l'effet de la maxime générale : *mutatâ superficie non mutatur jus decimandi.*

Et c'est le cas du sieur Curé de Carentan : il a été jugé en sa faveur le 24 Août 1767, contre un sieur Bonnet, que lui Curé n'étoit pas obligé, en fait de dime d'herbage, de prouver possession par quarante ans ; mais seulement sa possession depuis quarante ans, parce que dans sa paroisse la dime d'herbage est une dime locale.

Au surplus, la Cour a toujours tellement pensé que c'est au décimable à prouver l'exemption à laquelle il conclut, que quatre jours après le Réglement de 1763, pour les pepinieres, elle rendit un Arrêt entre le sieur Abbé de Mathan & la dame de Bois-Jugan, par lequel cette dame fut appointée à prouver que certains fonds de sa terre de Bois-Jugan, dont la dime d'herbage lui étoit demandée, étoient des fonds anciennement couverts de bois & joncmarins, qui après avoir été défrichés, avoient été mis en herbage, & que ces fonds n'avoient jamais payé dime depuis quarante ans, & qu'ils n'avoient labouré que pendant deux à trois ans, les uns après les autres, par forme d'amélioration.

C'est donc un point de Jurisprudence incontestable, qu'une terre labourée & ensemencée depuis quarante ans, est sujette à dime, à moins que le propriétaire ne prouve qu'elle n'a reçu que deux ou trois labours pour l'améliorer, & qu'elle ne payoit pas dime avant ces labours.

D'après ces moyens respectivement administrés par les deux Parties, la Cour, par Arrêt du 17 Juin 1769, en la premiere des Enquêtes, au rapport de M. l'Abbé de Rualem, *faisant droit sur le renvoi du Bailliage de Carentan*, dit, de voix unanime, *que faute par le sieur Curé d'offrir prouver que les trois pieces de terre, objet de la contestation, avoient été en nature de labour, & avoient produit fruits décimables par quarante ans avant leur conversion en herbage, il étoit débouté de son action, avec dépens.*

Le motif de cet Arrêt fut que le sieur Héroult jouissoit de l'exemption de la dime depuis vingt à trente ans ; qu'ainsi le Curé voulant changer cet état d'exemption, c'étoit à lui à justifier son droit ; droit qui ne peut valoir qu'en vertu d'une possession quadragénaire.

Si, au contraire, le dernier état de la terre eût été en labour, & que le cultivateur eût prétendu à l'exemption, en vertu de ce que l'état de sa terre auroit été antérieurement en herbage ; alors ce dernier auroit été obligé de faire la preuve de cette précédente exemption. Suivant la maxime de Forget, ci-devant citée, *on ne regarde point à la qualité primitive du fonds, mais la plus prochaine & immédiate.*

Il est aisé, en se reposant sur les observations précédentes, de connoître maintenant

maintenant dans laquelle des trois classes des dimes solites & de droit, des dimes solites par l'usage qui s'appellent aussi locales, ou des dimes insolites, la dime des légumes, celle des jardins, celle des grains, fruits & racines, tels que les lins, chanvre, pois, feves, haricots, lentilles, panais, carottes, salsifix, où les pommes, les poires, &c. doivent être rangés ?

Quand la dime en est d'un usage reconnu existant sur le plus grand nombre des fonds d'une paroisse, alors cette dime est de la seconde classe, & due comme si elle étoit solite de droit ; c'est-à-dire du premier instant de sa récolte, sur les terres mêmes qui n'ont point précédemment produit des grains décimables de droit. Et si, au contraire, l'usage de cette dime n'existe point en la paroisse, elle peut être, il est vrai, exigée, sans qu'il soit besoin d'une possession quadragénaire, mais à titre de substitution, & sur des terres qui ont été auparavant dimées de droit ; mais on ne peut la réclamer sur les autres terres où il n'y a point eu de dime de droit perçue.

C'est ce que les Arrêts suivants nous démontrent : 1°. dans les jardins, & le long des prairies du fauxbourg de la Barre, sis à la porte de Dieppe, le Curé de Saint Remy, paroisse de cette ville, étoit en possession immémoriale de percevoir en argent la dime des légumes ; ils forment l'unique revenu du fauxbourg & des hameaux, & sont une ressource précieuse & indispensable pour la subsistance de Dieppe. Le sieur Asseline, fermier de la dime du Curé, fit assigner Carpentier, jardinier, pour être condamné à payer la dime en essence ; les autres jardiniers du fauxbourg intervinrent, & s'opposerent avec lui au paiement en essence ; ils consentirent seulement la payer en argent, & eu égard à la valeur des fruits naturellement décimables que les fonds pourroient produire.

Tome I.

Asseline consentit recevoir la dime par estimation qui seroit faite tous les trois ans, si mieux n'aimoient les jardiniers la renouveller tous les ans ; mais eu égard au produit effectif de chaque fonds, en quelque quotité & de quelque qualité que fussent les légumes récoltés.

Le Juge d'Arques condamna les jardiniers à payer la dime de la valeur de leur récolte, à due estimation, pour une année seulement, si mieux ils n'aimoient que l'estimation fût faite pour trois ans.

Carpentier & joints interjetterent appel de cette Sentence. Ils ne nierent pas devoir la dime par substitution sur leurs légumes, qui étoient l'objet du principal commerce de leur canton ; mais ils représenterent que l'estimation de la valeur annuelle de ces légumes étoit impossible, vu le débit journalier & par petites parties qu'on en fait, les déchets auxquels ils sont, d'un instant à l'autre, exposés, & les frais considérables de main d'œuvre que leur culture exige : & par ces considérations, la Cour réforma le 11 Mars 1757, la Sentence, en ordonnant que *l'estimation seroit faite tous les trois ans, à raison de la valeur des fruits naturellement décimables que les fonds pourroient produire.*

La Cour a donc jugé en cette espece que la dime des légumes étoit due par substitution à celle des grains décimables *par leur nature & par forme d'indemnité*, & que ce n'étoit que par exception ; ç'a donc été pour éviter des procès entre le cultivateur & le décimateur, qu'elle a ordonné en ce cas, du consentement des Parties, l'estimation de la dime en argent. Si la dime des légumes n'eût été due qu'en vertu de l'usage, & non par substitution, l'évaluation n'auroit pas été ordonnée tous les trois ans, & à proportion de ce que les terres auroient rapporté de grains décimables de droit ; la Cour auroit probablement suivi son

V v v

Arrêt du 17 Juillet 1722, rendu entre les Curé & habitants du petit Appeville près Dieppe, par lequel l'estimation fut ordonnée de cinq ans en cinq ans sur le produit effectif des jardins en leur état actuel.

Il est indifférent que les terres qui ont rapporté des fruits décimables de droit soient mis en jardins clos ou non enclos; la clôture ne change rien à l'indemnité due au décimateur; nous avons à cet égard un Arrêt du 2 Mai 1631, rendu contre les Récollets de Rouen, rapporté par Basnage sur l'Article 3 de la Coutume.

Le Curé de S. Godard obtint, à titre de substitution, la dime des jardins de ces Religieux, nonobstant leurs clôtures.

Les deux Arrêts qui viennent d'être cités, ne doivent pas faire, au surplus, perdre de vue que les légumes, comme toutes les autres productions qui peuvent devenir sujettes à la dime par l'usage, n'y sont assujetties, même au cas de substitution, qu'autant qu'elles sont ordinairement décimables dans le canton. Car si, comme on l'a dit, depuis plus de quarante ans, ces sortes de productions eussent été généralement exemptes en la paroisse où elles seroient excrues, quoique substituées à des grains décimables de droit, la dime n'en seroit pas due; c'est ce qui a été jugé par l'Arrêt du 8 Mars 1629, à l'égard des poires & des pommes, en faveur des habitants du village de Sigy. Ils furent déchargés d'en payer la dime, dit Basnage, *parce qu'ils étoient en possession de n'en point payer*. Il en seroit de même de la dime des choux, des panais: si elle est due, suivant l'Arrêt de 1655, rapporté par le même Auteur, ce n'est qu'autant que dans le lieu les habitants n'ont pas la possession de l'exemption de dime sur ces denrées, qu'elle peut être exigée.

Les pommes de terre & autres productions nouvelles, sont soumises aux regles que l'on vient d'indiquer.

Dans le nombre des productions qui peuvent devenir solites par l'usage local, il y en a qui procurent en une seule année plusieurs récoltes; telle est celle du trefle. La dime de la deuxieme coupe est-elle due?

Cette question s'étant présentée en la Cour, entre le sieur Curé de Fontaine-le-Mallet & la veuve Ricouard, on ne peut mieux indiquer les motifs de l'Arrêt qui est intervenu, qu'en offrant l'extrait des moyens qui furent employés par les deux Parties.

La veuve Ricouard faisoit valoir quelques terres d'extension d'une ferme qu'elle occupoit en une paroisse voisine de celle de Fontaine-le-Mallet. Quoique le Curé de cette derniere paroisse fut en possession quadragénaire d'y dimer le trefle, ainsi que la seconde coupe, cette veuve prétendit se soustraire à son droit. Une Sentence du premier Juge l'obligea à passer *reconnoissance* ou *méconnoissance sur la possession du Curé*; Sentence dont elle interjetta appel en la Cour. Les Parties ayant consenti l'évocation du principal, cette veuve exposa qu'elle avoit le choix de couper le trefle en verd, au lieu de le récolter en sec; d'où elle concluoit que le trefle en ce cas n'auroit pas été décimable, & qu'il n'y auroit pas eu de seconde coupe. Elle disoit encore, qu'elle auroit pu laisser sa terre en repos ou en jacheres: dans tous ces cas le Curé n'auroit pas eu de dîme. Au surplus, il étoit, selon elle, inoui qu'on perçût deux années de dimes sur le même fonds en une seule année. Car Routier nous apprend que les *regains* sont exempts de dimes; & des Arrêts en 1727 & 1728, ont jugé qu'il n'étoit pas dû de dime des sainfoins, vesces & dragées coupés & pâturés en verd. Enfin cette veuve objectoit l'Arrêt du mois d'Août 1762, rendu contre le Curé du grand Quevilly.

Mais le Curé de Fontaine-le-Mallet, défendu par Me. Piéton, repliqua, en posant & en développant les principes, (nous nous faisons un devoir de copier le Mémoire qu'il fit imprimer), nous y avons reconnu cette précision, cette clarté, cette noble simplicité qui caractérisent les productions de ce Jurisconsulte.

Dans le fait, disoit-il, les trefles & autres herbes de la même espece, forment depuis long-temps un objet de culture ordinaire dans la paroisse de Fontaine-le-Mallet. La fertilité naturelle des terres de cette paroisse, n'exige point qu'on leur donne une année de repos pour les disposer à une nouvelle récolte de bleds.

Lorsqu'elles ont rapporté du bled dans une premiere année, elles sont chargées en avoine pour l'année suivante, & l'avoine est remplacée dans une troisieme année par des trefles, des pois verds ou gris, ou des pois du Bresil. La dime de ces trefles a toujours été payée au Curé depuis que l'usage de cette culture triennale a lieu; ce qui remonte à plus de quarante années.

On a également payé sans contredit ou sans interruption la dime de la seconde coupe du trefle, lorsqu'elle se faisoit en sec. La possession sur cette seconde coupe n'est pas moins ancienne, ni moins constante que la possession sur la premiere. La dame Ricouard est la seule qui ait prétendu l'interrompre.

Mais y a-t-il un principe plus certain en matiere de dime, que celui qui veut que, soit pour la quotité de la dime, soit pour l'espece des fruits sur lesquels elle doit se percevoir, soit pour la maniere de la percevoir, l'usage & la coutume de chaque paroisse fassent la regle invariable & absolue du décimateur & des décimables? N'est-ce pas de là que ce qui est sujet à la dime dans un endroit, en est exempt dans l'autre? La Jurisprudence, malgré la différence des Arrêts qui n'est qu'apparente, puisque les circonstances où ils ont été rendus ne sont pas les mêmes, n'a point varié; on peut dire même que c'est de leur diversité que sort l'uniformité des principes qui les ont fait prononcer. Car dans les especes toutes différentes qu'elle a jugées, la possession a été le titre unique de la perception & la mesure de son étendue.

C'est ce que Forget (1) avoit conçu, lorsqu'après avoir posé pour maxime générale que *la dîme de toutes choses & fruits ne se paie pas universellement d'une même force & façon, ni en tant que le corps de la redevance, ni pour la quotte en qualité & en quantité*; il ajoute, que l'expérience au contraire nous aprend que ce qui est gardé en une Province, Bailliage, & *qui moins est en une paroisse*, n'est pas reçu ni approuvé aux autres, encore qu'elles soient voisines, limitrophes & situées dans le même diocese; que cela fait qu'en une paroisse se levera la dime des foins & lins; ce qui ne se pratique ailleurs. Que quelquefois aussi sera payée au quinzieme boteau, fagot ou gerbe de grains, & aux autres endroits à la raison du vingtieme. *Que bref en la collection ou demandes de telles choses*, la Coutume *spéciale & particuliere des lieux doit être suivie*.

D'après ces principes, ou l'usage, la coutume, la possession plus que quadragénaire dont le Curé de Fontaine a demandé la preuve, sont constants, ou ils ne le sont pas.

S'ils ne sont pas constants, que la veuve Ricouard les méconnoisse; elle fera disparoître tout grief en la Sentence qui ne lui enjoint que de *reconnoître* ou *méconnoître*.

---

(1) Ch. 5. n°. 1.

Si au contraire ils sont constants, dès que la possession suffit au Curé pour lui assurer la premiere coupe, elle lui assure aussi la seconde.

Le choix que la veuve Ricouard prétend qu'elle auroit eu de couper le trefle en verd, n'est pas une observation réfléchie; car si elle eût coupé son trefle en verd, on n'auroit conséquemment pu en exiger la dîme; la dîme n'étant due que par les fruits séparés du sol après leur maturité.

En vain objecte-t-elle qu'elle auroit pu laisser ses terres en jacheres: ou elle auroit agi de cette maniere pour priver le Curé d'un droit légitime, & elle en auroit été punie par le tort qu'elle se seroit causé à elle-même; ou elle l'auroit fait pour son plus grand avantage; & alors le Curé y auroit participé.

Lorsque cette veuve regarde comme étrange que la dîme soit perçue deux fois en une année; c'est parce qu'elle n'a pas consulté les Auteurs, qui tous conviennent qu'autant de fois que la terre produit des fruits décimables, autant de fois la dîme en est exigible (1). Quant à l'autorité de Routier, elle en fait une fausse application. Il a pu arriver quelquefois que le décimateur n'avoit pas possession de dîmer le regain dans un pré; & faute de possession sur le fonds qui n'étoit pas décimable de droit, on ne devoit pas étendre la faculté de dîmer au-delà de la possession qu'il y avoit sur le fonds. Aussi Routier, p. 96, dit-il après avoir cité les Arrêts qui ont déclaré les *regains* exempts, que *la possession & l'usage doivent servir de regle.*

On convient que la dîme n'est pas due des sainfoins, vesces, dragées coupées en verd; ce ne sont pas des fruits parfaits: mais la seconde coupe des trefles s'exerce sur un fruit parfait. La premiere & la seconde coupe réunies ensemble, n'offrent que le résultat d'une seule & même végétation.

Enfin l'Arrêt du grand Quevilly, en 1762, a tellement été rendu d'après le fait particulier, que le 28 Juillet 1747, il y avoit un Arrêt en faveur du Curé de Maulévrier, qui lui avoit accordé la seconde coupe des trefles.

Ce Curé avoit une possession conforme à la loi; donc le Curé de Quevilly n'en avoit pas une de ce genre.

Ces moyens triompherent, & par l'Arrêt du 16 Mars 1778, la Cour mit l'appellation au néant, & ordonna que ce dont étoit appel sortiroit effet; *parce que néanmoins par le fait de possession articulée par le Curé, on devoit entendre une possession non interrompue par & depuis quarante ans de percevoir sur le plus grand nombre des cultivateurs de la paroisse de Fontaine, la dîme de la seconde coupe de leurs trefles récoltés en sec; & la dame Ricouard fut condamnée aux dépens.*

SECTION III.

Le principe de la possession ne doit pas être étendu de maniere à soumettre à la dîme d'autres productions que les prédiales.

Par Arrêt du premier Juillet 1760, la Cour déclara des décimateurs non-recevables à prouver par témoins leur possession immémoriale de percevoir la dîme du sel en une paroisse où on le fabriquoit; on regarda cette dîme comme personnelle; & la dîme personnelle est proscrite dans le royaume.

Quant aux dîmes des métaux d'or, d'argent, cuivre, plomb, étain, fer, alun, crystal & autres minéraux, on ne peut les exiger qu'en vertu d'une concession particuliere du Roi, conformément

---

(1) Panorme, sur le ch. 11, *extra de Decimis*. Jousse, ch. 3. no. 56.

aux Ordonnances de Charles IX en 1563, du mois de Septembre 1570, qui interdisent même aux Seigneurs Hauts-Justiciers d'en exiger aucuns droits.

Dans les pays de carrieres, quelques Curés ont cependant la dime du prix des pierres qu'on en tire, à moins qu'elles ne soient employées à la construction ou réparation des édifices du propriétaire; mais c'est en vertu de Concordats particuliers qui forment exception à la regle; & par conséquent la confirment : d'ailleurs, il est indispensable d'assigner des fonds aux Curés pour leur subsistance, & rarement les pays de carrieres sont fertiles en végétaux & en grains. On ne met pas au rang de ces dimes, celles des agneaux, laines, veaux, beurres, fromages, œufs, poulets, canards, oisons, pigeons, abeilles, &c. : ces dimes sont solites, dès qu'elles sont locales ; conséquemment si le plus grand nombre des habitants la paient, les autres y sont assujettis. C'est ce qui a été décidé par Arrêt du 16 Juillet 1737, au profit du Curé de Londinieres. *Voyez* Routier, *Pratiq. Bénéfic.* p. 74.

Et par un autre Arrêt du 24 Juillet 1771, en faveur du Curé de Berniere-Bocage.

Eudier avoit refusé de payer à ce Curé la dime des cochons au lait ; le Curé l'avoit traduit au Bailliage de Bayeux, où il avoit été ordonné à ce dernier, par Sentence du 24 Juillet 1769, de prouver qu'il étoit en possession de dimer les cochons au lait, & que c'étoit l'usage général de la paroisse de payer cette dime. Sur l'appel interjetté de cette Sentence par Eudier, il soutint qu'il ne suffisoit pas à son Curé de faire ces preuves ; mais que de plus elles devoient établir la possession *nommément sur son ménage*, parce que la dime réclamée étoit insolite, de la nature de celle des bois & prés pour laquelle il faut prouver la possession sur la chose même qui donne lieu au procès.

On lui répondit que dès le 22 Mai 1692, un Arrêt rendu en faveur du Curé de Méfieres, l'avoit confirmé dans le droit de dimer les cochons au lait ; fondé sur ce que, dans le lieu, cette dime étoit d'usage ; que par un autre du 14 Avril 1726, le sieur Curé de Bois-Normand avoit été appointé à faire preuve de sa possession en la dime du beurre sur le plus grand nombre de ses paroissiens; qu'en 1754, le 3 Avril, le Curé de Saouner avoit obtenu le même succès pour dime semblable à celle que lui Eudier contestoit : & par Arrêt du 24 Juillet 1771, vu qu'en vertu de la Sentence de Bayeux, le Curé avoit prouvé contre Eudier qu'il étoit en possession de la dime des cochons au lait sur la majeure partie des habitants de sa paroisse, il fut condamné à la payer.

Malgré tant de Jugements décisifs pour les Curés, il naît encore des contestations entr'eux & les décimables, au sujet des dimes d'agneaux & de laines. A cet égard il faut bien distinguer le droit de percevoir cette dime, d'avec la maniere d'en faire la perception.

Quant au droit d'exiger la dime des agneaux & des laines, il faut se conformer aux principes posés pour les dimes locales & d'usage ; & en ce qui touche la forme de la perception, il en sera traité en la Section cinquieme.

SECTION IV.

A quelles charges sont assujettis ceux qui perçoivent les dîmes ?

Ces charges sont de deux especes; elles sont relatives ou aux Eglises, ou à l'entretien du Ministre qui en a le desservice.

Quant aux réparations du chancel des Eglises, ce qui en a été dit articles CHANCEL, CHŒUR, CLOCHER, DÉ-

CIMATEURS, doit suffire. En ce qui touche la portion congrue, l'Edit du mois de Mai 1768, est l'unique regle à suivre.

LOUIS, par la grace de Dieu, Roi de France & de Navarre : A tous présents & à venir, SALUT. Nous avons toujours envisagé comme un de nos premiers devoirs le soin de procurer à nos peuples des Pasteurs qui débarrassés des sollicitudes temporelles, n'eussent à s'occuper qu'à leur donner de bons exemples & de salutaires instructions. Pour remplir des vues si dignes de notre amour pour nos sujets, & de notre respect pour la Religion, nous avons pensé que le moyen le plus convenable que nous puissions employer, étoit d'améliorer le sort des Curés & Vicaires perpétuels, dont la portion congrue portée par les Rois nos prédécesseurs à des sommes proportionnées à la valeur des denrées, aux époques de ces fixations, étoit devenue insuffisante pour les mettre en état de remplir avec décence les fonctions importantes qui leur sont confiées. Nous avons vu avec satisfaction le Clergé de notre Royaume, dans les assemblées de mil sept cent soixante & de mil sept cent soixante-cinq, nous proposer comme un des principaux objets de ses délibérations, les moyens de subvenir au besoin de ses coopérateurs du second ordre, & nous supplier de pourvoir, par une loi générale, à l'augmentation des portions congrues. Nous nous sommes empressés de mettre la derniere main à un projet si utile ; mais nous nous sommes déterminés en même temps à faire cesser les contestations ruineuses & multipliées qu'excite la perception des dimes novales, entre les Curés & les décimateurs, en réunissant à l'avenir cette espece de dimes à la dime ordinaire ; & cette réunion nous a même paru indispensablement nécessaire pour mettre les décimateurs en état de supporter les charges considérables auxquelles ils vont être assujettis. C'est en conséquence de cette disposition que nous avons porté à cinq cents livres les portions congrues, qui, en suivant la proportion des fixations précédentes, ne seroient pas à une somme aussi forte ; & nous avons aussi pensé qu'en assujettissant les décimateurs ecclésiastiques, il étoit de notre justice de les faire participer aux mêmes secours, en les appellant également à la possession des novales futures. Mais nous n'aurions pas entiérement rempli l'objet important que nous sommes proposé, si, dans une loi générale qui doit à jamais maintenir la tranquillité entre les décimateurs & les Curés, & rendre ces derniers en entier aux soins de leur troupeau, nous n'avions porté nos regards jusques sur les temps les plus reculés : nous avons en conséquence déterminé la valeur de la portion congrue, à une quantité de grains en nature qui pût toujours servir de base aux nouvelles fixations qui seroient occasionnées par les variations du prix des denrées ; & nous avons assujetti les abandons que les décimateurs desireront rendre perpétuels, à une forme judiciaire, qui, en écartant tout soupçon de fraude, assure pour toujours l'état & la possession de ceux qui s'y seront soumis. A CES CAUSES & autres à ce nous mouvant, de l'avis de notre Conseil & de notre certaine science, pleine puissance & autorité royale, nous avons, par le présent Edit perpétuel & irrévocable, dit, statué & ordonné, disons, statuons & ordonnons, voulons & nous plaît ce qui suit :

ART. I. La portion congrue des Curés & Vicaires perpétuels, tant ceux qui sont établis à présent que ceux qui pourroient l'être à l'avenir, sera fixée à perpétuité à la valeur en argent de vingt-cinq septiers de bled froment, mesure de Paris.

II. La portion congrue des Vicaires,

tant ceux qui font établis à préfent, que ceux qui pourroient l'être à l'avenir dans la forme prefcrite par les Ordonnances, fera auffi fixée à perpétuité à la valeur en argent de dix feptiers de bled froment, mefure de Paris.

III. La valeur en argent defdites portions congrues fera & demeurera fixée, quant à préfent, favoir, celle defdits Curés & Vicaires perpétuels à cinq cents livres, & celle defdits Vicaires à deux cents livres; nous réfervant, dans le cas où il arriveroit un changement confidérable dans le prix des grains, de fixer de nouveau, en la forme ordinaire, les fommes auxquelles lefdites portions congrues devront être portées, pour être toujours équivalentes aux quantités de grains déterminées par les articles I & II de notre préfent Edit.

IV. Les Curés & Vicaires perpétuels jouiront, outre ladite portion congrue, des maifons & bâtiments compofant le prefbytere, cours & jardins en dépendants, fi aucuns y a, enfemble des oblations, honoraires, offrandes ou cafuels, en tout ou en partie, fuivant l'ufage des lieux; comme auffi des fonds & rentes donnés aux Curés pour acquitter des obits & fondations pour le Service Divin; à la charge par lefdits Curés & Vicaires perpétuels de faire preuve par titres confécutifs que les biens laiffés à leurs cures depuis 1686, & qu'ils voudront retenir comme donnés pour obits & fondations, en font effectivement chargés: & à l'égard des biens ou rentes dont lefdits Curés & Vicaires perpétuels étoient en poffeffion avant 1686, & dont ils ont continué de jouir depuis cette époque, ils pourront les retenir, en juftifiant par des baux ou autres actes non-fufpects qu'ils font chargés d'obits & fondations qui s'acquittent encore actuellement.

V. Ne pourront les décimateurs, fous aucuns prétextes, même en cas d'infuffifance du revenu des fabriques, être chargés du paiement d'autres & plus grandes fommes que celles fixées par notre préfent Edit, fi ce n'eft pour la fourniture des livres, ornements & vafes facrés, ainfi que pour les réparations des chœurs & chancels; à l'effet de quoi nous avons dérogé & dérogeons par notre préfent Edit à toutes Loix, Ufages, Arrêts & Réglements à ce contraires.

VI. Les portions congrues feront payées fur toutes les dîmes eccléfiaftiques, groffes & menues, de quelqu'efpeces qu'elles foient; & au défaut, en cas d'infuffifance d'icelles, les poffeffeurs des dimes inféodées feront tenus de payer lefdites portions congrues, & d'en fournir le fupplément; & après l'épuifement defdites dimes eccléfiaftiques & inféodées, les Corps & Communautés féculieres & régulieres qui fe prétendent exempts de dimes, même l'Ordre de Malthe, feront tenus de fournir le fupplément defdites portions congrues; & ce jufqu'à concurrence du montant de la dime que devroient fupporter les héritages qui jouiffent defdites exemptions, fi mieux n'aiment les gros décimateurs abandonner à la cure lefdites dimes, foit eccléfiaftiques, foit inféodées, ou lefdits exempts fe foumettre à payer la dime; auquel cas les uns & les autres feront déchargés à perpétuité de toutes prétentions pour raifon de ladite portion congrue.

VII. Voulons en outre, conformément à nos Déclarations des cinq Octobre mil fept cent vingt-fix, & quinze Janvier mil fept cent trente-un, que le Curé primitif ne puiffe être déchargé de la contribution à ladite portion congrue, fous prétexte de l'abandon qu'il auroit ci-devant fait ou pourroit faire auxdits Curés & Vicaires perpétuels, des dimes par lui poffédées; mais qu'il foit tenu d'en fournir le fupplément, à moins qu'il n'abandonne tous les biens fans exception qui compofoient l'ancien patrimoine de la cure, enfemble le titre & les droits de Curé primitif.

VIII. Ne feront réputés Curés primitifs, que ceux dont les droits feront établis, foit par des titres canoniques, actes ou tranfactions valablement autorifés, ou Arrêts contradictoires, foit par des actes de poffeffion centenaire, conformément à l'Article II de notre Déclaration du quinze Janvier mil fept cent trente-un.

IX. Les portions congrues feront payées de quartier en quartier, & par avance, franches & quittes de toutes impofitions & charges que fupportent ceux qui en font tenus, fans préjudice des décimes que lefdits Curés & Vicaires perpétuels continueront de payer en proportion du revenu de leurs bénéfices.

X. Les Curés & Vicaires perpétuels, même ceux de l'Ordre de Malthe, auront en tout temps la faculté d'opter la portion congrue réglée par notre préfent Edit, en abandonnant par eux en même temps tous les fonds & dîmes groffes, menues, vertes, de lainages, charnages & autres, de quelqu'efpece qu'elles foient, & fous quelque dénomination qu'elles fe perçoivent, même les novales, ainfi que les revenus & droits dont ils feront en poffeffion au jour de ladite option, autres que ceux à eux réfervés par l'article IV de notre préfent Edit.

XI. Les abandons faits à la cure par les Décimateurs exempts ou Curés primitifs, en conféquence des articles VI & VII ci-deffus, feront & demeureront à perpétuité irrévocables. Voulons pareillement que l'option de la portion congrue qui fera faite en exécution de notre préfent Edit, foit & demeure à perpétuité irrévocable ; mais feulement lorfque les formalités prefcrites par l'article fuivant, auront été remplies.

XII. Lorfque les Curés ou Vicaires perpétuels opteront la portion congrue, ceux à qui ils remettront les dîmes ou autres fonds qu'ils doivent abandonner, feront tenus, pour que ladite option demeure irrévocable, de faire homologuer en nos Cours, fur les conclufions de nos Procureurs-Généraux en icelles, lefdits actes d'option ; lefquelles homologations feront faites fans frais. Voulons que pour y parvenir, il foit procédé à une eftimation par Experts nommés d'office par nofdites Cours ou par les Juges des lieux qu'elles voudront commettre, du revenu des biens & droits qui feront abandonnés par les Curés qui feront l'option ; les frais de laquelle eftimation, feront à la charge de ceux auxquels les biens feront réunis ; & feront lefdites eftimations faites aux moindres frais que faire fe pourra ; lefquels ne pourront néanmoins, en aucuns cas, excéder le tiers d'une année du revenu des biens & droits eftimés.

XIII. Tout Curé & Vicaire perpétuel qui n'optera pas la portion congrue réglée par notre préfent Edit, continuera de jouir de tout ce qu'il fe trouvera poffeder au jour de l'enregiftrement de notre préfent Edit, de quelque nature que foient les biens & droits, dont il fe trouvera alors en poffeffion, fans qu'il puiffe lui être oppofé par les gros décimateurs, qu'il perçoit plus du montant de ladite portion congrue, à raifon des fonds qui auroient été précédemment délaiffés ou des fuppléments, tant en fonds qu'en argent, qui auroient été faits en exécution de notre Déclaration du vingt-neuf Janvier mil fix cent quatre-vingt-fix.

XIV. Voulons qu'à l'avenir, il ne foit fait aucune diftinction entre les dîmes anciennes & les dîmes novales dans toute l'étendue de notre Royaume, même dans les paroiffes dont les Curés n'auroient pas fait l'option de la portion congrue ; en conféquence les dîmes de toutes les terres qui feront défrichées dans la fuite, lorfqu'elles auront lieu, fuivant notre Déclaration

claration du treize Août mil sept cent soixante-six ; comme aussi les dîmes des terres remises en valeur ou converties en fruits décimables, appartiendront aux gros décimateurs de la paroisse ou du canton, soit Curés, soit autres, soit laïques ou ecclésiastiques ; n'entendons néanmoins que les Curés, qui n'opteront point la portion congrue, soient troublés dans la jouissance des novales dont ils seront en possession lors de la publication du présent Edit, sans que les Curés qui en jouiront puissent être assujettis à autres & plus grandes charges que celles qu'ils supportoient auparavant.

XV. Les honoraires des Prêtres commis par les Archevêques ou Evêques à la desserte des cures vacantes de droit & de fait, ou à celles des cures sujettes au droit du déport, ne pourront être fixés au-dessous des trois cinquiemes du montant de la portion congrue ; pourront néanmoins les Archevêques ou Evêques assigner aux desservants des cures qui ne sont pas à portions congrues, une rétribution plus forte, suivant l'exigence des cas, conformément aux loix précédemment données sur cet objet.

XVI. A l'égard des cures & vicaireries perpétuelles dont les revenus se trouveroient au-dessous de la somme de cinq cents livres, même dans le cas des abandons ci-dessus, nous exhortons les Archevêques & Evêques, & néanmoins leur enjoignons d'y pourvoir par union de bénéfices-cures ou non cures, conformément à l'article XXII de l'Ordonnance de Blois ; nous réservant au surplus, d'après le compte que nous nous ferons rendre du nombre desdits Curés & du revenu de leurs bénéfices, de prendre les mesures nécessaires, tant pour faciliter lesdites unions que pour procurer auxdits Curés un revenu égal à celui des autres Curés à portion congrue de notre Royaume.

XVII. L'augmentation des portions congrues, ordonnée par notre présent Edit, aura lieu à compter du premier Janvier mil sept cent soixante-neuf.

XVIII. Les exploits ou actes d'option & d'abandon qui seront faits & passés en conséquence du présent Edit, ne pourront avoir leur exécution qu'après avoir été insinués au Greffe des insinuations ecclésiastiques du diocese ; & sera payé deux livres pour l'insinuation desdits exploits ou actes ; sera aussi payé trois livres pour chaque acte d'option ou d'abandon pour tous droits de contrôle, insinuation laïque, centieme denier, amortissement, échanges, indemnités ou autres quelconques, sans qu'il puisse être exigé autres ou plus forts droits pour chacun desdits actes d'option ou d'abandon, ou autres actes qui seroient passés en conséquence du présent Edit.

XIX. Les contestations qui pourront naître au sujet de l'exécution de notre présent Edit, seront portées en premiere instance devant nos Baillis & Sénéchaux, & autres Juges des cas royaux ressortissants nuement à nos Cours de Parlement dans le territoire desquelles elles se trouveront situées, sans que l'appel des Sentences & Jugements par eux rendus en cette matiere, puisse être relevé ailleurs qu'en nosdites Cours de Parlement ; & ce, nonobstant toutes évocations qui auroient été accordées par le passé, ou qui pourroient l'être par la suite, à tous Ordres, Congrégations, Corps, Communautés ou particuliers. SI DONNONS EN MANDEMENT à nos amés & féaux les gens tenant notre Cour de Parlement à Rouen, que notre présent Edit ils aient à faire lire, publier & enregistrer, le contenu en icelui garder, observer & exécuter selon sa forme & teneur, nonobstant toutes Loix, Coutumes, Usages, Edits, Déclarations, Lettres-patentes, Transactions, Réglements, Arrêts, Clameur de haro, Charte Normande &

autres choses contraires à notre présent Edit, auxquels nous avons dérogé & dérogeons par le présent Edit.

Secion V.

Quelles sont les regles de la perception des dîmes ?

Cette section doit indiquer, 1°. entre les personnes capables de percevoir la dîme, si le Curé a un droit préférable pour l'exiger; si l'on ne peut le priver de cette préférence sans titre? 2°. S'il y a des dimes affectées exclusivement aux Curés, ou si toutes leurs sont communes? A quelle quotité, ils doivent exiger la part qu'ils y ont? Et comment se fait le partage entr'eux? 3°. Quelle est la quotité à laquelle le paiement en doit être fait par les redevables? si c'est à ceux-ci qu'il incombe de prouver cette quotité? 4°. Si la dîme doit être payée au rang ou à la gerbe; & si l'on est obligé d'avertir le décimateur de venir exercer son droit? 5°. Quels sont les droits des décimateurs sur les granges dimeresses.

Sur le premier point, rien n'est plus capable de donner des lumieres satisfaisantes que le mémorable Arrêt du 10 Juillet 1766.

M^e. René Desfriches des Genettes, Curé de la paroisse de S. Germain de la ville de Séez, ayant eu quelques contestations avec le sieur Despreville, fermier d'une portion des grosses dimes de sa paroisse, appartenante aux Abbé & Religieux de l'Abbaye de S. Martin de cette ville, avoit rendu sa cause intéressante, en lui donnant pour premier objet l'intérêt des pauvres.

Les Religieux leur avoient fait distribuer de tous tems du pain ; & leur fermier ne se conformoit plus, selon lui, qu'à regret à cette pratique édifiante. Le Curé, affligé de voir diminuer chaque jour le poids du pain de ses pauvres, demanda que les Religieux fussent tenus de produire les titres en vertu desquels ils percevoient moitié de la dime en sa paroisse. Le Curé ne réussit pas devant le premier Juge, & se pourvut par appel à la Cour, où, sur les plus amples conclusions du Substitut de M. le Procureur-Général, *il fut ordonné, par Arrêt du 23 Août 1765, que les Prieur & Religieux Bénédictins de l'Abbaye de Séez, seroient tenus de représenter dans trois mois pour tout délai, au Procureur-Général, les titres en vertu desquels ils percevoient moitié des dîmes en la paroisse de S. Germain ; parce qu'à faute par eux d'y satisfaire dans ledit délai, icelui passé, le Curé percevroit, par compte & nombre, ladite moitié de dîme & la distribueroit aux pauvres, en présence du Substitut de mondit sieur le Procureur-Général.*

Le 24 Janvier suivant, M. le Procureur-Général requit la suppression du titre sous lequel l'Arrêt avoit été rendu public ; & comme les Religieux n'avoient point été parties au procès lors de cet Arrêt, ils présenterent, fondés sur l'article 2 du titre 35 de l'Ordonnance de 1667, leur Requête d'opposition, & y demanderent réparation de la dénonciation calomnieuse faite contr'eux par le Curé. Celui-ci, intimé en la Cour, se borna à déclarer qu'il s'en rapportoit à ce qu'elle voudroit ordonner sur l'opposition à son Arrêt, parce que, à l'en croire, l'Abbaye ne devoit avoir d'autre partie que le Ministere public. Cependant il conclut verbalement en 4000 liv. d'intérêts pour réparation de ce qu'ils avoient usé à son égard d'expressions peu modérées sur lesquelles la Cour devoit prononcer.

M. Grente de Grécourt, premier Avocat-Général, pour M. le Procureur-Général, porta la parole en cette cause. Il est important d'avoir sous les yeux la substance du plaidoyer de cet éloquent Magistrat.

Avant de se fixer particuliérement à la question au fond, sur laquelle la Cour devoit prononcer, M. de Grécourt s'étant fait ces questions :

1°. Si la dîme appartenoit entiere aux Curés ?

2°. Si tous possesseurs de dîmes, autres que les Curés, l'étoient par usurpation ou à titre singulier ?

3°. Si on ne pouvoit pas se prévaloir contre les Curés de la possession quadragénaire ?

4°. Si pour user de la prescription, il falloit que les Eglises fussent égales entr'elles ?

DIT : Une vieille erreur a subsisté parmi quelques Ecrivains ; elle a été accréditée par quelques Canonistes, & accueillie dans ces derniers temps par quelqu'autres personnes qui n'étoient pas mieux instruites que ceux chez qui ils l'avoient puisée.

Il est reconnu par les plus habiles Jurisconsultes, tant en matiere ecclésiastique que civile, que sous la loi nouvelle, qui a abrogé l'ancienne, les dîmes sont dues de droit humain, & nullement de droit divin. En effet, nul précepte dans l'Evangile, nul dans les Actes des Apôtres qui en ordonne le paiement ; il étoit inconnu dans les premiers siecles de l'Eglise. Le savant de Héricourt, tom. 2, fol. 166, nous dit que pendant les six premiers, il n'y avoit point de loi qui y obligeât.

Cecilius, Evêque de Carthage, qui vivoit dans le troisieme, & dont on a recueilli les ouvrages avec soin, nous apprend que de son temps on ne connoissoit point de dîmes : *Nunc de patrimonio nec decimas damnas.* Le disciple du Prêtre Héliodore, depuis élevé à l'Episcopat, & mis au nombre des Saints, mort en 369, dont tous les Peres de l'Eglise, & notamment S. Jérôme, font les plus grands éloges, s'exprime en ces termes :

In lege gratiæ jugum decimarum Deus abstulit.

S. Augustin, qui a écrit dans le commencement du cinquieme siecle, disoit aux peuples : « Quoique vous ne soyez » point obligés comme les Juifs à payer » la dime par une disposition précise de » la loi, vous devez imiter Abraham qui » la payoit avant la loi, par le seul mou- » vement de sa piété.

On voit bien dans les Saints Peres qui ont écrit les premiers sur cette matiere, & dans les anciens Conciles, des exhortations pressantes de fournir aux Ministres des Autels une subsistance légitime, ainsi qu'aux veuves & aux pauvres sans distinction, qu'on évaluoit à la dixieme partie des biens ; mais sans en faire une loi qui regardât plus les Ecclésiastiques que les pauvres : *Decimæ tributa sunt agentium animarum.*

Celui qu'on appelle l'Ange de l'école, prétend bien que de droit divin & humain la subsistance est due aux Ecclésiastiques ; que la loi ancienne & nouvelle sont d'accord en cela, mais que celle-ci ne décide pas de telle ou telle maniere ; de sorte que d'après lui, & eu égard au temps où il écrit, l'usage doit seul la regler pour les petites dimes : *De hujusmodi minutis rebus non tenentur homines decimas dare nisi forté propter consuetudinem patriæ.*

Dumoulin dit expressément au chap. *cum Parochianos*, sur les Décrétales de Grégoire IX. *In quantum vult quod decimas sint hodiè de jure divino, falsum & Judaïcum est* : Van-Espen, en parlant des dimes, est du même sentiment.

Beaucoup d'autres citations concourreroient à l'envi, pour prouver que la dime n'est point de droit divin, si l'on en pouvoit douter aujourd'hui où cette matiere a été suffisamment éclaircie, & ne peut plus être problématique que pour les gens qui ne jugent des questions que par les apparences aidées du préjugé.

D'Héricourt, ainsi que nous l'avons dit, est comme les autres, d'avis que la dime n'est point de droit divin, & cependant elle n'est pas moins due de droit positif. Il s'ensuit de là une conséquence inévitable ; c'est qu'elle ne peut appartenir qu'à qui elle a été donnée ; & cela détruit d'avance la proposition que la dime appartient toute entiere aux Curés, & que tous les possesseurs de dîmes, autres que les Curés, ne le sont que par usurpation.

Pour prouver la négative de cette proposition, il ne faut que se rappeller l'origine des dimes. Les laïques en avoient anciennement ; il en appartenoit au Prince & aux Seigneurs particuliers : la preuve s'en tire de ce que nos Rois, dans le milieu du sixieme siecle, en ont exempté les Ecclésiastiques, par un privilege singulier. Loin donc que ceux-ci eussent alors la dime de droit divin ou général, sans cette exception ; ils l'auroient dans ce temps-là payée eux-mêmes ; c'étoit des soumissions attachées aux terres.

Plusieurs particuliers avoient aussi des dimes.

Il en subsiste encore dans quelques Coutumes : dans d'autres ce sont des redevances seigneuriales.

On voit ensuite que les Evêques, les Abbés & les Chapitres cédoient des domaines à des séculiers, à la charge de leur en payer la dime ; ce qui résulte d'une multitude de Capitulaires de Charlemagne.

En tout, il ne paroît pas que la dime ait d'autre origine que dans la piété des fideles ; mais piété qui se dirigeoit ainsi qu'ils le jugeoient à propos, soit en faveur des Evêques, des Chapitres, des Religieux ou des Curés, à leur choix. Cet acte de libéralité devint général ; on s'en fit une loi dans le sein de l'Eglise, suivant le témoignage d'Héricourt ; & la premiere remonte d'après l'époque qu'il en cite, au Concile tenu à Mâcon en 585.

Charlemagne est le premier qui en ait fait une loi civile à la fin du huitieme siecle, en faveur de ceux à qui elle avoit été donnée, c'est-à-dire généralement à l'Eglise.

C'est ici qu'une foule de citations qui deviendroient volumineuses, concoureroient ensemble pour prouver la multitude de terres & de dimes qui ont été aumônées avant 794, & depuis aux Pasteurs de l'Eglise, aux Chapitres leurs conseils nés, aux Monasteres, aux Religieux dans un grand nombre de Provinces où l'on ne connoissoit pas même alors d'autres Curés que des Chanoines ou des Religieux. Ceux-ci, dans d'autres temps, ont cédé tout ou partie de ces mêmes dimes aux Prêtres séculiers qui ont été *placés par eux ou par les Evêques pour le desservice des Eglises*. A la suite de certains temps orageux, où une grande partie des biens ecclésiastiques étoient rentrés dans les mains des séculiers, plusieurs portions de dimes leur ont été alors censées données par eux : ils en ont même concédé de celles qu'ils retiroient des mains des Religieux & des Chapitres auxquels plusieurs avoient abandonné leurs biens, à condition d'en percevoir eux-mêmes la dime.

De tout cela il résulte, & de mille autres preuves, que ceux, autres que les Curés, tels que les Evêques, les Chapitres, les Abbayes & les Communautés, qui possedent des dimes, ne les possedent point à titre d'usurpation ; mais à titre légitime, & qu'ils les tiennent de ceux qui en étoient les véritables propriétaires. Que de Chartes on produiroit à cet égard-là !

Mais lorsque ces titres manquent, la possession peut-elle y suppléer ?

Si la possession est, comme on n'en peut douter, une barriere insurmontable à laquelle rien ne peut s'opposer, & faite pour mettre un frein à l'avidité & à la persécution, nous emprunterons ici pour répondre à la derniere proposition que nous nous sommes promis de combattre, le judicieux langage du requisitoire qui nous a été présenté par M. le Procureur-Général, le 24 Janvier dernier, pour anéantir l'idée qu'il falloit que les Eglises fussent égales entr'elles pour opérer la prescription.

On y lit (& cette vérité est constante) » qu'on ne pouvoit pas avancer que tous » possesseurs de dîmes, autres que les » Curés, l'étoient par usurpation ou à » titre singulier, & qu'ils invoqueroient » inutilement les privileges de la posses-» sion quadragénaire ou centenaire; qu'on » savoit au contraire, & que c'étoit la » jurisprudence de toutes les Cours, que » les gros décimateurs prescrivoient con-» tre les Curés; qu'il y avoit à cet égard » une prescription réciproque qui faisoit » corps avec le droit commun, comme » la prescription d'Eglise à Eglise, des » Monasteres entr'eux, & comme enfin » la possession des citoyens en général, » qui faisoit un des articles les plus im-» portants de la loi de cette Province.

Telles sont, Messieurs, les vérités que nous avons professées, le 24 Janvier; vérités incontestables, & qui assurent dans la société le repos de tous les états; vérités cependant qu'on a voulu révoquer en doute contre les sieurs Benédictins de Séez.

Ils possedent de temps immémorial les dîmes de la paroisse de S. Germain de ladite ville; de tout temps ils ont fait des aumônes dans cette paroisse; & ce qu'il y a d'incompréhensible, c'est parce qu'ils ont fait des aumônes qu'on leur demande le titre en vertu duquel ils possedent les dîmes.

Mais a-t-on été bien fondé à leur demander la production de ces titres? Il semble que tous les principes reconnus, dont nous avons fait usage, annoncent que non.

Nous admettons sans doute dans l'ordre de la morale, les principes posés par le sieur Curé de Saint Germain de Séez, que tout bénéficier est obligé de faire l'aumône, en tel temps, de telle nature & en telle quantité: or, parce que de tout temps il se sera acquitté de ce devoir de conscience, on prétende lui en faire une loi, lui imposer un tarif; & qu'on aille plus loin, qu'on imagine de là pouvoir lui demander les titres des biens qu'il possede & sur le produit desquels il fait ses aumônes: cela n'est pas proposable.

Nous avons démontré que tout possesseur de dîmes, autre que les Curés, ne l'est point par usurpation, mais aussi légitimement que les Curés eux-mêmes, & cela par l'origine légale de la dîme, & les autorités respectables que nous avons citées; il s'ensuivroit dès-lors que la demande en production de titres, faites aux Religieux, est déraisonnable, parce qu'elle supposeroit des droits attachés à la cure de Saint Germain sur l'Abbaye de Séez, & de la part du Curé, celui de leur demander compte de leurs possessions.

A cette proposition toute nouvelle, ils ont opposé l'article 521 de notre Coutume. Oublions l'assertion que, pour que la prescription soit admissible, il faut que les Eglises soient égales entr'elles, & abandonnons-la à sa juste valeur, sans perdre de vue la glose sur le chap. *de quarta extra de præscriptionibus*, qui dit: *hodie verò jure communi sola quadraginta annorum præscriptio currit contra ecclesiam, nulla distinctione facta inter ecclesias & monasteria.* Basnage dans son préliminaire sur l'article des Prescriptions dit: » sui-» vant le droit Romain, les biens d'égli-» se étoient aussi sujets à cette prescrip-

» tion quadragénaire ; & qu'il n'impor-
» toit pas fur quel titre elle fût appuyée,
» parce que la feule poffeffion fans titre
» étoit fuffifante : *quia poffeffio intelligi-*
» *tur continuata in qualitate tituli & con-*
» *formitér ad titulum.*

Nous concevons bien que fi les fieur Religieux de Séez avoient produit le titre originaire en vertu duquel ils prétendroient jouir des dimes de Saint Germain, & que leur poffeffion n'y fût pas conforme, on les réduiroit inconteftablement aux termes de leur titre ; mais qu'à propos d'une Sentence provifoire qui a été rendue en 1710, en faveur d'une paroiffe voifine, dans un temps critique & de famine, on prétende 55 ans après, ou leur faire produire leurs titres, ou les dépouiller faute de production ; il eft impoffible de fe prêter à un pareil fyftême.

Le même Bafnage va plus loin fur la force de la poffeffion ; il dit : » qu'en
» Normandie l'on ne peut révoquer en
» doute que la prefcription quadragénaire
» n'ait lieu contre l'Églife ; car, ajoute-
» t-il , cet article fut arrêté nonobftant
» l'oppofition des Eccléfiaftiques ; &
» afin que cela ne fît plus de difficulté,
» la Cour en a fait un Réglement, arti-
» cle 117 de celui de 1666 « ; c'eft cette prefcription appellée par lui *la patrone du genre humain.* Que d'autorités, que d'Arrêts , quelle Jurifprudence fuivie dans toutes les Cours ne pourrions-nous pas citer en faveur de cette poffeffion fi refpectable ! S'il en étoit autrement, il n'eft peut-être pas un centieme des Bénéficiers de la Province qui pût jouir tranquillement des fruits de fon bénéfice. Des principes contraires feroient capables de jetter l'alarme, la confufion & le défordre, non-feulement dans tout le Clergé de France, mais encore parmi tous les propriétaires quelconques, & fur-tout dans les poffeffions féodales dont prefque tous les titres fe trouvent perdus.

Mais en fait, les fieurs Religieux Bénédictins de Séez méritent-ils les traverfes qu'on leur a fait éprouver ? Du titre même que l'on prétend leur oppofer, que les pauvres font en poffeffion de recevoir d'eux d'abondantes aumônes, il en réfulte un aveu en leur faveur, que fi c'eft un devoir fondé en titres, (qu'on ne repréfente cependant pas contr'eux) ils s'en font toujours fidélement acquittés ; que fi les aumônes font gratuites de leur part, mais cependant à la décharge de leurs confciences, ils font louables, parce que tout le monde ne fait pas toujours ce qu'il devroit faire.

D'ailleurs, fi à cet égard il y a des titres contr'eux, ils n'ont pas dû leur refter aux mains ; c'étoit aux Curés, dont les paroiffes en profiteroient, à les produire, ou au Corps-de-ville de Séez à en être faifi ; & nul ne paroît : d'où l'on peut conclure ou qu'il n'en exifte aucuns, ou qu'ils ne font pas tels qu'on le dit.

Cependant ces Religieux ont été dénoncés à la Juftice & au public, comme ne s'acquittant pas de ce premier & le plus faint de tous leurs devoirs. Que réfulte-t-il en fait de cette accufation fcandaleufe ?

Cinq Curés font à la tête du Clergé féculier de la ville de Séez, fous le gouvernement d'un Prélat refpectable. Celui-ci n'éleve pas contr'eux une voix funefte. Quatre de ces cinq Curés rendent à leurs vertus chrétiennes, à leur générofité, leur libéralité envers les pauvres, l'hommage le plus éclatant, par les certificats les mieux détaillés & les plus convaincants. Ces Curés cependant, dans le fyftême qu'on s'eft permis d'élever, font dépouillés par cette Abbaye d'une partie de leur patrimoine, c'eft-à-dire qu'elle a de groffes dimes dans leurs paroiffes ; même un d'entr'eux est à portion congrue. Quoi qu'il en soit, la force de la vérité l'emporte dans la Paroisse de ce dernier : les Bénédictins de Séez n'ont que 15 liv. de revenu, qui est le prix de la moitié des dîmes, & cependant les aumônes ne sont pas moins considérables pour ses pauvres, & tous les Curés se réunissent pour élever la voix en faveur de cette Abbaye. Ecoutons-les dans leurs certificats qui viennent de mains qui ne peuvent pas être suspectes. Ce sont les confreres dudit Curé de S. Germain ; ils nous apprennent que les aumônes générales sont régulieres, qu'elles sont abondantes ; qu'aucun pauvre n'est refusé & ne peut se plaindre ; qu'à ces aumônes les Religieux de Séez ajoutent habituellement tout ce que la charité chrétienne peut exiger des personnes les plus respectables : c'est le pain, le vin, la viande, les médicaments, tous les secours nécessaires aux pauvres, aux infirmes, aux malades, qu'on trouve dans cette Abbaye. Ces Religieux vont chercher les infortunés jusques dans l'asyle de leur misere, pour les soulager ; leurs cris & leurs larmes parviennent jusqu'à eux, & elles ne sont point impuissantes. C'est le Prieur actuel de cette Abbaye, ici présent à votre audience, qu'on a cherché à vous peindre sous des couleurs fâcheuses, qui apprend l'incendie arrivé à la maison d'un pere de famille, dès-lors plongé avec tous les siens dans la plus grande détresse : ces motifs touchent son cœur ; il assemble aussi-tôt sa Communauté, il leur fait la vive peinture de ce malheur : un double motif émeut sa commisération, celui de subvenir à des infortunés qui n'ont plus de retraite, & aucune Paroisse faite pour les soulager. Tous ses pieux Confreres concourent à ses vues respectables ; il est arrêté d'une voix unanime qu'on rétablira aux frais de la Communauté la maison incendiée, & qu'à la place du chaume qui la couvroit, on y substitueroit de la tuile, pour se conformer à votre nouveau Réglement. Remarquez-le, Messieurs, que cet événement est arrivé avant votre Arrêt du 13 Août. Les personnes les plus intéressées à déprimer les aumônes de toutes les Abbayes, (suivant le langage commun), sont ici celles qui vous les attestent. Vous lisez encore dans leurs certificats, que les sieurs Prieur & Religieux de Saint Martin de Séez, poussent leurs soins fraternels en faveur des malheureux, jusqu'à faire labourer gratuitement les terres de ceux qui n'en ont pas les moyens.

Mieux informés, rendons plus de justice à leurs vertus.

Nous sommes déja parvenus par notre requisitoire du 24 Janvier dernier, à faire disparoître dans l'esprit du public & du Clergé en général, tout ce qu'avoit pu opérer de fâcheux l'impression déplacée & le titre inconsidéré qu'on avoit donné à votre Arrêt du 13 Août. Vous avez prononcé sur ces objets ; que vous reste-t-il maintenant à faire, Messieurs, sinon de donner à l'Abbaye de Séez en particulier, la paix que vous avez rendue à tout le Clergé justement alarmé par le faux titre de l'Arrêt contre lequel celle-ci s'est rendue opposante ; qu'elle jouisse tranquillement des biens que des Fondateurs lui ont aumônés ; que ce soit à l'abri d'une possession respectable, légale & inattaquable, que ces Religieux, comme tous ceux de leur Ordre, continuent à se rendre chers à l'Eglise, au public & aux malheureux, par les actes de charité qui les distinguent, & dont ceux-ci vous ont donné la preuve, moins pour en faire parade, que pour se justifier à vos yeux des imputations imméritées qui leur avoient été faites ; qu'ils fassent plus, qu'ils oublient tout ce qu'a pu avoir de fâcheux pour eux, un procès & des procédés qui n'ont dû servir qu'à les faire mieux connoître, & par conséquent à confirmer dans l'esprit des personnes qui pensent, la bonne opinion que leur ont mérité depuis tant de siecles les vertus qui les distinguent.

Pourquoi, Messieurs, nous estimons qu'il y a lieu d'accorder acte à la Partie de Gueroult (le sieur Despreville) de ce qu'elle s'en rapporte ; sans s'arrêter à la demande verbale de la Partie de Ballue (le Curé), recevoir les Religieux opposants à l'Arrêt du 13 Août 1765 ; faisant droit sur leur opposition, ordonner que ledit Arrêt sera & demeurera rapporté ; condamner la Partie de Ballue en tels intérêts qu'il plaira à la Cour ordonner ; & au surplus, ordonner que l'Arrêt à intervenir sera imprimé & affiché dans la ville de Séez, aux frais de la Partie de Ballue.

Ces conclusions furent suivies ; & l'Arrêt qui les approuva nous conduit naturellement à examiner comment les Curés n'ayant pas seuls le droit de percevoir la dime, il arrive cependant que par nos usages, la dime de certaines productions leur est particulièrement affectée, ou que le partage s'en fait inégalement? Or, 1°. à cet égard il faut considérer que si plusieurs Arrêts ont jugé que la dime des verdages, des novales, des dimes domestiques, telles que celle des agneaux ou des laines, appartenoient aux Curés par préférence aux gros décimateurs, c'étoit dans des cas où ces derniers n'étoient point en possession de les percevoir ; car il n'y a point de loi qui accorde le droit de dimer privativement aux Curés sur quelque production que ce soit ; & c'est par une conséquence de ce qu'il n'y a point de loi semblable, que lorsque la possession est incertaine, celle des Parties plaidantes qui a le dernier état, y est maintenue jusqu'à ce que l'autre ait prouvé l'usurpation. Si donc en une Paroisse on distingue les dimes en *grosses* & *menues*, ce n'est pas que les grains qui y sont sujets à la grosse dime, ne puissent être susceptibles d'une dime *menue* en une autre Paroisse ; & *vice versa* que la dime appellée menue en cette autre Paroisse, ne puisse faire partie de la grosse dime dans la Paroisse voisine ; mais cette distinction est admise, parce qu'en vertu de la possession de divers décimateurs, les grains sont dimés diversement, & que pour connoître ce qui appartient ou aux Curés ou aux Monasteres en une Paroisse sur chaque espece de dime, on leur donne différentes dénominations : encore les dimes conservent-elles souvent le nom de *grosses* & de *menues* dimes, quoique les gros décimateurs ou le Curé participent à la dime des grains de premiere nécessité ou à celle des grains décimables par l'usage des lieux.

Ceci arrive même à l'égard des *Novales*. On entend par cette expression les dimes qui se levent sur les terres défrichées depuis quarante ans, & dont les Curés ont à ce titre privativement le droit ; car si un Curé pendant quarante ans n'a pas réclamé cette dime comme novale, s'il en a partagé la dime, son privilege qui est le seul qui lui soit spécialement attribué par les Ordonnances, est anéanti ; c'est le sentiment de Routier, page 46 de sa *Pratique Bénéficiale*.

On doit ajouter à cela que les dimes novales n'appartiennent même aux Curés que par exception ; en effet, si la novalité d'une dime est méconnue par le gros décimateur, si le Curé qui la réclame n'en fait point la preuve, la prétendue novale entre dans le partage général des dimes.

Au reste, aujourd'hui il ne peut y avoir que très-peu de difficultés à l'égard des novales ; puisque suivant l'Edit du mois de Mai 1768, elles doivent à l'avenir se partager comme les autres dimes, & que celles que les Curés se
feroient

feroient réservées, en vertu de cet Edit, ne pourroient plus raisonnablement leur être contestées.

Il ne peut donc naître de contestation entre les décimateurs, que relativement au partage de la dime, soit que suivant la possession respective des décimateurs, ce partage doive être fait également ou inégalement.

Un ancien Arrêt du 22 Août de l'année 1656, rendu contre le Curé de Heugleville, qui prétendoit que toutes les dimes devoient être portées à la grange du presbytere pour y être partagées entre les gros décimateurs, prétention dont il fut évincé, nous apprend d'abord sur ce point que c'est dans le champ que les décimateurs doivent faire leur partage; & de celui du 10 Juin 1701, rapporté par Routier, il résulte que lorsque pour éviter des difficultés, les Curés se déterminent à se cantonner, les lots des champs, sujets à la dime, doivent être faits tous les ans par les gros décimateurs, & que le Curé en a le choix.

On dit si *les Curés se déterminent*, car on ne peut les forcer aux cantonnements, ils ont droit de les exiger sans qu'on puisse les y assujettir.

3°. La forme de la perception entre décimateurs une fois conçue, il convient de parler de la forme du paiement de la dime.

A l'égard des dimes de droit, la quotité en est ordinairement fixée à la neuvieme gerbe; & s'il y a question pour savoir à quelle autre quotité la dime est payable en une paroisse, la preuve doit être faite par les paroissiens : Arrêts des 31 Janvier 1743 & 6 Mars 1739. Les dimes d'usage ou locales se paient à une moindre quotité que la onzieme, mais cela dépend de la possession.

Si dans une paroisse, il y a divers usages pour la quotité de la dime, le plus général doit servir de regle : Arrêt du 10 Mai 1738. Il arrive souvent que sur un champ particulier, à la fin de la levée de la dime, il reste des gerbes en nombre insuffisant pour procurer une gerbe au décimateur; en ce cas, si le cultivateur a d'autres champs, en certains cantons, ce qui reste de gerbes d'une piece de terre se compte avec celles d'une autre piece, quel que soit le grain dont elle est chargée; & en d'autres endroits les Curés & laboureurs sont dans l'usage que le décimateur prenne une gerbe entiere sur celles d'une espece de grain qui restent dans le champ, en nombre inférieur à celui du grain qui est ordinairement susceptible de dime, parce qu'il ne prend point alors dime des nombres rompus d'une autre espece de grains. Mais l'antiquité d'un usage sur ce point ne peut être regardé comme loi; ce n'est pas des gerbes dont la dime est due, c'est de ce que le champ produit; conséquemment sur les plus petits nombres de gerbes, le Curé a sa part, comme sur les plus grands nombres; & cette part, il l'a sans déduction d'aucuns frais pour la main-d'œuvre des aoûteurs : Arrêt du 18 Juin 1675; Routier, Pratiq. Bénéf.

Toute dime de quelqu'espece qu'elle soit, doit au surplus être payée en essence, malgré la possession contraire que l'on allégueroit pour la payer en argent; c'est ce qu'établissent les Arrêts des 13 Juin 1684 & 13 Février 1649, rapportés par l'Auteur qui vient d'être cité. Il y a cependant quelques exceptions à ce principe; car s'il y avoit abonnement fait entre un bénéficier & les habitans d'une paroisse, & qu'il eût été revêtu de toutes les formes prescrites pour la validité des aliénations des biens ecclésiastiques, alors les décimateurs seroient obligés de s'y conformer.

Une seconde exception est à l'égard de la dime des laines.

Cette dime exige quelques détails.

Tome I.

M^e. François Perrin, Prêtre-Curé de S. Loyer, avoit intenté action contre le sieur de Nonantel pour l'obliger au paiement de la dîme en essence de 80 bêtes à laine ou environ, que ledit sieur de Nonantel avoit en sa terre, & qu'il avoit fait tondre en 1716; offrant prouver qu'il les avoit fait tondre en son logis, & qu'il les avoit fait pâturer dans la paroisse avant & depuis qu'ils avoient été tondus, vu que c'étoit l'usage de dîmer les laines en pareil cas. La cause portée au Bailliage d'Exmes, il y intervint Sentence qui ordonna que *les pieces seroient communiquées au parquet & représentées pour être l'appointement de preuve arrêté.* Le Curé s'étant porté appellant de ce jugement, il présenta Requête à la Cour, où il conclut à l'évocation du principal; & à ce qu'en y faisant droit, comme en état d'être jugé, le sieur de Nonantel fût condamné à lui payer la dîme demandée en essence.

Les habitants de S. Loyer intervinrent; le sieur de Nonantel disoit qu'il est de maxime, suivant les dispositions des anciennes Ordonnances, que les Curés ne doivent percevoir les dîmes que suivant l'usage & la possession; il est aussi de maxime autorisée par la jurisprudence des Arrêts, que les dîmes insolites soient aussi assujetties à la même regle; si vrai que dans plusieurs endroits de la province, elles ne se paient point. De ces principes, il résulte que le sieur Perrin, Prêtre-Curé de S. Léger, & ses prédécesseurs, n'étant ni dans *l'usage ni dans la possession de percevoir la dîme des laines pour les brebis & moutons qui sont conduits dans la dite paroisse après Pâques*, tels que sont les 80 moutons que le sieur de Nonantel a fait acheter après Pâques de l'année 1716; mais seulement d'avoir 4 deniers par bête, pour un droit que l'on appelle *abatage*: c'est une injustice & une nouveauté de la part dudit sieur Perrin,

d'avoir voulu exiger la dîme de laine desdits 80 moutons en essence. Cet usage & possession, non-seulement même dans la paroisse de S. Loyer, mais dans les circonvoisines, ayant été soutenu & articulé de la part du sieur de Nonantel, avec offre d'en faire la preuve; & le sieur Perrin n'ayant osé l'attendre, c'est en vain à lui d'agiter une question de droit, *en prétendant que les dîmes sont dues en essence*; parce que celle en question se réduit au point de fait, qui est l'usage & la possession. La Cour l'a ainsi jugé pour la paroisse de Blosville, au mois d'Avril 1680, par un Arrêt rendu au rapport de M. Louvel, Conseiller; dans lequel Arrêt on trouve inféré une Sentence rendue en 1667 pour la paroisse de S. Loyer, qui avoit jugé la même question que celle d'aujourd'hui: c'est ce qui a porté le Juge des lieux a ordonner, par la Sentence dont est appel, que l'appointement de preuve seroit arrêté, en cas que le sieur Perrin voulût contester l'usage; Sentence si juridique, que le sieur Perrin, en abandonnant pour ainsi dire son appel, a demandé l'évocation du principal. Mais comme c'est convenir naturellement de la possession, en faveur dudit sieur de Nonantel & des habitants de S. Loyer, on espere que la Cour *le trouvera également mal fondé dans la demande qu'il fait d'être payé de la dîme en essence pour les brebis ou moutons qui viennent dans sa paroisse après Pâques.* Il est honteux même au sieur Perrin, qui a un bon bénéfice, d'avoir formé une pareille contestation; & sans doute que ce n'est que l'effet d'un ressentiment particulier qu'il a mal à propos conçu contre ledit sieur de Nonantel, à l'occasion de plusieurs autres procès où le sieur Perrin n'aura pas un sort plus favorable que dans celui-ci: pourquoi il conclut, à ce qu'il plaise à la Cour mettre l'appellation au néant; &

en cas qu'elle trouvât à propos de faire droit au principal, l'évoquant & y faisant droit, déclarer bonnes les offres dudit sieur de Nonantel de payer au sieur Perrin 4 deniers pour le droit d'abatage des 80 moutons par lui achetés depuis Pâques de l'année 1716, & le condamner aux dépens.

L'Avocat des habitants de la paroisse de S. Loyer, répondit que la nouveauté que le sieur Curé vouloit introduire contre le sieur de Nonantel, au sujet de la dime de laine des moutons qui sont entrés depuis Pâques sur sa ferme, les intéressoit tous également; c'est pourquoi ils avoient présenté leur Requête à la Cour pour être reçus parties intervenantes dans le procès, & soutenoient que la maniere de payer les dimes insolites, telles que celle des laines, se prescrit par l'usage, suivant la disposition des Réglemens de ce Parlement & les Arrêts des autres Parlements du Royaume: pourquoi il concluoit à ce qu'il lui fût accordé acte de ce qu'il donnoit adjonction aux conclusions dudit sieur de Nonantel, & que ledit sieur Perrin fût condamné aux dépens. Sur quoi la Cour, parties ouies, & le Procureur-Général, reçut les habitants parties intervenantes; ce faisant, mit l'appellation au néant, condamna l'appellant en 12 liv. d'amende: & faisant droit au principal évoqué & trouvé en état d'être jugé, déclara les offres du sieur de Nonantel de payer au sieur Perrin 4 deniers pour dime de chaque bête à laine venue dans sa paroisse depuis Pâques, bonnes & valables; condamna en outre ledit sieur Curé aux dépens envers toutes les parties.

Par cet Arrêt il semble que l'usage du lieu devroit seul décider si la dime des laines doit être payée en essence ou en argent. Cependant Routier, page 138 de sa Pratique Bénéficiale, rapporte un Arrêt rendu le 20 Mars 1744, par lequel il fut ordonné *que la dîme des laines & agneaux seroit payée en essence au Curé de Retonval, nonobstant l'usage contraire.*

Mais depuis ce dernier Arrêt, il en a été rendu un le 22 Mars 1765, au rapport de M. d'Hatanvillé, qui a décidé que lorsque de tout temps c'étoit l'usage en une paroisse de payer une somme par mouton & par agneau, le Curé ne pouvoit demander la dime de laine & d'agneaux en essence, à moins qu'il ne justifiât qu'elle auroit été autrefois payée en essence dans la paroisse. Cet Arrêt doit-il, ou non, servir de regle? Pour en juger, on peut avoir recours à ce qui a été prononcé en la cause d'entre le Curé de Lessard & Nicolas Fromage.

Ce Curé fit assigner, le 28 Avril 1769, son paroissien pour payer entr'autres choses 12 années d'arrérages de la dime de son troupeau, composé de 60 à 70 bêtes.

Fromage en défenses soutint que l'usage de la paroisse étoit de payer la dime de laine, à raison de 2 sols & 2 sols 6 deniers par mouton.

Le 6 Juillet 1770 intervint une premiere Sentence, par laquelle, *tous moyens tenants au bénéfice respectif des parties*, le Curé fut appointé à prouver *qu'il étoit en bonne & valable possession, par lui & ses prédécesseurs par & depuis quarante ans, de dîmer la laine en essence dans sa paroisse sur le plus grand nombre de ses paroissiens, soit en gardant la laine en essence ou en la vendant à des Marchands & percevant la dîme du prix*; & Fromage fut appointé de son chef à prouder que *la prétention du Curé étoit une innovation de sa part depuis environ dix-huit ans, & qu'auparavant ce temps le plus grand nombre de ceux qui avoient des troupeaux en payoient la dîme, à raison de 2 sols ou de 2 sols 6 deniers par bête.*

Le Curé & Fromage firent entendre respectivement des témoins, & par une seconde Sentence, ce dernier fut condamné *à payer la dîme de laine en essence* ; dont appel.

En la Cour, la question fut discutée en droit, ainsi que par les enquêtes. *En droit*, le Curé s'appuya sur l'Arrêt de 1744, & Fromage sur ceux de 1720 & de 1765. Mais le Curé, à l'égard de l'Arrêt de 1720, observa que lors de cet Arrêt, il s'agissoit de moutons achetés depuis Pâques, dont l'usage étoit de ne pas payer la dîme de la laine, vu le peu de temps qu'ils avoient résidé sur la Paroisse ; & sur l'Arrêt de 1765, qu'on ne pouvoit en connoître l'espece, parce qu'il faisoit partie d'une collection supprimée par Arrêt du Parlement, attendu que les Arrêts n'y avoient point été recueillis suivant leur vrai sens, ni sur les motifs qui les avoient déterminés.

En fait, le Curé faisoit valoir la déposition de dix témoins, qui s'accordoient à dire *qu'ils lui avoient payé la dîme de la laine en essence ainsi qu'à son prédécesseur*. Mais Fromage lui objectoit six témoins qui attestoient qu'*originairement on payoit en la paroisse de Lessard la dîme des moutons en argent sur le pied de 2 sols à 2 sols 6 den. par mouton, & que ce n'étoit que depuis la jouissance du Curé actuel qu'ils avoient connoissance qu'on avoit payé la dîme en essence*. Et par Arrêt du 17 Janvier 1776, au rapport de M. Hérambourg, au chef concernant la dîme de la laine, l'enquête de Fromage *fut déclarée prévaloir celle du Curé, & ce Laboureur déchargé de l'action du Curé, avec dépens*. L'Arrêt a donc jugé, conformément à celui de 1765, que l'usage d'une Paroisse de payer la dîme de laine en argent, ne fait pas présumer de droit qu'elle a été autrefois payée en essence ; qu'il faut de plus que le décimateur justifie ce paiement en essence pendant le temps de droit, ou qu'il s'arrête à la prestation en argent.

Quand la dîme de laine est due, le Curé peut l'exiger aussi-tôt après la tonture ; mais cette dîme n'est point exigible par le décimateur quand il a pris en essence la dîme des agneaux ; suivant un Arrêt du 6 Juillet 1684, à moins que le Curé ne prouve que l'usage de sa Paroisse est contraire.

Le Curé est tenu de prendre les agneaux au mois de Juin ou au plutard à la Saint Jean, sinon la dîme peut ne lui être payée qu'en argent, à raison de 3 sols par agneau : Arrêts, l'un du 27 Mai 1639, entre le Curé de Colombelle & ses Paroissiens ; & l'autre du 13 Juin 1684, contre le Curé de Belmesnil.

Routier se fait cette question : *Si le maître du troupeau le fait transférer dans une autre Paroisse, où il a pris une nouvelle ferme, & ce dans les mois d'Avril & de Mai, ou avant la Saint Jean, & le temps de la tonture, auquel des deux Curés de la Paroisse qu'il quitte, ou de celle où il va demeurer, appartient la dîme des laines ?*

Et il répond que si ce changement se fait sans dessein de frauder, la dîme appartient au Curé de la Paroisse que le laboureur a quittée ; ce qu'il fonde sur un Arrêt rendu entre le Curé de Quatremare & le Curé de Venon. De cet Arrêt, il suit donc que le lieu de l'hébergement lors de la tonture, regle le droit de dîmer quant à la laine ; & par identité de raison, Routier en conclut que lorsqu'un fermier a deux fermes, chacune en Paroisses différentes, & fait herbager son troupeau, tantôt sur l'une, tantôt sur l'autre ; c'est au Curé du lieu de la naissance des agneaux que la dîme est due. Cependant comme cet Auteur prévoit que ceci procureroit au laboureur la facilité de préférer l'un des Curés à l'autre, il leur conseille de partager la dîme entr'eux. C'est en effet le parti le plus sûr pour prévenir toute fraude.

Depuis quelque temps il s'est établi dans le pays de Caux la coutume de faire cueillir entre les javelles, les épis qui s'en sont écartés, parce qu'ils sont ordinairement les plus *grenus*, & le laboureur trouve ce grain plus convenable aux semences. Or les décimateurs ont incontestablement part sur les petites gerbes formées de cette espece de glanage. Mais quoique plusieurs personnes pensent que les pauvres & les infirmes pourroient se plaindre de cette coutume, comme d'un abus ; cette opinion ne paroît pas réfléchie, car le glanage permis aux indigents, ne peut se faire qu'*après l'enlevement des gerbes hors du champ*. Les Réglements n'ont donc eu intention de priver le laboureur que du grain échappé à l'aoûteur qui forme les gerbes, & non pas de celui qui se trouve entre les javelles avant qu'elles *soient engerbées*.

En 1765, il s'éleva une difficulté très-importante entre le Curé de Tirpied & quelques habitants de sa Paroisse, au sujet de la dime des pommes.

Il étoit d'usage général en cette Paroisse de payer toutes les dimes, soit grosses, menues, les lins, les sarrasins, en un mot, tous les verdages à l'onzieme. Cet usage étoit d'autant plus respectable, qu'un Arrêt du 17 Août 1676, en forme de Réglement de la Cour, sur les conclusions de M. le Procureur-Général, l'avoit confirmé pour tout le Bailliage d'Avranches, d'où Tirpied ressortissoit.

Les nommés *Maicent* s'imaginerent qu'il devoit y avoir exception pour les pommes. Divers particuliers en effet ne payoient la dime de ce fruit qu'à raison de dix raseaux pour tonneau. Le Curé les fit assigner au Bailliage d'Avranches le 6 Novembre 1765 ; & soutint d'abord, à l'appui de l'assignation, que les *Maicent* ne pouvoient donner pour usage une prestation sans quotité numérique ;

ensuite, que ses adversaires ne pouvoient méconnoître que dans tous les cas où les pommes avoient été transférées, soit par vente ou autrement, & n'avoient pas été brassées sur le lieu, la onzieme avoit fait la loi du paiement.

Les assignés prétendirent, au contraire, qu'il avoit toujours été d'usage le plus général en la Paroisse de ne payer que dix raseaux pour tonneau, ce qui revenoit, selon eux, au quinzieme pour la dime, parce qu'il faut cent cinquante raseaux, année commune, pour remplir un tonneau ordinaire. Cependant, ils consentirent que le Curé, lors de la cueillette des pommes, fit prendre sa dime à la quinzieme, sous les arbres.

Le 24 Janvier 1766, intervint Sentence qui admit les Maicent à prouver que *le Curé de Tirpied & ses prédécesseurs n'avoient eu possession de percevoir que dix raseaux de pommes par tonneau de cidre, & que tel étoit encore l'usage le plus général de la Paroisse*.

Le Curé se rendit appellant de cet interlocutoire. Ses griefs principaux étoient que par la Sentence on avoit autorisé la preuve de la possession de dix raseaux par tonneau, sans y avoir ajouté la proportion invariable & certaine du quinzieme. En effet, par là on livroit le droit du Curé à la discrétion du redevable pour la proportion du tonneau, & le temps de la prestation de la dime ; car en admettant le fait d'usage allégué par les Maicent, le Juge avoit dû admettre aussi celui allégué par le Curé, que la perception s'étoit toujours faite à l'onzieme, tant sur les pommes pressurées, que sur celles vendues hors Paroisse.

D'ailleurs le Curé avoit avancé en premiere instance, que les tonneaux avoient continuellement varié dans sa Paroisse ; qu'il y avoit quarante ans, ils ne contenoient pas six cents pots ; ce qui quadroit avec la prestation à l'onzieme ; que depuis les tonneaux avoient été succeſſivement de ſept, de huit & de neuf cents cinquante pots.

La Cour, *après délibéré, faiſant droit ſur l'appel, mit l'appellation & ce dont étoit appellé au néant, & appointa* les Maicent à prouver que *l'uſage de leur Paroiſſe avoit toujours été & étoit encore de payer la dîme des pommes à raiſon de dix raſeaux par tonneau de cidre; ce qui revenoit au quinzieme.* Et le Curé à prouver par contraire, que *dans tous les temps il avoit perçu, ainſi que ſes prédéceſſeurs, la dîme des pommes à l'onzieme, tant ſur celles preſſurées dans la Paroiſſe, que ſur celles vendues hors Paroiſſe.* Cet Arrêt, on le voit, rappelloit tous les principes.

1°. L'uſage de la Paroiſſe de Tirpied étoit de payer la dîme des productions locales à l'onzieme; les *Maicent* prétendoient une exception pour les pommes, c'étoit donc eux qui devoient prouver cette exception.

2°. Dans l'Arrêt on ne diſoit pas comme dans la Sentence, *que les Curés n'avoient eu poſſeſſion que de percevoir dix raſeaux*, parce que cette perception en raſeaux auroit admis un abonnement, & qu'un abonnement en fait de dime d'uſage, & conſéquemment ſolite, ne peut être perpétuel, même en vertu d'une poſſeſſion centenaire, ſans titres par écrit; mais on y diſoit que l'uſage général étoit de payer la dîme à raiſon de dix raſeaux, dont on déterminoit la contenance.

3°. Enfin le Curé en prouvant, ſuivant l'Arrêt, qu'il avoit perçu la dime des pommes à l'onzieme, devoit réuſſir à écarter l'uſage prétendu de ne recevoir la dîme qu'aux raſeaux: l'Arrêt reconnoiſſoit donc que le Curé reſteroit, en faiſant cette preuve, dans le droit commun, quand même la preuve de l'uſage de dîmer aux raſeaux ſeroit complette; & c'eſt en effet de cette maniere que la Cour interpréta ſon Arrêt.

Car le Curé & les Maicent ayant reſpectivement fait leurs enquêtes, quoique les *Maicent* euſſent prouvé l'uſage de la preſtation de la dime à raiſon de dix raſeaux de pommes par tonneau de cidre; *faute par eux d'avoir prouvé que ces dix raſeaux revenoient au quinzieme*, le Curé ayant prouvé qu'il avoit perçu, ſoit en raſeaux par abonnement, ſoit en eſſence, ſa dime à l'onzieme: par Arrêt du 29 Mars 1775, en la premiere Chambre des Enquêtes, au rapport de M. Mouchard, la dime lui fut adjugée à l'onzieme. En effet, de la preuve du Curé il réſultoit que n'y ayant pas deux manieres de payer en fait de dime, dès que le décimateur avoit conſervé ſon droit ſur une partie, il l'avoit conſervé ſur le tout. D'ailleurs dès que les Maicent n'avoient pas prouvé la cote numérique du quinzieme dans le paiement de dix raſeaux par tonneau, l'exception objectée au Curé étoit deſtituée de tout appui, & la perception au onzieme devenoit la regle commune & de droit.

4°. En général, il eſt défendu à tous détenteurs de fonds d'enlever aucuns grains ou fruits hors du territoire où ils ſont excrus, avant que les bénéficiers ou leurs repréſentants aient pu s'y trouver pour compter la quantité de ce qui a été recueilli: *& que ceci fait, la dime qui peut leur compéter & appartenir*, ſelon le droit commun, *ne ſoit laiſſée ſur le champ*. Telle eſt la diſpoſition de l'Ordonnance de Charles IX, du 25 Octobre 1561, & de l'article 49 de l'Ordonnance de Blois: le Parlement de cette Province y a conformé ſes Arrêts. De là, le 17 Mars 1701, le Curé de Vailaile fut condamné à venir prendre la dime des pommes & poires au pied des arbres; & le 9 Novembre 1726, la même choſe fut jugée contre le Curé de Bucy, malgré ſa poſſeſſion de lever ſa dime au grenier. C'eſt donc ſur le champ & ſous les arbres que la dîme des grains & fruits doit être exigée & payée ; il n'y a d'exception à cette *regle* que pour la grouée. Comme ces fruits précoces, ou que le vent abbat, ne tombent que succeffivement, & chaque fois en petite quantité ; qu'on n'en fait des amas que lorfque leur nombre forme un ou plufieurs monceaux de quelqu'importance : un Arrêt du 27 Novembre 1733 a décidé qu'il n'étoit pas néceffaire d'appeller le Curé à chaque chûte de ces fortes de fruits, mais feulement de l'appeller lorfqu'on les porte au preffoir, *afin qu'il les faffe mefurer avant l'enlevement.*

Il y a, à l'égard des grains dans les champs, & à l'égard des fruits dans les mafures, différentes manieres de compter ce qui doit échoir & être conferve au décimateur ; car en certains cantons les grains fe comptent ou à la rangée, c'eft-à-dire felon la place que les aoûteurs qui les lient, donnent naturellement & en fuivant la ligne des javelles, à leurs gerbes ou au dizeau ; c'eft-à-d.re après que les aoûteurs ont raffemblé un nombre de gerbes fuffifant pour que, fur chaque amas, le Curé puiffe en percevoir une pour fon droit. Suivant l'ufage des lieux, les pommes & poires ou font mis en monceaux dans les mafures & les terres où exiftent les arbres qui les ont produites, & après mefure faite de ces monceaux, la dîme eft payée à la quotité ufitée en la paroiffe ; ou on les porte au grenier, & fur la quantité qui s'y trouve à la fin de la cueillette, le décimateur fe fait livrer de ce qui lui eft dû.

Mais il en eft de ces diverfes manieres de lever la dîme, comme des abonnements particuliers pour fon paiement ; ce font des arrangements qui ceffent lorfque le décimateur ou les redevables croient qu'ils en fouffrent préjudice. Cependant quel que foit l'ufage de cueillir la dîme, le Curé a le choix de commencer par tel endroit qu'il lui plaît à lever fes gerbes, pourvu qu'il fuive exactement les rangs. Au furplus, le cultivateur eft tenu, avant de couper & d'enlever les fruits ou grains, d'avertir le décimateur pour prendre fon droit, *à peine de confifcation des fruits, chevaux & charrettes.* Un Arrêt du 9 Mai 1624, à la fin de l'Efprit de la Coutume, l'a ainfi décidé ; il a été fuivi d'un plus précis. Mais les habitants de Champigny ayant prétendu qu'ils ne devoient, après l'avertiffement fait au décimateur de leur paroiffe, différer que d'une heure l'enlevement de leur récolte, il intervint Arrêt, le 27 Juillet 1688 qui leur enjoignit *de ne commencer leurs moiffons qu'au préalable il n'y eût eu un ban de publié au Prône de l'Eglife, ni lever leurs grains du champ qu'ils n'euffent appellé ou fait appeller les dîmeurs & gens prépofés à la levée de la dîme, par trois cris différents, & encore une heure après le dernier d'iceux, au cas qu'ils fuffent arrivés auxdits cris, après lequel temps il feroit permis aux habitants d'enlever leurs grains, en laiffant la dîme fur le champ, en préfence de témoins ; & que s'il paroiffoit quelqu'éminent péril, foit par orage, tonnerre ou pluie, ils pourroient, après avoir fait appeller par trois fois les dîmeurs, enlever leurs grains, même Fêtes & Dimanches, en laiffant la dîme fur le champ.*

5°. En plufieurs paroiffes où les Abbayes ont une partie des dîmes & les Curés une autre portion, il y a dans les presbyteres des granges où toute la dîme eft répoftée & fe partage. Le Curé étant propriétaire du fol, l'eft-il auffi de la grange, à l'effet d'obliger les gros décimateurs a repréfenter un titre de l'ufage qu'ils en ont ?

Point de fervitude fans titre. Le principe eft conftant ; l'article 607 de la Coutume le contient, mais la fervitude dont il parle n'est autre chose que le droit qu'un particulier exerce sur des fonds qui ne lui appartiennent pas.

Cette servitude peut donc bien indiquer une propriété antérieure ; mais elle exclut toute propriété actuelle sur les fonds servants ; car on ne peut être maître d'un fonds, & avoir en même temps droit de servitude.

Il ne faut donc pas confondre une pareille servitude avec les droits propriétaires que l'on exerce sur tout ou partie d'un fonds.

Les droits de propriété se manifestent non-seulement par l'usage continu que l'on fait du fonds ou des bâtiments qui y sont construits, mais encore par l'entretien de ce fonds, par la contribution à ses réédifications : avoir rempli ces obligations pendant quarante ans, c'est avoir acquis le titre de propriété le plus authentique, suivant l'Article 521 de la Coutume.

Or la copropriété s'acquiert par le même laps de temps. Il n'est pas présumable que lorsqu'un édifice qui a perpétuellement servi à deux décimateurs, ait été plutôt construit pour l'un que pour l'autre. Il y a plus, lorsqu'on observe que dans l'origine, la plupart des dimes des Curés étoient entieres en la disposition des Monasteres ; que ceux-ci n'en ont cédé que des portions aux Desservants des Eglises qu'eux-mêmes desservoient anciennement ; on ne peut s'empêcher de voir que la possession que les Religieux ont conservée sur les granges, n'a cessé d'être une dépendance de la dime qu'ils ont retenue ; & que de même qu'on ne pourroit leur contester la portion de dime dont ils jouissent, sous le prétexte qu'ils ne représentent pas l'acte de partage fait avec les Curés ; de même il seroit déraisonnable d'exiger qu'elles prouvassent par titres qu'ils se sont conservés partie de la grange dimeresse.

Il en est des codécimateurs comme des cohéritiers dont parlent les Articles 609 & 621 de la Coutume. Les édifices de commodité auxquels les cohéritiers ne renoncent pas lors de leurs partages, restent communs entr'eux, sauf à celui dans l'enceinte des fonds duquel ces édifices subsistent, à empêcher que la communication que son cohéritier y doit avoir, lui soit trop onéreuse.

La Jurisprudence des Arrêts n'offre rien qui contredise ces maximes.

La Cour a, il est vrai, privé en différentes circonstances, les gros décimateurs de l'usage des granges existantes dans l'enceinte des presbyteres, malgré la possession qu'ils avoient de s'en servir ; mais l'espece particuliere de ces Arrêts confirme la solidité des principes ci-devant posés.

En effet, le Chapitre d'Avranches jouissoit de temps immémorial, avec le Curé, du droit de réposter ses dimes en la grange du Curé *de Marché* : ce droit étoit constaté par une transaction passée entre l'un des Curés de cette Paroisse en 1462, où il étoit dit en plusieurs endroits, que *la grange étoit la grange du Curé*. Ce Chapitre lui payoit en conséquence annuellement 13 sols 4 den. en argent, & 200 de gluy : la transaction n'offroit donc qu'un bail. C'étoit cependant d'après ce titre que les Religieux se disoient propriétaires de la grange. Le Curé fit voir par ce titre même qu'ils ne jouissoient que comme locataires ; que le Chapitre d'Avranches n'avoit jamais joui de la grange, comme de sa grange, mais comme d'un bâtiment qui lui appartenoit ; & le 3 Février 1733, il obtint la maintenue en sa propriété exclusive.

En 1753 le Curé de Champeaux eut le même avantage ; la Cour déclara sa grange exempte de l'usage que l'Abbé de S. Evrould y demandoit à titre de copropriété ; parce que la transaction du 6 Juillet

let 1611, que l'Abbé faifoit valoir, reconnoiffoit que la grange étoit au Curé, & que les Curés n'y avoient donné part aux gros décimateurs, qu'au moyen de ce qu'il prenoit fur leur dîme 36 boiffeaux de grain, un 100 de gluy ou de long feure, & 20 fols en argent : or, une poffeffion purement précaire ne pouvoit, par quelque laps de temps que ce fût, être devenue une propriété de concurrence.

On vit encore en 1755 le Curé d'Uffy triompher de la demande que les Religieux Bénédictins de Séez formoient contre lui de la communauté de fa grange. Au lieu de s'en tenir à leur poffeffion, ils ne produifirent qu'une Sentence de 1603 qui étoit informe, & qu'ils paroiffoient n'avoir pas eux-mêmes exécutée ; & l'on jugea en conféquence que dès que le titre, auquel ils rapportoient leur droit, étoit vicieux, leur prétention manquoit d'appui ; & par Arrêt du 22 Mars 1755, ils en furent déboutés. Mais lorfque le Curé de S. Laurent-des-Grés voulut abufer de ces Arrêts pour expulfer de la grange exiftante en fon prefbytere, les dimeurs de l'Abbé de S. Evrould, cet Abbé fut maintenu en la copropriété de cette grange, par Arrêt du 31 Août 1756 ; Arrêt en conformité duquel en 1774 les fieurs Religieux de S. Martin-de-Séez ont obtenu le même avantage contre le Curé de Rofnay.

Ainfi l'on doit tenir pour chofe certaine, que la poffeffion quadragénaire de l'ufage d'une grange dimereffe, quoique située dans l'enceinte d'un prefbytere, eft un titre valable de propriété, & que fi l'on fonde fa poffeffion fur un titre incapable de transférer la propriété de la grange, alors la poffeffion, en fût-elle de 1000 ans, doit être fubordonnée aux énonciations du titre ; & cela n'a pas lieu feulement à l'égard des granges, mais auffi à l'égard du droit même de dimer,

Tome I.

ainfi qu'on va le prouver en la fection fuivante.

SECTION VI.

Quelles fortes de prefcriptions ont lieu à l'égard des dîmes ?

On l'a déja dit, la dime de droit ne fe prefcrit que quant à la quotité ; la libération des dîmes capables de devenir folites par l'ufage, fe prefcrit par le non paiement durant quarante ans ; & à l'égard des dîmes infolites, on ne peut y être affujetti qu'après un paiement quadragénaire & continu.

On doit ajouter qu'à l'égard du paiement annuel de toute efpece de dîmes, elles ne s'arréragent pas ; de là vient qu'on n'en donne point de quittances. Si les regles de la prefcription du droit confidéré en lui-même, eft clairement connue, celles de la prefcription que les décimateurs peuvent faire valoir les uns contre les autres n'eft pas moins certaine. La poffeffion immémoriale fupplée au titre, en eft un fuffifant, & elle ne peut être ébranlée par des titres en vertu defquels on auroit eu la plus longue jouiffance, fi ces titres font défectueux.

M. Roupnel de Chenilly nous en fournit deux exemples frappants.

Le Prieur de Noyon-fur-Andelle étoit en poffeffion de la dime de la Paroiffe de Touffreville : ayant été inquiété par le Curé, il communiqua la Charte, qui étoit le fondement de fa poffeffion : cette Piece ayant été examinée, fut trouvée fauffe, & par Arrêt du 15 Mai 1564, la dime fut adjugée au Curé, nonobftant la poffeffion conftante du Prieur.

Il a été rendu dans une efpece affez femblable, un Arrêt le 15 Juillet 1761, au rapport de M. du Bofcguerard. Les Religieux de Blanchelande fe prétendant gros décimateurs fur le tiers de la Paroisse de S. Georges-des-Groseilliers, intentèrent en 1676 une action contre le Curé, pour le faire condamner au paiement d'une somme, pour trois années de la tierce-partie des grosses dimes de cette Paroisse, sans donner copie, ni de titre, ni de bail ; mais quelque temps après l'assignation, ils signifièrent copie de Chartes de donation & de confirmation, avec déclaration qu'ils étoient saisis des originaux. Ils obtinrent par défaut, un an après, contre le Curé, une Sentence de condamnation. En 1678, les Religieux & le Curé transigent ; la transaction porte que les Religieux consentent que le Curé qui y est déclaré avoir payé un arrérage, jouisse de la tierce-partie des dimes, suivant le prix demandé par l'exploit introductif de l'instance, sans préjudicier les Religieux à exercer après son décès leur droit de dime, conformément à leur possession immémoriale, & aux titres communiqués qui sont énoncés demeurer aux mains des Religieux ; & le Curé consent que l'acte leur vaille de titre nouveau. Pareil concordat en 1710 & 1745. Les Religieux ayant affermé en 1758, à un particulier, le tiers des dimes de la paroisse de Touffreville, le Curé actuel, qui n'avoit point été Partie dans l'accord de 1745, s'oppose à l'exécution du bail, & offre de payer aux Religieux la somme ordinaire. Il convient que les transactions paroissent indiquer qu'il est dû aux Religieux une somme par an sur son bénéfice ; mais elles ne déterminent point le fondement de leur droit de dime. La transaction de 1678 établit qu'ils ont représenté des titres, & qu'ils en sont saisis : il faut donc qu'ils les représentent. Les Religieux pressés par cet argument, communiquèrent effectivement des titres ; mais ces titres étoient vicieux : aussi par l'Arrêt, les offres du Curé furent déclarées suffisantes, & on condamna les Religieux aux dépens.

Il y a une espece de prescription admise en faveur des Curés contre les décimateurs, lors même que ceux-ci représenteroient des titres qui leur accorderoient toutes les dimes ou partie des dimes dont les Curés seroient en possession, & quand encore le Curé reconnoîtroit la véracité de ces titres.

Car c'est une Jurisprudence universelle dans tous les Tribunaux du Royaume, que les décimateurs doivent préalablement abandonner une portion de dime aux Curés en acquit de leurs portions congrues, sans que l'abandon soit assujetti aux formalités prescrites pour l'aliénation des biens ecclésiastiques ; ceci résulte de l'Edit de 1768 qui n'en ordonne aucune pour ces sortes d'abandons. En effet, malgré l'existence du titre originaire, on présume que depuis sa date, les décimateurs ont eu de justes motifs d'en restreindre les dispositions en faveur de celui qui doit acquitter la charge la plus importante de la dîme, le soin du salut des ames.

Plusieurs Communautés Religieuses jouissent de l'exemption de la dîme ; ce n'est pas à titre de prescription, mais par privilege : tels sont l'Ordre des Chevaliers de Malthe, ceux de Cîteaux, de Cluny, des Chartreux & des Prémontrés ; leur exemption s'étend non-seulement aux fonds qu'ils cultivent par eux-mêmes, mais en outre à ceux qu'ils donnent à ferme, suivant les Lettres-patentes de Louis XIII, du mois de Mai 1620. Si cependant ils donnoient leurs terres à baux à longues années ou emphytéotiques pour plus de neuf ans, le preneur paieroit la dîme. Le privilege d'exemption au surplus est sujet à la prescription de quarante années ; lorsque durant ce temps les exempts ont payé la dîme, ils ne sont plus recevables à la refuser : Routier, ch. 10. p. 87. & 88.

Les héritages qui composent l'ancien

domaine des cures font auffi affranchis de la dîme, quand ces héritages font fitués dans la même paroiffe de la cure. *Ibid.* p. 80.

Il paroît que ce qui précede fuffit pour guider dans la décifion des queftions décimales les plus ordinaires ; les feuls points qui exigent encore quelques éclairciffements, font ceux relatifs aux locations & à la vente des dîmes.

Quant aux locations, fuivant les Ordonnances, entr'autres celles de Blois, Article 48, & de 1629, Article 33, défenfes font faites à tous Officiers, tant du Roi que des Seigneurs, & leurs ferviteurs ou domeftiques, de prendre dîme à ferme, encore que ce foit du confentement des Eccléfiaftiques, à peine de nullité des baux ; & à l'égard des Gentilshommes, de décheance de leur nobleffe ; & quant aux Officiers, de perte & privation de leurs offices. Mais les Curés ou Vicaires perpétuels qui anciennement avoient la préférence pour les baux des dîmes de leurs paroiffes, actuellement n'ont que la concurrence, aux termes de l'Edit du mois de Décembre 1606, enregiftré au Parlement le 20 Février 1612. Les Curés qui prennent à ferme des dîmes de leurs paroiffes jouiffent cependant, fuivant la Déclaration du Roi du 16 Novembre 1723, de ce privilege, lorfque ces dîmes font indivifes d'avec celles qu'ils poffedent. Cette Déclaration a été enregiftrée en la Chambre des Comptes de cette Province, le 18 Mars 1724 ; mais avec cette modification, *fans que fous prétexte de fon énoncé, les Eccléfiaftiques faifant valoir leurs biens propres, d'acquêts, dîmes, ou biens pris à ferme, puiffent prétendre exemption du quart denier de la valeur de ces objets* (c'eft 5 fols pour livre), *exemption* tellement perfonnelle aux Curés, foit à portion congrue, foit codécimateurs, qu'elle ne s'étend pas à leurs fermiers.

C'eft ce qui a introduit l'ufage parmi les Curés de faire vendre leurs dîmes après la S. Jean-Baptifte ; car auparavant, fuivant la Coutume, ces dîmes étant un pur meuble, ne peuvent être fufceptibles de l'impofition de la taille, qui n'affecte que les fonds. Mais il faut que cette vente fe faffe fans fraude ; parce que s'il y avoit traité avec l'adjudicataire de la lui laiffer à un prix fixe & inférieur à celui par lequel la dîme lui feroit adjugée, & que le fait fût prouvé, la taille feroit exigible. *Voyez* au furplus BAUX, DÉCIMATEURS, TAILLES.

DIZAINES.

Les hundreds ou centaines étoient divifés en dizaines. *Voyez* au mot HUNDRED, quelle étoit la police qui s'obfervoit dans ces fortes de fociétés.

DOCTEUR.

Voyez les prérogatives attachées à ce titre, en l'article UNIVERSITÉ.

DOCTRINE.

1°. On entend par ce mot l'enfeignement de tout ce qui eft conforme ou contraire aux dogmes de la vraie Religion ; il y a donc bon & mauvais enfeignement, ou ce qui eft la même chofe, faine & fauffe doctrine.

La connoiffance & le jugement de la doctrine appartient aux Archevêques & Evêques ; & les Cours de Parlement leur doivent tout aide pour l'exécution des cenfures qu'ils font des fauffes doctrines : c'eft la difpofition de l'article 30 de l'Edit de 1695.

Mais cette autorité des Evêques ne porte aucun préjudice à celle des Cours Souveraines ou des autres Jurifdictions royales ; elles ont le droit, fuivant le même Edit, *de pourvoir, par les voies qu'elles eftiment convenables*, à la réparation du scandale, au trouble de l'ordre & de la tranquillité publique, à la contravention aux Ordonnances que la publication des doctrines perverses peuvent occasionner.

C'est-à-dire que dès qu'une fois une doctrine a été condamnée par les Archevêques & Evêques, en la forme prescrite par les Saints Canons, les Tribunaux séculiers, au nom du Souverain, sont en droit de poursuivre ceux qui essaient de corrompre la foi, & de procéder à leur punition.

Par là se concilient parfaitement les droits du Sacerdoce & de l'Empire; l'un condamne la mauvaise doctrine, l'autre en arrête le progrès: le premier oppose à l'erreur, la vérité dont Dieu l'a constitué dépositaire; l'autre fait triompher la vérité, de ceux qui ont l'audace de la combattre, par la terreur des peines dont il les menace, & qu'il a le droit de leur infliger.

Le Parlement de cette Province ne s'est pas moins signalé dans tous les temps que tous les autres pour le maintien de la saine doctrine.

Le 15 Octobre 1718, il proscrivit & fit lacérer un libelle où l'on affectoit de faire prévaloir les opinions ultramontaines aux quatre articles définis en 1682 par tout le Clergé de France.

2°. Mais si les Cours séculieres ne sont pas Juges de la doctrine concernant la Religion, lorsque les Archevêques & Evêques ont une fois décidé canoniquement ce qui peut ou ne peut pas être enseigné aux fideles; les Cours Souveraines ont droit, sans un nouveau jugement de la part des Prélats, de ramener à leurs décisions ceux qui les enseignent. Car il n'est pas au pouvoir des Evêques de priver les fideles de la doctrine qu'ils ont approuvée & leur ont transmise.

Le caractere distinctif de la vraie doctrine, est celui d'être invariable.

3°. Lorsque la doctrine enseignée tend à corrompre les mœurs, blesse les droits de la souveraineté, énerve les devoirs de la sociabilité, conduit à des crimes que l'humanité désavoue, les Parlements & mêmes les Juges ordinaires sont obligés d'en arrêter le cours: tel a été le motif des Arrêts rendus le 2 Avril 1759, contre le Frere Mamachi, Professeur de Troisieme au Collège des Jésuites de Rouen, & le 6 Août 1761, contre les Vasqués, les Suarés, les Bellarmin, les Tolet, les Bécan, les Tirin, les Jouvenci, les Busembaum & autres, dont les ouvrages furent lacérés & brûlés par l'exécuteur de la Haute-Justice, comme *séditieux & contenant une doctrine abominable, également attentatoire à la vie des citoyens & à la sûreté de la personne sacrée des Souverains.* Voyez DOGME, EVÊQUES, LIBERTÉS, JURISDICTION, PARLEMENT.

DOCUMENTS.

Pieces en formes ou informes dont on fait usage dans le cours d'une procédure pour l'éclaircissement de la cause.

DOGME.

On doit faire cette différence entre la doctrine & le dogme, que la doctrine de l'Eglise est le développement de ses dogmes, & qu'elle ne peut pas plus varier qu'eux.

Mais outre les dogmes ou la doctrine de l'Eglise, on y reconnoît encore des opinions édifiantes. Le nombre des personnes qui les adoptent doit sans doute les rendre infiniment respectables; mais n'étant pas proposées comme de foi par l'Eglise, ceux-là sont très-répréhensibles qui taxent d'erreur les personnes qui répugnent à les professer.

Le dogme est ce qui a été révélé aux Apôtres & aux Disciples de Jesus-Christ, par Jesus-Christ lui-même, & qui nous a été transmis par ces premiers prédicateurs de sa Religion, & depuis sans interruption par les Conciles reconnus pour œcuméniques. Il ne peut donc y avoir de dogmes nouveaux ; la nouveauté d'un fait ou d'une maxime est la meilleure preuve que l'on puisse avoir de ce qu'ils ne font pas de foi.

Article PROTESTANTS, on verra le zele & la discrétion avec lesquels le Parlement de cette Province y a concouru au maintien de la pureté des dogmes de l'Eglise Romaine.

D O L.

Le dol est l'acte par lequel on paroît faire une chose, tandis qu'on en fait réellement une toute contraire.

On distingue en droit le dol en *réel* ou *personnel*, & cette distinction n'est point aussi déplacée que M. Dareau, Répert. de Jurisprudence, l'a pensé.

En effet, le dol personnel ou le réel ont, il est vrai, ordinairement pour principe la mauvaise foi ; mais la mauvaise foi, lorsqu'elle a consisté à déguiser la valeur de l'objet vendu ou de l'obligation contractée, a des effets très différents de ceux qu'elle produit, quand des voies de fait ont produit son triomphe. Il y a plus : le dol réel quelquefois est exempt de ruse & de supercherie ; tous les jours un acquéreur croit se procurer à bon marché un héritage, mais ni son importance ni sa valeur ne lui sont parfaitement connus, & la vilité du prix par lequel il le paie ne part point en ce cas du desir de faire préjudice au vendeur : cependant comme il résulte de l'ignorance qui justifie l'acheteur, que ni lui ni le vendeur n'ont eu en contractant ensemble une connoissance de l'objet du contrat, telle que la loi exigeoit qu'ils l'eussent pour le rendre irrévocable ; la bonne foi exige qu'il soit résolu. Ainsi, 1°. dans tous les contrats où il y a déception d'outre moitié du juste prix, il y a un dol suffisant pour en anéantir l'effet ; ce dol s'appelle *réel*, parce qu'il peut ne pas procéder de la volonté de celui auquel on l'oppose, & qu'il est toujours certain qu'il a son principe dans la valeur de la chose vendue.

2°. Dans les contrats il peut y avoir un dol d'un autre genre, c'est celui auquel on donne la dénomination de *personnel* ; il a lieu, indépendamment de la valeur du fonds aliéné, quand l'aliénation n'en a été faite que par contrainte, sans liberté ou au mépris des loix. Il y a bien des remarques à faire sur les deux especes de *dols* que nous venons de désigner ; on les trouvera dans les articles FEMMES, MINEURS, RELEVEMENT, RESCISION, RESTITUTION, STELLIONAT.

DOLÉANCE.

C'est le titre que lors de la tenue des Etats l'on donnoit aux cahiers qui contenoient leurs remontrances. *Voyez* ETATS.

DOMAINE.

On donne ce nom à toute espece de fonds dont on est propriétaire ; mais quand on l'emploie à l'égard des droits de la couronne ou des biens féodaux appartenants soit au Roi, soit aux particuliers, il est susceptible de diverses modifications.

Pour les faire plus facilement saisir, cet article sera donc divisé en *Domaine du Roi*, & en *Domaine féodal appartenant au Roi ou aux Seigneurs*.

SECTION I.
Domaine du Roi.

La plupart de nos Rois, jusqu'au regne de Charles le Chauve, ne faisoient aucune difficulté d'aliéner leur domaine à temps ; de là les donataires des biens du fisc, dans la crainte que par la suite les donations qui leur avoient été faites, fussent révoquées, en demandoient à leurs successeurs la confirmation (1). Cette précaution ne fut pas moins nécessaire sous Charles le Chauve, quoiqu'il eût rendu les bénéfices, même de dignité, héréditaires ; les successeurs des bénéficiers étoient obligés de lui en faire hommage : à ce moyen, ils reconnoissoient qu'ils pouvoient, en certain cas, être privés de leurs propriétés, & la possibilité de ce retour des fonds donnés par le Souverain, en ses mains, introduisit deux especes de dons fort différents ; les uns se faisoient à titre d'*aleu*, les autres à titre de *bénéfice*. Les premiers étoient irrévocables, les deuxiemes étoient subordonnés aux conditions apposées à l'acte de donation.

Comme les fonds que les Souverains donnoient alors à titre de *bénéfices* étoient ordinairement ceux qui étoient rentrés en leur main, par acquisition, confiscation ou ligne éteinte ; & que ceux que l'on en obtenoit en *aleu* étoient démembrés des domaines, qui, de tout temps, avoient été réservés pour le soutien de la dignité royale ; on s'apperçut qu'insensiblement ces domaines s'épuisoient. De là Hugues Capet mit toute son attention à rentrer dans les portions qui en avoient été aliénées. La Normandie ne pouvoit être rangée dans cette classe : Raoul ou Rollon ne l'avoit ni obtenue à titre de grace, ni usurpée; il l'avoit conquise ; la propriété fonciere lui en appartenoit ; aussi l'avoit-il reçue *in alodo & fundo*. Mais de ce que ce Prince avoit son Duché en propriété & en toute souveraineté, à la seule charge de l'hommage, il comprit la nécessité de conserver la propriété de son peuple, avec les prérogatives qui y avoient été attachées avant lui, & de ne se permettre que la disposition des honneurs & des fonds dont personne n'avoit droit de se dire propriétaire. De là donc naquit la distinction entre le domaine aliénable & celui qui ne l'étoit pas ; distinction qui subsistoit encore au temps de Britton, c'est-à-dire en 1275 ; comme on le voit, ch. 18 de son Traité, & dans celui de la Flete, l. 3. ch. 6. sect. 3.

Il paroît par le titre 56 de notre ancien Coutumier, que les Ducs cédant à l'importunité des courtisans, s'écartoient de temps en temps de la regle ; qu'ils disposoient arbitrairement de l'un & de l'autre domaine: mais ce mal étoit réparé par la loi qu'ils s'étoient faite & qui étoit notoire, de *rappeller*, dès qu'ils le jugeoient convenable, *les choses mises mauvaisement hors de leurs mains*. En effet, cette loi sage a fait évanouir même en France, où elle s'est introduite, toute distinction entre les divers domaines de la Couronne.

Les droits du Souverain, indépendamment des fonds des terres, des forêts, des vignes, des métairies, des fours, des moulins, des rivieres, étangs, marchés, sceaux, Greffes, Tabellionnages, dont les Prévôts ou Baillis faisoient la recette, comprenoient dans le treizieme siecle, les amendes, les forfaitures, les mainmortes, les bâtardises, aubaines, deshérence, les grueries dans les bois des particuliers, les cens ou redevances féodales & tous autres profits de fief ; les régales, les taxes sur les marchandises à l'entrée des villes, les monnoies, les gîtes ou procurations, les impôts sur les Juifs. Or les droits de cette derniere espece étoient souvent concédés à des Seigneurs, qui, sous le prétexte de cette concession, s'en prétendoient irrévocablement en jouissance. Mais François 1er., le 30 Juin 1539, ayant enjoint de tenir le domaine

---

(1) Marculph. *formul.* 16 & 17.

pour inaliénable, de quelque maniere que ce fût, Charles IX, par les articles 2 & 3 de son Edit daté de Moulins en 1566, déclara que l'on devoit entendre sous le nom de domaine de la Couronne, tout ce qui lui étoit expressément consacré, & dont les Receveurs & Officiers royaux auroient eu pendant dix ans l'administration, & que ces objets étoient de même nature que les terres anciennement aliénées à la charge de retour à la couronne en certaines conditions, telles que défaut de mâles ou autres semblables. Dès-lors il n'y eut plus d'autre exception à la regle de l'inaliénabilité, que celle des échanges ; & encore la validité des actes fut-elle soumise dans la suite, ainsi qu'il sera dit ci-après, à l'inspection des Cours souveraines. Il ne restoit plus de difficulté à ce moyen qu'à l'égard du patrimoine de nos Monarques. Il paroissoit assez naturel qu'en montant sur le trône ils ne perdissent pas la faculté de disposer de ce patrimoine à leur gré. Mais Henri IV, par Edit du mois de Juillet 1607, voulut que ses biens fussent réunis à la Couronne, du moment où elle lui avoit été dévolue ; & cet Edit a fixé irrévocablement les principes. En effet, dit M. le Bret, Traité de la Souveraineté, l. 3, ch. 4, *une chose particuliere à cet état, est qu'on ne met point de distinction entre le domaine privé du Roi & celui de la Couronne ; entre les loix fondamentales de la Monarchie, celle-ci est une des principales, qui veut que toutes les terres & seigneuries que possedent nos Rois, soient acquises à la Couronne si-tôt qu'on leur a mis le sceptre en main ; & cette loi est l'une de celles qu'ils sont tenus de garder & observer par le serment qu'ils en font en leur couronnement.*

Aussi Louis XII, en parvenant au trône, n'ayant point d'enfants mâles, donna en faveur de ses deux filles, des Lettres-patentes en Septembre 1509, par lesquelles il déclaroit qu'il n'entendoit pas que les Comtés & Seigneuries de Blois, du Nois, Soissons & Concy fussent confus avec le Domaine royal & public ; qu'au contraire, son intention étoit qu'ils passassent à tous ses héritiers de la maison d'Orléans.

Ces Lettres-patentes ne furent enregistrées dans les Cours qu'après une résistance, qui ne cessa que pour rendre hommage à la puissance absolue ; & le Procureur-Général *de la Guelle* ayant refusé de prêter son ministere, elles n'ont eu aucune exécution (1). Toutes especes de propriétés & droits qui ont une fois appartenu à l'un de nos Monarques, sont donc une partie intégrante du domaine de l'Etat, c'est-à-dire qu'elles ne peuvent plus en être détachées que pour les causes qui autorisent l'aliénation de ce domaine même, & aux mêmes conditions que ces aliénations peuvent devenir stables & permanentes.

Ainsi le domaine ne pouvant être aliéné que pour les nécessités les plus urgentes de l'Etat, & à la condition de rachat perpétuel ; les fonds & droits réunis au domaine, sont de la même condition.

Il n'y a d'exception qu'en faveur des échanges, lorsqu'elles ont été faites avec solemnité, & que les évaluations en ont été exactes. Sur quoi il est d'observation que si la Chambre des Comptes a le droit de fixer ces évaluations, le Parlement seul connoît de la propriété des domaines du Roi, & de celle des domaines de ses sujets.

---

(1) Mémoire de M. Gibert, Inspect. du Domaine en 1760, dans l'instance au Conseil, entre M. le Duc de Bouillon & le Comte Marcellus ; Dictionnaire des Domaines, pages 79 & suivantes.

Louis XIV, en Avril 1667, donna un Edit pour la réunion de tous ſes domaines ; il fut enregiſtré en la Cour avec les modifications ſuivantes.

Que ſous le bon plaiſir du Roi : 1°. Les anciennes conceſſions & inféodations antérieures à l'Ordonnance de Moulins de 1566, ſeroient exceptées.

2°. Qu'il en ſeroit de même des fieffes des terres vaines & vagues & places vuides, tant aux villes qu'aux champs ; des palus & marais, des bois ruinés, & abroutis faits à cens & rentes ; des deniers d'entrée en vertu d'Edits bien & duement vérifiés, & dont les cens & rentes auroient été reçus par les Receveurs du Domaine de Sa Majeſté, & ſeroient entrés dans les comptes deſdits Receveurs.

3°. Que Sa Majeſté ſeroit ſuppliée de commettre pour l'exçution dudit Edit, des Officiers de ladite Cour, & Chambre des Comptes de ladite Province, ou les Juges des lieux chacun en leur reſſort, à la charge de l'appel en la Cour.

4°. Que les Commiſſaires donneroient un temps compétent aux détempteurs autres que les adjudicataires, pour appeller ceux de qui ils auroient acquis leſdits domaines, pour repréſenter les titres & quittances de finance.

5°. Que pareillement le Roi ſeroit très-humblement ſupplié d'excepter les donations faites avant cent années pour récompenſe de ſervices, & d'examiner & avoir égard aux donations poſtérieures faites pour grands & notables ſervices dont les Lettres auront été bien & duement vérifiées.

6°. Que la reſtitution des fruits, ordonnée par les V, VI & XXI articles dudit Edit, ne pourroit être que des trente dernieres années, ſuivant l'article 522 de la Coutume de Normandie.

7°. Que les détempteurs ne ſeroient obligés de rapporter les fruits au-delà des années dont ils auroient joui, s'ils n'étoient héritiers de ceux qui auroient poſſédé leſdits domaines, encore qu'ils euſſent conteſté.

8°. Que toutes méliorations utiles & néceſſaires ſeroient rembourſées, encore qu'elles n'euſſent pas été faites par autorité de Juſtice ; que ſur les IX, XIII & XVIII articles, à faute de repréſenter les procès-verbaux lors des engagements, il ſeroit informé de l'état deſdits domaines lors des aliénations d'iceux, ſans qu'il pût être tiré autre conſéquence pour la non repréſentation deſdits procès-verbaux contre les engagiſtes.

9°. Que les poſſeſſeurs de bonne foi ne pourroient être dépoſſédés que par un rembourſement actuel des finances de leurs anciens contrats, & ceux de revente, & même ſeroient rembourſés des frais & loyaux coûts de leurs adjudications.

Ces précautions ſi néceſſaires pour prévenir la ruine de la plupart des poſſeſſeurs des domaines, ont eu leur effet. En exécution de l'Edit, il y eut réunion ſeulement de quelques portions de domaines dont la nature n'étoit pas équivoque, ni les rembourſements incertains : on conçut le danger des réunions générales & indéfinies, au point que par l'article 6 d'un Arrêt du Conſeil du 21 Novembre 1719, il fut dit, que pour le rembourſement des Engagiſtes même, il ſeroit rendu des Arrêts particuliers de réunion. Mais ce dérogatoire porté aux diſpoſitions de l'Edit de 1667, ne mettoit pas encore ſuffiſamment à l'abri de l'indiſcrétion des pourſuites des Prépoſés à la recherche des domaines, ſur-tout en ce qui concernoit les mouvances féodales qu'ils en croyoient dépendantes.

Comme les regles établies à cet égard ſont de la plus grande importance pour cette Province, eſſayons de les faire connoître.

SECTION

SECTION II.

Domaine féodal.

Dès 1630, le 5 Décembre, il y avoit eu Arrêt du Conseil, par lequel il étoit défendu aux Receveurs des Domaines *de faire aucune poursuite pour l'enfaisinement des titres, & d'en exiger les droits que dans l'étendue des terres qui sont constamment & notoirement du domaine de Sa Majesté, sauf à eux à instruire M. le Contrôleur-Général des Finances, des usurpations faites sur le domaine, pour y être pourvu par Sa Majesté, au cas que les terres fussent déclarées domaniales* (1). Cet Arrêt n'empêchoit cependant pas les Receveurs de faire des diligences contre toutes sortes de personnes indifféremment, sous le prétexte qu'elles étoient coupables d'usurpations.

Un Arrêt du Conseil du 4 Janvier 1673, qui se trouve dans un ancien Recueil des Domaines in-4°., imprimé à Paris en 1690, leur défendit donc *de poursuivre autres que les vassaux de la directe de Sa Majesté.* Décision précieuse, car on est fondé à en inférer, 1°. que comme dans les lieux de franc-aleu il ne peut y avoir de terres sous la directe du Roi ; qu'elles sont toutes seulement sous la sauve-garde de sa Justice : dès que le franc-aleu est constant, ce n'est pas au Roi, mais aux Seigneurs du fief en la directe duquel le lieu qui est en franc-aleu se trouve enclavé, que la déclaration en est due. Et 2°. que les Receveurs des Domaines, pour rendre valables leurs poursuites, doivent établir que le domaine du Roi a par extension des mouvances dans le fief où ils en réclament, ou renoncer à troubler celui dont les fonds y sont situés.

Conséquences conformes au principe adopté par un autre Arrêt du Conseil de 1670, qui se trouve dans le Code des Terriers, imprimé à Paris en 1761. Il y est décidé qu'on ne peut obliger les Seigneurs de fiefs à justifier de leurs tenures, si ce n'est dans les lieux où les mouvances de Sa Majesté sont mêlées avec celles des Seigneurs particuliers.

En effet, le Roi considéré comme suzerain de tous les fiefs du Royaume, a incontestablement sur eux la directe universelle ; mais à raison des Seigneuries particulieres qui sont réunies à son domaine, Sa Majesté ne peut prétendre la directe universelle dans les endroits où elles s'étendent, qu'autant que cette extension n'est pas controversée.

Par la preuve de cette extension, il est démontré que tout le territoire que les mouvances royales & les tenures seigneuriales occupent confusément, n'a pas été inféodé au Seigneur particulier seul ; & comme celui-ci n'a de directe sur ses vassaux que par émanation de la directité générale, il lui incombe en ce seul cas d'établir qu'il tient du Souverain même le droit de la restreindre.

C'est cependant une question, si le Seigneur particulier à défaut de titres, peut faire valoir contre les Receveurs du Domaine la possession quadragénaire ?

Pour se déterminer à cet égard, il faut bien se pénétrer de toute l'énergie des expressions de la Coutume, en l'Art. 521.

Ce n'est pas vainement qu'il veut que la prescription de quarante ans vaille de titre, *pour quelque cause que ce soit, excepté à l'égard du droit de patronage appartenant soit au Roi, soit à autres.*

En effet, l'Article 18 de la Charte aux Normands, d'où cette disposition de la Coutume est tirée, veut tellement qu'elle puisse valoir contre le Roi lui-même, que cet Article étend la prescription jusqu'aux droits de Haute & Basse-Justice.

---

(1) Recueil imprimé en 1736, chez Prault, pour servir de suite au Recueil des Domaines.

Tome I.   A a a a

D'où on est forcé de conclure que si le Roi est toujours en général présumé en pleine jouissance de la directe des fiefs, cette présomption cesse d'avoir lieu quand il s'agit de connoître s'il n'en a pas transmis la propriété ; car alors Sa Majesté veut que l'on procede vis-à-vis de ses Receveurs, comme à l'égard de ses sujets ; c'est-à-dire que si la possession de ces derniers par an & jour est constante, on ne puisse l'enfreindre jusqu'à ce que la cause soit discutée & terminée sur la propriété : tel est le vœu des Articles 5 & 6 de la Charte Normande.

Il est vrai que le procès-verbal de réformation de la Coutume, ne fut approuvé en 1585, qu'avec des réserves de la part du Roi contre l'Article 521 ; mais la Charte, qui en est la source, a été confirmée sans restriction en 1619 ; & Louis XIV, en son Edit du mois d'Avril 1673, concernant le Tiers & Danger, reconnoît que la prescription a lieu contre lui comme contre les particuliers.

Il ne faut cependant pas conclure de là que l'on puisse prescrire toute espece de domaine. Il y a des droits & des fonds du domaine tellement inhérents à la Majesté royale, que quoique les profits qu'ils produisent en puissent être détachés pour un temps, ces fonds & droits ne cessent de lui appartenir ; tels sont entr'autres les anciens patrimoines de la Couronne, les droits d'hommages, les gardes des Eglises, le fouage, & sur-tout la souveraineté ; la prescription ne peut frapper que sur les droits & les fonds dont le Roi jouit à titre de *deshérence*, d'*aubaine*, de *confiscation*, de *bâtardise*, & que les particuliers ont possédés ; car le Roi, en les réunissant à son domaine, les y a réunis de la même nature & avec les mêmes charges qui leur étoient propres avant la réunion.

La raison de ceci est que le Roi, comme Seigneur direct & premier fieffeur de tous les fiefs du Royaume, ayant transmis aux Seigneurs intermédiaires la directité du domaine des arrieres-fiefs mouvants de leurs Seigneuries ; une fois cette concession faite, sa Majesté est obligée de la maintenir, & conséquemment de permettre à ces Seigneurs d'opposer aux Receveurs du domaine les mêmes moyens qui auroient pu valablement être employés contre les Seigneurs particuliers, dont les biens sont réunis au domaine, & qui auroient commis sur la concession quelques entreprises capables d'en altérer les privileges ou l'étendue.

De ce que malgré la réunion d'une seigneurie au domaine Royal, les Receveurs du domaine, qui en exercent les droits, ne peuvent les faire valoir contre des tiers que de la même maniere qu'ils étoient exercés par les anciens possesseurs ; il suit que lorsque cette seigneurie passe par engagement entre les mains de particuliers, elle est soumise aux dispositions des Statuts qui régissent les lieux où elle est assise.

Ces Statuts en déterminent le partage, tant que l'engagement dure ; les aînés y ont préciput, les filles légitime, les cadets simple provision, si sa situation est en Caux ; l'engagement peut, il est vrai, être révoqué, il peut cesser ; mais aussi il est possible qu'il se perpétue durant des siecles, & que peut-être le titre auquel la concession en a été faite par le Souverain, soit également oublié de sa part & de celle des possesseurs par le laps du temps ; ce n'est donc point au principe qu'il faut remonter, ni par ce qui est contingent & éventuel qu'on doit se régler ; c'est sur la qualité qu'ont les fonds ou fiefs, engagés lors de l'ouverture des successions dont il sont partie, que les cohéritiers doivent statuer. *Voyez* Droits Régaliens, Echange, Engagements, Fiefs, Finances.

DOMESDAY.

On donne ce nom, qui signifie *jour du Jugement*, au dénombrement que Guillaume le Conquérant fit faire de toutes les diverses possessions & propriétés de l'Angleterre, après sa conquête, en 1066. L'attention scrupuleuse avec laquelle leur situation, leur nature, leur étendue, leur valeur, leurs dépendances, la qualité, les noms & surnoms des propriétaires & détenteurs, sont indiqués dans ce dénombrement, a donné lieu à sa dénomination : elle fait entendre qu'on considere l'examen qui y est fait, comme aussi rigoureux que celui qui sera fait au dernier jour, des actions des hommes devant le tribunal de l'Eternel.

Le morceau le plus considérable que nous ayons en France *du Domesday*, est celui qui se trouve dans le premier volume des Traités des Coutumes Anglo-Normandes. Les Glossaires de Ducange & de ses savants Continuateurs, les notes de Selden sur Eadmer, à la fin des Œuvres de S. Anselme, n'ont cité que rarement cet Ouvrage : il n'est point cependant de monument plus authentique de l'introduction des Coutumes Françoises en Angleterre.

En effet, on y voit les Archevêques, Evêques, Abbés, Comtes, tenir tous leurs fonds du Roi, & sous ces Seigneurs des vassaux de différentes classes.

Les redevances de ces vassaux & les prérogatives des hommes libres y sont clairement spécifiées ; les privileges des villes, les dépendances des manoirs, leur contenance tant avant qu'après la conquête, fournissent, répandent beaucoup de lumieres sur l'histoire des Communes, & sur l'origine des anciennes Familles Normandes.

Voici l'instruction qui fut donnée aux Commissaires choisis par le Conquérant, pour dresser le Domesday (1) : *Après serment des Vicomtes de chaque Comté, de tous les Barons, & de tous les François distribués dans les Hundreds* (2), *des Ecclésiastiques, des Prévôts, & des Villains de chaque village ; on s'enquiérera du nom que chaque manoir portoit au temps du Roi Edouard, de celui qui en est tenant, du nombre des lides* (3) *qui le composent, des charrues qui y sont entretenues, des vassaux qui en dépendent, des villages qui en relevent, des côtiers, des villains, des hommes libres, des sockmans qui y habitent ; combien de forêts, de prés, de pâturages, de moulins, de pêcheries en dépendent ; ce qu'ils valoient autrefois annuellement, ce qu'ils rapportent maintenant, ce dont ils sont augmentés ou diminués, & de quelle augmentation ou diminution ils sont encore susceptibles ; ce que chaque vassal peut en faire valoir.*

En conséquence de cette instruction, en chaque hundred, on forma un tableau exact de ce qui y étoit contenu.

Il n'y eut de différence entre les divers états que quant au nom & à la valeur des mesures dont on fit usage. On y parle de *solins*, d'*hydes*, de *charuées*, de *jougs*, de *vergées*, de *bouvées* & de *ferlings*.

A cet égard, Dugdale observe que le *solin* étoit composé de 200 acres ; l'*hyde* & la *charuée* de 100 ; que le *joug* étoit la moitié d'une *charuée* ; la *vergée* moitié du *joug* ; la *bouvée* de 15 acres, ainsi que le *ferling* : mais cette diversité ne nuisoit point à l'exactitude du dénombrement, parce que chaque canton donnoit à la mesure qui lui en étoit particuliere une diminution fixe & déterminée.

Lors de la rédaction de ce *rôle* célé-

---

(1) *Dugdal. regist. append.*
(2) Centaines de familles. *Voyez* HUNDRED.

(3) Mesure de terres.

bre, les pratiques judiciaires furent conftatées fans que fur ce point le Conquérant e ût demandé aucuns éclaircissements. S'il exiftoit, par exemple, entre un Comte & un *Hundred* quelque conteftation fur la propriété d'un fonds, l'un ou l'autre faifoit employer par les Commiffaires dans leur procès-verbal, l'efpece de preuve qu'il offroit faire de fon droit ; c'eft-à-dire celle du combat fingulier ou de la preuve du fer chaud.

Si un feudataire revendiquoit l'un de fes *recommandés*, contre fon Suzerain qui le prétendoit comme *vaffal direct* ; dans les proteftations de l'un des contendans, les titres fpécifiques de ces deux fortes *d'hommes* étoient exprimés par des termes dont les Chartes font rarement faifir l'énergie.

D'ailleurs, on rencontre fouvent dans le Domefday des fiefs fans Chevaliers & des Chevaliers ayant fiefs ; & les redevances, foit perfonnelles, foit réelles qui exiftoient alors, répandent le plus grand jour fur l'économie féodale du onzieme fiecle.

DOMESTIQUES.

Gens à gage, attachés à des travaux déterminés en une maifon ; ils different des ferviteurs en ce que ceux-ci doivent remplir indifféremment toutes les fonctions que le maître leur indique ; mais les uns & les autres font foumis aux Réglements de la Cour des 9 Juillet 1721 & 26 Juin 1722.

Le premier de ces Réglements, dont le fecond n'eft que la répétition, eut pour motif que l'augmentation des gages des domeftiques, malgré le prix médiocre auquel étoient vendues les denrées de premiere néceffité, au lieu de les rendre plus foumis & plus actifs, les avoit rendus au contraire arrogants, ennemis du travail, & excités à fe liguer pour forcer les maîtres à leur donner tels falaires qu'ils exigeoient ; d'où il arrivoit que l'attrait du gain leur faifoit abandonner leur fervice ou leurs entreprifes, lorfque le terme n'en étoit point encore expiré ; ce qui détermina la Cour, la Grand'Chambre affemblée, de renouveller les Ordonnances de François I.er, de Charles IX, d'Henri III ; & en conféquence faire défenfes à tous domeftiques & ouvriers de faire complots dans les foires & marchés, d'agir d'intelligence fur le fait de leurs gages & falaires, fous peine de punition corporelle, & d'enjoindre aux Lieutenants-Généraux de chaque Bailliage, en fixant l'ouverture de la meffion quelque temps avant la récolte, d'affembler un nombre fuffifant de laboureurs de leurs diftricts pour régler, après les avoir entendus, & ceux des ouvriers qui voudroient s'y trouver, le prix de leurs falaires. L'Arrêt ordonna encore aux Juges de chaque lieu de fe transporter dans les foires où les domeftiques ont coutume de fe trouver pour fe louer, à l'effet d'y régler le prix de leurs gages, fans frais, fous peine de nullité des marchés qui fe feroient à l'avenir, au préjudice du Réglement donné par ces Juges. Il fait auffi défenfes aux ferviteurs de laiffer leurs maîtres pour s'engager fans leur confentement chez d'autres ; & à toutes perfonnes de recevoir un domeftique fortant d'une maifon, qu'elles ne fe fuffent enquifes de la caufe de fa fortie, ou qu'il n'en eût certificat par écrit, fous peine de 300 liv. d'amende, dont le tiers pour le dénonciateur : peine que l'Arrêt étend à ceux qui fubornent ferviteurs ou valets pour les attirer à leur fervice. Enfin il veut que les ferviteurs & valets, accoutumés de fe louer à temps, à certain prix, foient tenus de fervir l'année entiere, s'il plaît à leurs maîtres, à moins qu'ils n'aient raifon légitime pour fe retirer plutôt ; & il prefcrit de même aux ouvriers, loués pour un ouvrage à faire, de ne l'interrompre que de l'aveu de ceux qui les emploient, sous lesdites peines.

Voyez article DONATIONS, celles qui peuvent être faites aux domestiques, & article RETRAIT la forme de celui qui peut être exercé pour héritages donnés en récompense de services.

DOMFRONT.

Ville du diocèse du Mans. Il y a Bailliage & Vicomté qui ressortissent du Présidial d'Alençon.

Dans cette Vicomté, le droit de treizieme se paie en bourgeoisie, au treizieme denier du prix de la vente, & hors bourgeoisie, au sixieme. Les reliefs des terres en rotures, dûs par la mort de l'aîné du fief, ou du possesseur de l'héritage, sont payés au double des rentes en deniers; & par la mort du Seigneur, le vassal ne doit que demi-relief.

S'il n'étoit dû aucunes rentes en deniers, mais qu'il en fût dû en especes, le relief seroit payé sur le prix de l'estimation des especes, à moins qu'il n'y eût titre au contraire, en faveur du vassal.

Ces dispositions se trouvent dans un Arrêt de la Cour du 15 Décembre 1608, rapporté par Merville, en son Commentaire des Usages locaux, p. 592, in-f°.

M. de la Tournerie observe sur l'Article 11 de la Coutume, que les Vicomtes de Domfront ne peuvent exiger aucuns droits pour les déclarations des censives, droits & devoirs dûs au Roi & à la maison d'Orléans, propriétaire des domaines de cette Vicomté, suivant l'Edit de 1550 & l'Arrêt du 23 Mai 1656.

DOMICILE.

Nous ne pouvons mieux faire, avant d'indiquer la Jurisprudence Normande à l'égard des domiciles, que de poser les principes généraux sur le temps qui est nécessaire pour établir le domicile, & sur les signes auxquels on reconnoît qu'il a été réellement établi.

La dissertation qui se trouve premier volume du Journal du Palais, *p.* 106, va être notre guide.

Entre toutes les Coutumes de France, celle de Bretagne indique avec plus de précision que les autres, le temps nécessaire pour constituer un domicile; Art. 449, elle s'exprime ainsi:

Sera réputée résidence propre, le lieu où l'on est nourri, ou le lieu où l'on réside avec sa femme, & le lieu où l'on a demeuré par l'espace de dix ans continuellement prochains avant le décès.

D'Argentré, le plus célebre Commentateur de cette Coutume, observe sur cet Article, que le domicile, peut cependant se constituer par la demeure d'un seul jour, pourvu qu'il apparoisse de la volonté, & que quand la Coutume requiert dix ans pour l'établissement du domicile, ce n'est que dans le doute si on a demeuré dans un lieu, avec l'intention d'y demeurer toujours.

L'Article 173 de la Coutume de Paris semble fixer le temps nécessaire, pour l'établissement du domicile, à l'an & jour, lorsqu'elle dit: *par privilege usité, quiconque est Bourgeois de Paris, & par an & jour y a demeuré, il peut procéder par voie d'arrêts sur les biens des débiteurs forains trouvés en icelle ville; posé qu'il n'y eût obligation ni cédule, & non sur autres débiteurs que forains.* Mais à la circonstance du temps, qui seule n'est pas toujours une marque certaine du vrai domicile, il faut que d'autres circonstances se joignent, capables de prouver que durant ce temps le domicilié a eu la pensée de se fixer dans le lieu irrévocablement.

Ces circonstances sont, selon d'Argentré sur l'Article 449 de la Coutume de Bretagne, la Pâque faite en une Paroisse où l'on tient ménage avec sa femme, où on exerce quelque Office; & suivant les loix Romaines, au code *de incolis*, l. 7, il n'y a point de circonstances plus décisives que celles d'avoir en une maison la principale portion de ses effets mobiliers & les titres de sa fortune; de ne quitter cette maison que pour affaires, ensorte que l'on soit réputé voyageur, si on s'en écarte, & cesser de voyager quand on y rentre. Ces loix ajoutent qu'indépendamment de ce domicile ordinaire, on peut en avoir un d'origine & un de dignité; qu'il est indifférent, en ce cas, de donner les assignations en l'un ou en l'autre de ces domiciles.

Mais ces distinctions de domicile d'origine & de dignité, ne sont pas de si grande considération parmi nous que parmi les Romains; le domicile de demeure est presque le seul auquel nous nous attachons.

Nous regardons la liberté du domicile comme un droit naturel dont les loix civiles ne peuvent nous priver; & quant aux dignités, elles ne sont présomption d'une demeure absolue dans le lieu de leur exercice, que lorsqu'il ne s'offre point d'actes qui contrarient la perpétuité de cette demeure; d'ailleurs toute dignité, tout Office n'entraîne pas après lui l'obligation de la résidence.

Car tous les Officiers de la maison du Roi ne sont pas réputés domiciliés à la Cour, que l'on considere toujours comme permanente à Paris. Il n'y a que ceux qui servent toute l'année à la Cour, dont Paris soit le domicile ordinaire; ceux qui ne servent que par quartier ou par semestre, suivent leur domicile naturel, c'est-à-dire celui où ils demeurent réellement; ensorte que l'on est à leur égard dans le cas d'exiger qu'ils prouvent leur domicile à Paris : à la différence des Officiers qui servent à la Cour toute l'année, qui sont de droit présumés demeurer à Paris, jusqu'à ce que l'on prouve qu'ils ont une demeure ailleurs.

C'est-à-dire jusqu'à ce que l'on prouve ou qu'ils ont eu exemption de résider à Paris, ou que par des actes qu'ils ont passés en divers temps & successivement, ils ont de fait & d'intention eu en un autre lieu un domicile réel.

Le lieu de l'origine, celui de l'exercice d'une charge, ne sont donc que des adminicules pour établir le vrai domicile, quand toutes les circonstances requises pour constituer la vraie demeure ne concourent pas à la rendre évidente.

Au surplus, la femme a le domicile de son mari tant qu'elle n'en est pas séparée; les fils de famille celui de leur pere, jusqu'à ce qu'ils soient établis.

L'exilé ou le prisonnier en pays étranger, l'Ambassadeur, l'employé aux affaires du Prince sont réputés n'avoir point perdu l'espoir de retour; ainsi leurs domiciles sont considérés comme existants durant leur absence ou durant leur détention dans le lieu où, par goût & avec liberté, ils avoient auparavant fixé leur habitation (1).

Malgré la netteté avec laquelle les principes sont exposés en la dissertation dont on vient d'offrir l'extrait, on ne peut se dissimuler cependant qu'il n'est pas toujours très-facile d'en faire une juste application. Ordinairement les actes & les faits sont si contradictoires dans les causes où il s'agit de déterminer les domiciles, qu'ordinairement chacune des parties a des moyens plausibles pour soutenir ses prétentions.

Cependant il paroît, en consultant les divers Arrêts rendus sur cette matiere au

_____
(1) Basnage, Art. 546.

Parlement de notre Province, que l'on peut tenir pour maxime:

1°. Que dans le doute, on est toujours présumé avoir conservé le premier domicile que le fait & l'intention ont formé de concert; & qu'ainsi en ce cas, le changement de domicile doit être clairement justifié.

2°. Que le domicile primitif peut être conservé par la seule intention, & qu'au contraire le domicile nouveau ne peut devenir le véritable que par le fait & l'intention.

3°. Que ceux qui sont attachés à une résidence de devoir, par un titre perpétuel, sont toujours censés domiciliés aux lieux où leurs fonctions les attachent, parce que ne pouvant y avoir de domicile sans intention, on ne peut prêter à qui que ce soit, une intention contraire à son devoir.

La preuve des deux premieres assertions paroît résulter de l'Arrêt suivant.

Le sieur de Gloine, originaire de Rouen, étoit entré en la Congrégation de S. Lazare, Congrégation où on ne fait pas de vœux, que l'on quitte à volonté, & où en y restant, on ne cesse point d'avoir la libre disposition de ses biens; après y être resté 30 ans, le sieur de Gloine fut obligé, à cause des affaires de la constitution *Unigenitus*, de s'en retirer. En partant de Paris pour revenir à Rouen, il déposa à Paris, chez un ami, ses effets mobiliers qui étoient considérables; & dans le cours de son voyage, il mourut.

Le frere & les sœurs du défunt eurent difficulté sur le partage de sa succession mobiliaire; celles-ci la soutenoient ouverte à Paris; le dépôt des effets en cette ville leur étoit favorable, il manifestoit de la part du décédé le dessein de revenir en la capitale.

Mais le frere répondoit que tant que l'Abbé de Gloine avoit été sous l'obédience d'un Supérieur, il n'avoit eu aucun domicile fixe & permanent, qu'il n'avoit eu le pouvoir d'en choisir un qui eût ces caracteres que de l'instant de sa sortie de la Congrégation de S. Lazare; que quand même son intention auroit été de fixer sa demeure à Paris, cette intention, sans le fait, n'auroit été d'aucune considération; mais que cette intention étoit au moins douteuse, puisque le défunt étoit décédé lorsqu'il dirigeoit ses pas vers son ancien domicile.

M. le Baillif-Mesnager, Avocat-Général, conclut en faveur de la sœur; mais la Cour jugea pour le frere, le 27 Juin 1732, que la succession étoit ouverte en Normandie.

Un Arrêt du 28 Juillet 1757, dont voici l'espece, part du même principe.

Jacques Billet, originaire de Caen, quitta sa patrie, à l'âge de 27 ans, pour se rendre à Paris; il y resta deux ans; après quoi l'envie de voyager l'engagea à s'embarquer à Nantes, comme *pilotin*, pour Léogâne; il y mourut.

Avant sa mort, il avoit fait un testament, par lequel il instituoit sa mere légataire universelle de son mobilier, lequel étoit déposé chez un sieur Halbourg, qui le logeoit.

Le frere du défunt accepta le testament, mais à condition que la légataire remplaceroit sur les meubles, les propres aliénés; la mere soutint ne pas devoir ce remplacement que la Coutume de Normandie exige, mais auquel elle ne pouvoit être assujettie, la succession du testateur devant être réputée ouverte à Paris. Il n'y a pas, disoit-on, pour elle de remplacement de Coutume à Coutume. Le Juge de Caen, par sa Sentence, condamna la mere au remplacement demandé; dont *appel*: & par Arrêt, la Sentence fut confirmée.

La troisieme assertion a pour appui l'Arrêt du 16 Avril 1779, confirmatif d'une Sentence rendue à Evreux, entre M. Nervet de Fauville & M. Delatouche de Boquencé.

Le fief de famille, étant voisin de celui du Breuil, appartenant au sieur Nervet, il en fit l'acquisition en Juillet 1776 ; dans le contrat l'acquéreur se dit *Ecuyer, Conseiller du Roi, Receveur ancien & alternatif des impositions royales de l'Election d'Avranches, demeurant ordinairement à Avranches, & de présent à Paris, rue S. Honoré.*

Ce contrat fut lecturé sur les lieux le 28 suivant.

Au mois d'Août 1777, le sieur Nervet fut informé qu'on avoit porté en l'Audience du Bailliage d'Evreux, le retrait fait du fief de Fauville, à la requête du sieur de Boquencé, & qu'il y avoit été prononcé Sentence.

Comme il n'avoit été assigné ni en personne ni à domicile, il présenta sa Requête le 6 Octobre 1777, par laquelle il demandoit que le sieur de Boquencé fût tenu de lui fournir copie du prétendu exploit de retrait ; ce qui fut ordonné le 9 Décembre suivant.

Par la communication qui fut faite de l'original de l'exploit au sieur Nervet, celui-ci s'apperçut qu'on lui en avoit signifié copie à Evreux, paroisse de S. Nicolas, en parlant à une servante qui n'avoit voulu dire son nom ; & après avoir soutenu que son vrai domicile étoit à Avranches, il obtint Sentence qui déclara l'exploit nul.

Le sieur de Boquencé se porta appellant de ce jugement en la Cour, & y exposa que le sieur Nervet & son épouse n'avoient été à Paris que par plaisir ; qu'il avoit loué à Evreux une maison en son nom ; qu'il l'y avoit occupée jusqu'à la fin de 1767 que leur fille y étoit décédée ; qu'un Receveur des Tailles devoit être assimilé à un Contrôleur ambulant, qui ne résidoit dans un lieu que durant le temps nécessaire pour l'arrangement des comptes de la régie à laquelle il étoit préposé : que le domicile que s'attribuoit à Avranches le sieur Nervet, n'étoit pas plus sérieux que celui qu'il avoit fait à Paris ; que dans le contrat d'acquisition du fief clamé, il s'étoit, à la vérité, dit domicilié à Avranches ; mais à la fin de ce même contrat, c'étoit à Paris qu'il avoit élu domicile ; qu'au surplus, les acquisitions que le sieur Nervet avoit faites près d'Evreux, au Breuil où il avoit beaucoup planté, en la paroisse d'Arnieres & autres circonvoisines, prouvoient qu'il regardoit Evreux comme son domicile d'affection ; qu'on peut avoir deux domiciles, celui de dignité & le domicile ordinaire ; que cela avoit été jugé le 6 Septembre 1670, à l'occasion de la succession du Prince de Quiméné ; que le domicile du sieur Nervet à Avranches étoit bien un domicile légal, mais que le domicile de demeure & d'origine étoit à Evreux, & que ce dernier domicile méritoit toute préférence, au sentiment de M^e. Cochin, tome 5 de ses Œuvres, en la cause relative à la succession du sieur de Viennay ; enfin le sieur de Boquencé invoquoit un Arrêt du Parlement de Bordeaux du 15 Mars 1517, par lequel il a été jugé, selon Papon, contre les héritiers de M. de Selva, premier Président au Parlement de Paris, qu'un exploit de retrait, signifié au domicile d'origine de ce Magistrat, alors vivant, étoit valable.

Dans un Plaidoyer que M^e. Chapelain, Avocat de M. Nervet, fit imprimer, & qui fut distribué en la Cour durant l'instance d'appel, toutes ces objections furent supérieurement réfutées.

En fait, on y établit que le sieur Nervet avoit quitté la ville & le Barreau d'Evreux, à la fin de 1757, pour aller s'établir à Paris ; qu'il y occupoit en 1758, par bail, un logement, à raison de 1000 liv.

livres par an; la dame son épouse l'y avoit suivi.

A la vérité, il tenoit de ses peres dans Evreux une maison; mais après l'avoir successivement louée à diverses personnes, il l'avoit vendue en 1762; & dans l'acte de vente, il s'étoit *dit demeurant à Paris, rue S. Honoré*. Depuis ce temps, il cessa d'être compris au rôle des impositions à Evreux, & fut imposé à la capitation à Paris. Divers actes passés, tant devant les Notaires d'Evreux que ceux de Paris, jusqu'en 1766 inclusivement, avoient uniformément indiqué sa demeure à Paris.

En 1766 le sieur Nervet obtint du Ministre l'agrément des Offices de Receveur ancien & alternatif de l'Election d'Avranches; il fit enregistrer ses provisions en la Chambre des Comptes de Rouen & au Bureau des Finances de Caen; de ce moment, sa maison & son établissement furent transportés à Avranches; il y occupa la maison de son prédécesseur en l'Office qu'il venoit d'acquérir, jusqu'en 1773.

D'ailleurs plus de dix contrats qu'il avoit passés devant Notaires, depuis 1768, énoncoient, jusqu'en 1777, son domicile à Avranches.

M^e. Chapelain convenoit cependant que la dame Nervet avoit paru à Evreux en 1759, mais seulement pour passer sa premiere couche chez la dame sa mere; que dans la suite, à raison de maladie, elle étoit encore venue chez cette dame pour rétablir sa santé, que l'air de Paris avoit pu altérer; mais *n'est-ce pas*, disoit cet Orateur intéressant, *un principe avoué par toutes les personnes instruites, qu'une femme mariée ne peut avoir d'autre domicile que celui de son mari, & qu'elle ne peut lui en attribuer un différent de celui qui lui est propre?*

D'ailleurs, ajoutoit-il, *dans les questions de domicile, ce n'est que lorsque la volonté n'est ni constante ni justifiée par des actes, qu'on examine les circonstances de la femme & de la famille* (1).

En droit, le défenseur du sieur Nervet faisoit d'abord voir l'indécence de la comparaison entre un pourvu de l'Office de Receveur des Tailles, dont la propriété est immuable, & un Contrôleur ambulant, dont l'état étoit révocable *ad nutum*. Il citoit l'Ordonnance du Roi Jean, de 1315; celle de Louis XII, en 1508; celle de François Ier. en 1517, qui enjoignent dans les termes les plus exprès, la résidence aux Receveurs des Tailles dans leur Election, sous peine *de privation de leurs Offices*; les personnes revêtues de charges, dont l'exercice est continu, qui exigent résidence, cessent d'être libres.

» La loi impérieuse de leurs Offices
» publics, fixe leur domicile nécessaire-
» ment & indispensablement. Une inten-
» tion contraire seroit même impuissante
» pour le rétracter.

» Quand ces personnes n'auroient pas
» manifesté leur intention, quand elles n'au-
» roient que des présomptions à invoquer;
» ces présomptions seroient des preuves
» de ce que leur intention auroit été
» conforme à la regle; elles ne pour-
» roient jamais acquérir ailleurs un do-
» micile sérieux & légal, parce que d'u-
» ne cause illégitime, il ne peut pas ré-
» sulter un effet légitime.

» La preuve même que ce domicile se-
» roit ailleurs, ne seroit point admise;
» la loi ne peut autoriser la preuve de ce
» qui ne peut pas prévaloir à ses dispo-
» sitions.

Comme l'inspection du sieur Nervet, sur les biens qu'il possédoit à Evreux, ne fournissoit aucun argument con-

---

(1) Basnage, Art. 546.

cluant, Me. Chapelain réfutoit ainsi les autorités auxquelles son adversaire avoit eu recours.

L'Arrêt du 6 Septembre 1670, rapporté dans le tome premier du Journal du Palais, a confirmé un jugement arbitral rendu sur un fait particulier ; & l'Arrêtographe observe en conséquence *qu'il seroit dangereux d'avoir égard à cet Arrêt en d'autres espèces.*

D'ailleurs quel rapport a-t-il à la cause du sieur Nervet ? Celui-ci n'a & ne peut avoir deux domiciles à la fois.

Parmi nous toute personne majeure & libre peut changer son domicile & le transférer où bon lui semble ; par l'exercice de cette liberté, qu'aucune loi ne contraint, que la nature autorise, le sieur Nervet a abdiqué visiblement son domicile d'Evreux, depuis plus de 20 ans.

Reporter son domicile au lieu de son origine, c'est ce qui n'est pas admissible, puisqu'on ne voit aucune incertitude ni sur sa volonté ni sur son intention de demeurer à Avranches.

Puisque ce domicile lui étoit prescrit par les loix spécialement promulguées pour l'exercice de l'Office dont il est revêtu.

C'est dans le lieu de cette exercice que sa résidence est fixée. Pothier, en l'introduction aux Coutumes de France, qui est en tête de son Commentaire sur la Coutume d'Orléans, page 7, regarde comme une maxime constante qu'un Magistrat, un Evêque, un Chanoine sont toujours réputés domiciliés dans le lieu de leur tribunal ou de leur bénéfice. Le Parlement de cette Province l'a ainsi jugé en 1751, à l'égard de M. de Bébec, Président en la Chambre des Comptes de Rouen ; il l'a réputé domicilié en cette ville, quoiqu'il eût perdu de vue, long-temps avant sa mort, les fonctions de sa charge ; quoiqu'il n'eût aucune demeure à Rouen, qu'il se fût marié en Champagne, & qu'il y eût toujours résidé depuis son mariage jusqu'à son décès.

M. Leclerc de Lesseville, Evêque de Coutances, a été déclaré domicilié dans son Evêché, par Arrêt du Parlement de Paris, du 8 Mars 1667. *Voyez Journ. des Aud. tom. 3, ch. 27, p. 84.*

Et dès 1743, le 5 Février, le même Parlement avoit décidé que l'Abbé Dubos, Chanoine de Beauvais, étoit réputé y avoir eu son domicile, quoique depuis plusieurs années il habitât Paris, & fût Secrétaire perpétuel de l'Académie Françoise.

En un mot, il n'y a d'exception à la regle qui veut que le domicile d'Office soit le domicile seul véritable, que lorsque la renonciation à ce domicile est manifestée par le fait & par l'intention ; & alors ce n'est pas même toujours au domicile d'origine que l'on accorde la préférence. Selon Pothier, *celui où l'on se dit demeurant dans les actes, est la plus forte circonstance par laquelle on doive se déterminer.*

Dans l'affaire de la succession du sieur de Viennay, rapportée tome 5 de Cochin, on voit que ce Lieutenant-Général des armées du Roi, avoit varié dans les actes où il avoit énoncé son domicile. Dans le doute, on préféra le domicile d'origine. Mais dans l'espece de la cause du sieur Nervet, tout est formel, tout est écrit, tout est clairement exprimé ; l'intention, l'esprit, le fait, la volonté, sont consignés persévéramment dans des actes qui remplissent l'espace de vingt années, & ne laissent pas la moindre perplexité.

L'Arrêt du 16 Mars 1517, qu'on a été rechercher dans Papon, n'est d'aucune conséquence : Imbert, d'où Papon a tiré l'Arrêt, observe, en le rapportant, que *le fonds clamé étoit situé dans le lieu.* Or du temps d'Imbert, c'étoit une pratique universelle d'intenter l'action en retrait devant le Juge où *la chose étoit située.* D'ailleurs Gacénois, annotateur d'Imbert, nous apprend qu'il étoit très-difficile d'ajourner un Premier Président à son domicile à Paris ; qu'un certain Sergent de Bordeaux, nommé Rossignol, ayant tenté semblable expédition, fut arrêté par six hommes déguisés en femmes, qui lui couperent les oreilles ; que cet événement glaça d'effroi tous les Sergents du pays, & que cela détermina le Parlement de Bordeaux à déclarer l'ajournement de retrait, au domicile d'origine de M. Silva, bon & valable. Tels furent les moyens que la Cour adopta. L'exploit fait au sieur Nervet, à Évreux, fut déclaré nul.

On peut donc regarder comme de Jurisprudence certaine en fait de domicile : 1°. Que le domicile de dignité & d'office perpétuel qui demande résidence, est un domicile de droit ; & que ce domicile de droit, prescrit par la loi, est toujours réputé de fait. 2°. Que le domicile de fait, est le lieu où l'on demeure actuellement & réellement ; mais qu'il n'est qu'un domicile imparfait, tant qu'il n'est pas déterminé par une volonté conforme au devoir & à la loi. 3°. Que la volonté suffit pour conserver le domicile une fois sérieusement & légitimement acquis, mais qu'elle ne peut seule le faire perdre & en faire acquérir un nouveau ; qu'il faut pour opérer cet effet, des circonstances qui rendent l'intention claire & supérieure à toutes les incertitudes. *Voyez* au surplus COMMUNAUTÉ, & COUTUME.

DOMMAGE.

L'Article 64 de la Coutume permet aux Seigneurs, dans l'étendue de leur fief, d'arrêter tant les personnes que les bêtes qui y font dommage, *in flagrante delicto* ; mais ils doivent recourir aux Juges ordinaires pour obtenir condamnation sur ce dommage.

DOMMAGES ET INTÉRÊTS.

Basnage sur l'Article 20 de la Coutume, rapporte deux Arrêts, l'un du 26 Janvier 1608, l'autre du 2 Mai 1609, qui ont refusé le bénéfice de cession à des condamnés en des *dommages & intérêts*. *Voyez* CESSION.

DONATION.

Le chapitre des Donations, est l'un des plus importants de notre Coutume : elle distingue en l'Article 447, trois sortes de donations ; celles *entre-vifs*, celles *à cause de mort*, & les *testamentaires*. On traitera des *testamentaires*, article TESTAMENT. Ici on va d'abord s'attacher à faire connoître les caracteres distinctifs des donations entre-vifs & à cause de mort.

En l'audience du Vendredi 17 Mai 1743, il s'offrit à la Cour la cause suivante.

Le 2 Janvier 1739, M². Henri Pallix, Avocat à Mortain, arrêta des pactions de mariage avec demoiselle Marie, veuve Legrand, niece du sieur Pierre Legrand, Prêtre-Curé du *Champ-du-Baulx* ; & par le contrat ledit sieur Curé fit une donation à sa niece, conçue en ces termes :

» Est aussi intervenu D. P. M². Pierre
» Legrand, Prêtre-Curé du Champ-du-
» Baulx, oncle paternel de la demoiselle
» Legrand, future épouse, lequel en con-
» sidération du présent, & pour la bonne
» amitié qu'il lui porte, a donné & donne
» par le présent tous ses meubles & ef-
» fets mobiliers de quelque nature qu'ils
» soient, dont il sera saisi lors de son dé-
» cès ; ensuite tous les acquêts qu'il pourra
» avoir faits, sans néanmoins être par le
» présent préjudicié de faire tel usage &
» disposition qu'il voudra desdits meubles
» & acquêts, n'entendant donner par le
» présent, que ceux qui lui resteront lors
» de son décès.

Ce contrat de mariage *sous seing*, étoit écrit en plein contexte, de la main du sieur Pallix, futur époux.

Le sieur Pallix fit insinuer son contrat de mariage le 22 Août 1741, mais à *un Bureau qui n'étoit ni celui de la situation des biens du donateur, ni celui de son domicile.*

Le 23, le sieur Curé décéda, & laissa deux sortes d'héritiers, savoir, la demoiselle Pallix, seule héritiere aux propres, & cohéritiere aux meubles, comme fille d'un frere dudit sieur Curé; Jacqueline Legrand, veuve d'Etienne Auger; Jeanne Legrand, veuve de Christophe Templé, sœurs dudit sieur Curé, & plusieurs enfants d'autres sœurs, cohéritieres aux meubles.

Il est d'observation que le sieur Curé du Champ-du-Baulx ne laissa point d'acquêts. Après le décès de ce Curé, les héritiers aux meubles contesterent la validité de la donation, sur le fondement que le contrat de mariage qui la contenoit, *n'étoit point passé devant Notaires,* & en second lieu, *n'avoit point été insinué valablement.*

Le sieur Pallix soutint, au contraire, que la donation en question *n'avoit besoin ni de l'une ni de l'autre formalité.* Sur cela intervint Sentence en la Haute-Justice de Vassy, qui, sans avoir égard aux nullités proposées, jugea la donation de meubles faite par le sieur Curé du Champ-du-Baulx au bénéfice des sieur & demoiselle Pallix, bien & valablement faite; quoi faisant, la succession mobiliaire dudit sieur Curé adjugée audit sieur Pallix aux charges de droit, avec dépens.

Il y eut appel de cette Sentence en Bailliage à Vire, où en intervint une autre le 2 Juin 1742, qui la confirma. Appel à la Cour par les mêmes héritiers aux meubles.

Me. Falaise, leur Avocat, conclut l'appellation & ce dont, corrigeant & réformant, que la donation en question fût déclarée nulle; ce faisant, qu'il fut ordonné partage de la succession aux meubles entre toutes les Parties, avec dépens des causes principale & d'appel.

La donation, disoit-il, est nulle par deux raisons; la premiere, le contrat de mariage qui la contient est sous seing privé; & la seconde, la donation n'a point été insinuée.

L'article 1er. de l'Ordonnance de 1731, porte que *tous actes portant donations entre-vifs, seront passés devant Notaires, à peine de nullité.*

La même Ordonnance, celle du 17 Février 1690, ensemble la Déclaration du 17 de Février 1731, assujettissent toutes donations, de quelque nature qu'elles soient, à l'exception de celles faites dans les contrats de mariage en ligne directe, à la nécessité de l'insinuation tant dans le lieu du domicile du donateur, que dans celui de la situation des biens donnés. Or, ces deux formalités manquent à la donation faite par le sieur Curé du Champ-du-Baulx.

Inutilement objecteroit-on que la donation dont il s'agit est une donation à cause de mort, portée par contrat de mariage, qui est exceptée de la regle générale, aux termes de l'article 3 de la même Ordonnance de 1731. Cette donation est une véritable donation entre-vifs sans tradition, autorisée par contrat de mariage, aux termes de l'article 17 de ladite Ordonnance, par l'exception de la regle générale, *donner & retenir ne vaut;* & telles donations doivent être passées devant Notaires & sujettes à l'insinuation lorsqu'elles ne sont point faites en ligne directe, comme étant comprises dans la disposition générale des Ordonnances: cette donation est une donation entre-vifs. En effet, le caractere véritable de la donation entre-vifs, est de n'être point révocable à la volonté du donateur, & celle-ci est du nombre de celles qui sont irrévocables.

Il est vrai que le Curé du Champ-du-

Baulx a stipulé dans le contrat de mariage de sa niece, que la donation ne pourra le préjudicier de faire tel usage qu'il voudra desdits meubles, n'entendant donner que ceux qui lui resteront lors de son décès; mais cette clause, en lui laissant la liberté de vendre les meubles, ou de les hypothéquer, ne caractérise point spécialement une donation à cause de mort, dont l'essence est d'être révocable *ad nutum*; parce qu'on soutient que malgré cette clause, si la donation avoit été revêtue de toutes les formalités, le sieur Curé du Champ-du-Baulx n'auroit pu disposer par une autre disposition universelle gratuite des mêmes meubles par lui donnés; il n'auroit pu par un acte postérieur détruire sa donation & remettre les choses dans le droit commun, en admettant ses sœurs au partage de ses meubles.

Une autre raison: la donation à cause de mort, n'a pour objet que celui en faveur de qui la donation est faite; ensorte que s'il décede avant le donateur ou testateur, la donation devient caduque. Dans le cas particulier, si la demoiselle Pallix future épouse, étoit décédée avant le sieur Curé du Champ-du-Baulx, & qu'elle eût eu des enfants, ses enfants auroient bénéficié de la donation ni plus ni moins que si leur mere eût vécu; la donation en question n'est donc pas une donation à cause de mort.

Mais quand on supposeroit pour un moment que la donation dont il s'agit, seroit une donation à cause de mort, elle n'en seroit pas plus valable.

Nous n'admettons dans notre Coutume & par la Jurisprudence des Arrêts, que de deux sortes de donations en Normandie, c'est-à-dire la donation entre-vifs & la donation testamentaire. Il est vrai, que comme l'a remarqué Basnage sur l'Article 447, l'on peut donner à cause de mort par un contrat, comme par un testament; ce qui constitue en quelque sorte une troisieme espece de donation; mais quant à la forme, nous n'en connoissons que de deux sortes, & toutes donations doivent être accomplies selon la solemnité des donations entre-vifs, ou selon la formalité des testaments: c'est aussi le sentiment de Ricard.

Quand l'Ordonnance, dans l'article 3, en abrogeant les donations à cause de mort, a excepté celles qui seroient faites par contrat de mariage, l'objet du Législateur a été, non d'introduire une nouvelle espece de donation à cause de mort, autre que celles qui étoient autorisées dans la Jurisprudence; mais uniquement de confirmer les donations faites par contrat de mariage de biens présents & à venir; les institutions contractuelles & les donations faites entre conjoints par opposition aux donations faites hors contrat de mariage qui n'étoient point jugées valables pour les biens à venir, & dans lesquelles la regle *donner & retenir ne vaut* étoit observée. On ne peut jamais étendre l'exception portée par cet article, aux donations faites à l'un des conjoints par collatéraux & par étrangers, qui ne sont exceptées que de l'acceptation, suivant l'article 10 de l'Ordonnance de 1731.

En un mot, l'Ordonnance de 1731 ne change à cette Jurisprudence, qu'en ce qu'elle a ordonné que les actes qui ne seroient pas valables dans une forme, ne pourroient subsister dans une autre; par conséquent la donation du sieur Curé du Champ-du-Baulx ne peut subsister, puisqu'elle n'est ni dans les formes prescrites pour la validité des donations entre-vifs, ni dans celles prescrites pour la validité des testaments: elle n'est point passée devant Notaire, ni insinuée valablement; par conséquent elle n'est point dans la forme des donations entre-vifs; elle n'est point écrite & signée du testateur, &, par conséquent elle n'est point revêtue de la forme de testaments; elle est donc nulle.

Mᵉ. le Courtois, Avocat du sieur Pallix, concluant l'appellation au néant, répondit :

La donation en question est une donation à cause de mort, & non une donation entre-vifs ; si cette donation pouvoit être regardée entre-vifs, on défieroit aux Parties de pouvoir définir une donation à cause de mort. On sait bien que toutes donations où il est parlé de mort, ne sont pas toujours réputées donations à cause de mort ; on distingue l'endroit où il est parlé de la mort : s'il est parlé de la mort dans la disposition de la donation, c'est une donation à cause de mort : s'il en est seulement parlé dans son exécution, cette donation est réputée entre-vifs, parce que la donation est parfaite dès sa naissance, & qu'il n'y en a que l'exécution de différée.

Pour opérer une donation entre-vifs, il faut que le donateur se dessaisisse de la chose donnée, & en saisisse le donataire, de maniere que le donataire soit actuellement revêtu de la propriété, sans, par le donateur, en pouvoir retenir la disposition ; autrement il n'y auroit aucune différence entre la donation testamentaire. Ici le donateur ne se dessaisit de rien ; il donne ce qui lui restera de meubles après son décès, & dont il n'aura point disposé de son vivant ; car il s'est retenu la liberté d'en faire tel usage & telle disposition qu'il voudra de son vivant : c'est donc une donation à cause de mort, & si bien une donation à cause de mort, qu'il auroit été impossible de la faire insinuer. En effet, cette donation pourroit diminuer, & même devenir caduque de plusieurs façons. Qu'auroit-on donc pu insinuer ? On n'auroit pu faire faire l'inventaire requis par l'article 15 de l'Ordonnance ; on n'auroit pu fixer la valeur des choses données ; enfin, on n'auroit pu obliger le sieur Pallix à faire insinuer une donation qui pourroit s'anéantir d'un moment à l'autre, & dépendoit totalement de la volonté du donateur : la donation en question, n'est donc point une donation entre-vifs.

On convient bien qu'elle auroit pu être irrévocable, à l'effet que le donateur n'auroit pu en priver le sieur Pallix par une disposition particuliere en faveur d'un autre, de la totalité de ses meubles, parce que cette donation n'est pas connue ; celle portée en un testament, dont le testateur est seul le maître, ne contractant vis-à-vis de personne ; au lieu que la donation en question est un acte synallagmatique avec le sieur Pallix, une convention sans laquelle le mariage n'auroit point été fait ; mais cette donation n'en est pas moins à cause de mort.

Cela posé, la donation en question seroit nulle & de nul effet, si elle étoit faite autrement que par contrat de mariage & en faveur de mariage ; & d'autant que cette espece de donation, à cause de mort, a été abrogée par l'Ordonnance de 1731, qui n'admet pour l'avenir que deux formes de disposer de ses biens à titre gratuit ; savoir, la donation entre-vifs & la donation testamentaire ou le codicile : c'est la disposition expresse de l'article 3 : mais le même article porte une exception pour les donations qui se font par contrat de mariage ; & conséquemment la donation dont il s'agit, quoiqu'elle ne soit ni entre-vifs ni testamentaire, n'est pas moins valable comme donation à cause de mort, en vertu de l'exception de l'Ordonnance pour les contrats de mariage qu'elle favorise autant qu'elle peut, parce que ce sont moins des donations gratuites de la part des parents envers les conjoints, & des conjoints l'un envers l'autre, que des pactions & conventions sur lesquelles les parties ont contracté, & sans lesquelles le mariage n'eût été fait. On trouve encore une nouvelle preuve de la faveur des Ordonnances pour les donations faites par contrats de mariage, dans l'article 17.

En vain veut-on faire une distinction dans l'article 3, qui ne s'y trouve point; l'article exempte toutes donations, à cause de mort, faites par contrats de mariage, des formes prescrites par les testaments, sans distinguer les donations faites par les conjoints, d'avec celles faites aux conjoints par des tierces personnes; celles-ci doivent donc avoir leur exécution.

M. le Baillif-Mesnager, Avocat-Général, portant la parole en cette cause, dit que pour distinguer valablement une donation entre-vifs, d'avec une donation à cause de mort, il falloit examiner si le donateur se préféroit le donataire, ou s'il se préféroit au donataire : s'il se préfere le donataire, c'est une donation entre-vifs ; & si au contraire il se préfere au donataire, c'est une donation à cause de mort.

Ici le donateur s'est préféré au donataire, puisqu'il s'est réservé la faculté de faire tel usage & disposition qu'il jugera à propos de ses meubles : la donation en question est donc une donation à cause de mort.

On ne trouve rien dans la Coutume, ni dans l'Ordonnance de 1731, qui assujettisse les donations faites par contrat de mariage, qui sont contrats susceptibles de toutes sortes de conventions, aux formalités prescrites pour la validité des autres donations ; au contraire, l'article 3 de l'Ordonnance de 1731 les en excepte formellement : pourquoi ce Magistrat estima qu'il y avoit lieu de mettre l'appellation au néant.

La Cour, tout d'une voix, suivit ces conclusions. Mais ce ne fut point sans doute par le mérite de la distinction, que M. l'Avocat-Général avoit fait valoir ; car dans une donation entre-vifs, le donateur préfere seulement le donataire à ses héritiers ; & dans celle qui étoit l'objet du procès, le donateur en agissoit ainsi, puisqu'on convenoit que le donateur n'auroit pu par une autre disposition remettre les choses dans le droit commun, c'est-à-dire anéantir la donation, pour laisser sa succession aux meubles à ses héritiers.

Le motif de l'Arrêt fut donc que le donateur ne s'étoit pas désapproprié d'un objet fixe & déterminé à l'instant de la donation.

En effet, 1°. l'acceptation, cette formalité si rigoureusement requise, que la faveur des hôpitaux & des mineurs n'en excuse pas le défaut, n'est point nécessaire dans les donations à cause de mort stipulées en contrat de mariage ; le consentement au mariage vaut d'acceptation de la donation, qui en est une condition, *sine qua non*. C'est ce que nous apprend l'article 10 de l'Ordonnance de 1731, lorsqu'elle excepte de l'obligation de l'acceptation les donations faites par contrat de mariage, soit par les conjoints eux-mêmes, soit par leurs parents, soit par des étrangers.

2°. Un caractere essentiel dans les donations entre-vifs, est que la propriété des choses données, soit pleinement & irrévocablement acquise au donataire dès l'instant de la donation ; il faut donc, en donation entre-vifs d'immeubles ou de meubles, qu'il y ait une tradition, soit réelle, soit civile ; mais si parfaite de la chose donnée, que le donateur ne puisse plus en disposer.

Si c'est un immeuble que l'on donne, le donataire doit en devenir propriétaire & possesseur, à moins que le donateur n'en ait réservé la jouissance ; & si l'objet de la donation est un meuble, il est nécessaire que le donataire en soit actuellement saisi. Quand l'usage en est retenu par le donateur, alors l'état de ce meuble, de sa qualité, de sa valeur, en un mot de ce qu'il est au temps de la donation, doit être dressé & annexé à la minute qui contient la donation.

Or les donations faites pour cause de mariage & par contrat de mariage, sont encore exceptées de la nécessité du désappropriement; l'article 18 de l'Ordonnance de 1731, contient à cet égard une décision précise.

Il y a plus : il décide en faveur du contrat de mariage, une question qui avoit long-temps partagé les Jurisconsultes, & causé beaucoup de variations dans la Jurisprudence.

Il s'agissoit de savoir, si le donateur qui avoit retenu le droit de disposer du tout ou de partie de la chose donnée, ou d'une somme à prendre sur la chose donnée, étant mort sans avoir fait usage de cette faculté, ce qui en formoit l'objet appartenoit au donataire & aux héritiers du donateur ? Et l'Ordonnance de 1731, a distingué les donations ordinaires de celles faites par contrat de mariage.

L'article 16 a décidé que la partie dont le donateur se seroit réservé le droit de disposer, appartiendroit aux héritiers du donateur, décédé sans avoir usé de ce droit; à l'exclusion des donations en faveur de mariages, dans le cas desquelles l'article 18 de l'Ordonnance accorde ce dont le donateur s'étoit réservé la disposition sans l'avoir exercé, au donataire, comme étant compris en la donation.

3°. *Donner & retenir ne vaut*, c'est-à-dire que toute donation doit être irrévocable entre-vifs; qu'elle est nulle si le donateur reste maître d'en anéantir l'effet; qu'en un mot, il doit y avoir en cette espèce de donation, irrévocabilité du don & certitude de l'objet donné; au lieu que ces caractères ne se rencontroient point avant l'Ordonnance de 1731, dans les donations de biens présents & à venir, puisque la liberté de disposer de ses biens restoit au donateur, & que le donataire étoit obligé d'en acquitter les dettes postérieures ; mais l'Ordonnance de 1731 annulle ces sortes de donations, & défend même qu'elles vaillent *pour les biens présents, encore que le donataire eût été mis en possession du vivant du donateur desdits biens présents en tout & en partie*.

Les mêmes vices se trouvoient dans les donations de meubles sans tradition actuelle, & sans inventaire qui en constatât la qualité & la quantité au temps de la donation : aussi le même article 15 de l'Ordonnance contient-il cette disposition, que *si la donation est de meubles ou d'effets mobiliers sous contradiction réelle, il en sera fait un état signé des Parties, qui demeurera annexé à la minute de l'acte de donation, à peine de nullité*. Mais de semblables donations, soit de biens présents & à venir, soit de meubles sans tradition actuelle, ou sans inventaire, ont toujours valu, lorsqu'elles étoient faites en faveur & par contrat de mariage ; & l'Ordonnance de 1731 leur a conservé cette distinction par l'article 17, qui fait exception à l'article 15.

4°. L'ingratitude du donataire met le donateur en droit de révoquer la donation entre-vifs ; mais quand la donation est faite par contrat de mariage, l'ingratitude n'est plus un moyen de révocation, parce que cette sorte de donation est une condition sans laquelle le mariage n'auroit pas été contracté ; qu'elle est en faveur des enfants à naître, & que leur sort ne doit pas être en suspens par la faute de leurs parents, ni en être passible. Il est vrai cependant que ces donations sont révocables, & même pleinement révoquées par la survenance des enfants au donateur ; mais c'est en cela seulement qu'elles ont quelque conformité avec les donations entre-vifs, faites hors les vues & la circonstance du mariage. On a pensé que si lors des donations, faites en faveur de mariage, le donateur avoit eu
des

des enfants, il les auroit préférés au donataire; & par une conséquence nécessaire, cette considération exceptée, on a moins envisagé les donations par contrats de mariage, comme donations, que comme conditions d'un engagement qui, étant invariable, exigeoit la même stabilité dans ce qui avoit concouru à le faire contracter.

5°. L'article premier de l'Ordonnance de 1731, porte que toutes donations entre-vifs seront passées devant Notaires; qu'il en restera minute, à peine de nullité. L'on conçoit que le but de cette disposition étoit que le donateur, après la donation, ne fût plus en capacité d'y déroger, de l'éluder, de l'enfreindre; & par l'authenticité de l'acte, il lui est impossible d'y rien changer.

Or, une pareille disposition est inutile à l'égard des contrats de mariage; ils sont authentiques par la souscription des parents, des amis qui en sont souvent les arbitres, & toujours les témoins.

Ces notions préliminaires, en nous faisant connoître que depuis l'Ordonnance de 1731, nous continuons d'avoir en cette Province des donations à cause de mort, qui peuvent contenir la disposition de *biens présents & à venir*, pourvu qu'elles soient faites par contrat de mariage, nous apprennent en même temps que c'est sur-tout à l'égard des donations entre-vifs, que nous devons nous attacher à l'examen des maximes consacrées par la Jurisprudence, parce qu'elles ont été le sujet le plus ordinaire des Arrêts.

En effet, de combien de difficultés ces donations ne sont-elles pas susceptibles? Qui peut les faire? A qui peuvent-elles être faites? Quelle quotité & quelle espece de biens doivent-elles avoir pour objet? Quelle est la forme de ces donations? Peuvent-elles être verbales? Est-il permis de les révoquer? ou y en a-t-il de révocables de droit?

Tome I.

Enfin après l'acceptation, peut-on les répudier? Ce sont autant de points qu'il convient de discuter.

SECTION I.
Qui peut donner?

Personne âgée de 20 ans accomplis, dit l'article 431, *peut donner la tierce partie de son héritage & biens immeubles, soit acquêts, conquêts ou propres, à qui bon lui semble, par donation entre-vifs; à la charge de contribuer à ce que doit le donateur lors de la donation, pourvu que le donataire ne soit héritier immédiat du donateur, ou descendant de lui en ligne directe.*

Dans la rédaction de cet article, on apperçoit une équivoque; car on peut faire rapporter ces expressions, *descendant de lui*, ou *au donateur ou à l'héritier immédiat*: c'est la remarque de Pesnelle. L'article 92 des Placités a levé toute obscurité à cet égard, en observant que *le donateur ne peut, à la vérité, donner aucune part de son immeuble à ses descendants, mais bien aux descendants de son héritier immédiat en ligne collatérale.*

Il faut ajouter à ces textes celui de l'article 74 du Réglement de 1666, qui excepte de la disposition de l'article 431 de la Coutume, la fille mineure, en *l'autorisant, sous le consentement de ses parents, de donner à son époux tous ses meubles & le tiers de ses immeubles.*

Ainsi cette section se subdivise naturellement en deux questions: 1°. Quels sont les parents nécessaires pour rendre valable le don que la fille mineure fait à son mari en l'épousant?

2°. Tout majeur, sans exception, a-t-il la faculté de donner, ou de ratifier une donation?

Sur le premier point, Basnage nous fournit un Arrêt rendu en l'espece suivante.

Cccc

La nommée Poncet, en mariant sa fille mineure, dont elle étoit tutrice, au sieur Quemin, donna pour don mobil au mari les meubles & le tiers des immeubles; ladite Poncet, après la mort de son mari, obtint des lettres de rescision pour annuller cette donation, soutenant que l'autorisation de sa mere & tutrice n'étoit pas suffisante, & qu'elle avoit dû requérir le consentement de quelques parents intéressés à contredire ou consentir cette donation. Le tuteur des enfants mineurs du mari répondoit, que la qualité de mere & tutrice étant jointe, il n'avoit pas été nécessaire d'appeller d'autres parents : *Pietas materna consilium capit pro liberis*. Et la mere n'ayant rien fait que ce qui se pratique ordinairement dans les contrats de mariage, on ne pouvoit lui imputer d'avoir fait quelque chose contre l'ordre; & au contraire, elle avoit procuré par ce moyen un mariage avantageux à sa fille. Le Vicomte & le Bailli avoient entériné les lettres de rescision : par Arrêt du 21 Juin 1689, la Cour en infirmant la Sentence, débouta ladite Poncet de ses Lettres de rescision.

Sur le deuxieme point, nous avons à examiner, si les donations d'une femme sous puissance de mari, d'un mari constant son mariage, d'un imbécille, d'un prodigue, d'un furieux, d'un condamné, d'un étranger sont valables; & si la ratification d'une donation par l'héritier du donateur, tandis que celui-ci est vivant, est irrévocable.

Quant aux femmes, on peut les considérer sous trois rapports, ou comme mariées, ou comme séparées civilement, ou comme veuves.

Aux deux premiers titres, la femme ne peut disposer d'aucune partie de ses immeubles, soit acquêts, soit propres, quand même elle y seroit autorisée par son époux.

A cet égard, divers Arrêts doivent fixer nos opinions.

Le premier, de l'an 1606, est rapporté par Bérault, & juge une donation faite par une femme du consentement de son mari, valable. Selon Bérault, il s'agissoit d'acquêts; mais il y a plus d'apparence que la donation avoit des conquêts pour objet; & comme le remarque M. Roupnel de Chenilly en ses notes sur Pesnelle, un mari qui avoit droit d'aliéner les conquêts au préjudice de sa femme, avoit à plus forte raison celui de consentir qu'elle en donnât la part qui pouvoit lui en revenir. Par là il lui procuroit la satisfaction d'être libérale, satisfaction qu'elle n'étoit pas sûre de pouvoir se procurer après lui.

Le deuxieme, du 9 Novembre 1647, confirma une donation faite par la nommée Charmontel; mais cette donation étoit faite à l'un de ses parents, & peut-être son présomptif héritier; le mari avoit reçu d'ailleurs une indemnité des droits qu'il auroit pu dans la suite prétendre sur les fonds donnés.

Le troisieme est de 1653, au mois de Mai : une donation du tiers des propres d'une femme, quoique faite sous l'autorité de son mari, fut déclarée nulle.

Le quatrieme est du 11 Juillet 1657. La femme étoit séparée de biens d'avec son époux : il avoit concouru au contrat par lequel elle avoit constitué une rente en faveur d'une Eglise à la charge de services; & la constitution fut déclarée valable. L'on voit que ce contrat étoit moins une donation, qu'une aliénation, qui, aux termes de l'Article 538 de la Coutume, devoit subsister.

Le cinquieme, du 27 Juillet 1665, annulla une donation de propres, quoique faite par la femme, de l'aveu de son mari.

Voici l'espece du sixieme.

La dame de Fommereüil avoit épousé le sieur de Marigny. Autorisée par son époux, elle donna entre-vifs le tiers de sa dot au sieur de Raveton son aïeul, qui n'étoit pas son présomptif héritier. Après la donation, elle se fit séparer de biens d'avec son mari, & ratifia son don. Le sieur de Marigny étant mort, elle fit divers actes pour rendre de plus en plus l'effet de la donation incontestable. C'est dans cet état des choses, qu'étant décédée, son héritier présomptif attaqua la donation. Le Juge de Conches la déclara valable; & sur l'appel la Sentence fut confirmée.

De tous ces Arrêts, il ne résulte donc rien autre chose, sinon que les donations faites par les femmes de leurs immeubles, de l'autorité de leurs maris, ne peuvent subsister qu'autant qu'elles sont faites par elles à des conditions qui leur sont avantageuses, ou qu'elles sont au profit de leurs héritiers présomptifs, ou qu'enfin elles ont ratifié leurs donations après avoir recouvré leur liberté. Lorsque ces circonstances ne se rencontrent pas, la donation faite par une femme séparée ou non de biens, quelqu'autorisation qu'elle ait de son époux, ne peut subsister; & c'est ce qui a été décidé le 23 Août 1745, en faveur d'Esnault, contre les nommés Pasnon & Quesnon, au rapport de M. de Sainte-Honorine (1). La même chose avoit été jugée le premier Août 1730, contre les Religieuses de la Congrégation de Notre-Dame de Rouen, auxquelles la dame Goulard, quoique autorisée par le sieur de Marcilly son époux, dont elle étoit séparée civilement, avoit donné une maison faisant partie de ses propres.

Il n'y a qu'un seul cas où la femme sous puissance de mari, a le droit de donner; c'est celui indiqué par l'Article 285 de la Coutume, & que nous discuterons dans les articles PUÎNÉS & SUCCESSION EN CAUX.

Le but de la prohibition faite à la femme de donner durant le mariage, est qu'elle ne puisse se mettre hors d'état, au cas du décès de son mari, de contracter une nouvelle alliance, par la diminution que des libéralités excessives avoient causées à sa fortune; & c'est par ce même motif qu'après le mariage elle ne peut même en faveur de son époux étendre ses générosités au-delà des bornes que le contrat fait entr'eux leur a prescrites, & que quelquefois même les ventes faites par les femmes avant le mariage, sont réputées donations indirectement faites à leurs futurs époux, & par ce motif sont anéanties.

Quand on parle de donations faites par les femmes avant le mariage, cela s'entend de celles qui se font après que le mariage a été projetté, quoique secrétement; & ce projet est toujours présumé de droit, quand la donation précède ou les accords, ou les fiançailles, ou le mariage. Il ne suit cependant point de là que celui qui auroit acquis les héritages d'une femme quelques jours avant son mariage, pût être dépossédé par elle dans la suite; car l'Arrêt du premier Juillet 1639, cité par Basnage sur l'Article 410, ne fut, selon la remarque de cet Auteur, rendu que parce que l'acquéreur savoit que les deniers de son acquisition devoient passer aux mains du futur époux; mais la femme pourroit avoir récompense de cette aliénation sur les biens de son mari, comme si la vente eût été faite durant le mariage; & ceci s'induit de l'Arrêt du 30 Mars 1660, que le même Commentateur nous a conservé: une femme ayant cédé & vendu une rente à son mari le jour de son mariage, après sa mort elle se pourvut par lettres de rescision qui furent entérinées.

La femme devenue veuve, trouve aussi

─────────

(1) Voyez page 245, 2e. vol. nouv. édit. de Basnage.

des bornes à sa générosité à l'égard de celui auquel elle s'allie. Si elle a des enfants, elle ne peut donner de ses biens à son nouvel époux *en plus avant que ce qui en peut échoir à celui de ses enfants qui aura le moins* : c'est la disposition de l'Article 405 de la Coutume. Cette disposition laissoit subsister un doute sur le point de savoir si la donation faite par la femme à son second mari, devoit être réduite, eu égard au nombre des enfants qui la survivoient, ou eu égard au nombre de ceux qu'elle avoit lors de son second mariage ; & la Cour par l'article 91 du Réglement de 1666, décida que la réduction de la donation devoit être faite sur le nombre des enfants restés après le décès de la mere.

Mais cet article du Réglement ne dit pas si la donation faite au second mari par une veuve qui a des enfants, d'une part en sa succession, doit subsister lors même que le second époux la prédécede ? Ni si cette donation s'étend sur les biens qui échéent à la femme, ou qu'elle acquiert après la dissolution de son second mariage ? L'une & l'autre question ont été savamment discutées dans la cause d'entre M. le Président de Morgny & les héritiers de la dame Duval. En voici l'espece :

Demoiselle Catherine Lebourdois avoit épousé en premieres noces le sieur Jacques Leduc, Receveur-Payeur des Rentes de l'Hôtel-de-Ville de Paris.

De ce mariage elle eut trois filles ; savoir, la dame de Quierville, la dame de Meurdrac, & la demoiselle Leduc, morte depuis le décès de la dame sa mere.

Le sieur Leduc étant décédé, laissa un mobilier d'un demi-million. Sa veuve convola en secondes noces avec le sieur Duval, pere de M. le Président de Morgny. Elle porta au sieur Duval toute la fortune de son premier mari, & même tout ce qui appartenoit à ses enfants, dont elle étoit tutrice.

Le sieur Duval avoit des enfants ; le contrat de mariage des deux veufs contenoit cette clause :

« Pour l'estime particuliere que ladite
» dame future épouse a pour ledit futur
» époux, elle lui fait donation irrévoca-
» ble entre-vifs de pareille part & portion
» qu'un des enfants d'elle future épouse qui
» se trouveront vivants au jour de son
» décès, pourra amender des biens-meu-
» bles & immeubles de la succession de
» ladite dame future épouse, pour par
» ledit sieur futur époux en jouir, faire
» & disposer comme de chose à lui appar-
» tenante en toute propriété ; ce qui a été
» accepté par ce dernier.

Le sieur Duval étant mort sans avoir eu aucuns enfants de la dame Lebourdois, il s'éleva quelques difficultés entre cette dame & M. de Morgny, fils de son second mari : elles furent terminées en partie en 1746, par un Arrêt que rendirent des Commissaires nommés par le Roi.

Dans le nombre des demandes que M. de Morgny avoit alors formées contre la dame sa belle-mere, étoit celle du don mobil fait au sieur son pere par le contrat de mariage dont on vient de citer la clause ; & sur cet objet, du consentement de la dame Lebourdois, *ce don mobil fut fixé au quart de ses biens dotaux.*

En 1750, quelques articles de la dot qui étoient restés en surséance furent réglés, & on en défalqua *le quart pour le don mobil, avec les intérêts, à compter du jour du décès du sieur Duval.*

La dame Lebourdois, d'après cela, croyant que M. le Président de Morgny n'avoit plus rien à prétendre sur sa succession, fit peu de temps avant son décès le partage de ses biens entre ses cohéritiers ; mais étant morte en 1759, le Magistrat intenta contre ces héritiers une action pour se faire remettre les papiers & titres des biens de la succession, à l'effet d'en être fait par lui quatre lots, dont un lui appartiendroit par non choix. La cause portée aux Requêtes du Palais, M. de Morgny fut débouté de son action, dont appel.

En la Cour, la question se réduisit au seul point de savoir *quel devoit être l'effet de la donation faite par la dame Duval à son second époux mort avant elle ?*

Pour M. de Morgny on examina deux questions.

La premiere, si la donation profitoit aux héritiers du mari décédé avant sa femme, comme elle lui auroit profité s'il avoit survécu ?

La seconde, si la donation portée au contrat de mariage, étoit applicable aux biens dont la fortune de la dame Lebourdois s'étoit trouvée augmentée depuis la mort du sieur Duval son second mari ?

Sur la premiere question, M. de Morgny disoit que la chose donnée appartient légitimement au donateur, & que tout ce qui lui appartient passe nécessairement à ses héritiers.

On ne conçoit point en effet de propriétés d'un défunt auxquelles ils n'aient pas droit de succéder. Tous les biens de l'homme, tous ses droits, noms, raisons, actions se transmettent à ses représentants ; *le mort saisit le vif sans aucun ministere de fait*, aux termes de l'Article 235 de la Coutume.

Le contrat dont il s'agit ne parle, il est vrai, que du mari ; mais lors de ce contrat les deux affidés y étoient seuls parties : il ne devoit donc y être mention que d'eux. Mais ce contrat une fois devenu pour eux un titre de propriété, par leur mort, cette propriété est nécessairement devenue celle de leurs héritiers. *Le contrat ou jugement qui étoit exécutoire contre le défunt l'est aussi contre l'héritier.* Telle est la disposition de l'Article 129 des Placités.

Pour juger donc si la donation, portée au contrat de mariage de la dame Lebourdois, doit profiter à l'héritier de son mari, il suffit d'examiner si les droits que présente cette donation ont été irrévocablement acquis au mari ?

Or, l'affirmative est incontestable : l'homme acquiert par contrat de donation faite en sa faveur, comme par contrat de vente faite à son profit ; ces deux moyens d'acquérir sont également assurés.

L'on peut même dire que de toutes les voies d'acquérir, celle du contrat de mariage est la plus légitime ; elle a pour retour un engagement inviolable ; il est donc de l'essence des donations, qui se font par contrat de mariage, d'être perpétuelles comme l'engagement qui en est la récompense.

On ne doit pas confondre de pareilles donations avec les institutions d'héritiers.

Il est naturel que l'institution d'héritier s'anéantisse par le prédécès de l'héritier institué ; s'il meurt avant que la succession soit échue, son titre d'héritier s'évanouit ; il en est de lui comme de l'héritier légitime, l'un & l'autre étant mort ne peut succéder.

Mais notre Coutume ne connoît point d'héritiers de choix ou de volonté, elle ne souffre d'autre héritier que celui du sang. L'Article 54 du Réglement de 1666. rend cette maxime incontestable.

Cependant elle admet des donations ; elle permet aux futurs conjoints de s'avantager réciproquement. Les donations par contrats de mariage sont donc de vraies donations, & ne sont pas des institutions d'héritier : or, les donations & les institutions d'héritier ont des regles fort différentes.

Vainement citeroit-on l'autorité de Ricard, part. 1. ch. 4. sect. 2. dist. 3. nomb. 172 ; la loi 6 au Code *donat. in-*

ter virum & uxorem; l'Arrêt du 13 Avril 1688, rapporté dans le Journal du Palais; Dumoulin, fur les Coutumes de Tours, Art. 256, de Poitou, Art. 212, de Blois, Art. 16, qui veulent *qu'en donation entre mari & femme en faveur de mariage, fi le donataire meurt avant le donateur fans enfants, la donation devienne nulle*. Ces principes ne peuvent fe concilier avec les ufages de cette Province.

Qu'on life les Articles 431, 445 & 446 de notre Coutume, on voit que les donations qu'ils autorifent font tranflatives d'une propriété abfolue; les Articles 435, 440, 449 indiquent les feuls cas où elles font révocables; & les Articles 72, 74 & 91 des Placités, ainfi que le 405ᵉ. Article de la Coutume, déterminent clairement le pouvoir qu'ont les futurs mariés libres, & ceux qui paffent à de fecondes noces, de difpofer de tout ou de partie de leurs biens. Mais en aucuns de ces textes, on ne lit que les donations d'une femme à fon mari deviennent caduques par le prédécès de ce dernier.

Les Articles 405 de la Coutume & 91 du Réglement de 1666 n'offrent, à l'égard des femmes qui fe remarient, qu'une limitation au droit que les filles ont en général de difpofer de la totalité de leurs meubles & du tiers de leurs immeubles en faveur de leur mari.

La loi a voulu que la femme ayant enfants ne pût difpofer en faveur d'un fecond époux, d'une auffi forte partie de fes biens que la fille qui s'engage pour la premiere fois; mais pour l'efficacité de la donation, elle n'a pas plus exigé la furvie du fecond mari que la furvie du premier.

La loi 6, au Code *de donat. inter virum & uxorem*, & nos différentes Coutumes ne parlent que des avantages que le mari veut faire à la femme conftant le mariage.

On diftingue dans le Droit civil les donations *ante nuptias, vel propter nuptias*, des donations *inter virum & uxorem*; ces donations font rangées fous deux titres du Code, dont les principes & les effets font très-différents : or, la loi 6 eft fous le titre des donations *inter virum & uxorem*; elle ne parle donc que des donations faites tant que le mariage dure; au lieu que fi on confulte le titre des donations *ante nuptias, vel propter nuptias*, on y verra que leur effet eft affuré & indépendant de la furvie du donataire.

Il en eft de même de la Coutume de Poitou, elle ne parle que des donations entre conjoints; celles de Tours & de Blois ont des difpofitions particulieres, elles décident la même chofe pour les premiers engagements que pour les feconds; mais en Normandie de pareilles maximes ne font point admiffibles, la femme y a droit de donner par contrat de mariage, & ce qu'elle donne eft irrévocablement acquis au mari, foit qu'il furvive ou meure le premier.

Sur la deuxieme affertion, M. le Préfident de Morgny difoit qu'il y avoit 1200 ans & au-delà que le plus éclairé des Légiflateurs avoit décidé, *l. huc edictali. l. 6 cod. de fecundis nuptiis*, que les femmes ayant enfants, qui paffent à de fecondes noces, n'en pouvoient donner à leur fecond mari qu'une part égale à celle de leurs enfants; mais cette loi étoit imparfaite, elle ne fixoit pas le temps où il falloit fe placer pour déterminer la part du mari. Etoit-ce au temps de la donation ou à l'époque du décès de la donatrice ? Juftinien balance les raifons pour & contre, & dans la Novelle 22 *de nuptiis*, ch. 28, rejettant également l'opinion de ceux qui prenoient pour regle le temps de la donation, & celle qui fe fixoit au temps de la diffolution du mariage, il décida que le temps de la mort de la personne qui auroit passé à de secondes noces seroit seul considéré : parce que, comme l'observe Domat, tome 3, tit. 4, sect. 3, ce n'est qu'au temps de la mort du pere ou de la mere qu'on peut savoir quelles seront en leurs biens les portions des enfants, pour comparer le don à la part de l'enfant qui a la moindre.

Le même principe a été adopté par le Droit général du Royaume, on le retrouve dans l'Edit des secondes noces, du mois de Juillet 1560 ; & l'Article 405 de notre Coutume, combiné avec l'Article 91 des Placités, n'est que la copie de cet Edit.

Aussi depuis, s'étant élevé quelques doutes sur le point de savoir si une femme en cette Province pouvoit donner sur ses biens à venir ; par Arrêt, rapporté par Basnage sur l'Article 431 de notre Coutume, la Cour, le 15 Mars 1684, déclara la donation valable, & considéra la femme comme suffisamment autorisée à la faire par les Articles 254 & 405 de notre Coutume.

Ces moyens, appuyés des avis de M^{es}. Brehain, Jousse, Falaise & Hébert, furent vigoureusement réfutés par M^{e}. Moulin pour les héritiers de la dame Lebourdois. Cet Avocat établit d'abord que dans le fait particulier la libéralité de la dame Lebourdois n'avoit eu que le sieur Duval pour objet. C'étoit, suivant le contrat de mariage, pour *l'estime particuliere* qu'elle avoit pour lui qu'elle lui donnoit une part en sa succession ; ensuite il démontra que dans la these générale, & conformément aux loix, la dame Duval n'avoit pu avoir en vue que de gratifier son mari.

En effet, les donations sont de droit étroit, elles ne sont point susceptibles d'extension, elles dépouillent l'héritier naturel.

Celles qui sont faites par une femme qui se remarie sont encore plus strictes que les autres. Or, quel droit un mari peut-il, par son prédécès, transmettre à ses héritiers, sur une succession qui ne lui est point échue ? La faculté qu'il auroit eu de recueillir cette succession, s'il eût survécu, n'est-elle pas anéantie par son prédécès ?

Toute donation à cause de mort est de droit révoquée par la mort du donataire ; il n'y a qu'une exception à cette maxime en faveur des enfants du donataire, lorsqu'ils sont issus du mariage qui a été la cause impulsive de la donation.

En Normandie comme à Paris, on ne connoît point d'institution d'héritier ; mais on distingue à Paris, comme en cette Province, les donations faites au second mari d'un fonds certain existant au moment de la donation, des donations faites d'une part à recueillir en une succession qui n'est pas échue. Au premier cas, la donation passe aux héritiers du mari, parce qu'il en a été saisi de l'instant où le don lui a été fait, & qu'il l'a accepté. Au deuxieme cas, comme le mari n'a été saisi de rien, il ne transmet rien à ses successeurs.

On oppose sans y réfléchir l'Article 91 des Placités, aux héritiers de la dame Lebourdois. Selon cet article, pour connoître le moins prenant des enfants, il faut attendre l'échéance de la succession de la donatrice. Mais cela décide-t-il que la donation est valable sur des biens à venir, quand le donataire est mort avant sa femme ?

Ce n'est pas avec plus de discernement que M. de Morgny fait valoir l'Arrêt de 1684. Anne Maillard, dont il étoit question lors de cet Arrêt, ne laissoit aucuns enfants de ses trois mariages. Or, la rigueur de l'Edit des secondes noces & de l'Article 405 de la Coutume cesse, dès que la douatrice n'a point d'enfants. *Par le décès des enfants*, dit Godefroi fur l'Article 405 de la Coutume, *la donation qui autrement feroit inofficieuſe, eſt valide.*

M^e. Moulin ajouta qu'en fuppofant cependant que la donation faite à un fecond mari, ne fût point anéantie par fon prédécès, au moins elle ne pourroit frapper fur les biens échus à la femme, ou par elle acquis après la diffolution du mariage.

Les regles du droit exigent pour la validité de la donation entre-vifs une tradition actuelle, & que le donataire devienne irrévocablement propriétaire de la chofe donnée.

Il n'y a qu'une exception à cette regle; elle eſt en faveur des donations des biens à venir par contrat de mariage; mais cette exception ne doit pas s'étendre au-delà du motif qui y donne lieu, ni au-delà du temps du mariage.

La raifon qui a fait permettre aux femmes de difpofer par don mobil des biens à venir eſt fenfible.

Durant le mariage, la femme eſt dans une eſpece d'interdiction, elle ne peut plus difpofer de rien : le contrat de mariage étant le dernier acte de fa volonté, il eſt jufte de lui accorder à l'inſtant de fa rédaction, la liberté de difpofer du tiers de fes biens dotaux & de ceux qui lui écherront conſtant le mariage; mais la même raifon ne fubfifte plus pour les biens qu'elle acquiert, ou auxquels elle fuccede après la diffolution du mariage. Comme elle a recouvré la pleine & entiere faculté d'en difpofer, il n'eſt plus befoin alors que contre le principe général elle puifſe en difpofer par anticipation.

D'ailleurs s'il en étoit autrement, les femmes lors d'un fecond mariage auroient plus de privilege qu'en contractant le premier. Lors d'un premier mariage, elles ne peuvent difpofer des biens qui leur écherront après le mariage diffous, & elles auroient ce pouvoir en convolant à de fecondes noces.

Ainfi une femme qui, en premieres noces, auroit donné à fon mari tous fes meubles, & *le tiers de fes biens préfents & à venir*; fi elle fe marioit une feconde fois, & recueilloit une fucceffion mobiliaire durant fon fecond mariage, verroit l'héritier de fon premier mari venir après le décès du deuxieme mari, lui dire : cette fucceffion mobiliaire m'appartient, aux termes de votre premier contrat de mariage; je repréfente le premier mari, les mêmes droits que vous lui avez accordés, je les ai; ou bien à l'inſtant de l'échéance de cette fucceffion du vivant du fecond mari, il lui foutiendroit qu'il ne devroit en rien avoir, malgré l'Article 390 de la Coutume, parce qu'elle feroit dévolue au premier mari, par un titre antérieur au fien. Enfin l'héritier de ce premier mari pourroit prétendre encore, fi la femme devenoit veuve une feconde fois, que fa part au mobilier & aux conquêts du deuxieme mari appartiendroit à lui héritier, parce qu'elle auroit fait don de fes meubles & du tiers de fes immeubles par fon premier contrat de mariage. Un fyſtême qui enfante des conféquences auffi abfurdes, peut-il être férieufement propofé? Pour étayer ce fyſtême, M. de Morgny invoque la Novelle 22 de Juſtinien, art. 28; mais en la méditant de fang froid, on voit que le Légiſlateur, en décidant que la donation doit être fixée au temps de la mort de celui qui a convolé en fecondes noces, a entendu le temps de la diffolution du mariage; & que quand il parle de la mort du donateur, il fuppofe le donataire vivant.

La Novelle, loin donc d'être favorable à M. de Morgny, fert à prouver que fi d'un côté l'on attend le décès du donateur pour régler la quotité de la donation

tion suivant le nombre des enfants ; d'un autre côté la donation ne peut jamais avoir lieu que sur les biens échus constant le mariage ; parce que si c'est une donation entre-vifs, la tradition est indispensable, & le donataire a dû être saisi : si au contraire c'est une donation à cause de mort, il faut que le donataire ait survécu le donateur. La Novelle ayant eu pour but de restreindre la liberté des donateurs, n'a pas pu déroger à ces principes fondamentaux des donations.

La Cour, conformément à ces moyens, mit, le 7 Avril 1761, l'appellation de M. de Morgny au néant, avec dépens; ainsi elle jugea qu'une veuve ayant enfants peut faire don à son second mari, d'une part égale à celle de l'un de ses enfants; mais que cette part ne peut s'étendre sur les biens qu'elle a acquis depuis la dissolution du premier mariage.

Si la femme a droit de donner en se mariant, l'homme, lors de son mariage, doit à plus forte raison avoir cette liberté; mais elle est moins étendue que celle de la femme.

Par l'Article 73 du Réglement de 1666, *le mari ne peut*, en faveur de mariage, donner à sa femme aucune part de ses immeubles ; cette disposition est une conséquence de l'Article 371 de la Coutume. Suivant cet Article, le mari ne peut donner à sa femme sur ses biens au-delà du tiers en usufruit; il lui est donc interdit de lui transmettre aucune portion de ses biens en propriété : ainsi la libéralité du mari en faveur de sa femme est restreinte au douaire qu'il est toujours réputé lui avoir accordé, lorsqu'elle n'y a pas expressément renoncé, & à la totalité des meubles. Nous ne devons cependant pas dissimuler que plusieurs Jurisconsultes sont d'opinion contraire : fondés sur l'Article 429 de la Coutume, ils croient que le don fait par le mari à son épouse, en se mariant, de tout le mobilier qu'il laissera après son décès doit être restreint aux dispositions de cet Article.

Une pareille donation, selon eux, est à cause de mort, conséquemment elle est sujette à la même réduction que les legs.

La Coutume, ajoutent-ils, ne contient, dans le chapitre des Donations, qu'un seul Article touchant la disposition des meubles ; ce qui a été omis doit donc être suppléé par le chapitre des Testaments : ainsi qu'il a été jugé par Arrêt du 14 Décembre 1677, rapporté par Basnage sur ledit Article 429.

Mais il est facile de réfuter les raisons sur lesquelles cette opinion est fondée.

Les donations de biens présents & à venir, quand elles sont faites par contrat de mariage, ne sont sujettes qu'aux restrictions indiquées par les Coutumes, à l'égard des donations entre-vifs, & non aux restrictions que les Coutumes établissent relativement aux dispositions testamentaires. La raison de cette regle est que si les donations de biens à venir, faites par contrat de mariage, participent de la nature des legs, comme étant faites en contemplation de la mort, & sous condition de survie de la part du donataire ; elles tiennent beaucoup plus de la nature des donations entre-vifs, à cause de leur irrévocabilité : or, c'est un principe qu'un acte qui participe de deux diverses natures doit être réputé de celle dont il tient le plus.

C'est ce que nous enseigne Renusson, Traité des Propres, chap. 3, sect. 2, n°. 36. *Nos Coutumes & nos mœurs*, dit-il, *ayant autorisé les institutions d'héritier, faites par contrat de mariage, elles doivent être considérées purement & simplement comme dispositions entre-vifs, & en doivent avoir l'effet tout entier, à cause de la solemnité du contrat ; &*

qu'elles ne doivent point être sujettes à retranchement ni à réduction, comme les legs & dispositions testamentaires. Cette *résolution*, continue le même Auteur, n°. 37, *doit avoir lieu pareillement pour les donations universelles qui seroient faites par contrat de mariage de tous les biens que le donateur auroit au jour de son décès ; & c'est encore la même chose pour les donations de tous biens, présents & à venir, faites par contrats de mariage, avec rétention d'usufruit.*

Lebrun, Traité des Successions, l. 3, ch. 2, n°. 7 & 8 ; de Bourjon, tom. 2, Instit. Contract., tit. 3, ch. 1er., n°. 7, & Dumoulin sur l'Article 95 de la Coutume de Paris, s'expriment de la même maniere.

Or, tant que l'on ne peut citer aucun Article de Coutume qui défende au mari de donner tout ou partie de ses meubles à sa femme, il est évident que les donations de ce genre sont des donations entre-vifs, auxquelles l'Article 429 de la Coutume n'est point applicable ; & bien loin que la Coutume Normande renferme une pareille défense, plusieurs de ses Articles nous offrent des dispositions toutes contraires.

L'Article 330 porte en effet, que *quelque accord ou convenant qui ait été fait par contrat de mariage, & en faveur d'icelui, les femmes ne peuvent avoir plus grande part aux conquêts faits par le mari, que ce qui leur appartient par la Coutume, à laquelle les contractants ne peuvent déroger.*

L'Article 371 veut que *la femme ne puisse avoir en douaire plus que le tiers de l'héritage, quelque convenant qui soit fait au traité de mariage, & que si le mari donne plus que le tiers, ses héritiers le puissent révoquer.* Or, ces deux Articles étant joints au 73e. des Placités, il est démontré que notre Coutume ne défendant que la donation des immeubles, elle a laissé, à l'égard de cette espece de donation, dans les termes du droit commun ; & tel étoit le sentiment du célebre Cochin, en sa Consultation, 7e., tom. 1er. de ses Œuvres.

Il est vrai que le 14 Décembre 1677, un Arrêt rapporté dans le Recueil des Arrêts, qui se trouve à la suite du Traité du Tiers & Danger, paroît contraire à ces assertions ; mais outre que Basnage ne croyoit pas cet Arrêt dans les vrais principes, la Cour, en 1736 & 1737, l'a si peu pris pour regle, qu'elle a appointé la question qu'il paroît avoir décidée, pour être fait Réglement. Au surplus, la difficulté, lors des Arrêts qui ont prononcé l'appointement, paroît sur-tout de ce qu'il paroissoit dur de permettre que la fortune d'un Négociant qui, d'ordinaire consiste en mobilier, passât toute entiere à sa veuve ; mais cette raison, qui est le principe des réserves coutumieres dans toutes les Coutumes, ne s'applique point aux donations entre-vifs ni à celles qui participent de leur nature, qu'autant que des Coutumes assujettissent expressément les donations entre-vifs à ces réserves. Aussi plusieurs Arrêts ont-ils depuis jugé les donations de meubles faites par des maris à leurs femmes, par contrat de mariage, bonnes & valables.

Le premier a été rendu en faveur de Catherine Ouenne, contre les nommés Godefroi.

En voici l'espece : Jacques Auvrai étoit bâtard ; en 1732 il épousa Catherine Ouenne : par leur contrat de mariage, il fut convenu *qu'en cas que le futur mourût avant sa future, il lui donnoit tout ce qu'il pouvoit avoir, sans faire aucune rétention d'aucune chose que ce pût être.*

Auvrai mourut le 3 Février 1751 ; une heure avant sa mort, il fit un testament par lequel il ratifia la donation qu'il avoit faite à sa femme, par leur contrat de mariage, de tous ses meubles & effets, & en même temps fit divers legs aux nommés Godefroi.

Ceux-ci, le 7 Avril 1772, firent sommer la veuve de leur payer 3500 liv., en vertu du testament; & vu le refus de cette femme, ses meubles furent saisis.

Le 27 elle donna sa Requête, obtint mandement pour assigner les légataires à l'effet de faire déclarer la saisie nulle.

Le 28 Juillet intervint Sentence qui approuva la demande des légataires. Catherine Ouenne en interjetta appel.

Devant les Juges d'appel, les légataires prétendirent que la donation portée au contrat de mariage, n'avoit pu empêcher le mari de disposer des meubles donnés par testament.

Ils s'aidoient sur ce point, de l'autorité de Terrien, ch. 7 des Testaments, où en commentant ce texte du Style de proceder:

Item. Si les testateurs sont de franche condition & point mariés......... ils peuvent testamenter de tous leurs biens-meubles, &c. Terrien dit : *ce pouvoir, faculté & liberté de testamenter ne peut être ôté par paction contraire, encore qu'elle soit faite par contrat de mariage*; comme il fut prononcé par Arrêt du 30 Mars 1520, que *Guillemette Delamarre, sous-âge, n'auroit point de part aux biens-meubles de Guillaume Delamarre son aïeul, & que la disposition qu'il en avoit faite par testament auroit lieu, nonobstant que Pierre Delamarre, pere de ladite sous-âge, fût seul fils dudit Guillaume, & que par le traité de son mariage, son pere l'eût reconnu son héritier après son trépas, qu'il ne lui eût rien donné en mariage.* Semblablement par Arrêt du 12 Juin 1517, le testament de M. Nicole Hieux, Prêtre, par lequel il avoit laissé ses meubles à Nicolas Colasse, par lui institué son exécuteur, en voulant lesdits meubles être employés en bienfaits, fut approuvé, nonobstant le contrat par lequel il avoit au précédent institué héritier, quant aux meubles, Pierre Hieux son frere.

Les légataires faisoient valoir encore l'Article 429 de la Coutume, & en réclamoient l'exécution contre la veuve.

Elle leur répondit, 1°. que cet Article ne concernoit que les testaments, & non les donations contractuelles; qu'il n'avoit d'ailleurs rapport qu'aux testateurs mariés, & non aux donateurs qui ne l'étoient pas encore; que les donations contractuelles ne sont pas comme les testaments, des actes de pure bienfaisance; que ces donations sont des dépendances d'un acte où les deux parties s'avantagent réciproquement.

2°. Que les Arrêts cités par Terrien, étoient antérieurs à la rédaction de notre Coutume, qui seule devoit nous servir de regle. Qu'au surplus dans ces Arrêts, il s'agissoit, d'un côté, d'institution d'héritiers qui a été prohibée depuis par l'article 54 des Placités; & d'un autre côté, d'une reconnoissance ou promesse de garder une succession, lesquelles n'avoient lieu, selon Terrien, que pour les héritages : vrai est, ce sont ses termes à la fin du passage cité, *que reconnoissance d'héritier peut se faire, & se fait ordinairement, quand pour le fait des héritages en faveur de mariage, pour ce qu'on n'en peut testamenter*: ce qui est conforme à l'Article 244 de la Coutume; mais les regles de la disposition des héritages ne sont point admises pour la disposition des meubles. Pour rendre cette vérité sensible, il faut observer que le mari est le régisseur de la société conjugale: à ce titre il doit administrer les biens selon leur nature mobiliaire ou immobiliaire; les immeubles doivent être conservés à celui des conjoints auquel

Dddd 2

ils appartiennent, & qui se les a réservés ; mais les fruits des immeubles, ainsi que les meubles, sont au pouvoir du mari ; il en est l'unique maître, il peut les administrer arbitrairement de maniere cependant qu'ils soient présumés employés au bien commun, & que cette administration ne prive pas la femme des droits dont ils ont été reconnus, lors du mariage, passibles à son profit.

Ainsi le mari peut consommer tous ses meubles avant sa mort, sans être obligé de rendre compte de l'usage qu'il en a fait ; cet usage est réputé consenti par la femme & avoir eu pour but l'utilité commune ; mais il ne peut léguer la part que sa femme s'est réservée ou qu'il lui a assurée sur les meubles qu'il laissera en mourant, parce que de l'instant du décès du mari, son administration cesse, & son pouvoir sur les meubles passe à sa veuve jusqu'à concurrence des droits que son contrat de mariage lui a assignés.

Ces droits n'ont été que suspendus pendant la régie du mari ; à l'époque de la mort de celui-ci, ils reprennent toute leur force, & le défunt n'a pu ni les restreindre, ni les anéantir par aucun acte antérieur à son décès.

De même, en un mot, que le mari ne peut léguer la part que la Coutume accorde à la femme dans les meubles ; de même aussi il ne peut léguer ce que par son contrat de mariage, il a voulu que cette femme y prît ; la Coutume & le contrat font également la loi des Parties. L'une tient lieu de contrat, s'il n'y en a point d'écrit ; s'il y a un contrat, il ajoute à la Coutume des pactions qui ne sont pas moins sacrées que ses dispositions.

C'est sous la foi de ces pactions que le mariage est contracté ; comment l'une des Parties auroit-elle le droit de les anéantir ? Le mariage est indissoluble ;

les traités de mariage doivent l'être, tant qu'ils ne blessent aucune loi positive, & ne renferment rien de contraire aux bonnes mœurs. Et tel est le vœu de la Coutume en l'Article 392 ; il veut que la femme héritiere ait moitié aux meubles, s'il n'y a point d'enfants, sans contribuer aux legs testamentaires ; d'où il suit que le mari, quoiqu'il soit maître de dissiper ses meubles, de s'en exproprier de son vivant, néanmoins il n'est pas en son pouvoir d'en priver sa femme après sa mort, en disposant de ses meubles pour un temps où il ne sera plus & où ils auront cessé de lui appartenir.

Par une suite de ces principes, un Arrêt du 29 Mars 1776, au rapport de M. de Langrume, adjugea à Marguerite Ouenne tous les meubles & effets de son mari, & ses légataires furent condamnés aux dépens.

Semblable Arrêt a été rendu le 9 Avril 1778, en faveur de la dame de Beaudrap, contre les demoiselles d'Oessey. Il y avoit dans l'espece de ce dernier Arrêt cette circonstance particuliere, que le sieur de Beaudrap, par son contrat de mariage, avoit *donné à sa femme, en cas de prédécès sans enfants, ses meubles estimés à la somme de 2000 liv.*, & que les héritiers du donateur soutenoient que cette donation n'étoit pas universelle ; qu'elle devoit être restreinte aux seuls meubles-meublants ; suivant un Arrêt rapporté par Basnage sur l'Article 414.

Mais la Cour pensa que ces mots du contrat *ses meubles*, étoient clairs ; qu'ils ne désignoient point une partie des meubles, qu'ils indiquoient leur totalité sans restriction : & par la considération que l'Article 429 ne concerne que l'homme marié qui teste, & ne déroge point à l'Article 414, qui permet à l'homme non marié la disposition de tout son mobibilier, les héritiers du sieur de Beaudrap furent déboutés de leur contestation.

La Coutume ayant limité les dons que les époux avoient droit de se faire, a pris toutes les précautions propres à empêcher que ses dispositions ne fussent éludées ; ainsi les maris & les femmes ne peuvent se donner *indirectement* ce qu'ils ne peuvent se donner *directement*.

De là une donation faite par un mari en son contrat de mariage, aux enfants de sa femme, fut cassée par un Arrêt du 27 Février 1627 : Basnage, Article 381. Si cependant la donation étoit faite aux parents de la femme, à titre onéreux, qu'elle fût avantageuse au mari ; en ce cas elle seroit valable ; l'intention de la Coutume a été d'empêcher les dons indiscrets, & non ceux dont la prudence est le principe. C'est ce qui résulte de l'Arrêt du 6 Juillet 1677, rapporté par Basnage sur l'Article 410.

Les mêmes précautions prises à l'égard de la femme pour prévenir l'excès de la générosité envers son époux, l'ont été aussi pour empêcher le mari de porter sa libéralité pour sa femme au-delà des bornes que la loi lui a prescrites. Quoique l'Article 422 semble ne défendre que les donations en faveur des femmes par testament, cependant c'est une Jurisprudence certaine en cette Province, que la prohibition de donner aux parents de son épouse, a lieu pour les donations entre-vifs, comme pour les testamentaires ; il suffit pour en être convaincu, de consulter les Arrêts des 19 Février 1641, 4 Août 1643, & 26 Mars 1666, rapportés par Basnage sur l'Article 410 de la Coutume.

Il n'y a qu'une exception à cette Jurisprudence ; c'est lorsque le donateur stipule un droit de réversion à son profit au cas de prédécès du donataire ; car alors la famille de la femme ne pouvant profiter du don, le but que la loi a eu en interdisant au mari la faculté de le faire, ne subsiste plus. C'est encore par la même raison qu'une donation faite aux parents d'une femme, & ratifiée par le mari après le décès de son épouse, a été confirmée par Arrêt du 9 Février 1664.

Ce seroit cependant une donation très-licite, que celle qu'une femme seroit non-seulement aux parents de son époux, mais même à son mari, si elle s'étoit réservé par son contrat de mariage le pouvoir de disposer de ses immeubles ou meubles durant le mariage : car une pareille réserve n'a rien de contraire à la Coutume ; elle ne proscrit que les donations que la femme n'est présumée faire que par l'impulsion de son époux, & non celles qu'elle auroit pu faire avant de se marier, & qu'elle n'effectue qu'en vertu d'un acte libre de sa volonté, approuvé de sa famille, & consigné dans le contrat, qui seuls pouvant mettre des entraves & à son vouloir & à sa liberté (1), les a, bien loin de cela, conservés au contraire l'une & l'autre dans leur état naturel.

Non-seulement les époux, quoique majeurs, ne sont pas maîtres de se faire tels dons qu'il leur plaît ; en général, toute personne qui n'a pas le jugement sain, même après sa majorité, est privée de disposer de ses biens. Mais il faut que l'imbécillité, la prodigalité soient juridiquement constatées ; Arrêt du 9 Janvier 1763, au rapport de M. de Coltot : & que les causes du jugement qui interdisent au prodigue ou à l'imbécille les actes civils, subsistent ; car si la donation est faite après l'interdiction levée, ou dans des moments lucides, & que l'acte qui

---

(1) Basnage, Art. 410.

la contient annonce l'équité, la réflexion, elle doit subsister : Arrêt du 18 Mars 1672 ; Basnage, Article 431. *Voyez* au reste aux articles ACCUSÉ & ÉTRANGER, s'ils ont la libre disposition de leurs biens.

Les donations faites par personnes malades de la maladie dont elles décedent, étant considérées comme les testamentaires par l'Article 447 de la Coutume, il sera parlé de ces sortes de donations au mot TESTAMENT.

Quelquefois pour valider des donations faites au mépris des dispositions de la Coutume, les donateurs ont engagé leurs héritiers à souscrire les actes où ces donations étoient contenues ; mais ces sortes de consentements sont toujours présumés avoir été accordés par contrainte. La crainte d'être privé de la succession du donateur, ôte en effet à l'héritier toute liberté de lui refuser ce qu'il desire : Basnage, Article 431. D'ailleurs quand on n'est pas propriétaire d'un objet, peut-on le donner ?

SECTION II.

A qui est-il permis de donner ?

En examinant si les époux pouvoient se donner, on a été forcé de déterminer le temps & la quotité de leurs dons ; il s'agit donc maintenant de connoître quelles autres personnes sont capables ou incapables de donations ?

1°. Suivant l'Article 431, on ne peut donner rien à son héritier immédiat descendant de soi en ligne directe, à moins que cet héritier ne soit seul ; Article 432. S'il y a plusieurs héritiers, l'un ne peut être avantagé plus que l'autre ; Article 433.

Cette maxime est bornée à la ligne directe ; car, aux termes de l'Article 92 des Placités, on peut donner à son héritier immédiat en ligne collatérale. Cependant un aïeul peut disposer en faveur de ses petits enfants de ce dont il auroit pu disposer en faveur d'un étranger, en conservant l'égalité entr'eux : Arrêt du 26 Mars 1741. Et malgré une pareille donation faite par une aïeule à sa petite-fille, elle fut admise à réclamer sa légitime sur la succession de sa mere, héritiere de l'aïeule, sans être tenue de rapporter la somme donnée : Arrêt du 13 Juin 1752.

2°. Nul ne doit donner à son fils naturel partie de son héritage, ni le faire tomber en ses mains directement ou indirectement : Article 437. Mais les héritiers ne peuvent révoquer la donation que dans l'an & jour du décès du donateur.

Le bâtard n'est incapable au reste de recevoir par donation des immeubles, qu'à l'égard de ses pere & mere ; car il peut être donataire de toutes autres personnes : Article 438.

3°. Les mineurs ou autres personnes étant en puissance de tuteur, gardain ou curateur, ne peuvent leur donner des meubles ou des immeubles directement ou indirectement, ni à leurs enfants ou héritiers, durant le temps de leur administration, & jusqu'à ce qu'ils aient rendu compte : Article 439. Cet Article étend même sa prohibition aux *pédagogues* tant que le donateur est en leur charge.

4°. L'héritage donné en faveur ou en récompense de services, peut être retiré tant par le lignager que par le Seigneur, en rendant la vraie valeur & estimation de l'héritage.

5°. De ces dispositions qui ont pour motif de n'admettre que les dons libres & volontaires, de réprouver par conséquent ceux qui ont pour principe la séduction, les insinuations, la contrainte, on a conclu que les donations faites aux Confesseurs, aux Médecins, aux Magistrats, aux Avocats, aux Religieux, aux Églises, aux Pauvres même, devroient être réprouvées en certaines circonstances.

Il est donc essentiel d'examiner quelles sont celles qui peuvent autoriser ou anéantir les donations.

D'abord quoiqu'il soit défendu par l'Article 437 de donner de ses héritages à son bâtard, cependant les pere & mere sont tenus de leur donner des aliments. *Voyez* articles AGE & ALIMENTS. Mais c'est une grande question que celle de savoir s'il est permis de donner à une concubine ? Sur ce point il faut d'abord considérer ce qui constitue le concubinage, quand la preuve en est admissible, & si toute espece d'obligation, de reconnoissance ou de promesse passées au profit même d'une concubine, doit être réputée donation indirecte, & comme telle prohibée ?

Toute espece de liaison entre deux personnes de sexe différent, n'est pas de droit réputée criminelle ; nulle loi n'interdit les liaisons qui peuvent n'avoir que l'amitié & l'estime pour principes.

Afin que le commerce entre homme & fille puisse légalement être réprouvé, il est donc indispensable qu'il y ait demeure commune, & continuée dans la même maison, & des actes écrits d'où la prostitution s'induise naturellement, ou qu'à défaut d'écrits, l'indécence des familiarités entre le donateur & la donatrice aient scandalisé, tant qu'ils ont vécu ensemble, le public, par leur notoriété.

Cessant le concours de l'un ou de l'autre circonstance, on ne doit point admettre la preuve testimoniale d'un déréglement dont le public n'a eu que le soupçon ; ce n'est point d'ailleurs par quelques démarches imprudentes ou une foiblesse passagere d'une fille qui a vécu séparément d'avec un homme, que l'on peut conclure l'illégitimité de toutes les conventions qu'ils ont entr'eux.

C'est ce que nous apprennent les Arrêts rendus au Parlement de Paris, dont celui de cette Province paroît avoir adopté la Jurisprudence, dans son jugement en faveur de la demoiselle de Martainville contre les héritiers de M. de la Moteliere.

Les donations, les testaments en faveur d'une fille libre avec laquelle on a eu des relations intimes, doivent bien être distinguées des contrats de vente ou des obligations pour argent reçu en dépôt ou prêté, faits à son profit.

Les testaments & les donations sont des actes de pure générosité. Si les objets légués & donnés sont excessifs, pour peu que l'intimité entre le bienfaiteur & celle à qui s'adresse le bienfait soit suspecte, il est naturellement présumable que la générosité part plutôt d'une passion désordonnée, que d'une affection honnête, dont les effets sont toujours réglés par la prudence & la modération ; mais les reconnoissances de dépôt même en faveur d'une fille dont les mœurs n'ont pas été à l'abri d'une juste critique, sont de droit réputés avoir la cause qu'ils expriment, parce qu'il est très-possible que la personne la plus déréglée ait eu en sa possession des deniers dont il seroit injuste que le complice de ses déréglements, ou que les héritiers de ce dernier eussent le droit de la dépouiller. L'acte mérite plus de foi que les présomptions de son déguisement. Il est vrai que dans le second tome du Journal des Audiences, nous trouvons un Arrêt de 1665, par lequel un contrat de vente portant numération de deniers & un bail à rente furent cassés ; mais ces actes avoient été passés entre un maître & sa domestique ; l'indigence de cette derniere & son concubinage n'étoient pas problématiques.

Ce fut par les mêmes motifs qu'un autre Arrêt du 22 Août 1674 annulla deux contrats de constitution.

Le 16 Mars 1723, Elizabeth Tricot essaya aussi de faire valoir contre les héritiers du Marquis de Sainte-Foy, une quittance de dot montante à 60,000 liv. passée devant Notaires; & cette quittance fut réprouvée. Mais on prouvoit à la Tricot des vols, des assassinats, une prostitution publique, des subornations de témoins, qu'elle avoit été réduite à la mendicité. D'ailleurs la quittance portoit que le Marquis avoit reçu les 60,000 liv. tant en effets mobiliers qu'en immobiliers, & la Tricot ne pouvoit désigner aucuns immeubles dont elle eût jamais été propriétaire. La quittance étoit donc visiblement frauduleuse. Cette clause de la quittance fournissoit conséquemment une preuve par écrit contre la sincérité de son énonciation.

Françoise Lagogue éprouva le même sort le 17 Mars 1736. Elle s'étoit fait donner par le sieur le Forestier une maison de campagne, & instituer légataire universelle d'un mobilier de plus de 70,000 liv. Mais outre qu'il s'agissoit d'une donation & d'un testament, quoique mariée, ses déportements l'avoient exposée aux reprises de la Police. Elle avoit été bannie; son mari, complice de ses débauches, avoit été relégué à trente lieues de Paris. Comme elle avoit commis des enlévements, sur la poursuite en soustraction, on l'avoit décrétée. Ces Arrêts ne font donc que prouver, ainsi que celui de la demoiselle Gardel, du 21 Février 1727, qui est rapporté dans les Œuvres de M*. Cochin, notre précédente assertion.

Quand il s'agit de pures libéralités, & qu'il y a commencement de preuve par écrit de la débauche, on permet la preuve testimoniale; s'il est question d'obligation, des preuves écrites complettes de l'inconduite avec l'obligé est indispensable. Mais en ce dernier cas, s'il n'y a pas de preuves acquises par écrit d'un commerce criminel entre les deux parties contractantes, l'obligation subsiste. C'est l'espèce des deux Arrêts suivants.

Par contrat devant Notaires, un particulier reconnut que Marie Dubreuil avoit remis en ses mains, en argent & billets, 75,000 liv.; & il stipula que cette somme ne seroit rendue à cette fille qu'après le décès de ce particulier. Sur l'enveloppe de ce contrat, le Notaire avoit mis qu'il devoit devenir comme non avenu, si le mariage n'avoit pas lieu. D'ailleurs il subsistoit des lettres écrites à la Dubreuil, où ce particulier en disant adieu à cette *belle indifférente*, l'embrassoit de tout son cœur. Enfin on opposoit à cette fille qu'elle avoit été trois ans à la Bastille, au Fort-Lévêque, à la Conciergerie, & qu'un Arrêt l'avoit bannie pour neuf ans; mais l'enveloppe n'étant pas signée des parties, ce que le Notaire avoit écrit ne parut point être l'expression de leur volonté. Quant aux lettres, elles n'établissoient que des sollicitations de la part de l'amant, & non un mauvais commerce. Les causes d'ailleurs du bannissement de la Dubreuil & de ses emprisonnements ne dérivoient pas de sa liaison avec celui dont les héritiers contestoient la reconnoissance, & la dot de 75,000 liv. lui fut adjugée par Arrêt de 1716, qui se lit dans les plaidoyers de Manoury.

L'acte l'emporta sur toutes les considérations puissantes par lesquelles on essayoit de le combattre.

Pareil Jugement fut rendu en faveur de la demoiselle de Grandmaison, le 28 Mars 1730.

Le sieur Perrault étoit âgé de soixante-quatorze ans, la demoiselle de Grandmaison n'en avoit que trente; sourd, habituellement malade, ce vieillard avoit donné en constitution 25,000 liv. pour créer une rente viagère de 850 liv. sur la tête de cette demoiselle; outre cela il lui avoit fait don entre-vifs de l'usufruit d'une maison,

maison, au capital de 21,000 liv. & de 3,292 liv. de meubles, avec beaucoup de vaisselle d'argent. Enfin la demoiselle de Grandmaison avoit écrit des lettres tendres & passionnées à son bienfaiteur: *Je donnerois*, y lisoit-on, *la moitié de mon sang pour être auprès de vous; ordonnez-moi de le conserver, afin d'en avoir plus à vous offrir & à consommer à votre service.* Mais quelques présomptions que ces circonstances fissent naître contre les actes, la demoiselle de Grandmaison étoit libre, rien n'annonçoit la licence dans son intimité avec le sieur Perrault, & ces actes furent confirmés.

Il n'y a donc d'incapacité en une fille libre de recevoir une donation de la part d'un homme avec lequel elle a vécu familièrement, que lorsque par une demeure commune, le mépris habituel des bienséances, on ne peut attribuer la générosité dont elle est l'objet, qu'à la séduction. Mais si au lieu d'une donation, elle réclame l'effet d'une obligation, il faut pour l'anéantir, une preuve démonstrative écrite, quelle est la récompense d'une habitude criminelle avec l'obligé.

La preuve ne doit pas être aussi claire pour faire annuller les libéralités d'un maître envers son domestique. Si elles sont considérables & multipliées, on les regarde comme le fruit de l'obsession. En effet, il n'y a point d'autorité semblable à celle qu'exerce un domestique sur un vieillard, ou sur un infirme; il connoît leurs goûts & les flatte; il partage leurs haines & les fomente; chaque jour il est à portée de faire naître des incommodités & de les faire disparoître. Les complaisances ne lui coûtent rien, & il seroit bien difficile de ne les pas acheter au prix qu'il y met. C'est donc dans les cas où l'esprit est affoibli par l'âge ou par les maladies, que les dons faits aux domestiques, pour peu qu'ils soient extraordinaires & bien supérieurs à la valeur de leurs services, sont proscrits.

François Oyer avoit servi les sieur & demoiselle Dilois durant douze années. Touchés des soins qu'il prenoit d'eux, ils lui firent, conjointement devant le Notaire de Bures, le 10 Juin 1761, donation entre-vifs d'une petite maison & masure contenant demi-acre, & de quatre acres de terre labourables, le tout valant annuellement environ 70 liv. Il devoit en commencer la jouissance après le décès du dernier survivant, & ils s'en étoient réservés l'usufruit leur vie durant. Le contrat portoit ces expressions: *Bien entendu que ledit Oyer continuera de les servir à l'avenir jusqu'à leur décès, comme il a fait ci-devant, parce que dans le cas où il les quitteroit & abandonneroit leur service, la donation seroit nulle & révoquée de plein droit.*

Le sieur Dilois déclara par le même acte donner par forme de donation testamentaire à Oyer, tous ses habits, linges & lit en tel état qu'ils se trouveroient à son décès, lesquels effets étoient estimés à 100 liv., à la condition que cette donation n'auroit lieu que dans le cas où il seroit au service du donateur, & n'auroit point d'effet si ce dernier décédoit auparavant Oyer.

Cet acte ne touchoit point aux gages d'Oyer qui couroient toujours. La demoiselle Dilois mourut en 1762, & le sieur Dilois reconnut par un arrêté de compte du 31 Mai 1765, écrit de la main de l'un de ses cohéritiers, devoir à Oyer 792 liv. pour onze ans de ses gages, à raison de 72 liv. par an, depuis 1754 jusques & compris le 4 Juillet 1765.

Le sieur Dilois avançoit en âge, & ses infirmités ne lui permettoient plus de faire valoir sa ferme; il en passa donc un bail à Oyer devant Notaire, le 3 Octobre 1768, à raison de 400 liv. par an pour neuf années.

Le 7 Décembre 1768, le sieur Dilois vendit à ce domestique tous ses meubles-meublants étant répostés en cette ferme, ainsi que quatre chevaux, cinq vaches, deux charrettes, ses banaux, charrues, trois cents gerbes de bled, un cent d'orge, trois cents d'avoine, du foin, des pois & vesces, & ne réserva que les meubles de sa chambre, dont deux armoires faisoient partie ; l'une contenant ses linges & hardes, & l'autre ses titres & papiers. Cette vente fut faite moyennant 1500 liv., dont le sieur Dilois se reconnut débiteur envers Oyer.

Les 792 liv. pour onze ans de gages dues à ce dernier, faisoient partie des 1500 liv. ; & pour le paiement des 708 liv. restant, Oyer s'obligea nourrir, loger, coucher, blanchir, entretenir le sieur Dilois jusqu'à son décès, avec stipulation que si lui Oyer prédécédoit son maître, les héritiers d'Oyer *seroient tenus de céder au sieur Dilois tous les meubles & effets vendus*, en recevant dudit sieur Dilois 792 liv.

Le sieur Dilois avoit loué sa ferme, vendu ses meubles, grains & bestiaux ; mais il n'étoit pas déchargé des réparations ; il y en avoit d'urgentes & de considérables à faire aux bâtiments : ceci le détermina à fieffer la ferme à Oyer, à la charge par le fieffataire de réparer. Le contrat de cette fieffe fut passé devant Notaires, le 30 Août 1769, moyennant 350 liv. de rente foncière, immortelle & irracquittable, & de 40 liv. par chacun an pour l'usufruit des quatre acres faisant partie de la donation de 1761.

Oyer, le 18 Janvier 1770, fit dresser Procès-verbal des réparations ; elles furent estimées à 2321 liv. 10 f. ; & de son côté, le sieur Dilois fit inventorier, le 5 Décembre suivant, les meubles & effets qu'il s'étoit réservés par l'acte du 7 Décembre 1768.

Oyer, d'après ces actes, fit réparer les biens, acheta des semences, des chevaux, des vaches, & continua ses soins au sieur Dilois jusqu'au décès de ce dernier, qui arriva le 21 Décembre 1771.

Les héritiers du défunt obtinrent, le 12 Février 1772, des lettres de restitution contre le bail du 3 Décembre 1768, contre la vente & cession de meubles du 7 Décembre suivant, & contre le contrat de fieffe du 30 Août 1769. En outre ils obtinrent en la Grande Chancellerie, le 27 Mai 1772, d'autres lettres de restitution, avec relief de laps de temps contre la donation du 10 Juin 1761.

Ces lettres furent présentées au Bailli de Bures, devant lequel Oyer fut assigné pour en voir juger l'entérinement ; cet entérinement leur fut refusé, par Sentence du 23 Décembre de ladite année, quant à l'acte de donation du 10 Juin 1761, & au contrat de vente du 7 Décembre 1768 ; mais il fut admis à l'égard du bail du 3 Octobre 1768 & du contrat de fieffe du 30 Août 1769 ; & cependant les héritiers furent condamnés à payer à Oyer le coût des réparations par lui faites sur les bâtiments.

Les deux parties interjetterent appel de ce jugement au Bailliage d'Arques.

Par Sentence du 7 Mars 1774, en entérinant les lettres de restitution avec relief de laps de temps du 27 Mai 1772, l'acte de donation du 10 Juin 1761 fut déclaré nul ; & faisant droit sur les lettres de restitution du 19 Février 1772, le contrat de vente du 7 Décembre 1768 fut déclaré nul & frauduleux ; & les héritiers appointés à prouver par commune renommée que les meubles & effets vendus à Oyer par ce contrat, valoient au moins 7 à 8000 liv. ; & à Oyer à prouver qu'ils ne valoient que 1500 liv. ; au surplus, les héritiers furent condamnés à payer à Oyer 792 liv.

pour ſes gages, échus au 4 Juillet 1765, & ceux échus depuis juſqu'au jour du décès du ſieur Dilois, à raiſon de 72 liv. par an : Oyer enfin fut condamné aux dépens, & ſur les autres chefs de la Sentence de Bures, elle fut confirmée.

Oyer ſe pourvut en la Cour contre cette Sentence.

Il y expoſa, 1°. que pour établir la validité de la donation du 10 Juin 1761, il ſuffiſoit de conſulter l'Article 431 de la Coutume ; que les donateurs étoient majeurs ; que l'objet de la donation ne formoit pas, à beaucoup près, le tiers de leurs immeubles.

2°. Que le bail du 3 Octobre 1768 & la vente des meubles du 7 Décembre ſuivant ne pouvoient être attaqués, ſous prétexte même de léſion ; parce que, ſuivant Bérault, *en vente de ſucceſſion, droits univerſels, ni en baux à ferme, ni en meubles n'échéoit reſciſion d'outre moitié de juſte prix, par la Coutume générale de France.* Maxime atteſtée par Loiſel, Inſtitutes Coutumieres, l. 3. tit. 4. art. 11 & 12 ; par la Coutume d'Orléans, art. 446 ; celle de Sens, art. 252, & celle de Bourbonnois, art. 86 ; & ſur-tout par l'Arrêt que Baſnage rapporte ſur l'Article 439 de la Coutume, qui confirme une donation faite par un ſerviteur à ſon maître de tous ſes biens, à la charge de le nourrir, de payer ſes dettes & de le faire enterrer, quoique l'héritier du défunt ſe fût pourvu par lettres de reſtitution.

3°. Que le contrat de fieffe du 30 Août 1769, pouvoit être, à la vérité, reſcindé, mais, pour léſion ultradimidiaire ; léſion qui ne ſubſiſtoit pas, puiſqu'Oyer en avoit conſenti la preuve, & que les héritiers de ſon défunt maître n'avoient oſé l'entreprendre.

4°. Que l'incapacité des domeſtiques pour recevoir des donations, n'eſt formellement prononcée par aucune loi ; qu'on ne l'a oppoſée quelquefois qu'à l'égard des legs univerſels qui ont été confirmés ou diminués ſuivant les circonſtances ; que cela étoit ſi vrai qu'au mot *legs*, Deniſard, n°. 15, cite un Arrêt du 27 Mars 1770, qui confirme le legs fait par le ſieur Martine, Chapelain de la Cathédrale de Noyon, à Marie-Anne Caron ſa ſervante, de tout ſon mobilier, & d'une partie de ſes immeubles, tant en uſufruit qu'en propriété.

Mais les héritiers repliquerent que dans l'eſpece de l'Arrêt cité par Deniſart, la plus grande partie des héritiers avoient conſenti la délivrance du legs, qui d'ailleurs étoit modique, & contre lequel il n'y avoit point de ſuggeſtion objectée.

Qu'au contraire, tout annonçoit l'obſeſſion dans les actes dont Oyer réclamoit l'effet.

La donation de 1761, diſoient-ils, a été faite pour demeurer quitte par les donateurs de tous les ſervices qu'Oyer devoit leur rendre juſqu'à la fin de leurs jours ; s'il lui eût été dû des gages alors, ou ſi les donateurs euſſent eu intention qu'il en reçût à l'avenir, l'acte en auroit fait mention : or, bien loin de cela, il eſt convenu que ſi Oyer quitte leur ſervice, la donation ſera nulle ; & il n'eſt pas ſtipulé qu'en cas de nullité de cette donation, les gages ſeront payés : ſi donc poſtérieurement le ſieur Dilois a reconnu devoir des gages, ſa reconnoiſſance a été l'effet de la ſurpriſe.

Quant à la vente du 7 Décembre 1768, la mauvaiſe foi de l'acquéreur eſt palpable ; elle contient cette clauſe, que ſes héritiers ſeront obligés de rendre tous les meubles & effets qui lui ſont ſuppoſés vendus, au ſieur Dilois, ſi celui-ci lui ſurvit : or, Oyer ayant pris ces meubles & effets ſans compte, comment le ſieur Dilois auroit-il pu déterminer ce qu'on auroit été obligé de lui restituer?

Au surplus, suivant les héritiers du sieur Dilois, le bail du 3 Octobre 1768 n'avoit été imaginé que pour donner prétexte successivement à la cession des meubles & au contrat de fieffe; ces actes ne sont donc ni vente, ni fieffe, mais des donations simulées; l'acquéreur n'a eu qu'une propriété éventuelle, & le vendeur un droit perpétuel de regard sur le fonds aliéné. D'ailleurs, ajoutoient-ils, la principale condition de tous ces actes étoit qu'Oyer resteroit au service du sieur Dilois; & bien loin d'être resté son domestique, il est devenu maître de tous ses revenus & de sa personne. Par Arrêt du mois de Mars 1776, la Sentence d'Arques fut confirmée.

C'est par une suite de la liberté dont tout donateur doit jouir, que les dons faits à un Confesseur par son pénitent, à un Médecin par son malade, sont défendus. *Voyez* article DÉPÔT & MÉDECIN.

Les Avocats ne doivent pas être rangés dans la même classe; la crainte de perdre la vie du corps ou l'espoir du salut de l'ame sont des sentimens bien autrement imposans que le desir de conserver ses biens, ou de réussir dans la poursuite d'un procès; tout client peut par lui-même juger du prix & de la nature des moyens que l'Avocat emploie pour faire valoir ses droits; au lieu que peu de personnes connoissent les vrais principes d'où dépend la guérison spirituelle ou corporelle. Aussi l'Avocat est-il capable de donations, soit entre-vifs, soit testamentaires, ainsi qu'il a été dit sous le mot AVOCATS; à moins que les donations ne soient faites par quelqu'un dont l'Avocat auroit été ou deviendroit Juge. Car les Magistrats ne peuvent recevoir de ceux qui ont eu ou ont des causes en leur tribunal, aucune espèce de reconnoissance: presqu'à chaque page du livre de Hornes (1), il leur est expressément enjoint de n'accepter aucunes pensions ou corvées de leurs justiciables; les Ordonnances de nos Rois contiennent les mêmes dispositions. L'article 43 de celle d'Orléans du mois de Janvier 1560, défend aux Juges, tant de Cours souveraines que de Sièges subalternes, de prendre ni permettre qu'il soit pris des plaideurs aucun présent ou don quelque petit qu'il soit, même en comestibles, sous peine d'être punis comme concussionnaires. Mais cette Ordonnance toléroit les présents en gibier de la part des Princes ou Seigneurs. Celle de Moulins, article 29, & surtout l'article 14 de l'Ordonnance de Blois, a détruit l'abus auquel cette tolérance donnoit lieu, en interdisant aux Juges les dons *de toute espèce*. Il est étrange que de semblables loix aient été nécessaires; la seule réflexion qu'un plaideur, s'il gagne sa cause, est naturellement porté à croire que ses générosités ont été le principe de son succès, & que s'il perd, il ne se vengera de l'injustice qu'il croira avoir éprouvée qu'en décriant la conduite intéressée de ses Juges, devroit, lors même que l'honneur n'est pas chez eux assez puissant pour y étouffer la cupidité, au moins empêcher qu'elle ne se manifestât par des foiblesses, qui tôt ou tard deviennent publiques.

Au reste, ce n'est pas seulement à l'égard des Magistrats que les loix prohibitives des donations ont paru nécessaires: depuis le commencement de la Monarchie, nos Rois n'ont cessé d'en promulguer pour prévenir l'excès des générosités envers les Ministres de la Religion.

---

(1) *Miroir de Justice*, tom. 4. Trait. Anglo-N.

Quand Clovis devint maître de la France, il donna des immeubles à l'Eglise, mais elle ne pouvoit les aliéner : les revenus de ses fonds devoient suffire à tous ses besoins & au soulagement des pauvres (1). A l'exemple de Clovis, non-seulement ses descendants, mais leurs sujets disposerent de leurs terres & d'autres fonds en faveur des églises. Le peuple ne se conduisit pas toujours avec circonspection dans ses générosités. Il omettoit quelquefois les formalités prescrites pour assurer l'exécution des volontés des donateurs ; & les héritiers, après le décès de ceux qui avoient fait le don, n'épargnoient rien pour s'en procurer la restitution. Les Peres du quatrieme Concile d'Orléans comprirent de quelles conséquences pourroient être ces réclamations ; & par le Canon 19, ils déciderent que dès que les donations seroient prouvées, quoiqu'il n'y eût point d'acte écrit, *etiam sine scripturâ*, elles seroient valables (2).

Le but de ce Concile n'étoit certainement pas qu'au moyen de la facilité de se procurer des témoins ou de faire serment, l'Eglise s'appropriât des biens dont les loix auroient interdit l'aliénation ; car le cinquieme Concile de la même ville, tenu en 552, Canon 13, ne blâma que ceux qui tentent d'enlever aux Eglises ce qui leur a été donné avec justice : *cum justitia*. Et si par le 16e. Canon, ce Concile anathématise les nobles ou gens inférieurs qui veulent rétracter leurs dons, ou les héritiers qui revendiquent ceux faits par leurs parents, ce n'est qu'autant que ces

dons ont été faits régulierement, *rationabiliter* (3), en vue de Dieu, *pro Dei contemplatione*, & non pour satisfaire la cupidité des Ministres de l'Eglise donataire, ou par une dévotion mal entendue : ce que le Concile de Tours confirme, en excommuniant les Ecclésiastiques qui abusent de la foiblesse d'esprit des Fideles pour en extorquer des aumônes (4).

Ainsi quand le 4e. Concile d'Orléans & dans la suite le 2e. Concile de Lyon, Canon 2, confirment les donations faites aux Eglises sans formalités ; ils n'entendent pas légitimer ce que ces donations auroient pu contenir de contraire aux loix, quant à la quotité ou à la nature des biens donnés, mais seulement empêcher que l'on ne fît révoquer le don de ces biens, sous prétexte d'omissions en la forme, tandis qu'au fonds il auroit été fait avec liberté, & qu'il n'auroit pas excédé la proportion réglée par les loix pour la disposition des immeubles en faveur des Eglises.

Les Ecclésiastiques vivoient en France sous la Loi Romaine (5) ; & c'est dans cette Loi que l'on découvre quelle étoit l'étendue de cette espece de libéralités dans les premiers siecles de la Monarchie.

L'Empereur Constantin avoit distingué deux cas où les Eglises pouvoient recevoir les biens des particuliers.

Le premier, quand ceux-ci entroient en la cléricature, ou testoient au profit des Eglises, ayant des enfants ou des proches. Dans cette double circonstance,

---

(1) *Concil. I. Aurelian.*
(2) Ceci étoit conforme à la loi de Constantin, rapportée par Eusebe ; l. 4. c. 26 de la vie de cet Empereur : *moriens nudis verbis & fortuitâ oratione voluntatem suam testetur & quovis scripto sententiam edat ; aut si mallet sine scripto testaretur adhibitis ad eam rem idoneis testibus*.
La loi des Allemands exigeoit un écrit, &

que le nom de sept témoins y fût employé. *Lex Allaman*. tit. 1. paragr. 1.
(3) Troisieme Concile de Châlons.
(4) *Voyez* aussi les premier & vingt-cinquieme Canons du Concile de Paris.
(5) *Lex Ripuar*. c. 60, *de tabulariis secundum legem Romanam quâ Ecclesia vivit*, &c.

les deux tiers de leurs biens devoient rester à leurs enfants ou à leurs héritiers (1).

Le second cas étoit celui d'un homme qui n'ayant ni enfants, ni parents, faisoit un testament en faveur de l'Eglise, & le legs pouvoit alors être de la totalité des biens du testateur (2). Si cependant après avoir fait ce legs universel, il lui survenoit des enfants, le don devenoit révocable (3).

On retrouve ces mêmes regles dans les Capitulaires, avec cette seule restriction, que les fonds dont on n'étoit que cultivateur, ne pouvoient être aliénés (4), à la différence des hommes libres, qui pouvoient disposer des terres mêmes qu'ils tenoient à cens du fisc ou des particuliers, pourvu qu'ils chargeassent l'Eglise donataire de payer au Roi ou aux Bénéficiers les redevances qui y étoient affectées.

Thomassin n'a donc point entendu les Capitulaires, lorsqu'il leur fait dire (5) que les séculiers ont la faculté de donner à l'Eglise par testament, *sans bornes & sans mesure*; car le 168ᵉ. Capitulaire du livre 6, présente une idée toute différente. S'il décide qu'un homme entré en religion, ne peut plus disposer, quoiqu'il ait des enfants, des biens qu'il possédoit légitimement lorsqu'il a quitté le monde; il donne en même temps, pour motif de cette maxime, que la profession religieuse fait passer du Profès au Monastere, le droit de propriété & d'administration.

En effet, si chaque Religieux eût pu dépouiller sa Communauté de ce qu'il lui auroit donné, pour en gratifier ses enfants, les possessions des couvents auroient été dans une perpétuelle incertitude. On voit d'ailleurs que ce Capitulaire suppose qu'il n'a resté aux Religieux dont il parle, lors de leur entrée en religion, que les biens dont la possession ne pouvoit avec justice leur être contestée; ce qui signifie assez clairement que la part des enfants de ces Religieux avoit été distraite de leurs biens avant l'émission de leurs vœux.

Au reste, quand ce Capitulaire seroit susceptible de quelque difficulté, en lisant en entier le 19ᵉ. du livre 4, dont Thomassin ne cite que la premiere partie, on y trouve que si un homme s'est consacré à Dieu, ou est décédé après avoir légué à l'Eglise ses biens, sans en avoir donné auparavant à ses cohéritiers la part qu'il leur en revenoit, ceux-ci auront contre l'Eglise la même action pour le partage, que celle qu'ils auroient eue contre leur parent durant sa vie, ou dans le temps qu'il étoit encore dans le siecle: d'où il suit évidemment que l'intention de nos Rois n'a jamais été que l'Eglise s'enrichît de la dépouille de la famille de ses Bienfaiteurs, plutôt par les testaments que par toute autre sorte de donations.

Le 31ᵉ. Capitulaire du livre 2, est encore plus précis sur ce point (6). Si

---

(1) *Cod. leg. Official. de Episcop. & Cler.* On trouve, il est vrai, dans les Annales Bénédictines, 2ᵉ. vol. l. 27. ann. 806. pag. 255, une décision qui accorde moitié de l'immobilier au Monastere de Farfe; mais il est d'observation, à cet égard, que le testateur qui avoit donné tous les fonds à ce Monastere, avoit conservé à son fils tout son mobilier, dont il auroit pu le priver; & que par le jugement, on laissa à ce mineur moitié de ce mobilier avec la moitié de l'immeuble.

(2) *Greg. Turon. de Miracul. S. Mart.* l. 3. ch. 15.
(3) *Greg. Turon.* ibid. l. 4. ch. 11.
(4) *Capital.* 86. l. 3. 37 & 39. l. 4.
(5) *Thomass. Discipl. Eccl.* part. 3, l. 1. c. 24, p. 151. Les capitulaires ont suivi des principes bien différents de la loi des Allemands & des Saxons, qui permettent aux peres de ne rien réserver à leurs enfants. *Leg. Sax.* tit. 14. *Leg. Allaman.* tit. 1. paragr. 1.
(6) Vid. *Leg. Bajariorum.* tit. 1. parag. 1.

alicubi, ce sont ses termes, *inventi fuerint quos patres vel matres propter traditiones illorum exhæredes fecerunt.... omnino volumus atque decrevimus emendari.*

Les 89°. & 121°. du livre 1er, & le 39°. du livre 4, développent cette disposition.

Les réserves portées par les Capitulaires n'étoient cependant pas bornées aux enfants ou aux héritiers pauvres du donateur, elles avoient aussi pour objet les nécessités de l'Etat. Charlemagne instruit de ce que ses sujets, pour s'exempter d'impôts & du service militaire, donnoient à titre précaire leurs biens aux Eglises, annulla ces dons (1).

Le Capitulaire qui prononce cette nullité, ne porte pas, comme Thomassin se l'étoit imaginé (2), la clause *sauf les immunités de l'Eglise*, comme s'il pouvoit y avoir des immunités contre la fraude. Au contraire, l'Empereur y défend d'avoir égard à l'approbation qu'il auroit pu donner par surprise à des actes dont cette fraude auroit été le germe : *Nostra non resistente enunciate*.

Il doit donc demeurer constant qu'avant l'établissement des fiefs, on pouvoit donner à l'Eglise tous les biens dont on étoit propriétaire, la légitime des enfants ou la part des héritiers réservée ou prélevée ; & que si ces biens devoient au fisc ou à l'ancien propriétaire quelques droits, l'Eglise étoit obligée de les acquitter. D'où est naturellement née cette regle suivie depuis l'institution des fiefs, qu'on n'a pu les transporter aux Eglises qu'avec la charge de remplir les conditions de leur inféodation, telles que l'hommage & l'assujettissement à la Jurisdiction, &c. ce qui doit être cependant entendu avec cette exception, que les alleux érigés en fiefs, ou les alleux qui n'avoient point été dénaturés, pouvoient être donnés sans aucunes charges, & même en exemption du devoir de féauté envers le donateur.

Ces Loix donnoient, on le voit, bien des facilités sur-tout aux Maisons religieuses, pour s'approprier les biens des particuliers. De là les Ordonnances d'Orléans, article 18, de Blois, article 19, interdirent aux Monasteres de rien recevoir directement ni indirectement de ceux qui y feroient profession.

L'Edit de 1693 & divers Arrêts ont établi enfin ces maximes, qu'il suffisoit que l'on eût commencé à postuler dans une Communauté, pour rendre nulles & suspectes toutes les donations faites même avant le noviciat, encore que les héritiers y eussent consenti, ou que la donation contînt la destination d'employer les choses données à bâtir ou réparer les Eglises de l'Ordre où la profession devoit se faire (3).

Le Parlement de cette Province s'est toujours inviolablement conformé à cette Jurisprudence.

On en peut juger par l'Arrêt du 13 Février 1617, rapporté par Basnage sur l'Article 431. Il cassa une donation entre-vifs d'une rente viagere faite par une mere à son fils religieux, à la charge de services. Les donations que feroient des postulants aux couvents où ils feroient sur le point d'entrer en religion, éprouveroient le même sort : Basnage sur l'Article 447 de la Coutume.

Les regles suivies à l'égard des Eglises, le sont aussi pour tous établissements de gens de main-morte, & même en faveur des pauvres. Ces regles sont contenues dans l'Edit du mois d'Août 1749, & la Déclaration du Roi du 7 Mai 1774, qui

---

(1) *Capitul.* ann. 793.
(2) *Discipl. Eccles.* l. 1. c. 22. pag. 3.

(3) Ricard, tom. 1. ch. 3. sect. 9.

SECTION III.

Que peut-on donner ?

1°. Par donation entre-vifs, tout majeur peut donner le tiers de ses immeubles, acquêts ou propres à personnes que la loi déclare capables de recevoir.

Si la donation contient la disposition de plus du tiers, elle n'est pas nulle pour cela, mais seulement réductible à cette quotité; Article 440 de la Coutume. Et s'il y a divers héritiers aux propres & aux acquêts, la donation de la totalité des acquêts, ne vaut que pour un tiers de ces acquêts, & non pour le tiers de ce à quoi montent les acquêts & propres réunis; mais on peut donner partie des acquêts à celui qui est héritier aux propres; & partie des propres à celui qui n'est héritier qu'aux acquêts; Article 93 des Placités. Ainsi lorsque la donation porte que le donataire aura le tiers de tous les biens, il lui appartient le tiers du propre & le tiers de l'acquêt; Article 441 de la Coutume.

La prohibition de donner au-delà du tiers est tellement de rigueur, qu'une donation de tous les biens à charge d'alimens, n'est valable que jusqu'à concurrence de ce tiers; sauf à déduire les alimens sur les meubles & les revenus des deux autres tiers.

2°. Le donateur peut se réserver l'usufruit de la chose donnée, pourvu qu'il se dessaisisse de la propriété; Article 446 de la Coutume.

3°. Il a encore la faculté de stipuler le retour du don, après le décès du donataire.

Nous avons pour garant de cette dernière vérité, l'Arrêt rendu le 15 Mai 1736, entre les héritiers de la dame Lenormand & l'époux de la donataire, dont voici l'espèce :

Cette dame veuve du sieur LEMONNIER, avoit eu deux Enfants.

Le Sieur LEMONNIER DE FRÉVILLE, époux de la Demoiselle DOUBLET, lequel laissa	La Demoiselle LEMONNIER, épouse du Sieur DE COMPIGNY, d'où sortit
Un Fils mineur.	Une Fille mariée au Sieur DE FRÉBOIS.

La dame Lenormand avoit donné une somme de 16,200 liv. à la demoiselle de Compigny sa petite-fille, *à la charge que cette somme retourneroit aux héritiers d'elle donatrice*, si la donataire mouroit sans être mariée, ou sans enfants de son mariage.

Par son contrat de mariage la demoiselle de Compigny donna en don mobil, assistée du dépositaire constitué des 16,200 liv. par la dame Lenormand, au sieur de Frébois, le tiers de ce qu'elle lui apportoit en mariage, dont les 16,200 liv. faisoient partie.

La dame de Frébois mourut sans enfants; la dame Doublet, tutrice de son fils, héritier de la dame Lenormand son aïeule, prétendit la restitution des 16,200 liv., en conséquence de la stipulation de retour dont on vient de parler. Le sieur de Frébois soutint au contraire qu'il devoit en retenir le tiers pour son don mobil; ce qui lui fut accordé par Sentence du Bailliage de Caen, le 11 Mai 1735.

La dame Doublet, en sa qualité de tutrice, interjetta appel de cette Sentence; & par Arrêt du 15 Mai 1736, la Sentence fut réformée; le sieur de Frébois condamné à restituer les 16,200 liv. en intégrité, avec les intérêts du jour du décès de son épouse.

Cet Arrêt paroît au premier aspect contraire à l'opinion de Basnage sur l'Article 441 de notre Coutume, & même à divers Arrêts cités par cet Auteur. Mais on a pesé avec la plus grande attention le sentiment de ce célèbre Jurisconsulte, ainsi que les motifs des Arrêts qu'il nous a conservés; & dans la cause d'entre Messire Jean Alexandre de Cottard, Gentien le Chevalier, & la dame de Nollent, veuve de M. François de Paule Daguesseau, Conseiller d'Etat, & en analysant les moyens opposés des parties, la décision de la Cour qui les a appréciés, ne laisse plus subsister de doute sur la question de savoir,

Si dans une donation faite avec la clause de réversion au profit du donateur ou de ses héritiers, en cas de mort du donataire ou de ses enfants; l'effet de cette clause doit être tel, qu'il autorise le donateur ou ses héritiers à réclamer l'objet donné, même lorsque cet objet a été consommé & aliéné par le donataire?

M. DE NOLLENT, Seigneur d'Herbetot & de Fatouville, avoit eu deux Fils.

FRANÇOIS, Sieur d'Herbetot, duquel sortit

MADELEINE D'HERBETOT, épouse de desquels étoit issu

JEAN DE NOLLENT, qui eut

MARTHE ANGÉLIQUE, épouse de M. DAGUESSEAU.

NICOLAS, Sieur de Fatouville, époux de Dame MARIE D'EPINAY, desquels naquirent

FRANÇOIS-MARIE DE NOLLENT.

MARIE-MARTHE, épouse du Sieur COTTARD DE S. LEGER, qui eurent quatre enfants, & entr'autres

MARIE-MARTHE, morte fille le 10 Janvier 1761.

En 1663 Marie-Marthe épousa le sieur Cottard de S. Léger; par leur contrat de mariage François de Nollent, son oncle & son parrain, lui donna irrévocablement 10,000 liv. avec stipulation qu'il y auroit réversion de cette somme au bénéfice du donateur ou de ses héritiers, au cas de mort de sa nièce ou des enfants nés de son mariage. Cependant le donateur consentit que sur cette somme, il y eût 5000 liv. pour le don mobil du sieur de St Léger; parce que, s'il prédécédoit son épouse sans enfants, elle remporteroit les 10,000 liv. en entier; & s'il y avoit des enfants, il n'y auroit réversion que de 2000 liv. de ce don mobil, & la veuve ne remporteroit que 8000 liv. restantes des 10,000 liv.

Le sieur de S. Léger mourut avant la dame son épouse; & au moyen de ce qu'il avoit remplacé sur ses biens les 10,000 liv. données par le sieur de Nollent d'Herbetot, ces biens se trouverent grévés de ce capital; mais il laissoit quatre enfants, ainsi sa veuve ne pouvoit réclamer qu'une rente au capital de 8000 liv.

De ces quatre enfants du sieur de S. Léger, il y avoit deux garçons & deux filles. Les deux garçons moururent sans postérité, après leur mere & avant leurs sœurs; celles-ci décéderent aussi sans

Tome I. Ffff

postérité ; mais avant leur mort, elles avoient vendu généralement tous leurs immeubles; ensorte que lors du décès de la derniere, Marie-Marthe, il ne s'en trouva d'aucune espece en sa succession.

Du nombre des acquéreurs de ces biens étoient MM. de Cottard & Lechevalier.

Madame Daguesseau, après le décès de Marie-Marthe Cottard, s'adressa à ces acquéreurs pour leur demander la restitution des 10,000 liv. stipulées comme réversibles, par le contrat de mariage de 1663 ; & la voie que cette dame prit, fut celle de la saisie réelle.

Les acquéreurs se rendirent opposants à cette saisie, par Requête présentée au Lieutenant-Général du Bailliage de Pont-Audemer, le 10 Janvier 1765 ; sur laquelle après longues plaidoiries, ils furent déboutés de leur opposition, & condamnés à payer à Madame Daguesseau 8000 liv., faisant partie des 10,000 liv. sujettes à réversion, déduction faite de 2000 liv. pour don mobil.

MM. Cottard & Lechevalier se pourvurent, contre ce jugement, en la Cour. Ils avoient pour défenseur, Me. Piéton.

C'est à titre de donation, disoit-il, & même à titre de donation irrévocable, que les 10,000 liv. en question ont passé à la dame de S. Léger : elle est donc devenue propriétaire de cette somme ; puisque le propre de toute donation est nécessairement de transférer la propriété de la chose donnée, & que sans la translation de la propriété, la donation seroit nulle, aux termes de l'Article 444 de la Coutume qui porte que *donner & retenir ne vaut*.

Mais de ce que la dame de S. Léger est devenue propriétaire des 10,000 liv. à elle données, il en dérive cette autre conséquence qu'elle étoit maîtresse de disposer de cette somme : ainsi cette dame, devenue veuve, auroit pu aliéner les 10,000 liv., & ses enfants devenus ses héritiers, ont eu la même faculté. La clause par laquelle il est dit que cette somme retournera au donateur ou à ses héritiers, en cas de mort de la donataire sans enfants, ne prive cette donataire ni ses enfants de la propriété, puisqu'elle ne contient ni substitution ni interdiction d'aliéner. L'effet de ces sortes de clauses n'est que de changer l'ordre de succéder, & de mettre le donateur à la place de l'héritier naturel ; mais il ne s'étend pas jusqu'à nuire à la propriété de celui auquel le don a été fait : de même que les héritiers naturels ne peuvent critiquer les aliénations de leurs parents à la succession desquels la loi les appelle ; de même le donateur & ses héritiers ne peuvent se plaindre de l'aliénation des 10,000 liv. données. En un mot, tout héritier, soit légal, soit conventionnel, ne peut exercer cette qualité que sur des biens existants ; ils doivent se contenter de la succession en l'état où le défunt la leur transmet.

C'est ce qui a été décidé par Arrêt du Parlement de Paris, que Denisard, *verbo* RETOUR, cite sous la date du 28 Juin 1759.

Jérôme Pascal, pendant une résidence momentanée à Paris, avoit commis un délit, pour lequel il avoit été condamné en 100 liv. de dommages & intérêts ; depuis il retourna en son pays ; & en faveur d'un mariage qu'il y contracta, ses pere & mere lui firent donation entre-vifs de leurs biens, avec rétention d'usufruit. Le retour a lieu dans les pays de Droit écrit : & l'Auvergne, où Pascal étoit domicilié & où les biens donnés étoient situés, est un pays de Droit écrit ; après la mort de Pascal, son pere renonça à sa succession pour *se tenir au droit de retour*; il soutînt que son fils, n'ayant pu aliéner ni hypothéquer les biens qui lui avoient été donnés, à charge

de réverſion, il n'étoit pas tenu de ſes dettes; mais par l'Arrêt il y fut condamné: on jugea que le droit de retour étoit une vraie ſucceſſion; que celui qui exerçoit ce droit étoit ſoumis aux mêmes obligations dont tout héritier ordinaire eſt ſuſceptible. Et telle eſt la doctrine de Baſnage, en ſon Commentaire de l'Article 241 de notre Coutume: »Beaucoup de peres, dit ce Juriſ-
» conſulte, inſtruits par cet exemple,
» ſtipulent que *ce qu'ils donnent leur re-*
» *tournera, en cas de mort ſans enfants.*

» Il a été jugé au Parlement de Pa-
» ris, qu'en vertu de cette ſtipulation,
» le bien retourne au pere, en exemption
» de toutes dettes. Mais quand les aſcen-
» dants ſuccedent, en vertu de la Cou-
» tume, aux biens par eux donnés, ces
» biens ſont ſujets aux dettes qu'ils ont
» contractées, comme tous les autres
» biens. On peut dire néanmoins que
» quelque ſtipulation de retour que le
» pere emploie dans le contrat de dona-
» tion, s'il n'ajoutoit que *le donataire*
» *ne pourroit aliéner ni hypothéquer les*
» *choſes données, elles ſeroient affectées à*
» *ſes dettes; comme cette donation étant*
» *pure & ſimple, & par conſéquent ren-*
» *dant le donataire propriétaire & maître*
» *de la choſe, pour en pouvoir diſpoſer à*
» *ſa volonté, ſur-tout lorſque ce retour*
» *n'eſt ſtipulé qu'en cas que le donataire*
» *meure ſans enfants;* ce qui reçoit moins
» de difficulté pour les filles que pour
» les mâles, auxquels ce que l'on donne
» eſt réputé un avancement d'hoirie &
» ſujet à rapport; mais la fille n'étant
» point héritiere, elle devient par le ma-
» riage maîtreſſe abſolue de ce qui lui eſt
» donné, pour en pouvoir diſpoſer lorſ-
» qu'elle eſt en puiſſance de le faire. *La*
» *ſtipulation de retour n'a d'autre effet*
» *que de remettre en la main du pere ce*
» *qu'il a donné; ceſſant laquelle ſtipula-*
» *tion, il en ſeroit exclu par ſes autres*
» enfants, en vertu de cet Article. Or,
» n'étant pas néceſſaire, en la Coutume
» de Paris, de ſtipuler le retour des cho-
» ſes données, puiſque la loi l'ordonne,
» *pour ne pas laiſſer cette ſtipulation de*
» *retour inutile*, on a préſumé en faveur
» d'un bienfaicteur & d'un pere, qu'il
» avoit eu l'intention de ſe réſerver la pro-
» priété, & de ne donner qu'un ſimple
» uſufruit, en cas que ſon fils ou ſa fille
» décédaſſent ſans enfants. Par l'Arrêt de
» Piquais, rapporté ſur l'Article 244,
» on jugea que l'avancement fait par le
» pere à ſon fils, *étoit affecté aux dettes*
» *du fils.* Il eſt vrai que la clauſe du
» retour n'y étoit pas employée; mais
» préſuppoſant, comme on a fait par cet
» Arrêt, que la propriété en appartient
» au fils, on ne peut tirer la même con-
» cluſion, *parce que la clauſe du retour*
» *ne diminue point la force & l'effet du*
» *droit propriétaire*; & elle ne doit va-
» loir & ſubſiſter qu'en ſon ſeul cas,
» lorſque l'enfant donataire décede ſans
» enfants. On peut objecter que ſi nonob-
» ſtant la ſtipulation de retour, le fils
» pouvoit hypothéquer les biens, la ſti-
» pulation deviendroit inutile, & qu'en
» vain le pere reprendroit ſes biens, s'ils
» retournoient chargés des dettes du fils.
» On répond que quand le pere donne
» dans cette intention que ſa dona-
» tion lui retourne, en cas de prédécès
» de ſon fils ſans enfants, en exemption
» de toutes dettes; *il faut y joindre la*
» *prohibition d'aliéner & d'hypothéquer*;
» autrement on préſume que le retour
» n'a été ſtipulé *qu'à l'effet de rendre le*
» *pere capable de reprendre ſon bien au*
» *préjudice de ſes autres enfants.*

Ce n'eſt pas ſeulement ſur cet article que ce ſavant Auteur s'exprime ainſi; il répete encore la même choſe ſur l'Article 244: & il paroît tellement pénétré de ces maximes précieuſes, *que la clauſe du retour ne diminue point la force &*

l'effet du droit propriétaire, qu'elle n'a au contraire d'autre effet que de rendre le bienfaiteur capable de reprendre son bien, au préjudice des héritiers naturels & légitimes ; que la donation, même à charge de retour, étant pure & simple, elle rend par conséquent le donataire propriétaire & maître de la chose pour en pouvoir disposer à sa volonté ; & qu'enfin *il n'y a que la prohibition d'aliéner & d'hypothéquer qui puisse priver le donataire de cette liberté* ; qu'il ne balance pas d'en faire une regle générale sous ce même Art. 244, en disant *que la stipulation de réversion, au défaut d'enfants, ne suffit pas seule, & que la prohibition d'aliéner y est requise.*

Voilà donc la question décidée en faveur des sieurs Cottard & Lechevalier : nous ne connoissons en cette Province, même en faveur des ascendants, qu'un seul droit de réversion : lorsqu'il n'est point accompagné d'une prohibition d'aliéner, il ne diminue ni la force ni les effets de la propriété qui est assurée au donataire par la nature même de la donation. Il suit donc de là que dès que le Seigneur d'Herbetot n'a point ajouté une prohibition d'aliéner & d'hypothéquer à la clause par laquelle il s'est réservé le retour de la chose donnée, la dame de Saint-Leger & ses enfants, qui étoient propriétaires en vertu de la donation, ont été les maîtres de le faire ; & dès-lors il s'ensuit que l'ayant fait, Madame Daguesseau, qui ne pourroit avoir de droit qu'autant que la chose donnée existeroit, ne doit plus avoir rien à prétendre, dès qu'elle n'existe point.

D'ailleurs il est de Jurisprudence fondée sur l'Arrêt du 26 Mai 1659, qu'on lit dans Basnage, sur l'Article 241 de notre Coutume, que la dot consignée & remplacée sur les biens du mari, doit toujours suivre le sort de ces mêmes biens ; qu'elle se réduit en la succession du fils, devenu héritier de ses pere & mere, à proportion de la diminution qu'il a apportée dans ses biens paternels affectés à la dot.

C'est-à-dire, que si le fils a vendu la moitié du bien paternel, la dot qui revient aux maternels, se trouve réduite à moitié ; & s'il a vendu tout le paternel, la dot qui par la consignation & le remplacement est devenue bien paternel jusqu'à la concurrence de ce qu'elle valoit, & le privilege de cette dot étant indivis & solidaire sur toute la masse du bien paternel, il n'est pas possible d'aliéner en tout ou partie celui-ci, sans aliéner en même temps la dot en tout ou en partie.

Enfin M^e. Piéton répondoit à l'Arrêt de Frébois qu'on lui opposoit, que l'intention de la dame Lemonnier donatrice, n'avoit été connue que par la déclaration d'un sieur de Fresnay, qui étoit son fidéi-commissaire, & qui avoit imposé au sieur de Frébois la condition de ne point aliéner.

M^e. Langlois de Louvres, dont le nom seul inspire la plus haute considération, repliqua pour Madame Daguesseau, que de droit commun, & même de droit naturel, la donation étant un acte libre & volontaire, le donataire ne donne que ce qui lui plaît, à qui il lui plaît, & à telle condition qu'il veut, pourvu que la condition ne soit contraire ni à la loi, ni à l'honnêteté des mœurs.

Or la stipulation du retour de la chose donnée au donateur ou à ses héritiers, après le décès de ceux qu'il veut gratifier, n'est point prohibée par notre Coutume, & elle n'offre rien que l'honnêteté réprouve. La Coutume interdit les substitutions en l'Article 54 des Placités. Mais il ne faut pas confondre la clause de réversion de la chose donnée, avec celle de substitution ; la substitution est une translation du don à d'autres personnes au défaut du premier donataire. Or comme on ne se donne pas à soi-même, le retour que le donateur stipule en sa faveur, ne pouvant être considéré à son égard comme substitution, il ne peut pas plus l'être à l'égard de ses héritiers.

La différence entre la substitution & le droit de réversion, est telle en cette Province, que quoique la substitution n'y ait pas lieu, suivant notre Coutume, cependant si un pere donne un héritage à son enfant, il ne peut y succéder après la mort du donataire, que lorsqu'il en a expressément stipulé le retour, suivant l'Arrêt de la Belliere, du 14 Août 1647, rapporté par Basnage sur l'Article 241.

L'Arrêt de Pascal, rendu au Parlement de Paris, en 1759, rapporté par Denisard, ne peut être opposé à Madame Daguesseau, puisqu'il y est question d'un retour prescrit par la Jurisprudence du Parlement de Paris au profit des peres, lorsque les enfants auxquels ils ont fait don décedent, & que ce retour légal inconnu en Normandie, y est absolument indifférent. Nous n'y admettons en effet que le retour conventionnel à l'égard des ascendants, comme à l'égard de tous autres donateurs.

Il est vrai que Basnage a pensé, Article 241 de la Coutume, que quelque stipulation de retour que le pere emploie dans le contrat par lequel il donne à ses enfants ; s'il n'ajoute pas *que le donataire ne pourra aliéner ni hypothéquer les choses données, elles sont affectées aux dettes de ce dernier.* Mais l'opinion d'un Auteur, si respectable qu'il soit, ne peut former qu'un simple préjugé, quand elle n'est soutenue d'aucun Arrêt. Or l'Arrêt de Piguais, du 4 Août 1649, que Basnage rapporte sur l'Article 244, ne fournit aucun argument en sa faveur. Il convient lui-même, *que la clause de retour n'avoit point été employée dans le contrat d'avancement,* qui donnoit lieu au procès.

Quant à l'Arrêt d'Herbouville, le donateur n'avoit stipulé le retour qu'en cas de mort du donataire sans enfants ; & le donataire en avoit laissé. D'ailleurs l'Arrêt de Bedanc, du 14 Novembre 1633, qui se trouve cité par Basnage, sur l'Article 431, a jugé le bénéfice du retour, nonobstant l'aliénation, dans une espece où la prohibition d'aliéner étoit exprimée. Et, comme lors de cet Arrêt, il ne fut pas question de savoir si l'interdiction d'aliéner étoit nécessaire pour empêcher le retour, mais seulement de décider si la clause d'une pareille interdiction n'étoit pas nulle ; la Cour ayant décidé purement & simplement qu'elle étoit licite, & en conséquence les héritiers du donateur ayant été envoyés en possession des biens donnés, il s'ensuit que la clause prohibitive d'aliéner, fut le motif impulsif de la décision.

Ces trois Arrêts n'ont donc rien de concluant pour la cause des sieurs de Cottard & Lechevalier, & ils ne peuvent obscurcir la maxime attestée par l'Arrêt rendu en 1736, en faveur des héritiers de la dame Lenormand, sur-tout cet Arrêt n'étant pas isolé ; car le 8 Juillet 1698, la Cour avoit déja jugé la même chose en cette espece.

Les sieurs de Mezenge freres, en mariant Françoise de Mezenge, fille naturelle de l'un d'eux, au nommé Latour, lui donnerent en mariage un héritage de la valeur de 400. liv., avec 300 liv. en argent, qui furent constitués en dot sur les biens du mari ; mais à cette condition, *qu'en cas de ligne éteinte, les choses données reviendroient aux donateurs.* Latour mourut sans enfants, laissant tous ses meubles à ladite Mezenge, sa veuve & sa légataire universelle. Elle reçut pendant son mariage le rachat de 110 liv. faisant partie de sa dot, & épousa ensuite le nommé Leroy.

Cette femme étant morte sans enfants,

une autre Françoise de Mezenge, épouse du sieur Pinson de la Fauveliere, & les enfants mineurs de Georges de Mezenge, stipulés par Henriette le Louvetel, leur mere & tutrice, reprirent possession des héritages, comme héritiers des donateurs, & attaquerent les sieurs Lhonoré, héritiers de Latour, pour se faire rendre les 110 liv. aliénées sur la dot, & originairement constituées sur les biens dudit Latour. Le nommé Rouxel, leur tuteur, paya, & s'avisa ensuite de prendre des lettres de restitution aux périls & risques du sieur Leroy, second mari de la donataire, soutenant que l'aliénation étoit bonne & valable ; mais que si elle ne l'étoit pas, c'étoit au sieur Leroy à garantir ses mineurs, puisque Françoise de Mezenge sa femme lui avoit porté les meubles de Latour son premier mari, dont elle étoit légataire universelle.

La cause portée à l'audience de la Cour, Me. Bertheaume, Avocat des héritiers Latour, observa que le contrat de mariage de Françoise de Mezenge ne portoit point interdiction d'aliéner; que loin de cela, la dot avoit été donnée *à fin d'héritage* par les sieurs de Mezenge ; ce qui emportoit, disoit-il, parmi nous la propriété pleine & incommutable : que les donateurs ne paroissoient point avoir eu d'autre vue, par la stipulation de retour en cas *de ligne éteinte*, que d'être préférés aux Seigneurs féodaux, à qui les biens seroient retournés, aux termes de l'Article 147 de la Coutume.

Me. Lechevalier, Avocat des sieurs Leroy, héritiers de leur pere, lui donnoit adjonction.

Mes. Lefevre & Néel, Avocats de la dame de la Fauveliere & des mineurs Mezenge, soutinrent que la donation n'étoit point susceptible d'interprétation; que la volonté des donateurs étoit claire & précise ; qu'ils avoient stipulé que la donation leur retourneroit en cas de ligne éteinte ; & que le cas étant arrivé, ce qu'ils avoient donné devoit revenir en intégrité à leurs héritiers.

La Cour, sur les conclusions de M. de Mesnilbus, Avocat-Général, évinça les héritiers de Latour des lettres de restitution prises par leur tuteur ; & néanmoins leur adjugea recours contre les sieurs Leroy, pour les 110 liv. que Latour avoit payées aux héritiers Mezenge.

Les sieurs Cottard & Lechevalier disent en vain que, suivant la Jurisprudence de cette Province, les biens de la succession du pere, chargés de la constitution de la dot de la mere, sont réputés paternels & maternels à proportion ; & que quand les enfants, devenus héritiers de l'un & de l'autre, vendent ou donnent ces biens en tout ou partie, la dot est censée vendue ou donnée à proportion, au préjudice des héritiers maternels.

Cette Jurisprudence, qui paroît résulter de l'Arrêt des Douley, du 26 Mai 1659, cité par Basnage en son Commentaire sur l'Article 245 de la Coutume de Normandie, pourroit intéresser les héritiers maternels de mademoiselle de S. Léger, qui ne seroient pas recevables à réclamer la dot de la dame sa mere, si elle avoit aliéné les biens paternels sur lesquels elle auroit été consignée ; mais elle ne peut être opposée à madame Daguesseau, qui n'est point héritiere de mademoiselle de S. Léger, & qui ne paroît en ce procès que comme créanciere pour le retour des 10,000 liv. données à la dame de S. Léger, par M. d'Herbetot, son bisaïeul, réductibles à 8000 liv. par les raisons qu'on en a données ci-dessus. La stipulation du retour a été perpétuellement un obstacle à la confusion de cette dot, avec la succession du sieur de S. Léger ; & les enfants qui ont aliéné les biens de leur pere, n'ont pu les aliéner qu'à charge de cette portion de dot, qui étoit réversible aux héritiers du donateur ; créance que les enfants, héritiers de leur pere, n'ont point été maîtres d'anéantir, & qui a conservé son hypotheque sur les biens de M. de S. Léger, quoique passée en mains étrangeres.

Ces moyens de madame Daguesseau parurent péremptoires ; & au rapport de M. l'Abbé de Maisons, l'appellation fut mise par la Cour au néant, à l'unaminité des voix, le 4 Mars 1769.

SECTION IV.

En quelle forme peut-on donner ?

L'un des plus anciens Jurisconsultes (1) Anglo-Normands exigeoit pour la validité des donations, qu'elles fussent libres, volontaires, qu'elles eussent pour objet des choses certaines & déterminées ; que le consentement du donataire y fût exprimé, & que le don ne fût préjudiciable ni à un tiers ni au donataire.

Il distinguoit d'ailleurs, entre les donations, celles qui pouvoient être faites verbalement d'avec celles qui ne pouvoient subsister qu'autant qu'elles étoient écrites.

Les meubles étoient dispensés de la formalité des actes écrits ; leur tradition en rendoit la donation parfaite.

A l'égard des immeubles, la prise de possession, indépendamment de la Charte qui en transféroit la propriété, étoit indispensable. Elle se faisoit en touchant la porte ou la serrure de la porte de la maison donnée ; s'il s'agissoit d'une terre sans bâtimens, il suffisoit que le donataire y eût posé le pied, & y eût reçu de la main du donateur une verge ou un bâton en figne du droit qu'on y acquéroit.

La Coutume, la Jurisprudence de cette Province, & les Ordonnances de nos Rois n'ont fait que perfectionner ces formes ; celle du mois de Février 1731, veut :

1°. Que toutes donations entre-vifs soient passées devant Notaires, & qu'il en reste minute, à peine de nullité.

2°. Qu'outre les formalités requises pour tous les autres actes notariés, ces donations soient revêtues des formes prescrites par les Coutumes particulieres de chaque pays.

3°. Que toute donation entre-vifs qui ne peut être valable en cette qualité, ne puisse valoir comme donations testamentaires.

4°. Que l'acceptation soit expresse, même lorsqu'elles sont faites en faveur de l'Eglise, ou pour Causes pies ; que si elles sont acceptées par le Procureur général ou spécial du donataire, sa procuration reste annexée à la minute de la donation ; & si cette donation est acceptée par une personne qui se *porte fort* pour un donataire absent, elle n'ait d'effet que du jour où celui-ci la ratifiera devant Notaires, par acte portant minute ; & qu'enfin la présence du donataire à l'acte & sa signature ne puissent valoir d'acceptation si elle n'est pas exprimée en termes précis.

5°. Que les tuteurs, curateurs, pere, mere, ou d'autres ascendants, même du vivant des pere & mere, puissent pour les mineurs ou interdits accepter les donations, & que les administrateurs d'hôpitaux & autres établissemens de charité, ainsi que les curés & marguilliers, pour fondations en faveur des pauvres, ou pour le service divin, aient le même pouvoir.

6°. Que les femmes mariées ne puissent accepter de donations sans l'autorité de leurs maris.

7°. Que les donations par contrat de

---

(1) *Cowell, Institut.* l. 2. tit. 7. n°. 16. & sequens.

mariage soient exceptées des précédentes dispositions, & puissent comprendre des biens à venir.

8°. Mais que toutes autres donations entre-vifs ne comprennent que les biens appartenants aux donateurs dans le temps de la donation ; parce que si elles renferment des effets mobiliers dont elles ne contiennent pas la tradition actuelle, il en sera fait un état signé des parties, qui restera annexé à la minute.

9°. Que toutes donations soient insinuées, à l'exception de celles faites par contrat de mariage en ligne directe, ou pour don mobil.

Comme cette derniere disposition déroge aux Articles 244, 286 & 448 de notre Coutume, il est essentiel de méditer avec attention les cas où on doit en faire l'application aux contrats de mariage.

1°. L'insinuation est-elle nécessaire pour autoriser le retour au donateur de la chose donnée par contrat de mariage? La négative a été jugée par l'Arrêt du 4 Mars 1769, qui termine la Section précédente.

Pour l'affirmative, les créanciers du donataire disoient qu'une donation faite à charge de réversion, ne pouvoit valoir qu'autant qu'elle étoit bien & duement insinuée ; parce que par le défaut de cette insinuation, la clause de retour restant inconnue, on seroit induit à contracter avec le donataire, comme s'il étoit propriétaire absolu. Mais pour Madame Daguesseau, on observoit avec Ricard, Traité des Donations, pag. 3, ch. 7, section 4, nos. 802 & 803, que *quoiqu'un contrat de donation contienne des conditions de réversion ou autres de ce genre en faveur du donateur, le profit qui en revient à ce donateur n'est pas à titre lucratif, seul titre qui rendroit l'insinuation indispensable* : interprétation de l'Ordonnance, que la Cour a adoptée.

2°. Les donations par contrat de mariage, étant exemptes de l'insinuation, par la Coutume de Normandie, & les actes qui les contiennent pouvant être faits sous seing privé en cette province, les dispositions de cette Coutume sont-elles admissibles & ont-elles force de loi sur les immeubles situés hors de son enceinte, & qui sont régis par des Coutumes qui exigent pour tous actes translatifs de propriété, qu'ils soient & passés devant Notaires, & insinués?

Cette question paroît décidée par l'Arrêt du Parlement de Rouen, du 11 Février 1700.

Charlotte Leboullanger avoit épousé le nommé Luneau, & lui avoit donné par contrat de mariage une somme de 600 liv. en don mobil, à prendre sur tous ses biens-meubles & immeubles. Après le décès de sa femme, Luneau demanda à être payé de ce don mobil ; les héritiers de la femme prétendirent que la donation étoit nulle par défaut d'insinuation, attendu que les immeubles de la donation étoient situés sous la Coutume de Paris, où l'insinuation est nécessaire & requise pour toutes sortes de donations. Le Vicomte & le Bailli n'eurent aucun égard à cette défense ; ils déclarerent la donation bonne & valable : dont appel.

En la Cour, pour les héritiers de la femme, on réclamoit le principe de la réalité des Coutumes ; on disoit qu'elles ne peuvent étendre leur empire au-delà de leur territoire, & que s'agissant d'exécuter une donation sur des biens régis par la Coutume de Paris, il falloit avoir satisfait à cette Coutume pour que la donation eût son effet.

Pour le mari, on répondoit qu'il falloit faire attention à deux circonstances. *La premiere*, que les contractants étoient domiciliés en Normandie ; que le contrat de mariage y avoit été passé en présence de parents & de présomptifs héritiers ; qu'ayant observé les formalités usitées en cette

cette Province, où n'étoit pas tenu à garder celles prescrites en une autre Province. La seconde, que les héritiers de la femme ayant été présents au contrat, & ayant approuvé la stipulation par leurs signatures, cela équipolloit à l'insinuation qui n'étoit requise que pour rendre la donation notoire; on ajoutoit enfin que le don mobil ne devoit être considéré que comme un contrat synallagmatique, une convention réciproque non sujette à insinuation, à la différence d'une donation de pure libéralité; & sur ces moyens, la Sentence fut confirmée. Ces moyens n'auroient pas moins de succès maintenant, ou plutôt l'Ordonnance de 1731 ne leur donneroit que plus de force.

En effet, l'insinuation qu'elle prescrit n'est autre chose que l'enregistrement des dispositions qui doivent être rendues publiques, pour éviter les fraudes.

Dans les premiers temps du Droit Romain, les donations ne se consommoient que par la tradition réelle de la chose donnée; l'insinuation eût été alors absolument inutile, puisqu'à l'instant même les donations devenoient publiques. Les Jurisconsultes Romains inventèrent les traditions par voies feintes, rétention d'usufruit, constitutions de précaires; & cela pour faciliter aux contractants les moyens de remplir leur volonté; & pour adoucir la rigueur de la loi qui exigeoit un dépouillement total de la part du donateur, un dessaisissement effectif non-seulement de la propriété, mais même de la jouissance.

Ces nouveautés introduites ouvrirent la porte à la fraude & à la mauvaise foi; un homme en retenant l'usufruit de ce qu'il donnoit, pouvoit facilement donner tout son bien, sans qu'il parût aucun changement extérieur dans l'état de sa fortune; de là, nombre de gens, trompés par de fausses apparences, contractoient avec cet homme dans la plus grande sécurité, & ils en étoient victimes.

Le secret des donations pouvoit même demeurer concentré entre le donateur & le donataire, jusqu'à la mort du premier; & les héritiers du donateur, flattés de même que les créanciers par des apparences illusoires, acceptoient une succession qui leur devenoit ruineuse: pour remédier à ces désordres, l'Empereur Constantin prescrivit donc que les donations fussent insinuées.

Ce qui s'est passé chez les Romains, est aussi arrivé en cette Province: tant qu'on n'y a reconnu d'autre tradition que la réelle dans les donations, on n'a point établi de moyens pour les rendre publiques; mais dès que nous avons admis le don de la propriété, avec réserve d'usufruit, on a eu recours au remède que les Romains avoient employé contre les fraudes, & pour mettre en sûreté les *acquéreurs*, les *créanciers*, les *héritiers*.

D'où il suit que dès qu'une disposition est telle qu'elle ne peut préjudicier à aucune de ces personnes; n'y ayant plus de motif pour l'insinuation, cette formalité ne peut & ne doit plus avoir lieu. Or, rien de ce genre ne peut être reproché à la stipulation de don mobil.

L'acquéreur sait qu'il contracte avec des gens mariés; il ne peut être trompé sur les conventions de leur mariage, que parce qu'il néglige d'en exiger la représentation: les créanciers sont dans le même cas; & à l'égard des héritiers, le traité de mariage, après le décès de celui des époux, auquel ils succedent, ne peut leur être caché. Il y a plus, le don mobil fût-il une donation de la nature de celles qui portent à juste titre ce nom, parce qu'elles sont l'effet d'une pure libéralité, & non faite à la condition onéreuse de supporter les charges du mariage, ce seroit au lieu du domicile que l'insinuation en devroit être faite, ou au lieu de la situation des biens. Or, quant au domicile, la loi qui le régiroit exempteroit le don mobil d'être insinué, suivant l'article 74 des Placités; exemption qui est la cause de celle prononcée par l'article 21 de l'Ordonnance de 1731.

Quant au lieu de la situation des biens, comment l'insinuation y seroit-elle applicable? Et quant au lieu de la situation des biens, en combien de cas seroit-il impossible de le connoître? Très-souvent le don mobil s'étend sur les biens que la femme *laissera* à son décès : or, il n'est pas sûr, à cette époque, qu'ils existent au même lieu où ils étoient lors du mariage ; d'ailleurs, ce don eût-il un objet fixe, déterminé, dont la situation seroit invariable, à quoi serviroit l'insinuation, puisque la femme, de l'instant du mariage, auroit perdu le droit de disposer de cet objet, & qu'elle ne pourroit tromper personne en leur en promettant ou transférant la propriété? Car si elle le faisoit sans l'autorité de son mari, les acquéreurs devroient s'imputer la faute d'avoir traité avec une femme mariée en Normandie, sans le concours de son époux ; & si cet époux avoit traité avec eux, lui-même seroit tenu de leur faire valoir l'aliénation. Mais ce n'est pas seulement par rapport aux donations faites par contrats de mariage, qu'il peut s'élever des doutes sur la validité des donations non insinuées ; il en naît souvent de très-inquiétants quant à la forme de l'insinuation, même relativement aux autres actes de donation entre-vifs.

La veuve Héquet (Anne Ramachard) avoit donné à Jacques-Daniel Sahut, 1°. tous les meubles qui se trouveroient après la mort de la donatrice, estimés 5000 liv. 2°. *La tierce partie en intégrité de ses acquêts, en quoi qu'ils puissent consister.*

Robert Sahut, héritier aux meubles & acquêts de la donatrice, attaqua cette donation, sous le prétexte qu'elle n'avoit pas été valablement insinuée. Pour bien concevoir son objection, on doit observer que les acquêts donnés étoient situés dans l'étendue des quatre Bailliages de Rouen, Pont-Audemer, Pont-Autou & Neufchâtel.

Le sieur Lefèvre, Notaire de Rouen, qui avoit passé le contrat, en avoit porté la minute au bureau de Rouen, comme il y étoit obligé par les Déclarations du Roi; en conséquence il y avoit sur la même minute ces mots : *contrôlé & insinué audit Rouen, le 13 Février 1732 ; reçu 90 liv. 12 s.*, signé *Castra*.

On trouvoit sur l'un des registres des Insinuations, ce qui suit.

Du 12 Février 1732.

Donation, à cause de mort, par Anne-Catherine Ramachard, veuve Hequet, étaimier, en faveur de Jacques-Daniel Sahut, de la somme de 5000 liv. en meubles, devant Lefèvre, Notaire, le 8 de ce mois. Reçu 50 liv.

Le registre d'où cet extrait étoit tiré, n'étoit point celui sur lequel on inscrivoit tout au long les donations entre-vifs, conformément à la Déclaration du Roi du 17 Février 1731, registre qui devoit être déposé chaque année au greffe du Bailliage, & paraphé par le Lieutenant-Général de cette Jurisdiction; au contraire le registre dont on avoit l'extrait, n'étoit paraphé que par le Directeur des droits de Contrôle & Insinuations de la généralité de Rouen.

Le donataire, quoique son contrat portât qu'il avoit été *contrôlé & insinué*, fit lire ce contrat aux Assises du Bailliage de Rouen, & en requit l'inscription dans le registre du greffe de ce même Bailliage.

A l'égard du Pont-Audemer & du Pont-Autou, le contrat fut lu aux Assises & enregistré dans les deux greffes de ces Bailliages, sans avoir été insinué au bureau établi par la Déclaration du 17 Février 1731.

Et quant au Neufchâtel, il n'y eut ni lecture aux Assises du Bailliage, ni enregistrement au greffe; l'insinuation ne fut non plus faite au bureau, mais la lecture & l'enregistrement furent faits à l'audience & au greffe de la Haute-Justice de la Ferté-en-Brai, dans le territoire de laquelle étoit partie des biens donnés sous le Bailliage de Neufchâtel. Dans cet état des choses, l'héritier avoit donc à démontrer l'invalidité de l'insinuation. Voici les moyens que M^e. Thouars faisoit valoir pour lui.

L'Ordonnance de 1539, article 132, impose la nécessité de l'insinuation, & instruit en même temps de ce que signifie le mot *insinuation*.

Nous voulons que toutes donations soient insinuées & enregistrées en nos Cours & Jurisdictions ordinaires, &c.

L'Ordonnance de Moulins, article 48, fait consister l'insinuation dans l'enregistrement.

Avons ordonné que toutes donations entre-vifs, &c. seront insinuées & enregistrées ès greffes de nos Sieges ordinaires.

C'est en conséquence de ces Ordonnances & autres intervenues depuis, que l'insinuation consistoit, avant le mois de Décembre 1703, dans la lecture des contrats de donation aux Assises des Bailliages, & dans l'enregistrement aux greffes des mêmes Bailliages: ensorte que s'il s'agissoit d'une donation antérieure à 1704, il est certain que l'insinuation qui a été portée sur le contrat en question seroit reguliere pour les Bailliages de Rouen, de Pont-Audemer & du Pont-Autou; car pour celle faite à la Haute-Justice de la Ferté-en-Brai, il seroit impossible de la faire valoir, n'y ayant que les Jurisdictions Royales qui aient eu le droit d'insinuer régulierement.

Depuis l'Edit du mois de Décembre 1703, l'autorité nécessaire pour insinuer valablement a entiérement cessé dans les Jurisdictions Royales & dans leurs greffes; elle a été transférée aux Conseillers-Greffiers des Insinuations laïques, créés par le premier article de cet Edit, en chacune des villes & lieux du Royaume où il y avoit Jurisdiction Royale.

C'est à ces nouveaux Officiers que le Roi a donné le pouvoir exclusif d'insinuer & d'enregistrer les donations sur des registres paraphés par les Juges Royaux; par conséquent depuis cet Edit, la lecture aux Assises & l'enregistrement aux Bailliages n'a plus été qu'une procédure vaine & illusoire, & n'a point formé l'insinuation requise par l'Edit de 1703, sans laquelle une donation ne peut plus être valable, suivant l'article 2 de cet Edit.

Par Edit du mois d'Octobre 1704, les droits d'insinuation ont été réunis à la ferme du Contrôle; & l'autorité nécessaire pour insinuer, transférée aux Commis à la perception de ces droits; c'est ce qui résulte de l'Edit du mois d'Octobre 1705, registré au Parlement de cette Province, le 17 Novembre suivant, par lequel on force les Notaires, &c. à faire insinuer, dans le même temps qu'ils feront contrôler, *tous les actes sujets à insinuation, à la réserve des donations entre-vifs que le Roi veut être insinuées à la diligence des Parties*, conformément à l'Edit du mois de Décembre 1703, & à la Déclaration du 19 Juillet 1704.

Ces variations par rapport aux personnes autorisées d'insinuer, ayant mis le désordre dans une formalité essentielle aux donations, le Roi a jugé à propos, par sa Déclaration du 17 Février 1731, de donner des regles certaines pour la validité des insinuations. Par le premier

Gggg 2

article Sa Majesté veut *que toutes donations entre-vifs soient insinuées aux bureaux établis pour la perception des droits d'insinuation, près des Bailliages ou autre Siege Royal ressortissant nuement aux Cours de Parlement, tant du lieu du domicile du donateur que de la situation des choses données, le tout dans les temps & sous les peines portées par l'Ordonnance de Moulins, & la Déclaration du 27 Novembre 1690; déclarant nulles & de nul effet toutes insinuations qui seroient faites à l'avenir en d'autres Jurisdictions; dérogeant à tous Edits & Déclarations à ce contraires.*

Par le second article, *les Commis établis en chacun desdits bureaux, lesquels sont tenus de prêter serment par-devant le Lieutenant-Général des Sieges ci-dessus nommés, doivent tenir un registre séparé, coté, paraphé par ledit Lieutenant-Général, dans lequel les actes de donations, si elles sont faites par un acte séparé; sinon la partie de l'acte qui contient la donation, avec toutes ses charges & conditions, doivent être insérées & enregistrées tout au long.*

Le troisieme article *oblige les Commis à communiquer lesdits registres sans déplacer à tous ceux qui les demanderont, & d'en fournir extraits.*

Enfin ces registres, suivant l'article 4, *doivent être clos & arrêtés à la fin de chaque année par le Lieutenant-Général, & quatre mois après au greffe de la Jurisdiction; à quoi faire les Commis seront contraints par corps.*

Or, l'esprit & les dispositions de cette Déclaration ont passé dans l'Ordonnance du même mois de Février 1731, faite pour fixer une jurisprudence universelle sur le fait des donations; ensorte qu'il n'y eût jamais de loi plus solemnelle sur ce qui concerne les insinuations : par conséquent on ne peut douter un instant sur la validité ou l'invalidité de l'insinuation du contrat de la veuve Héquet. En effet, il faut d'abord regarder la lecture de ce contrat aux Assises & l'enregistrement aux greffes comme des actes vains & illusoires, puisque le pouvoir d'insinuer a cessé dans les Jurisdictions & greffes par l'Edit de 1703; ce qui est confirmé par la Déclaration & par l'Ordonnance du mois de Février 1731.

Il n'y a donc aucune espece d'insinuation aux Bureaux du Pont-Audemer, de Pont-Autou & de Neufchâtel; par conséquent la nullité de la donation des biens situés en ces trois Bailliages est absolue & radicale. Et à l'égard des biens du Bailliage de Rouen, l'insinuation n'en a point été faite en la forme prescrite, puisqu'elle n'a point été transcrite dans le registre que les Ordonnances indiquent.

On répondoit à l'héritier que la donation ayant été présentée au Commis pour la perception des droits, il avoit dû insinuer suivant les regles prescrites par les Edits; que l'on devoit supposer en celui qui étoit préposé à leur exécution, toute la capacité & l'exactitude nécessaires pour rendre ses opérations profitables.

M^e. Thouars repliquoit que si le Commis n'avoit pas fait ce qu'il devoit faire, il étoit évident que l'insinuation qui donnoit lieu au procès, n'étoit point valable; qu'ainsi l'héritier ne pouvoit être dépossédé de son héritage en vertu d'un acte nul; que tout ce que pouvoit conclure le donataire, c'étoit une garantie de la part du Commis. Mais est-il bien sûr, ajoutoit-il, que le Commis ait manqué à son devoir ? Suivant l'Edit du mois d'Octobre 1705, il n'avoit pas le droit d'insinuer ni d'enregistrer la donation de l'immeuble, tant que les parties ne lui manifestoient pas leur desir de la rendre publique. Elles devoient donc requérir l'insinuation de l'acquêt en termes exprès; & bien loin qu'elles aient fait cette requifition ; il paroît par l'enregiftrement du droit perçu, que le Commis a été reftreint à infinuer feulement la donation mobiliaire de 5,000 liv. : les premiers Juges ayant déclaré la donation bonne & réguliere ; fur l'appel, la caufe fut mife en délibéré, & par Arrêt du 4 Avril 1740, la Sentence fut réformée, & la donation déclarée nulle. *Voyez* INSINUATION.

SECTION V.

Les donations peuvent-elles être valables ?

Par Arrêt du 25 Juin 1755, il a été décidé *qu'une donation de meubles faite avec tradition par une perfonne malade, étoit bonne fans acte par écrit, encore que le donateur fût mort peu d'heures après la tradition des effets donnés.*

Cet Arrêt ne contredit pas l'Article 447 de la Coutume. L'Article 447 ne peut s'appliquer qu'à la donation des immeubles, puifqu'il exige qu'elle foit infinuée ; & c'eft ainfi que l'a interprété l'Arrêt du 10 Décembre 1655, rapporté par Bafnage à la fin de fon Commentaire dudit Article.

D'ailleurs l'Article 447 ne parle que des donations qui ne font point effectuées par une tradition actuelle de la chofe donnée ; il n'interdit donc pas aux perfonnes, même malades, la donation des chofes qui font par elles délivrées à l'inftant au donataire de la main à la main ; ce qu'il leur interdit, ainfi que l'Ordonnance du mois d'Août 1735, eft feulement le don fait verbalement, fans qu'il foit fuivi de tradition, car on ne peut pas appeller un don parfait, celui qui ne deffaifit pas le propriétaire, & ne tranfmet pas la propriété au donataire irrévocablement, & c'eft par cette raifon que toute donation, même de meubles, faite de vive voix avec tradition, mais fous la condition que les meubles donnés de cette maniere, retourneront au donateur malade, au cas où il fe rétablira, n'eft valable ni dans le for extérieur, ni dans le for intérieur ; car fi l'on confidere cette donation comme teftament, il n'a point été revêtu des formes fans lefquelles le Légiflateur a cru que l'on ne devoit pas regarder comme férieufe la difpofition faite par le teftateur ; & fi on la regarde comme donation entre-vifs, on lui attribue un titre qui ne peut lui convenir, puifque toute donation pour être entre-vifs, doit rendre propriétaire incommutable le donataire du vivant du donateur. Au refte les difficultés relatives aux donations verbales *fub conditione mortis*, à l'égard defquelles M. Lecoq s'eft fort étendu, *Traité des actions*, art. 3, *des Donations*, fera amplement difcuté article TESTAMENT.

SECTION VI.

Peut-on révoquer les donations ?

Pour répondre d'une maniere fatisfaifante à cette queftion, il convient de connoître des caufes légitimes de révocation des donations, & à quelles perfonnes cette révocation eft permife ?

Quant aux caufes, la fraude à la loi, le dol & la furprife faite à la perfonne, l'ingratitude du donataire, la furvenance d'enfants au donateur, telles font celles que toutes les loix admettent. Mais notre Coutume, Articles 254, 255, 435, & 449, ne parle que de celles contraires à la loi, & fondées fur la furvenance d'enfants.

L'Article 254 porte, *que fi les pere ou mere ont donné à leurs filles, foit en faveur de mariage ou autrement, héritages excédant le tiers de leur bien, les enfants mâles peuvent le révoquer dans l'an & jour du décès des donateurs.*

L'équité de cette difpofition dépendant du développement des droits que les filles peuvent prétendre sur les successions de leurs ascendants en cette Province, on en diseurera toutes les parties, ainsi que celles de l'Article 255, sous le mot FILLES.

Quant à l'Article 435, il permet aux héritiers *de révoquer les donations faites contre la Coutume dans les dix ans du jour du décès du donateur, s'ils sont majeurs, & dans dix ans du jour de leur majorité, autrement ils n'y sont plus recevables.*

Et l'Article 449 détermine le cas où l'homme ou la femme qui ont donné de leurs héritages lorsqu'ils n'avoient pas d'enfants, peuvent eux-mêmes révoquer ce don, *s'ils ont des enfants d'un mariage légitime*; car si le don est fait en faveur de mariage, il est, suivant cet Article, irrévocable; s'il est seulement pour dot de la femme, on peut le réduire à l'usufruit; & s'il est fait au mari, la femme a douaire sur l'objet donné.

Ces maximes, on le voit, n'ont pour but que l'avantage des héritiers, & notre Coutume n'en contient pas qui soient relatives aux donateurs. C'est donc principalement des causes qui autorisent ces derniers à révoquer leurs bienfaits, dont nous devons nous occuper.

Rien de si commun que les complaisances de la cupidité pour déterminer les plus avares à faire des actes de générosité; mais il ne l'est pas moins de voir des personnes qui n'ont été libérales que par vanité, se repentir de la justice qu'ils avoient rendue, en devenant bienfaisants, à ceux envers lesquels ils étoient obligés.

S'il est donc de l'équité de ne pas faire triompher la séduction de la foiblesse d'esprit des donateurs, il est également intéressant que la versatilité des passions de ces derniers, ne laisse pas le sort des donataires dans une incertitude perpétuelle.

De là il ne suffit pas de faire aux donataires des reproches d'obsession, de surprise, de dol, il faut que les faits objectés ne soient pas détruits par l'acte même qui constitue le don.

Françoise Gouis avoit épousé en premieres noces le sieur Bois-Richard; ils avoient eu pour enfant Anne, qui fut mariée au sieur Legrand, pere du sieur Legrand de Transieres, & de la demoiselle Legrand, épouse du sieur Burgaud de la Gurmanieres.

Cette dame Burgaud étant morte sans postérité, le sieur de Transieres son frere devint son héritier.

Au suppôt de sa succession étoit le tiers de la terre Dulaurent, que le sieur Dulaurent, oncle de la défunte, lui avoit donnée par acte de donation entre-vifs du 29 Septembre 1756, & les deux autres tiers que ce même sieur Dulaurent avoit vendus de ladite terre à la donataire le 5 Novembre suivant.

Après le décès de la demoiselle Legrand, le sieur Dulaurent son bienfaiteur, regretta le présent qu'il lui avoit fait; il prit des lettres de restitution contre sa donation & son contrat de vente; fit signifier ses lettres au sieur Legrand le 9 Juillet 1765, avec assignation devant le Juge de Conches pour les voir entériner. Il exposoit dans ces lettres que la demoiselle Legrand avoit employé tous les moyens propres à se concilier sa bienveillance; qu'en signant lesdits actes, il avoit cru signer une procuration à sa niece, pour défendre à des procès que diverses personnes se préparoient à lui intenter; que ce ne fut que quelques années après qu'il fut instruit que l'un de ces actes contenoit une donation, & l'autre une vente, pour le prix de laquelle vente il n'avoit jamais rien touché. Que le sieur Legrand étant venu l'informer qu'il devoit marier sa fille au sieur Burgaud, il lui proposa de paroître faire un avantage à la demoiselle Legrand; qu'en conséquatre le pere fit porter une somme d'argent chez le Notaire ; que lui sieur Dulaurent parut donner à sa niece cette somme, montant à 16,000 liv., & qu'elle parut lui payer pour prix de la vente des deux tiers de sa terre ; mais que le sieur Legrand fit reporter l'argent chez lui ; qu'il n'étoit pas présumable qu'il eût touché 16,000 liv. pour les deux tiers d'une terre qui ne valoit pas 600 liv. de revenu, & dont l'usufruit lui étoit réservé ; que l'unique but que le sieur Legrand & sa fille avoient eu en appréciant la prétendue acquisition à 16,000 liv., avoit été d'empêcher le retrait des lignagers plus proches.

Le sieur de Transieres signifia des défenses ; il soutint le sieur Dulaurent non-recevable en sa demande en entérinement des lettres de restitution. Le 12 Décembre, intervint Sentence qui, par défaut, lui accorda ses conclusions.

Le 18, le sieur Dulaurent se pourvut par opposition contre le jugement, & en sa requête d'opposition il se rendit incidemment demandeur en preuve d'ingratitude contre la défunte donataire, attendu qu'elle avoit abusé de sa simplicité pour lui ravir son bien, qu'elle feignoit être dans l'incertitude de lui conserver, & qu'il avoit éprouvé les mauvais traitements les plus révoltants chez le sieur Burgaud. Le 24 Avril 1766, le sieur de Transieres méconnut ces faits, & en persistant à la fin de non-recevoir qu'il avoit opposée, il fit voir que les actes de donation & de vente faits au profit de sa sœur, étoient inattaquables.

En effet, dès que le sieur Dulaurent reconnoissoit avoir signé ces actes croyant qu'ils contenoient autre chose que ce qui y étoit stipulé, il s'ensuivoit qu'il n'avoit aucuns reproches à faire ni au Notaire rédacteur de ces actes, ni aux témoins qui les avoient souscrits : ces actes ne pouvoient conséquemment être anéantis par la voie de l'inscription de faux ;

dès-lors la preuve testimoniale contre l'énoncé en ces actes, n'étoit pas admissible.

Il est vrai que Danti, Boiceau, Dumoulin, Louet, Brodeau, tiennent que le dol & la fraude peuvent être allégués & prouvés contre des actes notariés ; mais c'est lorsque la simulation de l'acte tend à éluder l'exécution d'une loi, ou à nuire à des tiers : quand, au contraire, un contractant est seul intéressé, & qu'il attaque seul son obligation, alors pourquoi croiroit-on plutôt ses plaintes, que ce qui est attesté par la signature qu'il a apposée au contrat après la lecture qu'il lui en a été faite ?

D'ailleurs comment, après cette lecture, le sieur Dulaurent avoit-il pu rester persuadé chez le Notaire qu'il ne s'y présentoit que pour passer procuration, & pour feindre une libéralité qui ne devoit avoir aucun effet ?

Enfin la demoiselle Legrand étoit décédée ; le sieur Dulaurent ne pouvoit opposer à l'héritier l'ingratitude de la défunte : *Adio ingrati hæredi nec in hæredem datur.*

Le 13 Avril 1768, le Juge de Conches rendit la Sentence suivante.

Nous avons reçu le sieur Dulaurent opposant pour la forme à notre Sentence du 22 Décembre 1765 ; faisant droit sur ladite opposition, ensemble sur la demande incidente formée par requête du 3 Mars 1766, ordonné que ladite Sentence tranfira en définitive; en conséquence nous avons déclaré le sieur Dulaurent non-recevable en ses demandes principales & incidentes, avec dépens.

Le sieur Dulaurent interjetta appel de ce Jugement, & le sieur de Transieres l'anticipa en la Cour.

Dans son écrit de Griefs, l'appellant ne s'appuya que sur les faits qui, selon lui, suffisoient par leur réunion, pour démontrer le dol, la surprise, la suggestion, son incapacité en fait d'affaires, sa surdité, & l'ingratitude de la donataire. Comme tout l'intérêt étoit du côté du sieur de Transieres, puisque quant à la question de droit, il soutenoit que la preuve des faits de dol n'étoit pas recevable; & qu'en fait il s'attachoit à faire voir que les faits articulés n'étoient pas concluants : pour saisir avec certitude les vrais motifs de l'Arrêt qui fut rendu, il suffira d'extraire les moyens du sieur de Transieres.

La foi due aux actes, disoit-il, ne peut-être ébranlée par la preuve testimoniale; cette vérité est fondée sur les Ordonnances qui interdisent toute preuve par témoins, contre & outre le contenu aux actes, &c.

Quoique cette maxime triviale soit incontestable, il y a cependant des cas particuliers où les loix & la jurisprudence en ont restreint l'application.

Lorsque l'une des Parties, qui elle-même a accédé à l'acte, réclame contre ses dispositions, on fait cette distinction: Ou la réclamation est fondée sur ce que l'acte n'est qu'un voile qui cache une paction prohibée par les loix; ou sur ce qu'on ne s'est déterminé à contracter que par erreur.

Dans le premier cas, la preuve est reçue; ainsi on est admis à prouver qu'un billet conçu pour prêt, a pour cause le jeu, &c.

Dans le second cas, il faut faire de nouvelles distinctions : en effet, ou celui qui demande à être restitué offre d'établir qu'on lui a caché *des pieces ou déguisé des faits* qui l'auroient empêché de contracter, s'il les eût connus; ou il se plaint d'avoir souscrit à des dispositions dont on ne lui a pas fait suffisamment connoître la valeur & l'étendue.

Dans la premiere hypothese, la preuve testimoniale est reçue; dans la seconde, elle est rejettée.

Que l'on consulte tous les Auteurs, la jurisprudence de tous les Parlemens, & l'on verra qu'ils sont d'accord sur cette doctrine.

Domat, en son Traité des Loix civiles, part. 1. l. 1. tit. 18. sect. 1. n. 7. dit *que si l'erreur de fait est telle qu'il soit évident que celui qui a erré, n'a consenti à la convention que pour avoir ignoré la vérité d'un fait, de sorte que la convention ne se trouve avoir d'autre fondement qu'un fait contraire à cette vérité qui étoit inconnue; cette erreur suffira pour annuller la convention.*

Il ajoute, n°. 19. de la même section, *que si c'est par le dol de l'un des contractants que l'autre a été trompé par une erreur de fait, la convention sera annullée.*

Maximes pleines d'équité. Le dol & la fraude tombant sur la cause principale de l'engagement; l'engagement ne peut subsister; toute convention pour être obligatoire, doit être libre : or, il n'y a point de liberté dans le contractant, auquel on a dissimulé un titre ou caché un fait, qui, s'il les eût connus, lui auroient manifesté les dangers de la convention.

Mais lorsque l'on n'allegue d'erreur que celle qui est de son propre fait; quand on n'objecte le dol & la fraude que contre l'acte que l'on a soi-même souscrit, alors la réclamation ne peut être écoutée; le rédacteur de l'acte n'étant pas attaqué, l'inscription de faux contre l'acte n'étant pas formée, il doit faire la loi des Parties.

Et le sieur Dulaurent est dans cette position. Les faits de surprise qu'il fait valoir, attaquent directement le corps des actes contre lesquels il essaie de se faire restituer; il contredit ce que le Notaire a attesté. A l'en croire, on lui a fait signer un contrat, & il ne croyoit souscrire qu'une procuration.

Il accuse donc le Notaire de prévarication

cation & de fausseté. *De prévarication*; car il auroit négligé de s'assurer de l'intention des parties, & de la leur faire expliquer. *De fausseté*; après l'intention des parties bien connue, le Notaire leur auroit fait attester le contraire de ce qu'elles auroient eu dessein de se promettre réciproquement; mais une pareille accusation ne pourroit s'instruire qu'autant que l'inscription en faux seroit formée contre l'acte.

C'est par ces motifs, que le 7 Avril 1726, le sieur de Ramigny fut déclaré en la Cour non-recevable à prouver la surprise qu'il prétendoit lui avoir été faite par le sieur Chevalier son donataire, & qu'il fut débouté de sa demande en entérinement des lettres de rescision contre sa donation. Et que le 12 Août 1752, on confirma la donation faite entre-vifs par le Curé de Pégard; cependant les circonstances où l'acte avoit été fait paroissent bien favorables à l'héritier du donateur.

Quelque temps avant la donation, ce Curé avoit cessé de dire la Messe, avoit résigné son bénéfice, & avoit donné à ceux qui l'approchoient diverses preuves de foiblesse d'esprit.

Un sieur Duhamel, Chirurgien, l'avoit emmené chez lui; il y étoit resté huit jours, avoit ensuite été conduit chez un Notaire où il avoit fait donation à la femme de ce Chirurgien du tiers de ses immeubles. Mais le Curé étoit décédé jouissant de son état, sans avoir été interdit; le Notaire avoit attesté qu'il avoit expliqué clairement ses intentions; & la Cour jugea au rapport de M. de la Boissiere, qu'elles devoient être suivies.

Le 9 Janvier 1763, les héritiers de la dame de Junigny furent également déboutés des preuves de séduction & d'imbécillité qu'ils offroient pour anéantir une donation, à laquelle la donatrice avoit survécu trois ans.

Malgré ces autorités, le procès de M. Dulaurens fut partagé en la première Chambre des Enquêtes; mais la cause portée en la seconde, au mois de Mars 1771, il intervint Arrêt qui mit l'appellation au néant. C'est donc un point décidé irrévocablement en cette Province, qu'une donation passée devant Notaires, ne peut être attaquée que par l'inscription de faux, lorsqu'elle n'offre rien de contraire à la loi & aux bonnes mœurs; quand le donateur a eu droit de donner, & le donataire celui de recevoir; quand l'objet donné n'excede point les bornes prescrites par la Coutume, à la liberté des citoyens qu'elle régit; parce qu'alors c'est contre la sincérité de l'instrument de la donation que l'on réclame, & qu'elle ne peut être révoquée, tant que l'acte qui lui assure l'existence, subsiste.

SECTION VII.

Après l'acceptation, le donataire peut-il répudier la donation?

La Loi 10, au Code *de revocat. donat.* décide que non.

La donation est un vrai contrat: lorsque le contrat est parfait, l'une des parties, on l'a dit plus haut, ne peut l'anéantir sans le consentement de l'autre.

Cependant la nommée Hanon ayant donné à Nicolas, son neveu, une somme de 700 liv., à condition de lui faire 50 liv. de rente viagere; ce contrat ayant été fait en 1668, depuis la réduction des rentes au denier 18, le donataire s'imagina qu'il pouvoit faire réduire l'intérêt à ce taux, sous le prétexte que cet intérêt pouvoit être payé durant un temps si long qu'il excéderoit l'intérêt que les Ordonnances permettoient de tirer d'une somme de deniers. Il réussit devant le premier Juge. Sur l'appel, Me. Basnage soutint que la stipulation portée au contrat n'étoit point usuraire; que la durée de l'intérêt étant incertaine, on ne pouvoit l'affimiler aux rentes conftituées à perpétuité : qu'au furplus, tout donateur pouvoit appofer à fa donation telle condition qu'il lui plaifoit, lorfqu'elle ne renfermoit rien de contraire à l'honnêteté & à la loi ; que la donation dont il s'agiffoit pouvoit être avantageufe au donataire, puifque rien ne fixoit la durée de fon obligation ; qu'enfin le capital étant aliéné, le reproche d'ufure n'étoit pas propofable : & par Arrêt du 1er Juillet 1670 la Sentence ayant été caffée, l'exécution du contrat fut ordonnée (1).

Le principe de cette décifion, eft que dans le contrat de conftitution à rente viagere, le montant des arrérages que celui qui fe conftitue court le rifque de payer pendant un très-grand nombre d'années, eft un jufte prix du capital qui lui eft abandonné, puifque la valeur de ces arrérages eft inappréciable : or, n'y ayant pas de denier fixé pour la conftitution des rentes viageres, fa ftipulation à tel prix que ce foit d'une pareille rente, étant légitime dans une donation comme dans les conftitutions, il s'enfuit que comme on ne pourroit pas fe relever contre les conftitutions, fous le prétexte de l'excès de la rente (2) ; à plus forte raifon ne peut-on pas, fous ce motif, exempter un donataire des charges auxquelles il s'eft foumis volontairement.

OBSERVATIONS GÉNÉRALES.

Il y a beaucoup d'autres remarques à faire fur les donations ; mais article PROPRES, nous examinerons de quelle nature font les biens donnés ; & au mot REMPLOI, s'ils font fujets à être remplacés : en conféquence, cet article fera terminé par l'examen des charges auxquelles les donataires font affujettis.

1°. L'Article 431 de la Coutume exige que le donataire du tiers des biens du donateur, contribue à ce que doit ce dernier lors de la donation ; & l'Article 432 veut qu'il porte toutes rentes foncieres, feigneuriales, & autres charges réelles dues à raifon des chofes données, quand même il n'en feroit pas fait mention en la donation, & fans qu'il puiffe en demander récompenfe aux héritiers du donateur.

2°. Mais fi les chofes données font moindres que le tiers des biens du donateur, elles font déchargées de fes dettes hypothécaires & perfonnelles jufqu'à la concurrence de la valeur du tiers, difcuffion préablement faite des meubles : c'eft la difpofition de l'Article 443.

3°. Lorfque la donation eft faite des biens préfents & à venir, il eft au choix du donataire de prendre les biens tels qu'ils fe trouvent au jour du décès du donateur, en payant toutes fes dettes, même celles poftérieures à la donation, ou de s'en tenir aux biens qui exiftoient au temps où elle a été faite, en payant feulement les dettes & charges exiftantes audit temps : Article 17 de l'Ordonnance de 1731.

4°. Si les donations font faites de biens préfents, à condition de payer indiftinctement toutes les dettes & charges de la fucceffion du donateur, ou fous d'autres conditions, dont l'exécution dépend de la volonté du donateur, le donataire eft tenu d'accomplir ces conditions, fi mieux il n'aime renoncer à la donation. *Ibid.* article 18.

5°. Si le donataire ne s'eft pas obligé acquitter le donateur de certaines dettes, il ne peut être obligé perfonnellement à les payer par action réelle & hypothécaire ; conféquemment il peut s'en libérer en abandonnant la chofe donnée.

---

(1) Bafnage, Art. 431.
(2) Voyez un Arrêt du premier Mars 1720, dans Pothier, Traité du Contrat de Conftit., c. 8, art. 2.

DON GRATUIT.

C'est le nom que les subventions extraordinaires que le Roi exige du Clergé, pour les besoins de l'Etat, ont conservé ; on indique l'origine & les motifs de ce nom, articles ÉGLISES, IMMUNITÉS, IMPÔT.

DON MOBIL.

La matiere du don mobil est susceptible de tant de difficultés, qu'il n'en est point à l'égard desquelles il soit plus nécessaire de déterminer la nature, l'étendue & les bornes du droit qui en est l'objet.

Quelle a été l'origine du don mobil ? Quelles prérogatives a-t-il sur les autres donations ? Quelle est sa quotité ? Peut-on l'assigner sur des successions futures ou collatérales ? En quoi consiste-t-il lorsqu'il est en faveur d'un second époux ? Est-il un acquêt ou un propre en la succession du mari ? Celui-ci peut-il constant le mariage en faire la remise à sa femme ? Est-il sujet à rapport ? Si la femme a stipulé que le don mobil reviendroit, au cas de décès du mari, quand ce mari l'a aliéné, comment en faire le remploi ? Est-il un bien paternel ou maternel ? Ou si le mari décédé doit le remplacement des propres de sa femme qu'il a aliénés, le don mobil en est-il passible ? Produit-il intérêt ? Influe-t-il sur la quotité des remports de la femme ? S'éteint-il par la survivance d'enfants ? Quand est-il révocable ? Peut-il être dû sur les biens Parisiens ? Donne-t-il ouverture au droit de centieme denier ? Enfin s'il n'est pas dû de droit sans stipulation, l'acte par lequel il doit être constitué n'est-il pas sujet à certaines formes ? Et en cas d'obscurité dans ses clauses, qui du mari ou des héritiers de la femme méritent plus de faveur ? Telles sont les questions sur lesquelles nos Jurisconsultes ont été partagés ; rien de plus intéressant, on le voit, que d'approfondir sur tous ces points les principes & la Jurisprudence.

Origine du Don mobil.

Quant à l'origine du don mobil, on pense que c'étoit anciennement le présent que l'affidée faisoit après les accords à celui qui recherchoit son alliance, pour qu'il pût faire avec plus d'éclat la dépense de la cérémonie du mariage. De là on a présumé que dans le principe il n'avoit consisté qu'en mobilier, & qu'en conséquence on lui avoit donné le nom de don mobil. Mais il paroît plus vraisemblable que l'on a appellé *mobil* ce don, parce que lors même qu'il consistoit en immeubles, l'époux avoit la faculté d'en disposer comme d'un meuble à son gré. En effet il est constant que le *Morgage niba*, présent de noces ou paraphernal que les nouveaux époux faisoient à leurs femmes le jour ou le lendemain de noces, *matitunale donum*, consistoit en terres, suivant Greg. de Tours, l. 9, sect. 20 (1). Et comme les femmes par retour donnerent dans la suite quelques portions de ce qu'elles possédoient en biens, & que nous voyons dans nos anciens Jurisconsultes Anglo-Normands, que ce don s'étendoit également sur le meuble comme sur l'immeuble, il y a lieu de présumer que c'est cette espece de don qui a donné l'être à ce que nous appellons aujourd'hui don mobil. L'un de ces Jurisconsultes lui attribue ce qui en fait le principal caractere, c'est-à-dire celui d'être tellement au pouvoir du mari lors même qu'il consiste en héritages, que ce mari n'est point obligé de le rapporter, ni de le remettre en partage après le décès des pere & mere de sa femme, quand il s'agit de diviser leur succession entr'elle & ses sœurs. *Terra viro suo data non veniet in divisionem,*

---

(1) Spelm. *verbo* MORGANGINA.

nec contribuere tenetur. Fleta, ch. 11, n°. 3; l. 3, 3ᵉ. vol. Traités Anglo-N. N'y eût-il donc que ces considérations particulieres, le *don mobil* seroit un don très-favorable; mais il le devient encore plus, lorsqu'on le compare avec les donations de genres différents.

SECTION I.

Prérogatives du Don mobil.

Les contrats de mariage étant la base & le fondement de la société civile, & par conséquent dignes de la plus grande faveur, les donations qui les renferment, soit de la part d'étrangers au profit de conjoints, soit de la part des conjoints entr'eux, ne doivent pas être confondues avec celles qui se font dans le commerce de la vie, par l'impulsion de la reconnoissance ou la satisfaction d'être généreux : ces différentes donations ont chacune leurs regles particulieres qu'il faut suivre.

L'acceptation, qui est le fondement des donations en général, à laquelle l'Eglise, les mineurs & les hôpitaux, quelques favorables qu'ils soient, sont tous assujettis, n'est point requise dans les donations faites en contrat de mariage, soit de conjoint à conjoint, soit par des étrangers en faveur des conjoints : c'est la disposition formelle de l'Ordonnance de 1731, article 10.

Donner & retenir ne vaut, suivant l'Article 444 de la Coutume. Basnage assure sur l'Article 445, que suivant la Jurisprudence, cette regle n'a point lieu pour les donations faites en contrat de mariage; c'est encore le vœu de l'Ordonnance qui vient d'être citée.

Cette loi, en assujettissant à la formalité de l'insinuation, à peine de nullité, les donations faites en contrat de mariage par des étrangers, excepte nommément de cette peine les dons mobils, & autres conventions matrimoniales de la même nature, (comme augments, contr'augments, gains de noces & de survie, dans les pays où ils sont en usage).

En effet, le don mobil est moins une donation qu'une convention matrimoniale, stipulée ou pour aider le mari à supporter les frais du mariage, ou pour balancer les avantages qu'il fait à sa femme; c'est un contrat synallagmatique, *do ut des; facio ut facias* ; & c'est la raison pour laquelle la Déclaration du 25 Juin 1729, à laquelle l'article 21 de l'Ordonnance de 1731 renvoie, ne soumet pas les dons mobils aux regles observées à l'égard des donations en général.

Il est vrai que l'usage du don mobil se conforme à la faculté accordée par l'Article 431 de la Coutume, à toute personne majeure de donner entre-vifs le tiers de ses biens ; mais le don mobil n'est pas moins devenu, malgré cette restriction, une convention matrimoniale, un arrangement de famille, sans lequel souvent les mariages n'auroient pas lieu.

Encore que par l'Article 431, la majorité soit requise pour donner, c'est néanmoins un principe constant en Normandie, que la fille mineure peut faire un don mobil à son mari : Article 74 du Réglement de 1666. La partie de cet article qui porte *que ladite donation n'est sujette à insinuation*, est d'autant plus remarquable, que par l'Article 448 de la Coutume, *toutes donations de choses immeubles faites entre-vifs de pere à fils en faveur de mariage*, devoient alors être insinuées. Or, si dans une Coutume portant pareille disposition, la Cour a dispensé les dons mobils de l'insinuation; si dans une Coutume qui exige la majorité pour donner le tiers de ses immeubles, elle a autorisé la mineure de le faire avec le concours de ses parents : n'est-il pas évident qu'elle a considéré alors ces donations, de la même maniere que le Roi les a lui-même envisagées en 1731, c'est-à-dire moins comme de pures libéralités, que comme des pactions essentielles au bonheur des familles, dont l'effet est d'établir une juste proportion entre les avantages que les conjoints se font réciproquement?

Les contrats de mariage ont été si fort élevés au-dessus des contrats ordinaires (1), que la donation des biens présents & à venir, interdite dans tous les contrats, est permise en contrat de mariage : mais quels sont ces biens présents & à venir sur lesquels le don mobil peut s'étendre? Par exemple, une femme peut-elle donner un don mobil à son mari sur les successions collatérales à échoir? Il y a de fortes raisons pour soutenir la négative.

Le don mobil est accordé au mari pour les frais de noces; ce qui suppose un don actuel & d'un objet certain, qui dédommage le mari de la premiere dépense qu'il est obligé de faire en se mariant. C'est pour cela qu'afin de suppléer à la modicité ou au défaut des meubles des contractants, il a été permis aux femmes d'amobilier une partie des immeubles qui leur appartiennent lorsqu'elles se marient, & de l'abandonner à leurs maris par forme de récompense. Le don mobil est donc une espece de démembrement de la dot (2), & il n'est pas possible de le considérer autrement, puisque la convention qui le regle est toujours & nécessairement liée à celle qui regle la dot, aux dépens de laquelle il se forme. Le don mobil ne peut donc, sans sortir de ses bornes naturelles, s'étendre au-delà des biens qui composent la dot de la femme, c'est-à-dire au-delà de ceux qu'elle apporte en se mariant, ou qui lui doivent revenir des successions directes qu'elle attend, parce que ce sont là les seuls biens dotaux & réputés tels, & les seuls auxquels la femme ait un droit acquis & certain qui la mette en état d'assurer à son mari la récompense qu'elle veut bien lui fixer pour les frais de noces, d'une façon invariable : car comment pourroit-elle donner, non-seulement ce qu'elle n'a pas lors du mariage, mais ce qu'elle n'a ni droit ni espérance certaine d'avoir? *Nemo dat quod non habet.*

On peut répondre en tenant l'affirmative que les donations des biens à venir par contrat de mariage ont toujours été favorablement accueillies en cette province, parce qu'elles facilitent les mariages ; parce que le plus souvent on s'engage sur des espérances ; & parce qu'enfin les stipulations entre les futurs conjoints sont des conventions synallagmatiques pour le bien & l'avantage de l'un & de l'autre. L'Ordonnance de 1731, qui, en prescrivant les donations des biens à venir, a autorisé celles qui seroient faites par contrat de mariage, n'a fait que confirmer un droit ancien, loin d'en introduire un nouveau. La preuve de ce droit ancien se tire de l'Arrêt du 15 Mars 1684, rapporté par Basnage sur l'article 431, par lequel on jugea qu'un don mobil fait par une femme à son second mari, du tiers de tous les biens qu'elle possédoit & de ceux qu'elle pourroit avoir par succession, acquisitions ou autrement, étoit valable ; & les héritiers collatéraux du second mari furent admis à prendre le tiers dans les biens échus à la femme, de la succession de sa mere, long-temps après la mort du second mari, & à partager les acquisitions qu'elle avoit faites des fruits d'un troisieme douaire, plus de quarante ans après la mort de ce second mari. Il est certain, & nos meilleurs Jurisconsul-

---

(1) Art. 17 de l'Ordonn. de 1731.
(2) Effectivement il portoit le nom de dot chez les premiers Normands : *illud dotationis genus ad ostium Ecclesiæ nuncupatum.* Voyez art. Dot. *Spelman.* Dict.

fuites en conviennent, que cet Arrêt porroit trop loin la faveur des dons mobils; car lorsqu'on dit qu'ils peuvent s'étendre sur les biens à venir, cela s'entend des biens qui échéent à la femme constant le mariage, tant par *successions directes que par successions collatérales*. Restreindre les biens à venir, à ceux qu'une femme attend de la succession de ses pere & mere, parce que le don mobil ne peut avoir lieu que sur les biens dotaux, & sur ceux qui sont réputés tels; c'est tout à la fois avancer un principe faux, & rendre illusoire la faveur que l'Ordonnance de 1731, exactement conforme à nos usages, accorde aux contrats de mariage. Car, 1°. d'où a-t-on induit que le don mobil ne peut s'étendre au-delà des biens qu'une femme apporte en se mariant, ou qui lui doivent revenir des successions directes? Sur quoi cette assertion est-elle fondée? On n'en voit pas un mot dans la Coutume. Le don mobil doit être fixé par le contrat de mariage. Mais quelle raison a-t-on d'en conclure qu'il doit être restreint aux biens dotaux, ou réputés tels? La Coutume veut que le contrat de mariage fixe irrévocablement l'état des conjoints, & qu'on ne puisse rien y changer dans la suite; mais elle n'empêche pas que les conjoints ne reglent leur sort de façon que les avantages soient proportionnés & réciproques. Vainement opposeroit-on que pour la validité d'une donation, il faut une tradition réelle ou fictive; qu'il ne peut pas y avoir de tradition d'un bien que l'on n'a pas, que l'on n'aura peut-être jamais, & que telle est une succession collatérale à échoir.

Une succession collatérale à échoir est incertaine: donc il n'y a pas de tradition. L'argument se rétorque aisément: une succession directe à échoir est également incertaine; un pere ou une mere peuvent disposer de leur bien, le vendre, le dissiper; donc il n'y a pas de tradition: il suffit pour la validité d'un don mobil sur des biens à venir, que ces biens échéent constant le mariage. Un don mobil est moins une donation qu'une convention. Or la premiere loi des conventions est de tenir ce qu'on a promis; & si l'on veut absolument que le don mobil soit réglé par la loi générale des donations, qu'il y ait une tradition de fait ou de droit pour le rendre valide, on soutient que la tradition est la même pour un don mobil à prendre sur une succession collatérale à échoir, & pour le don mobil qui a pour objet des biens de pere & de mere aussi à échoir; il n'y a pas plus de raison de feindre dans un cas que dans l'autre.

2°. L'Ordonnance de 1731, qui autorise les donations de biens à venir par contrat de mariage, ne fait pas de distinction: *Et ubi lex non distinguit, distinguendum non est*.

Les biens à venir comprennent donc tous ceux qui peuvent échoir au donateur par succession directe, collatérale, acquisition, ou autrement. N'entendre par biens à venir sur lesquels une femme peut asseoir le don mobil de son mari, que ceux qui doivent lui revenir après la mort de ses pere & mere, c'est aller contre le vœu d'une loi dont toutes les dispositions tendent à faciliter les mariages, en ne donnant aux conventions qui les précedent, d'autres limites que les bonnes mœurs; c'est anéantir l'exception faite par cette même loi, en faveur d'un acte qui est la base & le lien des sociétés. » En effet, » dit Basnage sur l'Article 539, la succes- » sion des peres & meres est si bien répu- » tée le propre bien des enfants qui leur » doivent succéder, qu'à cause de cette » espérance certaine qu'ils ont de les pos- » séder quelque jour, ils en sont réputés » les maîtres & les propriétaires du vi- » vant même de leurs peres & meres «.

Si ce n'est donc pas proprement un bien à venir, qu'un bien qu'on attend de la succession de ses pere & mere, & que cependant on puisse, aux termes de l'Ordonnance de 1731, donner des biens à venir par contrat de mariage, il faut ou rejetter l'Ordonnance, ou convenir que tous les biens à venir, de quelque espece qu'ils soient, & par quelque voie qu'ils échéent à la femme, peuvent servir d'objet au don mobil qu'elle a fait à son mari sur ses biens présents & à venir.

Quand on dit qu'une femme peut faire un don mobil à son mari sur les biens qu'elle possède lors du mariage, ou qu'elle aura dans la suite; cela s'entend, avec cette condition que les biens à venir lui écherront constant le mariage. En effet, on ne peut disposer que des choses dont on est propriétaire. Une femme peut à la vérité faire un don mobil à son mari sur des biens qui ne lui appartiennent pas encore; mais il n'est pas nécessaire qu'elle soit propriétaire au moment qu'elle donne, il faut qu'elle le devienne dans des instants de la durée du mariage; & alors, par une sage fiction de la loi, le moment où elle a acquis la propriété du bien sur lequel elle a assigné un don mobil à son mari, se rapproche & s'identifie avec le moment de son contrat de mariage. Si la dissolution du mariage arrivoit avant l'échéance de la succession, fut-elle directe ou collatérale, il n'importe, le don mobil n'auroit pas lieu. 1°. Si le mari mouroit le premier, on ne pourroit pas dire qu'il eût transmis à ses héritiers une chose qu'il n'avoit pas. Qu'il soit mort propriétaire du tiers d'une succession qui n'étoit pas encore échue, il seroit révoltant qu'une femme se vît enlever le tiers de la succession de son pere par des étrangers, au préjudice même des enfants qu'elle pourroit avoir d'un second mariage. Il en doit être du don mobil sur des immeubles, comme d'un don mobil sur des meubles, celui-ci étant personnel au mari, n'y ayant que les meubles échus à la femme constant le mariage qui appartiennent au mari, suivant l'Article 390 de la Coutume, c'est remplir le vœu de la loi & des contractants, que de restreindre la donation du tiers des successions à échoir, aux successions qui échéent pendant le mariage.

2°. Quand c'est la femme qui prédécede sans avoir recueilli la succession, le don mobil tombe également, parce que cette succession n'ayant pas reposé sur sa tête, elle n'a pu en disposer. En un mot, toute donation de biens à venir, devient caduque par le prédécès du donateur ou du donataire, avant l'échéance de ces mêmes biens. Quiconque n'hérite pas, ne peut transmettre l'hérédité. Si un pere avoit promis à sa fille en la mariant, une somme, & qu'il en eût donné le tiers en don mobil au mari, ce tiers passeroit aux héritiers du mari, parce qu'il y a plus qu'une espérance. Il y a en ce cas donation d'une somme fixe & certaine qui saisit le mari dans le moment du contrat. Mais lorsque la fille donne à son mari le tiers à venir de la succession de son pere, qui n'a fait que la réserver à sa succession, elle fait un présent fort incertain, le prédécès de l'un ou de l'autre pouvant arriver avant l'échéance de cette succession, & rendre la donation sans effet : Arrêt du 31 Mars 1751.

En 1734, on adjugea, il est vrai, par Arrêt, à M. le Page, Correcteur des Comptes, un don mobil sur les biens d'un sieur Gruel, son beau-pere. Mais 1°. le pere avoit promis garder sa succession à sa fille, & par là s'étoit privé d'en disposer; ce dont une simple réserve ne l'auroit pas privé; & la fille en avoit donné le tiers du consentement de son pere. 2°. Le mari avoit survécu le beau-pere; & après la mort de sa femme, le beau-pere, avoit reconnu le contrat de mariage, & renouvellé en son nom la donation faite à son gendre. Cependant il y en a qui prétendent que si le mari laissoit des enfants, ils seroient en droit de faire valoir son don mobil sur les successions échues à leur mere après sa mort. Si cela étoit, ce ne seroient plus les regles qui décideroient, mais l'arbitraire. Que fait aux principes la circonstance qu'il y ait des enfants, ou qu'il n'y en ait pas? S'il est vrai que le prédécès du mari anéantisse la donation, les enfants du mari sont-ils plus capables de la faire revivre, que des héritiers collatéraux? Le mari peut-il transmettre plus aux uns qu'aux autres un droit qu'il n'a point?

SECTION II.

Don mobil à un second mari.

Mais comment doit se régler le don mobil fait à un mari par une femme qui a des enfants d'un premier mariage? Suivant l'Article 405 de la Coutume, *la femme veuve ayant enfants, ne peut donner de ses biens à son second mari, en plus avant que ce qui en peut échoir à celui de ses enfants qui en aura le moins.* Cette disposition est conforme à la Loi *hâc edictali*, au code *de secundis nuptiis*, & à l'Edit donné à Fontainebleau par François II, au mois de Juillet 1560, vulgairement nommé *l'Edit des secondes Noces*; avec cette restriction cependant, que comme le mari ne peut jamais avoir en don mobil, plus que le tiers des immeubles de sa femme, s'il ne restoit qu'un enfant de sa femme, il ne partageroit pas également avec lui, par la raison qu'il peut avoir moins qu'un tiers, mais pas plus.

Au surplus, la donation faite au second mari, ne se regle point par le nombre des enfants que la femme a lors de son second mariage, mais par ceux qui restent encore en vie lors de son décès, de quelque lit qu'ils soient nés. De sorte que, comme dit Basnage, » si une femme » épousoit un troisieme mari dont elle » eût des enfants, la donation faite à u. » second mari ne se régleroit pas seule- » ment selon le nombre des enfants qui » étoient vivants au temps du décès d' » ce second mari, mais selon le nom.. » bre des enfants que la femme laisseroi » au temps de sa mort, encore qu'une » partie d'iceux fussent nés d'un troisieme » mariage.

La Cour a confirmé cette maxime par l'article 91 de son Réglement de 1666, qui porte que la donation faite par la femme à son second mari, doit être réduite, eu égard au nombre des enfants qui la survivent, & non de ceux qu'elle avoit de son second mariage.

Mais doit-on étendre le don mobil fait par une femme qui convole en secondes noces, sur les biens qui échéent à la femme, ou qu'elle acquiert après la dissolution du second mariage; de maniere que l'héritier du mari soit en droit, après la mort de la femme, de venir partager, avec les enfants, l'intégrité de la succession? Ou bien doit-on restreindre le don mobil à une part d'enfant seulement dans les *biens* (1) que la femme survivante possédoit lors de la dissolution du second mariage?

Voici les raisons qu'on peut alléguer pour soutenir la premiere proposition. Si l'on ne faisoit pas entrer les biens que la femme a acquis pendant son veuvage, ou qui lui sont avenus par toute autre voie, dans la masse des biens qui sont l'objet du don mobil, il ne seroit plus vrai que le don mobil consistât en une

---

(1) Par *biens* il faut entendre les meubles & les immeubles, à moins qu'il n'y eût dans le contrat de mariage une limitation à cet égard.

part

part d'enfant, puisque chacun des enfants auroit plus que l'héritier du mari pour le don mobil : donc, pour fixer cette part d'enfant que la loi donne au mari, il faut faire une masse de tous les biens possédés par la femme au temps de son décès.

S'il peut arriver que le don mobil, fait au mari, augmente, après sa mort, par les biens qui viennent à la femme, ou de succession, ou de son économie, il peut arriver aussi qu'il diminue, soit par la dissipation de la femme, soit par le nombre des enfants sortis d'un troisieme mariage; & même, tout bien examiné, il y a plus à perdre pour l'héritier du mari qu'à gagner, lorsque la femme survit; car venant à mourir la premiere, non-seulement l'héritier du mari trouve dans la succession du mari les fruits du douaire, ceux des conquêts, dont la femme auroit joui, les meubles qu'elle auroit emportés, soit en qualité d'héritiere ou pour ses paraphernaux, mais encore il n'a point à courir les risques d'un troisieme mariage, qui, en donnant de nouveaux enfants, auroit diminué son don mobil.

Il y a plus de douze siecles que la question de savoir dans quel temps on considérera les biens de la femme pour déterminer la part de son second mari, a été prévue & décidée par le plus éclairé des Légiflateurs. Il a été jugé qu'il falloit considérer, non pas le temps du contrat de mariage ni le temps de sa dissolution, mais le temps de la mort de la femme.

Tout le monde connoît la fameuse loi, *hac edictali*, l. 6. cod. *de secundis nuptiis*, que nous avons déja citée, & qui resserre la faculté générale de donner, soit avant, soit après le mariage, dans les femmes ayant enfants, qui passent à de secondes noces ; ensorte qu'elles ne puissent donner à leurs seconds maris qu'une part égale à la portion que chacun de leurs enfants prennent dans leurs biens : *non liceat plus novercæ vel vitrico* (1) *testamento relinquere vel donare, seu dotis vel ante nuptias donationis titulo conferre, quam filius vel filia habet cui minor portio derelicta vel data fuerit.*

Cette loi eut besoin d'explication : elle régloit bien la donation faite au second mari à une part d'enfant; mais elle ne disoit pas dans quel temps il faudroit se placer pour la déterminer, si ce seroit au temps de la donation ou dans un autre temps.

Justinien décida qu'il valoit mieux, pour l'intérêt public, régler la donation sur les biens existants au temps de la mort de la personne qui avoit donné, en passant à de secondes noces : *Nov. 22, ch. 28.*

Justinien ne voulut donc s'arrêter ni au temps de la donation, ni au temps de la dissolution du mariage; il préféra le temps de la mort du donateur ou de la donatrice, par la raison que tant qu'ils vivoient le *quantum* de leurs biens étoit dans l'incertitude. Constamment l'Article 405 de notre Coutume est tiré de la loi *hac edictali* & de l'Edit des Secondes Noces de 1560. Reste à savoir si nous avons aussi adopté la Novelle de Justinien, sur le temps auquel il faut se placer pour juger de l'étendue de la donation faite au second mari. Basnage sous l'Article 405, dit expressément » que » c'est au temps de la mort du donateur » qu'il faut réduire la donation, confor- » mément à la Novelle de Justinien «.

---

(1) La loi dit *novercæ vel vitrico*, parce que dans le Droit Romain, le mari, passant à de secondes noces, ne peut pas plus donner à sa femme que la femme ne peut donner à son second mari ; mais parmi nous la prohibition ne regarde que la femme qui se remarie.

Et l'Arrêt de 1684, rapporté par Bafnage fous l'Article 431, en confirmant les loix qu'on vient de rapporter, reçoit d'elles une autorité à laquelle on ne fauroit fe refufer.

Pour réponfe à ces raifons, on pourroit avancer une premiere propofition : favoir, qu'une donation faite à un mari, par une femme qui a des enfants d'un premier mariage, d'une part dans fa fucceffion, devient caduque par le prédécès du mari, fans même (fuppofé que cette propofition foit vraie) que les héritiers du mari prédécédé puiffent rien prétendre dans les biens dont la femme étoit faifie lors du mariage, ou qui lui font échus durant le mariage ; par la raifon que la femme, rentrant dans le plein exercice de tous fes droits à la mort de fon mari, ces mêmes biens, dont elle étoit déja en poffeffion lorfqu'elle s'eft mariée, ou qui lui font échus conftant fon mariage, font partie des objets qui doivent ou peuvent compofer un jour fa fucceffion : or, comme elle n'a donné à fon mari qu'une part dans fa fucceffion, & le mari étant mort avant fon échéance, la donation ne peut pas avoir d'effet, fuivant les principes reçus en cette matiere.

Le don mobil fait à un fecond mari, ne peut pas être regardé comme une donation entre-vifs, n'y ayant pas de tradition, foit réelle, foit fictive, d'un corps certain & déterminé ; ce n'eft qu'une part d'enfant qu'on lui a donné, en lui accordant le droit de partager la fucceffion de fa femme ; mais s'il meurt avant l'échéance de cette fucceffion, quel droit peut-il tranfmettre à fes héritiers ? Il n'en auroit aucun : *hæreditas non adita non tranfmittitur* ; c'eft une donation à caufe de mort, révoquée par la mort du donataire.

L'article 91 du Réglement de 1666 ne détruit pas ces principes ; il décide qu'il faut régler la quotité de la donation par le nombre des enfants qui fe trouvent au jour du décès de la femme : en effet, ce n'eft que lorfque la fucceffion eft échue qu'on peut connoître le moins prenant, eu égard au nombre des enfants qui exiftent alors ; mais cela décide-t-il que la donation feroit valable fur des biens à venir, fi le donataire étoit mort avant la femme ? L'article 91 des Placités & l'article 405 de la Coutume fuppofent la furvie du mari.

Quant à l'Arrêt de 1684, il y avoit une différence effentielle de l'efpece de cet Arrêt à la nôtre ; c'eft que la femme ne laiffoit aucuns enfants de fes trois mariages, dès-lors plus d'application à l'Edit des fecondes noces, ni à l'Article 405 de la Coutume ; car, fuivant tous les Auteurs, entr'autres Godefroi fous l'Article 405, la rigueur de cet Edit ceffe dès qu'il n'y a point d'enfants.

Au furplus, on a dit de cet Arrêt qu'il n'étoit ni fuivi ni à fuivre.

La deuxieme propofition peut être foutenue de cette maniere : fi la donation faite à un fecond mari, ne devient point caduque par fon prédécès, il eft toujours conftant qu'elle ne peut avoir lieu fur les biens qui échéent à la femme, ou qu'elle acquiert après la diffolution de fon fecond mariage. Les regles prefcrites par le droit général pour les donations entre-vifs faites par contrat de mariage, font les mêmes qu'il faut fuivre dans notre ufage particulier pour le don mobil.

Cela pofé, il eft certain que les donations des biens à venir ont toujours paru contraires aux lumieres de la raifon & aux principes du Droit. Le bon fens dicte qu'on ne peut donner ce qu'on n'a pas, & ce qu'il eft incertain de favoir fi on aura.

Les régles du Droit exigent pour la validité de la donation entre-vifs, une tradition actuelle, & que le donataire devienne irrévocablement propriétaire de la chose donnée : *non videntur data quæ eo tempore quo dantur accipentis non fiunt. Leg. 127. ff. de reg. Jurif.*

Quoique les donations des biens à venir soient proscrites en général, il est cependant vrai qu'elles sont admises en faveur du mariage ; mais c'est une exception qu'il ne faut pas étendre au-delà du motif qui y donne lieu, ni au-delà du temps du mariage : il faut se renfermer dans l'exception.

La raison qui a fait permettre aux femmes de disposer par don mobil des biens à venir, est sensible ; c'est que pendant le mariage, la femme est dans une espece d'interdiction ; elle ne peut plus disposer de rien. Le contrat de mariage est le dernier acte où elle pourra faire une donation des choses qui lui écherront pendant le mariage ; c'est le dernier exercice de sa volonté : il est donc naturel de lui accorder, dans cet instant, la liberté de disposer du tiers de ses biens dotaux, & de ceux qui lui écherront pendant le mariage, & dont, par une fiction de la Loi, elle est regardée comme saisie lors de son mariage.

Mais la même raison ne subsiste plus pour les biens qu'elle peut acquérir, ou qui lui écherront après la dissolution de son mariage ; elle recouvre la liberté de donner, si elle ne l'a pas épuisée : alors il n'est plus besoin, contre le principe général des donations, qu'elle puisse disposer par anticipation, d'un bien qu'elle n'aura qu'après son mariage ; ce seroit un droit qui ne pourroit être qu'à son désavantage. Ces regles générales regardent les premieres comme les secondes noces ; car on ne dira pas que par l'Article 405 de la Coutume, & par l'Edit des secondes noces, qui n'ont pour but que de restreindre la liberté de donner, les femmes ont plus de privilege qu'elles n'en auroient dans un premier mariage. En effet, dans un premier mariage, elles ne peuvent disposer des biens à venir après la dissolution de leur mariage ; pourquoi, lorsqu'elles convolent en secondes noces, auront-elles ce droit ? Si les donations des biens à venir, même après la dissolution du mariage, sont permises en secondes noces, elles doivent l'être encore plutôt lors d'un premier engagement ; & voici les conséquences qui naîtroient d'un pareil système : 1°. une femme qui, en premieres noces, auroit donné à son mari tous ses meubles, & le tiers de ses immeubles présents & à venir, si elle convoloit en secondes noces, & qu'il lui échût une succession mobiliaire pendant son second mariage, l'héritier du mari seroit dans le cas de dire : cette succession mobiliaire m'appartient aux termes du premier contrat de mariage ; ainsi le second mari, qui compte, aux termes de l'Article 390 de la Coutume, avoir moitié de ces meubles ou la totalité, n'en doit rien avoir.

2°. Cette femme deviendroit veuve une seconde fois ; elle auroit de la succession de son second mari du mobilier & une part dans les conquêts : ce mobilier seroit encore revendiqué par l'héritier du premier mari avec le tiers des conquêts, parce que la femme auroit fait à ce premier mari une donation de ses meubles présents & à venir, & du tiers de ses immeubles.

Qu'on ne dise pas qu'il est de l'essence du don mobil fait à un second mari, qu'il s'étende sur les biens qui échéent à la femme, après la mort de son second mari ; par la raison que ce don mobil, devant être une part d'enfant, il est nécessaire d'attendre l'échéance de la succession de la mere, pour savoir en quoi consistera cette part d'enfant ; que les loix des secondes noces ont été faites, moins pour empêcher une femme de se remarier, que pour empêcher qu'elle ne fît tort à ses enfants, en enrichiſſant ſon mari à leur préjudice; qu'enfin, ſi le don mobil peut augmenter après la mort du mari, il peut auſſi diminuer; & que, ſuivant la regle de droit, celui-là doit avoir le profit qui peut ſouffrir de la perte.

Il ne peut jamais être de l'eſſence d'une loi d'être contraire à toutes les autres; les loix qui reglent les donations ſont les mêmes dans le cas d'un ſecond mariage & d'un premier, parce que les principes généraux ne varient point.

La maxime de droit, *quem ſequuntur incommoda, debent ſequi commoda*, n'a point d'application au don mobil fait à un ſecond mari. L'on ne ſauroit ſe diſſimuler que l'eſprit des loix, touchant les ſecondes noces, ne ſoit de reſtreindre la liberté de donner à un ſecond mari: qu'il ait peu, voilà l'intention de ces mêmes loix; mais elles n'ont jamais prétendu l'enrichir, encore moins ſes héritiers; moins il profitera, mieux le vœu des loix ſera rempli (1): ce n'eſt donc pas le cas de la compenſation dont parle le droit.

Ainſi, il eſt démontré que le don mobil ne peut jamais, ſoit dans un premier, ſoit dans un ſecond mariage, s'étendre ſur les biens qui n'échéent qu'après la diſſolution du mariage. L'on a recours au Droit Romain, & l'on ſe ſert de la Nov. 22 pour faire valoir la néceſſité de donner à l'héritier du mari une part indiſtinctement ſur tous les biens de la femme.

Il y a une premiere réponſe: c'eſt que, ſuivant nos maximes, le don mobil ne peut jamais avoir lieu que ſur les objets dont la femme eſt ſaiſie, ou qui lui échéent conſtant le mariage, puiſque c'eſt un don fait pour en ſupporter les charges: nous ne ſuivrions donc point en cette partie la Nov. 22, s'il étoit poſſible de l'expliquer comme on l'a fait.

En ſuivant l'eſprit de la Nov. 22, on remarque qu'elle eſt une interprétation de la loi *hac edictali*, faite pour reſtreindre, on le répete, les donations des ſecondes noces. Cette loi n'eſt pas faite ſeulement pour les femmes, mais encore pour les hommes qui ſe remarient: or, ſi on avoit fixé la donation ſur l'état des biens, tel qu'il étoit lors de la donation, il pourroit arriver que les enfants, que la loi a eu deſſein de protéger, en ſouffriroient beaucoup; parce que le mari pouvant aliéner conſtant le mariage, il auroit pu reſter aux enfants une portion moindre que celle donnée au ſecond conjoint.

C'eſt cet abus que la Novelle de Juſtinien a voulu prévenir. Pour admettre l'explication contraire, il faudroit ſuppoſer bien de la contradiction dans les loix; car elles auroient décidé que la donation, à cauſe de mort, devient caduque par le prédécès du donataire; & dans une loi qui n'a pour but que de reſtreindre la faculté de donner, on trouveroit la permiſſion de diſpoſer de biens qui n'ont exiſté aux mains du donateur qu'après la mort du donataire: c'eſt ce qui n'eſt pas propoſable. Auſſi la Nov. 22 ne préſente-t-elle d'autre ſens, ſinon que l'on attend le décès du donateur pour régler la quotité de la donation, ſuivant le nombre des enfants, & ſuppoſé que le donataire ſoit vivant; car encore une fois, ſuivant le Droit Romain, ces ſortes de donations deviennent caduques par le prédécès des donataires (2).

---

(1) Si elles ont fixé la donation des ſecondes noces à une part d'enfant, elles n'ont point décidé qu'il fal oi néceſſairement que le ſecond mari eût autant qu'un des enfants, ſi ce n'eſt ſur les biens auxquels la donation peut s'étendre. Un ſecond mari ne peut point avoir *moins*, lorſqu'il y a des biens ſur leſquels la donation ne peut point avoir lieu.

(2) Il y a des Avocats qui penſent que ſi la femme ne s'eſt pas réſervé l'uſufruit du don

Nous ne portons pas les choses si loin. Le prédécès du mari n'anéantit pas la donation ; mais elle n'a lieu que sur les biens dont la femme étoit saisie, & qui lui sont échus constant le mariage. Afin de régler la part de l'héritier du mari sur cette portion de biens, on attend le décès de la femme, pour savoir combien elle laissera d'enfants ; & c'est alors qu'on partage le bien que la femme avoit au moment de la mort de son mari : si ce bien est encore en son entier, tant mieux pour l'héritier du mari ; si elle en a dissipé une partie, il ne peut s'en plaindre. Si elle a tout aliéné, & qu'il ne reste que le tiers coutumier des enfants, l'héritier du mari ne peut rien prétendre.

Au reste, la question de savoir quand & comment le don mobil peut s'étendre sur les successions futures tant directes que collatérales, partageant encore les esprits ; il convient d'indiquer les Arrêts rendus sur ce point de droit, afin que l'on puisse juger s'ils peuvent ou non se concilier avec l'opinion qui est ici proposée comme la plus plausible.

Le premier Arrêt, est celui du 15 Mars 1684, rapporté par Basnage sur l'Article 431.

La dame Maillard avoit donné au sieur de Saint-Michel son mari, la tierce partie de tous les biens qu'elle possédoit, *& de ceux qu'elle pourroit avoir par succession, acquisition, ou autrement.* Depuis la mort de ce second mari, la succession de sa mere lui étoit échue, & après la mort d'un sieur de Buchi, son troisieme mari, elle avoit fait des acquisitions. Cette dame étant décédée, ses héritiers soutenoient que la donation devoit être réduite au tiers des biens qu'elle possédoit lorsqu'elle l'avoit faite. Les héritiers du sieur de Saint-Michel, au contraire, s'appuyoient sur les Articles 254 & 405 de la Coutume, qui, selon eux, autorisent les donations des biens à venir. Il ne paroît pas que l'interprétation qu'ils donnoient à ces Articles, ait pu être adoptée par la Cour ; car dans l'Article 254, il n'est question que de donations faites aux filles par leurs pere & mere ; & l'on ne doit pas ranger dans la classe des donations sur biens à venir, les donations de cette espece. Quant à l'Article 405, il ne parle en aucune façon de biens à venir. Cependant l'Arrêt décida que la donation faite par la dame Maillard, ne devoit point être restreinte au tiers des biens qu'elle possédoit lors de la donation ; c'est-à-dire que le don mobil devoit avoir pour objet le tiers des biens de la succession de la mere, échus à la dame Maillard après le décès de son second époux ; parce que, comme il a été déja observé, les enfants sont réputés propriétaires du vivant même de ceux qui leur ont donné le jour, de leur succession. Mais on ne voit pas que l'Arrêt ait autorisé les héritiers du deuxieme mari à prendre le tiers des acquisitions faites par la dame Maillard après la mort de son second époux.

L'Arrêt de 1684 ne contredit donc pas la maxime à laquelle il nous paroît juste de se fixer, qui est que le don mobil sur les biens futurs, même collatéraux, est valable, quand ces biens échéent à la femme constant le mariage. Aussi par Arrêt du 7 Mai 1761, rapporté par M. de la Quesnerie(1) sur l'Article 405 de la Coutume, il a été décidé entre M. le Président de Morgny & la dame de Meurdrac, que la donation faite par une femme à son se-

---

mobil, on doit délivrer à l'héritier du mari la totalité des meubles que la femme avoit lorsqu'elle a donné, & le tiers de ses immeubles, sauf après sa mort à faire la réduction eu égard au nombre des enfants, & à l'universalité des biens.

(1) Annotateur de la nouvelle édition de Basnage.

cond mari, d'une part de ses biens égale à celle de l'un des enfants qui lui survivroit, ne devoit pas s'étendre sur les biens acquis par cette femme, postérieurement au décès du donataire.

Les Arrêts de 1684 & de 1761 prouvent conséquemment que l'on peut faire don mobil sur les successions futures. Voyons s'il en existe qui aient permis ou défendu différemment de l'accorder sur successions futures collatérales, échues après la dissolution du mariage.

En 1724, la demoiselle Pernelle épousa le sieur de Mirville : celui-ci déclara par son contrat, *prendre cette demoiselle pour ce qui pouvoit lui appartenir de la succession de son pere décédé, & de sa mere encore vivante ;* & elle lui donnoit *en don mobil le tiers de ce qui lui appartenoit & pourroit lui appartenir des successions échues & à échoir.*

Cette demoiselle avoit un oncle Prêtre, dont elle étoit héritiere immédiate ; il décéda tandis que le mariage subsistoit encore. Après la mort de la demoiselle Pernelle, le sieur de Mirville, & depuis son décès ses héritiers, réclamerent le tiers de la succession de ce Prêtre ; & ils furent déboutés par Arrêt du 28 Juillet. Mais le motif de cet Arrêt ne fut point parce qu'un don mobil ne peut être fait sur des successions futures ou collatérales échues constant le mariage ; il ne fut déterminé, au contraire, que par l'équivoque de la clause du contrat. C'est ce que nous apprend le plaidoyer de M. l'Avocat-Général le Chevalier, conformément aux conclusions duquel l'Arrêt fut rendu.

» Quoique par la Coutume de Normandie, disoit ce Magistrat, & par la Jurisprudence qui s'y observe, il soit permis de *disposer de tous biens présents & à venir* ; néanmoins cette faculté en fait de donations qui sont de droit étroit, n'est pas susceptible d'interprétation gracieuse pour les donations, dans les cas » douteux ou ambigus où la volonté du » donateur n'est pas claire & expresse ; » & sur ce principe, la disposition que » fait un donateur du tiers de ses biens, » ne comprend que les biens présents, & » non les acquêts faits depuis la donation, non plus que les successions à lui » depuis échues. *S'il veut disposer du tiers » de tous ses biens présents & à venir*, il » est d'une nécessité indispensable qu'il exprime & déclare sa volonté en termes » précis & formels, autrement l'explication s'en fait à l'avantage du donateur » dont procede la libéralité.

» Dans la question présente, non-seulement le don mobil porté par le contrat de mariage, ne contient pas une » disposition absolue *de tous biens & de » toutes successions présentes & à venir ;* » mais il est renfermé aux successions » *échues & à échoir*, relativement à la déclaration employée dans le commencement » du contrat de mariage, par laquelle » M. de Mirville déclare prendre la demoiselle Pernelle son épouse espérée, » *pour ce qui peut lui appartenir en la succession du sieur son pere, & dans ce qui » pourra lui échoir en la succession de la » dame sa mere ;* ce qui ne comprend que » les successions directes, & ne peut avoir » application aux successions collatérales, » *par le défaut d'emploi du terme de toutes » successions* ; ensorte qu'on ne peut pas » présumer par les propres termes du contrat de mariage, que la demoiselle Pernelle ait eu en vue d'étendre le don mobil au-delà des successions directes. Si » elle avoit eu intention de l'étendre aux » successions collatérales non échues, l'expression spécifique en auroit été nécessaire, *ou elle auroit employé la clause » de tous biens présents & à venir* ; ce qui » n'a pas été fait.

» Il faut donc se retrancher à la volonté présumée de la donatrice & de ses » parents, pour le don mobil sur les suc-

» ceſſions directes, & non ſur les ſuccef-
» ſions collatérales.

L'Arrêt de 1724 écarté, le célebre Arrêt du 26 Août 1745, rendu entre M. d'Auzouville & Madame de Martot pourroit être objecté. En voici l'eſpece :

Mademoiſelle Puchot Deſalleurs avoit été réſervée à partage par ſes pere & mere ; mais le pere avoit révoqué cette réſerve peu de jours avant ſa mort, arrivée en 1714. Cette demoiſelle avoit voulu ſoutenir l'effet de la réſerve, malgré la révocation. Après le décès du pere, on convint de s'en rapporter à l'arbitrage de parents communs ; & par tranſaction du 13 Juin 1714, la légitime de la demoiſelle fut arbitrée avec cette réſerve, *qu'elle exerceroit ſes droits ſur les autres biens qui pourroient dans la ſuite revenir à la ſucceſſion du ſieur ſon pere*, non exprimés dans les états ſur leſquels la tranſaction avoit été dreſſée.

En cette même année 1714, la demoiſelle Deſalleurs épouſa M. de Martot. Par leur contrat de mariage, cette demoiſelle majeure, qui n'avoit plus ni pere ni mere, donna à ſon affidé tous ſes meubles *préſents & à venir*, & *la tierce-partie de tous ſes immeubles tant échus qu'à échoir à l'avenir*, *tant de ſucceſſion paternelle, maternelle, qu'autrement*.

Il échut durant ce mariage à la demoiſelle Deſalleurs la ſucceſſion tant mobiliaire qu'immobiliaire de ſon frere unique ; & comme elle étoit encore indiviſe lors du décès de M. de Martot, M. d'Auzouville ſon héritier demanda le tiers tant ſur les immeubles que ſur les meubles échus de cette ſucceſſion à la veuve de ſon parent.

La dame de Martot ſoutint *en fait*, que les termes & les diſpoſitions de la donation portée en ſon contrat de mariage ne pouvoient s'appliquer à la ſucceſſion du ſieur ſon frere ; & *en droit*, que la donation des biens à venir, étoit illicite & abuſive.

En fait, il n'y avoit pas, ſuivant cette dame, apparence que par le terme *autrement*, elle eût voulu déſigner en ſon contrat de mariage la ſucceſſion de ſon frere, beaucoup plus jeune qu'elle. Or, quand on donne, l'objet donné doit être ſpécifié clairement.

D'ailleurs par une premiere clauſe de ſon contrat, il étoit ſtipulé que le ſieur de Martot prenoit ſa future épouſe pour ce qui pouvoit lui appartenir, *tant des ſucceſſions paternelle & maternelle, ſuivant la liquidation faite par les parents, que de ce qui lui reviendroit en outre deſdites ſucceſſions, qu'autrement.*

Ce terme *autrement*, avoit dans cette premiere clauſe une application ſenſible à la réſerve inſérée en la tranſaction ; le contrat de mariage n'en étoit que la conſéquence. Ainſi de même que dans la premiere clauſe par le mot *autrement*, on n'indiquoit que ce qui reſtoit à recouvrer de la ſucceſſion paternelle ; de même auſſi dans le contrat on n'avoit pas eu d'autres objets en vue.

En droit, Madame de Martot objectoit que le don mobil ne pouvoit, ſans ſortir de ſes bornes naturelles, s'étendre au-delà des biens qui compoſent la dot de la femme, c'eſt-à-dire au-delà de ceux qu'elle apporte en ſe mariant : ce qui paroît être décidé ſans équivoque par l'article 74 du Réglement de 1666.

Sur le fait, M. d'Auzouville répondoit que le mot *autrement*, employé au contrat de mariage, ne pouvoit ſe rapporter à ce qui reſtoit à recouvrer de la ſucceſſion du ſieur Puchot Deſalleurs, puiſque ces recouvrements étoient ſans réſerve & de droit ſujets à la légitime de la demoiſelle ſa fille, lors de ſon mariage ; puiſqu'ils étoient biens *échus*, & non des biens *à échoir* ; puiſqu'enfin le mot *autrement* étant oppoſé dans le contrat aux biens de *ſucceſſions paternelle & maternelle*, il étoit démontré qu'il étoit relatif à des biens qui ne faisoient point partie de ces successions.

A l'égard des moyens de droit, ce Magistrat les réfutoit par l'article 17 de l'Ordonnance de 1731, qui constate la liberté qu'on avoit, avant qu'elle fût promulguée, de faire don de biens à venir par contrat de mariage, & qui autorise cette liberté pour les contrats qui se feront dans la suite. Il observoit d'ailleurs que la Coutume ne proscrit nulle part cette sorte de don ; qu'il est regardé comme légitime par Godefroi & Basnage sur l'Article 431, & que tous les Parlements du Royaume admettent les donations sur biens futurs. Mais les moyens de fait que Madame de Martot avoit employés l'emporterent, & par Arrêt du 25 Mars 1745, le sieur d'Auzouville eut plein don mobil sur tous les meubles échus à la dame de Martot, de la succession de son frere. Cependant il fut débouté de sa prétention sur les immeubles de cette succession, vu le peu d'apparence qu'il y avoit lors du contrat qu'elle échût à la dame de Martot : les Avocats furent au surplus avertis que la Cour n'avoit pas entendu juger la cause en droit, & que l'Arrêt ne devoit point être tiré à conséquence.

L'incertitude restant entiere sur le point de droit après cet Arrêt, on vit bientôt reparoître une nouvelle contestation au sujet d'un don mobil, où la question à l'égard des dons sur les biens à venir fut de nouveau discutée.

NICOLAS LAMBERT,
avoit eu quatre Filles.

| MADELEINE, qui épousa en 1693, M*e*. MARTIN, Avocat, & en 1724, M*e*. MESLEY, Procureur en la Cour. | FRANÇOISE, décédée sans enfans en 1712. | ANNE, épouse du Sieur DE VALMONT, d'où sortit ANGÉLIQUE. | CHARLOTTE, épouse du Sieur LEMARIÉ, qui ont eu CHARLOTTE, décédée fille en 1729. |

Par le contrat de mariage d'entre M*e*. Mesley & Madeleine Lambert, veuve Martin, contrat fait sous leurs seules signatures ; Madeleine Lambert déclara faire don à son mari *du tiers de ses biens présents & à venir, tant de succession directe que de collatérale.*

La dame Mesley, constant son mariage, en 1729, devint héritiere de la demoiselle Lemarié sa niece ; en 1739 il lui échut une réversion de dot du chef de la dame Lambert, veuve Leroux, par le décès de M. Mouchard, Maître des Comptes. Elle n'avoit point encore fait régler ses droits à cet égard sur la succession de M. Mouchard, lorsqu'elle mourut en 1745. Le sieur Mesley, dans l'instance qui subsistoit au sujet de cette réversion de dot, aux Requêtes du Palais, où la demoiselle Angélique Valmont étoit partie comme héritiere pour moitié, forma demande en lots, aux fins d'exercer sur l'un d'eux son droit de don mobil.

La demoiselle de Valmont soutint que le don mobil devoit être déclaré nul, ou au moins réduit au tiers des biens possédés par Madeleine Lambert, lors de son mariage avec le sieur Mesley.

1°. La demoiselle Valmont invoqua l'Ordonnance de 1639, article 7, qui veut que les contrats de mariage soient arrêtés en présence de parents & par écrit;

l'Article

l'Article 419 de la Coutume, qui proscrit tout acte tendant à favoriser les avantages indirects entre gens mariés; l'Ordonnance de 1731, qui rend indispensable le ministère des Notaires pour la validité des donations; l'Arrêt du 9 Septembre 1629, cité par Basnage sous les Articles 388 & 410, qui déboute le sieur Président du Tronc d'une donation portée en son contrat de mariage, parce que lui seul & la dame son épouse l'avoient souscrit; elle faisoit remarquer enfin que le contrat du sieur Mesley n'étoit pas rédigé double.

2°. Quant à la réduction du don mobil, cette demoiselle citoit l'Arrêt de la dame de Martot, s'aidoit de l'Article 431 de la Coutume, qui en chargeant le donataire de contribuer *à ce que le donateur doit au temps de la donation*, fixe la donation au temps présent.

Mais le sieur Mesley fit voir que le don mobil n'étoit point une donation, puisqu'il n'exigeoit pour être valable, ni l'insinuation, ni l'acceptation; que c'étoit une simple convention qui, comme tout autre contrat, pouvoit être rédigée sous seing privé, suivant l'Article 527 de la Coutume, & l'Article 70 des Placités. L'article 74 du Réglement de 1666 d'ailleurs n'exige la présence des parents au contrat de mariage que pour les mineurs, & n'impose pas cette obligation à la fille majeure. Il combattoit l'Arrêt de 1629, par celui du 6 Mai 1661, rapporté par Basnage sur l'Article 388, qui avoit débouté une femme de la preuve qu'elle offroit faire contre son mari des violences par lesquelles il l'avoit forcée de changer son premier contrat; il y ajouta un autre Arrêt du 16 Mai 1653, que l'on trouve dans le Commentaire de l'Article 429, fait par le même Auteur, & celui rendu en 1728 entre un sieur de Banneville & un sieur Mangon, qui étoit précisément dans l'espece où lui sieur Mesley se trouvoit (1). Enfin il prouva par les remontrances du Parlement, à l'occasion de l'Ordonnance de 1731, que la Cour reconnoissoit comme valides les contrats de mariage sous seing, parce que *le secret des familles en avoit rendu l'usage nécessaire*, & que la doctrine de la Cour sur ce point avoit eu l'approbation de M. le Chancelier. Le sieur Mesley au surplus convenoit que son contrat n'étoit pas fait double; mais lors de l'Arrêt de 1728, on n'eut pas d'égard à ce prétendu défaut, parce qu'aucune loi n'y a attaché la peine de nullité.

Ensuite il exposa que la société que forme le mariage, comprend également les biens présents & les biens à venir. Il est de l'essence du contrat qui l'établit que la disposition de ces biens y puisse être indifféremment déterminée, pourvu que ces biens viennent, constant le mariage, au pouvoir de celui qui en dispose; que l'Arrêt de la dame de Martot étoit tout en sa faveur, puisque cet Arrêt avoit accordé un don mobil au mari sur les meubles à venir; parce que les termes du contrat, à leur égard, étoient sans équivoques, & qu'il auroit conséquemment jugé de même à l'égard des immeubles à échoir, si ce contrat sur ce point n'eût pas été obscur.

Par Sentence des Requêtes du 13 Février 1748, le sieur Mesley gagna sa cause; le don mobil lui fut adjugé.

Il sembloit que cette décision ne laissoit plus rien à desirer; cependant un Arrêt du 23 Décembre 1777, qui a déclaré les sieurs de Miotte & de Pomprey non-recevables à réclamer don mobil sur les successions échues à la dame de Saint-Sauveur, postérieurement à son mariage, avec le sieur le Prevôt de Saint-Sauveur

---

(1) Voyez l'espece de cet Arrêt, art. CONTRAT.

son époux, a fourni prétexte de répandre des nuages sur la question.

Mais il est aisé de les dissiper en se reposant sur les circonstances particulieres de la cause.

La dame de Saint-Sauveur n'avoit plus de pere; sa mere étoit vivante lorsqu'elle se maria.

Par son contrat de mariage, *elle déclara apporter en dot tous les biens & droits à elle appartenants, & qui pourroient dans la suite lui appartenir, lesquels quant à présent ne consistoient qu'en* 200 *liv. de rente, au capital de* 4000 *liv., qui font sa part ou légitime paternelle; au surplus elle donne au futur époux, veut & entend qu'il ait en don mobil le tiers de tous les biens à elle appartenants, & qui par la suite pourroient lui appartenir & échoir, soit à droit successif ou autrement.*

La dame de Saint-Sauveur, au temps de son mariage, n'avoit à attendre en la succession de sa mere que 28 liv. de rente; mais elle étoit avec sa sœur, lors vivante, cohéritiere présomptive de ses deux nieces, sur la tête desquelles reposoit toute la fortune de sa maison.

En effet, elle recueillit leur succession, & le sieur de Saint-Sauveur son époux vendit, de son consentement, pour plus de 50,000 liv. de biens provenants de cette succession collatérale. Par l'acte de vente, il déclara qu'il étoit rempli de son don mobil, & se fixer à cet égard aux objets qu'il avoit vendus.

Le sieur de Saint-Sauveur étant décédé, ses héritiers revendiquerent le tiers des biens échus à la dame veuve depuis son mariage jusqu'au moment du décès de son mari. Elle les soutint non-recevables: & par Sentence du Bailliage de Rouen, ses conclusions lui furent adjugées, avec dépens.

Sur l'appel interjetté en la Cour par les sieurs le Prevôt;

M^e. Thieullen, pour les appellans, établissoit clairement dans ses Mémoires imprimés, que la dame de Saint-Sauveur avoit entendu par son contrat, que les successions collatérales & futures fussent comprises dans la donation. Il citoit à l'appui de son assertion, les motifs de l'Arrêt de 1724, indiqués par les conclusions de M. l'Avocat-Général le Chevalier, parlant en la cause de Madame de Martot, & concluoit de divers textes de ces conclusions, que la Cour avoit toujours été de sentiment que le don mobil pouvoit être valablement stipulé sur les successions collatérales & futures, & que cet Arrêt avoit été rendu dans un cas d'exception. Il recouroit aussi aux circonstances particulieres de l'Arrêt rendu en faveur de la dame de Martot, pour en induire que le don mobil sur les successions à venir n'étoit point prohibé.

Mais M^e. Fremont, Avocat de la dame de Saint-Sauveur, après avoir rapidement observé que les Arrêts cités par ses Adversaires, avoient été principalement déterminés par la considération de l'ambiguité des expressions des contrats, lesquelles ne présentoient pas l'idée d'une donation sur des successions futures & collatérales, & que la clause du contrat de la dame de Saint-Sauveur n'étoit pas moins obscure, se réduisit à appuyer la fin de non-recevoir que le Bailliage avoit adoptée. Basnage dit positivement sur l'Article 388 de la Coutume, que dès son temps *on ne doutoit déja plus au Palais que le mari pouvoit remettre le don mobil qui lui avoit été fait*; & l'Article 410 ne défend aux gens mariés que de se faire passer l'un à l'autre *leurs biens respectifs*; d'où cet habile Avocat concluoit que la remise que le sieur de Saint-Sauveur avoit faite à son épouse, en déclarant qu'il étoit rempli de son don mobil par les ventes qu'il avoit faites des biens de sa femme, en supposant que ces ventes mêmes fussent inférieures à ce don mobil, n'étoit pas dans le cas de la prohibition de la loi : il auroit pu ajouter que la stipulation de don mobil étant toute entiere au profit du mari, & en sa seule & libre disposition, au préjudice même de sa femme & de ses enfants, des collatéraux ne devoient pas être admis à critiquer l'usage qu'il en faisoit ; que les contrats de mariage ne pouvoient être altérés dans les clauses qui intéressoient les familles des conjoints, mais que le don mobil en question n'intéressoit que le mari personnellement ; qu'au surplus des contre-lettres dérogeantes à un don mobil, ne pouvoient être condamnables que lorsque la femme & les enfants en souffroient, suivant les Arrêts cités par Basnage sur l'Article 487, & entr'autres celui de Manoury : il s'étoit chargé par acte postérieur au mariage, de remplacer la somme à lui donnée en don mobil, cet acte fut annullé. En l'autorisant, on auroit ouvert aux maris un moyen aisé de faire passer à leurs femmes leurs immeubles. Au reste la Cour frappée de la force de la fin de non-recevoir, par Arrêt du 23 Décembre 1777, confirma la Sentence du Bailliage, qui ne s'étoit décidé que par elle ; & afin qu'on ne pensât pas que cet Arrêt avoit fait droit sur la question agitée par les deux Avocats au sujet de la faculté que peuvent avoir les femmes d'étendre le don mobil sur les successions à venir ou collatérales à elles échues après la dissolution du mariage, M. le Premier Président avertit le Barreau que l'affaire avoit été considérée du côté du fait. Ainsi cet Arrêt laisse subsister sans altération les moyens que le sieur Mesley avoit fait valoir aux Requêtes du Palais, & qui y avoient réussi ; conséquemment on peut regarder sans témérité maintenant comme la plus plausible, l'opinion que les dons mobils peuvent également frapper sur les successions collatérales à venir, comme sur les successions futures en lignes directes, si ces successions sont échues avant que le mariage soit dissous.

SECTION III.

Quotité du Don mobil, & nécessité de sa stipulation.

1°. Il n'est permis aux femmes majeures d'accorder don mobil que par contrat de mariage ; mais elles peuvent n'y en pas spécifier la quotité, & se réserver à la déterminer dans la suite. Cette quotité ne peut excéder la totalité du mobilier & le tiers des immeubles : Article 74 des Placités. Quand la fille est mineure, son don a la même étendue ; mais elle doit être autorisée par ses parents. Un Arrêt du 12 Juin 1689 a cependant confirmé le don mobil qui consistoit en immeubles, fait par une mineure du consentement de sa mere seule ; mais elle étoit tutrice & conséquemment présumée avoir les pouvoirs de la famille. D'ailleurs l'époux de sa fille étoit fortuné, & la mineure étoit dédommagée de sa générosité par les droits qu'elle avoit à exercer sur les biens de son mari.

2°. Le don mobil d'un second mari, ne peut s'étendre sur le préciput en Caux ou noble ; la part en doit être réglée sur celle des puînés, toute déduction faite de la légitime des filles. *Voyez* PRÉCIPUT.

3°. Quand les meubles de la femme ont été consignés par le contrat d'un premier mariage, & constitués en rente, elle ne peut en donner qu'un tiers en don mobil au second mari.

4°. Si le pere ou la mere de l'épouse ont fait le don mobil, leur fille n'est pas pour cela privée de donner à son second mari le tiers de ses immeubles.

5°. La femme donnant à son mari pour don mobil l'usufruit de tous ses immeubles, les héritiers de la femme ont l'option de lui en abandonner le tiers en propriété : Arrêt du 1er. Juillet 1719. Mais s'ils laissent jouir le mari, & confirment cette jouissance par quelqu'acte, ils sont présumés avoir fait l'option, & non-recevables à s'en faire restituer : Arrêt du 10 Juin 1746.

6°. On a été long-temps dans l'opinion que le don mobil étoit dû au mari, sans qu'il fût besoin de le stipuler. De là divers Arrêts rapportés par nos Commentateurs, avoient paru décider que le mari avoit le tiers sur les biens qui n'avoient point été déclarés par les contrats de mariage tenir nature de dot.

Mais en 1738, la Cour donna Réglement le 26 Mars, qui fit disparoître l'abus.

Voici quelle en fut l'occasion.

En 1683, Henri Dubosquet, sieur Deslon, épousa Jeanne Lavayrie. Par le contrat, il étoit dit qu'il l'épousoit avec tous ses droits, noms, raisons & actions de légitime dont elle étoit saisie. La demoiselle de Lavayrie décéda sans enfans, laissa pour héritier le sieur Desmont son neveu maternel. Le sieur Deslon décéda aussi, & le sieur Dubosquet *de Vienne*, son frere, fit assigner le sieur Desmont pour faire trois lots des immeubles de la demoiselle de Lavayrie. Le premier Juge, sur le refus du sieur Desmont, le condamna à donner au sieur de Vienne le tiers des biens de sa femme. Appel de la Sentence en la Cour.

Pour le sieur de Vienne, on disoit que le don mobil étoit dû sans stipulation, comme le douaire, le droit de viduité ; parce que sa cause & son motif sont notoires, & que cette notoriété suppléoit au défaut de leur expression : le mari est fondé à demander que sa femme participe aux charges du mariage. On citoit à l'appui de cette opinion trois Arrêts ; l'un du 14 Août 1629, rapporté par Bérault sur l'Art. 405 de la Coutume ; l'autre du 7 Janvier 1684, qui se trouve dans le Commentaire de Basnage sur l'Art. 250 ; & un Arrêt du 14 Mai 1699. Enfin on réclamoit l'usage presque général des Tribunaux de la Province.

Le Défenseur du sieur Deslon, à l'usage, ou plutôt à l'abus, opposoit des principes. Il remarquoit que la Coutume ayant par des textes formels attribué à la femme le douaire pour le *seul coucher*, & au mari le droit de viduité pour avoir eu *un enfant né vif*, & ne contenant aucune disposition pour le don mobil, il s'ensuivoit qu'elle avoit laissé ce don à la discrétion des contractans.

D'ailleurs, ajoutoit-il, la Coutume est un titre suffisant pour accorder aux femmes & aux maris des droits de pur usufruit ; mais le silence de la Coutume en peut-il être un pour transférer une propriété ? Basnage au reste, sur l'Article 410, tient que la fiancée a bien le pouvoir de donner le tiers de ses immeubles à son fiancé ; mais il déclare que lorsqu'elle n'a pas fait usage de cette faculté, elle n'est plus capable d'en user par acte postérieur au contrat de mariage : d'où il suit que selon ce Commentateur, la donation du tiers des héritages de la femme ne se fait point tacitement.

Quant aux Arrêts, il démontroit qu'ils n'étoient pas dans l'espece : la femme dont il s'agissoit en celui de 1629, n'avoit rien donné à son second mari (Desvaux) ; elle lui avoit apporté tous ses meubles. Celui-ci devenu veuf, le tuteur des enfans du premier lit, au nombre de six, lui demandoit les six septiemes des meubles de leur mere. Il répondoit que qui épouse la femme, épouse les dettes ; que les meubles lui appartenoient pour acquitter celles que la sienne avoit contractées ; qu'au surplus ces meubles n'excédoient point ce qu'elle auroit pu lui donner, si vrai qu'il offroit se contenter du septieme tant du meuble que de l'immeuble pour tous droits. La Cour adjugea les meubles à Desvaux, si mieux le tuteur n'aimoit accepter son offre. Cet Arrêt n'accorda pas les meubles au second mari à titre de don mobil, mais à titre d'indemnité. La femme ne les ayant pas réservés, étoit présumée les avoir laissés à son époux. Leur valeur étoit constante ; elle n'excédoit point la part dont elle pouvoit disposer au préjudice de ses enfants, & ceux-ci se trouvoient heureux de recueillir la succession entiere de l'immeuble de leur mere, affranchie de toutes dettes. Ces considérations particulieres ne devoient donc pas ériger la décision de l'Arrêt en maxime.

Le deuxieme Arrêt étoit encore moins décisif en faveur du sieur de Vienne. La nommée Gibert n'avoit point eu, il est vrai, de contrat de mariage ; mais ses parents, dans l'acte d'arbitration de sa légitime, avoient déclaré que son futur mari en auroit le tiers. Ce mari en avoit joui pendant plusieurs années : les héritiers de sa femme lui firent un procès pour le forcer à le restituer. L'Arrêt jugea que l'acte de liquidation dressé par la famille, étoit un véritable contrat de mariage, puisqu'il en avoit réglé les pactions, & qu'à défaut d'acte, le record de ces pactions auroit pu être demandé.

A l'égard de l'Arrêt de 1699, il étoit absolument étranger à la question ; il n'avoit qu'autorisé une donation en faveur d'un mari, du tiers de fonds donnés à sa femme par un étranger.

La cause du sieur Deslon fit, malgré la solidité de ses moyens, beaucoup de difficulté. Elle fut appointée pour être donné Réglement, & ce ne fut que le 26 Mars 1738, que la Cour décida que le mari ou ses héritiers ne pourroient prétendre don mobil *sur les immeubles* de la femme, à moins qu'il n'en eût été fait donation expresse par le contrat de mariage.

7°. Ce Réglement, en ne parlant que des immeubles, fait clairement entendre que ses dispositions ne doivent pas être suivies à l'égard des meubles. Et en effet, quand une pere donne à sa fille & à son gendre une somme mobiliaire par leur contrat de mariage, sans stipuler si elle tiendra nature de dot ou de don mobil, elle appartient en intégrité au mari : Arrêt du 26 Août 1751.

On trouve dans le Commentaire de Basnage sur l'Article 250 de la Coutume, deux Arrêts, l'un du 5 Février 1653, l'autre du 31 Mai 1671, qui décident le contraire ; mais lorsqu'ils ont été rendus, on étoit dans l'opinion que le Réglement de 1738 a proscrite. Depuis ce Réglement, étant certain que lorsque le don mobil n'est point expressément accordé, le mari n'en peut prétendre ; il faut en revenir aux regles, qui permettent aux peres de marier leurs filles sans leur rien donner, & aux filles majeures de ne rien réserver sur les meubles pour dot ; car dès que cette réserve n'est faite ni par le pere, ni par la fille jouissant de ses droits, ils sont de droit présumés n'avoir pas eu intention de la faire.

8°. Quand le don mobil est promis par le pere seul, à prendre sur son propre bien ; s'il devient insolvable, la mere n'est pas tenue d'y contribuer : Arrêt du 20 Juillet 1684 ; Basnage, Article 250. Mais si du consentement de sa femme, le mari a transporté des biens de cette femme pour remplir son gendre de son don mobil ; alors après le décès du mari, elle a droit de reprendre sur les biens de ce dernier des fonds équivalents à la contribution dont elle est réputée avoir voulu être susceptible pour fournir le don mobil, c'est-à-dire à proportion de la valeur de ses biens comparée avec celle des biens de son mari.

SECTION IV.

Droits auxquels le Don mobil donne ouverture.

Les prérogatives du don mobil & sa

quotité étant connues, il convient d'en déterminer la nature par rapport aux droits que la femme, le mari, leurs héritiers ou créanciers peuvent y exercer.

1°. La femme, lorsque le don mobil n'est point aliéné au décès de son mari, y prend douaire, parce que le douaire s'étend sur tous les immeubles dont le mari étoit saisi lorsqu'il s'est marié, soit que les biens fussent alors propres ou acquêts en sa personne.

Le douaire n'empêche donc pas la femme de considérer comme acquêts en la succession de son mari, le don mobil, lorsqu'il s'agit du remplacement de ses biens dotaux, aliénés constant le mariage. *Voyez* ci-dessus art. ACQUÊTS, & *infrà* art. REMPLACEMENT.

Ceci fait naître cependant une question : un mari a aliéné son don mobil, situé en bourgage ; la femme n'y auroit eu que douaire, s'il fût resté en essence ; quelques mois après la vente, il a acheté un autre bien de bourgage : la femme y a-t-elle droit de conquêt, le don mobil aliéné n'étant pas sujet à remploi ?

Il paroît conforme à l'esprit de notre Coutume que de l'instant où le mari a reçu le prix de l'aliénation du don mobil, le mari soit réputé en avoir employé le montant aux besoins de sa maison ; & comme on n'est pas en droit d'inspecter l'usage qu'il en a fait, on ne l'est pas plus de rechercher d'où lui proviennent les deniers qu'il emploie à des acquisitions postérieures. On doit considérer le conquêt qu'il laisse au suppôt de sa succession, non comme représentant le don mobil, mais comme un fond provenant de l'économie des deux époux. Certainement si le prix du don mobil se trouvoit, après le décès du mari, en deniers, la femme y prendroit part comme sur le meuble ; au lieu de deniers, elle y trouve un immeuble acquis, son droit de conquêts ne peut donc lui être refusé sur ce fonds. L'article 389 rend le mari maître absolu de ses meubles & de ses conquêts ; il peut les substituer les uns aux autres, ou même en disposer à son gré ; tant que le mariage dure, il a le même droit sur le don mobil ; s'il ne se trouve plus en essence en sa succession, les biens-meubles ou immeubles acquis, dont elle est composée, doivent être partagés suivant les regles qui sont particulieres à chacune de leurs classes. S'il en étoit autrement l'autorité du mari sur son mobilier, sur son don mobil, sur ses conquêts, seroit illusoire. On ne peut pas objecter que par l'article 410, *gens mariés ne se peuvent céder, donner ou transporter quelque chose que ce soit* : car cet article ne restreint pas le droit que le mari a, en vertu de l'article 389, sur ses conquêts ou sur son mobilier ; puisque la Coutume n'a opposé à ce droit que la restriction énoncée en l'article 390, & que sans elle, il auroit été le maître absolu de la totalité des meubles auxquels sa femme auroit succédé.

2°. Le don mobil étant un acquêt dans la personne du mari, il est conséquent qu'il soit après lui un bien paternel pour ses enfants ; la femme en effet par son contrat de mariage, est dessaisie de l'objet de ce don, n'étant pas possible de donner & de retenir, suivant l'article 444 de la Coutume.

L'Arrêt du 11 Mars 1725, que M. de la Tournerie cite sous la date du 10 du même mois, n'est pas contraire à cette assertion ; le don mobil avoit été stipulé en faveur des enfants, par les freres, sur la légitime qu'ils donnoient à leurs sœurs ; c'étoit donc directement de la mere, & non par la médiation du pere, que les enfants jouissoient de cette libéralité. Il y a plus : suivant l'article 511, les deniers donnés pour mariage aux filles par leurs freres, & destinés pour être leur dot, sont réputés immeubles & propres à elles : d'où il suit que quand même le don mobil, fait par les freres au profit des enfants, n'auroit consisté qu'en une somme d'argent qui auroit fait partie du mariage avenant de leur sœur, cette somme auroit été considérée comme immeuble, & auroit appartenu aux enfants au préjudice de leur pere. Ceci s'induit d'ailleurs clairement de l'Arrêt du 9 Février 1707 qui, en partant de ce principe, priva un mari du tiers des biens de sa femme qu'elle lui avoit donné en don mobil, parce que les deniers qu'il avoit touchés du frere de son épouse étoient en racquit de sa légitime.

3°. Par son contrat de mariage, une fille ayant donné, sur 33,000 liv. de dot consignée, le tiers (11,000 liv.) à son époux en don mobil, & stipulé que la propriété de ce tiers par elle donné, lui reviendroit au cas de prédécés de son mari sans enfants ; le mari fit l'acquisition d'un fonds, & y remplaça les 33,000 liv. Etant mort sans enfants, il fut question de savoir si la femme, étant donataire des meubles, devoit trouver dans ces meubles les 11,000 liv. comme charge mobiliaire, ou si elle devoit les reprendre sur les immeubles de son mari, comme une dette immobiliaire ; & par Arrêt du 16 Mai 1770, il fut jugé qu'au moyen de la constitution faite par le mari, sur le fonds par lui acquis, les 11,000 liv. étoient devenues immeubles ; que c'étoit une rente, & non une somme de deniers, qui étoit due à la femme sur les biens de son époux, rente dont elle n'auroit pu exiger le rembours.

4°. Si une femme donne *le tiers de ses biens à son mari en don mobil, avec cette clause qu'il ne pourra le vendre ni l'hypothéquer du vivant de la donatrice, laquelle en retient l'usufruit au cas où il n'aura pas d'enfants, & l'usufruit du tiers seulement, s'il a des enfants :* quel droit ont sur ce don mobil les créanciers du mari, décédé sans biens, & dont la femme & les enfants refusent d'appréhender la succession ? Les enfants doivent-ils jouir des deux tiers du don mobil durant la vie de leur mere, au préjudice des créanciers de leur pere ?

Pour les créanciers, on diroit peut-être (1) que la femme, ne s'étant réservée que l'usufruit du tiers du don mobil, en cas d'enfants vivants, & que le cas étant arrivé, elle doit s'en tenir à ce tiers ; que les enfants n'ont rien à prétendre aux deux tiers de l'usufruit, puisque la réserve n'a point été faite pour eux.

Mais ces moyens seroient réfutés supérieurement : car il est évident, par la clause du contrat, que la femme n'a pas renoncé aux deux tiers de l'usufruit du don mobil, en faveur des créanciers de son mari, puisqu'elle lui a expressément défendu de *vendre ou d'hypothéquer* ce don mobil ; elle ne s'est donc privée de ces deux tiers que pour l'avantage de ses enfants. Pour remplir l'esprit des contractants, les enfants doivent donc jouir des deux tiers de l'usufruit, tant que leur mere vit, & l'autre tiers doit appartenir à cette mere. Et c'est en effet ce qu'a décidé l'Arrêt du 8 Juillet 1762. Après le décès de la mere, les créanciers, dans l'espece de cet Arrêt, resterent réservés à faire valoir leurs crédites sur le don mobil entier, parce qu'il ne leur avoit été interdit d'acquérir hypotheque sur ce don mobil, que du vivant de la femme & à son préjudice ; le mari avoit conséquemment pu hypothéquer pour le temps postérieur au décès de son épouse.

5°. Le don mobil produit intérêt, c'est un droit foncier ; le mari peut en exiger 29 années d'arrérages : Arrêt du 8

___
(1) Etat des Personnes, tom. 1. p. 331.

Juillet 1683, rapporté par Basnage, art. 258.

6°. La survenance d'enfants ne révoque point le don mobil, parce que les donations faites entre conjoints, en vue de mariage, sont irrévocables: art. 39, Ordonnance de 1731.

7°. Mais le don mobil peut être révoqué pour ingratitude de la part du donataire, suivant l'acte de notoriété donné au Parlement de cette Province, le 9 Mars 1651.

Le don mobil, y est-il dit, est une donation *sub modo mutuum sinallagma, do ut des, facio ut facias.*

» La femme fait ce don au mari pour
» qu'il se charge de tous les frais du maria-
» ge, & que par ce moyen la femme, non-
» seulement conserve sa dot, soit nourrie &
» entretenue suivant sa condition durant
» le mariage; mais encore parce qu'elle
» prend part aux meubles & conquêts
» du mari, avantage qui souvent excede
» de beaucoup le don mobil: de sorte
» que les raisons du don mobil venant à
» cesser, comme au fait de séparation
» d'habitation, la femme se trouvant pri-
» vée de la consolation qu'elle s'étoit pro-
» mise du mariage, & obligée de se nour-
» rir, de s'entretenir; le mari n'ayant
» plus aucuns frais de mariage à suppor-
» ter; l'effet du don doit pareillement
» cesser, & le mari en être privé. En
» second lieu, quand la donation seroit
» considérée comme pure & simple, un
» jugement qui prononce la séparation
» sur la plainte de la femme, est une con-
» viction d'ingratitude contre le mari en-
» vers elle, laquelle de droit donne lieu
» à révoquer la donation.

» Enfin la Coutume, punissant la fem-
» me par la privation de son douaire,
» quand le divorce arrive par sa faute, le
» mari pour la même faute, doit subir
» la même punition.

8°. Le don mobil ne peut s'étendre sur les biens du mari, situés à Paris, à moins que le contrat ne soit insinué; les Coutumes sont réelles, & on ne peut disposer des fonds soumis à leur empire que suivant les regles qu'elles ont prescrites pour leur aliénation. *Voyez* COUTUMES & Denisard, *verbo* DON MOBIL, nomb. 27 & 28.

SECTION V.

Comment s'interpretent les clauses obscures, relatives au don mobil?

Quelque favorable que soit le don mobil, quoiqu'il ne soit pas sujet à l'insinuation, qu'il puisse être fait par contrat sous seing privé, cependant la moindre équivoque dans les expressions du contrat, peut empêcher que ce droit n'ait lieu au profit du mari; parce que la faveur de la loi ne se rapporte qu'à la forme de l'acte qui accorde le droit; elle cesse dès que l'intention de la donatrice est douteuse ou ambiguë. C'est ce que prouvent les Arrêts suivants.

1°. Un pere en mariant sa fille, qui avoit un frere, la réserva à partager sa succession, *pour y prendre part aux termes de la Coutume*; & déclara donner au mari, *sur cette portion héréditaire, le tiers en don mobil.*

Le frere de l'épouse décéda avant le pere, puis ce pere mourut, & sa fille ensuite; le mari survivant demanda le tiers de tout le bien de la succession de son beau-pere, dont sa femme étoit devenue unique héritiere. Par Arrêt du 9 Février 1771, la Cour jugea que le don mobil devoit être borné au tiers de la part que la fille auroit eue, si son frere lui eût survécu.

2°. Par Arrêt du 16 Août 1743, il a été décidé qu'un don mobil étant fait par une femme à son mari, avec cette clause qu'il n'auroit lieu que dans le cas où elle prédécéderoit, ou qu'il n'y auroit

roit enfants *succédants du mariage*, le don mobil étoit éteint par l'existence d'enfants vivants lors du décès de la mere, quoiqu'ils fussent décédés avant le pere.

Cette expression *succédants*, étoit obscure, on pouvoit l'entendre des enfants *succédants au pere*; & en ce cas, le don mobil appartenoit au mari, puisqu'ils ne lui avoient pas succédé dans l'espece proposée; ou des enfants *succédants à la mere* seulement, & alors le don mobil ne devoit point avoir lieu. La Cour se détermina donc par les motifs que c'étoit la faute du mari de n'avoir pas donné plus de clarté à la clause du contrat, & que quoique le mari fût plus favorable que des collatéraux, relativement à une donation qui ne lui étoit pas faite gratuitement, cependant il cessoit de l'être pour avoir négligé de faire expliquer nettement la donatrice. Cette négligence en effet donne à penser que l'intention de la donatrice n'auroit pas été par elle interprétée (si le donataire l'eût obligée à s'expliquer) de la maniere la plus avantageuse pour lui. Ceci part de ce principe, que lorsque les clauses d'une donation sont obscures, on leur donne toujours le sens le plus profitable au donateur.

Aussi le 10 Mai 1746 fut-il jugé qu'il n'y avoit pas de don mobil dans le cas suivant.

Par le contrat de mariage, il avoit été stipulé *qu'en cas de prédécès de la future épouse, elle donnoit à son futur ce que la Coutume lui permettoit de donner; & au cas où le futur époux prédécéderoit sans enfants, elle se réservoit le remport de l'intégrité de ses biens.* Le mari décéda le premier, laissa des enfants qui décéderent après lui; les collatéraux du mari réclamerent le don mobil, & en furent déboutés.

Le 16 Août 1753, un don mobil ayant été stipulé en faveur de la femme prédécedée de son époux, & s'il n'y auroit aucuns enfants issus de leur mariage, fut déclaré éteint, quoiqu'il y eût eu des enfants vivants lors du décès de la mere, mais qui étoient décédés avant le pere.

3°. Au reste, il n'y a point d'Arrêt où la rigueur des principes se manifeste davantage que dans celui du 6 Juillet, rendu contre M. de Crevecœur.

En 1721, il épousa la demoiselle Voisin, fille unique, qui n'avoit que sa mere. Le contrat de mariage fut arrêté le 31 Mai; nul avancement n'y fut fait à la future épouse. Sa mere resta en possession de ses biens & de ceux de son mari, dont elle jouissoit à titre de douaire; elle promit seulement de garder sa succession; & pour le don mobil, il fut convenu que *si l'affidée décédoit avant son mari, celui-ci auroit la propriété de ses héritages*.

Le 16 Août de la même année, la dame Voisin se démit de tous ses biens, tant meubles qu'immeubles, tant propres de sa succession que de ceux provenants de la succession du sieur son époux, desquels elle jouissoit à titre de douaire, au moyen de 2000 liv. de rente; & elle consentit même qu'ils ne lui furent payés que dans le cas où elle se sépareroit des sieur & dame de Crevecœur.

On lisoit dans l'acte cette clause: » ne » faisant la dame Voisin cet abandon & » délais au sieur de Crevecœur & à la » dame son épouse que pour la bonne ami- » tié qu'elle leur porte, & comme les re- » connoissant pour ses seuls & présomptifs » héritiers; promettant lesdites Parties te- » nir & entretenir tout ce que dessus, sous » l'obligation respective de tous leurs biens, » meubles & immeubles présents & à ve- » nir.

L'acte étoit signé de la dame Voisin, des sieur & dame de Crevecœur, mais il n'y étoit pas dit que la dame de Crevecœur *fût à ce présente & acceptante*: ces termes sacramentels ne se trouvoient qu'après les qualités du sieur de Crevecœur; il n'avoit pas même accepté pour & au nom de sa femme ; il est vrai que cette clause n'auroit pas été suffisante.

Quoi qu'il en soit, l'acte fut exécuté sans obstacle.

En 1730 la dame de Crevecœur mourut; elle laissa un fils unique qui décéda en 1747.

En 1753 la dame Voisin attaqua son acte de cession; elle le soutint nul faute d'acceptation de la part de son gendre & de sa fille, & parce qu'il n'étoit pas insinué. Le sieur de Crevecœur réclama le tiers en propriété des biens cédés pour son don mobil, & l'usufruit des deux autres tiers pour son droit de viduité; il fut jugé par Arrêt du 6 Juillet de ladite année 1721, qu'il ne lui appartenoit aucuns de ces droits; en effet l'acte de cession ne pouvoit être considéré que comme un avancement de succession fait par la dame Voisin à sa fille.

Pour rendre cet avancement valable, il auroit fallu qu'il eût été accepté formellement par la dame de Crevecœur; elle étoit seule donataire, seule héritière de la donatrice. L'acceptation du sieur de Crevecœur seul ne suffisoit pas ; la qualité d'héritier ne lui compétoit pas, quoiqu'il fût donataire; l'acte de donation ne pouvoit donc produire, à l'égard du sieur de Crevecœur, aucun effet sans en avoir premiérement produit à l'égard de madame de Crevecœur, les droits du mari n'ayant pu naître avant la propriété en la personne de la femme, & le principe devant nécessairement exister avant la conséquence.

L'acceptation expresse de la part de la dame de Crevecœur, avec l'autorisation également expresse de la part de son mari, étoit donc indispensable, à peine de nullité & de nullité radicale, même respectivement à la donation ; de maniere que la dame de Crevecœur auroit été en droit de l'objecter elle-même sans que sa présence à l'acte, sa signature, ni même sa possession depuis l'acte, eussent été capables de couvrir une pareille nullité ; de même que l'acceptation de la femme, sans l'autorisation de son mari, est nulle ; de même aussi l'acceptation du mari, qui ne peut être considérée que comme une autorisation, à l'égard de sa femme, est insuffisante, & ne signifie rien sans l'acceptation de la femme, à laquelle son mari l'autorise.

Ainsi la dame Voisin étoit restée propriétaire de ses biens, & la promesse qu'elle avoit faite, par le contrat de mariage, de garder sa succession, ne l'en avoit pas désappropriée. Par la mort de sa fille & de son petit-fils, elle étoit dégagée des liens de l'interdiction à laquelle elle avoit bien voulu se soumettre, seulement en faveur de ses descendans. Etant toujours demeurée propriétaire de son bien, ou plutôt la dame de Crevecœur n'étant devenue propriétaire d'aucune portion des biens de sa mere, M. de Crevecœur n'avoit rien à demander sur ces mêmes biens; la clause, qu'au cas de prédécès de l'épouse, le mari auroit la propriété du tiers, ne pouvoit s'entendre que du tiers des biens dont l'épouse laisseroit la propriété dans sa succession ; ceux de sa mere, qui l'a survécue, ne s'y trouvant pas, ils ne pouvoient donc pas être sujets au don mobil. La promesse de garder la succession, faite par la dame Voisin à la dame de Crevecœur sa fille, n'avoit transféré à celle-ci aucune propriété actuelle ; cette promesse ne devoit être regardée que comme une donation conditionnelle, qui devient caduque & sans effet par le prédécès de celui ou de ceux en faveur de qui elle avoit été faite. *Voyez* Basnage sur l'article 244 de la Coutume.

M. de Crevecœur n'auroit pu prétendre le tiers des biens de sa belle-mere, en vertu de l'acte de cession, qu'en faisant valoit cet acte comme une donation faite à lui-même en particulier & réductible au tiers ; mais cet acte ne renfermoit point une donation de ce genre, il offroit seulement un abandon que la mere avoit entendu faire à sa fille de tous les biens de sa succession, moyennant une rente viagere de 2000 liv. Il y a plus : la dame Voisin ne pouvoit pas donner à son gendre. Pour être capable de donner, il faut être propriétaire incommutable : or, la donataire ne l'étoit pas le 16 Août 1721, puisque par la promesse de garder sa succession contenue dans le contrat de mariage du 30 Mai précédent, la propriété étoit incertaine, suspendue & éventuelle entr'elle & madame de Crevecœur sa fille, ou sa postérité directe.

Comme le mari ne jouit, à droit de viduité, que de biens qui appartiennent à sa femme lors de son décès, M. de Crevecœur n'étoit pas mieux fondé à demander un droit de viduité qu'un don mobil sur les biens de sa belle-mere ; il y avoit identité de raison.

Toutes les loix requierent la formalité de l'acceptation, sans laquelle il ne peut pas y avoir de donation. La loi *nec ambigi*, cod. de donat., le canon *si tibi absenti præb.* dans le droit canon, les Ordonnances de nos Rois, la loi municipale de la Province & la Jurisprudence, Ricard, Basnage, Louet & Brillon rapportent nombre d'Arrêts qui ont jugé que l'insinuation de la donation requise par le donataire, que la possession & la jouissance des choses données, jointes à cette insinuation, ne pouvoit suppléer à cette acceptation ; ces actes sont démonstratifs de la volonté d'accepter, & cependant ils ne suffisent pas ; parce que rien ne peut équipoler à l'acceptation ; faute d'acceptation littérale & positive, faute du mot *acceptant*, l'acte de donation est nul & de nul effet : voilà les principes.

L'art. 6 de l'Ordonnance de 1731 pouvoit être opposé avec succès à M. de Crevecœur, quoique postérieur à l'acte en question, parce que cette Ordonnance a moins établi un droit nouveau que levé les doutes qui pouvoient naître de quelques Arrêts particuliers ; elle doit être regardée comme le sceau des Ordonnances anciennes. En vain voudroit-on se prévaloir de quelques Arrêts en petit nombre pour excuser la nullité qui résulte du défaut d'acceptation ; les Arrêts ne peuvent prévaloir aux Ordonnances, sur-tout quand la pluralité de ces Arrêts justifie que ces Ordonnances ont toujours été observées & ne sont jamais tombées en désuétude.

M. de Crevecœur faisoit un raisonnement : il convenoit qu'avant & lors de l'Ordonnance de 1539, art. 132 & 133, il falloit dire dans l'acte que le donataire étoit présent & acceptoit la donation, parce que dans ce temps-là les Notaires ou Tabellions ne faisoient point signer les actes qu'ils passoient ; il falloit donc qu'ils employassent des termes propres à exprimer le consentement mutuel des parties contractantes : mais depuis que l'Ordonnance d'Orléans de 1560, art. 84, & celle de Blois de 1579, art. 165, ont enjoint aux Notaires, à peine de nullité, de faire signer les Parties à leurs actes ; il n'est pas nécessaire que le Notaire dise, en parlant du donataire, *à ce présent & acceptant*, parce que sa signature à l'acte est la preuve la plus certaine & la plus invincible du concours bien exprès de sa volonté avec celle du donateur.

Mais les Ordonnances d'Orléans & de Blois ont-elles dispensé de l'acceptation ? Non. Les Ordonnances antérieures demeurent donc dans toute leur force ; la loi exigeoit l'acceptation lorsque les Parties ne signoient point, elle l'exige encore aujourd'hui : aussi Basnage dit-il expreſſément, ſur l'art. 448, *que l'acte doit être ſigné, & contenir le mot d'acceptant.* Toutes donations doivent être acceptées, aux termes de cet article; point de diſtinction entre les abſents & les préſents, tous doivent accepter. Il eſt vrai que le même Auteur rapporte un Arrêt du 7 Août 1664, dont voici l'eſpece. Un Prêtre avoit donné à ſes petits-neveux quelques héritages; ils étoient alors mineurs, & perſonne ne les repréſentoit; il n'étoit point dit dans l'acte, en parlant des donataires, qu'ils étoient *à ce préſents & acceptants*; ils n'avoient pas même ſigné, ni perſonne pour eux. Le pere de ces mineurs eut un procès avec le Prêtre donateur, qui fut terminé par une tranſaction, dans laquelle on employa ces termes : *ſans déroger à la donation dont les Parties ſont demeurées contentes & ont ſigné.* Dans la ſuite cette donation fut attaquée faute d'acceptation ſpéciale. Les mineurs, devenus majeurs, y défendirent & ſoutinrent que leur pere, comme leur tuteur naturel, avoit pu par toutes ſortes d'actes accepter pour eux la donation; que ces termes *ſans déroger à la donation dont les Parties ſont contentes*, étoient une acceptation ſuffiſante de la donation. Elle fut confirmée par l'Arrêt : cet Arrêt eſt juſte. La donation avoit été valablement & expreſſément acceptée par le pere des mineurs. En effet, être content d'une choſe, c'eſt l'accepter, c'eſt faire plus même, car l'on peut accepter par complaiſance une choſe dont on n'eſt pas content, au lieu qu'on ne peut pas en être content ſans l'accepter.

Le contrat de mariage eſt le ſeul acte que l'Ordonnance de 1731 ait excepté de la formalité de l'acceptation. Tout acte lucratif & gracieux fait lors d'un contrat de mariage même à titre de démiſſion en faveur d'hoirie, eſt nul par le défaut d'acceptation; toutes donations de pere à fils ſont réputées avancement de ſucceſſion; c'eſt l'Article 434 de la Coutume. Toutes donations de pere à fils doivent être inſinuées & acceptées; c'eſt l'Article 448. Donc tous avancements de ſucceſſion doivent être inſinués & acceptés.

M. de Crevecœur vouloit faire regarder l'Acte de 1731, comme un contrat de vente; mais *la bonne amitié* qui en étoit la cauſe & le principe, ne pouvoit ſe concilier avec l'idée d'un titre onéreux. D'ailleurs les 2000 liv. de rente viagere, que la dame Voiſin s'étoit réſervée pour tout prix, n'avoit aucune proportion avec la vraie valeur des choſes cédées.

Il vouloit encore que ſon acceptation tînt lieu de celle de ſa femme. Le mari n'eſt que l'économe des biens de ſa femme : *adminiſtrator rerum dotalium.* Il ne peut les engager ſans ſon conſentement, & ſa préſence ne ſuffit pas. *Quia, qui alienæ poteſtati ſubjecti ſunt, tacere ex reverentiâ judicantur.* L'autoriſation du mari eſt néceſſaire, parce qu'étant dépoſitaire de tous les droits de ſa femme, il doit les lui rendre, afin qu'elle puiſſe les exercer. Un mari peut accepter une ſucceſſion pour ſa femme; mais dans ce cas-là il accepte moins qu'il ne ratifie; il y a une acceptation de la part de la loi, *le mort ſaiſit le vif.* Il ne fait, pour ainſi parler, que ſouſcrire à l'acceptation que la loi a faire en faveur de ſa femme. Il ne peut pas non plus accepter *pour & au nom de ſa femme*, parce que lorſqu'il s'agit de la propriété, le mari n'a pas un droit ſuffiſant pour repréſenter ſa femme.

Voici quel étoit le plus fort argument de M. de Crevecœur. *Je conviens*, diſoit-il, *qu'une ſignature ne fait point de preuve de ce que celui qui l'a donnée a été préſent à l'acte, dès qu'il n'eſt pas fait mention de lui dans le corps de l'acte comme préſent & ſtipulant; je conviens encore qu'une ſignature appoſée après coup n'eſt pas capable d'arguer un acte de faux, étant très-*

possible dans l'ordre de la vérité, qu'une personne n'ait point été présente à un acte, & cependant l'ait signé depuis qu'il a été passé, comme il arrive tous les jours à l'égard des contrats de mariage; & c'est pourquoi une inscription qui n'auroit d'autre fondement que la fausse supposition de la présence d'une des Parties, ne seroit pas recevable. Je veux bien, continuoit M. de Crevecœur, *que ma femme n'ait point été présente à l'acte de 1721; toujours est-il qu'elle l'a signé. Or sa signature, jointe à la promesse d'entretenir & garder le contenu audit acte, sous l'obligation de tous ses biens, équivaut à une acceptation expresse de sa part; la preuve la plus forte qu'on accepte une chose, c'est d'hypothéquer ses biens pour cette même chose.*

On répondoit à M. de Crevecœur, que ce raisonnement pourroit valoir si la dame de Crevecœur avoit figuré dans l'acte de 1721 comme Partie; mais les seules Parties qui agissoient en cet acte étoient la dame Voisin & le sieur de Crevecœur son gendre; ces deux Parties seules avoient hypothéqué leurs biens, & la signature de la dame de Crevecœur ne l'avoit pas plus obligée que ne s'oblige un parent qui met sa signature au bas d'un contrat de mariage.

Cependant beaucoup de Jurisconsultes ont pensé que s'il n'y avoit eu que le défaut d'acceptation, M. de Crevecœur auroit gagné son procès, & que la Cour ne fit droit que sur le défaut d'insinuation.

Mais il n'est pas présumable que ce défaut ait déterminé son jugement. Quand même l'acte de 1721 auroit été revêtu de toutes ses formes, pouvoit-il jamais produire aucun effet en faveur du mari ? C'est une maxime invariable qu'une femme sous puissance de mari ne peut disposer de ses immeubles au profit de qui que ce soit, encore moins en faveur de son mari. Or en supposant que la dame de Crevecœur fût morte propriétaire des biens à elle cédés, son mari n'auroit point eu de don mobil à réclamer sur ces mêmes biens pour deux raisons. 1°. Parce que la dame de Crevecœur n'étant devenue propriétaire que par l'acte de cession de 1721, & constant le mariage, le don mobil auroit opéré une aliénation de ses biens ; ce qui est contraire à la loi. 2°. Parce que par son prédécès les biens de la dame Voisin sa mere alloient à ses petits-fils en vertu de la promesse de garder la succession, qui dès-lors les regardoit personnellement & immédiatement. La dame de Crevecœur n'avoit jamais pu priver ses enfants de l'effet de cette promesse, par une aliénation faite constant le mariage ; il n'y avoit plus qu'un seul cas où la dame de Crevecœur pouvoit disposer de biens à elle cédés ; savoir, le cas où elle auroit survécu son mari ; mais il ne pouvoit se trouver aucune circonstance où celui-ci eût rien à demander sur les biens de sa belle-mere. Mais celle où la dame de Crevecœur auroit survécu sa mere, & où les biens cédés auroient reposé sur sa tête ; quel étoit le titre de M. de Crevecœur ? Il n'en avoit pas d'autre, & ne pouvoit pas en avoir d'autre que son contrat de mariage. Sur quels biens son droit de don mobil & de viduité pouvoit-il s'exercer ? Uniquement sur les biens dont la femme étoit dès-lors propriétaire. Qu'avoit la dame de Crevecœur lors du mariage ? Les héritages paternels dont la dame Voisin jouissoit à titre de douaire. Voilà les héritages dont le tiers étoit donné au mari ; les biens cédés depuis ne lui devoient rien, par la raison que des biens avenus à une femme constant le mariage, ne doivent rien au mari, si l'on ne trouve dans le contrat l'expression formelle & positive *de biens à venir*. Il n'est pas facile de deviner par quel motif les Juges avoient fait droit sur les prétentions de M. de Crevecœur. Si l'acte de cession avoit été valide, cet acte ne pouvoit pas servir de titre à M. de Crevecœur, étant postérieur au contrat de mariage, & fait constant icelui. La Cour auroit-elle regardé l'acte de cession comme faisant un seul & même acte avec le contrat de mariage, à l'effet de réputer la dame de Crevecœur propriétaire, de l'instant du mariage en vertu de la promesse à elle faite? Mais en partant de cette fiction, quelque singuliere & contraire aux principes de notre Droit municipal qu'elle eût été, l'acte de cession devenoit dès-lors sans conséquence & comme non avenu. Il n'importoit donc plus que les formes eussent été observées ou non, puisque c'étoit au contrat de mariage qu'il falloit s'attacher. La Cour, en s'arrêtant à la validité de l'acte de cession, le regardoit comme un acte absolument distinct & séparé, comme un acte décisif. S'il étoit décisif, il ne pouvoit jamais l'être en faveur du mari, à cause de sa date postérieure à la célébration du mariage. Il est vrai que la promesse de garder la succession, étoit anéantie par la mort de ceux qu'elle regardoit ; savoir, la dame de Crevecœur & ses enfants ; mais dans ce cas-là encore, il ne pouvoit rien résulter de l'acte de cession en faveur de M. de Crevecœur. 1°. Ce n'étoit point la dame Voisin qui lui avoit fait un don mobil. 2°. En regardant l'acte de cession comme une donation faite par la dame Voisin à son gendre, cette donation étoit nulle, comme faite par une personne incapable. Il eût fallu donc que la dame Voisin eût passé un consentement nouveau pour confirmer ce qu'elle avoit approuvé durant son interdiction, parce qu'il est de principe que l'interdit d'aliéner ses biens, ne peut valider les aliénations qu'il en a faites pendant l'interdiction, que par un nouvel acte, encore bien que cette interdiction ait cessé.

M. de Crevecœur opposoit deux fins de non-recevoir. La premiere, que la donatrice ne pouvoit revenir contre son fait.

Il étoit facile de répondre à cette objection. On distingue deux sortes de nullités, les unes relatives à la nature de la chose donnée, & qui rendent la donation nulle ; les autres relatives à la forme de donner, & qui ne rendent nul que l'acte de donation. Une donation peut être valable & l'acte nul ; l'acte peut être bien fait & la donation nulle.

Si la dame Voisin eût prétendu faire anéantir la donation, sous le prétexte qu'elle n'avoit pu disposer des biens qu'elle avoit donnés, soit qu'ils ne lui appartinssent pas, ou par tout autre motif relatif à la qualité des objets donnés, peut-être ne l'auroit-on pas écoutée? Mais ce n'étoit pas la donation qu'elle attaquoit : elle disoit qu'il n'y avoit pas de donation ; que l'acte étoit nul, & ne pouvoit produire aucun effet. Peut-on être non-recevable à dire que ce qu'on présente pour acte de donation, n'en est pas un?

Il tiroit sa deuxieme fin de non-recevoir du laps de temps, & il invoquoit l'Article 435 de la Coutume. La réponse étoit simple.

Cet Article n'a trait qu'à la révocation des donations prohibées par les articles qui le précedent, c'est-à-dire aux donations excessives, à celles faites aux personnes incapables de recevoir. Mais la Coutume n'a jamais entendu parler des donations nulles quant à la forme, qui ne sauroient produire aucun effet.

En un mot, on révoque une donation qui a subsisté, qui subsiste jusqu'au moment de sa révocation ; mais un acte de donation nul n'a jamais existé, c'est un être de raison, il n'est rien ; il n'est pas besoin de l'anéantir ; il y a une différence totale entre la demande en révocation, & la demande en nullité.

Une donation, quoique révoquée, acquiert au donataire tous les fruits jusqu'à la révocation. L'acte de donation, s'il est nul, contraint le donataire à ressieurs les fruits qu'il a perçus ; par cette raison péremptoire que *rien ne peut rien produire*.

4°. Il s'est offert une espece sur laquelle les plus célebres Jurisconsultes du Parlement ont été partagés l'année derniere. La difficulté rouloit sur le point de savoir si un fonds provenant de licitation faite en conséquence d'un droit de don mobil, devoit être ou n'être pas dans la succession d'un propriétaire de ce don mobil, un acquêt ou un propre ?

Le 20 Janvier 1715, le sieur de Béthencourt & la demoiselle Aimée de Fermanel arrêterent sous seing les accords de leur mariage. Par ce contrat, la demoiselle apporte au futur époux entr'autres biens la terre du Mesnil-Godefroy, & du consentement de ses pere & mere, elle en donne le tiers au sieur de Béthencourt en toute propriété & jouissance.

Le 30 Mars suivant, le contrat fut déposé chez un Notaire, & on étendit par l'acte du dépôt le don mobil sur tous les biens de la demoiselle affidée dans le cas où elle décéderoit sans enfants, ou sans enfants vivants.

En 1755, le sieur de Béthencourt décéda, & laissa pour héritiers à ses meubles & acquêts & propres maternels M. & Madame de Norcy, & pour héritiers aux propres Béthencourt, MM. Dubocage & de Francamp.

La demoiselle de Fermanel comme veuve, étoit héritiere aussi pour moitié aux meubles & acquêts, & en outre elle étoit légataire universelle du feu sieur son époux.

En 1756 cette dame mourut, & laissa pour son unique héritier M. Couture de Sorquainville, petit-fils de Marguerite de Fermanel, tante de la défunte.

M. de Sorquainville, représentant la dame de Béthencourt tant à l'égard de la qualité d'héritiere que de celle de légataire, présenta aux sieur & dame de Norcy un état des forces & charges de la succession des meubles & acquêts de M. de Béthencourt. Les sieur & dame de Norcy ayant reconnu par cet état, 1°. que tous les meubles de M. de Béthencourt appartenoient à son épouse ou à son représentant ; & 2°. que les acquêts dudit sieur de Béthencourt, en y comprenant le tiers de la terre du Mesnil-Godefroy, à lui donné en don mobil, ne suffisoit pas pour remplacer des propres aliénés, revendiqués par les héritiers aux propres de la ligne Béthencourt, firent une transaction le 27 Mai 1758, par laquelle eux sieur & dame de Norcy renoncerent à la succession des meubles & acquêts Béthencourt, & en conséquence, au moyen de 6000 liv. que leur paya le sieur de Sorquainville, il demeura chargé de tous remplacements envers les héritiers aux propres Béthencourt, de maniere que les sieur & dame de Norcy ne fussent inquiétés.

Un an après ledit sieur de Sorquainville transigea avec MM. Dubocage & de Franchamp, à chacun desquels moitié de ces propres appartenoit, & au moyen de la cession de quelques acquêts & d'une somme d'argent, il fut subrogé à leurs droits, dont ils le tinrent quitte ; ainsi il devint créancier & débiteur de l'action en remplacement, & resta seul propriétaire de la terre du Mesnil-Godefroy.

M. de Sorquainville décéda sans enfants. Madame Couture sa sœur, épouse du sieur Bauldry d'Imbleville, lui succéda. En 1775, elle mourut également sans laisser d'enfants.

Trois sortes d'héritiers se présenterent en la succession de cette dame. Des héritiers aux propres Couture, aux propres Poyer, & aux propres Fermanel.

Le sieur Jean-Baptiste Fermanel, cousin de la défunte, se mit en possession de la terre du Mesnil-Godefroy.

Mais le 20 Septembre 1777, la dame

veuve Dumefnil & Joints, héritiers aux propres Couture, préfenta requête au Bailliage de Rouen, y expofa que M. Couture de Sorquainville ne pouvoit prétendre que deux tiers des biens compris au contrat de mariage de la dame Fermanel, époufe du fieur de Béthencourt; parce qu'ayant acquis le tiers de ces biens des héritiers Béthencourt, il étoit devenu après lui un propre Couture, en paffant fur la tête de la dame d'Imbleville fa fœur, les acquêts devant fuivre la ligne de celui qui les met le premier en fa famille, pourquoi elle concluoit à ce qu'il fût fait trois lots defdits biens.

M. de Fermanel en défenfes, foutint que la totalité de la terre du Mefnil-Godefroy étoit propre Fermanel, parce que les arrangements qui avoient empêché après le décès de M. & de Madame de Béthencourt le démembrement de cette terre, étoient des licitations, & que ces fortes d'actes conservoient aux biens leur nature primitive; que celle originaire de la terre du Mefnil-Godefroy étoit d'être un propre Fermanel. Par Sentence du Bailliage, le fieur de Fermanel perdit fa caufe; la dame Dumefnil fut autorifée de préfenter trois lots de la terre en litige; dont appel en la Cour.

Pour le fieur Fermanel, on pofoit ainfi la queftion: elle confifte, difoit-on, à favoir *fi la terre du Mefnil-Godefroy, qui dans fon principe étoit pour la totalité un propre Fermanel, eft devenue pour un tiers propre Couture, attendu que ce tiers a été donné en don mobil au fieur de Béthencourt, & eft revenu aux mains de M. Couture de Sorquainville, au moyen de la ceffion que lui en ont faite, par tranfaction, les héritiers aux propres Béthencourt?* Or au premier coup d'œil, en fe rappellant que le remplacement des propres aliénés fe fait, aux termes de l'Article 64 des Placités, fur les acquêts, & à défaut d'acquêts fur les meubles; il paroît certain que les héritiers aux propres Béthencourt étant faifis de droit de la propriété de ces acquêts jufqu'à concurrence du montant de leur remplacement, & les ayant cédés à M. de Sorquainville moyennant une fomme, c'eft une vente & ceffion qu'ils ont faite : dès-lors M. de Sorquainville n'a fait qu'un acquêt, lequel après que Madame d'Imbleville y a fuccédé, eft devenu propre Couture. Mais en y réfléchiffant plus mûrement, on demeure convaincu de ce que cette acquifition confiftoit en un tiers indivis de la terre du Menil-Godefroy, dont les deux tiers auffi indivis étoient en la perfonne de M. de Sorquainville un propre Fermanel. Ç'a été donc une partie qui s'eft réunie au tout, qui en a confervé la même nature. En un mot, la ceffion faite par les héritiers Béthencourt, & l'acquêt fait par M. de Sorquainville, ont formé un acte de licitation qui tient lieu de partage, & cet acte ne peut offrir qu'un propre Fermanel, conformément à la doctrine de Bafnage, en fon Commentaire de l'Article 247 de notre Coutume (1).

En vain objecteroit-on que M. de Sorquainville, au droit de fa coufine, n'étoit pas cohéritier des héritiers aux propres Béthencourt, les deux tiers de la terre du Mefnil étant propres Fermanel; car par Arrêt du 21 Février 1759, il a été jugé que des biens qui originairement avoient appartenu au mari, qui enfuite avoient paffé par acquifition à la femme pour deux tiers, & s'étoient trouvés réunis fur la tête de leurs enfants, n'étoient point propres maternels pour les deux tiers; mais étoient redevenus propres en entier de la ligne de laquelle ils provenoient dans l'origine. On argumentoit

---

(1) Voyez ci-après article LICITATION.

encore

encore de l'Article 26 des Placités, qui déclare exemptes de treiziemes les licitations entre *propriétaires en commun*.

Pour la dame Dumesnil, on répondoit que pour bien concevoir l'équité de la Sentence du Bailliage, il falloit partir du fait certain qu'*Aimée Fermanel* avoit donné le tiers de la terre du Mesnil-Godefroy à Jean de Béthencourt, par leur contrat de mariage; que cette donation avoit exproprié de ce tiers la donatrice, en avoit réellement & actuellement investi le donataire & sa famille.

A la mort du sieur de Béthencourt, les sieurs Dubocage & de Francamp sont devenus ses héritiers aux propres paternels; les sieur & dame de Norcy, ses héritiers aux acquêts.

Aimée Fermanel est décédée; M. Couture de Sorquainville lui a succédé. Or qu'on examine ce qui appartenoit à chacun de ces héritiers au droit de la succession à laquelle il étoit appelé.

1°. Les sieurs Dubocage & de Francamp n'avoient, comme successeurs au propre paternel, aucun droit direct sur le tiers de la terre du Mesnil-Godefroy, qui étoit un acquêt en la succession du sieur de Béthencourt; mais en remplacement de leurs propres aliénés, dont le tiers des acquêts ne pouvoit, à beaucoup près, les remplir, ce tiers leur appartenoit plus réellement qu'à l'héritier même aux acquêts.

2°. Les sieur & dame de Norcy, comme héritiers aux acquêts, étoient bien saisis de la propriété du tiers de la terre du Mesnil; mais cette saisine légale ne pouvoit pas se réaliser, puisqu'ils étoient obligés de laisser ce tiers, ainsi que tous les autres acquêts, aux sieurs Dubocage & de Francamp, pour le remplacement de leurs propres.

3°. M. de Sorquainville, comme héritier d'Aimée Fermanel, n'avoit aucun droit sur la terre du Mesnil, puisque cette terre n'étoit point dans la succession de sa parente; il ne lui appartenoit qu'un mobilier qui devoit subvenir au remplacement des propres, si les acquêts n'y suffisoient pas. En un mot, M. de Sorquainville étoit étranger à la famille du sieur de Béthencourt; il n'avoit donc aucune prétention à titre d'héritier sur sa succession.

Il n'a acquis sur cette succession des droits, que par les actes faits avec les héritiers aux acquêts de M. de Béthencourt, & par ceux faits avec les héritiers aux propres du même. Ces droits, il les a acquis à prix d'argent. M. Couture de Sorquainville n'a donc pas possédé le tiers de la terre du Mesnil-Godefroy *à droit successif* en la succession d'*Aimée Fermanel*, puisque ce tiers n'y étoit pas. C'est par conséquent une acquisition qu'il a faite, & non un propre qu'il a conservé; car l'héritage acquis n'est propre qu'en la personne de celui qui le premier y succede. Or la dame Couture d'Imbleville a la premiere possédé à droit successif l'acquisition faite par M. de Sorquainville; & ce n'est qu'en la main de cette dame qu'il est devenu un propre, & conséquemment un propre de l'estoc Couture.

Les actes faits par M. de Sorquainville avec les héritiers Béthencourt sont, il est vrai, des licitations; mais tout ce qui est acquis par licitation, n'est pas toujours un propre.

Si plusieurs particuliers s'associent pour acquérir une terre en commun, & la licitent ensuite entr'eux, la terre reste acquêt pour le tout en la main de celui qui a été le plus fort enchérisseur; il ne paie pas de treizieme, parce qu'il a été payé lors de l'achat en commun. Hors le cas où la licitation se fait entre cohéritiers qui ont même qualité en une même succession, & qui sans le concours de leurs cohéritiers réuniroient en leur personne tout l'héritage; l'acte de licitation a, quant à la nature des fonds licités, le même effet que tout autre acte d'acquisition.

La communauté qui a subsisté entre les héritiers Béthencourt & M. de Sorquainville n'ayant point pour cause un droit successif au même titre, il s'ensuit évidemment que les licitations faites entr'eux ne peuvent avoir eu l'effet de celles qui se font entre cohéritiers d'une même ligne, ce qui est conforme à la disposition de l'Article 245 de la Coutume, qui interdit la confusion des biens de diverses lignes, au préjudice des Seigneurs. En un mot, le don mobil fait au sieur de Béthencourt l'a été légitimement ; il n'a point été annullé ; au contraire, il a eu son exécution : tant que l'acte qui a fait passer ce tiers dans la propriété de la famille Béthencourt a existé, ce bien n'a donc pu repasser dans la propriété de la ligne Fermanel *à droit successif*; il n'est plus conséquemment resté, pour qu'il y passât, d'autre voie que celle de l'acquisition ; mais après l'acquisition il n'a pu redevenir propre Fermanel ; ou bien il faut dire que le droit successif n'est plus le germe des propres. Ces raisonnements nettement développés dans une Consultation imprimée de sept Avocats, également célèbres (1), emporterent le suffrage de la Cour ; & l'Arrêt du 22 Décembre 1778, jugea en faveur de la dame Dumesnil, que l'acquisition faite par M. de Sorquainville des héritiers Béthencourt du tiers de la terre du Mesnil-Godefroy, quoique faite par la voie de la licitation, étoit propre Couture.

SECTION VI.

Le don mobil influe en certains cas sur la fixation des remports de la femme ; quelquefois aussi c'est une question de savoir s'il est sujet à rapport. Sur l'un & l'autre point, consultez les articles FEMME, PARAPHERNAL, PARTAGE, RAPPORT, REMPLOI & REMPORTS.

DOT.

Chez les anciens Germains, le mari dotoit sa femme : *Dotem, non uxor marito, sed maritus uxori adfert.* Tacit. de moribus Germ.

Les premiers François appelloient donc indifféremment *dos, doarium*, ou *dotarium*, ce que nous nommons maintenant *dot* & *douaire* ; c'est-à-dire ce dont la femme lors de son mariage, avoit obtenu la jouissance ou la propriété à son profit, au cas de prédécès de la part de son époux.

La quotité de cette dot ou de ce douaire dépendoit des conventions faites au moment du mariage : cependant ils consistoient plus ordinairement au tiers des biens du mari. De là, dans les Loix Anglo-Normandes, la dot est définie ainsi : *Dos illa legitima sive rationabilis est cujus nomine, tertiam partem tenementorum terrarumque omnium quas vir feudi jure possidet, ad vitam suam retinet uxor.* Cowel. l. 1. tit. 10. Et les biens que la femme apportoit au mari, soit en meubles, soit en immeubles, n'étoient désignés par aucune dénomination particuliere ; mais cela n'empêchoit pas que ces biens ne fussent soumis aux mêmes regles qui les régissent maintenant en cette Province ; le mari devenoit maître de tout le mobilier, & s'il aliénoit les immeubles de son épouse, elle avoit recours pour en être dédommagée, sur ceux de son mari après son décès. *Cowel. ut supra.*

On retrouve les dispositions des Coutumes Anglo-Normandes dans l'ancien Coutumier de notre Province. Il n'y est parlé que de douaire, & non de dot. Cette expression *dot* paroit n'avoir été appliquée pour la premiere fois aux biens

---

(1) MM. de Louvres, Bréant, de Belleville, Féry, Ducastel, Thouret, Beaulieu.

appartenantes à la femme mariée, que dans l'Arrêt de la Cour du Parlement de 1539.

Les *Juges, Praticiens & Avocats*, y est-il dit, *étoient en grande difficulté sur la forme & maniere d'entendre, interpreter & juger le bref de mariage encombré*; & pour faire cesser les doutes, en l'Article 10 de cet Arrêt, on mit au nombre des biens qui pouvoient devenir l'objet de ce bref, tant les *biens dotaux* que les paraphernaux, les patrimoniaux de la femme, & même ceux qui lui échéroient après le mariage, par succession, donation ou autrement : dès-lors la *dot* se trouva donc distinguée du *douaire*, & cette distinction a été suivie par les Réformateurs de la Coutume.

De ce que le nom de *dot* fut donné aux biens qui servoient à l'établissement de la femme qui se marioit, on l'adopta aussi pour signifier le capital ou le revenu qui constituoit la part d'une fille dans les successions de ses pere & mere; ou ce que l'on donnoit à un Monastère pour l'entrée des filles en religion. On verra, article MONASTERE, les principes relatifs à la dot des filles religieuses. En celui-ci il ne sera traité que de la dot par rapport au mariage, soit qu'elle soit fournie par les ascendants, soit que la fille se donne à elle-même, soit que ses freres la lui constituent, ou que le mari en gratifie sa femme. Et pour procéder avec ordre dans la discussion de cette matiere également importante & étendue,

Nous dirons, 1°. Quels biens sont réputés dotaux, & quels effets ils produisent quand ils sont ou ne sont pas consignés sur les biens du mari?

2°. En quel cas la dot appartient au mari en entier?

3°. Si le mari est maître de transporter à sa femme pour la dot, tels biens sur lesquels il lui plaît de l'affecter?

4°. Comment l'aliénation en est permise au mari & à la femme ? & quel recours la femme a contre le mari ou les acquéreurs, pour la recouvrer?

5°. Quels regles la Coutume & la Jurisprudence ont établies pour assurer à la femme sa dot ?

6°. Si le contrat est seul croyable sur la réalité ou la quotité de la dot?

7°. Si dans le cas où le contrat est perdu, la femme a un remede pour réparer cette perte ?

8°. Quelle est l'hypotheque de la dot, & son estimation ?

9°. Si ceux qui dotent une fille, sont garants de ce qu'ils ont payé au mari?

10°. Si les contre-lettres sont permises pour restreindre la dot ?

11°. Si les fonds cédés à la femme pour la remplir de sa dot, sont sujets au retrait & au treizieme ?

12°. Si les pere & mere peuvent stipuler le retour de la dot, & s'ils en sont garants ?

13°. Si la dot peut être optée avant le douaire, & si l'option une fois faite peut être rétractée ?

14°. En quel cas la dot est confondue?

15°. Comment la femme doit agir pour en être payée, lorsqu'elle n'a pas poursuivi les héritiers de son mari ?

SECTION I.

Biens réputés dotaux à l'égard des femmes; effets de la consignation.

1°. On répute dot, les deniers & héritages que les pere, mere, aïeul, autres ascendants & freres donnent en mariage à leurs sœurs.

2°. Les biens qui échéent par succession aux femmes constant le mariage.

3°. Ceux qui proviennent de leur économie, ou que des étrangers leur ont donnés, & qu'elles possedent en se mariant.

Dans tous ces cas, on le voit, il n'y

a de dot que parce qu'il y a mariage; ainsi ce qui feroit promis à ce titre n'auroit point d'exécution si le mariage n'avoit pas lieu.

Mais il y a bien de la différence entre les privileges qu'ont les biens dotaux, selon les diverses sources d'où ils proviennent; car si ces biens proviennent d'ascendants ou de freres, ils sont immeubles & propres en la personne de la donataire, quand même ils ne consisteroient qu'en mobilier: si, au contraire, ils échéent à la femme en mobilier par succession même de pere durant le mariage, quoique de droit consignés, ils ne forment qu'un acquêt, ainsi que les sommes que les filles elles-mêmes se sont constituées en dot, ou qu'elles ont reçues des étrangers pour être par elles possédées à ce titre.

Voilà des distinctions essentielles pour l'intérêt des héritiers des femmes; mais il en est une autre également importante pour les femmes ou pour leurs héritiers: c'est qu'il y a dot consignée, & dot qui n'est pas consignée; car quand par le contrat la dot a été actuellement consignée sur les biens du mari, elle prend, s'il meurt, part à ses conquêts, sans que cela l'empêche de réclamer sa dot entiere.

Et au contraire, s'il n'y a point de consignation, la dot ne se prend que sur les meubles du mari décédé; & s'ils ne suffisent pas, sur les conquêts; Article 365 de la Coutume: c'est-à-dire qu'au cas de consignation, l'héritier porte sur sa part dans l'immeuble de celui auquel il succede, la dot de l'épouse de ce défunt: Article 69, Placités.

Quoique l'Article 365 exige pour la consignation de la dot, que la consignation soit *actuellement* faite entre les contractants lors des accords des mariages, cependant il y a un cas où la consignation a lieu après le mariage; c'est à l'égard des capitaux des rentes qui ont été données pour dot à la femme, & que le mari reçoit; car ce capital est tenu pour consigné, lors même que dans le traité de mariage cette consignation n'auroit point été stipulée.

D'après les maximes précédentes: 1°. est intervenu Arrêt du 9 Février 1750. Un frere avoit fait arbitrer le mariage de sa sœur, & lui avoit abandonné la jouissance de certains héritages, & en outre une somme d'argent qu'il lui avoit payée. Cette fille plusieurs années après s'étant mariée, & ayant donné le tiers de ses biens à son mari; lorsqu'elle décéda, le frere soutint que le mari devoit lui restituer outre les deux tiers de l'immeuble, le tiers de l'argent: ce dernier y fut condamné.

2°. Le 28 Avril 1735, il a été décidé que les meubles promis par un pere à sa fille en la mariant, mais payables après sa mort, ne tenoient pas nature de propres, comme s'ils avoient été donnés & livrés lors du mariage; mais étoient un acquêt, quoique le gendre se fût obligé de les remplacer en dot; ce qui est conforme à l'Arrêt de Réglement du 25 Janvier 1721, dont voici l'espece:

Par contrat de mariage reconnu devant Notaires le 7 Août 1687, entre le sieur Romain Legentil & la demoiselle Anne Lecanu, fille majeure, usant de ses droits, seule fille & héritiere du sieur Nicolas Lecanu & de la dame Lecointe; il avoit été promis donner & compter par la demoiselle Lecanu à son futur époux, trois jours avant la célébration de mariage, 12,000 liv., savoir 8,000 liv. en argent comptant, 8,000 liv. en effets, & 125 liv. de rente, rachetable par 2,500 liv. De plus une rente de 22 liv., au capital de 500, & 1,000 liv. en linges & hardes. Cette demoiselle reconnoissoit que c'étoit tout ce qui lui appartenoit pour sa part aux successions tant du feu sieur son pere, que de celle de la demoiselle Marthe Lecanu sa sœur, suivant le compte que la dame sa mere lui avoit rendu, & dont elle se tenoit contente.

De ces 12,000 liv., 6,000 liv. furent constituées en dot, pour tenir le nom ; côté & ligne de l'affidée par le sieur Legentil, sur tous ses biens présents & à venir, par la somme de 333 liv. 3 sols 8 den. au denier 18, & les autres 6,000 liv. furent données à titre de don mobil au futur époux.

Cette demoiselle étant décédée, les sieurs Lecanu, héritiers aux propres paternels de la défunte, firent assigner le sieur Legentil, pour représenter les titres ayant appartenu à son épouse, à l'effet d'être par eux pris possession de ses biens.

Le sieur Legentil fit dénoncer cet exploit au sieur Lecointe, pour qu'il fût en l'état de la cause, comme héritier aux propres paternels, meubles & acquêts de la défunte, & qu'il contestât ou consentît la demande des sieurs Lecanu.

Le sieur Lecointe comparut, & soutint que la dot de la demoiselle épouse du sieur Legentil ayant été composée de meubles qui provenoient du pere & de la sœur de cette dame, ils devoient faire un acquêt en sa succession, qu'ainsi ils lui étoient dévolus par préférence aux sieurs Lecanu.

Par Sentence du Bailliage de Rouen, en date du 24 Mars 1719, il fut dit que la dot appartiendroit aux sieurs Lecanu, comme héritiers aux propres paternels.

Sur l'appel, la Sentence fut cassée, & la totalité de la dot adjugée au sieur Lecointe, comme acquêts ; & faisant droit sur les conclusions de M. le Procureur-Général, il fut ordonné qu'en ce que la Cour décidoit touchant la nature de la dot de ladite Lecanu, l'Arrêt serviroit à l'avenir de Réglement pour la Province.

Ainsi par *dot, qui est propre à la femme*, on doit entendre tout ce qu'elle apporte à son mari, soit en immeubles, soit en deniers, provenants de ses ascendants, ou de ses freres, & à elle donnés pour son mariage & lors de son mariage, ou qui lui écheent par ligne directe en immeubles.

Et sous la *dot qui tient lieu d'acquêt à la femme*, est compris tout ce qui lui échoit par succession en meubles, donation, *ou acquisition après le mariage*.

Section II.

La dot peut-elle appartenir en entier au mari ?

Un Arrêt du 26 Août 1751, décide cette question ; il juge qu'une somme mobiliaire promise par un pere à sa fille & à son gendre, par le contrat de mariage, sans qu'il y soit dit si elle tiendra ou non nature de dot, appartient en intégrité au mari. On trouve les principes de cette décision, à l'Art. Don mobil.

Section III.

L'époux est-il maître de transporter à la femme tel fonds qu'il lui plaît en remplacement de sa dot ?

Il est de principe qu'un pere qui en mariant sa fille, s'est constitué en une rente, sans s'être réservé la liberté de s'en libérer en délivrant des fonds, n'a pas le droit de forcer son gendre à accepter des héritages, au lieu de la rente promise.

Si cependant le pere, du consentement de son gendre, pour se décharger de la rente, cede des fonds, cette cession peut produire deux effets différents, selon la maniere dont elle est faite ; car si le fonds est cédé en toute propriété à la femme, & qu'elle l'agrée, il devient un fonds dotal, qui tient son nom, côté & ligne.

Si, au contraire, le fonds est transmis en toute propriété au mari pour remboursement de la rente dotale appartenante à sa femme; alors il reste envers elle personnellement débiteur de cette rente, comme s'il en avoit touché en argent le capital & le fonds devient l'héritage du mari. En effet:

1°. Quand la cession est faite au mari seul, le contrat est clamable & sujet au treizieme; il équipole à une vente, ou plutôt c'en est une véritable.

2°. Le mari est bien seul maître des revenus de sa femme; mais il ne l'est pas de dénaturer les propriétés de cette femme sans son approbation.

3°. La propriété d'un fonds ne peut passer à qui que ce soit, à titre même purement lucratif comme par donation, tant qu'il n'y en a point une acceptation formelle.

Ces observations ont pour base la Loi 12, au code *de jure dotium* (1). Voici les termes de cette Loi.

Ex pecunia dotali fundus à marito tuo comparatus non tibi quæritur, cum neque maritus uxori actionem empti possit acquirere, at dotis tantum actio tibi competit.	Le fonds acquis par votre mari de vos deniers dotaux, ne vous appartient pas; car un mari ne peut transporter à sa femme aucune action contre lui-même pour son acquisition, & elle n'a d'action à exercer contre lui, que pour la répétition de sa dot.
Undè aditus præses Provinciæ si non te transegisse repererit, sed ex majore parte dotem consecutam, residuum restitui providebit.	Ainsi dans le cas où il sera prouvé au Juge de la Province, que vous n'avez pas consenti l'achat, mais seulement que vous avez reçu la plus grande partie de vos deniers dotaux, il vous sera restituer le surplus.

La Loi admet, on le voit, deux hypotheses: la premiere, que le mari a acquis un fonds, sans faire signer sa femme au contrat; & la deuxieme, que la femme a approuvé l'acquisition. Or la Coutume de cette Province est parfaitement d'accord sur ce point, avec le Droit civil.

En effet, d'abord il arrive quelquefois que pour borner autant qu'il est en lui les privileges exorbitants que l'Art. 365 de notre Coutume donne à la consignation de la dot, un mari achete des fonds avec les deniers dotaux de son épouse, & le déclare dans le contrat pour valoir de remplacement, sans néanmoins que la femme y accede & le souscrive.

Dans ce cas, la Coutume n'accorde point droit de conquêt à la femme sur cette acquisition, & cependant elle ne peut en prétendre la propriété.

Aussi Basnage après avoir rapporté un Arrêt sur l'Article 365, sous la date du 22 Juin 1675, qui juge, en conformité de cet Article, que le pere du mari ayant reçu la dot de sa bru, & cédé à son fils des fonds pour se libérer de cette dot; c'étoit plutôt un avancement d'hoirie, qu'une vente faite au fils, puisqu'ils étoient un propre en la personne de ce dernier, & que conséquemment la femme reprendroit sa dot entiere sur le fonds acquis, sans que sa part aux conquêts en reçût aucune diminution. Basnage, disons-nous, observe *qu'on ne doit pas induire de cet Arrêt que dès qu'un mari a une fois consigné sur ses biens les deniers dotaux de sa femme, il ne peut plus les remployer si la femme n'agrée pas le remploi fait; qu'il seroit fort étrange qu'un mari, pour ne charger pas ses propres de la dot de sa femme, ne pût point acheter des héritages des deniers qu'il auroit reçus pour valoir de remploi; qu'il est bien vrai que la femme n'ayant pas accepté ce remploi,*

---

(1) Voyez le vingt-septieme Plaidoyer de M. Daguesseau, tome 2.

elle ne seroit pas obligée de le prendre en paiement de sa dot, mais que la déclaration faite par le mari, doit valoir au moins à l'effet que sur le fonds acquis des deniers dotaux, la femme n'y puisse prétendre droit de conquêts.

L'avis de Basnage a été exactement suivi lors d'un Arrêt du 2 Juillet 1726, rendu entre les héritiers de la dame Pilastre & les héritiers du sieur Forestier son époux. Le mari avoit fait une acquisition en bourgage constant son mariage, moyennant 5000 liv., & avoit déclaré que cette somme provenoit des deniers de son épouse. La femme étant décédée, ses héritiers réclamerent moitié dans la propriété de cette maison, comme étant un conquêt. L'Arrêt les en débouta, vu la déclaration du mari, quoique la femme n'eût point signé au contrat, & que le mari dût garder pour lui les 5000 liv., attendu que sa femme étoit morte avant lui; événement dans lequel son contrat de mariage les lui donnoit en don mobil.

Mais de ce que de semblables acquisitions & déclarations, faites par les époux seuls pour restreindre les avantages extraordinaires que la femme tire de l'Article 365, empêchent qu'on ne regarde les fonds ainsi acquis, comme des conquêts; il ne s'ensuit pas qu'ils soient propres à la femme qui n'en a point approuvé l'achat ni accepté la subrogation à sa dot; au contraire, ces acquisitions ne sont que les acquisitions du mari, conformément à la premiere disposition de la loi ci-dessus: *ex pecunia dotali fundus à marito tuo comparatus non tibi quæritur.*

Si l'aquisition étoit désavantageuse, la femme ne pourroit pas être forcée de la prendre en paiement ou déduction de sa dot, suivant le prix du contrat: *eum neque maritus uxori actionem empti possit acquirere.*

La femme pourroit laisser l'acquisition à la charge de son mari, & s'en tenir à la répétition des deniers de sa dot: *at dotis tantum actio tibi competit.*

Par une juste réciprocité, la femme, qui n'a point signé au contrat ni accepté le fonds pour son remplacement, ne peut forcer les héritiers ni les créanciers de son mari à le lui abandonner, lorsqu'ils trouvent plus avantageux à leurs intérêts de le garder & de se libérer de la dot en argent.

C'est ce qui a été disertement décidé par Arrêt du 21 Mars 1731, contre la dame de Parmetot, en faveur des créanciers de son mari. La Cour les admit à lui rembourser sa dot, quoique le fonds eût été acquis de ses deniers dotaux; mais elle n'avoit ni consenti ni signé le contrat.

Si notre Droit municipal est d'accord en ce point avec le Droit romain, il ne l'est pas moins lorsqu'il est question de contrats agréés par les femmes, & qu'elles ont admis pour leur valoir de remplacement le fonds acheté.

C'est le cas de la seconde partie de la loi: *si non te transegisse repererit preses.*

En ce cas, l'acquisition est faite par la volonté de la femme; son acceptation du fonds est une véritable transaction avec son mari sur le remboursement de sa dot: transaction autorisée par l'Article 411 de la Coutume.

Le 410 défend aux gens mariés *de se céder, donner, transporter l'un à l'autre quelque chose que ce soit, ni faire contrats ou concessions, par lesquels les biens de l'un viennent à l'autre, en tout ou partie, directement ou indirectement*; mais l'Article 411 y apporte cette modification: *toutefois le mari ayant aliéné l'héritage de sa femme, peut lui transporter du sien pour récompense, pourvu que ce soit sans fraude ou déguisement, & que la valeur des héritages soit pa-*

reille, & qu'il apparoisse de l'aliénation du mari par contrat authentique.

Or si le mari peut abandonner de ses propres biens à sa femme pour récompense, & si elle peut l'accepter, à plus forte raison peut-il faire conjointement une acquisition pour valoir de remplacement spécial, lorsqu'elle consent & signe au contrat sous l'autorisation du mari ; l'héritage acquis est à elle & non à son époux, il tient lieu de remploi à sa femme, il est en sa main comme le bien dotal auquel il a été subrogé ; elle ne peut l'abandonner ni pour le compte de son mari, ni pour celui de ses héritiers, ni les forcer au rembours de sa dot en argent, comme de leur part ils n'ont pas le pouvoir de la priver des fruits & de la propriété de cette acquisition.

Si le fonds a augmenté depuis le contrat, le profit lui en appartient, parce qu'elle supporteroit la perte que la révolution des temps ou quelqu'autre événement lui occasionneroit ; en un mot, son acceptation volontaire du fonds l'en a rendue propriétaire incommutable à l'instant du contrat.

Malgré la certitude & l'évidence de ces principes, il y a cependant certains cas auxquels il est difficile de les appliquer ; un mari licite un bien avec les cohéritiers de sa femme, la portion qu'il acquiert de ces cohéritiers appartient-elle à l'épouse ou à son mari ?

S'il acquiert pour sa femme cette portion, est-ce moitié ou le total du prix dont les héritiers de la femme sont débiteurs envers la succession de l'époux ?

D'ailleurs, il peut arriver que le mari dans les biens licités au nom de la femme, ait une propriété à cause de son don mobil ; en ce cas, présumera-t-on qu'il aura acquis pour lui seul ou pour sa femme seule, ou qu'ils y auront part l'un & l'autre, à proportion des droits de propriété qu'ils avoient en l'héritage licité, avant la licitation ?

Pour la décision de ces questions, il faut considérer avec attention quelle est la nature des actes de licitation.

Voici l'idée que Pothier nous en donne dans son Traité de Contrat de vente, part. 7. art. 7. n°. 643.

» Lorsque sans licitation, il se passe un
» acte entre deux héritiers ou autres co-
» propriétaires qui ont titre commun,
» par lequel il est dit en termes exprès
» & formels que l'un d'eux a vendu à l'au-
» tre, pour un certain prix, sa part dans
» sa succession, ou dans un certain hé-
» ritage indivis entr'eux ; il sembleroit
» qu'il ne devroit pas être douteux qu'un
» tel acte ne fût un acte de vente ; néan-
» moins comme dans les actes, on ne
» doit pas tant s'arrêter aux termes que
» rechercher la volonté des Parties, &
» que c'est l'acte qu'elles ont eu intention
» de faire, la Jurisprudence a établi que,
» nonobstant les termes de vente dans
» lesquels cet acte est conçu, il ne devoit
» pas être considéré comme contrat de ven-
» te, mais comme acte tenant lieu de parta-
» ge, & dissolutif de la communauté qui
» étoit entre les Parties ; parce qu'il y
» a lieu de présumer que la principale
» intention qu'elles ont eue en faisant cet
» acte, a été de sortir de communau-
» té : c'est pourquoi cet acte ne donne
» lieu ni au profit de vente, ni au re-
» trait.

» Celui des cohéritiers ou des copro-
» priétaires à qui il est dit par l'acte que
» l'autre cohéritier a vendu sa part, n'est
» pas censé l'avoir véritablement achetée
» & acquise de son cohéritier ; mais le
» total est censé lui demeurer par forme
» de partage, à la charge du retour de
» la somme convenue. C'est pourquoi, de
» même que dans la licitation, l'Adjudi-
» cataire n'est pas tenu des hypothèques
» des créanciers particuliers de son co-
» héritier,

» tenu, cet acte n'étant pas différent d'une
» licitation.

» Il en est de même, continue Pothier,
» n°. 638, des autres copropriétaires :
» d'où il suit que la licitation entre co-
» propriétaires ou cohéritiers, n'est pas
» dans notre droit un contrat de vente
» que les Parties fassent de leur part en
» l'héritage licité à celui d'entr'eux qui s'en
» rend adjudicataire; l'adjudicataire n'ac-
» quiert proprement rien de ses cohéri-
» tiers ou copropriétaires.

Ces principes sont conformes à ceux de notre Jurisprudence Normande; car l'article 26 des Placités déclare exemptes de treizieme toutes licitations entre cohéritiers ou propriétaires en commun, & ce ne peut être que parce qu'il n'y a ni vente d'une part, ni acquêt de l'autre.

Or, il paroît suivre évidemment de ces principes que le mari, en licitant un bien de sa femme avec les cohéritiers de cette femme, n'acquiert ni pour lui ni pour elle la portion indivise que les cohéritiers avoient dans ce bien; il conserve seulement à son épouse cette portion, & elle appartient à celle-ci au même titre que la portion à laquelle celle dont elle est adjudicataire, *mediante marito*, se trouve réunie.

Mais la succession de la femme, devenant seule propriétaire de la portion qui lui est accrue par licitation, cette succession seule est passible du prix par lequel cet accroissement lui est échu.

Si donc le mari a un don mobil en propriété dans les héritages licités, comme il agit vis-à-vis des *colicitants*, non-seulement en son nom, mais en celui de sa femme, il paroît démontré que chacun des époux doit supporter la dépense de la licitation, à proportion de ce dont chacune de leurs propriétés se trouve augmentée par l'adjudication.

L'Article 495 de la Coutume n'est donc point applicable à l'espece proposée; ce n'est point moitié du prix, mais le prix total de l'accroissement que les héritiers du mari peuvent répéter de ceux de la femme.

La femme peut renoncer au retrait fait par son époux; mais elle ne peut pas refuser d'agréer les fonds qui lui sont échus par licitation. La licitation est un acte forcé par l'impossibilité de diviser les héritages; au lieu que le retrait est absolument volontaire. Aussi le mari qui ne pourroit compenser sur un retrait fait au nom de sa femme, les deniers qu'il se seroit obligé de remplacer, auroit le droit de prétendre cette compensation, s'il avoit fait ce remplacement sur des fonds licités. *Voyez* LICITATION & REMPLACEMENT.

SECTION IV.

Aliénation de la dot & son remplacement.

» Quand le mari du consentement de
» sa femme, ou la femme de l'autorité ou
» consentement de son mari, ont vendu
» & aliéné, les contrats sont bons & va-
» lables; & n'y sont la femme ni ses hé-
» ritiers recevables cessant minorité, dol,
» fraude, déception d'outre moitié de
» juste prix, force, menace ou crainte,
» telle qui peut tomber en l'homme cons-
» tant; car la seule révérence & crainte
» maritale, n'est suffisante : Article 538
» de la Coutume.

» Si la dot a été aliénée en tout ou
» en partie, & que les deniers ne soient
» pas convertis à son profit, elle a ré-
» compense du juste prix sur les biens
» de son mari; où elle ne peut avoir cette
» récompense sur les biens de son mari,
» elle peut subsidiairement s'adresser con-
» tre les détenteurs de la dot : Article
» 539.

Ses héritiers ont le même privilege; &

ni elle ni eux ne sont obligés de faire saisir les fonds par décret : Placités, 121.

La sous-division de cette section naît naturellement des textes qui viennent d'être transcrits ; car ils distinguent deux cas : celui où le mari vend ou dissipe la dot, sans le concours de sa femme ;

Et celui où le mari & la femme aliénent la dot.

Or dans ces deux cas, quelles sont les actions de la femme pour la répétition de sa dot ?

D'abord on doit observer qu'en certains cas, la femme ne peut rétracter l'aliénation de sa dot ; & ensuite qu'il y en a d'autres où malgré l'aliénation, la demande en restitution a lieu, mais que cette demande doit être différemment intentée, selon la différente forme de l'acte par lequel la dot a été aliénée.

Ainsi quand la dot est vendue par la femme pour rédimer son mari qui n'a aucuns biens, *de prison*, *guerre* ou *cause non civile*, ou pour leur nourriture & celle de ses pere, mere & enfants en extrême nécessité, l'aliénation est irretractable à l'égard des acquéreurs ; car le mari, parvenant en meilleure fortune, ses biens seroient susceptibles de la restitution des fonds dont le prix a été consacré à le secourir : Article 541 de la Coutume. Mais afin que la vente de la dot, pour les causes exprimées en cet Article, ne puisse être révoquée, elles doivent être exposées aux Juges, & la femme faire assembler ses parents, afin qu'ils en attestent la vérité : Article 128 des Placités. A défaut de parents, les voisins & amis peuvent être appellés, suivant l'Arrêt de la Cour du 20 Janvier 1600, auquel le Réglement de 1666 n'a point dérogé ; ce Réglement n'exige que sept délibérants : *Introduction à la Pratiq. de Bertin*, ch. 34, p. 191.

Au reste, comme l'observe Basnage, la liberté accordée aux femmes par l'Article 541, doit être resserrée dans les bornes qu'il lui donne. Par Arrêt du 30 Juillet 1635, la demoiselle de Mainieres ne put obtenir la permission de vendre son bien pour subvenir aux frais d'un procès criminel que l'on faisoit à son mari prisonnier, par la raison qu'il n'étoit pas certain qu'il ne pût obtenir, sans le secours de la vente du bien de sa femme, sa liberté, puisque le procès n'étoit pas instruit.

Il faut, suivant l'Article cité, que les deniers de la vente, soient pour *rédimer le mari de prison*.

Par une conséquence nécessaire, la prison doit donc être une peine infligée au mari, & non une détention provisoire que sa justification peut faire cesser.

On doit raisonner de même lorsque la vente est faite pour la nourriture de la femme, si la femme décede sans avoir touché les deniers de cette vente, & les avoir conséquemment employés à ses besoins : Arrêt du 13 Août 1638, Basnage.

Si dans des temps postérieurs quelques Arrêts ont paru autoriser l'aliénation des biens dotaux, pour tirer de prison un mari détenu pour cause civile ou sans autorité de justice ; en les examinant avec attention on s'apperçoit qu'au fond ils n'offrent rien qui ne se concilie avec l'Article 541 de la Coutume & le 128e. des Placités. L'Arrêt du 2 Août 1754, indiqué par M. Roupnel de Chenilly, est dans ce cas.

Le mari & la femme avoient vendu conjointement : suivant l'Article 538, l'aliénation étoit donc *bonne & valable* ; & tant que le mari vivoit, les acquéreurs devoient avoir les fruits, quoique la femme fût séparée, puisqu'aux termes de l'Article 126 des Placités, elle peut sans autorité ni permission de justice disposer de son mobilier : d'ailleurs il n'étoit pas nécessaire que le contrat contînt un consentement exprès de la femme ; il suffisoit que ce consentement fût en termes équivalents : Arrêt du 18 Août 1730.

L'Arrêt du 20 Juin 1742, rapporté par M. de la Tournerie, est dans la même espèce ; & celui que Bérault cite, sous la date du 14. Mars 1611, ne le contredit pas. Lors de ce dernier Arrêt la femme s'étoit constituée en rente, avoit hypothéqué ses immeubles ; & dans la cause sur laquelle l'Arrêt de 1742 fut rendu, l'épouse du *sieur Maouin* ne s'étoit engagée qu'au paiement à terme d'une somme mobiliaire.

Hors les cas que l'on vient de faire remarquer, la femme ne peut perdre sa dot : cependant il faut bien distinguer, entre les diverses actions qu'elle peut intenter pour se la faire restituer.

Car 1°. lorsque la vente de sa dot a été faite par elle volontairement, & qu'elle y a souscrit, quoiqu'elle ne puisse du vivant de son mari agir contre lui, après son décès, si les deniers de l'aliénation n'ont pas été convertis à son profit, elle peut en demander récompense à ses héritiers sur les biens qu'il a laissés: Article 121 du Réglement de 1666; & s'il n'en laisse pas, elle a le droit de recourir sur les détenteurs de sa dot, qui ont l'option de la lui remettre ou d'en payer le juste prix : Articles 539 & 540 de la Coutume.

2°. Quand l'aliénation a été faite sans le concours de la femme, c'est-à-dire sans qu'elle soit intervenue au contrat, elle doit former sa demande en réintégrande dans l'an & jour du décès de l'époux ; car si l'an & jour expiroit avant que cette demande fût faite judiciairement, elle seroit obligée de prendre la voie réelle, c'est-à-dire celle de la clameur de loi apparente pour recouvrer sa propriété.

La raison pour laquelle dans le cas où la femme a signé au contrat, elle n'a qu'une action récursoire sur les acquéreurs, & que lorsqu'elle n'a pas accédé au contrat, elle est obligée de prendre la voie propriétaire, est que cette voie ne convient qu'à celui qui, n'ayant perdu que la possession de son bien, en réclame la propriété dans les 40 ans : or, une femme qui signe le contrat d'aliénation de sa dot, en a perdu non-seulement la possession, mais même la propriété ; elle ne peut donc exiger que les acquéreurs la lui délaissent, mais ils sont réputés, si le mari n'a pas remplacé le prix de l'aliénation, le devoir à la femme.

3°. Si lors du contrat, la femme a été *contrainte* de le signer, ou si elle étoit mineure en le signant, elle peut, dans les 10 ans du décès de son époux, obtenir lettres de restitution contre son fait.

4°. Quand les biens du mari sont décrétés de son vivant, la femme, qui est colloquée au décret pour ses biens dotaux, est obligée de se conformer à l'Arrêt de Réglement du mois de Juin 1724 ; lequel, sur les conclusions de M. le Procureur-Général, *ordonne que lors des distributions de deniers provenants des adjudications par décret, où il y a oppositions pour rentes hypothèques appartenantes à femmes mariées ou civilement séparées, les Substituts dudit Procureur-Général requéreront, & les Juges ordonneront que pour recevoir les capitaux de ces rentes, les maris ou les femmes seront tenus de fournir bon & valable remplacement, ou à défaut, bonne & suffisante caution desdits capitaux, dont il y aura collocation ; laquelle caution sera reçue en présence du Juge, de l'Officier exerçant le ministere public, & les Parties intéressées.*

5°. Les héritiers de la femme ainsi qu'elle, lorsque les héritages du mari affectés à sa dot, ne sont pas aliénés, peuvent demander que partie leur en soit donnée à due estimation, sans être obligés de les faire saisir & adjuger par décret : Article 121 des Placités ; & par une conséquence naturelle de ce privilege de la dot, une femme qui racquitte des dettes antérieures à sa dot, a le droit d'envoi en possession des fonds sur lesquels ces dettes étoient affectées : Arrêt du 7 Juillet 1736.

6°. De ce qui vient d'être dit, il s'ensuit que la femme ayant vendu sous l'autorité de son mari ses propres biens, elle ne peut troubler les acquéreurs qu'après avoir discuté les biens de son mari : mais ceci ne s'entend que de la femme non séparée ; car si, étant séparée, elle a aliéné même du consentement de son mari, les contrats sont absolument nuls, & l'acquéreur ne peut se maintenir en la propriété de son acquisition : Arrêt du 10 Juin 1660. L'Arrêt de 1636 qui, selon Basnage, Article 538, a jugé le contraire, fut rendu dans un cas d'exception : la femme avoit dissimulé par le contrat qu'elle étoit séparée ; & d'ailleurs l'acquéreur avoit obtenu un jugement contr'elle qui l'avoit déboutée de sa réclamation, & elle n'en avoit point appellé. Il faut encore observer que si une femme séparée aliénoit pour acquitter ses propres dettes, l'aliénation seroit valable, étant faite du consentement de son mari ; l'Article 127 ne s'entend que des dettes qui sont contractées après la séparation, & non des dettes anciennes, antérieures au mariage : Arrêt du 23 Juillet 1630, Basnage, *ut suprà*.

Cependant il paroîtroit juste que la femme, marchande publique & séparée de biens, pût engager sa dot, quoique son mari ne l'y autorisât pas ; car il est de principe que les obligations pour commerce s'exécutent par corps, suivant l'Arrêt du 20 Février 1658, cité dans le Commentaire de Basnage, sur l'Article 538. Et il paroîtroit étrange au premier coup d'œil que la femme pût rédimer son mari de prison, & qu'elle n'eût pas la faculté de racheter sa liberté propre. Mais l'usage de notre Province est absolument contraire à cette opinion : la dot des femmes n'appartient pas seulement à elles, mais à leurs enfants ; & lors même qu'elles sont capables d'engager leurs personnes, elles sont dans l'impuissance de priver leur postérité des héritages consacrés à sa subsistance.

Ceci doit, au reste, être entendu des causes civiles : car pour crime commis par la femme, la dot peut être saisie ou confisquée.

Les regles relatives aux ventes des biens dotaux, sont applicables aux actes de donations, à moins qu'ils ne soient faits en faveur des héritiers présomptifs de la femme, parce qu'alors ils n'offrent que des avancements de succession : en conséquence la femme, en l'absence de son mari, peut valablement s'obliger pour la dot de sa fille.

SECTION V.

Regles établies pour assurer le recouvrement de la dot.

Ces regles ont pour objet ou la forme des actes relatifs à la constitution de dot, ou la nature des fonds sur lesquels le remplacement en peut être exigé.

Quant à la forme extérieure des actes, nous avons fait remarquer, Art. CONTRAT & DON MOBIL, tout ce qui est requis pour rendre réguliere celle des contrats de mariage ; nous n'y avons rien dit *des quittances de la dot* ; sur ce point, Basnage, Traité des Hypotheques, ch. 12, donne comme une *maxime du Palais*, que la quittance de la dot, quoique sous signature privée, a hypotheque du jour du contrat de mariage duement reconnu, parce que le paiement de la dot ayant été stipulé par le mari, lorsqu'il en donne une quittance, l'on ne contracte pas sur lui une obligation nouvelle ; mais on s'acquitte, on se libere envers lui de celle que l'on avoit contractée par son contrat de mariage : de sorte que la quittance n'est que l'exécusion de la promesse qui lui avoit été faite.

La Déclaration du 19 Mars 1696 doit d'ailleurs se prendre divisément ; c'est-à-dire qu'aucuns des actes, soit quittances, soit contrats, n'emportent d'hypotheque ou de privilege, s'ils ne sont passés devant Notaires ; mais ils ne valent pas moins pour cela comme actes sous seing privé : ainsi la quittance de dot sous seing privé ne décharge pas moins le débiteur de la dot ; si elle n'a pas d'hypotheque, cela est indifférent à la femme, parce que son contrat, étant devant Notaires, en a une, dès qu'il demeure constant que la convention qu'il renferme a été effectuée : par conséquent celui qui se charge de recevoir pour quelqu'un & lui en compter, donne hypotheque sur ses biens du jour que la procuration est déposée ; les quittances qu'il donne, quoique sous seing, font foi de sa recette, & le rendent comptable des sommes par lui touchées à l'hypotheque du premier, acte par lequel il est constitué procureur : ceci va au reste être plus développé en la huitieme section du présent article.

De ce que la Coutume n'a pas requis pour les contrats de mariage toutes les formalités indispensables pour les autres contrats, l'effet des contrats de mariage n'est pas moins assuré pour cela ; parce qu'indépendamment de l'authenticité que leur donne la présence des parents, la célébration du mariage, la cohabitation des deux époux & l'administration qu'a le mari de la fortune de sa femme, les précautions prises pour le remplacement

des biens dotaux, sont de nature à en prévenir la perte. On a déja dit plus haut que le mari ne pouvoit aliener les biens de sa femme, que lorsqu'il est en état de lui en donner récompense sur ses propres biens ; & ceci est si strictement observé, que le mari ne peut pas même vendre des bois de haute-futaie, étant sur les héritages de son épouse, qu'à la charge de donner caution, conformément à un Arrêt rendu en la Chambre de l'Edit, du 7 Mai 1653, rapporté sur l'Article 538 de la Coutume, qui ne permit au mari sur l'opposition de la présomptive héritiere de sa femme, une pareille vente, que parce qu'il avoit un don mobil qui pouvoit répondre du capital qu'elle devoit produire : décision dont l'équité est sensible ; car si la femme consent à l'aliénation d'un fonds de terre, & que son mari devienne insolvable, elle a un recours sur les détenteurs ; mais au cas de cette insolvabilité, quel seroit son recours sur ceux auxquels le bois, qui par l'abattis seroit devenu meuble, auroit été vendu ?

Comme le remplacement est dû par le mari de plein droit & sans stipulation, il a lieu de Coutume à Coutume, suivant l'Arrêt du 7 Février 1776, cité en l'article COUTUME ; article où l'on a fait voir la fausse interprétation donnée par Basnage à l'Arrêt du mois de Mars 1620, sur lequel il fonde l'opinion contraire ; & en conséquence un époux qui reçoit le racquit de la dot, quoique domicilié hors Normandie, ou un acquéreur de biens d'une femme sis en Normandie, ont été condamnés à en donner remplacement en cette Province, les 9 Mars 1679 & 18 Juin 1682.

Mais c'étoit une question de savoir si un mari domicilié en une Province régie par le Droit écrit, pouvoit, quoique du consentement de sa femme, aliéner sa dot, consistante en rentes assectées sur des fonds situés en Normandie; de maniere que son épouse n'en pût obtenir récompense contre les acquéreurs? Et elle fut décidée le 4 Août 1769 dans l'espece suivante.

Le sieur de Cheissac, domicilié à Lyon, par son contrat de mariage avec la demoiselle Nivelle de la Chaussé, passé en ladite ville le 17 Octobre 1744, déclara que la somme de 3000 liv. qu'elle lui apportoit *tiendroient nature de dot, ainsi que tous ses biens présents & à venir.*

Ensuite il fixa son domicile à Paris. En 1755, il échut à son épouse la succession de la dame Pinel sa tante, dont tous les biens étoient en Normandie. Du nombre de ces biens étoit une rente de 75 liv. hypotheque affectée sur des biens Normands. Après cette succession échue, le sieur de Cheissac s'est retiré dans le Quercy, Province où le Droit écrit est suivi. En 1760, il vint en Normandie; il reçut en vertu de procuration de son épouse, du sieur de la Corniere, le racquit de la rente de 75 liv. par 1200 liv., quoiqu'elle fût constituée par un capital de 1500 liv. En 1762 le désordre s'étant mis dans les affaires du sieur de Cheissac, il fut saisi en ses meubles; & la dame de Cheissac poursuivit & obtint sa séparation civile, avec provision de 160 liv.

En 1764 elle fit sommer le sieur de Cheissac de lui payer la provision. Sur sa déclaration de ne le pouvoir, ses meubles furent vendus; & la dame son épouse passa en Normandie, en 1766, où elle fit assigner au Bailliage de Falaise le sieur de la Corniere pour lui payer les arrérages de la rente de 75 liv. du jour de sa séparation. Le 26 Mai, le sieur de la Corniere opposa la quittance du mari, dont il étoit porteur, & fit dénoncer l'assignation que lui avoit donnée la dame de Cheissac au sieur son époux; celui-ci n'ayant pas comparu, le 20 Décembre intervint Sentence qui condamna le sieur de la Corniere à continuer la rente de 75 liv., sauf son recours contre le défaillant : appel de cette Sentence. Les moyens d'appel étoient que les rentes constituées en pays de Droit écrit sont réputées meubles; d'où le sieur de la Corniere concluoit qu'elles étoient assujetties à la Coutume du domicile du créancier, & non à la Coutume de la situation des biens qui en étoient grévés. Il appuyoit cette conséquence :

1°. De l'Arrêt de Hondebourg, rapporté par Basnage sous l'Article 362 de notre Coutume, par lequel il fut décidé que des filles Normandes, non-réservées à partage, n'avoient point part, mais seulement mariage avenant sur des rentes dues par des biens sis dans le Maine.

2°. D'un Arrêt du 21 Juillet 1756, rendu en faveur du sieur Deshayes, contre le sieur d'Hérouville, qui déclara des rentes constituées sur le Clergé, un bien Normand, parce que le creancier de ces rentes étoit domicilié en Normandie.

3°. Il se prévaloit des Arrêts du Parlement de Paris & du Conseil, rapportés par Denisard, *verbo* RENTES CONSTITUÉES, & qui tous enseignent que les rentes constituées à prix d'argent, doivent être considérées comme droits incorporels, adhérents à la personne du créancier.

4°. Mais un Arrêt du Parlement de Paris du 6 Septembre 1695 lui paroissoit sur-tout péremptoire. Il en induisoit que la rente de 75 liv. étoit devenue un pur meuble, par la fixation du domicile de son épouse dans une Province où les rentes constituées sont de cette nature. D'autres Arrêts, rapportés par Denisard, *verbo* REMBOURSEMENT, étoient pareillement accumulés en faveur du sieur de la Corniere pour insinuer que les rentes, en la Province où lui & son épouse résidoient, pouvoient être remboursées valablement au mari, quoique constituées en dot au profit des femmes.

Mais la dame de Cheissac, dans un Mémoire très-solidement écrit, par M°. le Bon, fit voir avec succès combien les autorités dont son Adversaire faisoit usage, étoient étrangeres à sa cause.

D'abord il observa qu'il y avoit entre les pays de Droit écrit & la Normandie, des principes très-différents sur les caracteres & la nature des rentes constituées. Par exemple, le Parlement de Toulouse fait une distinction; il considere les rentes constituées dans son ressort comme meubles, & celles qui le sont hors de ce ressort comme subordonnées au statut de leur assiete.

Dans les pays de Droit écrit, on les regarde comme attachées à la personne; & elles sont meubles, si le créancier & le débiteur demeurent dans ce même pays. Mais quand le créancier habite une Province où les rentes constituées sont meubles, & le débiteur dans une autre où elles sont immeubles; alors c'est la loi de la Province où réside le débiteur qui regle le sort de la rente : ceci est particuliérement de jurisprudence en Normandie.

Or, en Normandie, c'est par la nature des biens sur lesquels les rentes sont affectées, qu'elles sont exigibles ou partables.

L'Arrêt de Hondebourg, cité par le sieur de la Corniere, ne détruit point cette maxime.

Dans le fait particulier de cet Arrêt, une femme d'Alençon, nommée Brillon, avoit laissé des biens en Normandie, & quelques rentes affectées sur des fonds sis dans le Maine : en procédant au partage de ces biens entre les freres & les sœurs, celles-ci convenoient qu'elles ne pouvoient demander que mariage ayenant sur les biens Normands; parce qu'elles n'étoient pas réservées à partage; mais elles exigeoient partage dans les rentes du Maine. Le Juge d'Alençon les débouta.

Sur l'appel, elles exposoient que par l'usage de cette Province, les rentes étoient partagées suivant la Coutume des lieux où les redevables avoient leurs biens; d'où elles inféroient que les rentes en question étant constitué ès sur des personnes de la Province du Maine, où les filles partagent avec leurs freres, partage leur étoit dû.

Les freres distinguoient entre succéder & partager. Pour pouvoir partager, disoient-ils, il faut être capable de succéder. Or les filles Normandes non réservées n'ayant pas la capacité de succéder, elles n'ont pas d'action pour demander partage; & c'est ce que, suivant Basnage en son Commentaire de l'Article 329 de notre Coutume, la Cour jugea.

L'Arrêt du 21 Juillet 1756, contre le sieur d'Hérouville, n'est pas plus concluant que le précédent.

Il s'agissoit de savoir, lors de cet Arrêt, si les rentes constituées par générale hypotheque *sur tous les revenus du Clergé*, devoient être partagées comme rentes Parisiennes, en une succession ouverte à Rouen?

Si, en décidant qu'elles devoient être partagées comme rentes Normandes, elles tiendroient nature de bourgage ou de biens sis en Coutume générale? Et il fut jugé qu'elles étoient partables comme biens de la Coutume générale, par la présomption sans doute que c'étoit particuliérement l'affectation des biens du Clergé, sis en Normandie, qui avoit déterminé la constitution des deniers qui formoient le capital de ces rentes : le domicile du créancier des rentes n'a donc pas été pris par l'Arrêt de 1756, pour regle de leur partage.

Au surplus, il existe un Arrêt du Parlement de Toulouse, du 15 Mai 1706, qui en même temps qu'il déclare les rentes constituées mobiliaires, restreint cette décision *aux rentes de son ressort.*

La rente de 75 liv. étant du ressort du Parlement de Normandie, c'est donc par les dispositions de la Coutume de cette Province que doit être décidée la contestation à laquelle son remboursement donne lieu.

Or en Normandie, où les rentes sont immeubles, le mari doit récompense à sa femme des rentes dont il reçoit le racquit ; & s'il devient insolvable, le débiteur de la rente n'est pas libéré envers sa créanciere : c'est ce qu'établissent les Arrêts de ce Parlement. Le premier, qui est la base de tous les autres, est celui par lequel l'Ordonnance de François Ier., en 1539, qui permettoit le racquit des rentes par le prix du denier 15, fut modifiée en ces termes :

Pareillement des rentes qui appartiendroient aux femmes mariées, si elles étoient rachetables de leur nature, & qu'elles fussent du propre desdites femmes, les deniers en provenants seront baillés & délivrés au mari s'il est notoirement solvable, pour les employer le plutôt que faire se pourra en acquisition d'héritage ; ou si le mari est insolvable, sera l'argent déposé en main bourgeoise, & la remplette faite, appellé le mari & prochains parents de la femme. Terrien, l. 1, f°. 164 & suiv.

Depuis, le 1er. Juillet 1524 & le 15 Janvier 1547, la Cour a condamné des débiteurs de rentes appartenantes à des femmes mariées, à les leur constituer, malgré le racquit fait aux mains du mari. Basnage, Article 539, cite un Arrêt du 9 Mars 1679, tout à fait conforme aux demandes de la dame de Cheissac.

En 1648, Pierre Viel, bourgeois d'Elbeuf, se constitua en 100 liv. de rente, au profit d'Alexis Lemetez, de Rouen. Lemetez céda cette rente à un nommé Gaillard, son gendre, bourgeois de Paris, lequel laissa deux filles qui furent mariées à Guillaume de la Folie, & à Denis Dandin, demeurants à Paris. En 1675, Louis de Flavigny ayant acquis quelqu'héritage de Nicolas Viel, fut chargé d'acquitter les 100 liv. de rente dues aux représentants Lemetez, qui étoient de la Folie & Dandin ; & lorsqu'ils demanderent à Flavigny les arrérages de leurs rentes, il leur offrit aussi le principal, *en baillant par eux caution ou remplacement*, à cause que cette rente étoit le bien dotal de leurs femmes. Ils prétendirent devant le Juge d'Elbeuf, où l'action fut portée, qu'étant domiciliés à Paris, & faisant signer leurs femmes au contrat de rachat, ils n'étoient point obligés de donner de caution ou de remplacement ; mais ayant été condamnés de donner un remplacement dans le Bailliage de Rouen, ils s'en porterent pour appellants en la Cour.

De Lépinay & Maury leurs Avocats, disoient que par la Jurisprudence du Parlement de Paris, les rentes constituées se partageoient suivant la Coutume du domicile du créancier ; & ils prétendoient même qu'en fait de partage, on l'avoit jugé de la sorte en Normandie par l'Arrêt de Billon, rapporté sur l'Article 262 de notre Coutume, & par celui du sieur Dubouley, rapporté sur l'Article 329 ; & par ce moyen faisant subsister cette rente en la personne du créancier, c'étoit un bien sujet à la Coutume de Paris, suivant laquelle la femme pouvoit vendre & engager ses propres, sans pouvoir troubler les acquéreurs, &c. &c. &c.

M^e. Basnage, plaidant pour Flavigny, posa ces deux principes : le premier, qu'encore bien que la femme eût consenti à la vente de son bien, néanmoins que suivant les Articles 539 & 540 de notre Coutume,

Coutume, elle peut rentrer en la poſſeſſion d'icelui, lorſque les Acquéreurs ne peuvent lui fournir un remplacement valable ſur les biens du mari : & la ſeconde, que les Coutumes ſont réelles, & que les particuliers n'y peuvent déroger par aucune paction, en quelque lieu qu'ils contractent ; de ſorte qu'en faiſant voir que cette rente étoit un véritable immeuble aſſis en Normandie, & que les Articles 539 & 540 de la Coutume contiennent une diſpoſition réelle, il falloit néceſſairement ſuivre la Coutume de Normandie.

Mᵉ. Baſnage fit voir enſuite qu'en Normandie les rentes conſtituées ne ſont point attachées à la perſonne du créancier, & qu'au contraire elles ſuivent la nature & les conditions des biens affectés à la rente, &c. &c.

Après tout il ne s'agit pas, continue-t-il, *de partage* ; mais de ſavoir ſi des femmes mariées à Paris, peuvent aliéner les immeubles de Normandie, ſans bailler remplacement. Or, comme *les appellants peuvent changer de domicile*, il arriveroit que s'ils venoient demeurer en Normandie, cette rente reprendroit la nature d'un bien Normand ; ce qui donneroit lieu à ces femmes de s'attaquer à l'Intimé ; & il ne ſuffit pas de dire que quand il s'agit de la capacité de contracter, l'on conſidere le temps du contrat : car cette maxime n'eſt véritable que quand il s'agit du fait de la perſonne, & non de la réalité des Coutumes, parce que toutes les Loix ont deux objets, la perſonne & les biens. Il eſt vrai que la capacité de la perſonne ſe regle par la Coutume du lieu où l'on contracte, parce que les Coutumes n'ont de puiſſance ſur les perſonnes, que quand elles contractent dans l'étendue de leur territoire ; mais quand il s'agit de réaliſer les contrats, & de les exécuter ſur des immeubles, on ne conſidere plus *le domicile des contractants*, ni le lieu où les contrats ont été paſſés ; *mais la Coutume du lieu où les biens ſont aſſis*, d'autant que chaque Coutume eſt maîtreſſe dans ſon pays, & ne peut être forcée de ſuivre une autre Loi que celle qu'elle a établie, &c.

La Cour, ſuivant les concluſions de M. le Guerchois, Avocat-Général, jugea par ſon Arrêt du 9 Mars 1679, que de la Folie & Dandin ſeroient tenus de bailler caution ou remplacement en Normandie.

Pareil Arrêt fut rendu en la Grand'-Chambre, le 18 Juin 1682.

Sur le mérite de ces moyens, par Arrêt du 4 Août 1769, l'appel du ſieur de la Corniere fut mis au néant.

SECTION VI.

Le contrat eſt-il ſeul croyable ſur la réalité & la quotité de la dot ?

Il eſt certain que les créanciers ou les héritiers du mari ont le droit d'exiger que la femme ou ſes donateurs paſſent une déclaration préciſe ſur la ſincérité des conventions en vertu deſquelles elle prétend avoir des droits en la ſucceſſion de ſon époux : nous avons deux Arrêts qui l'ont décidé, l'un du 20 Décembre 1730, & l'autre du 13 Mars 1742 ; mais cette déclaration ne pourroit être raiſonnablement demandée à une fille mineure ; ainſi ſon ſilence ſur des pactions qu'elle auroit ignorées, ne la préjudicieroit pas.

SECTION VII.

Dans les cas où le contrat eſt perdu, quel remede a la femme pour réparer cette perte ?

Voyez RECORD.

SECTION VIII.

Quelle eſt l'hypotheque de la dot ?

Voyez HYPOTHEQUE & REMPLACEMENT.

SECTION IX.

Ceux qui dotent une fille, sont-ils garants de sa dot ?

Voyez AVENANT (MARIAGE) & LÉGITIME.

SECTION X.

Les contre-lettres sont-elles permises pour restreindre la dot ?

La réponse à cette question se trouve article CONTRE-LETTRES.

SECTION XI.

Les fonds cédés à une femme pour la remplir de sa dot, sont-ils sujets au retrait ou au treizieme.

La conservation des dots a paru si essentielle en cette Province, que les fonds cédés aux femmes pour les en remplir ne sont sujets ni à retrait ni à treizieme. C'est ce qu'avoit jugé l'Arrêt du 28 Août 1713, lorsque, le 6 Mars 1761, il en fut rendu un semblable contre le Receveur de M. le Président de la Londe, en faveur de la dame veuve Roger ; mais un Arrêt postérieur du Parlement de Paris fit renaître la question en 1765, & elle n'a été décidée sans retour que par le Réglement du 21 Décembre de cette même année.

La cause s'offroit entre M. de Greges, Seigneur du fief de Thibermont, & M. de Beuville, Conseiller au Parlement, ayant épousé la dame veuve de M^e. Gosse, Procureur-Fiscal du Bailliage de Dieppe.

Par contrat devant Notaires en 1746, pour remplir cette veuve de partie de ses deniers dotaux, les héritiers Gosse lui avoient cédé des fonds relevants du fief de Thibermont ; le sieur de Greges avoit exigé le treizieme de la valeur de ces fonds. Sur appel interjetté d'une Sentence des Requêtes du Palais, par M. de Greges, M^e. Flavigny, son Avocat, dit que la question que la Cour avoit à décider étoit d'autant plus importante qu'elle partageoit depuis long-temps les Jurisconsultes. Il est temps, continuoit-il, que la Cour, par un Arrêt qui puisse déterminer l'opinion du Barreau, fixe la Jurisprudence sur cette question ; elle consiste à savoir si l'acte de cession de biens, faite à une femme pour la remplir de sa dot consignée, par les héritiers collatéraux de son mari, est sujet à treizieme ? Pour décider l'affirmative, il suffit de considérer les articles 171 & 173 de la Coutume de cette Province, & un autre principe sur lequel tous les Jurisconsultes sont d'accord, qui est que la cession d'un héritage, faite à un créancier, en acquit de sa dette, soit à prix convenu, soit par estimation, est une véritable vente : *datio in solutum vicem venditionis obtinet ;* & selon la loi 10, au Digeste *de jure dotium æstimatio est*, tout contrat de vente est non-seulement sujet au treizieme, mais encore tout contrat qui y équipole. Les cessions faites à une femme pour la remplir de sa dot, ont tous les caracteres des contrats de vente, ou des contrats qui y équipolent ; il y a changement de ligne, mutation de vassal ; on transfere à la femme une propriété qu'elle n'avoit pas ; l'acte est donc en lui-même sujet au treizieme, à moins que la loi n'ait accordé un privilege d'exemption à ces sortes de cessions : c'est ce qu'on ne voit pas. La Coutume, article 172, a prononcé une exemption en faveur des contrats d'échange ; le Réglement de 1666 en contient plusieurs autres ; les cessions faites aux femmes pour les remplir de leur dot, n'y sont point comprises ; ainsi cette question ne devroit pas faire la matiere d'un problème : pourquoi donc se trouve-t-il aujourd'hui une opinion contraire ? C'est à

Mᵉ. Basnage, tout grand, tout respectable qu'il est, qu'il faut imputer cette erreur ; l'opinion de cet Auteur a entraîné celle de ceux qui l'ont suivi : non-seulement il a pensé que ces sortes d'actes étoient exempts de treizieme, mais il a rapporté cette exemption comme un usage.

Mᵉ. Basnage a bien senti que depuis que notre loi est rédigée par écrit, aucun usage contraire ne peut plus prévaloir ; aussi a-t-il fondé & l'usage qu'il rapporte & son opinion sur un principe légal : c'est l'article 26 du Réglement de 1666. Mais ce principe est erroné, ainsi que l'établit Mᵉ. Pesnelle, qui est l'abréviateur & le critique de Mᵉ. Basnage ; cependant cet Auteur a cru lui-même à l'usage, & il l'a fondé sur un autre principe, qui est qu'en Normandie le treizieme n'est dû que pour les contrats de vente. C'est également une erreur, puisqu'il est certain qu'en Normandie, comme ailleurs, tout contrat qui équipole à vente est sujet à treizieme. Le Défenseur de M de Beuville est obligé de reconnoître le vice des principes sur lesquels ces deux Auteurs se sont fondés ; & loin d'être étonné de leurs erreurs, il a cherché un autre point d'appui : on a cru le trouver dans les Articles 511 & 365 de notre Coutume. L'un déclare immeubles & propres à la fille les deniers donnés par pere, mere ou autres ascendants, & par les freres, lorsqu'ils sont destinés pour être la dot ; il déclare également immeubles, mais acquêts, les deniers donnés par autres personnes à la fille, lorsqu'ils sont destinés à l'acquisition de fonds. L'autre regle les différents effets de la dot consignée & de la dot qui ne l'est point ; celle qui est consignée se prend sur les immeubles du mari, sans aucune diminution des droits de la femme, comme héritiere ; la dot qui n'est point consignée se prend avant tout sur les meubles ou sur les acquêts ; ensorte qu'elle y contribue elle-même à proportion de ce qu'elle prend dans la succession. Est-il possible qu'on induise des dispositions de ces deux articles, soit en les divisant, soit en les réunissant, qu'il s'est opéré en faveur de la femme, lors d'un contrat de mariage, un échange réel de propre à propre ou qu'elle a acquis une quasi propriété, ou que sa dot est devenue fonciere ou privilégiée ? La dot de la femme ne peut changer de nature par les différents effets qu'on lui donne ; elle est immeuble & propre ou acquêt, à l'effet de retourner aux héritiers aux propres ou à ceux aux acquêts : c'est une fiction de Droit introduite par l'Article 511, mais qui ne peut pas s'étendre ni dénaturer le principe qui constitue la dot de la femme. Quand la dot est consignée, la femme ne contribue point au paiement d'icelle : ainsi le veut l'Art. 365, au grand murmure des Jurisconsultes de cette Province, & sur-tout de Mᵉ. Basnage. Mais il n'en est pas moins vrai qu'il n'est dû à la femme qu'une rente hypotheque, de laquelle elle ne peut exiger que cinq années d'arrérages. Comment peut-on soutenir ce systême d'échange réel de quasi propriété ou de créance fonciere, quand on considere qu'avant le Réglement de 1666 la femme étoit obligée de décréter les biens mêmes existants de son mari ; ce qui ne peut se concilier avec les qualifications qu'on s'efforce de donner à la dot. D'après les Articles 511 & 365, le Réglement de 1666, Article 121, a accordé aux femmes l'envoi en possession des biens non existants seulement ; c'est un avantage qui ne tend qu'à ménager les frais, mais qui ne fait pas d'une dette hypotheque une dette fonciere : aussi voit-on que l'Article 122 du même Réglement donne à la fille le droit de se faire envoyer en possession, non-seulement des biens existants, mais encore des biens non existants ; parce que le principe qui conſtitue la crédite de la fille eſt bien différent de celui d'où dérive celle de la femme : auſſi les Magiſtrats qui ont rédigé le Réglement, n'ont-ils employé aucune exemption de treizieme en faveur des ceſſions faites aux femmes, quoiqu'ils aient introduit un droit nouveau qui méritoit bien une diſpoſition particuliere. S'ils avoient entendu que les femmes pourroient ſe diſpenſer de payer le treizieme, ſoit dans le cas de ceſſion volontaire, ſoit dans le cas d'envoi en poſſeſſion, quelque privilege qu'ils euſſent voulu donner aux femmes, ils n'auroient pas pu ſtipuler d'exemption de treizieme; parce qu'en Normandie, c'eſt le vendeur qui doit le treizieme. Si la ceſſion eſt volontaire, comme dans l'eſpece, & que la femme ait pris ſur ſon compte l'événement du treizieme, elle doit ſe l'imputer ; & on ne conteſte vis-à-vis d'elle que comme vis-à-vis du vendeur auquel elle s'eſt ſubſtituée., & ce vendeur ne peut pas s'approprier la faveur de la dot qui lui eſt étrangere. Si la femme s'eſt fait envoyer en poſſeſſion, dans ce ſens, elle a dû ſe faire remettre des fonds pour la valeur du treizieme, ainſi que pour les autres frais qu'elle eſt obligée de faire : la femme n'eſt donc expoſée dans aucun cas à payer le treizieme à ſes dépens. Ainſi quelque avantage que l'on puiſſe donner à la dot, elle ne peut jamais ſervir de prétexte pour fonder l'exemption du treizieme, dans le cas d'une ſucceſſion volontaire ou dans le cas d'un envoi en poſſeſſion. Si donc ces Articles 511 & 365 de la Coutume, ſi même le Réglement de 1666 ne peuvent fournir aucun principe valable d'exemption, il reſte pour toute reſſource un uſage dénué de moyens, tel qu'il eſt atteſté par Baſnage. Cet uſage peut-il balancer la loi ? En vain s'efforce-t-on de le faire remonter juſqu'à Philippe-Auguſte ; c'eſt une erreur de plus.

En effet, ou cet uſage exiſtoit avant la réformation de la Coutume, ou il s'eſt introduit depuis : s'il exiſtoit avant la réformation, il a été rejetté, puiſque nos Réformateurs ne l'ont pas recueilli ; s'il s'eſt introduit depuis, c'eſt un abus contre lequel la loi réclame toujours avec d'autant plus d'avantage que cet uſage ne ſe trouve ſoutenu d'aucune Juriſprudence.

L'Arrêt de cette Cour du 13 Mars 1761 ne peut pas être objecté, parce qu'il n'eſt point dans l'eſpece. Il s'agiſſoit d'une mere qui avoit traité avec ſes enfants ; c'étoit un contrat de famille, dont la faveur ne peut pas s'étendre juſqu'à des collatéraux qui ſe liberent d'une dette ordinaire. Auſſi cet Arrêt, dont les motifs furent rendus publics dans le temps, n'empêcha-t-il pas que le Parlement de Paris ne rendît un Arrêt en 1762, en faveur de M. le Duc de Luxembourg, dans une eſpece toute pareille à celle-ci, & ſur les principes qui furent adminiſtrés par les Juriſconſultes de Normandie.

Ce ſeroit vouloir faire illuſion que de prétendre que l'eſpece de l'Arrêt de M. de Luxembourg n'eſt pas la même que l'eſpece actuelle, parce que la dot dont il s'agit aujourd'hui eſt conſignée, & que celle de la dame de Colandre, vis-à-vis de laquelle réclamoit M. de Luxembourg, ne l'étoit pas. Le Réglement de 1666 ne met point de différence pour l'envoi en poſſeſſion, entre la dot conſignée & celle qui ne l'eſt pas ; auſſi n'y en a-t-il aucune à faire, ſinon que l'une produit des effets plus profitables que l'autre : l'une eſt une dette qui ſe paie d'une maniere, & l'autre eſt une dette qui ſe paie différemment ; mais le principe de l'une & de l'autre eſt toujours le même. Ainſi les principes Normands ayant déterminé le Parlement de Paris à juger en faveur des Seigneurs, dans le cas d'une dot non-conſignée, il y a identité de principe

& nécessité de raison pour juger de même en cette cause, dans le cas d'une dot consignée. Si la dot consignée doit déterminer l'exemption du treizieme, la dot non consignée doit subir le même sort, & *à contrario*; autrement ce seroit introduire dans la Jurisprudence une bigarrure dont elle n'est pas susceptible. M*. Flavigny conclut donc à ce qu'il plût à la Cour mettre l'appellation & ce dont étoit appel au néant; corrigeant & réformant, condamner M. de Beuville au paiement du treizieme des pieces de terres qui étoient dans la mouvance du fief de Thibermont; à laquelle fin, ordonner qu'il seroit tenu de représenter son contrat; le condamner aux dépens des causes principale & d'appel.

M*. Duval, Avocat de M. de Beuville, répondit qu'il ne s'agissoit point de considérer quel pouvoit être le droit du mari ou de ses héritiers qui cedent des fonds à la femme pour se libérer de sa dot non consignée. On doit, disoit-il, se renfermer dans l'espece propre de la cause, & ne pas perdre de vue qu'elle a pour objet une dot normande, pourvue de tous les avantages de la consignation. Jamais dans la Province aucuns Seigneurs n'ont osé former la demande du treizieme sur les délaissements d'héritages, pour pareille cause : on défie d'en citer aucun exemple avant ni depuis la réformation de la Coutume, soit que ces délaissements aient été faits volontairement ou ordonnés en Justice. Ce n'est que depuis vingt ans ou environ, que des Jurisconsultes très-recommandables par la sagacité de l'esprit & par les richesses de l'érudition, ont cru pouvoir attaquer l'ancien usage, parce qu'ils ont cru appercevoir de l'obscurité dans l'explication que nos Commentateurs ont donnée des motifs qui le justifient : il ne falloit pas moins que des génies d'un tel ordre & aussi célebres pour réduire en problême un point de droit qui parmi nous n'avoit jamais éprouvé de contredit. Ils ont eu des partisans parmi les Jurisconsultes; mais tous, à beaucoup près, n'ont pas adopté leur opinion, & la Jurisprudence de la Province s'est heureusement soutenue contre leurs efforts; l'usage qu'ils ont attaqué, est en effet appuyé sur les principes les plus certains de notre droit municipal. Les Articles 171 & 176 de notre Coutume, assujettissent bien au treizieme tous les contrats de vente à prix d'argent; mais ils n'y ont point assujetti des actes de simple délaissement d'immeubles que les héritiers d'un mari font pour se libérer d'une dette réelle, fonciere & privilégiée, qui est toujours restée enfoncée sur ses biens tant qu'il ne les a pas aliénés. C'est un principe généralement reconnu en matiere de treizieme, que pour y donner ouverture, il faut le concours de deux circonstances : savoir, 1°. que le cessionnaire des fonds n'y eût auparavant aucun droit; & en second lieu, que la cession se soit opérée par un contrat qui ait le caractere & la réalité d'une vente; circonstances dont aucune ne se rencontre ici, puisque la femme a sur les immeubles non aliénés de son mari, un droit réel & foncier, *jus in re*, & non pas seulement *jus ad rem*, & que par conséquent la cession que le mari ou ses héritiers lui font, n'est pas une vente à prix d'argent, mais un délaissement de partie des héritages affectés fonciérement à sa dot, pour libérer de cette créance fonciere le surplus qu'ils gardent en leurs mains : délaissement autorisé par l'Article 121 du Réglement de la Cour de 1666; parce qu'il n'y a pas de différence quand il est volontaire, ou qu'il est forcé, & que la Justice le fait au refus des héritiers du mari. Que la dot consignée dans notre Province soit une dette réelle, fonciere & privilégiée; c'est sur quoi on ne peut pas jetter de doutes raisonnables. L'Article 365 de notre Coutume donne à la femme dont la dot a été confignée, l'avantage important de prendre part aux conquêts faits par son mari constant le mariage, & de demeurer néanmoins entière à demander sa dot sur les autres biens de son mari. A ce moyen la reprise de sa dot ne diminue ses droits ni sur les propres, ni sur les conquêts, ni sur les meubles. Elle n'auroit pas cet avantage, si la confignation de la dot normande n'étoit qu'une constitution ordinaire ou un simple assignat; on en feroit le prélévement sur les biens du mari, & les autres droits de la femme diminueroient à proportion. Il n'est pas question des inconvéniens que l'Article 365 peut quelquefois produire, *nulla lex satis commoda omnibus est, id modo quæritur si majori parti & in summam prodest*. De ce que la confignation de la dot ne diminue ni le douaire de la femme sur les propres, ni sa part dans les conquêts & dans les meubles, il suit que c'est une constitution toute particuliere, & qui a ses principes & ses effets aussi-bien que sa dénomination. A part & hors de toute comparaison avec les autres constitutions, les deniers donnés aux filles normandes lors de leur mariage, & destinés pour être leur dot, tiennent toujours nature d'immeubles; & on les considere comme propres, lorsque ce sont les peres & les autres ascendants, où les freres qui les ont donnés sous cette destination. L'Article 511 de notre Coutume, le porte expressément. Pourquoi nos Législateurs ont-ils regardé ces deniers comme propres, sinon parce qu'ils forment la part héréditaire des filles dans les successions de leurs peres & meres, & que dans une Province où cette part se liquide & se paie le plus souvent en deniers, il falloit leur donner cette qualité pour en assurer le retour à leur famille? Lors donc que le mari reçoit cette part en deniers, c'est

une part héréditaire & un propre de son épouse dont il devient le dépositaire & l'administrateur; s'il en fait le remploi en acquisition d'héritages, du consentement de son épouse, elle en aura la saisine de plein droit à la dissolution du mariage: *sed quod inde comparatum est vice permutati Dominii restitueretur*. S'il garde la dot dans ses mains, en la confignant sur ses biens, en ce cas le propre du mari qui en est garant, devient comme en échange le propre de la femme, jusqu'à la concurrence de cette dot dont la perception est qu'il s'est aidé pour conserver ses propres biens: *Idem servandum erit & si proprios creditores ex eâ pecuniâ dimiserit, non enim absumitur quod in corpore patrimonii retinetur*. C'est par argument de ces deux Loix, que Bérault & Godefroi, pour ainsi dire témoins de la réformation de nos Loix municipales, se sont portés avec raison à regarder comme une espece de permutation, la cession que le mari fait de ses biens à son épouse, pour la récompenser des héritages dont elle étoit propriétaire, & qu'il a aliénés. Et c'est en conséquence qu'ils assurent l'un & l'autre, sous l'Article 411 de notre Coutume, qu'il n'y a ouverture ni au retrait, ni au treizieme. Cependant suivant l'article 65 du Réglement de 1666, ces fortes de récompenses sont bien moins favorables que la dot confignée, puisqu'elles se prélevent sur les conquêts ou sur les meubles, & qu'elles diminuent d'autant les droits de la femme, tandis que la dot confignée ne les diminue point. Si elles sont exemptes de treizieme, il en doit être de même de la dot confignée, pour le retour de laquelle, à la femme ou à sa famille, le mari ou ses héritiers cedent de leurs propres qui, du moment de la confignation & de la réception de la dot, en sont devenus garants, & n'ont cessé de la représenter. De là vient que Bérault, cet Ecrivain si exact

& si judicieux, sous l'Article 365, affirme que la dot consignée, est réputée héritage & non meuble ; qu'elle produit une vraie action héréditaire & non mobile ; qu'elle est une dette réelle, enfoncée dès le mariage sur les biens du mari, lesquels y sont affectés & obligés. La dot n'acquiert cette qualité de dette réelle, héréditaire & foncière, que par la force de l'échange qui s'opere par la consignation : échange dont les effets se reglent à la dissolution du mariage sur les biens non aliénés du mari. Suivant le parti que lui ou ses héritiers jugent à propos de prendre, ils sont les maîtres de rembourser la dot ; mais s'ils ne la remboursent pas, la femme ou ses héritiers, suivant l'article 121 du Réglement de 1666, peuvent demander que partie des héritages affectés à sa dot & non aliénés, leur soient baillés en paiement à due estimation, sans être obligés de les faire saisir & adjuger par décret. La Cour n'a point assuré ce privilege à la dot de la femme par aucune considération personnelle ; mais parce que la dot étant une dette réelle & foncière, il étoit juste de ne pas obliger la femme à décréter les biens non aliénés de son mari. La Cour l'avoit ainsi jugé dès 1657, par un Arrêt que rapporte Basnage sous l'Article 589. On ne peut donc pas douter que la dot, sur-tout celle qui a été actuellement consignée lors du mariage, ne soit une dette réelle, foncière & privilégiée sur les biens non aliénés du mari. Ainsi lorsque luimême ou ses héritiers en cedent une partie à la femme en paiement de sa dot ; ce n'est point une vente à prix d'argent, c'est un simple délaissement qui libere le surplus d'une créance qui y étoit enfoncée, & qui donnoit à la femme sur le tout une action réelle & héréditaire, & non simple personnelle. De là suit que les héritiers du mari qui devroient le treizieme comme vendeurs, s'il y avoit vente à prix d'argent, ne le doivent point, parce qu'il n'y a point de vente, & que la cession qu'ils font n'est point à une personne étrangere & dépourvue de droit antérieur dans la propriété de la chose ; la confusion des biens du mari & de la femme, suite nécessaire de l'intimité de leur union, donne sans doute aux actes d'arrangement & de justice qui s'exercent lors de la dissolution du mariage, pour la répétition de la dot, plutôt le caractere de partage entre propriétaires en commun, que celui de cession entre personnes étrangeres l'une à l'autre. Sous ce point de vue, l'opinion de Basnage se justifie d'elle-même ; mais en regardant ces actes uniquement comme la suite d'un échange de propre à propre, lequel s'est opéré dès le temps du mariage contracté, échange dont les effets sont seulement restés suspendus jusqu'au temps de la dissolution, il est toujours certain que le treizieme dont il s'agit n'est point dû. Si la femme pour sa dot est obligée de faire décréter les biens aliénés de son mari, ce ne peut être qu'à raison de ce que son droit de propriété qui n'a jamais été corroboré d'aucune possession, doit céder l'avantage au titre propriétaire des acquéreurs, qui y joignent une possession actuelle ; mais à l'égard des biens non aliénés, son droit propriétaire n'ayant jamais souffert d'atteinte, il prend toute son activité, si le mari ou ses héritiers & créanciers, à la dissolution du mariage, ne remboursent pas la dot, suivant l'option que leur donne l'article 121 du Réglement de 1666 ; option qui ne change rien au droit de la femme, & qui ne l'éteint qu'au moment de l'usage qu'en font les héritiers ou créanciers du mari, par le remboursement actuel de la dot. Ces principes toujours présents aux yeux de la Cour, ont invariablement déterminé sa Jurisprudence contre les efforts que l'on a faits pour les changer. Elle a jugé le 25 Février

1717, qu'un pareil délaissement d'héritages à la femme pour sa dot, n'étoit sujet à retrait. Le Parlement de Paris l'avoit ainsi jugé en 1716, au rapport de M. l'Abbé Pucelle, dans une espece où il ne pouvoit y avoir d'obstacle réel contre la clameur, que la considération de la nature propre du contrat, qui n'étoit point une vente, mais un délaissement fait en paiement d'une dot consignée, & par conséquent une simple extinction d'une dette fonciere par la délivrance d'une partie des immeubles sur lesquels elle étoit enfoncée. La raison de décider sur le fait des treiziemes, est la même que sur celui du retrait; lorsqu'il n'y a point de vente, il n'y a ouverture à aucun de ces deux droits. Aussi par un dernier Arrêt du 6 Mars 1761, la Cour a décidé qu'il n'est point dû de treizieme pour une cession d'héritages par des enfants à leur mere en paiement de sa dot. Vainement veut-on distinguer entre des enfants & des héritiers collatéraux; il y a changement de ligne dans une espece comme dans l'autre. Cela est si vrai, qu'après le décès de la mere, si son fils qui lui a fait l'abandon, ne lui survit pas, le bien cédé passe aux héritiers de la femme, & non à ceux du mari; de même que si le fils lui succede, & que lui ou ses descendants ne laissent pas de postérité, c'est aux héritiers de la femme que le bien doit aller, parce que son fils & ses descendants ne l'ont possédé après elle qu'à sa représentation, comme un bien qui a fait souche dans sa ligne, & qui est devenu étranger à celle du mari. L'Arrêt du 6 Mars 1761 a donc jugé la même question que celle dont il s'agit, n'y ayant pas de raison de différence entre le délaissement par les enfants & celui qui procede d'héritiers collatéraux : d'un autre côté, on n'a jamais osé porter le zele pour les Seigneurs de fief, jusqu'à prétendre qu'il y eût ouverture au treizieme, lorsque la femme se fait envoyer en possession des biens non aliénés de son mari en paiement de sa dot; & c'est la même chose que le délaissement soit volontaire ou ordonné en Justice; ainsi tout s'eleve contre la demande en question. Le préjugé que l'on veut tirer de l'Arrêt rendu en 1762, au Parlement de Paris, en faveur de Mesdemoiselles de Montmorency, ne doit pas faire la moindre impression, puisqu'il ne s'agissoit point d'une dot de Normandie, & qui fût pourvue des avantages de la consignation; au lieu qu'il s'agit ici d'une dot vraiment dette réelle, fonciere & privilégiée; d'ailleurs c'étoit un seul Arrêt que l'on ne pourroit opposer à nos principes, qui se sont toujours constamment soutenus au Tribunal de la Cour, malgré le contredit qu'ils n'ont éprouvé que depuis vingt ans ou environ. Les partisans du treizieme n'ont pas réfléchi que la faveur des mariages, l'intérêt général des familles, & celui même des Seigneurs de fief, considérés dans leur état primitif, sont autant de moyens qui se réunissent à ceux que jusqu'à présent nous avons fait valoir. Nos Rois, & particulièrement notre Monarque bien-aimé, ont toujours favorisé les mariages; & la derniere Ordonnance sur les donations en contient plusieurs preuves, aussi heureuses pour la société que démonstratives de l'esprit de faveur qui n'a cessé d'animer nos Souverains pour les mariages de leurs sujets : & parce qu'il est question de l'intérêt des Seigneurs de fief, on iroit directement contre les principes que nos Rois ont bien voulu s'imposer sur les points qui intéressent la perception de leurs droits! On le peut d'autant moins, qu'en se rappellant l'ancienne forme de notre Gouvernement, qui a été tout féodal, la force des Seigneurs de fief consistoit principalement à se procurer un plus grand nombre de vassaux pour augmenter le service militaire qu'ils en tiroient;

roient. Si cet état violent a été heureusement modifié, ses principes doivent toujours faire connoître le véritable intérêt qu'avoient les Seigneurs de fief à favoriser les mariages; ils les auroient certainement accablés du poids d'une injuste tyrannie, s'ils avoient tiré du mariage de leurs vassaux des prétextes pour augmenter leurs treiziemes. Il répugne même à nos mœurs actuelles que le mariage d'un vassal fût la source d'une perception de plus, & le germe d'un nouveau tribut à futur pour les Seigneurs. On ne doit pas s'y tromper; c'est ici l'intérêt général des familles qui se défend des atteintes de l'intérêt féodal : or, sur un tel conflit, ne compteroit-on pour rien la possession où les familles ont toujours été de ne point payer de treizieme dans tous les cas semblables à celui du procès actuel? On voit par le texte de notre ancien Coutumier que le treizieme n'étoit pas si considérable qu'il l'est devenu dans la suite: c'est par la seule force d'un usage qu'il s'est accru jusqu'au point où il étoit lors de la réformation de notre Coutume; mais il a été restreint sur le point en question par un autre usage qui n'a jamais varié : l'un ne doit pas avoir moins de force que l'autre. Combien les héritiers d'un mari ne seroient-ils pas à plaindre, lorsqu'ils sont obligés de laisser du fonds en paiement de la dot, s'il falloit qu'ils en payassent le treizieme, parce qu'on les regarderoit comme vendeurs, & que le treizieme dans notre Province est à la charge du vendeur; tandis qu'il n'y a point de vente, & que le délaissement qu'ils font ne tend qu'à prévenir les frais d'un envoi en possession! Les familles n'ont pas ce malheur à craindre; les motifs qui s'élevent contre la prétention des Seigneurs, sont trop puissants pour ne pas garantir le public de cette surcharge. On finira par les présenter sous un seul point de vue, tels qu'on les trouve dans un ancien Recueil manuscrit, connu sous le nom de Maximes du Palais; ouvrage qui a été plusieurs fois cité avec succès au Tribunal de la Cour, & que la tradition du Barreau nous apprend avoir été composé sous les yeux de M. le Premier Président Pelot, sur le modele des célebres arrêtés de M. le Premier Président de Lamoignon. Dans cet ouvrage, précieux à notre Droit municipal, après l'énumération de plusieurs contrats exempts de treiziemes, on ajoute que l'on suit la même Jurisprudence quand le mari a baillé à sa femme ou à ses enfants des héritages pour le paiement de sa dot; & cela est fondé, non-seulement sur la qualité du contrat qui est une espece d'échange, mais encore sur la communauté qui est entre le mari & la femme, qui sont en quelque façon maîtres des biens par eux possédés, & qui les séparent plutôt entre eux qu'ils ne les vendent; c'est-à-dire, en un mot, que pour donner lieu au treizieme, il faut que deux choses concourent ensemble : la premiere, que le vassal nouveau n'eût aucun droit à l'héritage; & la seconde, que la mutation se fasse par la voie du contrat de vente ou quelqu'autre qui en ait la subsistance & la réalité. Toutes les autorités se réunissent donc contre la demande du treizieme dont il s'agit; ainsi la Province a lieu d'espérer de la justice de la Cour un Arrêt solemnel qui la préservera pour toujours d'une augmentation de charge, dont l'esprit d'intérêt fiscal l'a menacée. Pourquoi a été conclu, qu'il plaise à notre Cour mettre l'appellation au néant; ordonner que la Sentence dont est appel sortira son plein & entier effet, avec dépens.

La Cour, Parties ouies, faisant droit sur l'appel interjetté par la Partie de Flavigny, mit l'appellation au néant.

Malgré le soin que Me. Duval, ce

Jurisconsulte profond dont nous regretterons long-temps la perte, avoit eu de discuter la question dans tous les points, il en est cependant un qui lui est échappé.

La soute en deniers ou la constitution de rente pour excédent de la valeur des fonds qui seroient cédés en paiement de la dot, donneroit-elle lieu au retrait ou au treizieme ? Pour l'affirmative, on pourroit dire que par l'Article 464 de la Coutume de Normandie, l'héritage échangé est sujet à retrait, s'il y a soute de deniers, quelque petite qu'elle soit.

Par l'Article 462 l'héritage baillé à rente rachetable, en tout ou partie, y est pareillement assujetti.

Et par l'Article 467, le contrat de transaction même est clamable, encore que le tenant ne soit dépossédé, si autres choses lui sont baillées, dont il n'étoit jouissant lors de la transaction.

Or, ces trois différentes dispositions forment cette loi, en Normandie, que tous les contrats non clamables de leur nature sont sujets au retrait, lorsqu'il y a quelque mélange de soute, d'énumération de deniers, de rachat de rente.

Les Commentateurs regardent le délaissement fait à la veuve, des propres de son mari, comme un échange ; par conséquent dans le délaissement comme dans l'échange, la moindre soute doit donner lieu au retrait. Telle est la Jurisprudence du Parlement de Normandie, fondée sur la disposition de l'Article 411 qui porte, » que le mari qui a aliéné l'hé- » ritage de sa femme lui peut transpor- » ter du sien, pourvu que la valeur de » l'héritage soit pareille.

Mais à ceci on répond qu'il y a quatre différences essentielles entre l'échange & le remplacement de dot, qui concourent à démontrer que la disposition de l'Article 464 de la Coutume de Normandie, par rapport à l'échange, ne peut être appliqué au cas du remplacement.

1°. La disposition de cet Article est contre le droit commun ; tous les Commentateurs en conviennent : or, il est de principe qu'on ne peut étendre une disposition contraire au droit commun, d'un cas à un autre.

2°. On le peut encore moins quand les cas n'ont entr'eux aucun rapport, & il n'y en a point entre le remplacement & l'échange.

L'échange de sa nature consiste dans une permutation d'immeubles de part & d'autre ; le remplacement de la dot consignée, au contraire, est un remplacement & une permutation (si l'on veut) de deniers pour des immeubles. Il est de nécessité absolue, il est de l'essence & de la nature du remplacement qu'il y ait des deniers : c'est la remarque de Basnage sur l'Article 365, & de tous les autres Commentateurs.

Or de ce principe, il s'ensuit, par une conséquence nécessaire & sans replique, que dans le remplacement de la dot consignée, à la différence de l'échange, la soute en deniers ne puisse jamais donner lieu au retrait ; parce qu'autrement il faudroit toujours l'admettre, puisque le remplacement de sa nature ne peut être fait que pour des deniers qui aient été réellement donnés : il est néanmoins de principe que le retrait ne peut avoir lieu dans ces sortes de remplacements. Il faut donc convenir que le remplacement est bien différent de l'échange, & que la soute en deniers ne peut pas donner lieu au retrait dans le remplacement comme dans l'échange.

Lorsque Bérault & Godefroy décident que le remplacement est une espece de permutation qui n'est point sujette au retrait ; ils font sentir par là l'extrême différence qu'il y a entre l'échange ordinaire & cette permutation, qui étant de sa nature une espece de permutation d'un meuble contre des deniers, n'est pas néanmoins sujette au retrait.

On ne peut admettre une autre pensée à ces Auteurs, après qu'ils ont établi pour principe qu'il faut nécessairement qu'il y ait des deniers pour donner lieu à la consignation de dot.

En second lieu, l'échange est un contrat purement volontaire; le remplacement au contraire est légal.

Dans un contrat purement volontaire, la moindre *soute* donne lieu au retrait. La loi est dure; mais après tout, elle ne détruit que la seule disposition de l'homme pour faire place à la sienne.

Mais qu'on puisse appliquer cette disposition au cas du remplacement qui est légal, ce seroit rendre la Coutume contraire à elle-même & lui faire détruire ses propres dispositions.

En effet, lorsque la Coutume accorde ce remplacement à la femme, son intention est qu'elle jouisse de cet avantage dans le cas le plus ordinaire : or, il est certain que le cas le plus ordinaire, est celui où la femme sera obligée de donner un retour en deniers pour l'excédent du remplacement. La femme peut demander des propres jusqu'à concurrence de sa dot; elle n'est pas obligée de prendre une partie en deniers & une partie en immeubles, cela est certain : or, il est presque impossible qu'il se trouve des propres du mari pour la remplir arithmétiquement de sa dot; le cas le plus ordinaire est donc celui où la femme sera obligée de donner un retour. Si donc la moindre soute donnoit lieu au retrait, elle seroit privée de son remplacement sur les propres du mari dans le cas le plus ordinaire, contre l'intention de la loi : ainsi il faut conclure que la soute ne peut donner lieu au retrait dans le cas du remplacement légal, à la différence de l'échange;

autrement ce seroit rendre la loi illusoire & sans effet.

Il y a plus : la femme a un droit réel, un droit foncier, une espece de copropriété dans les propres du mari.

Or, entre copropriétaires qui font liciter un héritage commun, il est certain en Normandie qu'il n'est dû aucuns droits seigneuriaux pour l'adjudication faite à l'un d'eux, quoiqu'il y ait un retour en deniers. C'est la remarque de Basnage sur l'Article 171, & de nos autres Commentateurs. Par identité de raison, la femme qui a un droit de copropriété dans les propres du mari, ne peut être exposée à l'action du retrait, à cause du retour qu'elle donne pour l'excédent de la dot, le retrait & le treizieme se réglant presque toujours en Normandie par les mêmes principes, comme l'observe Basnage sur l'Article 452.

Enfin le remplacement de dot est un accommodement de famille, une espece de partage qui se fait des propres entre la femme & les héritiers du mari; l'Article qui admet le remplacement, est rangé comme tel sous le titre des *Partages*.

Or, en matiere de partage, la soute en deniers ne donne point lieu au treizieme, encore moins au retrait.

Ces différences essentielles distinguent le remplacement de la dot, non-seulement de l'échange, mais de tous les autres contrats, du bail à rente & de la transaction; on ne peut par conséquent appliquer au cas du remplacement les dispositions des Articles 462, 464 & 467.

S'il ne peut plus y avoir de difficulté raisonnable, au sujet du remplacement des héritages & rentes appartenantes aux femmes mariées; si tout ce qui devoit leur assurer a été prévu & réglé par la Jurisprudence de cette Province; en est-il de même à l'égard des meubles apportés par une femme à son mari, soit en premieres, soit en secondes noces ? Sur ce double objet, voici deux Arrêts qui paroissent devoir fixer les principes.

Le premier est du 22 Août 1726 : il s'agissoit de savoir si, lorsqu'il échet des meubles par succession à une femme mariée, le mari, auquel suivant l'Article 390 ses meubles appartiennent, étoit obligé, outre les charges indiquées en cet Article, de remplacer sur ces meubles les propres aliénés par celui duquel la femme avoit hérité ?

La cause s'agitoit entre le sieur Leforestier & la dame Cavelier.

Le sieur Leforestier avoit épousé en 1714 la dame Cavelier : durant son mariage, cette dame avoit hérité, du sieur Cavelier de la Sale son frere, une terre de 80,000 liv., & 18,000 liv. de meubles.

Son mari en devoit remployer moitié en héritage.

Ce mari étant décédé, elle prétendit que les héritiers qu'il laissoit devoient remplacer, sur la moitié des 18,000 liv. restées au défunt, les aliénations faites par le sieur de la Sale, même avant le mariage de sa sœur. Elle perdit aux Requêtes du Palais ; dont appel de sa part. Par Arrêt du 22 Août 1726, la Sentence des Requêtes fut confirmée.

1°. Le motif de l'Arrêt fut que lors du Réglement de 1666, la question du remploi des meubles s'étant élevée, on avoit décidé par l'article 66, qu'il n'y auroit point de remploi de meubles, à moins qu'il ne fût stipulé, si ce n'étoit dans le cas des Articles 390, 409, 511, 512 & 513.

2°. Que les meubles échus à la femme constant son mariage, sont si peu censés susceptibles de devenir propres, que dans le cas même de l'Article 390, le remplacement qui en est fait en héritage, n'est qu'un acquêt en la personne de la femme, suivant un Arrêt donné en forme de Réglement, le 20 Janvier 1721.

3°. Le remploi sur les meubles est borné aux propres aliénés depuis le mariage, ou au cas où les meubles sont légués ; & il ne faut pas étendre la loi du remplacement au-delà de ses bornes ; ou au cas de l'Article 107 du Réglement de 1666, *au profit des héritiers aux propres.*

Ce n'est donc qu'autant qu'il y a deux sortes d'héritiers en une succession, que cet Article a lieu. Ainsi en ligne directe il n'a pas d'application, parce que ces héritiers sont *ejusdem stemmatis* (1). Donc il ne doit pas avoir lieu entre l'homme & la femme qui sont héritiers de même espece, parce qu'on ne peut être créancier & débiteur en même temps.

En un mot, le remplacement ne se fait qu'entre cohéritiers ou successeurs de diverses classes à titre de droits différents. D'ailleurs le mari tient les meubles de la femme, & la femme ne se doit *pas de remploi* ; elle ne peut donc exiger ce qu'elle ne se doit pas.

Le deuxieme Arrêt est relatif à une femme, qui ayant passé en secondes noces, avoit transmis à son mari un mobilier considérable.

Lors du second mariage de la dame Marthe Poullain avec Antoine Leverrier, Ecuyer, sieur de Treize-Saints, elle étoit veuve de René de Montpinçon, Ecuyer, sieur de Fontenay, & tutrice de quatre enfans issus de leur mariage. Le contrat de mariage du sieur Leverrier & de la dame Poullain ne contenoit aucune donation de meubles ni d'immeubles ; il n'y fut pas même employé que la femme apportoit les meubles à son second mari : au contraire, elle en fit faire inventaire quelques jours après la signature du contrat de

---

(1) Basnage, Art. 408, rapporte un Arrêt du 18 Août 1627 qui l'a ainsi jugé.

mariage. Le sieur Leverrier l'épousa avec ses droits, parce qu'elle lui mettroit aux mains les contrats d'iceux la veille de ses époufailles ; & en cas qu'il fût fait des amortissements de rentes de ladite dame, le sieur Leverrier s'obligea les remplacer en héritages, ou les consigner sur ses biens. Le sieur Leverrier mourut en 1699, & laissa pour héritière une fille, que Jean-François de Gautier, Ecuyer, sieur de Montreuil, épousa dans la suite.

La dame Poullain fit ajourner devant le Bailli de Falaise, le 9 Avril 1704, le sieur de Montreuil, & le sieur Baron de Longey, héritier du sieur Jean-François Leverrier, qui avoit été tuteur des enfants du premier lit de cette dame, pour avoir répétition des meubles contenus dans son inventaire, & des arrérages de sa dot & de son douaire échus au jour de son mariage avec le sieur Leverrier. Le sieur de Longey ayant évoqué l'instance aux Requêtes du Palais, il fut rendu Sentence le 13 Juin 1716, par laquelle la dame Poullain fut déboutée de son action, avec dépens, sauf au sieur de Longey, en cas de décès de cette dame, à agir ainsi qu'il aviseroit bien. Sur l'appel interjetté par cette derniere, Me. Pigache son Avocat, pour prouver que les meubles par elle apportés au sieur Leverrier son second mari, devoient lui être restitués, & établir le mal jugé de la Sentence des Requêtes du Palais, annonçoit trois propositions dans ses écritures.

La premiere, que le second mari d'une femme qui a des enfans du premier lit, ne peut rien prétendre sur les biens de sa femme, soit meubles, soit immeubles, sans une donation expresse qui doit être réduite aux termes de l'Edit des secondes Noces, & de l'Art. 405 de la Coutume.

La seconde, que quand le sieur de Montreuil, au droit du sieur de Treize-Saints, pourroit réclamer quelque part dans les meubles & effets mobiliers de cette dame, ce ne seroit qu'une part égale à celui de ses enfants qui en auroit le moins.

Et la troisieme, que cette part ne peut être exigée qu'après la mort de ladite dame.

Sur la premiere proposition, il disoit que pour opérer une donation, il faut que la volonté des parties intervienne, que le donateur ait dessein de se dépouiller d'une partie de son bien, & que le donataire ait la volonté de recevoir la gratification qu'on lui fait, les donations ne se suppléant point par équipolence.

Que si la Cour a jugé par quelques Arrêts un don mobil au mari sans stipulation, le motif de ces jugements a été de borner l'avantage des maris plutôt que de l'étendre ; & dans ce cas, que les mariages des filles consistant en meubles, le mari prétendroit que tout étoit à lui, les héritiers de la femme soutenant, au contraire, que tout étoit dot alors ; la Cour a regardé le système des parties sur le don mobil & sur la dot, comme une obmission, si elle a présumé que l'intention des parties avoit été de contracter à l'ordinaire ; & l'usage étoit de donner le tiers en don mobil aux maris. Elle leur a adjugé le tiers des meubles, & non la totalité ; mais ce qui se présume dans les contrats de mariage des filles, ne peut être dans celui des veuves qui ont des enfants ; rien ne retient l'affection des premieres, au lieu que la nature doit attacher les veuves à leurs enfants plus étroitement qu'à leur second mari ; ainsi quand la femme ne donne point de don mobil, on présume qu'elle a été touchée de la fortune de ses enfants, & qu'elle a voulu leur conserver la totalité de ses biens. Les termes de l'Edit des secondes Noces, & l'Article 405 de la Coutume, qui portent l'un & l'autre que la femme ne peut donner de ses biens à son second mari, qu'une part égale à celui de ses enfants qui y prend le moins, font connoître que la femme a la liberté de donner ou de ne pas donner ; mais il faut que la volonté soit manifestée par quelque clause du contrat de mariage : elle peut donner ; mais il faut qu'elle donne pour que le mari ait ce qui lui est permis de se faire donner. Si ce mari avoit pu sans donation réclamer quelque part dans les biens de sa femme, l'Article 405 de la Coutume, & l'Edit des secondes Noces auroient dit que le mari ne peut avoir dans les biens de sa femme, qu'autant qu'il en appartiendroit à celui de ses enfants qui en auroit le moins, & non pas que la femme ne peut *donner* : ce terme *avoir*, seroit connoître que le mari sans donation, auroit un droit sur le bien de sa femme, acquis par l'Edit & par l'Article de Coutume ; mais l'un & l'autre portant le terme *de donner*, il faut nécessairement qu'il y ait une donation, sans laquelle l'intégrité des biens de la femme passe aux enfants du premier lit auxquels la femme a eu dessein de les conserver. L'Article 91 du Réglement de 1666, porte aussi le terme de donation, ce qui continue à en démontrer la nécessité ; il y a même dans le contrat de mariage une clause équivalente à l'exécution du don mobil. Le sieur de Treize-Saints prend ladite dame à ses droits, dont les contrats lui seront mis aux mains, & il se soumet de remplacer les amortissements des rentes de ladite dame qu'il pourroit recevoir. Il s'agissoit donc d'immeubles sur lesquels il renonce au don mobil, puisqu'il promet les remplacer en entier. La dame Poullain a fait inventaire de ses meubles-meublants ; elle avoit donc dessein de les conserver à ses enfants. Le sieur de Treize-Saints déclare être content des droits immobiliers de sa femme ; il n'a donc rien prétendu autre chose que de jouir desdits droits. Si la donation est nécessaire pour les meubles, elle l'est aussi pour les immeubles. La Coutume & l'Edit des secondes Noces, n'ont-ils pas sous ce mot de biens, renfermé l'un & l'autre ? Si ces Loix ont fixé ce que la femme pouvoit donner, elles ont fixé en même temps l'étendue des prétentions du mari, qui doivent être renfermées dans ce que la femme lui a donné ou voulu lui donner. On présume que la femme s'est réservée ses meubles, quand elle n'en a point fait de donation.

Il n'y a aucune Loi qui donne au mari les meubles de la femme à droit marital. Si les meubles de la femme étoient acquis au mari, *jure mariti*, il n'y auroit aucune restriction à cette Loi, & les meubles lui appartiendroient, à quelque somme qu'ils se montassent. Cependant quand la femme n'en a donné qu'une portion, le mari n'en peut demander davantage ; la raison est égale pour le tout comme pour une partie ; quand elle n'a rien donné, on présume qu'elle a voulu conserver le tout ; la donation de la femme est la cause ; la réclamation du mari est l'effet : la cause ne subsistant point, l'effet doit manquer. Terrien, de l'opinion duquel on se sert pour appuyer ce droit marital, qui a travaillé avant la réformation de la Coutume, a entendu parler des meubles que les gens mariés acquièrent ensemble ; mais non pas des meubles d'une veuve qui se remarie. L'Article 390, qui assujettit le mari de remplacer les meubles qui échéent à la femme constant son mariage, ne le rend pas propriétaire de ceux qu'elle a quand elle se marie ; ils demeurent à la femme pour en prendre possession après la mort du mari, ils sont en essence, ou pour en avoir le montant sur ses biens quand il les a dissipés.

Dans l'espece de l'Arrêt cité par Bérault, la femme avoit apporté ses meubles à son mari, & n'avoit retenu qu'une somme pour ses bagues & joyaux ; ce qui fait présumer qu'elle avoit donné le reste. On ne peut pas donner d'autre motif à l'inventaire fait par la dame Poullain, que le dessein de conserver ses meubles ; ce que Basnage sur l'Article 538 de la Coutume, apporte comme une circonstance qui en prive le mari. Quand la femme ne prend rien aux meubles & aux conquêts de son mari, & qu'elle n'a point de dettes, il est juste qu'elle retire ses meubles ; la jouissance des biens de la femme, fait que le mari contracte l'obligation de payer.

Sur la deuxieme proposition, Me. Pigache observoit que quand on pourroit présumer quelque donation, elle ne pourroit être que d'un cinquieme, la dame Poullain ayant quatre enfants. La femme qui a des enfants, ne peut donner qu'un tiers de ses meubles à un étranger. Comment les pourroit-elle donner tous à un second mari ? Le sieur de Montreuil ne pourroit avoir qu'un cinquieme des meubles, & non pas de tout le bien, qui absorberoit la totalité des effets, contre la disposition de la Coutume, qui ne permet à la femme de ne disposer que d'un tiers de ses meubles. Le mari peut avoir moins que le tiers, eu égard au nombre des enfants ; mais il ne peut jamais avoir plus.

A l'égard de la troisieme proposition, qui consistoit à dire que quand le sieur de Montreuil auroit pu réclamer quelque portion dans les effets mobiliers de la dame Poullain, ce ne seroit qu'après la mort de cette dame ; il soutenoit que les héritiers du mari ne pouvoient avoir aucun usufruit des biens de la femme ; que la condition du mari & de ses héritiers doit être égale à celle des enfants ; que les donataires ne peuvent jouir des choses données, que du jour que les donations doivent avoir effet ; & que les donations faites aux seconds maris par leurs femmes, ne sont parfaites que par leur mort. S'il n'en appartient rien au sieur de Montreuil, il n'en peut avoir la jouissance ; s'il ne lui en appartient qu'un cinquieme, il ne peut retenir le reste : le mari ne peut avoir la jouissance desdits biens, que quand il est au pouvoir des enfants de les prendre ; autrement sa condition seroit meilleure que la leur, puisqu'il auroit une jouissance qu'ils ne peuvent avoir qu'après la mort de leur mere. C'est la mort de la femme qui donne ouverture à la donation faite au second mari ; jusqu'à ce temps la donation est incertaine, puisque les biens peuvent augmenter ou diminuer.

Me. Bérard, Avocat du sieur de Montreuil, répondoit que la donation est nécessaire pour les immeubles de la femme, mais non pour les meubles. Ce n'est point à droit de don mobil que le mari peut les prétendre, ils lui sont dus de droit commun par la Loi, & *jure mariti*, si la femme les a réservés à son profit.

L'Edit des secondes Noces & l'Article 405 de la Coutume, ont voulu fixer les donations excessives que la femme pourroit faire à son second mari ; mais quand il n'y a point de donation, les meubles de la femme appartiennent en totalité au mari, lorsqu'ils n'excedent point la part que la Coutume permet de donner ; & quand ils l'excedent, les enfants sont en droit de faire réduire la prétention du mari jusqu'à la concurrence de la part d'un d'iceux dans les meubles & les immeubles. Le droit marital est certain & est si ancien, que Terrien, au chapitre des Droits des Gens mariés, dit que pour le fait des biens-meubles, de quelque nature qu'ils procedent, ils sont tous au mari. L'Article 390 de la Coutume, oblige le mari à remplacer la moitié des meubles qui écheent à la femme constant le mariage ; mais aucun ne prescrit le remploi de ceux qu'elle a quand elle se marie ; cela prouve qu'ils appartiennent au mari. Bérault, sur l'Article 390, dit que s'il n'y a point de don mobil, la Coutume laisse les choses dans le droit ancien, qui oblige le mari au remploi, & qui lui donne les meubles appartenants à sa femme lors des épousailles, si elle n'en a fait une réserve. Basnage sur l'Article 538 de la Coutume, dit que réguliérement les meubles de la femme appartiennent au mari.

Enfin la question a été décidée en faveur d'un nommé Desvaux, par Arrêt du 4 Août 1629, rapporté par Bérault. On adjugea au sieur Desvaux tous les meubles de la femme, si mieux n'aimoit le tuteur des enfants délivrer audit Desvaux une part égale à l'un des enfants dans les meubles & dans les immeubles de leur mere, quoiqu'il n'y eût aucune donation, & cela fondé seulement sur le droit du mari, comme on le voit par le plaidoyer de l'Avocat de Desvaux. L'inventaire que la dame Poullain a fait faire de ses meubles est une précaution prise pour le mari pour éviter le reproche que les enfants auroient pu lui faire sur la valeur de ces meubles, en soutenant qu'ils eussent excédé la part que la femme est libre de donner. L'équité demande que les meubles de la femme appartiennent au mari, puisqu'elle a sur ses biens un douaire, une part aux conquêts & aux meubles, & qu'il est assujetti à toutes les dettes.

Ce n'est point à titre de donation que le sieur de Montreuil réclame tous les effets mobiliers de la dame Poullain; si elle en eût fait une au sieur de Treize-Saints, elle eût été, suivant l'usage, d'une part égale à un de ses enfants dans les meubles & dans les immeubles; & loin que le remplacement stipulé des immeubles, puisse être avantageux à cette dame, son silence sur le remploi des meubles est une preuve qu'elle ne se les est pas réservés; conséquemment ils appartenoient en totalité au sieur de Treize-Saints, *jure mariti*, & c'est à son droit que le sieur de Montreuil les réclame. Il est juste de différer jusqu'après la mort de la femme l'exécution de la donation qu'elle a faite de ses immeubles; mais le sieur de Treize-Saints n'ayant rien dans les immeubles, les meubles lui appartiennent, *jure mariti*; rien de plus naturel que les héritiers en soient saisis, sauf la réduction après la mort de la femme.

La Cour, par Arrêt du premier jour de Mars 1728, rendu en Grand'Chambre, au rapport de M. l'Abbé Duhamel, mit l'appellation au néant, avec dépens.

SECTION XII.

Les peres & meres peuvent-ils stipuler le retour de la dot ? & en sont-ils garants ?

Cette question doit se décider différemment en Normandie, que dans toutes les autres Provinces du Royaume. En celles-ci, la dot de la femme constituée sur les biens du mari, se confond & s'éteint dans la personne de l'enfant devenu héritier de ses pere & mere. Ainsi dès qu'un fils a recueilli la succession de son pere, grevée de la constitution de la dot de sa mere dont il est également héritier, cette dot est entiérement éteinte en la personne de cet enfant. Et s'il meurt sans enfants, ses biens paternels retournent à ses parents paternels, francs & quittes de la dot dont ils étoient chargés.

En cette Province, au contraire, la dot ne s'éteint & ne se confond que dans la personne du petit-fils, c'est-à-dire dans le second dégré de génération de succession, suivant les Arrêts des 23 Juillet 1671, 16 Janvier 1680, 19 Novembre 1693, rapporté par Basnage sur l'Article 245 de la Coutume, & les autres qui se trouvent ci-devant cités. Article CONFUSION.

Or les Arrêts ont restreint l'ancienne Jurisprudence qui avoit déclaré la dot reversible sensible aux héritiers de la femme jusque dans le septième degré inclusivement; ce qui est prouvé par les Arrêts des 26 Mars 1607 & 29 Juillet 1615 que Bérault nous a conservés, & par celui du 15 Novembre 1646 que Basnage cite.

Or, si la confusion a lieu maintenant parmi nous dans le second degré de génération & de succession, il s'ensuit que le fils de celle à qui appartient la dot décédant après elle, la dot n'est pas confondue, & que le retour de cette dot ayant été stipulé par les donateurs à leur profit, lors du contrat de mariage de la donataire, ils jouissent de ce bénéfice; à la différence de ce qui se pratique dans les Provinces où le droit civil est suivi : car en vertu de la loi 26, sect. 2, au digeste *de pactis dotalibus*, lorsque le pere de la fille & son gendre sont convenus que la dot seroit restituée au pere si sa fille le prédécédoit, & que la fille meurt avant son pere, laissant des enfants, ceux-ci succedent à la dot au préjudice de leur aïeul.

Il est vrai qu'en 1657 le Parlement de Normandie parut adopter cette maxime des loix Romaines.

Un sieur de la Besliere, en mariant deux de ses filles, avoit promis à l'une 18,000 liv., à l'autre 40,000 liv.; elles moururent sans enfants, & la dot n'étoit pas payée : deux sœurs des défuntes réclamerent les 58,000 liv.; & le sieur de la Besliere fut condamné à les leur payer.

En 1682 un donateur s'étoit réservé 200 liv. de rente, si le donataire décédoit sans enfants; celui-ci mourut, laissa un enfant qui décéda avant le donateur, & le donateur fut privé du retour des 200 liv. Il y a plus : Basnage qui critique l'Arrêt de la Besliere, comme contraire à la Jurisprudence Normande, fait l'éloge d'un autre, sous la date de 1665, par lequel il fut décidé qu'un pere ayant donné tous ses biens à l'un de ses enfants, devoit être préféré par ses autres enfants, en la succession des biens donnés après le décès du donataire. Mais avec un peu d'attention, on s'apperçoit que le sieur de la Besliere ne s'étoit point réservé le droit de réversion à son profit; ses deux filles héritieres de la donataire devoient donc seules succéder à leurs sœurs. Lors de l'Arrêt de 1682, la clause de l'acte de donation n'ayant attaché le bénéfice du retour qu'au cas où le donataire décéderoit sans enfants; ce cas n'étant point arrivé, le donateur ne pouvoit rien réclamer en vertu de la condition apposée à son bienfait. Enfin l'Arrêt de 1665 n'a pas eu pour motif les maximes relatives aux stipulations de réversion, mais l'exécution de l'Article 241 de la Coutume. Ainsi l'on doit tenir comme principe incontestable qu'en cette Province les peres & meres n'étant pas obligés de donner dot à leurs filles en les mariant, suivant l'Article 450 de notre Coutume; lorsqu'ils en donnent une, comme c'est de leur part une pure libéralité, ils peuvent apposer à cette libéralité toutes les conditions qui leur plaisent, pourvu qu'elles ne blessent point l'honnêteté publique. Or, il n'y auroit rien de contraire aux bonnes mœurs qu'un pere & une mere stipulassent, en dotant leur fille, qu'ils se réservent le retour de la dot, dans tous les cas où après elle ou leurs enfants, cette dot passeroit à des collatéraux.

SECTION XIII.

La dot doit-elle se lever avant le douaire, ou vice versa, & l'option étant faite est-elle irrétractable ?

Il est certain que la femme a le droit de régler elle-même la préférence de sa dot & de son douaire, lors de la liquidation de ses droits sur les biens de son époux : ceci est cependant susceptible d'une exception ; car lorsque le contrat de mariage n'est reconnu qu'après le mariage célébré, la dot ne peut avoir une hypotheque préférable à celle du douaire. *Voyez* article DOUAIRE, & Basnage sur l'Article 369.

Ce droit d'option a été accordé à la femme par une suite de l'attention qu'on a toujours eue en cette Province d'empêcher que les biens de la femme n'entrassent dans la famille du mari. Il sembleroit donc naturel que lorsque la femme se seroit trompée en optant ou son douaire avant sa dot, ou sa dot avant son douaire, elle pût se faire restituer du préjudice résultant de son erreur.

Cependant la veuve Pain ayant tenté cette voie de restitution, contre l'option qu'elle avoit faite de sa dot avant son douaire, fut déboutée de l'entérinement de ses lettres, par un Arrêt du 12 Juillet 1750. Les motifs de l'Arrêt furent que les erreurs de droit ne sont point, suivant les Ordonnances de 1510, de 1535, de 1560, des moyens de restitution entre majeurs. Il n'y a que le dol personnel, tel que la force, la violence, qui puisse donner lieu au relévement. La lésion seule dans les actes où les Parties peuvent licitement renoncer à leurs droits, ne suffit pas pour les annuller, quand il n'y a eu ni fraude ni artifices employés pour y faire consentir.

SECTION XIV.

En quel cas la dot est-elle confondue ?

Voyez art. CONFUSION & REMPLOI.

SECTION XV.

Comment la femme doit-elle agir pour recouvrer sa dot, lorsqu'elle n'a point poursuivi les héritiers de son mari ?

Suivant l'article 121 des Placités déja cité, les héritiers du mari, poursuivis pour le remplacement de la dot, doivent donner biens à la femme, à due estimation, ou lui payer le prix de cette dot ; mais il reste la question de savoir si la femme n'ayant point réclamé sa dot vis-à-vis des héritiers, elle peut se faire envoyer en possession des fonds affectés à sa dot, passés aux mains des acquéreurs de ces héritiers ?

Pour la résoudre, il suffit d'observer que dès que les fonds n'étoient point aliénés au temps du décès du mari ; comme le privilege de l'envoi en possession étoit dû incontestablement à la femme, du moment de la dissolution du mariage, les héritiers de l'époux n'ont pu valablement aliéner les biens auxquels ils ont succédé, au préjudice de ce privilege ; la femme malgré la vente faite par les héritiers, peut donc faire prononcer contr'eux l'envoi en possession, & le faire exécuter nonobstant l'opposition des acquéreurs.

Si en cet article DOT, plusieurs questions importantes paroissent omises, on les trouvera discutées sous les mots auxquels on a ci-dessus renvoyé, & surtout en l'article DOUAIRE, FEMME, MARI & REMPLACEMENT. La raison du renvoi est que le motif des décisions sera plus facile à saisir dans les articles où les principes de l'objet principal de ces décisions sont exposés.

DOUAIRE.

Le douaire, on l'a dit plus haut, étoit, chez les Gaulois, la dot de la femme : on ne l'a distingué de la dot, que lorsque la femme, au lieu d'être dotée sur les biens du mari, s'est donné à elle-même, ou a reçu de ses parents des meubles ou des héritages en se mariant, & se les est réservés en tout ou en partie.

Les anciens François permettoient aux filles d'agréer un époux dès l'âge de sept ans (1) ; mais comme leur consentement pouvoit être rétracté jusqu'à l'âge de puberté, le douaire ne leur étoit dû que lorsqu'elles avoient atteint cet âge : avant cet âge, *la fille, junior non potest virum sustinere, neque dotem promereri*, Coke, sect. 36, *Instit.* : de là notre maxime Normande, que le *douaire se gagne au coucher* : art. 367. *Cout. réform.* Nous devons la plupart des autres dispositions de notre Coutume sur le douaire, aux Coutumes Anglo-Normandes.

Elles le fixent au tiers viager des biens ayant appartenu à l'époux lors du mariage, si ce n'est en certains cantons où elles en accordent moitié : il y avoit même des Villes & Bourgs où le douaire consistoit en l'usufruit de tous les biens du mari, Littleton, section 37, parce que les biens de bourgage étoient considérés comme meubles.

Les anciens Normands distinguoient trois sortes de douaire ; celui dû *par la commune loi*, le douaire accordé *au portail de l'Eglise*, & celui exigible *par le consentement du pere*.

Le douaire par la commune loi consistoit au tiers des biens, à moins que l'usage du canton ne lui donnât plus d'étendue, parce qu'alors cet usage tenoit lieu de la loi commune, & la femme n'avoit pas besoin d'acte écrit pour l'exiger.

Le douaire *ad ostium Ecclesiæ*, étoit ce que nous appellons *douaire conventionnel & préfix* : afin que la femme eût droit de le demander, il falloit que la stipulation en eût été solemnelle, authentique ; on ne pouvoit le constituer, en se mariant, en une chambre, ou autres lieux où le public n'avoit point entrée : *Bracton, l. 2, c. 18.*

Le douaire *ex assensu patris*, étoit celui qu'un fils accordoit à sa femme sur les biens & du consentement de son pere ; cette femme, en vertu de ce consentement, en jouissoit, après la mort de son mari, lors même qu'il étoit décédé avant son pere : Littlet. sect. 410.

Quand le consentement du pere étoit méconnu, on faisoit recorder les parents sur les conventions qui avoient été arrêtées lors de la célébration du mariage : Coke, sect. 40, 1re. part. *Institutes*, verbo FAIT.

Quoique la femme eût un douaire conventionnel, cependant elle pouvoit le répudier pour réclamer celui de la commune loi, lorsque celui-ci lui étoit plus avantageux ; mais elle pouvoit réunir le douaire sur les biens du pere, au douaire légal ou conventionnel sur ceux du fils.

Si le douaire avoit pour objet un fonds déterminé, la veuve en prenoit possession à l'instant de la mort de son mari ; mais si la quotité ou son assiete n'étoient pas convenus, alors elle devoit faire régler l'un & l'autre.

Quand un mineur gageoit douaire conventionnel à sa femme, son héritier après lui pouvoit le refuser ; si au contraire le pere du mineur y avoit consenti, sa majorité suppléoit à la minorité de son fils.

Les Normands admettoient encore une autre espece de douaire, qu'ils nommoient douaire de *la plus beale*, ou de la plus belle, parce que lorsque le gardien des fiefs nobles refusoit de donner douaire sur ces fiefs, à la veuve, elle choisissoit sur les fonds roturiers les plus belles terres pour se remplir de son douaire.

Si le mari avoit aliéné ses biens grévés du douaire, la femme pouvoit agir en même temps contre les héritiers du mari, & contre les acquéreurs, pour les faire condamner solidairement à le lui délivrer : Littleton, sect. 54 (2). On retrouve dans

---

(1) Feuret, Trait. de l'Abus, l. 5. c. 1. Arrêt 138 de Montholon.
(2) Ant. L. tom. 1. p. 72.

ces usages, le germe de ceux que nous suivons encore.

Le douaire n'est dû qu'à la femme nubile; il consiste au tiers des biens du mari & de ceux qui lui échéent en ligne directe, à moins qu'on ne l'ait fixé par le contrat à une moindre quotité. Ainsi, nous avons le douaire dû par la seule force de la loi, & le douaire préfix ou conventionnel; nous avons aussi le douaire du consentement des ascendants, suivant l'art. 369.

Le record pour le douaire est encore pratiqué parmi nous; la femme peut l'exiger en essence, & elle peut recourir sur les acquéreurs, au cas d'aliénation des biens qui y sont sujets. Mais de ces principes généraux, il sort diverses conséquences, que les anciens n'avoient pas prévues, & c'est à les faire connoître que l'on s'attachera en cet article.

D'abord, quels biens sont sujets au douaire? En quel temps ou en quelles circonstances la femme en peut-elle former la demande? Quand peut-on le lui refuser? Le douaire peut-il s'étendre sur les meubles? Est-il préférable à la dot? C'est à ce petit nombre de points que l'on va s'attacher, parce qu'en joignant les observations auxquelles ils donneront lieu, à celles des Articles DOUAIRIERE & TIERS COUTUMIER, on présume que la matiere du douaire sera suffisamment éclaircie.

1°. Les biens sujets au douaire, varient selon que l'on considere le mari lors du mariage; ou comme maître de sa fortune; ou comme fils de famille; ou constant le mariage, comme administrant seul le mobilier de son ménage. Sous le premier point de vue, tous les biens possédés par le mari, lorsqu'il se marie, ou qui lui viennent de ses ascendants après qu'il est marié, quand même ceux-ci en auroient hérité collatéralement, sont sujets au douaire : on doit encore ajouter que si la femme a donné un don mobil à son mari, & qu'il se trouve en essence lorsqu'il décede, ou lorsqu'elle s'en sépare, elle y prend aussi douaire: art. 71 des Placités.

Si le fils en se mariant a encore ses pere & mere ou autres ascendants, ou ils consentent à son mariage, ou ils n'y consentent pas. Au premier cas, la femme a douaire sur les biens des pere, mere & aïeux, de son époux, quoiqu'ils l'aient survécu; & ce, jusqu'à concurrence de la part qu'il auroit pu prendre en leur succession : mais ce que les ascendants acquierent après le décès du mari (leur fils,) n'est pas susceptible du douaire de leur belle-fille.

Au deuxieme cas, s'ils n'ont pas donné leur approbation au mariage, leur fille en loi, ne prend aucun douaire sur les héritages de leur succession que son mari n'a point possédés.

Quelquefois les pere & aïeul accordent à la femme un douaire plus fort que le tiers de la part de leur fils, alors la veuve ne doit en prétendre que les arrérages échus de leur vivant; car après leur mort leurs héritiers ne peuvent être obligés qu'à payer les arrérages sur le pied de la valeur du tiers juste de cette part : art. 373 de la Coutume, & 75 du Réglement de 1666.

Si ce sont des étrangers qui ont cautionné la promesse du douaire faite par le mari, quoique la promesse excede le tiers des biens de ce dernier, ils sont obligés cependant à faire valoir ce douaire jusqu'à concurrence de la quotité à laquelle ils l'ont porté; mais au cas d'insolvabilité de leur part, les biens du mari sont exempts de tout recours de la part de la femme : Coutume, art. 372. Enfin, quand le douaire n'est point restreint au taux que la Coutume lui fixe, & qu'on en a déterminé le revenu, quelle que soit par la suite la fortune immobiliaire du mari, alors le douaire ne peut jamais excéder le tiers; mais il y peut être inférieur : les conventions des parties dérogeant à la loi commune, règlent le fort de la femme.

Le douaire peut être demandé par elle aux héritiers de son mari, ou à ses acquéreurs ; mais les héritiers ne sont obligés de donner douaire à la femme que sur la part qu'ils ont prises en la succession de l'époux ; l'acquéreur au contraire doit payer la totalité du douaire sur son acquisition, sauf son recours sur les acquéreurs qui lui sont postérieurs.

Enfin, le mari, durant son mariage, peut racquitter des rentes sur ses héritages, & ces racquits ne sont pas réputés conquêts à l'égard de la femme ; ils operent seulement, à son profit, la décharge du tiers des rentes racquittées : art. 396 de la Coutume.

Tels sont les principes généraux, à l'égard de la nature & de la quotité des biens sujets au douaire.

Les diverses espèces de ces biens peuvent néanmoins encore faire naître des perplexités. Les offices, par exemple, dont les maris sont pourvus lors de leur mariage, sont-ils sujets au douaire, si le mari les a résignés avant son décès, ou s'il les a laissés tomber aux parties casuelles du Prince ? L'affirmative est sans contestation, d'après l'Arrêt du 7 Décembre 1628, rapporté par Basnage sur l'article 367.

Il est vrai que dans les deux cas que l'on vient d'indiquer, la femme ne peut exercer son douaire ni sur le Roi, qui a pouvoir de conférer l'office à qui il lui plaît, lorsque celui qui en étoit pourvu ne se l'est pas conservé en remplissant les conditions que le Souverain lui avoit imposées pour qu'il devînt héréditaire, ni sur le résignataire du mari ; l'office une fois conféré par le Roi, sur la démission du titulaire, n'ayant pas de suite par hypotheque. Mais on accorde à la femme récompense du douaire qu'elle auroit eu en l'office, sur les autres biens de son époux : Arrêt du 12 Juin 1660.

On doit remarquer cependant que cette récompense n'est due à la femme, suivant un Arrêt du 12 Mars 1671, que lorsque la femme a renoncé à la succession de son mari.

Ce qu'on ne doit pas étendre au cas où l'office auroit été supprimé par autorité du Prince ; car la femme renonçante doit participer à une perte sur laquelle le mari n'a eu aucune influence.

Quand on a dit plus haut que la femme avoit douaire sur le don mobil, il faut observer à cet égard que c'est autant qu'après le décès du mari, il ne se trouve pas hypothéqué à des créanciers, suivant l'Arrêt du 16 Avril 1682 que l'on trouve dans le Commentaire de Basnage, article 367 de la Coutume.

Le douaire n'est pas dû sur les biens retirés par le mari à droit de sang, à moins que ces biens ne proviennent de pere, mere ou aïeux, ou que des aînés s'abstiennent de clamer les ventes que leurs ascendants ont faites, & qu'un puîné n'en fasse la clameur : car si ces biens procedent de parents collatéraux ; de même que la femme n'auroit rien sur les biens de cette espece, échus par succession, de même il ne leur en est rien dû, lorsque le mari en est devenu propriétaire par la voie du retrait : les retraits se reglent comme les successions.

La preuve de cette assertion résulte d'ailleurs de ce que la femme a douaire sur les fonds réunis aux fiefs que le mari possédoit lors de son mariage, ou dont il a hérité de ses aïeux. C'est par la nature des biens sur lesquels le douaire doit se lever, qu'on se détermine en ce cas ; le même principe doit donc conduire dans le cas du retrait.

Les biens en ligne directe ou collatérale, étant clamés par un mari, s'incorporent par la clameur aux biens qu'il possede, provenants de l'une ou de l'autre de ces lignes, & doivent être considérés comme en étant une dépendance. Il est vrai que l'Article 203 de la Coutume contient une disposition expresse pour la réunion des confiscations & autres casualités aux fiefs, & qu'elle n'en offre pas une aussi formelle pour la réunion des fonds clamés, aux propres de la ligne d'où ils procedent; mais les Articles 452 & 483 étant combinés l'un avec l'autre, paroissent ne laisser aucun doute sur l'opinion proposée.

Le premier de ces articles n'accorde le droit de retrait qu'aux lignagers, & pour les biens de leur ligne; & le second veut que l'héritage clamé ne soit point réputé acquêt, mais qu'il soit propre. Si donc le mari clame le bien de ses ascendants, c'est un propre en ligne directe qui lui échet par le retrait; & tout héritage échéant au mari en ligne directe constant le mariage, est sujet au douaire: Article 367 de la Coutume.

Par une parité de raison, les donations faites au mari par ses ascendants, sont susceptibles de douaire: Pesnelle, Article 380.

Les bois de haute-futaie ne sont passibles du douaire, qu'autant qu'ils produisent un revenu; les enfants y ont cependant tiers coutumier; parce que ce tiers leur appartient en propriété, au lieu que leur mere n'en a que l'usufruit.

Le douaire est si favorable, que par Arrêt du 17 Novembre 1690, la signature du pere au contrat de mariage de son fils, peut rendre les biens de la mere séparée civilement & qui n'a pas souscrit le contrat, susceptibles de ce droit.

Par un Arrêt du 6 Mars 1603, que Bérault nous a conservé, une femme obtint douaire sur un fonds cédé par son mari à ses freres puînés, pour leur tenir lieu de provision à vie.

Tout ce qui est réputé fait en fraude du douaire de la femme, est proscrit par notre Jurisprudence; ainsi on fixe son douaire sur la valeur du fonds ayant appartenu à son mari lorsqu'il le remplace en un autre immeuble dont le revenu est de beaucoup inférieur; mais il faut que la disproportion de revenu, soit telle, qu'on puisse présumer que le remplacement a eu pour but de frauder les droits de la femme: Arrêt du 28 Novembre 1699.

C'est pour prévenir les fraudes, que par l'Article 381, la femme peut prendre douaire sur les successions échues en ligne directe à son époux, quoiqu'il y ait renoncé, mais elle est susceptible des *charges de droit*; & on verra bientôt que ces charges se bornent à celles contractées par les ascendants avant leur consentement au mariage. En effet, avec le même soin que la Cour a pris pour empêcher les maris de faire préjudice au douaire de la femme, elle a pourvu, d'un autre côté, à ce qu'elle ne pût avoir sur les biens du mari rien au-delà du tiers de la valeur de ses biens.

On a vu, il est vrai, plus haut, que si le mari amortit des rentes sur ses héritages, la femme y leve son douaire déchargé desdites rentes, suivant l'Article 396; ce qui a pour but de l'indemniser de la perte qu'elle fait sur le mobilier de son mari, où cessant le racquit elle en retrouveroit le capital, & y pourroit avoir part; mais quand le mari pour amortir les rentes qu'il doit, en crée de nouvelles, la femme est tenue d'y contribuer jusqu'à concurrence des anciennes: Arrêt du 4 Mai 1682, Basnage.

En 1687, il s'éleva la question de savoir si la veuve du fils qui avoit survécu son pere, & duquel le fils s'étoit porté héritier, pouvoit avoir douaire sur la succession de son pere en loi, décédé avant son mari?

Les uns prétendoient, soutenus par

ancienne Jurisprudence, que la veuve du fils, en ce cas, ne devoit avoir que son douaire, qui n'est autre que le tiers de ses enfans, réduit au dessus de la part héréditaire de son mari, considérée en l'état qu'elle étoit lors de l'échéance de la succession de l'aïeul.

Les autres, que la veuve devoit avoir douaire sur la succession du beau-pere, telle qu'elle se trouvoit lorsqu'elle étoit ouverte, aux termes de la nouvelle Jurisprudence.

La Cour, vu le partage des opinions, ayant eu recours à Sa Majesté pour qu'elle donnât réglement : par Arrêt du Conseil d'État du 10 Août de ladite année 1687, il fut dit & ordonné *que la veuve du fils qui auroit survécu son pere, & qui s'en seroit portée héritiere, auroit douaire sur la succession de son beau-pere décédé avant son mari, suivant l'ancienne Jurisprudence.*

Il est donc certain maintenant que lorsque le pere consent au mariage de son fils, que le pere meurt le premier, que le fils s'en porte héritier, le douaire de la femme du fils au cas de séparation, ou de la veuve de ce fils renonçante à la succession de son mari, est le tiers des biens que possédoit le beau-pere lorsqu'il a approuvé le mariage, & que la femme doit avoir ce tiers en exemption des hypothèques contractées depuis par le beau-pere ; son douaire ne s'étend conséquemment pas sur les biens acquis par le beau-pere, ou qui lui sont échus depuis le décès du fils.

C'est la réflexion de l'Annotateur de Bérault, derniere édition, 2ᵉ. vol. p. 25. Il développe les motifs des deux opinions sur la préférence desquelles l'Arrêt du Conseil Privé fut rendu d'une maniere très-intéressante ; nous ne nous dispensons qu'à regret d'insérer en cet article sa remarque ; mais elle ne peut plus être maintenant que de pure curiosité ; puisque toutes les incertitudes sont levées par l'Arrêt du Conseil Privé.

Voici une espece sur laquelle il ne paroît exister aucune décision. Un pere donne un fonds à son fils, & il déclare par le contrat, donner *en faveur de mariage*. Ce fils, avant de se marier, a fait des dettes ; il meurt : sa veuve doit-elle avoir son douaire en exemption des dettes de son mari, le don du pere n'ayant été fait qu'en considération du mariage ?

La négative nous paroît démontrée.

Il n'y a pas de loi qui prive un fils de famille majeur, de la liberté de contracter à son propre préjudice.

Ses obligations sont valables, pourvu que son tiers coutumier y soit respecté. Dans l'espece proposée, si le pere hérite de son fils, il doit incontestablement acquitter ses dettes jusqu'à concurrence de ce dont il l'a avancé ; le fils a donc pu s'obliger. Si le pere fût mort le premier, sans avoir fait aucun avancement à son fils, sa veuve ne pourroit disputer aux créanciers de son époux leur droit de préférence ; ainsi ce seroit uniquement parce que le beau-pere de cette femme auroit donné *en faveur du mariage*, qu'elle seroit préférable aux créanciers du fils.

Mais ces termes, *en faveur de mariage*, emportent-ils avec eux l'idée du détriment d'un tiers ? Ou plutôt n'est-il pas sensible que le pere ne s'est servi de ces mots, que pour attester que cessant le mariage, il n'auroit pas donné ?

Or s'il n'y eût pas eu de mariage, ni conséquemment de don, le droit des créanciers n'auroit été que différé ; l'avancement de succession n'opere donc rien autre chose, sinon la disposition par avance des choses comme elles auroient été réglées à la mort du donateur, s'il eût survécu le donataire. Et comme, si le pere fût décédé avant son fils, les créanciers auroient préféré la veuve de ce dernier, ils doivent aussi la préférer dans le cas en question. La proposition contraire tendroit à faire revivre les avantages excessifs que Justinien accorda aux femmes par la loi *assiduis*, au Code, & par sa Novelle 97.

L'esprit de cette loi est diamétralement opposé à celui de notre Coutume : elle veut que la femme ne prenne douaire que sur ce qui appartient légitimement à son mari, lors du mariage ; les héritages que ce mari reçoit par avancement de succession lui appartiennent propriétairement, il est vrai ; mais à la déduction des dettes dont il est chargé au moment où cette propriété lui est transmise.

2°. La femme peut exiger son douaire au cas de décret ou de séparation, celui de mort de son mari, soit qu'elle s'en porte héritière ou renonce à sa succession, & soit aussi que la mort du mari soit naturelle ou civile ; & elle l'a encore durant une longue absence de la part de son époux.

Mais dans tous ces cas les arrérages du douaire ne sont dus que du jour où il est demandé, à moins qu'il ne soit autrement convenu par le contrat de mariage : Article 368 de la Coutume. Il ne faut pas conclure de là qu'une femme mariée sans contrat écrit, n'ait pas douaire ; il lui est dû de droit, elle ne peut en être privée que par une renonciation expresse & écrite lors de son mariage.

Que la séparation donne ouverture à la demande en douaire ; c'est ce qui a été décidé par Arrêt du 29 Novembre 1660, en faveur de Marie de Caux, contre Pierre de Rouvres son mari : Basnage, Art. 368.

Par une suite nécessaire de cette doctrine, le douaire est dû lorsque les biens du mari sont décrétés ; car le décret rend indispensable la séparation de biens des deux époux, puisque la femme est obligée de veiller elle-même à la conservation de ses droits. On doit observer cependant à l'égard du décret, qu'il y a des créanciers hypothécaires du mari antérieurs à la femme, ou qu'elle est la première créancière. Si elle est première créancière, nulle difficulté que son douaire doit lui être délivré en essence, & que l'adjudication des biens grevés du douaire, ne peut être faite qu'à la charge de le fournir.

Si la femme est préférée par quelques créanciers, en prenant son tiers en essence sur les biens décrétés, elle est tenue du paiement du tiers des dettes qui la préferent, & donner caution de faire payer les deux autres tiers en exemption des frais du décret ; faute par elle de ce faire, elle est évincée, sauf à elle à prendre son douaire en argent. Ainsi jugé par deux Arrêts, l'un du 16 Mars 1655, l'autre du 31 Juillet 1663.

De là, il résulte que la femme étant opposante à un décret poursuivi par un créancier qui la précède, elle doit contribuer aux frais de ces poursuites, & qu'au contraire elle n'en doit rien si son douaire est antérieur à la dette du décrétant.

La demande du douaire suffit étant faite par une simple sommation ; cette sommation empêche la prescription des arrérages jusqu'à 29 ans.

Si, par le contrat de mariage, il est dit que le douaire sera dû sans qu'il soit besoin d'en former la demande, la veuve est dispensée d'user de la voie de sommation par un Sergent. En 1626, il s'éleva une difficulté ; il s'agissoit de savoir si la veuve du fils qui avoit demandé douaire sur les biens de la succession de son défunt mari étoit obligée de réitérer sa demande après la mort de son beau-père pour son douaire sur les biens de ce dernier.

Par Arrêt du 8 Février 1628, il fut décidé que la succession du mari & celle du beau-père de la femme ne faisoient qu'une seule & même succession ; & en conséquence on accorda les arrérages du douaire sur les deux successions, du jour de de la demande formée après le décès du fils.

Le douaire est acquis, tous les Auteurs en conviennent, par la mort civile comme par la mort naturelle ; mais est-il dû quand le crime du mari a précédé le mariage ? L'Arrêt du 17 Août 1654, cité par Basnage, chapitre 13 du *Traité des Hypotheques*, doit faire penser qu'il est dû si la femme étoit dans la bonne-foi, c'est-à-dire si la plainte contre le coupable, lors de son mariage, n'étoit pas publique, & si ses biens n'étoient pas annotés.

On saisira mieux les motifs qui, lors de cet Arrêt, déterminerent la Cour, en le rapportant dans les mêmes termes de l'Auteur, que par l'extrait que l'on en donneroit.

Le 27 Novembre 1651, la Demoiselle veuve du sieur de Maisons, fut étranglée par les enfants de son mari, à la complicité de plusieurs autres, & ensuite portée dans un étang, pour faire croire qu'elle s'y étoit précipitée. Le lendemain, les Officiers du Pont-l'Evêque s'y étant transportés, sur le rapport qui leur en fut fait, ils dresserent leur Procès-verbal de l'état de ce corps. Il est constant que le soupçon de cet homicide ne tomba point sur les véritables coupables ; au contraire, ils vivoient dans une entiere sécurité de leur crime, & se flattoient qu'ils demeureroient impunis ; sur-tout Jean de Maisons agissoit avec tant de sécurité de sa conscience, qu'il contracta publiquement mariage avec demoiselle Marguerite Cheron, depuis femme de l'appellant, & avec toutes les formes requises, le 15 d'Avril 1652 ; mais comme il étoit mauvais ménager, sa femme fut obligée d'obtenir des lettres de séparation civile qui furent entérinées ; & en conséquence, les lots de son bien ayant été faits, elle fut envoyée en possession de l'un d'iceux, au mois de Janvier 1653.

Jusqu'alors il ne tomba pas le moindre soupçon sur la personne de ce mari ; & ce fut seulement en 1654 que sur quelques présomptions, il y eut décret de prise-de-corps contre lui ; & n'ayant point comparu, par Arrêt du 20 Août 1654, il fut condamné à mort par contumace. Toutes les Parties convenoient que l'instruction entiere du procès avoit été faite à la requisition du Procureur du Roi, & que l'intimé ne s'étoit rendu partie que le 17 Août 1654, c'est-à-dire trois jours avant l'Arrêt.

Ce malheureux n'ayant pu se cacher aux yeux de la Justice, reçut enfin le châtiment de ses crimes. Le Receveur des Amendes ayant fait saisir tous ses biens, & compris dans cette saisie les fruits du douaire de sa femme ; elle en obtint main-levée, par Ordonnance de M. Auber, Conseiller-Commissaire. Depuis l'Intimé s'étant rendu appellant de l'entérinement des lettres de séparation, & de la Sentence qui l'envoyoit en possession de son lot à douaire, par Arrêt du 29 de Mai 1664, la Cour, sur l'entérinement des lettres de séparation, déclara l'Intimé non-recevable à son appel ; & sur la choisie des lots on ordonna qu'il seroit procédé à faire nouveaux partages pour en être choisi deux par les créanciers, & cependant que la veuve auroit la jouissance du second lot, jusqu'au jour de Noel prochain, & qu'on lui rendroit les augmentations qu'elle avoit faites sur son lot.

Suivant cet Arrêt, il faut tenir que le crime commis avant le mariage, (mais dont le mari n'étoit pas encore soupçonné) n'exclut point la femme qui étoit en bonne foi d'avoir un douaire sur les biens de son époux, & que l'hypotheque des intérêts ne commencent point du jour du délit, au préjudice de ceux qui ont contracté de bonne foi avec le coupable.

Depuis, cette même femme s'étant présen-

Tome I.   R r r r

tée à l'ordre des deniers provenants du décret des biens de son premier mari, pour être colloquée de sa dot, le sieur d'Heudreville soutint encore que les intérêts devoient être payés auparavant ; & le Juge avoit ordonné qu'il seroit colloqué du jour de la plainte. Sur l'appel, cette femme disoit que le Juge avoit voulu couvrir son injustice, par l'ambiguité des termes de sa prononciation, ayant ordonné que le sieur d'Heudreville seroit payé du jour de sa plainte, bien qu'il n'en eût point donné, & que les informations eussent été faites d'office, & qu'il ne se fût déclaré partie que trois jours avant la condamnation ; que ce n'étoit donc que de ce jour-là seulement que son hypotheque pouvoit naître, ne pouvant se prévaloir des informations faites d'office, puisqu'elles n'étoient point faites contre son mari, & qu'en ce temps-là on n'avoit pas le moindre soupçon contre lui ; que cette question avoit été décidée par l'Arrêt pour le douaire, & qu'en tout cas, le sieur d'Heudreville ne pouvoit avoir hypotheque que du jour que de Maisons avoit été décrété de prise-de-corps ; ce qui n'avoit été fait qu'après son mariage. Par Arrêt du 9 Décembre 1666, la préférence fut adjugée à la veuve.

3°. Quelque favorable que soit le douaire, il y a cependant des circonstances où la femme en est privée.

Article ABSENCE, on a indiqué les motifs qui pouvoient dispenser les héritiers de le payer, lorsque la femme n'avoit pas assisté son mari dans les derniers instants de sa maladie mortelle, conformément aux dispositions des Articles 376 & 377 de la Coutume ; & en l'article ADULTERE, il a été observé que ce crime donne lieu à la privation du douaire.

Mais il ne faut pas mettre au nombre des adulteres, la femme qui se remarie dans un temps prochain du décès de son mari, & qui met au monde un enfant prématurément, après son second mariage : nous avons un Arrêt du 6 Février 1652, qui accorda douaire à une femme mariée quatre mois après être veuve, & qui étoit accouchée cinq mois après s'être remariée. *Voyez* les notes sur Bérault, derniere édition, art. 377 de la Coutume.

Lorsqu'il n'est pas évident, comme lors de l'Arrêt de 1594, rapporté par Bérault sur l'Article précité, que l'enfant, dont la femme remariée accouche, est de son premier mari, on ne peut lui imputer que de l'imprudence, & non un crime. Il étoit possible en l'espece de l'Arrêt de 1652, que l'enfant fût le fruit légitime des secondes noces ; & dans le doute de cette légitimité, les enfants du premier mari qui disputoient le douaire à leur propre mere, c'est-à-dire un simple usufruit, étoient bien défavorables ; leur cupidité devoit-elle être autorisée à la déshonorer ?

Le 3 Décembre 1659, il fut rendu un autre Arrêt, contre des collatéraux qui offroient prouver qu'une veuve s'étoit conduite impudiquement, & avoit fait un contrat de mariage avec son second époux dans l'an de la mort du premier ; d'où il paroît juste de conclure que la femme ne perd son douaire que lorsque ses déréglements la déshonorent, & que ce déshonneur rejaillit sur la famille du premier mari. Or, quand une vie licentieuse, avec un homme de sa condition, la détermine au mariage ; quand il est présumable que cet homme a pu devenir le pere de l'enfant né après les secondes noces contractées, les imprudences de la femme réparées, on doit les oublier. Les secondes noces ne sont pas un crime : S. Paul les tolere. Il n'y a pas de temps prescrit à la nécessité où une femme peut être de subir ce nouveau joug ; s'y *soustraire*, seroit le mieux :

mais les loix humaines ne punissent point les imperfections; elles-mêmes n'en sont point exemptes.

La femme peut même n'avoir pas de douaire, quelqu'irréprochables que soient ses mœurs : cela arrive par exemple, lorsque celui qui devoit une rente au mari, lors du mariage, la lui a depuis racquittée. L'article 76 des Placités le décide en termes exprès.

Décision équitable : il est de la nature des rentes que le débiteur puisse s'en libérer à sa commodité; la femme qui ne peut ignorer ce droit du débiteur des rentes, ne peut donc que s'imputer la perte qu'elle fait, quand elles sont remboursées à son mari, puisqu'elle avoit la faculté, suivant cet article 76, de faire défenses à ce débiteur de se libérer à son insu. La femme, quoique sous puissance de mari, a en effet le droit de se faire autoriser par Justice, au refus de ce dernier, à agir pour la conservation de ses biens; le débiteur ne peut se plaindre de ces défenses, puisque si le mari ne lui donne pas caution ou remplacement, le capital des rentes peut être consigné, au moyen de quoi, l'intérêt n'a plus de cours.

Il sembleroit que l'Article du Réglement seroit contraire à l'Article 406 de la Coutume, qui veut que la femme ait récompense sur les biens du mari, du racquit fait entre ses mains, des rentes à lui appartenantes lors des épousailles; mais cet Article de Coutume suppose que le mari a des fonds capables de répondre du remboursement des rentes; & le Réglement n'a trait qu'au mari qui ne laisse aucuns fonds sur lesquels le remplacement peut se faire.

4°. La femme peut avoir douaire sur un simple usufruit, ainsi que sur une somme mobiliaire.

Nous avons divers Arrêts à cet égard; bornons-nous aux suivants : ils suffisent pour la décision de toutes les espèces.

Le premier est du 10 Mars 1688 ; il adjuge douaire à la femme sur une somme de deniers à laquelle avoit été évaluée la moitié d'un office dont le frere de son mari avoit été pourvu en vertu de la procuration *ad resignandum* de son pere, & sur une autre somme jugée au profit de son mari depuis son mariage, pour dommages & intérêts d'éviction, contre la caution d'un contrat de fieffe fait au pere du mari avant le mariage de son fils, & qui ne fut annullé qu'après le décès du pere.

Le motif de cet Arrêt, que M. Roupnel de Chenilly cite en ses notes sur Pesnelle, Article 367 de la Coutume, fut que chacun des enfants, par le décès du pere commun, étoit saisi de droit de la moitié des corps héréditaires, malgré l'avancement fait à l'un d'eux, & qu'on ne peut considérer la moitié d'une fieffe dont le pere étoit saisi lors de sa mort, comme un meuble à l'égard de la femme.

Le second Arrêt est du 1er. Avril 1667. Il accorde douaire sur les deniers des rentes rachetées pendant la minorité du mari, & dont le tuteur n'avoit pas fait d'emploi, à la femme qui avoit épousé ce mari lorsqu'il étoit mineur.

Par le troisieme, du 8 Août 1690, le douaire fut adjugé à la femme sur les deniers du rachat fait d'une rente du propre de son mari, durant la minorité de ce dernier, quoique le mariage eût été célébré après sa majorité, mais avant la rendition de compte de tutele.

Le quatrieme est ainsi rapporté par l'Annotateur de Bérault, sur l'Article 367 de la Coutume.

Adrien de Livet, Gentilhomme, qui possédoit 7 à 8000 liv. de rente, étant veuf, & n'ayant qu'un fils nommé Jacques, il le maria; & par le contrat de mariage, Adrien de Livet l'avança de 2000 liv. de rente; en outre il s'obligea de lui garder le reste de ses biens, &

s'interdit le pouvoir de les aliéner ni hypothéquer, se réservant seulement la liberté de disposer d'une somme de 10,000 liv. : le contrat de mariage fut insinué.

Quelque temps après, le sieur de Livet passa lui-même à de secondes noces avec la demoiselle Deschamps, de laquelle il reconnut avoir reçu 10,000 liv. : c'étoit la même somme dont il s'étoit réservé la liberté de disposer par le contrat de mariage de son fils.

Adrien de Livet pere étant décédé, la demoiselle Deschamps, sa veuve, convola à son tour, elle épousa le sieur de Graveron.

Le sieur de Graveron mit en action Jacques de Livet, Seigneur de Barville, pour le faire condamner en la répétition des 10,000 liv. de dot qu'Adrien de Livet son pere avoit reconnu avoir reçus; ensemble pour lui demander douaire tant sur les biens dont il l'avoit avancé, que sur ceux dont il s'étoit interdit la faculté d'aliéner.

Le sieur de Barville se défendit, prétendant, 1°. que son pere n'avoit pu par une disposition, ou plutôt par une fausse reconnoissance d'avoir reçu 10,000 liv., hypothéquer un bien dont il ne s'étoit réservé que l'usufruit. 2°. Que la dame de Graveron ne pouvoit avoir douaire sur les 2,000 liv. de rente dont il avoit été avancé par son contrat de mariage, puisque son pere n'en étoit plus saisi lorsqu'il avoit épousé la demoiselle Deschamps.

Enfin que la dame de Graveron ne pouvoit demander douaire, même sur les biens dont son pere étoit saisi lorsqu'il l'avoit épousée, parce qu'au moyen de la promesse portée au contrat de mariage de son fils, duement insinué, le sieur de Livet pere n'avoit plus qu'un usufruit; qu'un mari ne peut pas donner douaire à sa femme sur un usufruit, puisque ce seroit un usufruit, & que dès que l'usufruit périt par la mort de l'usufruitier, il n'est pas possible que l'usufruit de cet usufruit puisse subsister après lui.

Le sieur de Graveron répondoit, que si sa femme avoit eu des enfants avec le sieur de Livet, ni l'avancement de 2,000 liv. de rente, ni la promesse de garder sa succession n'auroient pu avoir d'effet, au moyen de quoi elle auroit eu sa dot & son douaire à prendre sur tout le bien de son mari. Ainsi à plus forte raison doit-elle prendre sa dot sur la somme dont son mari s'étoit réservé la liberté de disposer.

Elle doit également avoir son douaire sur ces mêmes biens, parce que l'avancement fait au fils, & la promesse que son pere lui a faite de lui garder le reste de sa succession, ne peut être objectée qu'à des étrangers auxquels il n'auroit pu hypothéquer ces mêmes biens, & non à une seconde femme à laquelle il faut gager douaire; autrement un pere, pour avoir voulu du bien à son fils, ne pourroit plus se remarier, parce qu'il ne trouveroit pas de femme qui voulût l'épouser sans douaire.

La premiere question par rapport à la répétition des 10,000 liv. de dot, ne fit aucune espece de difficulté, au moyen de la réserve faite par le pere dans le contrat de mariage de son fils; mais il s'en trouva davantage à l'égard du douaire.

Par l'Arrêt, il fut dit que la veuve remporteroit sa dot de 10,000 liv., & qu'elle auroit douaire sur les biens dont son mari étoit saisi lors de son mariage, malgré la promesse faite par le pere à son fils; mais on l'évinça de sa demande sur les 2,000 liv. de rente dont le fils avoit été avancé.

Le cinquieme Arrêt intervint en l'espece suivante. Le sieur de Mainteterme étant garçon, avoit donné la terre de Menneval, dont il étoit Seigneur, au sieur de Mainteterme son neveu, dès l'année 1648 ; mais il s'en étoit réservé l'usufruit & faculté de disposer d'une somme de 15,000 liv. sur l'objet donné ; de laquelle somme, disoit l'acte, il se réservoit la propriété pour en disposer ainsi qu'il aviseroit bien. Plusieurs années après cette donation, le sieur de Menneval, âgé de 78 ans, épousa une jeune fille nommée Françoise-Marie Damet, à laquelle il gagea douaire sur tous ses biens.

Un an ou deux après le mariage, le sieur de Menneval décéda ; sa veuve épousa en secondes noces M. de Perdrey, Conseiller au Parlement de Bretagne. Il s'éleva différentes questions entre M. de Perdrey & César de Grosourdy, Ecuyer, qui avoit épousé la fille du sieur de Mainteterme, donataire, & entr'autres celles de savoir, 1°. si Madame de Perdrey auroit un douaire ; 2°. en quoi il consisteroit.

M. de Perdrey prétendit que Madame son épouse devoit avoir les 15,000 liv. en entier, pour la récompense du douaire qu'elle auroit dû avoir sur la terre de Menneval, ou tout au moins le tiers, sur le fondement que le sieur de Mainteterme en étoit resté propriétaire ; qu'elle devroit en avoir la totalité, parce que le sieur de Menneval en étoit saisi lors de son mariage, qu'il y faisoit tenir les plaids & gages-pleges, & qu'il étoit même resté saisi de la grosse du contrat de donation ; qu'au moins elle devoit en avoir le tiers, parce qu'il avoit pu hypothéquer cette somme, & qu'elle auroit même pu être confisquée sur lui.

Le sieur de Grosourdy soutenoit au contraire, que Madame de Perdrey ne pouvoit avoir aucun douaire sur les 15,000 liv., parce que ce n'étoit qu'une simple faculté que le sieur de Menneval s'étoit réservée ; que si le sieur de Menneval étoit resté dans sa terre, s'il avoit fait tenir des plaids & gages-pleges, c'étoit parce qu'il s'en étoit réservé l'usufruit ; mais que n'ayant point demandé la somme de 15,000 liv. au donataire, son droit étoit resté caduc.

Le Juge de Bernay évinça Madame de Perdrey de son douaire sur la terre de Menneval, & lui adjugea le tiers des 15,000 liv., qui fut réglé au denier 20, à 250 liv. de revenu, pour en jouir en usufruit.

M. de Perdrey appella de la Sentence, parce qu'on ne lui avoit pas donné l'usufruit de toute la somme ; & le sieur de Grosourdy en appella également, en ce qu'on en avoit accordé le tiers à M. de Perdrey.

Par l'Arrêt, la Sentence fut confirmée.

5°. La veuve a l'option en général de prendre sa dot avant son douaire, ou son douaire avant sa dot sur les biens de son mari, selon que l'un ou l'autre lui est plus avantageux ; mais afin qu'elle jouisse de la faculté de prendre sa dot avant son douaire, il faut que son contrat ait été reconnu avant la célébration du mariage : Article 70 des Placités. Car si le contrat n'étoit pas reconnu, le douaire marcheroit avant la dot. On doit cependant s'attacher à quelques distinctions pour faire une juste application de cet Article ; car la question de la préférence du douaire sur la dot, peut s'élever ou entre la femme & les héritiers de son mari, ou entre la femme & les créanciers de son époux ; ou entr'elle & ses enfants ; ou entre ces enfants & les créanciers de leur mere, ou entre les créanciers eux-mêmes : & les décisions, suivant ces diverses circonstances, doivent être différentes (1).

Au premier cas, lorsque la femme demande aux héritiers du mari ses dot & douaire, le douaire, suivant Bérault en son Commentaire de l'Article 365, est

---

(1) Basnage, Tr. des Hypot., p. 43. derniere édition, ch. 13, part. 1. 2. vol.

préférable à la dot, c'est-à-dire qu'il est pris sur l'entiere succession, & que la dot se leve sur les deux tiers qui reviennent aux héritiers : la raison est que la femme doit avoir pour son douaire le tiers entier des biens que son mari possédoit lors de son mariage ; que si le douaire contribuoit au remploi de la dot reçue par son mari, elle auroit moins que le tiers ; & même il pourroit arriver que la dot se monteroit à une somme si considérable, que le tiers destiné pour le douaire, seroit consumé ; & il en arriveroit encore cette absurdité, que bien que le tiers appartienne entiérement aux enfants, & qu'il ne puisse souffrir aucune diminution, ni être engagé par le pere ; le pere pourroit néanmoins les en frustrer en tout ou en partie, en dissipant les deniers dotaux de sa femme qu'il auroit reçus. Aussi par Arrêt du mois d'Août 1629, au rapport de M. Mallet, entre le sieur de Chantelou-Halé & la femme du nommé Gaumont, il fut jugé que le douaire seroit levé le premier, & que la dot seroit reprise sur les deux autres tiers.

Ce que l'on oppose au contraire, ne doit faire aucune impression. L'on dit que la dot est consignée par le contrat de mariage ; qu'elle a son hypotheque dès ce temps-là, puisqu'elle précede dans l'ordre du temps, le douaire n'étant acquis que par la consommation du mariage ; mais on répond que tous les actes du mariage ne se rapportant qu'à une même fin, ils ne sont réputés qu'un même contrat, qui n'est censé parfait que quand tous les actes nécessaires pour la perfection du mariage ont été accomplis. Or le douaire étant accordé à la femme par un don mutuel & réciproque, au lieu de la dot & du don mobil, il n'est pas raisonnable que le douaire en soit diminué ; & cela a été encore jugé entre Adrienne le Gris, dame d'Eschaufour, dame Genevieve Duval Poutrel, & M. le Procureur-Général du Roi,

le 22 d'Août 1628 ; aussi conformément ces Arrêts, il a été décidé par l'Article 69 du Réglement de 1666, que *le douaire est pris sur l'entiere succession, & la dot sur ce qui revient à l'héritier après la distraction du douaire, pourvu qu'il y ait consignation actuelle de la dot.*

Il faut observer en passant que ces dernieres paroles (*pourvu qu'il y ait consignation actuelle de la dot*), ne doivent pas s'entendre comme si le douaire n'étoit pris avant la dot, que quand elle a été actuellement consignée. Si c'étoit le sens de ces paroles, elles ne seroient pas véritables, parce que, soit qu'il y ait consignation actuelle, ou qu'il n'y en ait point, cela ne cause aucune différence : on ne pourroit aussi les appuyer par aucune raison ; car pourquoi la dot passeroit-elle devant le douaire, quand il y a consignation actuelle, plutôt que quand il n'y en a point ? Au contraire, le douaire devroit être pris plutôt après la dot, lorsqu'il y a consignation actuelle. En ce cas, en effet, les propres du mari en sont chargés ; & quand il n'y en a point, la dot est prise sur les acquêts & sur les meubles.

Pour donner le véritable sens de ces paroles, il faut observer qu'elles n'ont pas leur relation, ni leur liaison avec celles qui précedent immédiatement, *après la distraction du douaire* ; mais à ces termes précédents, *la dot est prise sur ce qui revient à l'héritier* ; & l'intention de la Cour a été qu'après le douaire levé sur l'entiere succession, la dot doit être prise sur ce qui reste à l'héritier, pourvu qu'il y ait consignation actuelle ; parce que quand il n'y a point consignation actuelle, la dot ne doit point être prise sur les propres, mais sur les acquêts & sur les meubles laissés par le mari. Or, pour comprendre plus aisément l'intention de la Cour, il faut concevoir en ces termes cet Article 69 du Réglement de 1666, *le douaire est pris sur l'entiere succession ; & après la* distraction du douaire, la dot sera prise sur ce qui revient à l'héritier, pourvu qu'il y ait consignation actuelle de la dot.

De cette maniere, il est manifeste qu'il n'est parlé de la consignation actuelle, qu'à cause qu'il étoit dit qu'elle seroit prise sur la part de l'héritier ; ce qui ne pourroit pas être, s'il n'y avoit une consignation actuelle de la dot, parce que cessant cette consignation actuelle, la femme qui prend part aux meubles & aux acquêts de son mari, est tenue de contribuer au remploi de sa dot, à proportion de ce qu'elle prend aux meubles & acquêts ; à quoi elle n'est point contribuable, lorsque sa dot a été actuellement consignée sur les biens de son mari.

En second lieu, la question de la préférence entre le douaire & la dot, peut être formée entre la veuve & les créanciers ; ceux-ci soutenant que la dot doit être levée & colloquée en ordre avant le douaire, afin que la femme soit tenue d'y contribuer. Cette difficulté fut décidée en la Chambre des Enquêtes, au rapport de M. Savlet, le 13 de Juillet 1647. Sur ce fait, les immeubles du sieur de la Prairie ayant été saisis réellement, la femme forma son opposition pour avoir son douaire sur tous les biens dont elle avoit trouvé son mari saisi, & pour emporter sa dot sur les deux autres tiers ; ce qui lui fut accordé : dont Antoine Sacle, Ecuyer, sieur du Saux, créancier du mari, ayant appellé à la Cour ; il disoit pour moyens d'appel, qu'à l'égard des héritiers, la femme prenoit son douaire avant sa dot, afin que ce tiers destiné pour la légitime des enfants, ne fût pas chargé du paiement de sa dot ; mais que quand la question s'offroit entre la femme & les créanciers, & que les biens du mari étoient saisis & vendus par décret ; en ce cas, comme il s'agit de colloquer les créanciers selon l'ordre de leurs hypotheques, la faveur du douaire ou de la légitime ne peut l'emporter sur la dot,

qui a son hypotheque du jour du contrat de mariage.

La femme répondoit, qu'il n'y avoit point de différence entre les créanciers & les héritiers ; que la Coutume donne à la femme l'usufruit du tiers des biens dont le mari étoit saisi lors de son mariage ; que si le tiers contribuoit au remploi de la dot, elle auroit moins que le tiers, & elle remplaceroit sa dot en partie sur ce qui lui est destiné pour son douaire, & les créanciers n'ont point sujet de s'en plaindre, n'ayant pu ignorer la qualité de celui avec lequel ils contractoient. Quant à l'Arrêt de l'année 1603, rapporté par Bérault sur l'Article 365, il n'étoit point considérable, parce qu'en l'espece sur laquelle il prononce, les biens du mari n'étoient point suffisants de fournir la dot & le douaire : il y avoit une caution des deniers dotaux, qui soutenoit qu'ils devoient être pris avant le douaire ; & l'on fit précéder la dot en faveur de la femme même, à laquelle ce parti étoit plus avantageux que de la faire colloquer pour un simple usufruit. Par cet Arrêt, la Sentence fut confirmée définitivement.

Ainsi, c'est une maxime certaine en Normandie, qu'au préjudice des héritiers & des créanciers, la femme doit lever son douaire sur l'intégrité du bien, & se faire payer de sa dot sur les deux autres tiers ; mais quand les biens du mari ne sont pas suffisants pour porter l'un & l'autre, en ce cas, il est à la liberté de la femme & de ses enfants de changer cet ordre, & de prendre premiérement les deniers dotaux, si cela lui est avantageux ; ce qui ne peut être contesté par les créanciers postérieurs de l'un & de l'autre droit, ni par les héritiers, qui seroient obligés de la payer entiérement. Cela fut jugé au rapport de M. Romé, le 31 Juillet 1669 ; & il fut dit, que les enfants, au décret des biens de leur pere, ont l'option de prendre leur tiers avant la dot de leur mere, dont ils sont héritiers. L'article 70 du Réglement de 1666, faisoit naître toute la difficulté, parce qu'il porte que l'hypotheque de la dot est préférable à celle du douaire; mais cela s'entend lorsque celui qui demande la dot veut qu'elle soit préférée; autrement quand l'un & l'autre appartiennent à une même personne, il peut donner la préférence à l'un ou à l'autre: autre Arrêt du 17 Décembre 1665, au rapport de M. Labbé.

L'article 70 du Réglement de 1666, ne détruit point cette regle, quoiqu'il contienne que l'hypotheque de la dot doit être préférée à celle du douaire, pourvu que le contrat de mariage soit reconnu avant sa célébration; car l'intention de la Cour n'a pas été de priver la femme de cette faculté de pouvoir choisir ce qui lui est le plus utile; mais elle a voulu dire qu'encore que le douaire soit pris sur l'entiere succession, toutefois la dot doit passer devant, si la femme le trouve plus à propos; & cette maxime reconnue pour véritable, fut confirmée par l'Arrêt du sieur Chevalot, Président au Présidial d'Evreux, le 11 de Mars 1664.

Au procès d'entre Nicolas de Caux, Prêtre, Appellant de Sentence rendue aux Requêtes du Palais, & Daniel & Samuel Congnard, & autres Intimés, l'on agita cette question, savoir: *si un fils ayant à reprendre & la dot de sa mere & son tiers coutumier sur les biens de son pere, & ne se trouvant pas assez de bien non aliéné pour fournir l'un & l'autre, lequel devoit être payé le premier de la dot ou du douaire?* Et l'effet de cette question étoit, que si la dot étoit levée avant le tiers, & ne restant pas assez de bien pour fournir ce tiers, les enfants retourneroient sur les derniers acquéreurs: si au contraire la dot n'étoit prise qu'après le tiers, & n'y ayant pas assez de bien non aliéné pour la remplir, la mere ou ses héritiers ne pourroient ni se faire payer ni déposséder les acquéreurs que par la voie hypothécaire, & par une saisie réelle. Par la Sentence dont étoit appellé, il avoit été dit, que *de Caux rapporteroit les héritages non aliénés qu'il s'étoit fait donner pour la dot de sa mere, pour être appliqués à fournir le tiers coutumier.* De Caux en ayant appellé, disoit, pour ses moyens d'appel, que, suivant l'article 70 du Réglement de 1666, la dot est antérieure au douaire, & que par l'art. 121 du même Réglement, la femme & ses héritiers peuvent demander que partie des héritages affectés à sa dot non aliénés, leur soient baillés à due estimation pour paiement de cette dot. Les sieurs Congnard répondoient que, suivant l'article 403, *si le pere a fait telle aliénation de ses biens, que le tiers ne se puisse trouver en essence, ses enfants pourront révoquer les dernieres aliénations*; d'où il paroît que le bien du pere non aliéné est expressément destiné pour le tiers coutumier, & non pour la restitution des deniers dotaux; de sorte que les acquéreurs ne peuvent & ne doivent être dépossédés que lorsque les biens non aliénés ne peuvent remplir le tiers coutumier: ce qui est d'autant plus raisonnable, que le tiers est un droit réel qui affecte tellement la chose, qu'elle appartient aux enfants privativement à tous autres; & au contraire, la femme n'est qu'une créanciere purement hypothécaire, qui ne peut s'adresser sur les biens de son mari, ni troubler les possesseurs de ces biens que par la saisie réelle. On ne dispense la femme de prendre cette voie, que lorsqu'il reste du bien non aliéné; mais cela n'a lieu qu'en cas qu'il en reste assez pour fournir aux enfants leur tiers coutumier. Par Arrêt, au rapport de M. de S. Paul-Voisin, du 29 Janvier 1685, en la IIe. Chambre des Enquêtes, la Sentence des Requêtes fut infirmée, & en émendant, il fut ordonné qu'il seroit baillé des héritages pour la dot à due eſtimation, & que le tiers coutumier lui feroit fourni, tant ſur le reſtant du bien non aliéné, que ſur les derniers acquéreurs, ſuivant l'article 403, ne ſeroit tenue de payer l'eſtimation de leurs acquiſitions que ſur le prix de la valeur des héritages, & non ſur le prix des contrats d'acquiſition.

Il ne ſera pas inutile de remarquer que par ce même article 70, la dot n'eſt préférable au douaire qu'en cas que le contrat de mariage ſoit reconnu avant la célébration d'icelui ; ce qui détruit l'opinion de Bérault ſur l'art. 539, où il ſoutient que ſi, entre le contrat de mariage non reconnu & la célébration d'icelui, le mari oblige ſes biens à un tiers, la femme cependant ſera préférable. L'Arrêt qu'il cite ne fait rien pour ſon opinion, car le contrat de mariage dont il s'agiſſoit étoit reconnu, comme on l'apprend par le vu de l'Arrêt qui eſt au Greffe : auſſi on le jugea de la ſorte en la Chambre des Enquêtes, le 28 Avril 1644, au rapport de M. de Montaigu, entre de la Rue & Marie Eſnaut, ſa femme, ſéparée de biens d'avec lui, & Jean & Jacques Guerin freres, & le ſieur Deſiſles, demandeurs en exécution ſur les biens de ladite Eſnaut, qui jouiſſoit de certains héritages juſqu'à la concurrence de 150 liv. pour ſes deniers dotaux, vu que ſon contrat de mariage n'étoit point reconnu, & que le paiement deſdits deniers dotaux fait par ſon pere, étoit poſtérieur à la rente deſdits demandeurs : ainſi l'on jugea que l'art. 539 n'avoit lieu qu'avec la limitation du Réglement de 1600, & que les contrats de mariage n'avoient hypotheque que du jour de la reconnoiſſance.

Cette regle que nous avons établie, qu'il eſt en la liberté de la femme de faire colloquer ſes deniers dotaux & ſon douaire, ſelon l'ordre qui lui eſt le plus avantageux, ne ſouffre d'exception qu'à l'égard de celui qui eſt caution de la dot envers la femme, par le même contrat. Cette matiere a été fort agitée, tant en ce Parlement qu'en celui de Paris ; mais elle étoit encore plus difficile parmi nous qu'à Paris, à cauſe de cette maxime que nous tenons, que la femme peut lever ſon douaire le premier, s'il lui plaît, & l'article 70 du Réglement de 1666, ci-deſſus rapporté, ſuivant lequel l'hypotheque de la dot précede celle du douaire. La queſtion en fut jugée au rapport de M. Buſquet, en la Grand'Chambre, le 30 Avril 1660, ſur un appel du Juge de Bernai. Les enfants d'un pere décrété s'oppoſerent pour leur tiers coutumier, & conclurent en même temps contre un particulier qui étoit caution de la dot, qu'il étoit obligé de la faire colloquer ſur les deux autres tiers. La caution ſoutenoit qu'en leur payant les deniers dotaux de leur mere, elle devenoit naturellement ſubrogée à ſes droits, parce qu'il ſe faiſoit une ceſſion & ſubrogation tacite & naturelle en ſa faveur. Si la femme eût prétendu paſſer devant pour ſon douaire, elle auroit dû ſtipuler que la caution ne la pourroit préférer pour les autres conventions ; qu'elle ne pouvoit interrompre cet ordre naturel & légitime, à l'effet de ſe faire payer de ſes dernieres conventions & rejetter la premiere qui eſt ſa dot, ſur la caution qui n'étoit pas moins favorable que les enfants.

Les enfants remontroient au contraire que leur mere, en ſtipulant une caution, avoit voulu trouver la ſûreté, en cas que les biens de ſon mari ne fuſſent pas ſuffiſants de la rembourſer de toutes ſes conventions matrimoniales, la caution n'ayant ſtipulé aucune ſubrogation de ſa part ; & comme il ne s'obligeoit que ſubſidiairement, & qu'au contraire la partie principale & premiere, qui étoit la femme, avoit les biens de ſon mari généralement obligés au paiement de toutes ſes conventions, il falloit avouer que non-ſeulement, ſelon l'ordre de l'écriture,

Tome I.

mais aussi suivant l'intention des parties, l'hypotheque de la femme avoit toute son étendue sur les biens de son mari, au préjudice de la caution, & que par conséquent elle ne pouvoit prétendre de subrogation, ni que les gages lui fussent délaissés, comme il est nettement décidé par la *L. 2. c. de fidejuss. Creditori qui proeodem debito pignora, & fidejussorem accepit, licet, si malit, fidejussorem convenire in eam pecuniam in quam se obligaverit, quod cum facit, debet jus pignorum in eum transferre; sed cùm in alia quoque causa eadem pignora vel hypothecas habeat obligatas, non priùs compellendus est transferre pignora, quàm omne debitum exsolvatur.* En effet, s'il étoit autrement, la précaution seroit inutile & infructueuse ; ce seroit en vain qu'elle seroit assurée pour sa dot, si cela empêchoit la préférence pour son douaire ; qu'après qu'il avoit consenti la stipulation du douaire, *jus suum remisisse censebatur*, il étoit réputé avoir renoncé à toutes ses prétentions au préjudice de la femme.

Quoique la caution ne soit pas d'une condition pareille au créancier, il semble qu'on ne peut lui refuser cette préférence, que la femme auroit eue, puisque, par ce moyen, il entre en sa place, & qu'il est encore plus favorable : aussi, par l'Arrêt ci-dessus remarqué, la question fut décidée en faveur de la caution, & on ordonna que la dot seroit colloquée avant le douaire. Il faut remarquer une différence entre notre usage & la Jurisprudence établie par les Arrêts du Parlement de Paris. En cette Province, la femme ne peut poursuivre la caution lorsqu'elle est héritiere de son mari. Mais Tronçon, sur l'article 243 de la Coutume de Paris, rapporte un Arrêt, par lequel on a jugé que le sidéjusseur d'un douaire en est déchargé pour une moitié, quand la femme a accepté la communauté, sauf son recours contre les héritiers du mari pour l'autre moitié, qui n'est confuse ni éteinte par la communauté.

On jugea d'une autre maniere, en une autre espece un peu différente, en l'Audience de la Grand'Chambre, le 9 Août 1669. Par le contrat de mariage de Marie Bunel, avec Paul Rousseau, elle avoit stipulé qu'elle remporteroit 400 liv. par préciput & en exemption de toutes dettes & charges, & sans préjudice de ses autres droits, au lieu de ses bagues & joyaux ; & par le même contrat, Christophe Rousseau étoit intervenu caution des deniers dotaux de cette femme. Elle se fit depuis séparer de biens d'avec son mari ; & les meubles & les marchandises de son mari ayant été vendues, elle s'opposa à l'ordre & distribution des deniers, pour être payée desdites 400 liv. Anne Cavelier, veuve de Christophe Rousseau, & les créanciers prétendirent qu'elle devoit venir en concurrence avec eux au sol la livre, pour 2800 liv. dont Christophe Rousseau étoit caution pour sa dot ; & ne s'étant trouvé que 1040 liv. à distribuer, le Bailli de Rouen avoit jugé la concurrence au sol la livre ; dont la Bunel ayant appellé, M^e. Basnage fit valoir pour elle la clause de son contrat de mariage ; & représenta qu'encore que les prétentions de ses Parties eussent un même principe, & qu'elles fussent appuyées sur un même contrat, il ne pouvoit toutefois y avoir de concurrence ; que cette femme ayant expressément stipulé qu'elle leveroit 400 liv. pour ses bagues & joyaux par préciput & en exemption de toutes dettes & charges, & sans préjudice de ses autres droits, la caution qui avoit consenti à toutes ces clauses, avoit tacitement renoncé à prétendre aucune concurrence, suivant la loi *sicut*, §. *si voluntate, D. quib. mod. pign. vel hypot. sol. si voluntate creditoris fundus aliena-*

tus fit, inverecundè applicari sibi creditor desiderat: car l'on ne pouvoit douter que la caution n'eût suffisamment consenti une préférence, en consentant que les 400 liv. fussent levées par préciput, & sans préjudice de tous ses autres droits; & l'on ne pouvoit présumer qu'elle eût stipulé une caution pour se faire tort, & pour diminuer ses sûretés & ses avantages, mais plutôt pour les augmenter; que cette prétention étoit directement contre la nature des obligations fidéjussoires, qui ne tendent qu'à assurer ceux qui les demandent: *sponsor in hoc accipitur ne creditor in damno sit*. Maury pour les Intimés répondoit qu'il ne s'agissoit pas des deniers dotaux, mais d'un simple préciput qui n'avoit pas le même privilege que la dot, qui sans contestation devoit être colloquée la premiere: ce qui lui donnoit lieu de conclure même à la préférence; & qu'il n'étoit pas au pouvoir des contractants de changer cet ordre naturel, suivant lequel toutes les clauses d'un contrat doivent valoir également, & avoir les mêmes prérogatives. Par l'Arrêt, la Sentence fut infirmée, & l'on ordonna que les 400 liv. seroient payées avant les deniers dotaux: ainsi en ce cas particulier, le préciput fut préféré à la dot, en faveur de la femme qui étoit assurée par l'intervention de la caution.

Ces mêmes questions ont été mues & jugées au Parlement de Paris, par deux Arrêts remarqués par le Commentateur de M. Louet, *L. D. nomb.* 1. Dans l'espece du premier Arrêt, il s'agissoit de savoir si une mere qui s'étoit obligée solidairement avec son fils, au remploi de la dot de la femme de ce fils, mais qui ne s'étoit point obligée aux autres clauses subséquentes, ayant payé ce remploi qui n'avoit point été fait, pouvoit le reprendre sur le bien de son fils, au préjudice des autres conventions matrimoniales de la veuve de son fils ? Elle disoit pour ses moyens que, *ordine scripturæ*, la cause d'emploi étoit la premiere; & que ne s'étant point obligée aux autres conventions matrimoniales, elle devoit être réputée comme étrangere: ainsi quoique tous les biens de son fils y fussent obligés, elle devoit être préférée pour son indemnité.

On répondoit pour la veuve que si elle étoit entiérement satisfaite, elle pourroit entrer en son lieu pour se venger sur les biens de son fils; mais qu'étant tous hypothéqués à ses droits, aussibien qu'à l'emploi & par conséquent ayant même privilege, elle devroit être entiérement satisfaite, avant que la mere pût prétendre aucun recours, *l. 2. C. de fidej.* Aussi ne se trouve-t-il en tout le droit, qu'en aucun contrat, bien que composé de diverses clauses, le débiteur coobligé ou le fidéjusseur soit préféré au créancier, & non pas même admis en concurrence: par l'Arrêt, la mere fut déboutée de la préférence par elle requise. Le motif est que la mere étoit obligée solidairement au remploi. C'est pourquoi par l'autre Arrêt l'on jugea le contraire en cette espece: une mere s'étoit rendue caution de 20,000 liv. pour la dot de sa fille, à condition qu'après que le mari son fils l'auroit employée en achat de fonds, elle seroit déchargée de son cautionnement, & ne seroit point caution de l'augmentation de dot ni des autres conventions. Le mari décéda sans avoir fait cet emploi; la veuve s'opposa au décret de ses biens, se fit colloquer pour son augment de dot & remport, & fit condamner l'héritier à lui payer 20,000 liv. pour sa dot, par Sentence qui fut infirmée par Arrêt; & l'on jugea que la mere n'étant point obligée solidairement, la veuve avoit dû s'opposer la premiere pour sa dot, qui étoit préférable à l'augment de dot & aux autres conventions, & ne pouvoit prétendre contre fa caution, que ce dont elle ne pourroit venir en ordre fur les biens de fon mari, n'étant pas jufte qu'elle renverfât cet ordre naturel de droit, fondé fur les Arrêts, à l'effet de fe faire payer de fes dernieres conventions, en rejettant la premiere qui eft la dot, fur fa caution.

En conféquence de cet Arrêt, rendu au rapport de M. Bufquet, par lequel il a été jugé que la femme, à l'égard de la caution, étoit obligée de fe faire colloquer de fes deniers dotaux auparavant fon douaire, on a donné lieu à cette autre queftion : fi le frere ayant racheté mal à propos la dot de fa fœur entre les mains du mari, les acquéreurs du frere pouvoient obliger la fœur ou fes héritiers à le faire colloquer de fa dot auparavant fon douaire ? François des Rotours, en mariant Catherine des Rotours fa fœur au fieur de Brieu, lui promit 5000 liv. qu'il lui paya, fans ftipuler aucun remplacement. Le contrat de mariage avoit été reconnu avant la célébration : les biens du fieur de Brieu ayant été décrétés, Catherine des Rotours fe fit colloquer pour fon douaire ; & pour fa dot, elle fe fit renvoyer fur les biens de François des Rotours fon frere. Les biens de François des Rotours ayant été faifis réellement par Jacques & Louis de Vaffy, fieurs de la Forêt, les héritiers de Catherine des Rotours fe préfenterent au décret, & demanderent que les fieurs de Vaffy fuffent condamnés de bailler caution, ou de les faire payer de la dot de leur mere, ou de leur bailler du fonds en paiement ; ce qui fut jugé de la forte, dont les fieurs de Vaffy ayant appellé, ils difoient pour moyens d'appel, que le traité de mariage ayant été reconnu avant la célébration, la femme avoit la faculté de faire colloquer fa dot auparavant fon douaire, fur les biens de fon mari ; que cela avoit été jugé de la forte, au rapport de M. Bufquet : & une femme fut condamnée à fe faire colloquer de fa dot auparavant fon douaire, quoiqu'elle allégât qu'elle n'avoit pris une caution, que pour fe faire colloquer de fon douaire fur les biens de fon mari, qui n'étoient pas fuffifants pour porter l'un & l'autre ; mais l'on jugea que la femme ayant accepté la caution, elle l'avoit fubrogée à fes droits ; & par cette raifon, il pouvoit la forcer à faire porter fa dot avant le douaire ; que fi cela avoit été jugé en faveur d'une caution étrangere, à plus forte raifon on le devoit juger en faveur d'un frere qui eft caution par la loi, & qui naturellement a acquis la fubrogation par le paiement qu'il a fait au mari : ils s'aidoient auffi des Arrêts du Parlement de Paris, rapportés ci-deffus. Les enfants de la fœur répondoient qu'il y a bien de la différence entre une caution de la dot agréée par un contrat de mariage, & un frere débiteur de la dot de fa fœur ; le frere étant débiteur originaire & le dépofitaire de la légitime de fa fœur, il a dû la remplacer fûrement, & prendre toutes les précautions néceffaires pour la confervation ; & s'il ne le fait pas, il en eft refponfable : Par Arrêt en la Grand'Chambre, du 7 Juillet 1692, au rapport de M. de Saint-Paul-Voifin, la Sentence fut confirmée.

Il faut toujours fe fouvenir que pour donner la préférence à la dot, le contrat de mariage doit être reconnu avant la célébration, ou le jour même, autrement la dot n'a hypotheque que du jour de la reconnoiffance, & ne fe paie qu'après le douaire, fuivant l'Arrêt donné entre Lambert & Marfolet, le 5 Mars 1665, en la Chambre des Enquêtes, fur un partage de la Grand'Chambre, entre M. Bufquet, Rapporteur, & M. de Vigneral, Compartiteur ; l'avis de M. Bufquet, contre lequel il passa, étoit que le Réglement de 1600, pour la reconnoissance des contrats de mariage, ne devoit s'entendre que quand il y avoit des créanciers intermédiats ; mais en donnant la préférence à la dot en faveur de la femme & de ses créanciers, les enfants deviennent intermédiats pour leur tiers ; & par cette raison l'hypotheque de la dot ne doit commencer que du jour de la reconnoissance du contrat de mariage.

3°. La contestation pour la préférence entre le douaire & la dot, peut aussi naître entre la mere & les enfants, lorsque les biens du mari ne sont pas suffisants de payer l'un & l'autre. La cause des enfants peut être soutenue par des raisons puissantes, & dont la faveur peut être égale à celle dont on soutient le parti de la mere ; les enfants sont la fin principale du mariage ; leur établissement & leur avantage sont le premier objet que ceux qui se lient par ce nœud sacré, doivent se proposer : il n'est donc pas étrange que l'on fasse céder quelquefois les intérêts & les droits des peres & meres à ceux de leurs enfants, faisant préférer le douaire à la dot ; la mere y trouve quelqu'avantage. Mais en faisant passer la dot la premiere, elle pourroit consumer tout le bien de son premier mari, dont elle porteroit la dépouille à un second, à la ruine de ses enfants. Ainsi pour éviter cet inconvénient, il est plus juste de prendre le parti qui n'ôte pas à la mere le moyen de subsister, & qui conserve aux enfants la propriété d'un bien dont leur mere auroit pu mal user. Si l'ordre de l'écriture pouvoit être de quelque conséquence, le douaire seroit presque toujours préférable en Normandie, parce que dans les contrats de mariage, la stipulation du douaire tient ordinairement le premier rang. Chopin, de la propriété des Biens d'Anjou, l. 3, t. 1, n. 14, a remarqué que dans les lieux où le douaire n'est pas propre aux enfants, ils sont préférés à la mere pour les biens paternels, lorsque la mere s'est remariée ; car en cause pareille d'aliments, la nourriture est préférable, le mariage n'étant institué que pour procréer des enfants.

L'on soutient la préférence de la dot, par ces raisons que c'est le propre bien de la femme, & que l'ayant confié à son mari, l'on ne peut pas lui en refuser la répétition ; la dot est un titre onéreux, le douaire un titre lucratif ; c'est un présent que la Coutume & le pere font à leurs enfants, mais qui ne doit avoir son effet qu'après que la restitution de la dot a été pleinement exécutée : & quand l'on feroit remonter l'hypotheque du douaire au jour du contrat de mariage, en vertu de la stipulation portée par icelui, cela ne pourroit opérer que contre un créancier étranger, & non à l'égard de la dot. La raison est, que cette hypotheque que l'on donne au douaire, est beaucoup moins parfaite que celle de la dot : le douaire n'est pas acquis & assuré par la seule stipulation employée dans le contrat de mariage ; cette hypotheque ne reçoit sa perfection & n'a son plein effet qu'après le coucher. Au contraire, l'hypotheque de la dot est acquise sans aucune condition, & dès le moment que le mari & la femme donnent leur consentement au mariage, & qu'ils en signent les pactions. Ainsi le pere ne peut laisser aucune portion de ses biens à ses enfants, qu'il n'ait rendu à la femme ce qu'elle lui a apporté. Le Parlement de Paris l'a jugé de la sorte par plusieurs Arrêts, & cette Jurisprudence est suivie en Normandie.

4°. Toutes ces raisons ne sont pas de même poids en la bouche des créanciers, lorsqu'ils prétendent exercer les droits de la mere au préjudice de ses enfants ; car quoiqu'ils puissent alléguer que comme créanciers légitimes de la mere, ils doivent exercer tous ses droits, l'on répond que la préférence n'est accordée à la mere pour les deniers dotaux, que par une faveur particuliere : c'est un privilege personnel qui ne se communique point à des étrangers, ni même à ses héritiers extranées : *Privilegium dotis quo mulieres utuntur in actione de dote, non transit ad hæredes. L. 2. C. de privil. dot.* Mais il n'est point parlé que les créanciers de la mere aient le même avantage.

Le Commentateur de M. Louet, L. *D.* n. 40. rapporte un Arrêt, par lequel la préférence fut jugée pour le douaire ; mais il ajoute que depuis le contraire fut jugé, & que l'on donna la préférence aux créanciers de la femme, comme étant ce droit de préférence pour les deniers dotaux, réel & transmissible, & non spécial, ni attaché à la personne ; mais en Normandie, où l'on conserve avec tant de soin aux enfants leur tiers coutumier, cette Jurisprudence ne seroit pas favorablement reçue.

En effet, si la faveur de la mere n'avoit paru plus grande que celle des enfants, on auroit dû régulièrement admettre la concurrence du douaire avec la dot, puisque la stipulation qui en produit l'hypotheque, procede d'un même contrat, & que la légitime n'est pas moins due aux enfants, que la dot à la mere. Il faut donc que la préférence pour la dot, soit un privilege purement personnel, qui par conséquent n'est communicable ni transmissible à un étranger ; cependant si cette préférence étoit étendue aux créanciers de la mere, il seroit au pouvoir des meres de priver leurs enfants de leur tiers coutumier : nonobstant le mauvais ménage du pere, & tous les contrats que les enfants peuvent faire durant sa vie, ce tiers demeure inaliénable, & la Coutume conserve aux enfants avec toutes les précautions possibles, ce débris de la fortune de leur pere. Cependant par la seule préférence de la dot sur le douaire, tous les soins de la loi deviendroient inutiles.

Suivant le sentiment de Brodeau, cela ne peut avoir lieu au préjudice du douaire acquis aux enfants du jour du contrat de mariage, que pour la véritable dot, & non à l'égard de toutes sortes de remplois tant de ventes volontaires que nécessaires & forcées, comme sont les rachats des rentes constituées, quoique l'hypotheque remonte jusqu'au jour du contrat de mariage ; parce que, dit cet Auteur, cela n'a lieu qu'à l'égard des créanciers étrangers intermédiaires, & non des enfants qui prennent leur droit & leur hypotheque pour le douaire qui leur est propre, immédiatement après la vraie dot de leur mere, du jour du contrat de mariage. L'on peut tirer de là une conséquence très-forte en faveur des enfants ; car la femme ayant une même hypotheque tant pour sa vraie dot que pour ses remplois, l'on ne peut y faire de distinction qu'en faveur du douaire coutumier pour les enfants.

Par la loi unique, *C. de privil. dot. privilegium dotis quo mulieres utuntur, non transit ad hæredem.* Or, sous le terme général d'héritier, les enfants ne sont point compris ; car, au contraire, en leur faveur les privileges de la dot se continuent en leurs personnes, *L. assiduis, qui pot. in pign. C. & nov. 9.* D'où il résulte que si les privileges ne sont attribués à la dot qu'en faveur de la femme & des enfants, ces privileges cessent lorsque ces personnes n'y ont plus d'intérêt.

On a remarqué précédemment, que quand le contrat de mariage a été reconnu, le douaire a hypotheque de ce jour-là, quoique le mariage n'ait été consommé que depuis : & la même question ayant été formée pour le tiers des enfants, par Arrêt donné le 4 Décembre 1621, en la Chambre des Enquêtes, au rapport de M. du Moucel, entre les surnommés de Fatouville, il fut jugé que les enfants nés depuis le traité de mariage, solemnisé plus de dix ans après le traité, auroient le tiers en propriété comme du jour du contrat de mariage étant en forme authentique & insinué, & non du jour du mariage ; & les acquéreurs du pere, depuis le traité & avant la célébration, furent condamnés à leur quitter le tiers. Ce traité de mariage étoit de l'an 1587 : les enfants étoient nés ; & parce que le pere du mari s'étoit opposé à ce mariage, il n'avoit été célebré ou solemnisé qu'en Septembre 1597, & les contrats de vente de la terre de la Quise & des autres héritages, avoient été passés en 1595 & 1596, avant la célébration du mariage.

Les acquéreurs disoient que ce tiers n'étoit acquis que du jour des épousailles, ce qui s'entendoit de la solemnité du mariage, non du simple traité ; que la Coutume de Paris, conforme à celle de Normandie en ce point, donne la propriété du douaire aux enfants du jour des épousailles & bénédiction nuptiale ; que le mariage n'est parfait que du jour qu'il est solemnisé en l'Eglise ; que les enfants ne sont capables de ce tiers que du jour qu'ils sont légitimés ; qu'ils ont ce tiers par le bénéfice & permission de la loi ; & par cette raison, il est requis qu'ils soient enfants de la loi, ce qui n'est que du jour qu'ils sont légitimés par un mariage subséquent ; que le mariage célébré en 1597 ne pouvoit avoir un effet rétroactif, pour leur donner un droit réel sur des héritages qui n'étoient plus en la possession de leur pere, lors de la célébration du mariage, & dont les acquéreurs étoient propriétaires, & les actes *quæ retro trahuntur*, n'ont jamais eu d'effet au préjudice d'un tiers, *non tollunt jus alteri quæsitum*, *cap. quamvis, de rescriptis in 6*, & suivant la regle *de non tollendo jus alteri quæsitum* ; & ainsi,

quoique le fils soit né & conçu sous promesse de mariage, si le pere se départ de sa promesse, qu'il épouse une autre femme, & qu'il en ait des enfants légitimes, & qu'après le décès de cette femme légitime, il épouse la femme dont il avoit un fils naturel, il peut légitimer cet enfant par un mariage subséquent : mais encore qu'il soit l'ainé par nature, néanmoins il n'auroit pas le droit d'ainesse ; au contraire, les enfants nés du premier mariage auront le droit d'ainesse à son préjudice, parce qu'ils sont les premiers nés dans la loi, & les premiers légitimés, comme tient Dumoulin sur la Coutume de Paris, §. 8, art. 1. *in verbo* (LE FILS AINÉ), dont la raison est, *effectus matrimonii non retro trahitur*, au préjudice d'un autre. De même peut-on dire qu'il n'a point d'effet rétroactif au préjudice des acquéreurs. Et encore que depuis le traité de mariage, le pere & la mere eussent vécu ensemble comme gens mariés, cela ne fait rien, puisqu'ils n'avoient célébré leur mariage qu'en 1597 ; le mariage ne se réitere point entre mêmes personnes ; il est de droit public, & ne peut être prouvé ni fait par les renoissances des parties, *L. non nudis ff. de probationib*. Le traité de mariage ne fait point le mariage, *tabulæ nuptiales non faciunt matrimonium*. Pour les enfants, on disoit que du jour du traité, les droits que la loi leur donne par le mariage, leur étoient acquis ; que le mariage a plusieurs actes, dont le traité est le premier, & qu'après l'accomplissement le tout est réputé pour un seul acte ; que par le droit civil, *L. divi Constantini*, & autres titres *de naturalibus liberis, cod.*, les enfants nés, *ante dotalia instrumenta*, quand le mariage étoit solemnisé, avoient les mêmes droits & prérogatives, sans distinction. La Cour adjugea le tiers aux enfants du jour du traité de mariage. Les sentiments des Juges furent fort partagés sur cette question; il s'en trouva neuf de l'avis de l'Arrêt, & sept contredisants: l'opposition formée à la célébration du mariage, empêchoit que les acquéreurs ne tirassent avantage du retardement.

DOUAIRIERE.

La première considération, lorsqu'il s'agit de régler la conduite que la douairiere doit tenir pour le recouvrement de ses droits, est d'examiner où son contrat de mariage est passé & la situation des biens sur lesquels son douaire doit se lever. Ensuite, en quel état elle doit recevoir les bâtiments? A quelles charges elle doit contribuer? Si les lots doivent être faits à ses frais? Si on peut y comprendre les biens dont ses enfants ont été avancés? Si elle peut se faire restituer contre les lots qu'elle a faits? Et si après en être en possession, elle peut faire abattre des bois, & est susceptible des autres espèces de réparations? Nous pourrions examiner aussi de quels *droits honorifiques* elle doit jouir? Mais en traitant de ces droits, il sera plus naturel de s'occuper de la question.

SECTION I.

Conduite de la douairiere selon la situation des biens de son mari & celle du lieu où son contrat de mariage a été passé.

Pour la regle de sa conduite la douairiere ne peut prendre de meilleur guide que Mᵉ. Froland.

Dans son premier volume, concernant la qualité des Statuts, il se propose, relativement au douaire, les deux questions suivantes. Nous allons les offrir dans l'ordre, & avec l'extrait des solutions qu'il leur a données.

1°. En conséquence d'un contrat de mariage passé à Paris entre personnes qui y sont domiciliées, avec soumission absolue à la Coutume de Paris, & dérogation à la Coutume Normande, la clause que la future épouse, au cas où douaire aura lieu, prendra à ce titre moitié des biens de son affidé, en quelques lieux qu'ils soient situés, autorise-t-elle la femme, devenue veuve, à demander moitié en douaire sur les biens assis en cette Province? Il paroît incontestable qu'il n'appartient qu'un tiers en douaire à la veuve sur ces biens.

Basnage, en son Commentaire sur l'article 367, dit que ce n'est pas une chose douteuse, quand le mariage est contracté en Normandie entre personnes qui y sont domiciliées; le douaire ne peut consister qu'au tiers des biens du mari: mais que si un Normand épouse une femme qui ait son domicile sous une Coutume où le douaire soit de la moitié des biens du mari, ou qu'elle stipule un douaire préfix à la moitié, cette stipulation n'est pas valable pour les biens de notre Province.

Il est vrai que ce Commentateur parle d'un mariage contracté par un Normand; mais la distinction de l'origine, de la qualité du domicile des personnes est indifférente à la question. En effet, Basnage dans le même endroit, dit en termes généraux, qu'à l'égard du douaire, il doit toujours être réglé par la Coutume du lieu où les biens sont situés, parce que c'est un droit réel & foncier, & que les Coutumes étant réelles, les particuliers n'y peuvent déroger par leurs pactions; & sur l'art. 389, lorsqu'il traite de nouveau la question, il dit expressément que, quoique par la Coutume de Paris, le douaire coutumier soit de moitié des biens du mari, il ne peut toutefois promettre que le tiers de ceux qu'il possède en Normandie; que, suivant la doctrine même du Parlement de Paris, la stipulation d'un douaire sur des fonds de cette Province plus grand que celui qui est permis par la Coutume, est réductible. Au reste, le sentiment de ce Jurisconsulte n'est pas sans

sans appui ; deux Arrêts solemnels en établissent la justesse. Le premier fut rendu en la Grand'Chambre du Parlement de Paris, le 30 Décembre 1693. En voici l'espece.

En 1678, Grégoire de Glachant, Conseiller-Sécrétaire du Roi, épousa Dame Marie du Fayot, qui, pour lors, étoit veuve du sieur de Ponzels, Maître-d'Hôtel ordinaire du Roi ; & par le contrat de mariage qui fut fait à Paris, on stipula qu'il n'y auroit point de communauté de biens entr'eux ; que la future épouse recevroit elle-même ses revenus, sans être obligée d'en rendre compte ; qu'elle auroit la liberté d'aliéner ses biens, ainsi qu'elle aviseroit bon être ; qu'elle ne seroit point tenue des dettes du futur époux ; que le survivant auroit & reprendroit toutes les choses qui auroient été par elle apportées, & qu'elle auroit pareillement pour son douaire 3000 de pension viagere, son habition dans la terre de Claville, 2000 liv. pour son deuil, & 10,000 liv. pour son préciput.

En 1689, le sieur de Glachant étant décédé, assignation au Châtelet, à la requête de sa veuve, à Georges de Glachant, Ecuyer, sieur de Hodeng, fils du premier lit du défunt, & son héritier par bénéfice d'inventaire, pour voir déclarer son contrat de mariage exécutoire contre lui, & en conséquence se voir condamner à lui payer toutes les sommes spécifiées audit contrat ; Sentence, faute de comparoir, par laquelle ladite veuve se fait adjuger ses conclusions ; autres Sentences obtenues par ledit sieur de Glachant ; appellations respectives ; instruction de part & d'autre.

Dans le cours de cette instruction, la veuve fut tellement convaincue que ses demandes ne pouvoient prévaloir aux usages de notre Province, que pour éviter la condamnation des dépens, elle fut obligée de présenter Requête le 27 Mai 1693 ; par laquelle elle déclara qu'elle n'entendoit percevoir son douaire préfix de 3000 que sur le tiers des biens situés dans le ressort de la Coutume de Normandie, & possédés par le mari lors de son mariage, & subsidiairement pour l'excédent, tant sur les biens situés à Paris, en Picardie, que sur les autres biens libres & effets mobiliers ; ce qui fut ainsi jugé.

La question cependant se présenta de nouveau en 1703, sous le prétexte que l'Arrêt de 1693 n'avoit été rendu que par acquiescement de la veuve.

Le sieur Dumenage, Ecuyer sieur de de la Geiraye, étoit Appellant d'une Sentence rendue au Châtelet le 14 Juin 1701, par laquelle on avoit déclaré exécutoire contre lui le contrat de mariage de Dame Charlotte le Febvre, veuve de Jacques Dumenage, & on l'avoit condamné à payer à cette veuve 2400 livres qui lui étoient dues pour sa dot, & 3000 liv. pour son douaire, avec intérêts à compter du jour du décès. Par l'Arrêt, il fut dit que la veuve se pourvoiroit pour les 3000 liv. de douaire, sur le tiers des biens ayant appartenu au défunt, situés en la Province de Normandie, conformément à la Coutume des lieux.

2°. La femme peut-elle remettre son douaire au préjudice de ses créanciers, & quelle Coutume doit-on suivre pour juger de la validité de cette remise ?

Il est certain qu'en Normandie cette faculté est accordée à la femme. Le sieur Susanne avoit acquis un héritage du sieur Baïer pere, avant son troisieme mariage avec la Demoiselle le Courtois ; & pour se conserver dans la possession de son acquêt, il avoit été forcé de payer à ladite Baïer fille, la somme de 1600 liv., pour la remplir du tiers coutumier qui lui appartenoit, comme ayant renoncé à la succession de son pere. Devenu par là créancier de son vendeur, il agit contre sa veuve, pour la faire déclarer héritiere,

Tome I. Tttt

suivant l'usage de Normandie, au moyen des souftractions qu'elle avoit faites; mais un mois avant la Sentence de condamnation, elle prit soin de *remettre* son douaire à sa fille; & cette remise que le créancier ne manqua pas de contester, fut déclarée valable par Arrêt du 10 Mars 1689.

L'usage, sur cette matiere, est incontestable en Normandie, & même on y tient qu'une simple saisie ne suffiroit pas pour empêcher l'effet & l'exécution d'une semblable remise: c'est ce que Basnage dit avoir été jugé par les Arrêts qu'il a cités pour la remise du droit de viduité du mari, des 14 Mai 1634, & 15 Juillet 1660, & ce qui paroît avoir été confirmé par les Arrêts de Roty, de Vaupoteau & de Baïer, des années 1671, 1673 & 1689, dont nous venons de parler.

3°. Ceci paroît constant, lorsque le domicile de la femme & les biens sont en Normandie: mais si la demeure est en cette Province, & les biens sous une Coutume qui renferme une disposition contraire; ou si le domicile est dans une Coutume de cette qualité, & les immeubles en Normandie, *quid juris*? faudra-t-il suivre la loi du domicile de la femme, ou celle de la situation des fonds?

Premiérement, il n'y a point de Coutume qui contienne aucune disposition à cet égard.

En second lieu, s'il y avoit une Coutume qui ne permît pas à la mere de remettre son douaire à ses enfans, pour en priver ses créanciers, il faudroit distinguer les cas, par rapport au domicile, à la situation des biens, & à la qualité du douaire.

Si la demeure étoit sous une Coutume semblable à celle dont nous venons de parler, & les biens donnés & délivrés en douaire, situés en Normandie, il seroit permis d'user de son droit.

Et ce qui détermine à penser ainsi, c'est qu'en cette Province le douaire est *un usufruit*, suivant l'article 367 de la Coutume, & que l'usufruit d'un immeuble y est considéré comme étant de la même nature & qualité que l'immeuble même, par l'art. 508.

C'est sur ce fondement qu'on ne peut en ce pays disposer de l'usufruit d'un immeuble que comme on pourroit faire de l'immeuble même, soit par donation entre-vifs, soit par testament, Article 428; que cet usufruit est sujet à retrait comme l'immeuble, Article 502; que suivant la remarque de d'Aviron, Godefroi, Bérault, Basnage & Pesnelle sur ledit Article 508, la défense de donner, vendre, ou aliéner des immeubles, *s'étend à l'usufruit d'iceux*; & que par différents Arrêts du Parlement de Paris, il a été jugé qu'une femme domiciliée à *Paris*, ou sous une autre Coutume libre, où l'Edit de 1606 a lieu, *ne pouvoit engager* par des contrats d'intercession ou autres qu'elle avoit faits conjointement avec son mari, *le douaire* qui lui appartenoit en *Normandie*.

Si au contraire le domicile étoit en *Normandie*, & les biens délivrés à la veuve pour son douaire, situés sous une de ces Coutumes que nous supposons ne pas donner à la mere la faculté de remettre son droit à ses enfans en fraude de ses créanciers, il faudroit penser tout autrement que dans la précédente espece, quoiqu'on dût aussi former sa décision sur la Coutume de la situation des biens.

Qu'on ne dise pas que la femme qui a son domicile en Normandie ne peut hypothéquer, par des obligations où elle est entrée avec son mari, les biens dont elle jouit pour son douaire à Paris, ou sous d'autres Coutumes dans lesquelles on ne connoît point l'exception du Velléien; & que si l'argument qu'on tire de l'obligation de la femme est bon dans l'espece dont il s'agit ; par identité de principe, celle qui demeure en Normandie, pouvant remettre son douaire à ses enfants au préjudice de ses créanciers, elle peut le faire aussi quand les biens qui ont été donnés pour la remplir de son douaire, sont situés sous une Coutume qui ne lui fait pas la même grace.

Ce n'est point ici le cas où ce raisonnement puisse être fait ; ce sont là deux cas différents, & qui se reglent aussi par des principes différents.

Ce qui fait que, par rapport à l'obligation de la femme domiciliée en Normandie, l'on ne suit pas la Coutume de la situation des biens, est que le *Velleïen* qu'on observe en cette Province, est un *Statut personnel* qui s'étend sur tous les immeubles, en quelques lieux & sous quelques Coutumes qu'ils soient situés, au lieu que le Statut qui regarde *la remise du douaire*, est un Statut qui regarde plus particuliérement la *chose* que la *personne*.

Il y a des Coutumes qui permettent aux conjoints de se donner purement & simplement, & de faire entr'eux des donations réciproques ; de donner à des étrangers, par donation entre-vifs, la totalité des biens, & de disposer par testament d'une partie de ses propres & de l'intégrité de ses acquêts. Mais les personnes qui seroient leur résidence actuelle sous ces Coutumes, ne pourroient pas se prévaloir de leurs dispositions par rapport aux biens situés en Normandie ; on leur opposeroit l'usage de la Province, la Jurisprudence des Arrêts, l'Article 73 du Réglement de 1666, & les Articles 410, 422, 427 & 431 de la Coutume ; & ce seroit dans tous ces cas, la seule *réalité* des Coutumes qui devroit décider.

De même aussi ne devroit-on pas conclure, qu'à la femme domiciliée en Normandie, où la remise du douaire est permise, appartiendroit la faculté de remettre à ses enfants les biens qui lui auroient été délivrés pour le sien, & qui seroient situés dans une Coutume moins libérale à son égard : qu'elle dispose tant qu'elle voudra de ceux qui sont en Normandie ; la loi sous laquelle ils sont situés, & qui par conséquent doit les régir, l'autorise à le faire ; mais elle ne disposera pas de ceux qui sont dans une autre Coutume qui statue différemment, & qui n'est point soumise à celle de Normandie.

Nonobstant les regles que nous venons d'établir, il y a un cas dans lequel la femme domiciliée sous une de ces Coutumes, ne pourroit pas remettre à ses enfants le douaire qu'elle auroit à prendre sur des biens de Normandie, & ce seroit, si le douaire étoit payable en *deniers* ou en rente, parce qu'alors ce seroit un bien attaché à la *personne*, & pour lequel il faudroit par conséquent suivre la loi du domicile.

SECTION II.

En quel état les bâtiments doivent-ils être remis à la douairiere ?

Par l'Article 375, la douairiere devant tenir les bâtiments en état, comme ils lui ont été donnés, elle doit dans l'an & jour de son entrée en jouissance, suivant l'Arrêt du 9 Juillet 1598, rapporté par Bérault, faire constater cet état des bâtiments, vis-à-vis du débiteur du douaire ; mais il ne faut pas qu'elle porte sa prétention jusqu'au point d'exiger que tous les bâtiments soient réparés en neuf. Le propriétaire a le droit de faire subsister les couvertures, planchers, &c. autant de temps qu'il est possible, pourvu qu'il demeure constant, entre lui & la douairiere, que les parties du bâtiment, quoique subsistantes, sont anciennes, afin que leur dépérissement ne puisse être dans la suite imputé à la négligence d'avoir entretenu : Arrêt de 1681, rapporté par Basnage.

M. le Marquis de Cany avoit épousé, en secondes noces, Mademoiselle d'Houdetot : étant décédé, sa veuve exigea de son beau-fils, sorti d'un premier mariage, qu'il rebâtît une maison sur la terre de Lintot, qui étoit échue à la dame sa belle-mere, à titre de douaire. Il y avoit plus d'un siecle que cette maison avoit fait le manoir seigneurial du fief, mais depuis, les fermiers l'avoient habitée; & selon cette dame, on devoit l'accommoder de maniere qu'elle pût s'y loger convenablement, vu la fortune & sa condition : par Arrêt de 1743, M. le Marquis de Cany fils, de son obéissance, fut chargé de mettre la maison dans l'état où elle étoit lors du second mariage de M. son pere ; c'est-à-dire à l'usage d'un fermier.

Les réparations sont une charge de la propriété, & un décrétant n'a pas la propriété du tiers coutumier, puisqu'il appartient aux enfants; il n'est pas conséquemment obligé de mettre en état le duoaire qui n'est que l'usufruit du tiers des enfants : Arrêt du 16 Mars 1776. Voyez TIERS COUTUMIER.

Cet Arrêt est conforme à celui du 3 Février 1657, qui avoit décidé qu'une femme ayant demandé son douaire en essence dans un décret, devoit contribuer aux réparations faites durant le décret, par le décrétant duement autorisé en justice, en tant qu'elles étoient utiles & nécessaires.

Au surplus, l'action de la douairiere pour forcer les heritiers de son mari à mettre en état dû les bâtiments, est solidaire contr'eux : Arrêt du 14 Août 1659. Voyez la note sur l'article 375, dans la nouvelle édition de Bérault, tom. 2, pag. 31.

SECTION III.

A quelles charges la douairiere doit-elle contribuer ?

1°. La douairiere, quoiqu'héritiere de son mari, contribue à ses dettes différemment, selon que les dettes sont mobiliaires & immobiliaires ; selon aussi que les droits qu'elle exerce dans la succession, sont droits propriétaires, ou de simple usufruit, & suivant qu'il y a des immeubles en la succession du mari, ou qu'il n'y en a pas.

Soit que le mari ait ou non des immeubles, il est de principe général que la femme héritiere est solidairement prenable de toutes les dettes mobiliaires de son époux, sauf son recours contre ses cohéritiers pour leur contribution.

Dans les dettes mobiliaires, on doit comprendre les arrérages des rentes échues au moment du décès du mari.

Quant aux capitaux des rentes & aux arrérages qui en échéent après le décès du mari, s'il n'a laissé que des meubles, la femme doit sa part de ces arrérages & capitaux ; mais si le mari laisse des immeubles, ou ils suffisent, ou ils ne suffisent pas pour acquitter les rentes & autres charges réelles : s'ils sont suffisants, & la veuve n'ayant eu que part aux meubles, les créanciers doivent s'adresser tant pour le principal que pour l'intérêt des rentes, aux héritiers du mari auxquels ces meubles appartiennent ; la veuve ne peut devenir l'objet de ces créances immobiliaires, que dans le cas où les immeubles ne suffisent pas pour les acquitter ; & alors les créanciers peuvent lui demander caution, avant qu'elle soit saisie des meubles & effets de la succession de son mari : car s'ils négligent de la lui demander avant le partage, elle cesse d'être leur garante par deux raisons. La premiere, est que l'hypotheque qui n'est établie que sur les meubles, est imparfaite, & qu'ils ne peuvent avoir suite par hypotheque, s'ils ne sont saisis sur le débiteur.

Or la veuve ne doit rien aux créanciers immobiliers, quand elle ne possede aucuns immeubles de la succession de son époux ; l'hypotheque sur les meubles a si peu d'effet à l'égard des créanciers, qu'elle n'auroit pas lieu contre des légataires pour la sûreté & la garantie des charges réelles.

La seconde raison est, que quoique la femme soit appellée en qualité d'héritiere à la succession de son mari, elle n'est cependant pas comprise dans la même cathégorie que ses autres héritiers, sur-tout quant aux immeubles & aux créanciers pour causes immobiliaires ; si vrai que la caution que les créanciers peuvent exiger d'elle pour sûreté de leurs crédites, ils ne pourroient la demander aux autres héritiers du mari.

Si la femme prend part aux immeubles comme usufruitiere, à titre de douaire, elle est susceptible des arrérages qui échéent pendant la durée de son usufruit : mais les héritiers de la femme ne peuvent être poursuivis ni pour le capital, ni pour les arrérages des rentes du mari après qu'elle est décédée : le motif de sa dette étoit son droit d'usufruit ; la cause étant éteinte par le décès, ses effets sont anéantis.

Autre chose seroit, si le mari laissoit dans sa succession des acquêts où sa veuve prendroit part en propriété ; car en ce cas elle & ses héritiers ayant en la succession immobiliaire du défunt, un avantage égal aux autres héritiers de ce dernier ; ils sont l'objet solidaire des créances immobiliaires, tant pour les capitaux que pour les intérêts échus même après le décès de la femme, sauf leurs actions contre les héritiers du mari. *Voyez* Art. MARI.

2°. Les douairieres doivent toutes les charges de leur usufruit, telles que le courant des rentes seigneuriales, foncieres, les réparations des chemins, les tailles & taxes qui diminuent le revenu de la jouissance.

3°. Comme le mariage des sœurs de leurs maris, ou celui de leurs filles sortis d'un premier mariage, sont antérieurs au douaire, il est incontestable que le douaire en est passible. *Voyez* l'Arrêt du 13 Mars 1665, rapporté par l'Annotateur de Bérault sur l'Article 367 de la Coutume, derniere édition.

SECTION IV.

Les lots doivent-ils être faits aux dépens de la douairiere ?

Basnage nous enseigne que non-seulement la douairiere doit faire les lots à ses frais, suivant un Arrêt du 27 Mai 1637 ; mais que de plus elle est obligée à faire des lots distincts & séparés, lorsqu'il y a des héritages de diverses lignes.

Cette obligation de la femme dérive de l'ancien style de procéder, qui l'assujettissoit à prendre un bref de douaire, pour le faire distraire de la succession de son mari.

Si nos Réformateurs n'ont point dit aux dépens de qui les lots à douaire seroient faits ; c'est qu'alors c'étoit une maxime constante ; maxime d'ailleurs tout à fait conséquente, car la femme n'est point héritiere, parce qu'elle est douairiere ; sa qualité d'épouse étant isolée, ne lui donne qu'une action pour demander son douaire à l'héritier. Comme elle peut s'abstenir de cette demande, il faut, si elle la forme, qu'elle soit à ses frais. Il est vrai que souvent le contrat de son mariage la dispense de former cette demande judiciairement ; mais de là il ne s'ensuit point qu'elle soit dispensée de faire à ses frais les lots ; tout ce que la clause opere, c'est que les fruits lui sont dûs de l'instant du mariage.

Si cependant il y a contestation sur les lots présentés, & que la douairiere soit obligée de les faire contrôler, il y a doute si elle doit seule payer le droit de contrôle, ou n'y contribuer qu'à proportion de son tiers ? En effet, cette difficulté étant née entre M. le Marquis de Cany & la dame sa belle-mere, cette dame soutint que le contrôle ne se percevant pas seulement sur la part de la douairiere, mais de plus sur la succession totale, son beau-fils en devoit les deux tiers. Par Arrêt du 18 Mars 1743, la Cour appointa les parties au Conseil pour être fait Réglement.

SECTION V.

Lorsque le fils a été avancé par son pere, d'un héritage, & que la mere a agréé cet avancement, la mere est-elle par là privée d'y prendre douaire après la mort de son mari?

La négative a été décidée par Arrêt du 21 Mars 1653. Agréer un avancement à une succession, c'est n'avoir en effet agréé qu'un avancement de propriété; ce qui ne porte aucun préjudice au droit d'usufruit dont on a l'exercice sur cette propriété.

SECTION VI.

Après les lots faits, la douairiere peut-elle se faire restituer contr'eux?

Un Arrêt du 17 Mai 1521, rapporté, article *Douaire*, par Bérault, Article 3 de la Coutume, a décidé que pour composition de douaire, il y a lieu à relévement, au cas de déception d'outre-moitié du juste prix. Cependant il convient qu'en baux à ferme & en meubles, il ne *chérit rescision* par la Coutume générale de France. Ce que l'on peut penser de cet Arrêt, c'est qu'outre la lésion, il y avoit dol & surprise; car comment pourroit-on établir la lésion en un contrat purement aléatoire, dont l'objet est un usufruit, rien ne pouvant en déterminer la durée, ni conséquemment le bénéfice? *Voyez* articles LETTRES DE RESCISION & RESTITUTION.

SECTION VII.

La douairiere peut-elle faire abattre des bois sur les fonds dont elle jouit, & toutes especes de réparations doivent-elles se faire à ses dépens?

L'Article 375, déjà cité, autorise la douairiere à couper les bois qui sont en coupes ordinaires; mais elle ne peut couper les autres bois que pour reparer les maisons & manoirs appellés les Propriétaires, & par ordonnance de Justice.

Voilà donc un point constant; la douairiere ne peut jouir que du bois qui est *in fructu*. Ainsi les arbres tombés par l'impétuosité des vents, ou autre force majeure, durant son usufruit, sont un effet mobilier sur lequel il lui appartient une part, à raison du temps de sa jouissance. Mais comme le propriétaire devroit avoir le surplus de ce fruit, & qu'il est impossible de savoir dans quelle proportion la jouissance & la propriété devroient en profiter, vu que la durée de cette jouissance est incertaine, il paroît équitable que l'arbre tombé appartienne en entier à la douairiere, à la charge de le remplacer par une nouvelle plantation. L'arbre la dédommage du fruit qu'elle en auroit tiré, s'il eût subsisté; & l'arbre substitué, après le douaire éteint, fournit au propriétaire une indemnité de la part qu'il auroit pu prétendre dans celui que l'intempérie des vents a renversé ou fait périr : chaque partie supporte l'événement.

Si la veuve emploie sur les bâtiments les arbres déracinés ou abattus, à ce appellé le propriétaire, ou autorisée de Justice, en ce cas elle n'est pas tenue à les remplacer par de nouvelles plantations, autrement le propriétaire auroit un double avantage.

La douairiere, on le voit par ce qui vient d'être dit, est privée de faire abattre des bois pour son usage particulier, parce qu'elle n'en a que l'usufruit, c'est-à-dire, les ébranchages, l'ombrage & la satisfaction de l'ornement qu'ils donnent à son logement. Mais à raison de cet usufruit, elle a le droit de s'opposer à ce que le propriétaire l'en prive, & si l'agrément qu'elle en retire ne peut être indemnisé; car sans des bois de décoration, une douairiere peut-être n'auroit pas présenté les lots à douaire en l'état où ils ont été choisis; le droit du propriétaire ne doit pas être préféré à celui de l'usufruitiere.

Les réparations auxquelles la douairiere est sujette, consistent à tout ce qui tend à entretenir & conserver les bâtiments, les couvertures, les portes, fenêtres; cependant, si, par le défaut de cet entretien, les principales pieces de construction, les murs même étoient dégradés, elle seroit susceptible de réparer le dommage qui y auroit été causé.

Si sur le fonds dont elle jouit, il y a des ustensiles nécessaires pour l'aménagement de ce fonds, pour la récolte des fruits, tels que ceux de pressoirs, treillis pour espaliers, &c. elle n'est pas obligée d'y en substituer de neufs, s'ils tombent par vétusté; il en est de même des refends de bois qui tiennent lieu de murs, de clôtures.

DOUBLE. (ACTE)

Ce sont des maximes triviales que les *actes qui contiennent des engagements réciproques entre deux parties, doivent être faits double, ou qu'autrement ils sont nuls; & que les actes qu'une seule personne a intérêt de faire valoir, tels que les billets pour argent prêté, peuvent être simples, le débiteur n'en ayant pas besoin.* Mais la premiere de ces maximes reçoit des restrictions; quand l'acte, quoique non rédigé double, a eu son exécution, la nullité ne peut plus être proposée. C'est ce qui vient d'être décidé à l'égard d'un contrat de mariage.

En 1756, *Isaïe Dulos*, Ecuyer, sieur *de la Prevotiere*, avoit épousé *Marie-Marguerite Sauffé*.

En 1771, la Dame *de la Prevotiere* fit mettre son mari en curatelle; elle voulut obtenir des lettres de séparation civile, dans lesquelles elle demanda à faire liquider ses droits de dot, douaire, biens paraphernaux, & tout ce qui pouvoit lui compéter & appartenir, suivant *son contrat* de mariage & la Coutume de la Province.

Ces lettres n'eurent aucun effet, parce que le sieur *de la Prevotiere* mourut avant leur entérinement. Etant décédé sans enfants, la Dame *Saillard des Salles*, sa sœur, devint son héritiere.

Le contrat de mariage des sieur & dame de la Prevotiere ne s'étant pas trouvé dans ses papiers, lors de l'inventaire qui en avoit été fait, quand il avoit été mis en curatelle, le sieur *des Salles* poursuivit la veuve, pour l'obliger à le représenter.

La dame *de la Prevotiere* répondit : qu'il étoit vrai qu'il y avoit eu un projet de contrat en 1756; qu'elle en avoit dit le contenu à tout le monde; qu'elle y avoit fait *un don mobil* entier à son mari, *dans le cas où il la survivroit*; mais qu'il lui étoit impossible de le représenter, ne l'ayant point, & ignorant où il pouvoit être; qu'au surplus, elle offroit d'affirmer ce qu'elle avançoit.

Le sieur *des Salles* voulut faire entendre la dame *de la Prevotiere* sur faits & articles, pour savoir s'il n'y avoit pas eu des pactions de mariage arrêtées entr'elle & son mari ; si ces pactions n'avoient point été rédigées par écrit par un Avocat ; si l'acte n'en avoit pas été fait double ; & si, par cet acte, la dame *de la Prevotiere* n'avoit pas donné à son mari, & sans aucune condition, le tiers de son bien *en don mobil.*

La dame *de la Prevotiere*, au lieu de répondre, produisit l'acte qu'elle avoit dit être égaré. C'étoit un acte sous seing-privé, en forme de contrat de mariage, signé des conjoints & de leurs parents respectifs, entr'autres, de la mere du sieur de la Prevotiere, son pere étant mort, du pere & de la mere de la demoiselle *Sauffé.*

Par cet acte, il étoit porté, entr'autres articles, que le sieur *Sauffé* pere, faisoit une démission de ses biens en faveur des conjoints, moyennant la réserve d'une pension, & que la demoiselle *Sauffé*, du consentement du sieur son pere, donnoit au sieur futur époux *don mobil entier* sur lesdits biens cédés, par avancement de succession, & sur ceux qui pourroient lui échoir à l'avenir : mais il ne portoit pas qu'il eût été fait double. Il étoit daté du 9 Mai 1756.

Après la clause par laquelle la dame *de la Prevotiere* avoit donné le tiers de ses biens présents & à venir à son mari, le sieur *de la Prevotiere* avoit écrit en marge & par renvoi, ces mots : *au cas que ledit futur lui survive, le même jour & an que dessus,* & avoit signé ; mais cette addition & son approbation n'étoient signées ni de la femme, ni des parents.

Sur la production de cet acte, le sieur *des Salles* demanda le tiers des biens de la dame *de la Prevotiere.*

La dame *de la Prevotiere* voulut s'en défendre ; 1°. parce que le contrat de mariage étoit nul, ne portant point qu'il eût été fait double.

2°. Sur ce que le sieur de la *Prevotiere* avoit pu renoncer à une donation faite en sa faveur.

Le sieur *des Salles* soutint au contraire que le contrat de mariage ne pouvoit être déclaré nul, sous le prétexte qu'il ne portoit point qu'il eût été fait double, puisque les choses n'étoient plus entieres, le mariage s'en étant ensuivi, & que l'addition mise après coup par le sieur *de la Prevotiere* à son contrat de mariage étoit nulle, soit en la considérant comme une contre-lettre, prohibée par l'article 388 de la Coutume, soit en la considérant comme un avantage indirect, prohibé par l'article 410.

Par Arrêt du 24 Janvier 1778, *l'addition faite par le sieur de la Prevotiere seul à son contrat de mariage, a été déclarée nulle, & la dame de la Prevotiere condamnée à abandonner le tiers de ses biens au sieur des Salles.*

Voyez ECRIT, FAIT, OBLIGATION.

DOUBLE DROIT.

Voyez EXÉCUTEUR DES SENTENCES CRIMINELLES.

DOUBLE EMPLOI.

Voyez ERREUR.

DOUBLE LIEN.

Le *double lien* est la parenté qui consiste à être parents ou joints, tant du côté paternel que maternel ; ainsi, les freres & sœurs sont unis de parenté par un double lien, puisqu'ils sortent du même pere & de la même mere : en plusieurs Coutumes, on donne encore, dans les successions, la préférence aux parents qui ont ce caractere de double lien. Les anciens Normands l'admettoient aussi : il falloit être de sang entier pour succéder au fief laissé par un collatéral : section 6 de Littleton, Anciennes Loix des François, tome 1, p. 21. Et cet usage avoit son principe dans

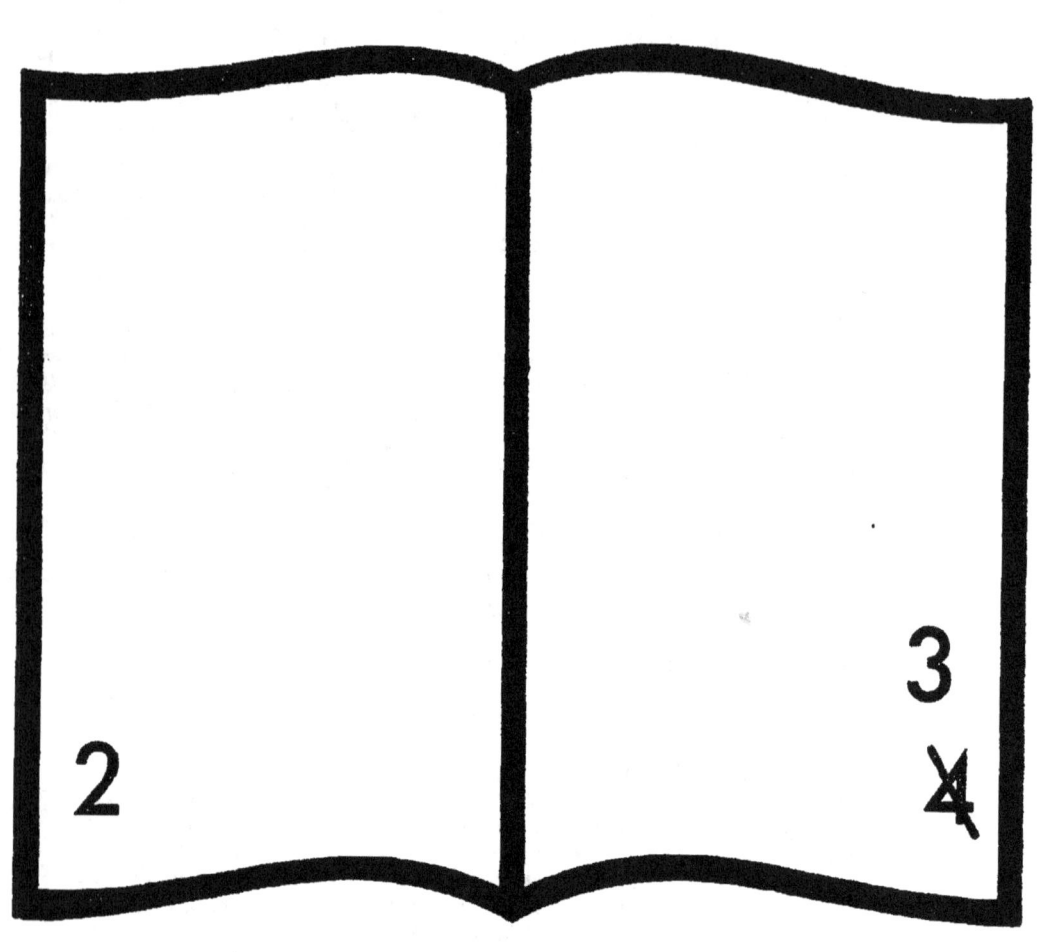

dans les Loix des Saxons, qui étoient les mêmes que les Loix ripuaires suivies en Neustrie sous nos Rois des deux premieres ; mais depuis que le Droit Romain s'est introduit en France, les enfants de pere ou de mere ont été admis à succéder avec les enfants *de seng entier*, suivant le chapitre 25 de notre vieux Coutumier, qui veut que l'on n'ait recours qu'à l'estoc pour savoir quel est le plus proche héritier du conquêt ; & la Jurisprudence des Arrêts a confirmé cette disposition. Basnage en rapporte deux, l'un du 5 Mars 1667, & l'autre du 15 Mai 1664, sur l'article 304 de la Coutume. Il est donc constant que les enfants du frere de pere peuvent, par représentation, succéder avec leurs oncles & tantes, freres ou sœurs de pere & de mere du défunt. Cependant les enfants d'un frere utérin ne pourroient pas succéder avec les enfants d'un frere de pere du défunt, parce que la Coutume admet bien la représentation entre l'oncle & le neveu ; mais elle la borne aux successions où il n'y a de différence que dans le dégré. *Voyez* REPRÉSENTATION.

DOUBLEMENT.

Voyez EAUX ET FORÊTS, & TIERCEMENT.

DOUTE.

Quand une loi ne peut être interprétée par les loix précédentes, ou que l'usage général, c'est-à-dire, pratiqué du consentement tacite de la nation ou d'une Province entiere, ne fournit aucunes lumieres sur le sens qu'on doit lui donner, les Juges manqueroient au respect dû à l'autorité Royale, en s'arrogeant le droit de juger, de leur propre mouvement, suivant leurs opinions, les peuples, que le souverain ne leur soumet qu'à l'effet que leurs différents soient terminés d'après les loix dont il a constitué ces Juges dépositaires. Ils doivent recourir au Roi, qui seul a éminemment le pouvoir de régler l'état des personnes & des propriétés de ses sujets, lorsque les uns & les autres sont incertains : c'est ce qui est implicitement enjoint par l'art. 3 du tit. 1 de l'Ordonnance de 1667, & plus spécialement en la Déclaration du Roi du 15 Septembre 1715, & dans les Lettres-Patentes du 26 Août 1718.

Cette doctrine est parfaitement analogue aux maximes enseignées par les anciens Jurisconsultes de cette Province. *V.* Cowel, l. 1, tit. 2, sect. 6. Consultez au surplus, articles JUGES & TESTAMENTS.

Il seroit fort utile que quelque Jurisconsulte daignât nous donner un Recueil des questions douteuses relatives à notre loi municipale, & des raisons pour & contre, d'où naît le doute, ainsi que des moyens qui paroissent propres à le lever.

Du moins les plaideurs de bonne foi ne seroient point exposés à regarder, d'après un avis, comme certains des Procès dont le sort seroit problématique aux yeux de ceux mêmes qui les leur font entreprendre. Les Avocats ne sont pas toujours consultés les premiers par ceux qui plaident, & beaucoup de gens peu éclairés n'ont point la précaution d'offrir, à leur exemple, comme douteuses les questions sur lesquelles la loi ne s'explique pas clairement.

DOYENS.

Voyez REGISTRES DE BAPTÊMES, &c.

Anciennement, les Doyens Ecclésiastiques prenoient, après le décès des Curés de leur ressort, leur meilleur habit & leur plus beau cheval. Mais par Arrêt du 13 Décembre 1602, cet abus fut réprimé. *Voyez* Forget, c. 28. de personnes Ecclésiastiques. Depuis, un Doyen ayant formé la demande aux héritiers d'un Curé décédé, du luminaire, & de 10 liv. pour son droit; sur le premier chef, faute par lui d'avoir exigé le luminaire après les funérailles, il fut débouté; sur le deuxieme chef, la cause fut appointée au Conseil, pour sur les conclusions du Procureur-Général être donné Réglement : mais le procès est demeuré indécis. Au reste, on ne voit pas à quel titre les 10 liv. seroient légitimement exigées : ou le Doyen inhume le Curé, ou il laisse ce soin à d'autres Prêtres : au premier cas, l'honoraire de sa Messe, les offrandes restent à son profit; au deuxieme cas, le paiement des 10 liv. seroit sans objet : toute coutume qui n'a pas une cause raisonnable, est un abus; elle ne peut donc s'établir par prescription, suivant cette regle qui porte que, *diuturna præstatio facta ex merâ liberalitate non producit obligationem.*

Les Doyens laïcs étoient, sous les premiers Ducs Normands, les Officiers préposés à maintenir la police sur dix familles de possesseurs d'aleux. *Voyez* HAUTES-JUSTICES.

Fin du premier Volume.

APPROBATION.

J'AI lu, par ordre de Monseigneur le Garde des Sceaux, un Manuscrit ayant pour titre : *Dictionnaire Analytique, Historique, Etymologique, Critique & Interprétatif de la Coutume de Normandie*, par M. HOÜARD, Avocat au Parlement de Normandie, & Correspondant de l'Académie des Inscriptions & Belles-Lettres; & non-seulement je n'y ai rien trouvé qui puisse en empêcher l'impression, mais au contraire, je crois que cet Ouvrage sera très-utile à ceux qui voudront s'instruire des Loix de notre Province, & de la Jurisprudence du Parlement de Normandie. M. HOÜARD, déja connu & célebre, parmi les Savants, par ses observations historiques & critiques sur les Anciennes Loix des François, & par son Traité sur les Coutumes Anglo-Normandes, étoit plus que personne en état de remplir le vœu du Public, d'avoir un Dictionnaire relatif aux Loix & Usages de notre Province : & il lui est dû un tribut de reconnoissance pour avoir entrepris & si bien exécuté un Ouvrage qui diminuera les difficultés qui se rencontrent dans l'étude de notre Droit Municipal. A Rouen ce 15 Janvier 1780.

MOULIN, Ancien Avocat au Parlement de Rouen.

Le Privilege se trouvera à la fin du IVe. Volume.

TABLE
DES ARTICLES
CONTENUS DANS CE Ier. VOLUME.

A

Abandonnement,	page 1	Ainé,	ibid.
Abbattement,	ibid.	Ainesse,	56
Abbayance,	2	Ajournement,	57
Abbayes,	ibid.	Aîtures,	58
Abbés,	7	Aisances, chambre aisées,	59
Abréviations,	8	Aîtres,	ibid.
Abeilles,	ibid.	Aléatoires, (contrats)	ibid.
Abonnement,	ibid.	Alençon,	ibid.
Abornement,	9	Aleu,	61
Abrégé, (fief)	ibid.	Aliénation,	63
Absence,	ibid.	Aliments,	ibid.
Abstention,	12	Alluvion,	65
Abus,	13	Almeneíches,	66
Accouchement,	16	Amand, (S.)	67
Acceptation,	19	Améliorations,	ibid.
Acception,	ibid.	Amende,	69
Accusé,	20	Amendement de lotie,	71
Acquéreur,	22	Amirauté,	ibid.
Acquêts,	30	Anachronisme,	72
Acquisition,	33	Andeli,	ibid.
Acre,	ibid.	André, (S.) en Gouffern,	ibid.
Acte,	ibid.	Anges, (Sainte Marie des)	ibid.
Actions,	39	Animaux,	ibid.
Addition,	43	Année,	73
Adhiré,	ibid.	Annobli,	74
Adition d'hérédité,	ibid.	Anselme, (S.)	ibid.
Adjudication,	iibid.	Antichrese,	ibid.
Adultere,	ibid.	Apothicaires,	ibid.
Advouson,	46	Apparente, (loi)	75
Age,	ibid.	Appartenance,	76
Agneaux,	49	Appel,	77
Aides,	ibid.	Appointé ou Appointement,	78
Aïeul,	52	Apposition de scellés,	ibid.
		Appréciations,	ibid.
		Approchement,	79

TABLE

Aqueduc,	79	Bail,	139
Arbitration,	ibid.	Bailli,	142
Arbres,	ibid.	Bailliage,	145
Archevêché de Rouen,	ibid.	Ban & arriere ban,	ibid.
Archidiacres,	80	Bancs d'Eglise,	146
Ardennes,	ibid.	Banlieue,	147
Argent,	ibid.	Bannalité,	148
Armaires,	ibid.	Banneret,	151
Arques,	ibid.	Banni,	ibid.
Arques, (Abbaye d')	90	Bannissement,	ibid.
Arrérages,	91	Banon,	ibid.
Arrêt,	93	Baptême,	152
Arrosement,	94	Barbery, (Abbaye de)	157
Arts & Métiers,	ibid.	Baron,	ibid.
Assay, (Abbaye d')	110	Bas-Justicier,	158
Assemblées,	ibid.	Basnage,	159
Assises,	ibid.	Basoche,	160
Attache,	111	Bâtards,	ibid.
Attornés,	ibid.	Bateaux,	163
Avancement,	ibid.	Bâtonnier,	164
Avantages,	115	Bayeux,	165
Aubain,	117	Beaubec, (Abbaye de)	ibid.
Auberge,	118	Beaumont-le-Roger,	166
Aubergistes,	ibid.	Bec, (le)	ibid.
Audienciers,	ibid.	Belaise,	ibid.
Audition, (de comptes)	ibid.	Belle-Etoile,	ibid.
Avenant, (Mariage)	ibid.	Belle-Mere,	ibid.
Avenantise,	126	Bellosane, (Abbaye de)	ibid.
Aveugles,	ibid.	Bénéfice d'Inventaire,	ibid.
Aveux,	127	Bénéfices,	169
Aviron, (Sieur d')	128	Bérault, (Christophe)	172
Aulnay, (Abbaye d')	ibid.	Bérault, (Josias)	ibid.
Aumale, (Abbaye d')	129	Bernay, (Abbaye de)	173
Aumône,	ibid.	Bessin, (Don Guillaume)	ibid.
Avocats,	ibid.	Biche, (Jean la)	ibid.
Avoué,	133	Biens Ecclésiastiques,	ibid.
Avoué, d'Eglise,	ibid.	Bigamie,	186
Avranches,	ibid.	Billets,	ibid.
Auteurs,	137	Bival, (Abbaye de)	187
Autorisation,	138	Blâmes d'Aveux,	ibid.
Ayant cause,	ibid.	Blâmes de Lots,	188
		Blanchecape, (Pierre de)	ibid.
		Blanchelande, (Abbaye de)	ibid.
B		Blanches, (les)	ibid.
Bachelier,	138	Bled,	ibid.
Bagues,	139	Bois,	190

DES ARTICLES.

Boisseau,	191	Caux,	214
Boissons,	ibid.	Ceintures funebres,	215
Bonne foi,	ibid.	Cens,	ibid.
Bonnes-Nouvelles,	196	Centieme denier,	ibid.
Bonport,	ibid.	Cerisy,	217
Borde,	ibid.	Cession,	ibid.
Bornage,	ibid.	Cessions,	218
Bourg-Achard,	197	Chambre des Comptes,	219
Bourgage,	ibid.	Chambre du Commerce,	220
Bourgeoisie,	199	Chambre Ecclésiastique,	ibid.
Bourse, (Clameur de)	ibid.	Chambres du Parlement,	ibid.
Bouts & côtés,	ibid.	Champart,	221
Bracton,	ibid.	Chancel,	ibid.
Brandons,	200	Chancellerie,	ibid.
Brefs,	ibid.	Chanvres,	222
Breteuil,	208	Chapelles,	ibid.
Breuil, (Benoît)	ibid.	Chapitres,	223
Bris de parc,	ibid.	Chartes,	225
Britton,	ibid.	Chasse,	227
Bruit de marché,	ibid.	Châtelain,	228
Bureau diocésain,	ibid.	Châtels,	ibid.
		Chaudieres,	ibid.
		Chef-lieu,	ibid.
		Chef-mois,	228
		Chef-Seigneur,	ibid.

C

Cabaretier,	201	Chemin,	229
Cachots,	202	Cheminée,	230
Cadavre,	ibid.	Chenotieres,	ibid.
Cadet,	205	Cherbourg,	ibid.
Caen,	ibid.	Chevaliers,	ibid.
Calcul,	206	Chirurgien,	ibid.
Calendes,	ibid.	Chœur,	ibid.
Canoniales, (Maisons)	207	Choix,	232
Cantonnement,	209	Cimetieres,	ibid.
Capacité,	ibid.	Claire, (Sainte)	242
Capital,	210	Clameur,	ibid.
Capitulaires,	ibid.	Clerc,	287
Carrieres,	ibid.	Clercs des Sacrements,	ibid.
Cartes,	ibid.	Clocher,	ibid.
Cartulaires,	ibid.	Cloches,	292
Cas privilégiés,	ibid.	Clôtures,	ibid.
Cas royaux,	211	Codébiteur,	293
Caudebec,	ibid.	Codébiteurs,	ibid.
Caution,	212	Codicile,	ibid.
Caution: *judicatum solvi*,	214	Cohéritiers,	ibid.
Cauvet,	ibid.	Coke,	294

Collatéraux,	294	Conteur,	358
Collation,	295	Contrainte par corps,	ibid.
Collocation,	ibid.	Contrat,	ibid.
Collufion,	ibid.	Contumaces,	374
Colombier,	ibid.	Convalefcence,	ibid.
Combat de fief,	298	Convention,	ibid.
Commendataire,	ibid.	Converfion de biens,	ibid.
Commentaires,	ibid.	Conventualité,	ibid.
Commerce,	299	Coq, (le)	ibid.
Commife,	ibid.	Cordeillon,	375
Commiffaires,	301	Corneille,	ibid.
Communauté,	ibid.	Corneville,	ibid.
Commune renommée,	307	Corvées,	ibid.
Communes,	ibid.	Côté,	377
Communication,	313	Cote-morte,	ibid.
Comparence,	314	Cotifation,	ibid.
Compatibilité,	ibid.	Coucher,	378
Compenfation,	ibid.	Coupe de bois,	ibid.
Compétence,	315	Cour,	ibid.
Complainte,	316	Cour de Rome,	ibid.
Compromis,	ibid.	Cours d'eau,	ibid.
Comptes,	317	Courfe ambitieufe,	379
Comte, (le)	ibid.	Courtoifie,	ibid.
Comtes,	ibid.	Coûts, (loyaux)	ibid.
Conception,	318	Coutumes,	ibid.
Conches,	ibid.	Cowel,	388
Conciles,	ibid.	Couvent,	ibid.
Conclufions,	319	Couvertures,	ibid.
Concordat,	ibid.	Couvre-feu,	ibid.
Condefcente,	ibid.	Crainte,	389
Condition,	320	Créanciers,	ibid.
Confeffeur,	321	Cri,	390
Confuffion,	ibid.	Criées,	ibid.
Confifcation,	ibid.	Crimes,	ibid.
Confrairie,	324	Croifades,	ibid.
Confufion,	325	Croix S. Leufroy,	ibid.
Congé,	330	Culte,	ibid.
Congrue,	ibid.	Culture,	ibid.
Connetablie,	ibid.	Curage,	ibid.
Conquêts,	331	Curatelle,	392
Confentement,	337	Cures,	393
Confervateurs des Hypotheques,	ibid.	Curés primitifs,	399
Confignations,	344	Cuves,	ibid.
Confultation,	354		
Confitution de rentes,	ibid.		
Confuls, (Juges)	ibid		

D

DAGUESSEAU,	399
Dale,	ibid.
Dame,	400
Danger,	ibid.
Danses,	ibid.
Date,	ibid.
Darion,	401
Débat de tenures,	ibid.
Débats,	ibid.
Débiteur,	ibid.
Débitis,	402
Débris,	ibid.
Déception,	ibid.
Décès,	ibid.
Décharge,	403
Décimateur,	ibid.
Décimes,	405
Déclaration,	406
Déclinatoire,	407
Décret,	ibid.
Décrétales,	451
Décrété,	452
Dédit,	ibid.
Dédommagement,	ibid.
Défalcation,	ibid.
Défaut,	ibid.
Défens,	453
Défenses,	ibid.
Défloration,	ibid.
Défrichements,	ibid.
Dégagements de biens,	457
Dégâts de bleds,	ibid.
Dégradation,	ibid.
Dégrés,	ibid.
Déguerpissement,	458
Dejort,	ibid.
Délais,	459
Délaissement,	ibid.
Délégation,	ibid.
Délibération,	ibid.
Délits,	460
Délivrance,	ibid.
Démembrement,	460
Démence,	461
Demeure,	ibid.
Demi-relief,	ibid.
Démission,	ibid.
Dénégation,	462
Déni de Justice,	ibid.
Denier,	464
Denier à Dieu,	ibid.
Deniers pupillaires,	ibid.
Deniers royaux,	468
Dénization,	ibid.
Dénombrement,	ibid.
Déparagement,	470
Dépendance,	ibid.
Dépens,	ibid.
Déport,	471
Dépositaire,	477
Déposition,	478
Dépossession,	ibid.
Dépôt,	ibid.
Dépouille,	ibid.
Député,	ibid.
Dérogatoire,	479
Dérogeance,	481
Désaveu,	482
Descentes,	484
Déshérence,	ibid.
Desir, (S.)	485
Désistement,	ibid.
Désobéissance,	486
Desrène,	ibid.
Desservant,	ibid.
Destination,	ibid.
Destitution,	ibid.
Désunion,	487
Détenteur,	ibid.
Détenue,	ibid.
Dettes,	ibid.
Deuil,	ibid.
Devins,	488
Devis,	ibid.
Devise,	ibid.
Devoirs,	ibid.
Dévolut,	489
Diacre,	ibid.

Diamants,	489	Dizaines,	547
Dieppe,	490	Docteur,	ibid.
Diffamation,	ibid.	Doctrine,	ibid.
Dignités,	ibid.	Documents,	ibid.
Digues,	ibid.	Dogme,	ibid.
Dilatoire,	ibid.	Dol,	549
Diocese,	ibid.	Doléance,	ibid.
Diplomatique,	492	Domaine,	ibid.
Directe,	ibid.	Domesday,	555
Direction,	493	Domestiques,	556
Dirimant,	ibid.	Domfront,	557
Discipline,	ibid.	Domicile,	ibid.
Discontinuance,	ibid.	Dommage,	563
Discution,	494	Donation,	ibid.
Dispenses,	ibid.	Don mobil,	611
Dissimulation,	495	Dot,	642
Dissolution,	ibid.	Douaire,	700
Distraction,	496	Douairiere,	ibid.
Dive,	ibid.	Double, (Acte)	704
Divertissements,	ibid.	Double droit,	ibid.
Divis,	ibid.	Double emploi,	ibid.
Division,	ibid.	Double lien,	ibid.
Divorce,	ibid.	Doublement,	709
Dévolut,	497	Doute,	ibid.
Dixiemes,	ibid.	Doyen,	ibid.
Dixmes,	498		

Fin de la Table du premier Volume.

A ROUEN. De l'Imprimerie de LOUIS OURSEL. 1780.

ERRATA
DU TOME PREMIER.

Page 118, 2ᵉ. colonne. Après ces mots : *la plus facile* ; ajoutez : *en prenant la précaution de ne se servir de la Table qui y est insérée, qu'après s'être assuré que la part des filles doit excéder le tiers.*

Pag. 582, avant-derniere ligne de la 1ʳᵉ. colonne. Au lieu de *donner à son héritier* ; lisez : *à l'héritier de son héritier.*

Pag. 605, Section V, il est mis en titre : *Les donations peuvent-elles être valables ?* lisez, *verbales.*

Pag. 648 à la fin. Après ces mots : *de son cohéritier* ; ajoutez ceux-ci : *il n'en doit pas non plus être tenu.*

OMISSION.

BONDEVILLE. (ABBAYE DE)

On n'a rien de curieux à consulter à l'égard de cette Abbaye, que ce qui est dit, page 325 de la Description de la Haute-Normandie, par Dom Duplessis, 2ᵉ. volume.

H.RG

www.ingramcontent.com/pod-product-compliance
Lightning Source LLC
Chambersburg PA
CBHW060859300426
44112CB00011B/1264